百衲本

舊五代史

宋・薛居正等撰

1

國家圖書館出版社

圖書在版編目（CIP）數據

百衲本舊五代史：全2册／（宋）薛居正等撰．—北京：國家圖書館出版社，2014.9

ISBN 978－7－5013－5412－2

Ⅰ.①百…　Ⅱ.①薛…　Ⅲ.①中國歷史—五代（907～960）—紀傳體　Ⅳ.①K243.104.2

中國版本圖書館CIP數據核字（2014）第148361號

書　　名　百衲本舊五代史（全二册）

著　　者　［宋］薛居正等撰

責任編輯　陳　卓

叢 書 名　百衲本二十四史

出　　版　國家圖書館出版社（100034 北京市西城區文津街7號）
（原書目文獻出版社　北京圖書館出版社）

發　　行　010—66114536　66126153　66151313　66175620
66121706（傳真），66126156（門市部）

E－mail　btsfxb@nlc.gov.cn（郵購）

Website　www.nlcpress.com→投稿中心

經　　銷　新華書店

印　　裝　河北三河弘翰印務有限公司

版　　次　2014年9月第1版　2014年9月第1次印刷

開　　本　710×1000毫米　1/16

印　　張　61.25

字　　數　800千字

書　　號　ISBN 978－7－5013－5412－2

定　　價　200.00圓

百衲本二十四史影印出版説明

『二十四史』是中國古代各朝被政府納爲正統的二十四部史書的總稱，其上起《史記》，下迄《明史》，記載了從傳説中的五帝時代到清朝初年約四千餘年中政治、經濟、文化等諸多方面的歷史，是我國古代最權威、最詳細的史學著作。

清代最通行的『二十四史』，是乾隆年間刊行的『欽定武英殿本二十四史』，即『殿本』。殿本版式疏朗，刻印精良，但是校勘不夠審慎，存在誤字、衍字、缺字甚至整段文字脱失的情況。而且，由於殿本的編纂官皆屬御用史官，不得不爲帝王所左右，史實記録上存在竄改等原因造成的缺憾。晚清時，又出現了由各省官書局刊刻的局本，廣爲流傳，但仍以殿本爲依據，存在不少問題。

二十世紀二十年代起，張元濟先生耗費巨資搜訪宋元善本，通過採用當時最先進的攝影製版技術，歷經多年努力，至一九三六年，終於出齊了整套影印版的『二十四史』。因各書底本多殘缺不全，不得不通過許多版本相互參校、補綴而成，猶如僧侣之『百衲衣』，故名之曰『百衲本二十四史』。其中除《舊五代史》《元史》《明史》以明清時的版本作爲底本外，均以宋元版爲主要底本。百衲本對殿本、局本中的謬誤多有匡正，其對歷史研究的功績有目共睹，影響深巨，被史學界一致公認爲『中國最佳全本正史』，是中國史學史上的一座豐碑，具有極高的版本價值、研究價值和收藏價值。

百衲本二十四史自問世以來，曾數次被影印出版，其中的宣紙綫裝本，因價格不菲，不便學者購藏利用。而縮印本則多存在質量問題，其中質量較好的，當數二十世紀五十年代北京商務印書館的精裝二十四冊本。但年代既久，流傳亦少，已屬罕見。爲滿足文史工作者的研究需求，也讓更多的文史愛好者接觸到百衲本二十四史，我社決定將之再度影印出版。

本次影印，將每部正史單獨製作，採取每頁分上下雙欄的形式印製，並爲每部正史編製了分卷目録。需要説明的是，此次我社在編製目録時，爲更好地反映百衲本原貌，充分體現其與殿本、局本等其他系統傳本的差異，原則上均依原書卷端著録，部分保留了原書中使用的簡體字、俗體字及異體字等。對原書中有目無傳或有傳無目等情況，不予變動，僅對極個別處出現的明顯衍、漏、誤字等情況進行了修改。不當之處，請讀者批評指正。

國家圖書館出版社

二〇一四年七月

百衲本舊五代史目録

多羅質郡王臣永瑢等謹
奏爲舊五代史編次成書恭呈
御覽事臣等伏案薛居正等所修五代史原由官撰成
自宋初以一百五十卷之書括八姓十三主之事
具有本末可爲鑒觀雖値一時風會之衰體格尙
沿於冗弱而垂千古廢興之迹異同足備夫參稽
故以楊大年之淹通司馬光之精確無不資其賅
貫據以編摩求諸列朝正史之間寔亦劉昫舊書
之比乃徵唐事者並傳天福之本而考五代者惟
行歐陽之書致此逸文寖成墜簡閱沉淪之已久

信顯晦之有時欽惟我
皇上紹繹前聞綱羅羣典
發祕書而讐校廣四庫之儲藏欣覩遺篇因裒散帙首
尾畧備篇目可尋經呵護以偶存知表章之有待
非常
聖世昌闡成編臣等謹率同總纂官右春坊右庶子臣
陸錫熊翰林院侍讀臣紀昀纂修官編修臣邵晉
涵等按代分排隨文勘訂彙諸家以蒐其放失臚
衆說以補其闕殘復爲完書可以繕寫竊惟五季
雖屬閏朝文獻足徵治忽宜監有薛史以綜事蹟
之備有歐史以昭筆削之嚴相輔而行偏廢不可
幸遭逢乎
盛際得煥發其幽光所裨寔多先睹爲快臣等已將永
樂大典所錄舊五代史依目編輯勒一百五十卷
謹分裝五十八册各加考證粘籤進
呈敬請刋諸
祕殿頒在學官搜散佚於七百餘年廣體裁於二十
三史著名山之錄允宜傳播於人間儲
乙夜之觀蕘稟折衷於
睿鑒惟慚疏陋伏候

指揮謹
奏
乾隆四十年七月
多羅質郡王臣永瑢
經筵日講起居注官武英殿大學士臣舒赫德
經筵日講起居注官文華殿大學士臣于敏中
工部尚書和碩額駙一等忠勇公臣福隆安
經筵講官協辦大學士吏部尚書臣程景伊
經筵講官戶部尚書臣王際華
經筵講官禮部尚書臣蔡新

經筵講官兵部尚書臣嵇璜
經筵講官刑部尚書仍兼戶部侍郎臣英廉
都察院左都御史臣張若溎
經筵講官吏部左侍郎臣曹秀先
戶部右侍郎臣金簡

提要

舊五代史一百五十卷目錄二卷

臣等謹按舊五代史一百五十卷併目錄二卷宋司空同中書門下平章事薛居正等撰考晁公武讀書志云開寶中詔修梁唐晉漢周書盧多遜扈蒙張澹李昉劉兼李穆李九齡同修宰相薛居正等監修玉海引中興書目云開寶六年四月戊申詔修五代史七年閏十月甲子書成凡百五十卷目錄二卷爲紀六十一志十二傳七十七多據累朝實錄及范質五代通錄爲稿本其後歐陽修別撰五代史記七十五卷藏於家修歿後官爲刊印學者始不專習薛史然二書猶並行於世至金章宗泰和七年詔學官止用歐陽史於是薛史遂微元明以來罕有援引其書者傳本亦漸就湮沒惟明內府有之見於文淵閣書目故永樂大典多載其文然割裂淆亂已非居正等篇第之舊恭逢

聖朝右文稽古網羅放佚零縑斷簡皆次第編摩臣等謹就永樂大典各韻中所引薛史甄錄條繫

排纂先後檢其篇第尚得十之八九又考宋人書之徵引薛史者每條采錄以補其闕遂得依原書卷數勒成一編晦而復彰散而復聚殆實有神物呵護以待時而出者遭逢之幸洵非偶然也歐陽修文章遠出居正等上其筆削體例亦特謹嚴然自宋時論二史者即互有所主司馬光作通鑑胡三省作通鑑注皆專據薛史而不取歐史沈括洪邁王應麟輩爲一代博洽之士其所著述於薛歐二史亦多兼採而未嘗有所軒輊蓋修所作皆

刊削舊史之文意主斷制不肯以紀載叢碎自貶其體故其詞極工而於情事或不能詳備至居正等奉詔撰述本在宋初其時秉筆之臣尚多逮事五代見聞較近紀傳皆首尾完具可以徵信故異同所在較核事迹往往以此書爲長雖其文體平弱不免敘次煩冗之病而遺文瑣事反藉以獲傳寔足爲考古者參稽之助又歐史止述司天職方二考而諸志俱闕凡禮樂職官之制度選舉刑法之沿革上承唐典下開宋制者一概無徵亦不及薛史諸志爲有裨於文獻蓋二書繁簡各有體裁學識兼資難於偏廢昔修與宋祁所撰新唐書事增文省足以括劉昫舊書而昫書仰荷

皇上表章今仍得列于正史況是書文雖不及歐史而事迹較備又何可使隱没不彰哉謹考次舊文釐爲梁書二十四卷唐書五十卷晉書二十四卷漢書十一卷周書二十二卷世襲列傳二卷僭僞列傳三卷外國列傳二卷志十二卷共一百五十卷别爲目錄二卷而蒐羅

排纂之意則著於凡例具列如左乾隆四十年七月恭校上

總纂官庶子臣陸錫熊

侍讀臣紀昀

纂修官編修臣邵晉涵

編定舊五代史凡例

一薛史原書體例不可得見今考其諸臣列傳多云事見某書或云某書有傳知其於梁唐晉漢周斷代爲書如陳壽三國志之體故晁公武讀書志直稱爲部修梁唐晉漢周書今仍按代分編以還其舊

一薛史本紀沿舊唐書帝紀之體除授沿革鉅纖畢書惟分卷限制爲永樂大典所割裂已不可考詳核原文有一年再紀元者如上有同光元年春正月下復書同光元年秋七月知當於七月以後別爲一卷蓋其體亦仿舊唐書通鑑尙沿其例也今釐定編次爲

紀六十一卷與玉海所載卷數符合

一薛史本紀俱全惟梁太祖紀原帙已闕其散見各韻者僅得六十八條今據冊府元龜諸書徵引薛史者按條採掇尙可薈萃謹仿前人取魏澹書高氏小史補北魏書之例按其年月條繫件附釐爲七卷

一五代諸臣類多歷事數朝首尾牽連難於分析歐陽修新史以始終從一者入梁唐晉漢周臣傳其兼涉數代者則創立雜傳歸之褒貶謹嚴於史法最合薛史僅分代立傳而以專事一朝及更事數姓者參差錯列賢否混淆殊乖史體此即其不及歐史之一端因篇有論贊摠敘諸人難以割裂更易姑仍其舊以備參考得失所在讀史者自能辨之

一后妃列傳永樂大典中惟周后妃傳全帙具存餘多殘闕今采五代會要通鑑契丹國志北夢瑣言諸書以補其闕用雙行分註不使與本文相混也

一宗室列傳永樂大典所載頗多闕脫今並據冊府元龜通鑑註諸書采補其諸臣列傳中偶有闕文亦仿此例

一諸臣列傳其有史臣原論者俱依論中次第排比若原論已佚則考其人之事跡以類分編

一薛史標目如李茂貞等稱世襲傳見於永樂大典原文其楊行密等稱僭僞傳則見於通鑑考異今悉依仿編類以還其舊

一薛史諸志永樂大典內偶有殘闕今俱采太平御覽所引薛史增補仍節錄五代會要諸書分註於下用備參考

一凡紀傳中所載遼代人名官名今悉從遼史索倫語解改正

一永樂大典所載薛史原文多有字句脫落音義舛錯者今據前代徵引薛史之書如通鑑考異通鑑註太

平御覽太平廣記册府元龜玉海筆談容齋五筆青緗雜記職官分紀錦繡萬化谷藝文類聚記纂淵海之類皆爲参互校訂庶臻詳備

一史家所紀事蹟流傳互異彼此各有舛互今據新舊唐書東都事畧宋史遼史續通鑑長編五代春秋九國志十國春秋及宋人說部文集與五代碑碣尚存者詳爲考核各加案語以資辨證

一陶岳五代史補王禹偁五代史闕文本以補薛史之闕雖事多瑣碎要爲有裨史學故通鑑歐陽史亦多所取今並仿裴松之三國志注體例附見于後

一薛史與歐史時有不合如唐閔帝紀薛史作明宗第三子而歐史作第五子考五代會要通鑑並同薛史又歐史唐家人傳云太祖有弟四人曰克讓克修克恭克寧皆不知其父母名號據薛史宗室傳則克讓爲仲弟克寧爲季弟克修爲從父弟父曰德成克恭爲諸弟非皆不知其父母名號又晉家人傳止書出帝立皇后馮氏考薛史紀傳馮氏未立之先追册張氏爲皇后而歐史不載又張萬進賜名守進故薛史本紀先書萬進後書守進歐史删去賜名一事故前後遂如兩人其餘年月之先後官爵之遷授每多互異今悉爲辨證詳加案語以示折衷

一歐史改修原據薛史爲本其間有改易薛史之文而涉筆偶誤者如章如愚山堂考索論歐史載梁遣人至京師紀以爲朱友謙傳以爲朱友諒楊涉相梁三仕三已而歲月所具紀載寔異至末年爲相但書其罷而了不知其所入歲月唐明宗在位七年餘而論贊以爲十年之類是也有尚沿薛史之舊而未及刊改者如吳縝五代史纂誤譏歐史杜曉傳幅巾自廢不當云十餘年羅紹威傳牙軍相繼不當云二百年之類是也今並各加辨訂於本文之下庶二史異同得失之故讀者皆得以考見焉

舊五代史目錄上

卷五十一　唐書二十七

宗室列傳三

永王存霸　邕王存美

薛王存禮　申王存渥

睦王存乂　通王存確　雅王存紀

魏王繼岌 弟繼潼等　繼璟

秦王從榮　從璨

許王從益　重吉

雍王重美

卷五十二　唐書二十八

列傳四

李嗣昭 子繼韜 裴約　李嗣本

李嗣恩

卷五十三　唐書二十九

列傳五

李存信　李存孝

李存進 子漢韶　李存璋

李存賢

卷五十四　唐書三十

列傳六

王鎔 子昭誨　王處直 子都

卷五十五　唐書三十一

列傳七

康君立　薛志勤

史建瑭　李承嗣

史儼　蓋寓

伊廣　李承勲

史敬鎔

卷五十六　唐書三十二

列傳八

周德威　符存審 子彥超

卷五十七　唐書三十三

列傳九

郭崇韜

卷五十八　唐書三十四

列傳十

趙光逢 弟光允　鄭珏

崔協　李琪

蕭頃

卷五十九　唐書三十五

卷六十七　唐書四十三

列傳十九

豆盧革　韋說

盧程　趙鳳

李愚　任圜

卷六十八　唐書四十四

列傳二十

薛廷珪　崔沂

劉岳　封舜卿

竇夢徵　李保殷

歸藹　孔邈

張文寶　陳乂

劉贊

卷六十九　唐書四十五

列傳二十一

張憲　王正言

胡裝　崔貽孫

孟鵠　孫岳

張延朗　劉延皓

劉延朗

卷七十　唐書四十六

列傳二十二

元行欽　夏魯奇

姚洪　李嚴

李仁矩　康思立

張敬達

卷七十一　唐書四十七

列傳二十三

馬郁　司空頲

曹廷隱　蕭希甫

藥縱之　賈馥

馬縞　羅貫

淳于晏　張格

許寂　周玄豹

卷七十二　唐書四十八

列傳二十四

張承業　張居翰

馬紹宏　孟漢瓊

卷七十三　唐書四十九

列傳二十五

毛璋　聶嶼

溫韜　段凝

孔謙　李鄴

卷七十四　唐書五十

列傳二十六

康延孝　朱守殷

楊立　竇廷琬

張虔釗　楊彥溫

舊五代史目錄下

卷七十五　晉書一

高祖本紀一

卷七十六　晉書二

高祖本紀二

卷七十七　晉書三

高祖本紀三

卷七十八　晉書四

高祖本紀四

卷七十九　晉書五

高祖本紀五

卷八十　晉書六

高祖本紀六

卷八十一　晉書七

少帝本紀一

卷八十二　晉書八

少帝本紀二

卷八十三　晉書九

少帝本紀三

卷八十四　晉書十

盧文紀　馬裔孫
和凝　蘇禹珪
景範
卷一百二十八　周書十九
列傳八
王朴　楊凝式
薛仁謙　蕭愿
盧損　王仁裕
裴羽　段希堯
司徒詡　邊蔚

王敏
卷百二十九　周書二十
列傳九
常思　翟光鄴
曹英　李彥頵
李暉　李建崇
王重裔　孫漢英
許遷　趙鳳
齊藏珍　王環
張彥超　張穎

劉仁贍
卷一百三十　周書二十一
列傳十
王峻　慕容彥超
閻弘魯 崔周度
卷一百三十一　周書二十二
列傳十一
劉皞　張沆
張可復　于德辰
王延　申文炳

扈載 劉袞　賈緯
趙延乂　沈遘
李知損　孫晟
卷一百三十二
世襲列傳一
李茂貞 從曮　從昶　茂勳
高萬興 允韜　韓遜 洙
李仁福 彝超　彝興
卷一百三十三
世襲列傳二

舊五代史卷一

宋司空同中書門下平章事薛居正等撰

太祖紀第一

案薛史本紀永樂大典所載俱全獨梁太祖紀原帙已佚其散見於各韻者僅得六十八條參以通鑑考異通鑑注所徵引者又得二十一條本末不具未能綴輯成篇考冊府元龜閏位部所錄朱梁事蹟皆本之薛史原文首尾頗詳按條採掇尚可彙萃謹依前人取魏澹書高氏小史補北魏書闕篇之例采冊府元龜梁太祖事編年系日次第編排以補其闕庶幾畧還薛史之舊仍于各條下注明原書卷第以備參核焉

梁書一

太祖神武元聖孝皇帝姓朱氏諱晃本名溫永樂大典卷八千六百八十七宋州碭山人其先舜司徒虎之後高祖黯曾祖茂琳祖信父誠帝即誠之第三子母曰文惠王皇后冊府元龜卷一百八十二　案五代會要梁肅祖宣元皇帝諱黯舜司徒虎四十二代孫開平元年七月追尊宣元皇帝廟號肅祖塋與極陵敬祖光獻皇帝諱茂琳宣元皇帝長子母曰宣僖皇后范氏開平元年七月追尊光獻皇帝廟號敬祖塋永安陵憲祖昭武皇帝諱信光獻皇帝長子母曰光孝皇后楊氏開平元年七月追尊昭武皇帝廟號憲祖塋光天陵烈祖文穆皇帝諱誠昭武皇帝長子母曰昭懿皇后劉氏開平元年七月追尊文穆皇帝廟號烈祖塋咸寧陵以唐大中六年歲在壬申十月二十一日夜生于碭山縣午溝里是夕所居廬舍之上有赤氣上騰里人望之皆驚奔而來曰朱家火發矣及至則廬舍儼然既入隣人以誕孩告衆咸異之永樂大典卷一萬六千一十九　案以上亦見冊府元龜卷一百八十二以此推之知冊府元龜引五代事蹟多本薛史昆仲三人俱未冠而孤母案冊府元龜引此條母字下有王氏二字携養寄於蕭縣人劉

崇之家帝既壯不事生業以雄勇自負里人多厭之崇以其慵惰每加譴杖唯崇母自幼憐之親爲櫛髪嘗誡家人曰朱三非常人也汝輩當善待之家人問其故答曰我嘗見其熟寐之次化爲一赤蛇然衆亦未之信也

〔永樂大典卷五千九百四十九〕

唐僖宗乾符中關東荐饑羣賊嘯聚黃巢因之起于曹濮饑民願附者凡數萬帝乃辭崇家與仲兄存俱入巢軍以力戰屢捷得補爲隊長唐廣明元年十二月甲申黃巢陷長安遣帝領兵屯于東渭橋是時夏州節度使諸葛爽率所部屯于櫟陽巢命帝招諭爽爽遂降于巢中和元年二月巢以帝爲東南面行營先鋒使令攻南陽下之六月帝歸長安巢親勞于灞上七月巢遣帝西拒邠岐鄜夏之師于興平所至皆立功二年二月巢以帝爲同州防禦使使自攻取帝乃自丹州南行以擊左馮翊拔之遂據其郡時河中節度使王重榮屯兵數萬糾兵諸侯以圖興復帝時與之鄰封屢爲重榮所敗遂請濟師于巢表章十上爲僞左軍使孟楷所蔽不達又聞巢軍勢蹙諸校離心帝知其必敗九月帝遂與左右定計斬僞監軍使嚴實舉郡降于重榮

案舊唐書僖宗紀八月庚子賊同州防禦使朱溫殺其監軍嚴實與大將胡眞謝瞳等來降薛史作九月與舊唐書異考新唐書九月丙戌黃巢將朱溫以同州降通鑑亦作九月丙戌朱溫殺其監軍嚴實舉州降皆與薛史同是朱溫之降實在九月舊唐書誤

重榮卽日飛章上奏時僖宗在蜀覽表而喜曰是天賜予也乃詔授帝左金吾衛大將軍充河中行營副招討使仍賜名全忠

案歐陽史云王鐸承制拜溫金吾衛大將軍河中行營招討副使薛史以爲僖宗詔授與歐陽史異考舊唐書王鐸承制拜溫爲華州刺史潼關防禦鎭國軍等使通鑑作王鐸承制以溫爲同華節度使是王鐸承制所拜之官非如歐陽史所載也至謝瞳奉表行在乃詔授金吾衛大將軍河中行營招討副使耳當以薛史爲得其實

自是率所部與河中兵士偕行所向無不克捷三年三月僖宗制授帝宣武軍節度使依前充河中行營副招討使仍令候收復京闕卽得赴鎭

案舊唐書中和三年五月以檢校尚書右僕射華州刺史潼關防禦等使朱溫檢校司空兼汴州刺史充宣武節度觀察等使仍賜名全忠據薛史則全忠授宣武節度在三月非五月也由河中行營招討副使遷授非由潼關防禦等使也賜名全忠在二年九月亦非三年五月也通鑑所敘年月官爵名號皆以薛史爲據

四月巢軍自藍關南走帝與諸侯之師俱收長安乃率部下一旅之衆仗節東下七月丁卯入于梁苑是時帝年三十有二時蔡州刺史秦宗權與黃巢餘孽合從肆虐共圍陳州久之僖宗乃命帝爲東北面都招討使時汴宋連年阻饑公私俱困帑廩皆虛外爲大敵所攻內則驕軍難制交鋒接戰日甚一日人皆危之惟帝銳氣益振是歲十二月帝領兵于鹿邑與巢衆相遇縱兵擊之斬首二千餘級乃引兵入亳州因是兼有譙郡之地四年春帝與許州田從異諸軍同收瓦

子寨殺賊數萬衆是時陳州四面賊寨相望驅擄編氓殺以充食號爲舂磨寨帝分兵翦撲大小凡四十戰四月丁巳收西華寨賊將黃鄴單騎奔陳帝乘勝追之鼓噪而進會黃巢遁去遂入陳州刺史趙犨迎于馬前俄聞巢黨尚在陳北故陽壘帝遂逕歸大梁是時河東節度使李克用奉僖宗詔統騎軍數千同謀破賊與帝合勢于中牟北邀擊之賊衆大敗于王滿渡多束手來降時賊將霍存葛從周張歸厚張歸霸皆匍匐于馬前悉宥而納之遂逐殘寇東至于冤句五月甲戌帝與晉軍振旅歸汴館克用于上源驛旣而備犒宴之禮克用乘醉任氣帝不平之是夜命甲士圍而攻之（案自五月甲戌至此又見通鑑考異所引薛史梁紀與冊府元龜所引符合）會大雨雷電克用因得于電光中踰墻遁去惟殺其部下數百人而已六月陳人感解圍之惠爲帝建生祠堂于其郡是歲黃巢雖殄而蔡州秦宗權繼爲巨孽有衆數萬攻陷鄰郡殺掠吏民屠害之酷更甚巢賊帝患之七月遂與陳人共攻蔡賊于溵水殺數千人九月己未僖宗就加帝檢校司徒同平章事封沛郡侯食邑千戶光啓元年春蔡賊掠亳潁二郡帝帥師以救之遂東至于焦夷敗賊衆數千生擒賊將鐵林梟首以狥軍而還三月僖宗自蜀還長安改元

光啓四月戊辰就加帝檢校太保增食邑千五百戶十二月河中太原之師逼長安觀軍容使田令孜奉僖宗出幸鳳翔二年春蔡賊益熾時唐室微弱諸道州兵不爲王室所用故宗權得以縱毒連陷汝洛懷孟唐鄧許鄭圜幅數千里殆絕人煙惟宋亳滑潁僅能閉壘而已帝累出兵與之交戰然或勝或負人甚危之三月庚辰僖宗降制就封帝爲沛郡王（案舊唐書光啓元年三月以汴州刺史朱全忠爲沛郡王充蔡州西北面行營都統據薛史則元年惟增食邑至二年三月乃進封爲王也與舊唐書異歐陽史從薛史）是月僖宗移幸興元五月嗣襄王熅僭即帝位于長安改元爲建貞遣使賫僞詔至汴帝命焚之于庭未幾襄王果敗七月蔡人逼司州節度使鹿宴弘使來求救帝遣葛從周等率師赴援師未至而城陷宴弘爲蔡賊所害十一月滑州節度使安師儒以怠于軍政爲部下所殺（案舊唐書云十月壬子朔滑州軍亂逐其帥安師儒推衙將張驍主留後軍務師儒奔汴朱全忠殺之新唐書云十月朱全忠陷滑州執義成軍節度使安師儒歐陽史從舊唐書作奔汴通鑑從新唐書作被擒據薛史則師儒自爲部下所殺與新舊唐書異又新舊唐書俱作十月而薛史作十一月通鑑仍從薛史）帝聞之乃遣朱珍李唐賓襲而取之由是遂有滑臺之地（案舊唐書云朝廷以汴帥朱全忠兼領義成軍節度使據薛史胡眞傳云眞以其兵襲取滑州乃署爲滑州節度留後蓋全忠雖嘗兼領義成而不之鎭故署其將胡眞爲留後）十二月僖宗降制就加帝檢校太傅改封吳興郡王食邑三千戶是歲鄭州

爲蔡賊所陷刺史李璠單騎來奔帝宥而納之以爲行軍司馬宗權旣得鄭益驕帝遣裨將遷于金隄驛與賊相遇因擊之賊衆大敗追至武陽橋斬首千餘級帝每與蔡人戰于四郊旣以少擊衆常出奇以制之但患師少未快其旨宗權又以己衆十倍于帝恥于頻敗乃誓衆堅決以攻夷門旣而獲蔡之諜者備知其事遂謀濟師焉三年春二月乙巳承制以朱珍爲淄州刺史俾募兵于東道且慮蔡人暴其麥苗期以夏首回歸案自募兵于東道至此亦見通鑑注與册府元龜同珍旣至淄棣旬日之內應募者萬餘人又潛襲青州獲馬千匹鎧甲稱是乃鼓行而歸四月辛亥達于夷門帝喜曰吾事濟矣是時賊將張晊屯于北郊秦賢屯于版橋各有衆數萬樹柵相連二十餘里其勢甚盛帝謂諸將曰此賊方今息師蓄銳以俟時必來攻我況宗權度我兵少又未知珍來謂吾畏懼止于堅守而已今出不意不如先擊之乃親引兵攻秦賢寨將士踴躍爭先賊果不備連拔四寨斬首萬餘級時賊衆以爲神助庚午案通鑑考異云長曆四月甲辰朔無庚午薛史誤今考舊唐書光啓三年四月正作甲辰朔以日數計之庚午乃四月二十七日也此非薛史之誤乃通鑑考異之誤耳賊將盧瑭領萬餘人于圃田北萬勝戍夾汴水爲營跨河爲梁以扼運路案通鑑注引薛史梁紀曰盧瑭于圃田北夾汴爲梁以扼運路視册府元龜所引稍有删

節帝擇精銳以襲之是日昏霧四合兵及賊壘方覺遂突入掩殺赴水死者甚衆盧瑭自投于河河南諸賊連敗不敢復駐皆并在張晊寨自是蔡寇皆懷震讋往往軍中自相驚亂帝旋師休息大行犒賞繇是軍士各懷憤激每遇敵無不奮勇五月丙子出酸棗門自卯至未短兵相接賊衆大敗追斬二十餘里僵仆就枕宗權恥敗益縱其虐乃自鄭州親領突將數人逕入張晊寨册府元龜卷一百八十七其日晩大星隕于賊壘有聲如雷永樂大典卷三千二百七十一辛巳兗鄆滑軍士皆來赴援乃陳兵于汴水之上旌旗器甲甚盛蔡人望之不敢出寨翌日分布諸軍齊攻賊寨自寅至申斬首二萬餘級會夜收軍牛馬輜重生口器甲不可勝計是夜宗權晊遁去遲明追之至陽武橋而還宗權至鄭州乃盡焚其廬舍屠其郡人而去始蔡人分兵寇陝雒孟懷許汝皆先據之因是敗也賊衆恐懼咸棄之而遁帝乃愼選將佐俾完葺壁壘爲戰守之備于是遠近流亡復歸者衆矣是時揚州節度使高駢爲裨將畢師鐸所害復有孫儒楊行密互相攻伐朝廷不能制乃就加帝檢校太尉兼領淮南節度使案舊唐書光化三年十一月楊行密遣使求援于朱全忠制授全忠檢校太尉侍中兼揚州大都督府長史充淮南節度觀察使行營兵馬都統歐陽史作十二月通鑑作閏十一月據薛史則全忠兼領淮南自在九月以前與

諸書異又薛史下文作閏十二月而通鑑作閏十一月亦有互異九月亳州裨將謝殷逐刺史宋袠自據其郡帝親領軍屯于大清宮遣霍存討平之案新唐書云光啟三年六月壬戌亳州將謝殷逐其刺史宋袠八月壬寅謝殷伏誅通鑑從新唐書薛史作九月與新唐書異帝之禦蔡寇也鄆州朱瑄案歐陽史作朱宣薛史前後皆作瑄舊唐書通鑑並同薛史兗州朱瑾皆領兵來援及宗權既敗帝以瑄瑾宗人也又有力于已皆厚禮以歸之瑄瑾以帝軍士勇悍私心愛之乃密于曹濮界上懸金帛以誘之帝軍利其貨而赴者甚衆帝乃移檄以讓之朱瑄來詞不遜案通鑑考異引高若拙後史補曰梁太祖皇帝到梁園深有大志然兵力不足常欲外掠又虞四境之難每有鬱然之狀時有薦敬秀才于門下乃白梁祖曰明公方欲圖大事輜重必爲四境所侵但令麾

下將士詐爲叛者而逃明公即奏于主上及告四鄰以自襲叛徒爲名梁祖曰天降奇人以佐于吾初從其議一出而致衆十倍今案高若拙所紀深得敬翔與梁祖陰謀情狀薛史止据梁實錄原辭未及改正歐史作移檄兗鄆誣其誘汴亡卒以東亦未詳考乃命朱珍侵曹伐濮以懲其姦未幾珍伐曹州執刺史丘禮以獻遂移兵圍濮州兗鄆之釁自茲而始矣十月僖宗命水部郎中王贊撰紀功碑以賜帝是月帝親帥騎數千巡師于濮上因破朱瑄援師于范縣丁未攻陷濮州刺史朱裕單騎奔鄆尋爲鄆人所敗踰月乃還十二月僖宗遣使賜帝鐵券又命翰林承旨劉崇望撰德政碑以賜帝閏月甲寅帝請行營司馬李璠權知淮南留後乃遣大將郭言領兵援送以赴

揚州文德元年正月帝率師東赴淮海行次宋州聞楊行密已拔揚州遂還是時李璠郭言行至淮上爲徐戎所扼不克進而還案歐陽史云璠之揚州行密不納據通鑑云李璠至泗州時溥以兵襲之郭言力戰得免而還是李璠未嘗得至揚州也當以薛史爲寔錄帝怒遂謀伐徐二月丙戌僖宗制以帝爲蔡州四面行營都統繇是諸鎭之師皆受帝之節制案新唐書正月癸亥朱全忠爲蔡州四面行營都統舊唐書作五月與薛史異通鑑從新唐書三月庚子昭宗即位是月蔡人石璠領萬衆以剽陳亳帝遣朱珍率精騎數千擒璠以獻四月戊辰魏博樂彥禎失律其子從訓出奔相州使來乞師帝遣朱珍領大軍濟河連收黎陽臨河二邑既而魏軍推小

校羅弘信爲帥弘信既立遣使送款于汴帝優而納之遂命班師是月河南尹張全義襲李罕之于河陽克之罕之單騎出奔因乞師于太原李克用爲發萬騎以援之罕之遂收其衆借晉軍合勢急攻河陽全義危急遣使求救于汴帝遣丁會牛存節葛從周領兵赴之大戰于温縣晉人與罕之俱敗于是河橋解圍全義歸于河陽因以丁會爲河陽留後五月己亥昭宗制以帝檢校侍中增食邑三千戶戊辰詔改帝鄉錦衣里曰沛王里是月帝以兼有洛孟之地無西顧之患將大整師徒畢力誅蔡會蔡人趙德諲舉漢南之地以歸于朝廷案新唐書

昭宗紀五月壬寅趙德諲以襄州降舊唐書及通鑑皆作五月與薛史同歐陽史敘其事于三月以前疑有舛誤且遣使送款于帝仍誓戮力同討宗權帝表其事朝廷因以德諲爲蔡州四面副都統又以河陽保義義昌三節度爲帝行軍司馬兼糧料應接冊府元龜卷一百八十七至是帝領諸侯之師會德諲以伐蔡賊于汝水之上遂薄其城五日之內樹二十八寨以環之蓋象列宿之數也永樂大典卷一萬五千一百二十時帝親臨矢石一日飛矢中其左腋血漬單衣顧謂左右曰勿洩永樂大典卷二萬七百十二九月以糧運不繼遂班師是時帝知宗權殘孽不足爲患遂移兵以伐徐十月先遣朱珍領兵與時溥戰于吳康鎮徐人大

敗連收豐蕭二邑溥擕散騎馳入彭門帝命分兵以攻宿州刺史張友擕符印以降既而徐人閉壁堅守遂命龐師古屯兵守之而還是月蔡賊孫儒攻陷揚州自稱淮南節度使龍紀元年正月龐師古攻陷宿遷縣進軍于呂梁時溥領軍二萬晨壓師古之軍而陣師古促戰敗之斬首二千餘級溥復入彭門二月蔡將申叢遣使來告縛秦宗權于帳下折其足而囚之矣案舊唐書文德元年十一月甲子朔蔡州牙將申叢執秦宗權新唐書作十二月辛酉與舊唐書月日互異薛史作龍紀元年二月蓋即其遣使來告之月而書之也歐陽史作五月誤帝即日承制以叢爲淮西留後未幾叢復爲都將郭璠所殺是月璠執宗權來獻帝遣

行軍司馬李璠牙校朱克讓檻送于長安既至昭宗御延喜樓受俘即斬宗權于獨柳樹下蔡州平昭宗詔加帝食實封一百戶賜莊宅各一區三月又加帝檢校太尉兼中書令進封東平王賞平蔡之功也案舊唐書四月壬戌朔以宣武淮南等節度副大使知節度事管內營田觀察處置等使開封府儀同三司檢校太傅兼侍中揚州大都督府長史汴州刺史充蔡州四面行營都統上柱國沛郡王食邑四千戶朱全忠爲檢校太尉中書令進封東平王仍賜賞軍錢十萬貫薛史及歐陽史俱作三月與舊唐書異大順元年四月丙辰宿州小將張筠逐刺史張紹光擁衆以附時溥帝率親軍討之殺千餘人筠遂堅守乙卯時溥出兵碭山縣帝遣朱友裕以兵襲之敗徐軍三千餘衆獲沙陀援軍

石君和等三十人斬于宿州城下六月辛酉淮南孫儒遣使修好于帝帝表其事請以淮南節度授于儒焉辛未昭宗命帝爲宣義軍節度使充河東東面行營招討使案舊唐書五月以宣武軍節度使朱全忠爲太原東南面招討使歐陽史從舊唐書作東南面通鑑作南面與舊唐書異考新唐書云五月以朱全忠爲南面招討使六月辛未朱全忠爲河東東面行營招討使蓋先爲南面招討使後改東面也又六月全忠兼領宣義軍新舊唐書皆不載通鑑用薛史時朝廷宰臣張濬將兵討太原故也八月甲寅昭義都將馮霸殺沙陀所署節度使李克恭來降帝請河陽節度使朱崇節爲潞州留後戊辰李克用自率蕃漢步騎數萬以圍潞州帝遣葛從周率驍勇之士夜中銜枚犯圍而入于潞

案舊唐書五月潞州軍亂殺其帥李克恭七月朱全忠遣大將葛從周率千騎入潞州薛史統作八月蓋據入潞之月而追言之也九月壬寅帝至河陽遣都將李讜引軍趨澤潞行至馬牢川爲晉人所敗帝又遣朱友裕張全義率精兵至鄆州北以應援既而崇節從周棄潞來歸戊申帝廷責諸將敗軍之罪斬李讜李重胤以徇遂班師焉案自九月壬寅至此又見通鑑考異與冊府元龜同十月乙酉帝自河陽赴滑臺時奉詔將討太原先遣使假道于魏魏人不從先是帝遣行人雷鄴告羅于魏既而爲牙軍所殺羅弘信懼故不敢從命遂通好于太原十二月辛丑帝遣丁會葛從周率眾渡河取黎陽臨河又令龐師古霍存下淇門衛

縣帝徐以大軍繼其後二年春正月魏軍屯于內黃丙辰帝與之接戰自內黃至永定橋魏軍五敗斬首萬餘級羅弘信懼遣使持厚幣請和帝命止其焚掠而歸其俘弘信繇是感悅而聽命焉乃收軍屯于河上八月己丑帝遣丁會急攻宿州刺史張筠堅守其壁會乃率眾于州東築堰壅汴水以浸其城十月壬午筠遂降宿州平案舊唐書作十一月汴軍陷宿州與薛史異歐陽史及新唐書通鑑俱從薛史作十月十一月丁未曹州裨將郭紹賓殺刺史郭饒舉郡來降案新唐書十一月己未曹州將郭銖殺其刺史郭詞叛附于全忠通鑑從新唐書與薛史異歐陽史仍從薛史是月徐將劉知俊率眾二千來降自是徐軍不振十二月兗州

朱瑾領軍三萬寇單父帝遣丁會領大軍襲之敗于金鄉界殺二萬餘眾瑾單馬遁去景福元年正月遣丁會于兗州界徙其民數千戶于許州二月戊寅帝親征鄆先遣朱友裕屯軍于斗門甲申次衛南有飛鳥止于峻堞之上鳴噪甚厲副使李璠曰將有不如意之事是夜鄆州朱瑾率步騎萬人襲朱友裕于斗門友裕拔軍南去乙酉帝晨救斗門不知友裕之退前至斗門者皆爲鄆人所殺帝追襲鄆人至瓠河不及遂領兵于村落間朱瑄尚在濮州丁亥遇朱瑄率兵將歸于鄆遂來衝擊帝策馬南馳爲賊所追甚急前後浚溝躍馬而過張歸

厚援稍力戰于其後乃免時李璠與都將數人皆爲鄆軍所殺五月丙午遣朱克讓率眾暴兗鄆之麥十一月遣朱友裕率兵攻濮州下之擒刺史邵儒以獻濮州平遂命移軍伐徐州冊元府龜卷一百八十七二年四月丁丑師古下彭門梟溥首以獻通鑑考異引薛史梁紀案冊府元龜引薛史于景福二年事多所刪節考異是年春有石佛山之戰今不載通鑑注引薛史云石佛山在彭門南疑即此處闕文也八月帝遣龐師古移兵攻兗駐于曲阜與朱瑾屢戰皆敗之十二月師古遣先鋒葛從周引軍以攻齊州刺史朱威告急于兗鄆既而朱瑄以援兵至遂固其壘冊府元龜卷一百八十七乾寧元年二月帝親領大軍由鄆州東路北次于魚山

朱瑄覘知即以兵逕至且圖速戰帝整軍出寨時瑄瑾已陣于前須臾東南風大起我軍旌旃失次甚有懼色即令騎士揚鞭呼嘯俄而西北風驟發時兩軍皆在草莽中帝因令縱火既而煙焰亘天乘勢以攻賊陣瑄瑾大敗永樂大典卷一萬五千一百二十殺萬餘人餘衆擁入清河因築京觀于魚山之下駐軍數日而還二年正月癸亥遣朱友恭帥師復伐兗遂塹而圍之未幾朱瑄自鄆率步騎援糧欲入于兗友恭設伏以敗之盡奪其餽于高吳因擒蕃將安福順安福慶二月己酉帝領親軍屯于單父以爲友恭之援四月濠壽二州復爲楊行密所陷是時

太原遣將史儼兒李承嗣以萬騎馳入于鄆案通鑑乾寧二年四月河東遣其將史儼兒李承嗣以萬人馳入于鄆此據薛史梁紀原文惟史儼兒作史儼爲微異耳下又云七月克用遣史儼將三千騎詣石門侍衛十二月李克用遣大將史儼李承嗣假道于魏以救之前後復互且其時汴鄆日有戰爭道路且隔史儼既于四月入鄆不應七月已在石門十二月又過魏也考舊唐書云初兗鄆求援于太原克用令蕃將史完府何懷寶等千騎赴之不言其赴鄆爲何時據此篇下云八月獲蕃將史完府十月擒何懷寶然則四月馳入于鄆者當是史完府何懷寶非史儼李承嗣也參考薛史唐武皇紀及李承嗣傳承嗣等入鄆定在二年之冬梁紀似有舛誤通鑑並采梁唐帝紀亦未能考定畫一朱友恭遂歸于汴八月帝領親軍伐鄆至大仇遣前軍挑戰設伏于梁山以待之既而獲蕃將史完府奪馬數百匹朱瑄脫身遁去復入于鄆案通鑑九月辛未朱全忠自將擊朱瑄戰于梁山瑄敗走還鄆與薛史異歐陽史仍從薛史作八月十月帝駐軍于鄆齊州刺史朱瓊遣使請降瓊即瑾之從父兄也案新唐書昭宗紀十一月壬申齊州刺史朱瓊叛降于朱全忠據薛史則朱瓊自請降至見殺皆在十月與新唐書異通鑑從新唐書帝因移軍至兗瓊果來降未幾瓊爲朱瑾所紿掠而殺之帝即以其弟玭爲齊州防禦使十一月朱瑄復遣將賀瓌柳存及蕃將何懷寶等萬餘人以襲曹州庶解兗州之圍也帝知之自兗領軍策馬先路至鉅野南追而敗之殺戮將盡生擒賀瓌柳存何懷寶及賊黨三千餘人是日申時狂風暴起沙塵沸湧帝曰此乃殺人未足耳遂下令盡殺所獲囚俘風亦止焉翌日縶賀瓌等以示于兗帝素知

瓌名乃釋之惟斬何懷寶于兗城之下乃班師十二月葛從周領兵復伐兗案通鑑云朱全忠之去兗州也留葛從周將兵守之與薛史梁紀異又薛史葛從周傳作十月事既至與朱瑾戰于壘下殺千餘衆擒其將孫漢筠已下二十人遂旋師三年正月河東李克用既破邠州欲謀爭霸乃遣蕃將張汚落以萬騎寨于河北之莘縣聲言欲救兗鄆魏博節度使羅弘信患之使來求援冊府元龜卷一百八十七二月帝領親軍屯于單父會寒食帝乃親拜文穆皇帝陵于碭山縣午溝里冊府元龜卷一百八十九四月辛酉河東水泛漲將壞滑城帝令決隄岸以分其勢爲二河夾滑城而東爲害滋甚是月帝遣許州刺史

朱友恭領兵萬人渡淮以便宜從事時黃鄂二州累遣使求援故有是行五月命葛從周統軍屯于洹水以備蕃軍六月李克用帥蕃漢諸軍營于斥丘遣其男落落將鐵林小兒三千騎薄于洹水從周與戰大敗之生擒落落以獻克用悲駭請修舊好以贖其子帝不許遂執落落送于羅弘信斬之越七日我軍還屯陽留以伐鄆八月復壁于洹水是時昭宗幸華州遣使就加帝檢校太師守中書令四年正月帝以洹水之師大舉伐鄆辛卯營于濟水之次龐師古令諸將撤木爲橋乙未夜師古以中軍先濟聲振于鄆朱瑄聞之棄壁夜走葛從周

逐之至中都北擒瑄并其妻男以獻案自辛卯營于濟水之次至此又見通鑑考異惟中少數字蓋引書間有刪節也尋斬汴橋下鄆州平乙亥帝入于鄆以朱友裕爲鄆州兵馬留後案通鑑正月以師古爲天平軍留後三月表朱友裕爲天平軍留後據薛史郴王友裕傳四年帝下東平即爲天平軍留後與通鑑異時帝聞朱瑾與史儼兒在豐沛間搜索糧饋惟留康懷英守兗州帝因乘勝遣葛從周以大軍襲兗懷英聞鄆失守俄又我軍大至乃出降朱瑾史儼兒遂奔淮南兗海沂密等州平案新唐書昭宗紀四年正月丙申朱全忠陷鄆州天平軍節度朱瑄死之二月朱全忠寇兗州泰寧軍節度使朱瑾奔于淮南舊唐書正月癸未汴將龐師古陷鄆州二月戊申汴將葛從周陷兗州與薛史月日前後不同詳見通鑑考異乃以葛從周爲兗州留後册府元龜卷一百八十七

五月丁丑朱友恭遣使上言大破淮冦于武昌收復黃鄂二州通鑑考異引薛史梁紀八月陝州節度使王珙遣使來乞師是時珙弟珂實爲蒲帥迭相憤怒日尋干戈而珙兵寡故來求援帝遣張存敬楊師厚等領兵赴陝既而與蒲人戰于猗氏大敗之九月帝以兗鄆既平將士雄勇遂大舉南征案舊唐書昭宗紀師古渡淮在十月而清口之敗在十一月薛史繫于九月蓋舉南征之議實始于九月其後遂終言之耳歐陽史改作九月攻淮南則清口之役乃因雨雪而敗有九國志可據斷非九月事也命龐師古以徐宿宋滑之師直趨清口葛從周以兗鄆曹濮之衆徑赴安豐淮人遣朱瑾領兵以拒師古因決水以浸軍遂爲淮人所敗師古歿焉葛從周行

及濠梁聞師古之敗亦命班師册府元龜卷一百八十七

舊五代史卷一終

舊五代史卷一攷證

梁太祖紀一

又嚴寶原書訛作嚴貴今據歐陽史及通鑑改正

仍賜名全忠　案是書及舊唐書通鑑皆作僖宗賜名惟鑑戒錄云朱太祖統四鎮除中令日名温與崔相國連搆大事崔每奏太祖忠赤遷之闕東國無患矣昭宗遽勅太祖改名全忠議者謂全字人王也又在中心甚不可也上方悔焉其說與諸史異蓋傳聞之不同爾

帝與許州田從異諸軍同攻瓦子寨　案瓦子寨原本作瓦于寨攷通鑑注黃巢撤民居以爲寨屋謂之瓦子寨則于字形近刊訛耳今改正

庚午賊將盧瑭領萬餘人于圃田北萬勝戍　案通鑑攷異云長曆四月甲辰朔無庚午薛史誤今改舊唐書光啓三年四月正作甲辰朔以日數計之庚午乃四月二十七日也據此乃通鑑攷異之誤耳

乃就加帝檢校太尉兼領淮南節度使　案全忠兼領淮南舊唐書作光啓三年十一月歐陽史作十二月通鑑作閏十一月據是書則在九月以前與諸書異又是書下文作閏十二月通鑑作閏十一月未詳孰是

鄆州朱瑄　瑄歐陽史作宣

二月丙戌僖宗制以帝爲蔡州四面行營都統　案全忠爲四面行營都統新唐書及通鑑作正月癸亥舊唐書作五月與是書異

遂領兵于村落間　案領字攷文義應是頓字之譌今改

次于魚山　魚山歐陽史作漁山攷通鑑亦作魚山今仍其舊

盡奪其輜於高吳　通鑑作高梧攷是書前後俱作高吳今仍其舊

十月帝駐軍于鄆齊州刺史朱瓊遣使請降　十月新唐書昭宗紀作十一月

及蕃將何懷寶等萬餘人以襲曹州　何懷寶通鑑作薛懷寶攷舊唐書亦作何懷寶今仍之

辛卯營于濟水之次　案胡三省云漢以後無濟水此濟水蓋卽鄆城清河水也

是時珙弟珂實爲蒲帥　珂原本訛作琦今據新唐書王重榮傳改正

舊五代史卷一攷證

舊五代史卷二

宋司空同中書門下平章事薛居正等撰

太祖紀第二　梁書二

光化元年正月帝遣葛從周統諸將畧地於山東遂次于邢洺三月昭宗以帝遣領天平軍節度使餘如故案舊唐書光化元年正月朱全忠遣判官韋震奏事求遣領鄆州薛史作三月事蓋奏事在正月制下在三月也歐陽史及通鑑俱從薛史四月滄州節度使盧延彥爲燕軍所攻棄城奔于魏魏人送于汴是月帝以大軍至鉅鹿屯于城下敗晉軍萬餘衆于青山口俘馬千餘匹丁卯遣從周分兵攻洺州斬刺史邢善益擒將五十餘人五月已巳

邢州刺史馬師素棄城遁去辛未磁州刺史袁奉滔自剄而死五日之內連下三州案通鑑朱全忠陷洺州在四月陷邢州磁州在五月俱以薛史爲據新舊唐書總繫于五月歐陽史總繫于四月皆非實錄因以葛從周兼邢州昭義軍節度使留後帝遂班師是時襄州節度使趙匡凝案趙匡凝原本避朱諱作趙凝今從新舊唐書及歐陽史增匡字後倣此聞帝軍有清口之敗密附于淮夷七月帝遣氏叔琮率師伐之未幾其泌州刺史趙璠越墉來降隨州刺史趙匡琳臨陣就擒案新唐書七月丙申朱全忠陷唐州又陷隨州執刺史趙匡琳八月戊午陷鄧州執刺史國湘通鑑從新唐書與薛史詳畧不同舊唐書俱作七月歐陽史以唐州爲泌州尙仍薛史之舊二年正月淮南楊行密舉全吳之衆精甲五萬以伐徐州帝領大軍禦之行密聞帝親征乃收軍而退時幽州節度使劉仁恭大舉蕃漢兵號十萬以伐魏遂攻陷貝州州民萬餘戶無少長悉屠之進攻魏魏州人來乞師帝遣朱友倫張存敬李思安等先屯于內黃案舊唐書及通鑑俱以屯內黃爲三月事與薛史異帝遂親征三月與燕軍戰于內黃北燕軍大敗殺二萬餘衆奪馬二千餘匹擒都將單無敵已下七十餘人案通鑑單可及幽州驍將號單無敵舊唐書作生擒單可及薛史梁紀作單無敵蓋仍當時軍檄之文也是月葛從周自山東領其部衆馳以救魏翌日乘勝諸將張存敬以下連破八寨遂逐燕軍北至于臨清壅其殘寇于御河溺死者甚衆仁恭奔滄州六月帝表丁會爲

潞州節度使以李罕之疾亟故也又遣葛從周由固鎮路入于潞州以援丁會案自六月帝表丁會至此又見通鑑考異七月壬辰朔海州陳漢賓擁所部三千奔于淮南戊戌晉人陷澤州帝遣召葛從周于潞留賀德倫以守之未幾德倫爲晉人所逼遂棄潞而歸繇是潞州復爲晉人所有案新唐書八月李克用陷澤潞懷三州與薛史異通鑑從新唐書作八月歐陽史從薛史作七月十一月陝州都將朱簡殺留後李璠自稱留後送款于帝三年四月遣葛從周以兗鄆滑魏之師伐滄州五月庚寅攻德州拔之梟刺史傅公和于城上已亥進攻浮陽六月燕帥劉仁恭大舉來援從周與諸將逆戰于乾甯軍老鵶

隄大破之殺萬餘衆俘其將佐馬愼交以下百餘人旣而以連雨遂班師八月河東遣李進通襲陷洺州執刺史朱紹宗帝遣葛從周自鄴縣渡漳水屯于黃龍鎭親領中軍涉洺而寨晉人懼而宵遁洺州復平案收復洺州通鑑作九月舊唐書及歐陽史俱作八月九月帝以仁恭進通之入寇也皆繇鎭定爲其囊橐卽以葛從周爲上將以伐鎭州遂攻下臨城渡滹沲以環其城帝領親軍繼至鎭帥王鎔懼納質請盟仍獻文繒二十萬以犒戎士帝許之十月晉人以帝宿兵于趙遂南下大行急攻河陽留後侯言與都將閻寶力戰固守僅而獲全十一月以張存敬爲上將自甘陵發軍北侵幽薊連拔瀛莫二郡案新唐書昭宗紀九月甲寅朱全忠陷瀛州十月丙寅陷景州辛酉陷莫州辛巳陷祁州通鑑與新唐書同舊唐書俱作九月事薛史又俱作十一月事前後互異遂移軍以攻中山定帥王郜以精甲二萬戰于懷德亭盡殪之郜懼奔于太原遲明大軍集于城下郜季父處直持印鑰乞降亦以繒帛三十萬爲獻帝卽以處直代郜領其鎭焉是月燕人劉守光赴援中山寨于易水之上繼爲康懷英張存敬等所敗斬獲甚衆繇是河朔知懼皆弭伏焉是歲唐左軍中尉劉季述幽昭宗于東宮內立皇子德王裕爲帝仍遣其養子希度來言願以唐之神器輸于帝帝時方在河朔聞之遽還于

汴大計未決案通鑑考異引唐補紀謂全忠初與季述通謀後乃改計今考新舊唐書皆不載此事薛史亦不取會李振自長安使迴因言于帝曰夫豎刁伊戾之亂所以資霸者之事也今閹豎幽辱天子王不能討無以令諸侯帝懼因請振復使于長安與時宰潛謀反正案自季述幽昭宗至此亦見通鑑考異唯字句稍有刪節天復元年正月乙酉朔案天復元年正月當從舊唐書作甲申朔考光化三年十二月爲乙卯朔天復元年二月爲甲寅朔舊唐書作癸未夜孫德昭等以兵攻劉季述王仲先通鑑作德昭等謀以除夜伏兵俟之以癸未爲除夜則正朔斷爲甲申也通鑑從薛史作乙酉朔疑誤唐宰相崔胤潛使人以帝密旨告于侍衞將軍孫德昭己下令誅左右中尉劉季述王仲先等卽時迎昭宗于東內御樓反正癸己降制進封帝爲梁王酬反正之功也案舊唐書二月制以全忠檢校太師守中書令進封梁王新唐書二月辛未封全忠爲梁王與薛史月日先後不同詳見通鑑考異昭宗之廢也汴之邸吏程巖率昭宗衣下殿帝聞之召巖至汴折其足送于長安杖殺之是時河中節度使王珂結援于太原帝怒遣大將張存敬率將涉河繇含山路鼓行而進戊申攻下絳州壬子晉州刺史張漢瑜舉郡來降帝卽以大將侯言權領晉州何絪權領絳州晉絳平己未大軍至河中存敬命繚其垣而攻之壬戌蒲人颺素幡以請降庚午帝至河中以張存敬權領河中軍府事河中平帝乃東還是月李克用遣牙將張特來聘請尋舊好帝亦遣使

報命三月癸未朔帝歸自河中是月遣大將賀德倫氏叔琮領大軍以伐太原叔琮等自太行路入魏博都將張文恭自磁州新口入葛從周以兗鄆之衆自土門路入洺州刺史張歸厚以本軍自馬嶺入定州刺史王處直以本軍自飛狐入（案原本闕王處直三字今據通鑑增入）晉州侯言自陰地入澤州刺史李存璋棄郡奔歸太原叔琮引軍逼潞州節度使孟遷乞降河東屯將李審建王周領步軍一萬二千詣叔琮歸命乃進軍趨太原四月乙卯大軍出石會關營于洞渦驛都將白奉國自井陘入收承天軍張歸厚引兵至遼州刺史張鄂迎降氏叔琮卽日與

諸軍至晉陽城下城中雖時出精騎來戰然危蹙已甚將謀遁矣會叔琮以芻糧不給遂班師（案舊唐書四月癸丑朔汴軍大舉攻太原據薛史則汴人伐太原自在三月也新唐書云三月辛亥昭義軍節度使孟遷叛附于朱全忠四月壬子全忠陷沁澤二州丁巳儀州刺史張鄂叛附于全忠大畧與薛史同唯旋師之期薛史梁紀作四月唐紀作五月微有互異歐陽史作三月旋師誤）五月癸卯昭宗以帝兼領護國軍節度使河中尹六月庚申帝發自大梁（册府元龜卷一百八十七）丁卯視事于河東以素服出郊拜故節度使王重榮墓尋辟其子瓚爲節度判官請故相張濬爲重榮撰碑帝自中和初歸唐首依重榮至是思其舊德故恩禮若是（永樂大典卷二千七百九十五）七月甲寅帝東還梁邸十月戊戌奉密詔

赴長安是時朝廷旣誅劉季述以韓全誨張弘彥爲兩軍中尉袁易簡周敬容爲樞密使是時軍國大政專委宰相崔胤每事裁抑宦官宦官側目胤一日于便殿奏欲盡去之全誨等屬垣聞之訾于昭宗前祈哀自訴自是昭宗勅胤每有密奏令進囊封全誨等乃訪京城美婦人十數以進使求宮中陰事昭宗不晤胤謀漸泄中官視胤皆裂以重賂甘言誘藩臣以爲城社時因讌聚則相向流涕時胤掌三司貨泉全誨等教禁兵伺胤出聚而呼譟訴以冬衣減損又于昭宗前訴之昭宗不得已罷胤知政事（案舊唐書十一月壬子出幸鳳翔甲戌崔胤責授朝散大夫守工部尚書新唐

書亦作十一月甲戌崔胤罷是未幸鳳翔以前崔胤未罷知政事也與薛史異）胤怒急召帝請以兵入輔故有是行戊申行次河中同州留後司馬鄴華之幕吏也舉郡來降辛亥駐軍于渭濱華帥韓建遣使奉牋納款又以銀三萬兩助軍是日行次零口癸丑聞長安亂昭宗爲閹官韓全誨等刼遷西幸鳳翔蓋避帝之兵鋒也翌日遂命旋師夕次于赤水乙卯大軍集于華州城下韓建惶駭失措卽以城降丙辰帝表建權知忠武軍事促令赴任（案自丙辰至促令赴任又見通鑑考異與册府元龜同）同華二州平是時唐太子太師盧知猷等二百六十三人列狀請帝速請迎奉己未遂帥諸軍發自赤水壬戌次

于咸陽偵者云天子昨暮至岐山旦日宋文通扈蹕入其闉矣是時岐人遣大將符道昭領兵萬人屯于武功以拒帝帝遣康懷英敗之擄甲士六千餘衆乙丑次于岐山文通遣使奉書自陳其失請帝入覲丙辰及岐闉文通渝約閉壁不獲通復次于岐山是時昭宗累遣使齎朱書御札賜帝遣帝收軍還本道帝診之曰此必文通全誨之謀也皆不奉詔癸酉飛章奏辭且移軍北伐乙亥至邠州節度使李繼徽舉城降繼徽因請去文通所賜李姓復本宗楊氏又請納其孥以爲質帝皆從之仍易其名曰崇本邠州平己丑唐丞相崔胤京兆尹鄭元規至華州以速奉迎爲請許之（案舊唐書十二月己卯崔胤至三原呰與全忠謀攻鳳翔通鑑作癸未至三原薛史又作己丑與舊唐書異）二年正月帝復次于武功岐人堅壁不下乃廻軍于河中二月聞晉軍大舉南下聲言來援鳳翔帝遣朱友甯帥師會晉州刺史氏叔琮以禦之帝以大軍繼其後三月友甯叔琮與晉軍戰于晉州之北大敗之生擒克用男廷鸞帝喜謂左右曰此岐人之所恃也今既如此岐之變不久矣四月岐人遣符道昭領大軍屯于虢縣康懷英帥驍騎敗之丁酉唐丞相崔胤自華來謁帝屢述艱運危急事不可緩又慮羣閹擁昭宗幸蜀且告帝帝爲動容胤將辭啟宴

于府署帝舉酒胤情激于衷因自持樂板聲曲以侑酒帝甚悅座中以良馬珍玩之物賚既行命諸將犒戎具五月丁巳帝復西征六月丁丑次于虢縣癸未與岐軍大戰自辰至午殺萬餘衆擒其將校數百人乘勝遂逼其壘（案舊唐書五月岐軍出戰大敗于武功南之漠谷新唐書五月丙申李茂貞及朱全忠戰于武功敗績與薛史異）七月丙午岐軍復出求戰帝軍不利是月遣孔勍帥師取鳳隴成三州皆下之是時岐人相率結寨于諸山以避帝軍帝分兵以討浹旬之內并平之（册府元龜卷一百八十七）九月甲戌帝以岐軍諸寨連結稍盛因親統千騎登高診之時秋空澄霽煙靄四絕忽有紫雲如繖蓋凝于龍旌之上久之方散觀者咸訝之（永樂大典卷三千二百八）是時帝以岐人堅壁不戰且慮師老思欲旋旆以歸河中因密召上將數人語其事時親從指揮使高季昌獨前出抗言曰天下雄傑窺此舉者一歲矣今岐人已困願少俟之帝喜其言因曰兵法貴以正理以奇勝者詐也乘機集事必由是乎乃命季昌密募人入岐以紿之尋有騎士馬景堅願應命且曰是行也必無生理願錄其孥帝悽然止其行景固請乃許之明日軍出（案北夢瑣言時因朱友倫總騎軍且至將大出兵迓之）諸寨屏匿如無人景因躍馬西走直叩岐闉詐以軍怨東遁爲告且言列寨尙留萬餘人俟夕

將遁矣宜速掩之李茂貞信其言案李茂貞即宋文通所紀前後互異蓋仍當時軍檄之文未及改從畫一遽啟二扉悉衆來寇時諸將以介馬待之中軍一鼓百營俱進又分遣數騎以據其闉岐人進不能駐其趾退不能入其壘殺戮蹂踐不知其數茂貞繇是喪膽但閉壁而已十一月癸卯鄜帥李周彝統兵萬餘人屯于岐之北原與城中舉烽以相應翌日帝以周彝既離本部鄜時必無守備因命孔勍乘虛襲下之甲寅鄜州平周彝聞之收軍而遁案舊唐書十二月癸酉汴將孔勍乘虛襲下鄜州獲周彝妻子周彝即以兵士來降新唐書十二月己亥朱全忠陷鄜州保大軍節度李茂勳叛附于全忠考茂勳即周彝也薛史紀作十一月事與新舊唐書異茂貞既失鄜州之援愕然有瓦解之懼繇是議還警蹕誅閹寺以自贖焉冊府元龜卷一百八十七三年正月甲寅岐人啟壁唐昭宗降使宣問慰勞兼傳密旨尋又命翰林學士韓偓趙國夫人寵顏齎詔押賜帝紫金酒器御衣玉帶永樂大典卷一萬四千四百七丙辰華州留後李存審遣飛騎來告青州節度使王師範遣牙將張厚輦甲冑弓槊詐言來獻欲盜據州城事覺已擒之矣是日師範又遣其將劉鄩盜據兗州案劉鄩陷兗州新舊唐書俱作丙午薛史作丙辰與唐書異丁巳昭宗遣中使押送軍容使韓全誨已下三十餘人首級以示帝甲子昭宗發離鳳翔幸左劍寨權駐蹕帝營帝素服待罪昭宗命學士傳宣免之

帝即入見稱罪拜伏者數四冊府元龜卷一百八十七既而促召升殿密邇御座且曰宗廟社稷是卿再造朕與戚屬是卿再生因解所御玉帶面以賜帝帝亦以玉鞍勒馬金銀器紋錦御饌酒菓等躬自拜進焉永樂大典卷一萬五千一十六及翠華東行帝匹馬前導十餘里宣令止之己巳昭宗至長安謁太廟御長樂樓禮畢謂帝曰朕生入舊京是卿之力也自古救君之危曾無有如是者況今日再及清廟得親奉觴酒奠于先皇帝室前卿之德朕知不能報矣即召帝執手聲淚俱發者久之翌日誅宦官第五可範等五百餘人于內侍省二月庚辰制以帝爲守太尉兼中書令宣武宣義天平護國等軍節度使諸道兵馬副元帥加食邑三千戶實封四百戶仍賜回天再造竭忠守正功臣戊戌帝建旆東還昭宗御延喜樓送之既醉遣內臣賜帝御製楊柳詞五首三月戊午至大梁時以青州未平命軍士休澣以俟東征四月丙子迺師于臨朐亟命逼其城與青州兵戰於城下大敗之是夕淮將王景仁以所部援軍宵遁帝遣楊師厚追及輔唐殺千人乘勝攻下密州八月戊辰以伐叛之柄委于楊師厚帝乃東還九月癸卯師厚率大軍與王師範戰于臨朐青軍大敗殺萬餘人并擒師範弟師克即時徙寨以逼

其城辛亥偏將劉重霸擒棣州刺史邵播來獻播師範之謀主也帝命斃之戊午師範舉城請降 案王師範之降舊唐書作十一月丁酉朔新唐書從薛史作十月戊午 青州平翼日分命將校略地于登萊淄棣等州皆下之繇是東漸至海皆爲梁土也帝復命師範權知青州軍州事師範乃請以錢二十萬貫犒軍帝許之十月辛巳護駕都指揮使朱友倫因擊鞠墮馬卒于長安訃至帝怒以爲唐室大臣欲謀叛以致友倫暴死 案九國志趙庭隱傳云庭隱始事梁祖子友亮因擊鞠墮馬死庭隱董璋等十數人皆追赴汴州知其無過竟釋不問考歐陽史及通鑑並作友倫而九國志以爲友亮蓋傳聞之訛 十一月丁酉青將劉鄩舉兖州來降鄩王師範之將也師範令

竊據兖州久之及聞師範降鄩乃歸命帝以鄩善事其主待之甚厚尋署爲元帥府都押牙權知鄜州留後天祐元年正月己酉帝發自大梁西赴河中京師聞之爲之震懼是時將議迎駕東幸洛陽慮唐室大臣異議帝乃密令護駕都指揮使朱友諒矯昭宗命收宰相崔胤京兆尹鄭元規等殺之 案歐陽史云遣朱友謙殺胤于京師其與友倫擊鞠者皆殺之據薛史則殺崔胤者乃友諒非友謙也歐陽史家人傳亦作友諒與梁本紀不同曾三異嘗校正其誤 又邠岐兵士侵逼京畿帝因是上表堅請昭宗幸洛昭宗不得已而從之帝乃率諸道丁匠財力同構洛陽宮不數月而成二月乙亥昭宗駐蹕于陜帝自河中來覲謁

見行營因灑涕而言曰李茂貞等竊謀禍亂將迫乘輿老臣無狀請陛下東遷爲社稷大計也昭宗命延于寢室見何皇后面賜酒器及衣物何后謂帝曰此後大家夫婦委身于全忠矣因欷歔泣下後數日帝開宴于陜之私第請駕臨幸翼日帝辭歸洛陽昭宗開內宴時有宮人與昭宗附耳而語韓建躡帝之足帝遽出以爲圖己因連上章請車駕幸洛三月丁未昭宗制以帝兼判左右神策及六軍諸衛事是時昭宗累遣中使及內夫人傳宣謂帝曰皇后方在草蓐未任就路欲以十月幸洛帝以陜州小藩非萬乘久留之地期以四月內東幸

閏月丁酉昭宗發自陜郡壬寅次于穀水是時昭宗左右唯小黃門及打毬供奉內園小兒二百餘人帝猶忌之是日密令醫官許昭遠告變乃設饌于別幄召而盡殺之皆坑于幕下先是選二百餘人形貌大小一如內園人物之狀至是使一人擒二人縊于坑所即蒙其衣及戎具自飾昭宗初不能辨久而方察自是昭宗左右前後皆梁人矣甲辰車駕至洛都 十國春秋吳世家二月丁己唐帝遣間使以絹詔告難于我及西川河東等令糾率藩鎮以圖匡復詔有云朕至洛陽則爲全忠所幽閉詔敕皆出其手朕意不得復通矣 帝與宰相百官導駕入宮乙卯昭宗以帝爲宣武宣義護國忠武四鎮節度使時帝請以鄆州授張

全義故有此命五月丙寅昭宗宴羣臣曰昨來御樓前一夜亡失赦書賴梁王收得副本不然誤事宰執不得無過矣是日宴次昭宗入內召帝于內殿曲宴帝不測其事不敢奉詔又曰㸌不欲來即令敬翔入來帝密遣翔出乃止己巳奉辭東歸乙亥至大梁六月帝遣都將朱友裕率師討邠州節度使楊崇本叛故也癸丑帝西征遂朝于洛陽七月甲子昭宗宴帝于文思鞠場乙丑帝發東都壬申至河中八月壬寅昭宗遇弒于大內遺制以輝王祝爲嗣乙巳帝自河中引軍而西癸丑次于永壽邠軍不出九月辛未班師十月癸巳至洛陽詣西

內臨于梓宮前祗見于嗣君辛丑制以 案原本有闕文 帝至自西征十一月辛酉光州遣使來求援時光州歸款于帝尋爲淮人所攻故來乞師戊寅帝南征渡淮次于霍丘大掠廬壽之境淮人乃棄光州而去二年正月庚申進攻壽州壽人堅壁不出丁亥帝自霍丘班師二月辛卯帝至自南征甲午青州節度使王師範至大梁帝待以賓禮尋表授河陽節度使七月辛酉天子賜帝迎鑾紀功碑樹于洛陽庚午遣大將軍楊師厚率前軍討趙匡凝于襄州辛未帝南征表趙匡凝罪狀削奪官爵 案舊唐書八月丁未制削奪荆襄節度使趙匡凝在身官爵十一月削奪荆南留後趙匡凝官爵蓋匡凝官爵因全忠表奏而削奪匡明官爵至奔蜀後始追奪也 八月楊師厚進收唐鄧復郢隨均房等七州帝駐軍漢江北自循江千經度濟師之所九月甲子師厚於陰谷江口造梁以濟師趙匡凝率兵二萬振于江濱師厚麾兵進擊襄人大敗殺萬餘衆乙丑趙匡凝焚其舟率親軍載輕舸沿漢而遁丙寅帝濟江至中流舟壞將没數四比及岸舟沉是日入襄城帝因周視府署其帑藏悉空唯于西廡下有一亭窗戶儼然扃鎖甚密遂令破鎖啟扉中有一大匱緘鐍甚至又令破其匱內有金銀數百錠帝因歎曰亂兵既入公私財貨固無孑遺矣此帑當有陰物主之不令常人所得俟

我以有之邪遂以百餘錠賜楊師厚襲荆州留後趙匡明棄城上峽奔蜀荆襄二州平帝以都將賀瓌權領荆州楊師厚權領襄州即表其事十月丙戌朔天子以帝爲諸道兵馬元帥辛卯帝自襄州引軍由光州路趨淮南將發敬翔切諫請班師以全軍勢帝不聽壬辰次于棗陽遇大雨頗阻師行之勢軍至壽春壽春人堅壁清野以待帝帝乃還舍于正陽十一月丙辰大軍北濟 十國春秋柴再用抄其後軍斬首三千級獲輜重萬計 帝至汝陰深悔淮南之行躁煩尤甚 師友雜志朱全忠嘗與僚佐及遊客坐于大柳之下全忠獨言曰此樹宜爲車轂衆莫應有遊客數人起應曰宜爲車轂全忠勃然厲聲曰書生輩好順口玩人皆此類也車須用夾轂柳木豈可爲之顧左

右日何何待左右數十人捽言爲車轂者悉撲殺之丁卯帝至自南征辛巳天子
命帝爲相國總百揆以宣武宣義天平護國天雄武順
佑國河陽義武昭義保義武昭武定泰甯平盧匡國武
甯忠義荊南等二十一道爲魏國案以二十一道爲魏國薛史止載十九道
據舊唐書尙有忠武鎭國二道薛史闕載進封帝爲魏王入朝不趨劍履上
殿贊拜不名兼備九錫之命癸未唐中書門下奏中書
印巳送相國中書公事權用中書省印甲申中書門下
奏天下州縣名與相國魏王家諱同者請易之十二月
乙酉朔帝讓相國魏王九錫之命丙戌京百司各差官
齎本司須知孔目薑印赴魏國送納甲午天子以帝堅

讓九錫之命乃命宰相柳璨來使且述揖讓之意焉丁
酉帝又讓九錫之命詔畧曰但以鴻名難掩懿實須彰
宜且徇于奏陳未便行於典册又改諸道兵馬元帥爲
天下兵馬元帥是時帝以唐朝百官服飾多闕乃製造
遜色衣服請朝廷等第賜之其所給俸錢仍請自來年
正月全支三年正月幽滄稱兵將寇于魏魏人來乞師
且以牙軍驕悍謀欲誅之遣親吏臧延範密告于帝帝
陰許之乙丑北征先是帝之愛女適羅氏是月卒于鄴
城因以兵杖數千事實于槖中遣客將馬嗣勳領長直
軍千人雜以工匠丁夫肩其槖而入于魏聲言爲帝女

設祭魏人信而不疑庚午夜嗣勳率其衆與羅紹威親
軍數百人同攻牙軍遲明盡殺之死者七千餘人洎于
嬰孺亦無留者是日帝次于內黃聞之驅騎至魏時魏
之大軍方與帝軍同伐滄州聞牙軍之死即時奔還帝
之軍追及歷亭殺賊幾千餘衆乃擁大將史仁遇保于
高唐帝遣兵圍之是月天子詔河南尹張全義部署修
制相國魏王法物三月甲寅天子命帝總判鹽鐵度支
戶部等三司事帝再上章切讓之乃止四月癸未攻下
高唐軍民無少長皆殺之生擒逆首史仁遇以獻帝支
解之未幾又攻下澶博貝衛等州皆爲魏軍殘黨所據

故也是時晉人圍邢州刺史牛存節堅壁固守帝遣符
道昭帥師救之晉人乃還去五月帝畧地于洺州既而
復入于魏七月己未自魏班師案通鑑考異引編遺錄作七月癸未上起兵離
魏都七月壬子朔無癸未編遺錄誤也今考癸未乃己未傳寫之誤是日收復相州自是
魏境悉平壬申帝歸自魏八月甲辰以滄州未平復命
北征册府元龜卷一百八十七九月丁未營于長蘆一夕帝夢白龍
附於兩肩左右瞻顧可畏恍然驚寤永樂大典卷一萬五千二百七十
十月辛巳邠州楊崇本以鳳翔邠甯涇鄜秦隴之衆合
五六萬來寇屯于美原列十五寨其勢甚盛帝命同州
節度使劉知俊都將康懷英帥師禦之知俊等大破邠

寇殺二萬餘衆奪馬三千餘匹擒其列校百餘人楊崇本胡章僅以身免案新唐書九月乙亥匡國軍節度使劉知俊陷坊州十月辛巳楊崇本戰于美原敗績與薛史互有詳畧十一月庚戌懷英乘勝進軍遂收鄜州十二月乙丑帝以文武常參官每月一五九日赴朝奏請備廊飡詔從之遂自長蘆班師案以上疑有闕文據舊唐書哀帝紀戊辰李克用與幽州之衆同攻潞州全忠守將丁會以潞降太原克用以其子嗣昭爲留後甲戌全忠燒長蘆營旋軍聞潞州陷故也以寨內糗糧山積帝命焚之滄帥劉守文以城中絕食因致書于帝乞留餘糧以救饑民帝爲留十餘囷以與之册府元龜卷一百八十七　案容齋續筆滄州還師悉焚諸營貲糧在舟中者鑿而沉之劉守文遺全忠書曰城中數萬口不食數月矣與其焚之爲煙沉之爲泥願乞其所餘以救之全忠爲之留數囷滄人賴以濟洪氏所述與册府元龜畧同惟留十餘囷與留數囷微異

舊五代史卷二終

舊五代史卷二攷證

梁太祖紀二磁州刺史袁奉滔　磁州原本訛作惠州今據新唐書及通鑑改正

隨州刺史趙匡琳　趙匡琳原本沿宋諱作趙琳今據新唐書增匡字

願錄其孥　案錄原本訛戮今參攷通鑑及北夢瑣言據文改正

華州留後李存審　案李存審三字疑有舛誤攷王師範傳作崔允在華州

昭宗御延喜樓送之　案喜原本訛熹今據通鑑改正

武昭武定泰寧平盧匡國　案武昭原本脫武字匡國沿宋諱作章國今據歐陽史增改

舊五代史卷三

宋司空同中書門下平章事薛居正等撰

太祖紀第三　梁書三

開平元年正月丁亥帝廻自長蘆次于魏州節度使羅紹威以帝廻軍慮有不測之患由是供億甚至因密以天人之望切陳之帝雖拒而不納然心德之（冊府元龜卷一百八十七）壬寅帝至自長蘆是日有慶雲覆于府署之上（冊府元龜卷二百三）甲辰天子遣御史大夫薛貽矩來傳禪代之意（永樂大典卷五千一百四十九）貽矩謁帝陳北面之禮帝揖之升階貽矩曰殿下功德及人三靈所卜已定皇帝方議裁詔行舜

禹之事臣安敢違既而拜伏于砌下帝側躬以避之（冊府元龜卷一百八十七）二月戊申帝之家廟棟間有五色芝生焉狀若芙蓉紫煙蒙護數日不散又是月家廟第一室神主上有五色衣自然而生識者知梁運之興矣（永樂大典卷一萬七千一百六十七）唐乾符中木星入南斗數夕不退諸道都統晉國公王鐸觀之問諸知星者吉凶安在咸曰金火土犯斗即為災唯木當為福耳或亦然之時有術士邊岡者洞曉天文博通陰陽曆數之妙窮天下之奇秘有先見之明雖京房管輅不能過也鐸召而質之岡曰惟木為福神當以帝王占之然則非福于今必當有驗于後未

敢言之請他日證其所驗一日又密召岡因堅請語其詳至于三四岡辭不獲鐸乃屏去左右岡曰木星入斗帝王之兆也木在斗中朱字也以此觀之將來當有朱氏為君者也天戒之矣且木之數三其禎也應在三紀之內乎鐸聞之不復有言（冊府元龜卷二百三）天后朝有讖辭云首尾三鱗六十年兩角犢子自狂顛龍蛇相鬬血成川當時好事者解云兩角犢子牛也必有牛姓干唐祚故周子諒彈牛仙客李德裕謗牛僧孺皆以應圖讖為辭然朱字牛下安八八即角之象也故朱滔朱泚構釁亂之禍冀無妄之福豈知應之帝也（永樂大典卷一萬九千三百九十六）四

月唐帝御札宰相臣張文蔚等備法駕奉迎梁朝（通鑑考異引薛史）宋州刺史王皐進赤烏一雙又宰臣張文蔚正押傳國寶玉冊金寶及文武羣官諸司儀仗法物及金吾左右二軍離鄭州丙辰達上源驛是日慶雲見（冊府元龜卷二百三）令曰王者創業興邦立名傳世必難知而示訓從易避以便人（案原本有闕文）或稽其符命應彼開基之義垂諸象德之言爰考簡書求於往代周王昌發之號漢帝詢衎之文或從一德以徽稱或為二名而更易先王令典布在縑緗寡人本名兼于二字且異帝王之號仍兼避易之難郡職縣官多須改換況宗廟不遷之業憲章百世

之規事叶典儀豈憚革易寡人今改名晃是以天意雅符于明德日光顯契于瑞文昭融萬邦理斯在是庶順昊穹之意永臻康濟之期宜令有司分告天地宗廟其舊名中外章疏不得更有廻避（册府元龜卷二百八十二）時將受禪下教以本名二字異帝王之稱故改名（通鑑注引薛史）己未賜文武百官一百六十人本色衣一副（册府元龜卷一百九十七）戊辰卽位制曰王者受命于天光宅四海祗事上帝寵綏下民革故鼎新諒曆數而先定創業垂統知圖籙以無差神器所歸祥符合應是以三正互用五運相生前朝廷道消中原政散瞻烏莫定失鹿難追朕經緯風雷沐浴

霜露四征七伐垂三十年糾合齊盟翼戴唐室隨山刋木罔憚胼胝投袂揮戈不遑寢處洎玄穹之所贊知唐運之不興莫諧輔漢之謀徒罄事殷之禮唐主知英華已竭算祀有終釋龜鼎以如遺推劍紱而相授朕懼德弗嗣執謙允恭避駿命于南河耆清風于潁水而乃列嶽羣后盈廷庶官東西南北之人班白緇黃之衆謂朕功蓋上下澤被幽深宜應天以順時俾化家而爲國拒彼億兆至于再三且日七政已齊萬幾難曠勉遵令典爰正鴻名告天地神祇建宗廟社稷顧惟凉德曷副樂推懔若履氷懷如馭朽金行啟祚玉曆建元方弘經始

之規宜布維新之令可改唐天祐四年爲開平元年國號大梁書載虞賓斯爲令範詩稱周客蓋有明文是用先封以禮後嗣宜以曹州濟陰之邑奉唐主封爲濟陰王凡曰軌儀並遵故實姬庭多士此是殷臣楚國羣材終爲晉用歷觀前載自有通規但遵故事之文勿替在公之効應是唐朝中外文武舊臣見任前資官爵一切仍舊凡百有位無易厥章陳力濟時盡瘁事我古者興王之地受命之邦集大勳有異庶方沾慶澤所宜加等故豐沛著啟祚之美穰鄧有建都之榮用壯鴻基且旌故里爰遵令典先示殊恩宜升汴州爲開封府建名東

都其東都改爲西都仍廢京兆府爲雍州佑國軍節度使（五代會要四月改京兆府爲大安府長安縣爲大安縣萬年縣爲大年縣仍置佑國軍節度使額始命韓建爲佑國軍節度使）是日大酺賞賜有差（永樂大典卷五千一百四十九。案通鑑甲辰唐昭宣帝降御札禪位于梁以攝中書令張文蔚爲册禮使禮部尚書蘇循副之攝侍中楊涉爲押傳國寶使翰林院學士張策副之御史大夫薛貽矩爲押金寶使尚書左丞趙光逢副之帥百官備法駕詣大梁甲子張文蔚楊涉乘輅自上源驛至從册寶諸司各備儀衛鹵簿前導百官從其後至金祥殿前陳之王被袞冕卽皇帝位張文蔚蘇循奉册升殿進讀楊涉張策薛貽矩趙光逢以次奉寶升殿讀已降帥百官舞蹈稱賀帝遂與文蔚等宴于元德殿帝舉酒曰朕輔政未久此皆諸公推戴之力文蔚等慙懼俯伏不能對獨蘇循薛貽矩及刑部尚書張禕盛稱帝功德宜應天順人案朱梁篡位之事薛史應爲詳載今全篇不可得見謹附錄通鑑于此）宋州刺史王皐進兩岐麥陳州袁象先進白兎一付史館編錄兼示百官（冊府元龜卷二百二）詔在京司及諸軍州縣印一例鑄換其篆文則各如舊（冊府元龜卷一百九十一）辛未武安軍節度使馬殷進封楚王（冊府元龜卷一百九十六）以太府卿敬翔知崇政院翔與帷幄之謀故首擢焉（永樂大典卷一萬二千一百十三）追尊四代廟號高祖嫣州府君上謚曰宣元皇帝廟號肅祖太廟第一室陵號興極陵祖妣高平縣君范氏追謚宣僖皇后皇曾祖宣惠王上謚曰光獻皇帝廟號敬祖第二室陵號永安祖妣秦國夫人楊氏追謚光孝皇后皇祖武元王上謚曰昭武皇帝廟號憲祖第三室陵號光天祖妣吳國夫人劉氏追謚昭懿皇后皇考文明皇

上謚曰文穆皇帝廟號烈祖第四室陵號咸甯皇妣晉國太夫人王氏追謚文惠皇后（冊府元龜卷一百八十九）以宣武節度副使皇子友文爲開封尹判建昌院事友文本康氏子也帝養以爲子（永樂大典卷一萬二千一百十三）是月制宮殿門及都門名額正殿爲崇元殿東殿爲元德殿內殿爲金祥殿萬歲堂爲萬歲殿門如殿名（冊府元龜卷一百八十六）帝自謂以金德王又以福建上獻鸜鵒諸州相繼上白烏白兎洎白蓮之合蒂者以爲金行應運之兆故名殿曰金祥（通鑑注引薛史）以大內正門爲元化門皇牆南門爲建國門滴漏門爲啟運門下馬門爲升龍門元德殿前門爲崇明門正殿東門爲金烏門西門爲玉兎門正衙東門爲崇禮門東偏門爲銀臺門宴堂門爲德陽門天王門爲賓天門皇牆東門爲寬仁門浚儀門爲厚載門皇牆西門爲神獸門望京門爲金鳳門宋門爲觀化門尉氏門爲高明門鄭門爲開明門梁門爲乾象門酸棗門爲興和門封丘門爲含耀門曹門爲建陽門升開封浚儀爲赤縣尉氏封丘雍丘陳留爲畿縣（永樂大典卷二千五百二十。五代會要四月改左右長直爲左右龍虎軍左右內衙爲左右羽林軍左右堅鋭夾馬突將爲左右神武軍左右親隨軍將馬軍爲左右龍驤軍）五月以唐朝宰相張文蔚楊涉並爲門下侍郎平章事以御史大夫薛貽矩爲中書侍郎平章事（冊府元龜

卷一百九十九）帝初受禪求理尤切委宰臣搜訪賢良或有在下位抱負器業久不得伸者特加擢用有明政理得失之道規救時病者可陳章疏當親鑒擇利害施行然後賞以爵秩有晦跡邱園不求聞達者令彼長吏備禮邀致冀無遺逸之恨（冊府元龜卷二百一十）進封河南尹兼河陽節度使張全義爲魏王兩浙節度使錢鏐進封吳越王（冊府元龜卷一百九十六）辛巳有司奏以降誕之日爲大明節休假前後各一日（永樂大典卷一萬六千一百八十七）壬午保義軍節度使朱友謙進百官衣二百副（冊府元龜卷一百六十七）乙酉立皇兄全昱爲廣王皇子友文爲博王友珪爲郢王友璋爲福王友雍

爲賀王友徽爲建王永樂大典卷一萬六千六百二十八〇歐陽史封姪友諒衡王友能惠王友誨邵王辛卯以東都舊第爲建昌宮改判建昌宮事爲建昌院使永樂大典卷一萬二千一百十三初帝創業之時以四鎭兵馬倉庫籍繁因總置建昌院以領之至是改爲宮蓋重其事也通鑑注引薛史甲午詔天下管屬及州縣官名犯廟諱者各宜改換城門郎改爲門局郎茂州改爲汶州桂州慕化縣改爲歸化縣潘州茂名縣改爲越裳縣册府元龜卷一百八十九　案魏泰東軒筆錄京師呼城外爲州東州西州南州北而韋城相城胙城等縣但呼韋縣相縣胙縣蓋沿梁時避諱之舊也詔樞密院宜加爲崇政院以知院事敬翔爲院使永樂大典卷一萬二千一百十三改文思院爲乾文院同和院

改爲儀鸞院五代會要五月改御食使爲司膳使小馬坊使爲天驥使以西都水北宅爲大昌宮册府元龜卷一百九十六廢雍州太清宮改西都太微宮亳州太清宮皆爲觀諸州紫極宮皆爲老君廟册府元龜卷一百九十四泉州僧智宣自西域回進辟支佛骨及梵夾經律永樂大典卷二萬一千一百七十五丙申御元德殿宴犒諸軍使劉捍符道昭以下賜物有差是月青州許州定州三鎭節度使請開內宴各賜方物永樂大典卷一萬六千七百四十六以青州節度使韓建守司徒平章事帝以建有文武材且詳于稼穡利害軍旅之事籌度經費欲盡詢焉恩澤特異于時罕有比者隨拜爲上相賜賚甚厚册府元龜卷一百九十九宿州刺史

王儒進白兎一濮州刺史圖嘉禾瑞麥以進册府元龜卷二百二廣州進奇寶名樂品類甚多河南尹張全義進開平元年以前羨餘錢十萬貫紬六千疋綿三十萬兩仍請每年上供定額每歲貢絹三萬疋以爲常式荆南高季昌進瑞橘數十顆質狀百味倍勝常貢且橘當冬熟今方仲夏時人咸異其事因稱爲瑞册府元龜卷一百六十九〇五代春秋五月李思安及晉人戰于潞城思安師敗績六月幸朝元院宴召宰臣學士及諸道入貢陪臣永樂大典卷一萬六千七百四十六己亥帝御崇元殿內出追尊四廟上謚號玉册寶共八副宰臣文武百官儀仗鼓吹導引至太廟行事癸卯司天監奏日辰內有戊字

請改爲武從之册府元龜卷一百八十九　案容齋三筆以爲戊類成字故司天詔之殊不知戊字乃避梁祖曾祖茂琳諱非以其類成字也雲谷雜記嘗辨正之今崇福侯廟碑立于開平二年正作武寅可見當時避諱之體癸亥詔以前朝官僚譴逐南荒積年未經昭雪其間有懷抱材器爲時所嫉者深負冤抑仍令錄其名姓盡復官資兼告諭諸道令津致赴闕如已亡沒並許歸葬以明恩蕩册府元龜卷一百九十一以西都徽安門北路逼近大內宮垣兼非民便令移自榆林直趨端門之南册府元龜卷一百九十六改耀州報恩禪院爲興國寺册府元龜卷一百九十四馬殷奏破淮寇靜海軍節度使曲裕卒七月丙申以靜海軍行營司馬權知留後曲顥起復爲安南都護充節度

使（五代會要七月敕云建國遷都俾新其制況山河之險表裏爲防今二京俱在關東以內仍以潼關隸陝州復置河潼軍使命虢州刺史兼領之其月敕改虎牢關爲軍仍置虎牢關軍使通鑑攷異引薛史）已亥追尊皇妣爲皇太后（永樂大典卷一萬七千二百九十六）八月以潞州軍前屯師旅壁壘未收乃別議戎帥于是以亳州刺史李思安充潞州行營都統（冊府元龜卷一百九十九）勅朝廷之儀封冊爲重用報勳烈以隆恩榮固合親臨式光典禮舊章久缺自我復行今後每封冊大臣宜令有司備臨軒之禮（永樂大典卷一萬六千七百五十一○五代會要八月敕云諸道所有軍事申奏令直至右銀臺門委客省使晝時引進尋常公事依前四方館收接）甲子平明前老人星見于南極壬申密州進嘉禾又有合歡榆樹並圖形以獻是月隰州

奏大甯縣至固鎮上下二百里今月八日黃河清至十月如故（冊府元龜卷二百二）九月辛丑西京大內放出兩宮內人及前朝宮人任其所適（冊府元龜卷一百九十五）勅以近年文武官諸道奉使皆于所在分外停住踰年涉歲未聞歸闕非唯勞費州郡抑且侮慢國經臣節既虧憲章安在自今後兩浙福建廣州南安邕容等道使到發許住一月湖南洪鄂黔桂許住二十日荆襄同雍鎮定青滄許住十日其餘側近不過三五日凡往來道路據遠近里數日行兩驛如遇疾患及江湖阻隔委所在長吏具事由奏聞如或有違當行朝典命御史黜檢糾察以儆慢官（冊府元龜卷一百九十一）魏博羅紹威二男廷望廷矩年在幼稚皆有材器帝以其藩屏勳臣之胄宜受非次之用皆擢爲郎恩命既行之後二子亦就班列紹威乃上章以齒幼未任公事乞免主印宿直從之（冊府元龜卷二百一十）封鎮東軍神祠爲崇福侯浙西奏道門威儀鄭章道士夏隱言焚修精志妙達希夷推諸輩流實有道業鄭章宜賜號貞一大師仍名元章隱言賜紫衣（冊府元龜卷一百九十四○五代會要九月置左右天興左右廣勝軍仍以親王爲軍使）十月帝以用軍未暇西幸文武百官等久居東京漸及疑訝令就便各許歸安只留韓建薛貽矩翰林學士張策韋郊杜曉中書舍人封舜卿張

衮并左右御史司天監宗正等兼要當諸司節級外其宰臣張文蔚已下文武百官並先于西京祗候（冊府元龜卷二百五）庚午大明節內外臣僚各以奇貨良馬上壽故事內殿開宴召釋道二教對御談論宣旨罷之命閤門賜以香合賜宰臣佛寺行香（永樂大典卷一萬六千四百八十七）駕幸繁臺講武（永樂大典卷一萬六千八百三）癸酉御史司憲薛廷珪奏請文武百官仍舊朝參先是帝欲親征河東命朝臣先赴洛都至是緩其期乃允所奏宰臣請每月初入閤望日延英聽政永爲常式（冊府元龜卷一百七十九）山南東道節度使楊師厚進納趙匡凝東第書籍先是收復襄漢帝閱其圖書至是

命師厚進焉冊府元龜卷一百九十四廣州進獻助軍錢二十萬又進龍腦腰帶珍珠枕玳瑁香藥等冊府元龜卷一百九十七十一月壬寅帝以征討未罷調補爲先遂命盡赦逃亡背役髡黥之人各許歸鄉里冊府元龜卷九十五廣州進龍形通犀腰帶金托裹含稜玳瑁器百餘副香藥珍巧甚多冊府元龜卷一百九十七廣南管內獲白鹿並圖形來獻耳有兩缺按符瑞圖鹿壽千歲變白耳一缺今驗此鹿耳有二缺其獸與色皆應金行實表嘉瑞冊府元龜卷一百六十九十二月辛亥詔曰潞寇未平王師在野攻戰之勢難緩于寇圍飛輓之勤實勞于人力永言輟耒深用軫懷宜令長吏丁甯布告期以兵罷之日給復賦租于是人戶聞之皆忘其倦冊府元龜卷一百九十四詔故荆南節度使守中書令上谷王周汭贈太師故武昌軍節度使兼中書令西平王杜洪贈太傅先是鄂渚再爲淮夷所侵攻圍甚急杜洪以兵食將盡繼來乞師帝料以隔越大江難以赴援兼以荆州據上游多戰艦去江夏甚邇因命汭舉舟師沿流以救之汭于是引兵東下纔及鄂界遇朗州背盟作亂乘江陵之虛縱兵襲破之俘掠且盡旣而汭士卒知之皆顧其家咸無鬭志遂爲淮寇所敗將卒潰散汭忿恚自投于江汭之本姓犯文穆皇帝廟諱至是因追贈以其系出周文

故賜姓周氏及汭兵敗之後武昌以重圍經年糧盡力困救援不至訖爲淮寇所陷載洪以送淮師遂殺之此二鎭也皆以忠貞歿于王事帝每言諸藩屏翰經綸之業必首痛汭洪之甍至是追贈之深加軫悼各以其子孫宗屬錄用焉冊府元龜卷二百一十棣州蒲臺縣百姓王知嚴妹以亂離并失怙恃因舉哀追感自截四指以祭父母帝以遺體之重不合毀傷言念村閭何知禮教自今後所在郡縣如有截指割股不用奏聞是年諸道多奏軍人百姓割股青齊河朔尤多帝曰此若因心亦足爲孝但苟免徭役自殘肌膚欲以庇身何能療疾並宜止絕冊府元龜卷一百九十一五代會要十二月于輝州碭山縣置崇德軍太祖榆社在碭山置使以領之始命朱彥讓爲軍使

舊五代史卷三終

舊五代史卷三攷證

梁太祖紀三節度使羅紹威　紹威原本作昭威今據歐陽史改

判建昌院事　案原本脫昌字今增

以青州節度使韓建守司徒平章事　青原本訛作清今改正

已亥追尊皇妣爲皇太后　案長曆七月不得有已亥今攷通鑑亦作七月已亥當是引薛史原文今仍之

是日隰州奏大寧縣至固鎮上下二百里　案是書前後多作李固鎭疑原本有脫字攷通鑑亦間作固鎭蓋當時奏牘省文也今仍之

因命周淌舉舟師沿流以救之　周淌列傳作成淌本紀所稱周淌者仍當時詔誥之文耳

舊五代史卷三攷證

舊五代史卷四

宋司空同中書門下平章事薛居正等撰

太祖紀第四　梁書四

開平二年正月癸酉帝御金祥殿受宰臣文武百官及諸藩屏陪臣稱賀諸道貢舉一百五十七人見于崇元門封從子友甯爲安王友倫爲密王幽州劉守光進海東鷹鶻蕃馬氈罽方物（冊府元龜卷一百九十　案五代春秋正月晉王克用薨）二月自去冬少雪春深農事方興久無時雨兼慮有災疾帝深軫下民遂命庶官徧祀于羣望掩瘞暴露令近鎭案古法以禳祈旬日乃雨（永樂大典卷二千六百三十　案通鑑二月癸亥酖殺濟陰王于曹州新唐書昭宣帝紀亦云二月遇弒歐陽史作正月己亥卜郊于西都弒濟陰王與諸書異）帝以上黨未收因議撫巡便往西都赴郊禋之禮乃下令曉告中外取三月一日離東京以宰臣韓建權判建昌宮事（五代會要十月以尚書兵部侍郎李皎爲建昌宮副使）兵部侍郎姚洎爲鹵簿使開封尹博王友文爲東都留守辛未契丹主安巴堅遣使貢良馬三月壬申帝親統六軍巡幸澤潞是日寅時車駕西幸宰臣并要切司局皆扈從晚次中牟（冊府元龜卷二百五）下詔以去年六月後昭義行營陣歿都將吏卒死于王事追念忠赤乃錄其名氏各下本軍令給養妻孥三年內官給糧賜（冊府元龜卷一百九十五）丁丑幸澤州辛巳以

同州節度使劉知俊爲潞州行營招討使壬午宴扈駕羣臣并勞知俊賜以金帶戰袍寶劍茶藥永樂大典卷一萬六千七百四十六甲申登東北隅逍遙樓蒐閱騎乘旌甲滿野冊府元龜卷二百十四丙申招討使劉知俊上章請車駕還東京蓋小郡湫隘非久駐蹕之所達覽帝俞其請冊府元龜卷二百五以鴻臚卿李從唐室宗屬封萊國公爲二王後有司奏萊國公李從合留三廟于西都選地位建立廟宇以備四仲祭祀命度支供給以遵彝典冊府元龜卷二百一十二四月以吏部侍郎于兢爲中書侍郎平章事以翰林奉旨學士張策爲刑部侍郎平章事時帝在澤州拜一相于行在冊府元龜卷一百九十九案通鑑癸巳門下侍郎同平章張文蔚卒癸卯門下侍郎同平章事楊涉罷爲右僕射是拜二相于行在所以代張文蔚楊涉也梁代避諱改承旨爲奉旨通鑑誤作承旨四月丙午車駕離澤州丁未駐蹕于懷州宴宰臣文武百官辛亥至鄭州壬子幸東京丙寅車駕幸繁臺觀稼冊府元龜卷二百五鄢陵居人程震以兩岐麥穗并畫圖來進冊府元龜卷二百二甲寅淮寇侵軼潭岳邊境欲援朗州以戰艦百餘艘揚帆西上泊鼎口湖南馬殷遣水軍都將黃璠率樓船邀擊之賊衆沿流宵遁追至鹿角鎮冊府元龜卷二百一十七詔以戸部尚書致仕裴廸復爲右僕射廸敏事愼言達吏治明籌算帝初建節旄于夷門廸一謁見如故知乃辟爲從事自是

之後歷三十年委四鎭租賦兵籍帑廩官吏獄訟賞罰經費運漕事無巨細皆得專之帝每出師卽知軍州事逮于二紀不出梁之闉闠甚有裨贊之道禪代之歲命爲太常卿屬年已耆耄視聽昏塞不任朝謁遂請老許之朞月復起師長庶官焉冊府元龜卷二百一十二五月丁丑王師圍潞州將及二年李進通危在旦夕不俟攻擊當自降太原李存勗以厚幣誘結北蕃諸部並其境內丁壯悉驅南征決戰以救上黨之急部落帳族馳馬厲兵數路齊進于銅鞮樹寨旅壘相望冊府元龜卷一百一十七王師敗于潞州永樂大典卷一萬四千二百一十二己丑令下諸州去年有蝗蟲下子處蓋前冬無雪至今春亢陽致爲災沴寔傷隴畝必盧今秋重困稼穡自知多在荒陂榛蕪之內所在長吏各須分配地界精加翦撲以絕根本壬辰夜火星犯月太史奏災合在荆楚乃令設武備寛刑罰恤人禁暴以禳之永樂大典卷二千六百三十軍前行營都將康懷英孫海金以下主將四十三人于右銀臺門進狀待罪帝以去年發軍之日不利有違兵法並釋放兼各賜分物酒食勞問永樂大典卷一萬四千二百一十二封義昌軍節度使劉守文加中書令封大彭王盧龍軍節度使劉守光封河間郡王許州節度使馮行襲封長樂王冊府元龜卷一百九十六是月癸未淮賊寇荆

州石首縣襄陽舉舟師泝灨港襲敗之册府元龜卷二百一十七六月辛亥以亢陽慮時政之闕乃詔曰遷者下民喪禮法吏舞文銓衡既失于選求州鎮又無其舉刺風俗未厚獄訟實繁職此之由上遭天譴至是決遣囚徒及戒勵中外丙寅月犯角宿帝以其分野在兗州乃令長吏治戎事設武備省獄訟恤疲病祈福禳災以順天戒永樂大典卷二千六百三十 丙辰邠岐來寇雍西編戶困于逃避且芟害禾稼結營自固踰月同州劉知俊領所部兵擊退襲至幕谷案歐陽史作漠谷五代春秋仍作幕谷 大破之俘斬千計收其器甲宋文通僅以身免册府元龜卷二百一十七 詔曰敦尚儉素抑有前聞斥去浮華期臻至理如聞近日貢奉競務奢淫或奇巧蕩心或雕鏤溢目徒殫資用有費工庸此後應諸道進獻不得以金寶裝飾戈甲劍戟至于鞍勒不用塗金及雕刻龍鳳如有此色所司不得引進永樂大典卷一萬九千五百九十九 邕州奏鎮𨚗山僧通道璘有道行各賜紫衣册府元龜卷一百一十七 是月壬戌岳州為淮賊所據帝以此郡五嶺三湘水陸會合之地委輸商賈靡不由斯遂令荊湘湖南北舉舟師同力致討王師既集淮夷毀壁焚郛郭而遁册府元龜卷二百一十七 秋七月甲戌大霖雨陂澤泛溢頗傷稼穡帝幸右天武軍河亭觀水册府元龜卷二百五 幸高僧臺觀禁衛六

軍册府元龜卷二百一十四 詔曰車服以庸古之制也貴賤無別罪莫大焉內外將相許以銀飾鞍勒其刺史都將內諸司使以降祇取用銅𨬖定尊卑永為條制仍令執法官糾察之册府元龜卷一百九十一 癸巳以禪代已來思求賢哲乃下令搜訪牢籠之期以好爵待以優榮各隨其材咸使登用宜令所在長吏切加搜訪每得其人則疏姓名以聞如在下位不能自振者有司薦導之如任使後顯立功勞別加遷陟册府元龜卷二百一十三 勅禁屠宰兩月册府元龜卷一百九十五 甲午以高明門外繁臺為講武臺是臺西漢梁孝王之時嘗按歌閱樂于此當時因名曰吹臺其後有繁氏居于其側里人乃以姓呼之時代綿寢雖官吏亦從俗焉帝每登眺蒐乘訓戎宰臣以是事奏而名之册府元龜卷一百九十五○以上又見通鑑注所引薛史與册府元龜相符惟字句稍有異同 八月辛亥勅應有暴露骸骨各委差人埋瘞册府元龜卷一百九十五 兩浙錢鏐奏請重鑄換諸州新印册府元龜卷一百九十一 詔禁戢諸軍節度節兵士及供奉官受旨殿直以下各修禮敬册府元龜卷一百九十一 甲寅太史奏壽星見于南方册府元龜卷二百二 兩浙錢鏐奏改管內紫極宮為眞聖觀册府元龜卷一百九十四 改臨安縣廣義鄉為衣錦鄉○通鑑注引薛史 十國春秋吳越世家八月梁敕封唐山縣為吳昌縣唐興縣為天台縣又敕升杭越等州為大都督府復改新城縣曰新登長城縣曰長興樂成曰樂清避梁諱也 甲子夜東方

有大流星光明燭地有聲如裂帛（永樂大典卷七千八百六十六）唐州上言白龍見圖形以進（永樂大典卷五百六十）九月丙子太原軍出陰地關南牧寇掠郡縣晉絳有備帝慮諸將翫寇乃下詔親議巡幸命有司備行丁丑翠華西狩宰臣翰林學士崇政院使金吾仗及諸司要切官皆扈從餘文武百官並在東京壬午達洛陽帝御文思殿受朝參許汝孟懷牧守來朝澤州刺史劉重霸面陳破敵之策癸未西幸宿新安丙戌至陝州駐蒲雍同華牧守皆進鎧甲騎馬戈戟食味方物（冊府元龜卷二百五）幽州都將康君紹等十人自蕃賊寨內來投又幽州騎將高彥章八十人騎先

在并州乃于晉州軍前來降至是到行在皆賜分物衣服放歸本道以示懷服（冊府元龜卷二百一十五）丁亥至陝州賜宴扈從官（永樂大典卷一萬六千七百四十六）戊子延州賊軍寇上平關又太原軍攻平陽烽火羽書晝夜繼至乙丑六軍統軍牛存節黃文靖各領所部將士赴行在甲午太原步騎數萬攻逼晉絳踰旬不克知大軍至乃自焚其寨至夕而遁（冊府元龜卷二百五）福州貢玳瑁琉璃犀象器并珍玩香藥奇品海味色類良多價累千萬（冊府元龜卷一百九十七）十月己亥上在陝兩浙節度使奏于常州東州鎮殺淮賊萬餘人獲戰船一百二隻（冊府元龜卷二百一十七）以行營左廂步軍指揮使

賀瓌爲左龍虎統軍以左天武軍夾馬指揮使尹皓爲輝州刺史以右天武都頭韓瑭爲神捷指揮使左天武第三都頭胡賞爲右神捷指揮使仍賜帛有差以解晉州圍之功也（冊府元龜卷二百一十）以尹皓部下五百人爲神捷軍（通鑑注引薛史）乙巳御內殿宴宰臣扈從官共四十五人丙午御毬塲殿宣夾馬都指揮使尹皓韓瑭以下將士五百人賜酒食庚戌至西都御文明殿辛亥宰臣百寮起居于殿前遂宣赴內宴賜方物有差丁巳至東都（永樂大典卷一萬六千七百四十六）己未大明節諸道節度刺史各進獻鞍馬銀器綾帛以祝壽宰臣百官設齋相國寺（永樂大典卷一萬六千四

百八十七）壬戌御宣和殿宴宰臣文武百官十一月辛未御宣和殿宴宰臣文武百官以大駕還京故也庚辰御宣和殿宴宰臣文武百官（永樂大典卷一萬六千七百四十六）出閱明門登高僧臺閱兵（冊府元龜卷二百一十四）諸道節度使刺史各進賀冬田器鞍馬綾羅等戊子賜文武百官帛（冊府元龜卷一百九十七）己未又宴宰臣文武百官于宣和殿（永樂大典卷一萬六千七百四十六）（案歐陽史癸巳張策罷左僕射楊涉同中書門下平章事）十二月立二王三恪南郊禮儀使狀伏以詩稱有客書載虞賓實因禪代之初必行興繼之命俾之助祭式表推恩兼垂恪敬之文用示優崇之典徵于歷代襲用舊章謹按唐朝以後魏元氏

子孫韓國公爲二恪以周宇文氏子孫爲介國公隋朝楊氏子孫爲酅國公爲二王後（五代會要十二月改左右天武爲龍虎軍左右龍虎爲天武軍左右天威爲羽林軍左右羽林爲天威軍左右英武爲神武軍左右神武爲英武軍前朝置龍虎六軍謂之衞士至是以天武神武英武等六軍易其軍號而任勳舊焉）今伏以國家受禪封唐朝子孫李嵸爲萊國公今參詳合以介國公爲三恪酅國公萊國公爲二王後（冊府元龜卷二百一十二）癸丑獵畋于含耀門外（冊府元龜卷二百九）開平三年正月戊辰朔帝御金祥殿受宰臣翰林學士稱賀文武百官拜表于東上閤門（冊府元龜卷一百九十七）己巳奉遷太廟四室神主赴西京太常儀仗鼓吹導引齋車文武百官奉辭於開明門外（冊府元龜卷一百八十九）甲戌發東都百官扈從次中牟縣乙亥次鄭州丙子次汜水縣河南尹張宗奭河陽節度使張歸霸並來朝戊寅次偃師縣己卯備法駕六軍儀仗入西都是日御文明殿受朝賀（冊府元龜卷二百五）庚寅親享太廟（冊府元龜卷一百八十九）詔曰近年以來風俗未泰兵革且繁正月燃燈廢停已久今屬創開鴻業初建洛陽方在上春務達陽氣宜以正月十四十五十六日夜開坊市門一任公私燃燈祈福（永樂大典卷六千六百六十六）辛卯祀昊天上帝于圜丘是日降雪盈尺帝昇壇而雪霽禮畢御五鳳樓宣制大赦天下（永樂大典卷四千三百七十六）賜南郊行事官禮儀使趙光逢以下分

物甲午上御文思殿宴羣臣賜金帛有差丙申賜文武官帛有差命宣徽使王殷押絹一萬疋并茵褥圖帳二百六十件賜張宗奭（永樂大典卷一萬三千七百一十九〇案歐陽史丙申羣臣上尊號曰睿文武聖廣孝皇帝）改西京貞觀殿爲文明殿含元殿爲朝元殿二月改思政殿爲金鑾殿勅東都日自昇州作府建邑爲都未廣邦畿頗虧國體其以滑州酸棗縣長垣縣鄭州中牟縣陽武縣宋州襄邑縣曹州戴邑縣許州扶溝縣鄢陵縣陳州太康縣等九縣宜並割屬開封府仍昇爲畿縣（冊府元龜卷一百九十六〇輿地廣記朱梁時楊氏據江淮于是吳越錢氏上言以淮寇未平恥聞逆姓請改松楊縣爲長松）丙午宗正寺請修興極永安光天咸甯諸陵並令添修上下宮殿栽植松栢制可癸亥勅豐沛之基寢園所在悽愴動關于情理充奉自繫于國章宜設陵臺兼升縣望其輝州碭山宜爲赤縣仍以本縣令兼四陵臺令（冊府元龜卷一百八十九）丁酉宴羣臣于崇勳殿甲辰又宴羣臣于崇勳殿蓋藩臣進賀勉而從之（永樂大典卷一萬六千七百四十八）同州節度使劉知俊奏延州都指揮使高萬興部領節級家累三十八人來降三月以萬興檢校司徒爲丹延等州安撫招誘等使（冊府元龜卷二百一十五）辛未詔曰同州邊隅繼有士眾歸化暫思巡撫兼要指揮今幸蒲陝取九日進發甲辰車駕發西都百官奉辭于師子門

外丁丑次陝州己卯次解縣河中節度使冀王友謙來奉迎庚辰至河中府（册府元龜卷二百二）幸右軍舊杏園講武（册府元龜卷二百一十四）丙戌以朔方節度使兼中書令韓遜爲潁川王遜本靈州牙校唐末據本鎮朝廷因而授以節鉞（永樂大典卷一萬九千八百一十七）四月丙申朔駐蹕河中壬寅辰時駕巡于朝邑縣界焦黎店王友謙及崇政內諸司使扈從至申時迴（册府元龜卷二百二）己亥御前殿宴宰臣及冀王友謙扈從官甲寅宴宰臣及扈從官于內殿（永樂大典卷一萬六千七百四十八）制易定節度使王處直進封北平王福建節度使王審知封閩王廣州節度使劉隱封南平王同州節度使

劉知俊封大彭郡王山南東道節度使楊師厚封弘農郡王（册府元龜卷一百九十六）五月乙丑朔常朝遂命宰臣及文武百官宴于內殿己卯車駕至西京癸未御崇勳殿宴宰臣及文武官四品以上己丑復御崇勳殿宴宰臣文武官四品以上（永樂大典卷一萬六千七百四十八）升宋州爲宣武軍節鎮仍以亳輝潁爲屬郡（通鑑注引薛史）六月庚戌同州節度使劉知俊據本郡反制令削奪劉在身官爵仍徵發諸軍速令進討如有軍前將士懷忠烈以知機賊內朋徒憤脅從而識變便能梟夷逆豎擒獲凶渠務立殊功當行厚賞活捉得劉知俊者賞錢一萬貫文便授忠武軍節度

使並賜莊宅各一所如活捉得劉知浣者賞錢一千貫文便與除刺史有官者超轉三階無官者特授兵部尚書如活捉得劉知俊骨肉及近上都將並梟送闕廷者賞賜有差（册府元龜卷二百一十六）辛亥駕至蒲陝文武百官于新安縣奉迎（册府元龜卷二百五）劉知俊弟內直右保勝指揮使知浣自雒奔至潼關右龍虎軍十將張溫以上二十二人于潼關擒獲劉知浣送至行在勅劉知浣逆黨之中最爲頭角龍虎十軍親兵之內寔冠爪牙昨者攻取潼關率先用命尋則擒獲知浣最上立功頗壯軍威將除國難所懸賞格便可支分許賜官階固須除授但昨捉獲

劉知浣是張溫等二十二人一時向前共立功效其賞錢一千貫文數內一百貫文與最先打倒劉知浣衙官李調四十三貫文與十將張溫二十人各與錢四十二貫八百五十文立功勅命便授郡府亦緣同時立功人數不少所除刺史難議偏頗宜令逐月共支給正刺史料錢二百貫文數內十將張溫一人每月與十貫文餘二十一人每月每人各分九貫文仍起七月一日以後支給人與轉官職仍勘名銜分析申奏當與施行（册府元龜卷二百一十）是月知俊奔鳳翔同州平（永樂大典卷三千五百一十三）七月乙丑勅行營將士陣歿者咸令所在給槥櫝擧置歸鄉

里戰卒聞之悉感涕（冊府元龜卷一百九十五）丙寅命宰臣楊涉赴西都以孟秋享太廟（冊府元龜卷一百八十九）改章善門爲左右銀臺門其左右銀臺門却改爲左右興善門（冊府元龜卷一百九十六）勅大內皇牆使諸門素來未得嚴謹將令整肅須示條章宜令控鶴指揮應于諸門各添差控鶴官兩人守帖把門其諸司使并諸司諸色人並勒于左右銀臺門外下馬不得將領行官一人輒入門裏其逐日諸道奉進客省使于千秋門外排當抗勒控鶴官舁擡至內門前準例令黃門殿直以下舁進輒不得令諸色一人到千秋門內其興善門仍令長官關鎖不用逐日開閉是日

又勅皇牆大內本尚深嚴宮禁諸門豈宜輕易未當條制交下因循苟出入之無常且公私之不便須加鈐轄用戒門閭宜令宣徽院使等切准此處分（冊府元龜卷一百九十一）進封幽州節度使河間郡王劉守光爲燕王（冊府元龜卷一百九十六○通鑑七月癸酉帝發陝州乙亥至洛陽寢疾）己丑夕寢殿棟折詰旦召近臣諸王視棟折之迹帝慘然曰幾與卿等不相見君臣對泣久之遂詔有司釋放禁人從八月朔日後減膳進素食禁屠宰避正殿修佛事以禳其咎（永樂大典卷一萬六千五百七十一）商州刺史李稠棄郡西奔本州將吏以都牙校李玫權知州事（通鑑注引薛史）八月甲午以秋稼將登霖雨特甚命

宰臣以下禱于社稷諸祠（永樂大典卷二千六百三十）詔曰封嶽告功前王重事祭天肆覲有國恆規朕以眇身恭臨大寶旣功德未敷于天下而災祥訝降于城中慮于告謝之儀有缺齋虔之禮爰修昭報用契幽通宜令中書侍郎平章事于兢往東嶽祭拜禱祀訖聞奏（永樂大典卷一萬六千九百五十八）又勅朕以干戈尚熾華夏未甯宜循卑菲之言用致雍熙之化起八月一日常朝不御金鑾崇勳兩殿只于便殿聽政（冊府元龜卷一百九十七）辛亥制諸郡如有陣歿將士仰逐都安存家屬如有弟兄兒姪便給與衣糧充役（冊府元龜卷一百九十五）贈故山東道節度使留後王珏太保贈故同州

觀察判官盧匪躬工部尚書珏故河陽將累以軍功爲郡守主留事于襄陽爲小將王求所殺匪躬嘗爲劉知俊判官知俊反不偕行爲亂兵所害（冊府元龜卷二百一十）勅建國之初用兵未罷諸道章表皆繫軍機不欲滯留用防緩急其諸道所有軍事申奏宜令至右銀臺門委客省畫時引進諸道公事卽依前四方館准例收接（冊府元龜卷一百九十一）司天臺奏今月二十七日平明前東南丙上去山高三尺以來老人星見測在井宿十一度其色光明潤大（冊府元龜卷二百二）勅所在長吏放雜差役兩稅外不得妄有科配自今後州縣府鎭凡使命經過若不執勅文券並

不得妄差人驢及取索一物已上又今歲秋田皆期大稔仰所在切如條流本分納稅及加耗外勿令更有科索切戒所縣人更不得于鄉村乞託擾人（冊府元龜卷一百九十一）閏八月襄陽叛將李洪差小將進表帝示以含弘特賜勅書慰諭又制左焉背叛元惡遁逃如聞相濟之徒多是脅從之輩若能廻心向國轉禍全身當與加恩必不問罪仍令同華雍等州切加詔諭如能梟斬温韜或以鎮寨歸化必加厚賞仍奬官班兼委本界招復人戶切加安存（冊府元龜卷二百一十五）己卯幸西苑觀稼（冊府元龜卷二百五）

補遺

（梁太祖紀四）仍令執法官糾察之（五代會要載七月勅日祭祀之儀有司大事如聞官吏慢於恪恭牲具禮容有異精審宜命御史臺疏其條件奏聞）

舊五代史卷四終

舊五代史卷四攷證

辛巳以同州節度使劉知俊爲潞州行營招討使　案辛巳歐陽史通鑑俱作壬午

壬子至東京　案五代春秋作丙午帝還東都歐陽史作壬子至澤州惟通鑑與是書同

淮寇侵軼潭岳邊境　侵軼原作侵軌今據文改正

王師敗于潞州　案潞州之敗歐陽史作五月己丑通鑑作壬申

帝以此郡五嶺三湘水陸會合之地　此郡原作北郡今據文改正

時代綿寖　綿寖原作綿浸今據通鑑注改正

丙戌至陝州　丙戌通鑑作乙酉

丁巳至東都　案通鑑攷異引編遺錄作乙卯實錄作丁巳今攷五代春秋作丁巳與是書同歐陽史作丁未與是書異

許州扶溝縣　案扶溝下脫縣字今據文增入

甲寅福建節度使王審知封閩王廣州節度使劉隱封南平王　甲寅通鑑作庚子與是書異

如活捉得劉知浣者賞錢一千貫文　案一千原作一萬今據通鑑長編引梁代賞功之典改正

辛亥獨至薦陝 案通鑑作癸丑帝至陝與是書前後異

其興善門仍令長官關鎖 興善原作章善今據上文及五代會要改正

舊五代史卷四攷證

舊五代史卷五

宋司空同中書門下平章事薛居正等撰

太祖紀第五 梁書五

開平三年九月御崇勳殿宴羣臣文武百官賜張宗奭楊師厚白綾各三百疋銀鞍轡馬丁酉上幸崇政院宴內臣賜院使敬翔直學士李珽等綃綵有差(永樂大典卷一萬六千七百四十六) 案通鑑丁未以保義節度使王檀爲潞州東西行營招討使辛亥侍中韓建罷守太保左僕射平章事楊涉罷守本官 太常卿趙光逢爲中書侍郎平章事翰林學士奉旨工部侍郎知制誥杜曉爲戶部侍郎平章事(冊府元龜卷一百九十九) 制內外使臣復命未見便歸私第者朝廷命使臣下奉行惟於辭見之儀合守敬恭之道近者凡差出使往復皆越常規或已辭而尙在本家或未見而先歸私第但從已便莫亶王程在禮敬而殊乖置典章而私舉宜令御史臺別具條流事件具黜罰等奏聞(冊府元龜卷一百九十一) 庚子殿直王唐福自襄城走馬以天軍勝捷逆將李洪歸降事上聞賜唐福絹銀有加宰臣百官上表稱賀壬寅開封府虞候李繼業齎襄州都指揮使程暉奏狀以今月五日殺戮逆黨千人并生擒都指揮使傅霸以下節級共五百人收復襄州人戶歸業事癸卯帝御文明殿以收復襄漢受宰臣以下稱賀(冊府元龜

卷四百三十五 通鑑八月陳暉軍至襄州李洪逆戰大敗士□死九月丁酉拔其城斬叛兵千人執李洪楊虔等送洛陽斬之詔曰秋冬之際陰雨相仍所司擇日拜郊或慮臨時妨事宜令別更擇日奏聞是月禮儀使奏今據所司申奏十月二日冬至祀昊天上帝于圜丘今參詳十月十七日以後入十一月節十一月二日冬至一陽生之辰宜行親告之禮從之冊府元龜卷一百九十三河中奏淮宣詔使有銅牌者所至卽易騎以遣冊府元龜卷一百九十一十月癸未大明節帝御文明殿設齋僧道召宰臣翰林學士預之諸道節度刺史及內外諸司使咸有進獻永樂大典卷一萬六千四百八十七詔以寇盜未平凡諸給過所竝令司門郎中員

外郎出給以杜姦詐永樂大典卷六千九百二十十一月癸巳朔帝齋於內殿不視朝甲午日長至五更一點自大內出于文明殿受宰臣以下起居自五鳳樓出南郊左右金吾太常兵部等司儀仗法駕鹵簿及左右內直控鶴等引從赴壇文武百官太保韓建以下班以候帝升壇告謝冊府元龜卷一百九十三司天臺奏冬至日自夜半後祥風徵扇帝座澄明至曉黃雲捧日冊府元龜卷二百二丙申敕于上東門外冊府元龜卷二百五戊戌制曰夫嚴親報本所以通神明流澤覃休所以惠黎庶斯蓋邦家不易之道皇王自昔之規敢敷大猷茲惟古義粵朕受命于今三年何嘗不寅畏晨興焦勞夕惕師唐虞之典上則于乾功挹殷夏之源下涵於民極欲使萬方有裕六辨無愆然而志有所未孚理有所未達致奸宄作慝旱霪爲災驕將守邊擁牙旂而背義積陰馭氣陵玉燭以干和載考休徵式昭至警朕是以仰高俯厚靡惜于責躬履薄臨淵冀昭于玄覽兢兢慄慄夙夜匪寧及夫動干戈而必契靈誅陳犧齋而克彰善應苟非天垂丕佑神贊殊休則安可致夷凶渠就不戰之功變沴戾氣作有年之慶況靈旂北指喪犬羊于亂轍之間飛騎西臨下鄜翟若走丸之易息一陽之煙燧復千里之封疆而又掃蕩左馮討除峴首故

得外戎內夏益知天命之攸歸喙息蚑行共識皇基之永固仰懷昭應欲報無階爰因南至之辰親展圜丘之禮茲惟大慶必及下民乃弘渙汗之私以錫疲羸之幸所冀漸增蘇息亟致和平噫朕自臨御以來歲時尙邇氛昏未殄討伐猶頻甲兵須議于餽糧飛輓頻勞於編戶事非獲已慮若納隍宜所在長吏倍切撫綏明加勉諭每官中抽差徭役禁猾吏廣斂貪求免至流散靡依凋弊不濟宜令河南府開封府及諸道觀察使切加鈐轄刺史縣令不得因緣賦斂分外擾人凡關庶獄每望輕刑只候纔罷用軍必當便議優給德音節文內有未

該者宜令所司類例條件奏聞册府元龜卷一百九十一己亥以司門郎中羅廷規充魏博節度副使知府事仍改名周翰時鄴王紹威病日甚慮以後事故奏請焉通鑑攷異引薛史辛丑幸穀水册府元龜卷二百五戊午御文明殿册太傅張宗奭爲太保韓建受册畢按原本疑有脫誤金吾仗引昇輅車儀仗導謁太廟訖赴尚書省上册府元龜卷一百九十九幸榆林坡門兵教諸都馬步兵册府元龜卷二百十四勅改乾文院爲文思院行從殿爲興宅殿球場爲安毬場又改弓箭庫殿爲宣武殿册府元龜卷一百九十九靈州奏鳳翔賊將劉知俊率邠岐秦涇之師侵迫州城帝遣陝州康懷英華州寇彥卿率兵攻迫邠寧以緩朔方之寇册府元龜卷二百十六 案五代春秋十一月秦人來侵靈州陝州康懷英侵秦克寧慶衍三州秦人來襲懷英師敗于昇平十二月乙丑臘畋獵于甘泉驛册府元龜卷二百五以蒲州羣迹之地且因經略鄜延于是廵幸數月暇日游豫至焦梨店頗述前事念王重榮舊功下詔褒奬而封崇之册府元龜卷二百十二國子監奏創造文宣王廟仍請率在朝及天下現任官僚俸錢每貫每月尅一十五文充土木之值允之是歲以所率官僚俸錢修文宣王廟册府元龜卷一百九十四福建節度使王審知奏捨錢造寺一所請賜寺額勅名大梁萬歲之寺仍許度僧四十九人册府元龜卷一百九十四贈率牆使王仁嗣司空故同州押

衙史羣右僕射押衙王彥洪高漢詮丘奉言仇瓌竝刑部尚書王筠御史司憲祠知俊將叛謀會諸將詢所宜仁嗣等持正不撓悉罹其酷至是褒贈之册府元龜卷二百一十劉守光上言于薊州西與兄守文戰生擒守文通鑑注引薛史開平四年正月壬辰朔帝御朝元殿受百官稱賀用禮樂也册府元龜卷二百五勅公事雖于稽遲居處悉皆遙遠其逐日當直中書舍人及吏部司封知印郎官少府監及篆印文兼書寫告身人吏等竝宜輪次于中書側近宿止册府元龜卷二百十四帝出師子門至榆林坡下閱教册府元龜卷一百九十一壬寅幸保寧毬場錫宴宰臣及文武百官賜宰臣張宗奭以下分物有加賜廣王分物永樂大典卷一萬六千七百四十六賜湖南開元寺禪長老可復號惠光大師仍賜紫衣册府元龜卷一百九十四 案五代春秋正月燕王守光克滄州二月乙丑幸甘泉亭册府元龜卷二百五帝出師子門幸榆林東北坡教諸軍兵事册府元龜卷二百十四賜潞州投歸軍使張行恭錦服銀帶并食册府元龜卷二百十五丁卯出光政門至穀水觀麥册府元龜卷一百九十八戊辰宴於金鑾殿甲戌以春時無事頻命宰臣及勳戚宴于河南府池亭辛巳楊師厚赴鎮于陝寒食假諸道節度使郡守勳臣競以春服賀又連清明宴以鞍轡馬及金銀器羅錦進者迨十萬乃御宣威殿宴宰臣及文武官四

品已上三月壬辰幸崇政院宴勳臣己亥幸天驥院宴侍臣壬寅幸甘水亭宴宰臣勳戚翰林學士辛亥宴宰臣于內殿丙辰于興安球場大饗六軍樂春時也（永樂大典卷一萬六千七百四十六）四月壬戌詔曰追養以祿王者推歸厚之恩欲靜而風人子抱終身之感其以刑部尚書致仕張策及三品四品常參官二十二人先世各追贈一等（冊府元龜卷二百五十）乙丑宴崇政院帝在藩及踐阼勵精求理深戒逸樂未嘗命堂上歌舞是日止令內妓升階擊鼓弄曲甚歡至午而罷（冊府元龜卷一百九十七）丁卯宋州節度使衡王友諒進瑞麥一莖三穗（冊府元龜卷二百二十　案通鑑云友諒獻瑞麥帝曰豐年爲上瑞今宋州大水安用此爲詔除本縣令名遣使詰責友諒容齋續筆亦載此事疑皆采薛史原文而冊府元龜徵引梁書有所刪節也謹附載于此）丙戌幸建春門閱新樓至七里屯觀麥召從官食于樓河南張昌孫及蒲同主事吏賜物各有差（冊府元龜卷二百五）帝過朝邑見鎮將位在縣令上問左右或對曰宿官秩高帝曰令長字人也鎮使捕盜耳且鎮將多是邑民奈何得居民父母上是無禮也至是勅天下鎮使官秩無高卑位在邑令下（冊府元龜卷一百九十一）葉縣鎮遏使馮德武于蔡州西平縣界殺戮山賊擒首領張濆等七人以獻（冊府元龜卷四百三十五）鎮海軍節度使錢鏐擊高澧于湖州大敗之梟夷擒殺萬人拔其郡湖州平先是

澧以州叛入淮南故詔鏐討之也（冊府元龜卷二百十六）五月己丑朔以連雨不止至壬辰御文明殿命宰臣分拜祠廟（永樂大典卷二千六百三十二）自朔旦至癸巳內外以午日奉獻巨萬計馬三千蹄餘稱是復相率助修內壘（冊府元龜卷一百九十七）甲辰詔曰奇邪亂正假僞奪眞既刑典之不容宜犯違而勿赦應東西兩京及諸道州府制造假犀玉眞珠腰帶璧珥并諸色售用等一切禁斷不得輒更造作如公私人家先已有者所在送納長吏對面毀棄如行勅後有人故違必當極法仍委所在州府差人檢察收捕明行處斷（冊府元龜卷一百九十七）魏博節度使守太師兼中書令鄴王羅紹威薨帝哀慟曰天不使我一海內何奪忠臣之速也詔贈中書令（冊府元龜卷二百四）六月己未朔詔軍鎮勿起土功（冊府元龜卷一百九十一）七月壬子宴宰臣河南尹翰林學士兩街使于甘水亭丙辰宴羣臣于宣威殿賜物有差（冊府元龜卷一百九十七）劉知俊攻逼夏州（通鑑七月岐王與邠涇二帥各遣使告晉請合兵攻定難節度使李仁福晉王遣振武節度使周德威將兵會之合五萬衆圍夏州）以宣化軍留後李思安爲東北面行營都指揮使陝州節度使楊師厚爲西路行營招討使（冊府元龜卷二百十六）福州貢方物獻桐皮扇廣州貢犀玉獻舶上薔薇水（冊府元龜卷一百九十七）時陳許汝蔡潁五州境內有蝝爲災俄而許州上言有野禽羣飛蔽

空旬日之間食蝝皆盡是歲乃大有秋永樂大典卷八五千一百九
月車駕西征己巳次陝府是時憫雨且命宰臣從官分
禱靈跡日中而雨翌日止帝大悅永樂大典卷二千六百三十二 案五代
春秋八月晉人秦人來使夏州庚午次陝府辛未老人星見是日宴本
府節度使楊師厚及扈從官于行宮賜師厚帛千匹仍
授西路行營招討使丙子宴文武從官軍使已下設龜
茲樂賜物有差册府元龜卷一百九十七九月丁亥朔命宰臣于兢
赴西都祀昊天上帝于圜丘册府元龜卷一百九十三甲午至西京
下詔曰朕聞歷代帝王首推堯舜爲人父母孰比禹湯
睿謀高出于古先聖德普聞于天下尙或卑躬待士屈

己求賢側佇星雲慮一民之遺逸網羅巖穴恐片善之
韜藏延晉祿以徵求設丹青而訪召使其爲政樂在進
賢蓋繇國有萬幾朝稱百揆非才不治得士則昌自朕
光宅中區迄今三載宵分輟寐日旰忘餐思共力於廟
謀庶永清于王道而乃朝廷之內或未盡于昌言軍旅
之間亦罕聞于奇策眷言方岳下及山林豈無英奇副
我延佇諸道都督觀察防禦使等或勳高翊世或才號
知人必于塗巷之賢備察芻蕘之士詔到可精搜郡邑
博訪賢良喻之以千載一時約之以高官美秩諒無求
備唯在得人如有卓犖不羈沉潛自負通霸王之上略

達文武之大綱究古今刑政之源識禮樂質文之變朕
則待之不次委以非常用佐經綸豈勞階級如或一言
拔俗一事出羣亦當舍短從長隨才授任大小方圓之
器寧限九流溫良恭儉之人難誣十室勉思薦舉勿至
因循俟爾發揚慰予翹渴仍從別勅處分册府元龜卷二百十二
辛丑以久雨命宰臣薛貽矩禜定鼎門趙光逢祠嵩岳
永樂大典卷一千五百二十一勅魏博管內刺史比來州務並委督郵
遂使曹官擅其威權州牧同于閑冗俾循通制宜塞異
端並依河南諸州例刺史得以專達壬寅頒奪馬令先
是王師擊賊獲馬多上獻至是盡止之蓋欲邀其奮擊

之功也册府元龜卷一百九十一乙巳王師敗蕃寇于夏州初劉知
俊誘沙陁振武賊帥周德威涇原賊帥李繼鸞合步騎
五萬大舉欲俯拾夏臺節度使李仁福兵力俱乏以急
來告先是供奉官張漢玫宣諭在壁國禮使杜廷隱賜
幣于夏及石堡寨聞賊至以防卒三百人馳入州旣而
大兵圍合廷隱漢玫與指揮使張初李君用率州民防
卒與仁福部分固守晝夜戮力踰月及鄜延援至大軍
奮擊敗之河東邠岐賊分路逃遁夏州圍解通鑑甲申遣夾馬指
揮使李遇劉綰自鄜延趨銀夏李遇等至夏州岐晉兵皆解去丙午詔曰劉知俊貴爲
方伯尊極郡王而乃背誕朝恩竄投賊壘固神人之共

恕諒天地所不容雖命討除尙稽擒戮宜懸賞以大功名必有忠貞咸思憤發有生擒劉知俊者賞錢千萬授節度使首級次之得孟審登者錢百萬除刺史得將孫坑卓瓌劉儒張隣等賞有差（冊府元龜卷二百十六）乙卯宴會羣臣于宣威殿（冊府元龜卷一百九十七）

舊五代史卷五終

舊五代史卷五攷證

梁太祖紀五襄州都指揮使陳暉　案歐陽史作行營招討使左衞上將軍陳暉

復收襄州人戶歸業　案歐陽史云九月壬寅陳暉克襄州據是書則陳暉以壬寅奏捷非以是日克城攷通鑑克城繫九月丁酉與是書令月五日正合歐陽史蓋據奏捷之日而書之耳

以收復襄漢受宰臣以下稱賀　案襄漢下原本衍收字今刪正

并令司門郎中員外郎　司門原本作司闕攷五代會要有司門郎中今改正

故得外戎內夏　內夏原本訛內憂今改正

辛亥宴宰臣于內殿　案原本脫宴字今增入

鎭海軍節度使錢鏐擊高澧于湖州大敗之　案九國志高澧以三年十月叛四年二月奔吳是書繫于四月蓋以奏聞之月爲據

劉知俊攻逼夏州　案五代春秋八月晉人秦人侵夏州與是書及通鑑異

甲午至西京　案五代春秋作九月己丑帝還西都歐陽史同通鑑作己丑上發陝甲午至洛陽

國禮使杜廷隱　廷隱原本作定隱下仍作廷隱今據九國志改正

舊五代史卷五攷證

舊五代史卷六

宋司空同中書門下平章事薛居正等撰

太祖紀第六　梁書六

開平四年十月乙亥東京博王友文入覲召之也(冊府元龜卷二百六十八)己卯以新修天驥院開宴落成內外并獻馬而魏博進絹四萬匹為駟價(冊府元龜卷一百九十)壬午以冬設禁軍幸興安鞠場召文武百官宴(冊府元龜卷一百九十七)幸開化大閱軍實(冊府元龜卷二百十四)十一月丁亥朔幸廣王第作樂(冊府元龜卷二百五)辛卯宴文武四品已上于宣威殿庚戌幸左龍虎軍宴羣臣甲寅幸右龍虎軍宴羣臣(冊府元龜卷一百九十七)戊戌詔曰自朔至今暴風未息諒惟不德致此咎徵皇天動威罔敢不懼宜徧命所禱副朕意焉差官分往祠所止風(永樂大典卷二千六百三十二)己亥日南至帝被袞冕御朝元殿列細仗奏樂于庭羣臣稱賀帝畋于伊水(冊府元龜卷一百七十九)乙巳詔曰關防者所以譏異服察異言也況天下未息兵民多姦改形易衣覘我戎事比者有諜皆以詐敗而未嘗罪所過地叛將逃卒竊其妻孥而影附使者亦未嘗詰其所經今海內未同而緩法弛禁非所以息姦詐止奔亡也應在京諸司不得擅給公驗如有出外須執憑繇者其司門過所先須經中書門下點檢宜委宰臣

趙光逢專判出給俾絲顯重冀絕姦源仍下兩京河陽
及六軍諸衞御史臺各加鈐轄公私行李復不得帶挾
家口向西其襄鄧鄜延等道並同處分冊府元龜卷一百九十一以
寧國軍節度使王景仁充北面行營都招討使潞州副
招討使韓勍爲副相州刺史李思安爲先鋒使時鎭州
王鎔定州王處直叛結連晉人故遣將討之冊府元龜卷二百十
六五代會要十一月十四日司天奏月蝕不宜用兵時王景仁方總大軍北伐追之不及至五年正月二日
果爲後唐莊宗大敗于柏鄉十二月辛酉宴文武四品以上于宣威
殿親閱禁軍命格鬬于教馬亭冊府元龜卷二百十四己巳詔曰
滑宋輝亳等州滂水敗傷人戶愁歎朕爲民父母良用

痛心其令本州分等級賑貸所在長史監臨周給務令
存濟壬辰賑貸東都畿內如宋滑制冊府元龜卷一百九十五
乾化元年正月丙戌朔日有蝕之帝素服避殿百官守
司以恭天事明復而止永樂大典卷二千六百三十二制曰兩漢以來
日蝕地震百官各上封事指陳得失蓋欲周知時病盡
達物情用緝國章以奉天誡朕每思逆耳罔忌觸鱗將
洽政經庶開言路況茲讜見當有咎徵其在列辟羣臣
危言正諫極萬邦之利害致六合之殷昌毗予一人永
建皇極永樂大典卷一萬六千三百七十八二日日旁有祲氣向背若環
耳崇政使敬翔望之曰兵可憂矣帝爲之旰食是日果

爲晉軍及鎭定之師所敗都將十餘人被擒餘衆奔潰
永樂大典卷九千三百二十四庚寅制曰扈氏不恭固難去戰鬼方未
服尙或勞師其蟻聚餘妖狐鳴醜類棄天常而拒命據
地險以偷生言事討除將期勦定罔罪止誅于元惡挺
災可憫于遺黎每念傷痍良深愧歎應天兵所至之地
宜令將帥節級嚴戒軍伍不得焚燒廬舍開發丘壠毀
廢農桑驅掠士女使其背叛之俗知予弔伐之心又制
曰戎機方切國用未殷養兵須藉於賦租稅粟尙煩於
力役所在長吏不得因緣徵發自務貪求苟有故違必
行重典立法垂制詳刑定科傳之無窮守而勿失中書

門下所奏新定格式律令已頒下中外各委所在長吏
切務遵行盡革煩苛皆除枉濫用副哀矜之旨無違欽
恤之言冊府元龜卷一百九十一詔徵陝州鎭國軍節度使楊師厚
至京見於崇勳殿帝指授方畧依前充北面都招討使
恩賚甚厚使督軍進發冊府元龜卷一百九十九案五代春秋二月晉師侵魏州楊
師厚帥師援邢州晉人還師二月丙辰朔帝御文明殿羣臣入閤冊府
元龜卷一百九十七以蔡州順化軍指揮使王存儼權知軍州事
蔡人久習叛逆刺史張愼思又哀斂無狀帝追愼思至
京而久未命代右廂指揮使劉行琮乘虛作亂因縱火
驅擁爲渡淮計存儼誅行琮而撫遏其衆諸將鄭遵與

其下奉存儼爲主而以衆情馳奏時東京留守博王友文不先請遂討其亂兵至鄢陵上聞之曰誅行琮功也然存儼方懼若臨之以兵蔡必速飛矣遂馳使還軍而擢授存儼蔡人安之冊府元龜卷二百十四壬戌詔曰東京舊邦久不巡幸宜以今月九日幸東都扈從文武官委中書門下量閑劇處分宰臣上言曰龍興天府久望法駕但陛下始康愈未宜涉寒願少留清蹕從之甲子幸曜村民舍閲農事庚午幸白馬坡冊府元龜卷二百五五代會要二月敕食人之食者憂人之事況丞相尊位參決大政而堂封未給且無餐錢朕甚愧之宜令食萬錢之半詔金吾大將軍待制官各奏事冊府元龜卷一百九十一武安軍節度使馬殷

進呈虔州刺史盧延昌牋表虔州本支郡也兵甚銳自得韶州益强大升爲百勝軍使始洪州之陷盧光稠願收復使府立功自效上因兼授江西觀察留後光稠卒復命延昌領州事方伯亦頗慰藉楊渭遣人僞署爵秩延昌佯受官牒禮遣其使因湖南自表其事曰郡小寇迫欲綏其奸謀且開導貢路非敢貳也以其僞制來自陳上覽奏曰我方有北事不可不甚加撫鄭尋兼授鎭南將軍節度使觀察後命使慰勞冊府元龜卷二百十五九國志盧延昌歸命于吳僞乞命于梁三月辛卯以久旱令宰臣分禱靈迹翌日大澍雨永樂大典卷一千五百二十一丙申幸甘水亭召宰臣翰林學士尚書侍郎孔績已下八人扈從宴樂甚歡戊戌幸右龍虎軍召文武官四品已上宴于新殿甲辰幸左龍虎軍新殿宴文武官四品已上四月丁卯幸龍虎門召宰臣學士金吾上將軍大將軍侍宴廣化寺丁丑幸宣威殿宴文武官四品已上及軍使蕃客己卯又幸左龍虎軍宴羣臣冊府元龜卷一百九十七詔曰邠岐未滅關隴多虞宜擇親賢總兹戎任應關西同雍華鄜延夏等六道兵馬并委冀王收管指揮凡有抽差先申西面都招討使仍別奏聞庶合機權以寧邊鄙冊府元龜卷二百六十九五月甲申朔帝被衮旒御朝元殿視朝仗衛如式制改開平五年爲乾

化元年大赦天下永樂大典卷五千一百四十九詔方伯州牧近未加恩者并遷爵秩復大賚軍旅普宴于宣威殿賜帛各有差制封延州節度使高萬興爲渤海郡王冊府元龜卷一百九十六諸道節度使錢鏐張宗奭馬殷王審知劉隱各賜一子六品正員官高季昌賜一子八品正員官賀德倫賜一子九品正員官冊府元龜卷二百一十癸巳觀稼于伊水登建春門幸會節坊張宗奭私第臨亭皋視物色賞賜甚厚冊府元龜卷二百五詔左銀臺門朝參諸司使庫使已下不得帶從人入城親王許一二人執條牀手簡餘悉止門外闌入者抵律闕守不禁與所犯同先時門通內無門籍且多

勳戚車騎衆者尤不敢呵察至是有以客星淩犯上言者遂令止隔册府元龜卷一百九十一六月乙卯命北面都招討使鎮國軍節度使楊師厚出屯邢洺丁巳鎮定鈔我湯陰詔曰常山背義易水効尤誘其蕃戎動我邊鄙南侵相魏東出邢洺是用遣將徂征為人除害但初頒赦令不欲食言宥而伐之諒非獲已況聞謀始不自帥臣致此厲階並由姦佞密通人使潛結沙陁旣懼罪誅乃生離叛今雖行討伐已舉師徒亦開詔諭之門不阻歸降之路矧又王鎔處直未曾削爵除名若翻然改圖不遠而復必仍舊貫當保全功如有率衆向明拔州效順亦行殊賞冀狗來情免令受弊于疲民用示惟新于汚俗宜令行營都招討使及陳暉軍前准此勅文散加招諭將安衆懼特舉明恩鎮州只罪李弘規一人其餘一切不問册府元龜卷二百十五詔修天宮佛寺又湖南奏潭州僧法思桂州僧歸眞並乞賜紫衣從之册府元龜卷一百九十四七月帝不豫稍厭秋暑自辛丑幸會節坊張宗奭私第宰臣視事于歸仁亭子崇政使內諸司及翰林院並止于河南令廨署至甲辰復歸大內册府元龜卷二百五八月庚申幸保寧殿閱天興控鶴兵事軍使將校各有賜册府元龜卷二百十四癸亥老人星見册府元龜卷二百二戊辰幸故上陽宮至于榆林觀稼

册府元龜卷二百二十丙子閱四蕃將軍屯衛兵士于天津橋南至龍門廣化寺册府元龜卷二百十四戊寅幸興安鞠場大教閱帝自指麾無不踴抃坐作進退聲振宮掖右神武統軍丁審衢對御以紅帛囊劍擬乘輿物帝曰宿將也恕之以劉重霸代其任册府元龜卷二百九九月辛巳朔帝御文明殿羣臣入閤刑法待制官各奏事己丑宴羣臣于興安殿册府元龜卷一百九十七庚子親御六師次于河陽甲辰至于衞州乙巳至于宜溝幸民劉達墅丙午至相州賞左親騎指揮使張仙右雲騎指揮使朱鏵嘗身先陷陣各賜帛册府元龜卷二百一十十月辛亥朔駐蹕于相州宰臣洎文武從官並詣行宮起居戶部郎中孔昌序奏留都百官冬朔起居表至自西京諸道節度使刺史諸藩府留後各以冬朔起居表來上制以郢王友珪充控鶴指揮使諸軍都虞候閻寶為御營使册府元龜卷二百五有司以立冬太廟薦享上言詔丞相杜曉赴西都攝祭行事册府元龜卷一百八十九癸丑閱武于州闉之南樓册府元龜卷二百十四左龍驤都教練使鄧季筠魏博馬軍都指揮使何令稠右廂馬軍都指揮使陳令勳以部下馬瘦並腰斬于軍門通鑑注引薛史甲寅將以其夕幸魏縣命閤門使李郁報宰臣兼勅內外丙寅夜車駕發軔于都署乙卯次洹水丙辰至魏縣册府元龜卷二百五

先鋒將黃文靖伏誅通鑑注引薛史 已未帝御朝元門以回鶻吐蕃二大國首領入覲故也癸亥令諸軍指揮使及四蕃將軍賜食于行宮之外廡冊府元龜卷一百九十七 戊辰幸邑西之白龍潭以觀魚焉既而漁人獲巨魚以獻帝命放之中流從臣以帝有仁惻之心皆相顧欣然是日名其潭曰萬歲潭永樂大典卷一千六百十二 丙子帝御城東教場閱兵諸軍都指揮北面招討使太尉楊師厚總領鐵馬步甲十萬廣亘十數里陳焉士卒之雄銳部隊之嚴肅旌旂之雜遝戈甲之照耀屹若山岳勢動天地帝甚悅焉卽命丞相洎文武從臣列侍賜食逮晚方歸冊府元龜卷二百十四 十一月辛巳朔上駐蹕魏縣從官自丞相而下竝詣行宮起居留都文武百官及諸道節度使防禦使刺吏諸藩府留後各奉表起居壬午帝以邊事稍息宣命還京師通鑑 帝以夾寨柏鄉屢失利故力疾北巡思一雪其恥意鬱鬱多躁忿功臣宿將往往以小過被誅衆心益懼旣而晉趙兵不出十一月壬午帝南還 車駕發自行闕夕次洹水縣癸未至內黃縣甲申至黎陽縣乙酉命從官丞相而下宴于行次丁亥次衞州戊子晨次新鄉夕至獲嘉己丑次武陟庚寅次溫縣冊府元龜卷二百五 延州節度使高萬興奏當軍都指揮使高萬金統領兵士今月五日收鹽州僞刺史高行存泥首來降丞相及文武百官各上表稱賀冊府元龜卷四

百三十五 辛卯次孟州命散騎常侍孫騭右諫議大夫張衍光祿卿李翼各齎香祝版告祭於孟津之望祠冊府元龜卷一百九十三 留都文武官左僕射楊涉洎孟州守李周彝等皆詣東郊迎拜其文武官竝令先還壬辰詰旦離孟州晚至都冊府元龜卷二百五 宣宰臣各赴望祠禱雨故事皆以兩省無功職事爲之帝憂民重農尤以足食足兵爲念爰自御極每愆陽積陰多命丞相躬其事辛丑大雨雪宰臣及文武師長各奉表賀焉十二月詔以時雪稍愆命丞相及三省官各詣望祠祈禱永樂大典卷二千六百三十二 癸酉臘假詔諸王與河南尹左右金吾六統軍等較獵于近苑冊府元龜卷二百五 命大理卿王鄯使于安南左散騎常侍吳藹使于朗州皆以旌節官誥錫之也又命將作少監姜宏道爲朗州旌節官使副冊府元龜卷二百十三 五代會要舊制巡撫黜陟冊命弔贈入番等使選朝臣爲之其宣慰加官送旌節卽以中官爲之今以三品送旌節新例也 延州節度使高萬興奏領軍于邠州界蒿子谷韋家寨殺戮寧慶兩州賊軍約二千餘人竝生擒都頭指揮使奪馬器甲等事其入奏軍將使宣召赴內殿賜對以銀器綵物錫之宰臣及文武官各奏表賀是月魏博節度上言于涇縣北戮殺鎮州王鎔兵士七千餘人奪馬二千餘匹戈甲未知其數并擒都將以下四十餘人冊府元龜卷四百三十五 兩

浙進大方茶二萬斤琢畫宮衣五百副廣州貢犀象奇珍及金銀等共估數十萬安南兩使留後曲美通鑑十二月戊午以靜海曲美爲節度使進筒中蕉五百匹龍腦鬱金各五瓶他海貨等有差又進南蠻通好金器六物銀器十二并乾隴綾花縵越毦等雜織奇巧者各三十件福建進戶部所支榷課葛三萬五千匹册府元龜卷一百九十七

舊五代史卷六終

舊五代史卷六攷證

梁太祖紀六相州刺史李思安爲先鋒使　相州原本訛湘州今據通鑑改正

向背若環耳　環耳原本訛環爾今據五代會要改正

以其僞制來自陳　僞原本訛爲今改正

守侍中兼中書令劉隱卒　案劉隱卒五代會要五代春秋俱作五月惟通鑑作三月與是書異

丁巳鎮定抄我湯陰　湯陰原本作蕩陰今從通鑑及歐陽史改正

命閤門使李郁報宰臣兼敕內外　案李郁下原本衍寶字今據列傳删正

己未帝御朝元門以回鶻吐蕃入覲故也　案己未歐陽史作乙未

舊五代史卷六攷證

舊五代史卷七

宋司空同中書門下平章事薛居正等撰

太祖紀第七　梁書七

乾化二年正月宣上元夜任諸市及坊市各點彩燈金吾不用禁夜近年以來以都下聚兵太廣未嘗令坊市點燈故也（冊府元龜卷一百九十一）甲申以時雪久愆命丞相及三省官羣望祈禱（永樂大典卷二千六百三十二）詔曰謗木求規集囊貢事將裨理道豈限側言應內外文武百官及草澤並許上封事極言得失（冊府元龜卷二百十二）以丁審衢爲陳州而審衢厚以鞍馬金帛爲謝恩之獻帝慮其漁民復其獻而停之（冊府元龜卷二百十五）封保義節度王檀爲爲瑯琊郡王（冊府元龜卷一百九十六）命供奉官朱嶠于河南府宣取先收禁定州進奉官崔騰並傔從一十四人並釋放仍命押領送至貝州騰唐戶部侍郎潔之子也廣明喪亂客于北諸侯爲定州節度使王處存所辟去載領貢獻至闕未幾其帥稱兵遂縶之至是帝念賓介之來又已出境特命縱而歸焉（冊府元龜卷二百九）丙戌有司以孟春太廟薦享上言命丞相杜曉攝祭行事（冊府元龜卷一百八十七）丙申夕熒惑犯房第二星（永樂大典卷二萬二千五百十六）二月庚戌中和節御崇勳殿召丞相大學士河南尹略封訖于萬春門外廡賜以酒食

（冊府元龜卷一百九十七　五代會要二月追封故魏博節度使羅宏信爲趙王）癸丑勅曰今載春寒頗甚雨澤仍愆司天監占以夏秋必多霖潦宜令所在郡縣告喻百姓備淫雨之患（永樂大典卷一千六百三十二　案歐陽史丁巳光祿卿盧玭使於唐）庚申御宣威殿開宴丞相洎文武官屬咸被召列侍竟日而罷（冊府元龜卷一百九十七）壬戌帝將巡按北境中外戒嚴詔以河南尹守中書令判六軍事張宗奭爲大內留守中書門下奏差定文武官領務尤切宜扈駕者三十八人詔工部尚書李皎左散騎常侍孫騭左諫議大夫張衍兵部侍郎劉邈兵部郎中張儁光祿少卿盧秉彝並令扈蹕甲子發自雒師夕次河陽（案通鑑云至白馬頓賜從官食多未至遣騎趣之於路左散騎常侍孫騭右諫議大夫張衍兵部郎中張儁最後至帝命撲殺之）乙丑次溫縣丙寅次武陟懷州刺史段明遠迎拜於境上其內外所備咸豐霈焉丁卯次獲嘉戊辰次衞州之新鄉己巳晨發衞州夕止淇門內衙十將使以十指揮兵士至于行在辛未駐蹕黎陽癸酉發自黎陽夕次內黃甲戌次昌樂縣丁丑次于永濟縣青州節度使賀德倫奏統領兵士赴歷亭軍前戊寅至貝州命四丞相及學士李琪盧文度知制誥竇賞等十五人扈從其左常侍韋戩等二十三人止焉己卯發自貝州夕駐蹕于野落三月庚辰朔次于棗強縣之西原（通鑑辛巳至下博南登觀）

津家趙將符習引數百騎巡邏不知是帝遽前逼之或告曰晉兵大至矣帝棄行幄亟引兵趣棗强與楊師厚軍合丙戌鎭定諸軍招討使楊師厚奏下棗强縣車駕卽日疾馳南還丁亥復至貝州庚寅楊師厚與副招討李周彝等准詔來朝册府元龜卷二百二案五代春秋二月侯趙克棗强進次蓨縣圖之晉人救蓨帝還師滄州張萬進以地來歸辛卯詔丞相翰林大學士文武從官都招討使及諸軍統指揮使等賜食於行殿壬辰命以羊酒等各賜從官册府元龜卷一百九十七甲午幸貝州之東閩閱武乙未帝復幸東閩閱騎軍册府元龜卷二百十四勅以攻下棗强縣有功將校杜暉等一十一人竝超加檢校官銜官朱彥等二十五人竝超授軍職册府元龜卷二百一十丙午次

濟源縣詔曰淑律將遷亢陽頗甚宜令魏州差官祈禱龍潭戊申詔曰雨澤愆期祈禱未應宜令宰臣各於魏州靈祠精加祈禱永樂大典二千六百三十二五代會要三月詔曰夫隆興邦國必本于人民惠養疲羸凡資于令長苟選求之踰濫固撫理之乖違如聞吏部擬官中書降授或緣親舊所請或爲勢要所干姑徇私情靡求才實茲念蠹弊宜舉條章今後應中書用人及吏部注擬竝宜省藩身之才業驗爲政之否臧必有可觀方可任用如或尚行請說猶假貨財其所司人吏必當推窮重加懲斷四月己酉幸魏州金波亭賜宴宰臣文武官及大學士册府元龜卷二百五甲寅夕月掩心大星丙辰勅近者星辰違度式在修禳宜令兩京及宋州魏州取此月至五月禁斷屠宰仍各于佛寺開建道場以迎福應永樂大典卷二千六百三十二己未次黎

陽縣通鑑乙卯博王友文來朝請帝還東都丁巳發魏州己未至黎陽以疾淹留東都留守官吏奉表起居賜丞相從官酒食有差己巳至東都博王友文以新創食殿上言并進准備內宴錢三千貫銀器一千五百兩辛未宴於食殿召丞相文武從官等侍焉册府元龜卷一百七十九帝泛九曲池御舟傾帝墮溺于池中宮女侍官扶持登岸驚悸久之永樂大典卷一千五百二制加建昌宮使金紫光祿大夫檢校司徒開封尹博王友文爲特進檢校太保兼開封尹依前建昌宮使充東都留守册府元龜卷二百六十六戊寅車駕發自東京夕次中牟縣五月己卯朔從官文武自丞相而下竝詣行殿起居親王及諸道藩

帥咸奉表來上庚辰發自鄭州至滎陽河南尹魏王宗奭望塵迎拜河陽留後邵贊懷州刺史段明遠等遞進來迎夕次汜水縣帝召魏王宗奭入對便于御前賜食數刻乃退壬午駐蹕于汜水宰臣河南尹大學士竝于內殿起居勅以建昌宮事委宰臣于兢領之五代會要其年六月廢建昌宮以河南尹魏王張宗奭爲國計使凡天下金穀兵戎舊隸建昌宮者悉主之癸未帝發自汜水宣令邵贊段明遠各歸所理午憩任村頓夕次孝義宮留都文武禮部尚書孔績而下道左迎拜次偃師甲申至都文武臣奉迎于東郊册府元龜卷二百五宰臣薛貽矩抱恙在假不克扈從宣問旁午仍命且駐東京以俟

良愈及薨帝震悼頗久命雞苑使曹守璫往弔祭之又
命輟六日七日八日朝參丞相文武並詣上閤門進名
奉慰册府元龜卷三百一十九丁亥以彗星謫見詔兩京見禁囚徒
大辟罪以下遞減一等限三日內疏理訖聞奏永樂大典卷二千六百三十二五代會要彗見于靈臺之西至五月始降敕宥罪以答天譴又云五月壬戌夜熒惑犯心大星去心四度順行司天奏大星爲帝王之星宜修省以答天譴詔曰生育之人爰當暑
月乳哺之愛方及薰風儻肆意于封屠豈推恩于長養
俾無殄暴以助發生宜令兩京及諸州府夏季內禁斷
屠宰及採捕天民之窮諒由賦分國章所在亦務興仁
所在鰥寡孤獨廢疾不濟者委長吏量加賑卹史載葬

枯用彰卹禮稱掩骼將致和平應兵戈之地有暴露
骸骨委所在長吏差人專功收瘞國殤之文尙標七祠
良藥之市亦載三醫用憐無告之人宜徵有喜之術凡
有疫之處委長吏檢尋醫方于要路曉示如有家無骨
肉兼困窮不濟者即仰長吏差醫給藥救療之册府元龜卷一百九十五辛卯詔曰亢陽滋甚農事已傷宜令宰臣于兢赴
中嶽杜曉赴西嶽精切祈禱其近京靈廟宜委河南尹
五帝壇風師雨師九宮貴神委中書各差官祈之永樂大典卷二千六百三十二通鑑閏月壬戌帝疾甚謂近臣日我經營天下三十年不意太原餘孽更昌熾如此吾觀其志不小天復奪我年我死諸兒非彼敵也吾無葬地矣因哽咽絕而復蘇帝長子郴王友裕早卒次假子

友文帝特愛之常留守東都兼建昌宮使次郢王友珪其母亳州營倡也爲左右控鶴都指揮使次均王友貞爲東都馬步指揮使帝雖未以友文爲太子意常屬之案通鑑初元貞張皇后嚴整多智帝敬憚之后殂帝縱意聲色諸子雖在外常徵其婦入侍帝往往亂之友文婦王氏色美帝尤寵之雖未以友文爲太子帝意常屬之友珪心不平友珪嘗有過帝撻之友珪益不自安帝疾甚命王氏召友文于東都欲與之訣且付以後事友珪婦張氏亦朝夕侍帝側知之密告友珪曰大家以傳國寶付王氏懷往東都吾屬死無日矣夫婦相泣左右或說之曰事急計生何不改圖時不可失六月丁丑朔帝命敬翔出友珪爲萊州刺史即令之官已宣旨未行時左遷者多追賜死友珪益恐戊寅友珪易服微行入左龍虎軍見統軍韓勍以情告勍亦見功臣宿將多以小過被誅懼不自保遂相與合謀勍以牙兵五百人從友珪雜控鶴士入伏于禁中中夜斬關入至寢殿侍疾者皆散走帝驚起問反者爲誰友珪曰非他人也帝曰我固疑此賊恨不早殺之汝悖逆如此天地豈容汝乎友珪曰老賊萬段僕夫馮廷諤刺帝腹刃出于背友珪自以敗氊裹之瘞于寢殿秘不發喪遣供奉官丁

昭溥馳詣東都命均王友貞殺友文己卯矯詔稱博王友文謀逆遣兵突入殿中賴郢王友珪忠孝將兵誅之保全朕躬然疾因震驚彌致危殆宜令友珪權主軍國之務韓勍爲友珪謀多出府庫金帛賜諸軍及百官以取悅辛巳丁昭溥還聞友文已死乃發喪宣遺制友珪即皇帝位今考友珪弒逆之事薛史原文永樂大典已佚册府元龜亦無所徵引謹附錄通鑑于此友珪葬太祖于伊闕縣號宣陵永樂大典卷一萬八千三百十四案五代會要太祖崩年六十一中書侍郎平章事杜曉撰哀册文門下侍郎平章事趙光逢撰謚册文太常卿李燕撰謚議又案友珪篡位後諸僞政考薛史之體應附見太祖紀後今原本已佚而其事散見諸臣列傳者猶可考見今不復援引他書補載于後焉五代史補太祖朱全忠黃巢之先鋒巢入長安以刺史王鐸圖同州太祖遂降鐸以承制拜同州刺史黃巢滅淮蔡間秦宗權復盛朝廷以淮蔡與汴州相接太祖汴人必究其能否遂移授宣武軍節度使以討宗權未幾滅之自是威福由己朝廷不能制遂有天下先是民間傳讖曰五公符又謂之李淳風轉天歌其字有八牛之年識者以八牛乃朱字則太

祖革命之應焉　太祖之用兵也法令嚴峻每戰逐隊主帥或有沒而不反者其餘皆斬之謂之跋隊斬自是戰無不勝然健兒且多竄匿州郡疲于追捕因下令文面健兒文面自此始也　五代史闕文世傳梁太祖迎昭宗于鳳翔素服待罪昭宗佯爲鞵系脫呼梁祖曰全忠爲吾繫鞵梁祖不得已跪而結之汗流浹背時天子扈蹕尙有衛兵昭宗意謂左右擒梁祖以殺之其如無敢動者自是梁祖被召多不至盡去昭宗禁衛皆用汴人矣臣謹案梁祖以天復三年迎唐昭宗于岐下歲在甲子其年改天祐至國初建隆庚申歲纔五十六年矣然則乾德七十歲人皆目睹其事蓋唐室自懿宗失政天下亂離故武宗以下實錄不傳于世昭宗一朝全無記注梁祖在位止及六年均王朝詔史臣修梁祖實錄岐下繫鞵之事恥而不書晉天福中史臣張昭重修唐史始有昭宗本紀但云即位之始有會昌之風岐陽事迹不能追補此亦明唐昭宗有英睿之氣而衰運不振又明左右無忠義奮發之臣致梁祖得行其志有所警戒不可不書

舊五代史卷七終

舊五代史卷七攷證

梁太祖紀七仍命押領送至貝　貝原本訛具今據通鑑改正

略封訖　案此下疑有闕文今無可校姑仍之

晨發衛州　案原本脫發字今據文增入

三月庚辰朔次于棗強縣之西原　案通鑑辛巳趣棗強與是書異

丙戌奏下棗強縣車駕即日南還丁亥復至貝州　案通鑑帝以蓨縣未下引兵攻之丁亥始至縣西戊子至冀州與是書異地又按五代春秋二月侵趙克棗強與是書異月

四月己酉幸魏州　案通鑑乙巳帝發貝州丁未至魏州俱在三月與是書異

宜徵有喜之術　有喜原本訛有嘉今改正

九宮貴神　貴神原本訛降神今據通典及新唐書禮志改正

舊五代史卷七攷證

宋司空同中書門下平章事薛居正等撰

末帝紀上　梁書八

末帝諱瑱案永樂大典原本誤作項冊府元龜誤作項今從歐陽史校正初名友貞及卽位改名鍠貞明中又改今諱太祖第四子也母曰元貞皇后張氏以唐文德元年戊申歲九月十二日生於東京帝美容儀性沉厚寡言雅好儒士唐光化三年授河南府參軍太祖受禪封均王時太祖初置天興軍最爲親衞以帝爲左天興軍使開平四年夏進位檢校司空依前天興軍使充東京馬步軍都指揮使乾化二年

六月三日庶人友珪弑逆矯太祖詔遣供奉官丁昭浦馳至東京密令帝害博王友文友珪卽位以帝爲東京留守行開封府尹檢校司徒友珪以篡逆居位羣情不附會趙巖至東京從帝私讌因言及社稷事帝以誠款謀之巖曰此事易如反掌成敗在招討楊令公之手但得一言論禁軍其事立辦巖時典禁軍洎還洛以謀告侍衞親軍袁象先帝令腹心馬愼交之魏州見師厚且言成事之日賜勞軍錢五十萬緡仍許兼鎭愼交燕人也素有膽辯乃說師厚曰郢王殺君害父篡居大位宮中荒淫靡所不至洛下人情已去東京物望所歸公若因而成之則有輔立之功討賊之效師厚猶豫未決謂從事曰吾於郢王君臣之分已定無故改圖人謂我何愼交曰郢王以子弑父是曰元凶均王爲君爲親正名仗義彼若一朝事成令公何情自處師厚驚曰幾誤計耳乃令小校王舜賢至洛密與趙巖袁象先圖議時有左右龍驤都在東京帝僞作友珪詔遣還洛下先是劉重遇部下龍驤一指揮于懷州叛經年捜捕其黨帝因遣人激怒其衆曰郢王以龍驤軍嘗叛追汝等洛下將盡坑之翌日乃以僞詔示之案通鑑考異云梁太祖實錄丙戌東京言龍驤軍准詔追赴西京軍情不肯進發實友珪徵之非友貞僞作但激怒言坑之耳諸軍憂恐將校垂

泣告帝乞指生路帝諭之曰先帝三十餘年經營社稷千征萬戰爾等皆曾從行今日先帝尚落人奸計爾等安所逃避因出梁祖御像以示諸將帝歔欷而泣曰郢王賊害君父違天逆地復欲屠滅親軍爾等苟能自趣洛陽擒取逆豎告謝先帝卽轉禍爲福矣衆踴躍曰王言是也皆呼萬歲請帝爲主時友珪改元之二月十五日也帝乃遣人告趙巖袁象先傅暉朱珪等十七日象先引禁軍千人突入宮城遂誅友珪事定象先遣趙巖賫傳國寶至東京請帝卽位于洛陽帝報之曰夷門太祖創業之地居天下之衝北拒并汾東至淮海國家藩

鎭多在厥東命將出師利於便近若都洛下非良圖也公等如堅推戴册禮宜在東京賊平之日卽謁洛陽陵廟是月帝卽位于東京乃去友珪僞號稱乾化三年詔曰我國家賞功罰罪必叶朝章報德伸寃敢欺天道苟顯違于法制雖暫滯于歲時終振大綱須歸至理重念太祖皇帝嘗開霸府有事四方迨建皇朝載遷都邑每以主留重務居守難才愼擇親賢方膺寄任故博王友文才兼文武識達古今俾分憂于在浚之郊亦共理于興王之地一心無易二紀于兹嘗施惠于士民寔有勞於國家去歲郢王友珪常懷逆節已露凶鋒將不利于

君親欲竊窺于神器此際值先皇寢疾大漸日臻博王乃密上封章請嚴宮禁因以萊州刺史授于郢王友珪纔覩宣頭俄行大逆豈有自縱兵於內殿却翻事於東都又矯詔書枉加刑戮仍奪博王封爵又改姓名寃恥兩深欺誣何極伏賴上元垂祐宗社降靈俾中外以叶謀致遐邇之共怒尋平內難獲勦元凶旣雪恥于同天且免譏于共國朕方期遁世敢竊臨人遽迫推崇爰膺纘嗣寃憤旣伸于幽顯霈澤宜及于下泉博王宜復官爵仍令有司擇日歸葬云三月丁未制曰朕仰膺天眷近雪家讎旋聞將相之謀請紹祖宗之業羣情見迫

三讓莫從祇受推崇懼不負荷方欲烝嘗寢廟禋類郊丘合徵文體之辭用表事神之敬其或于文尙淺在理未周亦冀隨時別圖制義雖臣子行孝重更名於已孤而君父稱尊貴難知而易避今則虔遵古典詳考前聞允諧龜筮之占庶合帝王之道載惟涼德尤愧嘉名中外羣僚當體朕意宜改名鍠庚戌以天雄軍節度使充潞州行營都招討使開府儀同三司檢校太尉兼侍中弘農郡王楊師厚爲檢校太師兼中書令進封鄴王壬戌以夏州節度使檢校太尉同平章事李仁福爲檢校太師進封隴西郡王戊辰以邢州保義軍留後檢校太

保戴思遠爲檢校太傅充邢州節度使庚午以鎭東軍節度副使充兩浙西面都指揮使行睦州刺史馬綽爲檢校太傅同平章事領秦州雄武軍節度使進封開國侯是月文武百官上言請以九月十二日帝降誕日爲明聖節休假三日從之夏四月癸未以西京內外諸軍馬步軍都指揮使檢校司徒左龍虎統軍濮陽開國侯袁象先爲特進檢校太保同平章事充鎭南軍節度江南西道觀察處置等使開封尹判在京馬步諸軍事進封開國公增食邑一千戸丁酉宣義軍節度副大使知節度事鄭滑濮等州觀察使檢校太傅長沙郡開國公

羅周翰加特進駙馬都尉五月乙巳天雄軍節度使楊師厚及劉守奇率魏博邢洺徐兗鄆滑之衆十萬討鎭州庚戌營于鎭之南門外壬子晉將史建瑭自趙州領騎五百入于鎭州師厚知其有備自九門移軍于下博劉守奇以一軍自貝州掠冀州衡水阜城陷下博師厚自弓高渡御河廹滄州張萬進懼送款師厚表請以萬進爲青州節度使以劉守奇爲滄州節度使詔曰太祖皇帝六月二日大忌朕聞姬周以還竝用通喪之禮炎漢之後方行易月之儀歷代相沿萬幾斯重遂爲故寔難違改更朕頃遭家寃近平內難俟臨禫制俯廹忌辰

音容永違而莫追號感彌深而難抑將欲表宅憂于中禁是宜輟聽政于外朝雖異常儀願申罔極宜輟五月二十二日至六月二十九日朝參軍機急切公事即不得留滯竝仰晝時聞奏施行宰臣文武百官三上表以國忌廢務多日請依舊制詔報曰朕聞禮非天降固可酌于人情事繫孝思諒無妨于國體今以甫臨忌日暫輟視朝冀全哀感之情用表始終之節宰臣等累陳章表備述古今慮以萬幾之繁議以五日之請雖茲懇切難盡允俞况保身方荷于洪基敢言過毁而權制獲申于至性必在得中宜自今月二十九日輟至六月七日

無煩抑請深體朕懷六月戊子以滄州順化軍節度使并潞鎭定副招討使檢校太傅同平章事張萬進爲青州節度使秋九月甲辰以光祿大夫守御史大夫吳興郡開國侯姚洎爲中書侍郎平章事十二月庚午以前鄆州節度檢校司徒食邑二千戸福王友璋爲許州節度使檢校太保是月晉王收幽州執僞燕主劉守光及其父仁恭歸晉陽

乾化四年春正月壬寅以青州節度使張萬進爲兗州節度使檢校太尉二月甲戌以感化軍節度使華商等州觀察使檢校太傅同平章事太原郡開國公康懷英

爲大安尹充永平軍節度使大安金棣等州觀察處置使夏四月丁丑以守司空平章事于兢爲工部侍郎尋貶萊州司馬以其挾私與軍校遷改故也是日以行營左先鋒馬軍使濮州刺史王彥章爲澶州刺史充行營先鋒步軍都指揮使加光祿大夫檢校太保封開國伯以永平軍節度使檢校太傅同平章事劉鄩爲開封尹遙領鎭南軍節度使五月癸丑朔方軍留後檢校司徒韓洙起復授朔方軍節度使檢校太保秋七月晉王率師自黃澤嶺東下寇邢洺魏博節度使楊師厚軍於漳水之東晉將曾進金來奔晉軍遂退九月徐州節度使

王殷反時朝廷以福王友璋鎭徐方殷不受代乃下詔創奪殷在身官爵仍令却還本姓蔣使委友璋及天平軍節度使牛存節開封尹劉鄩等進軍攻討是時蔣殷求救于淮南楊溥遣大將朱瑾率衆來援存節等逆擊敗之

貞明元年春牛存節劉鄩拔徐州（案牛存節等克徐州薛史本紀及蔣殷傳俱不書月五代春秋及歐陽史皆作正月通鑑作二月據通鑑考異引朱友貞傳又作乾化四年十一月通鑑屬傳聞之辭當以薛史爲正）逆賊蔣殷舉族自燔而死于火中得其屍梟首以獻詔福王友璋赴鎭閏二月甲午延州節度使太原西面招討應接使檢校太師兼中書令渤海郡

王高萬興進封渤海王三月辛酉朔以天平軍節度副大使知節度事兼淮南西北面行營招討應接等使檢校太傅同平章事牛存節爲檢校太尉加食邑一千戶賞平徐之功也丁卯以右僕射兼門下侍郎同平章事監修國史判度支趙光逢爲太子太保致仕魏博節度使楊師厚薨輟視朝三日初師厚握強兵據重鎭每邀朝廷姑息及薨輟視朝三日或者以爲天意租庸使趙巖租庸判官邵贊獻議于帝曰魏博六州精兵數萬蠹害唐室百有餘年羅紹威前恭後倨太祖每深含怒太祖尸未屬纊師厚卽肆陰謀蓋以地廣兵強得肆其志不如分削使如身使臂卽無不從也陛下不以此時制之寧知後人之不爲楊師厚耶若分割相魏爲兩鎭則朝廷無北顧之患矣（案通鑑考異引莊宗列傳宰相敬翔與趙巖邵贊同議薛史無敬翔名通鑑從薛史）帝曰善卽以平盧軍節度使賀德倫爲天雄軍節度使遣劉鄩率兵六萬屯河朔詔曰分疆裂土雖賞勳勞建節屯師亦從機便比者魏博一鎭惣屬六州爲河朔之大藩實國家之巨鎭所分憂寄允謂重難將叶事機須期通濟但緣鎭定賊境最爲魏博親鄰其次相衛兩州皆控澤潞山口兩道竝連于晉土分頭常寇於魏封既須日有戰爭未若俱分節制免勞兵力因奔命

于兩途稍泰人心俾安居于終日其相州宜建節度爲昭德以澶衞兩州爲屬郡以張筠爲相州節度使己丑魏博軍亂囚節度使賀德倫是時朝廷既分魏博六州爲兩鎭命劉鄩統大軍屯于南樂以討王鎔爲名遣澶州刺史行營先鋒步軍都指揮使王彥章領龍驤五百騎先入于魏州屯于金波亭詔以魏州軍兵之半隸於相州幷徙其家焉又遣主者檢察魏之帑廩既而德倫促諸軍上路姻族辭決哭聲盈巷其徒乃相聚而謀曰朝廷以我軍府強盛故設法殘破况我六州歷代藩府軍門父子姻族相連未嘗遠出河門離親去族一旦遷

于外郡生不如死三月二十九日夜魏軍乃作亂放火大掠首攻龍驤軍王彥章斬關而遁遲明殺德倫親軍五百餘人于牙城執德倫置之樓上有効節軍校張彥者最爲粗暴膽氣伏人乃率無賴輩數百止其剽掠是日魏之士庶被屠戮者不可勝紀帝聞之遣使齎詔安撫（案通鑑夏四月帝遣供奉官扈異撫諭魏軍）仍許張彥除郡厚賜將士優賞彥等不還投詔于地侮罵詔使因廹德倫飛奏請卻復相衛抽退劉鄩軍帝復遣諭曰制置已定不可改易如是者三彥等奮臂南向而罵曰傭保兒敢如是也復廹德倫列其事時有文吏司空頲者甚有筆才彥召見謂曰爲我更草一狀詞宜抵突如更敢違則渡河擄之乃奏曰臣累拜封章上聞天聽在軍衆無非共切何朝廷皆以爲閑半月三軍切切而戈矛未息一城生聚皇皇而控告無門惟希俯鑒丹衷苟從衆欲須垂聖允斷在不疑如或四向取謀但慮六州俱失言非意外事在目前張彥又以楊師厚先兼招討使請朝廷依例授之故復逼德倫奏曰臣當道甲兵素精貔貅極銳下視并汾之敵平吞鎮定之人特乞委臣招討之權試臣湯火之節苟無顯効任賜明誅詔報曰魏博寇敵接連封疆懸遠凡于應赴須在師徒是以別建節旄各令捍禦并

鎮則委魏博控制澤潞則遣相衛枝梧咸遂便安貴均勞逸已定不移之制宜從畫一之規至于征伐事權亦無定例且臨清王領鎮之日羅紹威守藩以來所領事銜本無招討祇自楊師厚先除陝滑二帥皆以招討兼權因茲帶過鄴中原本不曾落下苟循事體寧愜施行況今劉鄩指鎮定出征康懷英往邠岐進討祇令統帥師旅亦無招討使銜切宜徧諭羣情勿興浮議倚注之意卿宜體之詔至張彥壞裂抵之于地謂德倫曰梁主不達時機聽人穿鼻城中擾攘未有所依我甲兵雖多須資勢援河東晉王統兵十萬匡復唐朝世與大梁仇讎若與我同力事無不濟請相公改圖以來多福德倫不得已而從之乃遣牙將曹廷隱奉書求援於太原彥使德倫告諭軍城曰可依河東稱天祐十二年此後如有人將文字于河南往來便仰所在處置是月邠州留後李保衡以城歸順（案通鑑考異引蜀書劉知俊傳保衡作彥康蓋保衡爲楊崇本養子故名彥康迨殺其子彥魯而降梁始復其本姓保衡楊也五代春秋歐陽史通鑑俱作薛史作保衡）崇本養子也崇本乃李茂貞養子任邠州二十餘年去歲爲其子彥魯所毒彥魯領知州事五十餘日保衡殺彥魯送款于帝即以保衡爲華州節度使以河南留後霍彥威爲邠州節度使五月晉王率師赴魏州節度使

牛存節薨是月鳳翔李茂貞遣僞署涇州節度使劉知俊率師攻邠州以李保衡歸順故也自是凡攻圍十四月節度使霍彥威諸軍都指揮使黃貴堅守捍寇會救軍至岐人乃退六月庚寅晉王入魏州以賀德倫爲大同軍節度使舉族遷于晉陽是月晉人陷德州秋七月又陷澶州刺史王彥章棄城來奔(案通鑑晉人夜入澶州刺史王彥章在劉鄩營晉人獲其妻子薛史王彥章傳亦云晉人攻陷澶州彥章舉家陷沒是澶州陷時彥章未嘗在城也)是月劉鄩自洹水潛師由黃澤路西趨晉陽至樂平縣値霖雨積旬乃班師還次宗城遂至貝州軍于堂邑遇晉軍轉鬬數十里晉軍稍退翌日鄩移軍於莘八月賀瓌

收復澶州九月以行營先鋒步軍都指揮使行澶州刺史檢校太保王彥章爲汝州防禦使依前行營先鋒步軍都指揮使壬午正衙命使冊德妃張氏是夕妃薨冬十月辛亥康王友孜謀反伏誅是夕帝於寢殿熟寐忽聞御榻上寶劍有聲帝遽起視之而友孜之黨已入于宮中帝揮之獲免(清異錄末帝夜于寢間擒刺客乃康王友孜所遣帝自戮之造雲母匣貯所用劍名匣曰護聖將軍之館)壬午葬德妃張氏十一月乙丑改乾化五年爲貞明元年十二月乙未詔昇華原縣爲崇州靜勝軍以美原縣爲裕州以爲屬郡以僞命義勝軍節度使鼎耀等州觀察使特進檢校太保同平章事李彥韜

爲特進檢校太傅同平章事充靜勝軍節度使崇裕等州觀察使河內郡開國侯仍復本姓溫名昭圖昭圖華原賊帥也李茂貞以爲養子以華原爲耀州美原爲鼎州僞命昭圖爲節度使至是歸款故有是命

貞明二年春正月庚申以皇伯父宋州節度使開府儀同三司檢校太師兼中書令廣王全昱爲守中書令餘如故(通鑑二年春正月宣武節度使守中書令廣德靖王全昱卒)以浙江東道營田副使檢校太傅前常州刺史杜建徽遙領涇州節度使二月丙申右僕射門下侍郎平章事諸道鹽鐵轉運等使楊涉罷相守左僕射涉累上章以疾辭位故有是命

是月許州節度使王檀河南節度使謝彥章鄭州防禦使王彥章率師自陰地關抵晉陽急攻其壘不克而旋三月劉鄩率師與晉王大戰于元城鄩軍敗績先是鄩駐于莘帝以河朔危急師老于外餽饋不充遣使賜鄩詔微有責讓鄩奏以寇勢方盛未可輕動帝又問鄩決勝之策鄩奏曰但人給糧十斛盡則破敵帝不悅復遣促戰鄩召諸將會議諸將欲戰鄩默然一日引軍攻鎭定之營彼衆大駭上下騰亂俘斬甚衆時帝遣偏將楊延直領軍萬餘人屯澶州以應鄩旣而晉王詐言歸太原劉鄩以爲信是月召楊延直會于魏城下鄩自莘率

軍亦至興廷直會旣而晉王自貝州至鄆引軍漸退至故元城西與晉人決戰大爲其所敗追襲至河上軍士赴水死者甚衆鄩自黎陽濟河奔滑州已已制以鄩爲滑州宣義軍節度副大使知節度使事晉人攻衞州陷之又陷惠州夏四月乙酉朔威武軍節度使守太傅兼中書令閩王王審知賜號忠勤保安興國功臣餘如故晉人陷洺州癸卯夜捉生都將李霸作亂龍驤都將杜晏球討平之時遣捉生軍千人戍楊劉軍出宋門外是夜由水門復入二鼓大譟火發燒城李霸與其徒燔建國門不克龍驤都將杜晏球屯鞠場聞亂兵至率騎擊之亂軍退走馬登建國門晏球奏曰亂者唯李霸一軍但守宮城遲明臣必破之未明晏球誅霸及其同惡京師方定是月以行營先鋒步軍都指揮使汝州防禦使王彥章爲鄭州防禦使依前先鋒步軍都指揮使五月晉軍還太原六月晉人急攻邢州帝遣捉生都將張溫率步騎五百人入于邢州至內黃溫率衆降于晉人秋七月甲寅朔晉王自太原至魏州節度使張筠棄城奔京師邢州節度使閻寶以城降于晉王壬戌以淮南鎭海鎭東等軍節度使充淮南宣潤等道四面行營都統開府儀同三司尚父守尚書令吳越王錢鏐爲諸道兵

馬元帥餘如故以左僕射楊涉爲太子太傅致仕八月丁酉以開府儀同三司太子太保致仕趙光逢爲司空兼門下侍郎平章事弘文館大學士延資庫使充諸道鹽鐵轉運使九月晉王還太原滄州節度使戴思遠棄城來奔晉人陷貝州〔歐陽史本紀二年九月晉人克貝州守將張源德死之又死事傳略云太祖時源德自金吾衞將軍爲蔡州刺史貞明元年魏博節度使楊師厚卒末帝分魏相等六州爲兩鎭遣劉鄩將兵萬人屯于魏魏軍叛降晉源德爲鄩守貝州晉王入魏諸將欲先擊貝州晉王曰貝城小而堅攻之難卒下乃先襲破德州然後以兵五千攻源德源德堅守不下晉軍塹而圍之已而劉鄩大敗于故元城南走黎陽六鎭數十州之地皆歸晉獨貝一州圍之踰年不可下源德守旣堅而貝人聞晉已盡有河北城中食且盡乃勸源德出降源德不從遂見殺〕已卯天平軍節度副大使知節度事

檢校太師兼中書令瑯琊郡王王檀薨八月丁酉以開府儀同三司中書侍郎兼吏部尙書同平章事集賢殿大學士判戶部敬翔爲右僕射兼門下侍郎平章事監修國史判度支以光祿大夫中書侍郎同平章事鄭珏爲特進兼刑部尙書平章事集賢殿大學士判戶部十月晉王自太原至魏州是月前昭義軍節度使檢校太師兼侍中陳留郡王葛從周薨是歲河北諸州悉入於晉〔永樂大典卷六千六百五〕

舊五代史卷八終

舊五代史卷八攷證

梁末帝紀上末帝諱瑱　案瑱原本訛頊今從歐陽史改正

太祖第四子也　案歐陽史作第三子五代會要與是書同蓋并假子博王友文而數之也

以帝爲左天興軍使　案原本脫使字今據歐陽史增入

帝乃遣人告趙巖袁象先傳暉朱珪等　案原本脫暉字今據通鑑增入

近雪家讐　案原本脫家字今據册府元龜增入

濮陽郡開國侯袁象先　濮陽原本作博陽今據象先本傳改正

師厚自弓高渡逼滄州張萬進懼　滄州原本作涼州攷歐陽史劉守光傳張萬進乃滄州守將今改正

滄州順化軍節度使張萬進爲青州節度使　案順化原本作順仸今據通鑑注滄州爲順化軍改正又青州通鑑作平盧攷後文是時賀德倫爲平盧節度使當從此書作青州爲是

寇邢洺　邢原本作鄜今據五代春秋七月來侵邢州改正

貞明元年春牛存節劉鄩拔徐州　案徐州之拔是書本紀及蔣殷傳俱不書月五代春秋及歐陽史俱作正月通鑑作二月通鑑攷異又作乾化四年十一月未詳孰是

判度支趙光逢　逢原本作遙今據唐書列傳改正

既須日有戰爭　案原本脫戰爭二字今據册府元龜增入

王彥章爲汝州防禦使　汝州原本作許州今據通鑑改正

康王友孜謀反　案友孜通鑑作友敬與是書異

十一月乙丑改乾化五年爲貞明元年　案通鑑攷異引吳越備史作正月壬辰朔改元大赦歐陽史五代春秋俱從是書

舊五代史卷八攷證

舊五代史卷九

宋司空同中書門下平章事薛居正等撰

末帝紀中　梁書九

貞明三年春正月戊午以前淄州刺史高允奇爲右羽林統軍癸亥以前天平軍馬步軍都指揮使檢校太保朱勍爲懷州刺史癸酉以右天武軍使石釗爲密州刺史戊寅以前懷州刺史李建爲安州刺史仍賜名知節己卯以宣義軍節度副大使知節度事北面行營副招討等使特進檢校太傅霍彥威爲天平軍節度副大使知節度事二月甲申晉王攻我黎陽劉鄩拒之而退乙

酉前蔡州刺史董璋權知宣義軍軍州事丁亥以前右羽林軍統軍梁繼業爲左衛上將軍壬辰以租庸判官檢校司徒張紹珪爲光祿卿依前充租庸判官癸巳以權知平盧軍軍州事客省使知銀臺事元湘爲檢校司空甲午以飛龍使婁繼英爲左武衛大將軍三月庚申以前平戎軍使檢校司徒郭紹賓爲禧州刺史辛酉以前天平軍節度副使裴彥爲隨州刺史戊寅湖州刺史錢傳璟蘇州刺史錢傳璙鎮海軍節度副使錢傳瓘溫州刺史錢傳璲睦州刺史錢傳琇寶州刺史錢傳瓘明州刺史錢傳球義州刺史錢傳琈峯州刺史錢傳珦衢州刺史錢傳琰鎮海軍都知兵馬使錢傳璛等凡一十一人並加官勳階爵從吳越王錢鏐之請也夏四月庚辰以前行左武衛大將軍蔡敬思爲右武衛上將軍辛巳以前安州刺史劉玘權知晉州軍州事以前密州刺史張實爲頴州刺史充本州團練使癸未以六軍押牙充左天武軍使劉彥珪爲澶州刺史辛卯以右千牛衛大將軍劉璩充契丹宣諭使詔諸道兵馬元帥開幕除吏一同天策上將府故事辛丑以清海軍元從都押牙隴州刺史吳鍔爲檢校司空癸卯以兩浙衙內先鋒指揮使守峰州刺史錢傳珦爲泗州刺史六月庚辰以前

東京馬步都指揮使兼左天武軍使雷景從爲汝州刺史充本州防禦使辛卯以租庸判官光祿大夫檢校司徒行光祿卿張紹珪爲申州刺史壬辰以權知晉州建寧軍軍州事前安州刺史劉玘爲建寧軍節度觀察留後秋七月丁巳以淄州刺史陳洪爲棣州刺史乙丑以刑部員外郎封翹爲翰林學士丙寅以汝州刺史楊延直爲左衛大將軍以前左衛上將軍劉重霸爲起復雲麾將軍右驍衛上將軍庚午以六軍諸衛副使起復雲麾將軍檢校太保張業爲淄州刺史八月辛巳以左神武軍統軍周武爲寧州刺史以左崇安指揮使前申州

刺史劉仁鍔爲衍州刺史戊子泰寧軍節度使張萬進賜名守進九月庚申以遥領常州刺史張昌孫遥領壽州刺史充本州團練使冬十月壬午以權西面行營都監右武衛上將軍張筠權知商州軍州事戊子詔曰太子太傅李戩多因釋教誑惑羣情此後不得出入無恒癸巳以前崇德軍使張思綰爲左武衛上將軍己亥以啟聖匡運同德功臣諸道兵馬元帥淮南鎮海鎮東等軍節度使充淮南宣潤等四面行營都統開府儀同三司尚書令吳越王錢鏐爲天下兵馬元帥壬寅以尚書左丞吳藹爲工部尚書充兩浙官告使是月晉王自魏

州還太原閏十月丁卯以前商州刺史徐瑞爲左驍衛上將軍充西都大內皇墻使十一月壬午以中書侍郎平章事鄭珏權判戶部事戊子以寧州刺史周武爲武靜軍防禦使守慶州刺史以河潼軍使賫廷琬爲寧州刺史十二月晉王自太原復至魏州庚申以左金吾衛大將軍充街使華温琪爲右龍虎軍統軍以右龍虎軍統軍張彥勳爲商州刺史以前西京大內皇墻使李項爲右威衛上將軍以左金吾衛上將軍李周彝權兼左街使壬戌以守太尉兼中書令河南尹判六軍諸衛事魏王張宗奭爲天下兵馬副元帥丙寅以西面行營馬

軍都指揮使檢校太保鄭州刺史充本州防禦使王彥章爲檢校太傅丁卯以東面行營馬步都指揮使左龍虎軍統軍賀瓌爲檢校太傅同中書門下平章事充宣義軍節度使鄭滑濮等州觀察處置等使案通鑑時論平慶州功故賀瓌進秩己巳帝幸洛陽爲來年有事於南郊也遂幸伊闕親拜宣陵時租庸使趙巖勸帝郊天且言帝王受命須行此禮願陛下力行之宰臣敬翔奏曰國家自劉鄩失律已來府藏殫竭箕斂百姓供軍不暇郊祀之禮頒行賞賚所謂取虛名而受寔弊也況晉人壓境車駕未可輕動帝不聽遂行是月晉人陷楊劉城帝聞之懼遂停

郊禮車駕急歸東京案通鑑云道路訛言晉軍已入大梁抵汜水矣從官皆憂其家相顧涕泣帝惶駭失圖遂罷郊祀癸酉詔文武兩班除元隨駕人數外其餘並令御史司憲張袞部署候車駕離京後一兩日發赴東京甲戌以天下兵馬副元帥太尉兼中書令河南尹魏王張宗奭爲西都留守

貞明四年春正月晉人寇鄆濮之境車駕至自洛陽庚辰以蔡州刺史姚勍權知感化軍節度觀察留後乙酉以前靜難軍馬步軍都指揮使黃貴爲蔡州刺史甲午以右領軍衛上將軍齊奉國爲左金吾衛大將軍充街使二月遣將謝彥章帥衆數萬迫楊劉城甲子晉王來

援楊劉城彥章之軍不利而退三月壬午以前右武衛上將軍張筠爲左衛上將軍癸巳以鎭國軍節度押衙充本道馬步軍都指揮使江可復爲衍州刺史壬寅鎭海鎭東等軍節度行軍司馬秦州節度使檢校太傅同平章事馬綽加檢校太尉同平章事依前鎭海鎭東等軍節度行軍司馬餘如故從錢鏐之請也夏四月丁未以宣徽院使右衛上將軍趙縠權知青州軍州事以宣徽院副使韋堅權知本院事己酉以銀青光祿大夫行中書侍郎同中書門下平章事權判戶部鄭珏爲金紫光祿大夫中書侍郎兼刑部尚書平章事集賢殿大學

士判戶部上柱國仍進封滎陽郡開國侯加食邑五百戶以金紫光祿大夫行尚書吏部侍郎上柱國蘭陵縣開國男食邑三百戶蕭頃爲中書門下平章事仍進封蘭陵縣開國伯加食邑四百戶庚戌以前崇德軍使前右武衛大將軍杜存爲右領軍衛上將軍甲寅以刑部郎中充史館修撰竇專爲翰林學士初學士竇夢徵草錢鏐麻貶蓬萊尉帝召專入翰林遣崇政使李振問宰相云專是宰臣蕭頃女壻令中書商量可否中書奏曰宰相親情不居清顯避嫌之道雖著舊規若蒙特恩亦有近例固不妨事帝乃可之己未靈武節度使韓洙落

起復授開府儀同三司依前檢校太傅同平章事癸亥以延州忠義軍節度使太原西面招討應接使檢校太師兼中書令渤海王高萬興兼鄜延兩道都制置使餘如故時萬興弟鄜州節度使萬金卒故有是命己巳以開府儀同三司守司空兼門下侍郎同平章事趙光逢爲司徒致仕兼加食邑五百戶以光逢累上章請老故也辛未詔宰臣敬翔權判諸道鹽鐵使務壬申以太子賓客趙光胤爲吏部侍郎五月甲戌以荊南衙內馬步軍都指揮使檢校司徒高從誨領濠州刺史乙亥以特進檢校太傅前穎州團練使張實爲起復雲麾將軍依

前穎州團練使庚辰以工部尚書致仕孔拯爲國子祭酒己丑以太常少卿韋彖爲右諫議大夫六月甲辰以金紫光祿大夫檢校司徒歙州刺史朱合德爲忠武軍節度觀察留後己酉以權知感化軍兩使留後特進檢校太保姚勍爲感化軍節度觀察留後庚戌上以秘書少監王翹爲將作監以其父名秘故也丙辰以左監門衛將軍康贊美爲商州刺史以左衛上將軍張筠爲權知永平軍節度觀察留後兼判大安府事戊午以前景州刺史衛審符爲右衛大將軍庚申以河陽節度充北面行營排陣兩京馬軍都軍節度等使光祿大夫檢校

太保謝彥章爲匡國軍節度陳許蔡等州觀察處置等使以宣徽院副使韋堅權知河陽軍州事秋七月庚辰以商州刺史康贊美爲起復雲麾將軍依前商州刺史辛卯以前左驍衛上將軍楊詔爲右武衛上將軍戊戌以前匡國軍節度使檢校尚書左僕射羅周敬爲檢校司空守殿中監駙馬都尉八月丙午以右廣勝軍使劉君鐸爲虢州刺史戊申以武寧軍節度副使李存權知宿州事辛亥涇原節度使杜建徽加檢校太傅同平章事建徽吳越王錢鏐之將也遥領涇原節制至是以其上請加恩故有是命乙卯以蔡州刺史黃貴爲絳州刺史辛酉以絳州刺史尹皓爲感化軍節度觀察留後癸亥以前永平軍節度副使張正已爲房州刺史乙丑以宿州團練使趙麓權知河陽節度觀察留後以左驍衛將軍劉去非爲郢州刺史戊辰以權知永平軍節度觀察留後兼判大安府事張筠爲永平軍節度觀察留後依前兼判大安府事是月晉王率師次楊劉口遂軍於麻家渡北面招討使賀瓌以兵屯濮州北行臺村對壘百餘日晉王以輕騎來覘許州節度使謝彥章發伏兵掩擊圍之數重會救軍至晉王僅以身免九月丁丑靜勝軍節度崇裕等州觀察處置等使特進檢校太傅同

平章事溫昭圖加檢校太尉甲午崇政院副使張希逸加金紫光祿大夫行秘書少監乙未起復雲麾將軍檢校太保壽州團練使張昌琛落起復授光祿大夫檢校太傅冬十月辛丑朔以前感化軍節度觀察留後特進檢校太保姚勍爲左龍虎統軍充西都內外馬步軍都指揮使以洛苑使金紫光祿大夫檢校司徒守左威衛大將軍董璋爲右龍虎統軍己酉以安南靜海節度使檢校司徒曲美爲檢校太保同平章事庚戌以商州刺史康贊美爲蔡州刺史十一月壬辰前懷州刺史朱勍授起復雲麾將軍依前懷州刺史十二月庚子朔晉王領軍迫行臺寨距寨十里結營而止北面詔討使賀瓌殺許州節度使謝彥章濮州刺史孟審澄別將侯溫裕等於軍以謀叛聞爲行營馬步都虞候朱珪搆之也晉王聞之喜曰彼將帥不和亡無日矣（案通鑑賀瓌密譖謝彥章于帝因與朱珪伏甲以殺彥章蓋賀瓌密奉帝旨也五代春秋歐陽史皆以賀瓌專殺爲文恐非事實）丁未以行營諸軍馬步都虞候光祿大夫檢校太保曹州刺史朱珪爲檢校太傅充匡國軍節度觀察留後依前行營諸軍馬步都虞候癸丑詔曰行營諸軍馬步都虞候匡國軍節度觀察留後朱珪昨以寇戎未滅兵革方嚴所期朝夕之間克弭烟塵之患每於將帥別注憂勞而謝

彥章孟審澄侯溫裕忽構異圖將萌逆節賴朱珪挺旄貞節密運沈機果致梟擒免貽讐敵特加異殊之命用旌忠孝之謀便委旌藩俾荷隆渥可檢校太傅充平盧軍節度淄青登萊等州觀察處置押新羅渤海兩番等使兼行營諸軍馬步軍副都指揮使仍進封沛國郡開國侯乙巳起復雲麾將軍檢校太保陳州刺史惠王友能鎮國軍節度陝虢等州觀察處置等使起復雲麾將軍檢校太保邵王友誨竝落起復加檢校太傅以前房州刺史牛知業爲右羽林軍統軍癸亥北面招討使賀瓌率大軍與晉人戰於胡柳陂晉人敗績是日旣晡復

爲晉人所敗初晉人起軍將襲東京乃下令軍中老弱悉歸於鄴是月二十二日晉王次臨濮賀瓌王彥章自行臺寨率軍躡之二十四日至胡柳陂晉王領軍出戰瓌軍已成列晉王以騎突之王彥章一軍先敗彥章走濮陽晉人輜重在陣西瓌領軍薄之晉人大奔自相蹈藉死者不可勝紀晉大將周德威歿于陣瓌軍乃登土山列陣於山之下晉王復領兵來戰瓌軍遂敗翌日晉人攻濮陽陷之京師戒嚴

貞明五年春正月晉人城德勝夾河爲柵二月乙巳以宣徽院副使韋堅權知徐州軍事三月己卯以華州感化軍留後尹皓爲華州節度使加檢校太保同平章事癸未制削奪兖州節度使張守進在身官爵以其叛故也仍命劉鄩爲兖州管內安撫制置使領兵以攻之（案張守進歸晉本紀繫于五年三月張萬進傳作四年七月劉鄩傳仍作五年通鑑考異嘗並舉紀傳之互文以明薛史之難據因定從莊宗實錄作四年八月今以當日事勢考之藩鎮反覆向背無常陰謀詭秘姑示含容討罪遣師須有顯迹蓋守進潛附于晉自在四年秋至削奪官爵聲罪致討則五年春事也薛史采用舊聞不加修飾故語必徵實若五代春秋以守進叛爲五年事歐陽史又以劉鄩討之爲四年事皆刪改成文自爲臆斷不如薛史之存其實也）夏四月壬寅以永平軍留後兼判大安府事張筠爲永平軍節度使檢校太保行大安尹庚戌以鎮海軍北面水陸都指揮使湖州刺史檢校太傅錢傳

璙遙領宣州寧國軍節度使加同平章事是月賀瓌攻德勝南城以艨艟戰艦橫於河以扼津濟之路晉人斷其艨艟濟軍以援南城瓌等退軍五月己巳山南東道節度使檢校太傅孔勍加同平章事丁亥以延州節度使鄜延兩道都制置太原西面招討應接等使渤海郡王高萬興爲檢校太師兼中書令充保大忠義等軍節度鄜延管內觀察等使是月以行營諸軍左廂馬軍都指揮使鄭州防禦使王彥章爲許州匡國軍節度觀察留後依前行營諸軍左廂馬軍都指揮使六月壬戌以天驥院使李隨權知登州軍州事秋七月晉王自魏州

還太原八月乙未朔滑州節度使賀瓌卒輟視朝三日詔贈侍中是月命開封尹王瓚爲北面行營招討使瓚乃與許州留後王彥章等率大軍自黎陽濟營于楊村造浮梁以通津路九月丙寅制削奪廣州節度使南平王劉巖在身官爵以其將謀僭號故也仍詔天下兵馬元帥錢鏐指揮攻討冬十月晉王復至魏州是月劉鄩攻下兗州擒張守進夷其族十一月丁丑以兗州安撫制置使特進檢校太傅大彭郡開國公劉鄩爲兗州節度使開府儀同三司檢校太尉同平章事賞平兗之功也辛卯王瓚帥師至戚城遇晉軍交綏而退十二月戊

戌晉王領軍廹河南寨王瓚率師禦之獲晉將石家才案通鑑石家才作石君立考薛史列傳君立一名家財既而瓚軍不利瓚退保楊村寨晉人陷濮陽永樂大典卷六千六百五 案上文四年十二月已云晉人攻濮陽陷之至此復云晉人陷濮陽前後重複通鑑考異引薛史閻寶李嗣昭傳及莊宗實錄而斷之曰去冬唐雖得濮陽棄而不守今年復攻拔之也參考事勢當得其實

舊五代史卷九終

舊五代史卷九攷證

梁末帝紀中以宣義軍節度副大使知節度事 案原本脫副字攷新唐書百官志及五代會要副大使爲藩鎮官爵今增入

蘇州刺史錢傳璙 傳璙原本作傳珏今據十國春秋改正

峰州刺史錢傳珦 案歐陽史職方志有封州而無峰州是書前後俱作峰州未知何據今仍其舊

以刑部員外郎封翹 翹原本訛作堯今據封舜卿傳改正

靈武節度使韓洙 韓洙原本作韓殊攷是書韓遜傳洙即遜之子歐陽史雜傳亦作洙今改正

檢校尚書左僕射羅周敬 周敬原本作用敬攷是書晉列傳作周敬歐陽史羅紹威傳亦作子周敬今改正

建徽吳越王錢鏐之將也 建徽原本訛作逵徽今據十國春秋改正

舊五代史卷九攷證

舊五代史卷十

宋司空同中書門下平章事薛居正等撰

末帝紀下　梁書十

貞明六年春正月戊子以曹州刺史朱漢賓爲安州宣威軍節度使以許州匡國軍節度觀察留後充散指揮都軍使檢校太傅王彥章爲匡國軍節度使進封開國侯軍職如故二月癸丑宣州節度使錢傳璙起復依前檢校太傅同平章事宣州節度使以其丁內艱故也三月丁亥以前申州刺史張紹珪爲大理卿夏四月丁亥制曰王者愛育萬方慈養百姓恨不驅之仁壽撫以淳

和而炎黃有戰伐之師堯舜有干戈之用諒不獲已其猶病諸然則去害除妖興兵動衆殺黑龍而濟中土刑白馬而誓諸侯終能永逸暫勞以至同文共軌古今無異方冊具存朕以眇末之身託億兆之上四海未乂八年于茲業業兢兢日愼一日雖踰山越海肅愼方來而召雨徵風蚩尤尙在顧茲殘孽勞我大邦將士久於戰征黎庶疲于力役木牛暫息則師人有乏糧之憂流馬盡行則丁壯有無聊之苦况青春告謝朱夏已臨妨我農時廹我戎事永言大計思致小康宜覃在宥之恩稍示殷憂之旨用兵之地賦役實煩不有蠲除何使存濟除兩京已放免外應宋亳潁鄆齊魏滑鄭濮沂密青登萊淄陳許均房襄鄧泌隨陝華雍晉絳懷汝商等三十二州應欠貞明四年終以前夏秋兩稅幷鄆齊滑濮襄晉輝等七州兼欠貞明四年已前營田課利物色等並委租庸使逐州據其名額數目矜放所在官吏不得淹停制命徵督下民致恩澤不及于鄉閭租稅虛捐於帳籍其有私放遠年債負生利過倍自違格條所在州縣不在更與徵理之限兖州城內自張守進違背朝廷結連蕃寇久勞攻討頗困生靈言念傷殘尋加給復應天下見禁罪人如犯大辟合抵極刑者宜示好生特合減

死除準格律常赦不原外徒流已下遞減一等除降官未經量移者與量移已量移者便與復資云庚子宗正卿朱守素上言請依前朝置匭院令諫議大夫專判從之乃以右諫議大夫鄭韜光充知匭使乙巳以右僕射兼門下侍郎同平章事監修國史判度支開國公敬翔爲弘文館大學士延資庫使諸道鹽鐵轉運等使餘如故以中書侍郎兼刑部尙書平章事集賢殿大學士判戶部事鄭珏爲監修國史判度支以中書侍郎平章事蕭頃爲集賢殿大學士判戶部事以尙書左丞李琪爲中書侍郎平章事丙午吏部侍郎趙光胤爲尙書左丞

己酉以河中護國軍節度副大使知節度事制置度支解縣池場等使開府儀同三司守太保兼中書令冀王友謙依前守太保兼中書令兼同州節度使餘如故癸丑鄜延節度使兼西面招討接應等使檢校太保兼中書令渤海郡王高萬興進封延安王賜號匡時定節功臣前衡州長史劉隲進所撰地理手鏡十卷己未以租庸判官尚書工部郎中張鋭爲戶部郎中充崇政院學士辛酉以前吏部侍郎盧協爲吏部侍郎五月乙丑故左衞上將軍齊奉國贈太傅詔曰應文武朝官或有替罷多年漂流在外者宜令中書門下量才除授勿使栖

遲或有進士策名累年未釋褐者與初任一官已釋褐者依前敘用乙酉升宋州爲大都督府其餘廢大都督府額六月遣兗州節度使劉鄩華州節度使尹皓崇州節度使溫昭圖莊宅使叚凝領軍攻同州先是河中朱友謙襲陷同州節度使程全暉單騎奔京師案歐陽史本紀河中節度使朱友謙襲同州殺其節度程全暉據薛史則程全暉奔還京師未嘗見殺也歐陽史列傳仍同薛史五代春秋又作六年春事友謙以其子令德爲同州留後表求節旄不允既而帝慮友謙怨望遂命兼鎮同州制命將下而友謙已叛遣使求援于晉故命將討之九月庚寅以供奉官郞公遠充契丹歡好使晉王遣都將李嗣昭李

存審王建及率師來援同州戰于城下我師敗績諸將以餘衆退保華州羅文寨冬十月陳州妖賊毋乙董乙伏誅陳州里俗之人喜習左道依浮圖氏之教自立一宗號曰上乘不食葷茹誘化庸民揉雜淫穢宵聚晝散州縣因循遂致滋蔓時刺史惠王友能恃戚藩之寵動多不法故奸慝之徒望風影附毋乙數輩漸及千人攻掠鄉社長吏不能詰是歲秋其衆益盛南通淮夷朝廷累發州兵討捕反爲賊所敗陳潁蔡三州大被其毒羣賊乃立毋乙爲天子其餘豪首各有樹置至是發禁軍及數郡兵合勢追擊賊潰生擒毋乙等首領八十餘人

械送闕下竝斬于都市

龍德元年春正月癸巳詔諸道入奏判官宜令御史臺點檢合從正衙退後便於中書門下公參辭謝如有違越具名銜聞奏應面賜章服仍令閤門使取本官狀申中書門下受勑牒後方可結入新銜甲辰以河東道行營西面應接使前靜勝軍節度崇裕等州觀察處置等使特進檢校太尉同平章事溫昭圖爲匡國軍節度陳許蔡等州觀察處置等使以北面行營副招討使匡國軍節度陳許蔡等州觀察處置等使光祿大夫檢校太傅王彥章爲宣義軍節度副大使知節度事鄭滑濮等

州觀察處置等使依前北面副招討使二月己未以權知靜勝軍節度觀察留後前汝州防禦使華溫琪爲靜勝軍節度觀察留後依前檢校太傅丙寅以荆南節度使檢校太師兼中書令渤海郡王高季昌爲守中書令依前荆南節度使庚午以晉州建寧軍節度觀察留後劉玘爲晉州節度使檢校太保壬申史館上言伏見北齊文士魏收著後魏書于時自魏太武之初至于北齊書不獲就乃大徵百官家傳刋總斟酌隨條甄舉搜訪遺亡數年之間勒爲一代典籍編在北史固非虛言臣今請明下制勅内外百官及前資士子帝戚勳家並各

納家傳具述父祖事行源流及才術德業灼然可考者並纂述送史館如記得前朝會昌已後公私亦任抄錄送官皆須直書不用文藻兼以兵火之後簡牘罕存應内外臣僚曾有奏行公事關涉制置或討論沿革或章疏文詞有可采者並許編錄送納候史館修撰之日考其所上公事與中書門下文案事相符會或格言正辭詢訪不謬者並與編載所冀忠臣名士共流家國之耿光孝子順孫獲記祖先之丕烈而且周德見乎殷紀舜典存乎禹功非唯十世可知庶成一朝大典臣叨膺委任獲領監修將贖秦殘輒干玄覽詔從之鹽鐵轉運使

敬翔奏請于雍州河陽徐州三處重置場院稅茶從之己卯禮部尚書充西都副留守兼判尚書省事崔沂奏西京都省凡有公事奏聞常須借印施行伏請鑄尚書省分司印一面從之是月鎭州大將王德明殺其帥王鎔自稱留後遣使來求援宰臣敬翔請許之租庸使趙巖等以爲不可乃止三月丁亥朔祠部員外郎李樞上言請禁天下私度僧尼及不許妄求師號紫衣如願出家受戒者皆須赴闕比試藝業施行願歸俗者一聽自便詔曰兩都左右街賜紫衣及師號僧委功德使具名聞奏今後有闕方得奏薦仍須道行精至夏臘高深方

得補塡每遇明聖節兩街各許官壇度七人諸道如要度僧亦仰就京官壇仍令祠部給牒今後只兩街置僧錄道錄僧正並廢己丑以前兵部郎中杜光乂爲左諫議大夫致仕壬寅改襄州鄧縣爲沿夏縣亳州焦夷縣爲夷父縣宿州漢諸縣爲膠源縣從中書舍人馬縞請也夏四月陳州刺史惠王友能反舉兵向闕帝命將出師逆擊敗之友能走保陳州詔張漢傑率兵進討尋開封府太康襄邑雍丘三縣遭陳州賊軍奔衝其夏稅只據見苗輸納五月丙戌朔制曰朕聞惟辟動天惟聖時憲故君爲善則降之以福爲不善則降之以災朕以眇

末之身託于王公之上不能荷先帝艱難之運所以致蒼生塗炭之危兵革薦興災害仍集內省厥咎蓋由朕躬故北有犬戎猾夏之師西有蒲同亂常之旅連年戰伐積歲轉輸虔劉我士民侵據我郡邑師無宿飽之饋家無擔石之儲而又水潦爲灾蟲蝗作沴戒譴作于上怨咨聞于下而況骨肉之內竊弄干戈畿甸之中輒爲陵暴但責躬而罪已敢怨天以尤人蓋朕無德以事上玄無功以及兆庶不便于時者未能去有益于民者未能行處事昧于酌中發令乖于至當招致災患引翼禍殃罪在朕躬不敢自赦夙夜是懼寢食靡寧將勵已以

息災爰布澤而從欲今以薰風方扇旭日初昇朔既視于正陽歷宜更于嘉號庶惟新之命敷華夏以同歡期克念之心與皇王而合道其貞明七年宜改爲龍德元年應天下見禁罪人除大辟罪外遞減一等德音到後三日內疏理訖奏應欠貞明三年四年諸色殘欠五年六年夏秋殘稅竝放侍衞親軍及諸道行營將士等第頒賜優賞已從別勅處分左降官與量移已經量移者與復資長流人各移近地已經移者許歸鄉里前資朝官寄寓遠方仰長吏津置赴闕內外文武常參官節度使留後刺史父母亡歿者並與封贈公私債負納利及

一倍已上者不得利上生利先經陣歿將校各與追贈云以宣和庫使守右領衞將軍李巖權知兗州軍州事丁亥詔曰郊禋大禮舊有渥恩御殿改元比無賞給今則不循舊例別示特恩其行營將士賞賚已給付本家宜令招討使霍彥威副招討使王彥章陳州行營都指揮使張漢傑曉示諸軍知委是月兗州節度使充河東道行營都招討使劉鄩卒六月已亥以都檢點諸司法物使檢校司徒行左驍衞大將軍李肅爲右威衞上將軍秋七月陳州朱友能降庚子詔曰朕君臨四海子育兆民唯持不黨之心庶叶無私之運其有齒予戚屬雖

深敦敘之情干我國經難固含弘之旨須遵常憲以示至公特進檢校太傅使持節陳州刺史兼御史大夫上柱國食邑三千戶惠王友能列爵爲王頒條治郡受元戎之寄任處千里之封疆就進官資已登崇貴特加錫賚以表優隆宜切知恩合思盡節撫俗當申于仁政佐時期効于忠規而狎彼小人納其邪說忽稱兵而向闕敢越境以殘民侵犯郊畿驚撓輦轂遠邇咸嫉謀畫交陳及興問罪之師旋駭知非之狀遽懇纔陳于章表束身願赴于闕廷備述艱危覬加寬恕朕得不自爲屈已姑務安仁特施貸法之恩蓋舉議親之律論于事體抑

有朝章止行退責之文用塞衆多之論可降封房陵侯於戲君臣之體彼有不恭伯仲之恩予垂立愛顧茲輕典豈稱羣情凡在臣寮當體朕意甲辰制以特進檢校太傅衡王友諒可封嗣廣王冬十月北面招討使戴思遠攻德勝寨之北城晉人來援思遠敗于戚城

龍德二年春正月戴思遠率師襲魏州時晉王方攻鎮州故思遠乘虛以襲之陷成安而思遠遂急攻德勝北城晉將李存審極力拒守二月晉王以兵至思遠收軍而退復保楊村八月段凝張朗攻衞州下之獲刺史李存儒以獻戴思遠又下淇門共城新鄉等三縣自是澶

州之西相州之南皆爲梁有晉人失軍儲三分之一焉

龍德三年春三月晉潞州節度留後李繼韜遣使以城歸順先是繼韜父嗣昭爲潞州節度使戰歿於鎮州城下晉王欲以嗣昭長子繼儔襲父位繼韜在潞州卽執繼儔囚之遣使來送款仍以二幼子爲質澤州刺史裴約不從繼韜之謀帝命董璋爲澤州刺史令將兵攻之夏四月己巳晉王卽唐帝位于魏州改天祐二十年爲同光元年閏月壬寅唐軍襲鄆州陷之巡檢使前陳州刺史劉遂嚴本州都指揮使燕顒奔歸京師皆斬于都市五月以滑州節度使王彥章爲北面行營招討使辛酉王彥章率舟師自楊村寨浮河而下斷德勝之浮梁攻南城下之殺數千人唐帝棄德勝之北城幷軍保楊劉己巳王彥章段凝圍楊劉城六月乙亥唐帝引軍援楊劉潛軍至博州築壘於河東岸戊子王彥章杜晏球率兵急攻博州之新壘不克遂退保于鄒口秋七月丁未唐帝引軍沿河而南王彥章棄鄒口復至楊劉己未自楊劉拔營退保楊村寨八月以段凝代王彥章爲北面行營招討使戊子段凝營於王村引軍自高陵渡河復臨河而還董璋攻澤州下之庚寅唐帝軍於胡城先鋒將康延孝率百騎奔於唐盡洩其軍機命滑州節度

使王彥章率兵屯守鄆之東境九月戊辰彥章以衆渡汶與唐軍遇于遞坊鎮彥章不利退保中都冬十月辛未朔日有食之甲戌唐帝引師襲中都王彥章兵潰於是彥章與監軍張漢傑及趙廷隱劉嗣彬李知節康文通王山興等皆爲唐人所獲翌日彥章死於任城帝聞中都之敗唐軍長驅將至遣張漢倫馳驛召段凝於河上漢倫墮馬傷足復限水潦不能進時禁軍尙有四千人朱珪請以拒唐軍帝不從登建國門召開封尹王瓚謂之曰段凝未至社稷繫卿方略瓚卽驅軍民登城爲備或勸帝西奔洛陽趙巖曰勢已如是一下此樓誰心

可保乃止俄報曰晉軍過曹州矣帝置傳國寶於臥內俄失其所在已爲左右所竊迎唐帝矣帝召控鶴都將皇甫麟案通鑑考異引莊宗實錄作皇甫鏻歐陽史從薛史作麟謂之曰吾與晉人世讎不可俟彼刀鋸卿可盡我命無令落讎人之手麟不忍帝曰卿不忍將賣我耶麟舉刀將自剄帝持之因相對大慟戊寅夕麟進刃于建國樓之廊下帝崩麟卽時自剄還明唐軍攻封邱門王瓚迎降唐帝入宮妃郭氏號泣迎拜初許州獻綠毛龜宮中造室以蓄之命曰龜堂帝嘗市珠于市旣而曰珠數足矣衆皆以爲不祥之言帝末年改名瑱字一十一十月一八日案此句疑有脫衍當時傳會者折王字爲一十一折眞字爲十月一八也册府元龜作或解云瑱字一十一十月一八知此句日字因下文有日字而衍今姑仍其舊果以一十一年至十月九日亡唐帝初入東京聞帝殂愴然歎曰敵惠敵怨不在後嗣朕與梁主十年對壘恨不生見其面尋詔河南尹張全義收葬之其首藏于太社案通鑑後唐紀辛巳詔王瓚收朱友貞尸殯于佛寺漆其首函之藏于太社薛史作張全義當別有據 晉天福二年五月詔太社先藏唐朝罪人首級許親屬及舊寮收葬時右衛上將軍婁繼英請之會繼英得罪乃詔左衛上將軍安崇阮收葬焉永樂大典卷六千六百五

史臣曰末帝仁而無武明不照姦上無積德之基可乘下有弄權之臣爲韓卒使勁敵奄至大運俄終雖天命之有歸亦人謀之所誤也惜哉永樂大典卷六千六百五

補遺

梁末帝紀下 帝崩五代會要末帝年三十六

舊五代史卷十終

舊五代史卷十攷證

梁末帝紀下宣州節度使錢傳璙　宣州原本訛作亘州今據十國春秋改正

應宋亳潁鄆齊魏滑　案原本脫魏字今據册府元龜增入

充知匭使　知匭原本作知匱攷通典唐三省官有知匭使今改正

華温琪爲靜勝軍留後　案通鑑作貞明六年事與是書繫龍德元年異

鎮州大將王德明殺其帥王鎔　案五代春秋三月趙人張文禮弑其君鎔是書及通鑑作二月

夏四月陳州刺史惠王友能反　案歐陽史作三月與是書異

詔張漢傑率兵進討　漢傑原本作衡傑今據通鑑改正

王彥章率舟師自楊村寨浮河而下　舟師原本訛州師今據通鑑改正

舊五代史卷十攷證

舊五代史卷十一

宋司空同中書門下平章事薛居正等撰

后妃列傳第一

案梁后妃傳永樂大典闕全篇其散見者僅得四條今采北夢瑣言五代會要諸書分注于下以存當日之事蹟

梁書十一

文惠皇太后王氏開平初追謚永樂大典卷一萬三千三百五十二太祖性孝愿奉太后未嘗小失色朝夕視膳爲士君子之規範帝嚴察用法無纖毫假貸太后言之帝頗爲省刑永樂大典卷一萬七千一百七十案北夢瑣言云梁祖父誠早卒有三子俱幼母王氏攜養寄于同縣人劉崇家昆弟之中惟温狡猾無行崇母撫養之崇兄弟嘗加譴杖一日偷崇家釜而竄爲崇追囘崇母遮護以免扑責善逐走鹿往往及而獲之又崇母嘗見其有龍蛇之異他日與仲兄存入黃巢軍作賊伯兄昱與母王氏向依

劉家温既辭去不知存亡及温領鎭于汴盛飾輿馬使入迎母于崇家王氏惶恐辭避深藏不之信謂人曰朱三落拓無行何處作賊送死焉能自致富貴汴帥非吾子也使者具陳離鄉去里之由歸國立功之事王氏方泣而信是日與崇母並迎歸汴盛禮郊迎人士改觀崇以舊恩位至列卿爲商州刺史王氏以温貴封晉國太夫人仲兄存于賊中爲矢石所中而卒温置酒于母歡甚語及家事謂母曰朱五經辛苦業儒不登一命今有子爲節度使無忝前人矣母不懌良久謂温曰汝致身及此信爲英特行義未必如先人朱二與汝同入賊軍身死蠻徼孤男稚女艱食無告汝未有恤孤之心英特即有諸無取也温垂涕謝罪即令召諸兄子皆至汴友寧友倫皆立軍功位至方鎭

元貞皇后張氏乾化中追謚永樂大典卷一萬三千三百五十二案五代會要太祖皇后張氏早崩開平二年追封賢妃至乾化二年十一月二十三日追册曰元貞皇后又北夢瑣言云梁祖魏國夫人張氏碭山富室女父蘂曾爲宋州刺史温時聞張有姿色私心傾慕有麗華之歎及温在同州得

張于兵間因以婦禮納之溫以其宿款深加禮異張賢明有禮溫雖虎狠其心亦所景伏每軍謀國計必先延訪或已出師中途有所不可張氏一介請旋如期而至其信重如此初收兗鄆得朱瑾妻溫告之曰彼既無依寓于輜車張氏遣人召之瑾妻再拜張氏答拜泣下謂之曰兗鄆與司空同姓之國昆仲之間以小故尋戈致吾姒如此設不幸汴州失守妾亦似吾姒之今日也又泣下乃度爲尼張恆給其費張既卒繼娶者非人及僭號後大縱朋淫骨肉聚麀帷薄荒穢以致友珪之禍起于婦人始能以柔婉之德制豺虎之心如張氏者不亦賢乎　又案五代會要所載內職有梁太祖昭儀陳氏昭容李氏歐陽史並見家人傳

末帝德妃張氏　永樂大典卷一千二百六十六案五代會要少帝妃張氏乾化五年九月二十四日册爲德妃其夕薨　又案歐陽史次妃郭氏傳云晉天福三年詔大社先藏罪人首級許親屬收葬乃出末帝首遣右衛將軍安崇阮與妃同葬之妃卒洛陽麗元英文昌雜錄云梁均王晉天福中始葬故妃張氏獨存考功員外商鵬爲誌文曰七月有期不見望陵之妾九疑無色空餘泣竹之妃今案末帝德妃張氏早薨後與末帝同葬而次妃郭氏天福中尚存歐陽史不明言同葬者爲何妃文昌雜錄誤以尚存者爲故妃張氏蓋傳聞之失實也今薛史梁后妃傳雖缺叅考末帝紀及晉高祖紀定爲德妃張氏同葬云　又案五代史無外戚傳五代會要云梁太祖長女安陽公主降羅延規開平二年八月追封長樂公主降趙巖開平元年五月十一日封普寧公主降昭祚王氏開平元年五月十一日封金華公主開平二年十月封眞寧公主乾化三年十月五日封少帝長女壽春公主乾化三年四月五日封第二女壽昌公主貞明元年九月二十三日封今考通鑑考異引梁功臣列傳云羅延規尚安陽公主又尚金華公主薛史羅紹威傳亦載開平四年詔金華公主出家爲尼是金華公主實歸羅氏而五代會要不載亦闕文也

舊五代史卷十一終

舊五代史卷十一攷證

梁列傳一后妃傳末帝德妃張氏　案麗元英文昌雜錄梁均王晉天福中始葬故妃張氏獨存考功員外商鵬爲誌文曰七月有期不見望陵之妾九疑無色空餘泣竹之妃今攷五代會要德妃張氏早薨歐陽史次妃郭氏莊宗入宮度爲尼是晉天福中尚存者郭妃非德妃與末帝同葬者德妃非郭妃也歐陽史不明言同葬者爲何妃文昌雜錄誤以尚存者爲故妃張氏蓋傳聞之失實也

舊五代史卷十一攷證

舊五代史卷十二

宋司空同中書門下平章事薛居正等撰

宗室列傳第二

案梁宗室傳永樂大典唯友寧友倫友裕三傳有全篇餘多殘闕今彙其散見者十五條通鑑注引一條其見冊府元龜者又得六條謹考其事蹟前後如次如左

梁書十二

廣王全昱太祖長兄受禪後封永樂大典卷一萬六千六百二十八乾化元年還睢陽命內臣拜餞都外王出宿至于偃師仍詔其子衡王友諒侍從以歸冊府元龜卷二百七十七庶人篡位授宋州節度使冊府元龜卷二百七十七貞明二年卒永樂大典卷一萬六千六百二十八案五代會要全昱贈尚書令諡德靖五代史闕文全昱梁祖之兄也既受禪宮中開宴惟親王得與因為博戲全昱酒酣忽起取骰子擊盆迸散大呼梁祖曰朱三汝碭山一民因天下饑荒入黃巢作賊天子用汝為四鎮節度使富貴足矣何故滅他李家三百年社稷稱王稱朕吾不忍見血吾族矣安用博為梁祖不悅而罷臣謹按梁史廣王全昱傳曰昱樸野常呼帝為三宮中博戲之事諱之夫梁祖弒二君弒一皇后名臣被害者不可勝紀及莊宗即位盡誅朱氏惟全昱先令終至道初知單州有稱廣王之後與尼訟田者豈以一言之善獨存其嗣耶

友諒全昱子初封衡王後嗣廣王永樂大典卷一萬六千六百二十八繼歷藩郡多行不法冊府元龜卷二百九十九坐弟友能反廢囚京師唐師入汴與友能友誨同日遇害永樂大典卷一萬六千六百二十八

友能全昱子封惠王後為宋滑二州留後永樂大典卷一萬六千六百二十八案友能後以叛廢詳見末帝紀又通鑑云龍紀元年夏四月陳州刺史惠王友能反舉兵趨大梁詔陝州留後霍彥威宣義節度使王彥章控鶴指揮使張漢傑將兵討之友能至陳留兵敗走還陳州諸軍圍之秋七月惠王友能降庚子詔赦其死降封房陵侯

友誨全昱子封邵王永樂大典卷一萬六千六百二十八乾化元年以檢校兵部尚書充控鶴指揮使冊府元龜卷二百六十九坐友能反廢後為唐兵所殺永樂大典卷一萬六千六百二十六案通鑑云邵王友誨全昱之子也性頴悟人心多向之或言其誘致禁軍欲為亂梁主召友誨與其兄友諒友能並幽于別第及唐師將至梁主疑諸兄弟乘危謀亂並皇弟賀王友雍建王友徽盡殺之考異曰薛史云友諒友能友誨莊宗入汴同日遇害按中都既敗均王親弟猶疑而殺之況其從弟嘗為亂者豈得獨存云云考通鑑以友諒等為末帝自殺考異祇以事理度之而不言所據何書歐陽史仍從薛史王禹偁五代史闕文亦云莊宗即位盡誅朱氏度當日事勢梁末帝自中都告敗救死不遑未必盡誅兄弟當以薛史為得其實通鑑所載恐未足據也

安王友寧字安仁少習詩禮長喜兵法有倜儻之風太

祖鎮汴累署軍職每因出師多命統驍果以從及擒秦宗權太祖令友寧檻送宗權西獻于長安詔加檢校右散騎常侍行右監門衛將軍自是繼立軍功累官至檢校司空兼襲柳二州刺史太祖駐軍岐下遣友寧領所部兵先歸梁苑以備守禦屬青帥王師範搆亂以關東諸兵悉在岐隴欲乘虛竊發自齊魯至于華下羅布姦黨皆詐以委輸貢奉為名陰與淮夷幷門結好會有青人詣裴迪言其狀迪以事告友寧不俟命乃率兵萬餘人東討師範遣其弟將兵圍齊州友寧引兵救之青寇大敗奪馬四千蹄斬首數千級及昭宗歸長安朝廷議

迎駕功友寧授嶺南西道節度使加特進檢校司徒賜號迎鑾毅勇功臣時靑寇數千越嶮潛伏欲入兗州友寧知之伏兵于兗南邀之大破賊衆無得免者自是兗壁危窘友寧督諸軍進逼營兵首攻博昌縣月餘未能拔太祖怒遣劉捍督戰友寧乃下俘民衆十餘萬各領負木石牽牛驢于城南爲土山旣至合人畜木石排而築之寃枉之聲聞數十里俄而城陷盡屠其邑人淸河爲之不流及進逼寇壘與淸人戰于石樓王師小郤友寧旁自峻阜馳騎以赴敵所乘馬蹶而仆遂沒于陣友寧將戰之前日有大白蛇蟠于帳中友寧心惡之旣而果遇禍焉 永樂大典卷一萬八千一百二十六

密王友倫幼聰悟喜筆札曉聲律及長好騎射有經度之智太祖每奇之曰吾家千里駒也年十九爲宣武軍校景福初充元從騎軍都將尋表爲右武軍將軍漸委戎事太祖征兗鄆友倫勒所部兵收聚糧穀以濟軍須幽滄軍至內黃友倫前鋒夜渡河擊賊奪馬千匹擒斬甚衆因引兵往八議關卒逢晉軍萬餘騎友倫乃分布兵士多設疑軍因聲鼓譟衆士伍奮躍追斬數十里其後李罕之請以上黨來歸爲晉軍所圍太祖遣友倫總步騎數萬越險救應遂大破晉軍唐朝加檢校司空守藤州刺史天復元年岐隴用兵晉人乘虛侵于北鄙友倫率徒兵三萬徑往碧山晉人望塵奔逸友倫與氏叔琮等躡其蹤追至太原摩壘挑戰獲牛馬萬餘二年領所部兵西赴鳳翔前後累接戰三年昭宗歸長安制授友倫寧遠軍節度使檢校司徒賜號迎鑾毅勇功臣及太祖東歸留友倫宿衛京師歲餘因會賓擊鞠墜馬而卒昭宗輟視朝一日詔贈太傅歸葬于碭山縣開平初有司上言曰東漢受命伯升預其始謀西周尙親叔虞荷其封邑故皇兄存凋零霜露緜歷歲時恩莫逮于彤岡禮方弘于事日皇姪故邕州節度使友寧故容州節度使友倫頃因締搆俱著韜鈐竝以戰功歿于皇事永言帶礪合議封崇 案五代會要開平二年正月追封從子友寧爲安王友倫爲密王四月追封皇兄存爲朗王是朗王之封實在安密王之後據薛史有司上言又似一時竝封未詳孰是又會要載四年六月追封皇伯義方爲潁王皇叔義讓爲郜王薛史闕載 于是存追封朗王友寧追封安王友倫追封密王 永樂大典卷一萬八千一百二十六

郴王友裕字端夫太祖長子也幼善射御從太祖征伐性寬厚頗得士心唐中和中太祖會幷帥李克用攻圍華州賊將黃鄴固守甚堅俄有一人登陴大詈克用令蕃騎連射終不能中命友裕射之應弦而斃大軍喜譟聲振山谷克用因以良弓百矢遺焉太祖鎭汴表爲宣

武軍牙校及蔡賊殄滅朝廷議功加檢校左僕射尋爲牙內馬步都指揮使景福元年總大軍伐徐時朱瑾領兗鄆之衆爲徐戎外援陣于彭門南石佛山下友裕縱兵擊之斬獲甚衆瑾領殘黨宵遁（案通鑑朱友裕圍彭城時溥數出兵友裕閉壁不戰朱瑾宵遁友裕不追據薛史則友裕擊破朱瑾師斬獲甚衆未嘗閉壁與通鑑異歐陽史從薛史）時都虞候朱友恭羽書聞于太祖誣友裕按兵不追賊太祖大怒因驛騎傳符令裨將龐師古代友裕爲帥仍令按劾其事會使人誤致書于友裕友裕懼遂以數騎遁于山中（案通鑑作以二千騎逃入山中歐陽史從薛史作數騎）尋詣廣王于輝州以訴其冤賴元貞皇后聞而召之令東身歸汴力爲營救太祖乃捨之令權知許州乾寧二年加檢校司空尋爲武寧軍節度留後四年太祖下東平改天平軍留後加檢校司徒光啓元年再領許州天復初爲奉國軍節度留後太祖兼鎮河中以友裕爲護國軍節度留後尋遷華州節度使加檢校太保興德尹天佑元年七月兼行營都統領步騎數萬經畧邠岐十月友裕有疾將校乃謀旋師尋卒于梨園歸葬東京開平初追贈郴王乾化三年又贈太師（永樂大典卷一萬八千一百二十六）

博王友文本姓康名勤太祖養以爲子受禪後封爲王（永樂大典卷一萬六千六百二十六）爲東京留守嗜酒頗怠于爲政（冊府元龜卷二百九十六）友珪弑逆並殺友文末帝即位盡復官爵（永樂大典卷一萬六千六百二十八）

友珪小字遙喜母失其姓本亳州營妓也唐光啓中帝徇地亳州召而侍寢月餘將捨之而去以娠告是時元貞張后賢而有寵帝素憚之由是不果攜歸大梁因留亳州以別宅貯之及期妓以生男來告帝喜故字之曰遙喜後迎歸汴（通鑑注引薛史）受禪後封郢王（永樂大典卷一萬六千六百二十八）開平四年十月檢校司徒充左右控鶴都指揮使兼管四蕃將軍乾化元年充諸軍都虞候（冊府元龜卷二百六十九）二年弑太祖篡位均王以兵討之自殺追廢爲庶人（永樂大典卷一萬六千六百二十八）（案五代會要郢王友珪開平元年五月九日封至乾化二年六月三日篡位僞改鳳歷元年三月十七日京城軍亂侍衞袁象先率兵入宮友珪自殺少帝即位追削爲庶人又載周廣順中張紹修實錄奏云梁末帝之上有郢王友珪篡弑君位未有紀錄請依宋書劉劭例書爲元凶友珪案梁實錄今無考）

福王友璋太祖第五子受禪後封（永樂大典卷一萬六千六百二十八）

賀王友雍太祖第六子受禪後封（永樂大典卷一萬六千六百二十八）

建王友徽太祖第七子受禪後封（永樂大典卷一萬六千六百二十八）

康王友孜太祖第八子末帝即位後封後以反誅（永樂大典卷一萬六千六百二十八）（案友孜通鑑及五代會要俱作友敬歐陽史與薛史同）

舊五代史卷十二終

舊五代史卷十二攷證

密王友倫傳因引兵往入議關　案入議原本訛作八識今據通鑑改正

于是存追封明王友寧追封安王友倫追封密王　案五代會要開平二年追封皇從子友寧爲安王友倫爲密王四年追封皇兄存爲明王據是書作一時並封未知孰是

郴王友裕傳遂以數騎遁於山中　案數騎通鑑作二千騎歐陽史與是書同

康王友孜傳　案友孜通鑑及五代會要作友敬惟歐陽史與是書同

舊五代史卷十二攷證

舊五代史卷十三

宋司空同中書門下平章事薛居正等撰

列傳第三　梁書十三

朱瑄宋州下邑人也父慶里之豪右以攻剽販鹽爲事吏捕之伏法瑄坐父罪以笞免因入王敬武軍爲小校唐中和二年諫議大夫張濬徵兵于青州敬武遣將曹全晸案新唐書及通鑑俱作曹存實舊唐書歐陽史與薛史同率軍赴之以瑄隸焉以戰功累遷列校賊敗出關全晸以本軍還鎮會鄆帥薛崇卒部將崔君預案舊唐書作崔君裕據城叛全晸攻之殺君預自爲留後瑄以功授濮州刺史鄆州馬步軍都將光啟初魏博韓允中攻鄆案新唐書作中和初魏博韓簡東窺曹鄆與薛史異考舊唐書韓允忠傳乾符元年十一月卒子簡起復爲節度觀察留後新唐書本紀亦云韓允中卒其子簡自稱留後是東窺曹鄆實韓簡非允中也薛史似誤通鑑作中和二年韓簡攀鄆州當得其實全晸爲其所害案舊唐書韓簡傳云移軍攻鄆鄆帥曹全晸出戰爲簡所敗死之鄆將崔君裕收合殘眾保鄆州簡進攻其城半年不下朱瑄傳云崔君裕權知州事全晸知其兵寡襲君裕據韓簡傳全晸死而君裕保其城據朱瑄傳則君裕爲全晸所殺二傳自相矛盾新唐書本紀作韓簡寇鄆州天平軍曹全晸死之部將崔用自稱留後與舊書韓簡傳同惟崔用之名有異耳薛史定從舊書朱瑄傳通鑑與薛史同瑄據城自若三軍推爲留後允中敗案舊唐書韓簡傳云簡以憂憤疽發背而卒時中和元年十一月也諸葛爽傳云中和元年十一月簡鄰兵八萬大敗明年正月簡爲牙將所殺新唐書本紀云中和三年二月魏博軍亂殺其節度使韓簡通鑑與新唐書同薛史誤作允中歷考諸書年月參差姓名舛異無可依據蓋唐末

與尊散佚故傳聞失實如此朝廷以瑄爲天平軍節度使累加官至
檢校太尉同平章事太祖初鎭大梁兵威未振連歲爲
秦宗權所圍士不解甲危殆日數四太祖以瑄同宗早
兄事之乃遣使求援于瑄光啟末宗權急攻大梁瑄與
弟瑾率兗鄆之師來援大敗蔡賊解圍而還太祖感其
力厚禮以歸之先是瑄瑾駐于大梁覩太祖軍士驍勇
私心愛之及歸厚懸金帛于界上以誘焉諸軍貪其厚
利私遁者甚衆太祖移牒以讓之瑄來詞不遜由是始
搆隙焉及秦宗權敗太祖移軍攻時溥于徐州時瑄方
右溥乃遣使來告太祖曰巢權繼爲蛇虺毒螫中原與
君把臂同盟輔車相依今賊已平殄人粗聊生吾弟宜
念遠圖不可自相魚肉或行人之失辭疆吏之踰法可
以理遣未得便睽和好投鼠忌器弟幸思之太祖方怒
時溥通于孫儒不從其言及龎師古攻徐州瑄出師來
援太祖深銜之徐既平太祖併兵以攻鄆自景福元年
冬遣朱友裕領軍渡濟至乾寧三年宿軍齊鄆間大小
凡數十戰語在太祖紀中自是野無人耕屬城悉爲我
有瑄乃遣人求于太原李克用遣其將李承嗣史儼等
援之尋爲羅弘信所扼援路既絶瑄瑾覓敗乾寧四年
正月龎師古攻陷鄆州遁至中都北匿于民家爲其所

瑄幷妻榮氏擒之來獻俱斬于汴橋下永樂大典卷二千三十三案
舊唐書云瑄與妻榮氏出奔至中都爲野人所害傳首汴州榮氏至汴州爲尼與薛史異
朱瑾瑄從父弟雄武絶倫性頗殘忍光啟中瑾與兗州
節度使齊克讓婚瑾自鄆盛飾車服私藏兵甲以赴禮
會親迎之夜甲士竊發擒克讓自稱留後及蔡賊鴟張
瑾與太祖連衡同討宗權前後屢捷以功正授兗州節
度使既得士心有兼幷天下之意太祖亦忌之瑾以厚
利招誘太祖軍士以爲間諜及太祖攻鄆瑾出師來援
累與太祖接戰乾寧二年春太祖令大將朱友恭攻瑾
掘塹柵以環之朱瑄遣將賀瓌及蕃將何懷寶赴援爲
友恭所擒十一月瑾從兄齊州刺史瓊以州降太祖令
執賀瓌懷寶及瓊以徇于城下語曰卿兄已敗早宜効
順瑾僞遣牙將瑚見持書幣送降太祖自至延壽門外
與瑾交語瑾謂太祖曰欲令大將送符印願得兄瓊來
押領所貴骨肉盡布腹心也太祖遣瓊與客將劉捍取
符筍瑾單馬立于橋上揮手謂捍曰可令兄來余有密
款卽令瓊往瑾先令驍士董懷進伏于橋下及瓊至懷
進突出擒瓊而入俄而斬瓊首投于城外太祖乃班師
及鄆州陷龎師古乘勝攻兗瑾與李承嗣方出兵求芻
粟于豐沛間瑾之二子案新唐書作子用貞及大將康懷英判官

辛綰小校閻寶以城降師古瑾無歸卽與承嗣將麾下士將保沂州刺史尹處賓案新唐書作尹懷賓拒關不納乃保海州爲師古所逼遂擁州民渡淮依楊行密案新唐書刺史朱用芝以其衆與瑾奔楊行密行密表瑾領徐州節度使龐師古渡淮行密令瑾率師以禦之清口之敗瑾有力焉自是瑾率淮軍連歲北寇徐宿大爲東南之患及行密卒子渥繼立以徐温子知訓爲行軍副使寵遇頗深後楊溥僭號知訓爲樞密使知政事以瑾爲同平章事仍督親軍時徐温父子恃寵專政慮瑾不附已陳彭年江南別錄云徐知訓初學兵法于朱瑾瑾悉心教之後與瑾有隙夜遣壯士殺瑾瑾手刃數人埋于舍後貞明四年六月出瑾爲

淮寧軍節度使知訓設家宴以餞瑾瑾事之愈遜翌日詣知訓第謝留門久之知訓家僮私謂瑾曰政事相公此夕在白牡丹妓院侍者無得往瑾謂典謁曰吾不奈朝飢且歸既而知訓聞之愕然曰晚當過瑾瑾厚備供帳瑾有所乘名馬冬以錦帳貯之夏以羅幬護之愛妓桃氏案九國志作妻陶氏有絶色善歌舞及知訓至奉巵酒爲壽初以名馬奉知訓喜而言曰相公出鎮與吾暫別離恨可知願此盡歡瑾卽延知訓于中堂出桃氏酒既醉瑾斬知訓首示其部下馬令南唐書云知訓因求馬于瑾瑾不與遂有隙俄出瑾爲靜淮節度使瑾詣知訓別且獻前馬知訓喜往謁瑾瑾妻出拜知訓答拜瑾以笏擊踣遂斬知訓因以其

衆急趨衙城知訓之黨已閫門矣唯瑾得獨入與衙兵戰案九國志翟虔傳云虔驅率散卒共閉關瑾以是不得出復踰城而出傷足求馬不獲遂自刎案九國志米志誠傳志誠被甲親從十餘騎至天興門問瑾所向聞瑾已死乃歸暴其屍于市盛夏無蠅蛆徐温令投之于江部人竊收葬之温疾亟夢瑾被髮引滿將射之温乃爲之禮葬立祠以祭之永樂大典卷二千三十一五代史補瑾之奔淮南也時行密方圖霸其爲禮待有加于諸將數等瑾感行密見知欲立奇功爲報但恨無入陣馬忽忽不樂一日晝寢夢老叟眉髮皓然謂瑾曰君長恨無入陣馬今馬生矣及廐隸報適退槽馬生一駒見臥未能起瑾驚曰何應之速也行往視之見骨目皆非常馬大喜曰事辦矣其後破杜洪取鍾傳未嘗不得力焉初瑾之來也徐温觀其英烈深忌之故瑾不敢預政及行密死子溥嗣位温與張鎬爭權襲殺鎬自是事無大小皆決于温既而温復爲自安之計乃以子知訓自

代然後引兵出居金陵實欲控制中外知訓尤恣横瑾居常嫉之一旦知訓欲得瑾所乘馬瑾怒遂擊殺知訓提其首請溥起兵誅温溥素怯懦見之掩面而走瑾曰老婢兒不足爲計亦自殺中外大駭且懼温至遽以瑾屍暴之市中時盛暑肌肉累日不壞至青蠅無敢輒泊人有病者或於暴屍處取土煎而服之無不愈

時溥徐州人初爲州之驍將唐中和初秦宗權據蔡州侵寇鄰藩節度使支詳命溥率師以討之徐軍屢捷軍情歸順以節鉞授之冊府元龜卷四百一十二案薛史時溥傳永樂大典原闕今考冊府元龜引梁時溥一條當係薛史原文謹爲補入又考舊唐書列傳云時溥彭城人徐之牙將黃巢據長安詔徵天下兵進討中和二年武寧軍節度使支詳遣溥與副將陳璠帥師五千赴難行至河陰軍亂剽河陰縣迴溥招合撫諭其衆復集懼罪屯于境上詳遣人迎犒悉怨之溥乃移軍向徐州既入軍人大呼推溥爲留後送詳於大彭館溥大出資裝遣陳璠援詳歸京詳宿七里亭其夜爲璠所殺舉家屠害溥以璠爲宿州刺史竟以

(違命殺詳溥誅璠又令別將帥軍三千赴難京師天子還宮授之節鉞及黃巢攻陳州秦宗權據蔡州與賊連結徐蔡相近溥出師討之軍鋒益盛每戰屢捷黃巢之敗也其將尙讓以數千人降溥後林言又斬黃巢首歸徐州時溥功居第一詔授檢校太尉中書令鉅鹿郡王宗權未平仍授溥徐州行營兵馬都統蔡賊平朱全忠與之爭功遂相嫌怨淮南亂朝廷以全忠遙領淮南節度以平孫儒行密之亂汴人應援路出徐方溥阻之全忠怒出師攻徐自光啓至大順六七年間汴軍四集徐泗三郡民無耕稼頻歲水災人喪十六七溥窘蹙求和于汴全忠曰移鎭則可朝廷以尙書劉崇望代溥以溥爲太子太師溥恐出城見殺不受代汴將龐師古陳兵于野溥求援于兗州朱瑾出兵救之値大雪糧盡而還城中守陴者飢甚加之疾疫汴將王重師牛存節夜乘梯而入溥與妻子登樓自焚而卒實景福二年也地入于汴)

王師範青州人父敬武初爲平盧牙將唐廣明元年無棣人洪霸郎合群盜于齊棣間節度使安師儒遣敬武討平之及巢賊犯長安諸藩擅易主帥敬武乃逐師儒自爲留後王鐸承制授以節鉞後以出師勤王功加太尉平章事龍紀中敬武卒師範年幼三軍推之爲帥棣州刺史張蟾叛于師範不受節度朝廷乃以崔安潛爲平盧帥師範拒命張蟾迎安潛至郡同討師範師範遣將盧洪將兵攻蟾弘復叛與蟾通謀僞旋軍將襲青州師範知之遣重賂迎謂之曰吾以先人之故爲軍府所推年方幼少未能幹事如公以先人之故令不乏祀公之仁也如以爲難與成事乞保首領以守先人墳墓亦惟命弘以師範年幼必無能爲不爲之備師範伏兵要

路迎而享之預謂紀綱劉鄩曰翌日盧弘至爾卽斬之酬爾以軍校鄩如其言斬弘于座上及同亂者數人因戒厲士衆大行頒賞與之誓約自率之以攻棣州擒張蟾斬之安潛遁還長安師範雅好儒術少負縱橫之學故安民禁暴各有方略當時藩翰咸稱之及太祖平兗鄆遣朱友恭攻之師範乞盟遂與通好天復元年冬李茂貞劫遷車駕幸鳳翔韓全誨矯詔加罪于太祖令方鎭出師赴難詔至青州師範承詔泣下曰吾輩爲天子藩籬君父有難略無奮力者皆強兵自衛縱賊如此使上失守宗祧危而不持是誰之過吾今日成敗以之乃發使通楊行密(案新唐書全忠圍鳳翔昭宗詔方鎭赴難以師範附全忠命楊行密部將朱瑾攻青州且欲代爲平盧軍節度使師範聞之哭曰吾爲國守藩君危不持可乎乃與行密連盟是師範之通行密乃因其將謀見代而始遣使也歐陽史因作因乞兵于楊行密殊失事實而薛史亦未詳載)遣將劉鄩襲兗州別將襲齊時太祖方圍鳳翔師範遣將張居厚部輿夫二百言有獻于太祖至華州城東華將婁敬思疑其有異剖輿視之乃兵仗也居厚等因呼殺敬思聚衆攻西城時崔胤在華州遣部下閉關拒之遂遁去是日劉鄩下兗州河南數十郡同日發太祖怒遣朱友寧率軍討之既而友寧爲青軍所敗臨陣被擒傳首于淮南天復三年七月太祖復令楊師厚進攻屯于臨朐

師厚累敗青軍遂進寨于城下師範懼乃令副使李嗣業詣師厚乞降（案師範之降薛史與新唐書異薛史則以爲兵臨城下而始降也新唐書云師厚圍青州敗師範兵于臨朐執諸將又獲其弟師克是時師範衆尚十餘萬諸將請決戰而師範以弟故乃請降歐陽史云弟師魯大敗遂傳其城而梁別將劉重霸下其棣州師範乃請降亦微有不同）太祖許之歲餘遣李振權典青州事因令師範舉家徙汴師範將至縞素乘驢請罪于太祖太祖以禮待之尋表爲河陽節度使會韓建移鎭青州太祖帳餞于郊師範預焉太祖謂建曰公頃在華陰政事之暇省覽經籍此亦士君子之大務今之青土政簡務暇可復修華陰之故事建撝謙而已太祖又曰公讀書必須精意勿錯用心太

祖以師範好儒前以青州叛故以此言譏之及太祖即位徵爲金吾上將軍開平初太祖封諸子爲王友寧妻號訴于太祖曰陛下化家爲國人人皆得崇封妾夫早預艱難粗立勞効不幸師範反叛亡夫橫屍疆埸寃讐尚在朝廷受陛下恩澤亡夫何罪太祖悽然泣下曰幾忘此賊即遣人族師範于洛陽先掘坑于第側乃告之其弟師誨兄師悅及兒姪二百口咸盡戮焉時使者宣詔訖師範盛啟宴席令昆仲子弟列座謂使者曰死者人所不能免況有罪乎然予懼坑屍于下少長失序恐有愧于先人行酒之次令少長依次于坑所受戮人士痛之後唐同光三年三月詔贈太尉（永樂大典卷一萬八千一百二十七）

劉知俊字希賢徐州沛縣人也姿貌雄傑倜儻有大志始事徐帥時溥爲列校溥甚器之後以勇略見忌唐大順二年冬率所部二千人來降即署爲軍校知俊被甲上馬輪劍入敵勇冠諸將太祖命左右義勝兩軍隸之尋用爲左開導指揮使故當時謂之劉開導從討秦宗權及攻徐州皆有功尋補徐州馬步軍都指揮使攻海州下之遂奏授刺史天復初歷典懷鄭二州從平青州以功奏授同州節度使天祐三年冬以兵五千破岐軍六萬于美原自是連克鄜延等五州乃加檢校太傅平

章事開平二年春三月命爲潞州行營招討使知俊未至潞夾寨已陷晉人引軍方攻澤州聞知俊至乃退尋改西路招討使六月大破岐軍于幕谷俘斬千計李茂貞僅以身免三年五月加檢校太尉兼侍中封大彭郡王時知俊威望益隆太祖雄猜日甚會佑國軍節度使王重師無罪見誅知俊居不自安乃據同州叛（鑒戒錄云彭城王劉知俊鎭同州日因築營牆掘得一物重八十餘斤狀若油囊召賓幕將校問之劉源曰此是冤氣所結古來囹圄之地或有焉昔王充據洛陽修河南府獄亦獲此物源聞酒能忘憂莫以醇醪或可消釋耳然此物之出亦非吉徵也知俊命具酒饌祝酹復瘞之尋有叛城背主之事）送款于李茂貞又分兵以襲雍華雍州節度使劉捍被擒送鳳翔害之華

州蔡敬思被傷獲免太祖聞知俊叛遣近臣諭之曰朕待卿甚厚何相負也知俊報曰臣非背德但畏死耳王重師不負陛下而致族滅太祖復遣使謂知俊曰朕不料卿爲此昨重師得罪蓋劉捍言陰結邠鳳終不爲國家用我今雖知枉濫悔不可追致卿如此我心恨恨蓋劉捍悞予事也捍一死固未塞責知俊不報遂分兵以守潼關太祖命劉鄩率兵進討攻潼關下之時知俊弟知浣爲新衛指揮使聞知俊叛自洛奔至潼關爲鄩所擒害之尋而王師繼至知俊乃舉族奔于鳳翔李茂貞厚待之僞加檢校太尉兼中書令以土疆不廣無藩鎮

以處之但厚給俸祿而已尋命率兵攻圍靈武且圖牧圉之地靈武節度使韓遜遣使來告急太祖令康懷英率師救之師次邠州長城嶺爲知俊邀擊懷英敗歸茂貞恱署爲涇州節度使復命率衆攻興元進圍西縣會蜀軍救至乃退（九國志王宗鐬傳云岐將劉知俊等領大軍分路來攻由階成路奪固鎮將王宗侃唐襲等禦之至青泥嶺爲知俊所敗退保西縣會大雨漢江張宗鐬自羅村得鄉導緣山而行數百里與宗播遇于鐵谷合軍出湯頭時知俊自斜谷山南直抵興州圍西縣軍人散掠巴中宗鐬與宗播襲之會王建亦至遂解西縣之圍）既而爲茂貞左右石簡顒等間之免其軍政寓于岐下掩關歷年茂貞猶子繼崇鎮秦州因來寧覲言知俊途窮至此不宜以讒嫉見疑茂貞乃誅簡顒等

以安其心繼崇又請令知俊挈家居秦州以就豐給茂貞從之未幾邠州亂茂貞命知俊討之時邠州都校李保衡納款于朝廷末帝遣霍彦威率衆先入于邠知俊遂圍其城半載不能下會李繼崇以秦州降于蜀知俊妻孥皆遷于成都遂解邠州之圍而歸岐陽以舉家入蜀終慮猜忌因與親信百餘人夜斬關奔蜀王建待之甚至卽授僞武信軍節度使尋命將兵伐岐不克班師因圍隴州獲其帥桑弘志以歸久之復命爲都統再領軍伐岐時都將皆王建舊人多違節度不成功而還蜀人因而毁之先是王建雖加寵待然亦忌之嘗謂近侍

曰吾漸衰耗恆思身後劉知俊非爾輩能駕馭不如早爲之所又嫉其名者于里巷間作謠言云黑牛出圈棬繩斷知俊色黔而丑生棬繩者王氏子孫皆以宗承爲名故以此搆之僞蜀天漢元年冬十二月建遣人捕知俊斬于成都府之炭市及王衍嗣僞位以其子嗣禋尚僞峨眉長公主拜駙馬都尉後唐同光末隨例遷于洛卒知俊族子嗣彬幼從知俊征行累遷爲軍校及知俊叛以不預其謀得不坐貞明末大軍與晉王對壘于德勝久之嗣彬率數騎奔于晉具言朝廷軍機得失又以家世讎怨將以報之晉王深信之卽厚給田宅仍賜錦

衣玉帶軍中目爲劉二哥居一年復來奔當時晉人謂是刺客以晉王恩澤之厚故不竊發龍德三年冬從王彥章戰于中都軍敗爲晉人所擒晉王見之笑謂嗣彬曰爾可還予玉帶嗣彬惶恐請死遂誅之（永樂大典卷九千九十八）

楊崇本不知何許人幼爲李茂貞之假子因冒姓李氏名繼徽唐光化中茂貞表爲邠州節度使天復元年冬太祖自鳳翔移軍北伐駐旆于邠郊命諸軍攻其城崇本懼出城請降太祖復置爲邠州節度使仍令復其本姓名焉及師還遷其族于河中（案舊唐書十一月乙亥邠州節度使李繼徽以城降全忠乃舍其孥于河中以繼徽從軍新唐書作辛未與舊唐書異）其後太祖因統戎往來由于蒲津以崇本妻素有姿色嬖之于別館其婦素剛烈私懷愧恥遣侍者讓崇本曰丈夫擁旄仗鉞不能庇其伉儷我已爲朱公婦今生無面目對卿期于刀繩而已崇本聞之但洒淚含怒及昭宗自鳳翔回京崇本之家得歸邠州崇本恥其妻見辱因茲復貳于太祖乃遣使告茂貞曰朱氏兆亂謀危唐祚父爲國家磐石不可坐觀其禍宜于此時畢命興復事苟不濟死爲社稷可也茂貞乃遣使會兵于太原時西川王建亦令大將出師以助之岐蜀連兵以攻雍華關西大震太祖遣郴王友裕帥師禦之會友裕卒于行乃班師天佑三年

冬十月崇本復領鳳翔邠涇秦隴之師會延州胡章之衆合五六萬屯于美原列柵十五兵勢甚盛太祖命同州節度使劉知俊及康懷英帥師拒之崇本大敗復歸于邠州自是垂翅久之乾化元年冬（案原本作乾化四年今從歐陽校正）爲其子彥魯所毒而死彥魯自稱留後復領其軍事凡五十餘日爲崇本養子李保衡所殺保衡舉其城來降末帝命霍彥威爲邠帥由是邠寧復爲末帝所有（永樂大典卷一萬八千一百二十七）

蔣殷不知何許人幼孤隨其母適于河中節度使王重盈之家重盈憐之畜爲己子唐天復初太祖既平蒲陜殷與從兄珂舉族遷于大梁太祖感王重榮之舊恩凡王氏諸子皆錄用焉殷由是繼歷內職累遷至宣徽院使殷素與庶人友珪善友珪簒立命爲徐州節度使乾化四年秋末帝以福王友璋鎮徐方殷自以爲友珪之黨懼不受代遂堅壁以拒命時華州節度使王瓚殷之從弟也懼其連坐上章言殷本姓蔣非王氏之子也末帝乃下詔削奪殷在身官爵仍令却還本姓命牛存節劉鄩等帥軍討之是時殷求救于淮南楊溥遣朱瑾率衆來援存節等迎擊敗之貞明元年春存節劉鄩攻下徐州殷舉族自燔而死于火中得其屍梟首以獻之（永樂

大典卷一萬八百三十一

張萬進雲州人初爲本州小校亡命投幽州劉守光厚遇之任爲裨將滄州劉守文以弟守光囚父而竊據其位自領兵問罪尋敗于雞蘇守光遂兼有滄景之地令其子繼威主留務繼威年幼未能政事以萬進佐之凡關軍政一皆委任繼威兇虐類父嘗淫亂于萬進之家萬進怒而殺之又遣使歸于晉既而末帝遣楊師厚劉守奇潛兵掠鎮冀因東攻滄州萬進乞降（通鑑云乾化二年九月庚子萬進遣使奉表降于梁辛丑以萬進爲義昌留後甲辰改義昌爲順化軍以萬進爲節度使此傳疑有闕文）師厚表青州節度使俄遷兗州仍賜名守進萬進性既輕險專圖反側貞明四年冬據城叛命遣使送款于晉王末帝降制削其官爵仍復其本名遣劉鄩討之晉人不能救五年冬萬進危蹙小將邢師遇潛謀內應開門以納王師遂拔其城萬進族誅（永樂大典卷六千三百五十）

史臣曰夫雲雷構屯龍蛇起陸勢均者交鬬力敗者先亡故瑄瑾時溥之流皆梁之吞噬斯亦理之常也唯瑾始以竊發有土終以竊發亡身傳所謂君以此始必以此終者乎師範屬衰季之運以興復爲謀事雖不成忠則可尚雖貽族誅之禍亦可以與臧洪遊于地下矣知俊驍武有餘奔亡不暇六合雖大無所容身夫如是則

豈若義以爲勇者乎崇本而下俱以叛滅又何足以道哉（永樂大典卷六千三百五十）

補遺

朱瑾傳　立祠以祭之（馬令南唐書云初宿衛將李球馬謙挾楊隆演登樓取庫兵以誅知訓與戰頗卻朱瑾適自外來以一騎前視其陣曰不足爲也因反顧一麾外兵爭進遂斬球謙亂兵皆潰瑾嘗有德於知訓者也及其凶終人皆謂曲在知訓）

劉知俊傳　懷英敗歸（九國志云李廷琦劉知俊自靈武班師塗經長城嶺梁帥率精英數萬躡其後彥琦與知俊同設方略擊敗之）

舊五代史卷十三終

舊五代史卷十三攷證

梁列傳三朱瑄傳敬武遣將曹全晸　案新唐書及通鑑俱作曹存實舊唐書歐陽史與是書同

部將崔君預據城叛全晸攻之　案舊唐書韓簡傳云曹全晸爲簡所敗死之鄆將崔君裕收合殘衆保鄆州朱瑄傳云崔君裕權知州事全晸知其兵寡襲君裕據韓簡傳則全晸死而君裕保其城據朱瑄傳則君裕爲全晸所殺二傳自相矛盾是書從朱瑄傳又君預諸史俱作君裕

光啓初魏博韓允中攻鄆　案新唐書作中和初魏博韓簡東窺曹鄆攷舊唐書韓允中傳乾符元年十一月卒子簡起復爲節度觀察留後新唐書本紀亦云是攻鄆者韓簡非允中也通鑑作中和二年韓簡擊鄆州當得其實是書訛作允中與諸史年月人名舛異

朱瑾傳瑾從兄齊州刺史瓊以州降　齊州原本作濟州據通鑑及北夢瑣言改正

瑾之二子　案新唐書作瑾子用貞

刺史尹處賓　案新唐書作尹懷賓

出瑾爲淮寧軍節度使　淮寧原本作懐寧今據九國志改正

爰妓桃氏　案九國志作妻陶氏

王師範傳棣州刺史張蟾叛于師範　張蟾原本作張儋今據新唐書改正

劉知俊傳尋用爲左開道指揮使　開道原本作關道今據歐陽史改正

楊崇本傳乾化元年　案原本作乾化四年今據歐陽史改正

張萬進傳仍賜名守進　守進原本作方進今據本紀改正

舊五代史卷十三攷證

舊五代史卷十四

宋司空同中書門下平章事薛居正等撰

列傳第四　梁書十四

羅紹威（案舊唐書紹威字端己）魏州貴鄉人父弘信本名宗弁初爲馬牧監事節度使樂彦貞光啟末彦貞子從訓驕盈太橫招聚兵甲欲誅牙軍牙軍怒聚課攻之從訓出據相州牙軍廢彦貞囚于龍興寺逼令爲僧尋殺之推小校趙文建爲留後先是弘信自言于所居遇一白鬚翁謂之曰爾當爲土地主如是者再心竊異之（羅弘信遇白鬚翁本篝火狐鳴之故智唐書作鄰人相告新唐書作巫者傳言疑皆屬傳聞之誤薛史以爲弘信自言當得其實）既而文建不洽軍情牙軍聚呼曰孰願爲節度使者弘信卽應曰白鬚翁早以命我可以君長爾曹唐文德元年四月牙軍推弘信爲留後朝廷聞之卽正授節旄乾寧中太祖急攻兗鄆朱瑄求援于太原時李克用遣大將李存信率師赴之假道于魏屯于莘縣存信御軍無法稍侵魏之芻牧弘信不平之太祖因遣使謂弘信曰太原志吞河朔廻戈之日貴道堪憂弘信懼乃歸款于太祖仍出師三萬攻李存信敗之（案弘信攻李存信舊唐書與薛史同新唐書則云李存信侵魏芻牧弘信已不平既而李瑭復壁莘弘信厭其暴及聞梁王遣使相告乃廻戈攻瑭也與薛史異）未幾李克用領兵攻魏營于觀音門外屬邑多拔

太祖遣葛從周援之戰于洹水擒克用男落落以獻太祖令送于弘信斬之晉軍乃退是時太祖方圖兗鄆慮弘信離貳每歲時賂遺必卑辭厚禮弘信每有答貺太祖必對魏使北面拜而受之曰六兄比予有倍年之長兄弟之國安得以常鄰遇之故弘信以爲厚己其後弘信累官至檢校太尉封臨清王（案舊唐書弘信先封豫章郡公進封北平王）光化元年八月薨于位紹威襲父位爲留後（案舊唐書紹威自文德初授左散騎常侍充天雄軍節度副使自龍紀至乾寧十年之中累加官爵）朝廷因而命之尋正授旄鉞累加檢校太尉兼侍中封長沙郡王昭宗東遷命諸道修洛邑紹威獨營太廟制加守侍中進封鄴王初至德中田承嗣盜據相魏澶博衛貝等六州召募軍中子弟置之部下號曰牙軍皆豐給厚賜不勝驕寵年代寖遠父子相襲親黨膠固其凶戾者強買豪奪踰法犯令長吏不能禁變易主帥有同兒戲自田氏已後垂二百年長帥廢置出于其手如史憲誠何全皞韓君雄樂彦貞皆爲其所立優獎小不如意則舉族被誅紹威懲其往弊雖以貨賂姑息而心銜之紹威嗣世之明年正月幽州劉仁恭擁兵十萬謀亂河朔進陷貝州長驅攻魏紹威求援于太祖太祖遣李思安援之屯于洹水葛從周自邢洺引軍入魏州燕將劉守文單可及

與王師戰于內黃大敗之乘勝追躡會從周亦出軍掩擊又敗燕軍斬首三萬餘級三年紹威遣使會軍同攻滄州以報之自是紹威感太祖援助之恩深加景附紹威見唐祚衰凌羣雄交亂太祖兵强天下必知有禪代之志故傾心附結贊成其事每慮牙軍變易心不自安天祐初州城地無故自陷俄而小校李公佺謀變紹威愈懼乃定計圖牙軍遣使告太祖求爲外援太祖許之遣李思安會魏博軍再攻滄州先是安陽公主薨于魏太祖因之遣長直軍校馬嗣勳選兵千人伏兵仗于巨橐中肩舁以入魏州言助女葬事天祐三年正月五日

太祖親率大軍濟河聲言視行營于滄景牙軍頗疑其事是月十六日紹威率奴客數百與嗣勳同攻之時宿於牙城者千餘人遲明盡誅之凡八千家皆赤其族州城爲之一空翌日太祖自內黃馳至鄴時魏軍二萬方與王師同圍滄州聞城中有變乃擁大將史仁遇保于高唐六州之內皆爲勍敵太祖遣諸將分討之半歲方平自是紹威雖除其偪然尋有自弱之悔不數月復有浮陽之役紹威飛輓饋運自鄴至長蘆五百里疊跡重軌不絕于路又于魏州建元帥府署沿道置亭候供牲牢酒糗軍幕什器上下數十萬人一無闕者及太祖迴

自長蘆復過魏州紹威乘間謂太祖曰邠岐太原終有狂譎之志各以興復唐室爲詞王宜自取神器以絕人望天與不取古人所非太祖深感之及登極加守太傅兼中書令賜號扶天啟運竭節功臣車駕將入洛詔重修五鳳樓朝元殿巨木良匠非當時所有倐架于地泝流西立于舊址之上張設綈繡皆有副焉太祖甚喜以寶帶名馬賜之先是河朔三鎮司管鑰備洒掃皆有閹人紹威曰此類皆宮禁指使豈人臣家所宜畜也因搜獲三十餘輩盡以來獻太祖嘉之開平中加守太師兼中書令邑萬戶紹威嘗以臨淄海岱罷兵歲久儲庾

山積唯京師軍民多而食益寡願于太行伐木下安陽淇門斵船三百艘置水運自大河入洛口歲漕百萬石以給宿衛太祖深然之會紹威遘疾革遣使上章乞骸骨太祖撫案動容顧使者曰亟行語而主爲我强飯如有不可諱當世世貴爾子孫以相報也仍命其子周翰監總軍府及訃至輟朝三日册贈尚書令紹威在鎮凡十七年年三十四薨（永樂大典卷一萬八千一百二十六）紹威形貌魁偉有英傑氣工筆札曉音律性復精悍明敏服膺儒術明達吏理好招延文士聚書萬卷開學館置書樓每歌酒宴會與賓佐賦詩頗有情致（太平廣記引羅紹威傳云當時藩牧之中最獲文章

之譽每命幕客作四方書檄小不稱意壞裂抵棄自擘牋起草下筆成文雖無藻麗之風幕客多所不及江東人羅隱者佐錢鏐軍幕有詩名于天下紹威遣使賂遺敘南巷之敬隱乃聚其所爲詩投寄之紹威酷嗜其作因目己之所爲曰偷江東集至今鄴中人士諷詠之紹威嘗有公讌詩云簾前淡泊雲頭日座上蕭騷雨腳風雖深于詩者亦所歎伏紹威子三人長曰廷規位至司農卿尙太祖女安陽公主又尙金華公主早卒次曰周翰繼爲魏博節度使亦早卒（通鑑攷異引梁功臣傳云周翰起復雲麾將軍充天雄軍節度留後尋檢校司徒正授魏博節度使）季曰周敬歷滑州節度使別有傳開平四年夏詔金華公主出家爲尼居于宋州元靜寺蓋太祖推恩于羅氏令終其婦節也（永樂大典卷五千六百七十八　五代史補羅鄴王紹威俊邁有詞學有好戲判有常人向官街中鞴驢置鞍于地值車牛過急行碾破其鞍驢主怒毆駕車者爲廂司所擒紹威更不按問遂判其狀云鄴城大道甚寬何故駕車碾鞍鞴驢漢子科決待駕車漢子喜歡詞雖俳諧理甚切當論者許之）

趙肈其先天水人（案歐陽史作其先青州人）代爲忠武牙將曾祖賓祖英奇父叔文皆歷故職肈幼有奇智齠齔之時與鄰里小兒戲于道左恆分布行列爲部伍戰陣之狀自爲董率指顧如夙習焉羣兒皆稟而從之無敢亂其行者其父目而異之曰吾家千里駒也必大吾門矣及赴鄉校誦讀之性出于同輩弱冠有壯節好功名妙于弓劍

氣義勇果郡守聞之擢爲牙校唐會昌中壺關作亂隨父北征收天井關未幾從王師征蠻浹月方克惟忠武將士轉戰溪洞之間斬獲甚衆本道錄其勳陟爲馬步都虞候乾符中王僊芝起于曹濮大縱其徒侵掠汝鄭肈乃率步騎數千襲之賊黨南奔及黃巢陷長安天子幸蜀中原無主人心騷動于是陳州數百人相率告許州連帥願得肈知軍州事其帥即以狀聞于是天子下詔以肈守陳州刺史旣視事乃謂將吏曰賊巢之虐徧于四方苟不爲長安市人所誅則必驅殘黨以東下況與忠武久爲仇讎凌我土疆勢必然也乃遣增垣墉濬溝恤實倉廩積薪芻凡四門之外兩舍之內民有資糧者悉令輓入郡中繕甲兵利劍矟弓弩矢石無不畢備又招召勁勇置之麾下以仲弟昶爲防遏都指揮使以季弟珝爲親從都知兵馬使長子麓次子霖皆分領銳兵黃巢在長安果爲王師四面掩束食盡人飢謀東奔之計先遣驍將孟楷擁徒萬人直入項縣肈引兵擊之賊衆大潰斬獲略盡生擒孟楷中和三年朝廷聞其功就加檢校兵部尙書俄轉右僕射不數月加司空進潁川縣伯巢黨知孟楷爲陳所擒大驚憤乃悉衆東來先據溵水後與蔡州秦宗權合勢以攻宛丘陳人懼焉肈

恐衆心攜離乃于衆中揚言曰忠武素稱義勇淮陽亦爲勁兵是宜戮力同心捍禦羣寇建功立節去危就安諸君宜圖之況吾家食陳祿久矣今賊衆圍逼衆寡不均男子當于死中求生又何懼也且死于爲國不猶愈于生而爲賊之伍耶汝當觀吾之破賊敢有異議者斬之由是衆心靡不踴躍無何開門與賊接戰每戰皆捷賊衆益怒巢于郡北三四里起八仙營如宮闕之狀又修百司廨署儲蓄山峙蔡人濟以甲冑軍無所闕焉凡圍陳三百日大小數百戰雖兵食將盡然人心益固犨因令間道奉羽書乞師于太祖太祖素多犨之勇果乃

許之四年四月太祖引大軍與諸軍會于陳之西北陳人望旗鼓出軍縱火急攻巢寨賊衆大潰重圍遂解獻捷于行在五年八月除犨爲蔡州節度使于時巢黨雖敗宗權益熾六七年間屠膾中原陷二十餘郡惟陳去蔡百餘里兵少力微日與爭鋒終不能屈文德元年蔡州平朝廷議勳以犨檢校司徒充泰寧軍節度使又改授浙西節度使不離宛丘兼領二鎮龍紀元年三月又以平巢蔡功就加平章事充忠武軍節度使仍以陳州爲理所由是中原塵靜唐帝復歸長安陳許流亡之民襁負歸業犨設法招撫又皆感之犨兄弟三人時稱雍睦一日念仲弟昶同心王事共立軍功乃下令盡以軍州事付于昶遂上表乞骸後數月寢疾卒于陳州官舍年六十六葬于宛丘縣之先域累贈太尉犨雖盡忠唐室保全陳州然默識太祖雄傑每降心託跡爲子孫之計故因解圍之後以愛子結親又請爲太祖立生祠于陳州朝夕拜謁數年之間悉力委輸凡所徵調無不率先故能保其功名長子麓位至列卿次子霖改名巖尚太祖女長樂公主開平初授衞尉卿駙馬都尉二年九月權知洺州軍州事俄轉天威軍使十二月授右羽林統軍改右衞上將軍充大內皇牆使三年七月出爲宿

州團練使旋移州刺史其後累歷近職連典禁軍預誅庶人友珪有功末帝卽位用爲租庸使守戶部尚書巖以動戚貨賂公行天下之賄半入其門又以身尚公主聞唐朝駙馬都尉杜琮位極將相以服御飲饌自奉務極華侈巖恥其不及由是豐其飲膳嘉羞法饌動費萬錢僦斂網商其徒如市權勢熏灼人皆阿附及唐莊宗滅梁室巖踰垣而逸素與徐州溫韜相善巖往依之旣至韜斬巖首送京師永樂大典卷一萬六千九百九十

昶字大東犨仲弟也弱冠習兵機沈黙大度神形灑落臨事有通變之才及兄犨爲陳州刺史以昶爲防禦都

指揮使未幾巢將孟楷擁衆萬餘據項城縣昶與兄犨領兵擊破之擒楷以歸不數月巢黨悉衆攻陳以報孟楷之役又蔡寇合從凶醜百萬棲于陳郊陳人大恐一夕昶因巡警假寐于閫閣恍惚間如有陰助昶異而待之遲明開門決戰人心兵勢勇不可過若有陰兵前導是日擒賊將數人斬首千餘級羣凶氣沮其後連日交戰無不應機俘斬未嘗小衄以至重圍數月士心如一及賊敗圍解朝廷紀勳昶一門之中疊加爵秩當時方鎮之內言忠勇者言守禦者言功勳者言政事者皆以犨昶爲首焉及犨遙領泰寧軍節度以昶爲本州刺史

檢校石僕射俄而犨有疾遂以軍州盡付于昶詔授兵馬留後旋遷忠武軍節度使亦以陳州爲理所時宗權未滅中原方受其毒陳蔡封疆相接昶每選精銳深入蔡境蔡賊雖衆終不能抗以至宗權敗焉（案上篇趙犨傳云蔡州平以犨爲忠武軍節度使據此傳則昶爲忠武節度使宗權未滅二傳自相矛盾見通鑑考異）朝廷賞勳加檢校司徒昶以大寇剷平之後益留心于政事勸課農桑大布恩惠景福元年秋陳許將吏耆老錄其功詣闕以聞天子嘉之命文臣撰德政碑植于通衢以旌其功俄加同平章事昶自圍解之後恆曰梁王之恩不敢忘也自後太祖每有征伐昶訓練兵甲饋輓供億無有不至乾寧二年寢疾薨于鎮年五十三追贈太尉（永樂大典卷一萬六千九百九十）

珝字有節犨季弟也（案新唐書以珝爲犨子據歐陽史及通鑑皆以珝爲犨弟與薛史同新唐書誤）幼而剛毅器宇深沈既冠好書籍及壯工騎射尤精三略及犨爲陳州刺史以珝爲親從都知兵馬使時巢黨東出商鄧與蔡賊會聚至百餘萬掘長壕五百道攻陳陳人大懼珝與二兄堅心誓衆激厲將校約以死節珝以祖先松櫏去郭數里慮爲羣盜穿發乃夜縱心膂之士遷柩入城府庫舊有巨弩數百枝機牙皆缺工人咸謂不可用珝即創意制度自調弦筈置之雉堞間

矢激五百餘步凡中人馬皆洞達胸腋羣賊畏之不敢逼近自仲秋至于首夏軍食將竭士雖不飽而堅拒之志不移會太祖率大軍解其圍珝兄弟抆泣感謝其後朝廷議功加檢校右僕射遙領處州刺史犨薨昶爲忠武軍節度使珝遷爲行軍司馬檢校司空昶薨珝知忠武軍留後珝公幹之才播于遠邇至于符籍虛實財穀耗登備閱根本民之利病無不洞知庶事簡練公私俱濟太祖深加慰薦尋加特進檢校司徒充忠武軍節度使陳州土壤卑疎每歲壁壘摧圯公役不暇珝遂營度力用俾以甓周砌四墉自是無霖潦之虞光化二年加

檢校太保平章事明年檢校侍中進封天水郡公珝博通前古以陳州本伏羲所都南頓乃光武舊地遂稽考古制崇飾廟貌爲四民祈福之所又詢鄧艾故址決翟王河以溉稻粱大實倉廩民獲其利珝兄弟節制陳許繼擁節鉞共二十餘年陳人愛戴風化大行天復元年冬韓建爲忠武軍節度使乃徵珝知同州匡國軍節度留後時太祖統軍岐下珝輸輓調發旁午道途俄而昭宗還長安詔徵入覲錫迎鑾功臣之號珝因堅辭藩鎮遂加檢校太傅右金吾衛上將軍及扈從東遷歲餘以痼疾免官遂歸淮陽未幾薨于私第年五十五詔贈侍

中陳人爲之罷市子穀仕至左驍衛大將軍宣徽北院使唐莊宗入汴與從兄巖皆族誅（永樂大典卷一萬六千九百九十）

王珂河中人祖縱鹽州刺史父重榮河東節度使破黃巢有大功封瑯琊郡王珂本重榮兄重建之子出繼重榮唐僖宗光啟三年重榮爲部將常行儒所害推重榮弟重盈爲蒲帥以珂爲行軍司馬及重盈卒軍府推珂爲留後時重盈子珙爲陝州節度使瑤爲絳州刺史由是爭爲部帥瑤珙連上章論列又與太祖書云珂非吾兄弟蓋余家之蒼頭也小字忠兒（案舊唐書忠作蟲）安得繼嗣珂亦上章云亡父有興復之功又遣使求援于太原李克用爲保薦于朝昭宗可之既而珙厚結王行瑜李茂貞韓建爲援三鎮互相表薦昭宗詔諭之曰吾以太原與重榮有再造之功已俞其奏矣乾寧二年五月三鎮率兵入覲賊害時政請以河中授珙瑤又連兵以攻河中克用聞之出師以討三鎮瑤珙兵退晉師拔絳州擒瑤斬之及克用駐軍于渭北昭宗以珂爲河中節度使正授旄鉞克用因以女妻珂珂至太原謝婚成禮克用令李嗣昭將兵助珂攻珙于陝焉光化末太祖謂張存敬曰珂恃太原之勢侮慢鄰封爾爲我持一繩以縛之天復元年春存敬兵下晉絳令何絪守晉州以扼太原

援師二月大軍逼河中珂妻書告太原曰敵勢攻逼朝夕爲俘虜因乞食于大梁矣大人安忍不救克用曰前途既阻衆寡不敵救則與爾兩亡可與王郎歸朝廷珂復求救于李茂貞茂貞不答珂勢窮蹙卽登城謂存敬曰吾與汴王有家世事分公宜退舍俟汴王至吾自聽命存敬卽日退舍三月太祖自洛陽至先哭于重榮之墓蒲人聞之感悅珂欲面縛牽羊以見太祖曰太師阿舅之恩何時可忘郎君若以亡國之禮相見黃泉其謂我何（案新唐書全忠王出也始背賊事重榮約爲甥舅德其全己指日月曰我得志凡氏王者皆事之至是忘誓言過重榮墓僞哭而祭）及珂出迎于路握手歔欷聯轡而入乃

以居敬守河中珂舉家徙于汴後入覲被殺于華州傳舍永樂大典卷六千八百四十九

珙少有俊氣才兼文武性甚驕虐屬世多故遂代伯父重霸爲陝州節度使爲政苛暴且多猜忌殘忍好殺不以生命爲意內至妻孥宗屬外則賓幕將吏一言不合則五毒並施鞭笞剸斮無日無之奢縱聚斂民不堪命由是左右惕懼憂在不測唐光化二年夏六月爲部將李璠所殺璠自稱留後因是陝州不復爲王氏所有永樂大典卷六千八百四十九

史臣曰紹威始爲唐雄據魏地當土德之季運倡梁祖以强禪在梁則爲佐命也在唐則豈得爲忠臣乎趙犨以淮陽咫尺之地抗黃巢百萬之衆功成事立有足多者嚴毅非賢遽泯其嗣惜哉王珂奕世山河勢危被虜乃魏豹之徒歟永樂大典卷六千八百四十九

補遺

王珂傳 黃泉其謂我何 歐陽史云太祖自同州降唐即依重榮以母王氏敬事重榮爲舅

舊五代史卷十四終

舊五代史卷十四攷證

梁列傳四羅紹威傳其後宏信封臨淸王 案舊唐書宏信先封豫章郡公進封北平王與是書異

自田氏巳後垂二百年 案吳縝歐陽史纂誤云魏博自田承嗣專據至羅紹威時共一百五十餘年歐陽史作二百年誤葢歐陽史仍是書之誤也

太祖自內黃馳至鄴 至鄴原本作至葉今據歐陽史改正

歲漕百萬石以給宿衛太祖深然之 案通鑑攷異引梁功臣傳云紹威馳簡獻替意互合者十得五六太祖嘆曰竭忠力一人而已又引莊宗實錄曰紹威陰有覆溫之志而賂溫益厚溫怪其曲事慮蓄奸謀而莫之察乃賜紹威妓妾數人未𡗜歲召還以此得其陰事其紀載互異如此竊謂紹威有謀慮得梁主信任宜也然以梁主雄險而紹威又因盡誅牙軍有自弱之悔則此時猜忌諒亦有之未可偏廢其說

趙犨傳父叔文 案叔文原本訛叔乂今據新唐書改正

王儒芝起于曹濮 儒芝原本作儒芘今據新舊唐書改正

文德元年　文德原本作大德今改正

充大內皇牆使　皇牆原本作皇城攷五代會要梁時避諱改皇城使爲皇牆使今改正

趙昶傳假寐于闤闠　闤闠原本作闠闤今改正

時宗權未滅　案上篇趙犨傳云蔡州平以犨爲忠武軍節度使據此傳則昶爲忠武節度使宗權未滅二傳互異

趙珝傳珝犨季弟也　案新唐書以珝爲犨子是書及歐陽史通鑑皆以珝爲犨弟新唐書應訛

王珂傳小字忠兒　忠兒舊唐書作蟲兒

令何絪守晉州　何絪原本作何緯今據通鑑改正

舊五代史卷十四攷證

舊五代史卷十五

宋司空同中書門下平章事薛居正等撰

列傳第五　梁書十五

韓建字佐時許州長社人父叔豐世爲牙校初秦宗權之據蔡州招合亡命建隸爲軍士累轉至小校唐中和初忠武監軍楊復光起兵于蔡宗權遣其將鹿宴弘赴之建與里人王建俱隸宴弘軍入援京師賊平復光暴卒時僖宗在蜀宴弘率所部赴行在路出南山因攻剽郡邑據有興元宴弘自爲留後以建爲屬郡刺史唐軍容使田令孜密遣人誘建啗以厚利建時懼爲宴弘所

併乃率所部歸行在令孜補爲神策都校金吾將軍出爲潼關防禦使兼華州刺史河潼經大寇之後戶口流散建披荆棘闢汚萊勸課農事植樹蔬果出入閭里親問疾苦不數年流亡畢復軍民充實建比不知書治郡之暇日課學習遣人于器皿牀榻之上各題其名建視之既熟乃漸通文字俄遷華商節度潼關守捉等使累加檢校太尉平章事乾寧二年建與鳳翔李茂貞邠州王行瑜舉兵赴闕廹昭宗請以王珙爲河中帥害大臣于都下河中王珂召晉軍以爲援及晉軍渡河昭宗幸石門三年四月昭宗遣延王通王率禁兵討李茂貞爲

茂貞所敗車駕幸渭橋翊日次富平將幸河中建奉表迎駕餓自至渭北懇乞東幸許之七月十五日昭宗至華百官士庶相繼而至建尋加中書令充京畿安撫制置等使又兼京兆尹京城把截使昭宗久在華州之境思還宮掖每花朝月夕遊宴西溪與羣臣屬詠歌詩歔欷流涕建每從容奏曰臣爲陛下修營大內結信諸侯一二年間必期興復乃以建兼領修創京城使建自華督役輦運工作復治大明宮四年二月有詣建告睦王已下八王謀殺建案通鑑作防城將張行思等來告建建惡諸王典兵故使行思等告之四八王于別宅放散隨駕殿後軍二萬人殺捧日都頭

李筠自是天子益微宿衛之士盡矣八月建以兵圍十六宅通王以下十一王並遇害于石堤谷以謀逆聞又害太子詹事馬道殷將作監許巖士貶宰相朱朴皆昭宗寵昵者也案新唐書昭宗紀正月乙酉韓建以兵圍行宮殺扈蹕都將李筠二月韓建殺太子詹事馬道殷將作監許巖士八月韓建殺通王滋沂王禋部王彭王嗣韓王嗣陳王嗣覃王嗣周王嗣延王戒丕嗣丹王允通鑑與新唐書同薛史以殺李筠爲正月事以殺馬道殷許巖士爲八月事蓋本于舊唐書昭宗紀宜可徵信云建尋兼同州節度使光化元年升華州爲興德府以建爲尹八月車駕還京九月冊拜太傅進封許國公弁賜鐵券天復元年十一月宦官韓全誨迫天子幸鳳翔建亦預其謀太祖聞之自河中引軍而西前鋒至

同州建判官司馬鄴以城降遂移軍迫華州建懼乞降太祖責以脅君之罪建拜伏稱從事李巨川之謀也太祖卽誅巨川案北夢瑣言韓建日某不識字凡朝廷章奏鄴封書檄皆巨川爲之因斬之通鑑所采卽本于北夢瑣言與薛史同新唐書李巨川傳云巨川詣軍門納款因言當世利害全忠屬官敬翔以文翰事左右疑巨川用則全忠待己或衰乃譖說曰巨川誠奇才顧不利主人若何是日全忠殺之是巨川之死亦由于敬翔之譖不僅爲韓建所賣也太祖與建素有軍中昆弟之契及見其怒驟息尋表爲許州節度使昭宗東遷以建爲佑國軍節度使京兆尹車駕至陝召太祖與建侍宴宮妓奏樂何皇后舉觴以賜太祖建躡足太祖遽起曰臣醉不任僞若顚仆卽去建私謂太祖曰上與宮人附耳而語

幕下有兵仗聲恐圖王爾天祐三年改青州節度使及受禪徵爲司徒平章事充諸道鹽鐵轉運使開平二年加侍中充建昌宮使三年郊祀于洛以建爲大禮使建爲上宰每謁見時有直言太祖性剛嚴羣下將迎不暇待建稍異故優容之九月冊拜太保罷知政事案五代會要開平三年十月詔曰太保韓建每月旦十五日入閤稱賀卽令赴朝參餘時勿入見示優禮也四年三月除匡國軍節度使陳許蔡觀察使仍令中書不議除替案五代會要乾化元年正月敕許昌雄鎭太保韓建朕用以布政民耕盜止久居其位庶可勝殘矣宜令中書門下不計年月勿議替乾化二年六月朝廷新有內難人心動搖部將張厚因作亂害建于衙署案通鑑考異引莊宗實錄九月建遇害通

鑑從薛史時年五十八子從訓昭宗在華州時授太子侍學賜名文禮尋拜屯田員外郎國初爲都官郎中賜紫年未弱冠時朝廷命從訓告國哀于陳許至二日軍亂與建併命乾化三年追贈太師永樂大典卷三千六百七十五

李罕之陳州項城人父文世田家罕之拳勇趫捷力兼數人少學爲儒不成又落髮爲僧以其無賴所至不容曾乞食于酸棗縣自旦至晡無與之者乃擲鉢于地毀棄僧衣亡命爲盜案北夢瑣言云罕之即其僧名會黃巢起曹濮罕之因合徒作剽漸至魁首及賊巢渡江罕之因以兵將背賊歸于唐高駢錄其功表爲光州刺史歲餘爲蔡賊秦

宗權寇廹不能守乃棄郡歸項城收合餘衆依河陽諸葛爽爽署爲懷州刺史光啟初傳宗以爽爲東南面招討以擊宗權爽乃表罕之爲副令將兵屯宋州蔡冦兇燄日熾兵鋒不敵中和四年爽表罕之爲河南尹東都留守是歲李克用脫上源之難斂軍西歸路由洛陽罕之迎謁供帳館待甚優因與克用厚相結託時罕之有衆三千以聖善寺爲府光啟元年蔡賊秦宗權遣將孫儒來攻罕之對壘數月以兵少備竭委城而遁西保于澠池蔡賊據京城月餘焚燒宮闕剽剝居民賊既退去鞠爲灰燼寂無雞犬之音罕之復引其衆築壘于市西

明年冬諸葛爽死其將劉經推爽子仲方爲帥經憚罕之難制自引兵鎮洛陽罕之部曲有李瑭郭璆者情不相叶欲相圖害罕之怒誅璆軍情由是不睦劉經因其有間掩擊罕之于澠池軍亂保乾壕經急攻之爲罕之所敗罕之乘勝追之洛陽時經保敬愛寺罕之保苑中飛龍廐罕之激勵其衆攻敬愛寺數日因風縱火盡燔之經衆奔竄追斬殆盡罕之進逼河陽營于鞏縣陳舟于汜水將渡諸葛仲方遣將張言案張言後名全義率師拒于河上時仲方年幼政在劉經諸將心多不附張言密與罕之修好經知其謀言懼引衆渡河歸罕之因合勢攻

河陽爲經所敗罕之與言退保懷州冬蔡將孫儒陷河陽仲方汎輕舟來奔孫儒遂自稱節度使俄而蔡賊爲我軍所敗孫儒棄河陽歸蔡罕之與言收合其衆求援于太原李克用遣澤州刺史安金俊率騎助之遂收河陽克用表罕之爲節度同平章事又表言爲河南尹東都留守罕之既與言患難交契刻臂爲盟永同休戚如張耳陳餘之義也罕之雖有膽決雄猜反復而撫民御衆無方略率多苛暴性復貪冒不得士心既得河陽出兵攻晉絳時大亂之後野無耕稼罕之部下以俘剽爲資啖人作食絳州刺史王友遇以城降罕之乃進攻晉

州河中王重盈遣使求援于太祖時張言治軍有法善積聚勤于播植軍儲不乏言輸粟于罕之以給其軍罕之求索無限言頗苦之力不能應罕之則錄河南府吏笞責之東諸侯修貢行在多爲罕之邀留王重盈苦其侵削密結張言請圖之文德元年春會罕之盡出其衆攻平陽言夜出師掩擊河陽罕之無備單步僅免舉族爲言所俘罕之奔于太原李克用表爲澤州刺史仍領河陽節度使三月克用遣其將李存孝率師三萬助之來攻懷孟城中食盡備禦皆竭張言遣其孥入質且求救于太祖太祖遣葛從周牛存節赴之逆戰于沇河店會晉將安休休以一軍奔于蔡存孝引軍而退罕之保于澤州自是罕之日以兵寇抄懷孟晉絳數百里內郡邑無長吏閭里無居民河內百姓相結屯寨或出樵汲卽爲俘馘雖奇峯絶磴梯危架險亦爲罕之部衆攻取先是蒲絳之間有山曰摩雲邑人立柵于上以避寇亂罕之以百餘人攻下之軍中因號罕之曰李摩雲自是數州之民屠啖殆盡荆蓁蔽野烟火斷絶凡十餘年乾寧元年李存孝出師以拒邠鳳營于渭北天子以克用爲邠州行營四面都統克用乃表罕之爲副及誅王行瑜罕之以功授檢校太尉食邑千戶（案新唐書克用討王行瑜表罕之副

都統檢校侍中行瑜誅封隴西郡王檢校太尉兼侍中所載爵位較薛史爲詳歐陽史仍薛史之舊）罕之自以功多私謂晉將蓋寓曰余自河陽失守來依巨蔭歲月滋久功效未施比年以來倦于師旅所謂老夫耄矣無能爲也望吾王仁慈太傅哀憐與一小鎭休兵養疾一二年間卽歸老菟裘幸也寓爲言之克用不對每藩鎭缺帥議所不及罕之私心鬱鬱蓋寓懼其它圖亟爲論之克用曰吾于罕之豈惜一鎭吾有罕之亦如董卓之有呂布雄則雄矣鷹鳥之性飽則颺去實懼翻覆毒余也光化元年十二月晉之潞帥薛志勤卒罕之乘其喪自澤州率衆徑入潞州自稱留後以狀聞于克用曰聞志勤之喪將帥未至慮爲他盜所窺不俟命已屯于潞矣克用怒遣李嗣昭討之罕之執其守將馬溉伊鐸何萬友（案伊鐸歐陽史作伊鐔）沁州刺史傅瑤等遣其子顥（案歐陽史作遣子顧）拘送于太祖以求援焉（案新唐書全忠表罕之昭義軍節度使）會罕之抱病不能視事明年六月病篤太祖命丁會代之移罕之爲河陽節度使行至懷州卒于傳舍時年五十八其子顥以舟載柩歸葬河陰縣開平二年春詔贈中書令（永樂大典卷一萬三百八十七）

馮行襲字正臣武當人也歷職爲本郡都校中和中僖宗在蜀有賊首孫喜者聚徒數千人欲入武當刺史呂

煜惶駭無策略行襲伏勇士于江南乘小舟逆喜謂喜曰郡人得良牧衆心歸矣但緣兵多民懼擄掠若駐軍江北領肘腋以赴之使某前導以慰安士民可立定也喜然之旣渡江軍吏迎謁伏甲奮起行襲擊喜仆地伏劍斬之其黨盡殪賊衆在江北者悉奔潰（案新唐書本紀光啓元年四月武當賊馮行襲陷均州逐其刺史李譁蓋行襲旣殪孫喜遂自據其郡也薛史作中和間事與唐書異歐陽史仍從薛史）山南節度使劉巨容以功上言尋授均州刺史州西有長山當襄漢蜀路羣賊屯據以邀劫貢奉行襲又破之洋州節度使葛佐奏辟爲行軍司馬請將兵鎭谷口通秦蜀道由是益知名李茂貞遣養子繼臻竊據金州行襲攻下之因授金州防禦使時興元楊守亮將襲京師道出金商行襲逆擊大破之詔升金州爲節鎭以戎昭軍爲額卽以行襲爲節度使（案舊唐書哀帝紀天祐二年金州馮行襲奏當道昭信軍額內一字與元帥全忠諱字同乃賜號戎昭軍是金州初賜軍額本名昭信至哀帝避朱全忠祖諱乃改稱戎昭也薛史于金州初賜軍額卽作戎昭蓋仍梁實錄之舊未及考正）及太祖義旗西征行襲遣副使魯崇矩稟受制令會唐昭宗幸鳳翔太祖帥師奉迎久之未出中尉韓全誨遣中官郄文宴等二十餘人分命矯詔欲徵江淮兵屯于金州以脅太祖之軍行襲定策盡殺之收其詔勅送于太祖天祐元年兼領洋州節度使太祖之伐荆襄行襲令其子勗

以舟師會于均房預收復功（案新唐書昭宣帝紀二年五月王建陷金州戎昭軍節度使馮行襲奔于均州六月行襲克金州舊唐書哀帝紀二年十二月戎昭軍奏收復金州兵火之後井邑殘破請移理所于均州從之仍改爲武定軍是行襲因金州嘗被陷乃改治軍州也薛史不載）遷匡國軍節度使（案舊唐書哀帝紀三年四月丙申勅曰天祐二年九月二十日于金州置戎昭軍割均房二州爲屬郡比因馮行襲叶贊元勳克宣丕績用獎濟師之效遂行割地之權今命帥得人酬庸有秩其戎昭軍額宜停其均房二州却還山南東道收管據此則戎昭軍額廢于天祐三年故行襲改鎭許州也）到任誅大吏張澄暴其罪州人莫不慴懾在許三年上供外別追助軍羡糧二十萬石及太祖郊禋行襲請入覲貢獻巨萬恩詔殊厚尋詔翰林學士杜曉撰德政碑以賜之累官至兼中書令册拜司空開平中卒輟朝一日贈太傅謚曰忠敬行襲性嚴烈爲政深刻然所至有天幸境內有大蝗尋有羣鳥啄食不爲害民或艱食必有穭穀出于隴畝雖威福在已而極竭力以奉于王室故能保其功名行襲魁岸雄壯面有青誌當時目爲馮青面長子勗歷蘄沁二州刺史次子德晏仕至金吾將軍（永樂大典卷四萬三）

孫德昭鹽州五原縣人世爲州校父惟政有功于唐朝遙領荆南節度分判右神策軍事德昭藉父蔭累職爲右神策軍都指揮使（案通鑑德昭由雄毅軍使爲左神策指揮使）光化三年唐昭宗爲閹官所廢矯立德王時中外以權在禁闈莫

能致討近藩朋附章表繼有至者丞相崔胤外與太祖中結輔佐之好內遣心腹密購忠義有以事諭德昭者案通鑑云德昭曾憤惋不平崔胤聞之遣判官石戩與之遊德昭每酒酣必泣戩知其誠乃密以胤意說之德昭感慨乃與本軍孫承誨董從實三人案新舊唐書俱作周承誨董彥弼據薛史則承誨自姓孫彥弼乃從實後改之名也通鑑從唐書歐陽史從薛史奮發應命誓圖返正崔又割衣手筆以通其志天復元年正月一日未旦逆豎左軍容劉季述早入德昭伏甲要路以俟追其前騶邀而斬之孫承誨分捕右軍容王仲先黨伍唐昭宗方幽辱東內聞外喧大恐德昭馳至扣閣曰逆賊劉季述伏誅矣請上皇開鑰復皇帝位皇后何氏呼

曰汝可進逆人首門乃可開俄而承誨從實俱以馘獻昭宗悲而嘉之于是丞相崔胤奉迎御丹鳳樓率百辟待罪泣且奏曰臣居大位不能討姦賴東平王全忠首奮忠貞誅殺邸吏遂致德昭等擒戮妖逆再清禁闈卽日議功以德昭爲檢校太保靜海軍節度使承誨邕州節度使從實容州節度使並同平章事錫姓李賜號扶傾濟難忠烈功臣圖形凌烟閣俱留京師錫賚宴賞之厚恩寵權倖之勢近代罕比其年十一月閹官韓全誨縱火脅昭宗西幸鳳翔承誨從實並變節爲中官所誘始欲驅擁百寮將圖出令而德昭猶按兵與太祖親吏婁敬思叶力衞丞相及文武百官與長安吏民保于街東免爲所劫太祖遣從事相繼勞問遺以龍鳳劒鬭雞紗委令制輯于是百官次華州連狀請太祖迎奉及大旆入關德昭以軍禮上謁立道左太祖命左右扶騎控至長安賜與甚厚署權知同知節度留後將赴任復徇民請留充兩街制置使賜錢百萬德昭以本部兵八千人獻于太祖由是愈見賞重又賜甲第一區俾先還洛陽及昭宗東遷奏授左威衞上將軍以疾免歸于別墅太祖受禪以左領衞上將軍徵赴闕開平四年拜左金吾大將軍充街使末帝卽位俾將命于兩浙對見失儀

不果行尋改授右武衞上將軍俄復左金吾大將軍卒于官詔贈太傅輟視朝一日天復初德昭與孫承誨董從實以返正功時人呼爲三使相恩澤俱冠世及承誨至鳳翔易名繼誨從實改名彥弼皆爲李茂貞所養後閹官之敗俱戮于京師唯德昭克全終始有所稱云永樂大典卷一萬八千一百四十六

趙克裕河陽人也祖父皆爲軍吏克裕少爲牙將好讀書諳儀範牧伯皆奇待之累居右職擢爲虎牢關使光啟中蔡寇陷河陽克裕率所部歸于太祖隸于宣義軍太祖東征徐鄆克裕屢受指顧無不如意數年之內繼

領亳鄭二州刺史時關東藩鎮方爲蔡寇所毒黎元流散不能相保克裕妙有農戰之備復善于綏懷民賴而獲安者衆太祖表爲河陽節度使檢校右僕射尋移理許田（案新唐書本紀景福元年已未朱全忠陷孟州逐河陽節度使趙克裕據通鑑則克裕之移鎭因梁祖欲以張全義領河陽也新唐書所紀疑非事實）入爲金吾衛大將軍檢校司空及太祖爲元帥以克裕爲元帥府左都押衙復統六軍兗州平命權知泰寧軍留後數月暴疾而卒開平初追贈太保（永樂大典卷一萬八千一百二十六）

張愼思清河人自黃巢軍來歸累授軍職歷諸軍都指揮使從平巢蔡兗鄆皆著功表授檢校工部尚書兼宋州長史光化中加檢校右僕射權知亳州天復三年昭宗還長安以從太祖迎駕功賜號迎鑾毅勇功臣尋除汝州防禦使天祐元年授左龍武統軍其冬除許州匡國軍節度使明年十一月權知徐州武寧軍兩使留後太祖受禪入爲左金吾大將軍開平二年除宋州刺史未幾復拜左金吾大將軍三年冬除蔡州刺史以貪貨大失民情詔追赴闕未幾扈從北征還以疾卧洛陽之私第馭家不肅爲其子所弑（永樂大典卷六千三百五十）

史臣曰韓建遇唐朝之衰運據潼關之要地不能藩屏王室翻務斲喪宗枝雖有阜俗之能何補不臣之咎罕之負驍雄之氣蓄翻背之謀武皇比之呂布斯知人矣行襲厲納忠之節德昭立反正之功俱善其終固其宜矣克裕而下無譏可也（永樂大典卷六千三百五十）

舊五代史卷十五終

舊五代史卷十五攷證

梁列傳五韓建傳又害太子詹事馬道殷將作監許巖士　案新唐書昭宗紀正月乙酉韓建殺扈蹕都將李筠二月殺太子詹事馬道殷將作監許巖士八月殺通王滋沂王禋韶王彭王嗣韓王嗣陳王嗣覃王嗣周王嗣延王戒丕嗣丹王允通鑑與新唐書同是書以殺李筠爲二月事以殺馬道殷許巖士爲八月事蓋本于舊唐書昭宗紀

李罕之傳伊鐸　案歐陽史作伊鐸

遣其子顥　案歐陽史作遣子頎

馮行襲傳尋授均州刺史　案新唐書本紀光啓元年四月武當賊馮行襲陷均州逐其刺史呂燁蓋行襲既殪孫喜遂自據其郡也是書作中和間事與唐書異歐陽史仍從是書

孫德昭傳父惟最有功于唐朝　案惟最歐陽史作惟最攷新唐書亦作惟最今仍其舊

乃與本軍孫承誨董從實三人　案孫承誨董從實新舊唐書並作周承誨董彥弼攷承誨姓周與孫未知孰是從實改名彥弼見本傳後文歐陽史與是書同

趙克裕傳尋移理許田　案克裕移理許田是書未明言其故新唐書本紀朱全忠陷孟州逐河陽節度使趙克裕據通鑑則克裕移鎮因梁祖欲以張全義領河陽也新唐書所紀疑非事實

舊五代史卷十五攷證

舊五代史卷十六

宋司空同中書門下平章事薛居正等撰

列傳第六　梁書十六

葛從周字通美濮州鄄城人也曾祖阮祖遇賢父簡累贈兵部尙書從周少豁達有智畧初入黄巢軍漸至軍校唐中和四年三月太祖大破巢軍于王滿渡從周與霍存張歸霸兄弟相率來降七月從太祖屯兵于西華破蔡賊王夏寨太祖臨陣馬踣賊衆來追甚急從周扶太祖上馬與賊軍格鬭傷面矢中于肱身被數槍奮命以衞太祖賴張延壽迴馬轉鬭從周與太祖俱免退軍溵水諸將並削職惟擢從周延壽爲大校其後入長葛靈井大敗蔡賊至斤溝淝河殺鐵林三千人獲九寨都虞候王涓太祖遣郭言募兵于陝州有黄花子賊據于溫谷從周擊破之又破秦賢之衆于榮陽尋佐朱珍收兵于淄靑間時兖州齊克讓軍于任城從周敗之擒其將呂全眞淄人不受制復與之戰獲其驍將聳約會靑州以步騎萬餘人列三寨于金嶺以阨要害從周與朱珍大殲其衆擒其將楊昭範五人而還至大梁不解甲徑至板橋擊蔡賊破盧瑭寨瑭自溺而死又于赤橋堈殺蔡軍二萬餘人從討謝殷于亳州擒之迴襲曹州擒

刺史丘弘禮以歸與兖鄆軍遇于臨濮之劉橋殺數萬人朱瑄朱瑾僅以身免擒都將鄒務卿以下五十人從太祖攻范縣復與朱瑄戰虜尹萬榮等三人遂平濮州未幾與朱珍擊蔡賊于陳濮間獲都將石璠文德元年魏博軍亂樂從訓來告急從太祖渡河拔黎陽李固臨河等鎭至內黄破魏軍萬餘衆獲其將周儒等十人李罕之引并人圍張全義于河陽從周與丁會張存敬牛存節率兵赴援大破并軍殺蕃漢二萬人解河陽之圍以功表授檢校工部尙書從朱珍討徐州拔豐縣敗時溥于吳康得其輜重加檢校刑部尙書佐龐師古討孫儒于淮南畧地至廬壽滁等州下天長高郵破邵伯堰迴軍攻濠州殺刺史魏勳得餉船十艘大順元年八月并帥圍潞州太祖遣從周率敢死之士夜銜枚犯圍而入會王師不利于馬牢川即棄上黨而歸其年十二月與丁會諸將討魏州連收十邑明年正月大破魏軍于永定橋魏軍五敗斬首萬餘級十月佐丁會攻宿州從周壅水灌其城刺史張筠以郡降從討兖州破朱瑾之軍于馬溝景福二年二月與諸將大破徐兖之兵于石佛山八月與龐師古同攻兖州乾寧元年三月軍至新泰縣朱瑾令都將張約李胡椒率三千人來拒戰師古

遣從周張存敬掩襲生擒張約李胡椒等都將數十人二年十月圍兖州兖人不出從周詐揚言并人鄆人來救案通鑑十二月朱瑄朱瑾告急于河東李克用遣大史儼李承嗣將數千騎假道于魏以救之是河東實遣救河東非從周詐言也此蓋覘知兖人告急乘并師尚未至乃揚言已至多方以誤之耳又本紀作十二月此作十月并此正見本紀即引軍趨高吳夜半却潛歸寨朱瑾果出兵攻外壕我軍士突出掩殺千餘人生擒都將孫漢筠從周累立戰功自懷州刺史歷曹宿二州刺史累遷檢校左僕射三年五月并帥以大軍侵魏遣其子落落率二千騎屯洹水從周以馬步二千人擊之殺戮殆盡擒落落于陣并帥號泣而去遂自洹水與龐師古渡河擊鄆四年正月下之從周乘勝伐兖會朱瑾出師在徐境其將康懷英以城降以功授兖州留後檢校司空玉堂閒話云葛侍中鎮兖之日威名著于敵中河北諺曰山東一條葛無事莫撩撥復領兵萬餘人渡淮討楊行密至壕州聞龐師古淸口之敗遽班師案九國志侯瓚傳云破葛從周于壽陽沈其卒萬餘人于淮河與薛史異歐陽史兼采九國志光化元年四月率師經略山東時并帥以大軍屯邢洺從周至鉅鹿與并軍遇大破之并帥遁走我軍追襲至青山口數日之內邢洺磁三州連下斬首二萬級獲其將吏一百五十人即以從周兼領邢州留後十月復破并軍五千騎于張公橋晉將李嗣昭急攻邢州陣于城門外從周大

破之擒蕃將貢金鐵慕容騰百餘人二年春幽州劉仁恭率軍十萬寇魏州屠貝郡從周自邢臺馳入魏州燕軍突上水關攻館陶門從周與賀德倫率五百騎出戰謂門者曰前有敵不可返顧命闔其門從周等極力死戰大敗燕人擒都將薛突厥王鄶郎等翌日破其八寨追擊至臨淸劉仁恭走滄州從周授宣義軍行軍司馬五月并人討李罕之于潞州太祖以丁會代罕之令從周馳入上黨七月并人陷澤州太祖召從周令賀德倫守潞州德倫等尋棄城而歸三年四月領軍討滄州先攻德州下之及進攻浮陽幽州劉仁恭大舉來援時都監蔣玄暉謂諸將曰吾王命我護軍志在攻取今燕帥來赴不可外戰當縱其入壁聚食囷廩力屈糧盡必可取也從周對曰兵在機機在上將非督護所言也乃令張存敬氏叔琮守其寨從周逆戰于乾寧軍老鴉堤大破燕軍斬首三萬獲將佐馬愼交已下百餘人奪馬三千匹八月并人攻邢洺從太祖破之從周追襲至青山口斬首五千級獲其將王郃郎楊師悅等得馬千匹表授檢校太保兼徐州兩使留後尋爲兖州節度使天復元年三月與氏叔琮討太原從周以兖鄆之衆自土門路入與諸軍會于晉陽城下以糧運不給班師頃之從

周染疾會青州將劉鄩陷兗州太祖命討之遂力疾臨戎三年十一月鄩舉城降以功授檢校太傅太祖以從周抱疾既久命康懷英代之授左金吾上將軍以夙恙不任朝謁改右衛上將軍致仕養疾偃師縣亳邑鄉之別墅頃之授太子太傅依前致仕末帝即位制授潞州節度使令坐食其俸加開府儀同三司檢校太師兼侍中封陳留郡王累食邑至七千戶命近臣齎旌節就墅以賜之貞明初卒于家冊贈太尉（永樂大典卷二萬一千二百九）

謝彥章許州人幼事從周為養父從周憐其敏慧教以兵法常以千錢于大盤中布其行陣偏伍之狀示以出

沒進退之節彥章盡得其訣及壯事太祖為騎將末帝嗣位用為兩京馬軍都軍使累與晉軍接戰有功尋領河陽節度使及從周卒臨喪行服躬預葬事時人義之彥章後為許州節度使檢校太傅貞明四年冬滑州節度使賀瓌為北面招討使彥章為排陣使同領大軍駐于行臺寨與晉人對壘彥章時領騎軍與之挑戰晉人或望我軍行陣整肅則相謂曰必兩京太傅在此也不敢以名呼其為敵人所憚如此是時咸謂賀瓌能將步軍彥章能領騎士既名聲相軋故瓌心忌之一日與瓌同設伏于郊外瓌指一方地謂彥章曰此地岡阜隆起中央坦夷好列柵之所尋而晉人舍之故瓌疑彥章與晉人通又瓌欲速戰彥章欲持重以老敵人瓌益疑之會為行營馬步都虞候朱珪所誣珪遂與瓌協謀因享士伏甲以殺彥章及濮州刺史孟審澄別將侯溫裕等于軍以謀叛聞晉王聞之喜曰彼將帥如是亡無日矣審澄溫裕亦善將騎軍然所領不過三千騎多而益辦惟彥章有焉將略之外好優禮儒士與晉人對壘于河上恒褒衣博帶動皆由禮或臨敵御衆則肅然有上將之威每敦陣整旅左旋右抽雖風馳雨驟亦無以喻其迅疾也故當時騎士咸樂為用及其遇害人皆惜之（永樂大典卷一萬八千一百二十六）

胡真江陵人也體貌洪壯長七尺善騎射少為縣吏及在巢寇中寇推為名將隨巢涉淮浙陷許洛入長安及太祖以衆歸唐時真為元從都將（案舊唐書中和二年朱溫與大將胡真謝瞳來降通鑑云溫見巢兵勢日蹙知其將亡親將胡真謝瞳勸溫歸國薛史謝瞳傳載瞳說溫之辭胡真傳不言其勸溫歸國與通鑑異）從至梁苑表授檢校刑部尚書頻從破巢蔡于陳鄭間尋以奇兵襲取滑州乃署為滑州節度留後復表為鄭滑節度使檢校右僕射數年徵為右金吾衛大將軍俄拜寧遠軍節度使容州刺史檢校太保卒贈太傅（永樂大典卷一萬八千一百二十六）

張歸霸字正臣清河人祖進言陽穀令父實亦有宦績少倜儻好兵術唐乾符中寇盜蜂起歸霸率昆弟三人棄家投黃巢頗以勇畧聞巢陷長安遂署爲左番功臣中和中巢領徒走宛丘時太祖在汴奉詔南討巢黨日窘歸霸昆仲與葛從周李讜等相率來降尋補宣武軍劇職光啟二年與蔡將張存戰于盧氏三年夏又與蔡將盧瑭戰于商丘復與秦宗賢戰于萬勝皆敗而殲之翌日宗權遣將張晊來寇列寨于赤岡一日出騎將較勝歸霸爲飛戈所中（飛戈歐陽史作飛矢）即拔馬却逸控弦一發即洞頸而墜遂兼騎而還太祖時于高丘下瞰備見其狀面加賞激厚以金帛及所獲馬錫之又嘗被命以控弦之士五百人伏于壕內太祖統數百騎稍逼其寨蔡人果以銳士摩壘來追歸霸發伏兵掩殺千餘人奪馬數十匹尋奏授檢校左散騎常侍其後從太祖伐鄆副李唐賓渡淮咸著奇績文德初大軍臨蔡州賊將蕭顥來斫寨歸霸與徐懷玉各以所領兵自東南二扉分出合勢殺賊蔡人大敗及太祖整衆離營寇塵已息太祖召至賞之曰昔耿弇不俟光武擊張步言不以賊遺君父弇之功爾其二焉大順中郭紹賓拔曹州歸霸率兵數十守之俄而朱瑾統大軍自至歸霸與丁會逆擊之

于金鄉瑾大敗擒賊將宗江等七十餘人曹州以寧明年破濮州生擒刺史邵儒又佐葛從周與晉軍戰于洹水生獲克用愛子落落復與燕人戰于內黃殺仁恭兵三萬餘衆戎績超特居諸將之右累官至檢校左僕射光化二年權知邢州事明年春李嗣昭以蕃漢五萬來寇歸霸堅壁設備晉軍不敢顧其城遂移軍攻洺州陷焉時太祖在滑頗慮邢之失守及葛從周復洺嗣昭北遁歸霸出兵襲之殺二萬餘衆捷至賞鄭殊等旋以功奏加檢校司空天祐初遷萊州刺史秩滿授左衞上將軍又除曹州刺史其秋加檢校司徒副劉知俊禦邠鳳之寇敗之太祖受禪拜右龍虎統軍改左驍衞上將軍充河陽諸軍都指揮使明年夏六月就除河陽節度使檢校太保尋加同平章事二年秋七月卒于位詔贈太傅梁末帝德妃張氏即歸霸女也末帝嗣位以歸霸子漢鼎漢傑並爲近職漢鼎早亡漢傑貞明中爲控鶴指揮使領兵討惠王于陳州擒之當貞明龍德之際漢傑昆仲分掌權要藩鎮除拜多出其門段凝因之遂竊兵柄及莊宗入汴漢傑與兄漢倫弟漢融同日族誅于汴橋下（永樂大典卷六千二百五十）

張歸厚字德坤（案通鑑考異引梁功臣列傳云歸厚祖與父處讓薛史歸厚傳不言其父祖名

號當是歸霸從弟少驍勇有機畧尤長于弓槊之用中和末與兄歸霸自巢軍相率來降太祖署爲軍校時淮西兵力方壯太祖之師尙寡歸厚以少擊衆往無不捷光啓三年春與秦宗賢戰于萬勝大破之其夏蔡將張晊以數萬衆屯于赤崗歸厚嘗與晊鬭于陣晊不能支而奔師徒乘此大捷太祖大悅立署爲騎軍長仍以鞍馬器幣錫之及佐朱珍討時溥寨于豐蕭之間歸厚乘徐壘如行坦途甚爲諸將歎伏龍紀初奏遷檢校工部尙書其年冬復伐徐歸厚以偏師徑進至九里山下與徐兵遇時我之叛將陳璠在賊陣中歸厚忽見之因瞋目大罵

單馬直往期于必取會飛矢中左目而退徐戎甚衆莫敢追之大順元年奏加檢校兵部尙書又命統親軍是歲郴王遷寨未知所往忽逕兗鄆賊寇甚衆太祖亟登道左高阜以觀之命歸厚領所部廳子馬直突之出没二十餘合賊大敗將北而救軍雲至歸厚即綴賊苦戰請太祖以數十騎先還時歸厚所乘馬中流矢而踣乃持槊步鬭漸退賊不敢逼太祖至寨亟命張筠劉儒飛騎來迎然謂已殁矣歸厚體被二十餘箭尙復拒戰筠等既至賊解乃歸太祖見之撫背泣下曰得歸厚身全縱廣喪戎馬何足計乎便令肩舁歸汴日降問賚恩旨甚厚尋遷中軍指揮使景福初從太祖伐鄆帝軍不利太祖爲寇所逼歸厚殿焉翼衞左右馳射矢發如雨賊騎千百披靡而退明年與葛從周禦晉軍于洹水殊績尤著詔加檢校右僕射其後討滄州復洺州咸以功聞太祖錄其勳命權知洺州事是郡嘗兩爲晉人所陷井邑蕭條歸厚撫之數月之内民庶翕然太祖自鎭定還覩其緝理之政大喜賞之天復元年冬眞拜洺州刺史加檢校右僕射尋授絳州刺史三年秋改晉州刺史仍檢校司空唐帝遷都洛陽除右神武統軍天祐二年改左羽林統軍與徐懷玉同守澤州時晉軍五萬來攻郡

中戎士甚寡歸厚竭力拒守并軍乃還太祖受禪加檢校司空開平二年夏劉知俊以同州叛歸厚副楊師厚劉鄩等討平之秋軍還授亳州團練使乾化元年拜鎭國軍節度使陝虢等州觀察處置等使明年夏以疾卒于位詔贈太師子漢卿永樂大典卷一萬八千一百二十六

張歸弁字從晃始與兄歸霸歸厚同歸于太祖得署爲牙校時太祖初鎭宣武屢命歸弁結好于近境頗得行人之儀乾寧中以偏師佐葛從周禦并軍于洹水光敢中又佐張存敬與燕人戰于內黃積前後功表授檢校工部尙書大順初攻討兗鄆命歸弁佐衞王友諒屯軍

父軍聲甚振尋爲齊州指揮使屬青帥王師範叛遣將詐爲賈人挽車數十乘匿兵器于其中將謀竊發歸弁察而擒之州城以寧明年春青寇大舉來伐州兵旣寡民意頗搖有本郡都將康文爽等三人欲謀外應卽時擒獲誅之人心遂定歸弁又罄發私帑賞給士伍青人遂遁青州平超加檢校右僕射遙領愛州刺史從征荆襄迴轉檢校右僕射天祐三年春太祖入魏誅牙軍魏之郡邑多叛歸弁與諸將等分布攻討封境悉平而歸弁于高唐攻賊太猛飛矢中于臆太祖嘉之命賜鞍勒馬一匹金帶一條夏五月命權知晉州冬十一月眞授

晉州刺史加檢校司空太祖受禪改滑州長劍指揮使開平二年秋九月并軍圍平陽詔歸弁統兵救之軍至解其圍加檢校司徒三年春三月寢疾卒于滑州之私第子漢融（永樂大典卷六千三百五十）

史臣曰從周以驍武之才事雄猜之主而能取功名于馬上斂手足于牖下靜而言之斯爲賢矣彥章蔚有將才死于讒口身旣歿矣國亦隨之惜哉歸霸昆仲皆脫身于巨盜之流宣力于興王之運由介胄而析圭爵可不謂壯夫歟（永樂大典卷六千三百五十）

舊五代史卷十六終

舊五代史卷十六攷證

梁書列傳六葛從周傳破蔡賊王夏寨　王夏原本作五夏今據通鑑改正

從周詐揚言并人鄆人來救　案通鑑朱瑄朱瑾告急于河東李克用遣大將史儼李承嗣將數千騎假道于魏以救之是河東實遣師來援非從周詐言也此蓋覘知兖人告急乘并師尚未至乃揚言已至多方以誤之耳又本紀作十二月此作十二辨正已見本紀

養疾偃師縣亳邑鄉之别墅　别墅原本作別埜今改

正

謝彥章傳必兩京太傅在此也　兩京原本作西京今據通鑑改正

張歸霸傳歸霸爲飛戈所中　飛戈歐陽史作飛矢

張歸厚傳命歸厚領所部廳子馬　廳子馬原本作厲子馬攷通鑑注廳子都係當時軍旅之名今改正

與葛從周禦晉軍于洹水　葛從周原本作郭從周今據通鑑改正

舊五代史卷十六攷證

舊五代史卷十七

宋司空同中書門下平章事薛居正等撰

列傳第七　梁書十七

成汭淮西人少年任俠乘醉殺人為讎家所捕因落髮為僧冒姓郭氏 案新唐書云入蔡賊中為賊帥假子更姓名為郭禹 亡匿久之及貴方復本姓 永樂大典卷一萬八千八百二十 唐僖宗朝為蔡州軍校領本郡兵戍荆南帥以其兇暴欲害之遂棄本軍奔于秭歸一夕巨蛇繞其身幾至于殞乃祝曰苟有所負死生惟命逡巡蛇亦解去後據歸州招輯流亡練士伍得兵千餘人泝流以襲荆南遂據其地朝廷即以旄鉞授之 永樂大典卷五千九百四十 是時荆州經巨盜之後居民才一十七家汭撫輯凋殘勵精為理通商訓農勤于惠養比及末年僅及萬戶 永樂大典卷一萬一千八百一十七 汭性豪暴事皆意斷又好自矜伐騁辯凌人深為識者所鄙 永樂大典卷二千九百九十八 初澧朗二州本屬荆南乾寧中為土豪雷滿所據汭奏請割隸唐宰相徐彥若執而不行汭由是銜之及彥若出鎮南海路過江陵汭雖加延接而猶怏怏嘗因對酒語及其事彥若曰令公位尊方面自比桓文雷滿者偏州一草賊爾令公何不加兵而反怨朝廷乎汭赧然而屈 永樂大典卷一萬一千一百二十八 累官至檢校太尉封上谷郡王楊

行密以兵圍鄂州汭出師以援鄂淮寇乘之以火焚其艦汭投江而死天祐三年夏太祖以汭沒于王事上表于唐帝請為汭立廟于荆門優詔可之 永樂大典卷一萬一千八百三十七 案成汭傳永樂大典闕全編今就散見六條篇次如右 五代史補鄭準不知何許人性諒直能為文章長于箋奏成汭鎮荆南辟為推官汭嘗讎殺人懼為吏所捕改姓郭氏及為荆南節度使命準為表乞歸本姓準援筆而成其畧云臣門非冠蓋家本軍戎親朋之內盱睢為人報怨昆弟之間點染無處求生背故國以狐疑望鄰封而鼠竄名非霸越乘舟難效于陶朱志切投秦出境遂稱于張祿又云成為本姓郭乃冒稱本避犯禁之辜敢歸司寇別族受封之典誠愧諸侯伏乞聖慈許歸本姓云云其表甚為朝廷所重後因汭生辰淮南楊行密遣使致禮幣之外仍貺初學記一部準忿然以為不可謂汭曰夫初學記蓋訓童之書爾今敵國交聘以此書為貺得非相輕之甚即宣書責讓汭不納準自歎曰若然見輕敵國足彰幕府之無人也參佐無狀安可久邏請解職汭怒其去潛使人于途中殺之

杜洪者江夏伶人 案新唐書洪鄂州人 鍾傳者豫章小校 案新唐書傳洪州高安人 唐光啟中秦宗權兇焰颷起屢擾江淮郡將不能城守洪傳各為部校因戰立威逐其廉使自稱留後朝廷因而命之 案新唐書光啟二年洪乘虛入鄂自為節度留後僖宗即拜本軍節度使中和三年傳逐江西觀察使高茂卿遂有洪州僖宗擢傳江西團練使俄拜鎮南節度使 及為楊行密所攻洪傳首尾相應皆遣求援于太祖太祖遣朱友恭赴之大破淮寇于武昌二鎮稍寧及行密乘勝急攻洪鄂洪復乞師于太祖太祖命荆南成汭率荆襄舟師以赴之未至夏口汭敗溺死淮人遂陷鄂州洪為其所擒被

害于廣陵市時唐天復二年也案九國志劉存傳存急焚鄂州城樓槃援兵將奕圍而出諸將欲急擊之存曰擊之賊必復入復入則其城愈固矣不若聽其遁去諸將皆曰善是日城陷擒杜洪父子斬于廣陵市天祐三年夏太祖表請爲洪立廟于其鎭優詔可之太祖即位詔贈太傅先是鍾傳卒于江西其子繼之案九國志秦裴傳天祐三年洪州鍾傳卒州人立其子匡時江州刺史延規傳之養子忿不得立以其郡納款因授裴西南面行營招討使攻匡時城陷擒匡時以獻歐陽史采用九國志新唐書延規作匡範與九國志異尋爲楊行密所敗其地亦入于淮夷永樂大典卷四百九十一　五代史補鍾傳雖起于商販尤好學重士時江西士流有名第者多因傳薦四遠騰然謂之曰英明諸葛浩素有詞學嘗爲泗州營驛巡官仰傳之風因擇其所行事赫赫可稱者數十條列于啟事以投之十啟凡五千字皆文理典贍傳覽之驚嘆謂賓佐曰此啟事每一字可以千錢酬之遂以五千貫贈仍辟在幕下其激勸如此上藍和尚失其名居于洪州上藍院精究術數大爲鍾傳所禮一旦疾篤往省之且曰老夫于和尚可謂無間矣和尚或不諱得無一言相付耶上藍强起索筆作偈以授其末云但看來年二三月柳條堪作打鐘槌偈終而卒傳得之不能測洎明年春淮帥引兵奄至洪州陷江南遂爲楊氏有打鐘之偈人始悟焉

田頵本楊府之大校也案九國志頵字德臣廬州合肥人朱延壽不知何許人案九國志延壽廬州舒城人與新唐書同唐天祐初楊行密雄據淮海時頵爲宣州節度使延壽爲壽州刺史頵以行密專恣跋扈嘗移書諷之曰侯王守方以奉天子古之制也其或踰越者譬如百川不朝于海雖狂奔猛注澶漫遐廣終爲涸土不若恬然順流淼茫無窮也况東南之鎭楊爲大塵賤刀布阜積金玉願公上恒賦頵將悉儲峙具單車從行密怒曰今財賦之行必由于汴適足以資于敵也不從時延壽方守壽春案九國志天復初北司擁駕西幸昭宗聞延壽有武幹遣李儼間道齎詔授延壽蔡州節度使直頵之事密遣人告于頵曰公有所欲爲者願爲公執鞭頵聞之頗會其志乃召進士杜荀鶴具述其意復語曰昌本朝奉盟主在斯一舉矣即遣荀鶴具述密議自間道至大梁太祖大悅遣屯兵于宿州以會其變不數月事微洩行密乃先以公牒徵延壽案新唐書行密妻延壽姊也遣辯士召延壽疑不肯赴姊遣婢報故延壽疾走揚州次悉兵攻宣城頵戎力寡薄棄壁走不能越境爲行密軍所得案九國志行密別遣臺濛王茂章率步騎以往頵委舟師于汪建王壇自出廣德迎戰大爲濛所敗遂率殘衆遁保宛陵壇建聞其敗因盡以舟師歸款于行密十二月頵出外州楊疾戰橋陷馬墜爲外軍所殺延壽飛騎赴命還揚州一舍行密使人殺之案九國志行密迎至寢門使人刺殺之新唐書從九國志當得其實薛史以爲還揚州一舍而見殺五代史補又以爲行密自奮鐵鎚殺之疑皆屬傳聞之誤其後延壽部曲有逸境至者具言其事又云延壽之將行也其室王氏勉延壽曰今若得兵柄果成大志是吉凶繫乎時非繫于吾家也然願日致一介以寧所懷一日介不至王氏曰事可知矣乃部分家僕悉授兵器遽闔中扉而捕騎已至不得入遂集家屬阜私帑發百燎合州廨焚之既而稽首上告曰妾誓不以皎然之軀爲讎者所辱乃投火而死永樂大典卷四千八百五　五代史補楊行密

據淮南以妻弟朱氏衆謂之朱三郎者行密署爲泗州防禦使泗州素屯軍朱氏驍勇到任侍衆自負行密雖悔度力未能制但姑息之時議以爲行密事勢去矣居無何行密得目疾雖瘉且詐稱失明其出入皆以人扶策不爾則觸墻抵柱至于流血姬妾僕隸以爲實然往往無禮首尾僅三年朱氏聞之信而少懈殆行密度其計必中謂妻曰吾不幸臨老兩目如此男女卑幼苟不諱則國家爲他所有今晝夜思忖不如召泗州三男來使嘗勾軍府事則吾雖死無恨妻以爲然遽發使遽其意而召之朱氏大喜倍道而去及入謁行密恐其覺坐于中堂以家人禮見朱氏頗有德色方設拜行密奮袖中鐵鏈以擊之正中其首然猶宛轉號叫久而方斃行密內外不測即時升堂廳召將吏等謂之曰吾所以兩目失明者蓋爲朱三此賊今已擊殺兩目無事矣諸公知之否于是軍府大駭其僕妾嘗所無禮者皆自殺初行密之在民間也嘗爲合肥縣手力有過縣令將鞭之行密懼且拜會有客自外入見行密每拜則廳之前舊告叩地而令不之覺客知其非常乃遽升廳揖令于他處告以所見令驚遂恕之且勸事郡以自奮行密度本郡不足依乃投高駢駢死秦彥孫儒等作亂行密連誅之遂有淮南之地

趙匡凝案新唐書匡凝作光儀蔡州人也父德諲初事秦宗權爲列校當宗權強暴時表爲襄州留後唐光啓四年夏六月德諲審宗權必敗乃舉漢南之地以歸唐朝仍遣使投分于太祖兼誓戮力同討宗權時太祖爲蔡州四面行營都統使乃表德諲爲副仍領襄州節度使蔡州平以功累加官爵封淮南王匡凝以父功爲唐州刺史兼七州馬步軍都校及德諲卒匡凝自爲襄州留後朝廷即以旄鉞授之作鎮數年甚有威惠累官至檢校太尉兼中書令匡凝氣貌甚偉好自修飾每整衣冠必使人持巨鑑前後照之對客之際烏巾上微覺有塵即令侍妓持紅拂以去之人有誤犯其家諱者往往遭其檟楚其方嚴也如是光化初匡凝以太祖有清口之敗密附于淮夷太祖遣氏叔琮率師伐之未幾其泌州刺史趙璠越墉來降隨州刺史趙匡璘臨陣就擒俄而康懷英攻下鄧州匡凝懼遣使乞盟太祖許之自是附庸于太祖及成汭敗于鄂州匡凝表其弟匡明爲荆南留後時唐室微弱諸道常賦多不上供唯匡凝昆仲雖強據江上然盡忠帝室貢賦不絕太祖將期受禪以匡凝兄弟並據藩鎮乃遣使先諭旨焉匡凝對使者流涕答以受

國恩深豈敢隨時妄有他志使者復命太祖大怒天祐二年秋七月遣楊師厚率師討之八月太祖親領大軍南征仍請倒匡凝在身官爵及師厚濟江匡凝以兵數萬逆戰大爲師厚所敗匡凝乃燔其舟單舸急棹泝漢而遁於金陵後卒于淮南案新唐書云師厚緣陰谷伐木爲梁匡凝以兵二萬瀕江戰大敗乃燔舟單舸夜奔揚州行密見之曰君在鎮輕車重馬輸于賊今敗乃歸我邪匡明亦謀奔淮南子承規諫曰昔諸葛兄弟分仕二國若適揚州是自取疑也匡明喟然乃趣成都歐陽史云行密厚遇匡凝其後行密死楊渥稍不禮之渥方宴食青梅匡凝顧渥曰勿多食發小兒熱諸將以爲慢渥遷匡凝海陵後爲徐溫所殺初匡凝好聚書及敗楊師厚獲數千卷于第悉以來獻匡凝弟匡明字贊堯幼以父貴一子出身爲江陵府

文學及壯以軍功歷歸峽二州刺史成汭之敗其兄匡凝表爲荆南留後未至鎭而朗陵之兵先據其城矣匡明領兵逐之遂鎭于渚宮天祐二年秋太祖既平襄州遣楊師厚乘勝以趨荆門匡明懼乃舉族上峽奔蜀王建待以賓禮及建稱帝用爲大理卿工部尚書久之卒于蜀永樂大典卷一萬六千九百九十一

張佶不知何郡人也案九國志佶京兆長安人乾寧初以明經中第累遷宣州從事復爲秦宗權行軍司馬後與劉建峯據湖南推建峯爲帥唐乾寧初劉建峯據湖南獨邵州不賓命都將馬殷討之期歲未尅而建峯爲部下所殺軍亂鄰寇且至是時佶爲行軍司馬屬潭人謀帥

曰張行軍卽所奉也佶不得已而視事旬日之間威聲大振寇亦解去案九國志建峯將吏推佶爲帥佶將入府常所乘馬忽嚙蹋齧不止正中佶髀佶謂將吏曰吾非汝主當迎馬公爲之與薛史異新唐書劉建峯傳從九國志乃謂將吏曰佶才能不如馬公況朝廷重藩非其人不可因以牘召殷亦不疑稟命而至佶受拜謁禮畢命升階讓殷爲帥佶卽趨下率衆忭賀乃自請率師代殷攻邵州下之復爲行軍司馬垂二十年殷果立大勳甚德佶開平初殷表佶爲朗州永順軍節度使累加檢校太傅同平章事乾化元年夏四月卒于位案九國志乾化初移鎭桂林卒于治所詔贈侍中永樂大典卷六千三百五十

雷滿案新唐書滿字秉仁武陵洞蠻也始爲朗州小校唐廣明初王仙芝焚掠江陵是時朝廷以高駢爲節度使駢擢滿爲裨將以領蠻軍駢移鎭淮南復隸部曲以悍獷趫從知名中和初擅率部兵自廣陵逃歸于朗沿江恣殘暴始爲荆人大患矣率一歲中三四移兵入其郛焚蕩驅掠而去唐朝姑務息兵卽以澧朗節度使授之案歐陽史云滿殺刺史崔翥遂據朗州請命于唐昭宗以澧朗爲武貞軍拜滿爲節度使新唐書則云詔授朗州兵馬留後進武貞軍節度使與薛史微有互異累官至檢校太傅案新唐書作檢校太尉同平章事滿貪穢慘毒蓋非人類又嘗于府署濬一深潭構大亭于其上每鄰道使車經由必召讌于中且言此水

府也中有蛟龍奇怪萬態唯余能游焉或酒酣對客卽取筵中寶器亂擲于潭中因自褫其衣裸露其文身遽躍入水底徧取所擲寶器戲弄于水面久之方出復整衣就座其詭誕如此及死子彥恭繼之案新唐書滿以天復元年卒子彥威自立弟彥恭結忠義節度使趙匡凝以逐彥威蠻蜑狡獪深有父風爐墟落榜舟楫上下于南郡武昌之間殆無人矣又與淮蜀結連阻絕王命太祖詔湖南節度使馬殷荆南節度使高季昌練精兵五千遣將倪可福統之下澧州與潭兵合先是滿塹沅江以周其壘門臨長橋勢不可入殷極其兵力攻圍周歲彥恭食盡兵敗間使求救于淮夷及淮

軍來援高季昌逆戰于治津馬頭岸大破之俄而攻陷朗州彥恭單棹遁去案通鑑考異引梁太祖實錄云彥恭沒溺于江通鑑從紀年錄作奔廣陵歐陽史與通鑑同馬殷擒其弟彥雄及逆黨七人械送至闕皆斬于汴橋下時開平二年十一月也永樂大典卷二千七百三十一

史臣曰成汭鍾杜田朱之流皆因否運雄據大藩雖無濟代之勞且有勤王之節功雖不就志亦可嘉若較其誠明則田頵延壽斯爲優矣匡凝一門昆仲千里江山失守藩垣未克負荷斯乃劉景升之子之徒歟張佶有讓帥之賢雷滿辱俾侯之寄優劣可知矣永樂大典卷二千七百三十一

舊五代史卷十七終

舊五代史卷十七攷證

梁列傳七成汭傳唐宰相徐彥若 彥若原本作產若今據新唐書改正

舊五代史卷十七攷證

舊五代史卷十八

宋司空同中書門下平章事薛居正等撰

列傳第八　梁書十八

張文蔚字右華河間人也父裼案裼原本作錫考舊唐書張裼傳云字公表當以從衣爲是今改正唐僖宗朝累爲顯官文蔚幼礪文行求知取友藹然有佳士之稱唐乾符初登進士第時丞相裴坦兼判鹽鐵解褐署巡官未幾以畿尉直館丁父艱以孝聞中和歲僖宗在蜀大寇未滅急于軍費移鹽鐵于揚州命李都就判之奏爲轉運巡官駕還長安除監察御史遷左補闕侍御史起居舍人司勳吏部員外郎拜司

勳郎中知制誥歲滿授中書舍人丁母憂退居東畿哀毀過禮服闋復拜中書舍人俄召入翰林爲承旨學士屬昭宗初還京闕皇綱寖微文蔚所發詔令靡失厥中論者多之轉戶部侍郎仍依前充職尋出爲禮部侍郎天祐元年夏拜中書侍郎平章事兼判戶部時柳璨在相位擅權縱暴傾陷賢儁宰相裴樞等五家及三省而下三十餘人咸抱冤就死縉紳以目不敢竊語其是非餘怒所注亦不啻十許輩文蔚殫其力解之乃止士人賴焉璨敗死文蔚兼度支鹽鐵使天祐四年天子以土運將革天命有歸四月命文蔚與楊涉等總率百寮奉禪位詔至大梁太祖受命文蔚等不易其位開平二年春暴卒于位詔贈右僕射文蔚沉邃重厚有大臣之風居家孝且悌雖位至清顯與仲季相雜在太夫人膝下一不異布素弟濟美早得心恙案舊唐書云文蔚弟濟美貽憲相繼以進士登第北夢瑣言云張裼尚書有五子文蔚彝憲濟美仁龜皆有名第至宰輔丞郎內一子亡其名少年閒坐忽食神仙字身有五色吞之可得仙因欲試之遂致心疾是得疾者別自一人非濟美也文蔚撫視殆三十年士君子稱之子鑄周顯德中位至祕書監永樂大典卷六千三百五十一

薛貽矩字熙用河東聞喜人祖存父廷望咸有令名貽矩風儀秀發其與游者皆一時英妙藉甚于文場間唐

乾符中登進士第歷度支巡官集賢校理拾遺殿中起居舍人召拜翰林學士加禮部員外郎知制誥轉司勳郎中其職如故乾寧中天子幸石門貽矩以私屬相失不及于行在罷之旋除中書舍人再踐內署歷戶部兵部侍郎學士承旨及昭宗自鳳翔還京大翦閹寺貽矩嘗爲韓全誨等作畫贊悉紀于內侍省屋壁間坐是謫官天祐初除吏部侍郎不至太祖素重之嘗言之于朝即日拜吏部尚書俄遷御史大夫四年春唐帝命貽矩持詔赴大梁議禪代之事貽矩至盛稱太祖功德請就北面之禮太祖雖謙抑不納待之甚厚受禪之歲夏五

月拜中書侍郎平章事兼判戶部明年夏進拜門下侍郎監修國史判度支又遷弘文館大學士充鹽鐵轉運使累官自僕射至守司空在任綿五載（案歐陽史梁本紀貽矩以開平元年同平章事至乾化二年薨統計貽矩居相位共六年歐陽史唐六臣傳貽矩爲唐相五年卒尙仍薛史之誤）然亦無顯赫事跡可紀罷從貝州還染時癘旬日卒于東京詔贈侍中（永樂大典卷二萬一千三百六十七）

張策字少逸敦煌人父同仕唐官至容管經略使策少聰警好學尤樂章句居洛陽敦化里嘗浚甘泉井得古鼎耳有篆字曰魏黃初元年春二月匠吉千且又製作奇巧同甚寶之策時在父傍徐言曰建安二十五年曹

公薨改年爲延康其年十月文帝受漢禪始號黃初則是黃初元年無二月明矣鼎文何謬歟同大驚亟遣啓書室取魏志展讀一不失所啟宗族奇之時年十三然而妙通因果酷奉空教未弱冠落髮爲僧居雍之慈恩精廬頗有高致唐廣明末大盜犯闕策遂返初服奉父母逃難君子多之及丁家艱以孝聞服滿自屏郊藪一無干進意若是者十餘載方出爲廣文博士改祕書郎王行瑜帥邠州辟爲觀察支使帶水曹員外郎賜緋及行瑜反太原節度使李克用奉詔討伐行瑜敗死邠州平策與婢肩輿其親南出邠境屬邊寨積雪爲行者所

哀太祖聞而嘉之奏爲鄭滑支使尋以內憂去職制闋除國子博士遷膳部員外郎不一歲華帥韓建辟爲判官及建領許州又爲掌記天復中策奉其主書幣來聘太祖見而喜曰張夫子且至矣即奏爲掌記兼賜金紫（案北夢瑣言云朱令公軍次于華用張濬計先取韓建其幕客張策攜印率副使李巨川同詣轅門請降張策本與張濬有分攜印而降協濬之謀是梁祖之喜張策由張濬有先入之言也）天祐初表其才拜職方郎中兼史館修撰俄召入爲翰林學士轉兵部郎中知制誥依前修史未幾遷中書舍人職如故太祖受禪改工部侍郎加承旨其年冬轉禮部侍郎明年從征至澤州拜刑部侍郎平章事仍判戶部尋遷中書侍

郎以風恙拜章乞骸改刑部尙書致仕即日肩輿歸洛居于福善里修葺嘉木圖書琴酒以自適焉乾化二年秋卒所著典議三卷制詞歌詩二十卷牋表三十卷存于其家（永樂大典卷六千三百五十一）

杜曉字明遠京兆杜陵人祖審權仕唐位至宰相父讓能官至守太尉平章事乾寧中邠鳳二鎭舉兵犯王畿讓能被其誣陷天子不得已賜死于臨臯驛曉居喪柴立幾至滅性憂滿服幅巾七升沈跡自廢者將十餘載光化中宰相崔胤判鹽鐵奏爲巡官兼校書郎尋除畿尉直弘文閣皆不起及昭宗東遷宰相崔遠判戶部又

奏爲巡官兼殿中丞或語之曰稽中散死子紹埋没不自顯山濤以物理勉之乃仕吾子忍令杜氏歲時以鋪席祭其先人同匹庶乎曉乃就官未幾拜左拾遺尋召爲翰林學士轉膳部員外郎依前充職及崔遠得罪出守本官居數月以本官知制誥俄又召爲學士遷郎中充職太祖受禪拜中書舍人職如故開平三年轉工部侍郎充承旨明年秋拜中書侍郎平章事仍判戸部庶人友珪篡位遷禮部尙書平章事集賢殿大學士依前判戸部及袁象先之討友珪禁兵大縱曉中重創而卒末帝即位詔贈右僕射曉博贍有詞藻時論稱之兄光乂（案新唐書表光乂字敵之）有心疹厥疾每作或溢喙縱詬或揮梃追撲曉事之愈恭未嘗一日少怠居兩制之重祖述前載甚得王言之體（案北夢瑣言云曉貌如削玉有制誥之才）及典秩尙書志氣甚遠一旦非分而没咸冤惜焉豈三世爲相道忌太盛歟（永樂大典卷一萬四千七百三十）

敬翔字子振同州馮翊人唐神龍中平陽王暉之後也曾祖琬綏州刺史祖忻同州掾父袞集州刺史翔好讀書尤長刀筆應用敏捷乾符中舉進士不第及黃巢陷長安乃東出關時太祖初鎭大梁有觀察支使王發者翔里人也翔往依焉發以故人遇之然無由薦達翔久

之計窘乃與人爲牋刺往往有警句傳于軍中太祖比不知書章檄喜淺近語聞翔所作愛之謂發曰知公鄉人有才可與俱來及見應對稱旨即補右職每令從軍翔不喜武職求補文吏即署館驛巡官俾專掌檄奏太祖與蔡賊相拒累歲城門之外戰聲相聞機略之間翔頗預之太祖大悅恨得翔之晚故軍謀政術一以諮之蔡賊平奏授太子中允賜緋從平兖鄆改檢校水部郎中太祖兼鎭淮南授揚府左司馬賜金紫乾寧中改光祿少卿充職天復中授檢校禮部尙書遙領蘇州刺史昭宗自岐下還長安御延喜樓召翔與李振登樓勞問翔授檢校右僕射太府卿賜號迎鑾叶贊功臣太祖受禪自宣武軍掌書記前太府卿授檢校司空依前太府卿勾當宣徽院事尋改樞密院爲崇政院以翔知院事開平三年夏四月太祖以邠岐侵擾遣劉知俊西討鄜延深憂不濟因宴顧翔問以西事翔剖析山川郡邑虛實軍糧多少悉以條奏如素講習左右莫不驚異太祖歎賞久之乾化元年進位光祿大夫行兵部尙書金鑾殿大學士知崇政院事平陽郡侯前朝因金鑾坡以爲門名與翰林院相接故得爲學士者稱金鑾以美之今殿名金鑾從嘉名也置太學士始以翔爲之（案五代會要云以金

鑒爲名非典也大學士與三館大學士同翔自釋褐東下遭遇霸王懷抱深沉有經濟之略起中和歲至鼎革大運其間三十餘年扈從征伐出入帷幄庶務叢委恒達旦不寢唯在馬上稍得晏息每有所裨贊亦未嘗顯諫上俛仰顧步間微示持疑爾而太祖意已察必改行之故裨佐之迹人莫得知及太祖大漸召至御牀前受顧託之命且深以并寇爲恨翔嗚咽不忍受命而退案通鑑乾化二年六月丁丑朔帝命敬翔出友珪爲萊州刺史即令之官已宣旨未行勅蓋即敬翔所受之命戊寅太祖被弑命未及行故薛史亦不爲詳載庶人友珪之簒位也以天下之望命翔爲宰相友珪以翔先朝舊臣有所畏忌翔亦多稱病不綜政事末帝即

位趙張之族皆處權要翔愈不得志及劉鄩失河朔安彥之喪楊劉翔奏曰國家連年遣將出征封疆日蹙不獨兵驕將怯亦制置未得其術陛下處深宮之中與之計事者皆左右近習豈能量敵之勝負哉先皇時河朔半在親御虎臣驍將猶不得志于敵人今寇馬已至鄆州陛下不留聖念臣所未諭一也臣聞李亞子自墨縗統衆于今十年每攻城臨陣無不親當矢石昨聞攻楊劉率先負薪渡水一鼓登城陛下儒雅守文未嘗如此俾賀瓌輩與之較力而望遠逐寇戎臣所未諭二也陛下所宜詢于黎老別運沉謀不然則憂未艾也臣雖駑怯受國恩深陛下必若乏材乞于邊陲効試末帝雖知其懇惻竟以趙張輩言翔怨望不之聽及王彥章敗于中都晉人長驅而南末帝急召翔至謂之曰朕居常忽卿所奏果至今日事急矣勿以爲懟且使朕安歸翔泣奏曰臣受國恩僅將三紀從微至著皆先朝所遇雖名宰相實朱氏老奴耳事陛下如郎君以臣愚誠敢有所隱陛下初任段凝爲將臣已極言小人朋附致有今日晉軍即至段凝限水欲請陛下出居避狄陛下必不聽從欲請陛下出奇應敵陛下必不果決縱良平復生難以轉禍爲福請先死不忍見宗廟隕墜言訖君臣相向

慟哭及晉主陷都城有詔赦梁氏臣寮李振謂翔曰有制洗滌將朝新君翔曰新君若問其將何辭以對是夜翔在高頭里第宿于車坊欲曙左右報曰崇政李太保已入朝翔返室嘆曰李振謬爲丈夫耳朱氏與晉仇讎我等始同謀畫致君無狀今少主伏劍于國門縱新朝赦罪何面目入建國門也乃自經而卒數日并其族被誅初貞明中史臣李琪張袞郄殷象馮錫嘉奉詔修撰太祖實錄三十卷敘述非工事多漏略復詔翔補緝其闕翔乃別纂成三十卷目之曰大梁編遺錄與實錄偕行翔妻劉氏父爲藍田令廣明之亂劉爲巢將尙讓所

得巢敗讓擕劉降于時溥及讓誅時溥納劉于妓室太祖平徐得劉氏嬖之屬翔喪妻因以劉氏賜之及翔漸貴劉猶出入太祖卧內翔情禮稍薄劉于曲室讓翔曰卿鄙余曾失身于賊耶以成敗言之尙讓巢之宰輔時溥國之忠臣論卿門第辱我何甚請從此辭翔謝而止之劉恃太祖之勢（案原本下有缺文）太祖四鎭時劉已得國夫人之號車服驕侈婢媵皆珥珠翠其下別置爪牙典謁書幣聘使交結藩鎭近代婦人之盛無出其右權貴皆相附麗寵信言事不下于翔當時貴達之家從而效之敗俗之甚也（永樂大典卷一萬八千四百二十四五代史補敬翔應三傳數舉不第發憤投太祖願備行陣太祖問曰足下通春秋久矣今吾主盟其爲戰欲效春秋時可乎翔曰不可夫禮樂猶不相沿襲况兵行詭道宜其變化無窮若復如春秋時則所謂務虛名而喪其實效大王之事去矣太祖大悅以爲知兵遽延之幕府委以軍事竟至作相）

李振字興緒唐潞州節度使抱眞之曾孫也祖父皆至郡守振仕唐自金吾將軍改台州刺史會盜據浙東不克之任因西歸過汴以策略干太祖太祖奇之辟爲從事太祖兼領鄆州署天平軍節度副使湖南馬殷爲朗州雷滿所逼振奉命馳往和解殷滿皆禀命光啓三年十一月太祖遣振入奏于長安舍于州邸邸吏程巖白振曰劉中尉命其姪希貞來計大事欲上謁願許之既至巖乃先啓曰主上嚴急內官憂恐左中尉欲行廢黜之事巖等協力以定中外敢以事告振顧希貞曰百歲奴事三歲主亂國不義廢君不祥非敢聞也况梁王以百萬之師匡輔天子禮樂尊戴猶恐不及幸熟計之希貞大沮而去（案通鑑考異疑李振之拒希貞爲誤謂李振若已立異豈敢復入長安與崔胤謀反正乎今考梁祖紀亦云李振自長安使迴當時季述權汴梁兵力固不能阻李振之往來薛史所書宜可徵信）及振復命劉季述等果作亂程巖率諸道邸吏牽帝下殿以立幼主奉昭宗爲太上皇振至陝陝已賀矣護軍韓彝範言其事振曰懿皇初昇遐韓中尉殺長立幼以利其權遂亂天下今將軍復欲爾耶彝範即文約孫也

由是不敢言振東歸太祖方在邢洺遽還于汴大計未決李述遣養子希度以唐之社稷欲輸于太祖又遣供奉官季奉本副介支彥勳詐賫上皇誥諭至皆季述黨也太祖未及迎命振又言曰夫豎刁伊戾之亂所以資霸者之事也今閹豎幽辱天子不能討無以令諸侯時監軍使劉重楚季述兄也舊相張濬寓于河南緱氏亦來謂太祖曰同中官則事易濟且得所欲唯振堅執不改獨曰行正道則大勳可立太祖英悟忽厲色曰張公勸我同敕使欲傾附自求宰相耶（案舊唐書昭宗紀崔胤與前左僕射張濬告難于全忠張濬傳亦云德王廢立之際濬致書諸藩請圖匡復薛史作張濬黨于季述爲梁祖所拒與舊唐

（書異）乃定策慹僞使李奉本支彥勳與希度等卽日請振將命于京師與宰相謀反正未幾劉季述伏誅昭宗復帝位太祖聞之喜召振執其手謂之曰卿所謀是吾本志穹蒼其知之矣自是益重之天祐二年春正月太祖召振謂曰王師範來降易歲尙處故藩今將奏請徙授方面其爲我馳騎以茲意達之振至青州師範卽日出公府以節度觀察二印及文簿管鑰授于振師範雖已受代而疑撓特甚屢揮泣求貸其族振因以切理諭之曰公不念張繡事耶漢末繡屢與曹公立敵豈德之耶及袁紹遣使招繡賈詡曰袁家父子自不相容何能主

天下英士曹公挾天子令諸侯其志大不以私讐爲意不宜疑之今梁王亦豈以私怨害忠賢耶師範洒然大悟翌日以其族遷太祖乃表振爲青州留後未幾徵還唐自昭宗遷都之後王室微弱朝廷班行備員而已振皆頤指氣使旁若無人朋附者非次獎升私惡者沉棄振每自汴入洛朝中必有貶竄故唐朝人士目爲鴟梟天祐中唐宰相柳燦希太祖旨譖殺大臣裴樞陸扆等七人於滑州白馬驛時振自以咸通乾符中嘗應進士舉累上不第尤憤憤乃謂太祖曰此輩自謂清流宜投于黃河永爲濁流太祖笑而從之洎太祖受禪自宣義軍節度使檢校司徒授殿中監累遷戶部尙書庶人友珪簒立代敬翔爲崇政院使末帝卽位趙張二族用事遂爲所間謀猷獻替多不見從振每稱疾避事龍德末閑居私第將暮矣晉主入汴振謁見首罪郭崇韜指振謂人曰人言李振乃一代奇才吾今見之乃常人耳會段凝等疏梁氏權要之臣振與敬翔等同日族誅（永樂大典卷一萬三百八十卷）

史臣曰文蔚貽矩皆唐朝之舊臣遇梁室之强禪奉君命以來使狎神器以授之逢時若斯亦爲臣者之不幸也抑不爲其相不亦善乎杜曉著文雅之稱張策有沖

淡之量咸登台席無忝士林敬翔李振始輔霸圖終成帝業及國之亡也一則殞命以明節一則視息以偷生以此較之翔爲優矣振始有濁流之言終取赤族之禍報應之事固以昭然（永樂大典卷一萬三百八十八）

舊五代史卷十八終

舊五代史卷十八攷證

張策傳父同仕唐至容管經略使　父同唐摭言作父同文歐陽史與是書合今仍之

自屏郊藪一無干進意　案唐摭言云趙少師崇凝主文策求就貢籍崇凝庭譴之北夢瑣言載崇凝之辭曰張策衣冠子弟無故出家不能參禪訪道抗跡塵外乃于御簾前進詩希望恩澤是書謂張策無仕進意與摭言諸書異

杜曉傳祖審權仕唐位至宰相　審權原本作省權今據新舊唐書改正

沈跡自廢者將十餘載　案吳縝歐陽史纂誤云據新唐書宰相表杜讓能賜死至崔胤領鹽鐵前後止七年歐陽史作十餘年誤蓋歐陽史沿是書之誤

以鋪席祭其先人　鋪席原本作補席據歐陽史改正

敬翔傳因金鑾坡以爲門名　金鑾歐陽史作金鸞五代會要從是書今仍之

從嘉名也　案原本脫名字今從職官志增入

宿于車坊　車坊原本作中今據歐陽史及通鑑改正

李振傳劉中尉命其姪希貞來計大事　希貞原本作希直今據通鑑改正

又遣供奉官李奉本　案原本脫奉本二字據本傳增人

舊五代史卷十八攷證

舊五代史卷十九

宋司空同中書門下平章事薛居正等撰

列傳第九　　梁書十九

氏叔琮尉氏人也唐中和末應募爲騎軍初隸于龎師古爲伍長叔琮壯勇沈毅膽力過人太祖討巢蔡於陳許間叔琮奮擊首出諸校太祖壯之自行伍間擢爲後院馬軍都將時東伐徐鄆多歷年所叔琮身當矢石奮不顧命觀者許焉累遷爲指揮使尋奏授許州刺史檢校右僕射太祖伐襄陽叔琮失利案舊唐書光化二年七月汴將氏叔琮留趙匡凝之隨唐鄧等州考刺史康懷英傳云從氏叔琮伐襄漢懷英以一軍攻下鄧州趙匡凝傳云太祖遣氏叔琮伐之匡凝懼乞盟是役也實以勝歸而薛史言其失利疑别有據歐陽史作攻襄陽戰數敗因薛史原文而增益其辭與唐書異降爲陽翟鎮遏使尋又捍禦晉軍于洹水有功遷曹州刺史天復元年春領大軍攻拔澤潞叔琮遂引兵北掠太原師還除晉州節度使明年太祖屯軍于岐下晉軍潛襲絳州前軍不利晉軍恃勝攻臨汾叔琮嚴設備禦乃于軍中選壯士二人深目虬鬚貌如沙陁者令就襄陵縣牧馬于道間蕃寇見之不疑二人因雜其行間俄而伺隙各擒一人而來晉軍大驚且疑有伏兵遂退據蒲縣時太祖遣朱友寧將兵數萬赴應悉委叔琮節制既至諸將皆欲休軍叔琮曰若然則賊必遁矣遁則何功焉因夜出潛師截其歸路遇晉軍遊騎數百盡殺之遂攻其壘拔之斬獲萬餘衆奪馬三百匹太祖聞之喜謂左右曰殺蕃賊破太原非氏老不可叔乃長驅收汾與晉人轉戰直抵并壘軍迴以其功奏加檢校司空自後累年晉軍不敢侵軼叔琮養士愛民甚有能政天復二年爲鄜州留後尋眞領保大軍節度使檢校司徒及昭宗東遷徵爲右龍虎統軍以衛洛陽天祐元年八月與朱友恭同受太祖密旨弑昭宗于大內旣而責以軍政不理貶白州司戶案舊唐書哀帝紀叔琮貶貝州司戶歐陽史作流嶺南不言其地考當時賜叔琮等死其勅云請掾遐方安能塞責若貝州近在河北不得云遐方當從薛史作白州爲是尋賜自盡叔琮將死呼曰賣我性命欲塞天下之謗其如神理何乾化二年詔許歸葬永樂大典卷一萬八千一百二十六

朱友恭壽春人本姓李名彥威丱角事太祖性頴利善體太祖意太祖憐之因畜爲巳子賜姓初名讓後改之案通鑑云友恭幼爲全忠家僮全忠養以爲子時初建左長劍都以友恭董之從太祖四征稍立軍功累遷諸郡指揮使檢校左僕射乾寧中授汝州刺史加檢校司空光化初淮夷侵鄂渚武昌帥杜洪來乞師太祖遣友恭將兵萬餘濟江應援引兵至龍沙九江而還軍聲大振時淮寇據黃州友恭

攻陷其壁獲賊將瞿章俘斬萬計途經安陸因襲殺刺史武瑜盡收其衆以功爲潁州刺史加檢校司徒天復中爲武寧軍留後天祐初昭宗東遷洛邑徵拜左龍虎統軍以衛宮闕尋與氏叔琮同受太祖密旨弑昭宗于洛陽宮既而太祖自河中至責以慢于軍政貶崖州司戶案北夢瑣言云朱全忠以朱友諒氏叔琮扇動軍情請誅朱友諒氏叔琮以成濟之罪歸之友諒臨刑訴天曰天若有知他日亦當如我後全忠即位爲子友珪所弑如其言考歐陽史通鑑俱作友恭而北夢瑣言作友諒殊誤仍復其本姓名與氏叔琮同日賜死永樂大典卷二十三十一

王重師潁州長社人也案歐陽史潁州作許州材力兼人沈默大度臨事有權變劍矟之妙冠絕于一時唐中和末蔡寇陷許昌重師脫身而來太祖異其狀貌乃隸于拔山都每于軍前效用頗出儕類文德中令董左右長劍軍太祖伐上蔡重師力戰有功及討兗鄆擢爲指揮使奏授檢校右僕射重師枕戈擐甲五六年于齊魯間凡經百餘戰由是威震敵人尋授檢校司徒爲潁州刺史乾寧中太祖攻濮州縱兵壞其墉濮人因屯火塞其壞壘煙焰亘空人莫敢越重師方苦金瘡卧于軍次諸將或勉之乃躍起命壯士悉取軍中氈罽投水中擲于火上重師然後率精銳持短兵突入諸軍踵之濮州乃陷重師爲劍槊所傷身被八九創丁壯荷之還營且將斃矣太

祖驚惜尤甚曰雖得濮壘而失重師奈何亟命以奇藥療之彌月始愈尋知平盧軍留後加檢校司徒其後北伐幽滄鎮定屢與晉軍接戰頗得士心故多勝捷天祐中授雍州節度使加同平章事數年治戎郵民頗有威惠開平中爲劉捍所搆太祖深疑之然未有以發其事案通鑑佑國軍節度使王重師鎮長安數年帝怒其貢奉不時召重師入朝是重師之得罪由貢奉不時與薛史異無何擅遣裨將張君練縱兵深入邠鳳君練敗北太祖聞之怒其專擅因追而斬之永樂大典卷一萬八千一百二十六案通鑑不載張君練縱兵之事惟云劉捍至長安王重師不爲禮捍譖之帝曰重師潛與邠岐通甲申貶溪州刺史尋賜自盡夷其族此傳未經詳載據劉知俊傳太祖云王重師得罪劉捍譔予事也與通鑑合此傳不載蓋史家前後省文

朱珍徐州豐縣雍鳳里人也太祖初起兵珍與龐師古許唐李暉丁會氏叔琮鄧季筠王武等八十餘人以中涓從摧堅陷陣所向盪抉及太祖鎮汴兼領招討使署珍爲宣武右職以總腹心於是簡練軍伍裁制綱紀平巢破蔡多珍之力也始尙讓以驍騎五千人至繁臺珍與龐師古齊奉國等擊退之及黃巢敗珍與并帥李克用追至冤句而還尋從太祖以汴宋亳之師入西華破王夏寨勇冠軍鋒以功加秩光啓元年署諸軍都指揮使始爲上將于是軍焦夷敗蔡師鐵林三千人盡俘其

將復西至汝鄭南過陳潁蔡宋亳滑濮間與蔡賊交戰鏖伏襲殺不知其數會滑州節度使安師儒戎政不治太祖命珍與李唐賓率步騎以經略之始入境遇大雪令軍士無得休息一夕馳至壁下百梯並升遂乘其墉滑州平時太祖方謀濟師乃遣珍往淄州募兵行次任縣東面都統齊克讓伏兵于孫師陂以邀珍珍大破之進軍至牙山都虞候張仁遇白珍曰軍有不齊者當先斬本都將後以狀聞願許之珍怒其專乃斬仁遇以狥軍由是諸將感懼兵至乾封與淄人戰于白草口敗之青人以步騎二萬列三寨于金嶺驛珍與戰連破之殲

其師盡獲軍器戎馬是夕博昌大獲兵衆其後破盧瑭張晊及朱瑄朱瑾之衆平定曹濮未嘗不在戰中梁山之役始與李唐賓不協珍在軍嘗私迎其室于汴而不先請太祖太祖疑之密令李唐賓察之二將不相下因而交爭唐賓夜斬關還汴以訴珍亦乘軍單騎而至太祖兩惜之故不罪俾還于師復以踏白騎士入陳亳間以邀蔡人遂南至斤溝破淮西石璠之師二萬擒璠以獻珍旋師自亳北趣靜戎濟舟于滑破黎陽臨河李固三鎮于內黃敗樂從訓萬餘人分命聶金范居實略澶州與魏師遇于臨黃魏軍有豹子軍二千人戮之無噍類威振河朔復攻淮西至蔡夾河而寨敗賊將蕭皓之衆皆擁于河溺死之進軍蔡州營其西南旣破羊馬垣遇雨班師珍以兵援劉瓚赴楚州至襄山南遇徐戎扼其路珍乃攻豐下之時溥乃以全師會戰于豐南與康里珍乃收豐破其三萬餘衆及蔡賊平珍比諸將功居多龍紀初與諸將屯于蕭縣以禦時溥珍慮太祖自至令諸軍葺馬廐以俟巡撫李唐賓之裨將嚴郊獨慢焉軍候范權恃珍以督之唐賓素與珍不協果怒乃見以訴其事珍亦怒曰唐賓無禮遂拔劍斬之珍命騎列狀陳其事太祖初聞唐賓之死驚駭與敬翔謀詐令有司

收捕唐賓妻子下獄以安珍心太祖遂徑往蕭縣距蕭一舍珍率將校迎謁梁祖令武士執之責其專殺命丁會行戮（案歐陽史作珍自縊死）都將霍存等數十人叩頭以救太祖怒以坐牀擲之乃退（永樂大典卷二千三十一）

李思安陳留張亭里人也初事汴將楊彥洪爲騎士好拳勇未弱冠長七尺超然有乘時自奮之意唐中和三年太祖鎮汴嘗大閱戎旅覩其材甚偉之因錫名思安字貞臣思安善飛矟所向披靡每從太祖征伐常馳馬出敵陣之後測其厚薄而還或敵人有恃猛自衒者多命取之必鷹揚飇卷擒馘于萬衆之中出入自若如蹈

無人之地太祖甚惜之命副王虔裕爲踏白將時巢蔡合從太祖每遣偵邏必率先獨往巢敗走思安領所部百餘人追賊殺戮掩奪衆莫敢當尋領軍襲蔡寇于鄭都將李唐賓馬躓而墜思安援槊刺追者唐賓復其騎而還又嘗與蔡人鬬當陣生擒賊將柳行實其後渡長淮下天長高郵二邑又拒孫儒迫濠州皆有奇績累遷爲諸軍都指揮使奏官至檢校左僕射尋拜亳州刺史練兵禦寇邊境肅然思安爲性勇悍每統戎臨敵不大勝必大敗開平元年春率兵伐幽州營于桑乾河擄獲甚衆燕人大懼及軍迴率諸軍伐潞累月不克師人多

逸太祖怒甚詔疏其罪盡奪其官爵委本郡以民戶係焉踰歲起之復令領兵亦無巨績可紀太祖嘗因命將授鉞謂左右曰李思安當敵果敢無出其右者然每遇藩方擇材吾將用之則敗聞必至如是者二三矣則知飛將數奇前史豈虛言哉乾化元年秋又以爲相州刺史思安自謂當擁旄仗鉞及是殊不快意但日循晏安無意爲政及太祖北征以候騎之誤落然無所具而復壁壘荒圮帑廩空竭太祖貶柳州司戶尋死于相州永樂大典卷一萬二百八十八 案通鑑開化元年丙午至相州刺史李思安不意帝猝至落然無具坐削官爵二年正月丁卯帝至獲嘉追思李思安去歲供饋有闕貶柳州司戶尋長流思安于崖州賜死據薛史則思安賜死卽在相州未嘗至貶所與通鑑異

鄧季筠宋州下邑人也少入黃巢軍隸于太祖麾下及太祖鎭汴首署爲牙將主騎軍伐鄆之役生擒排陣將劉矯以獻唐大順初唐帝命丞相張濬伐太原太祖奉詔出師西至高平與晉人接戰軍旣不利季筠爲晉人所擒克用見之甚喜釋縛待以賓禮俄典戎事季筠在并門凡四稔 案通鑑考異引唐餘錄謂季筠與李存孝並賜死蓋傳聞之誤 景福二年晉軍攻邢臺季筠領偏師預其後將及邢邢人陳于郊兩軍酣戰之際季筠出陣飛馬來歸太祖大加獎歎賞賚甚厚時初置廳子都最爲親軍命季筠主之旋改統

親騎又遷將中軍天祐三年奉授登州刺史下車稱理登州舊無羅城及季筠至郡率丁壯以築之民甚安之因相與立碑以頌其績太祖受禪改鄭州刺史尋主兵于河中爲都指揮使時并人寇平陽季筠援戰于洪洞大克拜華州防禦使又繼領龍驤等諸軍騎士累官至檢校司空栢鄉之役季筠臨陣前却太祖亦未之罪乾化二年春太祖親伐鎭定駐于相州因閱馬怒其馬瘦與魏軍校何令稠陳令勳同斬于纛下永樂大典卷一萬八千一百二十六

黃文靖金鄉人少附于黃巢黨中巢敗歸于太祖累署

牙職繼遷諸軍指揮使從太祖南平巢蔡北定兗鄆皆有功唐大順中佐葛從周送朱崇節入潞會晉軍十餘萬近逼垣寨文靖慮孤軍難守乃與葛從周啟闔出師文靖爲殿命矢又皆外向持重而還晉人不敢逼其年冬與康懷英渡淮入壽春之境下安豐霍丘至光州而還光化初晉將李嗣昭周德威寇于山東文靖佐葛從周統大軍禦之至沙河敗晉軍五千餘騎遂逐之越張公橋乃止後旬日復與晉人戰于邢州之北擒蕃將賁金鐵慕容騰李存建等百餘人奪馬數千匹尋以功表授檢校左僕射耀州刺史天祐二年春命佐楊師厚深入淮甸越壽春侵廬江軍至大獨山遇淮夷殺五千餘衆振旅而還改蔡州刺史加檢校司空又遷穎州刺史太祖受禪復爲蔡州刺史入爲左神武統軍又改左龍驤使乾化元年從太祖北征因閱馬得罪命斬之文靖驍果善戰諸將皆惜之（永樂大典卷一萬八千一百二十六）

胡規兗州人初事朱瑾爲中軍都校兗州平署爲宣武軍都虞候佐葛從周伐鎮定從張存敬收晉絳皆有功署爲河中都虞候權鹽務天復中太祖迎駕在岐下以規權知洛州昭宗還長安詔授皇城使及東遷以爲御營使駕至洛授內園莊宅使天祐三年佐李周彝討相州獨當州之一面頗以功聞軍還權知耀州事明年討滄州爲諸軍壕寨使太祖受禪除右羽林統軍尋佐劉鄩統兵收潼關擒劉知浣獻之乃以爲右龍虎統軍兼侍衞指揮使乾化元年詔修洛河堤堰軍士因之斬伐百姓園林太甚河南尹張宗奭奏之規得罪賜死（永樂大典卷一萬八千一百二十七）

李讜河中臨晉人少時遊秦雍間爲人勇悍多力甚有氣誼唐廣明初黃巢陷長安讜遂得仕于其間巢以讜爲內樞密使（案新唐書黃巢傳及通鑑皆言巢以費傳古爲樞密使不載李讜疑與傳古先後授僞官也）蓋讜會委質于宦者出入于宮禁間巢以此用焉

其後巢軍既敗讜乃東身歸于太祖署爲左德勝騎軍都將從太祖討蔡賊頗立軍功及東伐兗鄆以所部士伍俘獲甚衆改元從騎將表授檢校右僕射郴王友裕領兵攻澤州時太祖駐大軍于盟津乃令讜將兵越太行援以籌謀讜頗違節度久而無功（案唐書李存孝傳云李讜收軍而遁存孝擊至馬牢川俘斬萬計此傳不載蓋前後省文）太祖遣追還廷責其罪戮之于河橋（永樂大典卷一萬三百八十八）

李重胤（案重原本作重裔蓋薛史沿避諱舊例今改書一）宋州下邑人狀貌雄武初在黃巢黨中推爲剛鷙唐中和四年五月同尙讓李讜等率衆至繁與太祖之軍相距及巢寇漸衰乃率

衆來降太祖素識之拔用不次署爲先鋒步軍都頭與胡眞拔河陽逼懷州重肩以部下兵突之射中蕃將安休休又令與李讜率騎軍至陝應接郭言迴次澠池破賊帥黃花子之衆改滑州夾馬指揮使蔡賊圍汴重肩以步兵攻下三寨擄獲甚多太祖大舉伐宗權俾重肩以滑兵爲先鋒及東討徐州下豐蕭二邑轉右廂馬步軍指揮使大順元年秋從郴王友裕收澤州與晉軍戰于馬牢川王師敗績退守河陽太祖謂諸將曰李讜重肩違我節度不能立功頗辜任使于是與李讜並戮于河橋 永樂大典卷一萬三百八十八

范居實絳州翼城人事太祖初爲隊將從討巢蔡有功又從朱珍收滑州改左廂都虞候預破兗鄆功遷威義都頭鄭州馬軍指揮使幽州劉仁恭舉衆南下寇魏郡北圍居實與葛從周張存敬率兵救魏大破幽滄之衆于內黃太祖迎昭宗于岐下以居實爲河中馬軍都指揮使及昭宗還京賜迎鑾毅勇功臣遙領錦州刺史又遷左龍驤馬軍都指揮使從征淮南迴改登州刺史轉左神勇軍使開平元年用軍于潞州命居寔統軍以解澤州之圍授耀州刺史令以郡兵屯固鎮尋除澤州刺史居寔拳勇善戰頗立軍功在郡以戎備不理詔追赴闕暴其玩寇之罪而斬之 永樂大典卷一萬六千五百十七

史臣曰叔琮而下咸以鷹犬之才邁遇雲龍之會勤勞王室踐履將壇然俱不得其死豈不惜哉得非鳥盡弓藏理當如是耶將梁祖之雄猜無漢高之大度歟乃知自古帝王能保全功臣者唯光武一人而已矣語曰弒父與君亦不從也而叔琮友恭從之何也旣爲盜跖所嗾豈免成濟之誅臨終之言益彰其醜也 永樂大典卷一萬六千五百十七

舊五代史卷十九終

舊五代史卷十九攷證

梁列傳九氏叔琮傳太祖伐襄陽叔琮失利　案舊唐書光化元年汴將氏叔琮陷趙匡凝之隨唐鄧等州是書趙匡凝傳亦云太祖遣氏叔琮伐之匡凝懼乞盟是役也實以勝歸而叔琮本傳獨言失利未知所據

今就襄陵縣牧馬于道間　案襄陵原本作襄陽今據歐陽史改正

與氏叔琮同日賜死　案此朱友恭事是書及歐陽史通鑑俱同北夢瑣言作友諒誤

太祖異其狀貌乃隸于拔山都　案拔山原本作㧞山歐陽史作㧞山攷當時軍旅皆以都名如黑雲都銀槍都效節都橫街都之類今從歐陽史改正并增入都字

朱珍傳敗樂從訓萬餘人　案通鑑作樂從訓來告急遣都指揮使朱珍等分兵救從訓與此傳異

李重胤傳于是與李讜竝戮于河橋　案原本脫與字今增入

范居實傳與葛從周張存敬率兵救魏　案原本脫從字今增入

舊五代史卷十九攷證

舊五代史卷二十

宋司空同中書門下平章事薛居正等撰

列傳第十　　梁書二十

謝瞳字子明福州人唐咸通末舉進士因留長安三歲不中第廣明初黃巢陷長安遂投跡于太祖洎居門下未嘗一日不在左右及太祖據同州遂署右職其年秋太祖與河中交戰再不利連上章請兵于巢僞右軍督尉孟楷抑而不進瞳揣太祖有擇福意乃進說曰黃家以數十萬之師値唐朝久安人不習戰因利乘便遂下兩京然始竊僞號任用已失其所今將軍勇冠三軍力

戰于外而孟楷專務壅蔽奏章不達下爲庸才所制無獨斷之明破亡之兆必矣况土德未厭外兵四集漕運波注日以收復爲名惟將軍察之太祖曰我意素決爾又如是復何疑哉翌日遂定策戮僞監軍使悉衆歸順於河中王重榮表瞳爲檢校屯田員外郎賜緋令奉表于蜀唐僖宗大悅召入顧問錫賚甚厚以功授朝散大夫太子率更令賜紫爲陵州刺史治郡一歲改檢校右散騎常侍通刺史在任四考頗有政績秋罷詣蜀行在太祖遣人迎之龍紀二年至東京勞徠彌厚賜第墅各一區錢千緡表爲亳州團練使兼太淸宮副使加檢校工部尚書是年冬太祖征淮南過郡因求侍府幕表爲宣義軍節度副使充兩使留後瞳在滑十三年部內增戶約五萬益兵數千人累遷至大中大夫檢校右僕射卒于滑開平初追贈司徒（永樂大典卷一萬八千一百二十八）

司馬鄴字表仁其先河內溫人也祖德璋仕唐爲杞王傅父譓左武衛大將軍鄴資蔭出身頗知書累官至大列唐天復初韓建用爲同州節度留後（案韓建傳作判官司馬鄴）昭宗之幸鳳翔也太祖引兵入關前鋒至左馮翊鄴持印鑰迎謁道左太祖以兵圍華州命入城招諭韓建建果出降及大軍在岐下遣奏事于昭宗再入復出又使于

金州說其帥馮行襲俾堅攀附後歷宣武天平等軍從事開平元年拜右武衛上將軍三年使于兩浙時淮路不通乘驛者迂廻萬里陸行則出荆襄潭桂入嶺自番禺泛海至閩中達于杭越復命則備舟楫出東海至于登萊而揚州諸步多賊船過者不敢循岸必高帆遠引海中謂之入陽以故多損敗鄴在海逾年漂至躭羅國一行俱溺後詔贈司徒（永樂大典卷一萬八千一百二十八）

劉捍開封人父行仙宣武軍大將捍少爲牙職太祖初鎭夷門以捍聰敏擢副典客唐中和四年夏太祖以朱珍爲淄州刺史令收兵于淄青間命捍監其兵路逢

大敵皆破之入博昌獲精兵三萬以歸四月合大軍敗蔡賊秦宗賢數萬衆于汴西文德元年十一月蔡將申叢折宗權足納款于太祖使捍奏其事加兼御史大夫光化三年六月太祖北伐鎭定至常山而王鎔危懾送款于太祖命捍入壁門傳諭時兩軍未整守門者戈戟千匝捍馳騎而入竟達其命又移師以攻中山至懷德驛大破定人五萬衆王處直乞降捍復單馬入州安撫而迴案梁祖下鎭定服中山舊唐書作光化三年九月新唐書作十月薛史又總繫于六月以後據通鑑自六月舉兵至九月始定中山也太祖迎昭宗于岐下以捍爲親軍指揮天復三年正旦宋文通令客將郭啟奇使于太祖命

捍復命昭宗聞其至即召見詢東兵之事仍以錦服銀鞍勒馬賜之翌日授光祿大夫檢校司空登州刺史昭宗還京改常州刺史賜號迎鑾毅勇功臣四月太祖伐王師範于青州改左右長直都指揮使天祐三年正月授宋州刺史四月加檢校司徒太祖受禪授左龍虎統軍兼元從親軍馬步都虞候及上黨纏兵太祖親往巡撫以捍爲御營使大軍次昂車斥候來告蕃戎逼澤州命捍以兵千人赴之并軍遂遁車駕還京授捍侍衛親軍都指揮使晉人侵晉州從幸陜迴加檢校太保及從駕幸河中詔追王重師赴行在以捍爲雍州節度觀察留後纔踰月劉知俊據同州反潛使人以厚利啗捍將校遂爲部下所執送于知俊知俊縶捍歸于鳳翔爲李茂貞所害開平四年贈太傅末帝即位又贈太尉捍便習賓贊善于將迎自司賓局及征討四出必預其間雖無決戰爭鋒之績而承命奔走敷揚命令勤幹治職以至崇顯焉永樂大典卷九千九十八

王敬蕘潁州汝陰人世爲郡武吏唐乾符初敬蕘爲本州都知兵馬使中和初寇難益熾郡守庸怯不能自固敬蕘遂代之監郡俄眞拜刺史加檢校右散騎常侍時州境荒饉大寇繼至黃巢數十萬衆寨于州南敬蕘極

力抗禦逾旬而退俄又宗權之衆凌暴益甚合圍攻壁皆力屈而去蔡賊復遣將刁君務以萬衆來逼敬蕘列陣當之身先馳突殺敵甚多由是竟全郡壘遠近歸附及淮人不恭太祖屢以軍南渡路由州境敬蕘悉心供億太祖甚嘉之乾寧二年署爲泝淮上下都指揮使四年冬龐師古敗于淸口敗軍逃歸者甚衆路出于潁時雨雪連旬軍士凍餒敬蕘自淮燎薪相屬于道郡中設糜糗餅餌以待之全活者甚衆由是表知武寧軍節度徐宿觀察留後數月眞拜武寧軍節度使案文苑英華載授敬蕘武寧軍節度制有云襲淮流之積寇挺潛山之雄姿勇實兼人智能周物蓋因淸口之役而加秩也天復

二年入爲右龍武統軍天祐三年轉左衛上將軍開平元年八月以疾致仕尋卒于其第徽堯魁傑沈勇多力善戰所持槍矢皆以純鐵鑄就槍重三十餘斤擢鋒突陣率以此勝雖非太祖舊臣爾逢輪懇款保境合兵以輔興王之運有足稱者〔永樂大典卷一萬八千一百二十六〕

高劭字子將淮南節度使駢之從子也父泰黔中觀察使唐僖宗避敵在蜀駢鎮淮南爲都統兼諸道鹽鐵使兵賦在已朝廷優假之以故劭幸而早官年十四遥領華州刺史光啓中以駢命謁晉公王鐸于鄭俄而州陷蔡劭爲賊所得使人守之戒四門曰無出高大夫劭伺守者稍惰佯爲乞食者過危垣取殍者衣坐身易服得佗兒抱之行出東郊門人以爲丐者不之及稍遠棄所抱兒疾趨至中牟遂達于汴太祖以客禮遇之尋表爲亳州團練副使知州事又數年辟爲宣武軍節度判官在幕下頗以氣直自許後監鄭州事復權知徐州留後唐昭宗之鳳翔太祖迎奉未出劭有疑謀遂令赴華州諳丞相府以議其事行至高陵爲盜所害〔永樂大典卷五千五百三十八〕

馬嗣勳濠州鍾離人世爲軍吏嗣勳有口辨習武藝爲州客將唐景福元年三月太祖以壽州刺史江儒反下蔡鎮使李立率兵攻濠梁刺史張遂俾嗣勳持州印籍戸口以歸于太祖乾寧二年三月楊行密復攻濠州張遂遣嗣勳求援于太祖俄而郡陷〔案九國志李簡傳乾寧二年從攻濠州濠水深濶簡手搴重甲口銜大刀先渡踰壘破其關鍵擒刺史張遂以獻新唐書楊行密傳與九國志畧同惟遂字新唐書作燧〕嗣勳無所歸即署爲元從押牙副典客頗稱任使光化元年三月太祖令往光州說刺史劉存背淮賊以向國〔案新唐書本紀乾寧三年楊行密陷光州劉存死之九國志柴再用傳乾寧中從光延壽平劉存于弋陽授知光州軍事梁兵寇光州再用擊走之以功遷光州刺史與薛史異又九國志吳有兩劉存其一即光州刺史其一陳州人後爲馬殷所害〕又從李彥威復黃州及武昌縣獲刺史瞿章〔案新唐書本紀乾寧四年五月壬子朱全忠陷黃州刺史瞿章死之九國志馬珣傳三年梁將朱友恭圍瞿章于黃州命珣率兵援之黃州陷戰不利而退薛史作光化元年與諸書互異〕俄復使光州持幣馬以賜劉存會淮賊急攻光州存與嗣勳率兵大戰敗而走之又遣使于蜀及歸得其助軍貲實甚多天復中太祖迎昭宗于岐下軍至華之西關使嗣勳入見韓建即時同出迎謁及羅紹威將殺牙軍遣使告于太祖求爲外援時安陽公主初卒于魏太祖乃遣嗣勳率長直官千人實兵仗于橐中肩舁以入于魏聲言來致祭會葬牙軍不之覺天祐三年正月十六日夜嗣勳與紹威親軍同攻牙軍至曙盡殪之嗣勳重傷旬日而卒開平中累贈太保〔永樂大典卷一萬八千一百二十八〕

張存敬譙郡人也性剛直有膽勇臨危無所畏憚唐中和中從太祖赴汴以其折節頗見親昵首爲右騎都將從討巢蔡凡歷百戰多于危蹙之間顯有奇畧由是頻立殊効光啟中李罕之會晉軍圍張宗奭于盟津太祖遣丁會葛從周存敬同往馳救存敬引騎軍先犯敵將諸軍翼之敵騎大敗乃解河橋之圍大順二年爲諸軍都虞候佐霍存董大軍收宿州以功奏加檢校兵部尙書太祖東征徐兗存敬屢有俘斬之功凡授指顧皆與機會矢石所及必以身先太祖尤加優異以爲行營都指揮使檢校右僕射乾寧三年充武寧軍留後行潁州

刺史光化二年夏四月幽滄侵淩魏郡復以存敬爲都指揮使三年大舉與葛從周連統諸軍攻浮陽樹數十柵圍劉守文累月時幽州劉仁恭舉兵來援存敬潛軍擊之于乾寧軍南老鴉堤是日燕人大敗斬首五萬級生擒馬愼交已下一百餘人獲馬萬餘蹄（案舊唐書光化二年三月張存敬率師援魏州大敗燕軍仁恭父子僅免薛史作三年事與舊唐書異）其年秋九月引軍收鎭州存敬勒衆涉滹沱河師人鼓行而進逢鎭之遊兵數千因逐之直入鎭之壍門收蔽馬牛驢萬計翌日鎭人納質而旋尋爲宋州刺史踰年甚有能政復擁衆伐薊門數旬間連下瀛莫祁景四州擒俘不可勝紀自懷德驛與中山兵接戰枕屍數十里中山開壁請降天復元年春太祖以河中節度使王珂與太原結親憑恃驕恣命存敬統大軍討之卽日收絳州擒刺史陶建釗降晉州刺史張漢瑜二郡平連圍河中王珂請降太祖嘉之乃以存敬爲護國軍留後未幾檢校司空尋移宋州刺史將之任所寢疾踰旬卒于河中太祖聞之痛惜移晷開平初追贈太保乾化三年又追贈太傅子仁愿晉天福中仕至大理（永樂大典卷六千三百五十）

寇彥卿字俊臣大梁人也祖琯父裔皆宣武軍牙校太祖鎭汴以彥卿將家子擢在左右弱冠選爲通贊官太

祖爲元帥補元帥府押牙充四鎭通贊官行首兼右長直都指揮使累奏授檢校司徒領洺州刺史羅紹威將殺牙軍遣使告于太祖太祖命彥卿使于魏密與紹威謀之竟成其事彥卿之力也彥卿身長八尺隆準方面語音如鐘善騎射好書史復善伺太祖之旨凡所作爲動皆云合太祖每言曰敬翔劉捍寇彥卿蓋爲我而生其見重如此太祖有所乘烏馬號一丈烏嘗以賜彥卿天復中太祖迎昭宗于鳳翔累于岐軍對陣時彥卿爲諸道馬步軍都排陣使嘗躬擐甲冑乘其所賜烏馬馳騁于陣前太祖目之曰眞神王也昭宗還京賜迎鑾毅

勇功臣改邢州刺史尋遷亳州團練使（案通鑑開平二年帝從吳越王錢鏐之請以亳州團練寇彥卿爲東南面行營都指揮使使擊淮南十一月彥卿帥衆二千襲霍丘爲土豪朱景所敗又攻廬壽二州皆不勝淮南遣滁州刺史李儼拒之九國志朱景傳梁祖聞景名命寇彥卿率勁騎三千襲霍丘圖取景且諭梁祖之意令降景率其徒戰于上墟林澤中射死者無數彥卿兵折力癉而去此事薛史及歐陽史皆不載）太祖受禪爲華州節度使加檢校太保歲餘入爲左金吾衛大將軍充街使一日過天津橋有老人（案歐陽史作民梁現）悞衝其騶道者排之落橋而斃爲御史府所彈太祖不得已責授左衛中郎將（案通鑑作遊擊將軍左衛中郎將）不數月除相州防禦使（案相州歐陽史作襄州）依前行營諸將排陣使未幾授河陽節度使加檢校太傅及太祖遇弒彥卿追感舊恩圖御容以奠之每因對客言及先朝舊事即涕泗交流末帝嗣位遙領興元節度使東南面行營都招討使以拒淮寇尋改右金吾衛上將軍貞明初授鄧州節度使會淮人圍安陸彥卿奉詔領兵解圍大破淮賊而還四年卒于鎮時年五十七詔贈侍中彥卿貞幹明敏善事人主然怙寵作威多忌好殺雖顯立功名而猶爲識者之所鄙焉（永樂大典卷一萬九千三百三十）

史臣曰（案原本有闕文）存敬有提㧞之勞彥卿偶攀鱗之會俱爲藩后亦其宜哉（永樂大典卷一萬九千三百三十）

舊五代史卷二十終

舊五代史卷二十攷證

梁列傳十司馬鄴傳揚州諸步多賊船　諸步原本作諸走攷容齋隨筆云步者水傍之名今改正

馬嗣勳傳刺史張遂　案新唐書作張璲

張存敬傳擒刺史陶建釗　建釗原本作建鉦今據通鑑改正

舊五代史卷二十攷證

舊五代史卷二十一

宋司空同中書門下平章事薛居正等撰

列傳第十一　梁書二十一

龐師古曹州南華人初名從以中涓從太祖性端愿未嘗離左右及太祖鎮汴樹置戎伍始得馬五百匹卽以師古爲偏將援陳破蔡累有戰功及朱珍以罪誅遂用師古爲都指揮使乃渡淮攘軍于盧壽攻滁州破天長下高郵沿淮轉戰所至克捷尋代朱友裕領軍攻下徐州斬時溥首以獻遂移軍伐兗州入中都寨于梁山敗朱瑄之衆襲至壘下又破朱瑾于清河從討汝陽與朱

瑄朱瑾及晉將史儼兒戰于故樂亭大捷而廻乾寧四年正月復統諸軍伐鄆拔之擒其帥朱瑄以獻始表爲天平軍節度留後尋授徐州節度使（案文苑英華有授龐從武寧平南節度敗名師古制張玄晏之辭也中云自委之留事須我詔條惠愛行于鄉閭威望揚于士伍是宜錫以旂幢進其官秩奄有徐夷之四履爰撫大彭之故都是師古先爲留後繼授節度也通鑑止作留後誤）官至檢校司空乾寧四年八月與葛從周分統大軍渡淮以伐楊行密十一月師古寨于清口寨地卑下（玉堂閒話云龐從會軍五萬于清口所屯之地蓋兵書謂之絕地人不駕肩行一舍方至夷坦之處）或請遷移弗聽俄有告淮人決上流者曰水至矣師古怒其惑衆斬之（案九國志侯瓚傳時兵起倉卒加以陰寒士皆飲冰餐雪而行甫及梁營則豎戈植足鬭志未決朱瑾與瓚率五千騎潛濟淮入自壘北舞槊而馳鼓譟雷沸梁兵皆殞眩不能舉遂斬龐從大將繼之死者大半是清口之戰因雪夜不備而敗也薛史以爲決淮上流須與九國志與新唐書楊行密傳兼用之）與我軍在淖中莫能戰而吳人襲焉故及于敗師古沒于陣（永樂大典卷一萬八千一百二十六）

霍存洺州曲周縣人性驍勇善騎射在黃巢中已爲將領唐中和四年太祖大破巢軍于王滿渡時存與葛從周張歸霸皆自巢軍來降太祖宥而納之其後破王夏寨擊殷鐵林並在戰中尋佐朱珍取滑臺攻淄州取博昌皆預戰立功時蔡賊張晊在汴北存以三千人夕犯其營破之用本部騎兵敗秦賢軍殺五千人連破四寨

盡得其輜重從討盧瑭張晊殪萬餘人存功居多我軍之圍濮州也有賊升睥樓大詬太祖怒甚召存射之矢一發而死隕其下賞賚甚厚復佐朱珍擒石璠破魏師敗徐戎又佐龐師古至呂梁敗時溥二千餘衆以是累遷官初王師渡淮乏食不甚利惟存軍戰有功淮賊乃引退太祖之討宿州也葛從周以水壞其垣丁會以師乘其墉存戰壘外敗其軍宿人乃降明年佐郴王友裕擊時溥于碭山破之獲蕃將石君和等五十人（歐陽史李唐賓攻時溥溥敗碭山存獲其將石君和等五十人云存代梁攻宿州葛從周引水浸之丁會與存戰城下遂下之）是歲復與晉軍戰于馬牢川始入爲前鋒出則後拒晉

不敢逼乃渡河襲淇門殺三千餘人曹州刺史郭紹賓之來歸也存以師援之遂代其任始朱友裕以大軍伐鄆臨其壁旣而師陷圍中以急來告存領二百騎馳赴擊退之太祖喜拔爲諸軍都指揮使景福二年春太祖親至曹州留騎軍數千令存將之且曰有急則倍道兼行以赴之俄聞朱瑾領兵二萬入援彭門存乃領騎軍馳赴之與徐兗之衆合戰于石佛山下大敗之存亦中流矢而卒時人稱其忠勇初朱珍李唐賓之殁龐師古代珍存代唐賓戰伐功績多與師古同始遥領韶州牧又改賀州後用爲權知曹州刺史官至檢校右僕射及太

祖登極屢有征討因起猛士之歎一日幸講武臺閱兵謂諸將曰霍存在朕安有此勞苦耶諸君其思之他日語又如是累贈官至太保子彥威後唐明宗朝爲青州節度使（永樂大典卷一萬八千一百二十六）

符道昭淮西人性强敏有武略秦宗權用爲心膂使監督諸軍後爲騎將尤能布陣勇聞于時然剛而無操善迎人意一見若盡肺腑必甚愛其才而道昭之心腹颺矣秦宗權之將敗也有薛潛者支擘隊伍道昭謂所私曰蔡弱矣乃歸潛潛欲敗復奔洋州依葛佐攻興元軍不利復奔于岐宋文通愛之養爲已子名繼遠遂易其宗及得軍職悉超儕伍後爲巴州刺史又奏爲隴州防禦使兼中軍都指揮使太祖迎奉昭宗駐軍于岐下道昭頻領騎士敢鬬戰屢爲王師所敗遂來降太祖素聞其名待之甚厚昭宗反正奏授秦州節度使同平章事遣兵援宋不克而還先是李周彝棄鄜州自投歸國署爲元帥府行軍左司馬寵冠霸府及道昭至以爲右司馬使與周彝同領寇彥卿南大豐闕寶以下大軍伐滄州及太祖幸魏州討牙軍中軍前有魏博將山河管指揮使左行遷闔府中有變引軍還屯歷亭自稱留後從亂者數萬人道昭佐周彝與彥卿已下大破之殺四萬

餘人擒左行遷斬之有史仁遇亦聚徒數萬據高唐又破之擒仁遇以獻乘勝取澶博二州平之復殺萬餘人道昭性勇果多率先犯陣屢有摧失而周彝彥卿犄角繼進連以捷告護兵者上功不實皆以道昭爲首太祖陰知之俱不議賞及滄州之圍也不用騎士令道昭牧馬于堂陽太祖受禪後委兵柄與康懷英等攻潞州以蚰蜒塹繚之飛鳥不度旣踰歲晉人援至王師大敗道昭爲晉軍所殺（永樂大典卷一萬八千一百二十七）

徐懷玉本名琮亳州焦夷縣人少以雄傑自任隨太祖起軍唐中和末後至大梁光啟初蔡寇屯金堤驛懷玉

將輕騎連破之由是累遷親從副將改左長劍都虞候又從破蔡賊于板橋收秦宗權八寨奏加檢校右散騎常侍文德初同諸軍解河陽之圍復從破徐宿乾寧中奏加檢校刑部尚書太祖賜名懷玉破朱瑾于金鄉南擒宗江以獻表授金紫光祿大夫檢校右僕射乾寧四年麗師古失利于清口懷玉獨全軍以退光化初轉滑州右都押牙兼右步軍指揮使俄奏授沂州刺史頃之王師範以青州叛屢出兵侵軼懷玉擊退之天復四年轉齊州防禦使加檢校司空從大軍迎駕于岐下歸署華州觀察留後一年復領所部兵戍雍州尋召赴河中

補晉絳同華五州馬步都指揮使天祐三年授左羽林統軍轉右龍虎統軍領六軍之士赴澤州尋爲晉軍所攻晝夜衝擊穴地而入懷玉率親兵逆殺于隧中晉軍遂退開平元年授曹州刺史加檢校司徒明年除晉州刺史其秋晉軍大至已乘其墉懷玉選親兵五十餘人擁殺下城晉軍既退出家財以賞戰士歲中晉軍又至懷玉領兵敗之于洪洞三年制授鄜坊節度使特進檢校太保練兵精壁人頗安之加檢校太傅乾化二年庶人友珪既篡立河中朱友謙拒命遣兵襲鄜州懷玉無備尋爲河中所虜囚于公館及友珪遣康懷英率師圍河中友謙慮懷玉有變遂害之懷玉材氣剛勇臨陣未嘗折退平生金瘡被體有戰將之名焉（永樂大典卷一萬八千一百二十七）

郭言太原人也家于南陽新野少以力穡養親鄉里稱之唐廣明中黃巢擁眾西犯秦雍言爲巢黨所執後從太祖赴汴初爲騎軍繼有戰功後擢爲裨校言性剛直有權畧勤于戎事或以家財分給將士之貧者由是頗得士心屢將兵與蔡寇戰于浚郊每以少擊眾出必勝歸太祖嘉其勇果謂賓佐曰言乃吾之虎侯也時宗權支黨數十萬太祖兵不過數十旅每恨其寡與之不敵

一日命言董數千人越河洛趣陝虢招召丁壯以實部伍言夏往冬旋得銳士萬餘遂遷步軍都將自是隨太祖掩襲蔡寇斬獲掠奪不可勝紀宗權以茲敗北太祖盡收其地因命言將兵導達貢奉以安鄭傳自汴鄭迄于潼關去奸恤弱甚得其所光啟中唐天子以太祖兵威日振命兼揚州節度使太祖遣幕吏李璠領兵赴維揚以制置爲名時言爲李璠前鋒深入淮甸破盱眙而還（案通鑑云時溥以師襲之言力戰得免梁祖紀亦作不克進而還與傳異）梁祖東伐徐鄆言將偏師略地千里頻逢寇敵言出奇決戰所向皆捷大挫東人之銳太祖錄其績以排陣斬斫之號委之尋

表爲宿州刺史檢校右僕射于時徐宿兵鋒日夕相接
控扼偵邏以言爲首景福初時溥大舉來攻宿州言勇
于野戰喜逢大敵自引銳兵擊溥殺傷甚衆徐戎乃退
言爲流矢所中一夕而卒（永樂大典卷二萬二千一百六十）
李唐賓陝州陝縣人也中和四年二月尙讓之寇繁臺
也唐賓與李讜霍存並爲巢將與太祖之軍戰于尉氏
門外三月太祖破瓦子寨唐賓與王虔裕來降時黃巢
壁于陳郊乃命唐賓摩其西闉焚焉王滿之師王夏之
陣唐賓悉在戰中後與朱珍趣淄州所向摧敵及取滑
平蔡前後破鄆淮徐之衆功與朱珍略等而驍勇絕倫

善用矛未嘗不率先陷陣其善于治軍行師之道亦與
珍齊名珍之擒石璠也唐賓亦泝淮與郭言犄角下盱
眙其後渡河破黎陽李因等鎭攻澶州下內黃敗魏師
未嘗不與珍同暨攻蔡之役珍自西南破其外垣唐賓
亦堙壕坎墉摧其東北隅乃伐徐取豐時溥軍于吳康
珍亟遇之未能却唐賓引本軍擊敗之珍遂大勝每與
師必與珍偕用故往無不利然而剛中用壯遂爲珍所
害以謀叛聞太祖聞之痛惜累日及誅朱珍後令其妻
孥至軍收葬而加弔祭焉（永樂大典卷一萬三百六十）
王虔裕瑯琊臨沂人也家于楚丘少有膽勇多力善射
以弋獵爲事唐乾符中諸葛爽聚徒于青棣間攻剽郡
縣虔裕依其衆及爽歸順乃以虔裕及其衆隸于宣武
軍太祖鎭汴四郊多事始議選將征討首以虔裕綰騎
兵恆爲前鋒及太祖擊巢蔡于陳州虔裕連拔數寨擒
獲萬計巢孽旣遁虔裕躡其迹追至萬勝戍賊衆饑乏
短兵纔接而潰太祖以其勞表授義州刺史蔡人日縱
侵掠陳鄭許亳之郊頻年大戰虔裕掩襲攻拒凡百餘
陣勦戮生擒不知紀極秦宗賢寇汴南鄙太祖令虔裕
遊擊于尉氏不利而還太祖怒命削職拘于別部踰年
邢州孟遷請降未幾晉人伐邢孟遷遣使來乞師太祖

先遣虔裕選勇士百餘人徑往赴之伺夜突入邢州明
日循堞樹立旗幟晉人不測乃退數月復來圍邢時太
祖大軍方討兗鄆未及救援（案通鑑考異云是時全忠方攻時溥未討兗鄆也傳誤）
邢人因而攜貳遷乃縶虔裕送于太原尋爲所害（永樂大典卷一萬八千一百二十七）
劉康乂壽州安豐縣人也以農桑爲業唐乾符中關東
羣盜並起江淮間徧罹其苦因爲巢黨所掠康乂沉默
有膂力善用矛槊然不樂爲暴中和三年從太祖赴鎭
委以心腹康乂枕戈擐甲夷險無憚其後累典親軍襲
巢破蔡斬獲尤多累以戰功遷元從都將從太祖連年

攻討徐兗鄆所向多捷尤善于營壘充諸軍壕寨使及太祖盡下三鎮議其功奏加檢校右僕射兼領軍衛尋遷密州刺史政甚簡靜時王師範叛據青州乞師于淮夷淮人遂攻密州密兵素少執銳者不滿千夫而淮賊踰萬康乂率老弱守陴自別領少壯日與接戰于密之四郊俘擒千計賊知密州虛弱援兵未至晝夜急攻遂陷康乂爲賊所害 永樂大典卷九千九十八

王彥章字賢明 案歐陽史作字子明 鄆州壽張縣人也 案歐陽史作鄆州壽昌人 祖秀父慶宗俱不仕以彥章貴秀贈左散騎常侍慶宗贈右武衛將軍彥章少從軍隷太祖帳下以驍勇聞

稍遷軍職累典禁兵從太祖征討所至有功常持鐵槍衝堅陷陣開平二年十月自開封府押牙左親從指揮使授左龍驤軍使三年轉左監門衛上將軍依前左龍驤軍使乾化元年改行營左先鋒馬軍使又加金紫光祿大夫檢校司空依前左監門衛上將軍二年庶人友珪簒位加檢校司徒三年正月授濮州刺史本州馬步軍都指揮使依前左先鋒馬軍使未幾改先鋒步軍都指揮使四年爲澶州刺史進封開國伯五年三月朝廷議割魏州爲西鎮慮魏人不從遣彥章率精騎五百屯鄴城駐于金波亭以備非常是月二十九日夜魏軍作亂首攻彥章于館舍彥章南奔七月晉人攻陷澶州彥章舉家陷沒 案通鑑晉人夜襲澶州陷之刺史王彥章在劉鄩營晉人獲其妻子是當時澶州之陷因刺史他出而掩其不備非彥章力不能守也歐陽史極推重彥章而載澶州事不詳蓋未博考 晉王遷其家于晉陽待之甚厚遣細人間行誘之彥章卽斬其使以絕之數年其家被害九月授汝州防禦使檢校太保依前行營先鋒步軍都指揮使貞明二年四月改鄭州防禦使三年十二月授西南行營馬軍都指揮使加檢校太傅依前鄭州防禦使頃之授行營諸軍左廂馬軍都指揮使五年五月遷許州兩使留後軍職如故六年正月正授許州匡國軍節度使充散指揮都頭都

軍使進封開國侯未幾授北面行營副招討使七年正月移領滑州三年四月晦晉師陷鄆州中外大恐五月以彥章代戴思遠爲北面招討使拜命之日促裝以赴滑臺遂自楊村砦浮河而下水陸俱進斷晉人德勝之浮梁攻南城拔之晉人遂棄北城併軍保楊劉彥章以舟師泝流而下晉人盡徹北城拆屋木編筏置步軍于其上與彥章各行一岸每遇轉灘水匯卽中流交鬭流矢雨集或舟筏覆沒比及楊劉凡百餘戰彥章急攻楊劉晝夜不息晉人極力固守垂陷者數四六月晉王親援其城彥章之軍重壕複壘晉人不能入晉王乃于博

州東岸築壘以應鄆州彥章聞之馳軍而至急攻其柵自旦及午其城將拔會晉王以大軍來援彥章乃退七月晉王至楊劉彥章軍不利遂罷彥章兵權詔令歸闕以段凝爲招討使先是趙張二族撓亂朝政彥章深惡之性復剛直不能緘忍及授招討之命因謂所親曰待我立功之後囘軍之日當盡誅奸臣以謝天下趙張聞之私相謂曰我輩寧死于沙陀之手不當爲彥章所殺因協力以傾之時段凝以賄賂交結自求兵柄素與彥章不協潛害其功陰行逗撓遂至王師不利竟退彥章而用段凝未及十旬國以之亡矣是歲秋九月朝廷聞

晉人將自兗州路出師末帝急遣彥章領保鑾騎士數千于東路守捉案歐陽史從家傳作保鑾士五百人又作畫像記極辨舊史領數千人以往之非今考通鑑云梁主命王彥章將保鑾士及他兵合萬人屯兗鄆之境是彥章所將且不止薛史所云數千矣又考通鑑李嗣源敗彥章所將止于獲將士三百人斬首二百級使彥章所將止于五百是師徒盡喪單騎遁還不應尙能再戰也彥章忠于所事百折不囘不幸爲監軍張漢傑所制力竭而亡非戰之罪歐陽史必欲減其兵數恐轉非實錄且以鄆州爲敵人所據因圖進取令張漢傑爲監軍一日彥章渡汶以略鄆境至遞坊鎮爲晉人所襲彥章退保中都十月四日晉王以大軍至彥章以衆拒戰兵敗爲晉將夏魯奇所擒魯奇嘗事太祖與彥章素善及彥章敗識其語音曰此王鐵槍也揮矟刺之彥章重傷馬踣遂擒晉王見彥章謂之曰爾常以孺子待我今日服未又問我素聞爾善將何不保守兗州此邑素無城壘何以自固彥章對曰大事已去非臣智力所及晉王惻然親賜藥以封其創晉王素聞其勇悍欲全活之令中使慰撫以誘其意彥章曰比是匹夫本朝擢居方面與皇帝十五年抗衡今日兵敗力窮死有常分皇帝縱垂矜宥何面目見人豈有爲臣爲將朝事梁而暮事晉乎得死幸矣晉王又謂李嗣源曰爾宜親往諭之庶可全活時彥章以重傷不能興嗣源至臥內以見之謂嗣源曰汝非邈佶烈乎邈佶烈蓋嗣源小字也彥

章素輕嗣源故以小字呼之既而晉王命肩輿隨軍至任城彥章以所傷痛楚堅乞遲留遂遇害時年六十一彥章性忠勇有膂力臨陣對敵不顧身居嘗謂人曰李亞子鬭鷄小兒何足顧畏初晉王聞彥章授招討使自魏州急赴河上以備衝突至則德勝南城已爲所拔晉王嘗曰此人可畏當避其鋒一日晉王領兵迫潘張寨大軍隔河未能赴援彥章援槍登舟叱舟人解纜招討使賀瓌止之不可晉王聞彥章至抽軍而退其驍勇如此及晉高祖遷都夷門嘉彥章之忠款詔贈太師搜訪子孫錄用永樂大典卷一萬八千一百二十七五代史補王彥章之應募也同時有數百人而彥章

營求為長衆皆怒曰彥章何人一旦自草野中出便欲居我輩之上是不自量之甚也彥章聞之乃對主將指數百人曰我天與壯氣自度汝等不及故求作長耳汝等咄咄得非勝負將分之際耶且大凡健兒開口便言死死則未暇且共汝輩赤脚入蒺針地走三五遭汝等能乎衆初以為戲既而彥章果然衆皆失色無敢效之者太祖聞之以為神人遽擢用之

賀德倫其先河西部落人也父懷慶隸滑州軍為小校德倫少為滑之牙將太祖領四鎮德倫以本軍從繼立軍功累歷刺史留後遷平盧軍節度使及魏博楊師厚卒朝廷以德倫代其任貞明元年三月二十九日夜魏軍作亂執德倫囚于別館盡殺其部衆為亂首張彥所迫遣使歸款于太原晉王自黃澤嶺東下至臨清德倫

遣從事司空頲密啟晉王訴以張彥陵辱之事晉王至永濟斬彥等八人然後入于魏德倫即以符印上晉王通鑑晉王既入德倫上印節請王兼領天雄軍王固辭曰比聞汴寇侵逼貴道故親董師徒遠來相救又聞城中新罹塗炭故暫入存撫明公不垂鑒信乃以印節見推誠非素懷德倫再拜曰今寇敵密邇軍城新有大變人心未安德倫心腹紀綱為張彥所殺殆盡形孤勢弱安能統軍一旦生事恐負大恩王乃受之 尋授雲州節度使行次河東監軍張承業留之不遣頃之王檀以急兵襲太原德倫部下多奔逸承業懼其為變遂誅德倫幷其部曲盡殺之永樂大典卷一萬七千四百六十七

舊五代史卷二十一終

舊五代史卷二十一考證

梁列傳十一龐師古傳始表為天平軍節度留後尋除授徐州節度使　案師古先為留後繼授節度通鑑止作留後誤

霍存傳用本部騎兵敗秦賢軍　秦賢王虔裕傳作秦宗賢

有賊升眺樓大詬　眺樓原本作昭樓今據歐陽史改

符道昭傳符道昭淮西人　案歐陽史作蔡州人

徐懷玉傳授左羽林統軍　案歐陽史作右羽林統軍

郭言傳破盱眙而還　案通鑑作言力戰得免梁祖紀亦作不克而還與此傳異

李唐賓傳時溥軍于吳康　吳康原本訛吳唐今據歐陽史改正

王虔裕傳時太祖大軍方討兗鄆未及救援　案通鑑考異云是時全忠方攻時溥未討兗鄆也傳誤

劉康乂傳尋遷密州刺史　密州原本訛宣州今據新唐書昭宗紀改正

王彥章傳彥章字賢明鄆州壽張縣人也　賢明歐陽史作子明壽張歐陽史作壽昌

舊五代史卷二十一考證

舊五代史卷二十二

宋司空同中書門下平章事薛居正等撰

列傳第十二　梁書二十二

楊師厚潁州斤溝人也爲李罕之部將以猛決聞尤善騎射及罕之敗退保澤州師厚與李鐸何絪等來降太祖署爲忠武軍牙將繼歷軍職累遷檢校右僕射表授曹州刺史唐天復三年從太祖迎昭宗于岐下李茂貞以勁兵出戰爲師厚所敗及王師範以青州叛太祖遣師厚率兵東討時淮賊王景仁以衆二萬來援師範師厚逆擊破之追至輔唐縣斬數百級授齊州刺史將之

任太祖急召見于鄆西境遣師厚率步騎屯于臨朐而聲言欲東援密州留輜重于臨朐師範果出兵來擊師厚設伏于野追擊至聖王山殺萬餘衆擒都將八十人未幾萊州刺史王師誨以兵救師範又大敗之自是師範不復敢戰師厚移軍寨于城下師範力屈竟降天復四年三月加檢校司徒徐州節度使天祐元年加諸軍行營馬步都指揮使二年八月太祖討趙匡凝于襄陽命師厚統前軍以進趙匡凝嚴兵以備師厚至穀城西童山刊材造浮橋引軍過漢水一戰趙匡凝敗散擄妻子沿漢遁去翌日表師厚爲山南東道節度留後案唐書天祐三年六月甲申勅襄州近因趙匡凝作帥請別立忠義軍額既非往制固是從權忠義軍額宜停廢依舊爲山南東道節度使是山南東道復置于天祐三年而薛史于二年八月已云表師厚爲山南東道節度使留後蓋史家追書之意卽令南討荊州留後趙匡明亦棄軍上峽不浹旬併下兩鎭乃正授襄州節度使先是漢南無羅城師厚始興板築周十餘里郛郭完壯開平元年加檢校太保同平章事明年又加檢校太傅三年三月入朝詔兼潞州行營都招討使無何劉知俊據同州叛師厚與劉鄩率軍西討至潼關擒知俊弟知浣以獻知俊聞師厚至卽西走鳳翔師厚進攻至長安時知俊已引岐寇據其城師厚以奇兵傍南山急行自西門而入賊將王

建驚愕不知所爲遽出降制加師厚檢校太尉頃之晉王與周德威丁會符存審等以大衆攻晉州甚急太祖遣師厚帥兵援之軍至絳州晉軍扼蒙阬之險師厚整衆而前晉人乃徹圍而遁案通鑑考異引梁實錄云生擒賊將蕭萬通等賊由是棄寨而遁莊宗實錄云汴軍至蒙阬周德威逆戰敗之斬首二百級二軍各言勝捷其互異如此通鑑定從薛史及梁實錄四年二月移授陝州節度使五年正月王景仁敗于柏鄉晉人乘勝圍邢州掠魏博南至黎陽師厚受詔以兵屯衞州晉軍攻魏州不克而退師厚追襲過漳河解邢州之圍改授滑州節度使明年太祖北征令師厚以大軍攻棗強逾旬不能克太祖屢加督責師厚晝夜

奮擊乃破之盡屠其城車駕還師厚屯魏州及庶人友珪篡位魏州衙內都指揮使潘晏與大將臧延範趙訓謀變有密告者師厚布兵擒捕斬之（案歐陽史云師厚乘間殺魏牙將潘晏臧延範等逐出節度使羅周翰與薛史相異）越二日又有指揮使趙賓夜率部軍擐甲俟旦爲亂師厚以衙兵圍捕賓不能起乃越城而遁師厚遣騎追至肥鄉擒其黨百餘人歸斬于府門友珪卽以師厚爲魏博節度使檢校侍中未幾鎭人晉人侵魏之北鄙師厚率軍至唐店破之斬首五千級擒其都將三十餘人是時師厚握河朔兵威望振主友珪患之詔師厚赴闕師厚乃率精甲萬人至洛陽嚴兵

於都外自以十餘人入謁友珪懼厚禮而遣之及末帝將圖友珪遣使謀于師厚深陳款効且持書于侍衞軍使袁象先及主軍大將又遣都指揮使朱漢賓率兵至滑州以應禁旅友珪卽誅末帝卽位于東京首封師厚爲鄴王加檢校太師中書令每下詔不名以官呼之事無巨細必先謀于師厚師厚頗亦驕誕先是鎭人以我柏鄉不利之後屢擾邊境師厚總大軍直抵鎭州城下焚蕩閭舍移軍掠藁城束鹿至深州而歸乾化五年三月卒于鎭廢朝三日贈太師師厚純謹敏幹深爲太祖知遇委以重兵劇鎭他莫能及然而末年矜功恃眾驟

萌不軌之意于是專割財賦置銀槍效節軍凡數千人皆選摘驍銳縱恣豢養復故時牙軍之態時人病之（擿異錄云槍材難得十全魏州石屋材多可用楊師厚時銀槍效節都皆采于此）向時河朔之俗上元比屋夜游及師厚作鎭乃課魏人戶立燈竿千釭萬炬洞照一城縱士女嬉游復彩畫舟舫令女妓櫂歌于御河縱酒彌日又于黎陽採巨石將紀德政以鐵車負載驅牛數百以拽之所至之處丘墓廬舍悉皆毀壞百姓望之皆曰碑來及碑石纔至而師厚卒魏人以爲悲來之應末帝聞其卒也于私庭受賀乃議裂魏州爲兩鎭既而所樹親軍果爲叛亂以招外寇致使河朔淪

陷宗社覆滅由師厚召之也（永樂大典卷一萬八千一百二十六）

牛存節字贊貞青州博昌人也本名禮太祖改而字之少以雄勇自負唐乾符末鄉人諸葛爽爲河陽節度使存節往從之爽卒存節謂同輩曰天下洶洶當擇英主而事以圖富貴遂歸于太祖初授宣義軍小將屬蔡寇至金隄驛犯酸棗靈昌存節日與之鬭凡二十餘往每往必執俘而還前後斬首二十餘級獲孳畜甚眾太祖擊蔡賊于板橋赤堈酸棗門封禪寺枯河北存節皆預其行與諸將于濮州南劉橋范縣大破鄆眾自此深爲太祖獎遇文德元年夏李罕之以幷軍圍張宗奭于河

陽太祖遣存節率軍赴之屬歲歉饑饉不至村民有儲乾糗者存節以器用錢帛易之以給軍食大破賊于淇河罕之引衆北走又預討徐宿有功及討河北存節前鋒下黎陽收臨河至內黃西以兵千餘人當魏人萬二千衆大破其陣殭仆蔽野太祖深所歎激謂有神兵之助大順元年攻滑州左右廂牢城使與諸將討時溥累破賊軍景福元年秋攻過後都指揮使攻濮之役領軍先登遂拔其壘二年四月下徐州梟時溥存節力戰其功居多乾寧二年授檢校工部尚書三年夏太祖東討鄆州存節領軍次故樂亭扼其要路都指揮使麗師古

屯馬頰存節密與都將王言謀入鄆壘十二月存節遣王言夜伏勇士于州西北以船踰濠舉梯登陴既而王言不克入存節獨率伏軍負梯轒破其西甕城尋與濠橋諸軍俱進四年四月陷其城尋與葛從周降下兗州加檢校右僕射其年秋大舉以伐淮南至濠州東閭前軍失利于清口諸軍退至滍河無復隊伍存節遏其後諸將釋騎步鬬諸軍稍得濟收合所部並敗兵共八千餘人至于淮涘時不食已四日矣存節訓厲部分以禦追寇遂得旋師案舊唐書昭宗紀葛從周自霍邱渡淮至濠州聞師古敗乃退軍信宿至滍河方渡而朱瑾至是日殺傷溺死殆盡還者不滿千人惟牛存節一軍先渡獲免北至潁州大雪寒冬死者十五

六據舊唐書存節以渡得免而薛史以爲存節遏其後蓋傳聞之異五年除亳州刺史俄遷宣武軍都指揮使改宿州刺史明年淮賊大至彭城存節乃以部下兵夜發直趨彭城淮人訝其神速震恐而退諸將服其智識光化二年罷歸復爲左衛都將兼馬步教練使天復元年授潞州馬步軍都指揮使法令嚴整士庶安之及追赴行在士卒泣送者不絕于道加金紫光祿大夫檢校司空改滑州左衛步軍指揮使知邢州軍州事天祐元年授邢州團練使時州兵纔及二百人晉人知之以大軍來寇太祖在鄴發長直兵二千人赴援存節率壯健出鬬以家財賞激戰士并軍急攻

七日不能克而去太祖召至勞慰久之厚賚金帛鞍馬加檢校司徒冬罷軍署爲元帥府左都押衙四年太祖受禪除右千牛衛上將軍其秋攻潞州以存節爲行營馬步軍都排陣使開平二年二月自右監門衛上將軍轉右龍虎統軍駐留洛下是歲王師敗于上黨晉人乘勝進迫澤州州城將陷河南留守張全義召存節謀遂以本軍及右龍虎羽林等軍往應接上黨師至天井關存節諸將曰是行也雖不奉詔旨然要害之地不可致失時晉人新勝其鋒甚盛存節引衆而前銜枚夜至澤州適遇守陴者已縱火鼓譟以應外軍刺史保衙城不

知所爲存節纔入晉軍已至矣乃分布守禦晉軍四面攻鬬開地道以入城存節亦以隧道應之逆戰于地中晉軍不能進又以勁弩射之中者人馬皆洞經十三日晉軍死傷者甚衆焚營而退郡以獲全太祖屢歎賞之五月遷左龍虎統軍充六軍馬步都指揮使十月授絳州刺史三年四月除鄜州留後六月劉知俊以同州叛尋授同州留後未幾加檢校太保同州節度使乾化二年加檢校太傅進封開國公存節戒嚴軍旅常若敵至先是州中井水鹹苦人不可飲及幷人岐人來迫州城或以爲兵士渴乏陷在旦夕存節乃齋拜虔祝擇地鑿

八十餘井其味皆甘淡由是人馬汲濯有餘（案八瑯集引薛史作存節鑿八十餘井味皆甘淡病渴俱消疑引薛史而稍有移易也）衆以爲至誠之感自八月至三年春末人馬未嘗釋甲以至寇退尋加同平章事詔赴闕末帝召慰勉賞賜甚厚十一月加開府儀同三司食邑一千戶授鄆州節度使四年加淮南西北面行營招討使控扼淮濆邊境安之其冬蔣殷據徐州逆命存節方以大衆戍潁州得殷逆謀密以上聞遽奉詔與劉鄩同討之頓于埇上淮賊朱瑾以兵救殷距宿之兩舍聞存節兵大至卽委糧棄甲而遁竟平徐州詔加太尉夏中病渴且稍屬河北用軍末帝令率軍屯陽留（案陽留卽楊劉見通鑑考異又考李重進碑作楊留蓋地名通用）以張劉鄩之勢存節忠憤彌篤未嘗言病料敵治戎旦夕愈厲病革詔歸汝陽翼日而卒將終戒其子知業知讓等以忠孝言不及他册贈太師存節武勇慷慨有大節野戰壁守皆其所長威名聞其境外深爲末帝所重而木强忠厚有賈復之風焉（永樂大典卷八千八百六十一）

王檀字衆美京兆人也曾祖泚唐左金吾衛將軍隴州防禦使祖曜定難功臣渭橋鎭遏使父環鴻臚卿以檀貴累贈左僕射檀少英悟美形儀好讀兵書洞曉韜畧唐中和中太祖鎭大梁檀爲小將四年汴將楊彥洪破

巢將尙讓李讜于尉氏門外檀在戰中推鋒陷陣遂爲太祖所知稍蒙擢用預破蔡賊于斤溝灑河八角還路白都副將光啟二年從胡眞擊淮西之衆解河陽之圍蔡賊張存敬乘亂據洛陽檀與勇士數十人潛入賊柵邀其輜重存敬遁走胡眞至陝州開通貢路遣檀攻玉山寨降賊帥石令殷從擊秦宗賢于鄭州西北河灘之上于太祖馬前射賊將孫安應弦而斃三年佐都指揮使朱珍敗徐戎于孫師陂獲其將孫用和東翺以獻從擊蔡賊于板橋偏將李重胤追賊馬蹎爲蔡人所擒檀奪取而旋獲賊將薛注太祖破朱瑾于劉橋檀盡收其

軍實文德元年三月討羅弘信敗魏人于內黃檀獲其將周儒邵神劍以歸補衙山都虞候（案原本作衡山今從歐陽史改正）是歲與諸軍平蔡州明年佐朱珍大破時溥之衆檀獲賊將何肱改左踏白馬軍副將預征兖鄆累立戰功大順元年從龐師古渡淮深入討孫儒之亂奪邵伯堰破高郵軍檀奮命擊賊刃傷左臂未幾遷順義都將天復中從太祖率四鎮之師圍鳳翔以迎昭宗屢立戎効遷左踏白指揮使從攻王師範于青州檀以偏師收復密郡（永陽志云張訓守密州刺史朱全忠至青州訓謂諸將曰汴人將至何以禦之諸將請焚城大掠而歸訓曰不可乃封府庫植旗幟于城上遣羸弱居前自以精兵殿其後而去全忠遣王檀攻密州數日乃敢入城）遂權知軍州事充本州馬步軍都指揮使尋表授檢校右僕射密州刺史郡接淮戎舊無壁壘乃率夫修築羅城六旬而畢居民賴之加檢校司空開平二年六月授邢州保義軍節度使檢校司徒三年加檢校太保充潞州東北面行營招討使乾化元年正月王景仁與晉人戰于栢鄉王師敗績河朔大震景仁餘衆爲敵騎所追檀嚴設備應接敗軍助以資裝獲濟者甚衆俄而晉軍大至重圍四合土山地穴晝夜攻擊太祖憂之檀密上表請鴐不親征而悉力枝梧竟全城壘三月以功就加檢校太傅同平章事七月又加開府儀同三司檢校太

尉追封瑯琊郡王命宣徽使趙殷衡賫詔慰諭賜絹千疋銀千兩賞守禦邢州之功也庶人友珪僭位授鄧州宣化軍節度使檢校太尉兼侍中末帝即位移授許州匡國軍節度使加檢校太師五年蔡州刺史王彦温作亂檀受詔討平之加兼中書令貞明元年三月魏博軍亂六月晉王入魏州分兵收下屬郡河北大擾檀受詔與開府尹劉鄩犄角進師以援河北檀攻澶州魏縣下之擒賊將李巖王開闢以獻頃之檀密疏請以奇兵西趨河中自陰地關襲取晉陽末帝許之卽馳兵而去二年二月師至晉陽晝夜急攻其壘幷州幾陷既而蕃將石家才自潞州以援兵至檀引軍大掠而還尋授天平軍副大使知節度使事充鄆齊魯曹等州觀察等使先是檀招誘羣盗選其强悍者寘于帳下以爲爪牙至是數輩竊發突入府第檀素不爲備遂爲所害時年五十一節度副使裴彦聞變率府兵盡擒諸賊州城帖然尋册贈太師謚曰忠毅葬于開封縣之皐門原有子六人皆升朝列（永樂大典卷六千八百五十）

史臣曰夫大都偶國春秋所非當師厚之據鄴城也綰數萬之甲兵擅六州之輿賦名既震主勢亦滔天逮其喪亡須議分割由兹以失河朔因是以啟晉人詩所謂

生誰厲階者師厚之謂歟存節王檀俱出身事主扺力圖功觀其方畧皆將帥之艮者也永樂大典卷六千八百五十

舊五代史卷二十二終

舊五代史卷二十二攷證

梁列傳十二楊師厚傳晉軍扼蒙阬之險　阬原本作吭攷通鑑注云蒙阬在汾水之東東西三百餘里蹊徑不通即此處也今攷正

晉人乃徹圍而遁　案通鑑攷異引梁實錄云生擒賊將蕭萬通等賊由是棄寨而遁莊宗實錄云汴軍至蒙阬周德威逆戰敗之二軍各言勝捷其互異如此通鑑從是書

牛存節傳牛存節字贊貞　贊貞原本作替貞夏文莊集引薛史又作濳眞今據歐陽史攷正

大破賊于洹河　洹河原本訛洹河今據歐陽史及通鑑攷正

舊五代史卷二十二攷證

舊五代史卷二十三

宋司空同中書門下平章事薛居正等撰

列傳第十三　梁書二十三

劉鄩密州安丘縣人也祖綬密州戸掾累贈左散騎常侍父融安丘令累贈工部尚書鄩幼有大志好兵畧涉獵史傳唐中和中事青州節度使王敬武爲小校敬武卒三軍推其子師範爲留後朝廷命崔安潛鎭青州州人拒命棣州刺史張蟾將襲師範師範遣都指揮使盧弘攻棣州弘反與蟾通僞旋軍以襲師範師範知之設伏兵以迎弘旣而享之先誡鄩曰弘至卽斬之鄩如約

斬弘于座上同亂者皆誅之師範以鄩爲馬步軍副都指揮使攻下棣州殺張蟾朝廷因授師範平盧軍節度使光化初師範表鄩爲登州刺史歲餘移刺淄州署行軍司馬天復元年昭宗幸鳳翔太祖率四鎭之師奉迎于岐下李茂貞與內官韓全誨矯詔徵天下兵入援師範覽詔慷慨泣下遣腹心乘虛襲取太祖管內州郡所在同日竊發其事多泄唯鄩以偏師陷兗州遂據其郡初鄩遣細人詐爲鬻油者覘兗城內虛實及出入之所視羅城下一水竇可以引衆而入遂誌之鄩乃告師範請步兵五百宵自水竇銜枚而入（案金華子云鄩以大竹藏兵仗與薛史異）一夕而定軍城晏然市民無擾（金華子云鄩入據子城甲兵精鋭城內人皆束手莫敢旅拒加以州將悍虐人情不附鄩因而撫治民皆安堵）太祖命大將葛從周攻之（案金華子作兗帥張姓疑傳聞之誤）時從周爲節度使領兵在外州城爲鄩所據家屬悉在城中鄩善撫其家移就外第供給有禮升堂拜從周之母及從周攻城鄩以板輿請母登城母告從周曰劉將軍待我甚至不異于兒新婦已下並不失所劉將軍與爾各爲其主爾其察之從周歔欷而退鄩乃簡城中老疾及婦人浮食百姓不足與守者悉出之于外與將士同甘苦分衣食以抗外軍戢兵禁暴居人泰然從周攻圍旣久鄩無外援人情稍有去就

之意一日節度副使王彥溫踰城而奔守陴者從之而逸鄩之守兵禁之不可鄩卽遣人從容告彥溫曰請副使少將人出非素遣者請勿帶行又揚言于衆曰素遣從副使行者卽勿禁其擅去者族之守民聞之皆惑奔逸者乃止外軍聞之果疑彥溫有姦卽戮之于城下自是軍城遂固及王師範兵力漸窘從周以禍福諭鄩俾之革面鄩報曰俟青州本使歸降卽以城池還納天復三年十一月師範告降且言先差行軍司馬劉鄩領兵入兗州請釋其罪亦以告鄩鄩卽出城聽命太祖嘉其節槩以爲有李英公之風鄩卽降從周具行裝服馬請

鄩歸大梁鄩曰未受梁王捨釋之旨乘肥衣裘非敢聞命即素服跨驢而發及將謁見太祖令賜冠帶鄩曰纍囚負罪請就縶而入太祖不許及見慰撫移時且飲之酒鄩以量小告太祖太祖曰取兗州量何大也旋授元從都押衙太祖牙下諸將皆四鎮舊人鄩一旦以羈旅之臣驟居眾人之右及與諸將相見並用階庭之禮太祖尤奇重之未幾表爲鄜州留後是時邠岐之眾屢寇其境鄩禦捍備至太祖以其地遠慮失鄩即令棄郡引軍屯于同州天祐二年二月授右金吾衛大將軍充街使三年正月太祖授元帥之任以鄩爲元帥府都押牙

執金吾如故開平元年授右金吾上將軍充諸軍馬步都指揮使其年秋與諸將征潞州遷檢校司徒三年二月轉右威衛上將軍依前諸軍馬步都虞候五月改左龍武統軍充侍衛親軍馬步軍都指揮使其年夏同州劉知俊反引岐人襲據長安分兵扼河潼太祖幸陝命鄩西討即奮取潼關擒知俊弟知浣以獻遂引兵收復長安知俊棄郡奔鳳翔太祖以鄩爲佑國同州軍兩使留後尋改佑國軍爲永平軍以鄩爲節度使檢校司徒行大安尹金州管內觀察使是時西鄙未寧密邇寇境鄩練兵撫眾獨當一面四年加檢校太保同平章事庶

人友珪纂位加檢校太傅乾化三年正月丁內艱友珪命起復視事末帝即位尤深倚重明年夏詔鄩歸闕授開封尹遙領鎮南軍節度使旋屬晉人寇河朔鄩奉詔與魏博節度使楊師厚禦之而退九月徐州節度使蔣殷據城叛時朝廷以福王友璋鎮徐方殷不受代末帝遣鄩與鄆帥牛存節率兵攻之殷求援于淮夷僞吳楊溥遣大將朱瑾領眾赴援鄩逆擊破之貞明元年春城陷殷舉族自燔于火中得其尸梟首以獻詔加檢校太尉三月魏博楊師厚卒朝廷分相魏爲兩鎮遣鄩率大軍屯南樂以討王鎔爲名既而魏軍果亂囚節度使賀

德倫送款于太原六月晉王入魏州鄩以精兵萬人自洹水移軍魏縣晉王來覘鄩設伏于河曲叢木間俟晉王至大噪而進圍之數匝殺獲甚眾晉王僅以身免（案通鑑作晉王率騎馳突所向披靡自午至申乃得出亡其七騎而薛史以爲殺獲甚眾晉王僅以身免蓋當時梁唐二史各有夸張掩飾故所紀互異如此通鑑所載當是據唐實錄）是月鄩潛師由黃澤西趨太原將行慮爲晉軍所追乃結芻爲人縛旗于上以驢負之循堞而行數日晉人方覺軍至樂平會霖雨積旬師不克進鄩即整眾而旋魏之臨清積粟之所鄩引軍將據之遇晉將周陽五自幽州率兵至鄩乃取貝州與晉軍遇于堂邑鄩邀擊郤之追北五十餘里遂軍

于莘縣增城壘浚池隍自莘及河築甬道以通饟路八月末帝賜鄩詔曰閫外之事全付將軍河朔諸州一旦淪沒勞師弊旅患難日滋退保河壖久無鬬志昨東面諸侯奉章來上皆言倉儲已竭飛輓不充于役之人每遭擒擄夙宵軫念惕懼盈懷將軍與國同休當思良畫如聞寇敵兵數不多宜設機權以時翦撲則予之負荷無累先人鄩奏曰臣受國深恩忝茲閫政敢不枕戈假寐罄節輸忠昨者比欲西取太原斷其歸路然後東收鎭冀解彼連雞止于旬時再清河朔豈期天方稔亂國難未平纔出師徒積旬霖潦資糧殫竭軍士札瘥切慮

蒼黃乖于統攝乃詢部伍皆欲旋歸凡次舍經行每張犄角又欲絕其饟道且據臨清纔及宗城周陽五奄至騎軍馳突變化如神臣遂領大軍保于莘縣深溝高壘享士訓兵日夜戒嚴伺其進取偵視營壘兵數極多樓煩之人皆能騎射最爲勁敵未可輕謀臣若苟得機宜焉敢坐滋患難臣心體國天鑒且明末帝又遣使問鄩決勝之策鄩曰臣無奇術但人給糧十斛盡則破敵末帝大怒讓鄩曰將軍畜米將療饑耶將破賊耶乃遣中使督戰鄩集諸校而謀曰主上深居宮禁未曉兵機與白面兒共謀終敗人事大將出征君命有所不受臨機制變安可預謀今揣敵人未可輕動諸君更籌之時諸將皆欲戰鄩默然他日復召諸將列坐軍門人具河水一器因命飲之衆未測其旨或飲或辭鄩曰一器而難若是滔滔河流可勝旣乎衆皆失色居數日鄩率萬餘人薄鎭定之營時鄩軍奄至上下騰亂殺獲甚衆少頃晉軍繼至乃退二年三月鄩自莘引軍襲魏州與晉王戰于故元城王師敗績鄩脫身南奔自黎陽濟河至滑州尋授滑州節度使詔屯黎陽三年二月晉王悉衆來攻黎陽鄩拒之而退及鄩歸闕再授開封尹領鎭南軍節度使其年河朔失守朝廷歸咎于鄩亦不自安上表

避位九月落平章事授亳州團練使屬淮人寇蔡潁亳三郡鄩奉命渡淮至霍丘大殲賊黨五年兗州節度使張萬進反北結晉人爲援末帝遣鄩攻之鄩爲兗州安撫制置使是冬萬進危蹙小將邢師遇潛應王師遂拔其城梟萬進首以獻十一月制授泰寧軍節度使檢校太尉同平章事六年六月授河東道招討使與華州尹皓攻取同州先是河中朱友謙襲取同州以其子令德爲留後表請旄鉞末帝怒命鄩討之其年九月晉將李嗣昭率師來援戰于城下王師不利敗兵走河南橋梁陷溺死者甚衆鄩以餘衆退保華州羅文寨先是鄩與

河中朱友謙爲婚家及王師西討行次陝州鄩遣使賫檄與友謙諭以禍福大計誘令歸國友謙不從如是停留月餘尹皓段凝輩素忌鄩遂搆其罪言鄩逗留養寇俾俟援兵末帝以爲然及兵敗詔歸洛河南尹張宗奭承朝廷密旨逼令飲酖而卒（案通鑑考異引莊宗實錄云憂恚發病卒通鑑從薛史）時年六十四詔贈中書令子遂凝遂雍別有傳（永樂大典卷一萬八千一百二十六）

賀瓌字光遠濮陽人也曾祖延以瓌貴贈左監門上將軍祖華贈左散騎常侍父仲元贈刑部尚書瓌少倜儻負雄勇之志遇世亂入軍朱瑄爲濮州刺史兼鄆州馬步軍都指揮使拔爲小將唐光啟初鄆州三軍推瑄爲留後以瓌爲馬步軍都指揮使表授檢校工部尚書及瑄與太祖搆隙瓌受瑄命數領軍于境上乾寧二年十月太祖親征兗鄆十一月瑄遣瓌與太原將何懷寶率兵萬餘人以援朱瑾師次待賓館斷我糧運太祖偵知之自中都引軍夜馳百餘里遲明至鉅野東與瓌等接戰兗人大敗瓌竄于棘塚之上大呼曰我是鄆州都將賀瓌願就擒幸勿傷也太祖聞之騎馳至塚前遂擒之幷獲何懷寶及將吏數十人徇于兗壁之下悉命戮之唯留瓌一人釋縛賓之麾下尋署爲教練使奏授檢校

左僕射瓌感太祖全宥之恩私誓以身報國天復中預平青州王師範以功授曹州刺史兼先鋒都指揮使加檢校司空天祐二年與楊師厚從太祖平荆襄授荆南兩使留後未幾徵還爲行營左廂步軍都指揮使開平二年十月授左龍虎軍馬步都指揮使十二月改左衞上將軍充六軍馬步都虞候三年五月轉右龍虎統軍未幾加檢校司徒邢州團練使四年二月改澤州刺史充昭義軍節度使後檢校太保進封開國侯乾化二年七月授相州刺史尋加檢校太傅有頃轉左龍虎統軍（案歐陽史太祖卽位累遷相州刺史末帝時遷左龍虎統軍據薛史瓌遷統軍不繫年月歐陽史特以太祖時左龍虎統軍有袁象先而揣度言之耳）貞明二年慶州叛爲李繼陟所據瓌以本官充西面行營馬步軍都指揮使兼諸軍都虞候與張筠破涇鳳衆三萬下寧衍二州三年秋慶州平十二月瓌以功授滑州宣義軍節度使依前檢校太傅加同平章事尋授北面行營招討使四年春晉人取楊劉城據之八月瓌與許州節度使謝彥章領大軍營于濮州之行臺村對壘數月一日晉王以輕騎挑戰瓌與彥章發伏兵奮擊晉王僅以身免先是瓌與彥章不協是歲冬十二月復爲諸軍都虞候朱珪所搆瓌乃伏甲士殺彥章及濮州刺史孟審澄別將侯溫裕等于軍以

謀叛聞是月瓌與晉人大戰于胡柳坡晉人敗績臨陣斬晉將周陽五既晡瓌軍亦敗（案歐陽史瓌陣無石山日暮晉軍攻之瓌軍下山擊晉軍瓌大敗據薛史莊宗紀與王建及傳乃是山爲晉軍所奪晉軍下山擊瓌軍瓌大敗與歐陽史異）五年春正月晉人城德勝夾河爲柵四月瓌率大軍攻其南柵以艨艟戰艦扼其中流晉人斷我艨艟濟軍以援南柵瓌退軍于行臺尋以疾卒時年六十二詔贈侍中長子光圖仕後唐爲供奉官（永樂大典卷一萬八千一百二十七）

康懷英兗州人也本名懷貞避末帝御名故改之始以驍勇事朱瑾爲列校唐乾寧四年春太祖既平鄆命葛從周乘勝急攻兗州時朱瑾在豐沛間搜索糧餽留懷

英守其城及從周軍至懷英聞鄆失守乃出降太祖素聞其名得之甚喜尋署爲軍校光化元年秋從氏叔琮伐襄漢懷英以一軍攻下鄧州三年從征河朔佐張存敬敗燕軍于易水之上天復元年冬太祖率師迎昭宗于鳳翔時李茂貞遣大將符道昭領兵萬餘屯武功以拒太祖命諸軍擊之以懷英爲前鋒領衆先登一鼓而大破之虜甲士六千餘人奪馬二千匹翌日太祖方至顧左右曰邑名武功今首盪逆黨眞武功也乃召懷英大加獎激仍以駿馬珍器賜之二年四月符道昭復領大軍屯于虢縣之漢谷其建寨之所前臨巨澗後倚峻阜險不可升太祖遣懷英提騎數千急擊之道昭以懷英兵寡有俯視之意乃率甲士萬人絕澗以挑戰懷英始以千騎夜鬬戰酣發伏以擊之岐軍大敗秋八月鄜帥李周彝屯軍于三原以援鳳翔太祖命懷英討之周彝拔軍而遁追至梨園因攻下翟州擒其守來獻俄而岐軍屯奉天太祖令懷英寨于岐軍之東北以備敵人一夕岐軍大至急攻其營懷英以夜中不可驚動諸軍獨以二千餘人抗數萬之衆自乙夜至四鼓身被十餘創岐軍不勝而退昭宗還京賜迎鑾毅勇功臣是歲淮人聞青兗之叛遣兵數萬以寇宿州太祖命懷英馳騎

以救之淮人遁去即以懷英爲權知宿州刺史天祐三年冬佐劉知俊破邠鳳之衆五萬于美原收五十餘寨乘勝引軍攻下鄜州以功授陝州節度使太祖受禪加檢校太保開平元年夏命將大軍以伐潞州將行太祖謂懷英曰卿位居上將勇冠三軍向來破敵摧鋒動無遺悔至于高爵重祿我亦無負于卿夫忠臣事君有死無二韓信所謂漢王載我以車衣我以衣食我以食食人之祿死人之憂我每思韓信此言眞忠烈丈夫耳如丁會受我待遇之恩不謂不至懷黃拖紫列土分茅設令木石偶人須感恩義一朝反噬倒戈授人苟有天道

明神安能容此大凡辜恩負理忠良不爲我今掃境內委卿卿當勉思竭盡况晉人新得上黨衆心未協和以十萬之師一舉可克予當置酒高會望卿歌舞凱旋懷英惶恐而退六月懷英領大軍至潞率衆晝夜攻城半月之間機巧百變懷英懼太祖之言期于必取乃築壘環城濬鑿池塹然而屢爲晉將周德威騎軍所撓懷英不敢卽戰太祖乃以李思安代之降爲行營都虞候夏五月晉王率蕃漢大軍攻下夾城懷英逃歸詣銀臺門待罪太祖宥之改授右衛上將軍三年夏命爲侍衛諸軍都指揮使尋出爲陝州節度使兼西路行營副招討

使及劉知俊奔鳳翔引岐軍以圖靈武太祖遣懷英率兵救之師次長城嶺爲知俊邀擊懷英敗歸（案歐陽史云還至昇平知俊掩擊之懷英大敗據通鑑懷貞等還至三水知俊遣兵據險邀之左龍驤軍使壽張王彥章力戰懷貞等乃得過懷貞與裨將李得遇許從實王審權分道而行皆與援兵不相值至昇平劉知俊伏兵山口懷貞大敗僅以身免德遇等軍皆沒蓋懷英過長城嶺之險已爲邀擊後又敗于昇平也）四年春移華州節度使乾化二年秋命爲河中行營都招討使與晉軍戰于白徑嶺敗歸于陝末帝嗣位以岐軍屢犯秦雍命懷英爲永平軍節度使大安尹累加官至中書令貞明中卒于鎮（永樂大典卷一萬八千一百二十六）

王景仁（案景仁本名茂章避梁諱改焉詳見通鑑注）廬州合淝人材質魁偉性暴率無威儀善用槊頗推驍悍在淮南累職爲都指揮使楊行密僞署宣州節度使行密死子渥自立忌其勇悍且有私憾欲害之（案新唐書楊行密傳渥求茂章親兵不得宣輦帷帟以行茂章媿罵不與踰年遣兵五千襲之茂章奔杭州與薛史異）景仁棄宛陵以腹心百人歸吳越王錢鏐鏐辟爲兩府行軍司馬具以狀聞太祖復命遥領宣州節度使檢校太傅同平章事鏐以淮寇終爲巨患欲速平之命景仁奉表至闕面陳水陸之計請合禁旅太祖異禮待之頒賜殊厚顧曰待我平代北寇當盡以王師付汝南討于是留京師每預丞相行列劉知俊之叛也從駕至陝始佐楊師厚西入關兵未交

知俊棄焉翊走進尅雍華降王建張君練頗預戰有功太祖嘉之時鎮定作逆朋附蕃醜遂擢爲上將付步騎十萬爲北面行營都招討使開平二年正月二日與晉軍戰于栢鄉王師敗績太祖怒甚拘之私第然以兩浙元勳所薦且欲收復其後效止落平章事罷兵柄而已（案歐陽史景仁與晉人戰大敗于栢鄉景仁歸訴于太祖太祖曰吾亦知之蓋韓勍李思安輕汝爲客而不從節度爾與薛史異）數月復其官爵末帝卽位復用爲南面北面行營招討應接使以兵萬餘人伐壽州至霍丘接戰擒賊將袁藥王彥威王蕃等送京師俄而朱瑾以大軍至景仁力戰不屈常以數騎身先奮擊寇不敢逼乃引兵

還及濟淮復爲殿軍故不甚衂瑾亦不敢北渡案九國志朱景傳王茂章來寇度淮水可涉處立表識之景易置于深潭水中立表浮水之上茂章軍敗望表而涉溺死者大半積其尸爲京觀是景仁實以敗歸傳云歸不甚衂蓋薛史爲景仁諱言也及歸病疽而卒詔贈太尉永樂大典卷六千八百五十

史臣曰劉鄩以機略自負賀瓌以忠義見稱懷英以驍勇佐時景仁以貞純許國較其器業皆名將也然雖有善戰之勞亦有敗軍之咎則知兵無常勝豈虛言哉然鄩之據兗州也盡誠于師範比跡于英公方之數侯加一等矣永樂大典卷六千八百五十

舊五代史卷二十三終

舊五代史卷二十三攷證

梁列傳十三劉鄩傳朝廷命崔安潛鎮青州　安潛原本訛守潛今據新唐書改正

鄩即出城聽命　案劉鄩叛附于梁新唐書昭宗紀作十月丁丑與是書作十一月異

以爲有李英公之風　英公原本訛殷公攷新唐書李勣封英國公今改正

賀瓌傳張筠破涇鳳之衆三萬　張筠原本訛張筯今據通鑑攷異改正

別將侯溫裕等　侯溫裕玉堂閒話作侯溫疑傳聞之異

舊五代史卷二十三攷證

舊五代史卷二十四

宋司空同中書門下平章事薛居正等撰

列傳第十四　梁書二十四

李珽字公度隴西燉煌人五世祖忠懿公憕有大節見唐史父縠仕懿僖朝官至右諫議大夫珽聰悟有才學尤工詞賦僖宗朝晉公王鐸提兵柄鎭滑臺縠居賓席鐸見珽大賞歎之年二十四登進士第解褐授校書郎拜監察御史俄丁內艱先是父旅殯在遠家貧無以襄祔而珽日不過食一溢倔羸臥喪廬中不能興大爲時

賢所歎憂闋再徵爲御史以瘠不起成汭之鎭荆州辟爲掌書記踰時乃就天復中淮寇大舉圍夏口逼巴陵太祖患之飛命成汭率水軍十萬援于鄂珽入言曰今舳艫容甲士千人載稻倍之緩急不可動吳人剽輕若爲所絆則武陵武安皆我之讎也將有後慮不如遣驍將屯巴陵大軍對岸一月不與戰則吳寇糧絕而鄂州圍解矣汭性剛決不聽淮人果乘風縱火舟盡焚兵盡溺汭亦自沉于江朗人澧人遂入荆渚一如所料未幾襄帥趙匡凝復奏爲掌記入爲左補闕又明年太祖爲元帥以襄陽貳于已率兵擊破之趙匡凝奔揚州太祖復署珽爲天平軍掌書記一日大會將佐指珽曰此眞書記也滄州節度使劉守文拒命太祖引兵十餘萬圍之久而未下乃召珽草檄珽即就外次筆不停綴登時而成大爲太祖嗟賞受禪之歲宰臣除爲考功員外郎知制誥珽揣太祖未欲首以舊僚超拜淸顯三上章固辭優詔襃允尋以本官監曹州事曹去京數舍吏民豪猾前後十餘政未有善罷者珽在任期歲衆庶以寧入爲兵部郎中崇政院學士未幾以許帥馮行襲疾甚出爲許州留後先是行襲有牙兵二千皆蔡人也太祖深爲憂乃遣珽馳往以伺察之珽至傳舍召將吏親加撫

慰行襲欲使人代受詔珽曰東首加朝服禮也乃于臥內宣詔令善自補養苟有不諱子孫俱保後福行襲泣謝遂解二印以授珽代掌軍府事太祖覽奏曰予固知珽必辦吾事行襲門戶不朽矣乃以珽爲匡國軍留後尋徵爲左諫議大夫兼宣徽副使從征至魏縣過內黃因侍立于行廐太祖顧曰此何故名內黃珽曰河南有外黃小黃故此有內黃又曰在何處對曰秦有外黃都尉理外黃有墉今在雍丘小黃爲高齊所廢其故墉今在陳留太祖稱獎數四及庶人友珪篡位除右散騎常侍充侍講學士內討之日軍士大擾珽其夕爲亂兵所

傷卒于洛陽珽性孝友與弟琪有敦睦之愛爲搢紳所稱（永樂大典卷一萬三百八十八 案歐陽史有裴廸韋震傳今原文已佚無可采補）

盧曾字孝伯其先范陽人也頗好書有所執守始爲齊州防禦使朱瓊從事（案新唐書通鑑與薛史梁紀皆稱朱瓊爲齊州刺史惟盧曾傳作防禦使疑有舛誤）瓊降預其謀與之皆來瓊歿太祖辟爲宣義幕職曾性忠狷好貢直又不能取容于衆每動府讌語稍洽曾率然糺正輒又忤旨左長直軍使劉捍委任方重曾亦不能平冀王友謙初定陝府命曾往議事有使院小將從行嗜酒荒逸過度曾復命欲發其罪致疏于袖中累日未果言小將恐事泄先誣告曾使酒幾敗軍事

劉捍因證之由是罷職歸于齊之別墅俄而王師範起兵叛太祖促召曾謂之曰子能緩頰說青州使無背盟吾不負子矣曾持檄以往既至青師範囚之送于淮南遇害後太祖暴師範之罪曰喪我骨肉殺我賓僚遂族誅之因召曾二子皆授以官（永樂大典卷二千二百十二）

孫隲滑臺人嗜學知書微有辭筆唐光啓中魏從事公乘億以女妻之因教以牋奏程式時中原多難文章之士縮影竄跡不自顯億既死魏帥以章表牋疏淹積兼月不能發一字或以隲爲言卽署本職主奏記事累遷職自支使掌記至節度判官奏官自校書御史郎官中丞檢校常侍至兵部尚書太祖御天下念潛龍時隲奏其主好問往來數十返甚錄之開平三年除右諫議大夫滿歲遷左散騎常侍隲雅好聚書有六經漢史洎百家之言凡數千卷皆簡翰精至披勘詳定得暇卽朝夕躭翫曾無少怠乾化二年春太祖將議北巡選朝士三十餘人扈從二月甲子車駕發自洛陽禺中次白馬頓召文武官就食以從臣未集駐蹕以俟之命飛騎促于道而隲與諫議大夫張衍兵部郎中張儁等累刻方至太祖性本卞急因茲大怒並格殺于前墀（永樂大典卷三千五百六十）

張儁字彥臣祖父咸有聞于時儁少孤自修飭善爲五言詩其警句頗爲人所稱唐廣明中黃巢犯京師天子幸蜀士皆竄伏窟穴以保其生儁亦晦跡浮泛不失其道及僖宗還京師由校書郎西畿尉登朝爲御史補闕起居郎司勳員外萬年縣令以事黜官峽中將十年太祖卽位用宰臣薛貽矩爲鹽鐵使儁與貽矩同年登第甚知其才卽奏爲鹽鐵判官遷職爲禮部郎中兼職如故乾元二年二月扈從後至與孫隲張衍同日遇禍于白馬頓（永樂大典卷六千三百二十）

張衍字元用河南尹魏王宗奭之猶子也其父死于兵

間衎樂讀書爲儒始以經學就舉不中選時諫議大夫鄭徽退居洛陽以女妻之遂令應辭科不數上登第唐昭宗東遷以宗奭勳力隆峻衎由校書郎拜左拾遺旋召爲翰林學士太祖卽位罷之特拜考功郎中俄遷右諫議大夫衎巧生業樂積聚太祖將北伐頗以扈從間廉耗力用繫意屢干託宰執求免是行太祖微聞之又屬應召稽晚與孫隲等同日遇禍 永樂大典卷六千三百五十

杜荀鶴池州人 案辛文房唐才子傳荀鶴字彥之牧之微子也 善爲詩辭句切理爲時所許既擢第復還舊山 案唐才子傳荀鶴嘗謁梁王朱全忠與之坐忽無雲而雨王以爲天泣不祥命作詩稱意王喜之荀鶴寒進連敗文場甚苦至是送春官大順二年裴贄侍郎放第八人登科正月十日放榜正荀鶴生朝也王希羽獻詩曰金榜曉懸生世日玉書潛記上昇時九華山色高千尺未必高于第八枝又唐新纂云荀鶴舉進士及第東歸過夷門獻梁太祖詩句云四海九州空第一不同諸鎮府封王是則荀鶴之受知于梁祖舊矣不待田頵之箋問而始被知遇也 時田頵在宣州甚重之頵將起兵乃陰令以箋問至太祖遇之頗厚及頵遇禍太祖以其才表之尋授翰林學士主客員外郎既而恃太祖之勢凡搢紳間己所不悅者日屈指怒數將謀盡殺之苞蓄未及泄丁重疾旬日而卒 永樂大典卷一萬五千七百三十 案唐才子傳荀鶴以天祐元年卒北夢瑣言又作受禪後拜翰林學士五日而卒未詳孰是

羅隱餘杭人 案澗泉日記作新城人 詩名于天下尤長于詠史然

多所譏諷以故不中第大爲唐宰相鄭畋李蔚所知隱雖負文稱然貌古而陋畋女幼有文性嘗覽隱詩卷諷誦不已畋疑其女有慕才之意一日隱至第鄭女垂簾而窺之自是絕不詠其詩唐廣明中因亂歸鄉里節度使錢鏐辟爲從事 案唐新纂羅隱初爲吳令後以羅紹威薦爲錢鏐所辟據薛史則隱自歸里卽爲鏐從事後復爲紹威薦也與新纂異 開平初太祖以右諫議大夫徵不至魏博節度使羅紹威密表推薦乃授給事中年八十餘終于錢塘 澗泉日記云唐光啟三年吳越王表奏爲錢塘令遷著作郎辟掌書記天祐三年充判官梁開平二年授給事中三年遷發運使是年卒葬于定山鄉金部郎中沈崧銘其墓 有文集數卷行于世 永樂大典卷五千六百七十八 唐才子傳云隱所著讒書讒本淮海寓言湘南應用集甲乙集外集啟事等並行于世 五代史補羅隱在科場恃才傲物尤爲公卿所惡故六舉不第時長安有羅尊師者深于相術隱以貌陋恐爲相術所棄每與尊師接談常自大以沮之及其累遺黜落不得已始往問焉尊師笑曰貧道知之久矣但以吾子決在一第未可與語今日之事貧道敢有所隱乎且吾子之于一第也貧道觀之雖首冠羣英亦不過簿尉爾若能罷舉東歸霸國以求用則必富且貴矣兩途吾子宜自擇之隱惜然不知所措者數日鄰居有賣飯媪見隱驚曰何辭色之沮喪如此莫有不決之事否隱謂知之因盡以尊師之言告之媪歎曰秀才何自迷甚焉且天下皆知羅隱何須一第然後爲得哉不如急取富貴則老嫗之願也隱闇之釋然遂歸錢塘時錢鏐方得兩浙置之幕府使典軍中書檄其後官給事中初隱罷上中書之日費窘因抵魏謁鄴王羅紹威將入其境先貽書敘其家世鄴王爲姪幕府僚吏見其書皆怒曰羅隱一布衣爾而姪視大王其可乎紹威素重士且曰羅隱名振天下王公大夫多爲所薄今惠然肯顧其何以勝得在姪行爲幸多矣敢不致恭諸公愼勿言于是擁旆郊迎一見卽拜隱亦不讓及將行紹威賵以百萬他物稱是仍致書

于鏐肅叔父鏐首用之曹唐郴州人少好道爲大小遊仙詩各百篇又著紫府玄珠一卷皆敘三清十極紀勝之事其遊仙之句則有漢武帝宴西王母詩云花影暗回三殿月樹聲深鎖九門霜又云樹底有天春寂寂人間無路月茫茫皆爲士林所稱其後遊信州館于開元寺三學院一旦臥疾衆僧忽見二青衣綏步而至且四向顧視相謂曰祇此便是樹底有天春寂寂人間無路月茫茫言訖直入唐之臥室衆僧驚異亦隨之入而瞻闃而青衣不復見但見唐已殂矣先時唐與羅隱相遇隱有題牡丹詩云若教解語應傾國任是無情亦動人唐因戲隱曰此非賦牡丹乃題女子障耳隱應聲曰猶勝足下鬼詩唐曰其詞安在隱曰只樹底有天春寂寂人間無路月茫茫得非鬼詩唐唐無言以對至是青衣亦援引此句而唐尋卒則唐之言豈偶然哉

仇殷不知何郡人也開平中仕至欽天監明于象緯歷數藝術精密近無其比光化中太祖在滑遣密王友倫以兵三萬禦幽州之師十餘萬深慮其不敵召殷問曰

陣可行乎曰其十四日過禺中乎又問之曰賊敗塗地又曰既望當見捷書果如其言不失晷刻太祖之在長蘆也諸將請攻壁號令軍中人負藁二圍寘千積俄而雲集殷曰何用或以所謀告之殷曰我占矣不見攻壁象無乃自退乎翌日有騎馳報丁會以潞州叛太祖令盡焚其藁而還不克攻開平中殷一日朝罷過崇政院使敬翔直閤翔問之曰月犯房次星其過若綴是何祥也曰常度耳殷欲不言既過數步自度不可默乃反言曰三兩日當有不順語至無或驚恐宜先白上知既二日陝府奏同州劉知俊閉關作叛初王景仁之出師也殷上言太陰虧不利深入太祖遽遣使止之已敗于柏鄉矣案北夢瑣言云柏鄉狼狽梁祖亦自咎曰違犯天道不取仇殷之言也薛史以爲太祖遽遣使止之與北夢瑣言異殷所見觸類如是不可備錄然而畏慎特甚居常寢默未嘗敢顯言縱言事跡唯其語音不可盡曉以故屢貽責罰後卒于官永樂大典卷一萬四千八百四

段深不知何許人開平中以善醫待詔于翰林時太祖抱疾久之其溲甚濁僧曉微侍藥有徵賜紫衣師號錫賚甚厚頃之疾發曉微剝服色去師號因召深問曰疾愈復作草藥不足恃也我左右粒石而效者衆矣服之如何深對曰臣常奉詔診切陛下積憂勤失調護脈代

芤而心益虛臣以爲宜先治心心和平而溲變清當進飲劑而不當粒石也臣謹案太倉公傳曰中熱不溲者不可服石石性精悍有大毒凡餌毒藥如甲兵不得已而用之非有危殆不可服也太祖善之令進飲劑疾稍愈乃以幣帛賜之永樂大典卷二萬一千六百九

舊五代史卷二十四終

舊五代史卷二十四攷證

梁書列傳十四李珽傳河南有外黃小黃　小黃歐陽史作下黃攷困學紀聞云五代通錄李珽曰河南有外黃小黃漢地理志陳留有外黃小黃縣五代史記改小黃爲下黃誤也當從通錄

秦有外黃都尉　都尉原本作郡尉今據漢書地理志及歐陽史改正

充侍講學士　案歐陽史作侍講

盧曾傳始爲齊州防禦使朱瓊從事　案新唐書通錄與是書梁紀皆稱朱瓊爲齊州刺史惟此傳作防禦

使疑有舛誤

孫隲傳並格殺于前墀　案通鑑攷異引梁實錄作賜死通鑑作撲殺于前墀

杜荀鶴傳旬日而卒　案唐才子傳荀鶴以天祐元年卒北夢瑣言作梁受禪後拜翰林學士五日而卒未知孰是

羅隱傳羅隱餘杭人　案澗泉日記作新城人

舊五代史卷二十四攷證

舊五代史卷二十五

宋司空同中書門下平章事薛居正等撰

唐書一

武皇紀上

太祖武皇帝諱克用本姓朱耶氏其先隴右金城人也始祖拔野唐貞觀中爲墨離軍使從太宗討高麗薛延陀有功爲金方道副都護因家于瓜州太宗平薛延陀諸部于安西北庭置都護屬之分同羅僕骨之人置沙陀都督府蓋北庭有磧曰沙陀故因以爲名焉永徽中以拔野爲都督其後子孫五世相承曾祖盡忠貞元中繼爲沙陀府都督旣而爲吐蕃所陷乃舉其族七千帳

徙于甘州盡忠尋率部衆三萬東奔俄而吐蕃追兵大至盡忠戰歿祖執宜卽盡忠之長子也收合餘衆至于靈州德宗命爲陰山府都督元和初入爲金吾將軍遷蔚州刺史代北行營招撫使（案新唐書沙陀傳元和三年盡忠款靈州塞詔處其部鹽州置陰山府以執宜爲府兵馬使朝長安授特進金吾衛將軍從攻鎮州進蔚州刺史破吳元濟授檢校刑部尚書長慶初破賊深州入朝留宿衛拜金吾衛將軍太和中授陰山府都督代北行營招撫使所載官爵詳略先後與薛史異）莊宗卽位追諡爲昭烈皇帝廟號懿祖烈考國昌本名赤心唐朔州刺史咸通中討龐勛有功入爲金吾上將軍賜姓李氏名國昌（案代州有唐故龍武軍統軍檢校司徒贈太保隴西李公神道碑云公諱國昌字德興）仍係鄭王房出爲振武節度使尋

爲吐渾所襲退保于神武川及武皇鎮太原表爲代北軍節度使中和三年薨案新唐書沙陀傳光啟三年國昌卒與薛史異考舊唐書僖宗紀中和三年十月國昌卒與薛史同歐陽史亦從薛史莊宗卽位追諡爲文皇號獻祖武皇卽獻祖之第三子也母秦氏以大中十年丙子歲九月二十二日生于神武川之新城在娠十三月載誕之際母艱危者竟夕族人憂駭市藥于鴈門遇神叟告曰非巫醫所及可馳歸盡率部人被甲持旄擊鉦鼓躍馬大譟環所居三周而止族人如其教果無恙而生是時虹光燭室白氣充庭井水暴溢武皇始言喜軍中語齠齔善騎射與儕類馳騁嬉戲必出其右年十三

見雙鳧翔于空射之連中衆皆臣伏新城北有毗沙天王祠祠前井一日沸溢武皇因持巵酒而奠曰予有尊主濟民之志無何井溢故未察其禍福惟天王若有神奇可與僕交談奠酒未已有神人被金甲持戈隱然出于壁間見者大驚走唯武皇從容而退繇是益自負獻祖之討龐勛也武皇年十五從征摧鋒陷陣出諸將之右軍中目爲飛虎子賊平獻祖授振武節度使武皇爲雲中牙將嘗在雲中宿于别館擁妓醉寢有俠兒持刃欲害武皇及突入曲室但見烈火熾赫于帳中俠兒駭異而退又嘗與達靼部人角勝達靼指雙鵰于空曰公

能一發中否武皇卽彎弧發矢連貫雙鵰邊人拜伏及壯爲雲中守捉使事防禦使支謨與同列晨集廨舍因戲升郡閣踞謨之座謨亦不敢詰乾符三年朝廷以段文楚爲代北水陸發運雲州防禦使時歲薦饑文楚稍削軍食諸軍咸怨武皇爲雲中防邊督將部下爭訴以軍食不充邊校程懷素王行審蓋遇李存璋薛鐵山康君立等卽擁武皇入雲州衆且萬人營于鬬雞臺城中械文楚出以應于外諸將列狀以聞請授武皇旄鉞朝廷不允徵諸道兵以討之案舊唐書懿宗紀咸通十三年十二月李國昌小男克用殺雲中防禦使段文楚據雲州自稱防禦留後新唐書懿宗紀乾符五年二月癸酉雲中守捉使李克用殺大

同防禦使段文楚歐陽史從舊唐書通鑑從新唐書薛史作乾符三年與諸書異據通鑑考異引趙鳳後唐大祖紀年錄正作乾符三年趙鳳爲唐宰相去武皇時不遠見聞較確宜可徵信云乾符五年黃巢渡江其勢滋蔓天子乃悟其事以武皇爲大同軍節度使案歐陽史作拜克用爲大同軍防禦使新唐書作以國昌爲大同軍防禦使通鑑作以國昌爲大同節度使俱與薛史異檢校工部尚書冬獻祖出師討党項吐渾赫連鐸乘虛陷振武舉族爲吐渾所虜武皇至定邊軍迎獻祖歸雲州雲州守將拒關不納武皇略蔚朔之地得三千人屯神武川之新城赫連鐸晝夜攻圍武皇昆弟三人四面應賊俄而獻祖自蔚州引軍至吐渾退走自是軍勢復振天子以赫連鐸爲大同軍節度使仍命進

軍以討武皇乾符六年春朝廷以昭義節度使李鈞充北面招討使將太原之師過石嶺關屯于代州與幽州李可舉會赫連鐸同攻蔚州獻祖以一軍禦之武皇以一軍南抵遮虜城以拒李鈞是冬大雪弓弩弦折南軍苦寒臨戰大敗奔歸代州李鈞中流矢而卒廣明元年春天子復命元帥李涿率兵數萬屯代州武皇令軍使傅文達起兵于蔚州朔州刺史高文集與薩葛安慶等部將縛文達送于李琢六月李涿引大軍攻蔚州獻祖戰不利乃率其族奔于達靼部居數月吐渾赫連鐸密遣人賂達靼以離間獻祖既而漸生猜阻武皇知之每召其豪右射獵于野或與之百步馳射馬鞭或以懸樹葉爲的中之如神由是部人心伏不敢竊發俄而黃巢自江淮北渡武皇椎牛釃酒饗其酋首酒酣喻之曰予父子爲賊臣讒間報國無由今聞黃巢北犯江淮必爲中原之患一日天子赦宥有詔徵兵僕與公等南向而定天下是予心也人生世間光景幾何曷能終老沙堆中哉公等勉之達靼知無留意皆釋然無間是歲十一月黃巢寇潼關天子令河東監軍陳景思爲代北起軍使收兵破賊十二月黃巢犯長安僖宗幸蜀陳景思與李友金發沙陀諸部五千騎南赴京師友金卽武皇之

族父也（案通鑑友金初與高文集並降于李琢故得與陳景思南赴京師薛史不載）中和元年二月友金軍至絳州將渡河刺史瞿正謂陳景思曰巢賊方盛不如且還代北徐圖利害四月友金旋軍雁門瞿正至代州半月之間募兵三萬營于崞縣之西其軍皆北邊五部之衆不閑軍法瞿正李友金不能制友金謂景思曰興大衆成大事當威名素著則可以伏人今軍雖數萬苟無善帥進亦無功吾兄李司徒父子去歲獲罪于國家今寄北部雄武之略爲衆所推若驃騎急奏召還代北之人一麾響應則妖賊不足平也景思然之促奏行在天子乃以武皇爲雁門節度使（案新唐書表中和二年以河東忻代二州隸雁門節度使大同節度爲雁門節度治代州是中和二年以前雁門非鎮名也據舊唐書初赦克用拜代州刺史忻代兵馬留後二年擢雁門節度神策天寧軍鎮遏忻代觀察使是克用爲雁門節度實在二年薛史疑誤）仍令以本軍討賊（新唐書王重榮傳重榮懼黃巢復振憂之與楊復光計復光曰我世與李克用共憂患其人忠不顧難死義如已若乞師焉事蔑不濟乃遣使者約連和）李友金發五百騎齎詔召武皇于達靼武皇卽率達靼諸部萬人趨雁門五月整兵二萬南向京師太原鄭從讜以兵守石嶺關武皇乃引軍出他道至太原鄭從讜以兵守石嶺雁門中和二年八月獻祖自達靼部率其族歸代州十月武皇率忻代蔚朔達靼之軍三萬五千騎赴難于京師先移檄太原鄭從讜拒關不納武皇以

兵擊之進軍至城下遣人齎幣馬遺從讜從讜亦遣人償武皇貨幣饔餼軍器武皇南去自陰地趨晉絳十二月武皇至河中中和三年正月晉國公王鐸承制授武皇東北面行營都統武皇令其弟克修領前鋒五百騎渡河覘賊黃巢遣將米重威齎重賂及僞詔以賜武皇武皇納其賂以給諸將燔其僞詔是時諸道勤王之師雲集京畿然以賊勢尚熾未敢爭鋒及武皇將至賊帥相謂曰鴉兒軍至當避其鋒武皇以兵自夏陽濟河二月營于乾坑店黃巢大將尚讓林言王璠趙璋等引軍十五萬屯于梁田陂翌日大軍合戰自午及晡巢賊大

敗是夜賊衆遁據華州武皇進軍圍之巢弟黃鄴黃揆固守三月尚讓引大軍赴援武皇率兵萬餘逆戰于零口巢軍大敗武皇進軍渭橋翌日黃揆棄華州而遁王鐸承制授武皇雁門節度使檢校尚書左僕射四月黃巢燔長安收其餘衆東走藍關武皇進收京師七月天子授武皇金紫光祿大夫檢校左僕射河東節度使（案舊唐書僖宗紀五月制以雁門以北行營節度忻代蔚朔等州觀察處置等使檢校尚書左僕射代州刺史上柱國食邑七百戶李克用檢校司空同平章事兼太原尹北京留守充河東節度管內觀察處置等使新唐書沙陀傳云收京師功第一進同中書門下平章事隴西郡公未幾以克用領河東節度所載官爵與薛史詳略互異又武皇領河東薛史作七月舊唐書作五月通鑑作薛史）是時武皇既收長安軍

勢甚雄諸侯之師皆畏之武皇一目微眇故其時號爲獨眼龍是月武皇仗節赴鎭遣使報鄭從讜請治裝歸朝武皇次于郊外因往赴雁門寧覲獻祖八月自雁門赴鎭河東時年二十有八（案舊唐書八月李克用赴鎭太原制以前振武節度檢校司空兼單于都護御史大夫李國昌爲檢校司徒代州刺史雁門以北行營節度蔚朔等州觀察使薛史作七月仗節赴鎭八月赴鎭河東蓋七月始離京師八月乃歸河東也通鑑統繫于七月似未詳考）十一月平潞州表其弟克修爲昭義節度使（案通鑑克用表克修爲昭義軍節度使在四年八月與薛史異）潞帥孟方立退保于邢州十二月許帥田從異汴帥朱溫徐帥時溥陳州刺史趙犨各遣使來告以巢蔡合從凶鋒尚熾請武皇共力討賊中和四年春

武皇率蕃漢之師五萬自澤潞將下天井關河陽節度使諸葛爽辭以河橋不完乃屯兵于萬善數日移軍自河中南渡趨汝洛（案舊唐書四年二月河東節度使李克用將出師援陳許河陽節度使諸葛爽以兵屯澤州拒之三月甲戌克用移軍自河中南渡東下洛陽通鑑統作二月似未詳考）四月武皇合徐汴之師破尚讓于太康斬獲萬計進攻賊于西華賊將黃鄴棄營而遁是夜大雨巢營中驚亂乃棄西華之壘退營陳州北故陽里五月癸亥大雨震電平地水深數尺賊營爲水所漂而潰戊辰武皇引軍營于中牟大破賊于王滿渡庚午巢賊大至濟汴而北是夜復大雨賊黨驚潰武皇營于鄭州賊衆分寇汴境武皇渡

汴遇賊將渡而南半濟擊之大敗之臨陣斬賊將李周王濟安陽景彪等是夜賊大敗殘衆保于胙縣冤句大軍躡之黃巢乃攜妻子兄弟千餘人東走武皇追賊至于曹州是月班師過汴汴帥迎勞于封禪寺請武皇休于府第乃以從官三百人及監軍使陳景思館于上源驛是夜張樂陳宴席汴帥自佐饗出珍幣侑勸武皇酒酣戲諸侍妓與汴帥握手敘破賊事以爲樂汴帥素忌武皇（案梁紀作克用乘醉任氣帝不平之通鑑從梁紀今考新唐書沙陁傳亦作全忠忌克用桀驁難制與唐紀合蓋全忠之攻上源驛實忌其威名而欲害之非徒以其乘醉任氣也宜從唐紀）乃與其將楊彥洪密謀竊發彥洪于巷陌連車樹柵以扼奔竄之

路時武皇之從官皆醉俄而伏兵竊發來攻傳舍武皇方大醉譟聲動地從官十餘人捍賊侍人郭景銖滅燭扶武皇以茵幕裹之匿于牀下以水洒面徐曰汴帥謀害司空武皇方張目而起引弓抗賊有頃煙火四合復大雨震電武皇得從者薛鐵山賀回鶻等數人而去雨水如澍不辨人物隨電光登尉氏門縋城而出得還本營監軍陳景思大將史敬思並遇害武皇旣還營與劉夫人相向慟哭詰旦欲勒軍攻汴夫人曰司空比爲國家討賊赴東諸侯之急雖汴人謀害自有朝廷論列若反戈攻城則曲在我也人得以爲辭乃收軍而去馳檄于汴帥汴帥報曰竊發之夜非僕本心是朝廷遣天使與牙將楊彥洪同謀也武皇自武牢關西趨蒲陝而旋秋七月至太原武皇自以累立大功爲汴帥怨圖陷沒諸將乃上章申理及武皇表至朝廷大恐遣內臣宣諭尋加守太傅同平章事隴西郡王光啟元年三月幽州李可舉鎮州王景崇（案新唐書沙陁傳作王景崇與薛史同舊唐書作王鎔與薛史異考藩鎮傳景崇以中和二年卒子鎔繼立是光啟初寇定州者當爲王鎔非景崇也通鑑從舊唐書）連兵寇定州節度使王處存求援于武皇武皇遣大將康君立安老薛可郭啜率兵赴之五月鎮人攻無極武皇親領兵救之鎮人退保新城武皇攻之斬首萬餘級獲馬

千四王處存亦敗燕軍于易州十一月河中王重榮遣使來乞師且言邠州朱玫鳳翔李昌符將加兵于己初武皇與汴人搆怨前後八表請削奪汴帥官爵自以本軍進討天子累遣內臣楊復恭宣旨令且全大體武皇不時奉詔天子頗右汴帥時觀軍容使田令孜君側擅權惡王重榮與武皇膠固將離其勢乃移重榮于定州重榮告于武皇武皇上章言李昌符朱玫挾邪忌正黨庇朱溫臣已點檢蕃漢軍五萬取來年渡河先斬朱玫李昌符然後平盪朱溫（新唐書王重榮傳詔克用將兵援河中重榮貽克用書且言奉密詔須公到使我圖公此令孜朱全忠朱玫之惑上也因示僞詔克用方與全忠有隙信之請討全忠及玫）

天子覽表遣使譬喻百端轄傳相望既而朱玫引邠鳳之師攻河中王重榮出師拒戰朱玫軍于沙苑對壘月餘十二月武皇引軍渡河與朱玫決戰玫大敗收軍夜遁入于京師時京城大駭天子幸鳳翔武皇退軍于河中光啟二年正月僖宗駐蹕于寶雞武皇自河中遣使上章請車駕還京且言大軍止誅凶黨時田令孜請僖宗南幸興元武皇遂班師朱玫于鳳翔立嗣襄王熅爲帝以僞詔賜武皇武皇燔之械其使馳檄諸方鎮遣來使奉表于行在案舊唐書僖宗紀楊復恭兄弟于河中太原有破賊連衡之舊乃奏遣諫議大夫劉崇望賫詔宣諭達復恭之旨王重榮李克用欣然聽命尋遣使貢奉獻縑十萬匹願殺朱玫自贖是克用之奉僖宗因詔使宣諭而改圖也與薛史異新唐書沙陀傳云僞詔至太原克用燔之執其使間道奉表興元與薛史同歐陽史從舊唐書通鑑從薛史九月武皇遣昭義節度使李克修討孟方立于邢州大敗方立之衆于焦岡斬首數千級以大將安金俊爲邢州刺史以撫其降人十月進攻邢州邢人出戰又敗之孟方立求援于鎮州鎮人出兵三萬以援方立克修班師光啟三年六月河中節度使王重榮爲部將常行儒所殺武皇表重榮兄重盈爲帥七月武皇以安金俊爲澤州刺史時張全義自河陽據澤州及李罕之收復河陽召全義令守洛陽全義乃棄澤州而去故以金俊守之文德元年二月僖宗自興元還

京三月僖宗崩昭宗即位以武皇爲開府儀同三司檢校太師兼侍中隴西郡王食邑七千戶食實封二百戶河南尹張全義潛兵夜襲李罕之于河陽城陷舉族爲全義所虜罕之踰垣獲免來歸于武皇遣李存孝薛阿檀史儼兒安金俊安休休將七千騎送罕之至河陽汴將丁會牛存節葛從周將兵赴援李存孝率精騎逆戰于溫縣汴人既扼太行之路存孝殿軍而退騎將安休休以戰不利奔于蔡武皇以罕之爲澤州刺史遙領河陽節度使十月邢州孟方立遣大將奚忠信將兵三萬寇遼州武皇大破之斬首萬級生擒奚忠信龍紀元年五月遣李罕之李存孝攻邢州六月下磁州邢將馬溉率兵數萬來拒戰罕之敗之于琉璃陂生擒馬溉徇于城下孟方立恚恨飲酖而死三軍立其姪遷爲留後案舊唐書昭宗紀歐陽史莊宗紀皆以孟遷爲方立之弟新唐書孟方立傳作方立之子薛史武皇紀又作方立之姪未詳孰是使求援于汴汴將王虔裕率精甲數百入于邢州罕之等班師大順元年遣李存孝攻邢州孟遷以邢洺磁三州降執汴將王虔裕三百人以獻武皇徙孟遷于太原以安金俊爲邢洺團練使三月昭義軍節度使李克修卒以李克恭爲潞州節度使是月武皇攻雲州拔其東城赫連鐸求援于燕燕帥李匡威將兵三萬以

赴之戰于城下𤼵軍大敗時徐州時溥爲汴軍所攻遣使來求援武皇命石君和由兗鄆以赴之五月潞州軍亂殺節度使李克恭州人推牙將安居受爲留後南結汴將時潞之小將馮霸擁叛徒三千騎駐于沁水居受使人召之馮霸不至居受懼出奔至長子爲村胥所殺傳首于霸霸遂入潞州自爲留後武皇遣大將康君立李存孝等攻之汴將朱崇節葛從周率兵入潞州以固之是時幽州李匡威雲州赫連鐸與汴帥協謀連上表請加兵于太原宰相張濬孔緯贊成其事六月天子削奪武皇官爵以張濬爲招討使以京兆尹孫揆爲副華州韓建爲行營都虞候以汴帥爲河東南面招討使幽州李匡威爲河東北面招討使雲州赫連鐸爲副汴將朱友裕將兵屯晉絳時汴軍已據潞州又遣大將李讜等率軍數萬急攻澤州武皇遣李存孝自潞州將三千騎以援之汴將鄧季筠以一軍犯陣存孝追擊擒其都將十數人獲馬千餘匹是夜李讜收軍而退大軍掩擊至馬牢關斬首萬餘級追襲至懷州而還存孝復引軍攻潞州八月存孝擒新授昭義節度使孫揆初朝廷授揆節鉞以本軍取刀黃嶺路赴任存孝偵知之引騎三百伏于長子縣崖谷間揆建牙持節褒衣大蓋擁衆而

行存孝哭出谷口遂擒揆及中使韓歸範並將校五百人存孝械揆等以組練繫之環于潞州遂獻于武皇武皇謂揆曰公縉紳之士安言徐步可至達官何用如是揆無以對令繫于晉陽獄武皇將用爲副使使人誘之揆言不遜遂殺之九月汴將葛從周棄潞州而遁武皇以康君立爲潞州節度使以李存孝爲汾州刺史十月張濬之師入晉州遊軍至汾隰武皇遣薛鐵山李承嗣將騎三千出陰地關營于洪洞遣李存孝將兵五千營于趙城華州韓建以壯士三百人冒犯存孝之營存孝追擊直壓晉州西門張濬之師出戰爲存孝所敗自是閉壁不出存孝引軍攻絳州十二月晉州刺史張行恭棄城而奔韓建張濬由含山路遁去大順二年春正月武皇上章申理其略曰臣今身無官爵名是罪人不敢歸陛下藩方且欲于河中寄寓進退行止伏候聖裁天子尋就加守中書令（歐陽史復拜克用河東節度使隴西郡王加檢校太師兼中書令）是月魏博爲汴將葛從周所寇節度使羅弘信遣使來求援武皇出師以赴之三月邢州節度使安知建叛奔青州天子以知建爲神武統軍自棣州泝河歸朝鄆州朱瑄邀斬于河上傳首晉陽以李存孝爲邢州節度使四月武皇大舉兵討赫連鐸于雲州遣騎將薛阿檀率

前軍以進攻武皇設伏兵于御河之上大破之因塹守其城七月武皇進軍柳會赫連鐸力屈食盡奔于吐渾部遂歸幽州雲州平武皇表石善友爲大同軍防禦使邢州節度使李存孝以鎮州王鎔託附汴人謀亂河朔北連燕寇請乘雲代之捷平定燕趙武皇然之八月大蒐于晉陽遂南巡澤潞略地懷孟河陽趙克裕望風送款請修鄰好九月蒐于邢州十月李存孝董前軍攻臨城鎮人五萬營于臨城西北龍尾崗武皇令李存審李存賢以步軍攻之鎮人大敗殺獲萬計拔臨城進攻元氏幽州李匡威以步騎五萬營于鄗邑以援鎮州武皇

分兵大掠旋軍邢州 永樂大典卷一萬八千一百五十五

舊五代史卷二十五終

舊五代史卷二十五攷證

唐武皇紀上中和三年薨 案新唐書沙陀傳作光啟三年國昌卒與是書異

鎮州王景崇 王景崇舊唐書作王鎔考藩鎮傳景崇以中和二年卒子鎔繼立是光啟初寇定州者當爲王鎔也通鑑從舊唐書

光啟元年三月節度使王處存求援于武皇武皇遣大將康君立安老薛可郭啜率兵赴之五月鎮人攻無極武皇親領兵救之 案曲陽天安廟李克用題名碑云李克用以幽鎮侵擾中山領蕃漢步騎五十萬

親來救援時中和五年二月二十一日也至三月十七日以幽州請就和斷遂御班師考舊唐書中和五年三月丙辰朔丁卯駕至京師己巳御宣正殿大赦改元是三月之十四日已改光啟曲陽去京師遠故未知耳又克用親援處存與通鑑遣將康君立異今考是書武皇先遣康君立等與通鑑合繼乃親領兵救之與題名碑合惟是書作五月碑作三月微有互異耳

乃移重榮于定州 案歐陽史作徙重榮于兗州考新唐書王重榮傳亦云令孜徙重榮兗海節度使與是

書異

武皇上章言李符朱玫挾邪忌正　李符歐陽史作李昌符蓋唐實錄避獻祖諱故去昌字

六月天子削奪武皇官爵　六月新唐書作五月

以張濬爲招討使　案新唐書本紀作張濬爲行營都招討宣慰使張濬傳作河東行營兵馬招討制置使歐陽史作太原四面行營兵馬都統

華州韓建爲行營都虞候　案歐陽史作韓建爲副使新唐書張濬傳作韓建爲供軍使

八月存孝擒新授昭義節度使孫揆　案新唐書作七月戊申李克用執昭義節度使孫揆通鑑從是書作八月

張濬之師出戰爲存孝所敗　案新唐書帝紀作十一月張濬及李克用戰于陰地敗績歐陽史亦作十一月與是書先後互異

補前武皇紀上　天子復命元帥李涿　案歐陽史作招討使李琢通鑑亦作琢俱與是書異

補前武皇紀上　與薛葛安慶等部將　案新唐書作薩葛首領米海萬安慶

舊五代史卷二十五攷證

舊五代史卷二十六

宋司空同中書門下平章事薛居正等撰

武皇紀下　唐書二

景福元年正月鎭州王鎔恃燕人之援率兵十餘萬攻邢州之堯山　案通鑑云景福元年正月王鎔李匡威合兵十餘萬攻堯山與薛史同舊唐書作大順二年王鎔援邢州屯于堯山考此時邢州未叛于晉不得有王鎔之援師蓋即景福元年事誤移于前一年耳歐陽史從薛史　武皇遣李存信將兵應援李存孝與存信不協遷延相猜貳留兵不進武皇又遣李嗣勳李存審將兵援之大破燕趙之衆斬首三萬收其軍實三月武皇進軍渡滹沱攻欒城下鼓城藁城四月燕軍寇雲代武皇班師　案舊唐書云景福元年二月庚寅太原易定之兵合勢攻鎭州王鎔復告難于幽州李匡威率步騎三萬赴之時太原之衆軍于常山易定之衆堅守固鎭燕趙之卒分拒之三月克用退處存斂軍而退是興師以二月至三月始旋師也通鑑云三月李克用王處存合兵攻王鎔癸丑拔天長鎭戊午鎔與戰于新市大破之殺獲三萬餘人辛酉克用退屯欒城是進師退師皆在三月也薛史作三月進軍四月班師與諸書異

八月赫連鐸誘幽州李匡威之衆八萬寇天威軍遂攻雲州營于州北連亘數里武皇潛軍入于雲州詰旦出騎軍以擊之斬獲數萬李匡威燒營而遁十月邢州李存孝叛納款于梁李存信搆之也　案舊唐書云大順元年十一月癸丑朔太原將邢州刺史李存孝自恃擒孫揆功合爲昭義帥怨克用授康君立存孝自晉州率行營兵歸邢州據城上表歸朝仍致書張濬王鎔求援今考薛史大順二年存孝始爲邢州節度無由于元年冬得據邢州也舊唐書

特因存孝攻澤潞而牽連書之其年月則誤耳新唐書歐陽史通鑑並從薛史作景福元年十月景福二年春大舉以伐王鎔以其通好于李存孝也二月攻天長鎭旬日不下王鎔出師三萬來援武皇逆戰于叱日嶺下鎭人敗斬首萬餘級時歲饑軍乏食脯屍肉而食之進軍下井陘李存孝將兵夜入鎭州鎭人乞師于汴汴帥方攻時溥不暇應之乃求援于幽州李匡威率兵赴之武皇乃班師七月武皇討李存孝于邢州遂攻平山渡滹水攻鎭州王鎔懼以帛五十萬犒軍請修舊好仍以鎭冀之師助擊存孝許之武皇進圍邢州十月武皇狩于近郊獲白兔有角長三寸乾寧元年三月邢州李存孝出城首罪檠歸太原轘于市邢洺磁三州平武皇表馬師素爲邢州節度使案舊唐書作克用以大將馬師素權知邢洺團練事與薛史異五月鄆州節度使朱瑄爲汴軍所攻遣使來乞師武皇遣騎將安福順安福應安福遷督精騎五百假道于魏州以應之案舊唐書云乾寧元年正月瑄瑾勢蹙求救于太原李克用出師援之薛史作五月與舊唐書異考朱瑄朱瑾自魚山之敗其勢始蹙當由正月遣使乞援至援師之出自在五月耳九月潞州節度使康君立以酖死十月武皇自晉陽率師伐幽州初李匡儔奪據兄位燕人多不義之安塞軍戍將劉仁恭挈族歸于武皇武皇遇之甚厚仁恭數進畫于蓋寓言幽州可取之狀願得兵一萬指期平定武

皇方討李存孝于邢州輟兵數千欲納仁恭不利而還匡儔由是驕怠數犯邊境武皇怒故率軍以討之是時雲州吐渾赫連鐸白義誠並來歸命皆笞而釋之案舊唐書昭宗紀六月壬辰克用攻陷雲州執赫連鐸新唐書昭宗紀六月壬辰與李克用戰于雲州死之通鑑從新唐書作李克用大破吐谷渾殺赫連鐸擒白義誠俱與薛史異考雲州諸部因討李匡儔而來歸自當在十月而諸書皆作六月恐未足據十一月進攻武州甲寅案甲寅字誤下文十二月有辛亥壬子甲寅則十一月不得有甲寅也據通鑑考異蓋薛史仍紀年錄之誤攻新州十二月李匡儔命大將率步騎六萬救新州武皇選精兵逆戰燕軍大敗斬首萬餘級生獲將領百餘人曳練狥于新州城下是夜新州降辛亥攻嬀州壬子燕兵復合于居庸關拒戰武皇命精騎以疲之令步將李存審由他道擊之自午至晡燕軍復敗甲寅李匡儔攜其族棄城而遁將之滄州隨行輜車臧獲妓妾甚衆滄帥盧彥威利其貨以兵攻匡儔于景城殺之盡虜其衆丙辰進軍幽州其守城大將請降武皇令李存審與劉仁恭入城撫勞居人如故市不改肆封府庫以迎武皇乾寧二年正月武皇在幽州命李存審劉仁恭徇諸屬郡二月以仁恭爲權幽州留後從燕人之請也案舊唐書元年十二月以李匡威故將劉仁恭爲幽州兵馬留後歐陽史亦作元年冬事皆因平幽州而終言之未嘗詳其年月也通鑑從薛史作二年二月留腹心燕留德等十餘人分典軍政武皇遂班師凡駐

幽州四十日六月武皇率蕃漢之師自晉陽趨三輔討鳳翔李茂貞邠州王行瑜華州韓建之亂先是三帥稱兵向闕同弱王室殺害宰輔時河中節度使王重盈卒重榮之子珂即武皇之子壻也權典軍政其兄珙爲陝州節度使瑤爲絳州刺史與珂爭河中遂訴于岐邠華三鎭言珂本蒼頭不當襲位珂亦訴于武皇武皇上表保薦珂乞授河中旄鉞詔可之三帥遂以兵入覲大掠京師請授王珂同州節度使王瑤河東節度使天子亦許之武皇遂舉兵表三帥之罪復移檄三鎭三鎭大懼是月次絳州刺史王瑤登陴拒命武皇攻之旬日而拔

斬王瑤于軍門誅其黨千餘人七月次河中王珂迎謁于路己未同州節度使王行約棄城奔京師與左軍兵士劫掠西市都民大擾行約即行瑜弟也庚申樞密使駱全瓘以武皇之軍將至請天子幸右軍指揮使李繼鵬茂貞假子也本姓閻名珪與全瓘謀劫天子幸鳳翔左軍指揮使王行實亦行瑜之弟也與劉景宣欲刼天子幸邠州兩軍相攻縱火燒內門煙火蔽天天子急詔鹽州六都兵士令追殺亂兵左右軍退走王行瑜李茂貞聲言自來迎駕天子懼出幸南山駐蹕于莎城是夜熒惑犯心壬戌武皇進取同州聞天子幸石門遣判官王瓌奉表奔問天子遣使賜詔令與王珂同討邠鳳時武皇方攻華州俄聞李茂貞領兵士三萬至盩厔王行瑜領兵至興平欲往石門迎駕乃解華州之圍進營渭橋天子遣延王戒丕丹王允齎詔促武皇兵直抵邠鳳八月乙酉供奉官張承業齎詔告諭（案舊唐書七月丁卯上遣內官張承業傳詔克用軍使令監太原行營兵馬發赴新平薛史作八月乙酉與舊唐書月日互異相隔久遠舊唐書又作八月乙酉朔延王至河中疑承業與延王同行據通鑑作壬午遣張承業詣克用軍蓋壬午遣使己酉始至耳）涇帥張鐇已領步騎三萬于京西北扼邠岐之路武皇進營渭北遣史儼將三千騎往石門扈駕遣李存信李存審會鄜延之兵攻行瑜之梨園寨天子削奪行瑜官爵以武皇爲天下兵馬都招討使以鄜州李思孝爲北面招討使以涇州張鐇爲西南面招討使天子又遣延王丹王賜武皇御衣及大將茶酒弓矢命二王兄事武皇延王傳天子密旨云日昨非卿至此已爲賊庭行酒之人矣所慮者二凶締合卒難翦除且欲姑息茂貞令與卿修好俟梟斬行瑜更與卿商量武皇上表請駕還京（案舊唐書作壬寅李克用遣子存貞奉表行在請車駕還京考當時奉表者即後唐莊宗也莊宗未嘗名存貞舊唐書誤）令李存節領二千騎于京西北以防邠賊奔突辛亥天子還宮加武皇守太師中書令邠寧四面行營都統時王行瑜弟兄固守梨園寨我師攻之甚急李

茂貞遣兵萬餘來援行瑜營于龍泉鎭茂貞自率兵三萬迫延陽武皇奏請詔茂貞罷兵兼請削奪茂貞官爵詔曰茂貞勒兵蓋備非常尋已發遣歸鎭又言茂貞已誅李繼鵬李繼晸卿可切戒兵甲無犯土疆武皇請賜河中王珂旌節三表許之又表李罕之爲副都統十月丙戌李存信于梨園寨北遇賊軍斬首千餘級自是賊閉壁不出戊子天子賜武皇內弟子四人又降朱書御札賜魏國夫人陳氏是月王行瑜因敗衂之後閉壁自固武皇令李罕之晝夜急攻賊軍乏食拔營而去李存信與罕之等先伏軍于阨路俟賊軍之至縱兵擊之殺

戮萬計是日收梨園等三寨生擒行瑜之子知進并母巳氏大將李元福等二百人送赴闕庭庚寅王行納王行實燒刼寧州遁走寧州守將徐景乞降武皇表蘇文建爲邠州節度使且于寧州爲治所十一月丁巳案舊唐書作十一月癸未朔疑十一月不當有丁巳據薛史上文十月有丙戌戊子則十一月斷非癸未朔矣通鑑所定月日皆從薛史收龍泉寨時行瑜以精甲五千守之李茂貞出兵來援爲李罕之所敗邠賊遂棄龍泉寨而去行瑜復入邠州大軍進逼其城行瑜登城號哭曰行瑜無罪昨殺南北司大臣是岐帥將兵脅制主上請治岐州行瑜乞束身歸朝武皇報曰王尙父何恭之甚耶僕受命討

三賊臣公其一也如能束身歸闕老夫未敢專命爲公奏取進止行瑜懼棄城而遁武皇收其城封府庫遽以捷聞既而慶州奏王行瑜將家屬五百人到州界爲部下所殺傳首闕下武皇既平行瑜還軍渭北十二月武皇營于雲陽案歐陽史晉軍渭北遇雨六十日考通鑑十二月乙酉李克用軍于雲陽辛亥引兵東歸無緣得有六十日也歐陽史誤候討鳳翔進止乙未天子賜武皇爲忠貞平難功臣進封晉王加實封二百戶武皇復上表請討李茂貞天子不允武皇私謂詔使曰觀主上意疑僕別有他腸復何言哉但禍不去胎憂患未巳又奏臣統領大軍不敢徑赴朝覲遂班師乾寧三年正月汴人

大舉以攻兗鄆朱瑄朱瑾再乞師于武皇假道于魏州羅弘信許之乃令都指揮使李存信將步騎三萬與李承嗣史儼會軍以拒汴人存信軍于莘與朱瑾合勢頻挫汴軍汴帥患之乃間魏人存信御兵無法稍侵魏之芻牧者弘信乃與汴帥通出師三萬攻存信軍存信揭營而退保于洺州三月武皇大掠相魏諸邑攻李固洹水殺魏兵萬餘人進攻魏州案舊唐書六月庚戌李克用率沙陀并汾之衆五萬攻魏州及其郛大掠于其六郡陷成安洹水臨漳十餘邑報莘之怒也薛史作三月事蓋自三月興師至十月始退耳五月汴將葛從周氏叔琮引兵赴援六月李茂貞舉兵犯京師七月車駕幸華州是月武皇與汴軍戰于

洹水之上鐵林指揮使落落被擒落落武皇之長子也旣戰馬踣于坎武皇馳騎以救之其馬亦踣汴之追兵將及武皇背射一發而斃乃退九月李存信攻魏之臨清汴將葛從周等引軍來援大敗于宗城北存信進攻魏州十月武皇敗魏軍于白龍潭追擊至觀音門汴軍救至乃退十一月武皇徵兵于幽鎭定三州將迎駕于華下幽州劉仁恭託以契丹入寇俟敵退聽命乾寧四年正月汴軍陷兗鄆騎將李承嗣史儼與朱瑾同奔于淮南三月陝帥王珙攻河中王珂來告難武皇遣李嗣昭率二千騎赴之破陝軍于猗氏乃解河中之圍至是

天子遣延王戒丕至晉陽傳宣旨于武皇朕不取卿言以及于此苟非英賢竭力朕何由再謁廟庭在卿表率予所望也七月武皇復徵兵于幽州劉仁恭辭旨不遜武皇以書讓之仁恭捧書謾罵抵之于地仍囚武皇之行人八月大舉以伐仁恭九月師次蔚州戊寅晨霧晦暝占者云不利深入辛巳攻安塞俄報燕將單可及領騎軍至矣武皇方置酒高會前鋒又報賊至矣武皇曰仁恭何在曰但見可及輩武皇張目怒曰可及輩何足爲敵仍促令出師燕軍已擊武皇軍衆武皇乘醉擊賊燕軍披靡時步兵望賊而退爲燕軍所乘大敗于木瓜

澗俄而大風雨震電燕軍解去武皇方醒甲午師次代州劉仁恭遣使謝罪于武皇武皇亦以書報之自此有檄十餘返光化元年春正月鳳翔李茂貞華州韓建皆致書于武皇乞修和好同奬王室兼乞助丁匠修繕秦宮武皇許之四月汴將葛從周寇邢洺磁等州旬日之內三州連陷汴人以葛從周爲邢州節度使大將李存信收軍自馬嶺而旋八月壬戌天子自華還宮是時車駕初復而欲諸侯輯睦賜武皇詔令與汴帥通好武皇不欲先下汴帥乃致書于鎭州王鎔令導其意明年汴帥遣使奉書幣來修好武皇亦報之自是使車交馳朝

野相賀九月武皇遣周德威李嗣昭率兵三萬出青山口以迫邢洺十月遇汴將葛從周于張公橋旣戰我軍大敗是月河中王珂來告急言王珙引汴軍來寇武皇遣李嗣昭將兵三千以援之屯于胡壁堡汴軍萬餘人來拒戰嗣昭擊退之十二月潞州節度使薛志勤卒澤州刺史李罕之以本軍夜入據城以叛罕之報武皇曰薛鐵山新死潞民無主慮軍城有變輒專命鎭撫武皇令人讓之罕之乃歸于汴武皇遣李嗣昭將兵討之下澤州收罕之家屬拘送晉陽光化二年春正月李罕之陷沁州三月汴將葛從周氏叔琮自土門陷承天軍又

陷遼州進軍榆次武皇令周德威擊之敗汴軍于洞渦驛叔琮棄營而遁德威追擊出石會關殺千餘人汴人復陷澤州五月武皇令都指揮使李君慶將兵收澤潞爲汴軍所敗而還以李嗣昭爲都指揮使進攻潞州八月嗣昭營于潞州城下前鋒下澤州時汴將賀德倫張歸厚等守潞州是月德倫等棄城而遁潞州平九月武皇表汾州刺史孟遷爲潞州節度使光化三年汴軍大寇河朔幽州劉仁恭乞師武皇遣周德威帥五千騎以援之七月李嗣昭攻堯山至內丘敗汴軍于沙河進攻洺州下之九月汴帥自將兵三萬圍洺州嗣昭棄城而

歸葛從周設伏于青山口嗣昭之軍不利十月汴人乘勝寇鎮定鎮定懼皆納賂于汴是時周德威與燕軍劉守光敗汴人二萬于望都闖定州王郜來奔乃班師是月天子加武皇實封一百戶遣李嗣昭率步騎三萬攻懷州下之進攻河陽汴將閻寶率軍來援嗣昭退保懷州天復元年正月汴將張存敬攻陷晉絳二州以兵二萬屯絳州以扼援路二月張存敬迫河中王珂告急于武皇使者相望于路珂妻邠國夫人武皇愛女也亦以書至懇切求援武皇報曰賊阻道路衆寡不敵救爾即與爾兩亡可與王郎棄城歸朝珂遂送款于張存敬三

月汴帥自大梁至河中王珂遂出迎尋徙于汴天子以汴帥兼鎮河中武皇自是不復能援京師霸業由是中否四月汴將氏叔琮率兵五萬自太行路寇澤潞魏博大將張文恭領軍自新口入葛從周領兗鄆之衆自土門入張歸厚以邢洺之衆自馬嶺入定州王處直之衆自飛狐入侯言以晉絳之兵自陰地入氏叔琮康懷英營于澤州之昂車武皇令李嗣昭將三千騎赴澤州援李存璋而歸賀德倫氏叔琮軍至潞州孟遷開門迎納州刺史蔡訓亦以城降于汴氏叔琮悉其衆趣石會關是時偏將李審建先統兵三千在潞州亦與孟遷降于

汴及叔琮之入寇也審建爲其鄉導汴人營于洞渦別將白奉國與鎮州大將石公立自井陘入陷承天軍及攻壽陽遼州刺史張鄂以城降于汴都人大恐時霖雨積旬汴軍屯聚旣衆芻糧不給復多痢瘧師人多死時大將李嗣昭李嗣源每夜率驍騎突營掩殺敵衆恐懼五月汴軍皆退氏叔琮軍出石會周德威李嗣昭以精騎五千躡之殺戮萬計初汴軍之將入寇也汾州刺史李瑭據城叛以連汴人至是武皇令李嗣昭李存審將兵討之是歲幷汾饑粟暴貴人多附瑭爲亂嗣昭悉力攻城三日而拔擒李瑭等斬于晉陽市氏叔琮旣旋軍

過潞州虜孟遷以歸汴帥以丁會爲潞州節度使六月遣李嗣昭周德威將兵出陰地攻慈隰二郡隰州刺史唐禮慈州刺史張瓌並以城來降武皇以汴寇方盛難以兵服佯降心以緩其謀乃遣牙將張特持幣馬書檄以諭之陳當時利害請復舊好十一月壬子汴帥營于渭濱甲寅天子出幸鳳翔（新唐書帝如鳳翔李茂貞韓全誨請召克用入衛克用問道遣使者奔問並詒書全忠勸還汴全忠不答）武皇遣李嗣昭率兵三千自沁州趣平陽過汴軍于晉州北斬首五百級天復二年二月李嗣昭周德威領大軍自慈隰進攻晉絳營于蒲縣乙未汴將朱友寧氏叔琮將兵十萬營于蒲縣之南乙

巳汴帥自領軍至晉州德威之軍大恐三月丁巳有虹貫德威之營戊午氏叔琮率軍來戰德威逆擊爲汴人所敗兵仗輜重委棄殆盡朱友寧長驅至汾州慈隰二州復爲汴人所據辛酉汴軍營于晉陽之西北攻城西門周德威李嗣昭緣山保其餘衆而旋武皇驅丁壯登陴拒守汴軍攻城日急武皇召李嗣昭周德威等謀將出奔雲州嗣昭以爲不可李存信堅請且入北蕃續圖進取嗣昭等固爭之太妃劉氏亦極言于內乃止居數日亡散之士復集軍城稍安李嗣昭與李嗣源夜入汴軍斬將搴旗敵人扞禦不暇自相驚擾丁卯朱友寧燒營而遁周德威追至白壁關俘斬萬計因收復慈隰汾等三州天復三年正月天子自鳳翔歸京五月雲州都將王敬暉殺刺史劉再立以城歸于劉仁恭武皇遣李嗣昭討之仁恭遣將以兵五萬來援雲州嗣昭退保樂安燕人虜敬暉棄城而去武皇怒笞嗣昭及李存審而削其官是時親軍萬衆皆邊部人動違紀律人甚苦之左右或以爲言武皇曰此輩贍略過人數十年從吾征伐比年以來國藏空竭諸軍之家賣馬自給今四方諸侯皆懸重賞以募勇士吾若束之以法急則棄吾吾安能獨保此乎俟時開運泰吾固自能處置矣天祐元年

閏四月汴帥迫天子遷都于洛陽（新唐書帝東遷詔至太原克用泣謂其下曰乘輿不復西矣遣使者奔問行在）五月乙丑天子制授武皇叶盟同力功臣加食邑三千戶實封三百戶八月汴帥遣朱友恭弒昭宗于洛陽宮輝王即位告哀使至晉陽武皇南向慟哭三軍縞素天祐二年春契丹安巴堅（舊作阿保機今改正）始盛武皇召之安巴堅領部族三十萬至雲州與武皇會于雲州之東握手甚歡結爲兄弟旬日而去留馬千匹牛羊萬計（案東都事略契丹與晉王會在天祐三年遼史太祖紀與薛史同）期以冬初大舉渡河天祐三年正月魏博殺牙軍魏將史仁遇據高唐以叛遣人乞師于武皇武皇遣李嗣昭率三千

騎攻邢州以應之遇汴將牛存節張筠于青山口嗣昭不利而還九月汴帥親率兵攻滄州幽州劉仁恭遣使來乞師武皇乃徵兵于仁恭將攻潞州以解滄州之圍仁恭遣掌書記馬郁都指揮使李博等將兵三萬會于晉陽武皇遣周德威李嗣昭合燕軍以攻澤潞十二月潞州節度使丁會開門迎降命李嗣昭爲潞州節度使以丁會歸于晉陽天祐四年正月甲申汴帥聞潞州失守自滄州燒營而遁四月天子禪位于汴帥奉天子爲濟陰王改元爲開平國號大梁是歲四川王建遣使至勸武皇各王一方俟破賊之後訪唐朝宗室以嗣帝位

然後各歸藩守武皇不從以書報之曰竊念本朝屯否巨業淪胥攀鼎駕以長違撫彤弓而自咎默默終古悠悠彼蒼生此厲階永爲痛毒視横流而莫救徒誓檝以興言別捧函題過垂獎諭省覽周既駭惕異常淚下霑衿倍鬱申胥之素汗流浹背如聞蔣濟之言僕經事兩朝受恩三代位叨將相籍係宗枝賜鐵鉞以專征徵苞茅而問罪鏖兵校戰二十餘年竟未能斬新莽之頭顱斷蚩尤之肩髀以至廟朝顛覆豺虎縱横且授任分憂叨榮冒寵龜玉毀櫝誰之咎歟俯閱指陳不勝慚恧然則君臣無常位陵谷有變遷或箠塞長河泥封函谷時移事改理有萬殊即如周末虎爭魏初鼎據孫權父子不顯授于漢恩劉備君臣自微興于涿郡得之不謝于家世失之無損于功名適當逐鹿之秋何惜華蟲之服唯僕累朝席寵奕世輸忠忝佩訓詞粗存家法善博奕者唯先守道治蹊田者不可奪牛誓于此生靡敢失節仰憑廟勝早殄寇讎如其事與願違則共臧洪遊于地下亦無恨矣唯公社稷元勳嵩衡降祉鎮九州之上地負一代之弘才合于此時自求多福所承良訊非僕深心天下其謂我何有國非吾節也懷懷孤懇此不盡陳五月梁祖遣其將康懷英率兵十萬圍潞州懷英驅率

士衆築壘環城城中音信斷絕武皇遣周德威將兵赴援德威軍于余吾率先鋒挑戰日有俘獲懷英不敢即戰梁祖以懷英無功乃以李思安代之思安引軍將營于潞城周德威以五千騎搏之梁軍大敗斬首千餘級思安退保堅壁別築外壘謂之夾寨以抗我之援軍梁祖調發山東之民以供饋運德威日以輕騎掩之運路艱阻衆心益恐李思安乃自東南山口築夾道連接夾寨以通饋運自是梁軍堅保夾寨冬十月武皇有疾是時晉陽城無故自壞占者惡之天祐五年正月戊子朔武皇疾革辛卯崩于晉陽年五十三遺令薄葬發喪後

二十七日除服莊宗即位追謚武皇帝廟號太祖陵在雁門永樂大典卷七千一百五十四　五代史補太祖武皇本朱耶赤心之後沙陀部人也其先生于雕窠中酋長以其異生諸族傳養之遂以諸爺爲氏言非一父所養也其後言訛以諸爲朱以爺爲耶至太祖生眇一目長而驍勇善騎射所向無敵時謂之獨眼龍大爲部落所疾太祖恐禍及遂舉族歸唐授雲州刺史賜姓李名克用黃巢犯長安自北引兵赴難功成遂拜太原節度使封晉王　武皇之有河東也威聲大振淮南楊行密常恨不識其狀貌因使畫工詐爲商賈往河東寫之畫工到未幾人有知其謀者擒之武皇初甚怒既而親謂曰且吾素眇一目試召之使寫觀其所爲如何及至武皇按膝厲聲曰誰南使汝來寫吾真必畫工之尤也寫吾不及十分即階下便是死汝之所矣畫工再拜下筆時方盛暑武皇執八角扇因寫扇角半遮其面武皇曰汝諂吾也遽使別寫之又應聲下筆畫其臂弓撚箭之狀仍微合一目以觀箭之曲直武皇大喜因厚賂金帛遺之　五代史闕文世傳武皇臨薨以三矢付莊宗曰一矢討劉仁恭汝不先下幽州河南未可圖也

一矢擊契丹且曰安巴堅與吾把臂而盟結爲兄弟誓復唐家社稷今背約附賊汝必伐之一矢滅朱溫汝能成吾志死無憾矣莊宗藏三矢于武皇廟庭及討劉仁恭命幕吏以少牢告廟請一矢盛以錦囊使親將負之以爲前驅凱旋之日隨俘馘納矢于太廟伐契丹滅朱氏亦如之又武皇眇一目謂之獨眼龍性喜殺左右有小過失必寘于死初諱眇人無敢犯者嘗令寫真畫工即爲撚箭之狀微瞑一目圖成而進武皇大悅賜予甚厚

史臣曰武皇肇跡陰山赴難唐室逐豺狼于魏闕殄氛祲于秦川賜姓受封奄有汾晉可謂有功矣然雖茂勳王之績而非無震主之威及朱鎮屯渭曲之師俾翠輦有石門之幸比夫桓文之輔周室無乃有所愧乎洎失援于蒲絳久垂翅于并汾若非嗣子之英才豈有興王之茂業矧累功積德未比于周文創業開基尚虧于魏祖追謚爲武斯亦幸焉永樂大典卷七千一百五十四

舊五代史卷二十六終

三月武皇進軍渡滹沱攻欒城下鼓城槀城四月燕軍寇雲代武皇班師　案舊唐書作景福元年二月庚寅太原易定之兵合勢攻鎮州三月克用處存斂軍而退是興師以二月至三月始旋師也通鑑云三月克用王處存合兵攻王鎔癸丑拔天長鎮戊午鎔與戰於新市大破之辛酉克用退屯欒城是進師退師皆在三月也是書作三月進軍四月班師與諸書異

天祐二年春契丹安巴堅領部族三十萬至雲州與武皇會於雲州之東　案武皇會契丹於雲州通鑑作

開平元年新唐書作天祐元年與是書異歐陽史與是書同又契丹國志作晉王李存勗與契丹連和會於東城殊誤

梁祖以懷英無功乃以李思安代之　案李思安之代懷英通鑑作七月事與是書繫五月異

舊五代史卷二十六攷證

舊五代史卷二十七

宋司空同中書門下平章事薛居正等撰

莊宗紀第一　　唐書三

莊宗光聖神閔孝皇帝諱存勗武皇帝之長子也母曰貞簡皇后曹氏以唐光啟元年歲在乙巳冬十月二十二日癸亥生帝于晉陽宮妊時曹后嘗夢神人黑衣擁扇夾侍左右載誕之辰紫氣出于牎戶及爲嬰兒體貌奇特沉厚不羣武皇特所鍾愛及武皇之討王行瑜帝時年十一從行初令入覲獻捷迎駕還宮昭宗一見駭之曰此兒有奇表因撫其背曰兒將來之國棟也勿忘忠孝于予家因賜鸂鶒酒巵翡翠盤（案北夢瑣言云昭宗曰此子可亞其父時人號曰亞子）賊平授檢校司空隰州刺史改汾晉二郡皆

遙領之帝洞曉音律常令歌舞于前十三習春秋手自繕寫畧通大義及壯便射騎膽畧絕人其心豁如也武皇起義雲中部下皆北邊勁兵及破賊迎鑾功居第一由是稍優寵士伍因多不法或陵侮官吏豪奪士民白晝剽攘酒博喧競武皇緩于禁制唯帝不平之因從容啟于武皇武皇依違之及安塞不利之後時事多難梁將氏叔琮康懷英頻犯郊圻土疆日蹙城門之外鞠爲戰場武皇憂形于色帝因啟曰夫盛衰有常理禍福繫

神道家世三代盡忠王室勢窮力屈無所愧心物不極則不反惡不極則不亡今朱氏攻逼乘輿窺伺神器陷害良善誣誑神祇以臣觀之殆其極矣大人當遵養時晦以待其衰何事輕爲沮喪太祖釋然因奉觴作樂而罷及滄州劉守文爲梁朝所攻其父仁恭遣使乞師武皇恨其翻覆不時許之帝白曰此吾復振之道也不得以嫌怨介懷且九分天下朱氏今有六七趙魏中山在佗廡下賊所憚者唯我與仁恭爾我之興衰繫此一舉不可失也太祖乃徵兵于燕攻取潞州既而丁會果以城來降天祐五年春正月武皇疾篤召監軍張承業大

將吳珙謂曰吾常愛此子志氣遠大可付後事唯卿等所教及武皇厭代帝乃嗣王位于晉陽時二十有四汴人方寇潞州周德威宿兵於亂柳以軍城易帥竊議恟恟訛言播于行路帝方居喪將吏不得謁見監軍使張承業排闥至廬所言曰夫孝在不墜家業不同匹夫之孝且君父厭世嗣主未立竊慮兇猾不逞之徒有懷覬望又汴寇壓境利我凶衰苟或搖動則倍張賊勢訛言不息懼有變生請依顧命墨縗聽政保家安親此惟大孝帝于是始聽斷大事時振武節度使克寧即帝之季父也爲管內蕃漢馬步都知兵馬使典握兵柄帝以軍

府事讓季父曰兒年幼稚未通庶政雖承遺命恐未能彈壓季父勳德俱高衆情推伏且請制置軍府俟兒有立聽季父處分克寧曰亡兄遺命屬在我兒孰敢異議因率先拜賀初武皇獎勵戎功多畜庶孽衣服禮秩如嫡者六七輩比之嗣王年齒又長部下各綰强兵朝夕聚議欲謀爲亂及帝紹統或强項不拜鬱鬱憤惋託疾廢事會李存顥以陰計干克寧曰兄亡弟立古今舊事季父拜姪理所未安克寧妻素剛狠因激怒克寧陰圖禍亂存顥欲于克寧之第謀害張承業李存璋等以并汾九州歸附于梁送貞簡太后爲質克寧意將激發乃

擅殺大將李存質請授己雲州節度使割蔚朔應三州爲屬郡帝悉俞允然知其陰禍有日矣克寧俟帝過其第則圖竊發時幸臣史敬鎔者亦爲克寧所誘盡得其情乃來告帝帝謂張承業曰季父所爲如此無猶子之情骨肉不可自相魚肉予當避路則禍亂不作矣承業曰臣受命先帝言猶在耳存顥輩欲以太原降賊王欲何路求生不即誅除亡無日矣因召吳珙李存璋李存敬朱守殷諭其謀衆咸憤怒二月壬戌命存璋伏甲以誅克寧遂靖其難是月唐少帝崩于曹州梁祖使人酖之也帝聞之舉哀號慟三月周德威尙在亂柳梁將李

思安屢爲德威所敗閉壁不出是時梁祖自將兵至澤州以劉知俊爲招討使以代思安以范君實劉重霸爲先鋒牛存節爲撫遏統大軍營于長子四月帝召德威軍歸晉陽汴人既見班師知我國禍以爲潞州必取援軍無俟再舉遂停斥候梁祖亦自澤州歸洛帝知其無備乃謂將曰汴人聞我有喪必謂不能興師又以我少年嗣位未習戎事必有驕怠之心若簡練兵甲倍道兼行出其不意以吾憤激之衆擊彼驕惰之師拉朽摧枯未云其易解圍定霸在此一役甲子軍發自太原己已至潞州北黃碾所營五月辛未朔晨霧晦暝帝率親軍伏三垂崗下詰旦天復昏霧進軍直抵夾城時李嗣源總帳下親軍攻東北隅李存璋王霸率丁夫燒寨斸夾城爲二道周德威李存審各分道進攻軍士鼓譟三道齊進李嗣源壞夾城東北隅率先掩擊梁軍大恐南向而奔投戈委甲噎塞行路斬萬餘級獲其將副招討使符道昭洎大將三百人芻粟百萬梁招討使康懷英得百餘騎出天井關而遁梁祖聞其敗也既懼而歎曰生子當如是李氏不亡矣吾家諸子乃豚犬爾初唐龍紀元年帝纔五歲從武皇校獵于三垂崗崗上有玄宗原廟在焉武皇于祠前置酒樂作伶人奏百年歌者陳其

衰老之狀聲調悽苦武皇引滿捋鬚指帝曰老夫壯心未已二十年後此子必戰于此及是役也果符其言焉是月周德威乘勝攻澤州刺史王班登城拒守梁將劉知俊自晉絳將兵赴援德威退保高平帝遂班師于晉陽告廟飲至賞勞有差乃下令于國中禁賊盜恤孤寡徵隱逸止貪暴峻隄防寬獄訟朞月之間其俗丕變帝每出于路遇饑寒者必駐馬而臨問之由是人情大悅王霸之業自兹而基矣六月鳳翔李茂貞邠州楊崇本合西川王建之師五萬以攻長安遣使會兵于帝帝遣張承業率師赴之九月邠岐蜀三鎮復大舉攻長安遣李嗣昭周德威將兵三萬攻晉州以應之德威與梁將尹皓戰于神山北梁人大敗是時晉之騎將夏侯敬受以一軍奔于梁德威乃退保隰州 案歐陽史九月丁丑如懷州通鑑作周德威等聞梁帝將至乙未退保隰州是德威之退師因梁祖之親至也薛史唐紀不載 天祐六年秋七月邠岐二帥及梁之叛將劉知俊俱遣使來告將大舉以伐靈夏兼收關輔請出兵晉絳以張兵勢八月帝御軍南征先遣周德威李存審丁會統大軍出陰地關攻晉州爲地道壞城二十餘步城中血戰拒守梁祖遣楊師厚領兵赴援德威乃收軍而退 通鑑引莊宗實錄云汴軍至蒙阬周德威逆戰敗之斬首三百級師厚退保絳州是役也小將蕭萬通戰歿師厚進營平陽德威收軍而退 天

祐七年秋七月鳳翔李茂貞邠州楊崇本皆遣使來會兵同討靈夏且言劉知俊三敗汴軍于寧州靈夏危蹙岐隴之師大舉決取河西帝令周德威將兵萬人西渡河以應之是役也劉知俊爲岐人所搆乃自退九月德威班師冬十月梁祖遣大將李思安楊師厚率師營于澤州以攻上黨十一月鎭州王鎔遣使來求援是時梁祖以羅紹威初卒全有魏博之地因欲兼并鎭定遣供奉官杜廷隱丁延徽督魏軍三千人入于深冀鎭人懼故來告難帝集軍吏議之咸欲按甲治兵徐觀勝負唯帝獨斷堅欲救之乃遣周德威率軍屯于趙州是月行

營都招討使丁會卒十二月丁巳朔梁祖聞帝軍屯趙州命寧國軍節度使王景仁爲北面行營招討使韓勍爲副相州刺史李思安爲前鋒會魏州之兵以討王鎔又令閻寶王彥章率二千騎會景仁于邢洺丁丑景仁營于栢鄉帝遂親征自贊皇縣東下辛巳至趙州與周德威兵合帝令史建瑭以輕騎嘗寇獲芻牧者二百人問其兵數精兵七萬是日帝觀兵于石橋南詰旦進軍距栢鄉一舍周德威史建瑭率蕃落勁騎以挑戰四面馳射梁軍閉壁不出乃退翌日進軍距栢鄉五里遣騎軍逼其營梁將韓勍李思安率步騎三萬鎧甲炫曜其勢甚盛分道以薄帝軍德威且戰且退距河而止既而德威偵知梁人造浮橋乃退保高邑乙酉致師于栢鄉帝禱戰于光武廟栢鄉無芻粟之備梁軍以樵采爲給爲帝之游軍所獲由是堅壁不出剉屋茅坐席以秣其馬衆心益恐天祐八年正月丁亥周德威史建瑭帥三千騎致師于栢鄉設伏于村塢間遣三百騎直壓其營梁將怒悉其軍結陣而來德威與之轉戰至高邑南梁軍列陣橫亘六七里時帝軍未成列李存璋引諸軍陣于野河之上梁軍以五百人爭橋鎭定之師與血戰梁軍敗而復整者數四帝與張承業登高觀望梁人戈矛

如東申令之後囂聲若雷王師進退有序步騎嚴整寂然無聲帝臨陣誓衆人百其勇短兵既接無不奮力梁有龍驤神威拱宸等軍皆武勇之士也每一人鎧仗費數十萬裝以組繡飾以金銀人望而畏之自巳及午騎軍接戰至晡梁軍欲抽退塵埃漲天德威周麾而呼曰汴人走矣帝軍齊譟以進魏人收軍漸退李嗣源率親軍與史建瑭安金全兼北部吐渾諸軍衝陣夾攻梁軍大敗棄鎧投仗之聲震動天地龍驤神威神捷諸軍殺戮殆盡自陣至栢鄉數十里殭屍枕籍敗旗折戟所在蔽地夜漏一鼓帝軍入栢鄉梁軍輜重帳幄資財奴僕

皆爲帝軍所有梁將王景仁韓勍李思安等以數十騎夜遁是役也斬首二萬級獲馬三千匹鎧甲兵仗七萬輜車鍋幕不可勝計擒梁將陳思權以下二百八十五人帝號令收軍于趙州既而梁人棄深冀二州而遁初杜廷隱之襲深冀也聲言分兵就食時王鎔將石公立戍深州欲杜關不納鎔遽令啓關命公立移軍于外廷隱遂據其城公立既出指城闉而言曰開門納盜後悔何追此城數萬生靈生爲俘馘矣因投刃泣下數日廷隱閉城殺鎭兵數千人遂登陴拒守王鎔方命公立攻之郎有備矣及栢鄉之敗兩州之人悉爲奴擄老弱者皆坑之己亥遣史建瑭周德威徇地于邢魏先馳檄以諭之

案册府元龜載晉王諭邢洺魏博衛滑諸郡縣檄天祐八年正月周德威等破賊狥地邢洺先馳檄諭邢洺魏博衛滑諸郡縣日王室遇屯七廟被陵夷之酷昊天不弔萬民罹塗炭之災必有英主奮庸忠臣仗順斬長鯨而淸四海靖祅祲以泰三靈予位忝維城任當分閫念玆顚覆詎可晏安故仗威文轄合之規問羿浞凶狂之罪遂碭山庸隸巢孽餘凶當僖宗奔播之初我太祖掃平之際束身泥首請命牙門苞藏姦詐之心惟示婦人之態我太祖俯憐窮鳥曲爲開懷特發表章請帥梁汴纔出萑蒲之澤便居茅社之尊殊不感恩遽行猜忍我國家祚隆周漢迹盛伊唐二十聖之鎡基三百年之文物外則五侯九伯內則百辟千官或代襲簪纓或門傳忠孝皆遭陷害永抱沉冤且鎭定兩藩國家巨鎭冀安民而保族咸屈節以稱藩逆溫唯仗陰謀專行不義欲全吞噬先據屬州趙州特發使車來求援助予情惟盪寇義切親仁躬率賦輿赴玆盟約賊將王景仁將兵十萬屯據栢鄉遂驅三鎭之師援以七擒之畧鸛鵝纔列梟獍大奔易如走坂之九勢若燎原之火僵尸仆地流血成川組甲雕戈皆投草莽謀夫猛將盡作俘囚羣凶既快于天誅大憝須垂于鬼錄今則選蒐兵甲簡練車徒乘勝長驅翦除元惡凡爾魏博邢洺之眾感恩懷義之人乃祖乃孫爲聖唐赤子豈狥虎狼之黨遂忘覆載之恩蓋以封豕長蛇馮陵薦食無方逃難遂被脅從空嘗膽以銜冤竟無門而雪憤旣聞告捷想所慰懷今義旅徂征止于招撫昔耿純焚廬而向順蕭何舉族以從軍皆審料興亡能圖富貴殊勳茂業翼子貽孫轉禍見機決在今日若能詣轅門而效順開城堡以迎降長官則改補官資百姓則優加賞賜所經詿誤更不推窮三鎭諸軍已申嚴令不得焚燒廬舍剽掠馬牛但仰所在生靈各安耕織予恭行天罰罪止元凶己外歸明一切不問凡爾士眾咸諒予懷

帝御親軍南征庚子至洺州梁祖令其將徐仁溥將兵五百夜入邢州張承業李存璋以三鎭步兵攻邢州遣周德威史建瑭將三千騎長驅至澶魏帝與李嗣源率親軍繼進二月戊午師次洹水周德威進至臨河己未魏帥羅周翰出兵五千塞石灰窰口周德威以騎掩擊廹入觀音門是日王師廹魏州帝舍于狄公祠西周翰閉壁自固帝軍攻之其城幾陷帝歎曰予爲兒童時從先王渡河今其忘矣方春桃花水滿思一觀之誰從予者癸亥帝觀河于黎陽是時梁祖發兵萬餘將渡河聞王師至棄舟而退黎陽都將張從楚曹儒以部下兵三千人來降立其軍爲左右匡霸使乙丑周德威自臨淸狥地貝郡攻博州下東武朝城時澶州刺史張可臻棄城而遁遂入黎陽下臨河淇門庚午梁祖在洛聞王師將攻河陽率親軍屯白馬坡壬申

帝下令班師帝至趙州王鎔迎謁翌日大饗諸軍壬午帝發趙州歸晉陽留周德威戍趙州三月己丑鎮定州各遣使言幽州劉守光凶僭之狀請推爲尙父以稔其惡乙未帝至晉陽宮召監軍張承業諸將等議幽州之事乃遣牙將戴漢超齎墨制并六鎮書推劉守光爲尙書令尙父守光由是凶熾日甚遂邀六鎮奉册五月六鎮使至幽梁使亦集通鑑攷異引莊宗實錄云三月己丑鎮州遣押衙劉光業至言劉守光凶淫縱毒欲自尊大請稔其惡以告之推爲尙父乙未上至晉陽宮召張承業諸將等議討燕之謀諸將亦云宜稔其惡上令押衙戴漢超持墨制及六鎮書如幽州其辭曰天祐八年三月二十七日天德軍節度使宋瑤振武節度使周德威昭義節度使李嗣昭易定節度使王處直鎮州節度使王鎔河東節度使尙書令晉王謹奉册進盧龍橫海等軍節度檢校太尉中書令燕王爲尙書令尙父五月六鎮使至汴使亦集六月守光令有司定尙父採訪使議是月梁祖遣都招討使楊師厚將兵三萬屯邢州帝令李嗣昭出師掠相衛而還秋七月帝會王鎔于承天軍鎔武皇之友也帝奉之盡敬捧巵酒爲壽鎔亦捧酒醻帝鎔幼子昭誨從行因許爲婚八月甲子幽州劉守光僭稱大燕皇帝年號應天九月庚子梁祖將親軍自洛渡河而北至相州聞帝軍未出乃止十月幽州劉守光殺帝之行人李承勲怨其不行朝禮也十一月辛丑燕人侵易定王處直來告難十二月甲子帝遣周德威劉光濬李嗣源及諸將率蕃漢之兵發晉陽

伐劉守光于幽州永樂大典卷七千一百五十五

舊五代史卷二十七終

舊五代史卷二十七攷證

唐莊宗紀一　及武皇之討王行瑜帝時年十一　案歐陽史從是書作十一吳縝纂誤據徐無黨注莊宗年四十三逆推之當以甲辰年生乾寧二年破王行瑜時當云年十二今攷五代會要莊宗以光啟元年生年四十二北夢瑣言載莊宗獻王行瑜捷年十一薛歐二史俱同徐注作年四十三誤

汴將氏叔琮康懷英　案懷英本名懷貞後因避梁末帝諱始改名懷英是書前後統作懷英今仍其舊

周德威宿兵于亂柳　亂柳原本作亂楊攷歐陽史作亂柳胡三省通鑑注云亂柳在潞州屯留縣界今改正

以幷汾九州歸附于梁　案幷汾九州通鑑作河東九州胡三省注云河東領幷遼沁汾石忻代嵐憲九州附識于此

承業曰臣受命先王　案先王原本作先帝攷晉王嗣位之初武皇尚未追稱爲帝今改正

二月壬戌　壬戌原本作丙戌今據通鑑改正

至潞州北黃碾下營　黃碾原本作黃碾通鑑作黃碾胡三省注云黃碾村在潞州潞城縣今改正

初唐龍紀元年帝纔五歲　案歐陽史克用破孟方立于邢州還軍上黨置酒三垂岡時莊宗在側方五歲攷克用邢州之役在文德元年今以莊宗生年計之當從是書作龍紀元年

周德威乘勝攻澤州刺史王班登城拒守　案通鑑攷異引莊宗實錄云李存璋進攻澤州刺史王班乘城而去與是書異

距柏鄉五里　五里原本作七里今據歐陽史及通鑑改正

梁軍以五百人爭橋　案通鑑作梁軍橫亙數里競前奪橋鎮定步兵禦之勢不能支與此微異

率親軍屯白馬坡　白馬坡通鑑作白馬阪

並六鎮書　六鎮原本作大鎮今據通鑑改正

十一月辛丑燕人侵易定　案通鑑作戊申燕主守光將兵二萬寇易定是書作辛丑與通鑑異

舊五代史卷二十七攷證

舊五代史卷二十八

宋司空同中書門下平章事薛居正等撰

唐書四

莊宗紀第二

天祐九年春正月庚辰朔周德威等自飛狐東下丙戌會鎭定之師進營祁溝庚子次涿州刺史劉知溫以城歸順德威進廹幽州守光出兵拒戰燕將王行方等以部下四百人來奔二月庚戌朔梁祖大舉河南之眾以援守光以陝州節度使楊師厚爲招討使河陽李周彝爲副青州賀德倫爲應接使鄆州袁象先爲副甲子梁祖自洛陽趨魏州遣楊師厚李周彝攻鎭州之棗強命賀德倫攻蓨縣三月壬午梁祖自督軍攻棗強甲申城陷屠之時李存審與史建瑭以三千騎屯趙州相與謀曰梁軍若不攻蓨城必西攻深冀吾王方北伐以南鄙之事付我輩豈可坐觀其弊乃以八百騎趨冀州扼下博橋令史建瑭李都督分道擒生翌日諸軍皆至獲芻牧者數百人盡殺之縱數人逸去且告晉王至矣建瑭與李都督各領百餘騎旗幟軍號類梁軍與芻牧者雜行暮及賀德倫營門殺守門者縱火大呼俘斬而旋又執芻牧者斷其手令廻梁軍乃夜遁蓨人持鉏耰白梃追擊之悉獲其輜重（通鑑後梁紀云帝燒營夜遁迷失道委曲行百五十里戊子旦乃至

冀州蓚之耕者皆荷鉏奮梃逐之委棄軍資器械不可勝計）梁祖聞之大駭自棗強馳歸貝州殺其將張正言許從實朱彥柔以其亡師于蓨故也梁祖先抱痼疾因是愈甚辛丑滄州都將張萬進殺留後劉繼威自爲滄帥遣人送款于梁亦乞降于帝戊申周德威遣李存暉攻瓦橋關下之四月丁己梁祖自魏南歸疾篤故也戊申李嗣源攻瀛州拔之五月乙卯朔周德威大破燕軍于羊頭岡擒大將單廷珪斬首五千餘級德威自涿州進軍于幽州營于城下閏月己酉攻其西門燕人出戰敗之六月戊寅梁祖爲其子友珪所弑友珪僭即帝位于洛陽秋八月朱友珪遣其將韓勍康懷英牛存節率兵五萬急攻河中朱友謙遣使來求援帝命李存審率師救之十月癸未帝自澤州路赴河中遇梁將康懷英于平陽破之斬首千餘級追至白徑嶺朱友謙會帝于猗氏梁軍解圍而去庚申周德威報劉守光三遣使乞和不報丁卯燕將趙行實來奔天祐十年春正月丁己周德威攻下順州獲刺史王在思二月甲戌朔攻下安遠軍獲燕將一十八人庚寅梁朱友珪爲其將袁象先所殺均王友貞即位于汴州丙申周德威報檀州刺史陳確以城降三月甲辰朔收盧臺軍乙丑收古北口時居庸關使胡令珪等與諸戍

將相繼挈族來奔丙戌武州刺史高行珪遣使乞降時劉守光遣愛將元行欽牧馬于山北聞行珪有變率戍兵攻行珪行珪遣其弟行温爲質且乞應援周德威遣李嗣源李嗣本安金全率兵救武州降元行欽以歸四月甲申燕將李暉等二千餘人舉族來奔德威攻幽州南門壬辰劉守光遣使王遵化致書哀祈于德威德威戲遵化曰大燕皇帝尚未郊天何怯劣如是耶守光再遣哀祈德威乃以狀聞己亥劉光濬攻下平州獲刺史張在吉五月壬寅朔光濬進廹營州刺史楊靖以城降乙巳梁將楊師厚會劉守奇率大軍侵鎮州時帝之先

鋒將史建瑭自趙州率五百騎入眞定師厚大掠鎮冀之屬邑王鎔告急于周德威德威分兵赴援師厚移軍寇滄州張萬進懼遂降于梁六月壬申朔帝遣監軍張承業至幽州與周德威會議軍事秋七月承業與德威率千騎至幽州西守光遣人持信箭一隻乞脩和好承業曰燕師當令子弟一人爲質則可是日燕將司全爽等十一人並舉族來奔辛亥德威進攻諸城門壬子賊將楊師貴等五千人來降甲子五院軍使李信攻下莫州時守光繼遣人乞降將緩帝軍陰令其將孟脩阮通謀于滄州節度使劉守奇及求援于楊師厚帝之游騎

擒其使以獻是月帝會王鎔于天長九月劉守光率衆夜出遂陷順州冬十月己巳劉守光帥七百騎步軍五千夜入檀州庚午周德威自涿州將兵躡之壬申守光自檀州南山而遁德威追及大敗之獲大將李劉張景紹及將吏八百五十人馬一百五十匹守光得百餘騎遁入山谷德威急馳扼其城門守光惟與親將李小喜等七騎奔入燕城己丑守光遣牙將劉化脩周遵業等以書幣哀祈德威庚寅守光乘城以病告復令人獻自乘馬玉鞍勒易德威所乘馬而去俄而劉光濬擒送守光僞殿直二十五人于軍門守光又乘城謂德威曰予

俟晉王至卽泥首俟命祈德威卽馳驛以聞十一月己亥朔帝下令親征幽州甲辰發晉陽（案歐陽史作十月劉守光請降王如幽州據薛史則帝發晉陽在十一月甲辰非十月也通鑑從薛史）己未至范陽辛酉守光奉禮幣歸款于帝帝單騎臨城邀守光辭以佗日蓋爲其親將李小喜所扼也是夕小喜來奔帝下令諸軍詰旦攻城壬戌梯衝並進軍士畢登帝登燕丹塚以觀之有頃擒劉仁恭以獻癸亥帝入燕城諸將畢賀十二月庚午墨制授周德威幽州節度使癸酉檀州燕樂縣人執劉守光并妻李氏祝氏子繼祚以獻己卯帝下令班師自雲代而旋時鎮州王鎔定州王處直遣使請帝

由井陘而西許之庚辰帝發幽州擄仁恭父子以行甲申次定州舍于關城翌日次曲陽與王處直謁北嶽祠是日次行唐鎭州王鎔迎謁于路天祐十一年春正月戊戌朔王鎔以履新之日與其子昭祚昭誨奉觴上壽置宴鎔啟曰燕主劉太師頃爲鄰國今欲挹其風儀可乎帝卽命主曰破械引仁恭守光至與之同宴鎔饋以衣被飲食己亥帝發鎭州因與王鎔畋于行唐之西壬子至晉陽以組繫仁恭守光號令而入是日誅守光遣大將李存霸拘送仁恭于代州刺其心血奠告于武皇陵然後斬之案遼史太祖紀七年正月晉王李存勗拔幽州擒劉守光考遼太祖七年卽天祐十年莊宗以天祐十年冬始拔幽州十一年正月乃凱旋也遼史誤以次年事先一年書之是月鎭州王鎔定州王處直遣使推帝爲尚書令初王鎔稱藩于梁梁以鎔爲尚書令至是鎭定以帝南破梁軍北定幽薊乃共推崇焉使三至帝讓乃從之遂選日受冊開霸府建行臺如武德故事秋七月帝親將自黃沙嶺東下會鎭人進軍邢洺梁將楊師厚軍於漳東帝軍次張公橋既而裨將曹進金奔于梁帝軍不利而退八月還晉陽天祐十二年三月梁魏博節度使賀德倫遣使奉幣乞盟時楊師厚卒于魏州梁主乃割相衛澶三州別爲一鎭以德倫爲魏博節度使以張筠爲相州節度使魏

人不從是月二十九日夜魏軍作亂囚德倫于牙署三軍大掠軍士有張彥者素實凶暴爲亂軍之首迫德倫上章請却復六州之地梁主不從遂迫德倫歸于帝且乞師爲援帝命馬步總管李存審自趙州帥師屯臨清帝自晉陽東下與存審會通鑑晉王引大軍自黃澤嶺東下與存審會于臨清猶疑魏人之詐按兵不進賀德倫遣從事司空頲至軍密啟張彥狂勃之狀且曰若不翦此亂階恐貽後悔帝默然遂進軍永濟張彥謁見以銀槍效節五百人從皆被甲持兵以自衛帝登樓諭之曰汝等在城濫殺平人奪其妻女數日以來迎訴者甚衆當斬汝等以謝鄴人遂令斬彥及同惡者七人軍士服慄帝親加慰撫而退翌日帝輕裘緩策而進令張彥部下軍士被甲持兵環馬而從命爲帳前銀槍衆心大服梁將劉鄩聞帝至以精兵萬人自洹水趣魏縣帝命李存審帥師禦之帝率親軍于魏縣西北夾河爲柵六月庚寅朔帝入魏州賀德倫上符印請帝兼領魏州帝從之墨制授德倫大同軍節度令取便路赴任帝下令撫諭鄴人軍城畏肅民心大服是時以貝州張源德據壘拒命南通劉鄩又與滄州首尾相應聞德州無備遣別將襲之遂拔其城命遼州牙將馬通爲德州刺史以扼滄貝之路秋七月梁澶州刺史王彥

章棗城而遁畏帝軍之逼也以故將李巖爲澶州刺史帝至魏縣因率百餘騎覘梁軍之營是日陰晦劉鄩伏兵五千于河曲叢木間帝至伏兵忽起大譟而來圍帝數十重帝以百騎馳突奮擊梁軍辟易決圍而出有頃援軍至乃解帝顧謂軍士曰幾爲賊所笑是月劉鄩潛師由黃澤西趨晉陽至樂平而還遂軍于宗城初鄩在洹水數日不出寂無聲迹帝遣騎觀之無斥候者城中亦無烟火之狀但有鳥止于壘上時見旗幟循堞往來帝曰我聞劉鄩用兵一步百變必以詭計悞我使視城中乃縛旗于芻偶之上使驢負之循堞而行得城中羸

老者詰之云軍去已二日矣既而有人自鄩軍至者言兵已趨黃澤帝遽發騎追之時霖雨積旬鄩軍倍道兼行皆腹疾足腫加以山路險阻崖谷泥滑緣蘿引葛方得少進顚墜巖坂陷于泥淖而死者十二三前軍至樂平糗糧將竭聞帝軍追躡于後太原之眾在前羣情大駭鄩收合其眾還自邢州陳宋口渡漳水而東駐于宗城時魏之軍儲已乏臨清積粟所在鄩欲引軍據之周德威初聞鄩軍之西自幽州率千騎至土門及鄩軍東下急趨南宮知鄩軍在宗城遣十餘騎迫其營擒斥候者斷其腕令還德威至臨清鄩起軍駐貝州帝率親騎

次博州鄩軍于堂邑周德威自臨清率五百騎躡之是日鄩軍于莘縣帝營于莘西一舍城壘相望日夕交鬬八月梁將賀瓌襲取澶州帝遣李存審率兵五千攻貝州因塹而圍之冬十月有軍士自鄩軍來奔帝善待之乃劉鄩密令齎酖賂帝膳夫欲寘毒于食中會有告者索其黨誅之天祐十三年春二月帝知劉鄩將謀速戰乃聲言歸晉陽以誘之實勞軍于貝州也令李存審守其營鄩謂帝已臨晉陽將乘虛襲鄴三月鄩遣其將楊延直自澶州率兵萬人會于城下夜半至于南門之外城中潛出壯士五百人突入延直之軍譟聲動地梁軍

自亂遲明鄩自莘引軍至城東與延直兵會鄩之來也李存審率兵踵其後李嗣源自魏城出戰俄而帝自貝州至鄩卒見帝驚曰晉王耶因引軍漸却至故城西李存審大軍已成列矣軍前後爲方陣梁軍于其間爲圓陣四面受敵兩軍初合梁軍稍卻再合鄩引騎軍突西南而走帝以騎軍追擊之梁步軍合戰短兵既接帝軍鼓譟圍之數重埃塵漲天李嗣源以千騎突入其間眾皆披靡相躪如積帝軍四面斬擊棄甲之聲聞數十里眾既奔潰帝之騎軍追及于河上十百爲羣赴水而死梁步兵七萬殲亡殆盡劉鄩自黎陽濟奔滑州是月梁

主遣別將王檀率兵五萬自陰地關趨晉陽急攻其城昭義李嗣昭遣將石嘉才率騎三百赴援時安金全張承業堅守于內嘉才救援于外檀懼乃燒營而遁追擊于陰地關時劉鄩敗于莘縣王檀遁于晉陽梁主聞之曰吾事去矣三月乙卯朔分兵以攻衛州壬戌刺史米昭以城降夏四月攻洺州下之五月帝還晉陽六月命偏師攻閻寶于邢州梁主遣捉生都將張溫率步騎五百爲援至內黃溫率衆來奔秋七月甲申朔帝自晉陽至魏州八月大閱師徒進攻邢州相州節度使張筠棄城遁去以袁建豐爲相州刺史依舊隸魏州邢州節度使閻寶請以城降以忻州刺史蕃漢副總管李存審爲邢州節度使以閻寶爲西南面招討使遥領天平軍節度使是月契丹入蔚州（案歐陽史及通鑑俱從薛史作蔚州遼史太祖紀神册元年拔朔州擒節度使李嗣本與薛史異）振武節度使李嗣本陷于契丹九月帝還晉陽梁滄州節度使戴思遠棄城遁去舊將毛璋入據其城李嗣源帥師招撫璋以城降乃以李存審爲滄州節度使以李嗣源爲邢州節度使時契丹犯塞帝領親軍北征至代州北聞蔚州陷乃班師（案遼史太祖紀十一月攻蔚新武嬀儒五州自代北至河曲踰陰山盡有其地其圍蔚州敵樓無故自壞衆軍大譟乘之不踰時而破蓋由朔州進破蔚州也通鑑作晉王自將兵救雲州契丹聞之引去與遼史異）是月貝州平以滄

州降將毛璋爲貝州刺史自是河朔悉爲帝所有帝自晉陽復至于魏州天祐十四年二月帝聞劉鄩復收殘兵保守黎陽遂率師以攻之不克而還是月甲午新州將盧文進殺節度使李存矩叛入契丹遂引契丹之衆寇新州存矩帝之諸弟也治民失政御下無恩故及于禍帝以契丹王案巴堅（舊作阿保機今改正）與武皇屢盟于雲中約爲兄弟急難相救至是容納叛將違盟犯塞乃馳書以讓之契丹攻新州甚急刺史安金全棄城而遁契丹以文進部將劉殷爲刺史帝命周德威率兵三萬攻之營于城東俄而文進引契丹大至德威拔營而歸因爲契丹追躡師徒多喪契丹乘勝寇幽州是時言契丹者或云五十萬或云百萬漁陽以北山谷之間氈車毳幕羊馬彌漫盧文進招誘幽州亡命之人教契丹爲攻城之具飛梯衝車之類畢陳于城下鑿地道起土山四面攻城半月之間機變百端城中隨機以應之僅得保全軍民困弊上下恐懼德威間道馳使以聞帝憂形于色召諸將會議時李存審請急救燕薊且曰我若猶豫未決但恐城中生事李嗣源曰願假臣突騎五千以破契丹閻寶曰但當蒐選鋭兵控制山險強弓勁弩設伏待之帝曰吾有三將無復憂矣夏四月命李嗣源率師赴

援次于淶水又遣閻寶率師夜過祁溝俘擒而還周德威遣人告李嗣源曰契丹三十萬馬牛不知其數近日所食羊馬過半案巴堅責讓盧文進深悔其來契丹勝兵散布射獵案巴堅帳前不滿萬人宜夜出奇兵掩其不備嗣源具以事聞案遼史太祖紀四月圍幽州不克六月乙巳望城中有氣如烟火狀上曰未可攻也以大暑霖潦班師留盧國用守之是契丹主已于六月退師矣薛史及通鑑皆不載秋七月辛未帝遣李存審領軍與嗣源會于易州步騎凡七萬于是三將同謀銜枚束甲尋澗谷而行直抵幽州八月甲午自易州北循山而行李嗣源率三千騎為前鋒庚子循大房嶺而東距幽州六十里契丹萬騎遽至存

審嗣源極力以拒之契丹大敗委棄毳幕氈廬弓矢羊馬不可勝紀進軍追討俘斬萬計辛丑大軍入幽州德威見諸將握手流涕翌日獻捷于鄴九月班師帝授存審檢校太傅嗣源檢校太保閻寶加同平章事十月帝自魏州還晉陽十一月復至魏州十二月帝觀兵于河上時梁人據楊劉城列柵相望帝率軍履河冰而渡盡平諸柵進攻楊劉城城中守兵三千人帝率騎軍環城馳射又令步兵持斧斬其鹿角負葭葦以堙塹帝自負一圍而進諸軍鼓譟而登遂拔其壘獲守將安彥之是夕帝宿楊劉天祐十五年春正月帝軍狥地至鄆濮時

梁主在洛將修郊禮聞楊劉失守狼狽而還二月梁將謝彥章帥眾數萬來廹楊劉築壘以自固又決河水瀰漫數里以限帝軍六月壬戌帝自魏州復至楊劉甲子率諸軍涉水而進梁人臨水拒戰帝軍小却俄而鼓譟復進梁軍漸退因乘勢而擊之交鬭于中流梁軍大敗殺傷甚眾河水如絳謝彥章僅得免去是月淮南楊溥遣使來會兵將致討于梁也秋八月辛丑朔大閱于魏郊河東魏博幽滄鎮定邢洺麟勝雲朔十鎮之師及奚契丹室韋吐渾之眾十餘萬部陣嚴肅旌甲照曜師旅之盛近代為最己酉梁兗州節度使張萬進遣使歸款

帝自魏州率師次于楊劉畧地至鄆濮而還遂營于麻家渡諸鎮列營十數梁將賀瓌謝彥章以軍屯濮州行臺村結壘相持百餘日帝嘗以數百騎摩壘求戰謝彥章帥精兵五千伏于堤下帝以十餘騎登堤伏兵發圍帝十數重俄而帝之騎軍繼至攻于圍外帝于圍中躍馬奮擊決圍而出李存審兵至梁軍方退是時帝銳于接戰每馳騎出營存審必叩馬進諫帝伺存審有間即策馬而出顧左右曰老子妨吾戲耳至是幾危方以存審之言為忠也十二月庚子朔帝進軍距梁軍柵十里而止時梁將賀瓌殺騎將謝彥章于軍帝聞之曰賊帥

自相魚肉安得不亡戊午下令軍中老幼令歸魏州悉兵以趣汴庚申大軍毀營而進辛酉次于臨濮梁軍捨營踵于後癸亥次胡柳陂遲明梁軍亦至帝率親軍出視諸軍從之梁軍已成陣橫亘數十里帝亦以橫陣抗之時帝與李存審總河東魏博之衆居其中周德威以幽薊之師當其西鎮定之師當其東梁將賀瓌王彥章全軍接戰帝以銀槍突入梁軍陣中斬擊十餘里賀瓌王彥章單騎走濮陽帝軍輜重在陣西望見梁軍旗幟皆驚走因自相蹈籍不能禁止帝一軍先敗周德威戰歿是時陂中有土山梁軍數萬先據之帝帥中軍至山

下梁軍嚴整不動旗幟甚盛帝呼諸軍曰今日之戰得山者勝賊已據山吾與爾等各馳一騎以奪之帝率軍先登銀槍步兵繼進遂奪其山梁軍紛紜而下復于土山西結陣數里時日已晡矣或曰諸軍未齊不如還營詰朝可圖再戰閻寶曰深入賊境逢其大敵期于盡銳以決雌雄況賊帥奔亡衆心方恐今乘高擊下勢如破竹矣銀槍都將王建及被甲橫槊進曰賊將先已奔亡王之騎軍一無所損賊衆晡晚大半思歸擊之必破王但登山縱觀責臣以破賊之效于是李嗣昭領騎軍自土山北以逼梁軍王建及呼士衆曰今日所失輜重並在山下乃大呼以奮擊諸軍繼之梁軍大敗時元城令吳瓊貴鄉令胡裝各部役徒萬人于山下曳柴揚塵鼓譟助其勢梁軍不之測自相騰籍棄甲山積甲子命行戰場收獲鎧仗不知其數時帝之軍士有先入大梁問其次舍者梁人大恐驅市人以守其殘衆奔歸汴者不滿千人帝軍遂拔濮陽（永樂大典卷七千一百五十六）

舊五代史卷二十八終

舊五代史卷二十八攷證

唐莊宗紀二梁祖自督軍攻棗強甲申城陷屠之　甲申通鑑作丙戌

周德威大破燕軍于羊頭岡　案通鑑作龍頭岡攷異引莊宗實錄作羊頭岡

遣使推帝爲尚書令　案通鑑攷異引唐實錄云天祐八年晉王已稱尚書令是書作天祐十一年與唐實錄異

是月二十九日夜　案通鑑攷異引莊宗實錄作二十七日今攷是書賀德倫傳作二十九日與此紀合

以故將李巖爲澶州刺史　李巖通鑑攷異引莊宗實錄作李嚴

決圍而出　案通鑑作自午至申乃得出亡其七騎

遣將石嘉才　嘉才梁紀作家才唐列傳作家財

以袁建豐爲相州刺史依舊隸魏州　案通鑑作四月晉人拔洺州以魏州都巡檢使袁建豐爲洺州刺史八月晉人復以相州隸天雄軍以李嗣源爲刺史與是書異

是月淮南楊溥遣使來會兵將致討于梁也　案十國春秋吳世家作七月晉王李存勗遣間使持帛書會兵伐梁王辭以虔州之難與是書異

舊五代史卷二十八攷證

舊五代史卷二十九

宋司空同中書門下平章事薛居正等撰

莊宗紀第三　唐書五

天祐十六年春正月李存審城德勝夾河爲柵帝還魏州命昭義軍節度使李嗣昭權知幽州軍府事三月帝兼領幽州遣近臣李紹宏提舉府事夏四月梁將賀瓌圍德勝南城百道攻擊復以艨艟扼斷津渡帝馳而往陣于北岸南城守將氏延賞告急且言矢石將盡帝以重賄召募能破賊艦者于是獻技者數十或言能吐火焚舟或言能禁呪兵刃悉命試之無驗帝憂形于色親

從都將王建及進曰臣請效命乃以巨索連舟十艘選效節勇士三百人持斧被鎧鼓棹而進至中流梁樓船三層蒙以牛革懸板爲楯建及率持斧者入艨艟間斬其竹笮破其懸楯又于上流取甕數百用竹笮維之積薪于上灌以脂膏火發亘空又以巨艦載甲士令乘煙鼓譟梁之樓船斷紲而下沉溺者殆半軍既得渡梁軍乃退命騎軍追襲至濮陽俘斬千計賀瓌由此飲氣遘疾而卒秋七月帝歸晉陽八月梁將王瓚帥衆數萬自黎陽渡河營于楊村造舟爲梁以通津路冬十月帝自晉陽至魏州發徒數萬以廣德勝北城自是日與梁軍接戰十二月戊戌帝軍于河南夜伏步兵于潘張村梁軍寨下以騎軍掠其餉運擒其斥候梁王瓚結陣以待帝軍以鐵騎突之諸軍繼進梁軍大奔赴水死者甚衆瓚走保北城天祐十七年春幽州民于田中得金印文曰關中龜印李紹宏獻于行臺秋七月梁將劉鄩尹皓寇同州先是河中節度使朱友謙取同州以其子令德主留務請梁主降節梁主怒不與遂請旄節于帝梁主乃遣劉鄩與華州節度使尹皓帥兵圍同州友謙來告難帝遣蕃漢總管李存審昭義節度使李嗣昭代州刺史王建及率師赴援九月師至河中朝至夕濟梁人不

意王師之至望之大駭明日約戰與朱友謙謀遲明進軍距梁壘梁人悉衆以出蒲人在南王師在北騎軍既接蒲人小却李嗣昭以輕騎抗之梁軍奔潰追斬二千餘級是夜劉鄩收餘衆保營自是閉壁不出數日鄩遂宵遁王師追及于渭河所棄兵仗輜重不可勝計劉鄩尹皓單騎獲免未幾鄩憂恚發病卒（案梁書劉鄩傳作遇酖而卒與唐紀異）王師畧地至奉先嗣昭因謁唐帝諸陵而還天祐十八年春正月魏州開元寺僧傳眞獲傳國寶獻于行臺驗其文即受命于天子孫寶之八字也羣寮稱賀（案自開元寺至此三十三字原本闕佚今從册府元龜增入）傳眞師于廣明中遇京師喪

亂得之秘藏已四十年矣篆文古體人不之識至是獻之時淮南楊溥西川王衍皆遣使致書勸帝嗣唐帝位帝不從二月代州刺史王建及卒是月鎮州大將張文禮殺其帥王鎔時帝方與諸將宴酒酣樂作聞鎔遇弒遽投觶而泣曰趙王與吾把臂同盟分如金石何負于人覆宗絕祀冤哉先是滹沱暴漲漂關城之半溺死者千計是歲天西北有赤祲如血占者言趙分之災至是果驗時張文禮遣使請旄節于帝帝曰文禮之罪期于無赦敢邀予旄節左右曰方今事繁不欲與人生事帝不得已而從之乃承制授文禮鎮州兵馬留後三月河

中節度使朱友謙昭義節度使李嗣昭滄州節度使李存審定州節度使王處直邢州節度使李嗣源成德軍兵馬留後張文禮遙領天平軍節度使閻寶大同軍節度使李存璋新州節度使王郁振武節度使李存進同州節度使朱令德各遣使勸進請帝紹唐帝位帝報書不允自是諸鎮凡三上章勸進各獻貨幣數十萬以助即位之費帝左右亦勸帝早副人望帝撝挹久之九國志趙季貞傳季貞嘗夢手扶御座自謂輔佐之象由是頗泄天時人事以諷莊宗深納其言秋七月河東節度副使盧汝弼卒八月庚申令天平節度使閻寶成德兵馬留後符習率兵討張文禮于鎮州初王鎔令

偏將符習以本部兵從帝屯于德勝文禮既行弒逆忌鎔故將多被誅戮因遣使間于帝欲以佗兵代習歸鎮習等懼請留帝令傳旨于習及別將趙仁貞烏震等明正文禮弒逆之罪且言爾等荷戟從征蓋君父之故銜冤報恩誰人無心吾當給爾資糧助爾兵甲當試思之於是習等率諸將三十餘人慟哭于牙門請討文禮帝因授習成德軍兵馬留後以部下鎮冀兵致討于文禮又遣閻寶以助之以史建瑭爲前鋒甲子攻趙州刺史王鋋送符印以迎閻寶遂引軍至鎮州城下營于西北隅是月張文禮病疽而卒其子處瑾代掌軍事九月前

鋒將史建瑭與鎮人戰于城下爲流矢所中而卒冬十月己未梁將戴思遠攻德勝北城帝命李嗣源設伏于戚城令騎軍挑戰梁軍大至帝御中軍以禦之時李從珂僞爲梁幟奔入梁壘斧其眺樓持級而還梁軍愈恐步兵漸至李嗣源以鐵騎三千乘之梁軍大敗俘斬二萬計辛酉閻寶上言定州節度使王處直爲其子都幽于別室都自稱留後歐陽史王處直叛附于契丹其子都幽處直以來附十一月帝至鎮州城下張處瑾遣弟處琪幕客齊儉等候帝乞降言猶不遜帝命囚之時王師築土山以攻其壘城中亦起土山以拒之旬日之間機巧百變張處瑾令韓正

時以千騎夜突圍將入定州與王處直議事爲我游軍追擊破之餘衆保行唐賊將彭贇斬正時以降十二月辛未王郁誘契丹案巴堅（契丹國志王處直在定州以鎭定爲脣齒恐鎭亡而定孤乃潛使人語其子王郁使賂契丹令犯塞以救鎭州之圍王郁說太祖曰鎭州美女如雲金帛似山天皇速往則皆爲已物也不然則爲晉王所有矣太祖以爲然率衆而南）寇幽州遂引軍涿州陷之（案契丹陷涿州在天祐十八年李嗣粥傳作天祐十九年紀傳互異）又寇定州王都遣使告急帝自鎭州率五千騎赴之天祐十九年春正月甲午帝至新城契丹前鋒三千騎至新樂是時梁將戴思遠乘虛以寇魏州軍至魏店李嗣源自領兵馳入魏州梁人知其有備乃西渡洹水陷成安而去時契丹渡沙河而諸將相顧失色又聞梁人內侵鄴城危急皆請旋師唯帝謂不可乃率親騎至新城契丹萬餘騎遽見帝軍惶駭而退帝分軍爲二廣追躡數十里獲案巴堅之子時沙河水薄橋梁隘狹敵爭踐而過陷溺者甚衆案巴堅方在定州聞前軍敗退保望都帝至定州王都迎謁是夜宿于開元寺翌日引軍至望都契丹逆戰帝身先士伍馳擊數四敵退而結陣帝之徒兵亦陣于水次李嗣昭躍馬奮擊敵衆大潰俘斬數千追擊至易水獲氈裘毳幕羊馬不可勝紀時歲且北至大雪平地五尺敵乏芻糧人馬斃踣道路纍纍不絕帝乘勝追襲至

幽州（契丹國志晉王趨望都爲契丹所圍力戰出入數四不解李嗣昭引三百騎橫擊之晉王始得出因縱兵奮擊太祖兵敗遂北至易州會大雪彌旬平地數尺人馬死者相屬太祖乃歸）是月梁將戴思遠寇德勝北城築壘穿塹地道雲梯晝夜攻擊李存審極力拒守城中危急帝自幽州聞之倍道兼行以赴梁人聞帝至燒營而遁三月丙午王師敗于鎭州城下閻寶退保趙州時鎭州累月受圍城中艱食王師築壘環之又決滹沱水以絕城中出路是日城中軍出攻其長圍皆奮力死戰王師不能拒引師而退鎭人壞其營壘取其芻糧者累日帝聞失律卽以昭義節度使李嗣昭爲北面招討使進攻鎭州夏四月嗣昭爲流矢所中卒于師已卯天平節度使閻寶卒以振武節度使李存進爲北面招討使是月大同軍節度使李存璋卒五月乙酉李存進圍鎭州營于東渡八月梁將段凝陷衛州刺史李存儒被擒存儒本俳優也帝以其有膂力故用爲衛州刺史旣而誅歛無度人皆怨之故爲梁人所襲（九國志趙季良傳莊宗入鄴時兵革屢興屬邑租賦逋久一日莊宗召季良切責之季良對曰殿下何時平河南莊宗正色曰爾掌輿賦而稽緩安問我勝負乎季良曰殿下方謀攻守復務急徵一旦衆心有變恐河南非殿下所有莊宗歛容前席日徵君之言幾失吾大計）梁將戴思遠又陷共城新鄉等邑自是澶淵之西相州之南皆爲梁人所據九月戊寅朔張處球悉城中兵奄至東垣渡急攻我之壘門時

騎軍已臨賊城不覺其出李存進惶駭引千餘人鬬于橋上賊退我之騎軍前後夾擊之賊衆大敗步兵數千殆無還者是役也李存進戰歿于師以蕃漢馬步總管李存審爲北面招討使以攻鎮州丙午夜趙將李再豐之子沖投縋以接王師諸軍登城遲明畢入鎮州平獲處球處瑾處琪并其母及同惡高濛李翥齊儉等皆折足送行臺鎮人請醢而食之發張文禮尸磔于市帝以符習爲鎮州節度使烏震爲趙州刺史趙仁貞爲深州刺史李再豐爲冀州刺史鎮人請帝兼領本鎮從之乃以符習遙領天平軍節度使十一月河東監軍張承業

卒十二月以魏州觀察判官張憲權知鎮州軍州事

同光元年春正月丙子五臺山僧獻銅鼎三言於山中石崖間得之二月新州團練使李嗣肱卒是時以諸藩鎮相繼上牋勸進乃命有司制置百官省寺仗衛法物期以四月行即位之禮以河東節度判官盧質爲大禮使三月己卯以横海軍節度使內外蕃漢馬步總管李存審爲幽州節度使潞州留後李繼韜叛送款于梁是月築即位壇于魏州牙城之南夏四月己巳帝升壇祭告昊天上帝遂即皇帝位文武臣寮稱賀禮畢御應天門宣制改天祐二十年爲同光元年大赦天下自四月二十五日昧爽以前除十惡五逆放火行劫持杖殺人官典犯贓屠牛鑄錢合造毒藥外罪無輕重咸赦除之應蕃漢馬步將校並賜功臣名號超授檢校官已高者與一子六品正員官兵士並賜等第優給其戰歿功臣各加追贈仍定謚號民年八十已上與免一子役內外文武職官並可直言極諫無有隱諱貢選二司宜令有司速商量施行雲應蔚朔易定幽燕及山後八軍秋夏稅率量與蠲減民有三世已上不分居者與免雜徭諸道應有祥瑞不用聞奏赦書有所未該委所司條奏以聞云是歲自正月不雨人心憂恐宣赦之日澍雨溥降

初唐咸通中金水土火四星聚于畢昴太史奏畢昴趙魏之分其下將有王者懿宗乃詔令鎮州王景崇被衮冕攝朝三日遣臣下備儀注軍府稱臣以厭之其後四十九年帝破梁軍于栢鄉平定趙魏至是即位于鄴宮是月以行臺左丞相豆盧革爲門下侍郎同中書門下平章事太淸宮使以行臺右丞相盧澄（案原本作盧登今從通鑑攷異改正）爲中書侍郎平章事監修國史以前定州掌書紀李德休爲御史中丞以河東節度判官盧質爲兵部尚書充翰林學士承旨以河東掌書記馮道爲戶部侍郎充翰林學士以魏博鎮冀觀察判官張憲爲工部侍郎充

租庸使以中門使郭崇韜昭義監軍使張居翰並爲樞密使以權知幽州軍府事李紹宏爲宣徽使以魏博節度判官王正言爲禮部尚書行興唐尹以河東軍城都虞候孟知祥爲太原尹充西京副留守以澤潞節度判官任圜爲工部尚書兼眞定尹充北京副留守詔升魏州爲東京興唐府改元城縣爲興唐縣貴鄉縣爲廣晉縣以太原爲西京以鎮州爲北都是時所管節度一十三州五十閏月丁丑以李嗣源爲檢校侍中依前橫海軍節度使内外蕃漢副總管以幽州節度使李存審爲檢校太師兼中書令依前蕃漢馬步總管以河東節度

使朱友謙爲檢校太師兼尚書令安國軍節度使符習加同平章事定州節度使王都加檢校侍中是月追尊曾祖蔚州太保爲昭烈皇帝廟號懿祖夫人崔氏曰昭烈皇后追尊皇祖代州太保爲文景皇帝廟號獻祖夫人秦氏曰文景皇后追尊皇考河東節度使太師中書令晉王爲武皇帝廟號太祖詔于晉陽立宗廟以高祖神堯皇帝太宗文皇帝懿宗昭聖皇帝昭宗聖穆皇帝及懿祖以下爲七廟甲午契丹寇幽州至易定而還時有自鄆來者言節度使戴思遠領兵在河上州城無守兵可襲而取之帝召李嗣源謀曰昭義阻命梁將董璋攻廹澤州梁志在澤潞不虞別有事生汶陽無備不可失也嗣源以爲然壬寅命嗣源率步騎五千銜枚自河趨鄆是夜陰雨我師至城下鄆人不覺遂乘城而入鄆州平制以李嗣源爲天平軍節度使梁王聞鄆州陷大恐乃遣王彥章代戴思遠總兵以來拒時朱守殷守德勝南城帝懼彥章奔衝遂幸澶州五月辛酉彥章夜率舟師自楊村浮河而下斷德勝之浮橋攻南城陷之帝令中書焦彥賓馳至楊劉固守其城令朱守殷徹德勝北城屋木攻具浮河而下以助楊劉是時德勝軍食芻茭薪炭數十萬計至是令人輦負入澶州事既倉卒耗

失殆半朱守殷以所毁屋木編栰置步軍于其上王彥章以舟師沿流而下各行一岸每遇轉灘水匯即中流交鬬流矢雨集或全舟覆没一彼一此終日百戰比及楊劉殆亡其半己巳王彥章段凝率大軍攻楊劉南城焦彥賓與守城將李周極力固守梁軍晝夜攻擊百道齊進竟不能下遂結營于楊劉之南東西延袤十數柵六月己亥帝親御軍至楊劉登城望見梁軍重壕複壘以絶其路帝乃選勇士持短兵出戰梁軍于城門外連延屆曲穿掘小壕伏甲士于中候帝軍至則弓弩齊發師人傷夭不得進帝患之問計于郭崇韜崇韜請於下

流據河築壘以救鄆州又請帝日令勇士挑戰旬日之內冦若不至營壘必成帝善之卽令崇韜與毛璋率數千人中夜往博州濟河東晝夜督役居六日營壘將成戊子梁將王彥章杜晏球領徒數萬晨壓帝之新壘時板築雖畢牆仞低庳戰具未備沙城散惡王彥章列騎環城虐用其人使步軍堙壕登堞又于上流下巨艦十餘艘扼斷濟路自旦至午攻擊百端城中危急帝自楊劉引軍陣于西岸城中望之大呼帝艤舟將渡梁軍遂解圍退保鄒家口秋七月丁未帝御軍沿河而南梁軍棄鄒家口夜遁委棄鍋甲芻糧千計戊午遣騎將李紹

貽直抵梁軍壘梁益恐又聞李嗣源自鄆州引大軍將至己未夜梁軍拔營而遁復保于楊村帝軍屯于德勝甲子帝幸楊劉城巡視梁軍故壘八月壬申朔帝遣李紹斌以甲士五千援澤州初李繼韜之叛也潞之舊將裴約以兵戍澤州不狥繼韜之逆旣而梁遣董璋率衆攻其城約拒守久之告急于帝故遣紹斌救之未至而城已陷裴約被害帝聞之嗟痛不已甲戌帝自楊劉歸鄆梁以段凝代王彥章爲帥戊子凝帥衆五萬結營于王村自高陵渡河帝軍遇之生擒梁前鋒軍士二百人戮于都市庚寅帝御軍至朝城戊戌梁左右先鋒指揮

使康延孝領百騎來奔帝虛懷引見賜御衣玉帶屛人問之對曰臣竊觀汴人兵衆不少論其君臣將校則終見敗亡趙巖趙鵠張漢傑居中專政締結宮掖賄賂公行段凝素無武略一朝便見大用霍彥威王彥章皆宿將有名翻出其下自彥章獲德勝南城梁主亦稍獎使彥章立性剛暴不耐凌制梁主每一發軍卽令近臣監護進止可否悉取監軍處分彥章悒悒形于顏色自河津失利段凝彥章又獻謀欲數道舉軍令董璋以陝虢澤潞之衆趨石會關以冦太原霍彥威統關西汝洛之衆自相衛以冦鎭定段凝杜晏球領大軍以當陛下令

王彥章張漢傑統禁軍以攻鄆州決取十月內大舉又自滑州南決破河堤使水東注曹濮之間至于汶陽瀰漫不絕以陷北軍臣在軍側聞此議臣惟汴人兵力聚則不少分則無餘陛下但待分兵領鐵騎五千自鄆州兼程直抵于汴不旬日天下事定矣帝懌然壯之九月壬寅朔帝在朝城凝兵至臨河南與帝之騎軍接戰是時澤潞叛衛州黎陽爲梁人所據州以西相以南冦抄日至編戶流亡計其軍賦不支半年又王都盧文進召契丹南侵瀛涿及聞梁人將圖大舉帝深憂之召將吏謀其大計或曰自我得汶陽以來須大將固守城門之

外冗是賊疆細而料之得不如失今若馳檄告諭梁人郄衛州黎陽以易鄆州指河爲界約且休兵我國力稍集則議改圖帝曰嘻行此謀則無葬地矣時郭崇韜勸帝親御六軍直趨汴州半月之間天下可定帝曰正合朕意大丈夫得則爲王失則爲冦予行計決矣又問司天監對曰今歲時不利深入必無成功帝弗聽戊辰梁將王彥章率衆至汶河李嗣源遣騎軍偵視至遞公鎮（案永樂大典原本作遽公鎮今從通鑑考異所引薛史作遞公鎮通鑑從莊宗實錄作遞坊鎮）梁軍來挑戰嗣源以精騎擊而敗之生擒梁將任釗田章等三百人俘斬二百級彥章引衆保于中都嗣源飛驛告捷

帝置酒大悅曰是當決行渡河之策已已下令軍中將士家屬並令歸鄴（永樂大典卷七千一百五十六）

舊五代史卷二十九終

舊五代史卷二十九攷證

鎮州大將張文禮殺其帥王鎔　案歐陽史作正月趙將張文禮弒其君鎔五代春秋作三月趙人張文禮殺其君鎔與是書繫二月前後互異

行臺右丞相盧澄　盧澄歐陽史作盧程攷北夢瑣言亦作澄今仍其舊

帝令中書焦彥賓馳至楊劉固守其城　案通鑑作帝令宦者焦延賓急趨楊劉與鎮使李周固守其城

六月已亥帝親御軍至楊劉　案已亥通鑑作乙亥

帝艤舟將渡梁軍遂解圍　案歐陽史作六月及王彥

章戰于新壘敗之據是書則王彥章因救至而解圍未嘗敗績也

遣騎將李紹貽　李紹貽通鑑作李紹榮

舊五代史卷二十九攷證

舊五代史卷三十

宋司空同中書門下平章事薛居正等撰

莊宗紀第四　唐書六

同光元年冬十月辛未朔日有蝕之是日皇后劉氏皇子繼岌歸鄴宮帝送于離亭歔欷而別詔宣徽使李紹宏宰相豆盧革租庸使張憲興唐尹王正言同守鄴城壬申帝御大軍自楊劉濟河癸酉至鄆州是夜三鼓渡汶時王彥章守中都甲戌帝攻之中都素無城守師旣雲合梁衆自潰是日擒梁將王彥章及都監張漢傑趙廷隱劉嗣彬李知節康文通王山興等將吏二百餘人

斬馘二萬奪馬千匹時旣獲中都之捷帝召諸將謀其所向或言且徇兗州徐圖進取唯李嗣源曰宜急趨汴州段凝方領大軍駐于河上假如便來赴援直路又阻決河須自滑州濟渡十萬之衆舟檝焉能卒辦此去汴城咫尺若晝夜兼程星宿卽至段凝未起河壖夷門已爲我有矣臣請以千騎前驅陛下御軍徐進鮮不克矣帝嘉之是夜嗣源率前軍先進翌日車駕卽路丁丑次曹州郡將出降己卯遲明前軍至汴城嗣源令左右捉生攻封丘門梁開封尹王瓚請以城降俄而帝與大軍繼至王瓚迎帝自大梁門入梁朝文武官屬于馬前謁見陳叙世代唐臣陷在僞廷今日再睹中興雖死無恨帝諭之曰朕二十年血戰蓋爲卿等家門無足憂矣各復乃位時梁末帝朱鍠已爲其將皇甫麟所殺獲其首函之以獻是日賜樂工周匝幣帛周匝者帝之寵伶也胡柳之役陷于梁帝每思之至是謁見欣然慰接周匝因言梁教坊使陳俊保庇之恩垂泣推薦請除郡守帝亦許之庚辰帝御元德殿梁百官于朝堂待罪詔釋之壬午段凝所部馬步軍五萬解甲于封丘凝等率大將先至請死詔各賜錦袍御馬金幣帝幸北郊撫勞降軍各令還本營丙戌詔曰懲惡勸善務振紀綱激濁揚清

須明眞僞蓋前王之令典爲歷代之通規必按舊章以令多士而有志朋僣竊位忝崇高累世官而皆受唐恩貪爵祿而但從僞命或居台鉉或處權衡或列近職而預機謀或當峻秩而掌刑憲事分逆順理合去留僞宰相鄭珏等一十一人皆本朝簪組儒苑品流雖博識多聞備明今古而修身愼行頗負祖先昧忠貞而不度安危專利祿而全虧名節合當大辟無恕近親朕以纘嗣丕基初平巨憝方務好生之道在行含垢之恩湯網垂仁旣務全族舜刑投裔兼貸一身爾宜自新我全大體其爲顯列不並庶寮餘外應在周行悉仍舊貫凡居中

外戚體朕懷乃貶梁宰相鄭珏爲萊州司戸蕭頃爲登州司戸翰林學士劉岳爲均州司馬任贊房州司馬姚顗復州司馬封翹唐州司馬李懌懷州司馬竇夢徵沂州司馬崇政院學士劉光素密州司戸陸崇安州司戸御史中丞王權隨州司戸並員外置同正員是日以梁將段凝上疏奏梁朝權臣趙巖等並助成虐政結怨于人聖政惟新宜誅首惡乃下詔曰朕旣殄僞庭顯平國患好生之令含弘雖切于予懷懲惡之規決斷難違于衆請況趙巖趙鵠等自朕收城數日布惠四方尚匿迹以潛形罔悛心而革面須行赤族以謝衆心其張漢傑

昨于中都與王彥章同時俘獲此際未詳行止偶示哀矜今旣上將陳詞羣情激怒往日旣彰于僭濫此時難漏于網羅宜寘國刑以塞羣論除妻兒骨肉外其他疎屬僕使並從釋放敬翔李振首佐朱溫共傾唐祚屠害宗屬殺戮朝臣旣寰宇以皆知在人神而共怒敬翔雖聞自盡未豁幽寃宜與李振並族于市疎屬僕使並從原宥朱珪素聞狡蠹唯務讒邪鬬惑人情枉害良善將清內外須切去除況衆狀指陳亦宜誅戮契丹沙喇鄂博（舊作撒刺阿撥今改正）旣棄其母又背其兄朕比重懷來厚加恩渥看同骨肉錫以姓名兼分符竹之榮累被頒宣之渥而乃輙辜重惠復背明庭罔顧欺違竄歸僞室旣同梟獍難貸刑章可幷妻子同戮于市其朱氏近親趙鵠正身趙巖家屬仰嚴加擒捕其餘文武職員將校一切不問是日趙巖張希逸張漢傑張漢倫張漢融朱珪敬翔李振及契丹沙喇鄂博等幷其妻孥皆斬于汴橋下又詔除毀朱氏宗廟神主僞梁二主幷降爲庶人天下官名府號及寺觀門額曾經改易者並復舊名時帝欲發梁祖之墓斲棺燔柩河南尹張全義上章申理乞存聖恩（通鑑張全義上言朱溫雖國之深讐然其人已死刑無可加屠滅其家足以爲報乞免焚斲以存聖恩）帝乃止令剗去闕室而已丁亥梁百官以誅凶族于

崇元殿立班待罪詔各復其位（洛陽縉紳舊聞記載張全義表云伏念臣誤棲惡木曾飮盜泉實有瑕疵未蒙昭雪因下詔雪之）以樞密使檢校太保守兵部尚書郭崇韜權行中書公事己丑御崇元殿制曰伏順討逆少康所以誅有窮纘業承基光武所以滅新莽咸以中興景命再造王猷經綸于草昧之中式遏于亂畧之際朕以欽承大寶顯荷鴻休雖繼前修固慚涼德誓平元惡期復本朝屬四海之阽危允萬邦之推戴近者親提組練徑掃氛祆振已墜之皇綱殄偷安之寇孽國讎方雪帝道爰開拯編甿覆溺之艱救率土倒懸之苦粵自朱溫搆逆友貞嗣凶篡殺二君釁殘九廟虐毒久

傷于宇宙狠貪肆噬于華夷剗喪元良彼辱神主帝里動黍離之嘆朝廷多棟橈之危棄德崇奸窮兵黷武戰士疲勞于力役烝民耗竭其膏腴言念于斯彰傷彌切今則巳梟逆豎大豁羣情覩歷數之有歸實神靈之匪昧得不臨深表誡馭朽爲懷將引濟于艱難宜特行于赦宥應僞命流貶責授官等已經量移者並可復資徒流人放歸鄉里京畿及諸道見禁囚徒大辟罪降從流已下咸赦除之其鄭珏等一十一人未在移復之限應扈從征討將校及諸官員職掌節級馬步兵士及河北諸處屯駐守戍兵士等皆情堅破敵業茂平淮副予戡定之謀顯爾忠勤之節並據等第續議獎酬其有歿于王事未經追贈者各與贈官如有子孫堪任使者並量材錄任應僞庭節度觀察防禦團練等使及刺史監押行營將校等並頒恩詔不議改更仍許且稱舊銜當俟別加新命理國之道莫若安民勸課之規宜從薄賦庶遂息肩之望冀諧鼓腹之謠應諸道戶口並宜罷其差役各務營農所係殘欠賦稅及諸務懸欠積年課利及公私債負等其汴州城內自收復日已前並不在徵理之限其諸道自壬午年十二月已前並放北京及河北先以祆祲未平配買征馬如有未請却官本錢及買馬

不迨者可放免應有本朝宗屬及內外文武臣寮被朱氏無辜屠害者並可追贈如有子孫及本身逃難于諸處湮寓者並令所在尋訪津置赴闕義夫節婦孝子順孫旌表門閭量加賑給或鰥寡惸獨無所告者仰所在各議拯救民年過八十者免一子從征其有先投過僞庭將校官吏等一切不問云甲午以樞密使檢校太保守兵部尙書太原縣男郭崇韜爲開府儀同三司守侍中監修國史兼眞定尹成德軍節度使依前樞密使太原郡侯仍賜鐵劵乙未詔宰相豆盧革權判吏部上銓御史中丞李德休權判東西銓事丙申滑州留後檢校太保段凝可依前滑州留後仍賜姓名紹欽以金紫光祿大夫檢校司空守輝州刺史杜晏球爲檢校司徒依前輝州刺史仍賜姓名紹虔詔處斬隨駕兵馬都監夏彥朗于和景門外時宦官怙寵廣侵占居人第舍郭崇韜奏其事乃斬彥朗以狥丁酉賜百官絹二千匹錢二百萬職事絹一千匹錢百萬戊戌以竭忠啟運匡國功臣天平軍節度使開府儀同三司檢校太傅兼侍中蕃漢馬步總管副使隴西郡侯李嗣源爲依前檢校太傅兼中書令天平軍節度使特進封開國公加食邑實封餘如故以開府儀同三司檢校太傅北都留守興聖宮

使判六軍諸衛事李繼岌爲檢校太尉同平章事充東京留守詔御史臺班行內有欲求外職或要分司各許於中書投狀奏聞已亥宴勳臣于崇元殿梁室故將咸預焉帝酒酣謂李嗣源曰今日宴客皆吾前日之勍敵一旦同會皆卿前鋒之力也梁將霍彥威戴思遠等皆伏陛叩頭帝因賜御衣酒器盡歡而罷齊州刺史孟璆上章請死詔原之璆初事帝爲騎將天祐十三年帝與劉鄩華縣對壘璆領七百騎奔梁至是來請罪帝報之曰爾當吾急引七百騎投賊何面目相見璆惶恐請死帝恕之未幾移貝州刺史庚子帝畋于汴水之陽十一

月辛丑朔有司奏河南州縣見使僞印望追毀改鑄從之以光祿大夫檢校太傅左金吾上將軍兼領左龍武軍事汾州刺史李存渥爲滑州節度使加特進同平章事以雜指揮散員都部署特進檢校太傅忻州刺史李紹榮爲徐州節度使以滑州兵馬留後檢校太保李紹欽爲兗州節度使壬寅鳳翔節度使秦王李茂貞遣使賀收復天下癸卯河中節度使西平王朱友謙來朝乙巳賜友謙姓改名繼麟帝令皇子繼岌兄事之以捧日都指揮使博州刺史康延孝爲鄭州防禦使檢校太保賜姓名繼琛以宋州節度使檢校太尉平章事袁象先

依前爲宋州節度使仍賜姓名紹安以許州匡國軍節度使檢校太尉同平章事溫韜依前許州節度使仍賜姓名紹沖丁未日南至帝不受朝賀戊申中書門下上言以朝廷兵革雖寧支費猶闕應諸寺監各請置少卿少監祭酒司業各一員博士兩員餘官並停唯太常寺事關大禮大理寺關刑法除太常博士外許更置丞一員其王府及東宮官司天五官正奉御之屬凡關不急司存並請未議除授其諸司郎中員外應有雙曹者且置一員左右常侍諫議大夫給事中起居郎起居舍人補闕拾遺各置一半三院御史仍委御史中丞條理申

奏其停罷朝官仍各錄名銜具罷任時日留在中書候見任官滿二十五箇月並據資品却與除官其西班上將軍已下仍望宣示樞密院斟酌施行從之時議者以中興之朝事宜恢廓驟茲自弱頓失物情已酉詔應隨處官吏務局員寮諸軍將校等如聞前例各有進獻直貢章奏不唯褻瀆于朝廷實且傍滋于誅歛並宜止絕以肅化風又詔左降均州司馬劉岳有母年踰八十近聞身故準故事許歸侯三年喪服闋如未量移即却赴貶所壬子詔取今月二十四日幸洛京以十二月二十三日朝獻太微宮二十四日朝獻太廟二十五日有事

于南郊癸未中書門下奏應隨駕及在京有帶兼官者並望落下只守本官從之乙卯以特進檢校太傅開封尹判六軍諸衛事充功德使王瓚爲宣武軍節度副使權知軍州事丁巳以銀青光祿大夫尚書左丞趙光胤爲中書侍郎平章事集賢殿大學士以朝散大夫禮部侍郎韋說守本官同平章事以吏部侍郎史館修撰判館事盧文度爲兵部侍郎充翰林學士以右散騎常侍充弘文館學士判館事馮錫嘉爲戶部侍郎知制誥充翰林學士以翰林學士守尚書膳部員外郎劉昫爲比部郎中知制誥依前充職以扈鑾書制學士行尚書倉

部員外郎趙鳳爲倉部郎中知制誥充翰林學士以左拾遺于嶠守本官充翰林學士戊午以中書侍郎平章事豆盧革判租庸使兼諸道鹽鐵轉運等使新羅王金朴英遣使貢方物己未以洛京留守判六軍諸衛事守太尉兼中書令河南尹魏王張全義爲檢校太師守中書令餘如故以荊南節度使檢校太師守中書令渤海王高季興爲依前檢校太師守中書令餘如故庚申以工部尚書眞定尹北都副留守知留守事任圜爲檢校吏部尚書兼御史大夫充成德軍節度使行軍司馬知軍府事安義軍節度使李繼韜入見待罪詔釋之辛酉

以宣化軍留後檢校太傅戴思遠權知青州軍州事檢校司空左監門上將軍安崇阮並檢校舊官却復本任以鎮國軍留後檢校太傅霍彥威爲保義軍節度留後以權知威化軍留後檢校司徒高允貞權知鎮國軍留後以權知河陽留後檢校太保張繼業依前權知河陽留後以鄜延兩鎮節度使檢校太師兼中書令西平王高萬興依前鄜延節度使仍封北平王襄州節度使檢校太傅平章事孔勍依前襄州節度使餘如故以永平軍節度使行大安尹檢校太保張筠爲西都留守行京兆尹以晉州節度使檢校太保劉玘邠州節度使檢校

太保韓恭安州節度使檢校太保朱漢賓並檢校舊官却復本任壬戌以左金吾衛大將軍史敬鎔爲左街使右金吾衛大將軍李存確爲右街使甲子車駕發汴州十二月庚午朔車駕至西京是日有司自石橋具儀仗法物迎引入于大內辛未以百官初到放三日朝參壬申以租庸使刑部侍郎太清宮副使張憲爲檢校吏部尚書充北京副留守知留守事太原尹詔改取來年二月一日行郊禮戊寅詔德勝寨莘縣楊劉口通津鎮胡柳陂皆戰陣之所宜令逐處差人收掩戰士骸骨量備祭奠以慰勞魂詔改僞梁永平軍大安府復爲西京京

兆府改宋州宣武軍爲歸德軍汴州開封府復爲宣武軍華州感化軍爲鎮國軍許州匡國軍復爲忠武軍滑州宣義軍復爲義成軍陝府鎮國軍復爲保義軍耀州静勝軍復爲順義軍潞州匡義軍復爲安義軍朗州武順軍復爲武貞軍延州爲彰武軍鄧州爲威勝軍晉州爲建雄軍安州爲安遠軍淮南楊溥遣使賀登極稱大吳國主書上大唐皇帝（十國春秋吳世家云唐以滅梁來告始稱詔我國不受唐主隨易書用敵國禮曰大唐皇帝致書于吳國主王遣司農卿盧蘋獻金器二百兩銀器三千兩羅錦一千二百疋龍腦香五斤龍鳳絲鞵一百事于唐又遣使張景報聘稱大吳國主上書大唐皇帝辭禮如牋表）己卯禁屠牛馬庚辰御史臺上言請行用本朝律令格式今訪聞唯定州有本朝法書望下本州寫副本進納從之辛巳詔貶安義軍節度使李繼韜爲登州長史尋斬于天津橋下再謀叛故也甲申淮南楊溥奚首領李紹威並遣使朝貢乙酉以翰林學士承旨盧質權知汴州軍府事以禮部尚書崔沂爲尚書左丞判吏部尚書銓事以兵部侍郎崔協爲吏部侍郎以刑部侍郎充集賢殿學士判院事盧文紀爲尚書兵部侍郎依前充集賢殿學士判院事丁亥澤州刺史董璋上言潞州軍變李繼達領兵出城自刎而死節度副使李繼珂已安撫軍城己丑有司上言上辛祈穀于上帝請奉高祖神堯皇帝

配孟夏雩祀請奉太宗文皇帝配季秋大享于明堂請奉太祖武皇帝配冬至日祀圜丘請奉獻祖文皇帝配孟冬祭神州地祇請奉懿祖昭聖皇帝配從之辛卯亳州太清宮道士上言聖祖玄元皇帝殿前枯檜再生一枝畫圖以進詔曰當聖祖舊殿生枯檜新枝應皇家再造之期顯大國中興之運同上林仆柳祥旣叶于漢宣比南頓嘉禾瑞更超于光武宜標史册以示寰瀛云（案五代會要云唐高祖神堯皇帝武德二年枯檜重華至安祿山僭號萎瘁玄宗自蜀歸京枝葉復盛至是再生一枝長二尺餘蓋一時誇詡之言也）壬辰幸伊闕己巳以中書舍人崔居儉爲刑部侍郎充史館修撰判館事甲午以租庸副使光祿大夫檢校司徒守衛尉卿孔謙爲鹽鐵轉運副使

（永樂大典卷七千一百五十六）

舊五代史卷三十終

舊五代史卷三十攷證

唐莊宗紀四以趙光允爲中書侍郎平章事集賢殿大學士　案歐陽史作趙光允爲中書侍郎不載大學士銜與是書詳畧異

甲子車駕發汴州十二月庚午朔車駕至西京　案歐陽史作甲子如洛京庚午至自汴州是書作西京蓋其時未改永平軍爲西京故尚仍梁制稱洛陽爲西京也又通鑑攷異云諸書但謂之洛京未嘗詔改西京爲洛京至同光三年始詔依舊以洛京爲東都或者以永平爲西京時即改梁西京爲洛京而史脫其文也歐陽史于元年冬即書洛京未審所據

詔改僞梁永平軍大安府復爲西京京兆府　案歐陽史作十一月辛酉復永平軍爲西都與是書日月互異

賓喇鄂博舊作撒剌阿撥今改

舊五代史卷三十攷證

舊五代史卷三十一

宋司空同中書門下平章事薛居正等撰

莊宗紀第五　　唐書七

同光二年春正月庚子朔帝御明堂殿受朝賀仗衞如式壬寅南郊禮儀使太常卿李燕進太廟登歌酌獻樂舞名懿祖室曰昭德之舞獻祖室曰文明之舞太祖室曰應天之舞昭宗室曰永平之舞甲辰幽州上言契丹入寇至瓦橋（契丹國志時契丹日益强盛遣使就唐求幽州以處盧文進）以天平軍節度使李嗣源爲北面行營都招討使陝州留後霍彥威爲副率軍援幽州己巳故宣武軍節度副使權知軍州事檢校太傅王瓚贈太子太師丁未詔改朝元殿復爲明堂殿又改崇勳殿爲中興殿戊申以振武軍節度使檢校太傅同平章事李存霸權知潞州留後以知保大軍軍州事高允韜爲檢校太保庚戌以涇原節度使充秦王府諸道行軍司馬開府儀同三司檢校太尉兼侍中李從曮爲檢校太尉兼中書令依前涇原節度使充秦王府諸道行軍司馬詔改應順門爲永曜門太平門爲萬春門通政門爲廣政門鳳明門爲韶和門萬春門爲中興門解卸殿爲端明殿是日詔曰皇綱已正紫禁方嚴凡事內官不合更居外地詔諸道應有內官不

計高低並仰逐處并家口發遣赴闕不得輒有停滯帝龍潛時寺人數已及五百至是合諸道赴闕者約千餘人皆給賜優贍服玩華侈委之事務付以腹心唐時宦官爲內諸司使務諸鎭監軍出納王命造作威福昭宗以是亡國及帝奄有天下當知戒彼前車以爲殷鑒一朝復興茲弊議者惜之新羅王金朴英遣使朝貢辛亥中書門下奏準本朝故事諸王內命婦宰臣學士中書舍人諸道節度防禦團練使留後官告及中書帖官告院索綾紙褾軸下所司書寫印署畢進入宣賜其文武兩班及諸道官員并奏薦將校並合于所司送納朱膠

綾紙價錢伏自僞梁不分輕重並從官給今後如非前件事例諸官中不給告勑其內司大官侍衞將校轉官即不在此限從之壬子蜀主王衍致書于帝稱有詐爲天使馳報收復汴州者詔捕之不獲癸丑有司奏郊祀前二日迎祔高祖太宗懿祖獻祖太祖神主于太廟議者以中興唐祚不宜以追封之祖雜有國之君以爲昭穆自懿祖已下宜別立廟于代州如後漢南陽故事可也北面軍前奏契丹還塞詔李嗣源班師鳳翔節度使秦王李茂貞上表請行藩臣之禮帝優報之甲寅帝于中興殿面賜郭崇韜鐵券有司上言皇太后到闕皇帝合于銀臺門內奉迎詔親至懷州奉迎中書奏自二十三日後散齋內車駕不合遠出詔改至河陽奉迎以禮部尚書興唐尹王正言依前禮部尚書充租庸使乙卯渤海國遣使貢方物幽州奏嬀州山後十三寨百姓却復新州戊午以前太子少師薛廷珪爲檢校戸部尚書太子少師致仕以前太子賓客封舜卿爲太子少保致仕以前太子賓客李文規爲戸部侍郎致仕詔鹽鐵度支戸部並委租庸使管轄庚申四方舘上言請今後除隨駕將校及外方進奉專使文武班三品已上官可以內殿對見其餘並詣正衙以申常禮從之車駕幸河陽

奉迎皇太后辛酉帝侍皇太后至文武百寮迎于上東門是日河中府上言稷山縣割隸絳州以太僕卿李紓爲宗正卿以衞尉卿楊遘爲太僕卿西京昭應縣華清宮道士張中虛上言天尊院枯檜重生枝葉乙丑有司上言南郊朝享太廟舊例親王充亞獻終獻行事乃以皇子繼岌爲亞獻皇弟存紀爲終獻丙寅帝赴明堂殿致齋丁卯朝饗于太微宮戊辰饗太廟是日赴南郊二月己巳朔親祀昊天上帝于圜丘禮畢宰臣率百官就次稱賀還御五鳳樓宣制大赦天下應同光二年二月一日昧爽已前所犯罪無輕重常赦所不原者咸赦除

之十惡五逆屠牛鑄錢故殺人合造毒藥持杖行刼官典犯贓不在此限應自來立功將校各與轉官仍加賞給文武常參官節度觀察防禦刺史軍主都虞候指揮使父母亡歿者並與追贈在者各與加爵增封諸藩鎮各賜一子出身仍封功臣名號留後刺史官高者加階爵一級官卑者加官一資應本朝內外臣寮被朱氏殺害者特與追贈應諸州府不得令富室分外收貯見錢禁工人鎔錢爲銅器勿令商人載錢出境近年已來婦女服飾異常寬博倍費縑綾有力之家不許卑賤悉衣錦繡宜令所在糾察應有百姓婦女曾經俘擄他處爲

婢妾者一任骨肉識認男子曾被刺面者給與憑據放逐營生召天下有能以書籍進納者各等第酬獎仰有司速檢勘天下戶口正額墾田實數待憑條理以息煩苛是日風景和暢人胥悅服議者云五十年來無此盛禮然自此權臣愎戾伶官用事吏人孔謙酷加賦斂赦文之所原放謙復刻剝不行大失人心始于此矣庚午租庸使孔謙奏諸道綱運客旅多于私路苟免商稅請令所在關防嚴加捉搦從之癸酉宰臣豆盧革率百官上尊號曰昭文睿武至德光孝皇帝凡三上表從之甲戌詔曰汴州元管開封浚儀封丘雍丘尉氏陳留六縣

僞庭割許州鄢陵扶溝陳州太康鄭州陽武中牟曹州考城等縣屬焉其陽武匡城扶溝考城四縣宜令且隸汴州餘還本部丙子以隨駕參謀耿瑗爲司天監丁丑以光祿大夫檢校司徒李筠爲右騎衞上將軍戊寅幸李嗣源第作樂盡歡而罷己卯以河中節度使冀王李繼麟兼安邑解縣兩池榷鹽使辛巳以檢校太師守尚書令河南尹判六軍諸衞事魏王張全義爲守太尉兼中書令河陽節度使河南尹改封齊王以開府儀同三司守尚書令秦王李茂貞依前封秦王餘如故仍賜不拜不名案五代會要太常禮院奏李茂貞封册之命宜准故襄州節度使趙匡凝之例施行秦王受册

自備革輅一乘載册犢車一乘并本品鹵簿鼓吹如儀從之是日帝幸左龍武軍癸未宰臣豆盧革率百官上表請立中宮制以魏國夫人劉氏爲皇后仍令所司擇日備禮册命丁亥以天平軍節度使蕃漢總管副使開府儀同三司檢校太傅兼中書令李嗣源爲檢校太尉依前天平軍節度使加實封百戶兼賜鐵劵以前安國軍節度副使檢校太保左衞上將軍李存乂爲晉州節度使檢校太傅以北京皇城留守檢校太保左威衞上將軍李存紀爲邢州節度使加檢校太傅以蕃漢馬步都虞候兼東京馬步軍都指揮使檢校太保朱守殷爲振武節度使加檢校太傅戊

子以前右龍武軍都虞候守左龍武大將軍李紹奇爲鄭州防禦使以楚州防禦使張繼孫爲汝州防禦使己丑以振武軍節度使權安義留後檢校太傅平章事李存霸爲潞州節度使以捧日都指揮使鄭州防禦使李紹琛爲陝州節度使以成德軍馬步軍都指揮使右監門衛大將軍毛璋爲華州節度使壬辰樞密使郭崇韜再上表請退樞密之職優詔不允癸巳詔曰皇太后母儀天下子視羣生當別建宮闈顯標名號冀因稱謂益表尊嚴宜以長壽宮爲名樞密使郭崇韜奏時務利便一十五件優詔褒美甲午奚王李紹威吐渾李紹魯皆

貢駝馬丁酉以武安軍衙內馬步軍都指揮使昭州刺史馬希範爲永州刺史檢校太保癸卯以光祿大夫檢校左僕射行太常卿李燕爲特進檢校司空依前太常卿以御史中丞李德休爲兵部侍郎以吏部侍郎崔協爲御史中丞三月甲辰故河陽節度使王師範贈太尉乙巳以滄州節度使檢校太傅同平章事符習爲青州節度使以北京衙內馬步軍都指揮使右領軍衛大將軍李紹斌爲滄州節度使鎮州奏契丹犯塞詔李嗣源率師屯邢州丙午以荆南節度使守中書令渤海王高季興依前檢校太師兼尚書令封南平王以幽州節度

行軍司馬李存賢依前檢校太保爲幽州節度使中書門下上言近以諸州奏薦令錄頗亂規程請今後節度使管三州已上每年許奏管內官三人如管三州已下只奏兩人仍須課績尤異方得上聞防禦使只許奏一人刺史無奏薦之例從之己酉以太子少保李琪爲刑部尚書庚戌幽州奏契丹寇新城是日詔諸軍將校自檢校司空已下宜賜叶謀定亂匡國功臣自檢校僕射尚書常侍及諫議大夫並賜忠果拱衛功臣初帶憲銜者並賜忠烈功臣節級長行並賜匡蹕功臣中書門下上言州縣官在任考滿即具闕申送吏部格式本道不

得差攝官替正官從之（五代會要同光二年中書門下奏刺史縣令有政績尤異爲衆所知或招復戶口能增加賦稅者或辨雪寃獄能拯人命者或去害物之積弊立利世之新規有益時政爲衆所推者即仰本處逐件分明聞奏當議獎擢或在任貪猥誅戮生靈公事不治爲政怠惰亦加懲罰其州縣官任滿三考即具關申送吏部格式候勅除銓注其本道不得差攝官替正授者從之）有司上言皇帝四月一日御文明殿受册徽號合服袞冕御殿前一日散齋于內殿從之是日李嗣源上表乞退兵權詔不允是時伶人景進用事閹官競進故重臣憂懼拜章請退癸丑左諫議大夫竇專上言請廢租庸使名目事歸三司疏奏不報唐州奏木連理詔先省員官除已別授官外其左散騎常侍李文矩等三十人却復舊官太子

詹事石戩等五人宜以本官致仕將作少監李保嗣等十四人續勅處分丙辰責授萊州司戶鄭珏等一十一人並量移近地尚書戶部侍郎知貢舉趙頎率以中書舍人裴皞權知貢舉禁用鉛錫錢丁巳中書門下奏懿祖陵請以永興爲名獻祖陵請以長寧爲名太祖陵請以建極爲名從之淮南楊溥遣使貢賀郊天禮物（十國春秋吳世家王遣右衛上將軍許確進賀郊天銀二千兩錦綺羅一千二百疋細茶五百斤象牙四株犀角十株于唐）戊午詔應南郊行事官並付三銓磨勘優與處分己未以大理卿張紹珪充制置安邑解縣兩池榷鹽使辛酉左龍武軍以皇子繼岌代張全義判六軍諸衛事故也癸亥以彰武保大等軍節度使北平王高萬興可依前延州鄜州節度使檢校太保兼中書令北平王甲子幸東宅夏四月己巳朔帝御文明殿具袞冕受册尊號曰昭文睿武至德光孝皇帝壬申以成德軍節度行軍司馬權知府事任圜爲檢校右僕射權北面水陸轉運制置使甲戌以順義軍留後華溫琪依前檢校太保充留後乙亥以天策上將軍武安等軍節度使守太師中書令楚王馬殷可依前守太師兼尚書令詔在京諸道節度使刺史令各歸本任丁丑以前幽州節度使內外蕃漢馬步總管檢校太師兼中書令李存審爲宣武軍節

度使餘如故己卯帝御文明殿册魏國夫人劉氏爲皇后庚辰賜郭彥威姓名曰紹眞癸未以宋州節度使李紹安依前檢校太尉同平章事宋州節度使以許州節度使李繼冲依前檢校太尉同平章事許州節度使以襄州節度使孔勍依前檢校太傅同平章事襄州節度使甲申以樞密副使通議大夫行內侍省內侍宋唐玉爲左監門衛將軍同正依前樞密副使以內客省使通議大夫行內侍省內侍楊希朗爲右監門衛將軍同正依前內客省使並賜推忠匡佐功臣車駕幸龍門丙戌廻鶻遣使貢方物己丑以夏州節度使李仁福依前檢校太師兼中書令夏州節度使封朔方王以朔方河西等軍節度使韓洙依前檢校太傅兼侍中充朔方河西等軍節度使靈鹽威警雄京甘肅等州觀察使辛卯以宣徽南院使判內侍省兼內局特進左監門將軍同正李紹宏爲右領軍衛上將軍癸巳以靜江軍節度使扶風郡王馬賨爲檢校太師兼中書令依前靜江軍節度使以朗州節度使馬希振爲檢校太傅兼侍中依前朗州節度使鳳翔節度使秦王李茂貞薨丙申潞州小校楊立據城叛（案歐陽作三月潞州將楊立反與薛史異五代春秋作四月盜據潞州與薛同）以李嗣源爲招討使陝州留後紹眞爲副率師以討之（永樂

大典卷七千一百五十六

舊五代史卷三十一終

舊五代史卷三十一攷證

唐莊宗紀五開府儀同三司守尚書令秦王李茂貞 秦王通鑑作岐王

鎮州奏契丹犯塞詔李嗣源率師屯邢州 案通鑑詔橫海節度使李紹斌北京指揮使李從珂帥騎兵分道備之與是書異

靈鹽威警雄京甘肅等州觀察使 案威警疑當作威涇攷通鑑注云警州在涇原西今仍其舊

舊五代史卷三十一攷證

宋司空同中書門下平章事薛居正等撰

莊宗紀第六　唐書八

同光二年夏五月已亥帝御文明殿册齊王張全義爲太尉禮畢全義赴尙書省領事左諫議大夫竇專不降階爲御史所劾專援引舊典宰相不能詰寢而不行庚子太常卿李燕卒壬寅以教坊使陳俊爲景州刺史內園使（案歐陽史作內園栽接使考五代會要內園栽接使係梁時雜使創置之官）儲德源爲憲州刺史皆梁之伶人也初帝平梁俊與德源皆爲寵伶周匝所薦帝因許除郡郭崇韜以爲不可伶官言之者衆帝密召崇韜謂之曰子已許除郡經年未行我慙見二人卿當屈意行之故有是命（清異錄同光既即位猶襲故態身預俳優尙方進御巾裹名品日新今伶人所頂尙有傳其遺製者）甲辰以兗州節度使李紹欽依前檢校太保兗州節度使進封開國侯以邠州節度使韓恭依前檢校太保邠州節度使進封開國伯丙午以福建節度使閩王王審知依前檢校太師守中書令福建節度使戊申幸郭崇韜第已酉詔天下收撤防城之具不得修濬池隍以西都留守京兆尹張筠依前檢校太保充西都留守甲寅以滄州節度使李紹斌充東北面招討使以兗州節度使李紹欽爲副招討使以

宣徽使李紹宏爲招討都監率大軍渡河而北時幽州上言契丹將寇河朔故也乙卯潞州叛將楊立遣使健步奉表乞行赦宥帝遣樞密副使宋唐玉賫勅書招撫幽州上言契丹營于州東南丙辰渤海國王大諲譔遣使貢方物以瀛州刺史李審益爲幽州行軍司馬蕃漢內外都知兵馬使辛酉故澤潞節度使丁會贈太師詔割復州爲荊南屬郡壬戌以權知鳳翔軍府事涇州節度使李曮爲起復雲麾將軍右金吾大將軍同正依前檢校太尉兼中書令充鳳翔節度使乙丑以權知歸義軍留後曹義金爲歸義軍節度使沙州刺史檢校司空丙寅李嗣源奏收復潞州幽州上言新授宣武軍節度使李存審卒六月甲戌中書侍郎兼吏部尙書平章事弘文館大學士豆盧革加右僕射餘如故侍中監修國史兼樞密使鎭州節度使郭崇韜進爵邑加功臣號中書侍郎平章事集賢殿大學士趙光胤加兼戶部尙書禮部侍郎平章事韋說加中書侍郎宋州奏節度使李紹安卒丙子李嗣源遣使部送潞州叛將楊立等到闕並磔于市潞州城峻而隍深至是帝命剗平之因詔諸方鎭撤防城之備焉丁丑有司上言洛陽已建宗廟其北京太廟請停從之甲申以衞國夫人韓氏爲淑妃燕

國夫人伊氏爲德妃仍令所司擇日册命故河東節度副使守左諫議大夫李襲吉贈禮部尚書故河東節度副使禮部尚書蘇循贈左僕射故河東觀察判官檢校右僕射司馬揆贈司空故河東留守判官工部尚書李敬義贈右僕射丙戌以順義軍節度使李令錫爲許州節度使以前保義軍留後李紹眞爲徐州節度使以徐州節度使李紹榮爲宋州節度使戊子汝州防禦使張繼孫賜死于本郡繼孫卽齊王張全義之假子也本姓郝氏爲兄繼業訟其陰事故誅之案册府元龜載張繼業爲河陽兩使留後莊宗同光二年六月繼業上疏稱弟繼孫本姓郝有母尙在父全義養爲假子令管衙內兵士自皇帝到京繼孫私藏兵甲招置部曲欲圖不軌兼私家淫縱無別無義臣若不自陳恐累家族勦日有善必賞所以勸忠孝之方有惡必誅所以絶姦邪之迹其或罪狀騰于衆口醜行布于近親須舉朝章冀明國法汝州防禦使張繼孫本非張氏子孫自小丐養以至成立備極顯榮而不能酬撫育之恩履謙恭之道擅行威福常恣姦兇侵奪父權惑亂家事縱鳥獸之行畜梟獍之心有識者所不忍言無賴者寔爲其黨而又橫征暴斂虐法峻刑藏兵器于私家殺平人于廣陌罔思悛改難議矜容宜竄逐于遐方仍歸還于姓氏俾我勳賢之族永除污穢之風凡百臣寮宜體朕命可貶房州司戸參軍同正兼勒復本姓尋賜自盡仍籍没資產己丑以廻紇可汗仁美爲英義可汗詔改輝州爲單州庚寅故左僕射裴樞右僕射裴贄崔遠並贈司徒故靜海軍節度使獨孤損贈司空故吏部尚書陸扆贈右僕射故工部尚書王溥贈右僕射裴樞等六人皆前朝宰輔爲梁祖所

害于白馬驛至是追贈焉壬辰以天平軍節度使蕃漢總管副使開府儀同三司檢校太尉兼中書令李嗣源爲宣武軍節度使蕃漢馬步總管餘如故甲午以樞密使特進左領軍衞上將軍知內侍省事張居翰爲驃騎大將軍守左驍衞上將軍進封開國伯賜功臣號秋七月戊戌朔故宣武軍節度使李存審男彥超進其父牙兵八千七百人己亥中書門下奏每年南郊壇四祠祭太微宮五薦獻並宰臣攝太尉行事惟太廟遣庶寮行事此後太廟祠祭亦望差宰臣行事從之己巳汴州雍丘縣大風拔木傷稼曹州大雨平地水三尺丙午以襄州節度使孔勍爲潞州節度使李存霸爲鄆州節度使乙酉幸龍門之雷山祭天神從北俗之舊事也辛亥以鄆州副使李紹珙爲襄州留後以前澤州刺史董璋爲邠州留後戊午西州王衍遣僞署戸部侍郎歐陽彬來朝貢稱大蜀皇帝上書大唐皇帝庚申以應州爲雲州屬郡升新州爲威塞軍節度使以嬀儒武等州爲屬郡壬戌皇子繼岌妻王氏封魏國夫人幽州奏契丹寨巴堅舊作阿保機今改東攻渤海案遼史太祖紀天贊三年五月渤海殺其刺史張秀實而掠其民于東攻渤海之事闕而不載考五代會要同光二年七月契丹東攻渤海國與薛史同八月己巳詔洛京應有隙地任人請射修造有主者限半年令本

主自修蓋如過限不見屋宇許他人占射辛未北京副留守太原尹孟知祥加檢校太傅增邑賜功臣號帝畋于西苑癸酉以租庸副使守衞尉卿孔謙爲租庸使以右威衞上將軍孔循爲租庸副使甲戌以權知汴州軍州事翰林學士承旨戶部尚書盧質爲兵部尚書依前翰林學士承旨仍賜論思匡佐功臣丙子以雲州刺史鴈門以北都知兵馬使安元信爲大同軍節度留後以隰州刺史張廷裕爲新州威塞軍節度留後丁丑樞密使郭崇韜上表請退不允戊寅租庸使守禮部尚書王正言罷使守本官辛巳詔諸道節度觀察防禦團練使

刺史並于洛陽修宅一區中書門下上言請今後諸道除節度副使兩使判官外其餘職員并諸州軍事判官各任本處奏辟從之五代會要同光二年八月八日中書門下奏諸道除節度使及兩使判官除授外其餘職員并軍事判官伏以翹車著詠束帛垂文式重弓旌以光尊俎由是副已知之薦成接士之榮必當備悉行藏習知才行允奉幕中之畫以稱席上之珍爰自僞梁頗乖斯義皆從除授以莅藩宣因緣多事之秋慮爽得人之選將期推擇式示更張今後諸道除節度副使兩使判官除授外其餘職員并諸州軍事判官等並任本道本州各當辟舉其軍事判官仍不在奏官之限汴州奏大水損稼癸未租庸使孔謙進封會稽縣男仍賜豐財贍國功臣淮南楊溥遣使貢方物宋州大水鄆曹等州大風雨損稼丁亥中書門下侍郎奏請差左丞崔沂吏部侍郎崔貽孫給事中鄭韜光李光序吏部員外郎盧損等同詳定選司長定格行資格十道圖從之五代會要同光二年八月中書門下奏吏部三銓下省南曹廢置甲庫格式流外銓等司公事並繫長定格循資格十道圖等前件格文本朝創立檢制姦濫倫敘官資頗謂精詳久同遵守自亂離之後巧僞滋多兼同光二年八月車駕在東京權判工部員外郎盧重本司起請一卷並以興復之始務切懷來凡有條流多失根本以至冬集赴選人並南郊行事官及陪位宗子共一千三百餘人銓曹檢勘之時互有援引去留之際不絕爭論若又依違必長訛濫望差權判尚書省銓左丞崔沂吏部侍郎崔貽孫給事中鄭韜光李光序吏部員外郎盧損等同詳定舊長定格循資格十道圖務令簡要可久施行從之癸巳放朝參三日以霖雨故也陝州奏河水溢岸乙未中書門下上言諸靈臺令丞停請以本縣令知陵臺事從之九月癸卯畋于西北郊幽州上言契

丹案巴堅自渤海國迴軍內園新殿成名曰長春殿戊申以中書舍人權知貢舉裴皞爲禮部侍郎以前鄭州防禦副使姜弘道爲太僕卿侍中郭崇韜奏應三銓注授官員等內有自無出身入仕買覓鬼名告勑今將骨肉文書揩改姓名或歷任不足妄稱失墜或假人蔭緒託形勢論屬安排參選所司隨例注官如有人陳告特議超獎其所犯人檢格處分若同保人同有僞濫者並當駁放應有人身死之處今後並須申報本州于告身上批書身死月日分明付子孫今後銓司公事至春末並須了畢從之銓綜之司僞濫日久入崇韜條奏之後

澄法甚嚴放棄者十有七八眾情亦怨之己酉司天臺請禁私曆日從之庚戌有司自契丹至者言女眞廻鶻黃頭室韋合勢侵契丹壬子有司上言八月二十二日夜熒惑犯星二度星周分也請依法禳之于京城四門懸東流水一罌兼令都市嚴備盜火止絕夜行從之甲寅幸郭崇韜第置酒作樂乙卯以前振武節度使安北都護馬存可依前檢校太尉兼侍中充甯遠軍節度容管觀察使存湖南馬殷之弟也丙辰黑水國遣使朝貢契丹寇幽州戊午宣宰臣于中書磨勘吏部選人謬濫者焚毀告勑冬十月戊辰帝畋于西北郊己巳故安義

節度使贈太尉隴西郡王李嗣昭贈太師庚午正衙命使册淑妃韓氏德妃伊氏以宰臣豆盧革韋說充册使辛未詔今後支郡公事須申本道騰狀奏聞租庸使各有徵催祇牒觀察使貴全理體契丹寇易定北鄙壬申故大同軍防禦使李存璋贈太尉鄆州奏清河泛濫壞廬舍癸未畋于石橋甲戌河南尹張全義上言萬壽節日請于嵩山開琉璃戒壇度僧百人從之乙亥故守太師尚書令秦王李茂貞追封秦王賜謚曰忠敬丁丑皇后差使賜兗州節度使李紹欽湯藥時皇太后行誥命皇后劉氏行教命互遣使人宣達藩后紊亂之弊人不

敢言己卯汴鄆二州奏大水庚辰以前太僕卿楊遘爲大理卿党項進白驢奚王李紹威進駞馬幽州奏契丹入寇至近郊辛巳故天雄軍節度副使王緘贈司空壬午以天下兵馬都元帥尚父守尚書令吳越國王錢鏐可依前天下兵馬都元帥尚父守尚書令封吳越國王癸未幸小馬坊閱馬甲申以兩浙兵馬留後清海軍節度嶺南東道觀察等使守太尉兼侍中廣州刺史錢元瓘爲檢校太師兼中書令充兩浙節度觀察留後餘如故以鎭東軍節度副大使江南管內都招討使建武軍節度嶺南西道觀察等使檢校太傅守侍中知蘇州中

吳軍軍州事行邕州刺史錢元璙爲檢校太尉兼中書令餘如故辛卯天平軍監軍使柴重厚可特進右領衛將軍同正充鳳翔監軍使甲午以宣武軍節度押牙李從溫李從璋李從榮李從厚李從璨並銀青光祿大夫檢校右散騎常侍兼御史大夫宣武軍節度押牙李從臻可檢校國子祭酒兼御史中丞自從溫而下皆李嗣源諸子也十一月丙申靈武奏甘州廻鶻可汗仁美卒其弟狄銀權主國事吐渾白都督族帳移于代州東南己亥幸六宅宴諸弟壬寅尚書左丞判吏部尚書銓事崔沂貶麟州司馬吏部侍郎崔貽孫貶朔州司馬給事

中鄭韜光貶甯州司馬吏部員外盧損貶府州司戸時有選人吳延皓取亡叔告身故舊名求仕事發延皓付河南府處死崔沂以下貶官宰相豆盧革趙元喬韋說詣閤門待罪詔釋之癸卯帝畋于伊闕侍衛金槍馬萬餘共從帝一發中大鹿是日命從官拜梁祖之陵物議非之其夕宿于張全義之別墅甲辰宿伊闕縣巳巳宿椹磵時騎士圍山會夜顛墜崖谷死傷甚衆丙午復命衛兵分獵殺獲萬計是夜歸京城六街火炬如晝丁未賜羣臣鹿肉有差庚戌制改節將一十一人功臣號辛亥以兵部侍郎李德林爲吏部侍郎壬子日南至百官

拜表稱賀以昭儀侯氏爲汧國夫人昭容夏氏爲虢國夫人昭媛白氏爲沛國夫人出使美宣鄧氏爲魏國夫人御正楚眞張氏爲涼國夫人司簿德美周氏爲宋國夫人侍眞吳氏爲渤海郡夫人其餘並封郡夫人丁巳河中節度使守太師尙書令西平王李繼麟可依前守太師兼尙書令河中護國軍節度使西平王仍賜鐵券戊午幸李嗣源李紹榮之第縱酒作樂是日鎭州地震契丹寇蔚州十二月戊辰幸西苑校獵巳巳詔汴州節度使李嗣源歸鎭（案通鑑作巳巳命宣武軍節度使李嗣源將宿衛兵三萬七千人赴汴州遂如幽州禦契丹是嗣源因出師而歸鎭也）庚午帝與皇后劉氏幸張全義

第酒酣帝命皇后拜全義爲養父全義惶恐致謝復出珍貨貢獻翌日皇后傳制命學士草謝全義書學士趙鳳密疏陳國后無拜人臣之禮帝雖嘉之竟不能巳其事壬申以教坊使王承顏爲興州刺史丙子詔取來年正月七日幸魏州庚辰畋于近郊至夕還宮壬午契丹寇嵐州党項遣使貢方物乙酉幸龍門佛寺祈雪丙戌以徐州節度使李紹眞爲北面行營副招討使戊子李嗣源奏部署大軍自宣武軍北征淮南楊溥遣使貢獻巳丑幸龍門庚寅詔河南尹張全義爲洛京留守判在京諸軍事是日日傍有背氣凡十二

同光三年春正月甲午朔帝御明堂殿受朝賀仗衛如式丙申詔以昭宗少帝山陵未備宜令有司別選園陵改葬尋以年饑財匱而止契丹寇幽州戊戌詔起今後特恩授官及侍衛諸軍將校內諸司等官其告身官給舊例朱膠錢臺省禮錢並停其餘合徵臺省禮錢比舊數五分中許徵一分特恩者不徵兵吏部兩司逐月各支錢四十貫文充吏人食直少府監鑄錢造印文今後不得徵納銅炭價直其料物官給庚子車駕發京師幸鄴以前許州節度使李紹冲爲太子少保以前邠州節度使韓恭爲右金吾大將軍充兩街使以前安州節度

使朱漢賓爲左龍武統軍庚戌車駕至鄴命青州節度使符習修酸棗河隄先是梁末帝決河隄引水東注至鄆濮以限我軍至是方修之丙辰幽州上言節度使李存賢卒二月甲子朔詔興唐府管內有百姓隨絲鹽錢每兩與減五十文案五代會要作每兩與減放五文逐年所俵蠶鹽每㪷與減五十文小菉豆稅每畝與減放三升都城內所徵稅絲永與除放丙寅定州節度使王都來朝丁卯畋于近郊己巳召從臣擊毬于鞠場辛未許州上言襄城葉縣準勅割隸汝州其扶溝等縣請卻隸當州從之甲戌以滄州節度使李紹斌爲幽州節度使依前檢校太

保以大同軍留後安元信爲滄州節度使乙亥幸王莽河射雁丙子李嗣源奏涿州東南殺敗契丹生擒首領三十人符習奏修隄役夫遇雪寒逃散樞密使郭崇韜上表辭兼鎭時帝命李紹斌鎭幽州以其時望未重欲以李嗣源爲鎭帥且爲紹斌聲援移郭崇韜兼領汴州召崇韜議之崇韜奏以爲當因懇辭兼領庚辰以宣武軍節度使李嗣源爲鎭州節度使辛巳以皇子繼潼繼嵩繼蟾繼嶢並檢校司徒皆冲幼未出閤突厥渤海國皆遣使貢方物帝幸近郊射雁甲申以樞密使郭崇韜爲依前守侍中監修國史兼樞密使加食邑實封廣南

劉巖遣使奉書于帝稱大漢國王致書上大唐皇帝乙酉帝射鴨于郭泊丙戌定州節度使檢校太尉兼侍中王都進封開國公加食邑實封戊子幸近郊射雁工部尙書崔梲卒贈右僕射三月癸巳朔賜扈從諸軍將士優給自二十千至一千甲午振武軍節度使洛京內外蕃漢馬步使朱守殷奏昨修月陂隄至德宮南獲玉璽一紐獻之詔示百官驗其文曰皇帝行寶四字方圓八寸厚二寸背紐交龍光瑩精妙守殷又于役所得古文錢四百六十六內二十六文曰得一元寶四百四十曰順天元寶上之案麗元英文昌雜錄云同光三年洛京積善坊得古文錢曰得一元寶順天元

寶史不載何代鑄錢近見錢氏錢譜云史思明再陷洛陽鑄得一錢賊黨以謂得一非佳號乃改順天蓋史思明所鑄錢也丙申寒食節帝與皇后出近郊遙饗代州親廟庚子詔取三月十七日車駕歸洛京壬寅符習奏修河隄畢功戊申帝召郭崇韜謂曰朕思在德勝寨時霍彥威段凝皆予之勍敵終日格鬬戰聲相聞安知二年之間在吾廡下吾無少康光武之才一旦重興基搆者良由二三勳德同心輔翼故也朕有時夢寢如在戚城思念曩時挑戰鏖兵勞矣然而揚旌伐鼓差慰人心殘壘荒溝依然在目予欲按德勝故寨與卿再陳舊事崇韜曰此去澶州不遠陛下再觀戰地益知王業之艱

難豈不韙哉己酉車駕發鄴宮辛亥至德勝城案五代春秋作庚子帝幸鄴都遂幸德勝故城据薛史則己酉發鄴宮辛亥至德勝城與五代春秋異蓋五代春秋譌以下詔之日爲据也登城四望指戰陣之處以諭宰臣渡河南觀廢柵舊阯至楊村寨沿河至戚城置酒作樂而罷壬子淮南楊溥遣使朝貢東京副留守張憲奏諸營家口一千二百人逃亡以艱食故也時宮苑使王允平伶人景進爲帝廣採宮人不擇良家委巷殆千餘人車駕不給載以牛車纍纍于路焉庚辰車駕至自鄴案原本作庚辰歐陽史作庚申疑永樂大典傳寫之譌考通鑑及五代春秋皆作庚辰又疑原本不誤据上文正月甲午朔二月甲子朔三月癸巳朔則三月不得有庚辰也蓋其誤始于薛史而通鑑五代春秋皆襲其誤耳今姑從原本仍爲辨正于此

辛酉詔本朝以雍州爲西京洛州爲東都并州爲北都近以魏州爲東京宜依舊以洛京爲東都魏州改爲鄴都與北都並爲次府夏四月癸亥朔案五代春秋作辛亥朔通鑑從薛史日有蝕之以租庸副使孔循權知汴州軍州事丙寅淮南楊溥遣使貢方物壬申幸甘泉亭癸酉詔翰林學士承旨盧質覆試新及第進士案五代會要時以新及第進士符蒙正等尙干浮議故命盧質覆試租庸使奏時雨久愆請下諸道州府依法祈禱從之乙亥帝與皇后幸郭崇韜第又幸左龍武統軍朱漢賓之第戊寅以耀州爲團練州其順義軍額宜停庚辰帝侍皇太后幸會節園遂幸李紹榮之第辛巳以旱

甚詔河南府徙市造五方龍集巫禱祭癸未以兗州節度使李紹欽爲鄧州節度使丁亥以鎭州節度使李嗣源兼北面水陸轉運使以徐州節度使李紹真爲副禮部貢院新及第進士四人其王澈改爲第一桑維翰第二符蒙正第三成僚第四禮部侍郎裴皥既無黜落時議寬容今後新及第人候過堂日委中書門下精加詳覆陝州奏木連理庚寅中書侍郎兼工部尙書平章事趙光胤卒廢朝三日五月壬辰朔淮南楊溥貢端午節物丁酉皇太妃劉氏薨于晉陽廢朝五日帝于興安殿行服時皇太后欲奔喪于晉陽百官上表請留乃止戊

戌以鎭州行軍司馬知軍府事任圜爲工部尙書戊申幸龍門廣化寺祈雨己酉黑水女貞皆遣使朝貢戊午以鳳州衙內馬步軍都指揮使李繼昶爲涇州節度使檢校太傅己未詔天下見禁罪人如無大過速令疎放幸玄元廟禱雨六月癸亥雲州上言去年契丹從磧北歸帳達靼因相掩擊其首領裕悅舊作于越今改正族帳自磧北以部族羊馬三萬來降已到南界今差使人來赴闕奏事甲子太白晝見丁卯以滄州節度使安元信充北面行營馬步軍都排陣使辛未以宗正卿李紓充昭宗少帝改卜園陵使壬申京師雨足自是大雨至于九月

晝夜陰晦未嘗澄霽江河漂溢隄防壞决天下皆訴水災丁丑詔吳越王錢鏐將行册禮準禮文合用竹册宜令所司修製玉册時郭崇韜秉政以爲不可樞密承旨段徊贊其事故有是命癸丑以天德軍節度使管內蕃漢都知兵馬使劉承訓爲天德軍節度觀察留後丙戌詔曰關內諸陵頃因喪亂例遭穿穴多未掩脩其下宮殿宇法物等各令奉陵州府據所管陵園修製仍四時各依舊例薦饗每陵仰差近陵百姓二十戸充陵戸以備灑掃其壽陵等一十陵亦一例修掩量置陵戸戊子以刑部尚書李琪充昭宗少帝改卜園陵禮儀使已丑

以工部郎中李途爲京兆少尹充修奉諸陵使辛卯詔括天下私馬 案五代會要詔下河南河北諸州和市戰馬官吏除一匹外匿者坐罪蓋當時私馬之禁如此 將收蜀故也 永樂大典卷七千一百五十七

舊五代史卷三十二終

舊五代史卷三十二攷證

巳酉車駕發鄴宮辛亥至德勝城 案五代春秋作庚子帝幸鄴都遂幸德勝故城據是書則巳酉發鄴宮辛亥至德勝城與五代春秋異蓋五代春秋秖以詔下之日爲據也

庚辰車駕至自鄴 庚辰歐陽史作庚申攷通鑑及五代春秋皆作庚辰據上文正月甲午朔二月甲子朔三月癸巳朔則三月不得有庚辰也蓋其誤始于是書而通鑑五代春秋皆襲其譌耳今姑從原本仍爲辨正于此

夏四月癸亥朔 案五代春秋作辛亥朔通鑑從是書

中書侍郎兼工部尚書平章事趙光允卒 案是書二年六月光允加兼戸部尚書此處作工部前後互異未知孰是

安巴堅舊作阿保機今改 裕悅舊作于越今改

補前許他人占射 五代會要載此詔云藩方侯伯內外臣僚于京邑之中無安居之所亦可請射各自修營

舊五代史卷三十三

宋司空同中書門下平章事薛居正等撰

莊宗紀第七　唐書九

同光三年秋七月丁酉以久雨詔河南府依法祈晴滑州上言黃河決壬寅皇太后崩于長壽宮帝執喪于內出遺令以示于外癸卯帝于長壽宮成服百官于長壽宮幕次成服後于殿前立班奉慰乙巳宰臣上表請聽政不允表再上勅旨宜廢朝七日丁未弘文館上言請依六典改弘文館爲崇文館從之時樞密使郭崇韜亡父名弘豆盧革希崇韜指奏而改之（案五代會要載同光三年勅云崇文館比與弘文館並置今請改稱庶協舊典蓋豆盧革曲爲之說也）洛水泛漲壞天津橋以舟濟渡日有覆溺者己酉宰臣百官上表請聽政又請復常膳表凡三上以刑部尚書李琪充大行皇太后山陵禮儀使河南尹張全義充山陵橋道排頓使孔謙充監護使壬子河陽陝州上言河溢岸以禮部尚書王正言爲戶部尚書以御史中丞崔協爲禮部尚書以刑部侍郎史館修撰判館事崔居儉爲御史中丞以尚書左丞歸藹爲刑部侍郎陝州上言河漲二丈二尺壞浮橋入城門居人有溺死者乙卯汴州上言汴水泛漲恐漂没城池于州城東西權開壕口引水入古河澤潞上

言自今月一日雨至十九日未止戊午以刑部尚書判太常卿兼判吏部尚書銓事李琪爲吏部尚書依前判太常卿以兵部侍郎集賢殿學士判院事盧文紀爲吏部侍郎以給事中李光序爲尚書右丞許州滑州奏大水八月壬戌詔諸司人吏不許諸處奏薦如有勞績只許本司奏聞詔有司吳越王印宜以黃金鑄成其文曰吳越國王之印丁卯帝釋服百官奉慰于長壽宮戊辰客省使李嚴使蜀回初帝令往市蜀中珍玩蜀法嚴峻不許奇貨東出其許市者謂之入草物嚴不獲珍貨歸而奏之帝大怒曰物歸中夏者命之曰入草王衍甯免爲入草之人耶由是伐蜀之意銳矣庚辰幸壽安山陵作所鄴都大水御河泛溢癸未河南縣令羅貫長流崖州尋委河南府決痛杖一頓處死坐部內橋道不修故也及死人皆冤之甲申山陵禮儀使奏山陵封域之內先有巨墳合令子孫改卜舊例給其所費無子孫者官爲瘞藏如是五品以上官所司仍以禮致祭從之鳳翔奏大水己酉中書門下上言據禮儀使狀準故事太常少卿定大行太后謚議太常卿署定訖告天地宗廟伏準禮文賤不得誄貴子不得爵母后必謚于廟者受成于祖宗今大行太后謚請太常卿署定後集百官連署

謚狀訖讀于太廟太祖皇帝室然後差丞郎一人撰册文別定日命太尉上謚册于西宮靈座同日差官告天地太微宮宗廟如常告之儀從之青州大水蝗己丑以襄州留後李紹珙爲襄州節度使以邠州留後董璋爲邠州節度使九月辛卯朔河陽奏黃河漲一丈五尺癸巳中書上言大行皇太后謚議合讀于太廟太祖室其日集兩省御史臺五品已上尚書省四品已上諸司三品已上官于太廟序立從之鎭州衞州奏水入城壞廬舍乙未制封第三子鄴都留守興聖宮使檢校太尉同平章事判六軍諸衞事繼岌爲魏王幸壽安陵庚子襄

州奏漢江漲溢漂溺廬舍是日命大舉伐蜀詔曰朕夙荷丕基乍平僞室非不欲寵綏四海協和萬邦庶正朔以遐同俾人倫之有序其或地居陬裔位極驕奢殊乖事大之規但蘊偷安之計則必徵諸典訓振以皇威爰興伐罪之師冀遏亂常之黨蠢茲蜀主世負唐恩間者父總藩宣任居統制屬朱溫東離汴水致昭皇西幸岐陽不務扶持反懷顧望盜據劍南之土宇全虧閫外之忱誠先皇帝早在并門將興霸業彼既會馳書幣此亦復展謝儀後又特發使人專持聘禮彼則更不迴一介之使答咫尺之書星歲俄移歡盟頓阻朕頃遵遺訓嗣

統列藩追昔日之來誠繼先皇之舊好累馳信幣皆絕酬還背惠食言棄同卽異今覩孽豎紹據山河委閹宦以持權憑阻修而僭號早者曾上秦王緘札張皇蜀地聲塵形侮黷之言辭謗親賢之勳德昨朕風驅銳旅電掃兇渠復已墜之宗祧纘中興之曆數捷音旋報復命仍稽使來而尚抗書題情動而先誇險固加以宋光葆輒陳狂計別啟奸媒將欲北顧秦川東窺荊渚人而無禮罪莫大焉昨客省使李嚴奉使銅梁近歸金闕凡于奏對備述端由其宋光嗣相見之時于坐上便有言說先問契丹強弱次數秦王是非度此苞藏可見情狀加

以疎遠忠直朋比奸雄內則縱恣輕華競貪寵位外則滋彰法令蠹耗生靈既德力以不量在神祇之共憤今命興聖宮使魏王繼岌充西川四面行營都統命侍中樞密使郭崇韜充西川東北面行營都招討制置等使荊南節度使高季興充西川東南面行營都招討使鳳翔節度使李曮充供軍轉運應接等使同州節度使李令德充行營招討副使陝府節度使李紹琛充行營蕃漢馬步軍都排陣斬斫使西京留守張筠充西川管內安撫應接使華州節度使毛璋充行營左廂馬步都虞候邠州節度使董璋充行營右廂馬步都虞候客省使

李嚴充西川管內招撫使總領闕下諸軍兼四面諸道馬步兵事取九月十八日進發凡爾中外宜體朕懷辛丑授魏王繼岌諸道行營都統餘如故繼岌既受都統之命以梁漢顒充中軍馬步都虞候兼馬步軍都指揮使張廷蘊爲中軍步軍都指揮使牛景章充中軍左廂馬軍都指揮使沈斌充中軍右廂馬軍都指揮使卓瓌充中軍左廂步軍都指揮使王贇充中軍右廂步軍都指揮使供奉官李從襲充中軍馬步軍都監高品李廷安呂使柔充魏王衙通謁詔工部尚書任圜翰林學士李愚叅魏王軍事丁未夕偏天陰雲北方有聲如雷野雉皆鳴俗所謂天狗落戊申魏王繼岌樞密使侍中郭崇韜進發西征（案原本衍辛巳幸壽安陵甲寅八字今刪去）太子少師致仕薛廷珪卒贈右僕射甲寅幸壽安陵司天上言自七月三日大雨至九月十八日後方晴三辰行度不見丁巳幸尖山射鴈冬十月庚申朔宰臣及文武三品以上官赴長壽宮上大行皇太后謚曰貞簡皇太后辛酉幸甘泉遂幸壽安陵壬戌魏王繼岌率師至鳳翔先遣使馳檄以諭蜀部丁卯奉皇太后尊謚寶册赴西宮靈座宰臣豆盧革攝太尉讀册文吏部尚書李琪讀寶文百官素服班于長壽宮門外奉慰淮南楊溥遣使進慰禮巳

巳中書上言貞簡太后陵請以坤陵爲名從之初卜山陵帝欲祔于代州武皇陵奏議天子以四海爲家不當分其南北乃于壽安縣界別卜是陵（案五代會要載中書門下奏議云人君以四海爲家不當分其南北洛陽是帝王之宅四時朝拜禮須便近不能遠幸代州今漢朝諸陵皆近秦雍國朝陵寢布列京畿後魏文帝自代遷洛之後園陵皆在河南兼勅功臣之家不許北葬今魏氏諸陵尚在京畿祔葬代州理未爲允從之）丙子以前翰林學士戶部侍郎馮道依前本官充職戊寅西征之師入大散關（九國志趙廷隱傳云自入敵境郎禁兵士焚廬舍剽財物蜀人德之）僞命鳳州節度使王承捷故鎮屯駐指揮使唐景思次第迎降得兵一萬二千軍儲四十萬又下三泉得軍儲三十餘萬自是師無匱乏之軍聲大振辛巳僞興州刺史王承鑑成州刺史王承朴棄城遁去康延孝大破蜀軍于三泉時王衍將幸秦州以其軍五萬屯于利州聞我師至遣步騎三萬逆戰于三泉延孝與李嚴以勁騎三千擊之蜀軍大敗斬首五千級餘衆奔潰王衍聞敗自利州奔歸成都斷吉柏津浮梁而去丁亥文武百官上表以貞簡皇太后靈駕發引請車駕不至山陵所戊子葬貞簡太后于坤陵巳丑魏王繼岌至興州僞東川節度使宋光葆以梓綿劍龍普五州來降武定軍使王承肇以洋蓬壁三州來降興元節度使王宗威以梁開通渠麟五州來降階州刺史王承岳納

符印請命秦州節度使王承休棄城自扶州路奔于西川太平廣記引王氏見聞記云王承休擁鋭兵于天水兵刃不舉旣知東軍入蜀遂擁麾下之師及婦女孩幼萬餘口金銀繒帛于西蕃買路歸蜀沿路爲西蕃擄奪凍餒相踐而死迨至蜀存者百餘人唯與田宗汭等脫身而至魏王使人問之曰親握重兵何得不戰曰畏大王神武不敢當其鋒曰何不早降曰蓋緣王師不入封部無門納款曰初入蕃部幾許人曰萬餘口今存者幾何曰纔及百數魏王曰汝可償萬人之命遂斬之十一月庚寅朔帝幸壽安號慟于坤陵戊戌以振武節度使朱守殷爲兗州節度使徐州鄴都上言十月二十五日夜地大震康延孝至利州修吉柏津浮梁僞昭武軍節度使林思諤來降辛丑魏王過利州帝賜王衍詔諭以禍福甲辰魏王至劍州僞武信軍節度使王宗壽

以遂合渝瀘忠五州來降案九國志王宗壽傳王衍時爲武信軍節度使唐師入境郭崇韜遣使遣宗壽書宗壽不納聞衍降乃治裝赴闕据薛史則王衍未送款宗壽已降矣與九國志異丁未高麗國遣使貢方物康延孝李嚴至漢州王衍遣人送牛酒請降李嚴遂先入成都戊申祔貞簡皇太后神主于太廟己酉魏王至綿州王衍遣使上牋歸命庚戌皇弟鄆州節度使存霸滑州節度使存渥左金吾大將軍晉州節度使存乂邢州節度使存紀並授起復雲麾將軍右金吾大將軍同正荆南節度使高季興奏收復歸夔忠等州辛亥魏王至德陽僞六軍使王宗弼報王衍舉家遷于西宅宗弼權稱西川兵馬留後又報僞樞

密使宋光嗣景潤澄宣徽使李周輅歐陽晃同有異謀惑亂蜀主已梟斬訖案九國志王宗弼傳唐師陷鳳州衍遣三招討屯三泉以拒唐師未戰三招討俱遁走因令宗弼守綿谷而誅三招討宗弼遂與三招討同送款于魏王乃還成都斬宋光嗣等函首送于魏王遷衍及母妻于西宮通鑑作李嚴至成都宗弼猶乘城爲守備與九國志異壬子王衍遣使上表請降癸丑以吳越國馬步統軍使檢校太傅錢元球爲檢校太尉守侍中充靜海軍節度使乙卯魏王至西川城北丙辰蜀主王衍出降語在衍傳案王衍出降在十一月丙辰通鑑與薛史同歐陽史作已酉蓋據其上牋歸命之日而失書之其寔已酉唐師尙在綿州未入成都也五代春秋作十二月蜀王衍降尤誤丁巳大軍入成都法令嚴峻市不易肆自興師凡七十五日蜀平得兵士三萬兵仗七

百萬糧三百五十三萬錢一百九十二萬貫金銀共二十二萬兩珠玉犀象二萬紋錦綾羅五十萬得節度州十郡六十四縣二百四十九己丑禮儀使奏貞簡皇太后升祔禮畢一應宗廟伎樂及諸祀並請仍舊從之十二月壬戌以前雲州節度使李存敬爲同州節度使以同州節度使檢校太保同平章事李令德爲遂州節度使以邠州節度使檢校太保董璋爲劍南東川節度副大使知節度事以華州節度使毛璋爲邠州節度使以左金吾大將軍史敬鎔爲華州節度使丁卯以武寧軍節度副使李紹文爲兗州觀察留後庚午宴諸王武臣

于長春殿始用樂丙子以北京副留守事太原尹孟知祥爲檢校太傅同平章事成都尹劍南西川節度副大使知節度事西山八國雲南都招撫等使以戸部尚書王正言爲檢校吏部尚書守興唐尹充鄴都副留守以鄴都副留守興唐尹張憲檢校吏部尚書太原尹充北京副留守知留守事己卯以臘辰狩于白沙皇后皇子宮人畢從庚辰次伊闕辛巳次潭泊壬寅次龕澗癸未還宮是時大雪苦寒吏士有凍踣于路者伊汝之民飢乏尤甚衞兵所至責其供餉既不能給因壞其什器撤其廬舍而焚之甚于剽刼縣吏畏恐竄避于山谷間甲

申出御札示中書門下以今歲水災異常所在人戸流徙以避征賦關市之征抽納繁碎宜令宰臣商量條奏丙戌第三姑宋氏封義寧大長公主長姊孟氏封瓊華長公主第十一妹張氏封瑤英長公主十二月甲午賜中書門下詔曰朕聞古先哲王臨御天下上則以無偏無黨爲至治次則以足食足兵爲遠謀緬維前修誠可師範朕纂承鳳曆嗣守鴻圖三載于茲萬機是總非不知五兵未弭兆庶多艱蓋賴卿等寅亮居懷康濟爲務冀盡敷輿之理洞詢盍徹之規今則潛案方區備聆謠俗或力役罕均其勞逸或賦租莫辨于後先但以督促爲名煩苛不已被甲冑者何嘗充給趨朝省者轉困支持州閭之貨殖全踈天地之災祥屢應以至星辰越度旱澇不時農桑失業于巨圜道殣相望于郊野生靈及此寢食甯遑豈非朕德政未孚焦勞自拙者耶朕昨親援毫翰軫念瘡痍一則詢爾謀猷一則表予宵旰未被來奏轉撓于懷敢不冀翼罪躬乾乾軫慮咨爾四岳弼予一人何不舉賢才裨寡昧百辟之內羣后之間莫不有盡忠者被掩其能抱器者難陳其力或草澤有遺逸之士山林多屈滯之人爾所不知吾將安訪卿等位尊調鼎名顯代天既逢不諱之朝何惜由衷之說當宜歷

告中外急訪英髦應在仕及前資文武官已下至草澤之士有濟國治民除姦革弊者並宜各獻封章朕當選擇施行其近宣御札亦告諭內外體朕意焉是時兩河大水戸口流亡者十四五都下供饋不充軍士乏食乃有鬻子去妻老弱採拾于野殍踣於行路者州郡飛輓旋給京師租庸使孔謙日于上東門外佇望其來算而給之加以所在泥潦輦運艱難愁嘆之聲盈于道路四方地震天象乖越帝深憂之問所司濟贍之術孔謙比以吏進故無保邦濟民之要務唯以急刻賦斂爲事樞密承旨段徊奏曰臣見本朝時或遇歲時災歉國費不

足天子將求經濟之要則內出朱書御札以訪宰臣請陛下依此故事行之卽命學士草詞帝親札以訪宰臣非帝憂民之實也時宰相豆盧革等依阿狥旨竟無所陳但云陛下威德冠天下今西蜀平定珍寶甚多可以給軍水旱作沴天之常道不足以貽聖憂中官李紹宏奏曰俟魏王旋軍之後若兵額漸多饋輓難給請且幸汴州以便漕輓時羣臣獻議者亦多大較詞理迂闊不中時病唯吏部尙書李琪引古田租之法從權救弊之道上疏言之帝優詔以奬之丁酉詔僞蜀私署官員等惟名與器不可假人況是遐僻偏方僭竊僞署因時亂

而濫稱名位歸國體而悉合削除但恐當本朝屯否之時有歷代簪纓之士旣陷彼土遂授僞官又慮有曾受本朝渥恩當時已居班秩須爲升降不可通同應僞署官至太師太傅及三少并太尉司徒司空侍中中書令左右僕射已上並宜降至六尙書臨時更約僞署高低爲六行次第階至開府特進金紫者宜令文班降至朝散大夫武班降至銀靑爵僞署將相已下與開國男餘並不得更請封爵其有功臣削去（案此句疑有脫誤據五代會要作其有功臣名號並宜削去）如是僞署節鎭伐罪之初率先向化及立功効者宜委繼岌崇韜臨時奬任其刺史但許稱使君不得更有檢校官其僞署班行正四品已上酌此降黜五品以下如不曾經本朝授官若材智有聞卽許于府縣中量材任使如無材智可錄止是蜀地土人並宜放歸田里如是西班有稱統軍上將軍者若是本朝功臣子孫及將相之嗣並據人材高下與諸衛小將軍府率中郎將次第授任如是小將軍已下據人材堪任使者宜委西川節度使衙前補押衙不堪任使者亦宜放歸田里應已前降官除軍前量事迹任使外餘並稱前銜候朝廷續據才行任使庚子彰武保大等節度使高萬興卒甲辰淮南楊溥遣使朝貢乙巳以晉州節度使李存

乂爲鄜州節度使以相州刺史李存確爲晉州節度使丙午兩省諫官上疏請車駕不幸汴州凡三上章乃允庚戌魏王繼岌奏遣秦州副使徐讜賫書招諭南詔蠻又奏點到兩川馬九千五百三十四（清異錄莊宗滅梁平蜀志頗自逸命蜀匠織十幅無縫錦爲被材被成賜名六合被）辛亥制皇第二弟存霸可封永王第三弟存美可封邕王第四弟存渥可封申王第五弟存乂可封睦王第六弟存確可封通王第七弟存紀可封雅王是歲日傍有背氣凡十三（永樂大典卷七千一百五十七）

舊五代史卷三十三終

舊五代史卷三十三攷證

唐莊宗紀七禮部尚書王正言　正言原本作直言今據歐陽史改正

其許市者謂之入草物　八草原本訛全草今據通鑑及册府元龜所引薛史改正

鎮州衞州奏　案原本脫鎮州二字今據册府元龜所引薛史增入

太子少師致仕薛廷珪卒　少師原本作少保今據列傳改正

斷吉柏津　吉柏通鑑作桔柏攷歐陽史亦作吉柏今仍其舊

梁僞昭武軍節度使林思諤來降　思諤原本作世諤今據通鑑十國春秋改正

僞武信軍節度使王宗壽以遂合渝瀘忠五州來降　案九國志王宗壽傳唐師入境郭崇韜遣使遺宗壽書宗壽不納聞衍降乃治裝赴闕歐陽史蜀世家亦言宗壽獨不降聞衍已銜璧大慟從衍東遷據是書則王衍未送款宗壽已降疑傳聞之誤

丙辰蜀主王衍出降　案王衍出降在十一月丙辰通鑑與是書同歐陽史作已酉蓋據上牋歸命而先書之其實已酉唐師尚在綿州未入成都也五代春秋作十二月蜀王衍降尤誤

辛已次潭泊壬午次龕澗　潭泊原本訛覃泊龕澗原本訛竈澗今並從通鑑改正

長姊孟氏封瓊華長公主　案通鑑以瓊華爲克讓女則莊宗之從姊也隆平集東都事畧孟昶傳並云父知祥尙唐莊宗妹俱與是書異

日于上東門外佇望其來　上東門原本作尙東門據通鑑注云洛城東面三門中曰建春左曰上東右曰永春今改正

如是西班有稱統軍上將軍者　西班原本作兩班今據五代會要改正

第七弟存紀可封雅王　雅王原本作睢王攷通鑑及歐陽史皆作雅王是書宗室傳亦作雅今改正

舊五代史卷三十三攷證

舊五代史卷三十四

宋司空同中書門下平章事薛居正等撰

莊宗紀第八　唐書十

同光四年春正月戊午朔帝不受朝賀契丹寇渤海壬戌詔以去歲災沴物價騰涌自今月三日後避正殿減膳撤樂以答天譴應去年遭水災州縣秋夏稅賦並與放免自壬午年已前所欠殘稅及諸色課利已有勅命放免者尙聞所在猶有徵收宜令租庸司切準前勅處分應京畿內人戸有停貯斛㪷者並令減價出糶如不遵行當令檢括西川王衍父子及僞署將相官吏除已行刑憲外一切釋放天下禁囚除十惡五逆官典犯贓屠牛毀錢放火劫舍持刀殺人準律常赦不原外應合抵極刑者遞降一等其餘罪犯悉與減降逃背軍健並放逐便癸亥河中節度使李繼麟來朝諸州上言準宣爲去年十月地震集僧道起消災道場甲子魏王繼岌殺樞密使郭崇韜于西川夷其族丙寅百官上表請復帝膳凡三上表乃允之西川行營都監李廷安進西川樂官二百九十八人契丹寇女眞渤海戊寅契丹寇巴堅（舊作阿保機今改正）遣使貢良馬庚辰帝異母弟鄆州節度使存乂伏誅存乂郭崇韜之子壻也故亦及于禍是日以

河中節度使守太師兼尙書令西平王李繼麟爲滑州節度使尋令朱守殷以兵圍其第誅之夷其族辛巳吐渾奚各遣使貢馬鎭州上言部民凍死者七千二百六十人又奏準宣進花菓樹栽及抽樂人梅審鐸赴京甲申以鄆州節度使永王存霸爲河中節度使以滑州節度使申王存渥爲鄆州節度使乙酉內人景姹上言昭宗遇難之時皇屬千餘人同時遇害爲三穴瘞于宮城西古龍興寺北請改葬從之仍詔河南府監護其事丙戌迴鶻可汗阿咄欲遣使貢良馬鎭州上言平棘等四縣部民餓死者二千五百人丁亥詔朱友謙同惡人史武等七人已當國法並籍没家產武等友謙舊將時皆爲刺史並以無罪族誅（案通鑑云友謙舊將史武等七人時爲刺史皆坐族誅蓋以薛史爲據于七人姓名不爲全載考歐陽史丁亥殺繼麟之將史武薛容周唐殷揚師太王景來仁白奉國可補薛史之所未備）二月己丑以宣徽南院使知內侍省兼內勾特進右領軍衞上將軍李紹宏爲驃騎大將軍守武衞上將軍知內侍省充樞密使甲午以鄭州刺史李紹奇爲河陽節度使以樂人景進爲銀青光祿大夫檢校右散騎常侍守御史大夫進以俳優嬖幸善采訪閭巷鄙細事以啓奏復密求妓媵以進恩寵特厚魏州錢穀諸務及招兵市馬悉委進監臨孔謙附之以希寵常呼爲八

哥諸軍左右無不托附至于士人亦有因之而求仕進者每入言事左右紛然屏退惟以陷害熒惑爲意焉是日帝幸冷泉校獵乙未宰臣豆盧革上言請支州縣官實俸以責課効丙申武德使史彥瓊自鄴馳報稱今月六日貝州屯駐兵士突入都城剽劫坊市初帝令魏博指揮使楊仁晸率兵戍瓦橋至是代歸有詔令駐于貝州上歲天下大水十月鄴地大震自是居人或有亡去他郡者每日族談巷語云城將亂矣人人恐悚皆不自安十二月以戸部尚書王正言爲興唐尹知留守事正言年耄風病事多忽忘比無經治之才武德使史彥瓊

者以伶官得幸帝待以腹心之任都府之中威福自我正言以下皆脅肩低首曲事不暇由是政無統攝姦人得以窺圖値郭崇韜伏誅人未測其禍始皆云崇韜已殺繼岌自王西川故盡誅郭氏先是有密詔令史彥瓊殺朱友謙之子澶州刺史建徽彥瓊夜半出城不言所往詰旦關報正言曰史武德夜半馳馬而去不知何往是日人情震駭訛言云劉皇后以繼岌死于蜀已行弑逆帝已晏駕故急徵彥瓊其言播于鄴市貝州軍士有私甯親于都下者掠此言傳于貝州軍士皇甫暉等因夜聚蒱博不勝遂作亂劫都將楊仁晸曰我輩十有餘

年爲國家効命甲不離體已至吞併天下主上未垂恩澤翻有猜嫌防戍邊遠經年離阻鄉國及得代歸去家咫尺不令與家屬相見今聞皇后弑逆京邑已亂將士各欲歸府甯親請公同行仁晸曰汝等何謀之過耶今英主在上天下一家從駕精兵不下百萬西平巴蜀威振華夷公等各有家族何事如此軍人乃抽戈露刃環仁晸曰三軍怨怒咸欲謀反苟不聽從須至無禮仁晸曰吾非不知此但丈夫舉事須計萬全軍人卽斬仁晸裨將趙在禮聞軍亂衣不及帶將踰垣而遁亂兵追及白刃環之曰公能爲帥否則則頭隨刃落在禮懼卽曰

吾能爲之衆遂呼譟中夜燔劫貝郡詰旦擁在禮趨臨淸剽永濟館陶五日晩有自貝州來者言亂兵將犯都城都巡檢使孫鐸等急趨史彥瓊之第告曰賊將至矣請給鎧仗登陴拒守彥瓊曰今日賊至臨淸計程六日方至爲備未晩孫鐸曰賊來寇我必倍道兼行一朝失機悔將何及請僕射率衆登陴鐸以勁兵千人伏于王莽河逆擊之賊旣挫勢須至離潰然後可以剪除如俟其凶徒薄于城下必慮姦人內應則事未可測也彥瓊曰但訓士守城何須卽戰時彥瓊疑孫鐸等有他志故拒之是夜三更賊果攻北門彥瓊時以部衆在北門樓

間賊呼譟卽時驚潰彦頊單騎奔京師遲明亂軍入城孫鐸與之巷戰不勝携其母自水門而出獲免晡晚趙在禮引諸軍據宮城署皇甫暉趙進等爲都虞候斬斫使（案九國志趙進傳云莊宗入洛猶行遣屯廪祿旣薄又不時給士卒多怨憤思亂者十七同光末進與本軍皇甫暉等共推趙在禮相率夜犯鄴城鄴中士卒莫有闚志進等因陷其城未踰旬兵數萬在禮署進衙內都虞三城巡檢使通鑑作趙在禮據宮城署皇甫暉及軍校趙進爲馬步都指揮使與九國志異）諸軍大掠興唐尹王正言謁在禮望塵再拜是日衆推在禮爲兵馬留後草奏以聞帝怒命宋州節度使元行欽率騎三千赴鄴都招撫詔徵諸道之師進討丁酉淮南楊溥遣使賀平蜀已亥魏王繼岌奏康延孝擁衆反迴冦

西川遣副招討使任圜率兵追討之庚子福建節度副使王延翰奏節度使王審知委權知軍府事邢州左右步直軍四百人據城叛推軍校趙太爲留後詔東北面副招討使李紹眞率兵討之辛丑元行欽至鄴都進攻南門以詔書招諭城中趙在禮獻羊酒勞軍登城遥拜行欽曰將士經年離隔父母不取勅旨歸甯上貽聖憂追悔何及儻公善爲敷奏俾從渙汗某等亦不敢不改過自新行欽曰上以汝輩有社稷功必行赦宥因以詔書諭之皇甫暉聚衆大詬卽壞詔行欽以聞帝怒曰收城之日勿遺噍類壬寅行欽自鄴退軍保澶州甲辰從

馬直宿衛軍士王溫等五人夜半謀亂殺本軍使爲衞兵所擒磔于本軍之門丙午以右散騎常侍韓彦惲爲戶部侍郎丁未鄴都行營招撫使元行欽率諸道之師再攻鄴都戊申以洋州留後李紹文爲夔州節度使詔河中節度使永王存霸歸藩己酉以樞密使宋唐玉爲特進左威衞上將軍充宣徽南院使庚戌諸軍大集于鄴都進攻其城不克行欽又大治攻具城中知其無赦晝夜爲備朝廷聞之益恐連發中使促繼岌西征之師繼岌以康延孝據漢州中軍之士從任圜進討繼岌端居利州不獲東歸是日飛龍使顏思威部署西川宮人

至辛亥淮南楊溥遣使貢方物西京上言客省使李嚴押蜀主王衍至本府壬子以守太尉中書令河南尹兼河陽節度使齊王張全義爲檢校太師兼尚書令兗許州節度使東川董璋奏準詔誅遂州節度使李令德于本州夷其族癸丑湖南馬殷奏福建節度使王審知疾甚副使王延翰已權知軍府事請降旌節司天監上言自二月上旬後晝夜陰雲不見天象自二十六日方晴至月終星辰無變以右衞上將軍朱漢賓知河南府事甲辰命蕃漢總管李嗣源統親軍赴鄴都以討趙在禮帝素倚愛元行欽鄴都軍亂卽命爲行營招討使久而

無功時趙太據邢州王景戡據滄州自爲留後河朔郡邑多殺長吏帝欲親征樞密使與宰臣奏言京師者天下根本雖四方有變陛下宜居中以制之但命將出征無煩躬御士伍帝曰紹榮討亂未有成功繼岌之軍尙留巴漢餘無可將者斷在自行樞密使李紹宏等奏曰陛下以謀臣猛將取天下今一州之亂而云無可將者何也總管李嗣源是陛下宗臣創業以來艱難百戰何城不下何賊不平威略之名振于夷夏以臣等籌之若委以專征鄴城之寇不足平也帝素寬大容納無疑于物自誅郭崇韜朱友謙之後閹宦伶官交相讒諂邦國

大事皆聽其謀繇是漸多猜惑不欲大臣典兵旣聞奏議乃曰予恃嗣源侍衞卿當擇其次者又奏曰以臣等料之非嗣源不可河南尹張全義亦奏云河朔多事久則患生宜令總管進兵如倚李紹榮輩未見其功帝乃命嗣源行營是日延州知州白彥琛奏綏銀兵士剽州城謀叛魏王繼岌傳送郭崇韜父子首函至闕下詔張全義收瘞之乙巳以右武衞上將軍李肅爲安邑解縣兩池榷鹽使以吏部尙書李琪爲國計使三月丁未朔（案通鑑作丁巳朔與薛史異）李紹眞奏收復邢州擒賊首趙太等二十一人徇于鄴都城下皆磔于軍門庚戌李紹眞自邢州赴鄴都城下（案通鑑作庚申李紹眞引兵至鄴都營于城西北以太等徇于鄴城下而殺之與薛史異）辛亥以威武軍節度副使福建管內都指揮使檢校太傅守江州刺史王延翰爲福建節度使依前檢校太傅壬子李嗣源領軍至鄴都營于西南隅甲寅進營于觀音門外下令諸軍詰旦攻城是夜城下亂軍廹嗣源爲帝遲明亂軍擁嗣源及霍彥威入于鄴城復爲皇甫暉等所脅嗣源以詭詞得出夜分至魏縣時嗣源遣領鎭州詰旦議欲歸藩上章請罪安重誨以爲不可語在明宗紀中翌日遂次于相州元行欽部下兵退保衞州以飛語上奏嗣源一日之中遣使上章申理者數四

帝遣嗣源子從審（案從審歐陽史作從璟考通鑑從審自衞州歸莊宗賜名繼璟與歐陽史異）與中使白從訓賫詔以諭嗣源行至衞州從審爲元行欽所械不得達是日西面行營副招討使任圜奏收復漢州擒逆賊康延孝丙辰荆南高季興上言請割峽內夔忠萬等三州却歸當道依舊管係又請雲安監初將議伐蜀詔高季興令率本軍上峽自收元管屬郡軍未進蘷忠萬三州已降季興數請之因賂劉皇后及宰臣樞密使內外叶附乃俞其請戊午詔河南府預借今年秋夏租稅時年飢民困百姓不勝其酷京畿之民多號泣于路議者以爲劉盆子復生矣庚申詔潞州節度

使孔勍赴闕以右龍虎統軍安崇阮權知潞州是日忠武軍節度使齊王張全義薨壬戌宰臣豆盧革率百官上表以魏博軍變請出內府金帛優給將士不報時知星者上言客星犯天庫宜散府藏又云流星犯天棓主御前有急兵帝召宰臣于便殿皇后出宮中妝奩銀盆各二并皇子滿哥三人謂宰臣曰外人謂內府金寶無數向者諸侯貢獻旋供賜與今宮中有者粧奩嬰孺而已可鬻之給軍革等惶恐而退癸亥以僞蜀昭武軍節度使林思諤爲閬州刺史是日出錢帛給賜諸軍兩樞密使及宋唐玉景進等各貢助軍錢幣是時軍士之家乏食婦女掇蔬于野及優給軍人皆負物而詬曰吾妻子已殍矣用此奚爲甲子元行欽自衛州率部下兵士歸帝幸耀店以勞之西川輦運金銀四十萬至闕分給將士有差元行欽請車駕幸汴州帝將發京師遣中官向延嗣馳詔所在誅蜀主王衍仍夷其族乙丑車駕發京師戊辰遣元行欽將騎軍沿河東向壬申帝至滎澤以龍驤馬軍八百騎爲前軍遣姚彥溫董之彥溫行至中牟率所部奔于汴州時潘環守王村寨有積粟數萬亦奔汴州是時李嗣源已入于汴帝聞諸軍離散精神沮喪至萬勝鎮即命旋師登路旁荒塚置酒視諸將流涕

俄有野人進雉因問塚名對曰里人相傳爲愁臺帝彌不悅罷酒而去是夜次汜水初帝東出關從駕兵二萬五千及復至汜水已失萬餘騎乃留秦州都指揮使張瑭以步騎三千守關帝過罌子谷道路險狹每遇衛士執兵仗者皆善言撫之曰適報魏王繼岌又進納西川金銀五十萬到京當盡給爾等軍士對曰陛下賜與太晚今亦不感聖恩帝流涕而已又索袍帶賜從官內庫使張容哥對曰頒給已盡衛士叱容哥曰致吾君社稷不保是此閹豎抽刀逐之或救而獲免容哥謂同黨曰皇后惜物不散軍人歸罪于吾輩事若不測吾輩萬段顯不見此禍因投河而死隆平集內臣李承進逮事唐莊宗太祖嘗問莊宗時事對日莊宗好畋獵每次近郊衛士必控馬首曰兒郎輩寒冷望陛下與救接莊宗隨所欲給之如此者非一晚年蕭墻之禍由賞賚無節威令不行也太祖歎曰二十年夾河戰爭不能以軍法約束此輩誠兒戲甲戌次石橋案通鑑作甲申次石橋西與薛史異歐陽史作甲戌至自萬勝與薛史合帝置酒野次悲啼不樂謂元行欽等諸將曰鄴下亂離寇盜蜂起總管迫于亂軍存亡未測今訛言紛擾朕實無聊卿等事余以來富貴急難無不共之今茲危蹙賴爾籌謀而竟默默無言坐觀成敗予在滎澤之日欲單騎渡河訪求總管面爲方略招撫亂軍卿等各吐胸襟共陳利害今日俾予至此卿等如何元行欽等百餘人垂泣而奏

日臣本小人蒙陛下撫養位極將相危難之時不能立功報主雖死無以塞責乞申後效以報國恩于是百餘人皆援刀截髮置髻于地以斷首自誓上下無不悲號識者以爲不祥是日西京留守張筠部署西征兵士到京見于上東門外晡晚帝還宮初帝在汜水衛兵散走京師恐駭不甯及帝至人情稍安乙亥百官進名起居安義節度使孔勍奏點校兵士防城準詔運糧萬石進發次時勍已殺監軍使據城詭奏也丙子樞密使李紹宏與宰相豆盧革韋說會于中興殿之廊下商議軍機因奏魏王西征兵士將至車駕且宜控汜水以俟魏王

從之午時帝出上東門親閱騎軍誡以詰旦東幸申時還宮四月丁丑朔 案歐陽史及通鑑五代春秋俱作四月丁亥朔考遼史天顯元年卽同光四年亦作四月丁亥朔唯薛史作丁丑與諸書異案是年正月係戊午朔三月係丁未朔則四月朔日自當爲丁丑蓋薛當時之寔錄其月日有可徵信也 以永王存霸爲北都留守申王存渥爲河中節度使是日駕將發京師從駕馬軍陳于宣仁門外步兵陳于五鳳門外帝內殿食次從馬直指揮使郭從謙自本營率所部抽戈露刃至興教門大呼與黃甲兩軍引弓射興教門帝聞其變自宮中率諸王近衞禦之逐亂兵出門既而焚興教門緣城而入登宮牆讙譟帝御親軍格鬬殺亂兵數百俄而帝爲流矢所

中亭午崩于絳霄殿之廡下時年四十二 琬琰集載宋實錄王全斌傳云同光末蕭墻有變亂兵逼宮城近臣宿將皆釋甲潛遁惟全斌與符彥卿等十數人居中拒戰莊宗中流矢扶掖歸絳霄殿全斌慟哭而去東都事略符彥卿傳云郭從謙之亂莊宗左右皆引去惟彥卿力戰殺十餘人莊宗崩彥卿慟哭而去 是時帝之左右例皆奔散唯五坊人善友斂廡下樂器簇于帝屍之上發火焚之及明宗入洛止得其燼骨而已天成元年七月丁卯有司上謚曰光聖神閔孝皇帝廟號莊宗是月丙子葬于雍陵 永樂大典卷七千一百五十八 五代史補莊宗之嗣位也志在渡河但恨河東地狹兵少思欲百練其衆以取必勝于天下乃下令曰凡出師騎軍不見賊不許騎馬或步騎前後已定不得越軍分以避險惡其分路並進期會有處不得違晷刻并在路敢言病者皆斬之故三軍懼怯而戮力皆一以當百故朱梁舉天下而不能禦卒爲所滅良有以

也初莊宗爲公子雅好音律又能自撰曲子詞其後凡用軍前後隊伍皆以所撰詞授之使揭聲而唱謂之御製至于入陣不論勝負馬頭纔轉則衆歌齊作故凡所闕戰人忘其死斯亦用軍之一奇也莊宗好獵每出未有不蹂踏苗稼一旦至中牟合圍忽有縣令忘其姓名犯圍諫曰大凡有國家者當視民如赤子性命所繫陛下以一時之娛恣其蹂踏使比屋囂然動溝壑之慮爲民父母豈其若是耶莊宗大怒以爲遭縣令所辱遂叱退將斬之伶官鏡新磨者知其不可乃舉衆伶齊進挽住令佯爲詬責曰汝爲縣令可以指麾百姓爲兒既天子好獵卽合多留閑地安得縱百姓耕鋤妨天子鷹犬飛走耶而又不能自責更敢咄咄吾知汝當死罪諸伶亦皆嬉笑繼和于是莊宗默然其怒少霽頃之恕縣令罪 五代史闕文莊宗嘗因博戲覩骰子采有暗相輪者心悅之乃自置暗箭格凡博戲並認采之在下者及同光末鄴都兵亂從謙以兵犯興教門莊宗禦之中流矢而崩識者以爲暗箭之應

史臣曰莊宗以雄圖而起河汾以力戰而平汴洛家讎

既雪國祚中興雖少康之嗣夏配天光武之膺圖受命亦無以加也然得之孔勞失之何速豈不以驕于驟勝逸於居安忘櫛沐之艱難狥色禽之荒樂外則伶人亂政內則牝雞司晨靳恡貨財激六軍之憤怨徵搜輿賦竭萬姓之脂膏大臣無罪以獲誅衆口吞聲而避禍夫有一於此未或不亡矧咸有之不亡何待靜而言之足以爲萬代之炯誡也永樂大典卷七千一百五十八

舊五代史卷三十四終

舊五代史卷三十四攷證

唐莊宗紀八令朱守殷以兵圍其第　案圍其第歐陽史作圍其館胡三省云歐陽史葢諱朱友謙無私第在洛陽也據雲谷雜記唐末藩鎮入朝館舍皆稱邸第似無庸更易其字通鑑仍從是書作第

三月丁未朔　丁未通鑑作丁巳

庚戌李紹眞自邢州赴鄴都城下　案通鑑作庚申李紹眞引兵至鄴都營於城西北以太等徇于鄴城下而殺之與是書異

甲寅進營于觀音門外下令諸軍詰旦攻城是夜城下軍亂　案通鑑作壬戌李嗣源至鄴都甲子夜軍亂攷異引莊宗實錄作壬戌至鄴都癸亥夜軍士張破敗作亂與是書異日通鑑從是書

帝遣嗣源子從審　從審歐陽史及通鑑俱作從璟是書本紀前後俱作從審未知何據

帝幸耀店以勞之　耀店通鑑作鷂店胡三省注云薛史作耀店今仍其舊

甲戌次石橋　甲戌通鑑作甲申

五坊人善友　案通鑑作鷹坊人善友胡三省注云鷹坊唐時五坊之一也善姓也

安巴堅舊作阿保機今改　阿都欲舊作阿咄欲今改

舊五代史卷三十四攷證

舊五代史卷三十五

宋司空同中書門下平章事薛居正等撰

明宗紀第一　唐書十一

明宗聖德和武欽孝皇帝諱亶初名嗣源及即位改今諱代北人也世事武皇及其賜姓也遂編于屬籍四代祖諱聿皇贈麟州刺史天成初追尊為孝恭皇帝廟號惠祖陵曰遂陵高祖妣衛國夫人崔氏追諡為孝恭昭皇后三代祖諱教（案原本作諱款今從五代會要改正）皇贈朔州刺史追尊為孝質皇帝廟號毅祖陵曰衍陵曾祖妣趙國夫人張氏追諡為孝質順皇后皇祖諱琰皇贈蔚州刺史追尊為孝靖皇帝廟號烈祖陵曰奕陵皇祖妣秦國夫人何氏追諡為孝靖穆皇后皇考諱霓皇贈汾州刺史追尊為孝成皇帝廟號德祖陵曰慶陵皇妣宋國夫人劉氏追諡為孝成懿皇后帝即孝成之元子也以唐咸通丁亥歲九月九日懿皇后生帝于應州之金城縣初孝成事唐獻祖為愛將獻祖之失振武為吐渾所攻部下離散孝成獨奮忠義解蔚州之圍武皇之鎮鴈門也孝成獻代帝年甫十三善騎射獻祖見而撫之曰英氣如父可侍吾左右每從圍獵仰射飛鳥控弦必中尋隸武皇帳下武皇遇上源之難將佐罹害者甚眾帝時年十

七翼武皇踰垣脫難于亂兵流矢之內獨無所傷武皇鎮河東以帝掌親騎時李存信爲蕃漢大將每總兵征討師多不利武皇遂選帝副之所向克捷帝嘗宿于鴈門逆旅媪方娠不時具饌媪聞腹中兒語云大家至矣速宜進食媪異之遽起親奉庖爨甚恭帝詰之媪告其故案北夢瑣言云帝以媪前倨後恭詰之曰公貴不可言也問其故具道娠子腹語事帝曰老媪遜言懼吾辱耳後果如其言帝既壯雄武獨斷謙和下士每有戰功未嘗自伐居常唯治兵仗持廉處靜晏如也武皇常試之召于泉府命恣其所取帝唯持束帛數緡而出凡所賜與分給部下嘗與諸將會諸將矜衒武勇帝徐曰公輩以口擊賊吾以手擊賊衆慙而止景福初黑山戍將王弁據振武叛帝率其屬攻之擒弁以獻乾寧三年梁人急攻兗鄆鄆帥朱瑄求救于武皇武皇先遣騎將李承嗣史儼援之復遣李存信將兵三萬屯于莘縣聞汴兵益盛攻兗甚急存信遣帝率三百騎而往敗汴兵于任城遂解兗州之圍朱瑾見帝執手涕謝其年魏帥羅弘信背盟襲破李存信于莘縣帝奮命殿軍而還武皇嘉其功卽以所屬五百騎號曰橫衝都侍于帳下故兩河間目帝爲李橫衝明年武皇遣大將李嗣昭率師下馬嶺關將復邢洺梁將葛從周以兵應援嗣昭兵敗退入青

山口梁軍扼其路步兵不戰自潰嗣昭不能制會帝本軍至謂嗣昭曰步兵雖散若吾輩空迴大事去矣爲公試決一戰不捷而死差勝被囚嗣昭曰吾爲卿副帝率其屬解鞍礪鏃憑高列陣左右指畫梁人莫之測因呼曰吾王命我取葛司徒他士可無併命卽徑犯其陣奮擊如神嗣昭繼進梁軍卽時退去帝與嗣昭收兵入關帝四中流矢血流被股武皇解衣授藥手賜卮酒撫其背曰吾兒神人也微吾兒幾爲從周所笑自青山之戰名聞天下天復中梁祖遣氏叔琮將兵五萬營于洞渦是時諸道之師畢萃于太原郡縣多陷于梁晉陽城外營壘相望武皇登陴號令不遑飲食屬大雨彌旬城壘多壞武皇令帝與嗣昭分兵四出突入諸營梁軍由是引退帝率偏師追襲復郡邑昭宗之幸鳳翔也梁祖率衆攻圍岐下武皇奉詔應援遣李嗣昭周德威出師晉絳營于蒲縣嗣昭等軍大爲梁將朱友甯氏叔琮所敗梁之追兵直抵晉陽營于晉祠日以步騎環城武皇登城督衆憂形于色攻城既急武皇與大將謀欲出奔雲中帝曰攻守之謀據城百倍但兒等在必能固守乃止居數日潰軍稍集率敢死之士日夜分出諸門掩襲梁軍擒其驍將游昆崙等梁軍失勢乃燒營而退天祐五

年五月莊宗親將兵以救潞州之圍帝時領突騎左右軍與周德威分爲二廣帝晨至夾城東北隅命斧其鹿角負芻塡塹下馬乘城大譟時德威登西北隅亦譟以應之帝先入夾城大破梁軍是日解圍其功居最柏鄉之役兩軍即成列莊宗以梁軍甚盛慮師人之怯欲激壯之手持白金巨鍾賜帝酒謂之曰卿見南軍白馬赤馬都否視之令人膽破帝曰彼虛有其表耳翌日當歸吾廐中莊宗撫髀大笑曰卿已氣吞之矣帝引鍾盡釂即屬韃揮弭躍馬挺身與其部下百人直犯白馬都奮檛舞矟生挾二騎校而迴飛矢麗帝甲如蝟毛焉由是

三軍增氣自辰及未騎軍百戰帝往來衝擊執訊獲醜不可勝計是日梁軍大敗以功授代州刺史莊宗遣周德威伐幽州帝分兵略定山後八軍與劉守光愛將元行欽戰于廣邊軍凡八戰帝控弦發矢七中行欽酣戰不解矢亦中帝股拔矢復戰行欽窮蹙面縛乞降帝酌酒飲之撫其背曰吾子壯士也因厚遇之十三年二月莊宗與梁將劉鄩大戰于故元城北帝以三千騎環之鼓譟奮擊內外合勢鄩軍殆盡帝狥地磁洺四月相州張筠遁走乃以帝爲相州刺史九月滄州節度使戴思遠棄城歸汴小將毛璋據州納款莊宗命率兵慰撫既

入城以軍府乂安報莊宗書吏誤云已至滄州禮上舉莊宗省狀怒曰嗣源反耶帝聞之懼歸罪于書吏斬之未幾承制授邢州節度使十四年四月契丹按巴堅（舊作何保機今即改正）率眾攻幽州周德威間使告急莊宗召諸將議進取之計諸將咸言敵勢不能持久野無所掠食盡自還然後踵而擊之可也帝奏曰德威盡忠于家國孤城被攻危亡在即不宜更待敵衰願假臣突騎五千爲前鋒以援之莊宗曰公言是也即命帝與李存審閻寶率軍赴援帝爲前鋒會軍于易州帝謂諸將曰敵騎以馬上爲生不須營壘況彼眾我寡所宜銜枚籍馬潛行

溪澗襲其不備也八月師發上谷陰晦而雨帝仰天祈祝即時晴霽師循大房嶺緣澗而進翌日敵騎大至每遇谷口敵騎扼其前帝與長子從珂奮命血戰敵即解去我軍方得前進距幽州兩舍敵騎復當谷口而陣我軍失色帝曰爲將者受命忘家臨敵忘身以身狥國正在今日諸君觀吾父子與敵周旋因挺身入于敵陣以邊語論之曰爾輩非吾敵吾當與天皇較力耳舞檛奮擊萬眾披靡俄挾其酋帥而還我軍呼躍奮擊敵眾大敗勢如席卷委棄鎧仗羊馬殆不勝計是日解圍大軍入幽州周德威迎帝執手歔欷九月班師于魏州莊宗

親出郊勞進位檢校太保十八年十月從莊宗大破梁將戴思遠于戚城斬首二萬級莊宗以帝爲蕃漢副總管加同平章事二十年代李存審爲滄州節度使四月莊宗即位于鄴宮帝進位檢校太傅兼侍中尋命帝率步騎五千襲鄆州下之授天平軍節度使五月梁人陷德勝南城圍楊劉以扼出師之路帝孤守汶陽四面拒寇久之莊宗方解楊劉之圍九月梁將王彥章以步騎萬人廹鄆州自中都渡汶帝遣長子從珂率騎逆戰于遞坊鎮獲梁將任釗等三百人彥章退保中都莊宗聞其捷自楊劉引軍至鄆以帝爲前鋒大破梁軍于中都

生擒王彥章等是日諸將稱賀莊宗以酒屬帝曰昨朕在朝城諸君多勸朕棄鄆州以河爲界賴副總管禦侮于前崇韜畫謀于內若信李紹宏輩大事已掃地矣莊宗與諸將議兵所向諸將多云青齊徐兗皆空城耳王師一臨不戰自下惟帝勸莊宗徑取汴州語在莊宗紀中莊宗嘉之帝即時前進莊宗繼發中都十月己卯遲明帝先至汴州攻封丘門汴將王瓚開門迎降帝至建國門聞梁主已殂乃號令安撫迴軍于封禪寺辰時莊宗至帝迎謁路側莊宗大悅手引帝衣以首觸帝曰吾有天下由公之血戰也當與公共之尋進位兼中書令

二年正月契丹犯塞帝受命北征二月莊宗以郊天禮畢賜帝鐵券四月潞州小將楊立叛帝受詔討之五月擒楊立以獻六月進位太尉移鎮汴州代李存審爲蕃漢總管十二月契丹入塞三年正月帝領兵破契丹於涿州移授鎮州節度使先是帝領兵過鄴鄴庫素有御甲帝取五百聯以行是歲莊宗幸鄴知之怒甚無何帝奏請以長子從珂爲北京內衙都指揮使莊宗愈不悅曰軍政在吾安得爲子奏請吾之細鎧不奉詔旨強取其意何也令留守張憲自往取之左右說諭乃止帝憂恐不自安上表申理方解十二月帝朝于洛陽是時莊

宗失政四方饑饉軍士匱乏有賣兒貼婦者道路怨咨帝在京師頗爲謠言所屬洎朱友謙郭崇韜無名被戮中外大臣皆懷憂懾諸軍馬步都虞候朱守殷奉密旨伺帝起居守殷陰謂帝曰德業震主者身危功蓋天下者不賞公可謂震主矣宜自圖之無與禍會帝曰吾心不負天地禍福之來吾無所避付之于天卿勿多談也四年二月初六日趙在禮據魏州反莊宗遣元行欽將兵攻之行欽不利退保衛州初帝善遇樞密使李紹宏及帝在洛陽羣小多以飛語謗毀紹宏每爲庇護會行欽兵退河南尹張全義密奏請委帝北伐紹宏贊成之

遂遣帝將兵渡河三月六日帝至鄴都趙在禮等登城謝罪出牲餼以勞師帝亦慰納之營于鄴城之西南下令以九日攻城八日夜軍亂從馬直軍士有張破敗者號令諸軍各殺都將縱火焚營讙譟雷動至五鼓亂兵逼帝營親軍搏戰傷痍者殆半亂兵益盛帝叱之責其狂逆之狀亂兵對曰昨貝州戍兵主上不垂原宥又聞鄴城平定之後欲盡坑全軍某等初無叛志直畏死耳已共諸軍商量與城中合勢擊退諸道之師欲主上帝河南請令公帝河北帝泣而拒之亂兵呼曰令公欲何之不帝河北則爲他人所有苟不見幾事當不測抽戈

露刃環帝左右安重誨霍彥威躡帝足請詭隨之因爲亂兵迫入鄴城懸橋已發共扶帝越濠而入趙在禮等歡泣奉迎（通鑑亂兵擁嗣源及李紹眞等入城城中不受外兵皇甫暉逆擊張破敗斬之外兵皆潰趙在禮等率諸校迎拜嗣源）是日饗將士于行宮在禮等不納外兵軍衆流散無所歸向帝登南樓謂在禮曰欲建大事非兵不能集事吾自于城外招撫諸軍帝乃得出夜至魏縣部下不滿百人時霍彥威所將鎭州兵五千人獨不亂聞帝既出相率歸帝詰朝帝登城掩泣曰國家患難一至于此來日歸藩上章徐圖再舉安重誨霍彥威等曰此言非便也國家付以閫外之事不幸師徒逼撓爲賊驚奔元行欽狂妄小人彼在城南未聞戰聲無故棄甲如朝天之日信其奏陳何所不至若歸藩聽命便是強據要君正墮讒慝之口也正當星行歸闕面叩玉階讒間沮謀庶全功業無便于此者也帝從之十一日發魏縣至相州獲官馬二千匹始得成軍元行欽退保衞州果以飛語上奏帝上章申理莊宗遣帝子從審及內官白從訓齎詔諭帝從審至衞州爲行欽所械帝奏章亦不達帝乃趨白皋渡駐軍于河上會山東上供綱載絹數船適至乃取以賞軍軍士以之增氣及將濟以渡船甚少帝方憂之忽有木栰數隻沿流而至即用以濟

師故無留滯焉二十六日至汴州莊宗領兵至滎澤遣龍驤都校姚彥溫爲前鋒是日彥溫率部下八百騎歸于帝具言主上爲行欽所惑事勢已離難與共事帝曰卿自不忠言何悖也乃奪其兵仍下令曰主上未諒吾心遂致軍情至此宜速赴京師既而房知溫杜晏球自北面相繼而至四月丁亥朔至罌子谷聞蕭墻釁作莊宗晏駕帝慟哭不自勝詰旦朱守殷遣人馳報京城大亂燔剽不息請速至京師己丑帝至洛陽止于舊宅分命諸將止其焚掠百官弊衣旅見帝謝之歛袵泣涕時魏王繼岌征蜀未還帝謂朱守殷曰公善巡撫以待魏

王吾當奉大行梓宮山陵禮畢卽歸藩矣是日羣臣諸將上牋勸進帝面諭止之樞密使李紹宏張居翰宰相豆盧革韋說六軍馬步都虞候朱守殷青州節度使符習徐州節度使霍彥威宋州節度使杜晏球兗州節度使房知溫等頓首言曰帝王應運蓋有天命三靈所屬當協冥符福之所鍾不可以謙遜免道之已喪不可以智力求前代因敗爲功殷憂啟聖少康重興于有夏平王再復于宗周其命維新不失舊物今日廟社無依人神乏主天命所屬人何能爭光武所謂使成帝再生無以讓天下願殿下俯徇樂推時哉無失軍國大事望以

教領令施行帝優答不從壬辰文武百寮三拜牋請行監國之儀以安宗社答旨從之旣而有司上監國儀注甲午幸大內興聖宮始受百寮班見之儀所司議卽位儀注霍彥威孔循等言唐之運數已衰不如自創新號因請改國號不從土德帝問藩邸侍臣左右奏曰先帝以賜姓宗屬爲唐雪冤以繼唐祚今梁朝舊人不願殿下稱唐請更名號帝曰予年十三事獻祖以予宗屬愛幸不異所生事武皇三十年排難解紛櫛風沐雨冒刃血戰體無完膚何艱險之不歷武皇功業卽予功業先帝天下卽予天下也兄亡弟紹于義何嫌且同宗異號

出何典禮運之衰隆吾自當之衆之莠言吾無取也時羣臣集議依違不定唯吏部尚書李琪議曰殿下宗室勳賢立大功于三世一朝雨泣赴難安定宗社撫事因心不失舊物若別新統制則新朝便是路人煢煢梓宮何所歸往不唯殿下追感舊君之義羣臣何安請以本朝言之則睿宗文宗武宗皆以弟兄相繼卽位柩前如儲后之儀可也于是羣議始定河中軍校王舜賢奏節度使李存霸以今月三日出奔不知所在乙未勅曰寡人允副羣情方監國事外安黎庶內睦宗親庶諧敦敘之規永保隆平之運昨京師變起禍難薦臻至于戚屬

之間不測驚奔之所慮因藏竄濫被傷痍言念于茲自然流涕宜令河南府及諸道應諸王眷屬等昨因驚擾出奔所至之處卽時津送赴闕如不幸物故者量事收瘞以聞北夢瑣言莊宗諸弟存紀存確匿于南山民家人有以報安重誨者重誨曰主上以下詔尋訪帝之仁德必不加害不如密令殺之果併命于民家後明宗問之切讓重誨傷惜久之以中門使安重誨爲樞密使以鎭州別駕張延朗爲樞密副使以客將范延光爲宣徽使進奏官馮贇爲內客省使丙申下敕今年夏苗委人戶自供通頃畝五家爲保本州具帳送省州縣不得差人檢括如人戶隱欺許人陳告其田倍徵已亥命石敬瑭權知陝州兵馬留後皇子從珂

權知河南府兵馬留後庚子淮南楊溥進新茶以權知汴州軍州事孔循爲樞密副使以陳州刺州劉仲殷爲鄭州留後以鄭州防禦使王思同爲同州留後勅曰租庸使孔謙濫承委寄專掌重權侵剥萬端姦欺百變遂使生靈塗炭軍士饑寒成天下之瘡痍極人間之疲弊載詳眾狀側聽輿詞難私降黜之文合正誅之典宜削奪在身官爵按軍令處分雖犯眾怒特貸全家所有田宅並從籍没是日謙伏誅勅停租庸名額依舊爲鹽鐵戶部度支三司委宰臣豆盧革專判中書門下上言請停廢諸道監軍使內勾司租庸院大程官出放猪羊

柴炭戶括田竿尺一依朱梁制度仍委節度刺史通申三司不得差使量檢州使公廨錢物先被租庸院管係今據鄴還州府州府不得科率百姓百姓合散蠶鹽每年秖二月內一度俵散依夏稅限納錢夏秋苗稅子除元徵石斗及地頭錢餘外不得紐配先遇赦所放逋稅租庸違制徵收並與除放今欲曉告河南府及諸道準此施行從之是日宋州節度使元行欽伏誅壬寅以樞密副使孔循爲樞密使（永樂大典卷七千一百六十四）

舊五代史卷三十五終

舊五代史卷三十五攷證

唐明宗紀一三代祖諱教　教原本作敎今據五代會要改正

皇考諱霓　歐陽史云父霓未知孰是

襲破李存信於莘縣　莘縣原本作華縣今據新唐書藩鎮傳改正

柏鄉之役　柏鄉原本訛松鄉今據通鑑改正

吾當與天皇較力耳　天皇原本作人皇攷遼史太祖稱爲天皇讓宗追稱人皇莊宗初年侵幽州者乃太祖非讓宗也今改正

十二月契丹入寇三年正月帝領兵破契丹于涿州　案歐陽史云冬契丹侵漁陽嗣源敗之于涿州入寇破敵皆作冬間事蓋順文併敘之耳當以是書爲徵實

請令公帝河北　河北原本作河中今據通鑑改正

獲官馬二千匹　案歐陽史作掠小坊馬三千匹

四月丁亥朔　案丁亥朔與莊宗紀異據莊宗紀三月丁未朔則四月當作丁丑據此紀下文有已丑甲午則當作丁亥前後參差未詳孰是

己丑　案通鑑作乙丑疑傳寫之訛歐陽史從是書作

已丑

以樞密副使孔循爲樞密使　案歐陽史作左驍衛大將軍孔循爲樞密使吳縝纂誤云孔循傳作左衛大將軍爲樞密使俱與是書異

安巴堅舊作阿保機今改

舊五代史卷三十攷證

舊五代史卷三十六

宋司空同中書門下平章事薛居正等撰

唐書十二

明宗紀第二

天成元年夏四月丙午帝自興聖宮赴西宮文武百僚縞素于位帝服斬衰親奉攢塗設奠哭盡哀乃于柩前即皇帝位百官易吉服班于位帝御袞冕受册訖百僚稱賀丁未羣官縞素赴西宮臨以樞密使安重誨爲檢校司空守左領軍大將軍依前充樞密使宰臣豆盧革等三上表請聽政從之遣使往諸道及淮南告哀辛亥帝始聽政于興聖殿壬子西南面副招討使工部尚書任圜率步騎二萬六千人入見甲寅帝御文明殿受朝制改同光四年爲天成元年大赦天下後宮內職量留一百人內官三十人教坊一百人鷹坊二十人御厨五十人其餘任從所適諸司使務有名無實者並停分遣諸軍就食近畿以減饋送之勞秋夏稅子每斗先有省耗一升今後祇納正數其省耗宜停天下節度防禦使除正至端午降誕四節量事進奉達情而已自于州府圓融不得科斂百姓其刺史雖遇四節不在貢奉諸州雜稅宜定合稅物色名目不得邀難商旅租庸使先將係省錢物與人廻圖宜令盡底收納以塞倖門云乙卯

渤海國王大諲譔遣使朝貢是月北京副留守知留守事張憲賜死以其失守故也五月丙辰朔帝不視朝臨于西宮宰相豆盧革進位左僕射韋說進位門下侍郎兼戶部尚書監修國史並依舊平章事兗州節度使檢校太傅朱守殷加同平章事充河南尹判六軍諸衞事滄州節度使檢校太傅安元信加同平章事移鎭徐州邠州節度使檢校太保毛璋加同平章事以太子賓客鄭珏爲中書侍郎兼刑部尚書同中書門下平章事以工部尚書任圜爲中書侍郎兼工部尚書同中書門下平章事判三司徐州節度使李紹眞貝州刺史李紹英

齊州防禦使李紹虔河陽節度使李紹奇洺州刺史李紹能等上言前朝寵賜姓名今乞還舊內李紹虔上言臣本姓王後移杜氏蒙前朝賜今姓名乞復本姓詔並可之李紹眞復曰霍彥威李紹英復曰房知溫李紹虔復曰王晏球李紹奇復曰夏魯奇李紹能復曰米君立青州節度使檢校太傅同平章事符習加兼侍中徐州節度使檢校太傅霍彥威加兼侍中移鎭鄆州丁巳初詔文武百僚正衙常參外五日一度內殿起居（案五代會要載天成元年五月三日敕令後宰臣文武百官除常朝外每五日一度入內起居其中書非時有急切公事請開延英不在此限）麟州奏指揮使張延寵作亂焚剽市民已殺戮

訖戊午河陽節度使夏魯奇加檢校太傅以貝州刺史房知溫爲兗州節度使以齊州防禦使王晏球爲宋州節度使以洺州刺史米君立爲邢州節度使己未賜文武百官各一馬一驢西都知府張籛進魏王繼岌打毬馬七十二疋北京馬步都指揮使李從溫奉準詔誅宦官初莊宗遇內難宦者數百人竄匿山谷落髮爲僧奔至太原七十餘人至是盡誅于都亭驛辛酉詔華州放散西川宮人各歸骨肉壬戌以前襄州刺史北京左右廂都指揮使安金全爲安北都護振武節度使同平章事甲子前西都留守京兆尹張筠加檢校太傅充山南

西道節度使以夔州節度使李紹文爲遂州節度使以前鄧州留後戴思遠爲洋州節度使丁卯以金吾將軍張實爲金州防禦使戊辰以金紫光祿大夫檢校司空趙在禮爲滑州節度使加檢校太保制下在禮以軍情不順爲辭不之任以許州留後陶玘爲鄧州留後以諸道馬步副都指揮使安審通爲齊州防禦使庚午以權知北京軍府事汾州刺史符彥超爲晉州留後以前陳州刺史劉仲殷爲陝州留後癸酉以前磁州刺史劉彥琮爲同州留後甲戌福州節度使檢校太傅王延翰加檢校太尉同平章事乙亥翰林學士戶部侍郎知制誥

馮道翰林學士中書舍人趙鳳俱以本官充端明殿學士端明之職自此始也（案五代會要云明宗初登位四方書奏多令樞密使安重誨讀之不曉文義于是孔循獻議因唐室侍讀之號卽創端明學士之名命馮道等爲之）丙子詔故西道行營都招討制置等使守侍中監修國史兼樞密使郭崇韜宜許歸葬其世業田宅並還與骨月故萬州司戸朱友謙可復護國軍節度使守太師兼尙書令河中尹西平王所有田宅財產並還與骨月丁丑西都衙內指揮使張籛進納僞蜀主王衍犀玉帶各兩條馬一百五十匹初莊宗遣中宮向延嗣就長安之殺王衍也旋屬蕭墻之禍延嗣藏竄不知所之而衍之資裝妓樂並

爲籛所有復懼事泄故聊有此獻戊寅以樞密使安重誨兼領襄州節度使制下重誨之黨謂重誨曰襄州地控要津不可乏帥無宜兼領重誨卽自陳退許之以左金吾大將軍張遵誨爲西京副留守知留守事辛巳以衞尉卿李愔爲中書舍人充翰林學士壬午以前蔚州刺史張溫爲振武留後以左右廂突陣指揮使康義誠爲汾州刺史以左右廂馬軍都指揮使索自通爲忻州刺史尙父吳越國王錢鏐遣使進金器五百兩銀萬兩綾萬疋謝恩賜玉冊金印初同光季年鏐上疏密求玉冊金印郭崇韜進議以爲不可而樞密承旨段佪受其

重賂贊成其事莊宗卽允其請至是故有貢謝甲申幽州節度使檢校太保李紹斌加檢校太傅同平章事復姓名爲趙德鈞乙酉詔百官朔望入閤賜廊下食自亂離已前常參官每日朝退賜食于廊下謂之廊餐乾符之後百司經費不足無每日之賜至是遇入閤卽賜之（案五代會要云明宗初卽位命百官五日一起居李琪以爲非故事請罷之惟每月朔望日合入閤賜食至是宣旨朔望入閤外仍五日一起居遂爲定式）六月戊子前襄州節度使李紹琪起復依前襄州節度使仍復本姓名曰劉訓以皇子河中留後從珂爲河中節度使百寮表賀以翰林承旨兵部尙書知制誥盧質爲檢校司空充同州節度使己

丑以吏部尙書判太常卿事李琪爲御史大夫以禮部尙書崔協爲太常卿判吏部尙書銓事以御史中丞崔居儉爲兵部侍郎以太子賓客蕭頃爲禮部尙書中書奏請以九月九日皇帝降誕日爲應聖節休假三日從之故忠武軍節度使檢校太師兼尙書令齊王張全義贈太師以前尙書右丞崔沂爲尙書左丞丙申新州留後張庭裕雲州留後高行珪並正授本軍節度使丁酉詔曰四夷來王歷代故事前後各因强弱無制互有典儀大蕃須示于威容卽于正衙引對小蕃但推于恩澤仍于便殿撫懷憲府奏論禮院詳酌皆徵故實或有明

文正衙威容未可全廢內殿恩澤且可常行若遇大蕃入朝卽准舊儀于正殿排比鋪陳立仗百官排班于正門引入對見時百寮入閤班退後却引對朝貢蕃客御史大夫李琪奏論之下禮院檢討而降是命焉戊戌樞密使安重誨加檢校太保行兵部尙書事如故以太子詹事劉岳爲兵部侍郎以太子右庶子王權爲戶部侍郎以太子左庶子任贊爲工部侍郎庚子荆南節度使檢校太師兼尙書令南平王高季興加守太尉兼尙書令澤潞節度使檢校太傅同平章事孔勍加兼侍中汴州屯駐控鶴指揮使張諫等謀叛伏誅以樞密使孔循

權知汴州軍州事甲辰樞密使孔循加檢校太保守秘書監依前充使己巳秘書少監姚顗爲左散騎常侍以太子左諭德陸崇爲右散騎常侍以兵部郎中蕭希甫爲左諫議大夫前幽州節度判官呂夢奇爲右諫議大夫以鄴都副留守孫岳爲潁州團練使詔曰古者酌禮以制名懼廢于物取其難犯而易避貴便于時况徵在二名抑有前例以太宗文皇帝自登寶位不改舊稱時卽臣有世南官有民部靡聞曲避止禁連呼朕猥以眇躬託于人上止遵聖範非敢自尊應文書內所有二字但不連稱不得廻避如有臣下之名不欲與君親同字者任自改更丁未中書門下奏京城潛龍舊宅望以至德宮爲名從之戊申夏州節度使開府儀同三司檢校太師兼中書令朔方王李仁福加食邑一千戶以延州留後高允韜爲延州節度使以利州節度觀察留後張敬詢爲利州節度使劍南西川節度副大使知節度使事孟知祥加檢校太傅兼侍中劍南東川節度副大使知節度事董璋加檢校太傅壬子鳳翔節度使檢校太尉兼中書令李從曮加檢校太師兼中書令汴州知州孔循奏召集謀亂指揮使趙虔已下三千人並誅族訖甲寅以晉州留後符彥超爲北京留守以鎭州副使王

建立爲鎭州留後以右龍武統軍安崇阮爲晉州留後荆南節度使高季興上言夔忠萬三州舊是當道屬郡先被西川侵據今乞却割隸本管詔可之其夔州僞蜀先曾建節宜依舊除刺史（通鑑攷異引十國紀年荆南史天成元年二月壬辰請忠夔萬州及雲安監隸本道莊宗許之詔命未下莊宗遇弒六月壬辰王表求三州明宗許之）秋七月乙卯朔以太原舊宅爲積慶宮庚申契丹渤海國俱遣使朝貢甲子詔割韓城郃陽兩縣屬同州誅滑州左右崇牙及長劍等軍士數百人夷其族作亂故也其都校于可洪等相次到闕亦斬于都市丁卯以僞蜀守司空門下侍郎平章事晉國公王鍇爲檢校司空守陵州刺

史以虢州刺史石潭爲耀州團練使辛未詔諸道節度
刺史文武將吏舊進月旦起居表今後除節度留後團
級防禦使惟正至進賀表其四孟月並且止絕甲戌中
書門下上言宣旨令進納新授諸道判官州縣官官告
敕牒祗應宣賜準往例除將相外並不賜官誥即因梁
氏起例凡宣授官並特恩賜臣等商量自兩使判官令
錄在京除授者即于內殿謝恩便辭赴任不更進納官
誥判司主簿不合更許朝對敕下後望準舊例處分從
之乙亥莊宗皇帝梓宮發引帝縗服臨送于樓前是日
葬莊宗于雍陵鎮州留後王建立奏涿州刺史劉殷肇

不受代謀叛昨發兵收掩擒劉殷肇及其黨一十三人
見折足勘詰己卯以比部郎中知制誥楊凝式爲給事
中充史館修撰判館事以僞蜀吏部尚書楊玢爲給事
中充集賢殿學士判院事升應州爲彰德軍節度仍以
興唐軍爲寰州隸彰國軍宰相豆盧革貶辰州刺史韋
說貶敘州刺史仍令所在馳驛發遣爲諫議大夫蕭希
甫疏奏故也制略曰革則縱田客以殺人說則侵鄰家
而奪井選元亨之上第改王參之本名或主掌三司季
元隨之務局或陶鎔百里受長吏之桑田咸屈塞于平
人互阿私于愛子任官匪當黷貨無厭謀人之國若斯

致主之方安在既迷理亂又昧卷舒而府司案牘爰來
諫署奏章疊至備彰醜迹深污明庭是宜約以三章投
之四裔其河南府文案及蕭希甫論疏並宜宣示百寮
庚辰賜蕭希甫衣段二十疋銀器五十兩賞疏革說之
罪也宰相鄭珏任圜再見安重誨救解革說請不復追
行後命又三上表救解俱留中不報辛巳以捧聖嚴衛
左廂馬步軍都指揮使李從璋領饒州刺史充大內皇
城使中書門下奏條制檢校官各納尚書省禮錢舊制
太師太尉納四十千後減落至二十千太傅太保元納
錢三十千減至十五千司徒司空元納二十千減至一

十千僕射尚書元納一十五千減納七千員外郎中元
納一十千今納三千四百者詔曰會府華資皇朝寵秩
凡霑新命各納禮錢爰自近年多隳舊制遂致紀綱之
地遽成廢墜之司況累條流就從減省方當提舉宜振
規繩但緣其間翊衛勳庸藩宣將佐自軍功而遷陟示
恩澤以獎酬須議從權不在其例其餘自不帶平章事
節度使及防禦團練刺史使府副使行軍已下三司職
掌監務官州縣官凡關此例並可徵納其檢校官自員
外郎至僕射祗初轉一任納錢若不改呼不在徵納仍
委尚書省部司專切檢舉置曆逐月具數申中書門下

癸未詔辰州刺史豆盧革可責授費州司戶參軍欽州刺史韋說可責授夷州司戶參軍皆員外置同正員仍令馳驛發遣甲申又詔曰責授費州司戶參軍豆盧革夷州司戶參軍韋說等自居台輔累換星華負先皇倚注之恩失大國燮調之理朕自登宸極常委鈞衡略無謙遜之辭但縱貪饕之意除官受賂樹黨徇私每虧敬于朕前徒自尊于人上道路之諠騰不已諫臣之條疏頗多罪狀顯彰典刑斯舉合從極法以塞羣情尚緣臨御之初含弘是務特軫墜泉之慮爰施解網之仁曲示優恩俯寬後命革可陵州長流百姓說可合州長流百

姓仍委逐處長知所在同州長春宮判官朝請大夫檢校尚書禮部郎中賜紫金魚袋豆盧昇將仕郎守尚書屯田員外郎崇文館學士賜緋魚袋韋濤等各因權勢驟列班行無才業以可稱竊寵榮而斯久比行貶謫以塞尤違朕以纂襲之初含容是務父既寬于後命子宜示于特恩並停見任昇濤即革說之子也永樂大典卷七千一百六十三

舊五代史卷三十六終

舊五代史卷三十六攷證

唐明宗紀二西都知府張籛　張籛原本作張鏐今據通鑑改正

故萬州司戶朱友謙　萬州原本作萬州今據歐陽史改正

樞密承旨段佪　段佪九國志作段懷攷歐陽史及通鑑並作段佪今仍其舊

正衙威容　正衙原本訛王衙今據册府元龜改正

是日葬莊宗于雍陵　雍陵原本作永陵攷徐無黨五代史注莊宗陵名雍陵石晉時避諱稱伊陵原本永

字誤今改正又莊宗葬日通鑑從哀册文作丙子是書從實錄作乙亥

改王參之本名　案王參疑有舛誤據册府元龜引薛史亦作王參今無可攷姑仍其舊

舊五代史卷三十六攷證

舊五代史卷三十七

宋司空同中書門下平章事薛居正等撰

明宗紀第三　唐書十三

天成元年秋八月乙酉朔日有食之有司上言莊宗廟室酌獻請奏武成之舞從之鄆州節度使霍彥威移鎮青州丁亥莊宗神主祔廟有司請祧懿祖室從之詔陵州合州長流百姓豆盧革韋說等可並自長流後縱逢恩赦不在原宥之限豆盧昇韋濤仍削除自前所受官秩壬辰以久雨放百僚朝參詔天下疏理繫囚甲午汴州奏舊管曹州乞却歸當道從之是日詔曰承前使府

奏請判官率皆隨府除移停罷近年流例有異前規使府隨已除移判官元安舊職起今後若是朝廷除授者即不計使府除移如是使府奏請即皆隨府移罷舊例蕃侯帶平章事者所奏請判官殿中已上許奏緋中丞已上許奏紫今不帶平章事亦許同帶平章事例處分如防禦團練使奏請判官員外郎已下不在奏緋之限其所奏判官州縣官並須將歷任告身隨奏至京如未有官假稱試攝亦奏狀內分明署出如藩鎮留後權知軍州事並不在奏請判官之限如刺史要奏州縣官須申本道請發表章不得自奏近日州使奏請從事本無官緒妄結虛銜不計職位高卑多是請兼朱紫不惟紊亂寶啟撓求宜令諸道州府切準敕命處分丁酉內出象笏三十四面賜百官之無笏者己亥帝御文明殿百官入閤月望如月朔之儀從新議例也荊南高季興上言峽州內三州請朝廷不除刺史幽州奏契丹寇邊詔齊州防禦使安審通率師禦之辛丑以前青州節度使符習爲鄆州節度使以前華州節度使史敬鎔爲安州節度使乙巳禁鎔錢爲器仍估定生銅器價斤二百熟銅器斤四百如違省價買賣者以盜鑄錢論丁未樞密使院條奏諸道節度使刺史內有不守詔條公行科斂

須行止絕州使所納軍糧不得更邀加耗節度使刺史所置牙隊許于軍都內抽取便給省司衣糧況人數已多訪問尚有招致諸色人多有抵罪亡命便于州府投名爲使下元隨邀求職務凌壓平人及有力戶人于諸處行賂希求事務亦有州使妄稱修葺城池廨宇科賦于人及營私宅諸縣鎮所受州使文符如涉科斂人戶不得稟受州府不得賒買行人物色兼行科率已前條件州使如敢犯違許人陳告勘詰不虛量行獎賞宜令三京諸道州府準此處分新授青州節度使霍彥威奏處斬新登州刺史王公儼及同謀拒命指揮使李謹王

居厚等八人訖初同光中符習爲青州節度使宦官楊希望爲監軍專制軍政趙在禮之據魏州習奉詔以本軍進討俄而帝爲亂軍所刼習卽罷歸希望遣兵邀之習懼而還至滑州帝遣人招之習至乃從帝入汴希望聞魏軍亂遣兵圍守習家欲盡殺之公儼素受希望獎愛謂希望曰內侍宜分腹心之兵監四面守陴者則誰敢異圖希望從之公儼乘其無備圍希望之第擒而殺之公儼遂與州將李謹等謀據州城以邀符節卽令軍府飛章留已兼揚言符習在鎭人不便其政帝乃除公儼爲登州刺史公儼不時赴任卽以霍彥威代符習聚兵淄州以圖進取彥威至淄川會詔使至青州告諭公儼卽赴所任彥威懲其初心遣人擒公儼于北海縣與同黨斬于州東有司上言莊宗祔廟懿祖祧遷準例捨故而諱新懿祖例不諱忌日不行香從之壬子襄州節度使劉訓加檢校太傅以僞蜀右僕射中書侍郎平章事趙國公張格爲太子賓客充三司副使從任圜請也九月乙卯朔詔汴州扶溝縣復隸許州以前絳州刺史婁繼英爲冀州刺史充北面水陸轉運制置使己未幸至德宮遂幸前隰州刺史袁建豐之第帝常爲太原內衙親將建豐爲副至是建豐風疾沉廢故親幸其第以

撫之庚申以都官郎中庾傳美充三州搜訪圖籍使傳美爲蜀王衍之舊寮家在成都便于歸計且言成都具有本朝實錄及傳美使廻所得纔九朝實錄及殘缺雜書而已癸亥應聖節百寮于敬愛寺設齋召緇黃之衆于中興殿講論從近例也戊辰以僞蜀檢校太師兼中書令右金吾街使張貽範爲兵部尚書致仕都官員外郎于鄴奏稱指揮不得書契券輒賣良人從之癸酉天策上將軍湖南節度使開府儀同三司守太師兼尚書令楚王馬殷加檢校太師守尚書令兩浙節度留後靜海軍節度嶺南西道觀察處置等使檢校太尉兼中書令錢元瓘加食邑中吳建武等軍節度嶺南東道觀察處置等使檢校太尉兼中書令錢元璙加開府階進食邑甲戌以前代州刺史馬瀳爲左衞上將軍致仕己卯以光祿卿羅周敬爲右金吾衞大將軍充街使辛巳以前復州刺史袁義爲唐州刺史詔曰鳳翔節度使李曮世聯宗屬任重藩宣慶善有稱忠勤顯著既任維城之列宜新定體之文是降寵光以隆敦敘俾煥成家之美貴崇猶子之親宜于本名上加從字癸未文武百寮至張全義私第柩前立班辭以來月二日葬故也冬十月甲申朔詔賜文武百寮冬服綿帛有差近例十月初寒

之始天子賜近侍執政大臣冬服帝顧謂判三司任圜曰百寮散未圓奏曰臣聞本朝給春冬服徧及百寮喪亂已來急于軍旅人君所賜未能周給今止近臣而已外臣無所賜帝曰外臣亦吾臣也卿宜計度圓遂與安重誨據品秩之差以定春冬之賜其後遂以爲常右拾遺曹琮上疏內一件百寮朔望入閤及五日內殿起居請許三署寺監官輪次轉對奏事從之刑部員外郎孔莊上言自兵興以來法制不一諸道州縣常行枷杖多不依格律請以舊制曉諭改而正之丙戌吏部侍郎盧文紀上言請內外文武官寮每歲有司明定考校將相

乞廻御筆以行黜陟疏下中書門下商量宰臣奏請施行從之丁亥雲南巂州山後兩林百蠻都鬼主右武衛大將軍李卑晚遣大鬼主傳能阿花等來朝貢帝御文明殿對之百寮稱賀庚寅以客省使李嚴領泗州防禦使以河中節度副使李鏻爲太子賓客壬辰邠州節度使毛璋移鎮潞州巴州進嘉禾合穗甲午以前隰州刺史袁建豐遙領洪州節度使庚子幽州奏契丹平州守將僞署幽州節度使盧文進率戶口歸明百寮稱賀辛丑契丹遣使來告哀言國王案巴堅(舊作阿保機今改正)以今年七月二十七日卒詔曰朕近纘皇圖恭修帝道務安夷夏貴洽雍熙契丹主世預歡盟禮交聘問遽聞凶訃倍軫悲懷可輟今月十九日朝參丙午以巂州山後兩林百蠻都鬼主李卑晚爲寧遠將軍大渡河山前邛川六姓都鬼主懷安郡王勿鄧摽莎爲定遠將軍丁未幽州奏盧文進所率降戶孳畜人口在平州西首尾約七十里庚戌以吏部侍郎盧文紀爲御史中丞時御史大夫李琪三上表求解任故也以兵部侍郎劉岳爲吏部侍郎以戶部侍郎充端明殿學士馮道爲兵部侍郎以中書舍人充端明殿學士趙鳳爲戶部侍郎並依前充職壬子靜江軍節度使桂州管內觀察使檢校太師兼中

書令扶風郡王馬賨加食邑實封澧朗觀察使檢校太傅兼侍中馬希振加檢校太尉盧文進至幽州遣軍吏奉表來上十一月戊午以滄州留後王景戡爲邢州節度使青州奏得登州狀申契丹先攻逼渤海國自案巴堅身死雖已抽退尚留兵馬在渤海扶餘城今渤海王弟領兵馬攻圍扶餘城內契丹次己未以翰林學士尚書戶部郎中知制誥劉昫爲中書舍人充職辛酉以前秘書少監溫輦爲太子詹事壬戌以前房州刺史朱罕爲潁州團練使是日詔曰應今日已前修蓋得寺院無令毀廢自此以後不得輒有建造如要願在僧門並須官

壇受戒不得衷私剃度癸丑日南至帝御文明殿受朝賀仗衛如式禮部侍郎裴皞上言諸州刺史經三考方請替移詔曰有政聲者就加恩澤無課最者卽便替移密州獻芝草庚午河陽節度使夏魯奇移鎭許州留後梁漢顒爲邠州節度使淮南楊溥遣使貢獻賀登極乙亥以前振武留後張温爲利州昭武軍留後以果州刺史孫鐸爲漢州刺史充西川馬步軍都指揮使壬午靜海軍節度安南管內觀察等使檢校太尉兼侍中錢元球加開府階進食邑癸未鎭州奏準詔盧文進所率歸業戶口蠲放租稅三年仍每口給糧五斗十二月戊子

盧文進及將吏四百人見賜鞍馬玉帶衣被器玩錢帛有差詔曰朕中興寶祚復正皇綱萬國駢羅俱在照臨之內八紘遼敻咸居覆載之間矧彼雲南素歸正朔洎乎僞蜀思錫舊恩于乃眷以雖深欲霈覃而未暇百蠻都首領李卑晚六姓蠻都首領勿鄧摽莎等天資智勇世稟忠勤梯航之道路纔通琛賮之貢輸已至率其種落竭乃悃誠備傾向化之心深奬來庭之意今則各頒國寵別進王封其嶲州刺史李及大鬼主離吠等或遙貢表函或躬趨朝闕亦宜特授官資各遷階秩勉敦信義無墜冊書示爾金石之盟保我山河之誓欽承休命

永保厥終壬辰帝狩于近郊臘故也甲午以契丹盧龍軍節度使盧文進爲檢校太尉同平章事充滑州節度使戊戌詔嚴禁鑞錢庚子皇第二子金紫光祿大夫檢校司徒從榮加檢校太保同平章事天雄軍節度使鄴都留守以武安軍馬步軍都指揮使馬希範爲澧州刺史鐵林都知事馬希杲爲衡州刺史壬寅潁州刺史孫岳加檢校太保奬能政也丙午中書門下奏故事藩鎭節度觀察使帶平章事于都堂上事刋石記壁合納禮錢三千貫以充中書及兩省公使今欲各納禮錢五百千于中書立石亭子鐫勒宰臣使相官氏授上年月餘

充修葺中書及兩省公署部堂什物從之庚戌御史臺奏京城坊市士庶工商之家有婢僕自經投井非理物故者近者以來凡是死亡皆是臺司左右巡舉勘檢施行巳久仍恐所差人吏及街市胥徒同于民家因事邀脅臣詢訪故事凡京城民庶之家死喪委府縣檢舉軍家委軍巡商旅委戶部然諸司檢舉後具事由申臺其間或枉濫情故臺司訪聞卽行舉勘如是文武兩班官吏之家卽是臺司檢舉臣請自今以後並準故事施行者詔曰今後文武兩班及諸道商旅凡有喪亡卽準臺司所奏施行其坊市民庶軍士之家凡死喪及婢僕非

理物故依臺司奏委府縣軍巡同檢舉仍不得縱其吏卒于物故之家妄有邀脅或恐暑月屍柩難停若待申聞檢舉縱無邀脅亦須經時日今後仰本家喚四鄰檢察若無他故遂便葬埋如後別聞枉濫妄有保證官中訪知勘詰不虛本戶鄰保並行科罪如聞諸道州府坊市死喪取分巡院檢舉頗致淹停人多流怨亦仰約京城事例處分（永樂大典卷七千一百六十四）

舊五代史卷三十七終

舊五代史卷三十七攷證

唐書明宗紀三丙出象笏三十四面　三十四歐陽史作三十二

僞蜀右僕射中書侍耶平章事趙國公張格　張格原本作張裕攷舊唐書張濬傳濬次子格仕蜀爲平章事今改正

僞署幽州節度使盧文進　盧文進遼史作盧國用蓋文進在遼改名國用耳

國王安巴堅以七月二十七日卒　案遼史太祖紀作七月辛巳上崩

可輟今月十九日朝參　案歐陽史作廢朝三日

契丹攻　案契丹攻蓋言契丹方即攻也是書前後如攻城攻鎮州攻多單用攻字疑卽當時案牘之文今仍其舊附識于此

安巴堅舊作阿保機今改

（補前本紀）擒公儼於北海縣斬於州東（通鑑彥威聚兵淄州以圖進取公儼懼乙未始之官丁酉彥威至青州追擒之）

舊五代史卷三十八

宋司空同中書門下平章事薛居正等撰

明宗紀第四　唐書十四

天成二年春正月癸丑朔帝御明堂殿受朝賀仗衛如常儀制曰王者祇敬宗祧統臨寰宇必順體元之典特新制義之文朕以眇躬獲承丕構襲三百年之休運繼二十聖之耿光馭朽納隍夕惕之心罔怠法天師古日躋之道惟勤今則載戢干戈渾同書軌荷玄穹之睠祐契兆庶之樂推檢玉泥金非敢期于薄德耕田鑿井誠有慕于前王將陳享謁之儀卽備郊丘之禮宜更稱謂永耀簡編今改名爲亶凡在中外宜體朕懷宣制訖百寮稱賀有司告郊廟社稷案楊文公談苑云唐時避諱最重人君卽位多更名後唐尙沿其例明宗初名嗣源後改名亶于是楊檀改稱光遠其金壇及檀州諸州縣皆從改更則弁偏旁字面亦改之當時明宗在御臣下避諱之嚴如此今考薛史楊光遠傳云初名檀唐天成中以明宗改御名爲亶始改名光遠與談苑合然閔帝紀尙稱北都護楊檀在天成中未嘗改名又明宗紀前後皆稱檀州則地名亦不改疑談苑所紀不能無誤薛史紀傳異文亦未畫一丙辰詔端明殿學士班位宜在翰林學士之上今後如有轉改只于翰林學士內選任先是端明殿學士班在翰林學士之下又如三館例官在職上遊鳳轉侍郎日諷宰相府移之旣而禁林序列有不可之言安重誨奏行此敕時論便之癸亥宰臣

鄭珏加特進門下侍郎兼太微宮使崇文館大學士任圜加光祿大夫門下侍郎監修國史以端明殿學士尙書兵部侍郎馮道爲中書侍郎平章事集賢殿大學士以太常卿崔協爲中書侍郎平章事戊辰以前鄧州節度使劉玘卒廢朝左拾遺李同上言天下繫囚請委長吏逐旬親自引問質其罪狀眞虛然後論之以法庶無枉濫從之辛未皇子河中節度使從珂加同平章事以鎭州留後檢校司徒王建立爲鎭州節度使檢校太傅癸酉第三子金紫光祿大夫檢校司徒從厚加檢校太保同平章事河南尹判六軍諸衛事北面副招討房知

温奏營州界奚奄羅支內附乙亥以監門衛大將軍傅璉爲右武衛上將軍丙子詔曰頃自本朝多難雅道中微皆上浮華罕持廉讓其有除官蘭省命秩柏臺或以人事相疎或以私讐見訐稍乖敬奉遽至棄捐盍司長之振威處君恩而何地今後應新授官朝謝後可準例上事司長不得輒以私事阻滯其本官亦不得因遣抑挫託故請假戊寅皇子從厚領事于河南府宰相鄭珏已下會送非例也己卯樞密使光祿大夫檢校太保行兵部尙書安重誨加開府儀同三司檢校太傅兼侍中樞密使檢校太保守秘書監孔循加檢校太傅同平章

事詔崇文館依舊爲弘文館初同光中宰相豆盧革以
同列郭崇韜父名弘希其意奏改之今乃復焉辛巳詔
曰亂離斯久法制多隳不有舉明從何禁止起今〔六三〕
京及州使職員名目是押衙兵馬使騎馬得有暖坐諸
都軍將衙官使下係名糧者只得衣紫皂庶人商旅只
著白衣此後不得參雜兼有富戶或投名于勢要以求
影庇或希假于攝貴以免丁徭仰所在禁勘以肅奸欺
二月壬午朔新羅遣使朝貢丁亥以北京皇城使李繼
顒爲龍武大將軍北京都指揮使李從臻爲左衞大將
軍捧聖都指揮使李從璨爲右監門衞大將軍戊子以

前北面水陸轉運招撫使守冀州刺史烏震領宣州節
度使庚寅陝州節度使檢校司徒石敬瑭加檢校太傅
兼六軍諸衞副使壬辰西川節度使孟知祥奏泗州防
禦使充西川兵馬都監李嚴扇摇軍衆尋已處斬以潁
州刺史孫岳爲耀州團練使丙申以從馬直指揮使郭
從謙爲景州刺史尋令中使誅之夷其族以其首謀大
逆以弑莊宗也以尚書左丞崔沂爲太子少保致仕壬
寅制曰荆南節度使開府儀同三司守太尉兼尚書令
南平王高季興可削奪官爵仍令襄州節度使劉訓充
南面招討使知荆南行府事許州節度使夏魯奇爲副

招討使統蕃漢馬步四萬人進討以其叛故也又命湖
南節度使馬殷以湖南全軍會合以東川節度使董璋
充東南面招討使新授夔州刺史西方鄴爲副招討使共
領川軍下峽州三面齊進〔通鑑考異梓夔皆在荆南之西南而云東南面者蓋據夔梓所向言之〕甲辰兗州節度使房知溫加同平章事宋州節
度使王晏球加檢校太傅丁未以禮部尚書蕭頃爲太
常卿戊申以御史大夫李琪爲右僕射以太子賓客李
璘爲戶部尚書以吏部侍郎李德休爲禮部尚書以前
吏部侍郎崔貽孫爲吏部侍郎以端明殿學士戶部侍
郎趙鳳爲兵部侍郎依前充職庚戌詔諸道節度使男

及親嫡骨肉未沾恩命者特許上聞河南府新安縣宜
爲次赤以雍陵在其界故也辛亥以刑部侍郎歸藹爲
戶部侍郎三月壬子朔以中書舍人馬縞爲刑部侍郎
幸會節園宰相樞密使及在京節度使共進錢絹請開
宴癸丑遣供奉官賈俊使淮南甲寅以西川節度副使
李敬周爲遂州武信軍留後乙卯開府儀同三司司徒
致仕趙光逢進太保致仕仍封齊國公以武信軍節度
使李紹文卒廢朝丙辰宰相判三司任圜奏諸道藩府
請依天復三年已前許貢綾絹金銀隨其土產折進馬
之直又請選孳生馬分置監牧並從之〔五代會要任圜奏三京留守諸

道節度觀察諸州防禦使刺史每年應聖節及正至等節貢奉或討伐勝捷各進獻馬伏見本朝舊事雖以獻馬爲名多將綾絹金銀折充馬價蓋跋涉之際護養稍難因此羣方俱爲定制自今後伏乞除蕃部進駝馬外諸州所進馬許依天復三年已前事例隨其土產折進價直冀貢輸之稍易又誠敬之獲申兼欲于諸處揀孳生馬準舊制分置監牧仍委三司使別具制置奏聞太常丞段顒請國學五經博士各講本經以申橫經齒胄之義從之庚申以前澤潞節度使檢校太傅兼侍中孔勍爲河陽節度使壬戌幸甘水亭甲子青州節度使霍彥威加檢校太尉兼中書令以大內皇城使守饒州刺史李從璋爲應州節度使丁卯詔所在府縣糾察殺牛賣肉犯者準條科斷其自死牛即許貨賣肉斤不得過五錢鄉村民家死牛但報

本村所由準例輸皮入官癸酉以戶部侍中知制誥盧詹爲中書舍人夏四月辛巳朔房知温奏前月二十一日盧臺戍軍亂害副招討甯國軍節度使烏震尋與安審通斬殺亂兵訖帝聞之廢朝一日贈震太傅新羅國遣使貢方物丁亥以華州留後劉彥琮爲本州節度使是日幸會節園宴近臣己丑以兵部侍郎崔居儉權知尚書左丞以戶部侍郎王權爲兵部侍郎以禮部侍郎裴皞爲戶部侍郎以翰林承旨守中書舍人李愚爲禮部侍郎充職庚寅御史臺奏今月三日廊下食百官坐定兩省官方來自五品下輒起詔曰每赴廊餐如對御宴若行私禮是失朝儀各罰半月俸五代會要長興三年五月詔文武兩班每遇入閤賜食從前御史臺官及諸朝官皆在敷政門外兩廊食惟北省官于敷政門內別坐既爲隔門各不相見致行坐不齊難于肅整今後每遇入閤賜食北省官亦宜于敷政門外東廊下設席以北首爲上待班齊一時就坐詔盧臺亂軍龍暉所部鄴都奉節等九指揮三千五百人在營家口骨肉並可全家處斬龍暉所部之衆即梁故魏博節度使楊師厚之所招置也皆天下雄勇之士目其都爲銀鎗効節僅八千人師厚卒賀德倫不能制西迎莊宗入魏從征河上所向有功莊宗一統之後雖數頒賞而驕縱無厭同光末自貝州劫趙在禮據有魏博及帝纘位在禮冀脫其禍潛奏願赴朝覲遂

除皇子從榮爲帥乃令北禦契丹是行也不支甲胄唯幟于長行表隊伍而已故俛首遄征在途聞李嚴爲孟知祥所害以爲劍南阻絕互相煽動及屯于盧臺會烏震代房知温爲帥轉增浮說震與房知温博于東寨日亭午大譟于營外知温上馬出門爲甲士所擁且曰不與兒郎爲主更何處去知温紿之曰馬軍皆在河西步卒獨何爲也遂得躍馬登舟濟于西岸安審通戢騎軍不動知温與審通謀伺便攻之令亂兵卷甲南行騎軍徐進部伍嚴整叛者相顧失色列炬宵行疲于荒澤遲明潛令外州軍別行知温等遂擊亂軍橫尸于野餘衆

復趍舊寨至則已焚之矣翌日盡戮之脫于叢草溝塍者十無二三迨夜竄于山谷稍奔于定州及王都之敗乃無噍類矣癸巳兗州節度使房知温加侍中齊州防禦使安審通加檢校太傅並賞盧臺之功也丁酉僞吳楊溥遣移署右威衞將軍雷現貢端午禮幣辛丑以前利州節度使張敬詢爲雲州節度使遣樞密使孔循赴荆南城下時招討使劉訓有疾故也甲辰以戶部侍郎韓彥惲爲秘書監是日幸石敬瑭安重誨第丙午故振武節度使李嗣恩贈太尉以司封郎中充樞密院直學士閻至爲左諫議大夫充職右諫議大夫梁文矩上言

平蜀以來軍人剽略到西川人口甚多骨肉阻隔恐傷和氣請許收認帝仁慈素深因文矩之奏詔河南河北舊因兵火擄隔者並從識認是日鄆州進白鵲五月癸丑以福建留後檢校太傅舒州刺史王延鈞爲檢校太師守中書令充福建節度使瑯琊郡王以太常卿蕭頃爲吏部尚書是日懷州進白鵲戊午以三司副使守太子賓客張格卒廢朝以翰林學士駕部郎中知制誥竇夢徵爲中書舍人充職癸亥遣宣徽使張延朗調發郡縣糧運赴荆南城下仍以軍法從事以右龍武統軍崔公實爲左龍武統軍以前復州刺史高行周爲右龍武統軍割果州屬郡乙丑僞吳楊溥貢新茶滄州進白鵲庚午詔罷荆南之師既而令軍士散掠居民而廼詔文武臣寮及諸道節度使刺史有父母在者各與恩澤宰臣任圜表辭三司事乃以樞密院承旨孟鵠充三司副使權判六月壬午華州邢州進兩岐麥兗州進三足烏丙戌宰相任圜落平章事守太子少保丁亥詔天下除併無名額寺院以宣徽北院使張延朗爲右武衞大將軍判三司依前宣徽使檢校司徒辛卯大理少卿王鬱上言凡決極刑準敕合三覆奏近年以來全廢此法伏乞今後決前一日許一覆奏從之壬辰南面招討使知

荆州南行府事襄州節度使檢校太傅劉訓責授檢校右僕射守檀州刺史訓南征無功故有是譴詔喪葬之家送終之禮不得過度乙未戶部尚書李鏻上言請朝班自四品以上官各許薦令錄兩人五品官各薦簿尉兩人案五代會要作五品六品官各許薦簿尉兩人原本疑脫六品二字功過賞罰與舉者同之詔從之其所舉人仍于官告內標所舉姓名或有不公案原本脫公字今從五代會要增入連坐舉主仍令三品已上各舉堪任兩使判官者丙申以天策上將軍湖南節度使開府儀同三司檢校太師守尚書令楚王馬殷爲守太師尚書令封楚國王庚子幸白司馬陂祭突厥神從北

俗之禮也秋七月庚戌朔以宋州節度使王晏球充北面行營副招討使癸丑以左金吾將軍烏昭遠爲左衛上將軍充入蠻國信使中書奏馬殷封楚國王禮文不載國王之制請約三公之儀用竹册從之壬戌西川節度副大使知節度事孟知祥加檢校太尉兼侍中東川董璋加爵邑以左効義指揮使元習爲資州刺史右効義指揮使盧密爲雅州刺史癸亥幸冷泉宮甲子以檢校工部尚書謝洪爲宿州團練使夔州刺史西方鄴奏殺敗荆南賊軍收峽內三州丙寅升夔州爲甯江軍以鄴爲節度使戊辰詔曰頃因本朝親王遥領方鎮遂有

副大使知節度事年代已深相沿未改其東川西川今後落副大使只云節度使庚午遂州留後李敬周鄜州留後劉仲殷並正授本州節度使壬申兖州節度使房知温移鎮徐州徐州節度使安元信移鎮襄州滄州節度使趙在禮移鎮兖州以齊州防禦使安審通爲滄州節度使是日詔陵州合州長流百姓豆盧革韋說等宜令逐處刺史監賜自盡其骨肉並放逐便是日逐段凝于遼州劉訓于濮州温韜于德州甲戌太子少保任圜上表乞致仕仍于外地尋醫詔從之丁丑以左金吾大將軍曹廷隱爲齊州防禦使八月己卯朔日有食之辛

巳以右諫議大夫孔昭序爲給事中以秘書少監崔憄爲右諫議大夫壬午以右驍衛大將軍劉衛爲左領衛上將軍以鄴都副留守趙敬怡爲右衛上將軍判興唐府事乙酉昆明大鬼主羅殷王普露靜王九部落各差使隨牂牁清州八郡刺史宋朝化等一百五十三人來朝進方物各賜官告繒綵銀器放還蕃丙戌以御史中丞盧文紀爲工部尚書以左諫議大夫梁文矩爲御史中丞鄧州留後陶玘貶嵐州司馬以其爲內鄉縣令盛歸仁所訟稅外科率故也仍賜歸仁緋袍魚袋癸巳幸皇子從榮第宣禁中伎樂觀宴從榮進馬及器幣帝因

以伎樂賜之華州上言渭河泛溢害稼丁酉以吏部郎中襲文宣公孔邈爲左諫議大夫史館修撰趙熙上言應內中宮事及詔書奏對應不到中書者請委內臣一人抄錄月終送史館詔差樞密直學士錄送青州進芝草新州奏契丹乞置互市癸卯汴州節度使朱守殷加兼侍中鄆州節度符習加檢校太尉甲辰皇子從榮娶鄜州節度使劉仲殷女是夕禮會百寮表賀九月辛亥義武軍節度使檢校太尉兼中書令王都加食邑實封幽州節度使趙德鈞加檢校太尉鎮州節度使王建立加同平章事僞吳楊溥遣使以應聖節貢獻己未以前

雲州節度使高行珪爲鄧州節度使是日出御札曰歷代帝王以時巡狩一則遵于典禮一則按察方區矧彼夷門控茲東夏當先帝戡平之始爲眇躬殿守之邦俗尙貞純兵懷忠勇自元臣鎭靜庶事康和兆民咸樂于有年闔境彌堅於望幸事難違衆義在省方朕取十月七日親幸汴州庚申以衛尉卿李延光爲大理卿北京留守李彥超上言先父存審本姓符氏蒙武皇賜姓乞却還本姓從之乙丑夏州節度使李仁福鳳翔節度使李從曮朔方節度使韓洙並加食邑改賜功臣以汝州防禦使趙延壽爲河陽節度使以比部郎中知制誥劉

贊爲中書舍人以河陽掌書記程遜爲比部員外郎知誥以代州刺史李德珫爲蔚州刺史丙寅樞密使孔循兼東都留守襄州夏魯奇上言荆南高季興遣使持書乞修貢奉詔魯奇不納詔諸州錄事參軍不得兼使府賓職己巳鄧州節度使史敬鎔加檢校太保同州節度使盧質加檢校司徒御史臺奏每遇入閤舊例只一員侍御史在龍墀邊祗候彈奏公事或有南班失儀點檢不及今欲依常朝例差殿中侍御史二員押鐘鼓樓位仍各綴供奉班出入從之以靑州節度使副使淯于晏爲亳州團練使契丹遣使摩琳孟袞（舊作梅老設骨今改正）已下

朝貢戊寅西川奏據黎州狀雲南使趙和于大渡河南起舍一間留信物十五籠幷雜牋詩一卷遞至闕下冬十月己卯朔帝御文明殿視朝癸未亳州刺史李鄴貶郴州司戶又貶崖州長流百姓所在賜自盡判官樂文紀配祁州責其違法黷貨也乙酉駕發西京詔留宰相崔協以奉祠祭丁亥帝宿于滎陽汴州朱守殷奏都指揮使馬彥超謀亂已處斬訖戊子次京水知朱守殷反帝親統禁軍倍程前進翌日至汴州攻其城拔之守殷伏誅丙申磁州刺史藥縱之上言今月十二日供奉官王仁鎬至稱制殺太子少保致仕任圜契丹遣使持書

求碑石欲爲其父表其葬所戊戌詔曰諸道州府自同光三年已前所欠秋夏稅租幷主持務局敗闕課利幷沿河舟船折欠天成元年殘欠夏稅並特與除放時重誨既搆任圜之禍恐人非之思沛恩于衆以掩已過乃奏曰三司積欠約二百萬貫虛係賬額請並蠲放帝重違其意故有是詔時議者以蠲隔年之賦猶或惠民場院課利一概除之得不啟奸倖之門乎己亥詔曰太子少保致仕任圜早推勳舊曾委重難既退免于劇權俾優閑于外地而乃不遵禮分潛附守殷緘題罔避于嫌疑情旨頗彰于怨望自收汴壘備見蹤由若務含弘是

孤典憲尙全大體止罪一身已令本州私第自盡其骨肉親情僕使等並皆放罪辛丑詔曰后來其蘇動必從于人欲天監厥德靜宜布于國恩近者言幸浚郊暫離洛邑蓋逢歲稔共樂時康不謂奸臣違彰逆狀爲厲之階旣甚覆宗之禍自貽以致近輔生靈遘此多端紛擾永言軫惻無綴痳興宜覃雨露之恩式表雲雷之澤應汴州城內百姓旣經驚刼宜放二年屋租諸處有曾受逆人文字者隨處焚毀應天下禁囚徒除十惡五逆殺人放火刼盜合造毒藥官典犯贓僞行印信屠牛外罪無輕重並從釋放應有民年八十已上及家長者有廢

疾者免一丁差役云以山南西道節度使張筠爲西京留守行京兆尹青州節度使霍彥威差人走馬進箭一對賀誅朱守殷帝却賜彥威箭一對傳箭蕃家之符信也起軍令衆則使之彥威本非蕃將以臣傳箭于君非禮也癸卯以權知汴州事陝州節度使石敬瑭爲汴州節度使兼六軍諸衞副使侍衞親軍馬步都指揮使鳳翔奏地震丙午威武軍節度副使檢校太尉守建州刺史王延亶加同平章事守建州刺史充奉國軍節度副使兼威武軍節度副使詔割施州却屬黔南十一月己酉帝祭蕃神于郊外庚戌以皇城使行袁州刺史李從

敏爲陝州節度使乙卯青州霍彥威鄆州符習來朝以太子詹事温輦爲吏部侍郎徐州房知温來朝戊午點南節度使李紹義加檢校太保庚申皇子河中節度使檢校太保同平章事從珂鄴都留守檢校太保同平章事從榮河南尹判六軍諸衞事檢校太保同平章事從厚並加檢校太傅進爵邑貝州刺史竇廷琬上言請制置慶州青白兩池逐年出絹十萬疋米萬石詔升慶州爲防禦所以廷琬爲使壬申詔霍彥威等歸蕃詔太宗朝左僕射李靖可册贈太保鄭州僕射陂可改爲太保陂時議者以僕射陂者後魏孝文帝賜僕射李冲故因

以爲名及是命之降以爲李靖蓋誤也契丹遣使摩琳（舊作梅老今改正）等來乞通和十二月戊寅朔以前鳳翔留後高允貞爲右監門大將軍詔以施州爲夔州屬郡以其便近故也遣飛勝指揮使于契丹賜契丹主錦綺銀器等兼賜其母繡被纓絡己卯蔚州刺史周令武得代歸闕帝問北州事令武奏曰山北甚安諸蕃不相侵擾鴈門已北東西數千里斗粟不過十錢帝悅顧謂左右曰須行善事以副天道居數日帝延宰臣于元德殿言及民事馮道奏曰莊宗末年不撫軍民惑于聲樂遂致人怨國亂陛下自膺人望歲時豐稔亦渻化所致也更願

居安思危帝然之許州地震庚辰皇子鄴都留守從榮移鎮太原以北京留守符彥超爲潞州節度使乙酉以彰國軍節度使李從璋昧于政理詔歸闕敕新及第進士有聞喜晏逐年賜錢四十萬己丑兖州節度使趙在禮來朝詔出潛龍宅米以贈百官壬辰以太傅致仕齊國公趙光逢卒輟朝丙申許州節度使夏魯奇移鎮遂州庚子幸石敬瑭公署及康義誠私第甲辰狩于東郊獵也丙午追尊四廟以應州舊宅爲廟（永樂大典卷七千一百六十四）

舊五代史卷三十八終

舊五代史卷三十八攷證

唐明宗紀四遣供奉官賈俊使淮南　賈俊九國志作賈進攷册府元龜所引薛史亦作俊今仍其舊

房知溫奏前月二十一日盧臺戍軍亂害副招討甯國軍節度使烏震尋與安審通斬殺亂兵訖　案五代春秋盧臺戍軍亂房知溫討平之據是書房知溫傳及通鑑知溫初誘戍軍爲亂繼恐事不濟乃與安審通謀討亂兵也五代春秋所書殊非事實

所舉姓名或有不公　案原本脫公字今據五代會要增入

夔州刺史西方鄴奏殺敗荊南賊軍收峽內三州　案通鑑六月西方鄴敗荊南水軍于峽中復取夔忠萬三州是書繫七月甲子蓋以奏聞之日爲據歐陽史與是書同

詔陵州合州長流百姓豆盧革韋說等宜令逐處刺史監賜自盡　案五代春秋作元年七月殺豆盧革韋說攷歐陽史元年七月貶豆盧革爲辰州刺史韋說溆州刺史甲申流革于陵州說于合州二年七月殺豆盧革韋說與是書同五代春秋統繫于元年誤也

今月十二日供奉官王仁鎬至稱制殺太子少保致仕

任圜　案安重誨害任圜五代春秋及通鑑俱不書日歐陽史作乙未殺太子少保致仕任圜據是書作十二日是年十月爲己卯朔十二日乃庚寅也與歐陽史異日

美稜瑪古舊作梅老没骨今改　摩琳舊作梅老今改

舊五代史卷三十八攷證

舊五代史卷三十九

宋司空同中書門下平章事薛居正等撰

明宗紀第五　唐書十五

天成三年春正月戊申朔帝御崇元殿受朝賀仗衛如式辛亥前河陽節度使檢校太傅兼侍中孔勍以太子太傅致仕癸丑詔取今月十七日幸鄴都甲寅以國子祭酒朱守素卒廢朝丙辰以鎮南軍節度使袁建豐卒廢朝詔贈太尉丁巳詔曰朕聞堯舜有恤刑之典貴務好生禹湯申罪己之言庶明知過今月十七日據巡檢軍使渾公兒口奏稱有百姓二人以竹竿習戰鬬之事

朕初聞奏報實所不容率爾傳宣令付石敬瑭處置今旦重誨敷奏方知悉是幼童爲戲載聆讜議方覺失刑循揣再三愧惕非一亦以渾公兒誑誣頗甚石敬瑭詳覆稍乖致人枉法而殂處朕有過之地令減常膳十日以謝幽冤其石敬瑭是朕懿親合施極諫既兹錯誤宜示省循可罰俸一月渾公兒決脊杖二十仍銷在身職銜配流登州小兒骨肉賜絹五十匹粟麥各百石便令如法埋葬兼此後在朝及諸道州府凡有極刑並須子細裁遣不得因循百寮進表稱賀己未中書門下奏國子祭酒望令宰相兼判乃詔崔協判之五代會要載原奏云祭酒之責

歷朝所貴爰從近代不重此官況屬聖朝方勤庶政須宏雅道以振時風望令宰臣一員兼判國子祭酒辛酉以前潞州節度使毛璋爲右金吾上將軍以左驍衛上將軍華温琪爲右金吾大將軍以春州刺史張虔釗爲鄭州防禦使契丹陷平州詔應廟諱文字只避正文其偏旁文字不用虧缺點畫契丹遣使特蘇巴摩琳舊作禿汭悲梅老今改正等貢獻帝遣指揮使奔托山押國信賜契丹主妻戊辰以隨駕馬軍都指揮使富州刺史康義誠兼領鎮南軍節度使以隨駕步軍都指揮使潮州刺史楊漢章遙領甯國軍節度使中書上言舊制遇二月十五日玄元皇帝降聖節休假三日準會昌元年二月敕休

假一日請準近敕從之吐蕃野利延孫等六人迴鶻米里都督等四人並授歸德懷遠將軍放還蕃庚午册贈故瀛州刺史李嗣頴爲太尉壬申册贈故皇子檢校司空從謹爲太保甲戌制以楚國夫人曹氏爲淑妃以韓國夫人王氏爲德妃仍令所司擇日册命二月丁丑朔有司上言太陽合虧既而有雲不見羣官表賀詔巡幸汴京事宜停庚辰僞吳楊溥遣使貢獻賀誅朱守殷帝以荆南拒命通漣淮夷不納其使遣還壬午以光祿卿韋寂卒廢朝贈禮部尚書癸未工部尚書盧文紀貶石州司馬員外安置文紀私諱業時新除于鄴爲工部郎

中舊例寮屬名與長官諱同或改其任文紀素與宰相崔協有隙故中書未議改官于鄴授官之後文紀自請連假鄴尋就位及差延州官告使副未行文紀參告且言候鄴廻日終請換曹鄴其夕自經而死故文紀貶官以倉部郎中何澤爲吏部郎中獎伏閤諫巡幸鄴都也丁亥天德軍節度使郭彥豐加檢校司徒辛卯以山南西道節度使張筠爲左驍衛上將軍詔中外羣臣父母亡沒者並與追封贈癸巳以禮部尚書崔貽孫卒輟朝甲午以吐渾寧朔奉化兩府都知兵馬使李紹魯爲吐渾寧朔府都督乙未以樞密使兼東都留守孔循爲許

州節度使兼東都留守鄧州節度使高行珪移鎮安州應州節度使李從璋移鎮滑州節度使盧文進移鎮鄧州丁酉以責授檀州刺史劉訓爲右龍武大將軍己亥廻鶻可汗行喻遣都督李阿三等貢獻壬寅以左金吾大將軍羅周敬爲同州節度使甲辰以威塞軍節度使張廷裕卒廢朝詔贈太保以耀州團練使孫岳爲閬州團練使以左監門上將軍高允貞爲右金吾衛大將軍以右金吾衛大將軍華温琪爲左金吾衛大將軍三月丁未朔以久雨詔文武百辟極言時政得失丁巳以邢州節度使王景戡爲華州節度使以前北京副留守李從

溫爲邢州節度使己未以宰臣鄭珏爲開府儀同三司左僕射致仕加食邑五百戶庚辰以前復州刺史翟章爲新州威塞軍留後中書奏孟夏薦饗合宰相行事在朝只有宰相二員今東都留守孔循帶平章事宜令攝太尉行事孔循稱使相有戎機不司祠祭重事癸亥以前鎭州節度使王建立爲右僕射兼中書侍郎平章事集賢殿大學士判三司西方鄴上言收復歸州以前鄭州刺史楊漢賓爲洋州武定軍留後戊辰以前彰國軍節度副使陳皐爲鳳州武興軍留後以前蔡州刺史孫漢韶爲應州彰國軍留後以宣徽南院使范延光爲樞

密使以宣徽北院使判三司張延朗爲宣徽南院使以前冀州刺史婁繼英爲耀州團練使以懷州刺史張廷蘊爲金州防禦使己巳命范延光權知鎭州軍府事西方鄴奏于歸州殺敗荆南賊軍太白山道士解元龜自西川至對于便殿稱年一百一歲旣而上表乞西都留守兼西川制置使要修西京宮闕帝謂侍臣曰此人老耄自遠來朝方期別有異見反爲身名甚可笑也賜號知白先生賜紫放歸山甲戌册迴鶻可汗仁喻爲順化可汗夏四月戊寅以汴州節度使石敬瑭爲鄴都留守充天雄軍節度使加同平章事以樞密使權知鎭州軍府事檢校太保范延光爲鎭州節度使兼北面水陸轉運使以司農卿鄭績爲太僕卿壬午夔州節度使東南面副招討使西方鄴加檢校太保甲申皇第三女石氏封永甯公主第十三女趙氏封興平公主仍令所司擇日册命幽州上言契丹有書求樂器乙酉韃靼遣使朝貢以隨駕馬軍都指揮使康義誠爲侍衛親軍馬步軍都指揮使丙戌樞密使安重誨兼河南尹以皇子河南尹判六軍諸衞事從厚爲汴州節度使判六軍如故丁亥復州奏湖南大破淮賊于道人磯以西川馬步軍都指揮使趙廷隱兼漢州刺史從孟知祥之請也（九國志趙延隱傳知祥至蜀康延孝陷漢州遣延隱率兵擊破之擒延孝檻送闕下知祥奏加檢校司空漢州刺史遂留屯成都）

洋州上言重開入蜀舊路三百餘里比今官路較二十五程而近癸巳殿中少監石知納貶憲州司戶坐扇惑軍鎭也北面副招討宋州節度使王晏球以定州節度使王都反狀聞（案遼史作三月王都以定州來歸五代春秋及通鑑並從薛史作四月）庚子制義武軍節度使檢校太尉兼中書令太原王王都削奪官爵壬寅以王晏球爲北面行營招討使知定州行軍州事以滄州節度使兼北面行營馬軍都指揮使安審通爲副招討使兼諸道馬軍都指揮使以左散騎常侍蕭希甫兼判大理卿事西京奏前樞密使張居

翰卒五月乙巳朔迴鶻可汗仁喻封順化可汗丁未鄴都留守天雄軍節度使石敬瑭河陽節度使趙延壽並加駙馬都尉以右僕射李珙爲太子少傅辛亥沙州節度使曹義金加爵邑王晏球上言收奪得定州北西二關城癸丑湖南馬殷奏二月中大破淮寇二萬生擒將士五百人中書上言諸道薦人宜酌定員數今後節度使每年許薦二人帶使相者許薦三人團練防禦使各一人節度觀察判官並聽指授書記以下即許隨府從之以六軍判官尚書司封郎中史圭爲右諫議大夫充樞密直學士詔州縣官以三十月爲考限刺史以二十

五月爲限以到任日爲始己未幽州奏契丹塔納（舊作禿餒今改正）領二千騎西南趨定州以前同州節度使盧質行兵部尚書判太常卿事辛酉以天雄軍節度副使判興唐府事趙敬怡爲樞密使詔曰上柱國勳之極也近代以來文臣官階稍高便授柱國歲月未深便轉上柱國武資初官便授上柱國今後凡加勳先自武騎尉十二轉方授上柱國永作成規不令踰越丁卯鎭州奏今月十八日王師不利于新樂壬申王晏球奏今月二十一日大破定州賊軍及契丹于曲陽斬獲數千人王都與塔納以數十騎復入于定州己卯以右金吾上將軍毛

璋爲左金吾上將軍以前安州節度使史敬鎔爲右金吾上將軍以前華州節度使劉彥琮爲左武衞上將軍壬午放內園鹿七頭于深山乙酉皇子故金槍指揮使檢校左僕射從璟贈太保己丑幽州趙德鈞奏殺契丹千餘人于幽州東獲馬六百匹壬辰宰臣馮道率百寮上表請上尊號曰聖明神武文德恭孝皇帝詔報不允丙申馮道等再上尊號不允戊戌以西京副留守知留守事張遵誨行京兆尹秋七月乙巳詔故僞蜀主王衍追封順正公以諸侯禮葬丙午以前武信軍節度使李敬周爲邠州節度使丁未以滄州節度使安審通卒于

師輟朝壬子以朔方節度使韓洙卒廢朝甲寅王晏球奏六月二十二日進攻逆城將士傷者三千人時晏球知城中有備未欲急攻朱宏昭張虔釗切于立功促攻賊壘晏球不得已而進兵遂致傷痍者衆乙卯以太子少保李茂勳卒輟朝己未詔弛麴禁許民間自造于秋苗上徵納麴價畝出五錢時孔循以麴法殺一家于洛陽或獻此議以爲愛其人便于國故行之宗正卿李紓除名刑部侍郎馬縞貶綏州司馬刑部員外郎李愼儀貶階州司戶初李紓差攝陵臺令張保嗣等各虛稱試銜爲奉先令王延朗所訟大理寺斷以詐假官論刑部

詐覆稱非假詐大理執之召兩司廷議刑部理屈故有是貶紓續敕配隴州徒一年未幾詔曰天下州府例是攝官皆結試銜或因勘窮便關詐假已前或有稱試銜一切不問此後並宜禁止曹州刺史成景宏貶綏州司戶參軍續敕長流宥州尋賜自盡坐受本州倉吏錢百緡也壬戌齊州防禦使曹廷隱以奏舉失實配流永州續敕賜自盡甲子王晏球奏今月十九日契丹七千騎來援定州王師逆戰于唐河北大破之（案通鑑壬戌王晏球破契丹于唐河北甲子追至易州所推長曆與薛史異）戊辰福建節度使王延鈞可依前檢校太師守中書令進封閩王己巳王晏球奏此月二十一日追契丹至易州掩殺四十里擒獲甚衆故朔方節度使韓洙贈太尉以兵部侍郎王權御史中丞梁文矩並爲吏部侍郎以左諫議大夫呂夢奇爲御史中丞八月癸酉朔以翰林學士守中書舍人李懌劉昫並爲戶部侍郎充職以吏部侍郎劉岳守秘書監以吏部侍郎韓彥惲守禮部尚書以戶部侍郎歸藹守太子賓客以戶部侍郎裴皞守兵部侍郎以中書舍人張文寶守刑部侍郎詔凡有姓犯廟諱者以本望爲姓丁丑以檢校尚書右僕射守龍武大將軍劉訓爲晉州節度使檢校太傅壬午幽州趙德鈞奏于府西邀殺契丹敗黨

數千人生擒首領特哩袞（舊作惕隱今改正）等五十餘人是時官軍襲殺契丹屬秋雨繼降泥濘莫進人饑馬乏散投村落所在村民持白梃毆殺之德鈞出兵接于要路幾無噍類帝致書喻其本國（案通鑑作八月壬戌趙德鈞邀擊契丹據薛史八月係癸酉朔不得有壬戌疑通鑑誤）辛卯以朔方軍留後韓璞爲朔方軍節度使靈武雄警甘肅等州觀察使檢校司徒帝聞隨鄧復郢均房之民父母骨肉有疾以長竿遙致粥食而餉之出嫁女夫家不遣來省疾乃下詔委長吏嚴加禁察房州奏新開山路四百里南通夔州畫圖以獻以前洋州節度使戴思遠爲太子太保致仕庚子詔今後翰林學士入院以先後爲班次承旨一員不計官資先後在學士之上閏月丁未兩浙節度觀察留後清海軍節度使檢校太師兼中書令錢元瓘可杭州越州大都督府長史充鎮東鎮海等軍節度使戊申趙德鈞獻戎俘于闕下其蕃將特哩袞等五十人留于親衛餘契丹六百人皆斬之乙卯升楚州爲順化軍以明州刺史錢元珦爲本州節度使以吏部尚書蕭頃爲太子少保契丹遣使來貢獻契丹平州刺史張希崇歸順乙丑陝州節度使李從敏移鎮滄州以宣徽南院使張延朗爲陝州節度使詔在京遇行極法日宜不舉樂兼減常膳諸州遇

行極法日禁聲樂已巳滑州掌書記孟昇匿母服大理寺斷處流特敕孟昇賜自盡觀察使觀察判官錄事參軍失其糾察各行殿罰襄邑縣民聞威父爲人所殺不雪父冤有狀和解特敕處死是月二十七大水河水溢絳州地震九月乙亥以捧聖左右廂副都指揮使索自通爲雲州節度使丁丑以太府卿判四方館事李郁爲宗正卿壬午以晉州節度使安崇阮爲左驍衛上將軍甲申吐蕃廻紇各遣使貢獻壬辰宰臣王建立進玉杯上有文曰傳國萬歲杯乙未詔德州流人温韜還州流人段凝嵐州司戶陶玘憲州司戶石知納原州司馬聶

嶼並宜賜死于本處暴其宿惡而誅之也丙申以邠州節度使梁漢顒爲右威衛上將軍丁酉河陽節度使駙馬都尉趙延壽爲檢校司徒己亥詔徐州節度使房知温兼判南行營招討使知荆南行府事冬十月甲辰制瓊華長公主孟氏可册爲福慶長公主丙午以滄州節度使李從敏兼北面招討使戊申帝臨軒命禮部尚書韓元惲工部侍郎任贊往應州奉册四廟詔邠州節度使李敬周攻慶州以刺史竇廷琬拒命故也戊午契丹平州刺史張希崇已下八十餘人見于元德殿頒賜有差奚厥首領張慕進等來朝貢甲子安州節度使高行

珪奏屯駐左神捷左懷順軍士作亂已逐殺出城詔升壽州爲忠正軍戊辰以雲州節度使索自通領壽州節度使以前雲州節度使張温復爲雲州節度使庚午夜西南有彗星長丈餘在牛星五度十一月癸酉日南至帝御崇元殿受朝賀甲戌捧聖指揮使何福進招收到安州作亂兵士五百人自指揮使已下至節級四十餘人並斬餘衆釋之壬午房知温奏荆南高季興卒中書舍人劉贊奏請節度使及文班三品已上謝見通喚從之是日以契丹所署平州刺史光祿大夫檢校太保張希崇爲汝州刺史加檢校太傅己丑中書奏今後或有

封册請御正衙從之青州奏節度使霍彦威卒輟朝三日詔宰臣王建立權知青州軍州事庚寅禮部員外郎和凝奏應補齋郎並須引驗正身以防僞濫舊例使廕一任官補一人今後改官須轉品即可如無子許以親姪繼限念書十卷試可則補從之甲午以尚書左僕射同平章事集賢殿大學士判三司王建立爲青州節度使檢校太尉同平章事丙申帝謂侍臣曰古鐵券如何趙鳳對曰帝王誓文許其子子孫孫長享爵祿帝曰先朝所賜唯朕與郭崇韜李繼麟三人爾崇韜繼麟尋已族滅朕之危疑處在旦夕于是嗟嘆久之趙鳳曰帝王

執信故不必銘金鏤石矣吏部郎中何澤奏流外官請不試書判之類從之吐蕃遣使朝貢戊戌前安州節度副使范延榮幷男皆斬于軍巡獄爲高行珪誣奏故也十二月壬寅朔詔眞定府屬縣宜準河中鳳翔例升爲次畿眞定縣升爲次赤甲辰邠州節度使李敬周奏收下慶州刺史竇廷琬族誅 永樂大典卷七千一百六十四

舊五代史卷三十九終

舊五代史卷三十九攷證

唐明宗紀五契丹陷平州 案契丹陷平州歐陽史作丁巳通鑑不書日攷平州自梁開平中劉守光以賂契丹天成元年盧文進舉其地以歸于唐至三年復爲遼人所取自是平州遂屬于遼宋人論石晉賂遼故地兼及平州葢未詳攷今附識于此

爲左驍衛上將軍 案通鑑作左衛上將軍歐陽史從是書作左驍衛

巳亥回鶻可汗仁喻遣都督李阿爾珊等貢獻 案李阿爾珊來貢歐陽史作戊戌

北面副招討宋州節度使王晏球以定州節度使王都反狀聞 案遼史王都以定州來歸作三月事五代春秋及通鑑並從是書作四月

壬戌齊州防禦使曹廷隱以奏舉失實配流永州續勅賜自盡 案歐陽史作己未殺齊州防禦使曹廷隱己未在壬戌前三日不應發配在後賜死轉在前也歐陽史疑訛

壬午幽州趙德鈞奏于府西邀殺契丹 案通鑑作八月壬戌趙德鈞邀擊契丹據是書八月係癸酉朔不得有壬戌疑通鑑誤

邠州節度使李敬周　李敬周通鑑作李敬通是書前後並作敬周歐陽史亦作敬周疑通鑑傳刻之訛

以刺史竇廷琬拒命故也　案竇廷琬反通鑑從是書作十月歐陽史繫于十月以前與是書異

突厥首領張慕進等來朝貢　慕進歐陽史作慕晋

壬午房知溫奏荆南高季興卒　案高季興卒通鑑作十二月丙辰詳見通鑑攷異

檢校太保張希崇爲汝州刺史　案歐陽史作汝州防禦使通鑑從是書作刺史

托諾巴摩哩舊作禿吶悲梅老今改　伊埒雅遜舊作野利延孫今改　阿爾珊舊作阿山今改　託諾舊作禿餒今改　特里袞舊作惕隱今改

舊五代史卷三十九攷證

舊五代史卷四十

宋司空同中書門下平章事薛居正等撰

明宗紀第六　唐書十六

天成四年春正月壬申朔帝御崇明殿受朝賀仗衛如儀幽州節度使趙德鈞奏臣孫贇年五歲默念論語孝經舉童子于汴州取解就試詔曰都尉之子太尉之孫能念儒書備彰家訓不勞就試特與成名宜賜別敕及第附今年春榜戊子放元年應欠秋稅以左衛上將軍安崇阮爲黔南節度使壬辰廻鶻入朝使掣撥等五八各授懷化司戈放還以北京副留守馮贇爲宣徽使判三司戊戌禁天下虛稱試攝銜西川孟知祥奏支屬刺史乞臣本道自署二月乙巳王晏球奏此月三日收復定州獲王都首級生擒契丹塔納舊作禿餒今改正等二千餘人百官稱賀詔取今月二十四日車駕還東京辛亥以北面行營招討使宋州節度使王晏球爲鄆州節度使加兼侍中以北面行營副招討使滄州節度使李從敏爲定州節度使以北面行營兵馬都監鄭州防禦使張虔釗爲滄州節度使幽州節度使趙德鈞加兼侍中乙卯以樞密使趙敬怡權知汴州軍州事丙辰邢州奏定州送到僞太子李繼陶已處置訖辛酉帝御咸安樓受

定州俘馘百官就列宣露布于樓前禮畢以王都首級獻于太社王都男四人弟一人塔納父子二人並磔于市（五代會要尚書兵部宣露布于樓前宣訖尚書刑部侍郎張文寶奏曰逆賊王都首級請付所司大理卿蕭希甫受之以出獻于郊社其王都男弁蕃將等磔于開封橋）時露布之文類制敕之體蓋執筆者誤顚爲識者所嗤樞密使趙敬怡卒贈太傅以端明殿學士趙鳳權知汴州軍州事甲子車駕發汴州丙寅至鄭州賜左僕射致仕鄭珏錢二十萬丁卯宰相崔協卒詔贈尚書左僕射東都留守太子少傅李琪等奏至偃師縣奉迎時琪奏章中有敗契丹之凶黨破眞定之逆城之言詔曰契丹卽爲凶黨眞定不是逆

城李琪罰一月俸庚午車駕至自汴州三月甲戌馮道進表乞命相丙戌詔皇城使李從璨貶授房州司戶叅軍仍令盡命從璨帝之諸子也先是帝巡幸汴州留從璨以警大內從璨因遊會節園酒酣戲登御榻安重誨奏之故寘于法焉壬辰中書奏今後羣臣內有乞假覲省者請量賜茶藥從之乙未以前鄆州節度使符習爲汴州節度使丙申詔鄴都幽鎭滄邢易定等州管內百姓除正稅外放免諸色差配以討王都之役有輓運之勞也夏四月庚子朔禁鐵鑞錢壬寅重修廣壽殿成有司請以丹漆金碧飾之帝曰此殿經焚不可不修但務宏壯不勞華侈湖南奏敗荆南賊軍于石首鎭詔沿邊置場買馬不許蕃部直至闕下先是党項諸蕃凡將到馬無駑良並云上進國家雖約其價以給之及計其館穀賜賚所費不可勝紀計司以爲耗蠹中華遂止之壬子以皇子北京留守河東節度使從榮爲河南尹判六軍諸衛事以皇子河南尹判六軍諸衛事從厚爲北京留守以河陽節度使趙延壽爲宋州節度使以侍衛親軍都指揮使鎭南軍節度使康義誠爲河陽節度使契丹寇雲州癸丑契丹遣紐赫美稜（舊作捺括梅里今改正）等來朝貢稱取塔納等骸骨並斬于北市甲寅以端明殿學士

趙鳳爲門下侍郎兼工部尚書平章事丙辰諫議大夫致仕襲文宣公孔邈卒庚申以王建立孔循帶中書直省吏歸藩並追廻壬戌幽州節度使趙德鈞兼北面行營招討使鎭州節度使范延光加檢校太傅戊辰中書奏五月一日應在京九品以上官及諸道進奉使請準貞元七年敕就位起居永爲恆式從之五月己巳朔帝御文明殿受朝丙子以夔州節度使西方鄴卒輟朝丁丑大理卿李保殷卒己卯以忠武軍節度使索自通爲京兆尹充西京留守以左威衛上將軍朱漢賓爲潞州節度使乙酉以黔州節度使安崇阮爲夔州節度使以

左驍衛上將軍張温爲洋州節度使以黔州留後楊漢章爲本州節度使中書奉太常寺定少帝謚昭宣光烈孝皇帝廟號景宗伏以少帝今不入廟難以言宗只云昭宣光烈孝皇帝從之案舊唐書哀帝紀云中書奏少帝行事不合稱宗今考五代會要天成二年博士呂朋龜議引君不逾年不入宗廟之禮請別立廟于園陵故不稱景宗非議其行事有失也舊唐書誤丁亥以鳳州武興軍留後陳皐爲武興軍節度使以新州威塞軍留後翟璋爲威塞軍節度使壬辰以權知尚書右丞崔居儉爲尚書右丞詔葺天下廨宇丙申襄州奏荆南高從誨乞歸順雲州奏契丹犯塞六月辛丑以左散騎常侍姚顗爲兵部侍郎壬寅夔州節度使

楊漢章移鎮雲州以北京馬步軍都指揮使兼欽州刺史張敬達爲鳳州節度使癸卯以前西京副留守事張遵誨行衛尉事充客省使國子博士田敏請葺四郊祠祭齋室丙午以沂州刺史張萬進爲安北都護充振武軍節度使戊申以宿州團練使康思立爲利州節度使登州刺史孫元停任坐在任無名科率故也詔鄴都仍舊爲魏府應魏府汴州益州宮殿悉去鴟尾賜節度使爲衙署辛亥以權知朔方軍留後定難軍都知兵馬使韓澄爲朔方留後癸丑以前潞州節度使符彥超爲左驍衛上將軍詔諸道節度使行軍司馬名位雖高或帥

臣不在其州事宜委節度副使權知又詔藩郡所請幕賓及主事親從者悉以名聞丙辰權知荆南軍府事高從誨上章首罪乞修職貢仍進銀三千兩贖罪壬戌幸至德宮詔京城空地課人蓋造如無力者許人請射營構秋七月庚午以前西京留守判官張鑄爲司農卿壬申貶前左金吾上將軍毛璋爲儒州長流百姓尋賜自盡以其在藩鎮陰蓄奸謀故也甲戌御史中丞呂夢奇責授太子右贊善大夫坐會借毛璋馬故也己卯以工部侍郎任贊爲左散騎常侍以樞密直學士左諫議大夫充匭使閻至爲工部侍郎充職遂州進嘉禾一莖九

穗壬午以給事中判大理卿事許光義爲御史中丞史官上言所編修莊宗一朝事迹欲名爲實録太祖獻祖懿祖名爲紀年録從之五代會要天成三年十二月史館奏據左補闕張昭遠狀嘗讀國書伏見懿祖昭烈皇帝自元和之初獻祖文皇帝于太和之際立功王室陳力國朝太祖武皇帝自咸通後來勤王戮力翦平多難頻立大功三換節旄再安京國莊宗皇帝終平大憝奄有中原倘闕編修遂成湮墜伏請與當館修撰參序條綱撰太祖莊宗實録四年七月監修國史趙鳳奏奉勅修懿祖獻祖太祖莊宗四帝實録自今年六月一日起手旋具進呈伏以凡關纂述務合品題承乾御宇之君行事方云實録追尊册號之帝約文祇可紀年所修前件史書今欲自莊宗一朝名爲實録其太祖以上並目爲紀年録從之甲申以前判南行軍司馬檢校太傅高從誨起復授檢校太傅兼侍中充荆南節度使丙戌涇州節度使李從昶移鎮

華州以冀州刺史李金全爲涇州節度使戊子中書奏今後新及第舉人有曾授正官及御署者欲約前任資序與除一官從之壬辰詔取來年二月二十一日有事于南郊八月丁酉朔大理正路阮奏切見春秋釋奠于文宣王而武成王廟久曠時祭請復常祀從之戊戌中書奏太子少傅李琪所撰進霍彥威神道碑文不分眞僞是混功名望令改撰從之琪梁之故相私懷感遇敘彥威在梁歷任不欲言僞梁故也辛丑詔亂離以來天下諸軍所掠生口有主識認卽勒還之以前清河縣令襲鄴國公食邑三千戸楊仁矩爲秘書丞御史臺奏主

簿朱顥是前中丞奏請合隨聽罷任詔曰主簿旣爲正秩况入選門顥自朝恩合終考限宜令仍舊守官甲辰以宰臣馮道爲南郊大禮使兵部尙書盧質爲禮儀使御史中丞許光義爲儀仗使兵部侍郎姚顗爲鹵簿使河南尹從榮爲橋道頓遞使客省使衞尉卿張遵誨爲修裝法物使乙巳黑水朝貢使骨至來朝授歸德司戈放還蕃丁未以翰林學士承旨禮部侍郎知制誥李愚爲兵部侍郎職如故以中書舍人盧詹爲禮部侍郎以兵部侍郎裴皡爲太子賓客吐渾首領念公山由來朝貢戊申服衮冕御文明殿追册昭宣光烈孝皇帝庚戌

以宰臣兼修國史趙鳳兼判集賢院事以左散騎常侍任贊判大理卿事己未高麗王王建遣使貢方物辛酉詔準往例節度使帶平章事侍中中書令並列銜于敕牒側書使字今錢鏐是元帥尙父與使相名殊馬殷守太師尙書是南省官資不合署敕尾今後敕牒內並落下乙卯党項首領朝貢甲子幸金眞觀改賜建法大師紫尼智願爲圓惠大師卽武皇夫人陳氏也丙寅達靼來朝貢京城內有南州北州乃張全義光啟中所築是詔許人依街巷請射城壕任使平塡蓋造屋宇九月丁亥中書奏據宗正寺申懿祖永興陵獻祖長甯陵太祖

建極陵並在代州鴈門縣皇帝追尊四廟在應州金城縣詔應州升爲望州金城鴈門並升爲望縣辛酉太常博士段顒奏切見大祠則差宰相行事中祠則卿監行事小祠則委太祝奉禮並不差官今後請差五品官行事從之癸巳制天下兵馬元帥尙父吳越國王錢鏐可落元帥尙父吳越國王授太師致仕責無禮也先是上將軍烏昭遇使于兩浙以朝廷事私與吳人仍目鏐爲殿下自稱臣謁鏐行拜蹈之禮及廻使副劉玫具述其事故停削鏐官爵令致仕烏昭遇下御史臺尋賜自盡後有自浙中使還者言昭遇無臣鏐之事爲玫所誣人

頗以爲寃乙未詔諸道承勘兩浙綱運進奉使並下巡獄冬十月丙申朔併吏部三銓爲一銓宜令本司官員同商量注擬連署申奏仍不得于私第注官戊戌以襄州兵馬都監守磁州刺史康福爲朔方河西等節度使靈威雄警涼等州觀察使時朔方將吏請帥于朝廷故命福往鎭之庚子以右金吾上將軍史敬鎔爲左金吾上將軍以左驍衛上將軍符彦超爲右金吾上將軍以前黔州節度使李承約爲左驍衛上將軍以雲州節度使張敬詢爲右驍衛上將軍以前華州節度使王景戡爲右驍衛上將軍癸卯太常少卿蕭愿責授太子洗馬

奪緋愿南郊行事與祠官同飲詰旦猶醉不能行禮爲御史所劾也詔新授朔方節度使康福將兵萬人赴鎭己酉制復故荆南節度使高季興官爵辛亥升閬州爲保甯軍壬子以內省使左衛大將軍李仁矩爲閬州節度使幸七星亭丙辰夏州進白鷹重誨奏曰夏州違詔進貢臣已止約帝曰善朝退帝密令左右進焉是日幸龍門十一月丁卯洛州水暴漲壞居人垣舍戊辰以刑部侍郎張文寶爲右散騎常侍己巳以尙書右丞李光序爲刑部侍郎癸酉升曹州濟陰縣爲次赤以昭宣光烈孝皇帝温陵所在故也甲戌奉國軍節度使王延稟加兼侍中從福建節度使王延鈞請也車駕出近郊試夏州所進白鷹戒左右勿令重誨知己卯日南至帝御文明殿受朝賀癸未秘書少監于嶠配振武長流百姓永不齒任爲宰臣趙鳳誣奏也史官張昭遠等以新修獻祖懿祖太祖紀年錄共二十卷莊宗實錄三十卷上之賜器帛有差（五代會要監修趙鳳修撰張昭遠呂咸休各賜繒綵銀器等）十二月丁酉靈武康福奏破野利大蟲兩族三百餘帳于方渠獲牛羊三萬戊戌詔應授官及封贈官誥舉人冬集等所費用物一切官破壬戌中書奏今後宰臣致齋內不押班不知印不赴內殿起居或遇國忌行事官已受戒

誓不赴行香并不奏刑殺公事大祠致齋內請不開宴每遇大忌前一日請不坐朝從之（永樂大典卷七千一百六十五）

舊五代史卷四十終

舊五代史卷四十攷證

唐明宗紀六贇年五歲默念論語孝經　案宋史作贇七歲誦書二十七卷

宜賜別勅及第附今年春牓　案宋史云特賜童子及第附長興三年禮部春牓是書作天成四年春牓與宋史異

二月乙巳王晏球奏此月三日收復定州　案歐陽史作二月癸卯王晏球克定州與是書合通鑑作癸丑攷癸丑非二月三日也疑傳寫之誤

禁鐵鑞錢　鐵鑞錢通鑑作鐵錫錢攷胡三省注云馬

殷得湖南鑄錫爲錢本用之境內其後遂流入中國疑原本鑞字誤攷册府元龜亦作鐵鑞錢今仍其舊

以端明殿學士趙鳳爲門下侍郎兼工部尚書平章事　案歐陽史本紀作端明殿學士尚書兵部侍郎趙鳳爲門下侍郎兼工部尚書同平章事趙鳳傳作禮部侍郎與本紀異見吳縝纂誤

伏以少帝今不入廟難以言宗　案舊唐書哀帝紀云中書奏少帝行事不合稱宗攷五代會要天成二年博士呂明龜議引君不逾年不入宗廟之禮請別立廟于園陵故不稱景宗非議其行事有失也舊唐書誤

丙辰權知荊南府事高從誨上章首罪　丙辰通鑑作庚申

使副劉攷　劉攷通鑑作韓攷

徹伯爾舊作掣撥今改　托諾舊作禿餒今改　紐赫美稜舊作捺括梅里今改　郭濟舊作骨至今改

舊五代史卷四十攷證

宋司空同中書門下平章事薛居正等撰

明宗紀第七　唐書十七

長興元年春正月丙寅朔，帝御明堂殿受朝賀仗衛如常儀乙亥國子監請以監學生束脩及光學錢備監中修葺公用從之丙子帝謂宰臣曰時雪未降如何馮道曰陛下恭行儉德憂及烝民上合天心必有春澤是夜降雪其夕右散騎常侍蕭希甫封狀申樞密稱得河堰衙官狀告本都將校二十餘人欲謀不軌至旦追問無狀斬所告人是日幸至德宮辛卯中書奏郊天有日合

差太內留守詔以宣徽南院使朱宏昭充二月戊戌幸稻田莊己亥黑水國主兀兒遣使貢方物翰林學士劉昫奏新學士入院舊試五題請今後停試詩賦祗試麻制答蕃書批答共三道仍請內賜題目定字數付本院召試從之案五代會要載劉昫原奏云舊例學士入院除中書舍人不試餘官皆先試麻制答蕃批答各一道詩賦各一道號曰五題並於當日呈納從前每遇召試多預出五題潛令宿構其無黨援者即日起草卒能成功今請權停詩賦祗試三道仍內賜題目兼定字數從之有司奏皇帝致齋於明堂按舊服通天冠絳紗袍文武五品已上著袴褶近例祗著朝服從之乙巳中書奏皇帝朝獻太微宮太廟祭天地於圜丘準禮例親王爲亞獻行事受誓戒從之以天雄軍節度使石敬瑭爲御營使壬子帝宿齋于明堂殿癸丑朝獻太微宮是日宿齋于太廟詰旦請行饗禮甲寅赴南郊齋宮是夜微雨二鼓後晴明如晝乙卯祀昊天上帝於圜丘柴燎禮畢郊宮受賀是日御五鳳樓宣制改天成五年爲長興元年大赦天下除十惡五逆放火刼舍屠牛官典犯贓僞行印信合造毒藥外罪無輕重咸赦除之天成四年終諸道所欠殘稅及場院欠折並特放免羣臣職位帶平章事侍中中書令並與改鄉名里號朝臣及藩侯郡守亡父母及父母在并妻室未沾恩命者並與恩澤應私債出利已經倍者祗許

徵本已經兩倍者本利並放河陽管內人戶每畝舊徵橋道錢五文今後不徵諸道州府每畝先徵麴錢五文今特放二文云商州吏民以刺史郭知瓊善政聞詔褒之三月丁卯幸會節園遂幸河南府靈武奏殺戮蕃賊二千人壬申鳳翔節度使李從曮進封岐國公移鎮汴州甲戌延州節度使高允韜移鎮邢州丙子以宣徽使朱弘昭爲鳳翔節度使朱漢賓加檢校太傅移鎮晉州徐州節度使房知温移鎮鄆州鄆州節度使王晏球移鎮青州宰臣馮道率寮拜表請上尊號曰聖明神武文德恭孝皇帝詔報不允壬午許州節度使孔循移鎮滄

州陝州節度使張延朗移鎮許州加檢校太傅滄州節度使張虔釗移鎮徐州加檢校太保癸未詔貶右散騎常侍集賢殿學士判院事蕭希甫爲嵐州司戶參軍仍馳驛發遣坐誣告之罪也宰臣馮道等再請上尊號詔允之丙戌以侍衛親軍馬步軍都指揮使河陽節度使康義誠爲襄州節度使檢校太傅以左武衛上將軍劉彥琮爲陝州節度使檢校太保庚寅制淑妃曹氏可立爲皇后仍令擇日册命夏四月甲午朔國子司業張溥奏請復八館以廣生徒按六典監有六學國子太學四門律學書學算學是也而溥云八館謬矣丁酉前汴州

節度使檢校太尉兼侍中符習加太子太師致仕進封衞國公戊戌遂州節度使夏魯奇加同平章事皇子河中節度使從珂進位檢校太尉封開國公自是諸道節鎮皆次第加恩以郊禋覃慶澤故也己亥幸會節園壬寅以樞密使安重誨爲留守太尉兼中書令使如故青州節度使王建立加侍中移鎮潞州皇子河中節度使從珂奏臣今月五日閱馬於黃龍莊衙內指揮使楊彥溫據城叛臣尋時詰問稱奉宣命（胡三省通鑑注云樞密院用宣三省用堂帖）臣見在虞鄉縣帝遣西京留守索自通侍衛步軍都指揮使藥彥稠等攻之仍授彥溫絳州刺史冀誘而擒之也詔從珂赴闕丁未以戶部尙書李鏻爲兗州行軍司馬坐引淮南覘人貽安重誨寶帶也戊申宰臣馮道加右僕射趙鳳加吏部尙書乙酉以左龍武統軍劉君鐸卒廢朝癸丑索自通藥彥稠等奏收復河中斬楊彥溫傳首來獻初彥稠出師帝戒之曰與朕生致彥溫吾將自訊之及收城斬首傳送帝怒彥稠等時議皆以爲安重誨方弄權從榮諸王皆敬事不暇獨忌從珂威名每于帝前屢言其短巧作窺圖冀能傾陷彥溫既誅從珂歸淸化里第重誨謂馮道等曰蒲帥失守責帥之義法當如何翌日道等奏合行朝典帝不悅趙鳳堅奏故

事有責帥之義所以激勵藩守帝曰皆非公等意也後數日帝于中興殿見宰臣趙鳳承重誨意又再論列帝默然翌日重誨復自論奏帝極言以拒之語在末帝紀中帝又曰卿欲如何制置重誨曰于陛下父子之間臣不合言一稟聖旨帝曰從佗私第間坐何煩奏也乃止以前邢州節度使檢校司徒李從溫爲左武衛上將軍丙辰以西京留守檢校司徒索自通爲河中節度使丁巳雲州奏掩襲契丹獲頭口萬計戊午帝御文明殿受册徽號册曰維長興元年歲次庚寅四月甲午朔二十五日戊午金紫光祿大夫守尙書左僕射兼門下侍郎

同中書門下平章事充太微宮使弘文舘大學士上柱國始平郡開國侯食邑一千五百戸食實封一百戸臣馮道銀青光祿大夫門下侍郎兼吏部尚書同中書門下平章事監修國史判集賢院事上柱國天水郡開國伯食邑七百戸臣趙鳳及文武百官特進太子少傅上柱國酒泉郡開國侯食邑一千戸臣李琪等五千八百九十七人言臣聞天不稱高而體尊地不矜厚而形大厚無不載高無不覆四時行于內萬物生其間總神祇之靈叶帝王之運日出而星辰自戢龍飛而雷雨皆行元氣和而天下和庶事正而天下正伏惟皇帝陛下天

授一德時懸多艱翊太祖以興邦佐先皇而定難拯嗣昭于潞困救德威于燕危過思遠而全鄴都誅彥章而下梁苑成再造之業由四征之功洎纂鴻圖每敷皇化去內庫而省庖膳出宮人而減伶官輕寶玉之珍郤鷹鸇之貢淳風旣洽嘉瑞自臻故登極之前人皆不足改元之後時便有年遐荒旋襲於戎王重譯徑來于鑾子東巡而守殷殪北討而王都殲破契丹而燕趙無虞控靈武而瓜沙並復近以饗上元而薦太廟就吉土而配昊天輅已降而雨霑事欲行而月見燔柴禮畢作解恩覃帝命咸均人情普悅非陛下有道有德至聖至明動

不疑人靜惟恭己常敦孝禮每納忠言則何以臨御五年澄清四海時久纏於災害民驟見于和平休徵備載于簡編嶽號過持于謙讓三年不允衆志皆堅天不以上帝自崇日不以大明自貴于烝民有惠于元后同符列聖皆然舊章斯在今以明庭百辟列土諸侯中外同詞再三瀝懇臣等不勝大願謹奉玉寶玉冊上號曰聖明神武文德恭孝皇帝伏惟皇帝陛下體堯舜之至道法日月于太虛威于夷狄恩及蟲魚奉國者繼加榮寵違天者咸就誅戮典禮當告成之後夙夜思卽位之初千秋萬歲永混車書宰臣馮道之詞也庚申以左金吾

上將軍史敬鎔爲鄧州節度使以右金吾上將軍符彥超爲兗州節度使以驍衛上將軍張敬詢爲滑州節度使以閬中防禦使孫岳爲鳳州節度使詔改鳳翔管內應州爲匡州信州爲晏州改新州管內武州爲毅州五月乙丑鄭州防禦使張進副使咸繼威並停任以盜掠城中居人故也丙寅以少府監韋肅爲洺州刺史以潞州節度使王建立爲太傅致仕建立素與安重誨不協因其入朝乃言建立自鎭歸朝過鄴都日有扇搖之言以是罪之故令致仕丁卯以前興元節度使劉仲殷權知潞州軍州事戊辰以安州節度使高行珪卒輟朝有

司上言皇后受册內外命婦並合奉賀今未有命婦準例上表稱賀中書諸道節度使但進表上言皇帝外命婦上皇后賀牋表進呈訖無報應皇親或有慶賀及起居章表內中進呈後祇宣示來使並不合答復從之壬申以權知昭義軍軍州事劉仲殷爲潞州節度使檢校太傅丁丑帝臨軒命使册淑妃曹氏爲皇后禮院上言百官上䟽于皇后曰皇后殿下及六宮及率士婦人慶賀祇呼殿下不言皇后中書覆奏若祇呼殿下恐與皇太子無所分别凡上中宮表章呼皇后殿下若不形文字尋常祇呼皇后從之癸未太子少傅蕭頃卒廢朝甲

申迴鶻可汗仁裕遣使貢方物辛卯以翰林承旨兵部侍郎李愚爲太常卿壬辰以前青州節度使李從璋爲右驍衛上將軍六月丁酉以護駕馬軍都指揮使貴州刺史安從進爲宣州節度使充護駕馬軍都指揮使以護駕步軍都指揮使澄州刺史藥彥稠爲壽州節度使兼護步軍都指揮使甲辰以皇城使安崇緒爲河陽留後重誨子也鳳翔奏所管艮晏匡三州並無屬縣請却改爲縣從之仍舊爲軍鎭前振武節度使安金全卒壬子中書門下奏詳覆到禮部院今年及第進士李飛樊吉夏侯珙吳涸王德柔李穀等六人望放及第其盧價等七人及賓貢鄭朴望許令將來就試知貢舉張文寶試士不得精當望罰一季俸從之丁巳皇子北京留守河東節度使從厚移領鎭州以左武衛上將軍李從溫爲許州節度使秋七月甲子以宣徽南院使行右衛上將軍判三司馮贇爲北京留守太原尹己巳以鄧州節度使史敬鎔卒廢朝甲戌以左威衛上將軍梁漢顒爲鄧州節度使前兗州節度使趙在禮爲左驍衛上將軍庚辰奉國軍節度使兼威武軍節度使副使檢校太尉兼侍中王延禀加兼中書令詔諸州得替防禦團練使刺史並宜于班行比擬如未有員闕可隨常參官逐日

立班新例也辛巳詔揀年少宮人及西川宮人並還其家無家可歸者任從所適甲申以前齊州防禦使孫璋爲鄜州節度使戊子以右散騎常侍陸崇卒廢朝崇爲福建册使卒於明州贈兵部尚書宿州進白兎安重誨謂其使曰豐年爲上瑞兎懷狡性雖白何爲命退歸八月甲午以前鄧州節度使盧文進爲左衛上將軍北京奏吐渾千餘帳內附於天池川安置禁在京百司影射州縣稅戶乙未捧聖軍使李行德十將張儉告密人邊彥温並族誅以其誣告安重誨私市兵仗故也以前許州節度使張延朗爲檢校太傅行兵部尚書充三司使

三司之有使額自延朗始也初中書覆奏授延朗諸道鹽鐵轉運等使兼判戶部度支事奏入宣旨曰會計之司國朝重事將總成其事額俾專委于近臣貴便一時何循往例兼移內職可示新規張延朗可充三司使班在宣徽使下癸卯北京奏生吐渾內附欲于嵐州安族帳都官員外郎知制誥張昭遠奏請依國朝舊例選郎官御史分行天下宣問風俗興利除害不報壬寅皇子河南尹判六軍諸衛事從榮封秦王仍令所司擇日册命五代會要長興元年九月太常禮院奏草定秦王儀注博士段顒議曰據開元禮臨軒册禮命諸王大臣其日受册者朝服從第鹵簿與百官俱集朝堂就次受册訖通事舍人引不載謁朝還第之儀自開元以後册拜諸王皆正衙命使崇延英進册皇帝御內殿高品引王入立于位高品宣制讀册王受册訖歸院亦無乘輅謁朝之禮臣按五禮精義云古者皆因禘嘗而頒爵祿所以示無自專稟之于祖宗也今雖册命不在烝嘗然拜大官封大邑必至殿廷敬慎之道也今當司欲準開元禮其日秦王服朝服自理所乘輅車備鹵簿與羣臣俱集朝堂就次受册訖至應天門外奉册置于載册之車秦王升輅出謁太廟訖歸理所儀仗鹵簿如來時之儀從之戊申兗州奏淮南海州都指揮使王傳拯殺本州刺史陳宣焚燒州城以所部兵士及家口五千人歸國至沂州帝遣使慰納之庚戌正衙命使册福慶長公主孟氏以前雄武軍節度使王思同為左武衛上將軍以前鳳州節度使陳皐為右威衛上將軍壬子正衙命使赴太原册永甯公主石氏乙卯以左監門衛上將軍陳

延福卒廢朝丙辰皇子鎮州節度使從厚封宋王仍令擇日册命九月乙丑階州刺史王宏贄上言一州主客戶纔及千數並無縣局臣今檢括得新舊主客已及三千二百欲依舊額立將利福津二縣請置令佐從之丁丑詔天下諸州府不得奏荐着紫衣官員為州縣官戊寅升尚書右丞為正四品癸未利閬遂三州奏東川節度使董璋謀叛結連西川孟知祥甲申以鎮州節度使范延光為檢校太傅守刑部尚書充樞密使利州閬州進納東川檄書言將兵擊利閬責以間諜朝廷為名乙酉以左驍衛上將軍趙在禮為同州節度使兼四面行營馬步軍都指揮使樞密院直學士守工部侍郎閻至樞密院直學士守尚書右丞史圭並轉戶部侍郎依前充職以翰林學士守戶部侍郎李懌為尚書右丞以翰林學士戶部侍郎劉昫為兵部侍郎以翰林學士中書舍人竇夢徵為工部侍郎依前充職以中書舍人劉贊為御史中丞以御史中丞許光義為兵部侍郎以兵部侍郎姚顗為吏部侍郎丙戌詔東川節度使董璋可削奪在身官爵仍徵兵進討丁亥以西川節度使孟知祥兼西南面供饋使天雄軍節度使石敬瑭兼東川行營都招討使以遂州節度使夏魯奇兼東川行營招討副

使庚寅以右衛上將軍王思同爲京兆尹充西京留守兼西南行營馬步都虞候冬十月壬辰以太子少傅李琪卒廢朝癸巳以鄜州節度使米君立卒廢朝詔凡賻贈布帛言段不言端匹段者二丈也宜令三司依此給付甲午正衙命使册輿平公主于宋州節度使駙馬都尉趙延壽之私第己亥以左驍衛上將軍李從璋爲陝州節度使陝州節度使劉彥琮移鎭邠州倘書博士田敏請依舊典藏氷頒氷以消陰陽沴伏之沴詔從之五代會要載原敏云藏冰之制載在前經獻廟之儀廢于近代旣朝臣之特舉案典禮以宜行田敏所奏祭司寒獻羔事宜依其桃弧棘矢事久不行理難備創其諸侯亦宜準往制藏氷乙巳供奉官張仁

暉自利州囘奏董璋攻陷閬州節度使李仁矩舉家遇害丁未宮苑使董光業幷妻子並斬于市董璋之子也辛亥以武安軍節度副使洪鄂道行營副都統檢校太尉馬希聲爲武安軍節度使加兼侍中時湖南馬殷奏久病不任軍政乞以男希聲爲帥故有是命中書奏吏部流內銓諸色選人所試判兩節度欲委定其等第文優者超一資其次者次資又次者以同類道理全疎者于同類中少人戶處注擬從之十一月庚申朔帝御文明殿册皇子秦王仗衛樂懸如儀甲子正衙命使册皇子宋王于鎭州是日幸龍門翌日馮道奏曰陛下宮中無事遊幸近郊則可矣若涉歷山險萬一馬足蹉跌則貽臣下之憂臣聞千金之子坐不垂堂百金之子立不倚衡況貴爲天子豈可自輕哉帝斂容謝之退令小黃門至中書問道垂堂倚衡之義道因注解以聞帝深納之巳己故太子少保致仕封舜卿贈太子少傅庚午應州節度使張敬達移雲州以捧聖都指揮使守恩州刺史沙彥詢爲應州節度使以潁州團練使高行周爲安北都護充振武節度使壬申黔南節度使楊漢章棄城奔忠州爲董璋所攻也乙亥制西川節度使孟知祥創奪官爵以其同璋叛也丙子以前同州節度使羅周敬

爲左監門上將軍丁丑故兵部侍郎許光義贈禮部尚書辛巳西面軍前奏今月十三日階州刺史王弘贄遣州刺史馮暉自利州取山路出劍門關外倒下殺敗董璋守關兵士三千餘人收復劍州甲申日南至帝御文明殿受朝賀丙戌以給事中鄭韜光爲左散騎常侍靑州奏得登州狀契丹案巴堅舊作阿保機今改正男東丹王托允舊作突欲今改正越海來歸國契丹國志時東丹王失職怨望因率其部四十餘人越海歸唐十二月乙未荆南奏湖南節度使楚國王馬殷薨廢朝三日庚子以前襄州節度使安元信爲宋州節度使辛丑幸苑中丁未以二王後秘書丞龔酅國公楊仁矩卒

巖朝贈工部郎中庚戌湖南節度使馬希聲起復加兼中書令壬子以樞密院直學士戶部侍郎閻至爲澤州刺史樞密院直學士戶部侍郎史圭爲貝州刺史甲寅遣樞密使安重誨赴西面軍前時帝以蜀路險阻進兵艱難潼關已西物價甚賤百姓輓運至利州率一斛不得一斗謂侍臣曰關西勞擾未有成功誰能辦吾事者朕須自行安重誨曰此臣之責也臣請行帝許之言訖而辭翌日遂行甲寅故西川兵馬都監泗州防禦使李嚴贈太傅丙辰車駕畋于西山獵也丁巳迴鶻遣使來朝貢戊午故荆南節度使檢校太尉兼尚書令南平王高季興贈太尉 永樂大典卷七千一百六十五

舊五代史卷四十一終

舊五代史卷四十一攷證

唐明宗紀七癸丑索自通藥彥稠等奏收復河中 案通鑑作辛亥索自通拔河中斬楊彥溫癸丑傳首來獻歐陽史亦作辛亥自通執彥溫殺之較是書爲詳審

張延朗可充三司使班在宣徽使下 案宋史職官志三司使在宣徽使後蓋仍後唐之制

淮南海州都指揮使王傳拯 王傳拯歐陽史作傳極攷是書列傳及通鑑並作傳拯疑歐陽史傳刻之訛

乙巳供奉官張仁暉自利州迴奏董璋攻閬州 案董璋陷閬州通鑑作九月庚辰歐陽史作十月乙巳蓋以奏聞之日爲據也

辛巳西面軍前奏今月十三日階州刺史王宏贇瀘州刺史馮暉自利州取山路出劍門關外倒下殺敗董璋守關兵士三千人收復劍州 案通鑑攷異引唐實錄作今月十三日大軍進攻入劍門次十七日收下劍州是書統繫于十三日疑有舛誤

安巴堅舊作阿保機今改 托雲舊作突欲今改

舊五代史卷四十一攷證

舊五代史卷四十二

宋司空同中書門下平章事薛居正等撰

明宗紀第八　　唐書十八

長興二年春正月庚申朔帝御明堂殿受朝賀仗衛如儀乙丑詔曰故天策上將軍守太師尚書令楚國王馬殷品位俱高封崇已極無官可贈宜賜謚及神道碑文仍以王禮葬壬申契丹東丹托允（舊作突欲今改正）自渤海國率衆到闕帝慰勞久之賜賚加等百寮稱賀丙子以沙州節度使曹義金兼中書令丁丑東丹托允進本國印三紐庚辰以靜江軍節度使馬賓卒廢朝贈尚書令丙

戌荊南節度高從誨落起復加兼中書令二月己丑朔以宋州節度使趙延壽為左武衛上將軍充宣徽北院使癸巳詔貢院舊例夜試進士今後晝試排門齊入即日試畢丁酉幸至德宮又幸安元信東丹托允之第辛丑以鴻臚卿致仕賈馥卒廢朝以樞密院使守太尉兼中書令安重誨爲檢校太師兼中書令充河中節度使進封沂國公己酉以右威衛上將軍陳皐爲洋州節度使詔諸府少尹上任以二十五日爲限諸州刺史諸道行軍司馬副使兩使判官已下賓職團防軍事判官推官府縣官等俱以三十日爲限幕職隨府者不在此例

癸丑邠州節度使李敬周移鎮徐州詔禁天下不得開發無主墳墓三月辛酉詔渤海國人皇王托允宜賜姓東丹名慕華仍授檢校太保安東都護充懷化軍節度瑞鎮等州觀察等使其從慕華歸國部校各授懷化歸德將軍中郎將先於定州擒獲蕃將特哩袞宜賜姓狄名懷惠哲爾格宜賜姓列名知恩並授檢校右散騎常侍錫里扎拉宜賜姓原名知感英格宜賜姓服名懷造奚王副使竭失訖宜賜姓乙名懷宥三人並授檢校太子賓客甲子以前鴻臚卿王瓊爲太僕卿丙寅以皇子從珂爲左衛大將軍從珂自河中失守歸清化里第至

是安重誨出鎮河中帝召見泣而謂之曰如重誨意爾安得更相見耶因有是命壬申以滄州節度使孔循卒廢朝乙亥以西京留守權知興元軍府事王思同爲山南西道節度使充西面行營馬步軍都虞候庚辰以少府監聶延祚爲殿中監以前雲州節度使楊漢章爲安州節度使乙酉太師致仕錢鏐復授天下兵馬都元帥尚父吳越國王以其子兩浙節度使元瓘等上表首罪故有是命丁亥以太常卿李愚爲中書侍郎平章事集賢殿大學士夏四月辛卯制德妃王氏進位淑妃詔錢鏐依舊賜不名誅內官安希倫以其受安重誨密指令

于內中伺帝起居故也丁酉幸會節園宴羣臣因幸河
南府詔罷州縣官到任後率斂爲地圖及禁人毀廢所
在碑碣戊戌詔今年四月禘饗太廟故昭義節度使李
嗣昭故幽州節度使周德威故汴州節度使符存審並
配饗莊宗廟庭己亥以前徐州節度使張虔釗爲鳳翔
節度使癸卯以汴州節度副使藥縱之爲戶部侍郎前
宗正卿李諧爲將作監甲辰以宣徽北院使左衛上將
軍趙延壽爲檢校太傅行禮部尚書充樞密使乙巳潞
州節度使劉仲殷移鎮秦州帝幸龍門佛寺祈雨己酉
天雄軍節度使石敬瑭兼六軍諸衛副使辛亥以前鳳

翔節度使朱弘昭爲左武衛上將軍充宣徽南院使壬
子以兵部尚書盧質爲何陽節度使甲寅以遂州節度
使夏魯奇歿於王事廢朝（案通鑑正月庚午李仁罕陷遂州夏魯奇自殺歐陽史作四月甲寅董璋陷遂州武信軍節度使夏魯奇死之與通鑑異以薛史考之歐陽史蓋誤以奏聞之日爲城陷之日宜從薛史）五月戊午朔帝御文明殿受朝庚申以三司使
行工部尚書張延朗爲兗州節度使辛酉詔近聞百執
事等或親居內職或貴列廷臣或宣達君恩或勾當公
事經由列鎮干撓諸侯指射職員安排親昵或潛示意
旨或顯發書題自今後一切止絕有所犯者發薦人貶
官薦人流配如遂處長吏自徇人情只仰被替人詣闕
上訴長吏罰兩月俸發薦人更加一等被替人却合依
舊甲子都官郎中知制誥崔梲上言請搜訪宣宗已來
野史以備編修從之丁卯詔諸州府城郭內依舊禁麴
其麴官中自造減舊價之半貨賣應田畝上所徵麴錢
並放鄉村人戶一任私造時甚便之戊辰中書奏應朝
臣丁憂者望加頒賚從之丁丑以秘書監劉岳爲太常
卿己卯以武德使孟漢瓊爲右衛大將軍知內侍省充
宣徽北院使辛巳以前相州刺史孟鵠爲左驍衛大將
軍充三司使甲申以權知朗州軍州事守永州刺史馬
希範爲洪州節度使檢校太傅以權知桂州軍府事富

州刺史馬希彝爲鄂州節度使檢校司徒乙酉以左金
吾大將軍薄文爲晉州留後鴻臚卿柳膺將齋郎文書
賣與同姓人柳居則伏罪大理寺斷當大辟緣經赦減
死追奪見任官終身不齒詔應見任前資守選官等所
有本朝及梁朝出身歷任告身並仰送納委所在磨勘
換給公憑只以中興已來官誥及近受文書敘理其諸
色蔭補子孫如非虛假不計庶嫡並宜敘錄如實無子
孫別立人繼嗣已補得身名者只許敘蔭一人其不合
敘使文書限百日內焚毀須絕此後更敢將合焚文書
參選求仕其所犯之人並傳者並當極法應合得資蔭

出身人並須依格依令施行閏月庚寅制河中節度使檢校太師兼中書令安重誨可太子太師致仕是日重誨男崇緒等潛歸河中以右散騎常侍張文寶爲兵部侍郎夔州節度使安崇阮棄城歸闕待罪於閤門詔釋之時董璋寇峽內諸州崇阮望風遁走壬辰陝州節度使李從璋移鎮河中癸丑升盧州爲昭順軍甲午以衛州刺史姚彥章爲昭順軍節度使丁酉安重誨奏男崇贊崇緒等到州臣已拘送赴闕崇緒至陝州詔令下獄已亥詔安重誨宜削奪在身官爵並妻阿張男崇贊崇緒等並賜死其餘親不問壬寅以尚書左丞崔居儉爲

工部尚書以吏部侍郎王權爲尚書左丞丙午以隨駕馬軍都指揮使宜州節度使安從進爲陝州節度使丁未以前中書舍人楊凝式爲左散騎常侍戊申以右龍武統軍王景戡爲新州節度使已酉以右領軍上將軍李肅爲左金吾大將軍壬子以隨駕步軍都指揮使藥彥稠爲邠州節度使癸丑以邠州節度使劉行琛卒廢朝贈太傅詔有司及天下州縣于律令格式六典中錄本局公事書于庭壁令其遵行六月丁巳朔復置明法科同開元禮乙丑以皇子左衛大將軍從珂依前檢校太傅加同平章事行京兆尹充西都留守庚午以邠州

節度使張溫爲右龍武統軍甲戌以魏徵八代孫韶爲安定縣主簿乙亥以鎭州節度使宋王從厚爲興唐尹以石敬瑭爲河陽天雄軍節度使以天雄軍節度使石敬班爲河陽節度使依前六軍諸衛副使丙子詔諸道觀察使均補苗稅將有力人戶出剩田苗補貧下不逮頃畝有剩者排改檢括自今年起爲定額乙卯定州節度使李從敏移鎭州節度使盧質爲滄州節度使庚辰皇孫太子舍人重美授司勳員外郎重負已下六人並授同正將軍及檢校官壬午以前秦州節度使李德琉爲定州節度使兼北面行營副招討使太原地震詔天

下州府斷獄先于案牘之上坐所該律令格式及新勅然後區分乙酉以前黔州節度使楊漢賓爲羽林統軍詔止絕諸射係省店宅莊園秋七月庚寅以權侍衛馬軍都指揮使登州刺史張從寔爲壽州節度使兼侍衛步軍都指揮使壬辰福建王延鈞上言當境廟七所乞封王號勅如諸史傳有名宜封爲閩越富義王其餘任自於境內祭享乙未詔諸道奏荐州縣官使相先許一年薦三人今許薦五人不帶使相先許薦二人今許薦三人直屬京防禦團練使先許薦一人今許薦二人詔應州縣官內有曾在朝行及曾佐幕府罷任後準前資

朝官賓從別處分其帶省銜並內供奉裏行及諸色出選門者或降授令錄罷任日並依出選門例處分便與除官更不再赴常調州縣官其間書得十六考者準格敘加朝散階亦準出選門例處分三司奏先許百姓造麴不來官場收買伏恐課額不逮請復已前麴法鄉戶與在城條法一例指揮仍據已造到麴納官量支還麥本從之甲辰前晉州節度使朱漢賓授太子少保致仕庚戌大理正劇可久責授登州司戶刑部員外郎裴選責授衛尉寺丞刑部侍郎李光序判大理卿事任贊各降一官罰一季俸坐斷罪失入也八月丙寅詔天下州

府商稅務並委逐處差人依省司年額勾當納官以故鎮州節度使趙王王鎔男昭誨為朝議大夫司農少卿賜紫金魚袋繼絕也辛丑升虔州為昭信軍癸亥以太常少卿盧文紀為秘書監以秘書馬縞為太子賓客左監門上將軍羅周敬為右領軍上將軍前懷州刺史婁繼英為左監門上將軍乙丑詔大理寺官員宜同臺省官例升進法直官比禮直官任使仍于諸道贓罰錢內每月支錢一百貫文賜刑部大理兩司其刑部於所賜錢三分與一分丙寅以武平軍節度使馬希振依前檢校太尉兼侍中充虔州昭信軍節度使詔百官職吏應

選授外官者考滿日並委本州申奏追還本司依舊職行公事已巳太傅致仕王建立太子少保致仕朱漢賓皆上章求歸鄉里詔外內致仕官凡要出入不在拘束之限辛未以翰林學士兵部侍郎劉昫守本官充端明殿學士以左拾遺直樞密院李崧充樞密直學士壬申以左龍武統軍李承約為潞州節度使癸酉詔文武百官五日內殿起居仍舊其輪次轉對若有封事許非時上表朔望入閤待制候對一依舊制乙亥翰林學士工部侍郎竇夢徵卒丁丑以前西京副留守梁文矩為兵部尚書乙卯詔不得薦銀青階為州縣官壬午詔應有

朝臣藩侯郡守凡欲營葬未曾封贈許追封贈禮部尚書致仕李德休卒九月丙戌以前兗州節度使符彥超為左龍武統軍己亥懷化軍節度使東丹慕華賜姓名李贊華改封隴西縣開國公應有先配諸軍契丹並賜姓名詔天下營田務只許耕無主荒田各召浮客不得留占屬縣編戶辛丑樞密使檢校太傅刑部尚書范延光加同平章事使如故壬寅以中書舍人封翹為禮部侍郎禮部侍郎盧澹為戶部侍郎癸卯許州節度使李從溫移鎮河東詔天下州縣官不得與部內富民於公廳同坐辛亥詔五坊見在鷹隼之類並可就山林解放

今後不許進獻冬十月戊午以前北京留守太原尹馮贇爲許州節度使辛酉左補闕李祥上疏以北京地震多日請遣使臣往彼慰撫察問疾苦祭祀山川從之先是太原留後密奏無敢言者及祥有是奏帝甚嘉之改賜章服丙寅詔應在朝臣寮藩侯郡守準例合得追贈者新授命後便於所司投狀旋與施行封妻蔭子準格合得者亦與施行外官曾任朝班據在朝品秩格例合得封贈敘封者並與施行其補蔭據資蔭合得者先受官者先與收補後受官者據月日次第施行從之十一月甲申朔日有蝕之己丑日南至帝御文明殿受賀丁酉以翰林學士起居郎張礪爲兵部員外郎知制誥充職以汝州防禦使張希崇爲靈州兩使留後庚子以左威衛上將軍華温琪爲華州節度使福州節度使王延鈞奏誅建州節度使王延稟及其子繼雄壬寅詔今後諸道兩使判官罷任一年與比擬書記支使防禦團練判官二年推巡軍事判官並三年後與比擬仍每遇除授量與改轉官資或階勳職次云以御史中丞劉贇爲刑部侍郎以鳳州節度使孫岳充西面閣道使壬子鄆州奏黃河暴漲漂溺四千餘戶癸丑以給事中崔衎爲御史中丞十二月甲寅朔詔開鐵禁許百姓自鑄農器

什器之屬於秋夏田畝上每畝輸農器錢一文五分乙卯畋於西郊丁巳以彰武軍節度使劉訓卒廢朝庚午以前利州節度使康思立爲陝州節度使秦州地震丁丑詔三司所過西川兵士家屬常令贍給〔永樂大典卷七千一百六十五〕

舊五代史卷四十二終

舊五代史卷四十二攷證

唐明宗紀八壬申契丹東丹王托雲自渤海國率其衆到闕　案托雲歸唐五代春秋作二年正月蓋以到闕之日爲據歐陽史作四年十一月丙戌蓋以奏聞之日爲據

以沙州節度使曹義金兼中書令　沙州原本作汝州今據通鑑改正

見禁囚徒除死罪外並放　案歐陽史作乙卯以旱赦流罪以下囚與是書作壬子異

詔安重誨宜削奪在身官爵並妻阿張男崇贇崇緒等並賜死　案重誨見殺是書作閏月已亥歐陽史作閏五月丁酉五代春秋作五月

以前黔州節度使楊漢賓爲羽林統軍　漢賓原本作漢章攷上文有雲州節度作楊漢章不應黔州節度使與之同名今據通鑑改正

辛亥詔五坊見在鷹隼之類並可就山林解放　辛亥歐陽史作丁亥通鑑從是書

扎雲舊作災欲今改　特哩兗舊作惕隱今改　扎古舊作則骨今改　錫里扎拉舊作舍利則剌今改　爾勒古舊作械骨今改　格斯齊舊作竭失訖今改

舊五代史卷四十二

舊五代史卷四十三

宋司空同中書門下平章事薛居正等撰

明宗紀第九　唐書十九

長興三年春正月癸未朔帝御明堂殿受朝賀仗衛如式丁亥陝州節度使安從進移鎮延州已丑遣邠州節度使藥彥稠靈武節度使康福率步騎七千往方渠討党項之叛者庚寅以前北京副留守呂夢奇爲戸部侍郎辛卯以前彰國軍留後孫漢韶爲利州節度使充西面行營副部署兼步軍都指揮使庚子契丹遣使朝貢辛丑秦王從榮加開府儀同三司兼中書令戊申詔選

人文解不合式樣罪在發解官吏舉人落第次年免取文解中書門下奏請親王官至兼侍中中書令則與見任宰臣分班定位宰臣居左親王居右如親王及諸使守侍中中書令亦分行居右其餘使相依舊從之渤海廻鶻吐蕃遣使朝貢大理正張居琛上言所頒諸州新定格式律令請委諸處各差法直官一人專掌檢討從之二月乙卯制晉國夫人夏氏追册爲皇后丙辰幸龍門詔故皇城使李從璨可贈太保詔出選門官罷任後周年方詳擬議自于所司投狀磨勘送中書又詔罷城南稻田務以其所費多而所收少欲復其水利賫于民間磑碨故也秦州奏州界三縣之外別有一十一鎮人戸係鎮將徵科欲隨其便宜復置隴城天水二縣以隷之詔從之甲子幸至德宮以右衛大將軍高居貞爲右監門衛上將軍庚午以前華州節度使李從昶爲左驍衛大將軍以前夔州節度使安崇阮爲右驍衛上將軍以前新州節度使翟璋爲右領軍上將軍以右領軍上將軍羅周敬爲右威衛上將軍辛未中書奏請依石經文字刻九經印板從之案五代會要長興三年二月中書門下奏請依石經文字刻九經印板勑令國子監集博士儒徒將西京石經本各以所業本經多爲抄寫仔細看讀然後僱召能雕字匠人各部隨帙刻印板廣頒天下如諸色人要寫經書並請依所印刻本不得更使襍本交錯盖刻板之流行寔始

於此愛日齋叢鈔云通鑑載後唐長興三年二月辛未初令國子監校定九經雕印賣之又曰自唐末以來所在學校廢絕蜀毋昭裔出私財百萬營學館且請板刻九經蜀主從之由是蜀中文學復盛又曰唐明宗之世宰相馮道李愚請令判國子監田敏校定九經刻板印賣從之後周廣順三年六月丁巳板成獻之由是雖亂世九經傳布甚廣　王仲言揮麈錄云毋昭裔貧賤時嘗借文選于交遊間其人有難色發憤異日若貴當板以鏤之遺學者後仕王蜀爲宰相遂踐其言刊之印行書籍創見于此事載陶岳五代史補後唐平蜀明宗命太學博士李　鍔書五經仿其製作刊板于國子監爲監中刻書之始　猗覺寮雜記云雕印文字唐以前無之唐末益州始有墨板後唐方鏤九經悉收人間所有經史以鏤板爲正見兩朝國史此則印書已始自唐末矣案柳氏家訓序中和三年癸卯夏鑾輿在蜀之三年也余爲中書舍人旬休閱書于重城之東南其書多陰陽雜記占夢相宅九宮五緯之流又有字書小學率雕板印紙浸染不可盡曉葉氏燕語正以此證刻書不始于馮道而沈存中又謂板印書籍唐人尚未盛行爲之自馮瀛王始印五經已後典籍皆爲板本大槩唐末漸有

印書特未盛行後人遂以爲始于蜀也當五季亂離之際經籍方有託而流布于四方天之不絶斯文信矣
甲戌靈武奏都指揮使許審環等謀亂伏誅藥彥稠奏
誅党項阿埋等十族與康福入白魚谷追襲叛黨獲大
首領六人諸羌二千餘人孳畜數千及先刼掠到迴鶻
物貨詔彥稠軍士所獲並令自收勿得箕斂巳卯以前
河中節度使索自通爲鄜州節度使懷化軍節度使李
贊華進契丹地圖詔司天臺除密奏留中外應奏歷象
雲物水旱及十曜細行諸州災祥宜並報史館以備編
修壬午藥彥稠進迴鶻可汗先送秦王金裝胡䩮爲党
項所掠至是得之以獻帝曰先詔所獲令軍士自收今
何進也令彥稠却與獲者三月甲申契丹遣使朝貢靈
武軍將裴昭隱等二人與進奏官阮順之隱官馬一匹
有司論罪合抵法帝曰不可以一馬殺三人命笞而釋
之丙申西京奏百姓侯可洪於楊廣城內掘得宿藏玉
四團進納賜可洪二百緡絹二百疋庚子以前鄜州節
度使孫璋卒廢朝癸卯帝顧謂宰臣曰春雨稍多久未
晴霽何也馮道對曰水旱作沴雖是天之常道然季春
行秋令臣之罪也更望陛下廣敷恩宥久雨無妨于聖
政也丁未以神捷神威雄武廣捷巳下指揮改爲左右
羽林軍置四十指揮每十指揮立爲一軍軍置都指揮

使一人庚戌帝觀稼于近郊民有父子三人同挽犂耕
者帝閔之賜耕牛三頭高麗國遣使朝貢以右領軍上
將軍翟璋爲右羽林統軍以前安州留後周知裕爲左
神武統軍夏四月甲寅詔諸道節度使未帶使相及防
禦團練使刺史班位居檢校官高者爲上加檢校官同
以先授者爲上前資在見任之下新羅王金溥遣使貢
方物戊午中書奏準勅重定三京諸州府地望次第者
舊制以王者所都之地爲上今都洛陽請以河南道爲
上關內道爲第二河東道爲第三餘依舊制其五府按
十道圖以鳳翔爲首河中成都江陵興元爲次中興初
升魏州爲興唐府鎮州爲眞定府望升二府在五府之
上合爲七府餘依舊制又天下舊有八大都督府以靈
州爲首陝幽魏揚潞鎮徐爲次其魏鎮巳升爲七府兼
具員內相次升越杭福潭等州爲都督望以十大都督
府爲額仍據升降次第以陝爲首餘依舊制十道圖有
大都護請以安東大都護爲首防禦團練等使自來升
降極多今具現在具員依新定十道圖以次其第爲定
從之契丹累遣使求歸扎剌特里袞（舊作則刺惕隱今改正）等幽
州趙德鈞奏請不俞允帝顧問侍臣亦以爲不可與帝
意欲歸之會冀州刺史楊檀罷郡至闕帝問其事奏曰

此輩來援王都謀危社稷陛下寬慈貸其生命苟若歸之必復向南放箭既知中國事情爲患深矣帝然之既而只遣哲爾格錫里（舊作則骨舍利今改正）隨來使歸蕃不欲全拒其請也詔贈皇后曹氏曾祖父母以下爲太傅太尉太師國夫人淑妃王氏曾祖父祖父母爲太子太保太傅太師國夫人壬戌前樞密使驃騎大將軍馬紹宏卒癸亥以懷化軍節度使李贊華爲滑州節度使初帝欲以贊華爲藩鎮范延光等奏以爲不可帝曰吾與其先人約爲兄弟故贊華來附吾老矣倘後世有守文之主則此輩招之亦不來矣由是近臣不能抗議甲子以太子賓

客蕭蘧爲戶部尚書致仕乙丑以天雄軍節度使宋王從厚兼中書令辛未以幽州節度使趙德鈞兼中書令五月壬午朔帝御文明殿受朝詔禁網羅彈射弋獵丁亥以二王後前詹事府司直楊延紹爲右贊善大夫仍襲封酅國公食邑二千戶丁酉以太子太師致仕孔勍卒廢朝興元奏東西兩川各舉兵相持甲辰以文宣王四十三代孫曲阜縣主簿孔仁玉爲兗州龔邱令襲文宣公戊申襄州奏漢江大漲水入州城壞民廬舍樞密使奏近知兩川交惡如令一賊兼有兩川撫衆守險恐難討除欲令王思同以興元之師伺便進取詔從之六

月壬子朔幽州趙德鈞奏新開東南河自王馬口至淤口長一百六十五里闊六十五步深一丈二尺以通漕運舟勝千石畫圖以獻甲寅以權知高麗國事王建爲檢校太保封高麗國王丁巳衛州奏河水壞堤東北流入御河戊午荆南奏東川董璋領兵至漢州西川孟知祥出兵逆戰璋大敗得部下人二十餘走入東川城尋爲前陵州刺史王暉所殺孟知祥已入梓州辛酉范延光奏曰孟知祥兼有兩川彼之軍衆皆我之將士料其外假朝廷形勢以制之然陛下苟不能屈意招撫彼亦無由革面帝曰知祥予故人也以賊臣間諜故茲阻隔

今因而撫之何屈意之有由是遣供奉官李瓌使西川賫詔以賜知祥詔以霖雨積旬久未晴霽京城諸司繫囚並宜釋放甲子以大雨未止放朝參兩日洛水漲泛二丈廬舍居民有溺死者以前濮州刺史武延翰爲左領軍上將軍前階州刺史王宏贇爲左千牛上將軍金徐安穎等州大水鎮州旱詔應水旱州郡各遣使人存問秋七月辛巳朔以天下兵馬元帥尚父吳越國王錢鏐薨廢朝三日丙戌詔賜諸軍救接錢有差戊子正衙命使册高麗國王王建靈武奏夏州界党項七百騎侵擾當道出師擊破之生擒五十騎追至賀蘭山下巳丑

兩浙節度使錢元瓘起復加守尚書令青州節度使王晏球加兼中書令秦鳳兗宋亳潁鄧大水漂邑屋損苗稼夔州赤甲山崩壬辰以前太僕卿鄭續爲鴻臚卿以前兗州行軍司馬李鏻爲戶部尚書乙未福建節度使王延鈞進絹表云吳越王錢鏐薨乞封臣爲吳越王湖南馬殷官是尚書令殷薨請授臣尚書令不報戊戌太子賓客李光憲以禮部尚書致仕乙亥以前靈武節度使康福爲涇州節度使幽州衙將潘杲上言知故使劉仁恭于大安山藏錢之所樞密院差人監往發之竟無所得以皇子西京留守京兆尹從珂爲鳳翔節度使廢

鳳州武興軍節制爲防禦使並所管興文二州並依舊隸興元府丁未以門下侍郎兼吏部尚書同平章事監修國史趙鳳爲檢校太傅同平章事充邢州節度使詔諸州府遭水人戶各支借麥種及等第賑貸八月辛亥青州節度使王晏球卒廢朝二日以利州節度使孫漢韶兼西面行營招討使甲寅以前振武節度使張萬進爲鄧州節度使己未以鄆州節度使房知温兼中書令移鎮青州丙寅以宰臣李愚爲門下侍郎平章事監修國史己亥以湖南節度使馬希聲卒廢朝乙卯吐蕃遣使朝貢九月壬午以鎮南軍節度使檢校太傅馬希範

爲湖南節度使檢校太尉兼侍中甲申荆南節度使檢校太傅兼中書令高從誨加檢校太尉兼中書令壬辰供奉官李瓌自西川回節度使孟知祥附表陳敘隔絶之由並進物先賜金器等瓌知祥甥也母在蜀故令瓌往焉瓌至蜀具述朝廷厚待之意知祥稱藩如初奏福慶長公主以今年正月十二日薨又奏五月三日大破東川董璋之衆於漢州收下東川又表立功將校趙季良等五人乞授節鉞部內刺史令錄已下官乞許墨制補授帝遣閤門使劉政恩充西川宣諭使乙丑契丹遣使自幽州進馬秦州地震冬十月己酉朔再遣供奉官

李瓌使西川兼押賜故福慶長公主祭贈絹三千匹并賜知祥玉帶先是兩川隔越朝廷兵士不下三萬人至是知祥上表乞發遣兵士家屬入川詔報不允知祥所奏兩川部內文武將吏乞許權行墨制除補訖奏詔從之知祥所奏立功大將趙季良等五人正授節鉞續有處分襄州奏漢水溢壞民廬舍癸丑以太常卿劉岳卒廢朝乙未以兵部侍郎張文寶爲吏部侍郎以戶部侍郎藥縱之爲兵部侍郎庚申幸至德宮因幸石敬瑭李從昶李從敏之第壬申大理少卿康澄上疏曰臣聞安危得失治亂興亡誠不係于天時固非由於地利童謠

非禍福之本妖祥豈隆替之源故雊雉昇鼎而桑穀生朝不能止殷宗之盛神馬長嘶而玉龜告兆不能延晉祚之長是知國家有不足懼者五有深可畏者六陰陽不調不足懼三辰失行不足懼小人訛言不足懼山崩川涸不足懼蟊賊傷稼不足懼此不足懼者五也賢人藏匿深可畏四民遷業深可畏上下相徇深可畏廉恥道消深可畏毀譽亂眞深可畏直言蔑聞深可畏此深可畏者六也伏惟陛下尊臨萬國奄有八紘蕩三季之澆風振百王之舊典設四科而羅俊彦提兩柄而御英雄所以不軌不物之徒咸思革面無禮無儀之輩相率悛心然而不足懼者願陛下存而勿論深可畏者願陛下修而靡忒加以崇三綱五常之教敷六府三事之歌則鴻基與五岳爭高盛業共磐石永固優詔奬之澄言可畏六事宜中當時之病識者許之癸酉湖南馬希範荆南高重誨並進銀及茶乞賜戰馬帝還其直各賜馬有差丁丑帝謂范延光曰如聞禁軍戍守多不稟藩臣之命緩急如何驅使延光曰承前禁軍出戍便令逐處守臣管轄斷決近似簡易帝曰速以宣命條舉之十一月辛巳以三司使左武衛大將軍孟鵠爲許州節度使以前許州節度使馮贇爲宣徽使判三司以宣徽北院

月孟漢瓊判院事壬午史館奏宣宗已下四廟未有實錄請下兩浙荆湖購募野史及除目報狀從之（五代會要載十一月四日史館奏當館昨爲大中以來迄于天祐四朝實錄尚未纂修尋具奏聞謹行購募勅命雖頒于數月圖書未貢于一編蓋以北土州城久罹兵火遂成滅絕難可訪求切恐歲月漸深耳目不接長爲闕典過在攸司伏念江表列藩湖南奧壤至于閩越方屬勳賢戈鋋自擾于中原屏翰悉全于外府固多奇士富有羣書其兩浙福建湖廣伏乞詔旨委各于本道采訪宣宗懿宗僖宗昭宗以上四朝野史及逐朝日歷銀臺事宜內外制詞百司沿革簿籍不限卷數據有者抄錄上進若民間收得或隱士撰成卽令各列姓名請議爵賞）癸未以左僕射致仕鄭珏卒廢朝丁亥以河陽節度使兼六軍諸衛副使石敬瑭爲河東節度使兼大同彰國振武威塞等軍蕃漢馬步總管時契丹帳族在雲州境上與羣臣議擇威望大臣以制北方故有是命乙丑樞密使趙延壽加同平章事詔在京臣寮不得進奉賀長至馬及諸物甲午日南至帝御文明殿受朝賀乙亥河中節度使李從璋加檢校太傅以右散騎常侍楊凝式爲工部侍郎庚子以秘書監盧文紀爲工部尚書以工部尚書崔居儉爲太常卿以工部侍郎鄭韜光爲禮部侍郎乙巳雲州奏契丹王在黑榆林南造攻城之具帝遣使賜契丹王銀器綵帛十二月戊申朔供奉官丁延徽倉官田繼勳並棄市坐擅出倉粟數百斛故也教坊伶官敬新磨受賄爲人告帝令御史臺徵還其錢而後撻

之癸丑幸龍門觀脩伊水石堰賜丁夫酒食後數日有司奏丁夫役限十五日已滿工未畢請更役五日帝曰不唯時寒且不可失信于小民即止其役甲寅以太子賓客歸藹卒廢朝戊午以前宣徽使朱弘昭爲襄州節度使康義誠爲河陽節度使充侍衛親軍馬步軍都指揮使壬戌以吏部侍郎姚顗爲尚書左丞以尚書左丞王權爲禮部尚書以兵部侍郎龔縱之爲吏部侍郎以翰林學士中書舍人程遜爲戸部侍郎依前充職戊辰帝畋於近郊射中奔鹿是冬無雪永樂大典卷七千一百六十六

舊五代史卷四十三終

舊五代史卷四十三攷證

唐明宗紀九遣邠州節度使藥彥稠　邠州歐陽史作靜難軍

藥彥稠奏誅党項阿埋等十族與康福入白魚谷　白魚谷歐陽史作牛兒谷

戊午荆南奏東川董璋領兵至漢州西川孟知祥出兵逆戰璋大敗　案通鑑孟知祥克東川在五月五代春秋歐陽史俱作六月蓋以薛史奏聞之日爲據

供奉官李瓌　李瓌通鑑作李存瓌唐人避莊宗諱故去存字

秋七月辛巳朔以天下兵馬元帥尚父吳越王錢鏐薨廢朝三日　案五代春秋七月吳王錢鏐薨蓋秖以薛史廢朝之日爲據也通鑑作三月庚戌與九國志異

丙戌詔賜諸軍救接錢有差　案救接錢疑有舛誤攷册府元龜亦作救接今仍其舊

癸亥以湖南節度使馬希聲卒廢朝　案通鑑馬希聲卒在七月辛卯五代春秋從是書作八月

扎拉特哩袞舊作則剌惕隱今改　哲爾格錫里舊作則骨舍利今改　納喇泊舊作捺刺泊今改

舊五代史卷四十三攷證

舊五代史卷四十四

宋司空同中書門下平章事薛居正等撰

明宗紀第十　唐書二十

長興四年春正月戊寅朔帝御明堂殿受朝賀仗衛如式是日雪盈尺戊子秦王從榮加守尚書令兼侍中依前河南尹判六軍諸衛事庚寅以端明殿學士尚書兵部侍郎劉昫爲中書侍郎平章事甲午正衙命使册故福慶長公主孟氏爲晉國雍順長公主遣太常卿崔居儉赴西川行册禮突厥內附庚子以前河東節度使李從溫爲鄆州節度使二月癸丑朔帝于便殿問范延光內外見管馬數對曰三萬五千疋帝歎曰太祖在太原騎軍不過七千先皇自始至終馬纔及萬今有鐵馬如是而不能九州混一是吾養士練將之不至也吾老矣馬將奈何延光奏曰臣每思之國家養馬太多試計一騎士之費可贍步軍五人三萬五千騎抵十五萬步軍既無所施虛耗國力臣恐日久難繼帝曰誠如卿言肥騎士而瘠吾民何益哉五代會要上問見管馬數樞密使范延光奏天下常支草粟者近五萬匹見今西北諸道蕃賣馬者往來如市其郵傳之費中估之直日以四十五貫以臣計之國力十耗其七馬無所使財賦漸消朝廷甚非所利上善之十月敕沿邊蕃鎮或有蕃部賣馬可擇其良壯給券具數以聞丁巳以虔州節度使檢校太尉兼侍中馬希振爲洪州

節度使以鄂州節度使馬希廣爲檢校太尉同平章事充桂州節度使以廬州節度使兼武安軍副使姚彥章爲檢校太尉同平章事以靜江節度副使馬希範爲鄂州節度使故潞州節度使檢校太保康君立贈太傅巳未宋州節度使安元信加兼侍中濮州進重修河堤圖沿河地名歷歷可數帝覽之愀然曰吾佐先朝定天下於此提撝間小大數百戰又指一邱曰此吾擐甲臺也時事如昨奄忽一紀令人悲嘆耳癸亥以西川節度使孟知祥爲劍南東西兩川節度使封蜀王三司奏當省有諸道鹽鐵轉運使衙職員都押衙止押衙同押衙通

引衙前虞候子弟今欲列爲三司職名從之庚午以御史中丞崔衍爲兵部侍郎以右諫議大夫龍敏爲御史中丞三月巳卯幸龍門延州節度使安從進奏夏州節度使李仁福卒其子彝超自稱留後甲申鎮州奏行軍司馬趙瓌節度判官陸琓元從押衙高知柔等並棄市坐受賂枉法殺人也節度使李從敏罰一季俸乙酉以西川節度副使知武泰軍節度兵馬留後趙季良爲檢校太保黔南節度使以西川諸軍馬步都指揮使知武信軍節度兵馬留後李仁罕爲檢校太傅遂州節度使以西川左廂馬步指揮使知保寧軍節度兵馬留後趙

廷隱爲檢校太保閬州節度使以西川右廂馬步都指揮使知寧江軍兵馬留後張知業爲檢校司徒夔州節度使以西川衙內馬步都指揮使知昭武軍兵馬留後李肇爲檢校太保利州節度使從孟知祥之請也丙戌賜宰相李愚絹百匹錢十萬鋪陳物一十三件時愚病帝令近臣翟光鄴宣問所居寢室蕭然四壁病榻敝氈而巳光鄴具言其事故有是賜戊子以延州節度使安從進爲夏州留後以夏州左都押衙四川防遏使李彝超爲延州留後仍命邠州節度使藥彥稠宮苑使安重益帥師援送從進赴鎭以左衞上將軍盧文進爲潞州

節度使以右龍武統軍張溫爲雲州節度使庚寅以鳳翔行軍司馬李彥琮爲鹽州防禦使時范延光等奏請因夏州之師制置鹽州故有是命癸巳以右威衞上將軍安重霸爲同州節度使巳亥以左龍武統軍符彥超爲安州節度使詔除放京兆秦岐邠涇延慶同華興元十州長興元年二月係欠夏秋稅物及營田莊宅務課利以其會華運供軍糧料也甲辰故晉國夫人夏氏追册皇后有司上謚曰昭懿從之夏四月戊申李彝超奏奉詔除延州留後巳受恩命訖三軍百姓擁隔未遂赴任帝遣閤門使蘇繼顏賚詔促彝超赴任癸丑以刑部

侍郎劉贊爲秘書監秦王傅按五代會要長興四年四月以秘書監劉贊爲秦王傅前忠武軍節度判官孫瓚爲秦王友前襄州觀察使魚崇遠爲秦王府記室參軍時言事者請爲秦王置師傅上顧問近臣皆以秦王名勢隆盛不敢置議請自選擇乃降是命甲寅前鄧州節度使梁漢顒以太子少師致仕太子賓客裴皡以兵部尚書致仕戊午追册昭宗皇后何氏爲宣穆皇后祔饗太廟百寮進名奉慰廢朝三日巳巳以左散騎常侍任贊爲戶部侍郎以吏部侍郎藥縱之爲曹州刺史癸酉延州奏蕃部刼掠餉運及攻城之具守蘆關兵士退守金明鎮五月丙子朔帝御文明殿受朝戊寅皇子鳳翔節度使從珂封潞王新授戶部侍郎任贊改刑部侍郎贊訴

以所授官是丁憂闕故改焉皇子從益封許王鄆州節度使李從溫封兗王河中節度使李從璋封洋王鎮州節度使李從敏封涇王甲申帝避暑于九曲池旣而登樓風壽暴作聖體不豫翌日而愈北夢瑣言上聖體乖和馮道對寢膳之間動思調衛因指御前果實曰如食桃不康翼日見李而思戒可也初上因御李暴得風虛之疾馮道不敢斥言因奏事諷悟上意丙戌契丹遣使朝貢丁酉安從進奏大軍已至夏州攻外城以其不受命也庚子以靈武留後張希崇爲本州節度使辛丑故夏州節度使朔方郡王李仁福追封虢王壬寅以前晉州留後薄文爲本州節度使六月丙午朔文武百寮宰臣馮道等拜章請于尊號內加廣運法天四字凡拜三章詔允之詔宮西新圃宜名永芳圃其間新殿宜名和慶殿丙辰秦王從榮加食邑至萬戶寔封二千戶丁巳以右驍衛上將軍李從昶爲左龍武統軍以前邢州節度使高允韜爲右龍武統軍以右驍衛上將軍羅周敬爲左羽林統軍以右監門上將軍婁繼英爲金州刺史戊午宋王從厚加食邑至萬戶寔封一千戶壬戌以前涇州節度使李金全爲滄州節度使癸亥詔御史中丞龍敏等詳定大中統類甲子第十四女封壽安公主第十五女封永樂公主丙辰以前利州節度使孫漢韶爲洋州節度使壬申永甯軍節

度使容州管內觀察使檢校太尉兼侍中馬存加食邑實封甲戌帝復不豫秋七月丁丑以著作佐郎尹拙爲左拾遺直史館國朝舊制皆以畿赤尉直史館今用諫官自拙始從監修李愚奏也巳卯東岳三郎神贈威雄大將軍初帝不豫前淄州刺史劉遂凊荐泰山僧一人云善醫及召見乃庸僧耳問方藥僧曰不工醫嘗于泰山中親覩嶽神謂僧曰吾第三子威靈可愛而未有爵秩師爲我請之宮中神其事故有是命識者嫉遂凊之妖佞焉詔應臺官出行須令人訶引使軍巡職掌等規避壬午詔安從進班師時王師攻夏州無功故也乙酉

以許州節度使孟鵠卒廢朝贈太傅詔賜在京諸軍將校優給有差時帝疾未痊軍士有流言故也丁亥兩浙節度使檢校太傅守中書令錢元瓘封吳王八月戊申帝被袞冕御明堂殿受册徽號曰聖明神武廣運法天文德恭孝皇帝禮畢制大赦天下常赦所不原者咸赦除之己酉賜侍衛諸軍優給有差時月內再有頒給自玆府藏無餘積矣辛亥以晉州節度使薄文卒廢朝丁巳以右龍武統軍李從昶爲許州節度使戊午以秘書監高輅卒廢朝辛酉以太子太師致仕苻習卒廢朝贈太師辛未秦王從榮以本官充天下兵馬大元帥加食

邑萬戶實封三千戶以右羽林統軍翟璋爲晉州節度使以太子賓客馬縞爲戶部侍郎壬申幸至德宮九月甲戌以戶部尚書李鏻爲兵部尚書以前戶部尚書韓彥惲爲戶部尚書丙子幸至德宮戊寅樞密使范延光趙延壽並加兼侍中依前充使中書奏元帥儀注諸道節度使以下帶兵權者階下具軍禮參見其帶使相者初見亦展一度公禮天下軍務公事元帥府行帖指揮其判六軍諸衛事則公牒往來其官屬軍職委元帥府奏請從之癸未以兵部侍郎盧詹爲吏部侍郎丙戌宰臣馮道加左僕射李愚加吏部尚書劉昫加刑部尚書

戊子河陽節度使兼侍衛親軍都指揮使康義誠山南西道節度使檢校太傅張虔釗並加同平章事宣徽南院使判三司馮贇依前檢校太傅同平章事中書門下同二品充三司使贇亡父名章故改平章事爲同二品壬戌永甯公主石氏進封魏國公主興平公主趙氏進封齊國公主皇孫重光重哲並授銀青光祿大夫檢校工部尚書秦王宋王子也前洋州節度使梁漢顒以太子少傅致仕丁酉以右龍武統軍高允韜爲滑州節度使以韶州刺史檢校司空王萬榮爲華州節度使萬榮王妃之父也戊戌以樞密使趙延壽爲汴州節度使以

襄州節度使朱弘昭爲檢校太尉同平章事充樞密使時范延光趙延壽相繼辭退樞密務及朱弘昭有樞密之命又面辭訴帝叱之曰爾輩皆欲離朕左右怕在眼前素養爾輩將何用也弘昭退謝不復敢言吏部侍郎張文寶卒庚子靖海軍節度使錢元璹加檢校太傅同平章事中吳建武等軍節度使錢元璙加檢校太師兼中書令以前滑州節度使李贊華遙領虔州節度使辛丑詔天下兵馬大元帥秦王從榮班宜在宰臣之上案五代會要秦王從榮加兼中書令與宰臣分班左右定位及爲天下兵馬元帥勅曰秦王位隆將相望重磐維委任既崇等威合異班位宜在宰臣之上壬寅以北面行營都指揮使易州

刺史楊檀爲振武軍節度使冬十月丙午以前同州節度使趙在禮爲襄州節度使丁未以前滑州節度使張敬詢卒廢朝以刑部侍郎任贊爲兵部侍郎充元帥府判官戊午以前鳳翔節度使孫岳爲三司使庚申以樞密使范延光爲鎭州節度使以三司使馮贇爲樞密使辛酉以前潞州節度使李承約爲左龍武統軍以前威塞軍節度使王景戡爲右龍武統軍以左驍衛上將軍安崇阮爲左神武統軍以右監門上將軍高允貞爲右神武統軍壬戌以權知夏州事檢校司空李彝超爲夏州節度使檢校司徒丙寅詔在朝文武臣寮並與加恩

以受冊尊號也戊辰以前安州節度使楊漢章爲兗州節度使以前雲州節度使張敬達爲徐州節度使庚午以前兗州節度使張延朗爲秦州節度使壬申秦州節度使劉仲殷移鎭宋州十一月丙子以前滄州節度使盧質爲右僕射庚辰改愼州懷化軍爲昭化軍升洮州爲保順軍辛巳以保大軍節度使檢校太尉鮑君福爲保順軍節度洮鄯等州觀察等使以彰義軍節度使檢校太尉同平章事杜建徽爲昭化軍節度愼瑞司等州觀察使乙酉以前汴州節度使李從曮爲鄆州節度使以鄆州節度使李從溫爲定州節度使丙戌新授右僕射盧質奏臣忝除官合赴省上事若準舊例左右僕射上事儀注所費極多欲從權務簡只取尚書丞郎上事例止集南省屬寮及兩省官送上亦不敢輙援往例有費官用自量力排比兼不敢自臣隳廢前規他時任行舊制從之戊子帝不豫己丑大漸自廣壽殿移居雍和殿是夜四鼓後帝自御榻蹶然而興顧謂知漏宮女曰今夜漏幾何對曰四更因奏曰官家省事否帝曰省因嘔出肉片如肺者數片便溺升餘六宮皆至慶躍而奏曰官家今日寔還魂也已食粥一器侍醫進湯膳至曙帝小康壬辰天下大元帥守尚書令兼侍中秦王從榮

領兵陣於天津橋內出禁軍拒之從榮敗奔河南府遇害帝聞之悲駭幾落御榻氣絕而蘇者再由是不豫有加癸巳馮道率百寮見帝于雍和殿帝雨泣哽噎曰吾家事若此慚見卿等百寮皆泣下霑襟甲午賜宰臣樞密使御衣玉帶康義誠已下錦帛鞍馬有差遣宣徽使孟漢瓊召宋王于鄴都乙未以三司使孫岳爲亂兵所害廢朝丁酉勑秦王府官屬除諮議參軍高輦已處斬外元帥府判官兵部侍郎任贊配武州秘書監兼秦王傅劉贊配嵐州河南少尹劉陟配均州並爲長流百姓縱逢恩赦不在放還河南少尹李蕘配石州河南府判

官司徒詡配甯州秦王友蘇瓚配萊州記室參軍魚崇遠配慶州河南府推官王說配隨州並爲長流百姓河南府推官尹譔六軍廵軍董裔張九思河南府廵官張沆李潮江文蔚並勒歸田里應長流人並除名六軍判官殿中監王居敏責授復州司馬六軍推官郭晙責授坊州司戶並員外置所在馳驛發遣時宰相樞密使共議任贊等已下罪馮道等曰任贊前在班行比與從榮無舊除官未及月餘便逢此禍王居敏司徒詡疾病請假將近半年近日之事計不同謀從榮所款昵者高輦劉陟王說三人昨從榮稱兵指闕之際沿路只與劉陟

高輦並轡耳語至天津橋南指日影謂諸判官曰明日如今已誅王居敏矣則知其冗泛之徒不可一例從坐朱弘昭意欲盡誅任贊已下馮贇力爭之乃已戊戌帝崩于大內之雍和殿壽六十七十二月癸卯朔遷梓宮於二儀殿宋王從厚自鄴都至是日發哀百寮縞素于位中書侍郎平章事劉昫宣遺制宋王從厚于柩前即皇帝位服紀以日易月一如舊制云明年四月太常卿盧文紀上謚議曰聖智仁德欽孝皇帝廟號明宗宰臣馮道議請改聖智仁德四字爲聖德和武欽孝皇帝宰臣劉昫撰謚册文宰臣李愚撰哀册文是月二十七日葬于徽陵（永樂大典卷七千一百六十六五代史補明宗之在位也一日幸倉場觀納時主者以車駕臨場懼得其罪較量甚輕明宗因謂之曰且朕自省事以來倉場給散動經一二十年未畢今輕量如此其後稍折將何以償之對曰竭盡家產不足則繼之以身命明宗愴然曰只聞百姓養一家未聞一家養百姓今後每石加二斗耗以備鼠雀侵蠹謂之鼠雀耗倉粮起自此也五代史闕文明宗出自邊地老于戰陣即位之歲年已六旬純厚仁慈本乎天性每夕宮中焚香仰天禱祝云某蕃人也遇世亂爲衆推戴事不獲已願上天早生聖人與百姓爲主故天成長興間此歲豐登中原無事言于五代粗爲小康）

史臣曰明宗戰伐之勳雖高佐命潛躍之事本不經心會王室之多艱屬神器之自至諒由天贊匪出人謀及應運以君臨能力行于王化政皆中道時亦小康近代已來亦可宗也倘使重誨得房杜之術從榮有啟誦之

賢則宗祧未至于危亡載祀或歸于綿遠矣惜乎君親可輔臣子非才遽泯烝嘗良可深嘆矣（永樂大典卷七千一百六十六）

舊五代史卷四十四終

舊五代史卷四十四攷證

唐明宗紀十以端明殿學士尙書兵部侍郎劉昫爲中書侍郎平章事　案歐陽史劉昫傳作長興三年拜中書侍郎兼刑部尙書同中書門下平章事與本紀繫年先後互異見吳縝纂誤

二月癸丑朔　案上文正月爲戊寅朔則二月不得爲癸丑朔原文疑有舛誤

帝于便殿問范延光內外見管馬數　案錦繡萬花谷引薛史作范延慶疑傳寫之訛

以刑部侍郎劉贊爲秘書監　刑部侍郎通鑑作兵部

侍郎歐陽史從是書

以著作佐郎尹拙爲左拾遺直史館　案五代會要尹拙爲左拾遺王愼徽爲右拾遺並直史館是書闕載王愼徽

戊子帝不豫　案歐陽史本紀十月壬申幸上和亭得疾家人傳十一月戊子雪明宗幸宮西上和亭得傷寒疾紀傳互異見吳縝纂誤

壬辰天下大元帥守尙書令兼侍中秦王從榮領兵陣于天津橋內出禁軍拒之從榮敗奔河南府遇害

案五代春秋作壬午誅從榮益傳寫之訛歐陽史及通鑑並從是書作壬辰

舊五代史卷四十四攷證

舊五代史卷四十五

宋司空同中書門下平章事薛居正等撰

閔帝紀　唐書二十一

閔帝諱從厚，小字菩薩奴，明宗第三子也（案歐陽史作明宗第五子，吳縝嘗辨其誤，今考五代會要亦作第三子，與薛史同）。母昭懿皇后夏氏，以天祐十一年歲在甲戌十一月二十八日庚申，生帝于晉陽舊第。帝髫齔好讀春秋，畧通大義，貌類明宗，尤鍾愛。天成元年，授金紫光祿大夫、檢校司徒。二年四月，加檢校太保、同平章事、河南尹、判六軍諸衛事。十一月，加檢校太傅。三年三月，授汴州節度使。四年，移鎮河東。長興元年，改授鎮州節度使，尋封宋王。二年，加檢校太尉、兼侍中，移鎮鄴都。三年，加中書令。秦王從榮，帝同母兄也，以帝有德望，深所猜忌，帝在鄴宮，恒憂其禍，然善于承順，竟免間隙。四年十一月二十日，秦王誅。翌日，明宗遣宣徽使孟漢瓊馳馹召帝。二十六日，明宗崩。二十九日，帝至自鄴。十二月癸卯朔，發喪于西宮，帝于柩前即位。丁未，羣臣上表請聽政，表再上，詔允。己酉，中外將士給賜有差。庚戌，帝縗服見羣臣于廣壽門之東廡下，宰臣馮道進曰：「陛下久居哀毀，臣等咸願一覩聖顏。」朱弘昭前舉幃，羣臣再拜而退。御光政樓，存問軍民。辛亥，賜司衣王氏死，坐秦王事也。癸丑，以前鎮州節度使涇王從敏權知河南府事，尋以盧質代之。乙卯，賜司衣康氏死，事連王氏也。丙辰，以天雄軍節度判官唐汭爲諫議大夫，掌書記趙象爲起居郎，元從都押衙宋令詢爲磁州刺史。丁巳，以左僕射平章事馮道爲山陵使，戶部尚書韓彥惲爲副，中書舍人王延爲判官，禮部尚書王權爲禮儀使，兵部尚書李鏻爲鹵簿使，御史中丞龍敏爲儀仗使，右僕射權知河南府盧質爲橋道頓遞使。庚申，以前相州刺史郝瓊爲右驍衛大將軍，充宣徽北院使；以光祿卿充三司副使王玫爲三司使。癸亥，故檢校太尉、右衛上將軍、充三司使孫岳贈太尉、齊國公。丁卯，帝釋縗服，羣臣三上表請服常膳、御正殿，從之。辛未，帝御中興殿，羣臣列位，馮道升階進酒，帝曰：「比于此物無愛，除賓友之會不近觴斝，況在沉痛之中，安事飲啖！」命徹之。

應順元年春正月壬申朔，帝御廣壽殿視朝，百寮詣閤門奉慰。時議者云月首以常服臨，不視朝可也。乙亥，契丹遣使朝貢（遼史太宗紀：天顯九年閏月戊午，唐遣使來告哀，即日遣使祭弔）。丁丑，以太常卿崔居儉爲秘書監，以前蔡州刺史張繼祚爲左武衛上將軍，充山陵橋道頓遞副使。戊寅，御明堂殿，仗衛如儀，宮懸樂作，羣臣朝服就位，宣制大赦天下，改長興五年爲應順元年時議者以梓宮在殯宮懸樂作非禮也懸而不作可也迴鶻可汗仁美遣使貢方物故可汗仁裕進遺留馬是日命中使三十五人以先帝鞍馬衣帶分賜藩位庚辰宰臣馮道加司空李愚加左僕射劉昫加吏部尚書餘並如故壬午侍衞親軍馬步軍都指揮使河陽節度使康義誠加檢校太尉兼侍中判六軍諸衞事甲申以侍衞馬軍都指揮使寧國軍節度使安彥威爲河中節度使以侍衞步軍都指揮使忠正軍節度使張從賓爲涇州節度使並加檢校太傅以捧聖左右廂都指揮使欽州刺史朱洪實爲寧國軍節度使

加檢校太保充侍衞馬軍都指揮使以嚴衞左右廂都指揮使嚴州刺史皇甫遇爲忠正軍節度使檢校太保充侍衞步軍都揮使戊子樞密使檢校太尉同平章事朱弘昭樞密使檢校太尉同中書門下二品馮贇並加兼中書令北京留守河東節度使兼大同彰國振武威塞等軍蕃漢馬步總管石敬瑭加兼中書令幽州節度使檢校太尉兼中書令趙德鈞加檢校太師兼中書令樞密使馮贇表堅讓中書令制改兼侍中封邠國公庚寅鳳翔節度使潞王從珂加兼侍中青州節度使檢校太尉兼中書令房知溫加檢校太師辛卯以翰林學士

承旨尚書右丞李懌爲工部尚書以秘書監盧文紀爲太常卿充山陵禮儀使壬辰荆南節度使檢校太尉兼中書令高從誨封南平王湖南節度使檢校太尉兼中書令馬希範封楚王甲午兩浙節度使檢校太師守中書令吳王錢元瓘進封吳越王前洺州團練使皇甫立加檢校太保充鄜州節度使前彰義軍節度使康福加檢校太傅充邠州節度使劍南東西兩川節度使檢校太尉兼中書令蜀王孟知祥加檢校太師制下知祥辭不受命丙申鎭州節度使檢校太尉兼侍中范延光汴州節度使檢校太尉兼侍中趙延壽並加檢校太師戊

戌山南西道節度使檢校太傅同平章事張虔釗襄州節度使趙在禮並加檢校太尉辛丑以振武軍節度使安北都護楊檀兼大同彰國振武威塞等軍都虞候充北面馬軍都指揮使閏月壬寅朔羣臣赴西宮臨癸卯御文明殿入閤以前右僕射權知河南府事盧質爲太子少傅兼河南尹以諫議大夫唐汭膳部郎中知制誥陳乂並爲給事中充樞密院直學士（通鑑汭以文學從帝歷三鎭在幕府及即位將佐之有才者朱馮皆斥逐之汭性迂疏朱馮恐帝含怒有時而發乃引汭于密近以其黨陳乂監之）宣徽南院使驃騎大將軍左衞上將軍知內侍省孟漢瓊加開府儀同三司賜忠貞扶運保奉功臣丙午正衙

命使册皇太后曹氏戊申以前雄武軍節度使劉仲殷爲右衛上將軍邢州節度使趙鳳加爵邑自是諸藩鎭文武臣寮皆次第加恩帝嗣位覃恩澤也以翰林學士中書舍人崔棁爲工部侍郎依前充職以給事中張鵬爲御史中丞以御史中丞龍敏爲兵部侍郎以太僕少卿竇維爲大理卿甲寅正衙命使册皇太妃王氏集賢院上言準敕書修創凌烟閣壽奉詔問閣高下等級謹按凌烟閣都長安時在西內三淸殿側畫像皆北面閣中有隔隔內面北寫功高宰輔南面寫功高諸侯王隔外面次第圖畫功臣題贊自西京板蕩四十餘年舊日主掌官吏及畫像工人並已淪喪集賢院所管寫眞官畫眞官人數不少都洛後廢職今將起閣望先定佐命功臣人數請下翰林院預令寫眞本及下將作監與功次序間架修建乃詔集賢御書院復置寫眞官畫眞官各一員餘依所奏丁巳安州奏此月七日夜節度使符彥超爲部曲王希全所害廢朝一日戊午以前振武軍節度使安北都護高行周爲彰武節度使辛酉以前鄜州口使范政爲少府監丙寅幸至德宮車駕至興教門有飛鳶自空而墜斃于御前是日大風晦冥二月乙亥以前鎭州節度使巠王從敏爲宋州節度使己卯以前

徐州節度使檢校太傅李敬周爲安州節度使是日宣授鳳翔節度使潞王從珂爲權北京留守以北京留守石敬瑭權知鎭州軍州事以鎭州范延光權知鄴都留守事以前河中節度使洋王從璋權知鳳翔軍府事庚寅幸山陵工作所是日西京留守王思同奏鳳翔節度使潞王從珂拒命丁酉王思同加同平章事充西面行營都部署以前邠州節度使藥彥稠爲副部署以河中節度使安彥威爲西面兵馬都監以前定州節度使李德珫爲權北京留守山陵使奏伏覩御札皇帝親奉靈駕至園陵伏見累朝故事人君無親送葬之儀請車駕不行不從乙未樞密使馮贇起復視事時贇丁母憂也已亥以司農卿張鑄爲殿中監庚子殿直楚匡祚上言（案原本避宋諱作楚祚今從通鑑增匡字）監取亳州團練使李重吉至宋州繫於軍院重吉潞王之長子及幽于宋州帝猶以金帛賜之及聞西師咸叛方遣使殺之三月甲辰以前太僕少卿魏仁鏻爲太僕卿興元節度使張虔釗奏會合討鳳翔丙午以右領衛上將軍武延翰爲郢州刺史丁未洋州孫漢韶奏至興元與張虔釗同謀進軍己酉以鎭州節度使范延光依前檢校太師兼侍中行興唐尹充天雄軍節度使北面水陸轉運制置使以北京留守

河東節度使石敬瑭依前檢校太尉兼中書令其眞定尹充鎭州節度使大同彰國振武威塞等軍蕃漢馬步總管如故辛亥以前定州節度使李德珫爲北京留守充河東節度使許王從益加檢校太保前河中節度使洋王從璋加檢校太傅詔藩侯帶平章事以上薨許立神道碑差官撰文未帶平章事及刺史準令式合立碑者具文任自製撰不在奏聞乙卯興元張虔釗奏自鎭將兵赴鳳翔收大散關宗正寺奏準故事諸陵有令丞各一員近例更委本縣令兼之緣河南洛陽是京邑兼令丞不便詔特置陵臺令丞各一員乙未以前金吾大

將軍李肅爲左衛上將軍充山陵修奉上下宮都部署庚申西面步軍都監王景從等自軍前至奏今月十五日大軍進攻鳳翔十六日嚴衛右廂都指揮使尹暉引軍東面入城右羽林都指揮使楊思權引軍西面入城山南軍潰帝聞之謂康義誠等曰朕幼年嗣位委政大臣兄弟之間必無榛梗諸公大計見告朕獨難違事至于此何方轉禍朕當與左右自往鳳翔迎兄主社稷朕自歸藩於理爲便朱弘昭馮贇不對義誠曰西師驚潰蓋由主將失策今駕下甲兵尙多臣請自往關西振其兵威扼其衝要義誠累奏請行帝召侍衛都將以下宣

曰先皇帝棄萬國朕于兄弟之中無心爭立一旦被召主喪便委社稷岐陽兄長果致猜嫌卿等頃從先朝千征萬戰今日之事寧不痛心今據府庫悉以頒賜卿等勉之乃出銀絹錢厚賜于諸軍是時方事山陵復有此賜府藏爲之一空軍士猶負賞物揚言于路曰到鳳翔更請一分其驕誕無畏如是辛酉幸左藏庫親給將士金帛是日誅馬軍都指揮使朱弘實坐與康義誠忿爭故也癸亥以康義誠爲鳳翔行營都詔討使餘如故以王思同爲副詔討使以安從進爲順化軍節度使充侍衛馬軍都指揮使詔左右羽林軍四十指揮改爲嚴衛

左右龍武神武軍改爲捧聖甲子陝州奏潞王至潼關害西面都部署王思同乙亥宣諭西面行營將士俟平鳳翔日人賞二百千府庫不足以宮闈服翫增給詔侍衛馬軍都指揮使安從進京城巡檢是日從進已得潞王書檄潛布腹心矣丁卯潞王至陝州戊辰帝急召孟漢瓊不至召朱弘昭弘昭懼投于井安從進尋殺馮贇于其第是夜帝以百騎出玄武門（案契丹國志愍帝領五十騎自隨出奔衛州與薛史異）謂控鶴指揮使慕容遷曰爾誠有馬控鶴從予及駕出郎闔門不行遷乃帝素親信者也臨危如是人皆惡之是月二十九日夜帝至衛州東七八里遇騎從

自東來不避左右叱之乃曰鎮州節度使石敬瑭也帝喜敬瑭拜舞于路帝下馬慟哭諭以潞王危社稷康義誠以下叛我無以自庇長公主見教逆爾于路謀社稷大計敬瑭曰衛州王宏贄宿舊諳事且就宏贄圖之敬瑭即馳騎而前見宏贄曰主上播遷至此危廹吾戚屬也何以圖全弘贄曰天子避寇古亦有之然于奔廹之中亦有將相國寶法物所以軍長瞻奉不覺其亡也今宰執近臣從乎寶玉法物從乎詢之無有弘贄曰大樹將顛非一繩所維今以五十騎奔竄無將相一人擁從安能興復大計所謂蛟龍失雲雨者也今六軍將士總在潞邸矣公總以戚藩念舊無奈之何遂與弘贄同謁于郵亭宣坐謀之敬瑭以弘贄所陳以聞弓箭庫使沙守榮賁洪進前謂敬瑭曰主上即明宗愛子公即明宗愛壻富貴既同受休戚合共之今謀于戚藩欲期安復反索從臣國寶欲以此爲辭爲賊算天子耶乃抽佩刀刺敬瑭敬瑭親將陳暉扞之守榮與暉單戰而死洪進亦自刎是日敬瑭盡誅帝之從騎五十餘輩獨留帝于驛乃馳騎趨洛四月三日潞王入洛五日即位七日廢帝爲鄂王遣弘贄子殿直王巒之衛州時弘贄已奉帝幸州廨九日巒至帝遇鴆而崩時年二十一（案契丹國志王巒至衛州進鴆于愍帝愍帝不飲縊殺之與薛史異歐陽史同薛史）皇后孔氏與其四子並遇害晉高祖即位謚曰閔與秦王及末帝子重吉並葬于徽陵域中封纔數尺路人觀者悲之（永樂大典卷七千一百七十四）

史臣曰閔帝爰自冲年素有令問及徵從代邸入踐堯階屬軒皇之弓劍初遺吳王之几杖未賜遽生猜間遂至奔亡蓋輔臣無安國之謀非少主有不君之咎以至越在草莽失守宗祧斯蓋天命之難諶土德之將謝故也（永樂大典卷七千一百七十四）

舊五代史卷四十五終

舊五代史卷四十五攷證

唐閔帝紀閔帝諱從厚小字菩薩奴明宗第三子也

案歐陽史作明宗第五子吳縝嘗辨其誤今攷五代會要亦作第三子與是書同

十二月癸卯朔　案五代春秋作癸亥朔蓋傳寫之訛歐陽史通鑑俱從是書作癸卯

節度使符彥超爲部曲王希全所害　案彥超被害通鑑從是書作閏月五代春秋繫于正月殊誤

丁酉王思同加同平章事充西面行營都部署以前邠州節度使藥彥稠爲副部署　案歐陽史辛卯西京

留守王思同爲西面行營都部署靜難軍節度使藥彥稠爲副是書作丁酉與歐陽史異據通鑑則思同以辛卯充都部署丁酉加同平章也蓋宋薛歐二史而兼用之

殿直楚匡祚上言　楚匡祚原本作楚祚今從通鑑增匡字

陝州奏潞王至潼關害西面都部署王思同　歐陽史作思同奔歸于京師死之與是書異

是夜帝以百騎出元武門　案契丹國志愍帝領五十騎自隨出奔衛州宋史李洪信傳又作少帝東奔捧聖軍數百騎從行與是書異據下文王宏贄曰今以五十餘騎奔竄則作五十騎者是也

舊五代史卷四十五攷證

舊五代史卷四十六

宋司空同中書門下平章事薛居正等撰

末帝紀上　　唐書二十二

末帝諱從珂本姓王氏鎮州人也母宣憲皇后魏氏以光啓元年歲在巳己正月二十三日生帝于平山景福中明宗爲武皇騎將略地至平山遇魏氏虜之帝時年十餘歲明宗養爲己子案通鑑考異引唐廢帝實錄云廢帝諱從珂明宗之元子也母曰宣憲皇后魏氏鎮州平山人中和末明宗徇地山東留宿平山得魏后帝以光啓元年正月二十三日生于外舍屬用兵不息音問阻絕帝甫十歲方得歸宗今考五代會要歐陽史諸書皆作養子惟實錄作元子疑因太后令稱爲皇長子而傳會也通鑑仍從薛史小字二十三帝幼謹重寡言及壯長七尺餘方頤大體材貌雄偉以驍果稱明宗甚愛之在太原嘗與石敬塘因擊毬同入于趙襄子之廟見其塑像屹然起立帝秘之私心自負及從明宗征討以力戰知名莊宗嘗曰阿三不惟與我同齒敢戰亦相類莊宗與梁軍戰于胡柳陂兩軍俱撓帝衛莊宗奪土山擁驍陣其軍復振時明宗先渡河莊宗不悅謂明宗曰公當爲吾死渡河安往明宗待罪莊宗以帝從戰有功由是解慍天祐十八年莊宗營于河上議討鎮州留守符存審在德勝砦未行梁人謂莊宗已北乃悉衆攻德勝莊宗命明宗存審爲兩翼以抗之自以中軍前進梁

軍退卻帝以十數騎雜梁軍而退至壘門大呼斬首數級斧其望櫓而還莊宗大噱曰壯哉阿三賜酒一器同光元年四月從明宗襲破鄆州九月莊宗敗梁將王彥章于中都急趨汴州明宗將前軍帝率勁騎以從晝夜兼行卒先下汴城莊宗勞明宗曰復唐社稷卿父子之功也二年以帝爲衛州刺史時有王安節者昭宗朝相杜讓能之宅吏也安節少善賈得相術于奇士因事見帝于私邸退謂人曰眞北方天王相也位當爲天子終則我莫知也三年明宗奉詔北禦契丹以家在太原表帝爲北京內衙指揮使莊宗不悅以帝爲突騎都指揮使遣戍石門四年魏州軍亂明宗赴洛時帝在橫水率部下軍士由曲陽盂縣趨常山與王建立會倍道兼行渡河而南由是明宗軍聲大振天成初以帝爲河中節度使明年二月加檢校太保同平章事十一月加檢校太傅長興元年加檢校太尉先是帝與樞密使安重誨在常山因杯盤失意帝以拳擊重誨腦中其櫛走而獲免帝雖悔謝然重誨終銜之及帝鎮河中重誨知其出入不時因矯宣中旨令牙將楊彥溫遇出郭則閉門勿納是歲四月五日帝閱馬于黃龍莊彥溫閉城拒帝帝閩難遽還遣問其故彥溫曰但請相公入朝此城不可

入也帝止虞鄉以聞明宗詔帝歸闕遣藥彥稠將兵討彥温合生致之面要鞫問十一月收城彥温已死明宗以彥稠不能生致彥温甚怒之後數日安重誨以帝失守諷宰相論奏行法明宗不悅重誨又自論奏明宗曰朕爲小將校時家徒衣食不足賴此兒荷石灰收馬糞存養以至今貴爲天子而不能庇一兒卿欲行朝典朕未曉其義卿等可速退從他私第閑坐遂詔歸淸化里第不預朝請帝尙懼重誨多方危陷但日諷佛書陰禱而已二年安重誨得罪帝即授左衞大將軍未幾復檢校太傅同平章事行京兆尹充西京留守三年進位太

尉移鳳翔節度使四年五月封潞王閔帝即位加兼侍中既而帝子重吉出刺亳州女尼入宮帝方憂不測應順元年二月移帝鎮太原是時不降制書唯以宣授而已帝聞之召賓佐將吏以謀之皆曰主上年幼未親庶事軍國大政悉委朱弘昭等王必無保全之理判官馬裔孫曰君命召不俟駕行焉諸君凶言非令圖也是夜帝令李專美草檄求援諸道欲誅君側之惡朝廷命王思同率師來討三月十五日外兵大集（九國志李彥琦傳潞王守岐下諸道將急攻其壘彥琦時在圍中罄家財以給軍用）十六日大將督衆攻城帝登城垂泣諭于外曰我年未二十從先帝征伐出生入死金瘡滿身樹立得社稷軍士從我登陣者多矣今朝廷信任賊臣殘害骨肉且我有何罪因慟哭聞者哀之時羽林都指揮使楊思權謂衆曰大相公吾主也遂引軍自西門入嚴衞都指揮使尹暉亦引軍自東門而入外軍悉潰十七日率居民家財以賞軍士是日帝整衆而東二十日次長安副留守劉遂雍以城降率京兆居民家財犒軍二十三日次靈口誅王思同二十四日次華州收藥彥稠繫獄二十五日次閿鄉王仲皐父子迎謁命誅之二十六日次靈寶河中節度使安彥威來降待罪宥之遣歸鎮陝州節度使康思立奉迎二十七日次

陝州下令告諭京城二十八日康義誠軍前兵士相繼來降義誠詣軍門請罪帝宥之駕下諸軍畢至誅宣徽南院使孟漢瓊于路左是夜閔帝與帳下親騎百餘出元武門而去夏四月壬申帝至蔣橋文武百官立班奉迎教旨以未拜梓宮未可相見俟會于至德宮時六軍勳臣及節將內職已累表勸進是日帝入謁太后太妃至西宮伏梓宮慟哭宰相與百寮班見致拜帝荅拜馮道等上牋勸進帝立謂羣臣曰予之此行事非獲已當俟主上歸闕園陵禮終退守藩服諸公言遽及此信無謂也衞州刺史王弘贄奏閔帝以前月二十九日至州

癸酉皇太后下令降閔帝爲鄂王又太后令曰先皇帝誕膺天眷光紹帝圖明誠動于三靈德澤被於四海方期偃革遽歎遺弓自少主之承祧爲奸臣之擅命猜忌骨肉離間磐維旣輒易于藩垣復驟興于兵甲遂致輕離社稷大撓軍民萬世鴻基將墜于地皇長子潞王從珂位居冢嗣德茂沖年乃武乃文惟忠惟孝前朝廓清多難有戰伐之大功纘紹丕圖有夾輔之盛業今以宗祧乏祀園寢有期須委親賢俾居監撫免萬機之壅滯慰兆庶之推崇可起今月四日知軍國事權以書詔印施行是日監國在至德宮宰臣馮道等率百官班于宮

門待罪帝出于庭曰相公諸人何罪請復位乃退甲戌太后令曰先皇帝櫛風沐雨平定華夷嗣洪業于艱難致蒼生于富庶鄂王嗣位奸臣弄權作福作威不誠不信離間骨肉猜忌磐維鄂王輕捨宗祧不克負荷洪基大寶危若綴旒須立長君以紹丕搆皇長子潞王從珂日躋孝敬天縱聰明有神武之英姿有寬仁之偉畧先朝經綸草昧廓靜寰區辛勤有百戰之勞忠貞纘一統之運臣誠于道冠古超今而又克己化民推心撫士率土之謳歌有屬上蒼之眷命攸臨一日萬機不可以暫曠九州四海不可以無歸况因山有期同軌斯至承言嗣守屬任元良宜卽皇帝位乙亥監國赴西宮柩前告奠卽位攝中書令李愚宣册書曰維應順元年歲次甲午四月庚午朔六日乙亥文武百僚特進守司空兼門下侍郎同中書門下平章事充太微宮使弘文館大學士上柱國始平郡公食邑二千五百戸臣馮道等九千五百九十三人上言帝王興運天地同符河出圖而洛出書雲從龍而風從虎莫不恢張八表覆育兆民立大定之基保無疆之祚人謠再洽天命顯歸須登宸極之尊以奉祖宗之祀伏惟皇帝陛下天資仁知神助機權奉莊宗于多難之時從先帝于四征之際凡當決勝無

不成功洎正皇綱每嚴師律爲國家之志大守臣子之道全自泣遺弓常悲易月欲期同軌親赴因山而自鄂王承祧奸臣擅命致神祇之乏享激朝野以歸心使屈者伸令否者泰人情大順天象至明聚東井以呈祥拱北宸而應運由是文武百辟岳牧羣賢至于比屋之倫盡祝當陽之位今則承太后慈旨守先朝遠圖撫四海九州享千齡萬祀臣等不勝大願謹奉寶册稟太后令奉皇帝踐祚臣等誠慶誠忭謹言帝就殿之東楹受羣臣稱賀先是帝在鳳翔日有瞽者張濛自言知術數事太白山神其神祠卽元魏時崔浩廟也時之否泰人之

休咎濛告于神卽傳吉凶之言帝親校房暠酷信之一
日濛至府聞帝語聲駭然曰非人臣也暠詢其事卽傳
神語曰三珠并一珠驢馬没人驅歲月甲庚午中興戊
已土暠請解釋曰神言予不知也長興四年五月府廨
諸門無故自動人頗駭異遣暠問濛曰衙署小異勿怪
不出三日當有恩命至是夜報至封潞王及帝移鎭河
東甚懼問濛濛曰王保無患王思同兵至又詰之濛曰
王有天下不能獨力朝廷兵來迎王也王若疑臣臣惟
一子請致之麾下以質臣心帝乃以濛攝館驛巡官至
是帝受册册曰維應順元年歲次甲午四月庚午朔帝

回視房暠曰張濛神言甲庚午不亦異乎帝令暠共衙
士解三珠一珠事言三珠三帝也驢馬没人驅失位也
帝卽位之後以濛爲將作少監同正仍賜金紫以酬之
帝初封潞王言事者云潞字一足已入洛矣案原本作一足已入
潞矣今據册府元龜改正又帝在鳳翔日有何叟者年踰七十暴卒
見陰官覡几告叟曰爲我言于潞王來年三月當爲天
子二十三年叟旣甦懼不敢言逾月復卒陰官見而叱
之曰安得違吾旨不達其事再放汝還退見廊廡下簿
書以問主者曰朝代將易此卽昇降人爵之籍也及甦
詣帝親校劉延朗告之帝召而問之叟曰請質之此言

無徵驗之可也後人云二十三蓋帝之小字也又石濛
人胡杲通善天文帝召問之曰王貴不可言若舉動宜
以乙未年及舉兵又問之杲通曰今歲蒂首王者不宜
建功立事若俟來歲入朝則福祚永遠矣其後皆驗夫
如是則大寶之位必有冥數可輕道哉丙子詔河南府
率京城居民之財以助賞軍丁丑又詔預借居民五個
月房課不問士庶一槩施行帝素輕財好施自岐山爲
諸軍推戴告軍士曰候入洛人賞百千至是以府藏空
匱于是有配率之令京城庶士自絕者相繼己卯衞州
奏此月九日鄂王薨庚辰以宰臣劉昫判三司辛巳邢

州奏磁州刺史宋令詢自經而卒令詢鄂王在藩時都
押牙也故至于是甲申帝以鄂王薨行服于內園羣臣
奉慰癸未太后太妃出宮中衣服器用以助賞軍乙酉
帝服袞冕御明堂殿文武百僚朝服就位宣制改應順
元年爲淸泰元年大赦天下常赦不原者咸赦除之丁
亥以宣徽北院使郝瓊爲宣徽南院使權判樞密院以
前三司使王玫爲宣徽北院使以隨駕牙將宋審虔爲
皇城使劉延朗爲莊宅使鳳翔節度判官韓昭裔爲左
諫議大夫充端明殿學士觀察判官馬裔孫爲翰林學
士掌書記李專美爲樞密院直學士戊子侍衞親軍都

指揮使康義誠伏誅是日詔曰樞密使朱弘昭馮贇宣徽南院使孟漢瓊西京留守王思同前邠州節度使藥彥稠共相朋煽妄舉干戈互興離間之謀幾構傾亡之禍宜行顯戮以快羣情仍削奪官爵云云庚寅鳳翔奏西川孟知祥僭稱大蜀年號明德有司上言皇帝以五月朔日御明堂殿受朝三日夏至祀皇地祇前二日奏告獻祖室不坐比正旦冬至是日有祀事則次日受朝今祀在五鼓前質明行禮畢御殿在旦後請比例行之詔曰日出御殿舉祀事無妨宜依常年例史館奏凡書詔及處分公事臣下奏議望令近臣錄付當館詔端明殿

學士韓昭裔樞密直學士李專美錄送辛卯以左諫議大夫盧損爲右散騎常侍壬辰詔賜禁軍及鳳翔城下歸明將校錢帛各有差（通鑑云禁軍在鳳翔歸命者自楊思權尹暉等各賜二馬一駝錢七十緡下至軍人錢二十緡其在京者各十緡）初帝離岐山諸軍皆望以不次之賞及從至京師不滿所望相與謡曰去卻生菩薩扶起一條鐵其無厭如此（案通鑑作除去菩薩扶立生鐵胡三省注云閔帝小字菩薩）丙申葬明宗皇帝于徽陵丁酉奉神主于太廟戊戌山陵使司空兼門下侍郎平章事馮道上表納政不允五月庚子朔御文明殿受朝賀乙巳以左龍武指揮使安審琦爲左右捧聖都指揮使以右千牛上將軍符彥

饒爲左右嚴衛都指揮使丙午以端明殿學士韓昭裔爲樞密使以莊宅使劉延朗爲樞密副使以權知樞密事房暠爲宣徽北院使以成德軍節度使大同彰國振武威塞等軍蕃漢馬步都部署檢校太尉兼中書令駙馬都尉石敬瑭爲北京留守河東節度使加檢校太師兼中書令都部署如故汴州節度使檢校太師兼侍中駙馬都尉趙延壽進封魯國公戊申中書門下奏太常禮院狀明宗以此月二十日祔廟宰臣攝太尉行事緣馮道在假李愚十八日私忌在致齋內劉昫又奏判三司免祀事詔禮官參酌有司上言李愚私忌在致齋內

諸私忌日遇大朝會入閤宣召皆赴朝參今祔廟事大忌日屬私請比大朝會宣召例（案五代會要載此奏下有差李愚從事五字薛史刪去）從之以陝州節度使康思立爲邢州節度使以同州節度使安重霸爲西京留守以羽林右第一軍都指揮使舂州刺史楊思權爲邠州節度使己酉左監門衛將軍孔知鄴右驍衛將軍華光裔並勒停見任時差知鄴應州告廟稱疾辭命改差光裔復稱馬墜傷足故俱罷之庚戌以司空兼門下侍郎平章事馮道爲檢校太尉同平章事充同州節度使以天雄軍節度使范延光爲樞密使封齊國公鄆州節度使李從曮爲鳳翔節度

使辛亥以嚴衞都指揮使尹暉爲齊州防禦使甲寅以侍衞馬軍都指揮順化軍節度使安從進爲河陽節度使典軍如故太常卿盧文紀奏明宗一室酌獻舞曲請名雍熙之舞從之丁己以皇子銀青光祿大夫檢校工部尚書重美爲檢校司徒守左衞上將軍自是諸道節度使刺史文武臣僚相繼加檢校官或階爵封邑以帝登位覃慶也戊午以隴州防禦使相里金爲陝州節度使初帝以檄書告藩鄰唯金遣判官薛文遇往來計事故以節鎭獎之宣徽北院使檢校工部尚書房暠加檢校司空行左威衞大將軍事如故以樞密使左諫議大

夫韓昭裔爲刑部尚書使如故己未太白晝見以樞密副使劉延朗爲左領軍大將軍職如故庚申左僕射門下侍郎平章事監修國史李愚加特進充太微宮使弘文館大學士餘如故中書侍郎兼吏部尚書同平章事集賢院大學士判三司劉昫加門下侍郎兼吏部尚書平章事監修國史判三司癸亥秦州奏西川孟知祥出軍廹陷成州以宣徽南院使右驍衞大將軍郝瓊爲左驍衞上將軍職如故以前義州刺史張承祐爲武勝軍留後戊辰以前右龍武統軍王景戡爲右驍衞上將軍六月庚午朔改侍衞捧聖軍爲彰聖改嚴衞軍爲甯衞

壬申封吳岳成德公爲靈應王禮秩同五岳帝初起遣使祭岳以求祐及登祚故有是報幽州節度使趙德鈞進封北平王青州節度使房知溫進封東平王癸酉以前鄜州節度使索自通爲右龍武統軍甲戌皇子左衞上將軍重美加檢校太保同平章事充鎭州節度使兼河南尹判六軍諸衞事丁丑詔天下見禁罪人委所在長吏躬親慮問疾速疏決庚辰幸至德宮因幸房知溫安元信范延光索自通李從敏第壬午以檢校太子太傅致仕王建立爲檢校太尉兼侍中鄆州節度使以前宋州節度使安元信爲檢校太尉兼侍中潞州節度使

癸未三司使劉昫奏天下戸民自天成二年括定秋夏田税迨今八年近者相次有百姓詣闕訴田不均累行蠲放漸失税額望差朝臣一槩檢視不報甲申帝爲故皇子亳州刺史重吉皇長女尼惠明大師幼澄舉哀行服羣臣詣閤門奉慰帝起兵之始重吉幼澄俱爲閔帝所害乙酉以戸部侍郎韓彥惲爲絳州刺史以左武衞上將軍李肅爲單州刺史丙戌襄州節度使趙在禮加同平章事甲午以武勝軍留後張承祐爲華州節度使以皇城使宋審虔爲壽州節度使充侍衞步軍都指揮使以右衞上將軍劉仲殷爲宋州節度使以侍衞步軍

都指揮使壽州節度使皇甫遇爲鄧州節度使以前華州節度使華温琪爲太子太傅致仕丁酉左神武統軍周知裕卒贈太傅是月京師大旱熱甚暍死者百餘人秋七月庚子太子少保致仕崔沂卒癸卯鳳翔進僞蜀孟知祥來書稱大蜀皇帝獻書于大唐皇帝且言見廹羣情以今年四月十二日卽皇帝位云帝不荅以前武州刺史鄭琮爲右衛上將軍甲辰幸龍門佛寺禱雨乙巳皇子故亳州團練使重吉贈太尉仍于宋州置廟丁未鳳翔節度使李從曮封西平王是日宰臣李愚劉昫因論公事于政事堂相詬辭甚鄙惡帝令樞密副使劉

延朗宣諭曰卿等輔弼之臣不宜如是今後不得更然辛亥以太常卿盧文紀爲中書侍郎平章事是日中書門下三上章請立中宮從之丁巳制立沛國夫人劉氏爲皇后庚申太子少傅陳皐卒乙丑史官張昭遠以所撰莊宗朝列傳三十卷上之八月庚午詔鐲放長興四年十二月以前天下所欠殘稅辛未以前尚書左丞姚顗爲中書侍郎平章事詔應曾受御署官逐攝同一任正官依期限赴選（按徐無黨五代史注云御署官疑是廢帝初興兵時所置之官以其非吏部正授故須有旨方得選）荆南奏僞蜀孟知祥卒其子昶嗣僞位壬申以尚書禮部侍郎鄭韜光爲刑部侍郎以前工部侍

郎楊凝式爲禮部侍郎甲戌以前金州防禦使婁繼英爲右神武統軍以右神武統軍高允貞爲左神武統軍乙亥以翰林學士承旨工部尚書知制誥李懌爲太常卿以翰林學士戶部侍郎知制誥程遜爲學士承旨甲申以兵部侍郎龍敏爲吏部侍郎以秘書監崔居儉爲工部尚書乙酉以右武衛上將軍張繼祚爲右衛上將軍以右驍衛上將軍王景戡爲右衛上將軍以右領衛上將軍劉衞爲左武衛上將軍以右千牛上將軍王陟爲右領軍上將軍以司農卿兼通事舍人判四方館事王景崇爲鴻臚卿依前通事舍人判四方館丁亥右龍

武統軍索自通卒辛卯禮部尚書致仕李光憲卒甲午以太子少傅盧質爲太子少師乙未以前邢州節度使趙鳳爲太子太保詔文武百官差使宜合依倫次中書置簿不得重疊若當使者自緣有事或不欲行者注簿便當一使自長興三年正月後已曾奉使者便爲簿首已後差者次第注之有司上言皇后受册內外命婦上牋無荅教從之丙申御文明殿册皇后命使攝太尉宰臣盧文紀使副攝司徒右諫議大夫盧損詣皇后宮行禮畢恩賜有差九月己亥以久雨分命朝臣禜都城門告宗廟社稷辛丑夜有星如五斗器西南流尾迹長數

大屈曲如龍形又衆星亂流不可勝數京師大雨雹如彈丸曹州刺史藥縱之卒甲辰以霖霪甚詔都下諸獄委御史臺憲錄問諸州縣差判官令錄親自錄問晝時疏理壬子中書門下舉行長興三年勅常年薦送舉人州郡行鄉飲酒之時帖太常草定儀注奏聞甲寅以前潞州節度使檢校太尉同平章事盧文進爲安州節度使己未雲州奏契丹寇境冬十月辛未有雉金色止于中書政事堂中書門下奏請以正月二十三日皇帝誕慶日爲千春節從之戊寅宰臣李愚劉昫罷相以愚守左僕射昫守右僕射契丹寇雲應州詔河東節度使石

敬瑭率兵屯代州戊子宰臣姚顗奏吏部三銓近年併爲一司望令依舊分銓從之辛丑以左衞上將軍李宏元卒廢朝贈司徒癸巳以禮部郎中知制誥呂琦守本官充樞密院直學士十一月辛丑以刑部侍郎鄭韜光爲尚書右丞以光祿少卿烏昭遠爲少府監秦州節度使張延朗奏率師伐蜀中書門下奏二十六日明宗忌陛下初遇忌辰不同常歲請于忌辰前後各一日不坐朝從之御史臺奏前任節度使刺史行軍副使雖每日于便殿起居每遇五日起居亦合綴班從之丙午以前興州刺史馮暉配同州衙前安置暉爲興州刺史屯乾渠蜀人來侵暉自屯所奔歸鳳翔故有是責丁未詔振武新州河東西北邊經契丹蹂踐處放免三年兩稅差配時契丹初退故也癸丑以前華州節度使王萬榮爲左驍衞上將軍致仕甲寅以振武節度使楊光遠充大同彰國振武威塞等軍兵馬都虞候以前右金吾大將軍穆延暉爲右武衞上將軍壬戌以禮部侍郎楊凝式爲戶部侍郎甲子以中書舍人盧導爲禮部侍郎十二月丁卯朔詔修奉本朝諸帝陵寢己巳以北面馬軍都指揮使易州刺史安叔千爲安北都護振武節度使以齊州防禦使尹暉爲彰國軍節度使庚午詔葬庶人從

榮有司上言依貞觀中庶人承乾以公禮葬從之乙亥以秦州節度使張延朗爲中書侍郎同平章事判三司以中書侍郎平章事盧文紀爲門下侍郎平章事監修國史以中書侍郎平章事姚顗兼集賢殿大學士以前邠州節度使康福爲秦州節度使丙戌夜有白氣東西亘天庚寅幸龍門祈雪自九月至是無雨雪故也（永樂大典卷一千七百七十四）

舊五代史卷四十六終

舊五代史卷四十六攷證

二十三日次靈口 靈口通鑑唐紀作零口攷册府元龜亦作靈口今仍其舊

二十七日次陝州 案歐陽史作己巳次陝州是書閔帝紀作丁卯通鑑從是書

夏四月壬申帝至蔣橋文武百官立班奉迎 案通鑑四月庚午朔太后令內諸司至乾壕迎潞王攷異引廢帝實錄作三月三十日

癸酉皇太后下令降閔帝爲鄂王 案通鑑攷異引閔帝實錄七日廢帝爲鄂王廢帝實錄作癸酉薛歐二史從廢帝實錄

潞字一足已入洛矣 洛原本訛潞今據册府元龜改正

甲申 案甲申疑當作壬午以下文當作癸未也

補前本紀劉昫又奏判三司免祀事 五代會要清泰元年宰相劉昫奏中書以近敕祠祭行事官致齋內唯祀事得行其餘悉斷又宰臣行事致齋內不押班不赴內殿起居不知印臣緣判三司公事其祀事園忌行香伏乞特免從之

補前本紀及登祚故有是報 五代會要載中書門下奏天寶十載正月封吳山爲成德公與沂山會稽醫巫閭同封至德二載十二月改吳山爲岳祠享官屬一同五岳今國家以祈禱靈應宜示殊禮臣等商量請加封爲靈應王從之

補前本紀張延朗爲中書侍郎同平章事判三司 五代會要二年三月宰臣張延朗奏臣判三司公事每日內殿祗候其合綴前班押班伏乞特免從之

舊五代史卷四十六攷證

舊五代史卷四十七

宋司空同中書門下平章事薛居正等撰

末帝紀中　唐書二十三

清泰二年春正月丙申朔帝御明堂殿受朝賀仗衛如式乙己中書門下奏遇千春節凡刑獄公事奏覆候敕月施行今後請重繫者即候敕月輕繫者即節前奏覆決遣從之戊申宗正寺奏北京應州曹州諸陵望差本州府長官朝拜（案五代會要載宗正寺原奏云北京永興長寧建極三陵應州遂衍奕三陵唯曹州溫陵例下本州府官朝拜是曹州先以府官朝拜北京應州後從其例也薛史刪併原文似未分晰）雍坤和徽四陵差太常宗正卿朝拜從之己酉北京奏光

祿卿致仕周元豹卒庚申鄴都進天王甲帝在藩時有相士言帝如毗沙天王帝知之竊喜及即位選軍士之魁偉者被以天王甲俾居宿衛因詔諸道造此甲而進之三司奏添徵蠶鹽錢及增麴價先是麴斤八十文增至一百五十文乙丑雲州節度使張溫移鎮晉州以西京留守安重霸爲雲州節度使二月庚午定州節度使兖王從溫移鎮兖州振武節度使楊檀移鎮定州兼北面行營馬步都虞候甲戌以安州節度使李周爲京兆尹充西京留守以樞密使天雄軍節度使范延光爲檢校太師兼中書令充汴州節度使皇子鎮州節度使兼

河南尹判六軍諸衛事左右街坊使重美加檢校太尉同平章事充天雄軍節度使餘如故辛己以右諫議大夫盧損爲御史中丞以御史中丞張鵬爲刑部侍郎壬午寧遠軍節度使馬存加兼侍中鎮南軍節度使馬希振加兼中書令詔順義軍節度使姚彥璋加兼侍中己丑宰臣盧文紀等上皇妣魯國太夫人尊謚曰宣憲皇太后請擇日册命從之三月戊戌故太子太保趙鳳贈太傅辛丑以前汴州節度使趙延壽爲許州節度使兼樞密使以夏州行軍司馬李彝殷爲本州節度使兄彝超卒故也癸卯以靜海軍節度使檢校太師兼中書令

安南都護錢元錄爲留守太保餘如故丙午以給事中趙光輔爲右散騎常侍戊申皇妹魏國夫人石氏封晉國長公主齊國公主趙氏封燕國長公主己酉有司上言宣憲皇后未及山陵權於舊陵所建廟從之辛亥功德使奏每年誕節諸州府奏薦僧道其僧尼欲立講論科講經科表白科文章應制科持念科禪科聲贊科道士欲立經法科講論科文章應制科表白科聲贊科焚修科以試其能否從之丙辰以右龍武統軍李德珫爲涇州節度使庚申以鎮州節度使知軍府事董溫琪爲鎮州節度使檢校太保壬戌以左右彰聖都指揮使宮

州刺史安審琦領楚州順化軍節度使軍職如故審琦受閔帝命西征至鳳翔而降故有是命是月太常丞史在德上疏言事其畧曰朝廷任人率多濫進稱武士者不閑計策雖被堅執鋭戰則棄甲窮則背軍稱文士者鮮有藝能多無士行問策謀則杜口作文字則倩人所謂虛設其員枉耗國力逢陛下維新之運是文明革弊之秋臣請應内外所管軍人凡勝衣甲者請宣下本部大將一一考試武藝短長權謀深淺居下位有將才者便拔爲大將居上位無將畧者移之下軍其東班臣寮請内出策題下中書令宰臣面試如下位有大才者便

拔居大位處大位無大才者卽移之下僚其疏大約如此盧文紀等見其奏不悦班行亦多憤悱故諫官劉濤楊昭儉等上疏請出在德疏辨可否宣行中書覆奏亦駮其錯誤帝詔學士馬裔孫謂曰史在德語太凶其實難容朕初臨天下須開言路若朝士以言獲罪誰敢言者爾代朕作詔勿加在德之罪詔曰左補闕劉濤等奏太常丞史在德所上章疏中書門下駮奏未奉宣論乞特施行分明黜陟朕常覽貞觀故事見太宗之治理以貞觀昇平之運太宗明聖之君野無遺賢朝無闕政盡善盡美無得而名而陝縣丞皇甫德參輙上封章恣行訕謗人臣無禮罪不容誅賴文貞之彌縫恕德參之狂瞽魏徵奏太宗曰陛下思聞得失只可恣其所陳若所言不中亦何損于國家朕每思之誠要言也遂得下情上達德盛業隆太宗之道彌光文貞之節斯著朕惟寡昧獲奉宗祧業業兢兢懼不克荷思欲率循古道簡拔時材懷忠抱直之人虛心渴見便佞詭隨之説杜耳惡聞史在德近所獻陳誠無避忌中書以文字紕繆比類僣差改易人名觸犯廟諱請歸憲法以示戒懲蓋以中書既委參詳合盡事理朕纘承前緒誘勸將來多言數窮雖聖祖之所戒千慮一得冀愚者之可從因覽文貞

之言遂寛在德之罪已令停寢不遣宣行劉濤等官列諫垣宜陳讜議請定短長之理以行黜陟之文昔魏徵則請賞德參今濤等請黜在德事同言異何相遠哉將議允俞恐虧開納方朝廷粗理俊乂畢臻留一在德不足爲多去一在德未足爲少苟可懲勸朕何憂焉但緣情在傾輸理難黜責濤等敷奏朕亦優容宜體含弘勉思竭盡凡百在下悉聽朕言夏四月辛己宰相判三司張延朗奏州縣官徵科條格其令錄在任徵科依限了絶一年加階兩年與試銜三年皆及限了絶與服色攝任者一年内了絶及攝二年三年内皆及限與眞命其

主簿同縣令條本判官一年加階二年改試銜三年轉官本曹官省限內了絕與試銜諸節級三年內並了絕者與賞錢三十貫其責罰依天成四年五月五日勅施行從之癸未御史中丞盧損等進淸泰元年以前十一年制勅堪悠久施行者三百九十四道編爲三十卷其不中選者各令所司封閉不得行用詔其新編勅如可施行付御史臺頒行以宰相盧文紀兼太微宮使弘文館大學士姚顗加門下侍郎監修國史張延朗兼集賢殿大學士以樞密使韓昭胤爲中書侍郎兼兵部尚書平章事充樞密使乙酉以前武勝軍節度使張萬進爲

鄜州節度使辛卯以宣徽南院使劉延皓爲刑部尚書充樞密使以司天監耿瑗爲太府卿以僞蜀右衞上將軍胡杲通爲司天監以宣徽北院使房暠爲左衞上將軍充宣徽南院使以樞密副使劉延朗爲左領軍上將軍充宣徽北院使兼樞密副使五月丙申新州張武奏契丹寇境乙巳詔天下見禁囚徒自五月十二日以前除十惡五逆放火燒舍持杖殺人官典犯贓僞行印信合造毒藥并見欠省錢外罪無輕重一切釋放庚戌詔不得貢奉寶裝龍鳳雕鏤刺作組織之物庚戌中書奏準勅凡廟諱但廻避正文其偏旁文字不在減少點畫

今定州節度使楊檀檀州金壇等名酌情制宜並請改之其表章文案偏旁字闕點畫凡臣寮名涉偏旁亦請改名詔曰偏旁文字音韻懸殊止避正呼不宜全改楊檀賜名光遠餘依舊甲寅以戶部侍郎楊凝式爲祕書監以尚書禮部侍郎盧導爲尚書右丞以尚書右丞鄭韜光爲尚書左丞丙辰以端明殿學士李專美爲兵部侍郎以端明殿學士李崧爲戶部侍郎以翰林學士馬胤孫爲禮部侍郎以禮部郎中充樞密院直學士呂琦爲給事中並充職如故太子少保致仕任圜贈尚書右僕射以順化軍節度使兼彰聖都指揮使北面行營排

陣使安審琦爲邢州節度使庚申以兵部尚書李鏻爲太常卿以禮部尚書王權爲戶部尚書以太常卿李懌爲禮部尚書癸亥以六軍諸衞判官給事中張允爲右散騎常侍六月甲子朔新州上言契丹入寇乙丑有司上言宣憲皇太后陵請以順從爲名從之振武奏契丹二萬騎在黑榆林丁卯以太子少保致仕朱漢賓卒廢朝壬申命史館修撰明宗實錄契丹寇應州以新州節度使楊漢賓爲同州節度使以前晉州節度使翟璋爲新州節度使庚辰北面招討使趙德鈞奏行營馬步軍都虞候定州節度使楊光遠行營排陣使邢州節度使

安審琦帥本軍至易州見進軍追襲契丹次河東節度使石敬瑭奏邊軍乏芻糧其安重榮巡邊兵士欲移振武就糧從之尋又奏懷孟租稅請指揮於忻代州輸納朝廷以邊儲不給詔河東戶民積粟處量事抄借仍于鎮州支絹五萬匹送河東充博采之直是月北面轉運副使劉福配鎮州百姓車子一千五百乘運糧至代州時水旱民飢河北諸州困于飛輓逃潰者甚眾軍前使者繼至督促糧運由是生靈咨怨辛巳詔諸州府署醫博士丙戌以前許州節度使李從昶爲右龍武統軍以前彰國軍節度使沙彥珣爲右神武統軍秋七月丙申

石敬瑭奏斬挾馬都指揮使李暉等三十六人以謀亂故也時石敬瑭以兵屯忻州一日軍士喧譟遽呼萬歲乃斬暉等以止之契丹國志契丹屢攻北邊時石敬瑭將大兵屯忻州潞王遣使賜軍士夏衣傳詔撫諭軍士呼萬歲者數四敬瑭懼幕僚段希堯請誅其倡者敬瑭命劉知遠斬三十六人以殉潞王聞益疑之御史中丞盧損奏準天成二年七月勑每月首十五日入閤罷五日起居臣以爲中旬排仗有勞聖躬請只以月首入閤五日起居依舊又準天成三年五月長興二年七月勑許諸州節度使帶使相歲薦賓屬五人餘薦三人防禦團練使薦二人今乞行釐革又長興二年八月勑州縣佐官差充馬步判官仍同一任乞行止

絕依舊銜前選補詔曰今後藩臣帶使相許薦三人餘薦二人直屬京防禦團練使薦一人餘並從之丁酉回紇可汗仁美遣使貢方物西京弓弩指揮使任漢權奏六月二十一日與川軍戰于金州之漢陰王師不利其步下兵士除傷痍外已至鳳翔先是盩厔鎮將劉贇引軍入川界爲蜀將全師郁所敗金州都監崔處訥重傷諸州屯兵潰散金州防禦使馬全節收合州兵固守獲全以樞密使劉延皓爲天雄軍節度使甲辰以右神武統軍沙彥珣權知雲州乙巳以徐州節度使張敬達充北面行營副總管時契丹入邊石敬瑭屢請益兵朝廷

軍士多在北鄙俄聞忻州諸軍呼譟帝不悅乃命敬達爲北軍之副以減敬瑭之權也丁巳宰臣盧文紀等上疏其畧曰臣近蒙召對面奉天旨凡軍國庶事利害可否卿等合盡言者臣等謬處台衡奉行制勑但緣事理互有區分軍戎不在于職司錢穀非關于局分苟陳異見即類侵官況才不濟時識非經遠因五日起居之例于兩班旅見之時畧獲對敭兼承顧問衛士周環于階陛庶臣羅列于殿廷四面聚觀十手所指臣等苟欲各申愚短此時安敢敷陳韓非昔懼于說難孟子亦憂于言責臣竊奉本朝政事肅宗初平寇難再復寰瀛頗經

涉于艱難尤勤勞于委任每正衙奏事則泛咨訪于羣臣及便殿詢謀則獨對毆于四輔自上元年後于長安東內置延英殿宰臣如有奏議聖旨或有特宣皆于前一日上聞對御之時祇奉冕旒旁無侍衞獻可替否得曲盡于討論捨短從長故無虞于漏洩君臣之際情理坦然伏望聖慈俯循故事或有事關軍國謀繫否臧未果決于聖懷要詢訪于臣輩則請依延英故事前一日傳宣或臣等有所聽聞切關利害難形文字須面敷敭臣等亦依故事前一日請開延英當君臣奏議之時祇請機要臣寮侍立左右兼乞稍霽威嚴恕臣荒拙雖乏

鷹鸇之効庶盡葵藿之心詔曰卿等濟代英才鎮時碩德或綿搆于興王之日或經綸于纘聖之時鹽梅之任俱崇藥石之言並切請復延英之制以申議政之規而況列聖遺芳皇朝盛事載詳徵引良切歎嘉恭惟五日起居先皇垂範俟百寮之俱退召四輔以獨昇接以溫顏詢其理道計此時作事之意亦昔日延英之流朕叨獲嗣承切思遵守將成其美不爽兼行其五日起居仍令仍舊尋常公事亦可便舉奏聞或事屬機宜理當秘密量事緊慢不限隔日及當日便可于閤門祇候具牓子奏聞請面敷揚即當盡屏侍臣端居便殿佇聞高議以慰虛懷朕或要見卿時亦令當時宣召但能務致理之實何必拘延英之名有事足可以討論有言足可以陳述宜以沃心爲務勿以逆耳爲虞勉罄謀猷以裨寡昧帝性仁恕聽納不倦嘗因朝會謂盧文紀等曰朕在藩時人說唐代爲人主端拱而天下治蓋以外恃將校內倚謀臣故端拱而事辦朕荷先朝鴻業卿等先朝舊臣每一相見除承奉外畧無社稷大計一言相救坐視朕之寡昧其如宗社何文紀等引咎致謝因奏延英故事故有是詔八月庚午滑州節度使高允韜卒壬申以右衞上將軍王景戡爲左衞上將軍以右神武統軍婁

繼英爲右衞上將軍己卯以西上閤門使行少府少監兼通事舍人蘇繼顏爲司農卿職如故辛巳以權知雲州右神武統軍沙彥珣爲雲州節度使鄴都殺人賊陳延嗣并母妹妻等並棄市延嗣父子相承與其妹妻于諸州郡誘人殺之而奪其財前後被殺者數百人至是事泄而誅之癸未以前潞州行軍司馬陳元爲將作監以元善醫故有是命丁亥以洺州團練使李彥舜爲義武軍節度使檢校太傅太原奏達靼部族于靈邱安置己丑以太子少保致仕戴思遠卒廢朝庚寅以前兗州節度使楊漢章爲左神武統軍以前邢州節度使康思

立爲右神武統軍潞州奏前雲州節度使安重霸卒九月己亥以河陽節度使侍衞馬軍都指揮使安從進爲襄州節度使以襄州節度使趙在禮爲宋州節度使癸卯以忠正軍節度使侍衞步軍都指揮使宋審虔爲河陽節度使典軍如故己酉禮部貢院奏進士請夜試童子依舊表薦重置明算道舉舉人落第後別取文解五科試紙不用中書印用本司印並從之以宣徽南院使房暠爲刑部尚書充樞密使以宣徽北院使充樞密副使劉延朗爲宣徽南院使充樞密副使丙辰以左僕射李愚卒廢朝冬十月丁卯幸崇道宮甘泉亭己巳以左

衞上將軍李頃爲左領軍上將軍北面行營總管石敬瑭奏自代州歸鎮庚午以晉州節度使張溫卒廢朝甲戌幸趙延壽張延朗第丁丑以端明殿學士兵部侍郎李專美爲秘書監充宣徽北院使庚寅以左諫議大夫唐汭爲左散騎常侍十一月庚子以左驍衞上將軍郝瓊爲左金吾上將軍以光祿卿王玫爲太子賓客以徐州節度使張敬達爲晉州節度使依前充大同振武威塞彰國等軍馬兵副總管丁未以秘書少監丁濟爲太子詹事乙卯以前金州防禦使馬全節爲滄州留後（通鑑劉延朗欲除全節絳州刺史羣議沸騰帝聞之以爲橫海留後）渤海國遣使朝貢十二月戊辰禁用鉛錢壬申以中書侍郎兼兵部尚書充樞密使韓昭胤爲檢校司空同平章事充河中節度使甲戌以宗正少卿李延祚爲將作監致仕丁丑故武安軍州節度使累贈太傅劉建峯贈太尉從湖南之請也戊寅太常奏來年正月一日上辛祀昊天上帝于圜丘依禮大祠不朝詔曰祀事在質明前儀仗在日出後事不相妨宜常年受朝壬午以翰林學士承旨戶部侍郎程遜爲兵部侍郎翰林學士工部侍郎崔棁爲戶部侍郎翰林學士中書舍人和凝爲工部侍郎並依前充職乙酉以前秘書監楊凝式爲兵部侍郎己丑以前同州節

度使馮道爲司空以尚書右僕射劉昫爲左僕射以太子少師盧質爲左僕射以兵部侍郎馬縞兼國子祭酒（永樂大典卷七千一百七十四）

舊五代史卷四十七終

舊五代史卷四十七攷證

唐末帝紀中枉耗國力　枉耗通鑑注引薛史作枉費攷冊府元龜亦作枉耗今仍其舊

辛卯以宣徽南院使劉延皓爲刑部尚書充樞密使　案劉延皓充樞密使歐陽史作五月與是書繫四月異通鑑從是書

侍衛步軍都指揮使宋審虔　宋審虔原本脫虔字今據通鑑增入

渤海國遣使朝貢　案歐陽史作九月乙卯渤海遣使者來五代會要作十二月渤海遣使列周卿等入朝貢方物俱與是書作十一月異

翰林學士工部侍郎崔梲　崔梲原本訛崔櫓今據歐陽史改正

舊五代史卷四十七攷證

舊五代史卷四十八

宋司空同中書門下平章事薛居正等撰

末帝紀下　唐書二十四

清泰三年春正月辛卯朔帝御文明殿受朝賀仗衞如式乙未百濟遣使獻方物戊戌幸龍門佛寺祈雪癸卯以給事中充樞密院直學士呂琦爲端明殿學士以六軍諸衞判官尚書工部郎中薛文遇爲樞密院直學士乙巳以上元夜京城張燈帝微行置酒於趙延壽之第丁未皇子河南尹判六軍諸衞事重美封雍王己未以前司農卿王彥鎔爲太僕卿二月戊辰吐渾寧朔兩府

留後李可久加檢校司徒可久本姓白氏前朝賜姓庚午監脩國史姚顗史官張昭遠李祥吳承範等修撰明宗實錄三十卷上之（五代會要同脩撰官中書舍人張昭遠李祥直館左拾遺吳承範右拾遺楊昭儉等各頒賚有差）以大理卿竇維爲光祿卿以前許州節度判官張登爲大理卿丁丑以太常卿李鏻爲兵部尚書以兵部尚書梁文矩爲太常卿庚辰以前鄜州節度使皇甫立爲潞州節度使辛巳以前均州刺史仇暉爲左威衞上將軍保順軍節度使鮑君福加檢校太尉同平章事丁亥以昭義節度使安元信卒廢朝三日庚子中書門下奏準閤門分析內外官辭見謝規例諸州判

官軍將進奉到闕舊例門見門辭今後只令朝見依舊門辭新除諸道判官書記以下無例中謝並放謝放辭得替到京無例見今後兩使判官許中謝赴任即門辭其書記以下並依舊例朝臣文五品武四品以上舊例中謝其以下無例對謝今請依天成四年正月勅凡升朝官並許中謝諸道都押衙馬步都指揮虞候鎮將諸色場院無例謝辭並進牓子放謝放辭得替到闕無例入見在京鹽麴稅官兩官巡即許中謝新除令錄並中謝次日門辭兼有口勅誡文武兩班所差弔祭使及告廟祠祭只正衙辭不赴內殿諸道進奏官到闕見得假

進牓子門辭從之辛丑權知福建節度使王昶奏節度使王延鈞以去年十月十四日卒是時延鈞父子雖僭竊於閩嶺猶稱藩於朝廷故有是奏甲辰以右神武統軍楊漢章爲彰武軍節度使丙午以翰林學士禮部侍郎馬裔孫爲中書侍郎同平章事丁巳以端明殿學士呂琦爲御史中丞案通鑑呂琦與李崧建和親契丹之策爲薛文遇所沮改爲御史中丞蓋疎之也戊午御史中丞盧損責授右贊善大夫知雜侍御史韋稅責授太僕寺丞侍御史魏遜責授太府寺主簿侍御史王岳責授司農寺主簿初延州保安鎮將白文審聞兵興岐山專殺郡人趙思謙等十餘人已伏其罪復下臺追繫推鞫未竟會去年五月十二日德音除十惡五逆放火殺人外並放盧損輕易即破械釋文審帝大怒收文審誅之臺司稱奉德音釋放不得追領祇證中書誥云德音言不在追窮枝蔓無不得追領祇證六字擅改勑語大理斷以失出罪人論故有是命是月有蛇鼠鬭于師子門外鼠生而蛇死夏四月己未朔以左衛上將軍王景戡爲左神武統軍以右領軍上將軍李頭爲華清宮使戊辰以太子詹事盧演爲工部尚書致仕辛未以中書舍人史館修撰張昭遠爲禮部侍郎以前滄州節度使李金全爲右領軍上將軍是月有熊入

京城搏人五月辛卯以河東節度使兼大同彰國振武威塞等軍蕃漢馬步總管檢校太師兼中書令駙馬都尉石敬瑭爲鄆州節度使進封趙國公以河陽節度使充侍衛馬步軍都指揮使宋審虔爲河東節度使甲午以前晉州節度使大同彰國振武威塞等軍蕃漢副總管張敬達充西北面蕃漢馬步都部署落副總管乙未詔諸州兩使判官畿赤令有闕取省郎遺補丞博少列宮寮選擇擢任案以上疑有脫誤以忠正軍節度使侍衛步軍都指揮使張彥琪爲河陽節度使充侍衛馬軍都指揮使以彰聖都指揮使饒州刺史符彥饒爲忠正軍節度

使充侍衛步軍都指揮使丙申以雍王重美與汴州節度使范延光結婚詔兗王從温主之丁酉以國子祭酒馬縞卒廢朝戊戌昭義奏河東節度使石敬瑭叛以鴻臚卿兼通事舍人判四方館王景崇爲衛尉卿充引進使壬寅削奪石敬瑭官爵便令張敬達進軍攻討乙卯以晉州節度使張敬達爲太原四面兵馬都部署尋改爲招討使以河陽節度使侍衛馬軍都指揮使張彥琪爲太原四面馬軍都指揮使以陝州節度使相里金爲太原四面步軍都指揮使以右監門上將軍武廷翰爲壕寨使以陝州節度使相里金爲太原四面步軍都指

揮使丙辰以定州節度使楊光遠爲太原四面兵馬副部署兼馬步都虞候尋改爲太原四面副招討使都虞候如故以前彰武軍節度使高行周爲太原四面招撫兼排陳使初帝疑河東有異志與近臣語及其事帝曰石郎與朕近親在不疑之地流言毀譽朕心自明萬一失歡如何和解左右皆不對翌日欲移石敬瑭於鄆州房暠等堅言不可司天監趙延義亦言星辰失度尤宜安靜由是稍緩其事會薛文遇獨宿于禁中帝召之論以太原之事文遇奏曰臣聞作舍于道三年不成國家利害斷自宸旨以臣料之石敬瑭除亦叛不除亦叛不

如先事圖之帝喜曰聞卿此言豁吾憤氣先是有人言國家明年合得一賢佐主謀平定天下帝意亦疑賢佐者屬在文遇即令手書除目子夜下學士院草制翌日宣制之際兩班失色居六七日敬瑭上章云明宗社稷陛下纂承未契輿情宜推令辟許王先朝血緒養德皇闈儻循當璧之言免負鬩牆之議帝覽奏不悅手擲抵地召馬裔孫草詔報曰父有社稷傳之於子君有禍難倚之于親卿于鄂王故非疎遠往歲衛州之事天下皆知今朝許王之言人誰肯信英賢立事安肯如斯云戊申張敬達奏西北面先鋒都指揮使安審信率雄義左

第二指揮二百二十七騎并部下共五百騎剽刧百井叛入太原又奏大軍已至太原城下部安審信及雄義兵士妻男並處斬家產沒官先是雄義都在代州屯戍其指揮使安元信謀殺代州刺史張朗事洩戍兵自潰奔安審信軍審信與之入太原太常奏於河南府東權立宣憲太后寢宮從之己酉振武節度使安叔千奏西北界巡檢使安重榮驅掠戍兵五百騎叛入太原以新授河東節度使宋審虔爲宣州節度使充侍衛馬軍都指揮使壬子鄴都屯駐捧聖都虞候張令昭逐節度使劉延皓據城叛翌日令昭召副使邊仁嗣已下逼令奏

請節旄六月辛酉天雄軍節度使劉延皓削奪官爵勒歸私第癸亥以天雄軍守禦右捧聖第二軍都虞候張令昭爲檢校司空行右千牛將軍權知天雄軍府事丙寅御敷政殿遣工部尚書崔居儉奉宣憲皇太后寶册于寢宮時陵園在河東適會兵興故權于京城修奉寢宮上謚焉己巳以西上閤門副使少府監兼通事舍人劉頎爲鴻臚卿職如故庚午詔曰時雨稍愆頗傷農稼分命朝臣祈禱辛未工部尚書致仕許寂卒以權知魏府事右千牛將軍張令昭爲齊州防禦使以捧聖右第三指揮使邢立爲德州刺史以捧聖第五指揮使康福

進爲鄭州刺史甲戌以汴州節度使范延光爲天雄軍四面招討使知行府事丙子以西京留守李周爲天雄軍四面副招討使兼兵馬都監詔河東將佐節度判官趙瑩以下十四人並籍沒家產秋七月戊子范延光奏領軍至鄴都攻城己丑誅右衛上將軍石重英皇城副使石重裔皆敬瑭之子也時重英等匿于民家井中獲而誅之并族所匿之家奚首領達剌千遣通事介老奏奚王李素姑謀叛入契丹己處斬訖達剌干權知本部落事辛卯沂州奏誅都指揮使石敬德并族其家敬瑭之弟也乙未以前彰武軍節度使高行周爲潞州節度使充太原四面招撫排陣使以潞州節度使皇甫立爲華州節度使丁酉雲州節度使沙彥珣奏此月二日夜步軍指揮使桑遷作亂以兵圍子城彥珣突圍出城就西山據雷公口三日招集兵士入城誅亂軍軍城如故辛丑以將作監丞介國公宇文頡爲汝州襄城令乙巳以衛尉卿聶延祚爲太子賓客戊申范延光奏此月二十一日收復鄴都羣臣稱賀己酉以禮部侍郎張昭遠爲御史中丞以御史中丞呂琦爲禮部侍郎充端明殿學士庚戌中書奏劉延皓賓佐等帥臣既已削奪其行軍司馬李延筠副使邊仁嗣以下望命放歸田里奏入

帝大怒詔大理曰帥臣失守已行削奪其寮佐合當何罪既而竟依中書所奏壬子詔范延光誅張令昭部下五指揮及忠銳忠肅兩指揮繼范延光奏追兵遣襲張令昭部下敗兵至邢州沙河斬首三百級并獻張令昭邢立李貴等首級又奏獲張令昭同惡捧聖指揮使米全以下諸指揮使都頭凡十三人并磔于府門癸丑左衛上將軍仇暉卒洺州奏擒獲魏府作亂捧聖指揮使馬彥柔以下五十八人邢磁州相次擒獲亂兵並送京師彰聖指揮使張萬廸以部下五百騎叛入太原詔誅家屬于懷州本營八月戊午契丹遣使美稜（舊作梅里今改正）

入朝己未以汴州節度使范延光爲天雄軍節度使守太傅兼中書令以西京留守李周爲汴州節度使檢校太尉同平章事癸亥應州奏契丹三千騎迫城詔端明殿學士呂琦往河東忻代諸屯戍所犒軍以左龍武大將軍袁義爲右監門上將軍以振武軍節度使安叔千充代北兵馬都部署己巳雲州沙彥珣奏供奉官李讓勲送夏衣到州縱酒凌轢軍都行刼殺兵馬都監張思愍都指揮黨行進其李讓勲己處斬訖張敬達奏造五龍橋攻太原城矣戊寅以鎭州節度使董温琪充東北面副招討使己卯洛州獻野蠶二十斤辛巳張敬達奏賊城內出騎軍三十隊步卒三千人衝長連城高行周襲殺入壕溺死者大半擒賊將安小喜以下百餘人甲馬一百八十匹九月甲辰張敬達奏此月十五日與契丹戰于太原城下王師敗績時契丹主自率部族來援太原高行周符彥卿率左右廂騎軍出鬬蕃軍引退已時後蕃軍復成列張敬達楊光遠安審琦等陣于賊城西北倚山橫陣諸將奮擊蕃軍屢却至晡我騎軍將移陣蕃軍如山而進王師大敗投兵仗相籍而死者山積是夕收合餘衆保于晉祠南晉安寨蕃軍塹而圍之自是音問阻絶朝廷大恐是日遣使侍衛步軍都指揮使

符彥饒率兵屯河陽詔范延光率兵由青山路趨榆次詔幽州趙德鈞由飛狐路出敵軍後耀州防禦使潘環合防戍軍出磁隰以援張敬達以前絳州刺史韓彥惲爲太子賓客契丹主移帳于柳林乙巳詔取二十二日幸北面軍前戊申帝發京師路經徽陵帝親行謁奠夕次河陽召羣臣議進取盧文紀勸帝駐河橋庚戌樞密使趙延壽先赴潞州辛亥幸懷州召吏部侍郎龍敏訪以機事敏勸帝立東丹王贊華爲契丹主以兵援送入蕃則契丹主有後顧之患不能久駐漢地矣深以爲然竟不行其謀（遼史義宗傳云倍雖在異國常思其親問安之使不絶後明宗養子從珂弒其君自立倍密報太宗曰從珂弒君盍討之是東丹王實啟兵端唐君臣或知其陰謀故龍敏之說不行）帝自是酣飲悲歌形神慘沮臣下勸其親征則曰卿勿說石郎使我心膽墮地其怯懦也如此冬十月丁巳夜彗星出虛危長尺餘壬戌詔天下括馬又詔民十戶出兵一人器甲自備（案契丹國志云唐發民爲兵每七戶出征夫一人自備鎧仗謂之義軍凡得馬二千餘匹征夫五千人民間大擾與薛史互有詳畧今附錄于此）戊辰代州刺史張朗超授檢校太保以其屢殺敵衆故以是命奬之癸酉幽州趙德鈞以本軍三千騎與鎭州董温琪由吳兒谷趨潞州十月戊子以趙德鈞爲諸道行營都統以趙延壽爲河東道南面行營招討使以劉延朗副之庚寅以范延

光爲河東道東南面行營招討使以李周副之帝以呂
琦嘗佐幽州幕乃命賫都統官告以賜德鈞兼犒軍士
琦至從容宣帝委任之意德鈞曰旣以兵相委焉敢惜
死德鈞志在併范延光軍奏請與延光會合帝以詔諭
延光延光不從丁酉延州上言節度使楊漢章爲部衆
所殺以前坊州刺史劉景巖爲延州留後庚子趙德鈞
奏大軍至團柏谷前鋒殺蕃軍五百騎范延光奏軍至
榆次蕃軍退入河東川界潘環奏隰州逐退蕃軍壬寅
趙德鈞奏軍出谷口蕃軍漸退契丹主見駐柳林砦時
德鈞累奏乞授延壽鎭州節制帝怒曰德鈞父子堅要

鎭州苟能逐退蕃戎要代予位亦甘心矣若翫寇要君
但恐犬兔俱斃德鈞聞之不悅閏月丙辰日南至羣臣
稱賀于行宮帝曰晉安寨內將士應思家國矣因泣下
久之丁巳以嵩嵐軍爲勝州辛酉以右龍武統軍李從
昶爲左龍武統軍以前邠州節度使楊思權爲右龍武
統軍壬戌丹州刺史康承詢停任配流鄧州時承詢奉
詔率義軍赴延州義軍亂承詢奔鄜州故有是責甲子太
原行營副招討使楊光遠殺招討使張敬達于晉安寨
以兵降契丹時契丹圍寨自十一月以後芻糧乏絕軍
士毀居屋茅淘馬糞剉松柹以供秣飼馬尾鬣相食俱

盡楊光遠謂敬達曰少時人馬俱盡不如奮命血戰十
得三四猶勝坐受其弊敬達曰更少待之一日光遠伺
敬達無備遂殺之與諸將同降契丹時馬猶有五千匹
戎王並以漢軍與石敬瑭其馬及甲仗卽齎驅出塞丁
卯戎王立石敬瑭爲大晉皇帝約爲父子之國改元爲
天福戎王與晉高祖南行趙德鈞父子與諸將自團柏
谷南奔王師爲蕃騎所蹙投戈棄甲自相騰踐擠于巖
谷者不可勝紀己巳帝聞晉安寨爲敵所陷詔移幸河
陽時議以魏府軍尚全戎王必憚山東未敢南下車駕
可幸鄴城帝以李崧與范延光相善召入謀之薛文遇

不知而繼至帝變色崧躡文遇足乃出帝曰我見此物
肉顫肉顫適欲抽刀刺之崧曰文遇小人致誤大事刺
之益醜崧因請帝歸京壬申車駕至河陽甲戌晉祖與
戎王至潞州戎王遣蕃將大詳袞（舊作相温今改正）率五千騎
送晉高祖南行丁丑車駕至自河陽時左右勸帝固守
河陽居數日符彥饒張彥琪至奏帝不可守城是日晚
至東上門小黃門鳴鞘於路索然無聲己卯帝遣馬軍
都指揮使宋審虔率千餘騎至白馬坡言踏陣地時諸
將謂審虔曰何地不堪交戰誰人肯立于此審虔乃請
帝還宮庚辰晉高祖至河陽辛巳辰時帝舉族與皇太

后曹氏自燔于玄武樓晉高祖入洛得帝燼骨于火中來年三月詔葬于徽陵之封中帝在位共二年年五十三永樂大典卷七千一百七十四　五代史闕文晉高祖引契丹圍晉安寨降楊光遠清泰帝至自覃懷京師父老迎帝于上東門外帝垂泣不止父老奏曰臣等伏聞前唐時中國有難帝王多幸蜀以圖進取陛下何不且入西川帝曰本朝兩川節度使皆用文臣所以玄宗僖宗避寇幸蜀今孟氏已稱尊矣吾何歸乎因慟哭入內舉族自焚

史臣曰末帝負神武之才有人君之量由尋戈而踐阼慙德應深及當亡以居尊政經未失屬天命不祐人謀匪臧坐俟焚如良可悲矣稽夫衽金甲于河壖之際斧眺樓于梁壘之時出沒如神何其勇也及乎駐革輅于

覃懷之日絕羽書于汾晉之辰涕淚沾襟何其怯也是知時之來也雕虎可以生風運之去也應龍不免爲醢則項藉悲歌于帳下信不虛矣永樂大典卷七千一百七十四

舊五代史卷四十八終

舊五代史卷四十八攷證

唐末帝紀下五月辛卯以河東節度使兼大同彰國振武威塞等軍蕃漢馬步總管檢校太師兼中書令駙馬都尉石敬瑭爲鄆州節度使進封趙國公　案歐陽史廢帝紀于五月以前即書石敬瑭反與晉本紀自相矛盾據是書五月辛卯始移敬瑭于鄆州戊戌始聞拒命也五代春秋通鑑俱與是書同

戊戌昭義奏河東節度使石敬瑭叛　案通鑑作昭義節度使皇甫立奏石敬瑭叛

乙卯以晉州節度使張敬達爲太原四面兵馬都部署

尋改爲招討使　案通鑑乙巳以張敬達兼太原四面排陣使丙午以爲太原四面都部署丁未又知太原行府事不言其爲招討使歐陽史又作都招討使與是書微異

捧聖第五指揮使康福進　康福進疑當作康福據册府元龜引薛史亦作康福今姑仍其舊

詠右衞上將軍石重英皇城副使石重裔皆敬瑭之子也　案重英通鑑作重殷又通鑑攷異引廢帝實錄作姪男尚食使重乂供奉官重英並與是書不同

九月甲辰張敬達奏此月十五日與契丹戰于太原城

下　案張敬達及契丹戰于太原是書晉紀作辛丑蓋辛丑日戰越四日甲辰乃奏到也通鑑亦作辛丑遼史作庚午與是書異歐陽史作甲辰戰于太原殊誤

詔范延光率兵由青山路趨榆次　范延光遼史避太宗諱作范延廣

甲子太原行營副招討使楊光遠殺招討使張敬達于晉安寨以兵降契丹　案楊光遠降契丹歐陽史通鑑俱作閏十一月甲子五代春秋作十一月誤

契丹主以漢軍與石敬瑭其馬及甲仗卽齎驅出塞

案遼史云所降軍士及馬五千匹以賜晉帝與是書異通鑑從是書

丁卯契丹立石敬瑭爲大晉皇帝　案契丹立晉是書晉高祖紀作十一月丁酉此紀作閏月丁卯前後互異據通鑑攷異引廢帝實錄亦作丁卯蓋契丹立晉在十一月丁酉唐人至閏十一月丁卯始奏聞也實錄誤以奏聞之日爲立晉之日是書唐紀亦仍其誤

達喇罕舊作達刺干今改　摩哩舊作梅里今改　大詳袞舊作大相温今改

舊五代史卷四十八攷證

舊五代史卷四十九

宋司空同中書門下平章事薛居正等撰

后妃列傳第一　唐書二十五

武皇帝貞簡皇后曹氏莊宗之母也太原人以良家子嬪于武皇姿質閑麗性謙退而明辯雅爲秦國夫人所重常從容謂武皇曰妾觀曹姬非常婦人王其厚待之武皇多內寵乾寧初平燕薊得李匡儔妻張氏姿色絕代嬖倖無雙時姬侍盈室罕得進御唯太后恩顧不衰武皇性嚴急左右有過必峻于譴罰無敢言者唯太后從容救諫卽爲解頤及莊宗載誕體貌奇傑武皇異而

憐之太后益寵貴諸夫人咸出其下后亦恭勤內助左右稱之武皇薨莊宗嗣晉王位時李克甯李存顥謀變人情危懼太后召監軍張承業指莊宗謂之曰先人把臂授公此兒如聞外謀欲孤付託公等但置予母子有地毋令乞食于汴幸矣承業因誅存顥克甯以清內難莊宗善音律喜伶人詼謔太后嘗提耳誨之天祐七年鎭定求援莊宗促命治兵太后曰予齒漸衰兒但不墜先人之業爲幸矣何事櫛風沐雨離我晨昏莊宗曰稟先王遺旨須滅仇讐山東之事機不可失及發太后餞于汾橋悲不自勝莊宗平定趙魏駐于鄴城每一歲之

內馳駕歸寧者數四民士服其仁孝太后初封晉國夫人莊宗即位命宰臣盧損奉册書上皇太后尊號其年平定河南西幸洛陽令皇弟存渥皇子繼岌就太原迎奉莊宗親至懷州迎歸長壽宮太后素與劉太妃善分訣之後悒然不樂俄聞太妃寢疾尙醫中使問訊結轍既而謂莊宗曰吾與太妃恩如伯仲彼經年抱疾但見吾面差足慰心吾暫至晉陽旬朔與之俱來莊宗曰時方暑毒山路崎嶇無煩往復可令存渥輩迎侍太妃乃止及凶問至太后慟哭累旬由是不豫尋崩于長壽宮同光三年冬十月上謚曰貞簡皇太后葬于壽安陵永樂大典卷一萬九千三百四

太妃劉氏武皇之正室也

永樂大典卷一千二百六十六 案劉太妃傳永樂大典闕全篇考北夢瑣言云晉王李克用妻劉夫人常隨軍行至于軍機多所弘益先是汴州上源驛有變晉王憤恨欲回軍攻之夫人曰公爲國討賊而以杯酒私忿必若攻城即曲在于我不如回師自有朝廷可以論列於是班退天復中周德威爲汴軍所敗三軍潰散汴軍乘我晉王危懼與李存信議欲出保雲州夫人曰存信本北方牧羊兒也焉顧成敗王常笑王行瑜棄城失勢被人屠割今復欲效之何也王頃歲避難塞外幾遭陷害賴遇朝廷多事方得復歸今一旦出城便有不測之變焉能遠及晉王止行居數日亡散之士復集軍城安定夫人之力也五代會要云同光元年四月册爲皇太妃歐陽史云莊宗即位册尊曹氏爲皇太后而以嫡母劉氏爲皇太妃往謝太后太后有慚色太妃曰吾願兒享國無窮使吾獲役于地以從先君幸矣復何言哉莊宗滅梁入洛使人迎太后歸洛居長壽宮而太妃獨留晉陽同光三年五月太妃薨

魏國夫人陳氏襄州人本昭宗之宮嬪也乾寧二年武皇奉詔討王行瑜駐軍于渭北昭宗降朱書御札出陳氏及內妓四人以賜武皇陳氏素知書有才貌武皇深加寵重及光化之後時事多艱武皇常獨居深念嬪媵鮮得侍謁唯陳氏得召見陳氏性既靜退不以寵侍自侈武皇常呼爲阿婧及武皇大漸之際陳氏侍醫藥垂泣言妾爲王執掃除之役十有四年矣王萬不幸妾將何託既不能以身爲殉願落髮爲尼爲王諷一藏佛經以報平昔武皇爲之流涕及武皇薨陳氏果落髮持經法名智願後居于洛陽佛寺莊宗賜號建法大師天成中明宗幸其院改賜圓惠大師晉天福中卒于太原追謚光國大師塔以惠寂爲名也永樂大典卷二千九百六十九

莊宗神閔敬皇后劉氏

永樂大典卷一萬三千三百五十二 案劉后傳永樂大典原闕考北夢瑣言云莊宗劉皇后魏州成安人家世寒微太祖攻魏州取成安得后時年五六歲歸晉陽宮爲太后侍者教吹笙及笄姿色絕衆聲伎亦所長太后賜莊宗爲韓國夫人侍者後誕皇子繼岌寵待日隆他日成安人劉叟詣鄴宮見上稱夫人之父有內臣劉建豐認之即昔日黃鬚丈人后之父也劉氏方與嫡夫人爭寵皆以門族誇尙劉氏恥爲寒家白莊宗曰妾去鄉之時妾父死于亂兵是時環屍而哭妾固無父是何田舍翁詐僞及此乃于宮門笞之其實后即叟之長女也莊宗好俳優宮中暇日自負蓍囊藥篋令繼岌相隨以后父劉叟以醫卜爲業也后方晝眠及造其臥內自稱劉衙推訪女后大恚笞繼岌然爲太后不禮復以韓夫人居正無以發明大臣希旨請册劉氏爲皇后議者以后出于寒賤好興利聚財初在鄴都令人設法稗販所鬻樵

蘇果茹亦以皇后爲名正位之後凡貢奉先入後宮惟寫佛經施尼師他無所賜闕下諸軍困乏以至妻子飢孝宰相請出內庫俵給后將出粧具銀盆兩口皇子滿喜等三人令鬻以贍軍一旦作亂亡國滅族與夫褒姒妲己無異也先是莊宗自爲俳優名曰李天下雜于塗粉優雜之間時爲諸優扑扶摑搭竟爲嚚婦恩伶之傾玷有國者得不以爲前鑒劉后以囊盛金合犀帶四欲于太原造寺爲尼沿路復通皇帝存渥同簀而寢明宗聞其穢即令自殺案歐陽史作裨將袁建豐得后納之晉宮而北夢瑣言作內臣劉建豐亦傳聞之異辭也

淑妃韓氏莊宗正室永樂大典卷一万二百六十六　韓淑妃傳永樂大典原闕考五代會要云同光二年十二月册以宰臣豆盧革韋說爲册使出應天門登路車鹵簿鼓吹前導至于永福門降車入右銀臺門至淑妃宮受册于內文武百官立班稱賀

德妃伊氏莊宗次室永樂大典卷一万二百六十六　案伊德妃傳永樂大典原闕考北夢瑣言云莊宗皇帝嫡夫人韓氏後爲淑妃伊氏爲德妃契丹入中原石氏乞降宰相馮道奉尊契丹主大張

宴席其國母后妃列坐同宴王嬙蔡姬之比也夫人夏氏最承恩寵後嫁李贊華所謂東丹王即按巴堅長子先歸朝後除滑州節度使性酷毒侍婢微過即以刀封火灼夏氏少長宮掖不忍其凶求離婚歸河陽節度使夏魯奇家後爲尼也案歐陽史家人傳夏氏在天成初以先朝宮人出歸夏魯奇家後賜李贊華與北夢瑣言微異　又案五代會要莊宗朝內職又有昭儀侯氏封汧國夫人昭媛白氏封沂國夫人出使美宣鄧氏封魏國夫人御正楚真張氏封涼國夫人司簿德美周氏封宋國夫人侍真吳氏封延陵郡夫人懿才王氏封太原郡夫人懿德王氏封琅琊郡夫人宣一馬氏封扶風郡夫人並同光二年十一月勅　按巴堅舊作阿保機今改

明宗昭懿皇后夏氏生秦王從榮及閔帝同光初后以疾崩明宗即位追封爲晉國夫人長興中明宗以秦宗二王位望既隆因思從貴之義乃下制曰故晉國夫人夏氏素推仁德久睦宗親嘗施內助之方不見中興之盛子當御極子並爲王有鵲巢之高無翬衣之貴貞魂永逝懿範常存考本朝之文沿追册之制將慰懷於九族冀叶慶于四星宜追册爲皇后兼定懿號既有司上謚曰昭懿永樂大典卷一萬三千五百五十二

和武顯皇后曹氏永樂大典卷一萬三千五百五十五　案曹后傳永樂大典原闕考五代會要云天成三年正月册爲淑妃長興元年正月十四日册爲皇后應順元年正月册爲皇太后至清泰三年閏十一月隨末帝崩于後樓晉高祖使人護葬至天福五年正月二十八日追册曰和武顯皇后

宣憲皇后魏氏永樂大典卷一萬三千五百五十五　案通鑑考異引唐廢帝實錄云宣憲皇后魏氏鎮州平山人中和末明宗徇地山東留戍平山得魏后又云明宗爲裨將性闊達不能治生曹后亦疏于晝畧生計所資惟宣憲而已五代會要云初封魯國太夫人清泰二年二月中書門下奏臣聞漢昭帝承祚

御歷奉尊謚于雲陽魏明帝繼體守文思外家于甄館而皆追從崇號祔饗廟庭克隆敬本之文式叶愛親之道臣又覽國史竊見玄宗皇帝册曰昭成太后竇氏代宗皇帝母曰章敬太后吳氏始嬪朱邸俄閟玄宮鴻圖既屬于明君尊號咸追于聖母伏以魯國夫人發祥沙麓貽慶河洲三后最賢周母允成于天統四妃有子唐宮先啟于帝基仰惟當宁之情彌軫寒泉之思久虛殷薦虧損皇猷臣等謹上尊謚曰宣憲皇太后請依昭成皇太后故事擇日備禮册命又臣等伏聞先太后舊陵永祔先祠則都下難崇別廟既追尊謚合祔閟宮按漢朝故事園寢不在王畿或就陵所便立寢祠今商量上謚後權立同廟以申告獻配祠之禮請俟他年從之據歐陽史云議建陵寢而太原石敬塘反乃于京師河南府東立寢宮　又案五代會要所載明宗時內職德妃王氏天成三年正月册立長興二年四月進號淑妃應順元年正月十三日册爲太妃至周廣順元年四月追謚賢妃昭儀王氏封齊國夫人昭容葛氏封周國夫人昭媛劉氏封趙國夫人孫氏封楚國夫人御正張氏封曹國夫人司寶郭氏封魏國夫人司贊于氏封鄭國夫人尚服王氏封衛國夫人司記崔氏封蔡國夫人司膳

翟氏封滕國夫人司醞吳氏封莒國夫人婕妤高氏封渤海郡夫人美人沈氏封太原郡夫人順御朱氏封吳郡夫人司飾聊氏封潁川郡夫人司衣劉氏封彭城郡夫人司藥孟氏封咸陽郡夫人梳篦張氏封清河郡夫人司服王氏封太原郡夫人櫛篦傳氏封潁川郡夫人知客張氏賜號尚書故江氏追封濟陽郡夫人以上皆長興三年九月勅其名號皆中書門下按六典內職仿而行之內人李氏封隴西縣君崔氏封清河縣君李氏封成紀縣君田氏封咸陽縣君白氏封南陽縣君並長興四年二月勅前代內職皆無封君之禮此一時之制

閔帝哀皇后孔氏（永樂大典卷一萬三千五百五十五）（案孔后傳永樂大典原闕據通鑑云孔循陰遣人結王德妃求納其女德妃請娶循女爲從厚妃帝許之庚寅皇子從厚納孔循女爲妃五代會要云初封魯國夫人應順元年四月爲末帝所害晉天福五年正月二十八日追謚爲哀皇后）

末帝劉皇后應州人也天成中封爲沛國夫人清泰初百官三上表請立中宮遂立爲皇后后性強戾末帝甚

憚之故其弟延皓自鳳翔牙校環歲之間歷樞密使出爲鄴都留守皆由后內政之力也及延皓爲張令昭所逐執政請行朝典后力制之止從罷免而已晉高祖入洛后與末帝俱就燔焉（永樂大典卷一萬九千三百四）

史臣曰昔三代之興亡雖由于帝王亦繫于妃后故夏之興也以塗山及其亡也以妺喜商之興也以簡狄及其亡也以妲己周之興也以文母及其亡也以褒姒觀夫貞簡之爲人也雖未偕于前代亦無虧于懿範而劉后以牝雞之晨皇業斯墜則與夫三代之興亡同矣餘無進賢輔佐之德又何足以道哉（永樂大典卷一萬九千三百四）（案五代

史無外戚傳據五代會要武皇長女瓊華長公主降孟知祥同光二年十二月封第二女瑤英長公主降張延釗同光三年二月封明宗長女永寧公主降晉高祖第十三女興平公主降趙延壽天成三年四月封至長興四年九月改封齊國公主至清泰三年二月進封燕國長公主第十四女壽安公主長興四年六月封第十五女永樂公主長興四年六月封今攷會要所載亦多舛互如瓊華公主十國春秋諸書作太祖弟克讓之女會要以爲武皇長女此傳聞之異辭也莊宗女義寧公主降宋延浩延浩仕至房州刺史晉初爲汜水關使張從賓之扳戰死見東都事略及宋史又王禹偁小畜集有宋遲神道碑云母義寧公主天福中晉祖以官事莊宗有舊君之禮每貴主入見聽其不拜時兵戎方熾經費不充惟公主之家賜予甚厚盡而復取亦無倦色一日晉祖從容謂貴主曰朕于主家無所愛惜但朝廷多事府庫甚虛主所知矣今輦轂之下桂玉爲憂可命遲分司西京以豐就養因厚遺之且勅留司具晨昏伏臘之用至于醯醢率有備焉會要不載莊宗女幾人是其闕略也惟明宗諸女記之稍詳然攷薛史趙延壽傳其要明宗小女爲繼室歐陽史亦云耶律德光爲延壽要從益妹是爲永安公主而會要不載則其闕漏者亦多矣）

舊五代史卷四十九終

舊五代史卷四十九攷證

唐列傳一 貞簡皇后曹氏傳得李匡儔妻張氏 李匡儔原本避宋諱作李儔今據新唐書藩鎮傳增入

太后餞于汾橋 汾橋原本作渭橋今據通鑑注改正

安巴堅舊作阿保機今改

補前伊德妃 德妃伊氏莊氏次室 五代會要咸一韓才封昌黎夫人瑤華張氏封清河郡夫人

舊五代史卷四十九攷證

舊五代史卷五十

宋司空同中書門下平章事薛居正等撰

宗室列傳第二 唐書二十六

克讓武皇之仲弟也少善騎射以勇悍聞咸通中從討龐勛以功爲振武都校乾符中王仙芝陷荆襄朝廷徵兵克讓率師奉詔賊平以功授金吾將軍留宿衞初懿祖歸朝憲宗賜宅於親仁坊自長慶以來相次一人典衞兵武皇之起雲中殺段文楚朝議罪之命加兵于我懼將逃歸天子詔巡使王處存夜圍親仁坊捕克讓詰旦兵合克讓與紀綱何相温安文寛石的歷十餘騎彎弧躍馬突圍而出官軍數千人追之比至渭橋死者數百克讓自夏陽掠船而濟歸於鴈門明年武皇昭雪克讓復入宿衞黃巢犯闕僖宗幸蜀克讓時守潼關爲賊所敗案僖宗幸蜀以前武皇未嘗昭雪克讓無由復入宿衞出守潼關通鑑考異嘗辨其誤今考新唐書黃巢傳巢攻潼關齊克讓以其軍戰關外時士飢甚潛燒克讓營走入關疑當時因齊克讓之名與李克讓同遂致傳聞輾轉失實耳歐陽史祇據薛史原文不爲辨正今無可復考姑附識于此以部下六七騎伏於南山佛寺夜爲山僧所害克讓既死紀綱渾進通冒刃獲免歸於黃巢中和二年冬武皇入關討賊屯沙苑黃巢遣使米重威齎賂修好因送渾進通至兼擒送害克讓僧十人武皇燔僞詔還其使盡誅諸僧爲克

讓發哀行服悲慟久之（永樂大典卷一萬三百八十八）

克修字崇遠武皇從父弟也（案歐陽史家人傳云太祖四弟曰克讓克修克恭克寧皆不知其父母名號據薛史則克修父名德成未嘗無名號也）父德成初爲天寧軍使從獻祖討龐勛以功授朔州刺史克修少便弓馬從父征討所至立功武皇節制鴈門以克修爲奉誠軍使從入關爲前鋒破黃揆于華陰敗尚讓于梁田坡襲黃巢于光順門每戰皆提勇驍諸軍賊平以功授檢校刑部尚書左營軍使其年十月潞州牙將安居受來乞師請復昭義軍武皇遣大將賀公雅李筠安金俊等以兵從與孟方立戰于銅鞮不利武皇乃令克修將兵繼進是

月平潞州斬其刺史李殷銳乃表克修爲昭義節度使（案新唐書僖宗紀中和三年十月李克用陷潞州刺史李殷銳死之與薛史李克修傳同薛史武皇紀又作十一月平潞州紀傳自相矛盾通鑑從克修傳作十月歐陽史從武皇紀作十一月）光啟二年九月克修出師山東收復邢洺十一月拔故鎮孟方立遣將呂臻來援戰于焦崗大敗之擒呂臻俘斬萬計進拔武安臨洺諸屬縣乘勝進圍邢州方立求援于鎮州王鎔出師三萬援之克修軍退及李罕之來歸武皇授以澤州刺史與克修合勢進攻河陽連歲出師以苦懷孟十月孟方立遣將奚忠信將兵三萬襲我遼州克修設伏于遼之東山大敗賊軍擒忠信以獻龍紀元年武皇

大舉以伐邢洺及班師因撫封于上黨克修性儉嗇不事華靡供帳饔膳品數簡陋武皇怒其菲薄笞而詬之克修慙憤發疾明年三月卒于潞之府第時年三十一莊宗即位追贈太師克修子二人長曰嗣弼次曰嗣肱嗣弼初授澤州刺史歷昭義横海節度副使改海州刺史天祐十九年契丹犯燕趙陷涿郡（案遼史太祖紀十二月癸亥圍涿州有白兎緣壘而上是日破其郛）嗣弼舉家被俘遷于幕庭（永樂大典卷一萬三百八十八）

嗣肱少有膽略屢立戰功夾城之役從周德威爲前鋒時兄嗣弼爲昭義副使與嗣昭守城兄弟內外奮戰忠

力咸壯感動三軍潞圍既解以功授檢校左僕射入爲三城巡檢知衙內事天祐七年周德威援靈夏党項阻道音驛不通嗣肱奉命自麟州渡河應接德威與党項轉戰數十里合德威軍栢鄉之戰嗣肱爲馬步都虞候明年從莊宗會友謙于猗氏改教練使與存審援河中敗汴軍于胡壁堡獲將麗讓十年與存審屯趙州擊汴人于觀津時梁祖新屠棗强其將賀德倫急攻蓨縣率師五萬合勢于蓨之西嗣肱自下博率騎三百薄晚與梁之樵芻者相雜日既晡入梁軍營門諸騎相合大譟弧矢星發虓鬭馳突汴人不知所爲營中擾既暝斂騎

而退是夜梁祖燒營而遁解蓚縣之圍以功特授蔚州刺史鴈門以北都知兵馬使從平劉守光十二年改應州刺史累遷澤代二州刺史石嶺以北都知兵馬使十九年新州刺史王郁叛入契丹嗣肱進兵定嬀儒武等三州授山北都團練使二十年春卒于新州時年四十五（永樂大典卷一萬八千一百二十六）

克恭武皇之諸弟也（案薛史不言克恭父爲何人然明著其爲諸弟所以別于母弟也歐陽史與克讓克寧李連而書疑未詳考）龍紀中爲決勝軍使大順初潞帥李克修卒克恭代爲昭義節度使性驕横不法未閑軍政潞人素便克修之簡正惡克恭之恣縱又以克修非

罪暴卒人士離心時武皇初定邢洺三州將有事于河朔大蒐軍實潞州有後院軍兵之雄勁者克恭選其五百人獻于武皇軍使安居受惜其兵不悦克恭令裨校李元審安建紀綱馮霸部送太原行次銅鞮縣馮霸刼衆謀叛殺都將劉杲縣令戴勞謙循山而南北及沁水有衆三千武皇令李元審將兵擊之與霸戰于沁水不利元審戰傷收軍于潞五月十五日克恭視元審于孔目吏劉崇之第是日州將安居受引兵攻克恭因風縱火克恭元審並遇害州民推居受爲留後初孟方立之亂居受以澤潞歸于武皇至是孟遷以邢洺納降復任爲牙將居受懼其圖己乃叛殺克恭以緒汴人居受遣人召馮霸于沁水霸不受命居受懼將奔歸朝廷至長子爲野人所殺傳首馮霸軍霸乃引軍據潞州自稱留後求援於汴武皇令康君立討之汴將葛從周來援霸九月李存孝急攻潞州汴軍夜遁獲霸等誅之武皇乃以康君立爲昭義節度使（永樂大典卷一萬三百八十八）

克寧武皇之季弟也初從起雲中爲奉誠軍使赫連鐸之攻黃花城也克寧奉武皇及諸弟登城血戰三日力盡備竭殺賊萬計燕軍之攻蔚州克寧昆仲嬰城拒敵晝夜輟寢食者旬餘後從達靼入關逐黃寇凡征行無

不衛從於昆弟之間最推仁孝小心恭謹武皇尤友愛之及鎮太原授遼州刺史累至雲州防禦使乾寧初改忻州刺史從入關討王行瑜充馬步軍都將以功授檢校司徒天祐初授內外都制置管內蕃漢都知兵馬使檢校太保充振武節度使凡軍政皆決于克寧五年正月武皇疾篤克寧等侍疾垂泣辭訣克寧曰王萬一不諱後事何屬因召莊宗侍側謂克寧張承業曰亞子累公等言終棄代將發哀克寧紀綱軍府中外無譁初武皇獎勸軍戎多畜庶孽衣服禮秩如嫡者六七輩比之嗣王年齒又長各有部曲朝夕聚謀皆欲爲亂莊宗英

察懼及于禍將嗣位讓克寧曰兒年孤稚未通庶政雖承遺命恐未能彈壓大事季父勳德俱高衆情推伏且請制置軍府候兒有立聽季父處分克寧曰亡兄遺命屬在我兒孰敢異議者兒但嗣世中外之事何憂不辦視事之日率先拜賀莊宗嗣位軍民政事一切委之權柄既重趨向者多附之李存顥者（案歐陽史作養子存顥存實）以陰計干克寧曰兄亡弟及古今舊事季父拜姪理所未安富貴功名當宜自立天與不取後悔無及克寧曰公毋得不祥之言我家世立功三代父慈子孝天下知名苟吾兄山河有託我亦何求公無復言必斬爾首以徇克

寧雖慈愛因心而日爲凶徒惑亂羣凶之妻復以此言干克寧妻孟夫人說激百端夫人懼事洩及禍屢讓克寧由是愈惑會克寧因事殺都虞候李存質又請兼領大同節度使以蔚朔爲屬郡又數怒監軍張承業李存璋繇是知其有貳近臣史敬鎔素與存顥善盡知其事敬鎔告貞簡太后曰存顥與管內太保陰圖叛亂俟嗣王過其第卽擒之并太后子母欲送于汴州竊發有日矣莊宗召張承業李存璋謂曰季父所爲如此無猶子之情骨肉不可自相魚肉吾卽避路則禍亂不作矣承業曰老夫親承遺託言猶在耳存顥輩欲以太原降賊

王乃何路求生不卽討除亡無日矣因令吳珙存璋爲之備二月二十日會諸將於府第擒存顥克寧于坐莊宗垂泣數之曰兒初以軍府讓季父季父不忍棄先人遺命今已事定復欲以兒子母投畀豺虎季父何忍此心克寧泣對曰蓋讒夫交構吾復何言是日與存顥俱伏法克寧仁而無斷故及于禍（永樂大典卷一萬三百八十八）（案薛史李嗣昭傳云武皇母弟代州刺史克柔之假子也是克柔爲武皇母弟新唐書沙陀傳武皇有弟克勤通鑑引紀年錄又有兄克儉而薛史俱無傳疑有闕文）

史臣曰昔武皇發跡于陰山莊宗肇基于河朔雖奄有天下而享國日淺眷言枝屬空秀棣華固未及推帝堯

敦叙之恩廣成王封建之義自克讓而下不獲就魯衞之封懋間平之德也況夭橫相繼亦良可悲哉（永樂大典卷一萬三百八十八）

舊五代史卷五十終

舊五代史卷五十攷證

唐列傳二宗室克讓傳比至渭橋　渭橋歐陽史作滑橋疑傳刻之訛據通鑑攷異引薛史亦作渭橋今仍其舊

天祐十九年契丹犯燕趙陷涿郡　十九年歐陽史作十一年

克寧傳李存顥者　案歐陽史作養子存顥存實

懋間平之德　間平原本作開平繹其文義當是用漢時河間獻王東平憲王今改正

舊五代史卷五十攷證

舊五代史卷五十一

宋司空同中書門下平章事薛居正等撰

宗室列傳第三（案薛史唐宗室傳武皇諸子莊宗諸子末帝諸子永樂大典中僅存數語其全篇已佚明宗子唯許王從益有全傳秦王從榮傳尚存一百一十二字蓋永樂大典割截以歸各韻其全篇當即在失去諸卷之中今無可復考謹據册府元龜所載以補其闕復考五代會要通鑑諸書分註于下用備後唐諸王之始末焉）　唐書二十七

永王存霸武皇子莊宗第二弟同光三年封莊宗敗爲軍卒所殺（永樂大典卷一萬六千六百二十八　案歐陽史云存霸歷昭義天平河中三軍節度使居京師食俸祿而已趙在禮反乃遣存霸于河中莊宗再幸汜水從存霸北京留守通鑑云李紹榮欲奔河中就永王存霸從兵稍散存霸亦帥衆千人棄鎮奔晉陽又云存霸至晉陽從兵逃散俱盡存霸創髮僧服謁李彥超願爲山僧幸垂庇護軍士爭欲殺之彥超曰六相公來當奏取進止軍士不聽殺之于府門之碑下）

邕王存美武皇子莊宗第三弟同光三年封莊宗敗不知所終（永樂大典卷一萬六千六百二十八　案通鑑云存美以病風偏枯得免居于晉陽）

薛王存禮武皇子（案薛史不言存禮爲武皇第幾子據五代會要太祖第二子存美第三子存霸第四子存禮第五子存渥第六子存乂第七子存確第八子存紀與薛史所敘微有異同）同光三年封莊宗敗不知所終（永樂大典卷一萬六千六百二十八）

申王存渥莊宗第四弟（案歐陽史存渥與存霸存紀皆莊宗同母弟）同光三年封莊宗敗與劉皇后同奔太原爲部下所殺（永樂大典卷一萬六千六百二十八　案通鑑云存渥至晉陽李彥超不納走至風谷爲其下所殺）

睦王存乂莊宗第五弟同光三年封（永樂大典卷一萬六千六百二十八）

歷鄜州刺史冊府元龜卷二百五後以郭崇韜壻爲莊宗所殺永樂大典卷一萬六千六百二十八案北夢瑣言云莊宗異母弟存乂以郭崇韜女壻伏誅先是郭崇韜既誅之後朝野駭惋議論紛然莊宗令閽人察訪外事言存乂于諸將坐上訴郭氏之無罪其言怨望又于妖術人楊千郎家飲酒聚會攘臂而泣楊千郎者魏州賤民自言得墨子術于婦翁能役使陰物帽下名食物果實之類又蒲博必勝人有拳握之物以法必取又說煉丹乾汞易人形破扃鑰貴要間神奇之官至尚書郎賜紫其出入宮禁承恩用事皇弟存乂常朋淫于其家至是與存乂並罹其禍

通王存確莊宗第六弟雅王存紀莊宗第七弟同光三年封莊宗敗並爲霍彥威所殺永樂大典卷一萬六千六百二十八案薛史及五代會要皆止言莊宗有六弟考梁紀太祖有子庭鸞落落盧文進傳莊宗又有弟存矩薛史宗室傳皆不載

魏王繼岌莊宗子也案莊宗紀稱繼岌爲第三子然莊宗長子次子之名薛史與五代會要皆不載莊宗即位于魏州以繼岌充北都留守及以鎮州爲北都又命爲留守冊府元龜卷二百八十一案五代會要三年九月二十三日封爲魏王三年伐蜀以繼岌爲都統郭崇韜爲招討使十月戊寅至鳳州武興軍節度使王承捷以鳳興文扶四州降甲申至故鎮康延孝收興州時僞蜀主王衍率親軍五萬在利州令步騎親軍三萬逆戰于三泉康延孝李嚴以勁騎三千犯之蜀軍大敗斬首五千級餘各奔潰王衍聞其敗也棄利州奔歸西川斷吉柏津浮梁而去己丑繼岌至興州僞蜀東川節度使宋光葆以梓綿劍龍普等州來降武定軍節度使王承肇以洋蓬壁三州

符印降興元節度使王宗威以梁開通渠麟等五州符印送降階州王承岳納符印秦州節度使王承休棄城而遁辛丑繼岌過利州戊申至劍州己酉至綿州王衍遣使上牋乞降丁巳入成都自興師出洛至定蜀計七十五日走丸之勢前代所無冊府元龜卷二百九十一師回至渭南聞莊宗敗師徒潰散自縊死繼潼繼嵩繼蟾繼嶢並莊宗子同光三年拜光祿大夫檢校司徒未封莊宗敗並不知所終永樂大典卷一萬六千六百二十八

從璟明宗長子性忠勇沈厚摧堅陷陣人罕偕焉冊府元龜卷二百七十一從莊宗于河上累有戰功莊宗器賞之用爲金

鎗指揮使冊府元龜卷二百九十一明宗在魏府爲軍士所逼莊宗詔從璟曰爾父于國有大功忠孝之心朕自明信今爲亂兵所刼爾宜自去宣朕旨無令有疑從璟行至中途爲元行欽所制復與歸洛下莊宗改其名爲繼璟以爲已子命再往從璟固執不行願死于御前以明丹赤從莊宗赴汴州明宗之親舊多策馬而去左右或勸從璟令自脫終無行意尋爲元行欽所殺天成初贈太保冊府元龜卷二百八十六

秦王從榮明宗第二子也明宗踐阼天成初授鄴都留守天雄軍節度使三年移北京留守充河東節度使四

年入爲河南尹冊府元龜卷二百八十一一日明宗謂安重誨曰近聞從榮左右有詐宣朕旨令勿接儒生儒生多懦恐鈍志相染朕方知之頗駭其事余比以從榮方幼出臨大藩故選儒雅賴其裨佐今聞此姦憸之言豈朕之所望也鞫其言者將戮之重誨曰若遽行刑又慮賓從難處且望嚴誡遂止永樂大典卷六千七百六十從榮爲詩與從事高輦等更相唱和自謂章句獨步于一時有詩千餘首號曰紫府集冊府元龜卷二百七十長興中以本官充天下兵馬大元帥冊府元龜卷二百九十九從榮乃請以嚴衛捧聖步騎兩指揮爲秦府衙兵每入朝以數百騎從行出則張弓挾矢馳騁

盈巷既受元帥之命即令其府屬僚佐及四方遊士各試檄淮南書一道陳己將廓清宇內之意初言事者請爲親王置師傅明宗顧問近臣執政以從榮名勢既隆不敢忤旨即奏云王官宜委從榮乃奏刑部侍郎劉贊爲王傅又奏翰林學士崔梲爲元帥府判官明宗曰學士代予詔令不可擬議從榮不悅退謂左右曰既付以元帥之任而阻予請僚佐又未諭制旨也復奏刑部侍郎任贊從之冊府元龜卷二百九十九後舉兵犯宮室敗死廢爲庶人永樂大典卷一萬六千六百二十八案通鑑明宗紀云己丑大漸秦王從榮入問疾帝俛首不能舉王淑妃曰從榮在此帝不應從榮出聞宮中皆哭從榮意帝已殂明旦稱疾不入是夕帝實小愈而從榮不知從

榮自知不爲時論所與恐不得爲嗣與其黨謀欲以兵入侍先制權臣壬辰從榮自河南府常服將步騎千人陳于天津橋孟漢瓊被甲乘馬召馬軍都指揮使朱洪實使將五百騎討從榮從榮方據胡床坐橋上遣左右召康義誠端門已閉叩左掖門從門隙窺之見朱洪實引騎兵北來走白從榮從榮大驚命取鐵掩心擐之坐調弓矢俄而騎兵大至從榮走歸府僚佐皆竄匿牙兵掠嘉善坊潰去從榮與妃劉氏匿牀下皇城使安從益就斬之以其首獻丙申追廢從榮爲庶人五代會要云清泰元年十二月敕故庶人重榮獲罪先帝貽禍厥身已歷歲時未營宅兆雖彰在原之念宜從有國之規且令中書門下商量葬禮尋據太常禮院狀奏請准唐貞觀中庶人承乾死黔州仍葬以公禮從之 五代史補秦王從榮明宗之愛子好爲詩判河南府辟高輦爲推官輦尤能爲詩賓主相遇甚歡自是出入門下者當時名士有若張杭高文蔚何仲舉之徒莫不分廷抗禮更唱迭和時于戈之後武夫用事睹從榮所爲皆不悅于是康知訓等竊議曰秦王好文交遊者多詞客此子若一旦南面則我等轉死溝壑不如早圖之高輦知其謀因勸秦王託疾此輩以所就之間須來問候請大王伏

壯士出其不意皆斬之庶幾免禍矣從榮曰至尊在上一旦如此得無危乎輦曰子弄父兵罪當笞爾不然則悔無及矣從榮猶豫不決朱幾及禍高輦棄市初從榮之敗也高輦竄于民家且落髮爲僧既擒獲知訓以其毀形難認復使巾幘著緋驗其眞僞然後用刑輦神色自若厲聲曰朱衣纔脫白刃難逃觀者笑之

從璨明宗諸子案五代會要以從璨爲明宗第四子冊府元龜作諸子與明宗紀同今仍其舊性剛直好客疏財意豁如也天成中爲右衞大將軍時安重誨方秉事權從璨亦不之屈重誨常以此忌之明宗幸汴留從璨爲大內皇城使一日名賓友於會節園酒酣之後戲登于御榻安從誨奏請誅之詔曰皇城使從璨朕巡幸汴州使警大內乃全乖委任但恣遨遊于予行從之園頻恣歡歌之會仍施峻法顯辱平人致彼

喧嘩達于闈聽方當立法固不黨親宜貶授房州司戶參軍仍令盡命長興中重誨之得罪也命復舊官仍贈太保（冊府元龜卷二百九十五）

許王從益明宗之幼子也宮嬪所生明宗命王淑妃母之嘗謂左右曰惟此兒生于皇宮故尤所鍾愛長興末封許王晉高祖即位以皇后即其姊也乃養從益于宮中晉天福中以從益爲二王後改封郇國公食邑三千戶其後與母歸洛陽守陵開運末契丹主至汴以從益遙領曹州節度使復封許王與王妃尋歸西京會契丹主死其汴州節度使蕭翰謀歸北地慮中原無主軍民

大亂則己亦不能案轡徐歸矣乃詐稱契丹主命遣人迎從益于洛陽令知南朝軍國事從益與王妃逃于徽陵以避之使者至不得已而赴焉從益于崇元殿見羣官蕭翰率部衆列拜于殿上羣官趨拜于殿下乃僞署王松爲左丞相趙上交爲右丞相李式翟光鄴爲樞密使王景崇爲宣徽使餘官各有署置又以北來燕將劉祚爲權侍衛使充在京巡檢翰北歸從益餞于北郊及漢高祖將離太原從益召高行周武行德欲拒漢高祖行周等不從且奏其事漢高祖怒車駕將至闕從益與王妃俱賜死于私第時年十七時人哀之（永樂大典卷六千七百六十　五代宋史闕文漢高祖自太原起軍建號至洛陽命郭從義先入京師受密旨殺王淑妃與許王從益淑妃臨刑號泣曰吾家子母何罪吾既爲契丹所立非敢與人爭國何不且留吾兒每年寒食使持一盂飯灑明宗陵聞者無不泣下臣謹案隱帝朝詔使臣修漢祖實錄敘淑妃從益傳但云臨刑之日焚香俟命蓋諱之耳）

重吉末帝長子爲控鶴都指揮使閔帝嗣位出爲亳州團練使末帝兵起爲閔帝所害（永樂大典卷一萬六千六百二十八　案通鑑云詔遣殿直楚匡祚執亳州李重吉幽于宋州又云遣楚匡祚殺李重吉于宋州匡祚榜捶重吉責其家財）清泰元年昭贈太尉仍令宋州選隙地置廟（冊府元龜卷二百七十五　案閔帝有子重哲授銀青光祿大夫檢校工部尚書見明宗紀歐陽史家人傳闕而不載今附載于此）

雍王重美末帝第二子清泰三年封晉兵入與末帝俱自焚死（永樂大典卷一萬六千六百二十八．案通鑑云洛陽自聞兵敗衆心大震居人四出逃

竄山谷門者請禁之雍王重美曰國家多難未能爲百姓主徒增惡名耳不若聽其自便事寧自還乃出令任從所適衆心差安又云皇后積薪欲燒宮室重美諫曰新天子至必不露居他日重勞民力死而遺怨將安用之乃止案重美傳永樂大典原本有闕佚今附錄通鑑于此疑通鑑所用即本薛史原文也）

史臣曰繼岌以童騃之歲當統帥之任雖成功于劍外尋求死于渭濱蓋運盡天亡非孺子之咎也從璟感厚遇之恩無苟免之意死于君側得不謂之忠乎從榮以狂躁之謀買覆亡之禍謂爲大逆則近厚誣從珂爲權臣所忌從益爲強敵所脅俱不得其死亦良可傷哉重美聽洛民之奔亡止母后之燔爇身雖燼于紅燄言則燿乎青編童年若斯可謂賢矣（永樂大典卷六千七百六十）

舊五代史卷五十一終

舊五代史卷五十一攷證

唐列傳三宗室薛王存禮傳武皇子　案是書不言存禮爲武皇第幾子據五代會要太祖第一子存美第二子存霸第四子存禮第五子存渥第六子存乂第七子存確第八子存紀與是書所敘微有異同

魏王繼岌傳莊宗子也　案莊宗紀稱繼岌爲第三子然莊宗長子次子之名是書及五代會要俱不載

從璨傳從璨明宗諸子　案五代會要以從璨爲明宗第四子冊府元龜作諸子與明宗紀同今仍其舊

許王從益傳從益召高行周武行德欲拒漢高祖　案是書但載從益拒漢事攷宋史趙上交傳云漢祖將至從益遣上交馳表獻款蓋獻款乃淑妃從益本意也歐陽史兩存之其事始備

補前魏王繼岌傳　王師徒潰散自縊死　太平廣記引王氏見聞云魏王繼岌伐蜀迴軍在道而有鄴都之變莊宗與劉后命內臣張漢賓齎急詔所在催魏王歸闕張漢賓乘驛倍道急行至興元西縣逢魏王宣傳詔旨王以本軍方討漢州康延孝相次繼來欲候之出山以陳凱歌漢賓督之有軍謀陳岷比事梁與漢賓熟密問張曰天子改換且是何人張色莊曰我當面奉宣詔魏王況大軍在行談何容易陳岷曰久忝知聞故敢諮問兩日來有一信風新人已即位矣復何形迹張乃說來時聞李嗣源過河未知近事岷曰魏王且請盤桓以觀其勢未可前邁張以莊宗命嚴不敢遷延督令進發魏王至渭南遇害矣　清異錄唐福慶公主下降孟知祥長興四年明宗晏駕唐室亂莊宗諸兒削髮爲苾芻間道走蜀

時知辭新稱帝爲公主厚待猶子賜予千計

補前秦王從榮傳　復奏刑部侍郎任贊從之宋史趙上交傳秦王從榮開府兼判軍衛以上交爲虞部員外郎充六軍諸衛推官李澣張沆魚崇遠皆白衣在秦府悉與上交友善累遷司封郎中充判官從榮素豪邁不遵禮法好昵羣小上交從容言曰王位尊嚴當修令德以慰民望王忽爲此獨不見恭世子戾太子之事乎從榮怒出之歷涇泰二鎮節度判官從榮及禍僚屬皆坐斥上交由是知名

舊五代史卷五十二

宋司空同中書門下平章事薛居正等撰

列傳第四　唐書二十八

李嗣昭字益光武皇母弟代州刺史克柔之假子也小字進通（案原本作通進今從歐陽史改正）不知族姓所出（案歐陽史作本姓韓氏汾州太谷縣民家子）少事克柔頗謹愿雖形貌眇小而精悍有膽略沈毅不羣初嗜酒好樂武皇微伸儆戒乃終身不飲少從征伐精練軍機乾寧初王珂王珙爭帥河中珙引陝州之軍攻珂珂求救于武皇乃令嗣昭將兵援之敗珙軍於猗氏獲賊將李璠等四年改衙內都將復援河中敗汴軍于胡壁堡擒汴將滑禮以功加檢校僕射及王珂請婚武皇武皇以女妻之珂赴禮於太原以嗣昭權典河中留後事李罕之襲我潞州也嗣昭率師攻潞州汴將丁會戰于含口俘獲三千執其將蔡延恭代李君慶爲蕃漢馬步行營都將進攻潞州遣李存質李嗣本以兵扼天井關汴將澤州刺史劉玘棄城而遁乃以李存璋爲刺史梁祖聞嗣昭之師大至召葛從周謂曰并人若在高平當圍而取之先須野戰勿以潞州爲敵及聞嗣昭軍韓店梁祖曰進通扼八議路此賊決于我屬公等臨事制機勿落姦便賀德倫閉壁不出嗣昭曰

以鐵騎環城汴人不敢芻牧援路斷絕八月德倫張歸厚棄城遁去我復取潞州三年汴人攻滄州劉仁恭求救遣嗣昭出師邢洺以應之嗣昭遇汴軍于沙河擊敗之獲其將胡禮進攻洺州下之獲其郡將朱紹宗九月梁祖自率軍三萬至臨洺葛從周設伏于青山口嗣昭聞梁祖至斂軍而退從周伏兵發爲其所敗偏將王郃郎楊師悅等被擒十月汴人大寇鎮定王郜告急于武皇乃遣嗣昭出師下太行擊懷孟汴將侯信守河陽不意嗣昭之師至既無守備驅市人登城嗣昭攻其北門破其外垣俄而汴將閻寶救軍至乃退天復元年河中

王珂爲汴人所擄河中晉絳諸郡皆陷四月汾州刺史李瑭謀叛納款于汴嗣昭討之三日而拔斬瑭是月汴人初得蒲絳乃大舉諸道之師來逼太原汴將葛從周陷承天軍氏叔琮營洞渦驛太原四面汴軍雲合武皇憂迫計無從出嗣昭朝夕選精騎分出諸門掩擊汴營左俘右斬或燔或擊汴軍疲于奔命又屬霖雨軍多足腫腹疾糧運不繼五月氏叔琮引退嗣昭以精騎追之汴軍委棄輜重兵仗萬計六月嗣昭出師陰地攻慈隰降其刺史唐禮張瓌是時天子在鳳翔汴人攻圍有密詔徵兵十一月嗣昭出師晉絳屯吉上堡遇汴將王友通于平陽一戰擒之明年正月嗣昭進兵蒲縣十八日汴將朱友寧氏叔琮將兵十萬來拒二十八日梁祖自率大軍至平陽嗣昭之師大恐三月十一日有白虹貫周德威之營候者云不利宜班師翌日氏叔琮犯德威之營汴軍十餘萬列陣四合德威嗣昭血戰解之乃保軍而退汴軍因乘之時諸將潰散無復部伍德威引騎循西山而遁朱友寧乘勝陷慈隰汾等州武皇聞其敗也遣李存信率牙兵至清源應接復爲汴軍所擊汴軍營于晉祠嗣昭德威收合餘衆登城拒守汴人治攻具于西北隅四面營柵相望時鎮州河中皆爲梁有孤城

無援師旅敗亡武皇晝夜登城憂不遑食召諸將欲出保雲州嗣昭曰王勿爲此謀兒等苟存必能城守李存信曰事勢危急不如且入北蕃別圖進取朱溫兵師百萬天下無敵關東河北受他指揮今獨守危城兵亡地蹙儻彼築室反耕環壍深固則亡無日矣武皇將從之嗣昭亟爭不可猶豫未決賴劉太妃極言于內武皇且止數日亡散之衆復集嗣昭晝夜分兵四出斬將搴旗汴將保守不暇二十一日朱友寧燒營退去嗣昭追擊復收汾慈隰等州五月雲州都將王敬暉據城叛振武石善友亦爲部將契苾讓所逐嗣昭皆討平之天祐三

年汴人攻滄景劉仁恭遣使求援十一月嗣昭合燕軍三萬進攻潞州降丁會武皇乃以嗣昭爲昭義節度使案舊唐書天祐三年十二月戊辰李克用與幽州之衆同攻潞州全忠守將丁會以澤潞降太原克用以其子嗣昭爲留後甲戌全忠燒長蘆營旋軍聞潞州陷故也考嗣昭本克柔養子舊唐書以爲武皇子殊誤始嗣昭未到之前上黨有占者見一人家舍上常有氣如車蓋視之但一貧媪而已占者謂媪有子乎曰有見爲軍士出戍于外占者心異之以爲其子將來有土地之兆也未幾丁會既降嗣昭領兵入潞以媪家四面空缺乃駐于是舍丁會既歸太原武皇遣使命嗣昭爲帥乃自媪舍而入理所其氣尋息聞者異之四年六月汴將

李思安將兵十萬攻潞州乃築夾城深溝高壘內外重複飛走路絕嗣昭撫循士衆登城拒守梁祖馳書說誘百端嗣昭焚其僞詔斬其使者城中固守經年軍民乏絕含鹽炭自生以濟貧民嗣昭嘗享諸將登城張樂賊矢中足嗣昭密拔之坐客不之覺酣飲如故以安衆心五年五月莊宗敗汴軍破夾城嗣昭知武皇棄世哀慟幾絕時大兵攻圍歷年城中士民飢死大半廛里蕭條嗣昭緩法寬租勸農務穡一二年間軍城完集三面鄰於敵境寇鈔縱横設法枝梧邊鄙不聳胡柳之戰周德威戰沒師無行列至晚方集汴人四五萬登無石山我軍懼形于色或請收軍保營詰旦復戰嗣昭曰賊無營壘去臨濮地遠日已晡晚皆有歸心但以精騎逗撓無令返旆晡後追擊破之必矣我若收軍拔寨賊人入臨濮俟彼整齊復來即勝負未決莊宗曰非兄言幾敗吾事軍校王建及又陳方畧嗣昭與建及分兵於土山南北爲犄角汴軍懼下山因縱軍擊之俘斬三萬級由是莊宗之軍復振十六年嗣昭代周德威權幽州軍府事九月以李紹宏代嗣昭出薊門百姓號泣請留截鐙惜別嗣昭夜遁而歸十七年六月嗣昭自德勝歸藩莊宗帳餞於戚城莊宗酒酣泣而言曰河朔生靈十年饋輓

引領鶴望俟彼破汴軍令賦不充寇孽猶在坐食軍賦有愧蒸民嗣昭曰臣忝急難之地每一念此寢不安席大王且持重謹守惠養士民臣歸本藩簡料兵賦歲末春首即舉衆復來莊宗離席拜送如家人禮是月汴將劉鄩攻同州朱友謙告急嗣昭與李存審援之九月破汴軍于馮翊乃班師十九年莊宗親征張文禮于鎮州冬契丹三十萬奄至嗣昭從莊宗擊之敵騎圍之數十重良久不解嗣昭號泣赴之引三百騎橫擊重圍馳突出沒者數十合契丹退翼莊宗而還是時閻寶爲鎮人所敗退保趙州莊宗命嗣昭代寶攻眞定七月二十四

日王處球之兵出至九門嗣昭設伏于故營賊至發伏擊之殆盡餘三人匿于牆墟間嗣昭環馬而射之爲賊矢中胸嗣昭箙中矢盡拔賊矢于胸射賊一發而殪之嗣昭日暮還營所傷血流不止是夜卒嗣昭節制澤潞官自司徒太保至侍中中書令莊宗即位贈太師隴西郡王長興中詔配饗莊宗廟庭嗣昭有子七人長曰繼儔澤州刺史次繼韜繼忠繼能繼襲繼遠皆夫人楊氏所生（案嗣昭有子七人薛史僅言其六歐陽史仍薛史之舊據繼韜附傳有弟繼達合數之恰得七人也）楊氏治家善積聚設法販鬻致家財百萬（永樂大典卷一萬三百八十九）

繼韜小字留得少狡獪無賴嗣昭既卒莊宗詔諸子扶喪歸太原襄事諸子違詔以父牙兵數千擁喪歸潞莊宗令李存渥馳騎追諭兄弟俱忿欲害存渥存渥遁而獲免繼韜兄繼儔嗣昭長嫡也當襲父爵然柔而不武方在苫廬繼韜詐令三軍劫己爲留後囚繼儔于別室以事聞奏莊宗不得已命爲安義軍兵馬留後時軍前糧餉不充租庸計度請潞州轉米五萬貯于相州繼韜辭以經費不足請轉三萬有幕客魏琢牙將申蒙者因入奏公事每摭陰事報繼韜云朝廷無人終爲河南吞噬正遲速間耳由是陰謀叛計內官張居翰時爲昭義監軍莊宗將即位詔赴鄴都潞州節度判官任圜時在鎭州亦奉詔赴鄴魏琢申蒙謂繼韜曰國家急召此二人情可知矣弟繼遠年十五六謂繼韜曰兄有家財百萬倉儲十年宜自爲謀莫受人所制繼韜曰定哥以爲何如曰申蒙之言是也河北不勝河南不如與大梁通盟國家方事之殷焉能討我無如此算乃令繼遠將百餘騎詐云于晉絳擒生遂至汴梁主見之喜因令董璋將兵應接營于潞州之南加繼韜同平章事改昭義軍爲匡義軍繼韜令其愛子二人入質于汴及莊宗平河南繼韜惶恐計無所出將脫身于契丹會有詔赦之乃

齎銀數十萬兩隨其母楊氏詣闕冀以賂免將行其弟繼遠曰兄往與不往利害一也以反爲名何面更見天下不如深溝峻壁坐食積粟尚可苟延歲月往則亡無日矣或曰君先世有大功于國主上季父也弘農夫人無恙保獲萬全及繼韜至厚賂宦官伶人言事者翕然稱留後本無惡意姦人惑之故也嗣昭親賢不可無嗣楊夫人亦于宮中哀訴劉皇后后每于莊宗前泣言先人之功以動聖情由是原之在京月餘屢從畋遊寵待如故李存渥深訶詆之繼韜心不自安復賂伶閹求歸本鎭莊宗不聽繼韜潛令紀綱書諭繼遠欲軍城更變

望天子遣已安撫事泄斬于天津橋南二子亂年質于汴莊宗收城得之撫其背曰爾幼如是猶知能佐父造反長復何爲至是亦誅仍遣使往潞州斬繼遠函首赴闕命繼儔權知軍州事繼達充軍城巡檢未幾詔繼儔赴闕時繼儔以繼韜所畜婢僕玩好之類悉爲已有每日料選算校不時上路繼達怒謂人曰吾仲兄被罪父子誅死大兄不仁略無動懷而便烝淫妻妾詬責貨財慙耻見人生不如死繼達服縗麻引數百騎坐于戟門呼曰爲我反乎即令人斬繼儔首投于戟門之內副使李繼珂聞其亂也募市人千餘攻子城門繼達登城樓

舊五代史卷五十二　列傳　八

知事不濟啟子城東門至其第盡殺其孥得百餘騎出潞城門將奔契丹行不十里麾下奔潰自剄于路隅天成初繼能爲相州刺史母楊氏卒于太原繼能繼襲奔喪行服繼能笞掠母主藏婢責金銀數因笞至死家人告變言聚甲爲亂繼能繼襲皆伏誅嗣昭諸子自相屠害幾于滅盡惟繼忠一人僅保其首領焉（永樂大典卷一萬三百八十九）

裴約潞州之舊將也初事李嗣昭爲親信及繼韜之叛約方戍澤州因召泣而諭之曰余事故使已餘二紀每見分財享士志在平讎不幸薨歿今郎君父喪未葬即背君親余可傳刃自殺不能送死與人眾感泣既而梁以董璋爲澤州刺史率眾攻城約拒之久之告急于莊宗莊宗知其忠懇謂諸將曰朕于繼韜何薄于裴約何厚裴約能分逆順不附賊黨先兄一何不幸生此鴟梟乃顧李紹斌曰爾識機便爲我取裴約來朕不藉澤州彈丸之地即遣紹斌率五千騎以赴之（案歐陽史作李存審據薛史莊宗紀亦作李紹斌疑歐陽史誤）紹斌自遼州進軍未至城已陷約被害時同光元年六月也帝聞之嗟痛不已（永樂大典卷一萬八千一百二十八）

李嗣本雁門人本姓張父準銅冶鎮將嗣本少事武皇爲帳中紀綱漸立戰功得補軍校乾甯中從征李匡儔爲前鋒與燕人戰得居庸關以功爲義兒軍使因賜

舊五代史卷五十二　列傳　九

姓名從討王行瑜受檢校刑部尚書改威遠甯塞等軍使五年討羅弘信于魏州嗣本爲前鋒師還改馬軍都將從李嗣昭討王暉于雲州論功加檢校司空汴將李思安之圍潞州也從周德威軍于余吾嗣本率騎軍日與汴人轉鬬前後獻俘千計遷代州刺史六年從攻晉絳爲蕃漢副使都校及武皇喪事有日嗣本監護其事改雲中防禦使雲蔚應朔等州都知兵馬使加特進檢校太保九年周德威討劉守光嗣本率代北諸軍生熟吐渾收山後八軍得納降軍使盧文進武州刺史高行珪以獻幽州平論功授振武節度使號威信可汗十二

年莊宗定魏博劉鄩據莘縣命嗣本入太原巡守都城十三年從破劉鄩于故元城收洺磁衛三城郡六月還鎭振武八月契丹案巴堅舊作阿保機今改正傾塞犯邊其衆三十萬攻振武嗣本嬰城拒戰者累日契丹爲火車地道晝夜急攻城中兵少禦備罄竭城陷嗣本舉族入契丹有子八人四人陷于幕庭嗣本性剛烈有節義善戰多謀然治郡民頗傷苛急人以此少之也永樂大典卷一萬三百八十九

李嗣恩本姓駱案歐陽史嗣恩本吐谷渾部人而薛史不載疑有闕文年十五能騎射侍武皇于振武及鎭太原補鐵林軍小校從征王行瑜奉表獻捷加檢校散騎常侍漸轉突陣指揮使賜

姓名天祐四年逐康懷英于河西解汾州之圍加檢校司空充左廂馬軍都將戰王景仁有功加檢校司徒救河中府與梁人接戰應弦斃者甚衆而稍中其口及退莊宗親視其傷深加慰勉轉內衙馬步都將遼州刺史十二年從莊宗入魏擊劉鄩有功轉天雄軍都指揮使劉鄩之北趨樂平也嗣恩襲之倍程先人晉陽時城中無備得嗣恩兵至人百其勇鄩聞其先過乃遁莘之戰以功轉代州刺史充石嶺關以北都知兵馬使稍遷振武節度使十五年追赴行在卒于太原天成初明宗敦念舊勳詔贈太尉有子二人長曰武八騎射推于軍中嘗有時輩臂鷹矜其搏擊武八持鳴鏑一隻賭其犄獲暮乃多之戰契丹于新州殁焉案遼史太祖紀二年三月合戰于新州東殺李嗣本之子武八考武八本嗣恩子而遼史以爲嗣本子蓋傳聞之誤幼曰從郎累爲行軍司馬永樂大典卷一萬三百八十九

史臣曰嗣昭以精悍勤勞佐經綸之業終歿王事得以爲忠然其後嗣皆不免于刑戮者何也蓋殖貨無窮多財累愚故也抑苟能以淸白遺子孫安有斯禍哉裴約以偏裨而效忠烈尤可貴也嗣本嗣恩皆以中涓之効參再造之功故可附于茲也永樂大典卷一萬三百八十九

舊五代史卷五十二終

舊五代史卷五十二攷證

唐列傳四李嗣昭傳初嗜酒　案歐陽史作初喜嗜酒與續纂誤云喜即嗜也疑脫喜字

武皇乃以嗣昭為昭義節度使　案舊唐書作太原李克用以其子嗣昭為留後攷嗣昭本克柔養子舊唐書以為武皇子殊誤

李繼韜傳命為安義軍兵馬留後　案通鑑注云後唐改昭義為安義蓋為嗣昭避諱也歐陽史仍作昭義

安巴堅舊作阿保機今改

舊五代史卷五十二攷證

舊五代史卷五十三

宋司空同中書門下平章事薛居正等撰

列傳第五　唐書二十九

李存信本姓張父君政回鶻部人也大中初隨懷化郡王李思忠內附因家雲中之合羅川存信通黠多數會四夷語別六蕃書善戰識兵勢初為獻祖親信從武皇入關平賊始補軍職賜姓名大順中屢遷至馬步都校與李存孝擊張濬軍于平陽時存孝驍勇冠絕軍中皆下之唯存信與爭功由是相惡有同水火及平定潞州存孝以功領節度使既而康君立授旄鉞存孝怒大剽潞民燒邑屋言發涕流疑存信擠已故也明年存孝得邢洺武皇與之節鉞存孝慮存信離間欲立大功以勝之屢請兵于武皇請兼并鎮冀存信間之不時許大順二年武皇大舉略地山東以存信為蕃漢馬步都校存孝聞之怒武皇令存質代之存孝乃謀叛既誅以存信為蕃漢都校從討李匡儔降赫連鐸白義誠以功檢校右僕射從入關討王行瑜加檢校司空領郴州刺史乾寧三年兗鄆乞師于武皇武皇遣存信營于莘縣與朱瑄合勢以抗梁人梁祖患之遣使謂羅弘信曰河東志在吞食河朔迴軍之日貴道堪憂而存信戢兵無法稍

侵魏之貂牧弘信怒翻然結于梁祖乃出兵三萬以攻存信存信斂衆而退爲魏人所薄委棄輜重退保洺州軍士喪失者十二三武皇怒大出師攻魏博屠陷諸邑五月存信軍于洹水汴將葛從周氏叔琮來援魏人存信與鐵林都將落落遇汴人于洹水南汴人爲陷馬坎以待之存信戰敗落落被擒九月存信敗葛從周于宗城乘勝至魏州之北門明年聞兗鄆皆陷乃班師八月從討劉仁恭師次安塞爲燕軍所敗武皇怒謂存信曰昨吾醉不悟賊至公不辨耶古三敗公始二矣存信懼泥首謝罪幾至不測自光化以後存信多稱病武皇以兵權授李嗣昭以存信爲右校而已天復二年十月以疾卒於晉陽時年四十一（永樂大典卷一萬三百八十九）

李存孝本姓安名敬思（案新唐書存孝飛狐人與歐陽史同薛史闕載）少于俘囚中得隸紀綱給事帳中及壯便騎射驍勇冠絕常將騎爲先鋒未嘗挫敗從武皇救陳許逐黃寇及遇難上源每戰無不克捷張濬之加兵于太原也潞州小校馮霸殺其將李克恭以城叛時汴將朱崇節入潞州梁祖令張全義攻澤州李罕之告急于武皇武皇遣存孝率騎五千援之初汴人攻澤州呼罕之曰相公常恃太原輕絕大國今張相公圍太原葛司空已入潞府旬日之內沙陀無穴自處相公何路求生耶存孝聞其言不遜選精騎五百繞汴營呼曰我沙陀求穴者俟爾肉餧軍可令肥者出鬬汴將有鄧季筠者亦以驍勇聞乃引軍戰存孝激勵部衆舞矟先登一戰敗之獲馬千匹生擒季筠于軍中是夜汴將李讜收軍而遁存孝追擊至馬牢山俘斬萬計遂退攻潞州時朝廷命京兆尹孫揆爲昭義節度使令供奉官韓歸範送旌節至平陽揆乃仗節之潞梁祖與揆牙兵三千爲紀綱時揆爲張濬副招討所部萬人八月自晉絳踰刀黃嶺趨上黨存孝引三百騎伏于長子西崖間揆褒衣大蓋擁衆而行俟其軍前後不屬存孝出騎橫擊之擒揆與歸範及俘四五百獻于太原存孝乃急攻潞州九月葛從周棄城夜遁存孝收城武皇乃表康君立爲潞帥存孝怒不食者累日十月存孝引收潞州之師圍張濬于平陽營于趙城華州韓建遣壯士三百夜犯其營存孝諜知設伏以擊之盡殪進壓晉州西門獲賊三千自是閉壁不出存孝引軍攻絳州十一月刺史張行恭棄城而去張濬韓建亦由含口而遁存孝收晉絳以功授汾州刺史大順二年三月邢州節度使安知建叛入汴軍武皇令存孝定邢洺因授之節鉞時幽州李匡威與鎮州王鎔屢弱中山

將中分其疆土定州王處存求援于武皇武皇命存孝侵鎭趙之南鄙又令李存信李存審率師出井陘以會之併軍攻臨城柏鄉李匡威救至且議旋師李存信與存孝不協因搆于武皇言存孝望風退衄無心擊賊恐有私盟也存孝知之自恃戰功鬱鬱不平因致書通王鎔又歸款于汴（案舊唐書以存孝據邢州爲大順元年事考存孝至大順二年始領邢州節鉞在元年無由得據邢州也舊唐書蓋因平潞州事而牽連書之耳新唐書與歐陽史並從薛史）明年武皇自出井陘將逼眞定存孝面見王鎔陳機武皇暴怒誅先獲汴將安康八方旋師七月復出師討存孝自縛馬關東下攻平山渡滹水擊鎭州四關城王鎔懼遣使

乞平請以兵三萬助擊存孝許之（新唐書王鎔失幽州助因乞盟進幣五十萬歸糧二十萬請出兵助討存孝）武皇蒐于欒城李存信屯琉璃坡九月存孝夜犯存信營奉誠軍使孫考老被獲存信軍亂武皇進攻邢州深溝高壘以環之旋爲存孝衝突溝塹不成有軍校袁奉韜者密令人謂存孝曰大王俟塹成卽歸太原如塹壘未成恐無歸志尙書所畏唯大王耳料諸將孰出尙書右王若西歸雖限以黃河亦可浮渡況咫尺之溝安能沮尙書鋒銳哉存孝然之縱兵成塹居旬日深溝高壍飛走不能及由是存孝至敗城中食盡乾寧元年三月存孝登城首罪泣訴于武皇曰兒蒙王深恩位至將帥苟非讒慝離間曷欲捨父子之恩轉附仇讎之黨兒雖褊狹設計實存信搆陷至此若得生見王面一言而死誠所甘心武皇憫之遣劉太妃入城慰勞太妃引來謁見存孝泥首請罪曰兒立微勞本無顯過但被人中傷申明無路迷昧至此武皇叱之曰爾與王鎔書狀罪我萬端亦存信教耶縶歸太原車裂于市然武皇深惜其才存孝每臨大敵被重鎧櫜弓坐矟僕人以二騎從陣中易騎輕捷如飛獨舞鐵撾挺身陷陣萬人辟易蓋古張遼甘寧之比也存孝死武皇不視事旬日私憾諸將久之（永樂大典卷一萬三百八十九）

李存進振武人本姓孫名重進（案歐陽史太祖破朔州得之賜以姓名養爲子）父佺世吏單于府（案九國志孫漢昭傳云祖昉嵐州刺史父存進振武軍節度使據薛史則存進父自名佺未嘗爲刺史與九國志異）重進初仕嵐州刺史湯羣爲部校獻祖誅羣乃事武皇從入關還鎭太原署牙職景福中爲義兒軍使賜姓名從討王行瑜以功授檢校常侍與李嗣昭同破王珙于河中光化三年契丹犯塞寇雲中改永州軍使雁門以北都知兵馬使天復初破氐叔琮前軍于洞渦三年授石州刺史莊宗初嗣位入爲步軍右都檢校司空師出井陘授行營馬軍都虞候破汴軍于柏鄉論功授邠州刺史轉檢校司徒俄兼西南面行

營招討使出師收慈州授慈沁二州刺史十二年定魏博授天雄軍都巡按使時魏人初附有銀槍効節軍强傑難制專謀騷動存進沈厚果斷犯令者梟首屍于市諸軍無不惕息靡然向風十四年權蕃漢馬步副總管從攻楊劉戰胡柳十六年以本職兼領振武節度使時王師據德勝渡汴軍據楊村渡在上流汴人運洛陽竹木造浮橋以濟軍王師以舩渡緩急難濟存進率意欲造浮橋軍吏曰河橋須竹笮大艑兩岸石倉鐵牛以爲固今無竹石切慮難成存進曰吾成算在心必有所立乃課軍造葦竹笮維太艦數十艘作土山植巨木于岸

以纜之初軍中以爲戲月餘橋成制度條直人皆服其勤智莊宗舉酒曰存進吾之杜預也賜寶馬御衣進檢校太保兼魏博馬步都將與李存審圖德勝十九年汴將王瓚率衆逼北城爲地穴火車百道進攻存進隨機拒應或經日不得食汴軍退加檢校太傅王師討張文禮于鎮州閻寶李嗣昭相次不利而歿七月存進代嗣昭爲招討進營東垣渡夾滹沲爲壘沙土散惡垣壁難成存進斬伐林樹版築旬日而就賊不能寇九月王處球盡率其衆乘其無備奄至壘門存進聞之得部下數人出鬭鏖賊于橋下俄而賊大至後軍不繼血戰而歿時年六十六同光時贈太尉存進行軍出師雖無奇迹然能以法繩其驕放營壘守戰之備特推精力議者稱之有子四人長曰漢韶（永樂大典卷一萬三百八十九）

漢韶字亨天幼有器局風儀峻整初事莊宗爲定安軍使遷河東牢城指揮使時孟知祥權知太原軍府事會契丹侵北鄙表令漢韶率師進討旣而大破契丹以功加檢校右僕射同光中爲蔡州刺史天成初復姓孫氏尋授彰國軍留後累加檢校太保長興中爲洋州節度使末帝之起于鳳翔也漢韶與興元張虔釗各帥部兵會王師于岐山下及西師俱叛漢韶逃歸本鎮（案九國志閔帝

嗣位加特進漢韶以其父名上表讓之改檢校左僕射制曰改會稽之字抑有前文換環寶之文非無故事）聞末帝卽位心不安乃與張虔釗各舉其城送款于蜀洎至成都孟知祥以漢韶舊人尤善待之（案九國志漢韶與知祥敘汾上舊事及洛中更變相對感泣知祥曰豐沛故人相遇于此何樂如之于是賜第宅金帛供帳什物悉官給之）僞命永平軍節度使孟昶嗣僞位歷興元遂州兩鎮連帥累僞官至中書令封樂安郡王年七十餘卒于蜀（永樂大典卷一萬八千二十八）

李存璋字德璜雲中人武皇初起雲中存璋與康君立薛志勤等爲奔走交從入關以功授國子祭酒累管萬勝雄威等軍從討李匡儔改義兒軍使光化二年授澤

州刺史入爲牢城使從李嗣昭討雲州叛將王暉平之改教練使檢校司空五年武皇疾篤召張承業與存璋授遺顧存璋爰立莊宗夷內難頗有力焉改河東馬步都虞候兼領鹽鐵初武皇稍寵軍士藩部人多干擾鄽市肆其豪奪法司不能禁莊宗初嗣位銳于求理存璋得行其志抑強扶弱誅其豪首期月之間紀綱大振弭羣盜務耕稼去奸宄息倖門當時稱其材幹從破汴軍于夾城轉檢校司徒柏鄉之役爲三鎭排陣使十一年從盟朱友謙于猗氏受汾州刺史汴將尹皓攻慈州逆戰敗之十三年王檀逼太原存璋率汾州之軍入城固守授大同防禦使應蔚朔等州都知兵馬使秋契丹攻蔚州拔巴堅舊作阿保機今改正遣使馳木書求賂存璋斬其使契丹逼雲州存璋據守城中有古鐵車乃鎔爲兵仗以給軍士敵退以功加檢校太傅大同軍節度使應蔚等州觀察使十九年四月以疾卒于雲州府第同光初追贈太保平章事晉天福初追贈太師有子三人彥球爲裨校戰歿于鎭州永樂大典卷一萬三百八十九

李存賢字子良本姓王名賢許州人祖啟忠父倕賢少遇亂入黃巢軍武皇破賊陳許存賢來歸景福中典義兒軍爲副兵馬使因賜姓名天祐三年從周德威赴援

上黨營于交口五年權知蔚州刺史以禦吐渾六年權沁州刺史先是州當賊境不能保守乃于州南五十里據險立柵爲治所已歷十餘年矣存賢至郡乃移復舊郡剗闢荆棘特立廨舍州民完集莊宗嘉之轉檢校司空眞拜刺史九年汴人乘其無備來攻其城存賢擊退之十一年授武州山北團練使十二年移刺慈州七月汴將尹皓攻州城存賢督軍據戰汴軍攻擊百端月餘遁去十八年河中朱友謙來求援命存賢師赴之十九年汴將段凝軍五萬營臨晉蒲人大恐咸欲歸汴或問于存賢曰河中將士欲拘公降于汴存賢曰吾奉命河中死王事固其所也汴軍退以功加檢校司徒同光初授右武衞上將軍十一月入覲洛陽二年三月幽州李存審疾篤求入覲議擇帥代之方內宴莊宗曰吾披榛故人零落殆盡所存者存審耳今復褁疾北門之事知付何人因目存賢曰無易于卿即日授特進檢校太保充幽州盧龍節度使五月到鎭時契丹強盛城門之外烽塵交警一日數戰存賢性忠謹周愼晝夜戒嚴不遑寢食以至憂勞成疾卒于幽州時年六十五詔贈太傅存賢少有材力善角觝初莊宗在藩邸每宴私與王郁角觝鬬勝王郁頻不勝莊宗自矜其能謂存賢曰與爾

一博如勝賞爾一郡卽時角觝存賢勝得蔚州刺史永樂大典卷一萬三百八十九 按存賢蔚州刺史在天祐五年蓋因角觝而得郡也歐陽史改薛史賞爾一郡爲與爾一鎭以爲盧龍節度使殊非實事

史臣曰昔武皇之起于并汾也會鹿走于中原期龍戰于大澤蓄驍果之士以備鷹犬之用故自存信而下皆錫姓以結其心授任以責其效與夫董卓之蓄呂布亦何殊哉惟存孝之勇足以冠三軍而長萬夫苟不爲叛臣則可謂良將矣永樂大典卷一萬三百八十九

舊五代史卷五十三終

舊五代史卷五十三攷證

唐列傳五李存信傳李存信本姓張 案梁紀作張污落蓋本名污落賜名存信

李存孝傳位至將帥 案歐陽史作位至將相吳縝纂誤云存孝本傳止爲邢州留後未嘗爲平章事何故云位至將相耶

李存賢傳李存賢字子良本姓王名賢許州人祖啟忠父惲 案九國志李奉虔傳奉虔太原人本姓王氏祖欽唐隰州刺史父存賢佐唐武皇累著功賜姓李氏攷是書作許州人又作父惲不載其官爵與九國志異

十八年河中朱友謙來求援 案吳縝纂誤據梁末帝紀及莊宗本紀當作十七年

汴軍退 案歐陽史作擊走梁兵吳縝纂誤云朱友謙符存審劉鄩傳載鄩討友謙存審救之而鄩敗其事始末甚明無存賢擊走梁兵之事況大將自是存審安得隱其姓而存賢獨有功乎今攷是書止作汴軍退不言存賢擊退較歐陽史爲得其實

卽日授特進檢校太保充幽州盧龍節度使 案九國志梁人攻上黨莊宗親總大軍以援之存賢先登陷

敵以功授盧龍軍節度使與是書異

舊五代史卷五十三攷證

舊五代史卷五十四

宋司空同中書門下平章事薛居正等撰

列傳第六　唐書三十

王鎔其先回鶻部人也遠祖没諾干唐至德中事鎮州節度使王武俊爲騎將武俊嘉其勇幹畜爲假子號王五哥其後子孫以王爲氏四代祖廷湊事鎮帥王承宗爲牙將長慶初承宗卒穆宗命田弘正爲成德軍節度使既而鎮人殺弘正推廷湊爲留後朝廷不能制因以旄鉞授之廷湊卒子元逵尚文宗女壽安公主元逵卒子紹鼎立紹鼎卒子景崇立（案新唐書藩鎮傳紹鼎卒子幼未能事以元逵次子紹懿爲留後紹懿卒乃復授紹鼎子景崇與薛史異）皆世襲鎮州節度使並前史有傳景崇位至太尉中書令封常山王中和二年卒鎔即景崇之子也年十歲三軍推襲父位大順中武皇將李存孝旣平邢洺因獻謀于武皇欲兼并鎮定乃連年出師以擾鎮之屬邑鎔苦之遣使求救于幽州（舊唐書云時天子蒙塵九州鼎沸河東節度使李克用虎視山東方謀吞據鎔以重賂結納請以修和好晉軍討孟方立于邢州鎔常奉以芻糧及方立平晉將李存孝侵鎔南部鎔求援于幽州）自是燕帥李匡威頻出軍以爲鎔援時匡威兵勢方盛以鎔沖弱將有窺圖之志景福二年春匡威帥精騎數萬再來赴援會匡威弟匡儔奪據兄位匡威退無路鎔乃延入府第館于寶

壽佛寺鎔以匡威因己而失國又感其援助之力事之
如父五月鎔謁匡威于其館匡威陰遣部下伏甲刼鎔
挹持之鎔曰公戒部人勿造次吾國爲晉人所侵垂將
覆滅賴公濟援之力幸而獲存今日之事本所甘心卽
並轡歸府舍鎔軍拒之竟殺匡威鎔本疏瘦時年始十
七當與匡威並轡之時雷雨驟作屋瓦皆飛有一人于
缺垣中望見鎔鎔就之遽挾于馬上肩之而去翌日但
覺項痛頭偏蓋因爲有力者所挾不勝其苦故也旣而
訪之則曰墨君和乃鼓刀之士也遂厚賞之太平廣記引劉氏耳目記云眞定墨君和幼名三旺眉目稜岸肌膚若鐵年十五六趙王鎔初卽位曾見之悅而問曰此中何得崑嵛兒也問其姓與形質相應卽呼爲壘崑嵛因以阜衣賜之是時常山縣邑屢爲并州中軍所侵掠趙之將卒疲于戰敵告急于燕王李匡威率師五萬來救之并人攻陷數城燕王聞之躬領五萬騎徑與晉師戰于元氏晉師敗績趙王感燕王之德椎牛灑酒大犒于稾城輦金二十萬以謝之燕王歸國比及境上爲其弟匡儔所拒又趙人以其有德于我遂營東圃以居之燕王自以失國又見趙王之幼乃圖之遂伏甲俟趙王旦至卽使擒之趙王請曰某承先代基構主此山河每被鄰寇侵漁困于守備賴大王武略累挫戎鋒獲保宗祧實資恩力顧惟幼儒夙有卑誠望不匆匆可伸交讓願與大王同歸衙署卽軍府必不拒違燕王以爲然遂與趙王並轡而進俄有大風并黑雲起于城上大雨雷電至東角門內有勇夫袒臂旁來拳毆燕之介士卽挾負趙王踰垣而走遂得歸公府問其姓名君和恐其難記但言曰硯中之物王心志之左右軍士旣見主免難遂逐燕王燕王退走于東圃趙人圍而殺之趙王召壘生以千金賞之兼賜上第一區良田萬畝仍恕其十死奏授光祿大夫
鎔旣失燕之援會武皇出師以逼眞定鎔遣使謝罪

出絹二十萬匹及具牛酒犒軍自是與鎔修好如初洎
梁祖兼有山東虎視天下鎔卑詞厚禮以通和好新唐書羅紹威諷鎔絕太原共尊全忠鎔依違全忠不悅光化三年秋梁祖將吞河朔乃
親征鎭定縱其軍燔鎭之關城鎔謂賓佐曰事急矣謀
其所向判官周式者有口辯出見梁祖梁祖盛怒逆謂
式曰王令公朋附并汾違盟爽信敝賦業已及此期于
無捨式曰公爲唐室之桓文當以禮義而成霸業反欲
窮兵黷武天下其謂公何新唐書李嗣昭攻洺州全忠自將擊走之得鎔與嗣昭書全忠怒引軍攻鎔周式請見全忠全忠卽出書示式曰嗣昭在者宜速遣式曰王公所與和者息人鋒鏑耳況繼奉天子詔和解能一番紙墜北路平太原與趙本無恩嗣昭庸肯入耶梁祖喜引式袂
而慰之曰前言戲之耳卽送牛酒貨幣以犒軍式請鎔
子昭祚及大將梁公儒李弘規子各一人往質于汴梁
祖以女妻昭祚及梁祖稱帝鎔不得已行其正朔其後
梁祖常慮河朔悠久難制會羅紹威卒因欲除移鎭定
先遣親軍三千分據鎔深冀二郡以鎭守爲名又遣大
將王景仁李思安帥師七萬營于柏鄉鎔遣使告急莊
宗莊宗命周德威率師應之鎔復奉唐朝正朔稱天祐
七年及破梁軍于高邑我軍大振自是遣大將王德明
率三十七都從莊宗征伐收燕降魏皆預其功然鎔未
嘗親軍遠出八年七月鎔至承天軍與莊宗同宴合盟

奉觴獻壽以申感慨莊宗以鎔父友曲加敬異爲之聲歌鎔亦報之謂莊宗爲四十六舅中飲莊宗抽佩刀斷衿爲盟許女妻鎔子昭誨因茲堅附于莊宗矣鎔自幼聰悟然仁而不武征伐出于下特以作藩數世專制四州高屏塵務不親軍政多以閹人秉權出納決斷悉聽所爲皆雕廡第舍崇飾園池植奇花異木遞相誇尚人士皆褒衣博帶高車大蓋以事嬉遊藩府之中當時爲盛（案新唐書云鎔母何有婦德訓鎔嚴至母亡鎔始黷貨財此事薛史不載）鎔宴安既久惑于左道專求長生之要常聚緇黃合鍊仙丹或講說佛經親授符籙西山多佛寺又有王母觀鎔增置館宇雕飾土木道士王若訥者誘鎔登山臨水訪求仙迹每一出數月方歸百姓勞弊王母觀石路既峻不通輿馬每登行僕妾數十人維錦繡牽持而上有閹人石希蒙者姦寵用事爲鎔所嬖恆與之臥起天祐十八年冬十二月鎔自西山迴宿于鶻營莊將歸府第希蒙勸之他所宦者李弘規謂鎔曰方今晉王親當矢石櫛沐風雨王殫供軍之租賦爲不急之遊盤世道未夷人心多梗久虛府第遠出遊從如樂禍之徒翻然起變拒門不納則王欲何歸鎔懼促歸希蒙譖弘規專作威福多畜猜防鎔由是復無歸志弘規聞之怒使親事偏將蘇漢衡率

兵環甲至鎔前抽戈露刃謂鎔曰軍人在外已久願從王歸弘規進曰石希蒙說王遊從勞弊士庶又結構陰邪將爲大逆臣已偵視情狀不虛請王殺之以除禍本鎔不聽弘規因命軍士聚譟斬希蒙首抵于前鎔大恐遂歸是日令其子昭祚與張文禮以兵圍李弘規及行軍司馬李藹宅並族誅之詿誤者凡數十家又殺蘇漢衡收部下偏將下獄窮其反狀親軍皆恐復不時給賜眾益懼文禮因其反側密諭之曰王此夕將坑爾曹宜自圖之眾皆掩泣相謂曰王待我如是我等焉能効忠是夜親軍十餘人自子城西門踰垣而入鎔方焚香授籙軍士二人突入斷其首袖之而出遂焚其府第煙焰亘天兵士大亂鎔姬妾數百皆赴水投火而死軍校有張友順者率軍人至張文禮之第請爲留後遂盡殺王氏之族鎔于昭宗朝賜號敦睦保定久大功臣位至成德軍節度使守太師中書令趙王梁祖加尚書令初鎔之遇害不獲其屍及莊宗攻下鎮州鎔之舊人于所焚之府第灰間方得鎔之殘骸莊宗命幕客致祭葬于王氏故塋鎔長子昭祚亂之翌日張文禮索之斬于軍門次子昭誨當鎔被禍之夕昭誨爲軍人攜出府第置之地穴十餘日乃髡其髮被以僧衣屬湖南綱官李震南

還軍士以昭誨託于震震置之于茶褚中旣至湖湘乃令依南嶽寺僧習業歲給其費昭誨年長思歸震卽齎送而還時鎔故將符習爲汴州節度使會昭誨來投卽表其事曰故趙王王鎔小男昭誨年十餘歲遇禍爲人所匿免今尙爲僧名崇隱謹令赴闕明宗賜衣一襲令脫僧服頃之昭誨稱前成德軍中軍使檢校太傅詣中書陳狀特授朝議大夫檢校考功郎中司農少卿賜金紫符習因以女妻之其後累歷少卿周顯德中遷少府監永樂大典卷一萬八千一百二十八

王處直 案薛史王處直傳永樂大典止存王都廢立之事而處直事缺佚今考舊唐書列傳云處直字允明處存母弟也初爲定州後院軍都知兵馬使汴人入寇處存拒

戰不利而退三軍大譟推處直爲帥乃權知留後事汴將張存敬攻城梯衝雲合處直登城呼曰敝邑于朝廷未嘗不忠于藩鄰未嘗失禮不虞君之涉吾地何也朱溫使人報之曰何以附太原而弱鄰道處直報曰吾兄與太原同時立勳王室地又親鄰修好往來常道也請從此改圖溫許之仍歸罪于孔目吏梁問出絹十萬疋牛酒以犒汴軍存敬修盟而退溫因表授旄鉞檢校左僕射天祐元年加太保封太原王後仕僞梁授北平王檢校太尉不數歲復歸于莊宗後十餘年爲其子都廢歸私第尋卒年六十一 都本姓劉小字雲郎中山陘邑人也初有妖人李應之得于村落間養爲已子及處直有疾應之以左道醫之不久病間處直神之待爲羽人始假幕職出入無間漸署爲行軍司馬軍府之事咸取決焉處直時未有子應之以都遺于處直曰此子生而有異因是都得爲處直之子其後應之閲白丁于管内別置新軍起第于博陵坊面開一門動皆鬼道處直信重曰隆將校相慮變在朝夕欲先事爲難會燕師假道伏甲于外城以備不虞昧旦入郛諸校因引軍以圍其第應之死于亂兵咸云不見其屍衆不解甲乃逼牙帳請殺都處直堅靳之久乃得免翌日賞勞籍其兵于臥内自隊長以上記于別簿漸以佗事孥戮迨二十年別簿之記畧無孑遺都旣成長總其兵柄奸詐巧佞生而知之處直愛養漸有付託意時處直諸子尚幼乃以都爲節度副大使王郁者亦處直之孼子也 案以下有闕文 天祐十三年莊宗親征鎭州敗契丹于沙河

明年正月乘勝追敵過定州都馬前奉迎莊宗幸其府第曲宴都有愛女十餘歲莊宗與之論婚許爲皇子繼岌妻之自是恩寵特異奏請無不從同光三年莊宗幸鄴都都來朝覲留宴旬日錫賚鉅萬遷太尉侍中時周玄豹見之曰形若鯉魚難免刀匕及明宗嗣位加中書令然以其奪據父位心深惡之初同光中祁易二州刺史都奏部下將校爲之不進戸口租賦自贍本軍天成初仍舊旣而安重誨用事稍以朝政釐之時契丹犯塞諸軍多屯幽易間大將往來都陰爲之備屢廢迎送漸成猜間和昭訓爲都籌畫曰主上新有四海其勢易離

可圖自安之計會朱守殷據汴州反鎭州節度使王建立與安重誨不協心懷怨嫉都陰知之乃遣人說建立謀叛建立僞許之密以狀聞都又與靑徐岐潞梓五帥蠟書以離間之三年四月制削都在身官爵遣宋州節度使王晏球率師討之都急與王郁謀引契丹爲援洎王師攻城契丹伊塔納（舊作禿餒禿餒作伊塔利今作託諾今改正）率騎萬人來援都與契丹合兵大戰于嘉山爲王師所敗惟塔納以二千騎奔入定州都仗之守城呼爲諾王屈身懸懇冀其盡力孤壘周年亦甚有備諸校或思歸嚮以其訪察嚴密殺人相繼人無宿謀故數搆不就都好聚圖書自

常山始破梁國初平令人廣將金帛收市以得爲務不責貴賤書至三萬卷名畫樂器各數百皆四方之精妙者萃于其府四年三月晏球拔定州時都校馬讓能降于曲陽門都巷戰而敗奔馬歸于府第縱火焚之府庫妻孥一夕俱盡惟擒塔納并其男四人弟一人獻于行在李繼陶者莊宗初畧地河朔俘而得之收養于宮中故名曰得得天成初安重誨知其本末付段徊養之爲兒徊知其不稱許其就便王都素蓄異志潛取以歸呼爲莊宗太子及都叛遂僭其服裝時俾乘墉欲惑軍士人咸知其僞競詬辱之城陷晏球獲之拘送于闕下行至邢州遣使戮焉（永樂大典卷六千八百五十）

史臣曰王鎔據鎭冀以稱王治將數世處直分易定以爲帥亦旣重侯一則惑佞臣而覆其宗一則嬖孽子而失其國其故何哉蓋貴富斯久仁義不修目眩于妖妍耳惑于絲竹故不能防奸于未兆察禍于未萌相繼敗亡又誰咎也（永樂大典卷六千八百五十）

舊五代史卷五十四終

舊五代史卷五十四攷證

自是燕帥李匡威頻歲出軍以爲鎔援 案太平廣記引劉氏耳目記趙王鎔方在幼冲而燕軍寇北鄙王選將拒之有勇士陳力劉幹投刺軍門願以五百人嘗寇翼日力卒于鋒刃之下幹唱凱而還據是書鎔方以燕帥爲援未嘗與燕軍戰疑耳目記傳聞之誤

館于寶壽佛寺 案歐陽史作館于梅子園

和昭訓爲都籌畫 和昭訓宋史趙上交傳作和少微

都又與青徐岐潞梓五帥蠟書以離間之 案通鑑作青徐潞益梓五帥胡三省注云是時青帥霍彥威徐

帥房知温潞帥毛璋益帥孟知祥梓帥董璋是書有岐帥而無益帥與通鑑異歐陽史從是書

托諾舊作禿餒今改

舊五代史卷五十四攷證

舊五代史卷五十五

宋司空同中書門下平章事薛居正等撰

列傳第七 唐書三十一

康君立蔚州興唐人世爲邊豪乾符中爲雲州牙校事防禦使段文楚時羣盗起河南天下將亂代北仍歲阻飢諸部豪傑咸有嘯聚邀功之志會文楚稍削軍人儲給戍兵咨怨君立與薛鐵山程懷信王行審李存璋等謀曰段公懦人難與共事方今四方雲擾武威不振丈夫不能于此時立功立事非人豪也吾等雖權係部衆然以雄勁聞于時者莫若沙陁部復又李振武父子勇

冠諸軍吾等合勢推之則近北之地旬日可定功名富貴事無不濟也君立等乃夜謁武皇言曰方今天下大亂天子付將臣以邊事歲偶飢荒便削儲給我等邊人焉能守死公家父子素以威惠及五部當共除虐帥以謝邊人孰敢異議者武皇曰明天子在上舉事當有朝典公等勿輕議予家尊遠在振武萬一相迫俟予稟命君立等曰事機已泄遲則變生曷俟千里咨稟 案通鑑考異引趙鳳紀年錄云邊校程懷信康君立等十餘帳日譁于太祖之門疑非事實新唐書作夜謁克用通鑑作潛詣蔚州說克用皆以薛史爲據 衆因聚譟擁武皇比及雲州衆且萬人師營鬬雞臺城中械文楚以應武皇之軍既收城推武

皇爲大同軍防禦留後衆狀以聞朝廷不悅詔徵兵來討俄而獻祖失振武武皇失雲州朝廷命招討使李鈞幽州李可舉加兵于武皇攻武皇于蔚州君立從擊可舉之師屢捷及獻祖入達靼君立保感義軍武皇授雁門節度以君立爲左都押牙從入關逐黃孽收長安武皇還鎭太原授檢校工部尚書先鋒軍使文德初李罕之旣失河陽來歸於武皇且求援焉乃以君立充南面招討使李存孝副之帥師二萬助罕之攻取河陽三月與汴將丁會牛存節戰于沇河臨陣之次騎將安休休叛入汴軍君立引退八月授汾州刺史大順元年潞州

小校安居受反武皇遣君立討平之授檢校左僕射昭義節度使自武皇之師連歲畧地于邢洺攻孟方立君立常率澤潞之師以爲犄角景福初檢校司徒食邑千戶二年李存孝據邢州叛武皇命君立討之以功加檢校太保乾甯初存孝平班師存孝旣死武皇深惜之怒諸將無解慍者初李存信與存孝不叶屢相傾奪而君立素與存信善九月君立至太原武皇會諸將酒博因語及存孝事流涕不已時君立以一言忤旨武皇賜酖而殂（案通鑑考異引唐遺錄作君立被杖死與薛史異）時年四十八明宗卽位以念舊之故詔贈太傅（永樂大典卷一萬八千一百一十八）

薛志勤蔚州奉誠人小字鐵山初爲獻祖帳中親信乾符中與康君立共推武皇定雲中以功授右牙都校從入達靼武皇授節雁門志勤領代北軍使從入關收京城以功授檢校工部尚書河東右都押牙先鋒右軍使從武皇救陳許平黃巢武皇遇難于上源驛汴將楊彥洪連車樹柵遮絕巷陌時騎從皆醉宴席旣闕汴軍四面攻傳舍志勤攄勇冠絕復酒膽激壯因獨登驛樓大呼曰朱僕射負恩無行邀我司空圖之吾三百人足以濟事因彎弧發矢無虛發汴人斃者數十志勤私謂武皇曰事急矣如至五鼓吾屬無遺類矣可速行因扶武

皇而去雷雨暴猛汴人扼橋志勤以其屬血戰擊敗之得侍武皇還營由是恩顧益厚大順初張濬以天子之師來侵太原十月大軍入陰地志勤與李承嗣率騎三千抗之敗韓建之軍于蒙坑進收晉絳以功授忻州刺史二年從討鎭州收天長臨城志勤皆先登陷陣勇敢無前王暉據雲州叛討平之以志勤爲大同軍防禦使檢校司空乾甯初代康君立爲昭義節度使光化元年十二月以疾卒于潞時年六十二（永樂大典卷二萬一千三百六十六）

史建瑭字國寶父敬思雁門人仕郡至牙校武皇節制雁門敬思爲九府都督從入關定京師及鎭太原爲裨

將中和四年從援陳許爲前鋒敗黃巢于汴上追賊至徐兗常將騎挺身酣戰勇冠諸軍是時天下之師雲集軍中無不推服六月衞從武皇入汴州舍于上源驛是夕爲汴人圍攻敬思方大醉因蹶然而興操弓與汴人鬭矢不虛發汴人死者數百夜分冒雨方達汴橋左右扶武皇決圍而去敬思後拒血戰而歿武皇還營知失敬思流涕久之建瑭以父廕少仕軍門光化中典昭德軍與李嗣昭攻汾州率先登城擒叛將李瑭以獻授檢校工部尚書李思安之圍上黨也建瑭爲前鋒與總管周德威赴援時汴人夾城深固援斷絕建瑭日引精騎

設伏擒生夜犯汴營驅斬千計敵人不敢芻牧汴將王景仁營于柏鄉建瑭與周德威先出井陘高邑之戰日巳晡晚汴軍有歸志建瑭督部落精騎先陷其陣夾攻魏滑之間遂長驅追擊夜入柏鄉俘斬數千計論功加檢校左僕射師旋留戍趙州汴將氏延賞數犯趙之南鄙建瑭設伏柏鄉獲延賞獻之九年梁祖親攻蓨縣時王師並攻幽州聲言汴軍五十萬將寇鎭定都將符存審謂建瑭曰梁軍倘以五十萬來我等何以待之裨將趙行實曰走入土門爲上策存審曰事未可知但老賊在東別將西來尙可徐圖不旬日楊師厚圍棗彊賀德

倫圍蓨縣梁祖自至攻城甚急存審曰吾王方事北面南鄙之事付我等數人今西道無兵坐滋賊勢何以爲謀賊若不下蓨阜必西攻深冀與公等料閱騎軍偵視賊勢乃選精騎八百趨信都存審扼下博橋建瑭與李嗣肱分道擒生建瑭乃分麾下三百騎爲五軍（案歐陽史建瑭分爲麾下五百騎爲五隊一之衡水一之南宮一之信都一之阜城而自將其一薛史作三百騎與史異文也）自將一軍深入各命俘掠梁軍之芻牧者還會下博橋翌日諸軍皆至獲芻牧者數百人聚而殺之縱數十令其逸去各曰沙陀軍大至矣梁軍震恐明日建瑭嗣肱爲梁軍服色與芻牧者相雜晡晚及賀德倫寨門殺守

門者縱火大譟俘斬而去是夜梁祖燒營而遁北至貝州迷失道路委棄兵仗不可勝計十二年魏博歸款建瑭與符存審前軍屯魏縣十三年敗劉鄩于元城收澶州以建瑭爲刺史檢校司空外衙騎軍都將尋歷貝相二州刺史屯于德勝十八年與閻寶討張文禮爲馬軍都將八月收趙州獲刺史王鋋進逼鎭州爲流矢中卒于軍時年四十六（案歐陽史作四十二 永樂大典卷一萬一百八十三）

李承嗣代州雁門人父佐方承嗣少仕郡補右職中和二年從武皇討賊關輔爲前鋒王師之攻華陰黃巢令僞客省使王汀會軍機于黃揆承嗣擒之以獻賊平以

功授汾州司馬改榆次鎮將光啟初從討蔡賊于陳許上源之難遣承嗣奉表行在陳訴其事觀軍容田令孜館而慰諭令達情于武皇姑務叶和仍授以左散騎常侍朱玫之亂遣承嗣率軍萬人援鄜州至渭橋迎扈車駕王行瑜既殺朱玫承嗣會鄜夏之師入定京城獲僞相裴澈鄭昌圖函送朱玫襄王首獻于行在駕還宮賜號迎鑾功臣檢校工部尚書守嵐州刺史賜犒軍錢二萬貫時車駕初還三輔多盜承嗣案兵警蹕輦轂乂安及還屯于鄜留別將馬嘉福五百騎宿衛孟方立之冀遼州也武皇遣承嗣設伏于榆社以待之邢人既至承

嗣發伏擊其歸兵大敗之獲其將奚忠信以功授洺州刺史及張濬之加兵于太原也時鳳翔軍營霍邑承嗣率一軍攻之岐人夜遁追擊至趙城合大軍攻平陽旬有三日而拔師旋改教練使檢校司徒乾甯二年兗鄆爲汴人所攻勢漸危蹙使乞師于武皇遣承嗣帥三千騎假道于魏渡河援之時李存信屯于莘縣既而羅弘信背盟掩擊王師因茲隔絕及瑄瑾失守承嗣與朱瑾史儼同入淮南承嗣史儼皆驍將也淮人得之軍聲大振（十國春秋吳列傳太祖署爲淮南行軍副使）武皇深惜之如失左右乃遣逍岳間道使于淮南請歸承嗣等楊行密許之遣使陳令存請修好于武皇其年九月汴將龐師古葛從周出師將收淮南朱瑾率淮南軍三萬與承嗣設伏于清口大敗汴人生獲龐師古行密嘉其雄才留而不遣仍奏授檢校太尉領鎮海軍節度使天祐九年淮人聞莊宗有柏鄉之捷乃以承嗣爲楚州節度使以張犄角十七年七月卒于楚州時年五十五（永樂大典卷二萬三百五十）

史儼代州雁門人以便騎射給事于武皇爲帳中親將驍果絕眾善擒生設伏望塵揣敵所向皆捷自武皇入定三輔誅黃巢每出師皆從乾甯中從討王行瑜次渭北遣史儼率五百騎護駕石門時京城大擾士庶多散

布南山儼分騎警衛比駕還京盜賊不作以功檢校右散騎常侍屯于三橋者累月昭宗寵錫優異明年與李承嗣率騎渡河援兗鄆時汴軍雄盛自青徐兗鄆柵壘相望儼與騎將安福順等（案史儼援兗鄆在乾甯二年冬薛史梁太祖紀正月擒蕃將安福順然則安福順不當與史儼同行疑傳文有訛字）每以數千騎直犯營壘左俘右斬汴軍爲之披靡及朱瑾失守與李承嗣等奔淮南淮人比善水軍不閑騎射既得儼等軍聲大振尋控汴軍于清口其後併鍾傳擒杜洪劊錢鏐成行密之霸迹者皆儼與承嗣之力也淮人館遇甚厚妻孥第舍必推其甲故儼等盡其死力（十國春秋云儼累官滁州刺史）天祐十三年

卒于廣陵永樂大典卷一萬一百八十三

蓋寓蔚州人祖祚父慶世爲州之牙將武皇起雲中寓與康君立等推轂佐佑之因爲腹心武皇節制鴈門署職爲都押牙領嵐州刺史洎移鎭太原改左都押牙檢校左僕射武皇與之決事言無不從凡出征伐靡不衞從案通鑑光啟二年駕幸興元大將蓋寓說克用曰鑾輿播遷天下皆歸咎于我今不誅朱玫黜李煴無以自湔洗克用從之又通鑑考異引紀年錄云僞使至太原太祖詰其事狀曰皆朱玫所爲將斬之以徇大將蓋寓等言云云太祖燔僞詔械其使馳檄喻諸鎭曰今月二十日得襄王僞詔及朱玫文字云云田令孜脅遷鑾駕播越梁洋行至半途六軍變擾遂至蒼黃而宴駕不知弑逆者何人永念丕基不可無主昨四鎭藩后推朕纂承已于正殿受册畢改元大赦者李煴出自贅疣名汙藩邸智昏菽麥識昧機權李符摛之以塞詞朱玫賣之以爲利呂不韋之奇貨可見奸邪蕭世誠之土囊期于匪夕近者當道徑差健步奉表起居行朝現住巴梁宿衞比無騷動而朱玫脅其孤騃自號台衡敢首亂階明言晏駕熒惑藩鎭陵弱廟朝云云案此事甚有關係不知薛史何以不載今附錄于此乾甯二年從入關討行瑜特受檢校太保開國侯食邑一千戶領容管觀察經畧使光化初車駕還京授檢校太傅封成陽郡公寓性通黠多智數善揣人主情武皇性嚴急左右難事無委遇者小有違忤即寘于法唯寓承顏希旨規其趣向婉詞順意以盡參裨武皇或暴怒將吏事將不測寓欲救止必佯佐其怒以責之武皇怡然釋之有所諫諍必徵近事以爲喻自武皇鎭撫太原最推親信中外將吏無不景附朝廷藩

鄰信使結託先及武皇次入寓門旣總軍中大柄其名振主梁祖亦使奸人離間暴揚于天下言蓋寓已代李門者寒心武皇畧無疑間初武皇旣平王行瑜旋師渭北暴雨六十日諸將或請入覲且云天顏咫尺安得不行覲禮武皇意未決寓白曰車駕自石門還京寢未安席比爲行瑜兄弟驚駭乘輿今京師未寧奸宄流議大王移兵渡渭必恐復動宸情君臣始終不必朝覲但歸藩守姑務勤王是忠臣之道也武皇笑曰蓋寓尙阻吾入覲況天下人哉即日班師天祐二年三月寓病篤武皇日幸其第手賜藥餌初寓家每事珍膳窮極海陸精于府饌武皇非寓家所獻不食每幸寓第其往如歸恩寵之洽時無與比及其卒也哭之爾慟莊宗即位追贈太師永樂大典卷一萬八千一百二十八

伊廣字言案原缺一字元和中右僕射愼之後廣中和末除授忻州刺史遇天下大亂乃委質于武皇廣襟情灑落善占對累歷右職授汾州刺史時武皇主盟諸侯景附軍機締結聘遣旁午廣奉使稱旨累遷至檢校司徒乾甯四年從征劉仁恭武皇之師不利于成安寨廣歿于賊有女爲莊宗淑妃子承儉歷貝遼二州刺史永樂大典卷一萬八千一百二十八

李承勳者與廣同爲牙將善于奉使名聞軍中承勳累遷至太原少尹劉守光之僭號也莊宗遣承勳往使問其釁端承勳至幽州見守光如藩方聘問之禮謁者曰燕王爲帝矣可行朝禮承勳曰吾大國使人太原亞尹是唐帝除授燕主自可臣其部人安可臣我哉守光聞之不悅拘留于獄數日而出詰之曰臣我乎承勳曰燕君能臣我王則我臣之吾有死而已安敢辱命會王師討守光承勳竟歿于燕（永樂大典卷一萬八千一百二十八）

史敬鎔太原人事武皇爲帳中綱紀甚親任之莊宗初嗣晉王位李克寧陰構異圖將害莊宗事發有日矣克寧密引敬鎔以邪謀告既而敬鎔上白貞簡太后惶駭名張承業李存璋等圖之克寧等伏誅以功累歷州郡同光初爲華州節度使移鎮安州天成中入爲金吾上將軍期年復授鄧州至鎮數月卒贈太尉（永樂大典卷一萬一百八十三）

舊五代史卷五十五終

舊五代史卷五十五攷證

唐列傳七康君立傳君立等乃夜謁武皇　案通鑑攷異引趙鳳紀年錄云邊校程懷信康君立等十餘帳日譁於太祖之門疑非事實新唐書作夜謁克用通鑑作潛詣蔚州說克用皆以是書爲據

武皇賜酖而殂　案通鑑攷異引唐遺錄以君立爲杖死與是書異

史建瑭傳建瑭乃分麾下三百騎爲五軍　案歐陽史作建瑭分其麾下五百騎爲五隊是書作三百騎史異文也

時年四十六　案歐陽史作四十二

史儼傳儼與騎將安福順等每以數千騎直犯營壘

案史儼援兗鄆在乾寧二年冬是書梁太祖紀正月擒蕃將安福順然則安福順不當與史儼同行疑傳文有訛字

舊五代史卷五十五攷證

舊五代史卷五十六

宋司空同中書門下平章事薛居正等撰

列傳第八　唐書三十二

周德威字鎮遠小字陽五朔州馬邑人也初事武皇爲帳中騎督驍勇便騎射膽氣智數皆過人久在雲中諳熟邊事望烟塵之警懸知兵勢乾寧中爲鐵林軍使從武皇討王行瑜以功加檢校左僕射移內衙軍副光化二年三月汴將氏叔琮率衆逼太原有陳章者以驍勇知名衆謂之夜叉言于叔琮曰晉人所恃者周陽五願擒之請賞以郡陳章嘗乘驄馬朱甲以自異武皇戒德

威曰我聞陳夜叉欲取爾求郡宜善備之德威曰陳章大言未知鹿死誰手他日致師戒部下曰如陣上見陳夜叉爾等但走德威微服挑戰部下僞退陳章縱追之德威背揮鐵檛擊墮馬生獲以獻（按通鑑作以戟擒之與薛史異）由是知名天復中我師不利于蒲縣汴將朱友寧氏叔琮來逼晉陽時諸軍未集城中大恐德威與李嗣昭選募鋭兵出諸門攻其壘擒生斬馘汴人枝梧不暇乃退天祐三年與李嗣昭合燕軍攻潞州降丁會以功加檢校太保代州刺史代嗣昭爲蕃漢都將李思安之寇潞州也德威軍于余吾時汴軍十萬築夾城圍潞州內外斷絶德威以精騎薄之屢敗汴人進營高河令遊騎邀其芻牧汴軍閉壁不出乃自東門山口築甬道樹柵以通夾城德威之騎軍倒牆堙塹日數十戰前後俘馘不可勝紀梁有驍將黃角鷹方骨崙皆生致之五年正月武皇疾篤德威退營亂柳武皇厭代四月命德威班師時莊宗初立德威外握兵柄頗有浮議內外憂之德威旣至單騎入謁伏靈柩哭哀不自勝由是羣情釋然是月二十四日從莊宗再援潞州二十九日德威前軍營橫碾距潞四十五里五月朔晨霧晦暝王師伏于三垂崗下翌日直趨夾城斬關破壘梁人大敗解潞州之圍初德

威與李嗣昭有私憾武皇臨終顧謂莊宗曰進通忠孝不負我重圍累年似與德威有隙以吾命諭之若不解重圍歿有遺恨莊宗達遺旨德威感泣由是勵力堅戰竟破強敵與嗣昭歡愛如初以功加檢校太保同平章事振武節度使六年岐人攻靈夏遣使來求助德威渡河以應之師還授蕃漢馬步總管七年十一月汴人據深冀汴將王景仁軍八萬次柏鄉鎮州節度使王鎔來告難帝遣德威率前軍出井陘屯于趙州十二月帝親征二十五日進薄汴營距柏鄉五里營于野河上汴將韓勍率精兵三萬鎧甲皆被繒綺金銀炫曜望之森然

我軍懼形于色德威謂李存璋曰賊結陣而來觀其形勢志不在戰欲以兵甲耀威耳我軍人乍見其來謂其鋒不可當此時不挫其銳吾軍不振矣乃遣存璋諭諸軍曰爾見此賊軍否是汴州天武健兒皆屠沽傭販虛有表耳縱被精甲十不當一擒獲足以爲資德威自率精騎擊其兩偏左馳右決出没數四是日獲賊百餘人賊渡河而退德威謂莊宗曰賊驕氣充盛宜按兵以待其衰莊宗曰我提孤軍救難解紛三鎮烏合之衆利在速戰卿欲持重吾懼其不可使也德威曰鎮定之士長于守城列陣野戰素非便習我師破賊惟恃騎軍平田

廣野易爲施功今壓賊營令彼見我虛實則勝負未可必也莊宗不悅退卧帳中德威患之謂監軍張承業曰王欲速戰將烏合之徒欲當劇賊所謂不量力也去賊咫尺限此一渠水彼若早夜以畧彴渡之吾族其爲俘矣若退軍鄗邑引賊離營彼出則歸復以輕騎掠其芻餉不踰月敗賊必矣承業入言莊宗乃釋然德威得降人問之景仁下令造浮橋數日果如德威所料二十七日乃退軍保鄗邑八年正月二日德威率騎軍致師于柏鄉設伏于村塢間令三百騎以壓汴營王景仁悉其衆結陣而來德威轉戰而退汴軍因而乘之至于鄗邑

南時步軍未成列德威陣騎河上以抗之亭午兩軍皆陣莊宗問戰時德威曰汴軍氣盛可以勞逸制之造次輕力殆難與敵古者師行不踰一舍蓋慮糧餉不給士有飢色今賊遠來決戰縱挾糗糒亦不遑食晡晚之後飢渴內侵戰陣外廹士心卽倦將必求退乘其勞弊以生兵制之縱不大敗偏師必喪以臣所籌利在晡晚諸將皆然之時汴軍以魏博之人爲右廣宋汴之人爲左廣自未至申陣勢稍却德威麾軍呼曰汴軍走矣塵埃漲天魏人收軍漸退莊宗與史建瑭安金全等因衝其陣夾攻之大敗汴軍殺戮殆盡王景仁李思安僅以身

免獲將校二百八十人八月劉守光僭稱大燕皇帝十二月遣德威率步騎三萬出飛狐與鎮州將王德明定州將程嚴等軍進討九年正月收涿州降刺史劉知温五月七日劉守光令驍將單廷珪督精甲萬人出戰德威遇于龍頭崗初廷珪謂左右曰今日擒周陽五旣臨陣見德威廷珪單騎持槍躬追德威垂及德威側身避之廷珪少退德威奮檛擊墮其馬生擒廷珪賊黨大敗斬首三千級獲大將李山海等五十二人十二日德威自涿州進軍良鄉大城守光旣失廷珪自是奪氣德威之師屢收諸郡降者相繼十年十一月擒守光父子幽

州平十二月授德威檢校侍中幽州盧龍等軍節度使德威性忠孝感武皇獎遇嘗思臨難忘身（案遼史周德威初至鎮盧文進引遼師攻之城幾陷以敕得免此事薛史列傳不載）十二月汴將劉鄩自洹水乘虛將寇太原德威在幽州聞之徑以五十騎馳入土門聞鄩軍至樂平不進德威徑至南宮以候汴軍初劉鄩欲據臨清以扼鎮定轉餉之路行至陳宋口德威遣將擒數十人皆傳及于背縶而遣之既至謂劉鄩曰周侍中已據宗城矣德威其夜急騎扼臨清劉鄩乃入貝州是時德威若不至則勝負未可知也十四年三月契丹寇新州德威不利退保范陽（遼史太祖紀神冊二年三月辛亥攻幽州節度使周德威以幽并鎮定魏五州兵拒戰于居庸關之西戰于新州東大破之斬首三萬級又通鑑契丹主帥衆三十萬德威衆寡不敵大爲契丹所敗）敵衆攻僅二百日外援未至德威撫循士衆晝夜乘城竟獲保守十五年我師營麻口渡將大舉以定汴州德威自幽州率本軍至十二月二十三日軍次胡柳陂詰旦騎報曰汴軍至矣莊宗使問戰備德威奏曰賊倍道而來未成營壘我營柵已固守備有餘既深入賊疆須決萬全之策此去大梁信宿賊之家屬盡在其間人之常情孰不以家國爲念以我深入之衆抗彼激憤之軍不以方畧制之恐難必勝王但按軍保柵臣以騎軍疲之使彼不得下營際晚糧餉不給

進退無據因以乘之破賊之道也莊宗曰河上終日挑戰恨不遇賊今款門不戰非壯夫也乃率親軍成列而出德威不獲已從之謂其子曰吾不知其死所矣莊宗與汴將王彥章接戰大敗之德威之軍在東偏汴之游軍入我輜重衆駭奔入德威軍因紛擾無行列德威兵少不能解父子俱戰歿先是鎮星犯上將星占者云不利大將是夜收軍德威不至莊宗慟哭謂諸將曰喪我良將吾之咎也德威身長面黑笑不改容凡對敵列陣懔懔然有肅殺之風中興之朝號爲名將及其歿也人皆惜之同光初追贈太師天成中詔與李嗣昭符存審配饗莊宗廟廷晉高祖即位追封燕王子光輔歷汾汝州刺史（永樂大典卷九千九百九十七）

符存審字德詳陳州宛丘人（案歐陽史義兒傳惟符存審不在其列別自爲傳蓋存審子彥卿有女爲宋太宗后故存其本姓也）舊名存父楚本州牙將存審少豪俠多智算言兵家事乾符末河南盜起存審鳩率豪右庇捍州里會郡人李罕之起自羣盜授光州刺史因往依之中和末罕之爲蔡寇所逼棄郡投諸葛爽存審從至河陽爲小校屢戰蔡賊有功諸葛爽卒罕之爲其部將所逼出保懷州部下分散存審乃歸于武皇武皇署右職令典義兒軍賜姓名存審性謹厚寵遇日隆自

是武皇四征存審常從所至立功從討赫連鐸冒及死戰血流盈袖武皇手自封瘡日夕臨問乾寧初討李匡儔存審前軍拔居庸關明年從討邠州時邠之勁兵屯龍泉寨四面懸崖石壁險固存審奮力拔之師旋授檢校左僕射副李嗣昭討李瑭于汾州擒之以功改左右廂步軍都指揮使天祐三年授蕃漢馬兵副指揮使與李嗣昭降丁會于上黨從周德威破賊于夾城加檢校司徒授忻州刺史領蕃漢馬步都指揮使七年檢校太保充蕃漢總管莊宗擊汴人于栢鄉留存審守太原三月代李存璋戍趙州九年梁祖攻蓨縣存審與史建瑭

李嗣肱赴援屯下博橋汴人驚亂燒營而遁以功遥領邢洺磁團練使十二年魏博歸款于莊宗遣存審率前鋒據臨清以俟進取莊宗入魏存審屯魏縣以抗劉鄩六月鄩營莘縣存審與眞定之師營莘西三十里一日數戰八月率師攻張源德于貝州十三年二月劉鄩自莘率衆來襲我魏州存審以大軍踵其後戰于故元城大敗汴人從收澶衛磁洺等州秋邢州閻寶降授存審安國軍節度邢洺磁等州觀察使十月戴思遠棄滄州毛璋以城降授存審檢校太傅橫海軍節度使兼領魏博馬步軍都指揮使明年就加平章事十四年八月將

兵援周德威于幽州敗契丹之衆冬敗汴將安彥之于楊劉諸軍進營麻口時梁將謝彥章營行臺村莊宗勇于接戰每以輕騎當之遇窘者數四存審每俟其出必叩馬諫曰王將復唐宗社宜爲天下自愛搴旗挑戰一劍之任無益聖德請責効於臣古人不以賊遺君父臣雖不武敢不代君之憂莊宗卽時迴駕十二月戰于胡柳晡晚之後存審引所部銀槍効節軍敗梁軍于土山下是日辰巳間周德威戰歿一軍逗撓梁軍四集存審與其子彥圖冒刃血戰出歿賊陣與莊宗軍合午後師復集擊敗汴人十六年春代周德威爲內外蕃漢馬步

總管于德勝口築南北城以據之七月汴軍王瓚自黎陽渡河寇澶州存審拒戰瓚退營于楊村渡控我上游自是日與交鋒對壘經年大小凡百餘戰十七年汴將劉鄩攻同州朱友謙求援于我遣存審與李嗣昭將兵赴之九月次河中進營朝邑時河中久臣于梁衆持兩端及諸軍大集芻粟暴貴嗣昭懼其翻覆將急戰以定勝負居旬日梁軍逼我營會望氣者言西南黑氣如鬬雞之狀當有戰陣存審曰我方欲決戰而形于氣象得非天贊歟是夜閱其衆詰旦進軍梁軍來逆戰大敗之追斬二千餘級自是梁軍保壘不出存審謂嗣昭曰吾

初懼劉鄩據渭河偏師既敗彼若退歸懼我躡之獸窮
搏人勿謂無事可開其歸路然後追奔乃令王建及牧
馬于沙苑劉鄩尹皓知之保衆退去遂解同州之圍（歐陽
史郭以爲晉軍且懈乃夜遁去存審追擊于渭河又大敗之）存審畧地至奉先謁諸
帝陵乃班師十八年王師討張文禮于鎭州李嗣昭李
存進相次戰歿十九年遣存審率師進攻叛帥于城下
文禮之將李再豐陰送款于存審我師中夜登城擒文
禮之子處球等露布以獻鎭州平以功加檢校太傅兼
侍中二十年正月師旋于魏州莊宗出城迎勞就第宴
樂無何契丹犯燕薊郭崇韜奏曰汴寇未平繼韜背叛

北邊捍禦非存審不可上遣中使諭之存審卧病羸瘠
附奏曰臣効忠稟命靡敢爲辭但病恙纏綿未堪祗役
旣而詔存審以本官充幽州盧龍節度使自鎭州之任
同光初加開府儀同三司檢校太師中書令食邑千戶
賜號忠烈扶天啟運功臣十月平梁遷都洛陽存審以
身爲大將不得預收復中原之功舊疾愈作堅求入覲
尋醫以情告郭崇韜時崇韜自負一時佐命之功無出
巳右功名事望素在存審之下權勢旣隆人士輻湊不
欲存審加于巳上每有章奏求覲郎陰沮之存審妻郭
氏泣訴於崇韜曰吾夫于國粗効驅驛與公鄉里親舊

公忍令死棄北荒何無情之如是崇韜益慚懸明年春
疾甚上章懇切乞生覲天顏不許存審伏枕而歎曰老
夫歷事二主垂四十年幸而遇今日天下一家遠夷極
塞皆得面覲形墀射鉤斬袪之人孰不奉觴丹陛獨予
壅隔豈非命哉漸增危篤崇韜奏請許存審入覲四月
制授存審宣武軍節度使諸道蕃漢馬步總管詔未至
五月十五日卒于幽州官舍時年六十三遺命葬太原
存審遺奏陳敘不得面覲詞旨悽惋莊宗震悼久之廢
朝三日贈尚書令存審少在軍中識機知變行軍出師
法令嚴明決策制勝從無遺悔功名與周德威相匹皆

近代之良也常戒諸子曰予本寒家少小攜一劍而違
鄉里四十年間位極將相其間屯危患難履鋒冒刃入
萬死而無一生身方及此前後矢傷百餘乃出鏃以示
諸子因以奢侈爲戒存審微時嘗爲俘囚將就戮于郊
外臨刑指危垣謂主者曰請就戮于此下冀得壞垣覆
尸旅魂之幸也主者哀之爲移次焉遷延之際主將擁
妓而飲思得歌者以助歡妓曰俘囚有符存審者妾之
舊識每令擊節以贊歌令主將欣然馳騎而捨之豈非
命也（永樂大典卷一萬八千二百一十八）
彥超存審之長子也少事武皇累歷牙職存審卒莊宗

以彦超爲汾州刺史同光末魏州軍亂詔彦超赴北京廵檢先是朝廷令內官呂鄭二人在太原一監兵一監倉庫及明宗入洛皇弟存霸單騎奔河東與呂鄭謀殺彦超與留守張憲彦超覺之密與憲謀未決部下大譟州兵畢集張憲出奔是夕軍士殺呂鄭存霸于衙城詰旦聞洛城禍變彦超告諭三軍（宋史張昭傳云昭爲張憲推官莊宗及難聞鄴中兵士推戴明宗憲部將符彦超合戍將應之憲死有害昭者執之以送彦超彦超曰推官正人無得害之又遏昭爲榜安撫軍民）明宗又令其弟龍武都虞候彦卿馳騎安撫六月彦超入覲明宗召見撫諭尋授晉州留後未行會其弟前曹州刺史彦饒平宣武亂軍明宗喜召彦超謂之

曰吾得爾兄弟力餘更何憂爾爲我往河東撫育耆舊即授北京留守太原尹明年冬移授昭義節度使四年授驍衛上將軍改金吾上將軍長興元年授泰寧軍節度使尋移鎮安州彦超厮養中有王希全者小字佛留粗知書計委主貨財歲久耗失甚多彦超止于訶譴而已應順元年正月佛留聞朝廷多事因與任貨兒等謀亂一夕扣門言朝廷有急遞至彦超出自廳事佛留挾刃害之詰旦本州節度副使李端召州兵攻佛留等殺之餘衆奔淮南擒彦超部將趙温等二十六人誅之彦超贈太尉存審次子彦饒晉史有傳次彦卿皇朝歷官鳳翔節度使守太師中書令封魏王令居于洛陽次彦能終于楚州防禦使次彦琳仕皇朝爲金吾上將軍卒于任

（永樂大典卷一萬八千一百二十八）

舊五代史卷五十六終

舊五代史卷五十六攷證

唐列傳八周德威傳有陳章者以驍勇知名衆謂之夜义言於叔琮曰晉人所恃者周陽五願擒之請賞以郡　案歐陽史作梁軍圍太原令軍中曰能生得周陽五者爲刺史與是書微異

德威前軍營橫碾　橫碾莊宗紀作黃展

德威自率精騎擊其兩偏獲賊百餘人賊渡河而退德威謂莊宗曰賊驕氣尤盛宜按兵以待其衰　案歐陽史祇載德威勉諭其衆卽告莊宗曰賊兵甚銳未可與爭不載精騎擊退賊兵之事攷下文有去賊咫尺限此一渠水云云則賊渡河而退一節紀載殊不可闕

德威遣將擒數十人皆傳刃於背縶而遣之　案通鑑從莊宗實錄作擒其斥候者數十人斷腕而縱之

周侍中已據宗城矣　宗城通鑑作臨清攷異曰劉昫見在宗城薛史云周侍中據宗城蓋臨清字誤耳

符存審傳以功遙領邢洺磁團練使　案歐陽史作遙領邢州團練使

秋邢州閻寶降授存審安國軍節度　案五代會要同光元年始改邢州爲安國軍據是書此傳則晉人得

邢州卽改軍額疑會要誤也詳見通鑑攷異

符彥超傳皇弟存霸單騎奔河東與呂鄭謀殺彥超與留守張憲　案歐陽史作張憲欲納存霸是書作存霸謀殺張憲彥超兩史紀載微異

舊五代史卷五十六攷證

舊五代史卷五十七

宋司空同中書門下平章事薛居正等撰

列傳第九　唐書三十三

郭崇韜字安時代州鴈門人也父弘正崇韜初爲李克修帳下親信克脩鎭昭義崇韜累典事務以廉幹稱克脩卒武皇用爲典謁奉使鳳翔稱旨署教練使崇韜臨事機警應對可觀莊宗嗣位尤器重之天祐十四年用爲中門副使與孟知祥李紹宏俱參機要俄而紹宏出典幽州留事知祥懇辭要職先是中門使吳珙張虔厚忠而獲罪知祥懼求爲外任妻瓊華公主泣請于貞簡

太后莊宗謂知祥曰公欲避路當舉其代知祥因舉崇韜乃署知祥爲太原軍在城都虞候自是崇韜專典機務艱難戰伐靡所不從十八年從征張文禮于鎭州契丹引眾至新樂王師大恐諸將咸請退還魏州莊宗猶豫未決崇韜曰按巴堅（舊作阿保機今改正）祇爲王都所誘本利貨財非敦鄰好苟前鋒小衂遁走必矣況我新破汴寇威振北地乘此驅攘焉往不捷且事之濟否亦有天命莊宗從之王師果捷明年李存審收鎭州遣崇韜閱其府庫或以珍貨賂遺一無所取但市書籍而已莊宗卽位于魏州崇韜加檢校太保守兵部尚書充樞密使是時衞州陷于梁澶相之間寇鈔日至民流地削軍儲不給羣情恟恟以爲霸業終不能就崇韜寢不安席俄而王彥章陷德勝南城敵勢滋蔓汴人急攻楊劉城明宗在鄆音驛斷絕莊宗登城四望計無所出崇韜啟曰段凝阻絕津路苟王師不南鄆州安能保守臣請于博州東岸立柵以固通津但慮汴人偵知往來薄我請陛下募敢死之士日以挑戰如三四日間賊軍未至則柵壘成矣崇韜率毛璋等萬人夜趨博州視矛戟之端有光崇韜曰吾聞火出兵刃破賊之兆也至博州渡河版築晝夜不息崇韜于葭葦間據胡牀假寢覺袴中冷左右

視之乃蛇也其忘疲勵力也如是居三日梁軍果至城壘低痺沙土散惡戰具不完汴將王彥章杜晏球率眾攻擊軍不得休息崇韜身先督眾四面拒戰有急卽應城垂陷俄報莊宗領親軍至西岸梁軍聞之退走因解楊劉之圍未幾汴將康延孝來奔崇韜延于臥內訊其軍機延孝曰汴人將四道齊舉以困我軍莊宗憂之召諸將謀進取之策宣徽使李紹宏請棄鄆州與汴人盟以河爲界無相侵寇（案歐陽史作諸將皆言隔河難守據薛史則請以河爲界者李紹宏一人耳與歐陽史異）莊宗不悅獨臥帳中召崇韜謂曰計將安出對曰臣不知書不能徵比前古請以時事言之自陛下

十五年起義圖霸爲雪家讐國恥甲冑生蟣虱黎人困輸輓今纂崇大號河朔士庶日望蕩平纔得汶陽尺寸之地不能保守況盡有中原乎將來稅賦不充物議諮怨設若劃河爲界誰爲陛下守之臣自延孝言事以來晝夜籌度料我兵力算賊事機不出今年雌雄不並決聞汴人決河自滑至鄆非舟檝不能濟又聞精兵盡在段凝麾下王彥章日寇鄆境彼既以大軍臨我南鄙又憑恃決河謂我不能南渡志在收復汶陽此汴人之謀也臣謂段凝保據河壖苟欲持我臣但請留兵守鄴保固楊劉陛下親御六軍長驅倍道直指大梁汴城無兵望風自潰若使僞主授首賊將自然倒戈半月之間天下必定如不決此計旁採浮談臣恐不能濟也今歲秋稼不登軍糧纔支數月決則成敗未知不決則坐見不濟臣聞作舍道邊三年不成帝王應運必有天命成敗天也在陛下獨斷莊宗蹶然而興曰正合吾意丈夫得則爲王失則爲虜行計決矣即日下令軍中家口並還魏州莊宗送劉皇后與興聖宮使繼岌至朝城西野亭泣別曰事勢危蹙今須一決事苟不濟無復相見乃留李紹宏及租庸使張憲守魏州大軍自楊劉濟河是歲擒王彥章誅梁氏降段凝皆崇韜贊成其謀也莊宗至

汴州宰相豆盧革在魏州令崇韜權行中書事俄拜侍中兼樞密使及郊禮畢以崇韜兼領鎮冀州節度使進封趙郡公邑二千戶賜鐵券恕十死崇韜既位極人臣權傾內外謀猷獻納必盡忠規士族朝倫頗亦收獎人物內外翕然稱之初收汴洛稍通賂遺親友或規之崇韜曰余備位將相祿賜巨萬但僞梁之日賂遺成風今方面藩侯多梁之舊將皆吾君射鉤斬袪之人也一旦革面化爲吾人堅拒其請得無懼乎藏余私室無異公帑及郊禋崇韜悉獻家財以助賞給時近臣勸莊宗以貢奉物爲內庫珍貨山積公府賞軍不足崇韜奏請出內庫之財以助莊宗沉吟有靳惜之意是時天下已定寇讐外息莊宗漸務華侈以逞已欲洛陽大內宏敞宮宇深邃宦官阿意順旨以希恩寵聲言宮中夜見鬼物不謀同辭莊宗駭異其事且問其故宦者曰見本朝長安大內六宮嬪御殆及萬人椒房蘭室無不充牣今宮室大半空閑鬼神尚幽亦無所怪繇是景進王允平等于諸道採擇宮人不擇良賤納之宮掖三年夏雨河大水壞天津橋是時酷暑尤甚莊宗嘗擇高樓避暑皆不稱旨宦官曰今大內樓觀不及舊時長安卿相之家舊日大明興慶兩宮樓觀百數皆雕楹畫栱干雲蔽日今

官家納涼無可御者莊宗曰余富有天下豈不能辦一樓即令宮苑使經營之猶慮崇韜有所諫止使謂崇韜曰今年惡熱朕頃在河上五六月中與賊對壘行宮卑濕介馬戰賊恒若清涼今晏然深宮不奈暑毒何也崇韜奏陛下頃在河上汴寇未平寢廢食忘心在戰陣祁寒溽暑不介聖懷今既寇平中原無事縱耳目之玩不憂戰陣雖層臺百尺廣殿九筵未能忘熱于今日也願陛下思艱難創業之際則今日之暑坐變清涼莊宗默然王允平等竟加營造崇韜復奏曰內中營造日有縻費屬當災饉且乞權停不聽初崇韜與李紹宏同爲內

職及莊宗即位崇韜以紹宏素在己上舊人難制即奏澤潞監軍張居翰同掌樞密以紹宏爲宣徽使紹宏大失所望涕泣憤鬱崇韜乃置內鉤使應三司財賦皆令勾覆令紹宏領之冀塞其心紹宏快悵不已崇韜自以有大功河洛平定之後權位薰灼恐爲人所傾奪乃謂諸子曰吾佐主上大事了矣今爲羣邪排毀吾欲避之歸鎮常山爲菟裘之計其子廷說等曰大人功名及此一失其勢便是神龍去水爲螻蟻所制尤宜深察門人故吏又謂崇韜曰侍中勳業第一雖羣官側目必未能離間宜于此時堅辭機務上必不聽是有辭避之名塞

其讒慝之口魏國夫人劉氏有寵中宮未正宜贊成冊禮上心必悅內得劉氏之助羣閹其如余何崇韜然之於是三上章堅辭樞密之位優詔不從崇韜乃密奏請立魏國夫人爲皇后復奏時務利害二十五條皆便于時取悅人心又請罷樞密院事各歸本司以輕其權然宦官造謗不已三年堅乞罷兼領節鉞許之（案冊府元龜云同光中崇韜再表辭鎮批答曰朕以卿久司樞要常處重難或遲疑未決之機詢諸先見或憂撓不定之事訪之必成至于贊朕丕基登茲大寶衆與議論卿獨堅言天命不可違唐祚必須復請納家族明設誓文及其密取汶陽興師入不測之地潛通河口貢謀占必濟之津人所不知卿惟合意迨中都嚮聚羣黨窺陵朕決議平妖兼收後水雖云先定更審前籌果盡贊成悉諸沈算斯即何須冒及始顯殊庸況常山陸梁正虞未復卿能攜衆

其定羣心惟朕知卿他人寧表所以賞卿之寵寶異等倫沃朕之心非虛沃澤今卿再三謙遜重疊退辭始納常陽請歸上將又稱梁苑不可兼權如此周身貴全名節古人操守未可比方既覽堅辭難沮來表其再讓汴州所宜依允）會客省使李嚴使西川廻言王衍可圖之狀莊宗與崇韜議討伐之事方擇大將時明宗爲諸道兵馬總管當行崇韜自以宦者相傾欲立大功以制之乃奏曰契丹犯邊北面須藉大臣全倚總管鎮禦臣伏念興聖宮使繼岌德望日隆大功未著宜依故事以親王爲元帥付以討伐之權俾成其威望莊宗方愛繼岌即曰小兒幼稚安能獨行卿當擇其副崇韜未奏莊宗曰無踰于卿者乃以繼岌爲都統崇韜爲招討使是歲九月

十八日率親軍六萬進討蜀川崇韜將發奏曰臣以非才謬當戎事仗將士之忠力憑陛下之威靈庶幾克捷若西川平定陛下擇帥如信厚善謀事君有節則孟知祥有焉望以蜀帥授之如宰輔闕人張憲有披榛之勞爲人謹厚而多識其李琪崔居儉中朝士族富有文學可擇而任之莊宗御嘉慶殿置酒宴征西諸將舉酒屬崇韜曰繼岌未習軍政卿久從吾戰伐西面之事屬之于卿軍發十月十九日入大散關崇韜以馬箠指山險謂魏王曰朝廷興師十萬已入此中倘不成功安有歸路今岐下飛輓才支旬日必須先取鳳州收其儲積方

濟吾事乃令李嚴康延孝先馳書檄以諭僞鳳州節度使王承捷及大軍至承捷果以城降得兵八千軍儲四十萬次至故鎮僞命屯駐指揮使唐景思亦以城降得兵四千又下三泉得軍儲三十餘萬自是師無匱乏軍聲大振其招懷制置官吏補置師行籌畫軍書告諭皆出于崇韜繼岌承命而已莊宗令內官李廷安李從襲呂知柔爲都統府紀綱見崇韜幕府繁重將吏輻湊降人爭先賂遺都統府惟大將省謁牙門索然繇是大爲詬耻及六軍使王宗弼歸款行賂先招討府王衍以成都降崇韜居王宗弼之第宗弼選王衍之妓妾珍玩以

奉崇韜求爲蜀帥又與崇韜子廷誨謀令蜀人列狀見魏王請奏崇韜爲蜀帥繼岌覽狀謂崇韜曰主上倚侍中如衡華安肯棄元老于蠻夷之地况余不敢言此李從襲等謂繼岌曰郭公收蜀部人情意在難測王宜自備由是兩相猜察莊宗令中官向延嗣賫詔至蜀促班師詔使至崇韜不郊迎延嗣憤憤從襲謂之曰魏王貴太子也主上萬福郭公專弄威柄旁若無人昨令蜀人請已爲帥郭廷誨擁徒出入貴擬王者所與狎遊無非軍中驍果蜀中凶豪晝夜妓樂歡宴指天畫地父子如此可見其心今諸軍將校無非郭氏之黨魏王懸軍孤

弱一朝班師必恐紛亂吾屬未知暴骨之所因相向垂涕延嗣使還具奏皇后泣告莊宗乞保全繼岌莊宗復閱蜀簿曰人言蜀中珠玉金銀不知其數何如是之微也延嗣奏曰臣聞蜀人知蜀中寶貨皆入崇韜之門言崇韜得金萬兩銀四十萬名馬千匹王衍愛妓六十樂工百犀玉帶百廷誨自有金銀十萬兩犀玉帶五十藝色絕妓七十樂工七十他財稱是魏王府蜀人賂遺不過匹馬而已莊宗初聞崇韜欲留蜀心已不平又聞全有蜀之妓樂珍玩怒見顏色即令中官馬彥珪馳入蜀視崇韜去就如班師則已如實遲留則與繼岌圖之彥

珪見皇后曰禍機之發間不容髮何能數千里外復稟聖旨哉皇后再言之莊宗曰未知事之實否詎可便令果決皇后乃自爲教與繼岌令殺崇韜時蜀土初平山林多盜孟知祥未至崇韜令任圜張筠分道招撫慮師還後部曲不寧故歸期稍緩四年正月六日馬彥珪至軍決取十二日發成都赴闕令任圜權知留事以俟知祥諸軍部署已定彥珪出皇后教以示繼岌繼岌曰大軍將發他無釁端安得爲此負心事公輩勿復言從襲等泣曰聖上既有口勅王若不行苟中途事泄爲患轉深繼岌曰上無詔書徒以皇后教令安得殺招討使從襲等巧造事端以間之繼岌既無英斷僶俛從之詰旦從襲以繼岌之命召崇韜計事繼岌登樓避之崇韜入左右撾殺之崇韜有子五人廷信廷誨隨父死于蜀廷說誅于洛陽廷讓誅于魏州廷議誅于太原家產籍沒明宗即位詔令歸葬仍賜太原舊宅廷誨廷讓各有幼子一人姻族保之獲免崇韜妻周氏攜養于太原崇韜服勤盡節佐佑王家草昧艱難功無與比西平巴蜀宣暢皇威身死之日夷夏冤之然議者以崇韜功烈雖多事權太重不能處身量力而聽小人誤計欲取太山之安如急行避跡其禍愈速性復剛戾遇事便發既不知

前代之成敗又未體當時之物情以天下爲己任孟浪之甚也及權傾四海車騎盈門士人諂奉漸別流品同列豆盧革謂崇韜[案自漸別流品至此十二字原本闕佚今從冊府元龜增入]曰汾陽王代北人徙家華陰侍中世在雁門得非祖德歟崇韜應曰經亂失譜牒先人常云去汾陽王四世革曰故祖德也因是旌別流品援引薄徒委之心腹佐命勳舊一切鄙棄舊寮有干進者崇韜謂之曰公雖代邸之舊然家無門閥深知公才技不敢驟進者慮名流嗤余故也及征蜀之行于興平拜尚父子儀之墓常從容白繼岌曰蜀平之後王爲太子待千秋萬歲神器在手宜盡去宦官優禮士族不惟疏斥閹寺騸馬不可復乘內則伶官巷伯怒目切齒外則舊寮宿將戟手痛心掇其族滅之禍有自來矣復以諸子驕縱不法既定蜀川輦運珍貨實于洛陽之第籍沒之日泥封尚濕雖莊宗季年爲羣小所惑致功臣不保其終亦崇韜自貽其災禍也[永樂大典卷二萬二千一百六十]

史臣曰夫出身事主得位遭時功不可以不圖名不可以不立洎功成而名遂則望重而身危貝錦于是成文良玉以之先折故崇韜之誅蓋爲此也是知强吳滅而范蠡去全齊下而樂生奔苟非其賢孰免于禍明哲之

士當鑒于斯〔永樂大典卷二萬二千一百六十〕

舊五代史卷五十七終

舊五代史卷五十七攷證

唐列傳九郭崇韜傳如三四日間　案歐陽史作十日

居三日梁軍果至　案歐陽史作六日壘成彥章果引兵急攻之

崇韜許之　案通鑑作崇韜陽許之

騸馬不可復乘　騸馬通鑑作扇馬攷胡三省注引薛史亦作騸馬今仍其舊

安巴堅舊作阿保機今改

補前郭崇韜傳況余不敢議此　九國志王宗弼傳宗弼送欵于魏王乃還成都盡輦內藏之寶貨賂于其家魏王遣使徵犒軍錢數千萬宗弼輒靳之魏王甚怒及王師至令其子承班齎衍況用直百萬錢獻于魏王并賂郭崇韜請以巳爲西川節度使魏王曰此我家之物焉用獻爲翼日數其不忠之罪並其子斬之于市

舊五代史卷五十八

宋司空同中書門下平章事薛居正等撰

列傳第十　唐書三十四

趙光逢字延吉曾祖植嶺南節度使祖存約興元府推官父隱右僕射案舊唐書趙隱傳云隱字大隱京兆奉天人也大中三年應進士登第累加尚書左僕射廣明中卒考薛史作右僕射與舊唐書異光逢與弟光裔皆以文學德行知名案舊唐書光裔光啓三年進士擢第累遷司勳郎中弘文館學士改膳部郎中知制誥季述廢立之後旅遊江表以避患嶺南劉隱深禮之奏爲副使因家嶺外光逢幼嗜墳典動守規檢識者目之爲玉界尺案歐陽史時人稱其方直溫潤謂之玉界尺僖宗朝登進士第案原本作昭宗朝登進士第據舊唐書光逢係乾符五年進士當作僖宗今改正

踰月辟度支巡官歷官臺省內外兩制俱有能名轉尚書左承翰林承旨案舊唐書云釋褐鳳翔推官入朝爲監察御史丁父憂免僖宗還京授太常博士歷禮部司勳吏部三員外郎集賢殿學士轉禮部郎中景福中以祠部郎中知制誥尋召充翰林學士正拜中書舍人戶部侍郎學士承旨改兵部侍郎尚書左丞學士如故舊唐書所載光逢曾秩較薛史爲詳今備錄之昭宗幸石門光逢不從昭宗遣內養戴知權詔赴行在稱疾解官駕在華州拜御史中丞時有道士許巖士瞽者馬道殷出入禁庭驟至列卿宮相因此以左道求進者衆光逢持憲紀治之皆伏法自是其徒頗息改禮部侍郎知貢舉光化中王道寖衰南北司爲黨光逢素性慎靜慮禍及已因挂冠伊洛屏絕交遊凡五六年門人柳璨登庸案歐陽史柳璨與光逢有舊恩唐摭言云光化二年趙光逢放柳璨及第後三年不遷時璨自內廷大拜光逢始以左丞徵入除吏部侍郎太常卿入梁爲中書侍郎平章事累轉左僕射兼租庸使上章求退以太子太保致仕梁末帝愛其才徵拜司空平章事無幾以疾辭授司徒致仕同光初弟光胤爲平章事時謁問于私第嘗語及政事他日光逢署其戶曰請不言中書事其清淨寡慾端默如此嘗有女冠寄黃金一鎰于其家時屬亂離女冠委化于他土後二十年金無所歸納于河南尹張全義請付諸宮觀其傳封尚在兩登廊廟四退邱園百行五常不欺闇室搢紳咸仰以爲名教主天成初遷太保致仕封齊國公卒于洛陽詔贈太傅案永樂大典卷一萬八千九百九十一

趙光胤光逢之弟也案新舊唐書俱云趙隱子二人光逢光裔光胤爲後唐相者光胤也薛史原本避宋諱稱光胤爲光裔似混二人爲一今改正俱以詞藝知名亦登進士第案舊唐書云大順二年進士登第天祐初累官至駕部郎中光胤仕梁歷清顯伯仲之間咸以方雅自高北人聞其名者皆望風欽重及莊宗平定汴洛時盧程以狂妄免郭崇韜自勳臣拜議者以爲國朝典禮故實須訪前代名家咸曰光胤有宰相器薛廷珪李琪嘗武皇爲晉王時嘗因爲册使至太原故皆有宿望當時咸謂宜處台司郭崇韜採言事者

云廷珪朽老浮華無相業琪雖文學高傾險無士風皆不可以相乃止同光元年十一月光胤與韋說並拜平章事光胤生于季末漸染時風雖欲躍鱗振翮仰希前輩然才力無餘未能恢逮朝廷每有禮樂制度沿革擬議以爲已任同列既非博通見其浮談橫議莫之測也豆盧革雖憑門地在本朝時仕進尙微久從使府朝章典禮未能深悉光胤每有發論革但唯唯而已後革奏議或當光胤謂羣官曰昨有所議葥座一言粗當近日差近學者其可已乎其自負如此先是條制權豪强買人田宅或陷害籍没顯有屈塞者許人自理内官楊希

舊五代史卷五十八　列傳　三

朗者故觀軍容使復恭從子也援例理復恭舊業事下中書光胤謂崇韜曰復恭與山南謀逆顯當國法本朝未經昭雪安得論理崇韜私抑宦者因具奏聞希朗泣訴于莊宗莊宗令自見光胤言之希朗陳訴叔祖復光有大功于王室伯祖復恭爲張濬所搆得罪前朝當時强臣擧肘國命不行及王行瑜伏誅德音昭洗制書尙在相公本朝氏族諳練故事安得謂之未雪耶若言未雪吾伯氏彥博洎諸昆仲監護諸鎭何遂得進漸至聲色俱厲光胤方恃名德爲其所折悒然不樂又以希朗幸臣慮擴他事危已心不自安三年夏四月病疽卒贈

左僕射永樂大典卷一萬六千九百九十一

鄭珏昭宗朝宰相綮之姪孫父徽河南尹張全義判官光化中登進士第案歐陽史云珏少依全義居河南擧進士數不中全義以珏屬有司乃得及第歷弘文館校書集賢校理監察御史入梁爲補闕起居郎召入翰林累遷禮部侍郎充職珏文章美麗旨趣雍容自策名登朝張全義皆有力焉案歐陽史云梁諸大臣以全義故數薦之貞明中拜平章事莊宗入汴責授萊州司戶未幾量移曹州司馬張全義言于郭崇韜將復相之尋入爲太子賓客明宗卽位任圜自蜀至安重誨不欲圜獨拜宰輔共議朝望一人共之孔循言珏貞明時久在中書性

舊五代史卷五十八　列傳　四

畏愼而長者美詞翰好人物重誨卽奏與任圜並命爲相有頃珏以老病耳疾不任中書事四上章請明宗惜之久而方允乃授開府儀同三司行尙書左僕射致仕仍賜鄭州莊一區明宗自汴還洛陽遣中使撫問賜錢二十萬食羊百口長興初卒贈司空初珏應進士十九年方登第名姓爲第十九人自登第凡十九年爲宰相又昆仲之次第十九時亦異之案古今事類云鄭珏當唐昭宗時作相文章理道典贍華美小字十九郎應擧十九年方及第又第十九人至相亦十九年時皆異之考珏以光化中登第歷相梁唐而古今事類以爲唐昭宗時作相誤也子遘太平興國中任正郎永樂大典卷一萬八千八百八十一

崔協字思化遠祖清河太守第二子寅仕後魏爲太子洗馬因爲清河小房至唐朝盛爲流品曾祖邠太常卿祖璀吏部尚書父彥融楚州刺史彥融素與崔蕘善嘗爲萬年令蕘謁于縣彥融未出見案上有尺題皆賂遺中貴人蕘知其由徑始惡其爲人及除司勳郎中蕘爲左丞通刺不見蕘謂曰郎中行止鄙雜故未見宰相知之改楚州刺史卒于任誡其子曰世世無忘蕘故其子弟常云崔讐協即彥融之子也幼有孝行登進士第釋褐爲度支巡官渭南尉直史館歷三署入梁爲左司郎中萬年令給事中累官至兵部侍郎與中書舍人崔居

儉相遇于幕次協厲聲而言曰崔蕘之子何敢相見居儉亦報之左降太子詹事俄拜吏部侍郎同光初改御史中丞憲司舉奏多以文字錯誤屢受責罰協器宇宏爽高談虛論多不近理時人以爲虛有其表天成初遷禮部尚書太常卿因樞密使孔循保薦拜平章事初豆盧革韋說得罪執政議命相樞密使孔循意不欲河朔人居相位任圜欲相李琪而鄭珏素與琪不協孔循亦惡琪謂安重誨曰李琪非無藝學但不廉耳朝論莫若崔協重誨然之因奏擇相明宗曰誰可乃以協對任圜奏曰重誨被人欺賣如崔協者少識文字時人謂之没字碑臣比不知書無才而進已爲天下笑何容中書之內更有笑端明宗曰易州刺史韋肅人言名家待我甚厚置于此位何如肅苟未可則馮書記是先朝判官稱爲長者與物無競可以相矣道嘗爲莊宗霸府書記故明宗呼之朝退宰臣樞密使休于中興殿之廡下孔循拂衣而去曰天下事一則任圜二則任圜崔協暴死則已不死會居此位重誨私謂圜曰今相位缺人協且可乎圜曰朝廷有李琪者學際天人奕葉軒冕論才校藝可敵時輩百人而讒夫巧沮忌害其能必舍琪而相協如棄蘇合之丸取蛣蜣之轉也重誨笑而止然重誨與

循同職循日言琪之短協之長故重誨竟從之而協登庸之後廟堂代筆假手于人朝廷以國庠事重命協兼判祭酒事協上奏每歲補監生二百爲定物議非之（北夢瑣言明宗問宰相馮道盧質近日喫酒否對曰質曾到臣居亦飲數爵臣勸不令過度事亦如酒過則患生崔協强言于坐曰臣聞食醫心鏡酒極好不加藥餌足以安心神左右見其膚淺不覺哂之）四年春駕自東門還京從至須水驛中風暴卒詔贈尚書左僕射謚曰恭靖子頎頌壽貞惟頌仕皇朝官至左諫議大夫終于鄜州行軍司馬（永樂大典卷二千七百四十）

李琪字台秀五代祖憕天寶末禮部尚書東都留守安祿山陷東都遇害累贈太尉謚曰忠懿憕孫察元和朝

位至給事中案子敬方文宗朝諫議大夫敬方子穀廣明中爲晉公王鐸都統判官以收復功爲諫議大夫琪即穀之子也年十三詞賦詩頌大爲王鐸所知然亦疑其假手一日鐸召穀讌于公署密遣人以漢祖得三傑賦題就其第試之琪援筆立成賦尾云得士則昌非賢罔共龍頭之友斯貴鼎足之臣可重宜哉項氏之敗亡一范增而不能用鐸覽而駭之曰此兒大器也將擅文價太平廣記琪總角謁鐸鐸顧曰適蜀中詔到用夏州拓跋思恭爲收復都統可作一詩否即秉筆立製云飛騎經巴棧洪恩及夏臺將從天上去人自日邊來此處金門遠何時玉輦廻蚤平關右賊莫待詔書催鐸益奇之因執琪手曰此眞鳳毛也時年十四明年丁母憂因流寓青齊然糠照薪俾夜作晝覽書數千卷間爲詩賦唐僖宗再幸梁洋竊賦云哀痛不下詔登封誰上書昭宗時李谿父子以文學知名琪年十八袖賦一軸謁谿谿覽賦驚異倒屣迎門出琪調啞鐘捧日等賦謂琪曰余嘗患近年文字辭賦皆數句之後未見賦題吾子入句見題偶屬典麗吁可畏也琪由是益知名舉進士第天復初應博學宏詞居第四等授武功縣尉辟轉運巡官遷左拾遺殿中侍御史自琪爲諫官憲職凡時政有所不便必封章論列文章秀麗覽之者忘倦琪兄珽亦登進士第才藻富贍兄弟齊名而尤爲梁祖所知以珽爲崇政學士琪自左補闕入爲翰林學士案北夢瑣言云梁李相國琪唐末以文學策名仕至御史昭宗播遷衣冠

蕩析琪藏跡于荆楚間自晦其跡號華原李長官其堂兄光符宰宜都嘗厭薄之琪寂寞每臨流踞石摘樹葉而試草制詞吁嗟怏悵而投葉水中梁祖受禪徵入拜翰林學士今考梁書李珽傳珽歷爲成汭趙匡凝掌書記蓋昭宗末年珽琪兄弟皆客荆楚後乃受知于梁祖也累遷戶部侍郎翰林承旨梁祖西抗邠岐北攻澤潞出師燕趙經略四方暫無寧歲而琪以學士居帳中專掌文翰下筆稱旨寵遇踰倫自是琪之名播于海內琪重然諾憐才獎善家門雍睦貞明龍德中歷兵禮吏侍郎受命與馮錫嘉張充郄殷象同撰梁太祖實錄三十卷遷御史中丞累擢尚書左丞中書門下平章事時琪與蕭頃同爲宰相頃性畏愼深密琪倜儻負氣不拘小節中書奏覆多行其志而頃專掎摭其咎會琪除吏是試攝名銜改攝爲守爲頃所奏梁帝大怒將投諸荒裔而爲趙巖輩所援罷相爲太子少保莊宗入汴素聞琪名累欲大任同光初歷太常卿吏部尚書三年秋天下大水國計不充莊宗詔百寮許上封事陳經國之要琪因上疏曰臣聞王者富有兆民深居九重所重患者百姓凋耗而不知四海困窮而莫救下情不得上達羣臣不敢指言今陛下以水潦之災軍食乏闕焦勞罪已廹切疚懷避正殿以責躬訪多士而求理則何思而不獲何議而不臧止在改而行之足以擇其善者臣聞古人有言曰穀者人之司命也地

者穀之所生也人者君之所理也有其穀則國力備定
其地則人食足察其人則徭役均知此三者爲國之急
務也軒黃已前不可詳記自堯遭洪水禹作司空于時
辨九等之田收什一之稅其時戶一千三百餘萬定墾
地約九百二十萬頃最爲太平之盛及商革夏命重立
田制每私田十畝種公田一畝水旱同之亦什一之義
也洎乎周室立井田之法大約百里之國提封萬井出
車百乘戎馬四百匹畿內兵車萬乘馬四萬匹以田法
論之亦什一之制也故當成康之世比堯舜之朝戶口
更增二十餘萬非他術也蓋三代以前皆量入以爲出

計農以立軍雖逢水旱之災而有凶荒之備降及秦漢
重稅工商急關市之征倍舟車之算人戶既以減耗古
制猶以兼行按此時戶口尙有千二百餘萬墾田亦八
百萬頃至乎三國並興兩晉之後則農夫少于軍衆戰
馬多于耕牛供軍須奪于農糧秣馬必侵于牛草于是
天下戶口只有二百四十餘萬洎隋文之代兩漢比隆
及煬帝之年又三分去一我唐太宗文皇帝以四夷初
定百姓未豐延訪羣臣各陳所見惟魏徵獨勸文皇力
行王道由是輕徭薄賦不奪農時進賢良悅忠直天下
粟價斗直兩錢自貞觀至于開元將及一千九百萬戶

五千三百萬口墾田一千四百萬頃比之堯舜又極增
加是知救人瘼者以重斂爲病源料兵食者以惠農爲
軍政仲尼云百姓足君孰與不足臣之此言是魏徵所
以勸文皇也伏惟深留宸鑒如以六軍方闕不可輕徭
兩稅之餘猶須重斂則但不以折納爲事一切以本色
輸官又不以紐配爲名止以正耗加納猶應感悅未至
流亡況今東作是時羸牛將駕數州之地千里運糧有
此差徭必妨春種今秋若無糧草何以贍軍臣伏思漢
文帝時欲人務農乃募人入粟得拜爵及贖罪景帝亦
如之後漢安帝時水旱不足三公奏請富人入粟得關

內侯及公卿以下散官本朝乾元中亦曾如此今陛下
縱不欲入粟授官願明降制旨下諸道合差百姓轉倉
之處有能出力運官物到京師五百石以上白身授以
初任州縣官有官者依資遷授欠選者便與放選千石
以上至萬石不拘文武明示賞酬免令方春農人流散
斯亦救民轉倉贍軍之一術也莊宗深重之尋命爲國
計使垂爲輔相俄遇蕭牆之難而止及明宗卽位豆盧
革韋說得罪任圜陳奏請命琪爲相爲孔循鄭珏排沮
乃相崔協琪時爲御史大夫安重誨于臺門前專殺殿
直馬延雖曾彈奏而依違詞旨不敢正言其罪以是託

疾三上章請老朝旨不允除授尚書左僕射自是之後尤爲宰執所忌凡有奏陳靡不望風横沮天成末明宗自汴州還洛琪爲東都留司官班首奏請至偃師奉迎時琪奏中有敗契丹之凶黨破眞定之逆城之言詔曰契丹即爲凶黨眞定不是逆城李琪罰一月俸又嘗奉勅撰霍彦威神道碑文琪梁之故相也敍彦威仕梁歷任不言其僞中書奏曰不分眞僞是混功名望令改撰詔從之多此類也琪雖博學多才拙于遵養時晦知時不可爲然猶多岐取進動而見排由已不能鎭靜也以太子太傅致仕長興中卒于福善里第時年六十子貞官至邑宰琪以在内署時所爲制詔編爲十卷目曰金門集大行于世（永樂大典卷一萬二百八十九）

蕭頃字子澄京兆萬年人故相倣之孫京兆尹廩之子頃聰悟善屬文昭宗朝擢進士第歷度支巡官太常博士右補闕時國步艱難連帥偏强率多奏請欲立家廟于本鎭頃上章論奏乃止累遷吏部員外郎先是張濬自中書出爲右僕射梁祖判官高劭使梁祖廕求一子出身官省寺皆稱無例濬曲爲行之指揮甚急吏徒惶恐頃判云僕射未集郎官赴省上指揮公事且非南宮舊儀濬聞之慙悚致謝頃由是知名梁祖亦奬之頃入梁歷給諫御史中丞禮部侍郎知貢舉咸有能名自吏部侍郎拜中書門下平章事與李琪同輔梁室事多矛盾莊宗入汴頃坐貶登州司戶量移濮州司馬數年遷太子賓客天成初爲禮部尚書太常卿太子少保致仕卒時年六十九輟朝一日贈太子少師（永樂大典卷五千二百二十五）

史臣曰夫輔相之才從古難得蓋文學政事履行謀猷不可缺一故也如數君子者皆互有所長亦近代之良相也如齊公之明節李琪之文章足以圭表搢紳笙簧典誥陟之廊廟宜無愧焉（永樂大典卷二千七百四十）

舊五代史卷五十八終

舊五代史卷五十八攷證

唐列傳十趙光逢傳父隱右僕射　案舊唐書作左僕射

僖宗朝登進士第　僖宗原本作昭宗據舊唐書光逢係乾符五年進士當作僖宗今改正

時有道士許巖士　許巖士原本脫士字今據新唐書及通鑑增入

李琪傳敬方子穀廣明中爲晉公王鐸都統判官　案太平廣記引李琪集序作父敬佐王鐸滑州幕攷李琪祖名敬方其父不得名敬疑太平廣記傳寫之訛

戎馬四百匹　四百原本作四千今據漢書改正

以太子太傅致仕　案太傅歐陽史作少傅

補前趙光逢傳授司徒致仕唐摭言云光逢膺大用居重地十餘載七表乞骸守司空致仕居二年復徵拜上將

舊五代史卷五十八攷證

舊五代史卷五十九

宋司空同中書門下平章事薛居正等撰

列傳第十一　唐書三十五

丁會字道隱壽州壽春人父季會幼放蕩縱橫不治農產恆隨哀挽者學綿謳尤嗜其聲既長遇亂合雄兒爲盜有志功名黃巢渡淮會從梁祖爲部曲梁祖鎭汴會歷都押衙自梁祖誅宗權併時溥屠朱瑄走朱瑾會恆以兵從多立奇功文德中表授懷州刺史歷滑州留後河陽節度使檢校司徒自河陽以疾致政于洛陽梁祖季年猜忌故將功大者多遭族滅會陰有避禍之志稱疾者累年案通鑑考異謂梁祖季年無誅戮大臣之事考朱珍李讜諸人先後爲梁祖所殺丁會蓋監于前事也天復元年梁祖奄有河中晉絳乃起會爲昭義節度使昭宗幸洛陽加同平章事其年昭宗遇弑哀問至會三軍縞素流涕久之時梁祖親討劉守文於滄州駐軍于長蘆三年十二月王師攻會居旬日會以潞州歸于武皇北夢瑣言梁祖雄猜疑忌功臣忽謂敬翔曰吾夢丁會在前祇候吾將乘馬欲出圉人以馬就臺忽爲丁會跨之以出時夢中怒叱喝數聲因驚覺甚惡之是月丁會舉潞州軍民歸河東矣引見會泣曰臣非不能守潞但以汴王篡弱唐祚猜嫌舊將臣雖蒙保薦之恩而不忍相從今所謂吐盜父之食以見王也武皇納之賜甲第于太原位在諸將上五年汴

將李思安圍潞州以會爲都招討使檢校太尉莊宗嗣王位與會決謀破汴軍于夾城七年十一月卒于太原莊宗卽位追贈太師有子七人知沆爲梁祖所誅餘皆歷內職（永樂大典卷一萬八千一百八十九）

閻寶字瓊美鄆州人父佐海州刺史寶以少事朱瑾爲牙將瑾之失守于兖也寶與瑾將胡規康懷英歸汴梁皆擢任之自梁祖陳師河朔爭霸關西寶與葛從周丁會賀德倫李思安各爲大將統兵四出所至立功歷洺隨宿鄭四州刺史天祐六年梁祖以寶爲邢洺節度使檢校太傅莊宗定魏北十三年攻相衛洺磁下之寶獨

舊五代史卷五十九　列傳　二

保邢州城孤援絕八月寶以邢州降莊宗嘉之進位檢校太尉同平章事遙領天平軍節度使東南面招討等使待以賓禮位在諸將上每有謀畫與之參決契丹之寇幽州也周德威危急寶與李存審從明宗擊契丹于幽州西北解圍而還胡柳之役諸軍逗撓汴軍登無石山其勢甚盛莊宗望之畏其不敵且欲保營寶進曰王深入敵境偏師不利王彥章騎軍已入濮州山下唯列步兵向晚皆有歸志我盡銳擊之敗走必矣若今引退必爲所乘我軍未集更聞賊勝卽不戰而自潰也凡決勝料情情勢已得斷在不疑今王之成敗在此一戰若不決勝設使餘衆渡河河朔非王有也王其勉之莊宗聞之聳聽曰微公幾失計卽引騎大譟奪猾登山大敗汴人十八年張文禮殺王鎔叛寶帥師進討八月收趙州進渡滹水擒賊黨張友順以獻九月進逼眞定結營西南隅掘塹柵以環之決大悲寺漕渠以浸其郛十九年正月契丹三十萬來援鎭州前鋒至新樂衆心憂之寶見莊宗指陳方畧軍情乃安敵退加檢校侍中三月城中饑王處瑾之衆出城求食寶縱其出伏兵截擊之飢賊大至諸軍未集爲賊所乘寶乃收軍退保趙州因慙憤成疾疽發背而卒時年六十同光初追贈太師晉

舊五代史卷五十九　列傳　三

天福追封太原郡王有子八人宏倫宏儒皆位至郡守（永樂大典卷九千八百二）

符習趙州慶縣人少從軍事節度使王鎔積功至列校自莊宗經畧河朔與鎔連衡常令習率師從莊宗征討鎔爲張文禮所害時習在德勝寨文禮上書請習等歸鎭習雨泣訴于莊宗曰臣本趙人家世事王氏故使嘗授臣以劍俾臣平蕩凶寇自聞變故徒懷冤憤欲以自刭無益于營魂且張文禮乃幽滄叛將趙王知人不盡過意任使致被反噬臣雖不武願在霸府血戰而死不能委身于凶首莊宗曰爾既懷舊君之愛可復讎乎吾

當助爾習等舉身投地號慟感激謝曰王必以故使輔
翼之勞雪其寃耻臣不敢期師旅為助但悉本軍可以
誅其逆豎莊宗即令閻寶史建瑭助習討文禮乃以習
爲成德軍兵馬留後及文禮誅將正授節鉞習不敢當
其任辭曰臣緣故使未葬又無嗣息臣合服斬縗候臣
禮制畢聽命及莊宗兼領鎮州乃割相魏二州置義寧
軍以習爲節度使習奏曰魏博六州見係霸府不宜遽
有割隸但授臣河南一鎮臣自攻取乃授天平軍節度
東南面招討使習有器度性忠壯自莊宗十年沿河戰
守習常以本軍從心無顧望諸將服其爲人同光初以

習爲邢州節度明年移鎮青州四年二月趙在禮盜據
魏州習受詔以淄青之師進討至則會軍亂習乃退軍
渡河明宗自鄴赴洛遣使召之習不時而至既至謁明
宗于胙縣霍彥威謂習曰主人所知者十人公在其四
何猶豫乎習乃從明宗入汴明宗即位加兼侍中令歸
本鎮屬青州守將王公儼拒命復授天平軍節度使宋史
顧衎傳天成初爲鄆平令符習初鎮天平習武臣之廉
愼者以書告屬邑毋聚斂爲獻賀衎未領書以故規行
之尋爲吏所訟習遽召衎詰之幕客軍吏咸以爲
辱及正人習甚悔焉即表爲觀察判官且塞前事四年
移汴州節度使安重誨素不悅習會汴人言習厚賦民
錢以代納藁及納軍租多收加耗由是罷歸京師通鑑習自

侍宿將議論多抗安重誨故重誨求其過奏之授太子太師致仕求歸故里許
之乃歸昭慶縣明宗以其子令謙爲趙州刺史書飛揚
痛飲周遊田里不集朋徒不過郡邑如此累年中風而
卒贈太師子蒙嗣位至禮部侍郎永樂大典卷一萬八千一百二十九
烏震冀州信都人也少孤自勤于鄉校弱冠從軍初爲
鎮州隊長以功漸升部將與符習從征于河上頗得士
心聞張文禮弑王鎔志復主讐雪泣請行兵及恆陽文
禮執其母妻洎兒女十口誘之不廻攻城日急文禮忿
之咸割鼻斷腕不絕于膚放至軍門觀者皆不忍正視
震一慟而止憤激奮命爭先矢石鎮州平以功授震深

趙二州刺史其性純質以淸直御下在河北獨有政聲
移易州刺史兼南北面水陸轉運招撫等使契丹犯塞
漁陽路梗震率師運糧三入薊門擢爲河北道副招討
遙領宣州節度使代房知溫軍于盧臺及至軍會戍兵
龍晊所部鄴都奉節等軍數千人作亂未及交印而遇
害明宗聞之廢朝一日詔贈太傅震畧涉書史尤嗜左
氏傳好爲詩善筆札凡郵亭佛寺多有留題之跡及其
遇禍燕趙之士皆歎惜之永樂大典卷一萬八千一百二十九
王瓚故河東節度使重盈之諸子也天復初梁祖既平
河中追念王氏舊恩辟瓚爲賓助梁祖即位歷諸衛大

將軍兖華兩鎮節度使開封尹貞明五年代賀瓌統軍駐于河上時李存審築壘于德勝渡秋八月瓚率汴軍五萬自黎陽渡河將掩擊魏州明宗出師拒之瓚至頓丘而旋于陽村夾河築壘架浮航自滑饋運相繼瓚嚴于軍法令行禁止然機畧應變則非所長十一月瓚率其衆觀兵于戚城明宗以前鋒擊之獲其將李立十二月邏騎報汴之饋糧千計沿河而下可掩而取之莊宗遣徒兵五千設伏以待之使騎軍循河南岸西上俘獲饋役數千瓚結陣河曲以待王師既而合兵一戰敗之瓚衆走保南城瓚以小舟北渡僅免是日獲馬千餘匹

俘斬萬級王師乘勝徇地曹濮梁主以瓚失律令戴思遠代還及王師襲汴時瓚爲開封府尹梁主聞王師將至自登建國門樓日夜垂泣時持國寶謂瓚曰吾終保有此者繫卿耳令瓚閱市人散徒登城爲備洎明宗至封邱門瓚開門迎降翌日莊宗御玄德殿瓚與百官待罪及進幣馬詔釋之仍令收梁主屍備棺櫝權厝於佛寺漆首函送于郊社居數日段凝上疏奏梁朝掌事權者趙巖等並助成虐政結怨于人聖政惟新宜誅首惡以謝天下於是張漢傑張漢融張漢倫張希逸趙縠朱珪等並族誅家財籍没瓚聞諸族當法憂悸失次每出則與妻子訣别郭崇韜遣人慰譬之詔授宣武軍節度副使知府事檢校太傅如故（案歐陽史云瓚伏地請死莊宗勞而起之曰朕與卿家世婚姻然人臣各爲主耳復何罪耶因以爲開封尹遷宣武軍節度使據薛史則瓚以宣武軍節度副使知府事未嘗遷秩也）瓚心憂疑成疾十二月卒贈太子太師瓚雖爲治嚴肅而慘酷有家世風自歷守藩鎮頗能除蠹而明不能照下及尹正京邑委政于愛壻牙將辛廷蔚曲法納賄因緣爲奸初汴人駐軍于河上軍計不足瓚請率汴之富戸出助軍錢賦取不均人靡控訴至有雉經者又有富室致賂幸而免率者及明宗即位素知廷蔚之奸乃勒歸田里然瓚能優禮搢紳抑挫豪猾故當時士流皆稱仰焉（永樂大典卷六千六百八十）

袁象先宋州下邑人也自稱唐中宗朝中書令南陽郡王恕己之後曾祖進朝成都少尹梁以象先貴累贈左僕射祖忠義忠武軍節度判官累贈司空父敬初太府卿累贈司徒駙馬都尉敬初娶梁祖之妹初封沛郡太君開平中追封長公主貞明中追封萬安大長公主象先即梁祖之甥也性寬厚不忤于物幼遇亂慨然有憂時之意象先嘗射一水鳥不中箭落水中下貫雙鯉見者異之梁祖鎮夷門象先起家授銀青光祿大夫檢校太子賓客兼御史中丞景福元年自檢校左省常侍遷

檢校工部尚書充元從馬軍指揮使兼左靜邊都指揮使乾寧五年再遷檢校右僕射左領軍衛將軍同正充宣武軍內外馬步軍都指揮使光化二年權知宿州軍州事天復元年表授刺史充本州團練埇橋鎮遏都知兵馬使會淮寇大至圍逼州城象先殫力禦備時援兵未至頗懷憂沮一日登北城憩其樓堞之上怳然若寢夢人告曰我陳璠也嘗版築是城舊第猶在今為軍舍可為我立廟即助公陰兵象先納之翌日淮寇急攻其壘梯衝角進是日州城幾陷頃之有大風雨居民望見城上兵甲無算寇不能進即時退去象先方信鬼神之助乃為之立祠至今里人禱祝不輟三年權知洺州軍州事天祐三年授陳州刺史檢校司空是歲陳州大水民飢有物生于野形類葡萄其實可食貧民賴焉梁開平二年授左英武軍使再遷左神武右羽林統軍三年轉右衛上將軍封汝南縣男四年權知宋州留後到任五月改天平軍兩使留後時鄆境再飢戸民流散象先即開倉賑䘏蒙賴者甚衆五年梁祖北征以象先為鎮定東南行營都招討應接副使進封開國伯領兵攻蓨縣不克而還俄奉詔自鄆赴闕鄆人遮留毀石橋而不得進乃至他門而逸尋授左龍武統軍兼侍衛親軍都

指揮使乾化三年與魏博節度使楊師厚合謀誅朱友珪于洛陽梁末帝即位以功授檢校太保同平章事遙領洪州節度使行開封尹判在京馬步諸軍進封開國公四年授青州節度使加檢校太傅未幾移鎮宋州加檢校太尉象先在宋凡十年初梁祖領四鎮統兵十萬威震天下關東藩守皆其將吏方面補授由其保薦四方輿金輦璧駿奔結轍納賂于其庭如是者十餘年寖成風俗藩侯牧守下逮羣吏罕有廉白者率皆掊斂剝下以事權門象先恃甥舅之勢所至藩府侵刻誅求尤甚以此家財鉅萬莊宗初定河南象先率先入覲輦珍幣數十萬遍賂權貴及劉皇后伶官巷伯旬日內外翕然稱之初梁將未復官資者凡上章奏姓名而已郭崇韜奏曰河南征鎮將吏昭洗之後未有新官每上表章但書姓名未頒綸制必負憂疑即日復以象先為宋亳輝潁節度使依前檢校太尉平章事仍賜姓名紹安尋令歸鎮明年以郊禮象先復來朝是時制改宋州宣武軍為歸德軍因侍宴莊宗謂象先曰歸德之名無乃著題否象先拜謝而退即命歸鎮其夏以疾卒于治所年六十一册贈太師周廣順中贈中書令追封楚國公象先二子長曰正辭歷衢雄二州刺史次曰義至周顯德

中終于滄州節度使（永樂大典卷五千一百十四）

張温字德潤魏州魏縣人也始事梁祖爲步直小將改崇明都校貞明初蔣殷以徐州叛從劉鄩討平之改左右捉生都指揮使莊宗伐邢臺獲之用爲永清都校歷武州刺史山後八軍都將從莊宗襲契丹于幽州收新州歷銀槍效義都指揮使再任武州刺史同光初契丹陷嬀儒檀順平薊六州武州獨全改授蔚州刺史天成初歷振武昭武留後尋授利州節度使入爲右衞上將軍無幾授洋州節度使右龍武統軍改雲州節制清泰初屯兵雁門逐契丹出塞移鎮晉州遘疾而卒詔贈太尉（永樂大典卷一千六百六十）

李紹文鄆州人本姓張名從楚少事朱瑄爲帳下瑄敗歸于梁祖爲四鎮牙校累典諸軍天祐八年從王景仁戰敗于栢鄉紹文與别將曹儒收殘衆退保相州王師之攻魏州也紹文率衆自黎陽將渡河時汴人大恐河無舟檝紹文懼爲王師所逼乃剽黎陽臨河内黄至魏州歸于莊宗莊宗嘉納之賜姓名分其兩將三千人爲左右匡霸軍旅仍令紹文曹儒分將之從周德威討劉守光進檢校司空移將匡衞軍十二年授博州刺史預破劉鄩于故元城歷貝隰代三州刺史領天雄軍馬步副都將屯于德勝從閻寶討張文禮爲馬步軍都虞候明宗收鄆州以紹文爲右都押衙馬步軍都將從破王彦章于中都同光中歷徐滑二鎮副使知府事三年從郭崇韜討西川爲洋州節度留後領鎮江軍節度天成初爲武信軍節度使尋卒于鎮（永樂大典卷一萬一百九十八）

史臣曰昔丁會之事梁祖也功既隆矣禍將及矣挺身北首故亦宜然然食人之祿豈合如是哉閻寶再降于人夫何足貴焉符習雪故主之沉冤享通侯之貴位乃趙之奇士也烏震不恤其親仁斯鮮矣雖慕樂羊之跡豈事文侯之宜璜洎衆先而下皆降將也又何足以議焉（永樂大典卷一萬一百八十九）

舊五代史卷五十九終

舊五代史卷五十九攷證

閻寶傳梁祖以寶爲節度使檢校太傅　案歐陽史太祖時爲諸軍都虞候末帝時以寶爲保義軍節度使與是書詳畧先後互異

符習傳飛揚痛飲　飛揚原本作飛鷹今攷杜詩痛飲狂歌空度日飛揚跋扈爲誰雄鷹字葢揚字之訛今改正

烏震傳移易州刺史　易州歐陽史作冀州

詔贈太傅　太傅歐陽史作太師

張溫傳　案溫于潼關擒劉浣見梁紀此傳不載

舊五代史卷五十九攷證

舊五代史卷六十

宋司空同中書門下平章事薛居正等撰

列傳第十二　唐書三十六

李襲吉[案北夢瑣言作李習吉]自言左相林甫之後父圖爲洛陽令因家焉襲吉乾符末應進士舉遇亂避地河中依節度使李都擢爲鹽鐵判官及王重榮代不喜文士時喪亂之後衣冠多逃難汾晉間襲吉訪舊至太原武皇署爲府掾出宰榆社[案北夢瑣言作攝榆次令]光啟初武皇遇難上源記室殁焉既歸鎮辟掌奏者多不如指或有薦襲吉能文召試稱指即署爲掌書記襲吉博學多通尤諳悉國朝近事爲文精意練實動據典故無所放縱羽檄軍書辭理宏健自武皇上源之難與梁祖不協乾寧末劉仁恭負恩其間論列是非交相聘答者數百篇警策之句播在人口文士稱之三年遷節度副使從討王行瑜拜右諫議大夫及師還渭北武皇不獲入覲爲武皇作違離表中有警句云穴禽有異聽舜樂以猶來天路無梯望堯雲而不到昭宗覽之嘉歎洎襲吉入奏面詔諭之優賜特異[案北夢瑣言云習吉從李克用至渭南令其入奏帝重其文章授諫議大夫使上事北省以榮之據薛史則襲吉先授諫議非至入奏時始授也當由先經奏授至入奏時復于本省上事耳北夢瑣言多傳聞之辭故有互異]其年十二月師還太原王珂爲浮梁于夏

陽渡襲吉從軍時笮斷航破武皇僅免襲吉墜河得大冰承足泝流七八里達岸而止救之獲免天復中武皇議欲脩好于梁命襲吉爲書以貽梁祖書曰一别清德十有餘年失意杯盤爭鋒劍戟山高水濶難追二國之歡鴈逝魚沉久絶八行之賜比者僕與公實聯宗姓原忝恩知投分深情將期棲託論交馬上薦美朝端傾嚮仁賢未省疏闕豈謂運由奇特謗起奸邪毒手尊拳交相于暮夜金戈鐵馬蹂踐于明時狂藥致其失歡陳事止于堪笑今則皆登貴位盡及中年蘧公亦要知非君子何勞用壯今公貴先列辟名過古人合縱連衡本務

家邦之計拓地守境要存子孫之基文王貴奔走之交仲尼誡損益之友僕顧慙虚薄舊忝眷私一言許心萬死不悔壯懷忠力猶勝他人盟于三光願赴湯火公又何必終年立敵懇意相窺狥一時之襟靈取四郊之倦弊今日得其小衆明日下其危牆弊師無遺鏃之憂鄰壤抱剝床之痛又慮悠悠之黨妄瀆聽聞見僕韜勇枕威戢兵守境不量本末誤致窺覦且僕自壯歲以前業經陷敵以殺戮爲東作號兼幷爲永謀及其首陟師壇躬被公袞天子命我爲羣后明公許我以下交所以斂迹愛人蓄兵務德收燕薊則還其故將入蒲阪而不負前言況五載休兵三邊校士鐵騎犀甲雲屯谷量馬邑兒童皆爲銳將鷲峰官闕咸作京坻問年猶少于仁明語地幸依於險阻有何覬覦便誤英聰況僕臨戎握兵粗有操斷屈伸進退久貯心期勝則撫三晉之民敗則徵五部之衆長驅席卷反首提戈但慮隳突中原爲公後患四海羣謗盡歸仁明終不能見僕一夫得僕一馬銳師儻失則難整齊請防後艱願存前好矧復陰山部落是僕懿親廻紇師徒累從外舍文靖求始畢之衆元海徵五部之師寬言虚詞猶或得志今僕散積財而募勇輩藴實貨以誘義戎徵其密親啗以美利控弦跨馬

寧有數乎但緣荷位天朝惻心疲瘵裁戢亭障未忍起戎亦望公深識鄙懷洞廻英鑒論交釋憾慮禍革心不聽浮談以傷霸業夫易惟忌滿道貴持盈儻恃勇以喪師如擘盤而失水爲蚍刻鶴幸賜徊翔僕少負褊心天與直氣間諜詭論誓不爲之唯將藥石之談願託金蘭之分儻愚衷未豁彼抱猶迷假令罄三朝之威窮九流之辯遣廻肝膈如俟河清今者執簡吐誠願垂保鑒僕自眷私睽阻翰墨往來或有鄙詞稍侵英德亦承嘉論每賜詈言叙歡卽罷于尋戈焚謗幸蠲其載筆窮因尚口樂貴和心願袪沉鬫之嫌以復傹塡之好今者卜于

曩分不欲因人轉遣使乎直詣鈴閣古者兵交兩地使在其間致命受辭幸存前志昔賢貴于投分義士難于屈節若非仰戀恩私安可輕露肝膈悽悽丹懷炳炳血情臨紙鬱風千萬難述梁祖覽之至毒手尊拳之句怡然謂敬翔曰李公斗絕一隅安得此文士如吾之智算得襲吉之筆才虎傅翼矣又讀至馬邑兒童陰山部落之句梁祖怒謂敬翔曰李太原殘喘餘息猶氣吞宇宙可詬厲之及翔爲報書詞理非勝由是襲吉之名愈重[案通鑑考異引唐末見聞錄載全忠回書云前年洹水曾獲賢郎去年青山又擒列將蓋梁之書檄皆此類也]自廣明大亂之後諸侯割據方面競延名士以掌書檄是時梁有敬翔燕有馬郁華州有李巨川荊南有鄭準[案唐新纂云鄭準士族未第時佐荊門上谷蓮幕飛書走檄不讓古人秉直去邪無慚往哲考準爲成汭書記汭封上谷郡王]鳳翔有王超[案北夢瑣言云唐末鳳翔判官王超推奉李茂貞挾曹馬之勢牋奏文檄恣意翱翔後爲興元留後遇害有鳳鳴集三十卷行于世]錢塘有羅隱魏博有李山甫皆有文稱與襲吉齊名于是襲吉在武皇幕府垂十五年視事之暇惟讀書業文手不釋卷性恬于榮利獎誘後進不以己能格物參決府事務在公平不交賂遺緯緯有士大夫之風概焉天祐三年六月以風病卒于太原同光二年追贈禮部尚書[永樂大典卷一萬二百八十]

王緘幽州劉仁恭故吏也少以刀筆直記室仁恭假以

幕職令使鳳翔還經太原屬仁恭阻命武皇留之緘堅辭復命書詞稍抗武皇怒下獄詰之謝罪聽命乃署爲推官歷掌書記[契丹國志韓延徽傳延徽自契丹奔晉晉王欲置之幕府掌書記王緘嫉之延徽不自安求東歸省母遂復入契丹寓書于晉王敘所以北去之意且曰非不戀英主非不思故鄉所以不留正懼王緘之讒耳]從莊宗經略山東承制授檢校司空魏博節度副使緘博學善屬文燕薊多文士緘後生未知名及在太原名位驟達燕人馬郁有盛名于鄉里而緘素以吏職事郁及郁在太原謂緘曰公在此作文士所謂避風之鳥受賜于魯人也每於公宴但呼王緘而已十年從征幽州既獲仁恭父子莊宗命緘爲露布觀其旨趣緘起草無所辭避義士以此少之胡柳之役緘隨輜重前行歿于亂兵際曉盧質還營莊宗問副使所在曰某醉不之知也既而緘凶問至莊宗流涕久之得其喪歸葬太原[永樂大典卷六千八百五十]

李敬義本名延古太尉衛公德裕之孫初隨父燁貶連州遇赦得還嘗從事浙東自言遇涿道士謂之曰子方厄運不宜仕進敬義悚然對曰吾終老賤哉涿曰自此四十三年必遇聖主大任子其志之敬義以爲然乃無心仕宦退歸洛南平泉舊業爲河南尹張全義所知歲時給遺特厚出入其門欲署幕職堅辭不就初德裕之

為將相也大有勳于王室出藩入輔綿歷累朝及留守洛陽有終焉之志于平泉置別墅採天下奇花異竹珍木怪石為園池之玩自為家誡序錄志其草木之得處刊于石云移吾片石折樹一枝非子孫也洎巢蔡之亂洛都灰燼全義披榛而創都邑李氏花木多為都下移掘樵人鬻賣園亭掃地矣有醒酒石德裕醉即踞之最保惜者光化初中使有監全義軍得此石置于家園敬義知之泣謂全義曰平泉別業吾祖戒約甚嚴子孫不肖動違先旨因託全義請石于監軍他日宴會全義謂監軍曰李員外泣告言內侍得衛公醒酒石其祖戒堪哀內侍能迴移否監軍忿然厲聲曰黃巢敗後誰家園池完復豈獨平泉有石哉全義始受黃巢僞命以為詬已大怒曰吾今為唐臣非曹賊也即署奏笞斃之昭宗遷都洛陽以敬義為司勳員外郎柳璨之陷裴趙諸族希梁祖旨奏云近年浮薄相扇趨競成風乃有臥邀軒冕辭王爵如土梗者司空圖李敬義三度除官養望不至咸宜屛黜以勸事君者翌日詔曰司勳員外郎李延古世荷國恩兩葉相位幸從筮仕累忝寵榮多歷歲時不趨班列而自遷都卜洛紀律載張夫明廷而非遥處別墅而無權罔思報効故務便安為臣之節如斯貽厥

之謀何在須加懲責以肅朝倫九寺勾稽尚謂寬典可責授衛尉寺主簿司空圖亦追停前詔任從閑適圖唐史有傳案舊唐書哀帝紀六月戊申勅前司勳員外郎賜緋魚袋李延古責授衛尉寺主簿九月壬寅勅前大中大夫尚書兵部侍郎賜紫金魚袋司空圖放還中條山蓋延古與司空圖同時被勅其降勅則有先後也時全義既不能庇護乃密託楊師厚令敬義潛往依之因挈族客居衛州者累年師厚給遺周厚十二年莊宗定河朔史建瑭收新鄉敬義謁見是歲上遣使迎至魏州署北京留守判官承制拜工部尚書奉使王鎔敬義以遠祖趙郡見鎔展維桑之敬鎔遣判官李翥送贊皇集三卷令謁前代碑壠使還歸職太原監軍張承業尤不悅本朝宰輔子孫待敬義甚薄或面折于公宴或指言德裕過惡敬義不得志鬱憤而卒同光二年贈右僕射永樂大典卷一萬三百八十九　五代史闕文司空圖字表聖自言泗州人少有俊才咸通中一舉登進士第雅好為文躁於進取頗自矜伐端士鄙之初從事使府及登朝驟歷清要曹賊之亂車駕播遷圖有先人舊業在中條山極林泉之美圖自禮部員外郎因避地焉日以詩酒自娛屬天下板蕩士多往依之互相推奬由是聲名藉甚昭宗反正以戶部侍郎徵至京師圖既負才慢世謂已當為宰輔時要惡之稍抑其鋭圖憤憤謝病復歸中條與人書疏不名官位但稱知非子又稱耐辱居士其所居曰禎貽谿谿上結茅屋命曰休休亭常自為記云臣謹按圖河中虞鄉人少有文彩未為鄉里所稱會王凝自尚書郎出為絳州刺史圖以文謁之大為凝所賞歎由是知名未幾凝入知制誥遷中書舍人知貢舉擢圖上第頃之凝出為宣州觀察使辟圖為從事既渡江御史府奏圖監察下詔追之圖感知已之恩不忍輕離幕府滿百日不赴闕為臺司所劾遂

以本官分司久之徵拜禮部員外郎俄知制誥故集中有文日戀恩稽命點繫洛師于今十年方忝綸閣此豈躁於進取者耶舊史不詳一至于此圖見唐政多僻中官用事知天下必亂即棄官歸中條山尋以中書舍人徵又徵拜戶部侍郎皆不起及昭宗播遷華下圖以密邇乘輿即時奔問復辭還山故詩日多病形容五十三誰憐借笏趁朝參此豈有意于相位焉河中節度使王重榮請圖撰碑得絹數千匹圖致于虞鄉市心恣鄉人所取一日而盡是時盜賊充斥獨不入王官谷河中士人依圖避難全者甚衆昭宗東遷又以兵部侍郎召至洛下爲柳燦所阻一謝而退梁祖受禪以禮部尚書徵辭以老疾卒時年八十餘臣又案梁室大臣如敬翔李振杜曉楊涉等皆唐朝舊族本當忠義立身重侯累將三百餘年一旦委質朱梁其甚者贊成弒逆惟圖以清直避世終身不事梁祖故梁史揭圖小瑕以泯大節者良有以也

盧汝弼（案通鑑汝弼范陽人宣和書譜汝弼字子諧祖綸唐貞元年有詩名父簡求爲河東節度使汝弼少力學不喜爲世胄篤志科舉登進士第文彩秀麗一時士大夫稱之）唐昭宗景福中擢進士第歷臺省昭宗自秦遷洛陽時爲祠部郎中知制誥時梁祖凌弱唐室殄滅衣冠懼禍渡河由上黨歸于晉陽（永樂大典卷一萬六千四百九十五）初武皇平王行瑜天子許承制授將吏官秩是時藩侯僭強者多僞行墨制武皇恥而不行長吏皆表授及莊宗嗣晉王位承制置吏又得汝弼有若符契由是除補之命皆出汝弼之手既而幾內官吏考課議擬奔走盈門頗以賄賂聞士論少之（永樂大典卷二千五百三十二）洎帝平定趙魏汝弼每請謁迎勞必陳說天命顯俟中興帝亦以宰輔期之建國前卒于晉（冊府元龜卷八百九十五）

李德休字表逸趙郡贊皇人也祖絳山南西道節度使唐史有傳父璋宣州觀察使德休登進士第歷鹽鐵官渭南尉右補闕侍御史天祐初兩京喪亂乃寓迹河朔定州節度使王處直辟爲從事莊宗即位于魏州徵爲御史中丞轉兵部吏部侍郎權知左丞以禮部尚書致仕卒時年七十四贈太子少保（永樂大典卷一萬三百八十九）

蘇循父特陳州刺史循咸通中登進士第累歷臺閣昭宗朝再至禮部尚書循性阿諛善承順苟容以希進取昭宗自遷洛之後梁祖凶勢日滋唐室舊臣陰懷主辱之憤名族之胄往往有違禍不仕者惟循希旨附會及梁祖失律于淮南西屯于壽春要少帝欲授九錫朝臣或議是非循揚言云梁王功業顯大歷數有歸朝廷速宜揖讓當時朝士畏梁祖如虎罔敢違其言者明年梁祖逼禪循爲冊禮副使梁祖既受命宴于元德殿舉酒曰朕夾輔日淺代德未隆置朕及此者羣公推崇之意也楊涉張文蔚慚懼失對致謝而已循與張禕薛貽矩因盛陳梁祖之德業應天順人之美循自以奉冊之勞旦夕望居宰輔而敬翔惡其爲人謂梁祖曰聖祚惟新宜選端士以鎮風俗如循等輩俱無士行實唐家之鴟梟當今之狐魅彼專賣國以取利不可立維新之朝初

循子楷乾寧二年登進士第中使有奏御者云今年進士二十餘人僥倖者半物論以爲不可昭宗命學士陸扆馮渥重試于雲韶殿及格者一十四人詔云蘇楷盧廙等四人詩句最卑蕪累頗甚曾無學業敢竊科名浼我至公難從濫進宜付所司落下不得再赴舉場楷以此慚恨長幸國家之災昭宗遇弑輝王嗣位國命出于朱氏楷始得爲起居郎柳燦陷害朝臣衣冠惕息無敢言者初梁祖欲以張廷範爲太常卿裴樞以爲不可柳燦懼梁祖之毒乃歸過于樞故裴趙罹白馬之禍楷因附燦復依廷範時有司初定昭宗謚號楷謂廷範曰謚

者所以表行實前有司之謚先帝昭宗所謂名實不副司空爲樂卿余忝史職典章有失安得不言乃上疏曰帝王御宇察理亂以審污隆祀享配天資謚號以定升降故臣下君上皆不得而私也先帝睿哲居尊恭儉垂化其於善美孰敢蔽虧然而否運莫興至理猶鬱遂致四方多事萬乘播遷始則宦豎凶狂受幽辱于東內終則嬪嬙悖亂罹夭閼于中闈其于易名宜循考行有司先定尊謚曰聖穆景文孝皇帝廟號昭宗敢言溢美似異直書今郊禋有日祫祭惟時將期允愜列聖之心更在詳議新廟之稱庶使叶先朝罪已之德表聖上無私之明（案舊唐書云蘇楷目不知書僅能執筆其文羅袞作也）太常卿張廷範奏議曰昭宗初實彰于聖德後漸減于休明致季述幽辱于前茂貞劫幸于後雖數拘厄運亦道失始終違陵寢于西京徙兆民于東洛軔輦輅未踰于寒暑行大事俄起于宮闈謹聞執事堅固之謂恭亂而不損之謂靈武而不遂之謂莊在國逢難之謂閔因事有功之謂襄今請改謚曰恭靈莊閔皇帝廟號襄宗輝王答詔曰勉依所奏哀咽良深楷附會幸災也如是及梁祖即位於汴楷自以遭遇千載一時敬翔深鄙其行尋有詔云蘇楷高貽休蕭閭禮等人才寢陋不可塵穢班行並勒歸田里

循楷既失所望懼以前過獲罪乃退歸河中依朱友謙莊宗將即位于魏州時百官多缺乃求訪本朝衣冠友謙令赴行臺時張承業未欲莊宗即尊位諸將賓僚無敢贊成者及循至入衙城見府廨即拜謂之拜殿時將吏未行蹈舞禮及循朝謁即呼萬歲舞抃泣而稱臣莊宗大悅翌日又獻大筆三十管曰畫日筆莊宗益喜承業聞之怒會盧汝弼卒即令循守本官代爲副使明年春循因食蜜雪傷寒而卒同光二年贈左僕射以楷爲員外郎天成中累歷使幕會執政欲糾其駁謚之罪竟以憂慚而卒（永樂大典卷二千三百九十）

史臣曰：昔武皇之樹霸基，莊宗之開帝業，皆旁求多士，用佐丕圖，故數君子者或以書檄敏才，或以簪紳舊族，咸登貴仕，諒亦宜哉。唯蘇循贊梁祖之强禪，蘇楷駮昭莊之舊謚，士風臣節，豈若是乎！斯蓋文苑之豺狼，儒林之荆棘也。（永樂大典卷二千三百九十）

舊五代史卷六十終

舊五代史卷六十攷證

乾符末應進士舉　案唐新纂作應廣文舉不第

出宰榆社　案北夢瑣言作攝榆次令

李敬義傳移吾片石　案原本脫移字今據册府元龜增入

李德休傳　德休原本作德林今案其字表逸林字蓋休字之訛今改正

補前盧汝弼傳　建國前卒於晉（宣和書譜贈兵部尚書）

舊五代史卷六十攷證

舊五代史卷六十一

宋司空同中書門下平章事薛居正等撰

列傳第十三　唐書三十七

安金全代北人世為邊將少驍果便騎射武皇時為騎將屢從征討莊宗之救潞州及平河朔皆有戰功累為刺史以老病退居太原案遼史安金全以幽州戰敗故退廢不用此事薛史不載天祐中汴將王檀率師三萬乘莊宗在鄴來襲并州時城無備兵敵軍奄至監軍張承業大恐計無所出閱諸司丁匠登陴禦捍外攻甚急金全遽出謂承業曰老夫退居抱病不任軍事然吾王家屬在此王業本根之地如一旦為敵所有大事去矣請以庫甲見授為公備寇承業即時授之金全被甲跨馬召率子弟及退閑諸將得數百人夜出北門擊賊於羊馬城內梁人驚潰由是退卻俄而石君立自潞州至汴軍退走微金全之奮命城幾危矣莊宗性矜伐凡大將立功不時行賞故金全終莊宗世名位不進明宗與之有舊及登極授金全同平章事充振武軍節度使在任二年治民為政非所長詔赴闕俄而病卒廢視朝二日初南北對壘汴之游騎每出必為金全所獲故梁之偵邏者咸懼目之為安五道蓋比鬼將有五道之名也子審琦等皆位至方鎮別有傳永樂大典卷一萬八千一百二十九

審通金全之猶子也幼事莊宗累有戰功轉先鋒指揮使同光初為北京右廂馬軍都指揮使屯奉化軍四年春赴明宗急詔軍趨夷門為前鋒天成初授單州刺史改齊州防禦使兼諸道先鋒馬軍都指揮使奉詔北征從房知溫營于盧臺會龍晊部下兵亂審通脫身潛遁奪船以濟促騎士介馬及亂兵南行盡戮之以功授檢校太傅滄州節度使圍王都于中山躬冒矢石為飛石所中而卒贈太尉永樂大典卷一萬二千五十四

安元信字子言代北人父順琳為降野軍使元信以將家子便騎射幼事武皇從平巢蔡光啟中吐渾赫連鐸寇雲中武皇使元信拒之元信兵敗于居庸關武皇性嚴急元信不敢還遂奔定州王處存待之甚厚用為突騎都校乾寧中處存子郜嗣位時梁軍大攻河朔三鎮奔命不暇梁將張存敬軍奄至城下既無宿備郜懼挈其族奔太原元信從之武皇待之如初用為鐵林軍使梁將氏叔琮之攻河東也別將葛從周自馬嶺入元信伏于榆次挫其前鋒梁將李思安之攻上黨也王師將壁高河為梁軍所逼別將秦武者尤為難敵元信與鬭斃之繇是梁軍解去城壘得立武皇賜所乘馬及細鎧仗

遷突陣都將莊宗嗣晉王位元信從救上黨破夾寨復澤潞以功授檢校司空遼州刺史賜玉鞭名馬栢鄉之役日晚戰酣元信重傷莊宗自臨傅藥其年改檢校司徒武州刺史充内衙副都指揮使山北諸州都團練副使從莊宗定魏博移爲博州刺史與梁對壘德勝渡元信爲右廂排陣使未幾爲大同軍節度使莊宗平定河南移鎭橫海軍節度使時契丹犯邊元信與霍彥威從明宗屯常山元信恃功每對明宗以成敗勇怯戲侮彥威彥威不敢答明宗曰成由天地不由于人當氏叔琮圍太原公有何勇今國家運興致我等富貴乃起謝元信不復以彥威爲戲明宗即位以元信嘗爲内衙都校尤厚待之加同中書門下平章事明年移鎭徐州王師之討高季興襄帥劉訓逗撓軍期移授元信山南東道節度使以代訓歲餘改歸德軍節度使就加兼侍中明宗不豫求入末帝即位授潞州節度使加檢校太尉清泰三年二月以疾卒于鎭時年七十四贈太師晉高祖即位以元信宿望令禮官定謚曰忠懿有子六人長曰友權歷諸衛大將軍次曰友親仕皇朝爲滁州刺史卒于任（永樂大典卷一萬八千一百二十九）

安重霸雲州人也性狡譎多智算初自代北與明宗俱事武皇因負罪奔梁在梁復以罪奔蜀蜀以蕃人善騎射因爲親將蜀後主王衍幼年襲位其政多僻宦官王承休居中用事與成都尹韓昭内外相結專採擇聲色以固寵幸武臣宿將居常切齒重霸諂事承休特見委信梁末岐下削弱蜀人奪取秦成階等州重霸說承休求鎭秦州仍于軍中選山東驍果得數千人號龍武軍以承休爲軍帥重霸副焉俱在天水歲餘承休欲求施鉞乃以隴西花木入獻又稱秦州山水之美人物之盛請後主臨幸而韓昭贊成之（太平廣記引王氏見聞錄云承休請從諸軍揀選官健得驍勇數千號龍武軍承休自爲統帥並特加衣糧日有優給因乞秦州節度使且云願與陛下于秦州採擬美麗且說秦州風土多出國色仍請幸天水少主甚悅即遣仗節赴鎭應所選龍武精銳並充衙隊從行）同光二年十月蜀主率衆數萬由劍閣將出興鳳以游秦州至興州遇魏王繼岌軍至狼狽而旋（案九國志作王衍將之秦州以王宗弼力諫而止與薛史異）承休遽聞東師入討大恐計無從出問於重霸對曰開府何患蜀中精兵不下十萬咫尺之險安有不濟縱東軍盡如狼虎豈能入劍門然國家有患開府特受主知不得失于奔赴此州制置事定無虞得失重霸願從開府赴闕承休素信以爲忠赤重霸出秦州以金帛賂羣羌買由文山路歸蜀（案九國志作取路以歸蜀文義較爲明晰）承休擁龍武軍及招置僅萬人從行令重霸權握

部署州人祖送秦州軍亦列部隊承休登乘重霸馬前辭曰國家費盡事力收獲隴西若從開府南行隴州郎時疎失請開府自行重霸且爲國守藩承休既去重霸在秦州聞明宗起河北郎時遣使以秦成等州來降天成初用爲閬州團練使未幾召還爲左衞大將軍常以姦佞揣人主意明宗尤愛之長興末明宗謂侍臣曰安重霸朕之故人以秦州歸國其功不細酬以團練防禦恐非懐來之道范延光曰將校内有自河東河北從陛下龍飛故人尚有未及團防者今若遽授重霸方鎮恐爲人竊議明宗不悅未幾竟以同州節鉞授之清泰初

移授西京留守京兆尹先是秦雍之間令長設酒食私丐于部民者俗謂之攜蒜及重霸之鎮長安亦爲之故秦人目重霸爲攜蒜老其年冬改雲州節度居無何以病求代時家寄上黨及歸而卒重霸善悅人好賂遺時人目之爲俊弟重進尤兇惡事莊宗以試劍殺人奔淮南（玉堂閒話安重進性兇險莊宗潛龍時爲小校常佩劍列于翊衞後攜劍南馳投于梁主梁主壯之俾隸淮之鎮戍復以射殺掌庾吏逃竄江湖淮帥得之擢爲裨將）重霸在蜀聞之蜀主取之于吳用爲裨將隨重霸爲龍武小將戍長道又殺人奔歸洛陽（太平廣記蜀破重進東歸明宗補爲諸州馬步軍都指揮使後有過鞭背卒）重霸之子曰懷浦晉天福中爲禁軍指揮使契丹寇澶州以臨陣忸怩爲景延廣所誅（永樂大典卷一萬八千一百二十九）

劉訓字遵範隰州永和人也出身行間初事武皇爲馬軍隊長漸至散將屬河中王氏昆仲有尋戈之役訓從史儼攻陝州武皇討王行瑜以訓爲前鋒後隸河中爲隰州防禦都將居無何殺陝州刺史以郡歸莊宗時歷瀛州刺史同光初拜左監衞大將三年授襄州節度使四年四月洛陽有變訓以私忿害節度副使胡裴族其家聞者寃之天成中荊南高季興叛詔訓爲南面行營招討使知荊南行府事是時湖南馬殷請以舟師會及王師至荊渚殷軍方到岳州仍傳意于訓許助軍儲弓

甲之類久之略無至者（案通鑑劉訓至荊南楚王殷遣都指揮使許德勳等將水軍屯岳州高季興堅壁不戰求救于吳吳人遣水軍援之）荊渚地氣卑濕漸及霖潦糧運不繼人多疾疫訓本無將略人咸苦之及孔循至得襄之小校獻竹龍之術及造竹龍二道傳于城下竟無所濟遂罷兵令將士散略居民而還詔訓赴闕尋責授澶州刺史敕濮州安置未幾起爲龍武大將軍尋授建雄軍節度使移鎮延平卒贈太尉（永樂大典卷九千九十八）

張敬詢勝州金河縣人世爲振武軍牙校祖仲阮歷勝州刺史父漢環事武皇爲牙將敬詢當武皇時專掌申坊十五年以稱職聞復以女爲武皇子存霸妻益見親

信莊宗卽位以爲沁州刺史秩滿復用爲甲坊使莊宗經略山東敬詢從軍歷博澤慈隰四州刺史同光末授耀州團練使郭崇韜之征蜀也以敬詢善督租賦乃表爲利州留後明宗卽位正授昭武軍節度使天成二年詔還京師復授大同節度使至鎭招撫室韋萬餘帳四年徵爲左驍衛上將軍明年授滑州節度使以河水連年溢堤乃自酸棗縣界至濮州廣堤防一丈五尺東西二百里民甚賴之三年秩滿歸京卒輟視朝一日永樂大典卷六千三百五十

劉彥琮字比德雲中人也事武皇累從征役先是絳州刺史王瓘叛武皇言于彥琮意欲致之無幾從獵于汾晉之郊彥琮奔絳瓘以爲附己待之甚厚因命爲騎將會瓘出獵于馳驟之際彥琮及瓘之首來獻武皇甚奇之從莊宗解上黨之圍同光初稍遷至鐵林指揮使磁州刺史從明宗赴難京師授華州留後尋正授節旄天成三年改左武衛上將軍未幾改陝州節度使尋移鎭邠州卒于鎭時年六十四贈太傅永樂大典卷六千二十

袁建豐武皇破巢時得于華陰年方九歲愛其精神爽俊俾收養之漸長列于左右復習騎射補鐵林都虞候從破邠州王行瑜以功遷左親騎軍使轉突騎指揮使

案歐陽史作突陣指揮使從莊宗解圍上黨破栢鄉陣累功遷右僕射左廂馬軍指揮使明宗爲內衙指揮使建豐爲副北討劉守光常身先士伍轉都教練使權蕃漢副總管莊宗入鄴以心腹幹能選爲魏府都巡檢使從征劉鄩下衛磁洺三郡有功加檢校司空授洺州刺史于時洺西敗梁將王遷數千人生獲將領七十餘人俄拜相州刺史徵赴河上預戰于胡柳陂建豐領相州軍士行營在外委州事於小人失於撫馭指揮使孟守謙據城以叛建豐引兵討平之改隰州刺史染風痺于任明宗嗣位念及平昔副貳之舊詔赴洛下親幸其第撫問隆厚加檢校太傅遙授鎭南節度使俾請俸自給後卒于洛陽年五十六廢朝二日贈太尉子可鈞任皇朝位至諸衛大將軍永樂大典卷一萬八千一百二十九

西方鄴定州滿城人也父再遇爲州軍校案歐陽史作汴州軍校疑原本脫一字鄴居軍中以勇力聞年二十南渡河游梁不見用復歸莊宗以爲孝義指揮使累從征伐皆有功同光中爲曹州刺史以州兵屯汴州明宗自魏反兵南渡河而莊宗東幸汴州汴州節度使孔循懷二志使北門迎明宗西門迎莊宗所以供帳委積如一曰先至者入之鄴因責循曰主上破梁而得公有不殺之恩奈何欲納總

管而負國循不答鄴度循不可爭而石敬瑭妻明宗女也時方在汴鄴欲殺之以堅人心循知其謀取之藏其家鄴無如之何而明宗已及汴乃將麾下兵五百騎西迎莊宗見于汜水鳴咽泣下莊宗爲之噓唏乃使以兵爲先鋒莊宗至汴西不得入還洛陽遇弑明宗入洛鄴請死于馬前明宗嘉歎久之明年荆南高季興叛明宗遣襄州節度使劉訓等招討而以東川董璋爲西南招討使乃拜鄴夔州刺史副璋以兵出三峽已而訓等無功見黜諸將皆罷璋未嘗出兵惟鄴獨取三州乃以夔州爲寧江軍拜鄴節度使已而又取歸州數敗季興之

兵鄴武人所爲多不中法度判官譚善達數以諫鄴鄴怒遣人告善達受人金下獄善達素剛辭益不遜遂死于獄中鄴病見善達爲祟卒于鎮（永樂大典卷一萬八千一百二十九）

張遵誨魏州人也父爲宗城令羅紹威殺牙軍之歲爲梁軍所害遵誨奔太原武皇以爲牙門將莊宗定山東遵誨以典客從歷幽鎮二府馬步都虞候同光中爲金吾大將軍明宗即位任圜保薦授西都副留守知留守事京兆尹天成四年入爲客省使守衛尉卿及將有事于南郊爲修儀仗法物使初遵誨自以歷位尹正與安重誨素亦相款衷心有望于節鉞及郊禋畢止爲絳州刺史鬱鬱不樂離京之日白衣乘馬于隼旗之下至郡無疾翌日而卒（永樂大典卷六千三百五十）

孫璋齊州歷城人出身行間隸梁將楊師厚麾下稍補奉化軍使莊宗入鄴累遷澶州都指揮使明宗鎮常山擢爲裨校鄴兵之變從明宗赴難京師天成初歷趙登二州刺史齊州防禦使王都之據中山璋爲定州行營都虞候賊平加檢校太保長興初授鄜州節度使罷鎮于洛陽年六十一贈太尉（永樂大典卷三萬千四百六十三）

史臣曰夫天地斯晦則帝王于是龍飛雲雷搆屯則王侯以之蟬蛻亘以適遭亂世得奮雄圖故金全而下咸以軍旅之功坐登藩閫之位垂名簡册亦可貴焉惟重霸以姦險而仗旄鉞蓋非數子之儔也（永樂大典卷三千四百六十二）

舊五代史卷六十一終

舊五代史卷六十一攷證

唐列傳十三安金全傳莊宗性矜伐凡大將立功不時行賞故金全終莊宗世名位不進　案遼史金全以幽州戰敗故退廢不用與是書異

安元信傳　案五代時唐晉俱有安元信是書並爲立傳今附識于此

安重霸傳蜀主率衆數萬由劍閣將出興鳳以遊秦州至興州遇魏王繼岌軍至狼狽而旋　案九國志作王衍將之秦州以王宗弼力諫而止與是書異

袁建豐傳轉突騎指揮使　突騎歐陽史作突陣

指揮使孟守謙據城以叛　孟守謙歐陽史作孟謙

加檢校太傅　太傅歐陽史作太尉

西方鄴傳又再遷爲州軍校　案歐陽史作汴州軍校疑原本脫汴字

已而又取歸州　案通鑑不載取歸州事歐陽史與薛史同近人撰十國春秋者謂他書不載取歸州之事疑歐陽史有誤蓋薛史世久失傳十國春秋所引悉本通鑑攷異殊不知歐陽史西方鄴傳本于薛史有可徵信也

舊五代史卷六十一攷證

舊五代史卷六十二

宋司空同中書門下平章事薛居正等撰

列傳第十四　唐書三十八

孟方立案歐陽史作邢州人通鑑作洺州人中和二年爲澤州天井關戍將黃巢犯闕輔州郡易帥有同博奕先是沇詢高湜相繼爲昭義節度使怠于軍政及有歸秦劉廣之亂方立見潞帥交代之際乘其無備率戍兵徑入潞州自稱留後案舊唐書僖宗紀九月高潯牙將劉廣擅還潞州是月潯天井關戍將攻廣殺之自稱留後與薛史異以邢爲府以審誨知潞州案此二句上下有脫文今無可復考六月李存孝下洺磁兩郡方立遣馬溉袁奉韜盡率其精銳衆逆戰于琉璃陂存孝擊之盡殪生獲馬溉奉韜初方立性苛急恩不逮下攻圍累旬夜自巡城慰諭守陴者皆倨方立知其不可用乃飲酖而卒其從弟洺州刺史遷素得士心衆乃推爲留後求援于汴時梁祖方攻時溥援兵不出案通鑑云全忠遣大將王虔裕將精甲數百間道入邢州共守大順元年遷執王虔裕等乞降武皇令安金俊代之通鑑考異引薛史案薛史孟方立傳永樂大典闕佚今就通鑑考異所引用者錄之僅存梗概考新唐書列傳云孟方立邢州人始爲澤州天井戍將稍遷游奕使中和元年昭義節度使高潯擊黃巢戰石橋不勝保華州爲裨將成麟所殺還據潞州衆怒方立率兵攻麟斬之自稱留後擅裂邢洺磁爲鎭治邢爲府號昭義軍潞人請監軍使吳全勗知兵馬留後時王鐸領諸道行營都統以潞未定墨制假方立檢校左散騎常侍兼御史大夫知邢州事方立不受囚全勗以

書請鎔願得儒臣守潞鎔使參謀中書舍人鄭昌圖知昭義留事欲遂爲帥僖宗自用舊宰相王徽領節度時天子在西河關雲擾方立擅地而李克用窺潞州徽度朝廷未能制乃固讓昌圖昌圖治不三月輒去方立更表李殷銳爲刺史謂潞險而人悍數賊大帥爲亂欲銷撟之乃徙治龍岡州豪傑重遷有懟言會克用爲河東節度使昭義監軍祁審誨乞師求復昭義軍克用遣賀公雅李筠安金俊三部將擊潞州爲方立所破又使李克修攻取之殺殷銳遂并潞州表克修爲節度留後初昭義有潞邢洺磁四州至是方立自以山東三州爲昭義朝廷亦命克修以潞州舊軍畀之昭義有兩節自此始克修字崇遠克用從父弟精騎射常從征伐自左營軍使擢留後進檢校司空方立倚朱全忠爲助故克用擊邢洺無虛歲地爲鬭場人不能稼光啟二年克修擊邢州取故鎮進攻武安方立將呂臻馬爽戰焦岡爲克修所破斬首萬級執臻等拔武安臨洺邯鄲沙河克用以安金俊爲邢州刺史招撫之方立勾兵于王鎔鎔以兵三萬赴之克修還後二年方立督部將奚忠信兵三萬攻遼州以金啖赫連鐸與連和會契丹攻鐸師失期忠信三分其兵鼓而行克用伏兵于險忠信前軍沒既

戰大敗執忠信餘衆走脫歸者纔十二龍紀元年克用使李罕之李存孝擊邢攻磁洺方立戰琉璃陂大敗擒其二將礮斧鎮狗邢壘呼曰孟公速降有能斬其首者假三州節度使方立力屈又屬州殘壁人心恐性剛急待下少恩夜自行陴兵皆倨告勞自顧不可復振乃還引酖自殺從弟遷素得士心衆推爲節度留後請援于全忠全忠方攻時溥不即至命王虔裕以精甲數百赴之假道羅宏信不許乃趨間入邢州大順元年存孝復攻邢遷挈邢洺磁三州降執王虔裕三百人獻之遂遷太原表安金俊爲邢洺磁團練使以遷爲汾州刺史歐陽史云天復元年梁遣氏叔琮攻晉出天井關遷開門降爲梁兵鄉道以攻太原不克叔琮軍還遷以遷歸于梁梁太祖惡其反覆殺之

張文禮燕人也初爲劉仁恭裨將性凶險多姦謀辭氣庸下與人交言癖于不遜自少及長專蓄異謀及從劉守文之滄州委將偏師守文省父燕蓟據城爲亂及敗奔于王鎔察鎔不親政事遂曲事當權者以求銜達每對鎔自言有將才孫吳韓白莫己若也鎔賞其言給遺甚厚因錄爲義男賜姓名德明由是每令將兵自栢鄉戰勝之後常從莊宗行營素不知書亦無方略唯于儒兵之中褰菲上將言甲不知進退乙不識軍機以此軍人推爲良將初梁將楊師厚在魏州文禮領趙兵三萬夜掠經宗因侵貝郡師厚先率步騎數千人設伏于唐店文禮大掠而旋士皆捲甲束兵夜凱㪘行至唐店師厚伏兵四面圍合殺戮殆盡文禮單騎僅免自爾猶對諸將大言或譏之曰唐店之功不須多伐文禮大慙在

鎮州既久見其政荒人僻常蓄異圖酒酣之後對左右每泄惡言聞者莫不寒心唯王鎔略無猜間漸爲心腹乃以符習代其行營以文禮爲防城使自此專伺間隙及鎔殺李弘規委政于其子昭祚性偏戾未識人間情僞素養名持重坐作貴人既事權在手朝夕欲代其父向來附勢之徒無不族滅初李弘規李藹持權用事樹立親舊分董要職故奸宄之心不能搖動文禮頗深畏憚及弘規見殺其部下五百人懼罪將欲奔竄聚泣偶語未有所之文禮因其離心密以姦辭激之曰令公命我盡坑爾曹我念爾十餘年荷戈隨我爲家爲國我若

不即殺汝則得罪于令公我若不言又負爾輩衆軍皆泣是夜作亂殺王鎔父子舉族灰滅惟留王昭祚妻朱氏通梁人尋問道告于梁曰王氏喪于亂軍普寧公主無恙文禮徇賊帥張友順所請因爲留後于潭城視事以事上聞兼要節旄尋亦奉牋勸進莊宗姑示含容乃可其請文禮比厮役小人驟居人上行步動息皆不自安出則千餘人露刃相隨日殺不辜道路以目常慮我師問罪姦心百端南通朱氏北結契丹往往擒獲其使莊宗遣人送還文禮由是愈恐是歲八月莊宗遣閻寶史建瑭及趙將符習等率王鎔本軍進討師與文禮病

疽腹及聞史建瑭攻下趙州驚悸而卒其子處瑾處球秘不發喪軍府內外皆不知之每日于寢宮問安處瑾與其腹心韓正時參決大事同謀姦惡（案遼史太祖紀天贊元年四月癸亥張文禮求援五月丁未張文禮卒其子處瑾遣人奉表來謝所紀月日與薛史異）初文禮疽未發時舉家咸見鬼物昏暝之後或歌或哭又野河色變如血游魚多死浮于水上識者知其必敗十九年三月閻寶爲處瑾所敗莊宗以李嗣昭代之四月嗣昭爲流矢所中尋卒于師命李存進繼之存進亦以戰歿乃以符存審爲北面招討使攻鎮州是時處瑾危蹙日甚昭義軍節度判官任圜馳至城下諭以禍福處瑾登陴以誠告乃遣牙將張彭送款于行臺俄而李存審師至城下是夜趙將李再豐之子冲投縋以接王師故諸軍登城遲明畢入獲處瑾處球處琪幷其母及同惡人等皆折足送行臺鎮人請臨而食之又發文禮之尸磔之于市（永樂大典卷六千三百五十）

董璋本梁之驍將也幼與高季興孔循俱事豪士李七郎爲童僕李初名讓嘗以厚賄奉梁祖梁祖寵之因畜爲假子賜姓朱名友讓璋既壯得隸于梁祖帳下後以軍功遷爲列校梁龍德末潞州李繼韜送款于梁時璋將裴約方領兵戍澤州不徇繼韜之命據城以自固梁

末帝遣璋攻陷澤州遂授澤州刺史是歲莊宗入汴璋來朝莊宗素聞其名優以待之尋令却赴舊任歲餘代歸時郭崇韜當國待璋尤厚同光三年夏命爲邠州留後三年秋正授旄鉞九月大舉伐蜀以璋爲行營右廂馬步都虞候時郭崇韜爲招討使凡有軍機皆召璋參決是冬蜀平以璋爲劍南東川節度副大使知節度事天成初加檢校太傅二年加同平章事是時安重誨當國採人邪謀言孟知祥必不爲國家使惟董璋性忠義可特寵任令圖知祥又璋之子光業爲宮苑使在朝結託勢援爭言璋之善知祥之惡恩寵既優故璋益恣其

暴戾初奉使東川者皆言璋不恭于朝廷四年夏時明宗將議郊天遣客省使李仁矩賫詔諭兩川又遣安重誨馳書于璋以徵貢奉約以五十萬爲數旣而璋訴以地狹民貧許貢十萬而已翌日璋于衙署設宴以召仁矩日旣中而不至璋使人偵之仁矩方擁娼婦與賓友酣飮于驛亭璋大怒遽領數百人執持戈戟騶入驛中令洞開其門仁矩惶駭走入閣中良久引出璋坐立仁矩于階下戟手罵曰當我作魏博都監爾爲通引小將其時去就已有等威今日我爲藩侯爾銜君命宿張筵席比爲使臣何敢至午不來自共風塵躭酗豈于王事

如此不恭祇知西州解斬客省使李嚴謂我不能斬公耶因目肘腋欲令執拽仁矩仁矩涕淚拜告僅而獲免璋乃馳騎入衙竟徹饌而不召洎仁矩復命益言璋不法未幾重誨奏以仁矩爲閬州團練使尋升爲節鎭長興元年夏明宗以郊禋禮畢加璋檢校太尉時兩川刺史嘗以兵爲牙軍小郡不下五百人璋已疑閒及聞除仁矩鎭閬州璋由是謀反乃決仍先與其子光業書曰朝廷割吾支郡爲節制屯兵三千是殺我必矣爾見樞要道吾言如朝廷更發一騎入斜谷則吾必反與汝訣矣光業以書呈樞密承旨李虔徽會朝廷再發中使荀咸乂將兵赴閬州光業謂虔徽曰咸乂未至吾父必反吾身不足惜慮勞朝廷徵發請停咸乂之行吾父必保常日重誨不從咸乂未至璋已擅追緜州刺史武虔裕囚于衙署虔裕安重誨之心腹也故先囚之五月璋傳檄于利閬遂等州責以間諜朝廷尋率其兵陷閬州擒節度使李仁矩軍校姚洪等害之先是璋欲謀叛先遣使持厚幣于孟知祥求爲婚家且言爲朝廷猜忌將有替移去則喪家住亦致討地狹兵少獨力不任願以小兒結婚愛女時知祥亦貳于朝廷因許以爲援旣而知祥出師以圍遂州故璋攻閬州得恣其毒焉其年秋詔

削奪璋在身官爵命天雄軍節度使石敬塘爲東川行營招討使率師以討之璋之子宮苑使光業幷其族並斬于洛陽及石敬塘率師進討以糧運不接班師明宗方務懷柔乃放西川進奏官蘇愿東川軍將劉澄各歸本道別無詔旨祇云兩務求安時孟知祥其骨肉在京師者俱無恙焉因遣使報璋欲連表稱謝璋怒曰西川存得弟姪遂欲再通朝廷璋之兒孫已入黃泉何謝之有自是璋疑知祥背已始搆隙矣三年四月璋率所部兵萬餘人以襲知祥（案九國志李旲傳云旲嘗與知祥從容語曰璋性狠戾若堅守一城攻之難克及聞璋起兵知祥憂形于色旲曰璋不守巢穴此天以授公也旣而璋果敗）知祥與諸

將率師拒之戰于漢州之彌牟鎮璋軍大敗得數十騎復奔于東川案九國志趙廷隱傳董璋襲廣漢將攻成都時東川廩藏充實部下多敢死之士其來也衆皆畏之知祥親督諸將與璋戰雞蹤橋前頗爲所挫廷隱僞遁璋逐之知祥與張公鐸繼進璋軍亂不成列廷隱整陣與知祥合擊之璋軍大敗先是前陵州刺史王暉爲璋所遨寓于東川至是因璋之敗率衆以害之傳其首于西川

永樂大典卷一萬八千一百三十

舊五代史卷六十二終

舊五代史卷六十二攷證

唐列傳十四孟方立傳方立見潞帥交代之際乘其無備率戍兵徑入潞州自稱留後案舊唐書僖宗紀九月高潯牙將劉廣擅還潞州是月潯天井關戍將攻廣殺之自稱留後與是書異

張文禮傳文禮病疽腹及聞史建瑭攻下趙州驚悸而卒案文禮之卒遼史太祖紀作五月丁未與是書作八月異

舊五代史卷六十二攷證

宋司空同中書門下平章事薛居正等撰

列傳第十五

唐書三十九

張全義字國維濮州臨濮人初名居言案新舊唐書作張言薛史李罕之傳亦作張言與此傳異賜名全義梁祖改爲宗奭莊宗定河南復名全義祖璉父誠世爲田農全義爲縣嗇夫嘗爲令所辱乾符末黄巢起寃句全義亡命入巢軍巢入長安以全義爲吏部尚書充水運使巢敗依諸葛爽于河陽累遷至裨校屢有戰功爽表爲澤州刺史光啓初爽卒其子仲方爲留後部將劉經與李罕之爭據洛陽罕之敗經于聖善寺乘勝欲攻河陽營于洛口經遣全義拒之全義乃與罕之同盟結義反攻經于河陽爲經所敗收合餘衆與罕之據懷州乞師于武皇武皇遣澤州刺史安金俊助之進攻河陽劉經仲方委城奔汴罕之遂自領河陽表全義爲河南尹全義勤儉善撫軍民雖有賊寇充斥而勸耕務農由是倉儲殷積洛陽搢紳舊聞記王始至洛于麾下百人中選可使者一十八人命之曰屯將每人給旗一口榜一道于舊十八縣中令招農戶令自耕種流民漸歸王于百人中又選可使者十八人命之曰屯副民之來者撫綏之除殺人者死餘但加杖而已無重刑無租稅流民之歸漸衆王又于麾下選書計一十八人命之曰屯判官不一二年十八屯中每屯戶至數千農隙選丁夫授以弓矢槍劍爲坐作進退之法行之一二年每屯增戶大者六七千次者四千下之二三千共得丁夫

閑弓矢槍劍者二萬餘人有賊盜即時擒捕之刑寬事簡遠近歸之如市五年之內號爲富庶于是奏每縣除令簿主之罕之貪暴不法軍中乏食每取給于全義二人初相得甚歡而至是求取無厭動加陵轢全義苦之案新唐書李罕之傳云張言善積聚罕之食乏士仰以給求之無涯言不能厭罕之拘河南官笞督之又東方貢輸行在者多爲罕之所邀與薛史互有異同文德元年四月罕之出軍寇晉絳全義乘其無備潛軍襲取河陽全義乃兼領河陽節度洛陽搢紳舊聞記罕之鎮三城知王專以教民耕織爲務常宣言于衆曰田舍一翁何足憚王聞之蔑如也每飛尺書于王求軍食及縑帛王曰李太傳所要不得不奉之左右及賓席咸以爲不可與王曰第與之似若畏之者左右不曉罕之謂王畏已不設備因罕之舉兵收懷澤王乃密召屯兵潛師夜發遲明入三城罕之乃逃遁投河東朝廷即授王兼鎮三城罕之求援于武皇武皇遣兵助攻河陽會汴人救至而退梁祖以丁會守河陽全義復爲河南尹檢校司空全義感梁祖援助之恩自是依附皆從其制初蔡賊孫儒諸葛爽爭據洛陽迭相攻伐七八年間都城灰燼滿目荊榛全義初至唯與部下聚居故市井邑窮民不滿百戶全義善于撫納課部人披榛種蓺且耕且戰以粟易牛歲滋墾闢招復流散待之如子每農祥勸耕之始全義必自立畝畝餉以酒食政寬事簡吏不敢欺數年之間京畿無閑田編戶五六萬乃築壘于故市建置府署以防外寇洛陽搢紳舊聞記王每喜民力耕織者某家今年蠶麥善去都城一舍之內必馬足及之悉召其家老幼親慰勞之賜以酒食茶綵丈夫遺之布袴婦人裙衫時民間尚衣青

婦人皆青絹爲之取其新麥新繭對之喜動顏色民間有竊言者曰大王見好聲伎等閒不笑惟見好蠶麥即笑爾其眞朴皆此類每觀秋稼見田中無草者必下馬命賓客觀之召田主慰勞之賜之衣物若見禾中有草地耕不熟立召田主集衆決責之若苗荒地生詰之民訴以牛疲或闕人耕鋤則田邊下馬立召其鄰仵責之曰此少人牛何不衆助之鄰仵皆伏罪即赦之自是洛陽之民無遠近民之少牛者相率助之少人者亦然田夫田婦相勸以耕桑爲務是以家有蓄積水旱無飢民王誠信每水旱祈祭必具湯沐素食別寢至祠祭所儼然若對至尊容如不足遇旱祈禱未雨左右必曰王可開塔即無畏師塔也在龍門廣化寺王即依言而開塔未嘗不澍雨故當時俚諺云王禱雨買雨具梁祖迫昭宗東遷命全義繕治洛陽宮城累年方集昭宗至洛陽梁祖將圖禪代慮全義心有異同乃以判官韋震爲河南尹移全義爲天平節度使守中書令東平王洛陽搢紳舊聞記齊王與梁祖互爲中書令尚書令及梁

祖兼四鎭齊王累表讓兼鎭葢潛識梁祖姦雄避其權位欲圖自全之計梁祖經營霸業外則干戈屢動內則帑庾俱虛齊王悉心盡力傾竭財貲助之其年八月時昭宗遇弒輝王即位十月復以全義爲河南尹兼忠武軍節度使判六軍諸衞事梁祖建號以全義爲河陽節度使封魏王開平二年册拜太保兼陝虢節度使河南尹四年册拜太傅河南尹判六軍兼鄭滑等州節度使乾化元年册拜太師二年朱友珪篡逆以全義爲守太尉河南尹宋亳節度使兼國計使梁末帝嗣位于汴以全義爲洛京留守兼鎭河陽未幾授天下兵馬副元帥梁帝季年趙張用事段凝爲北面招討使驟居諸將之右全義知其不可遣使啟梁末帝曰老臣受先朝重顧蒙陛下委以副元帥之名臣雖遲暮尚可董軍請付北面兵柄庶分宵旰段凝晚進德未服人恐人情不和敗亂國政不聽全義託朱氏垂三十年梁祖末年猜忌宿將欲害全義者數四全義單身曲事悉以家財貢奉洎梁祖河朔喪師之後月獻鎧馬以補其軍又以服勤盡瘁無以加諸故竟免于禍全義妻儲氏明敏有才略梁祖自栢鄉失律後連年親征河朔心疑全義或左右讒間儲氏每入宮委曲伸理有時怒不可測急召全義儲氏謁見梁祖厲聲言曰宗奭種田叟耳三十餘年洛城四面開荒斸棘招聚

軍賦資陛下創業今年齒衰朽指景待盡而大家疑之何也梁祖遽笑而謂曰我無惡心嫗勿多言莊宗平梁全義自洛赴覲泥首待罪莊宗撫慰久之以其年老令人掖而昇殿宴賜盡歡詔皇子繼岌皇弟存紀等皆兄事之先是天祐十五年梁末帝自汴趨洛將祀于圜丘時王師攻下楊劉狥地曹濮梁末帝懼急歸於汴其禮不遂然其法物咸在至是全義乃奏曰請陛下便幸洛陽臣已有郊禮之備翌日制以全義復爲尚書令魏王河南尹明年二月郊禋禮畢案歐陽史作全義再朝京師吳縝纂誤嘗辨正之以全義爲守太尉中書令河南尹改封齊王洛陽搢紳舊聞記梁

祖猜忌王慮爲後患前後欲殺之者數四夫人儲氏面請梁祖得免梁祖遂以其子福王納齊王之女兼領河陽先是朱梁時供御所費皆出河南府其後孔謙侵削其權中官各領內司使務或豪奪其田園居第全義乃悉錄進納四年落河南尹授忠武軍節度使檢校太師尙書令會趙在禮據魏州都軍進討無功時明宗已爲羣小間諜端居私第全義以臥疾聞變憂懼不食案通鑑全義力請明宗出師及聞明宗兵變故憂懼與此微異薨于洛陽私第時年七十五天成初册贈太師謚曰忠肅全義歷守太師太傅太尉中書令封王邑萬三千戶凡領方鎮洛鄆陝滑宋三莅河陽再領許州內外官歷二十九任尹正河洛凡

四十年位極人臣善保終吉者蓋一人而已全義朴厚大度敦本務實起戰士而忘功名尊儒業而樂善道家非士族而奬愛衣冠開幕府辟士必求望實屬邑補奏不任吏人位極王公不衣羅綺奉釋老而不溺左道如數者人以爲難自莊宗至洛陽趣向者皆由徑以希恩寵全義不改素履盡誠而已言事者以梁祖爲我世讐宜斲棺燔柩全義獨上章申理議者嘉之劉皇后嘗從莊宗幸其第奏云妾孩幼遇亂失父母欲拜全義爲義父許之全義稽首奏曰皇后萬國之母儀古今未有此事臣無地自處莊宗敦逼再三不獲已乃受劉后之拜既非所願君子不以爲非然全義少長軍中立性朴滯凡百姓有詞訟以先訴者爲得理以是人多枉濫爲時所非又嘗怒河南縣令羅貫因憑劉后譖于莊宗俾貫非罪而死露屍于府門寃枉之聲聞于遠近斯亦良玉之微瑕也永樂大典卷六千三百五十　五代史闕文梁乾化元年七月辛丑日梁祖幸全義私第甲辰歸大內梁史稱上不豫厭秋暑幸宗奭私第數日宰臣視事于仁政亭崇政諸司並止于河南府廨署世傳梁祖亂全義之家婦女悉皆進御其子繼祚不勝忿恥欲剚刃于梁祖全義止之曰吾頃在河陽遭李罕之之難引太原軍圍閉經年啗木屑以度朝夕死在頃刻得他救援以至今日此恩不可負也其子遂止梁史云云者諱國惡也臣謹案春秋莊二年經曰十有二月夫人姜氏會齊侯于禚傳曰書姦也夫經言會者諱惡禮也傳書姦者暴其罪以垂誡也又莊二十二年傳書陳完飲桓公酒公曰以火繼之辭曰臣卜其晝未卜其夜

豈有天子幸人臣之家留止數日姦亂萌矣況全義本出巢賊敗依河陽節度使諸葛爽爽用爲澤州刺史及爽死全義事爽子仲方即與李罕之同逐仲方罕之帥河陽全義爲河南尹未幾又逐罕之自據河陽其翻覆也如此自是托迹朱梁斲喪唐室雖勤課勸其實斂民附賊以固恩寵梁時月進鎧馬以補軍實及梁祖爲友珪所弒首進錢一百萬以助山陵莊宗平中原全義合與敬翔李振等族誅又通賂于劉皇后乘莊宗幸洛言臣已有郊天費用夫全義匹夫也豈能自殖財賦其劉下奉上也又如此晚年保證明宗欲爲子孫之福師方渡河鄴都兵亂全義憂恨不食終以餓死未死前其子繼業訟弟汝州防禦使繼孫莊宗貶房州司戶賜自盡其制略曰侵奪父權惑亂家事繼鳥獸之行畜梟獍之心其御家無法也又如此河南令羅貫方正文章之士事全義稍慢全義怒告劉皇后斃貫于枯木之下朝野寃之洛陽監軍使嘗收得李太尉平泉莊醒酒石全義求之監軍不與全義立殺之其附勢作威也又如此蓋亂世賊臣耳得保首領爲幸已多晉天福中其子繼祚謀反伏誅識者知餘殃在其子孫也臣讀莊宗實錄見史官敘全義傳虛美尤甚至今負俗無識之士尙以全

義爲名臣故因補闕文粗論事迹云

朱友謙字德光許州人本名簡祖巖父琮世爲陳許小校廣明之亂簡去鄉里事澠池鎮將栢夔爲部隷嘗爲盜于石壕三鄉之間剽掠行旅後事陝州節度使王珙積勞至軍校珙性嚴急御下無恩牙將李璠者珙所深倚愛小有違忤暴加箠擊璠陰銜之光化元年珙與弟河中節度使珂相持干戈日尋珙兵屢敗部伍離心二年六月璠殺珙歸附汴人梁祖表璠爲陝州節度使璠亦苛慘軍情不叶簡復攻璠璠冒刃獲免逃歸于汴案新唐書王重榮傳李璠爲節度使凡五月爲部將朱簡所殺據薛氏則璠逃歸于汴未嘗見殺也通鑑從薛氏

三年梁祖表簡爲陝州留後九月天子授以旄鉞車駕在鳳翔梁祖往來簡事之益謹奏授平章事天復末昭宗遷都洛陽駐蹕于陝時朝士經亂簪裳不備簡獻裳百副請給百官朝容稍備以迎奉功遷檢校侍中簡與梁祖同宗乃陳情于梁祖曰僕位崇將相比無勳勞皆元帥令公生成之造也願以微生灰粉爲効乞以姓名肩隨宗室梁祖深賞其心乃名之爲友謙編入屬籍待遇同于己子友謙亦盡心叶贊功烈居多梁祖建號移授河中節度使檢校太尉累拜中書令封冀王及朱友珪弒逆友謙意不憚雖勉奉僞命中懷怏怏友珪徵之

友謙辭以北面侵軼謂賓友曰友珪是先帝假子敢行大逆余位列維城恩踰父子論功校德何讓伊人詎以平生附託之恩屈身于逆豎之手遂不奉命其年八月友珪遣大將牛存節康懷英韓勍攻之友謙乞師于莊宗莊宗親總軍赴援與汴軍遇于平陽大破之歐陽史晉王出澤潞以救之追懷英于解縣大敗之追至白逕嶺夜秉炬擊之懷英又敗因與友謙會于猗氏友謙盛陳感慨願敦盟約莊宗歡甚友謙乘醉鼾寢于帳中莊宗熟視之謂左右曰冀王眞貴人也但恨其臂短耳及梁末帝嗣位以恩禮結其心友謙亦遜辭稱藩行其正朔天祐十七年友謙襲取同州以其子令德

爲帥請節鉞于梁不獲友謙卽請之于莊宗令幕客王正言以節鉞賜之梁將劉鄩尹皓攻同州友謙來告急莊宗遣李嗣昭李存審將兵赴之敗梁軍于滑北解圍而還初劉鄩兵至蒲中倉儲匱乏人心離貳軍民將校咸欲歸梁友謙諸子令錫等亦說其父曰晉王雖推心于我然懸兵赴援急難相應寧我負人擇福宜重請納款于梁候劉鄩兵退後與晉王修好友謙曰晉王親赴予急夜半秉燭戰賊而爲盟誓不負初心昨聞吾告難命將星行助我資糧分我衣屨而欲翻覆背惠所謂鄧祁侯云人將不食吾餘也及破梁軍加守太尉西平王

同光元年莊宗滅梁友謙覲于洛陽莊宗置宴饗勞寵錫無算親酌觴屬友謙曰成吾大業者公之力也旣歸藩請割慈隰二郡依舊隸河中不許詔以絳州隸之又請解縣兩池榷鹽每額輸省課許之及郊禮畢以友謙爲守太師尚書令進食邑至萬八千戶三年賜姓名繼麟編入屬籍賜之鐵券恕死罪以其子令德爲遂州節度使令錫爲許州節度使一門三鎭諸子爲刺史者六七人將校剖竹者又五六人恩寵之盛時無與比莊宗季年稍怠庶政巷伯伶官干預國事時方面諸侯皆行賂遺或求賂于繼麟雖僶俛應奉不滿其請且曰河中

土薄民貧厚貺難辦由是羣小咸怨遂加誣搆郭崇韜討巴蜀徵師于河中繼麟令其子令德率師赴之伶官景進與其黨搆曰昨王師初起繼麟以爲討己頗有拒命之意若不除移如國家有急必爲後患郭崇韜卽誅宦官愈盛遂搆成其罪謂莊宗曰崇韜强項于蜀蓋與河中響應繼麟聞之懼將赴京師面訴其事其部將曰王有大功于國密邇京城羣小流言何足介意端居奉職讒邪自銷不可輕行繼麟曰郭公功倍于我尚爲人搆陷吾若得面天顏自陳肝膈則流言者獲罪矣四年正月繼麟入覲景進謂莊宗曰河中人有告變者言繼麟與崇韜謀叛聞崇韜死又與李存乂搆逆當斷不斷禍不旋踵羣閹異口同辭莊宗駭惑不能決是月二十三日授繼麟滑州節度使是夜令朱守殷以兵圍其第擒之誅于徽安門外詔繼岌誅令德于遂州王思同誅令錫于許州命夏魯奇誅其族于河中初魯奇至友謙妻張氏率其家屬二百餘口（吳縝纂誤云伶官史彥瓊傳友謙有子建徽被殺中未載）見魯奇曰請疏骨肉名字無致他人橫死將刑張氏持先賜鐵券授魯奇曰皇帝所賜也是時百口塗地冤酷之聲行路流涕先是河中衙城閽者夜見婦人數十袨服靚粧僕馬炫燿自外馳騁笑語趨衙城閽者不

知其故不敢詰至門排騎而入旣而扃鎖如故復無人迹乃知妖鬼也又繼麟登逍遙樓聞哭聲四合詰日訊之巷無喪者隔歲乃族誅及明宗卽位始下詔昭雪焉

永樂大典卷二千三十一

史臣曰全義一逢亂世十領名藩而能免梁祖之雄猜受莊宗之厚遇雖由恭順亦繫貨財傳所謂貨以藩身者全義得之矣友謙向背爲謀二三其德考其行事亦匪純臣然全族之誅禍斯酷矣得非鬼神害盈而天道惡滿乎（永樂大典卷二千三十一）

舊五代史卷六十三終

舊五代史卷六十三攷證

歐陽史友珪遣招討使韓勍將康懷英等　擊友謙通鑑作九月丁未以感化節度使康懷貞爲副招討使更以韓勍副之懷貞等與忠武節度使牛存節合兵五萬屯河中三書所載俱有異同

友謙襲取同州以其子令德爲帥請節鉞于梁不獲　案歐陽史末帝初不許已而許之制命未至友謙復叛通鑑從歐陽史

補前張全義傳　巢敗依諸葛爽於河陽屢有戰功爽表爲澤州刺史　案洛陽搢紳舊聞記齊王張令公外傳云王在巢軍中知其必敗遂翻身歸國唐授王澤州刺史攷是書則全義因巢敗始歸諸葛爽乃表爲澤州刺史也舊聞記殊失事實

補前張全義傳　詔皇子繼岌皇弟存紀等皆兄事之　案通鑑全義獻幣馬千計帝命皇子繼岌皇弟存紀等兄事之是全義之得幸於莊宗由幣馬也洛陽搢紳舊聞記齊王上表待罪莊宗降詔釋之及召見大喜開懷慰納若見平生故人盡魚水之契焉此蓋黨于全義者虛譽之辭

補前朱友謙傳　待遇同于已子　案歐陽史作錄以爲子

舊五代史卷六十三攷證

宋司空同中書門下平章事薛居正等撰

列傳第十六　　唐書四十

霍彥威字子重洺州曲周人也梁將霍存得之于村落間年十四從征討存憐其爽邁養爲已子案通鑑注以彥威爲霍存之子與薛氏異存梁史有傳彥威未弱冠爲梁祖所知擢在左右漸升戎秩亟立戰功嘗中流矢眇其一目開平二年自開封府押衙右親從指揮使檢校司空授右龍驤軍使三年自右監門衛將軍授左天武軍使遷右監門上將軍乾化三年與袁象先同誅朱友珪梁末帝授洺州

刺史轉河陽留後乾化末邠州留後李保衡背李茂貞以城歸梁梁以彥威爲邠州節度使其年五月茂貞遣將劉知俊率大軍攻之彥威固守踰年竟不能下或得其俘悉令放之秦人懷其惠遂無侵擾轉滑州節度使移鎮鄆州兼北面行營招討總大軍于河上師徒屢敗降授陝州留後莊宗入汴彥威自陝馳至請罪詔釋之一日莊宗于崇元殿宴諸將彥威與段凝袁象先等預會酒酣莊宗舉酒屬明宗曰此席宴客皆吾前歲之勁敵也一旦與吾同宴蓋卿前鋒之効也彥威等伏陛請罪莊宗曰與卿話舊無足畏也因賜御衣器幣盡歡而罷尋放歸藩明年從明宗平潞州授徐州節度使契丹犯塞莊宗以明宗爲北面招討使命彥威爲副彥威善言論頗能接奉明宗尤重之趙太叛于邢州奉詔討平之時趙在禮據魏州與明宗會兵于鄴下大軍夕亂明宗爲其所刼逼彥威從入魏州皇甫暉等尤忌彥威欲殺之彥威機辯開說竟免及出彥威部下兵士獨全護衞明宗至魏州縣時明宗欲北趨常山彥威與安重誨懇請赴闕從至洛陽彥威首率卿相勸進于至德宮旬日之間內外機事皆決于彥威擅收段凝溫韜下獄將寘于法安重誨曰溫段罪惡負于梁室衆所知矣今主

上克平內難冀安萬國豈爲公報仇耶至天成初除鄆州節度使値青州王公儼拒命改平盧軍節度至鎮擒公儼斬之明年冬肆覲于汴州明宗接遇甚厚累官至檢校太尉兼中書令三年冬卒于理所年五十七奏至之日明宗方出近郊忽聞奏訃掩泣歸宮輟朝三日至月終不舉樂册贈太師晉國公謚曰忠武子承誨弟彥珂累歷刺史皇朝乾德中立明宗廟于洛州詔以彥威配饗廟庭永樂大典卷一萬八千一百二十九

王晏球字瑩之自言洛都人少遇亂爲蔡賊所掠汴人杜氏畜之爲子因冒姓杜氏晏球少沉勇有斷倜儻不

軰梁祖之鎮汴也選富家子有材力者置之帳下號曰廳子都（清異錄宣武廳子都尤勇悍其弩張一大機則十二小機皆發用連珠大箭無遠不及晉人極畏此）晏球預選從梁祖征伐所至立功累遷廳子都指揮使梁開平三年自開封府押衙充直左耀武指揮使授右千牛衛將軍軍職如故朱友珪之篡位也懷州龍驤守禦軍作亂欲入京城已至河陽友珪命晏球出騎迎戰擊亂軍獲軍使劉重遇以功轉左龍驤第一指揮使梁末帝嗣位以晏球為龍驤四軍都指揮使貞明二年四月十九日夜汴州捉生都將李霸等作亂縱火焚剽攻建國門梁末帝登樓拒戰晏球聞亂先得龍驤馬五

百疋于鞠塲俄而亂兵以竿竪麻布沃油焚建國樓勢將危急晏球隔門窺兵亂見無甲冑卽出騎擊之奮力血戰俄而羣賊走散梁末帝見騎軍討賊呼曰非吾龍驤之士乎晏球奏曰亂者惟李霸一都陛下但守宮城遲明臣必破之旣而晏球盡戮亂軍全營族誅以功授單州刺史尋領軍于河上為行營馬軍都指揮兼諸軍排陣使莊宗入汴晏球率騎軍入援至封邱聞梁末帝殂卽解甲降于莊宗明年與霍彥威北捍契丹授齊州防禦使北面行營馬軍都指揮使仍賜姓氏名紹虔鄴之亂明宗入赴內難晏球時在瓦橋遣人招之明宗至

汴晏球率騎從至京師以平定功授宋州節度使上章求還本姓名天成二年授北面行營副招討以兵戍滿城是歲王都據定州（通鑑遣人說北面副招討使王晏球晏球不從乃以金遺晏球帳下使圖之不克癸巳晏球以都反狀聞壬寅以王晏球為北面招討使權知定州行州事）契丹遣塔納（舊作秃餒今改正）率騎千餘來援都突入定州晏球引軍保曲陽王都塔納出軍拒戰晏球督厲軍士令短兵擊賊戒之曰回首者死符彥卿以龍武右軍攻其左高行周以龍武左軍攻其右奮劍揮撾應手首落賊軍大敗于嘉山之下追襲至于城門俄而契丹首領特哩袞（舊作惕隱今改正）率勇騎五千至唐河是時大雨晏球出師逆戰特

哩袞復敗追至易州河水暴漲所在陷沒俘獲二千騎而還特哩袞以餘衆北走幽州趙德鈞令牙將武從諫以騎邀擊德鈞分扼諸要路旬日之內盡獲特哩袞已下酋長七百餘人契丹遂弱晏球圍城旣久帝遣使督攻城晏球曰賊壘堅峻但食三州租稅撫恤黎民愛養軍士彼自當魚潰帝然其言晏球能與將士同其甘苦所得祿賜私財盡以饗士日具飲饌與將校筵宴待軍士有禮軍中無不敬伏其年冬平賊自初戰至于城拔不戮一士上下歡心物議以為有將帥之略以功授天平軍節度使未幾移鎮青州就加兼中書令長興三年

卒于鎮時年六十贈太尉子徹位至懷州刺史（永樂大典卷一萬八千一百二十九）

戴思遠本梁之故將也初事梁祖以武幹知名開平元年自右羽林統軍加檢校司徒出爲晉州刺史二年授右監門上將軍尋改華州防禦使三年自左天武使復授右羽林統軍郢王友珪簒位授洺州團練使貞明中爲邢州留後還本州節度使屬燕將張萬進殺滄州留後劉繼威以城歸梁末帝命思遠鎮之莊宗平定魏博以兵臨滄德思遠棄鎮渡河歸汴累遷天平軍節度使兼北面招討使將兵與莊宗對壘久之莊宗討張文禮

于鎮州契丹來援莊宗追襲契丹至幽州思遠聞之總兵以襲魏州至魏店遇明宗騎軍適至思遠乃涉洹水陷成安復歸楊村砦盡率其衆攻德勝北城城中危急符存審晝夜乘城以拒之莊宗自劇五日馳至魏州思遠聞之解去及明宗襲下鄆州思遠罷軍權降授宣化軍留後其年莊宗入汴思遠自鄧州入朝復令歸鎮明宗即位移授洋州節度使及西州俱叛思遠以董璋故人避嫌請代徵入朝宿衞以年告老授太子少保致仕清泰二年八月卒于家（永樂大典卷一萬五千二十二）

朱漢賓字績臣亳州譙縣人也父元禮始爲郡將梁太祖聞其名擢爲軍校從龐師古渡淮戰没于淮南漢賓少有膂力形神壯偉膽氣過人梁祖以其父死王事選置帳下編入屬籍梁祖之攻兗鄆也朱瑾募驍勇數百人黥雙雁于其額號爲雁子都（案歐陽史誤以雁子都爲梁軍名吳縝嘗辨其誤）梁祖聞之亦選數百人別爲一軍號爲落雁都署漢賓爲軍使當時目爲朱落雁後與諸將破蔡賊有功天福中授右羽林統軍入梁歷天威軍使左羽林統軍出爲磁州刺史滑宋二州留後亳曹二州刺史安州節度使莊宗至洛陽漢賓自鎮入覲復令還鎮明年授左龍武統軍莊宗嘗幸漢賓之第漢賓妻進酒上食奏家樂

以娛之自是漢賓頗蒙寵待同光四年正月冀王朱友謙入朝明宗居洛陽以友謙故人置酒于第莊宗諸弟在席友謙坐在永王存霸之上酒酣漢賓以大觴奉友謙曰公雖名位高坐于皇弟之上非宜也僕與公俱在梁朝以宗盟相厚自公入朝三發單函候問畧無報復忽余位卑不亦甚乎元行欽恐其紛然爲解之方止不數日友謙赤族趙在禮據魏州元行欽率軍進討詔漢賓權知河南府事明宗以漢賓爲右衞上將軍樞密使安重誨方當委重漢賓嘗令結托得爲婚家天成末爲潞州節度使移鎮晉州重誨既誅漢賓復爲上將軍明

年秋漢賓告老授太子少保致仕淸泰二年六月卒時年六十四漢賓少勇健及晚歲飲啖過人其狀貌偉如也凡所履歷不聞踰法梁時嘗領軍屯魏州莘縣適値連帥去郡諸軍咸以利見誘請自爲留後漢賓則斬其言者拒而不從聞者賞焉在曹日飛蝗去境父老歌之臨平陽遇旱親齋潔禱龍子祠踰日雨足四封大稔咸以爲善政之所致也及致仕東還亳郡見鄉舊親戚淪没者有塋兆未辦則給以棺斂有婚嫁未畢則助以資帑受其惠者數百家郡人義之尋還洛陽有第在懷仁里北限洛水南鎭通衢層室連甍脩木交幹笙歌羅綺日以自娛養彼天和保其餘齒此乃近朝知止之良將也晉高祖卽位贈太子少傅謚曰貞惠有子四人長曰崇勳官至左武衛將軍（永樂大典卷二千三十一）

孔勍字鼎文兗州人後徙家宿州少便騎射爲軍中小校事梁祖漸至郡守累遷齊州防禦使唐鄧節度使梁貞明中王球據襄州叛勍討平之因授山南東道節度使莊宗至洛陽勍自鎭來朝復令歸鎭尋移昭義節度使同光季年監軍楊繼源與都將謀據潞州事泄勍誅之明宗卽位之歲詔還京師授河陽節度使未幾以太子太師致仕卒年七十九贈太尉（永樂大典卷一萬八千一百二十九）

劉玘汴州雍邱人也世爲宣武軍牙校玘少負壯節梁祖鎭汴州玘求自試補隊長從梁祖征伐所至有功遷爲牙將歷滑徐襄三州都指揮使開平中襄帥王班爲帳下所害亂軍推玘爲留後玘詭從之翌日受賀衙庭享士伏甲幕下盡斬其亂將以功歷復亳二州刺史徵爲侍衞都將出爲安州刺史貞明中爲晉州留後莊宗至汴玘來朝玘在晉州八年日與上黨太原之師交鬬于境上莊宗見而勞之曰劉侯無恙挫我晉陽之南鄙歲時久矣不早相見玘頓首謝罪復命歸鎭正授節旄移鎭安州明宗卽位遷鄧州節度使天成末以史敬鎔代之玘還京師卒贈侍中有子師道仕皇朝爲右贊善大夫卒（永樂大典卷九千九十八）

周知裕字好問幽州人也少事燕帥劉仁恭爲騎將表爲嬀州刺史久之移刺德州天祐四年劉守光旣平滄州乃以其幼子繼威爲留後大將張萬進與知裕佐之繼威沖幼宣淫于萬進之家萬進殺之詰旦召知裕告其故萬進自稱留後署知裕爲景州刺史會萬進納欵于梁知裕先奔于汴梁主厚待之特置歸化軍以知裕爲指揮使凡軍士自河朔歸梁者皆隸于部下梁與莊宗交戰于河上摧堅挫銳惟恃歸化一軍然歲將一紀

位不及郡守同光初莊宗入汴知裕隨段凝軍解甲封邱明宗時爲總管受降于郊外見知裕甚喜遙相謂曰周歸化今爲吾人何樂如之因令諸子以兄事之莊宗撫憐尤異而諸校心妬之有壯士唐從益者因獵射之知裕遁而獲免莊宗遂誅從益出知裕爲房州刺史魏王繼岌伐蜀召爲前鋒騎將明宗即位移刺絳州改淄州刺史宿州團練使知裕老于軍旅勤于稼穡凡爲郡勸課皆有政聲朝廷喜之遷安州留後淮上之風惡病者至于父母有疾不親省視甚者避于他室或時問訊即以食物揭于長竿之首委之而去知裕心惡之召鄉之頑狠者訶詰教導俾知父子骨肉之恩繇是弊風稍革長興末入爲右神武統軍清泰初卒于官贈太傅永樂大典卷八千九百九十九

史臣曰夫才之良者在秦亦良也在虞亦良也故彥威而下昔爲梁臣不虧亮節洎歸唐祚亦無醜聲蓋松貞不變于四時玉粹寧虞其烈燄故也況彥威之輔明宗也有翊戴之功績晏球之伐中山也著戡定之功方之數公尤爲優矣永樂大典卷八千九百九十七

舊五代史卷六十四終

舊五代史卷六十四攷證

唐列傳十六霍彥威傳存憐其爽邁養爲己子　案通鑑注以彥威爲霍存之子與是書異

值青州王公儼拒命改平盧軍節度至鎮擒公儼斬之

案歐陽史彥威徙鎮平盧朱守殷反伏誅攷朱守殷反明宗遣范延光馳兵斬之非由彥威之力宜以是書所載爲得其實

王晏球傳高行周以龍武右軍攻其右　行周歐陽史作行珪

朱漢賓傳謚曰貞惠　案五代會要作正慧引太常博士林弼議曰漢賓散已俸以代荒逋濟疲俗而臻富庶所涖之地綽有政聲知進退存亡之理得善始令終之道謹案謚法中道不撓保節揚名曰正愛民好學寬裕慈仁曰慧請謚曰正慧從之是書及歐陽史俱作貞惠未知何據

劉玘傳翌日受賀衙庭享士伏甲幕下盡斬其亂將

案通鑑攷異引梁祖實錄八月丁酉賜劉玘王延順物以其違亂將之命來歸編遺錄斬李洪勑云始扶劉玘既奔竄以歸朝若使玘翌日便斬亂將則襄州何以至九月始收復蓋玘脫身歸朝及梁亡入唐妄

云斬亂以自誇大耳

周知裕傳凊泰初卒于官　案歐陽史作應順中卒

托諸舊作禿餧今改　特哩衮舊作惕隱今改

補前霍彥威傳至月終不舉樂　五代會要天成四年六月敕故平盧軍節度使霍彥威勛名顯著宅兆已營度遵定謚之規議送終之制宜以三公禮葬

舊五代史卷六十四攷證

舊五代史卷六十五

宋司空同中書門下平章事薛居正等撰

列傳第十七　唐書四十一卷

李建及許州人本姓王父質建及少事李罕之爲紀綱光啟中罕之謁武皇于晉陽因選部下驍勇者百人以獻建及在籍中後以功署牙職典義兒軍及賜姓名天祐七年改匡衛軍都校案歐陽史作匡衛指揮使柏鄉之役汴將韓勍追周德威至高邑南野河上鎭定兵扼橋道韓勍選精兵先奪之莊宗登高而望鎭定兵將[illegible]謂建及曰如賊過河則勢不可遏卿計若何建及於部選士二百挺槍大譟禦汴軍却之于橋下二月王師攻魏魏人夜出犯我營建及設伏待之扼其歸路盡殪之劉鄩之營莘縣月餘不出忽一旦縱兵攻鎭定之營軍中騰亂建及率銀槍勁兵千人赴之擊敗汴軍追奔至其壘元城之戰建及首陷其陣授天雄軍教練使八月遷遼州刺史十四年從擊契丹于幽州破之十二月從攻楊劉自寅至午汴軍嬰城拒守建及自負葭葦堙塹率先登梯遂拔之胡柳之役前軍逗撓際晚汴軍登土山建及一戰奪之莊宗欲收軍詰朝合戰建及橫矟當前曰賊大將已亡乘此易擊王但登山觀臣破賊即引銀槍效節大

呼奮擊三軍增氣由是王師復振以功檢校司空魏博內外衙都將十六年汴將賀瓌攻德勝南城以戰船十餘艘竹笮維之扼斷津路王師不得渡城中矢石將盡守城將氏延賞危急莊宗令積帛軍門召能破賊船者津人有馬破龍者能水游乃令往見延賞延賞言危窘極矣所爭晷刻時棹船滿河流矢雨集建及被重鎧執稍呼曰豈有一衣帶水縱賊如此乃以二船實甲士皆短兵持斧徑抵梁之戰艦斧其笮又令上流具瓮積薪其上順流縱火以攻其艦須臾烟焰騰熾梁軍斷纜而遁建及乃入南城賀瓌解而去其年十二月與汴將王

瓚戰于戚城建及傷手莊宗解御衣金帶賜之建及有膽氣慷慨不羣臨陣鞠旅意氣橫壯自莊宗至魏州建及都總內外衙銀槍效節帳前親軍善于撫御所得賞賜皆分給部下絕甘分少頗洽軍情又累立戰功雄勇冠絕雖劣者忌讒之時宦官韋令圖監建及軍每於莊宗前言建及以家財驟施其趣向志意不小不可令典衙兵莊宗因猜之建及性既忠藎雖知讒搆不改其操十七年三月授代州刺史八月與李存審赴河中解同州之圍建及少遇禍亂久從戰陣矢石所中肌無完膚復有功見疑私心憤鬱是歲卒于太原時年五十七永樂大典卷一萬八千二十九

石君立趙州昭慶人也亦謂之石家財初事代州刺史李克柔後隸李嗣昭爲牙校歷典諸軍夾城之役君立每出挑戰壞汴軍柵壘俘擒而還八年與汴軍戰于龍化園敗之獲其大將卜渥以獻嗣昭每出征俾君立爲前鋒敵人畏之王檀之逼晉陽也城中無備安金全驅市人以登陴保聚不完時莊宗在魏博救應不暇人心危懼嗣昭遣君立率五百騎自上黨朝發暮至王檀游軍扼汾橋君立一戰敗之徑至城下馳突斬擊出入如神大呼曰昭義侍中大軍至矣是夜入城與安金全等

出諸門擊殺于外遲明汴軍敗走十七年將兵屯德勝時汴軍自滑州轉餉以給楊村砦莊宗親率騎軍于河外循岸而上邀擊之汴人距楊村五十里于河曲潘張村築壘以貯軍儲莊宗令諸軍攻之汴人設伏于要路逆戰僞敗王師乘之躡入壘門梁伏兵起因與血戰君立與鎮州大將王釗隔入賊壘時諸將部校陷賊者十餘人君立被執送於汴梁主素知其驍勇欲用之爲將械而下獄久之梁主遣人誘之君立曰敗軍之將難與議勇如欲將我我雖眞誠效命能信我乎人皆有君吾何忍反爲仇人哉既而諸將被戮尚惜君立不之害同

光元年莊宗至汴前一日梁主始令殺之（永樂大典卷一萬八千二十九）

高行珪燕人也家世勇悍與弟行周俱有武藝初仕燕爲騎將驍果出諸將之右燕帥劉守光僭逆不道莊宗令周德威征之守光大懼以行珪爲武州刺史令張犄角之勢時明宗將兵助德威平燕俄聞行珪至率騎以禦之明宗諭以順逆之理行珪乃降守光將元行欽在山北聞行珪有變即率部下軍衆以攻行珪行珪遣弟行周告急于周德威德威命明宗李嗣本安金全將兵援之明宗破行欽于廣邊軍行欽亦降尋以行珪爲朔

州刺史歷忻嵐二郡還雲州留後天成初授鄧州節度使尋移鎮安州行珪性貪鄙短于爲政在安州日行事多不法副使范延策者幽州人也性剛直累爲賓職及佐行珪覩其貪猥因强諫之行珪不從後延策因入奏獻封章于闕下事有三條一請不禁過淮猪羊而禁絲綿匹帛以實中國一請于山林要害置軍鎮以絶寇盜一述藩侯之弊請勅從事明諫諍之不從令諸軍校列班廷諍行珪聞之深銜之後因戍兵作亂誣奏延策與之同謀父子俱戮于汴聞者寃之未幾行珪以疾卒詔贈太尉（永樂大典卷一萬八千二十九）

張廷裕代北人也幼事武皇于雲中從平黃巢討王行瑜自行間漸升爲小將莊宗定魏補天雄軍左廂馬步都虞候歷蔚慈隰三州刺史同光三年除新州節度使塞上多事廷裕無控制之術邊鄙常聳天成三年卒於治所詔贈太保（永樂大典卷五千三百六十）

王思同幽州人也父敬柔歷瀛平儒檀營五州刺史思同母即劉仁恭之女也故思同初事仁恭爲帳下軍校會劉守光攻仁恭于大安山思同以部下兵歸太原時年十六武皇命爲飛騰指揮使從莊宗平定山東累典諸軍思同性疎俊粗有文性喜爲詩什與人唱和自稱

薊門戰客魏王繼岌待之若子時內養呂知柔侍興聖宮頗用事思同不平之呂爲終南山詩末句有頭字思同和曰料伊直擬沖霄漢賴有青天壓著頭其所爲詩句皆此類也每從征必在興聖帳下然同光朝位止鄭州刺史明宗在軍時素知之即位後用爲同州節度使未幾移鎮隴右思同好文士無賢不肖必館接賄遺歲費數十萬在秦州累年邊民懷惠華戎寧息長興元年入朝見于中興殿明宗問秦州邊事對曰秦州與吐蕃接境蕃部多違法度臣設法招懷沿邊置寨四十餘所控其要害每蕃人互市飲食之界上令納器械因手指

畫秦州山川要害控扼處明宗曰人言思同不管事豈及此耶時兩川叛欲用之且留左右故授右武衛將軍八月授西南面行營馬步都虞候九月遷京兆尹西京留守伐蜀之役爲先鋒指揮使石敬塘入大散關思同特勇先入劍關大軍未相繼復被董璋兵逐出之及敬塘班師思同以曾獲劍門之功移鎮山南西道三年兩川交兵明宗慮併在一人則朝廷難制密詔思同相度形勢卽乘間用軍事未行而董璋敗八月復爲京兆尹兼西京留守時潞王鎮鳳翔與之鄰境及潞王不稟朝旨致書于秦涇雍梁邠諸帥言賊臣亂政屬先帝疾篤

謀害秦王迴立嗣君自擅權柄以致殘害骨肉搖動藩垣懼先人基業忽然墜地故誓心入朝以除君側事濟之後謝病歸藩然藩邸素貧兵力俱困欲希國士共濟急難乃令小伶女十人以五弦技見思同因歡諷動又軍校宋審溫者請使于雍若不從命卽獨圖之又令推官郝昭府吏朱延乂以書檄起兵會副部署藥彥稠至方宴而技使適至乃繫之于獄彥稠請誅審溫拘送昭赴闕時思同已遣其子入朝言事朝廷嘉之乃以思同爲鳳翔行營都部署起軍營于扶風三月十四日與張虔釗會于岐下梯衝大集十五日進收東西關城城中

戰備不完然死力捍禦外兵傷夷者十二三十六日復進攻其城潞王登陴泣諭于外聞者悲之張虔釗性褊詰曰西南用軍與都監皆血刃以督軍士軍士齊詬反攻虔釗虔釗躍馬避之時羽林指揮使楊思權引軍自西門先入思同未之知猶督士登城俄而嚴衛指揮使尹暉呼曰西城軍已入城受賞矣軍士可解甲棄仗之聲振動天地日午亂軍畢集涇州張從賓邠州康福河中安彥威皆遁去十七日思同與藥彥稠萇從諫俱至長安劉遂雍閉關不納乃奔潼關二十二日潞王至昭應前鋒執思同來獻王謂左右曰思同計乖于事然盡

心于所奉亦可嘉也顧謂趙守鈞曰思同爾之故人可行逆之于路達予撫慰之意思同至潞王讓之曰賊臣傾我國家殘害骨肉非予弟之過我起兵岐山蓋誅一二賊臣耳爾何首鼠兩端多方誤我今日之罪其可逃乎思同曰臣起自行間受先朝爵命秉旄仗鉞累歷重藩終無顯效以答殊遇臣非不知攀龍附鳳則福多扶衰救弱則禍速但恐瞑目之後無面見先帝釁鼓膏原縲囚之常分也潞王爲之改容徐謂之曰且憩歇潞王欲用之而楊思權之徒恥見其面屢啟劉延朗言思同不可留慮失士心又潞王入長安時尹暉盡得思同家

財及諸妓女故尤惡思同與劉延朗亟言之屬王醉不待報殺思同幷其子德勝潞王醒召思同左右報已誅之矣潞王怒延朗累日嗟惜之及漢高祖即位詔贈侍中（永樂大典卷六千六百七十一）

索自通字得之太原清源人也父繼昭以自通貴授國子監祭酒致仕自通少能騎射嘗于山墅射獵莊宗鎮太原時遇之于墅訊其姓名即補右番廳直軍使後因從獵射中走鹿轉指揮使佐周德威攻燕軍于涿州擒燕將郭在鈞從莊宗定魏博改突騎指揮使明宗即位自隨駕左右廂馬軍都指揮授忻州刺史歲餘召還復

典禁兵領韶州刺史出爲大同軍節度使累歲移鎮忠武改京兆尹西京留守楊彥温據河中作亂自通率師討平之授河中節度使尋自鄜州入爲右龍武統軍初自通既平楊彥温代末帝鎮河中臨事失于周旋末帝深銜之及末帝即位自通憂悸求死清泰元年七月因朝退涉洛自溺而卒子萬進周顯德中歷任方鎮（永樂大典卷一萬八千一百二十九）

舊五代史卷六十五終

舊五代史卷六十五攷證

唐列傳十七李建及傳改臣衙軍都校　案歐陽史作臣衙指揮使

又令上流具甕積薪其土順流縱火以攻其艦　案通鑑作木罌載薪沃油然火于上流縱之與是書異歐陽史作以大甕積薪自上流縱火與是書同

高行珪傳明宗諭以順逆之理行珪乃降守光將元行欽率部下攻行珪行珪遣弟行周告急于周德威　案歐陽史行珪夜縋行周馳入晉見莊宗莊宗因遣明宗救武州比至行欽已解去行珪乃降是行珪先

求救于晉而後降也是書作降晉後告急微有異同

王思同傳爲帳下軍校　案歐陽史作銀胡簶指揮使

飛騰指揮使　案歐陽史作飛騰都揮使

位止鄭州刺史　案歐陽史作以功遷神武十軍都指揮使累遷鄭州防禦使

以五絃技見思同　案歐陽史作遣伶奴安十十以五絃謁思同

又令推官郝昭　郝昭歐陽史作郝詡通鑑從歐陽史

補前索自通傳深銜之（通鑑自通承安重誨指籍軍府甲仗數上之以爲從珂私造賴王貴妃保護得免）

舊五代史卷六十五攷證

宋司空同中書門下平章事薛居正等撰

列傳第十八　唐書四十二

安重誨其先本北部豪長父福遷爲河東將救兖鄆而没通鑑注引薛史重誨自明宗龍潛時得給事左右及鎭邢州以重誨爲中門使隨從征討凡十餘年委信無間勤勞亦至洎鄴城之變佐命之功獨居其右明宗踐祚領樞密使俄遷左領軍衛大將軍充職册府元龜卷三百九明宗遣回鶻侯三驛傳至其國侯三至醴泉縣縣素僻無驛馬其令劉知章出獵不時給馬侯三遽以聞明宗大怒械知

章至京師將殺之賴重誨從容爲言乃得不死永樂大典卷一萬一千六百五十四明宗幸汴州重誨建議欲因以伐吳而明宗難之其後戸部尚書李鏻得吳諜者言徐知誥欲奉吳國以稱藩願得安公一言以爲信鏻即引諜者見重誨重誨大喜以爲然乃以玉帶與諜者使遺知誥爲信其直千緡永樂大典卷一萬五千五百三十重誨爲樞密使四五年間獨綰大任臧否自若環衛酋長貴戚近習無敢干政者弟牧鄭州子鎭懷孟身爲中令任過其才議者謂必有覆餗之禍無何有吏人李虔徽弟揚言于衆云聞相者言其貴不可言今將統軍征淮南時有軍將密以是聞頗駭上聽册府元龜卷九百四十二明宗謂重誨曰聞卿樹心腹私市兵仗欲自討淮南有之否重誨惶恐奏曰興師命將出自宸衷必是奸人結搆臣願陛下窮詰所言者翌日帝召侍衛指揮使安從進藥彥稠等謂之曰有人告安從誨私置兵仗將不利于社稷其若之何從進等奏曰此是奸人結搆離間陛下勳舊且重誨事陛下三十年從微至著無不盡心今日何苦乃謀不軌臣等以家屬保明必無此事帝意乃解永樂大典卷四百六十一重誨三上表乞解機務詔不允復面奏乞與臣一鎭以息謗議明宗不悦重誨奏不已明宗怒謂曰放卿出朕自有人卽令武德使

孟漢瓊至中書與宰臣商量重誨事馮道言曰諸人苟惜安令公解樞務爲便趙鳳曰大臣豈可輕動公失言也道等因附漢瓊奏曰此斷自宸旨然重臣不可輕議移改由是兼命范延光爲樞使重誨如故永樂大典卷一萬一百一十三時以東川帥董璋恃險難制乃以武虔裕爲綿州刺史董璋益懷疑忌遂縶虔裕以叛及石敬瑭領王師伐蜀峽路艱阻糧運不繼明宗憂之而重誨請行翌日領數騎而出日馳數百里西諸侯聞之莫不惶駭所在錢帛糧料星夜輦運人乘斃踣于山路者不可勝紀百姓苦之永樂大典卷一萬八千一百二十九重誨至鳳翔節度使朱弘昭延

于寢室令妻子奉食器敬事尤謹重誨坐中言及昨有人議搆彖不保全賴聖上保鑒苟獲全族因泣下重誨旣辭弘昭遣人具奏重誨怨望出惡言不可令至行營恐奪石敬塘兵柄而宣徽使孟漢瓊自西迴亦奏重誨已至三泉復令歸闕再過鳳翔朱弘昭拒而不納重誨懼急騎奔程未至京師制授河中帥旣至鎭心不自安遂請致仕制初下其子崇贊崇緒走歸河中二子初至重誨駭然曰渠安得來家人欲問故重誨曰吾知之矣此非渠意是他人教來吾但以一死報國家餘復何言翌日中使至見重誨號泣久之重誨曰公但言其故勿

過相愍中使曰人言令公據城異志矣重誨曰吾一死未塞責已負君親安敢輒懷異志遽勞朝廷興師增聖上宵旰則僕之罪更萬萬矣時遣翟光鄴使河中如察重誨有異志則誅之旣至李從璋自率甲士圍其第仍拜重誨于其庭重誨下階迎拜曰太傅過禮俛首方拜從璋以檛擊其首其妻驚走抱之曰令公死亦不遲太傅何遽如此幷擊重誨妻首碎並剝其衣服夫妻裸形踣于廊下血流盈庭翌日副使判官白從璋願以衣服覆其屍堅請方許及從璋疏重誨家財不及數千緡議以重誨有經綸社稷之大功然志大才短不能迴避權

寵親禮士大夫求周身輔國之遠圖而悉自恣胸襟果貽顛覆（册府元龜卷九百四十二案安重誨傳永樂大典中全篇已佚今采册府元龜補之以存大概）

（五代史補初知祥將據蜀也且上表乞般家屬時樞密使安重誨用事拒其請知祥曰吾知之矣因使密以金百兩爲賂重誨喜而爲敷奏詔許之及家屬至知祥對僚吏笑曰天下聞知樞密將謂天地間未有此誰知只銷此百金耶亦不足畏也遂守險拒命五代史闕文明宗令翟光鄴李從璋誅重誨于河中私第從璋奮檛擊重誨於地重誨曰某死無恨但恨不與官家誅得潞王他日必爲朝廷之患言終而絕臣謹案明宗實錄是清泰帝朝修撰潞王卽清泰帝也史臣避諱不敢直書嗚呼重誨之志節泯矣）

朱弘昭太原人也祖玫父叔宗皆爲本府牙將弘昭事明宗在藩方爲典客天成元年爲文思使歷東川副使二年餘除左衞大將軍充內客省使三年轉宣徽南院

使明宗親祀南郊弘昭爲大內留守加檢校太傅出鎭鳳翔會朝廷命石敬塘帥師伐蜀久未成功安重誨自請西行至鳳翔弘昭迎謁馬首請館于府署妻子羅拜捧卮爲壽弘昭密遣人謂敬塘曰安公親來勞軍觀其舉措孟浪儻令得至恐士心迴合則不戰而自潰也可速拒之必不敢前則師徒萬全也敬塘聞其言大懼卽日燒營遁還重誨聞之不敢西行因反旆東還復過鳳翔弘昭拒而不納及重誨得罪其年弘昭入朝授左武衞上將軍充宣徽南院使長興三年十二月代康義誠爲襄州節度使四年秦王從榮爲元帥屢宣惡言執政

大臣皆懼謀出避之樞密使范延光趙延壽日夕更見
涕泣求去明宗怒而不許延壽使其妻興平公主入言
于中延光亦因孟漢瓊王淑妃進說故皆得免未幾趙
延壽出鎮汴州召昭弘于襄陽代爲樞密使加同平章
事十月范延光出鎮常山以三司使馮贇與弘昭對掌
樞務與康義誠孟漢瓊同謀以殺秦王閔帝即位弘昭
以爲由已得立故于庶事高下在心及赦後覃恩弘昭
首自平章事超加中書令素猜忌潞王致其釁隙以致
禍敗潞王至陝閔帝懼欲奔馳手詔召弘昭圖之時將
軍穆延輝在弘昭第曰急召罪我也其如之何吾兒婦

君之女也可速迴歸無令受禍中使繼至弘昭援劍大
哭至後庭欲自裁家人力止之使促之急弘昭曰窮至
此耶乃自投于井安從進旣殺馮贇斷弘昭首俱傳于
陝州及漢高祖即位贈尚書令（永樂大典卷二千三十二）
朱洪實不知何許人以武勇累歷軍校長興中爲馬軍
都指揮使秦王爲元帥以洪實驍果尤寵待之歲時曲
遺頗厚于諸將及朱弘昭爲樞密使勢燄尤甚洪實以
宗兄事之意頗相協弘昭將殺秦王以謀告之洪實不
以爲辭時康義誠以其子事于秦府故恆持兩端及秦
王兵叩端門洪實爲孟漢瓊所使率領先騎軍自左掖
門出逐秦王自是義誠陰銜之閔帝嗣位洪實自恃領
軍之功義誠每言不爲之下應順元年三月辛酉義誠
將出征閔帝幸左藏庫親給軍士錢帛是時義誠與洪
實同于庫中面論用兵利害（歐陽史云洪實見軍士無闘志而義誠盡將以西疑其二心）洪實言出軍討逆屢發兵師今聞小剱無一人一
騎來者不如以禁軍據門自固彼安敢徑來然後徐圖
進取全策也義誠怒曰若如此言洪實反也洪實曰公
自反誰反其聲漸厲帝聞召而訊之洪實猶理前謀又
曰義誠言臣圖反據發兵討義誠反必矣閔帝不能明
辨遂命誅洪實旣而義誠果以禁軍迎降潞王故洪實

之死後人皆以爲寃（永樂大典卷二千三十二）
康義誠字信臣代北三部落人也少以騎射事武皇從
莊宗入魏博補突騎使累遷本軍都指揮使同光末從
明宗討鄴城軍亂廹明宗爲主明宗不然義誠進曰主
上不慮社稷阽危不思戰士勞苦荒躭禽獸溺于酒色
今從衆則有歸守節則將死明宗納其言由是委之心
膂明宗即位加檢校司空領富州刺史總突騎如故尋
轉捧聖都指揮使領邠州刺史明宗幸汴平朱守殷改
侍衛馬軍都指揮使領江西節度使車駕歸洛授侍衛
馬步軍都指揮使河陽節度使（太平廣記長興中侍衛使康義誠嘗軍中差人

于大宅充院子亦會小有笞責忽一日憐其老而詰其姓則曰姓康別詰其鄉土親族息嗣方知是父遂相持而泣聞者莫不驚異長興末加同平章事秦王爲天下兵馬元帥氣燄熏灼大臣皆懼求爲外任義誠以明宗委遇無以解退乃令其子以弓馬事秦王以自結明宗不豫秦王諷義誠爲助義誠曲意承奉亦非眞誠及朱弘昭馮贇等懼禍謀于義誠但云僕爲將校不敢預議但相公所使耳及秦王既誅明宗宴駕閔帝即位加檢校太尉兼侍中判六軍諸衛事未幾鳳翔變起西軍不利義誠懼乃請行蓋欲盡率駕下諸軍送降于於潞王求免也會與朱洪實議事不叶洪實因厲聲言義誠苞藏之志閔帝曚昧不能明辨而誅洪實及義誠率軍至新安諸軍爭先趨陝解甲迎降義誠以部下數十人見潞王請罪潞王雖罪其奸回未欲行法淸泰元年四月斬于興教門外夷其族（永樂大典卷一萬八千二十九）

藥彥稠沙陀三部落人幼以騎射事明宗累遷至列校明宗踐祚領澄州刺史河陽馬步都將從王晏球討王都于定州平之領壽州刺節度使侍衛步軍都虞候屬河中指揮使楊彥温作亂彥稠改侍衛步軍都指揮使充河中副招討使將兵討平之無幾黨項刼迴鶻入朝使詔彥稠屯朔方就討黨項之叛命者搜索盜賊盡獲迴鶻所貢駝馬寶玉擒首領而還尋授邠州節度使遣會兵制置鹽州蕃戎逃遁獲陷蕃士庶千餘人遣復鄉里受詔與延州節度使（案原本有闕文歐陽史作靈武康福）進攻夏州累月不克兵罷歸鎭閔帝嗣位與王思同攻鳳翔爲副招討使禁軍之潰彥稠欲沿流而遁爲軍士所擒而獻之時末帝已至華州令拘于獄誅之漢高祖即位與王思同並制贈侍中（永樂大典卷一萬八千一百二十九）

宋令詢不知何許人也閔帝在藩時補爲客將知書樂善動皆由禮長興中閔帝連典大藩遷爲都押衙參轄閫政甚有時譽閔帝深委之及閔帝嗣位朱馮用事不欲閔帝之舊臣在于左右乃出爲磁州刺史閔帝蒙塵于衛令詢日令人奔問及聞帝遇害大慟半日自經而卒（永樂大典卷一萬三千四十四）

史臣曰夫代大匠斲者猶傷其手況代天子執賞罰之柄者乎是以古之賢人當大任秉大政者莫不卑以自牧推之不有廓自公之道絕利己之欲然後能保其身而脫其禍也而重誨何人安所逃死古語云無爲權首反受其咎重誨之謂歟自弘昭而下力不能爲社稷謀不能安國家相蹕而亡又誰咎也唯令詢感故君之舊恩由大慟而自絕以茲隕命足以垂名（永樂大典卷一萬三千四十四）

舊五代史卷六十六終

舊五代史卷六十六攷證

唐列傳十八安重誨傳無何有吏人李虔徽弟揚言于衆云　案歐陽史作樞密承旨李虔徽語其客邊彥温云所載異詞

朱宏昭傳敬瑭聞其言卽日燒營遁還重誨聞之不敢西行　案歐陽史作敬瑭以糧餉不繼遽燒營還軍重誨亦以被譏召還

朱洪實傳　洪實歐陽史作宏實

康義誠傳鎮邠州刺史　邠州歐陽史作汾州

藥彥稠傳充河中副招討使　案歐陽史作招討使

舊五代史卷六十六攷證

宋司空同中書門下平章事薛居正等撰

列傳第十九 唐書四十三

豆盧革祖籍同州刺史父瓚舒州刺史（宣和書譜云革失其世系）少値亂離避地鄜延轉入中山王處直禮之辟于幕下有奏記之譽因牡丹會賦詩諷處直以桑柘爲意言甚古雅漸加器仰轉節度判官而理家無法獨請謁見處直處直慮布政有缺有所規諫斂板出迎乃爲嬖人所軍職矣天祐末莊宗將卽位講求輔相盧質以名家子舉之徵拜行臺左丞相同光初拜平章事及登廊廟事

多錯亂至于官階擬議前後倒置屢爲省郎蕭希甫駮正革改之無難色莊宗初定汴洛革引薦韋說諳事體與己同功說旣登庸復事流品擧止輕脫怨歸于革又說之子俱授拾遺父子同官爲人所刺遂改授員外郎革請說之子濤爲弘文館學士說請革之子昇爲集賢學士交易市恩有同市井識者醜之革自作相之後不以進賢勸能爲務唯事修鍊求長生之術嘗服丹砂嘔血數日垂死而愈天成初將葬莊宗以革爲山陵使及木主歸廟不出私第專候旌鉞數日無耗爲親友促令入朝安重誨對衆辱之曰山陵使名銜尙在不候新命便履公朝意謂邊人可欺也側目者聞之思有所中初蕭希甫有正諫之望革嘗阻之遂上疏論革與說苟且自容致君無狀復誣其縱田客殺人冒元亨上第遂貶爲辰州刺史仍令所在馳驛發遣從鄭珏任圜等連上三章請不行從命乃下制曰豆盧革韋說等身爲輔相手握權衡或端坐稱臣或半笑奏事于君無禮擧世寧容革則暫委利權便私俸祿文武百辟皆從五月起支父子二人偏自正初給遣說則自居重位全紊大綱敍蔭貪榮亂兒孫于昭穆賣官瀆屋換令錄之身名醜行叠彰羣情共怒雖居牧守未塞非尤革可責授費州司

戶參軍說可夷州司戶參軍皆員外置同正員所在馳驛發遣尋貶陵州長流百姓委長吏常知所在天成二年夏詔令逐處刺史監賜自盡其骨肉並放逐便子昇官至檢校正郎服金紫尋亦削奪（永樂大典卷三千二百一十四 寶晉齋法書贊載豆盧革田園帖云大德欲要一居處譏旬間舊無田園鄜州雖有三兩處莊子緣百姓佃多年累有令公大王書請郤給還入戶蓋不欲侵奪疲民兼慮無知之輩妄有影庇包役云云岳珂曰此帖乃輿僧往還書其畏強藩避罪詈蓋慄慄淵冰然其後卒以故縱田客貶夜郎正坐所畏信乎亂邦之不可居也是時據鄜乃高萬興官檢校太師中書令封北平王郎革所謂令公大王者官故梁授唐命雖新而顯面正朝者不能致禨肇之誅而反竊貢秉旄之佞唐之不競有自來矣）

韋說福建觀察使岫之子也（案以下疑有闕文）莊宗定汴洛說

與趙光允同制拜平章事說性謹重奉職常不造事端時郭崇韜秉政說等承順而已政事得失無所措言初或有言于崇韜銓選踰濫選人或取他人出身銜或取父兄資緒與令史囊槖罔冒崇韜乃條奏其事其後郊天行事官數千人多有告勑僞濫因定去留塗毁告身者甚衆選人號哭都門之外議者亦以爲積弊累年一旦澄汰太細懼失惟新含垢之意時說與郭崇韜同列不能執而止之頗遺物議說之親黨告之說曰此郭漢子之意也及崇韜得罪說懼流言所鍾乃令門人左拾遺王松吏部員外郎李愼義等上疏云崇韜往日專權

不閑故事塞仕進之門非獎善之道疏下中書說等覆奏深詆崇韜識者非之又有王傪者能以多岐取事納賂于說說以其名犯祖諱遂改之爲操擬官于近甸及明宗卽位說常慮身危每求庇于任圜常保護之說居有井昔與鄰家共之因嫌鄙雜築垣于外鄰人訟之爲希甫疏論以爲井有貨財及案之本人惟稱有破釜一所反招虛妄初貶敘州刺史尋責授夷州司戶參軍初說在江陵與高季興相知及入中書亦常通信幣自討西蜀季興請攻峽內莊宗許之如能得三州俾爲屬郡西州旣定季興無尺寸之功洎明宗纘承季興頻請三郡朝廷不得已而與之革說方在中書亦預其議及季興占據獨歸其罪流于合州明年夏詔曰陵州合州長流百姓豆盧革韋說頃在先朝擢居重任欺公害物黷貨賣官靜惟肇亂之端更有難容之事且夔忠萬三州地連巴蜀路扼荆蠻藉皇都彈壓之功御逆帥僭求之勢罔予視聽率意割移將千里之土疆開通狡穴動兩川之巨賦禦捍經年致朕莫遂偃戈猶煩運策近者西方鄰雖復要害高季興尚固窠巢增吾旰食之憂職爾朋姦之計而又自居貶所繼出流言苟刑戮之稽時處忠良于何地宜令逐處刺史監賜自盡（永樂大典卷一萬七千九百一

十）歐陽史說子濤晉天福初爲尚書膳部員外郎卒

盧程唐朝右族祖懿父蘊歷仕通顯程天復末登進士第崔魏公領鹽鐵署爲巡官昭宗遷洛陽柳璨陷右族程避地河朔客遊燕趙或衣道士服干謁藩伯人未知之豆盧革客遊中山依王處直盧汝弼來太原程與汝弼皆朝族知舊因往來依革處直禮遇未優故投于太原汝弼因爲延譽莊宗署爲推官尋改支使程褊淺無他才惟務恃門地口多是非篤厚君子尤薄之初判官王緘從軍掌文翰胡柳之役緘歿于軍莊宗歸寧太原置酒公宴舉酒謂張承業曰予今于此會取一書記先

以巵酒辟之郎舉酒屬巡官馮道道以所舉非次抗酒辭避莊宗曰勿謙挹無踰于卿也時以職列序遷則程當爲書記汝弼亦左右之程既失職私懷憤惋謂人曰主上不重人物使田里兒居余上先是莊宗嘗于帳中召程草奏程曰叨忝成名不閑筆硯由是文翰之選不及於程時張承業專制河東留守事人皆敬憚舊例支使監諸廩出納程訴于承業曰此事非僕所長請擇能者承業叱之曰公稱文士即合飛文染翰以濟霸國嘗命草辭自陳短拙及留職務又以爲辭公所能者何也程垂泣謝之後歷觀察判官莊宗將即位求四鎮判官

可爲宰輔者時盧汝弼蘇循相次淪沒當用判官盧質質性疏放不願重位求留太原乃舉定州判官豆盧革次舉程即詔徵之並命爲平章事程本非重器驟歷顯位舉止不恒時朝廷草創庶物未備班列蕭然寺署多缺程革受命之日即乘肩輿騶導喧沸莊宗聞訶導之聲詢于左右曰宰相檐子入門莊宗駭異登樓視之笑曰所謂似是而非者也頃之遣程使晉陽宮冊皇太后山路險阻往復綿邈程安坐肩輿所至州縣驅率丁夫長吏迎謁拜伏輿前少有忤意因加笞辱及汴將王彥章陷德勝南城急攻楊劉莊宗御軍苦戰臣下憂之戚白宰臣欲連章規諫請不躬御士伍豆盧革言及漢高廣武事矢及於胸給云中足程曰此劉季失策衆皆縮頸嘗論近世士族或曰員外孔明龜善和宰相之令緒宣聖之系孫得非盛歟程曰止于孔子之後盛則不吾知也親黨有假驢夫于程者程帖府給之府吏訴云無例程怒鞭吏背時任圜爲興唐少尹莊宗從姊壻也憑其寵戚因詣程程方鶴氅衣華陽巾憑几決事見圜怒詈曰是何蟲豸恃婦力耶宰相取給于府縣得不識舊體圜不言而退是夜馳至博平面訴于莊宗莊宗怒謂郭崇韜曰朕誤相此癡物敢辱予九卿促令自盡崇韜

亦怒事幾不測賴盧質横身解之遂降爲右庶子莊宗既定河南程隨百官從幸洛陽沿路墜馬因病風而卒贈禮部尚書（永樂大典卷二千二百一十二）

趙鳳幽州人也少爲儒唐天祐中燕帥劉守光盡率部內丁夫爲軍伍而黥其面爲儒者患之多爲僧以避之鳳亦落髮至太原頃之從劉守奇奔梁梁用守奇爲博州刺史表鳳爲判官（永樂大典卷一萬六千四百六十五　案歐陽史云守奇率鳳去爲鄆州節度判官）爲鄆州節度判官唐莊宗聞鳳名得之甚喜以爲護鑾學士後莊宗即位拜鳳中書舍人（永樂大典卷一萬三千四百二十四　案五代會要作護鑾書制學士歐陽史云莊宗即位拜中書舍人翰林學士時皇后及羣小用事）

鳳言皆不見納及入汴改授禮部員外郎莊宗及劉皇后幸張全義第后奏曰妾五六歲失父母每見老者思念尊親泣下以全義年德妾欲父事之以慰孤女之心莊宗許之命鳳作牋上全義定往來儀注鳳上書極諫不納天成初置端明殿學士鳳與馮道俱任其職時任圜爲宰相爲安重誨所傾以至罷相歸磁州及朱守殷以汴州叛馳驛賜圜自盡既而鳳哭謂安重誨曰任圜義士也肯造逆謀以讐君父乎如此濫刑何以安國重誨笑而不責是冬權知貢舉明年春有僧自西國取經回得佛牙大如拳褐漬皺裂進于明宗鳳揚言曰曾聞佛牙鎚

鍛不壞請試之隨斧而碎時宮中所施已逾數千緡聞毀乃止及車駕還洛留知汴州事尋授中書侍郎平章事（李之儀姑溪居士集鳳爲莊宗實錄將何挺論劉昫疏不載昫既相遂引鳳共政事）長興中安重誨出鎮河中人無敢言者惟鳳極言于上前曰重誨是陛下家臣其心終不背主五年秉權賢豪俯伏但不周防自貽浸潤明宗以爲朋黨不悅其奏重誨獲罪乃出爲邢州節度使清泰初召還授太保既而病足不能朝謁疾篤自爲蓍筮卦成投蓍而嘆曰吾家世無五十者而復窮賤吾年已五十又爲將相豈有遐壽哉清泰二年三月卒鳳性豁達輕財重義凡士友以窮厄告者必傾其資而餉之人士以此多之也（永樂大典卷一萬七千九百一十）

（案趙鳳傳永樂大典中闕全篇今存其舊）

李愚字子晦自稱趙郡平棘西祖之後家世爲儒父瞻業應進士不第遇亂徙家渤海之無棣以詩書訓子孫愚童齔時謹重有異常兒年長方志學徧閱經史慕晏嬰之爲人初名晏平爲文尙氣格有韓柳體厲志端莊風神峻整非禮不言行不苟且愚初以艱貧求爲假官滄州盧彥威署安陵簿丁憂服闋隨計之長安屬關輔亂離頻年罷舉客于蒲華之間光化中軍容劉季述王奉先廢昭宗立裕王五月餘諸侯無奔問者愚時在華

陰致書于華帥韓建其略曰僕關東一布衣爾幸讀書爲儒每見君臣父子之際有傷教害義之事常痛心切齒恨不得抽腸喋血肆之市朝明公居近關重鎮君父幽辱月餘坐視凶逆而忘勤王之舉僕所未諭也僕竊計中朝輔弼雖有志而無權外鎮諸侯雖有權而無志惟明公忠義社稷是依往年車輅播遷號泣奉迎累歲供饋再復朝廟義感人心至今歌詠此時事勢尤異於前明公地處要衝位兼將相自宮闈變故已涉旬時若不號令率先以圖反正遲疑未決一朝山東侯伯唱義連衡鼓行而西明公求欲自安如何決策此必然之勢

也不如馳檄四方諭以逆順軍聲一振則元凶破膽浹旬之間二豎之首傳于天下計無便于此者建深禮遇之堅辭還山天復初駕在鳳翔汴軍攻蒲華愚避難東歸洛陽時衛公李德裕孫道古在平泉舊墅愚往依焉子弟親採梠負薪以給朝夕未嘗干人故少師薛廷珪掌貢籍之歲登進士第又登宏詞科授河南府參軍遂卜居洛表白沙之別墅梁有禪代之謀柳璨希旨殺害朝士愚以衣冠自相殘害乃避地河朔與宗人李延光客于山東梁末帝嗣位雅好儒士延光素相款奉得侍講禁中屢言愚之行高學贍有史魚蘧瑗之風召見嗟

賞久之擢爲左拾遺俄充崇政院直學士或預資謀而儼然正色不畏强禦衡王入朝重臣李振輩皆致拜惟愚長揖末帝讓之曰衡王朕之兄朕猶致拜崇政使李振等皆拜爾何傲耶對曰陛下以家人禮見振等私也臣居朝列與王無素安敢諂事其剛毅如此晉州節度使華溫琪在任違法籍民家財其家訟于朝制使劾之伏罪梁末帝以先朝草昧之臣不忍加法愚堅按其罪梁末帝詔曰朕若不與鞫窮謂予不念赤子若或遂行典憲謂余不念功臣爲爾君者不亦難乎其華溫琪所受贓宜官給代還所訟之家貞明中通事舍人李霄傭夫毆傭舍人致死法司按律罪在李霄愚白李霄手不鬬毆傭夫致死安得坐其主耶以是忤旨愚自拾遺再遷膳部員外郎賜緋改司勳員外郎賜紫至是罷職歷許鄧觀察判官初在內職磁州舉子張礪依焉貞明中礪自河陽北歸莊宗補授太原府掾出入崇闈之間揄揚愚之節槩極言愚之所爲文仲尼遇顏回壽夷齊非餓人等篇北人望風稱之洎莊宗都洛陽鄧帥俾奏章入朝諸貴見之禮接如舊尋爲主客郎中數月召爲翰林學士三年魏王繼岌征蜀請爲都統判官仍帶本職從軍時物議以蜀險阻未可長驅郭崇韜問計于愚愚

曰如聞蜀人厭苦其主荒恣倉卒必不爲用宜乘其人二三風馳電擊彼必破膽安能守險及前軍至固鎮收軍食十五萬斛崇韜喜謂愚曰公能料事吾軍濟矣招討判官陳乂至寶雞稱疾乞留在後愚厲聲曰陳乂見利則進懼難則止今大軍涉險人心易惑正可斬之以徇由是軍人無遲留者是時軍書羽檄皆出其手蜀平就拜中書舍人師還明宗即位時西征副招討使任圜爲宰相雅相欽重屢言于安重誨請引爲同列屬孔循用事援引崔協以塞其請俄以本職權知貢舉改兵部侍郎充翰林承旨長興初除太常卿屬趙鳳出鎮邢臺乃

拜中書侍郎平章事轉集賢殿大學士長興季年秦王
恣横權要之臣避禍不暇邦之存亡無敢言者愚性剛
介往往形言然人無唱和者後轉門下侍郎監修國史
兼吏部尚書與諸儒修成創業功臣傳三十卷愚初不
治第既命爲相官借延賓館居之嘗有疾詔近臣宣諭
延之中堂設席惟莞秸使人言之明宗特賜帷帳茵褥
(案職官分紀云長興四年愚病明宗遣中使宣問愚所居寢室蕭然四壁病榻敝氊而已中使具言其事帝曰宰相月俸幾何而委頓如此詔賜絹百匹錢百千帷帳什物一十三事所載較薛史爲詳今錄以備參考)閔
帝嗣位志修德政易月之制纔除便延訪學士讀貞觀
政要太宗實錄有意于郅理愚私謂同列曰吾君延訪

少及吾輩位高責重事亦堪憂奈宗社何皆惕息而不
敢言以恩例進位左僕射清泰初徽陵禮畢馮道出鎮
同州愚加特進太微宫使弘文館大學士宰相劉昫與
馮道婚家道既出鎮兩人在中書或舊事不便要釐革
者對論不定愚性太峻因曰此事賢家翁所爲更之不
亦便乎昫憾其言切于是每言必相折難或至喧呼無
幾兩人俱罷相守本官(案錦繡萬花谷云愚爲相迂濶廢帝謂愚等無所事常目爲粥飯僧以爲飲食終日無所用心)清泰二年秋愚已攖疾率多請告累表
乞骸不允卒于位(永樂大典卷一萬三百九十八)
任圜京兆三原人祖清成都少尹父茂弘避地太原奏

授西河令有子五人曰圖回團圜冏風彩俱異武皇愛
之以宗女妻圜歷代憲二郡刺史李嗣昭典兵于晉陽
與圜遊處甚洽及鎮澤潞請爲觀察支使解褐賜朱紱
圜美姿容有口辯嗣昭爲人間搆于莊宗方有微隙圜
奏使往來常申理之克成友于之道圜之力也及丁母
憂莊宗承制起復潞州觀察判官賜紫常山之役嗣昭
爲帥于軍圜代總其事號令如一敵人不知莊宗聞之
倍加獎賞是秋復以上黨之師攻常山城中萬人突出
大將孫文進死之賊逼我軍圜麾騎士擊之頗有殺獲
嘗以禍福諭其城中鎮人信之使乞降及城潰誅元惡

之外官吏咸保其家屬亦圜所庇護焉莊宗改鎮州爲
北京以圜爲工部尚書兼真定尹北京副留守知留守
事明年郭崇韜兼鎮改行軍司馬充北面水陸轉運使
仍知府事同光三年歸朝守工部尚書崇韜伐蜀奏令
從征西蜀平署圜黔南節度使懇辭遂止魏王班師行
及利州康延孝叛以勁兵八千迴劫西川繼岌聞之夜
半命中使李延安召圜圜方寢延安登其牀以告之圜
衣不及帶遽見繼岌繼岌泣而言曰紹琛負恩非尚書
不能制即署圜爲招討副使與都指揮使梁漢顒等率
兵攻延孝于漢州擒之旋至渭南繼岌遇害圜代總全

師朝于洛陽明宗嘉其功拜平章事判三司圖揀拔賢俊杜絕倖門百官俸入爲孔謙減折圖以廷臣爲國家羽儀故優假班行禁其虛估期月之內府庫充贍朝廷修葺軍民咸足雖憂國如家而切于功名故爲安重誨所忌嘗與重誨會于私第有妓善歌重誨求之不得嫌隙自兹而深矣先是使人食劵皆出于戶部重誨止之俾須內出爭于御前往復數四竟爲所沮（通鑑安重誨與圖爭于上前往復數四聲色俱厲上退朝宮人問上適與重誨論事爲誰上曰宰相宮人曰妾在長安宮中未嘗見宰相樞密奏事敢如是者蓋輕大家耳上愈不悅舊唐書大順初累遷司勳員外郎知制誥）因求罷三司天成二年除太子少保致仕出居磁州及朱守殷叛

重誨乘間誣其結搆立遣人稱制就害之乃下詔曰太子少保致仕任圜早推動舊曾委重難既退免于劇權俾優閑于外地而乃不遵禮分潛附守殷緘題罔避于嫌疑情旨頗彰于怨望自收汴壘備見蹤由若務含弘是孤典憲尚全大體止罪一身宜令本州于私第賜自盡圜受命之日聚族酣飲神情不撓清泰中制贈太傅子徹仕皇朝位至度支郎中卒（永樂大典卷九千三百五十二）

史臣曰革詵承舊族之胄佐新造之邦業雖謝于財成罪未聞于昭著而乃爲權臣之所忌顧後命以無逃靜而言之亦可憫也盧程器狹如是形渥攸宜趙鳳李愚咸以文學之名俱踐巖廊之位校其貞節愚復優焉任圖有縱橫濟物之才無明哲保身之道退猶不免獻可悲哉（永樂大典卷一萬七千九百一十）

舊五代史卷六十七終

舊五代史卷六十七攷證

唐列傳十九盧程傳盧程唐朝右族祖懿父蘊　案歐陽史作不知其世家何人

趙鳳傳以爲護鑾學士　案五代會要作護鑾書制學士

拜鳳中書舍人及入汴改授禮部員外郎　案歐陽史作拜中書舍人翰林學士

李愚傳歷許鄧觀察判官　案歐陽史作罷爲鄧州觀察判官

爲趙鳳出鎭邢臺乃拜中書侍郎平章事　案歐陽史

任圜罷相乃拜愚中書侍郎同平章事吳縝纂誤云明宗紀天成二年六月任圜罷長興二年李愚爲平章事自任圜罷至此已五年矣與愚入相年月太遼薛史之所書本謂趙鳳而誤爲任圜也

任圜傳嗣昭爲帥于軍圜代總其事　案歐陽史作嗣昭戰歿圜代將其軍

先是使人食劵皆出于戶部　食劵通鑑作館劵

淸泰中制贈太傅　案歐陽史作愍帝即位贈圜太傅是書作廢帝淸泰中未知孰是

舊五代史卷六十七攷證

舊五代史卷六十八

宋司空同中書門下平章事薛居正等撰

列傳第二十　唐書四十四

薛廷珪其先河東人也父逢咸通中爲秘書監以才名著于時廷珪中和年在西川登進士第累歷臺省舊唐書天順初累遷司勳員外郎知制誥乾寧中爲中書舍人駕在華州改散騎常侍尋請致仕客遊蜀川昭宗遷洛陽徵爲禮部侍郎舊唐書光化中復爲中書舍人遷刑部吏部二侍郎權知禮部貢擧拜尙書左丞時柳璨屠害朝士衣冠畢羅其害毒廷珪以居常退讓獲全新唐書朱全忠兼四鎭廷珪以官告使至汴客將先見諷其拜廷珪佯不曉曰吾何德敢受令公拜乎及見卒不肯加禮入

梁爲禮部尙書莊宗平定河南以廷珪年老除太子少師致仕案通鑑廷珪與李琪嘗爲太祖册禮使同光三年九月卒贈右僕射所著鳳閣詞書十卷克家志五卷並行于世初廷珪父逢著鑿混沌眞珠簾等賦大爲時人所稱廷珪旣壯亦著賦數十篇同爲一集故名曰克家志永樂大典卷二萬一千三百六十七

崔沂新唐書宰相世系表沂字德潤大中時宰相魏公鉉之幼子也兄沆廣明初亦爲宰輔沂擧進士第歷監察補闕昭宗時累遷至員外知制誥性抗厲守道而文藻非優常與同舍顏蕘錢珝俱秉筆見蕘珝贈速草制數十無妨談笑

而沂自愧曰日謁國相訴曰沂疎淺不足以供詞翰之職相輔然之移爲諫議大夫入梁爲御史司憲糾繆繩違不避豪右開平中金吾街使寇彥卿入朝過天津橋市民梁現者不知迴避前導伍伯捽之投石欄以致斃彥卿自前白于梁祖梁祖命通事舍人趙可封宣諭令出私財與死者之家以贖其罪沂奏劾曰彥卿位是人臣無專殺之理況天津橋御路之要正對端門當車駕出入之途非街使震怒之所況梁現不時迴避其過止于鞭笞捽首投軀深乖朝憲請論之以法梁祖惜彥卿令沂以過失論沂引鬬競律以怙勢力爲罪首下手者減一等又鬬毆條不鬬故毆傷人者加傷罪一等沂表入責授彥卿遊擊將軍左衛中郎將沂剛正守法人士多之遷左司侍郎改太常卿轉禮部尚書貞明中帶本官充西京副留守時張全義留守天下兵馬副元帥河南尹判六軍諸衛事守太尉中書令魏王名位之重冠絕中外沂至府客將白以副留守合行庭禮沂曰張公官位至重然尚帶府尹之名不知副留守見尹之儀何如全義知之遽引見沂勞曰彼此有禮俱老矣勿相勞煩莊宗興復唐室復用爲左丞判吏部尚書銓選司坐累謫石州司馬明宗即位召還復爲左丞以衰疾告老

授太子少保致仕卒于龍門之別墅時年七十餘贈太子少傅（永樂大典卷二千七百四十）

劉岳字昭輔其先遜東襄平人元魏平定遼東徙家于代隨孝文遷洛遂爲洛陽人八代祖兵部尚書渝國公政會武德時功臣祖符蔡州刺史父珪洪洞縣令符有子八人皆登進士第珪之母弟瓌玕異母弟崇夷崇龜崇望崇魯崇謩崇龜乾寧中廣南節度使崇望乾寧中宰相崇魯崇謩崇夷並歷朝省岳少孤亦進士擢第歷戶部巡官鄭縣簿直史館轉左拾遺侍御史梁貞明初召入翰林爲學士岳爲文敏速尤善談諸在職累遷戶部侍郎在翰林十二年莊宗入汴隨例貶均州司馬尋丁母憂許自貶所奔喪服闋授太子詹事明宗即位歷兵部吏部侍郎秘書監太常卿卒年五十六贈吏部尚書岳文學之外通于典禮天成中奉詔撰新書儀一部文約而理當今行于世子溫叟仕至御史中丞（永樂大典卷九千九十八　案國老談苑云劉溫叟方正守道以名教爲己任幼孤事母以孝聞其母甚賢初爲翰林學士私庭拜母母即命二婢箱擎公服金帶置于階下謂溫叟曰此汝父長興中入翰林時所賜也自先君子薨背以來書櫃家門替墜今汝能自致青雲繼父之職可服之無愧矣因欷歔掩泣溫叟伏地號慟退就別寢素衣蔬食追慕數日然後服之士大夫以爲得禮）

封舜卿（案原本有闕文據新唐書宰相世系表封氏世居渤海蓨縣舜卿字贊聖父敖字碩夫戶部尚

書勑海縣唐書有傳男仕梁爲禮部侍郎知貢舉開平三年奉使幽州以門生鄭致雍從行復命之日又與致雍同受命入翰林爲學士致雍有俊才舜卿雖有文辭才思拙澁及試五題不勝困弊因託致雍秉筆當時譏者以爲座主辱門生冊府元龜卷九百三十九莊宗同光已來累歷清顯封氏自太和以來世居兩制以文筆稱于時舜卿從子渭世系表渭字希叟昭宗遷雒時爲翰林學士舜卿爲中書舍人叔姪對掌內外制從子翹于梁貞明中亦爲翰林學士冊府元龜卷七百七十一天成中爲給事中因轉對上言以星辰合度風雨應時請御前香一合帝親爇一炷餘令于塔廟中

焚之貴表精至議者以翹時推名族出朝苑登瑣闈甚有巖廊之望而忽有此請乃近諸妖佞耳物望由是減之永樂大典卷六千三十四　案舜卿傳永樂大典中僅存此一條今採冊府元龜以存梗槩

竇夢徵同州人少苦心爲文登進士第歷校書郎自拾遺召入翰林充學士梁貞明中加兩浙錢鏐元帥之命夢徵以鏐無功于中原兵柄不宜虛授其言切直梁末帝以觸時忌左授外任玉堂閒話竇以錢公無功于本朝僻在一方坐邀恩澤不稱是命乃抱麻哭于朝翌日竇謫掾于東州有頃復召爲學士及莊宗入汴夢徵以例貶沂州居嘗感梁末帝舊恩因爲祭故君文云嗚呼四海九州天廻眷命一女二夫人之不幸當革故以鼎新若金銷而火盛必然之理夫何足競云秉筆者皆許之尋量移宿州天成初還中書舍人復入爲翰林學士工部侍郎卒贈禮部尚書玉堂閒話竇失意被謫嘗鬱鬱不樂曾夢有人謂曰君無自苦不久當復故職然將來愼勿爲丞相苟有是命當萬計避之其後竇復居禁職有頃遷工部侍郎竇忽憶夢中所言深惡其事然已受命不能遜避未幾果卒夢徵隨計之秋文稱甚高尤長于牋啟編爲十卷目曰東堂集行于世永樂大典卷一萬九千三百五十四

李保殷河南洛陽人也昭宗朝自處士除太子正字改錢塘縣尉浙東帥董昌辟爲推官調補河府兵曹參軍歷長水令毛詩博士累官至太常少卿端王傅入爲大

理卿撰刑律總要十二卷與兵部侍郎鄒殷象論刑法事左降房州司馬同光初授殿中監以其素有明法律之譽拜大理卿未滿秩屬爲人所制保殷曰人之多辟無自立辟乃謝病以歸卒于洛陽永樂大典卷一萬三百八十九

歸藹字文彥吳郡人也曾祖登祖融父仁澤位皆至列曹尚書觀察使藹登進士第及升朝遍歷三署案以下疑有闕文據舊唐書昭宗紀天祐元年七月宴于文思殿朱全忠入百官或坐于廊下全忠怒笞通引官何凝丙寅制金紫光祿大夫行御史中丞上柱國韓儀責授棣州司馬侍御史歸藹責授歸州司戶坐百官傲全忠也此事應出薛史今無可考同光初爲尚書右丞遷刑戶二部侍郎以太子賓客致仕卒年七十六永樂大典卷二千七百二

孔邈文宣王四十一代孫身長七尺餘神氣溫厚登進士第歷校書郎萬年尉充集賢校理（永樂大典卷二千九百二十五）為諫議大夫以年老致仕（冊府元龜卷八百九十九。案：邈傳永樂大典中僅存一條，考冊府元龜云：乾寧五年登進士第，除校書郎，崔遠在中書，奏萬年尉充集賢校理，以親舅獨孤損方在廊廟避嫌不赴職。蓋冊府元龜兼采後唐實錄之文，與薛史異。孔邈在後唐不應一無表見，今無可復考，謹錄原本如右。）

張文寶昭宗朝諫議大夫顗之子也文寶初依河中朱友謙為從事莊宗即位于魏州以文寶知制誥歷中書舍人刑部侍郎左散騎常侍知貢舉遷吏部侍郎文寶性雅淡稽古長興初奉使浙中泛海船壞水工以小舟

救文寶與副使吏部郎中張絢信風至淮南界偽吳楊溥禮待甚至兼厚遺錢幣食物文寶受其食物反其錢幣吳人善之送文寶等復至杭州宣圖命還青州卒子吉嗣位邑宰（永樂大典卷六千三百九十）

陳乂薊門人也少好學善屬文因避亂客于浮陽轉徙于大梁梁將張漢傑延于私邸表授太子舍人莊宗平梁郭崇韜遥領常山召居賓榻崇韜從魏王繼岌伐蜀署為招討判官崇韜死明宗即位隨任圜歸闕圜薦之于朝除膳部員外郎知制誥累遷中書舍人乂性陰僻寡與人合不為當路所與尋移左散騎常侍由是忿以成疾踰月而卒乂微有才術嘗自恃其能為判官日人有造者垂帷深處罕見其面及居西掖而姿態愈倨位竟不至公卿蓋器度促狹者也然乂性孤執尤廉于財長興中嘗自舍人銜命冊晉國公主石氏于太原晉高祖善待之但訝其高岸人或有獻可于乂宜陳一謁頌以稱晉高祖之美可邀其厚賄耳乂曰人生貧富咸有定分未有持天子命違禮以求利既損國綱且虧士行乂今生所不為也聞者嘉之晉高祖即位贈禮部尚書（永樂大典卷三千一百三十五）

劉贊魏州人也幼有文性父玭為令錄誨以詩書夏月

令服青襦單衫玭每肉食別置蔬食以飯贊謂之曰肉食君之祿也爾欲食肉當苦心文藝自可致之吾祿不可分也由是贊及冠有文詞年三十餘登進士第魏州節度使羅紹威署巡官罷歸京師依開封尹劉鄩久之租庸使趙巖表為巡官累遷至金部員外郎職如故莊宗入汴租庸副使孔謙以贊里人表為鹽鐵判官天成中歷知制誥中書舍人與學士竇夢徵同年登第鄰居友善夢徵卒贊與同年楊凝式緦麻為位而哭其家無嫡長與視喪事卹其孀稚人士稱之改御史中丞刑部侍郎贊性雍和與物無忤居官畏慎人若以私干之雖

權豪不能移其操未幾改秘書監兼秦王傅冊府元龜秦王爲元帥秦王府判官太子詹事王居敏與贊鄉曲之舊以秦王盛年自恣須朝中選端士納誨冀其稟畏乃奏薦贊爲贊節槩貞素忽聞其命掩泣固辭竟不能止時秦王參佐皆新進小生動多輕脫每稱頌秦王功德阿意順旨祇奉談笑惟贊從容諷議必獻嘉言秦王常接見賓寮及遊客于酒筵之中悉令秉筆賦詩冊府元龜時從榮溺于篇章凡門客及通謁遊士必坐于客次自出題目令賦一章然後接見贊爲師傅亦與諸客混然容狀不悅秦王知其意自是戒典客贊至勿通令每月一度至衙言行龜鑑載劉贊諫秦王曰殿下宜以孝敬爲職浮華非所尚也秦王不悅戒閽者後弗引進贊既官係王府不敢朝參不通慶弔但閉關喑嗚

而已及秦王得罪或言贊止于朝降而已服麻衣備驢乘在門矣聞其言曰豈有國君之嗣一旦舉室塗地而賓佐朝降得免死幸也俄而臺史示勅長流嵐州即時赴貶所在嵐州踰年清泰二年春詔歸田里妻紇干氏塗中卒贊比羸瘠慟哭殆絕因之亦病行及石會關而卒年六十餘永樂大典卷九千九十九

史臣曰自唐祚橫流衣冠掃地苟無端士孰恢素風如廷珪之文學崔沂之剛正劉岳之典禮舜卿之掌誥洎夢徵而下皆蔚有貞規無虧懿範固可以爲搢紳之圭表聳朝廷之羽儀以之垂名夫何不韙永樂大典卷二千七百四十

舊五代史卷六十八終

舊五代史卷六十八攷證

唐列傳二十劉岳傳奉詔撰新書儀一部文約而理當

案歐陽史謂其事出鄙俚兩史褒貶微有異同

張文寶傳信風至淮南界 案通鑑作風飄至天長

陳乂傳除膳部員外耶知制誥杲遷中書舍人 案通鑑作閏月以膳部郎中知制誥陳乂爲給事中充樞密直學士與此傳互有詳略

劉贊傳 案通鑑作劉瓚

補前劉贊傳 掩泣固辭竟不能止 通鑑瓚自以左遷泣訴不得免胡三省注云唐制六部侍郎除吏部之外餘皆從四品下王傳從三品然部侍郎爲觸用王傳爲左遷以職事有閒劇之不同也當是時從榮居儲傳則秦王傳不可以問官言蓋以從榮輕佻峻急恐豫其禍故求脫耳

舊五代史卷六十八攷證

舊五代史卷六十九

宋司空同中書門下平章事薛居正等撰

列傳二十一 唐書四十五

張憲字允中晉陽人世以軍功爲牙校憲始童丱喜儒學勵志橫經不舍晝夜太原地雄邊服人多尙武耻于學業惟憲與里人藥縱之精力遊學弱冠盡通諸經尤精左傳嘗袖行所業謁判官李襲吉一見欣歎旣辭謂憲曰子勉之將來必成佳器石州刺史楊守業喜聚書以家書示之聞見日博莊宗爲行軍司馬廣延髦俊素知憲名令朱守殷齎書幣延之歲餘釋褐交城令秩滿莊宗嗣世補太原府司錄參軍時霸府初開幕客馬郁王緘燕中名士盡與之遊十二年莊宗平河朔念藩邸之舊徵赴行臺十三年授監察賜緋署魏博推官自是恆簪筆扈從十五年王師戰胡柳周德威軍不利憲與同列奔馬北渡梁軍急追殆將不濟至晚渡河人皆陷水而沒憲與從子朗履冰而行將及岸冰陷朗泣以馬箠引之憲曰吾兒去矣勿使俱陷朗曰忍季父如此俱死無恨朗偃伏引箠憲躍身而出是夜莊宗令于軍中求憲或曰與王緘俱歿矣莊宗垂涕求尸數日聞其免也遣使慰勞尋改掌書記水部郎中賜金紫歷魏博觀

察判官從討張文禮鎮州平授魏博鎮冀十郡觀察判官改考功郎中兼御史中丞權鎮州留事莊宗即位詔還魏都授尚書工部侍郎充租庸使八月改刑部侍郎判吏部銓兼太淸宮副使莊宗遷洛陽以憲檢校吏部尚書興唐尹東京副留守知留守事憲學識優深尤精吏道剖析聽斷人不敢欺三年春車駕幸鄴時易定王都來朝宴于行宮將擊鞠初莊宗行即位之禮卜鞠場吉因築壇于其間至是詔毀之憲奏曰即位壇是陛下祭接天神受命之所自風燥雨濡之外不可輒毀亦不修魏繁陽之壇漢汜水之壇到今猶有兆象存而不毀

古之道也即命治之于宮西數日未成會憲以公事獲遣閽門符罪上怒戒有司速治行宮之庭礙事者畢去竟毀即位壇憲私謂郭崇韜曰不祥之甚忽其本也秋崇韜將兵征蜀以手書告憲曰允中避事久矣余受命西征已奏還公黃閣憲報曰庖人之代尸祝所謂非吾事也時樞密承旨段佪當權任事以憲從龍舊望不欲憲在朝廷會孟知祥鎮蜀川選北京留守佪揚言曰北門國家根本非重德不可輕授今之取才非憲不可趣時者因附佪勢巧中傷之又曰憲有相業然國祚中興宰相在天子面前得失可以改作一方之事制在一人

惟北面事重十一月授憲銀青光祿大夫檢校吏部尚書太原尹北京留守知府事四年二月趙在禮入魏州時憲家屬在魏關東俶擾在禮善待其家遣人齎書至太原誘憲憲斬其使書不發函而奏旣而明宗爲兵衆所刼諸軍離散地遠不知事實或謂憲曰蜀軍未至洛湯窘急總管又失兵權制在諸軍之手又聞河朔推戴事若實然或可濟否憲曰治亂之機間不容髮以愚所斷事未可知愚聞藥縱之言總管德量仁厚素得士心餘勿多言志此而已四月五日存渥自洛陽至口傳莊宗命並無書詔惟云天子授以隻箭傳之爲信衆心惑

之時事莫測左右獻畫曰存渥所乘馬已戢其飾復召人謀事必行陰禍因欲據城寧我負人宜早爲之所但戮呂鄭二宦且縶存渥徐觀其變事萬全矣憲良久曰吾本書生無軍功而致身及此一旦自布衣身紆金紫向來仕宦非出他門此畫非吾心也事苟不濟以身殉義（東都事略張昭傳昭勸憲奉表明宗以勸進憲曰吾書生也天子委以保釐之任吾豈苟生者乎昭曰此古之大節公能行之忠臣也憲旣死論者以昭能成憲之節）翌日符彥超誅呂鄭軍城大亂燔剽達曙憲初聞有變出奔沂州旣而有司糾其委城之罪四月二十四日賜死于晉陽之千佛院幼子凝隨父走亦爲收者加害明宗郊禮大赦有司請昭

雪從之意沉靜寡欲喜聚圖書家書五千卷視事之餘手自刊校善彈琴不飲酒賓僚宴語但論文嘯咏而已士友重之憲長子守素仕晉位至尚書郎（永樂大典卷六千三百五十）

王正言鄆州人父志濟陰令正言早孤貧從沙門學工詩密州刺史賀德倫令歸俗署郡職德倫鎮青州表爲推官移鎮魏州改觀察判官莊宗平定魏博正言仍舊職任小心端慎與物無競嘗爲同職司空頲所陵正言降心下之頲誅代爲節度判官同光初守戶部尚書興唐尹時孔謙爲租庸副使常畏張憲挺特不欲其領使

乃白郭崇韜留憲于魏州請宰相豆盧革判租庸未幾復以盧質代之孔謙白云錢穀重務宰相事多簿籍留滯又云盧質判二日便借官錢皆不可任意謂崇韜必令己代其任時物議未允而止謙沮喪久之李紹宏曰邦計國本時號怨府非張憲不稱職即日徵之孔謙段個白崇韜曰邦計雖重在侍中眼前但得一人爲使即可魏博六州戶口天下之半王正言操守有餘智力不足若朝廷任使庶幾與人共事若專制方隅未見其可張憲才器兼濟宜以委之崇韜即奏憲留守魏州徵王正言爲租庸使正言在職主諾而已權柄出于孔謙正言不耐繁浩簿領縱橫觸事遺忘物論以爲不可即以孔謙代之正言守禮部尚書三年冬代張憲爲興唐尹留守鄴都時武德使史彥瓊監守鄴都廩帑出納兵馬制置皆出彥瓊將佐官吏頤指氣使正言不能以道御之但趦趄聽命至是貝州戍兵亂入魏州彥瓊望風敗走亂兵剽劫坊市正言促召書吏寫奏章家人曰賊已殺人縱火都城已陷何奏之有是日正言引諸僚佐謁趙在禮（通鑑正言索馬不能得乃帥僚佐步出府門謁在禮）望塵再拜請罪在禮曰尚書德重勿自卑屈除受國恩與尚書共事但思歸之衆倉卒見迫耳因拜正言厚加慰撫明宗即位正言

求爲平盧軍行軍司馬因以授之竟卒于任（永樂大典卷六千八百五十）

胡裝禮部尚書曾之孫汴將楊師厚之鎮魏州裝與副使李嗣業有舊因往依之薦授貴鄉令及張彥之亂嗣業遇害裝罷秩客于魏州莊宗初至裝謁見求假官司空頲以其居官貪濁不得調者久之十三年莊宗還太原裝候于離亭謁者不納乃排闥而入曰臣本朝公卿子孫從兵至此殿下比與唐祚勤求英俊以壯霸圖臣雖不才比于進九九納豎刁頭須亦所庶幾而羇旅累年執事者不垂顧錄臣不能赴海觸樹走胡適越今日

歸死于殿下也莊宗愕然曰孤未之知何至如是賜酒食慰遣之謂郭崇韜曰便與擬議是歲署館驛巡官未幾授監察御史裏行遷節度巡官賜緋魚袋尋歷推官檢校員外郎裴學書無師法工詩非作者癖于題壁所至宮亭寺觀必書爵里人或譏之不以爲愧時四鎭幕賓皆金紫裴獨耻銀艾十七年莊宗自魏州之德勝與賓僚城樓餞別而羣僚離席裴獨留獻詩三篇意在章服莊宗舉大鍾屬裴曰員外能釂此乎裴飲酒素少略無難色爲之一舉而釂莊宗卽解紫袍賜之同光初以裴爲給事中從幸洛陽時連年大水百官多窘裴求爲

襄州副使四年洛陽變擾節度使劉訓以私忿族裴誣奏云裴欲謀亂人士寃之 永樂大典卷二千二百四十三

崔貽孫 新唐書宰相世系表貽孫字伯垂 祖元亮左散騎常侍 世系表元亮字晦孫虢州刺史 父儔言潞州判官貽孫以門族登進士第以監察升朝歷清資美職及爲省郎于江南廻以橐裝營別墅于漢上之穀城退居自奉淸江之上綠竹遍野狹徑深密維舟曲岸人莫造焉時人甚高之及李振貶均州貽孫曲奉之振入朝貽孫累遷丞郎同光初除吏部侍郎銓選疏謬貶官塞地馳驛至潞州致書于府帥孔勍日十五年穀城山裏自謂逸人二千里沙塞途中今爲逐客勍以其年八十奏留府下明年量移澤州司馬遇赦還京宰相鄭珏以姻戚之分復擬吏部侍郎天官任重昏耄罔知後遷禮部尚書致仕而卒 北夢瑣言崔貽孫年過八十求進不休囊橐之資素有貯積性好干人喜得小惠 有子三人自貽孫左降之後各于舊業爭分其利甘旨醫藥莫有奉者貽孫以書責之云生有明君宰相死有天曹地府吾雖考終豈放汝耶 永樂大典卷二千七百四十

孟鵠魏州人莊宗初定魏博選幹吏以計兵賦以鵠爲度支孔目明宗時爲邢洺節度使每曲意承迎明宗甚德之及孔謙專典軍賦徵督苛急明宗嘗切齒及卽位

鵠自租庸勾官擢爲客省副使樞密承旨遷三司副使出爲相州刺史會范延光再遷樞密乃徵鵠爲三司使初鵠有計畫之能及專掌邦賦操刺依違名譽頓減期年發疾求外任仍授許州節度使謝恩退帝目送之顧謂侍臣曰孟鵠掌三司幾年得至方鎭范延光奏曰鵠于同光世已爲三司勾官天成初爲三司副使出刺相州入判三司又二年帝曰鵠以幹事遽至方鎭爭不勉旃鵠與延光俱魏人厚相結託暨延光掌樞務援引判三司又致節鉞明宗知之故以此言譏之到任未周歲卒贈太傅 永樂大典卷一萬三千一百六十

孫岳，稷州人也。強幹有才用，歷府衛右職。天成中，爲潁、耀二州刺史，閬州團練使，所至稱治。遷鳳州節度使。受代歸京，秦王從榮欲以岳爲元帥府都押衙，事未行，馮贇舉爲三司使。時預密謀，朱、馮患從榮之恣橫，岳曾極言其禍之端，康義誠聞之不悅。及從榮敗，義誠召岳同至河南府檢閱府藏，時紛擾未定，義誠密遣騎士射之，岳走至通利坊，爲騎士所害，識與不識皆痛之。子璉，歷諸衛將軍、藩閫節度副使。永樂大典卷三千五百九十一

張延朗，汴州開封人也。事梁，以租庸吏爲鄆州糧料使。明宗克鄆州，得延朗，復以爲糧料使，後徙鎮宣武、成德，

以爲元從孔目官。長興元年，始置三司使，拜延朗特進、工部尚書，充諸道鹽鐵轉運等使，兼判戶部度支事，詔以延朗充三司使。永樂大典卷六千三百五十一 末帝即位，授禮部尚書兼中書侍郎、平章事，判三司。延朗再上表辭曰：臣濫承雨露，擢處鈞衡，兼叨選部之銜，仍掌計司之重。況中省文章之地，洪鑪陶鑄之門，臣自揣量，何以當處。是以繼陳章表，疊貢情誠，乞請睿恩，免貽朝論。豈謂御批累降，聖旨不移，決以此官，委臣非器。所以強收涕泗，勉遏怔忪，重思事上之門，細料盡忠之路。竊以位高則危至，寵極則謗生，君臣莫保于初終，分義難防于毀譽。臣若

保兹重任，忘彼至公，狥情而以免是非，偷安而以固富貴，則內欺心膂，外負聖朝，何以報君父之大恩，望子孫之延慶。臣若但行王道，唯守國章，任人必取當才，決事須依正理，確違形勢，堅塞倖門，則可以振舉弘綱，彌縫大化，助陛下含容之澤，彰國家至理之風。然而讒邪者必起憾詞，憎嫉者寧無謗議，或慮至尊未悉，羣謗難明，不更拔本尋源，便俟甘瑕受玷，臣心何忍，臣耻可消。只恐山林草澤之人，稱量聖制，冠履軒裳之士，輕慢朝廷。臣又以國計一司，掌其經費，利權二務，職在据收，將欲養四海之貧民，無過薄賦，贍三軍之勁士，又藉豐儲，利

害相隨，取與難酌。若使罄山採木，竭澤求魚，則地官之教化不行，國本之傷殘益甚，取怨黔首，是黷皇風。況諸道所徵賦稅，雖多數額，時逢水旱，或遇蟲霜，其間則有減無添，所在又申逃係欠，乃至軍儲官俸，常汲汲于供須，夏稅秋租，每懸懸于繼續。況今內外倉庫，多是罄空，遠近生民，或聞饑歉。伏見朝廷尚添軍額，更益師徒，非時之博糴難爲，異日之區分轉大，竊慮年支有闕，國計可憂。望陛下節例外之破除，放諸項以儉省，不添冗食，且止新兵，務急去繁，以寬經費，減奢從儉，漸俟豐盈，則屈者知恩，叛者從化，弭兵有日，富俗可期。臣又聞治民

尙清爲政務易易則煩苛並去清則偏黨無施若擇其良牧委任正人則境內蒸黎必獲蘇息官中倉庫亦絕侵欺伏望誠見在之處官無乖撫俗擇將來之莅事更審求賢儁一一得人則農無所苦人人致理則國復何憂但奉公善政者不惜重酬昧理無功者勿須厚俸益彰有道兼絕狥情伏望陛下念臣布露之前言閔臣驚憂于後患察臣愚直杜彼邪臣卽但副天心不防人口庶幾萬一仰答聖恩末帝優詔答之召于便殿謂之曰卿所論奏深中時病形之切言頗救朕失國計事重日得商量無勞過慮也延朗不得已而承命延朗有心計

善理繁劇晉高祖在太原朝廷猜忌不欲令有積聚係官財貨留使之外延朗悉遣取之晉高祖深銜其事及晉陽起兵末帝議親征然亦采浮論不能果決延朗獨排衆議請末帝北行識者韙之晉高祖入洛送臺獄以誅之其後以選求計使難得其人甚追悔焉（永樂大典卷一萬七千九百一十）

劉延皓應州渾源人祖建立父茂成皆以軍功推爲邊將延皓卽劉后之弟也末帝鎭鳳翔署延皓元隨都校奏加檢校戶部尙書清泰元年除宮苑使加檢校司空俄改宣徽南院使檢校司徒二年遷樞密使太保出爲鄴都留守檢校太傅延皓御軍失政爲屯將張令昭所逐出奔相州尋詔停所任及晉高祖入洛延皓逃匿龍門廣化寺數日自經而死延皓始以后戚自藩邸出入左右甚以溫厚見稱故末帝嗣位之後委居近密及出鎭大名而所執一變掠人財賄納人園宅聚歌童爲長夜之飲而三軍所給不時內外怨之因爲令昭所逐時執政以延皓失守請擧舊章末帝以劉后內政之故止從罷免而已由是清泰之政敝矣（永樂大典卷九千九十九）

劉延朗宋州虞城人也末帝鎭河中時爲軍城馬步都虞候後納爲腹心及鎭鳳翔署爲孔目吏末帝將圖起

義爲捍禦之備延朗計公私粟帛以贍其急及西師納降末帝赴洛皆無所闕焉末帝甚賞之清泰初除宣徽北院使俄以劉延皓守鄴改副樞密使累官至檢校太傅時房暠爲樞密使但高枕閑眠政奏除授一歸延朗由是得志凡藩侯郡牧自外入者必先賂延朗後議進貢賂厚者先居內地賂薄者晚出邊藩故諸將屢有怨訕末帝不能察之及晉高祖入洛延朗將竄于南山與從者數輩過其私第指而歎曰我有錢三十萬貫聚于此不知爲何人所得其愚暗如此尋捕而殺之（永樂大典卷九千九十九）

舊五代史卷六十九終

舊五代史卷六十九攷證

唐列傳二十一張憲傳上怒戒有司速治行宮之庭並事者畢去竟毀即位壇 案歐陽史作場未成莊宗怒命兩虞候亟毀壇以爲場與是書異通鑑從歐陽史

李存渥自洛陽至 案存渥歐陽史作永王存霸攷唐家人傳存渥與劉皇后同奔至風谷爲部下所殺是存渥未至太原其至太原者存霸也是傳作存渥疑誤

孟鵠傳鵠自租庸勾官擢爲客省副使 租庸勾官北夢瑣言作三司勾押官

劉延皓傳父茂成 案歐陽史作茂威

延皓即劉后之弟也 案通鑑攷異引廢帝實錄以延皓爲劉后之姪與是書異歐陽史通鑑俱從是書

出爲鄴都留守 案歐陽史作天雄軍節度使

劉延朗傳清泰初除宣徽北院使 案歐陽史廢帝既立以延朗爲莊宅使

舊五代史卷六十九攷證

百衲本

舊五代史

宋·薛居正等撰

2

國家圖書館出版社

舊五代史卷七十

宋司空同中書門下平章事薛居正等撰

列傳第二十二　唐書四十六

元行欽本幽州劉守光之愛將守光之奪父位也令行欽攻大恩山又令殺諸兄弟天祐九年周德威攻圍幽州守光困蹙令行欽于山北募兵以應契丹時明宗爲將攻行欽于山北與之接戰矢及明宗馬鞍旣而以勢廹來降明宗憐其有勇奏隸爲假子後因從征討恩禮特隆常臨敵擒生必有所獲名聞軍中莊宗東定趙魏選驍健置之麾下因索行欽明宗不得已而遣之時有

散指揮都頭名爲散員命行欽爲都部署賜姓名紹榮莊宗好戰勇于大敵或臨陣有急兵行欽必橫身解鬬翼衞之莊宗嘗于德勝也與汴軍戰于潘張王師不利諸軍奔亂莊宗得三四騎而旋中野爲汴軍數百騎攢矟攻之事將不測行欽識其幟急馳一騎奮劍斷二矛斬一級汴軍乃解圍翼莊宗還宮莊宗因流涕言曰富貴與卿共之自是寵冠諸將官至檢校太傅忻州刺史及莊宗平梁授武寧軍節度使嘗因內宴羣臣使相預會行欽官爲保傅當地蓐下坐酒酣樂作莊宗敘生平戰陣之事因左右顧視曰紹榮安在所司奏云有勅使相預會紹榮散官殿上無位莊宗徹會不懌翌日以行欽爲同平章事由是不宴百官于內殿但宴武臣而已三年行欽喪婦莊宗有所愛宮人生皇子者劉皇后心忌之會行欽入侍莊宗勞之曰紹榮喪婦復娶耶吾給爾婚財皇后指所忌宮人謂莊宗曰皇帝憐紹榮可使爲婦莊宗難違所請微徉許之皇后卽命紹榮謝之未退肩輿已出莊宗心不懌不豫者累日業已遣去無如之何及貝州軍亂趙在禮入魏州莊宗方擇將皇后曰小事不勞大將促紹榮指揮可也乃以行欽爲鄴都行營招撫使領騎二千進討洎至鄴城攻之不能下退保

於澶州未幾諸道之師稍集復進軍于鄴城之南及明宗爲帥領軍至鄴行欽來謁于軍中拜起之際誤呼萬歲者再明宗驚駭遏之方止旣而明宗營于城西行欽營于城南三月八日夜明宗爲亂軍所廹惟行欽之軍不動按甲以自固明宗密令張虔釗至行欽營戒之曰且堅壁勿動計會同殺亂軍莫錯疑誤行欽不聽將步騎萬人棄甲而退自知失策且保衞州因誣奏明宗曰鎭帥已入賊軍終不爲國使明宗旣刼出鄴城令人走馬上章申理其事言臣且于近郡聽進止莊宗覽奏釋然曰吾知紹榮之妄矣因令白從訓與明宗子繼璟至

軍前欲令見明宗行欽縶繼璟于路明宗凡奏軍機拘留不達故旬日之間音驛斷絕及莊宗出成皐知明宗在黎陽復令繼璟渡河召明宗行欽即殺之仍勸班師四月一日莊宗既崩行欽引皇后存渥得七百騎出師子門將之河中就存霸沿路部下解散從者數騎而已四日至平陸縣界爲百姓所擒縣令裴進折其足檻車以獻明宗即位詔削奪行欽在身官爵斬于洛陽（永樂大典卷一萬八千一百八十九）

夏魯奇字邦傑青州人也初事宣武軍爲軍校與主將不協遂歸于莊宗以爲護衛指揮使從周德威攻幽州

燕將有單廷珪元行欽時稱驍勇魯奇與之鬭兩不能解將士皆釋兵縱觀幽州平魯奇功居多梁將劉鄩在洹水莊宗深入致師鄩設伏于魏縣西南葭蘆中莊宗不滿千騎汴人伏兵萬餘大譟而起圍莊宗數重魯奇與王門關烏德兒等奮命決戰自午至申俄而李存審兵至方解魯奇持槍攜劍獨衛莊宗手殺百餘人烏德兒等被擒魯奇傷痍偏體自是莊宗尤憐之歷磁州刺史中都之戰汴人大敗魯奇見王彥章識之單馬追及槍擬其頸彥章顧曰爾非余故人乎即擒之以獻莊宗莊之賞絹千疋（九國志趙庭隱傳王彥章守中都庭隱在其軍中及彥章敗庭隱爲莊宗所獲將以就戮大將夏魯奇奏曰此姓也其材可用遂釋之）梁平授鄭州防禦使四年授河陽節度使天成初移鎮許州加同平章事魯奇性忠義尤通吏道撫民有術及移鎮許田孟州之民萬衆遮道斷鐙臥轍五日不發父老詣闕請留明宗令中使諭之方得離州明宗討荊南魯奇爲副招討使頃之移鎮遂州（案九國志李仁罕傳云夏魯奇稟朝廷之命繕治甲兵將圖蜀孟知祥與董璋謀先取魯奇令仁罕攻遂州）董璋之叛與孟知祥攻遂州援路斷絕兵盡食窮（案九國志李肇傳蜀師圍夏魯奇于遂州唐師來援劍門不守肇領兵赴普安以拒之唐師不得進魯）奇自刎而卒時年四十九帝聞其死也慟哭之厚給其家贈太師齊國公（永樂大典卷一萬八千一百二十九）

姚洪本梁之小校也在梁時經事董璋長興初率兵千人戍閬州璋叛領衆攻閬州璋密令人誘洪洪以大義拒之及璋攻城洪悉力拒守者三日禦備既竭城陷被擒璋謂洪曰爾頃爲健兒由吾獎拔至此吾書誘諭投之于厠何相負也洪大罵曰老賊爾爲天子鎮帥何苦反耶爾既辜恩背主吾與爾何恩而云相負爾爲李七郎奴掃馬糞得一臠殘炙感恩無盡今明天子付與茅土貴爲諸侯而驅徒結黨圖爲反噬爾本奴才則無恥吾忠義之士不忍爲也吾可爲天子死不能與人奴苟生璋怒令軍士十人持刀刲割其膚燃鑊于前自取啗

食洪至死大罵不已明宗聞之泣下置洪二子于近衛給賜甚厚〔永樂大典卷一萬八千一百八十九〕

李嚴幽州人本名讓坤初仕燕爲刺史涉獵書傳便弓馬有口辯多遊藝以功名自許同光中爲客省使奉使于蜀及與王衍相見陳使者之禮因于笏記中具述莊宗興復之功其警句云纔過汶水縛王彦章于馬前旋及夷門斬朱友貞于樓上嚴復聲韻淸亮蜀人聽之愕然時蜀僞樞密使宋光嗣召嚴曲宴因以近事訊于嚴嚴對曰吾皇前年四月卽位于鄴宮當月下鄆州十月四日親統萬騎破賊中都乘勝鼓行遂誅汴孽僞梁尙

有兵三十萬謀臣猛將解甲倒戈西盡甘涼東漸海外南踰閩浙北極幽陵牧伯侯王稱藩不暇家財入貢府實上供吳國本朝舊臣岐下先皇元老遣子入侍述職稱藩淮海之君卑辭厚貢湖湘荆楚杭越甌閩異貨奇珍府無虛月吾皇以德懷來以威款附順則涵之以恩澤逆則問之以干戈四海車書大同非晚光嗣曰余所未知唯岐下宋公我之姻好洞鑒其心反覆多端專謀跋扈大不足信也似聞契丹部族近日稍強大國可無慮乎嚴曰子言契丹之強盛孰若僞梁曰比梁差劣也嚴曰吾國視契丹如蚤蝨耳以其無害不足爬搔吾良將勁兵布天下彼不勞一郡之兵一校之衆則懸首槀街盡爲奴虜但以天生四夷當置度外不在九州之本未欲窮兵黷武也光嗣聞辯對畏而奇之時王衍失政嚴知其可取使還具奏故平蜀之謀始于嚴郭崇韜起軍之日以嚴爲三川招撫使嚴與先鋒使康延孝將兵五千先驅閣道或馳以詞說或威以兵鋒大軍未及所在降下延孝在漢州王衍與書曰可請李司空先來余卽舉城納款衆咸以討蜀之謀始于嚴衍以甘言將誘而殺之欲不令往嚴聞之喜卽馳騎入益州衍見嚴于母前以母妻爲託卽日引蜀使歐陽彬迎謁魏王繼岌

蜀平班師會明宗卽位遷泗州防禦使兼客省使長興初安重誨謀欲控制兩川嚴乃求爲西川兵馬都監庶効方略孟知祥覺之旣至執而害之〔九國志王彦銖傳李嚴之爲監軍也密懷異謀知祥數其過命彦銖擒斬之嚴之左右無敢動者〕贈太保嚴之母賢明婦人初嚴將赴蜀母曰汝前啟破蜀之謀今又入蜀將死報蜀人矣與汝永訣旣而果如其言〔永樂大典卷一萬三百八十九〕

李仁矩本明宗在藩鎭時客將也明宗卽位錄其趨走之勞擢居內職復爲安重誨所庇故數年之間遷爲客省使左衞大將軍天成中因奉使東川董璋張筵以召之仁矩貪于館舍與娼妓酣飲日旣中而不至大爲璋

所詬辱自是深銜之長興初璋既跋扈于東川重誨奏以仁矩爲閬州節度使俾伺璋之反狀時物議以爲不可及仁矩至鎭偵璋所爲曲形奏報地里遐僻朝廷莫知事實激成璋之逆節由仁矩也長興元年冬十月璋自率凶黨以攻其城（案九國志李昊傳云朝廷以夏魯奇李仁矩分鎭遂閬李昊言于孟知祥曰朝廷增兵二鎭張犄角之勢將有不測之變也公處親賢之地以忠信見疑倘失先機則禍不旋踵矣知祥曰計將安出昊曰我甲兵雖衆而勢孤易動請與東川董璋合從先平遂閬則朝廷兵至我無內顧之憂矣知祥從之蓋董璋之攻閬州其謀皆由于知祥也）仁矩召軍校謀守戰利害皆曰璋久圖反計以賂誘士心凶氣方盛未可與戰宜堅壁以守之儻浹旬之間大軍東至即賊必退仁矩曰蜀

兵懦安能當我精甲即驅之出戰兵未交爲賊所敗既而城陷仁矩被擒舉族爲璋所害（永樂大典卷一萬三百八十九）

康思立晉陽人也少善騎射事武皇爲爪牙署河東親騎軍使莊宗嗣位從解圍于上黨敗梁人于柏鄉及平薊兵後戰于河上皆有功累承制加檢校戶部尚書右突騎指揮使莊宗即位繼改軍帥賜忠勇拱衞功臣加檢校尚書右僕射天成元年授應州刺史尋移嵐州充北面諸蕃部族都監三年遷宿州團練使四年領昭武軍節度利巴集等州觀察處置等使改賜耀忠保節功臣長興初朝廷舉兵討東川董璋詔兼西面行營軍馬都指揮使二年移鎭陝州（通鑑潞王至靈寶思立謀固守陝城以俟康義誠先是捧聖五百騎戍陝爲潞王前鋒至城下呼城上人曰禁軍十萬已奉新帝爾輩數人奚爲徒累一城人塗地耳于是捧聖卒爭出迎思立不能禁不得已亦出迎）清泰初改授邢臺累官至檢校太傅封會稽郡開國侯二年入爲右神武統軍三年充北面行營馬軍都指揮使是歲閏十一月卒于軍年六十三思立本出陰山諸部性純厚善撫將士明宗素重之故即位之始以應州所生之地授焉其後歷三郡三鎭皆得百姓之譽末帝以其年高徵居環衞及出幸懷州以北師不利乃命思立統羈下騎軍赴團柏谷以益軍勢俄而楊光遠以大軍降于太原思立因憤激疾作

而卒焉晉高祖即位追其宿舊爲輟朝一日贈太子少師（永樂大典卷一萬八千一百二十九）

張敬達字志通代州人小字生鐵父審素有勇事武皇爲列校歷廳直軍使同光初卒于軍敬達少以騎射著名莊宗知之召令繼父職平河南有功繼加檢校工部尚書明宗即位歷奉聖指揮使檢校尚書右僕射長興中改河東馬步軍都指揮使超授檢校司徒領欽州刺史三年加檢校太保應州節度使四年遷雲州時以契丹率族帳自黑榆林至云借漢界水草敬達每聚兵塞下以遏其衝契丹竟不敢南牧邊人賴之清泰中自彭

門移鎭平陽加檢校太傅從石敬瑭爲北面兵馬副總管仍屯兵雁門未幾晉高祖建義末帝詔以敬達爲北面行營都招討使仍使悉引部下兵圍太原以定州節度使楊光遠副焉尋統兵三萬營于晉安鄉末帝自六月繼有詔促令攻取敬達設長城連柵雲梯飛礮使工者運其巧思窮土木之力時督事者每有所構則暴風大雨平地水深數尺而城柵崩墮竟不能合其圍九月契丹至敬達大敗尋爲所圍晉高祖及蕃衆自晉安寨南門外長百餘里濶五十里布以氈帳用毛索掛鈴而部伍多畜犬以備警急營中嘗有夜遁者出則犬吠鈴

動跬步不能行焉自是敬達與麾下部曲五萬人馬萬匹無由四奔但見穹廬如岡阜相屬諸軍相顧失色始則削木篩糞以飼其馬日望朝廷救軍及漸羸死則與將士分食之馬盡食殫副將楊光遠次將安審琦知不濟勸敬達宜早降以求自安敬達曰吾受恩于明宗位歷方鎭主上授我大柄而失律如此已有愧于心也今救軍在近旦暮雪恥有期諸公何相迫耶待勢窮則請殺吾攜首以降亦未爲晚光遠審琦知敬達意未決恐坐成魚肉遂斬敬達以降（契丹國志楊光遠謀害張敬達諸將高行周陰爲之備敬達疎于防禦推遠行周等清晨光遠上謁見敬達左右無人遂殺之）末帝聞其歿也愴慟

久之時戎王告其部曲及漢之降者曰爲臣當如此人令部人收葬之晉高祖卽位後所有田宅咸賜其妻子焉時議者以敬達嘗事數帝亟立軍功及領藩郡不聞其濫繼屯守塞垣復能撫下而臨難固執不求苟免乃近代之忠臣也晉有天下不能追懋官封賞其事蹟非激忠之道也（永樂大典卷六千六百五十一）

舊五代史卷七十終

舊五代史卷七十攷證

唐列傳二十二元行欽傳合行欽攻大恩山　大恩山歐陽史作大安山攷通鑑注引薛史亦作大恩

縣令裴進折其足　案歐陽史作虢州刺史石潭折其兩足

李嚴傳以嚴爲三州招撫使　歐陽史作招討使

即馳騎入益州　案歐陽史亦與是書同吳縝纂誤云成都自唐末歷五代不復謂之益州況此正古蜀郡成都之地而古益州實不在此

康思立傳贈太子少師　少師歐陽史作少傳

舊五代史卷七十攷證

舊五代史卷七十一

宋司空同中書門下平章事薛居正等撰

列傳第二十三　唐書四十七

馬郁其先范陽人郁少警悟有俊才智數言辯縱橫下筆成文乾寧末爲府刀筆小吏李匡威爲王鎔所殺鎔書報其弟匡儔遣使於鎔問謀亂本末幕客爲書多不如旨郁時直記室即起草爲之條列事狀云可疑者十詞理俊贍以此知名（永樂大典卷三千三百九十四）嘗侍於王鎔鎮州中官妓有轉轉者美麗善歌舞因宴席郁累挑之幕客張澤亦以文章名謂郁曰子能座上成賦可以此妓奉酬郁抽筆操紙即時成賦擁妓而去（永樂大典卷一萬四千八百二十八）

郁在武皇幕累官至檢校司空秘書監武皇與莊宗禮遇俱厚給賜優異監軍張承業本朝舊人權貴任事人士脅肩低首候之郁以滑稽侮狎其往如歸有時直造臥內每賓僚宴集承業出珍果陳列於前食之必盡承業私戒主膳者曰他日馬監至唯以乾藕子置前而已郁至窺其不可啖異日韡中出一鐵檛碎而食之承業大笑曰爲公設異饌勿敗余食案其俊率如此（冊府元龜卷八百五十五）

郁在莊宗幕寄寓他土年老思鄉每對莊宗歔欷言家在范陽乞骸歸國以葬舊山莊宗謂之曰自卿去

國已來同舍孰在守光尙不能容父能容卿乎孤不惜卿但卿不得死爾郁既無歸路衷懷嗚咽竟卒於太原册府元龜卷九百五十三　案馬郁傳永樂大典僅存二條今采册府元龜以補其闕

司空頲貝州人唐僖宗時舉進士不中屬天子播遷三輔大亂乃還鄉里羅紹威爲節度副大使頲以所業干之幕客公乘億爲延譽羅弘信署爲府參軍辟館驛巡官張彥之亂命判官王正言草奏正言素不能文不能下筆彥怒詬曰鈍漢乃辱我推之下榻問孰可草奏者有言頲羅王時書記乃馳騎召之頲揮筆成文誠斥梁君臣彥甚喜以爲判官及張彥復脅賀德倫降於唐德

倫遣頲先奉狀太原案北夢瑣言載其狀詞云屈原哀郢本非怨望之人樂毅歸燕且異傾邪之行莊宗仍以頲爲判官後以頲權軍府事頲有姪在梁遣家奴以書召之都虞候張裕擒其家奴以謂通于梁遂見殺永樂大典卷三千三百九十四　通鑑晉王責頲曰自吾得魏博庶事悉以委公公何得見欺如是獨不可先相示耶揖令歸第是日族誅于軍門

曹廷隱魏州人也爲本州典謁虞候賀德倫使西迎莊宗于晉陽莊宗既得鄴城擢爲馬步都虞候以其稱職自是遷拜日隆天成初除齊州防禦使下車嚴整頗有清白之譽時有孔目吏范弼者爲人剛愎視廷隱蔑如也弼監軍廩嚐空乏以取貲又私貸官鹽廷隱按之遂奏其事弼家人訴於執政並下御史府劾之弼雖伏法廷隱以所奏不實亦流永州續勅賜自盡時人寃之永樂大典卷四千二百十三

蕭希甫宋州人也少舉進士爲梁開封尹袁象先書記象先爲青州節度使以希甫爲巡官希甫不樂乃棄其母妻變姓名亡之鎭州自稱青州掌書記進謁王鎔鎔以希甫爲參軍尤不樂居歲餘又亡之易州削髮爲僧居百丈山莊宗將建國置百官李紹宏薦爲魏州推官同光初有詔定內宴儀問希甫樞密使得坐否希甫以爲不可樞密使張居翰聞之怒謂希甫曰老夫歷事三

朝天子見內宴數百子本田舍兒安知宮禁事希甫不能對初莊宗欲以希甫知制誥宰相豆盧革等附居翰共排斥之以爲駕部郎中希甫失志尤怏怏莊宗滅梁室遣希甫宣慰青齊希甫始知其母已死妻袁氏亦改嫁希甫乃發哀服喪居于魏州人有引漢李陵書以譏之曰老母終堂生妻去室天成初欲召爲諫議豆盧革韋說沮之明宗卒以希甫爲諫議大夫復爲匭函使其後革說爲安重誨所惡希甫希旨誣奏革縱田客殺人而說與鄰人爭井井有寶貨有司推勘井中惟破釜而已革說卒皆貶死希甫拜左散騎常侍躁進尤甚引告

變人李筠夜扣內門通變書云修堤兵士欲取郊天日舉火爲叛安重誨不信之斬告變者軍人訴屈請希甫啖之旣而詔曰右散騎常侍集賢殿學士判院事蕭希甫身處班行職非警察輒引凶狂之輩上陳誣執之詞逼近郊禋扇搖軍衆李筠旣當誅戮希甫寧免譴遷可貶嵐州司戶參軍仍馳驛發遣長興中卒于貶所子士明仕周終于邑宰（永樂大典卷五千二百二十五）

藥縱之太原人少爲儒明宗刺代州署爲軍事衙推從明宗鎭邢州爲掌書記歷天平宣武兩鎭節度副使明宗鎭常山被病不從及卽位縱之見于洛邑安重誨怒

其覲望久無所授明宗曰德勝用兵時縱之飢寒相伴不離我左右今有天下何人不富貴何爲獨棄縱之浹旬授磁州刺史歲餘自戶部侍郎遷吏部侍郎銓綜之法惘然莫知長興初爲曹州刺史淸泰元年九月以疾受代而卒（永樂大典卷二萬一千六百七十）

賈馥故鎭州節度史王鎔判官也家聚書三千卷手自刊校張文禮殺王鎔時莊宗未卽尊位文禮遣馥至鄴都勸進因留鄴下棲遲郵舍莊宗卽位授鴻臚少卿後以鴻臚卿致仕復歸鎭州結茅於別墅自課兒孫耕牧爲事馥初累爲鎭冀屬邑令所蒞有能政性恬澹與物無競乃鎭州士人之秀者也（永樂大典卷一萬一千七百十四）

馬縞少嗜學儒以明經及第登拔萃之科仕梁爲太常修撰累歷尙書郎參知禮院事遷太常少卿梁代諸王納嬪公主下嫁皆于宮殿門庭行揖讓之禮縞以爲非禮上疏止之物議以爲然（永樂大典卷二萬二千六百五）長興四年爲戶部侍郎縞時年八十及爲國子祭酒八十餘矣形氣不衰（册府元龜卷七百八十四）于事多遺忘言元稹不應進士以父元魯山名進故也多如此類又上疏古者無嫂叔服文皇創意以兄弟之親不宜無服乃議服小功今令文省服制降爲兄弟之妻大功不知何人議改而寘於令文

諸博士駁云律令國之大經馬縞知禮院時不曾論定今遽上疏駁令式罪人也（册府元龜卷九五五十四馬縞傳原本殘闕今僅存梗槪）

羅貫不知何許人進士及第累歷臺省官自禮部員外郎爲河南令貫爲人强直正身奉法不避權豪時宦官伶人用事凡請託於貫者其書盈閣一無所報皆以示郭崇韜因奏其事由是左右每言貫失先是梁時張全義專制京畿河南洛陽寮佐皆由其門下事全義如厮僕及貫受命持本朝事體奉全義稍慢部民爲府司庇護者必奏正之全義怒因令女使告劉皇后從容白於莊宗宦官又言其短莊宗深怒之會莊宗幸壽安山陵

道路泥濘莊宗訪其主者宦官曰屬河南縣促令召貫至奏曰臣初不奉命請詰稟命者帝曰卿之所部反問他人何也命下府獄府吏搒笞促令伏款翼日傳詔殺之郭崇韜奏曰貫別無贓狀橋道不修法未當死莊宗怒曰母后靈駕將發天子車輿往來橋道不修是誰之過也崇韜奏曰貫縱有死罪俟款狀上奏所司議讞以朝典行之死當未晚今以萬乘之尊怒一縣令俾天下人言陛下使法不公矣莊宗曰既卿所愛任卿裁決因投袂入宮崇韜從而論列莊宗自闔殿門不得入即令伏法曝尸於府門寃痛之聲聞于遠邇（永樂大典卷五千六百七十八）

湑于晏（案以下有闕文）以明經登第自霍彥威爲小校晏寄食于門下彥威嘗因兵敗獨脫其身左右莫有從者惟晏杖劍從之徒步草莽自是彥威高其義相得甚歡及歷數鎮皆爲從事軍府之事至于私門事無巨細皆取決于晏雖爲幕賓有若家宰爾後公侯門客往往效之時謂之效湑故彥威所至稱治由晏之力也（葉本注闕使）

張格字承之故宰相濬之子也濬爲梁祖所忌潛遣人害於長水格易姓名流轉入蜀（案舊唐書張濬傳云永寧縣吏葉彥者張氏待之素厚告格曰相公之禍不可免郎君宜自爲計濬曰留則併命去或可免冀存後嗣格拜辭而去葉彥率義士三十人送渡漢江而旋格由荊江上峽入蜀）王建僭號以格爲宰相格所生母嘗濟之遇害潛匿於民間落髮爲尼流浪於西洛王建聞之潛使人迎之入蜀賜紫加號慈福大師及建卒蜀人以格爲山陵使格有難色未幾得罪出爲茂州刺史僞制責詞云送往辭命不忠也喪母匿喪非孝也王衍嗣僞位後數十年復用爲宰相同光末蜀平格至洛陽（案舊唐書云任圜擕格還洛格感葉彥之惠訪之身已歿厚卹其家又考張濬第三子仕吳改名李儼見九國志）授太子賓客任圜愛其才奏爲三司副使尋卒於位格有文章明吏事時頗稱之（永樂大典卷六千三百五十）

許寂字閑閑祖秘名聞會稽寂少有山水之好汎覽經史窮三式尤明易象（太平廣記云寂學易于晉徵君）久棲四明山不干

時譽昭宗聞其名徵赴闕召對於內殿會昭宗方與伶人調品篳篥事訖方命坐賜果問易義既退寂謂人曰君淫在聲不在政矣寂聞君人者將昭德塞違以臨照百官百官或象之今不厭賤事自求其工君道替矣尋請還山寓居於江陵以茹芝絕粒自適其性天祐末節度使趙匡凝昆季深禮遇之師授保養之道唐末除諫官不起漢南謂之徵君梁攻襄陽匡凝兄弟棄鎮奔蜀寂偕行歲餘蜀主王建待以師禮位至蜀相同光末平蜀與王衍俱從于東授工部尚書致仕卜居于洛時寂已年高精彩猶健沖漠寡言時獨語云可怪可怪人莫

知其際清泰三年六月卒時年八十餘子孫位至省郎同光時以方術著者又有僧誠惠永樂大典卷一萬六百二十五誠惠初於五臺山出家能修戒律稱通皮骨肉三命人初歸向聲名漸達四方供饋不遠千里而至者衆矣自云能役使毒龍可致風雨其徒號曰降龍大師京師旱莊宗迎至洛下親拜之六宮參禮士庶瞻仰謂朝夕可致甘澤禱祝數旬畧無徵應或謂官以祈雨無驗將加焚燎誠惠懼而遁去及卒賜號法雨大師塔曰慈雲之塔永樂大典卷九百二十五

周玄豹者本燕人世爲從事玄豹少爲僧其師有知人之鑒從遊十餘年苦辛無憚師知其可教遂以袁許之術授之大畧狀人形貌比諸龜魚禽獸目視臆斷咸造其理及還鄉遂歸俗初盧程寄褐遊燕與同志二人謁焉玄豹謂鄉人張殷衮曰適二君子明年花發俱爲故人唯彼道士佗年甚貴至來歲二子果卒又二十年盧程登庸於鄴下玄豹歸晉陽張承業信重之言事數中承業俾明宗易衣列於諸校之下以佗人詐之而玄豹指明宗於末綴言曰骨法非內衙太保歟案以上疑有脫誤北夢瑣言作骨法非常此爲內衙太保乎咸伏其異或問明宗之福壽惟云末後爲鎭州節度使時明宗爲內衙都校總兼州牧而已昭懿皇后夏氏方侍巾櫛偶忤旨大爲明宗檟楚玄豹見之曰此人有藩侯夫人之位當生貴子明宗赫怒因解後其言果驗太原判官司馬揆謁玄豹謂揆曰公五日之中奉使萬里未見廻期揆數日後因酒酣爲衣領扼之而卒莊宗署玄豹北京巡官明宗即位之明年一日謂侍臣曰方士周玄豹昔曾言朕諸事有徵可詔北京津置赴闕趙鳳奏曰袁許之事玄豹所長者以陛下貴不可言今既驗矣餘無可問若詔赴闕下則奔競之徒爭問吉凶恐近於妖惑乃止令以金帛厚賜之授光祿卿致仕尋卒於太原年八十餘永樂大典卷八千九百九十七

舊五代史卷七十一終

舊五代史卷七十一攷證

唐列傳二十三馬郁傳馬郁其先范陽人　案尹洙河南集韓重華誌銘作燕客馬彧韓琦安陽集重修五代祖塋域記亦作幕吏馬彧攷宋人說部載韓定辭唱和詩俱作馬彧與是書異惟雲谷雜記從通鑑作郁與是書同

幕客張澤亦以文章名謂郁曰子能座上成賦可以此妓奉酬　案太平廣記作韓定辭請馬郁爲賦與是書異

馬縞傳及爲國子祭酒八十餘矣　案馬縞傳原本殘闕歐陽史云卒年八十贈兵部尚書據是書縞爲國子祭酒已八十餘矣與歐陽史異又直齋書錄解題云中華古今注後唐太學博士馬縞撰攷歐陽史雜傳亦不載馬縞爲太學博士

舊五代史卷七十一攷證

舊五代史卷七十二

宋司空同中書門下平章事薛居正等撰

列傳第二十四　　唐書四十八

張承業字繼元本姓康同州人咸通中内常侍張泰畜爲假子光啓中主郃陽軍事賜紫入爲内供奉武皇之討王行瑜承業累奉使渭北因留監武皇軍事賊平改酒坊使三年昭宗將幸太原以承業與武皇善乃除爲河東監軍密令迎駕既而昭宗幸華州就加左監門衞將軍駕在鳳翔承業屢請出師晉絳以爲岐人犄角崔魏公之誅宦官也武皇僞戮罪人首級以奉詔匿承業於斛律寺時昭宗遇弑乃復請爲監軍夾城之役遣承業求援於鳳翔時河中阻絶自離石渡河春冰方泮凌澌奔蹴艤舟不得渡因禱河神是夜夢神人謂曰子但渡流冰無患既寤津吏報曰河冰合矣凌晨躡冰而濟旋踵冰解使還武皇病篤啟手之夕召承業屬之曰吾兒孤弱羣臣縱横後事公善籌之承業奉遺顧受立嗣王平内難策畧居多既終易月之制即請出師救潞破賊夾城莊宗深感其意兄事之親幸承業私第升堂拜母賜遺優厚時莊宗初行墨制凡除拜之命皆成於盧汝弼之手汝弼旣自爲戸部侍郎乃請與承業改官及開

國邑承業拒而不受其後但稱本朝舊官而已天祐中幽州劉守光敗其府掾馮道歸太原承業辟爲本院巡官承業重其文章履行甚見待遇時有周玄豹者善人倫鑒與道不合謂承業曰馮生無前程公不可過用管書記盧質聞之曰我曾見杜黄裳司空寫眞圖道之狀貌酷類焉將來必副大用玄豹之言不足信也承業薦爲霸府從事焉栢鄉之役王師既逼汴營周德威慮其奔衝堅請過舍莊宗怒其懦不聽垂帳而寢諸將不敢言事咸詣監軍請白承業遽至牙門褰帳而入撫莊宗曰此非王安寢時周德威老將洞識兵勢姑務萬全言

不可忽莊宗蹶然而興曰予方思之其夕收軍保鄗邑德威討劉守光令承業往覘賊勢因請莊宗自行果成大捷承業感武皇厚遇自莊宗在魏州垂十年太原軍國政事一委承業而積聚庾帑收兵市馬招懷流散勸課農桑成是霸基者承業之忠力也時貞簡太后韓德妃伊淑妃諸宅王之貴洎王之介弟在晉陽宮或不以其道干於承業悉不聽踰法禁者必懲繇是貴戚斂手民俗丕變或有中傷承業於莊宗者言專弄威柄廣納賂遺莊宗歲時還晉陽宮省太后須錢蒱博給伶官嘗置酒於泉府莊宗酣飲命興聖宮使李繼岌爲承業起

舞既竟承業出寶帶幣馬奉之莊宗指錢積謂承業曰和哥無錢使七哥與此一積寶馬非殊惠也承業謝曰郎君哥勞承業自出己俸錢此錢是大王庫物准擬支贍三軍不敢以公物爲私禮也莊宗不悅使酒侵承業承業曰臣老勅使非爲子孫之謀惜錢爲大王基業王若自要散施何妨老夫不過財盡兵散一事無成莊宗怒顧元行欽曰取劍來承業引莊宗衣泣而言曰僕荷先王遺顧誓爲本朝誅汴賊爲王惜庫物斬承業首死亦無愧於先王今日請死閻寶解承業手令退承業訴寶曰黨朱温逆賊未嘗有一言效忠而敢依諂附揮拳

踣之太后聞莊宗酒失急召入莊宗性至孝聞太后召叩頭謝承業曰吾杯酒之間忤於七哥太后必怪吾七哥爲吾痛飲兩卮分謗可乎莊宗連飲四鍾勸承業竟不飲莊宗歸宮太后使人謂承業曰小兒忤特進已笞矣可歸第翌日太后與莊宗俱幸其第慰勞之自是私謁幾絶十四年承制授開府儀同三司左衞上將軍燕國公固辭不受是時盧質在莊宗幕下嗜酒輕傲嘗呼莊宗諸弟爲豚犬莊宗深銜之承業慮質被禍因乘間謂莊宗曰盧質多行無禮臣請爲大王殺之可乎莊宗曰予方招禮賢士以開霸業七哥何言之過也承業因

聳立而言曰大王若能如此何憂不得天下其後盧質雖成繼誕莊宗終能容之蓋承業爲之藻藉也十八年莊宗受諸道勸進將纂帝位承業以爲晉王三代有功於國先人怒朱氏弑逆將復舊邦讎既未平不宜輕受推戴方疾作肩輿之鄴宮見莊宗曰王父子血戰三十餘年蓋言報國仇讎復唐宗社今元凶未滅民賦已殫而遽先大號竭耗財力臣以爲不可一也臣自咸通已來伏事宮掖每見國家冊命大禮儀仗法物百司庶務經年草定臨事猶有不可王若化家爲國新立廟朝不可乖於制度制禮作樂未見其人臣以爲不可二也舉事量力而行不可信於游譚也莊宗曰奈諸將何承業知莊宗不從因號泣而言之十九年十一月二十日以疾卒于晉陽之第時年七十七貞簡太后聞喪遽至其第盡哀爲之行服如兒姪禮同光初贈左武衛上將軍謚曰貞憲永樂大典卷一萬六千四百五十　五代史闕文莊宗將即位于魏州承業自太原至謂莊宗曰吾王世奉唐家最爲忠孝自貞觀以來王室有難未嘗不從所以老奴三十餘年爲吾王捃拾財賦召補軍馬者誓滅逆賊朱溫復本朝宗社耳今河朔甫定朱氏尚存吾王遽即大位可乎云云莊宗曰奈諸將意何承業知不可諫止乃慟哭曰諸侯血戰者本爲李家今吾王自取之誤老奴矣即歸太原不食而死臣謹按莊宗實錄敘承業諫即位事甚詳惟吾王自取之言不書史官諱之也　通鑑攷異引秦再思洛中記異云承業諫帝曰大王何不待誅克梁孽更平吳蜀俾天下一家且先求唐氏子孫立之後更以天下讓有功者何人輒敢當之讓一月即一月牢讓一年即一年牢設使高祖再生太宗復出又胡爲哉今大王一旦自立頓失從前仗義征伐之旨人情怠矣老夫是閹官不愛大王官職富貴直以受先王付屬之重欲爲大王立萬年之基爾

張居翰字德卿咸通初掖廷令張從玫養之爲子以廕入仕中和三年自容管監軍判官入爲學士院判官遷樞密承旨內府令賜緋昭宗在華下超授內常侍出監幽州軍事秩滿詔歸節度使劉仁恭表留之天復中詔誅宦官仁恭給奏殺之匿於大安山之北谿天祐三年汴人攻滄州仁恭求援於武皇乃遣居翰與書記馬郁等率兵助武皇同攻潞州武皇因留之不遣李嗣昭節制昭義以居翰監其軍以燕軍三千爲部下俄而汴將李思安築夾城以圍潞州居翰與嗣昭登城保守以至解圍自是嗣昭每出征令居翰知留後事同光元年夏四月召爲樞密使加特進與郭崇韜對掌機務十月莊宗將渡河留居翰與李紹宏同守魏州莊宗入汴加驃騎大將軍知內侍省事依前充樞密使同光時宦官干政邦家之務皆出於郭崇韜居翰自以羈旅乘時擢居重地每於宣授不敢有所是非承顏免過而已以此脫季年之禍四年三月僞蜀王衍既降詔遷其族於洛陽行及秦州時關東已亂莊宗慮衍爲變中官向延嗣馳

騎賁詔殺之詔云王衍一行並宜殺戮其詔已經印畫時居翰在密地覆視其詔卽就殿柱揩去行字改書家字及衍就戮於秦州驛止族其近屬而已其僞官及從行者尙千餘人皆免其枉濫居翰之力也明宗入洛居翰謁見於至德宮待罪雪涕乞歸田里詔許之乃辭歸長安仍以其子延貴爲西京職事以供侍養天成三年四月以疾卒於長安時年七十一居翰性和而靜諳悉舊事在潞州累年每春課人育蔬種樹敦本惠農有仁者之心焉（永樂大典卷一萬六千四百五十）

馬紹宏閹官也初與孟知祥同爲中門使及周德威薨莊宗兼領幽州令紹宏權知州事卽位之初郭崇韜勳望高舊在紹宏之下時徵潞州監軍張居翰與崇韜並爲樞密使紹宏失望乃爲宣徽使以己合當樞任常鬱鬱側目於崇韜崇韜知其慊也乃置內勾之目令天下錢穀簿書悉委裁遣既而州郡供報輒滋煩費議者以爲十羊九牧深所不可內勾之目人以爲是妖言（永樂大典卷一萬九千六百四十四　案下有闕文據通鑑李嗣源爲讒言所屬危殆者數四賴宣徽使李紹宏左右營護以是得全天成元年二月己丑朔以宣徽南院使李紹宏爲樞密使）

孟漢瓊本鎭州王鎔之小豎也明宗鎭常山得侍左右明宗卽位自諸司使累遷宣徽南院使漢瓊性通黠善

交構初見秦王權重又挾王淑妃勢傾心事之及朱馮用事又與之締結秦王領兵至天津橋時漢瓊與朱馮及康義誠方會議于內庭謀猶未決漢瓊獨出死力先入殿門奏於明宗語在秦王傳漢瓊卽自介馬以召禁軍秦王既誅翌日令漢瓊馳騎召閔帝於鄴（通鑑遣漢瓊徵從厚且權知天雄軍府事）閔帝嗣位尤恃恩寵期月之內累加開府儀同三司驃騎大將軍西軍既叛閔帝急召漢瓊欲令先入于鄴漢瓊藏匿不見潞王行及陝州乃悉召諸妓妾訣別欲手刃之衆知其心率皆藏竄初潞王失守於河中勒歸於清化里第時王淑妃恒令漢瓊傳教旨於潞王王善待之故漢瓊自謂潞王於己有恩乃單騎至澠池謁見潞王因自慟哭欲有所陳潞王曰諸事不言可知漢瓊卽日預從臣之列尋戮於路左（永樂大典卷一萬三千一百六十）

史臣曰承業感武皇之大惠佐莊宗之中興既義且忠何以階也夫如是則晉之勃貂秦之景監去之遠矣居翰改一字於詔書救千人之濫死可不謂之仁人矣乎如紹宏之爭權漢瓊之構禍乃宦者之常態也又何足以道哉（永樂大典卷一萬三千一百六十）

舊五代史卷七十二終

舊五代史卷七十二攷證

唐列傳二十四張承業傳王若自要散施何妨老夫不過財盡兵散一事無成　案通鑑作王自取用之何問僕爲

以疾卒於晉陽之第　案歐陽史作不食而卒通鑑作邑邑成疾不復起

諡曰貞憲　案貞憲歐陽史作正憲

馬紹宏傳馬紹宏閹官也　案莊宗紀作李紹宏蓋嘗賜姓

紹宏失望乃以爲宣徽使　案宋史趙上交傳南遊洛陽與中官驃騎大將軍馬紹宏善紹宏領北面轉運制置大使表爲判官攷紹宏爲北面轉運制置大使是書不載

舊五代史卷七十二攷證

舊五代史卷七十三

宋司空同中書門下平章事薛居正等撰

列傳第二十五　唐書四十九

毛璋本滄州小校梁將戴思遠帥滄州時莊宗已定魏博思遠勢蹙棄州遁去璋據城歸莊宗（玉堂閒話戴思遠任浮陽日有部曲毛璋爲性輕悍嘗與數十卒追捕盜賊還宿于逆旅毛枕劍而寢夜分其劍忽大吼躍出鞘外從卒聞者愕然驚異毛亦神之乃持劍祝曰某若異日有此山河爾當更鳴躍否則已毛復寢未熟劍吼躍如初毛深自負其後戴離鎮毛請留戴從之未幾毛以州歸命于唐莊宗莊宗以毛爲其州刺史後竟帥滄海）歷貝州遼州刺史璋性凶悖有膽畧從征河上屢有戰功梁平授華州節度使王師討蜀以璋爲行營右廂馬軍都指揮使蜀平璋功居多明年蕭牆禍起繼岌自西川至渭南部下散亡其川貨妓樂爲璋所掠明宗嗣位錄平蜀功授邠州節度使璋既家富於財有蜀之妓樂驕僭自大動多不法招致部下繕理兵仗朝廷移授昭義節度使璋謀欲不奉詔判官邊蔚密言規責乃僶俛承命洎至潞州狂妄不悛每擁川妓於山亭院服赭黃縱酒令爲王衍在蜀之戲事聞於朝徵爲金吾上將軍其年秋東川節度使董璋上言毛璋男廷贇齎父書往西川慮有陰事因追廷贇及同行人趙延祚與璋俱下御史臺獄廷贇乃璋之假姪稱有叔在蜀欲往省之亦無私

書詔停任令歸私第初延祚在獄多言璋陰事璋許重賂以塞其口及免延祚徵其賂璋拒而不與以至延祚詣臺訴璋翻覆復下御史臺訊鞫中丞呂夢奇以璋前蒙昭雪今延祚以責賂之故復加織羅故稍佑璋及款狀上聞或云夢奇受璋賂所以獄不盡情執之移於軍巡璋具狀曾許延祚賂未與又云曾借馬與夢奇別無行賂之事朝廷懲其宿惡長流儒州賜死於路 永樂大典卷一萬八千一百三十

聶嶼鄴中人少爲僧漸學吟詠鄭珏之再主禮闈也 鄭珏之再主禮闈也刻本作知貢舉 嶼與鄉人趙都俱赴鄉薦都納賄於珏人報翌日登第嶼聞不捷詬來人以嚇之珏懼俾俱成名 永樂大典卷二萬一千一百六十一 明宗時爲起居舍人嶼早依郭崇韜門庭致身朱紫名登兩史浙江使迴生涯巨萬嶼爲河東節判時郭氏次子之婦孀居于家嶼喪偶未久復忍而納幣人皆罪之明宗在藩邸時素聞其醜聲天成中與温韜等同詔賜死 册府元龜卷九百四十三

温韜華原人少爲盜據華原事李茂貞名彥韜後降于梁更名昭圖爲耀州節度唐諸陵在境者悉發之取所藏金寶而昭陵最固悉藏前世圖書鍾王紙墨筆迹如新 永樂大典卷一萬一千五百七十六 移許州節度使累遷至檢校太尉

平章事韜素善趙巖每依附之莊宗入汴巖恃韜與己素厚遂奔許州韜延之於第斬首傳送闕下 册府元龜卷九百四十三 同光初韜來朝郭崇韜曰此劫陵賊罪不可赦韜納賂劉后賜姓名紹沖遽遣還鎮 永樂大典卷一萬一千五百七十六 明宗即位流于德州俄賜死長子延濬清泰中爲泥水關使次延沼爲父牙帳都校次延袞鄧州指揮使咸聚居許下晉天福初聞張從賓作亂于河陽咸往依之從賓慮其難制悉斬于帳下 册府元龜卷九百四十二 案温韜傳永樂大典闕全篇今采册府元龜增補

段凝開封人也本名明遠少穎悟多智數初爲澠池簿脫荷衣以事梁祖梁祖漸器之開平三年十月自東頭供奉官授右威衛大將軍充左軍巡使兼水北巡檢使凝妹爲梁祖美人故稍委心腹四年五月授懷州刺史乾化元年十二月梁祖北征迴過郡凝貢獻加等梁祖大悅梁祖復北凝迎奉進貢有加於前梁祖次相州刺史李思安迎奉疎怠梁祖怒貶思安制云懷州刺史段明遠少年治郡庶事惟公兩度祗奉行鑾數程宿食本界動無遺闕舉必周豐蓋能罄竭於家財務在顯酬夫明奬觀明遠之忠勤若此見思安之悖慢何如其見賞如此其後遷鄭州刺史監大軍於河上梁末帝以戴思

遷爲北面招討使行師不利用王彥章代之受任之翌日取德勝之南城軍聲大振張漢倫等推功於凝凝掎摭彥章之失以間之（通鑑彥章棄鄆家口復趨楊劉遣奕將李紹興敗梁遊兵于淸邱縣南段凝以爲唐兵已自上流渡驚駭失色面數彥章尤其深入）梁末帝怒罷彥章兵權凝納賂于趙張二族求爲招討使敬翔李振極言不可竟不能止凝以衆五萬營於高陵津裨將康延孝叛歸莊宗延孝具陳梁軍虛實莊宗遂決長驅之計未幾莊宗入汴凝自滑率兵而南前鋒杜晏球至封丘解甲聽命翌日凝率大軍乞降於汴郊莊宗釋之復以凝爲滑州兵馬留後賜姓名紹欽有頃正授節度改兗州節度

使凝初見莊宗因伶人景進通貨於宮掖凝天性姦佞巧言飾智善候人意其年契丹寇幽州命宣徽使李紹宏監護諸軍以禦契丹凝與董璋戍瓦橋凝巧事紹宏嘗乘間奏凝蓋世奇才可以大任屢請以兵柄委之郭崇韜曰段凝亡國敗軍之將姦諂難狀不可信也凝在藩鎭私用庫物數萬計有司促償中貲其負同光三年四月移授鄧州節度使四年二月趙在禮據鄴城李紹宏請用凝爲大將莊宗許之令具方畧條奏凝所請偏裨皆取其己黨莊宗疑之乃止明宗至洛陽霍彥威怒其前事與溫韜同收下獄詔釋之放歸田里明年竄於遼州竟與溫韜同賜死（永樂大典卷一萬八千一百三十）

孔謙（通鑑作魏州人）莊宗同光初爲租庸副使謙本州之幹吏上自天祐十二年帝平定魏博會計皆委制置謙能曲事權要效其才力帝委以泉貨之務設法箕斂七八年間軍儲獲濟及帝卽位于鄴城謙已當爲租庸使物議以謙雖有經營濟贍之勞然人地尙卑不欲驟總重任樞密使郭崇韜舉魏博觀察判官張憲爲租庸使以謙爲副謙悒然不樂者久之帝既平梁汴謙徑自魏州馳之行在因謂崇韜曰魏都重地須大臣彈壓以謙籌之非張憲不可崇韜以爲忠告卽奏憲爲鄴都副留守乃

命宰臣豆盧革判租庸謙彌失望乃尋革過失時革以手書便省庫錢數十萬謙以手書示崇韜亦辭避帝問當委何人爲可崇韜曰孔謙雖久掌貨泉然物議未當居大任以臣所見却委張憲爲便帝促徵之憲性精辦爲趨時者所忌人不右之謙乘間訴于豆盧革曰租庸錢穀悉在眼前委一小吏可辦鄴都本根之地不可輕付于人興唐尹王正言無裨益之才徒有獨行詔書既徵張憲復以何人爲代豆盧革言于崇韜崇韜曰鄴都分司列職皆主上舊人委王正言何慮不辦革曰俱是失也設不獲已以正言掌租庸取畫于大臣或可辦矣

若付之方面必敗人事謙以正言非德非勳懦而易制日此議爲便然非己志尋掎正言之失泣訴于崇韜厚賂閽伶以求進用人知姦謟沮之乃上章請退帝怒其規避將寘于法樂人景進于帝前解喻而止王正言風病恍惚不能綜三司事景進屢言于帝乃以正言守禮部尚書以謙爲租庸使（册府元龜卷九百二十四）謙以國用不足奏諸道判官員數過多請只置節度觀察判官書記支使推官各一員留守置判官各一員三京府置判官推官餘並罷俸錢又奏百官俸錢雖多折支非實請減半數皆支實錢並從之未幾半年俸復從虛折（永樂大典卷四千六百七十九　案孔謙傳永樂大典僅存一條今錄册府元龜以存梗概　北夢瑣言明宗即位誅租庸使孔謙等孔謙者魏州孔目莊宗圖霸以供饋兵食謙有力焉既爲租庸使曲事嬖倖奪宰相權專以聚斂爲意剝削爲端以犯衆怒伏誅）

李鄴魏州人也幼事楊師厚及莊宗入魏漸轉裨將歷數郡刺史後遷亳州爲政貪穢有奴爲人持金以賂鄴奴隱其金鄴殺之其家上訴因訐其陰事詔貶郴州司戶參軍又貶崖州長流百姓所在賜自盡（永樂大典卷一萬三百八十九）

史臣曰易云積不善之家必有餘殃又曰惡不積不足以滅身如毛璋之儔可謂積惡而滅其身矣況溫韜之發陵寢段凝之敗國家罪不容誅死猶差晚餘皆瑣瑣何足議焉

舊五代史卷七十三終

舊五代史卷七十三攷證

唐列傳二十五毛璋傳授滄州節度使　滄州歐陽史作華州

段凝傳其後遷鄭州刺史監大軍於河上　案歐陽史遷凝鄭州刺史使監兵於河上李振亟請罷之太祖曰凝未有罪振曰待其有罪則社稷亡矣然終不罷也據此則凝監河上軍爲梁祖時事通鑑攷異云晉人取魏博然後與梁以河爲境故常以大兵守之太祖時未也就使當時屯兵河上亦未繫社稷之安危此必均王時事也

中貫其貿　案中貫其貿句原本疑有脫誤攷册府元龜與是書同今仍其舊

舊五代史卷七十三攷證

舊五代史卷七十四

宋司空同中書門下平章事薛居正等撰

列傳第二十六　唐書五十

康延孝塞北部落人也初隸太原因得罪亡命奔汴梁開平乾化中自隊長積勞至部校梁末帝時頻立軍功同光元年八月段凝率衆五萬營於王村時延孝爲右先鋒指揮使率百騎來奔莊宗得之喜解御衣金帶以賜之翌日賜田宅於鄴以爲捧日軍使兼南面招討指揮使檢校司空守博州刺史莊宗屏人問梁兵機延孝備陳利害語在莊宗紀中莊宗平汴延孝頗有力焉以

功授檢校太保鄭州防禦使賜姓名紹琛明年郊禮畢授保義軍節度使三年討蜀以延孝爲西南行營馬步軍先鋒排陣斬斫等使延孝性驍健徇利奮不顧身以前鋒下鳳州收固鎭降興州敗王衍軍於三泉所俘蜀軍皆論而釋之自是晝夜兼行王衍自利州奔歸成都斷吉柏津浮梁以絕諸軍延孝復造浮梁以渡進收綿州王衍復斷綿江浮梁而去水深無舟檝可渡延孝謂招撫使李嚴曰吾懸軍深入利在急兵乘王衍破膽之時人心離沮但得百騎過鹿頭關彼即迎降不暇如俟修繕津梁便留數日若王衍堅閉近關折吾兵勢儻延

旬浹則勝負莫可知也宜促騎渡江因與李嚴乘馬浮江於是得濟者僅千人步軍溺死者亦千餘人延孝既濟長驅過鹿頭進據漢州居三日部下後軍方至僞蜀六軍使王宗弼令人持牛酒幣馬歸款旬日兩川平定延孝止漢州以俟繼岌平蜀之功延孝居最時邠州節度使董璋爲行營右廂馬步使華州節度使毛璋爲行營左廂馬步使以軍禮當事延孝郭崇韜以私愛董璋及西川平定之後崇韜每有兵機必召璋參決延孝不平時延孝軍於城西毛璋軍於城東董璋軍於城中閏十二月延孝因酒酣謂董璋曰吾有平蜀之功公等僕

遬相從反首鼠於侍中之門謀相傾陷吾爲都將公乃裨校力能斬首璋惶恐謝之而退酒罷璋訴于郭崇韜陰銜之乃置董璋爲東川節度使落軍職延孝怒謂毛璋曰吾冒白刃犯險阻平定兩川董璋何功遽有其地二人因謁見崇韜曰東川重地宜擇良帥工部任尙書有文武才幹甚洽衆心請表爲東川帥崇韜怒曰紹琛反耶敢違吾節度延孝等惶恐而退未幾崇韜爲繼岌所害二人因責董璋曰公復首鼠何門璋俛首祈哀而已四年正月甲申大軍發成都繼岌令延孝以一萬二千人爲後軍二月癸巳中軍次武連中使詔至諭以西

平王朱友謙有罪伏誅命繼岌殺其子遂州節度使令德延孝大驚俄而董璋率兵之遂州遇延孝不謁延孝怒謂諸校曰南平梁汴西定巴邛畫策之謀始於郭公而汗馬之勞力摧强敵即吾也若以背僞歸國犄角而成霸業即西平王之功第一西平與郭公皆以無罪赤族歸朝之後次當及我矣丙申延孝次劍州時延孝部下皆鄜延河中舊將焦武等知西平王被禍兼誅令德號哭軍門訴於延孝曰西平無罪二百口伏誅河中舊將無不從坐某等必死矣時魏王繼岌到泥溪延孝報繼岌云河中兵士號哭欲爲亂丁酉延孝至劍州遂擁

衆迴自稱西川節度三州制置等使以檄招諭人三日間衆及五萬己亥繼岌至利州是夜守吉柏津使（案原本疑有闕文）密告魏王曰得紹琛文字令斷吉柏浮梁繼岌懼乃令梁漢顒以兵控吉柏津延孝已擁衆急趨西川繼岌遣人馳書諭之夜半令監軍使李廷安召任圜因署爲副招討使令圜率兵七千騎與都指揮使梁漢顒監軍李廷安討之辛丑先令都將何建崇擊劍門下之甲寅圜以大軍至漢州延孝來逆戰圜令董璋以東川懦卒當其鋒伏精兵於其後延孝擊退東川之兵急追之遇伏兵起延孝敗馳入漢州閉壁不出西川孟知祥以

兵二萬與圖合勢攻之案九國志李延厚傳康延孝入漢州知祥遣延厚率兵二千會李仁罕討之將行誓士卒曰今出師不三旬必破賊乃立功圖貴之日也士卒忠奮者立東廂衰疾者立西廂無自苦也得請行者七百人逐延孝西寨斬首百餘級竟拔其城漢州四面樹竹木爲柵三月乙丑圖陣於金雁橋卽率諸軍鼓譟而進四面縱火風焰亘空於是延孝危急引騎出戰遇陣於金雁橋又敗之以十數騎奔綿州何建崇追及擒之任圜命載以檻車時孟知祥與任圜董璋置酒高會因令引延孝檻車至會知祥問曰明公頃自梁朝脫身歸命纔平汴水節制陝郊近領前鋒克平劍外歸朝之後授爵册勳巨鎭尊官誰與爲競奈何躁憤自毀功庸入此檻車還爲鄧艾深可痛惜誰肯愍之知祥因手自注盃以飲之延孝曰自知富貴難消官職已足然郭崇韜佐命元勳輔成大業不動干戈收獲兩川自占殊功但恐不及一旦何罪闔門被誅延孝之徒何保首領以此思慮不敢歸朝天道相違一旦至此亦其命也夫復何言及圜班師行次鳳翔中使向延嗣賫詔至遂誅之部下懷其首級瘞於郿應縣民陳暉地天成初其子發之攜去永樂大典卷一萬八千一百三十

朱守殷小字會兒莊宗孰學以厮養之役給事左右及莊宗卽位爲長直軍使雖列戎行不聞戰攻每搆人之短長中於莊宗漸以心腹受委河上對壘稍遷蕃漢馬步都虞候守殷守德勝寨爲梁將王彥章所攻守殷無備遂陷南寨莊宗聞之曰駑才大誤予事因撤北寨往固楊劉明宗在鄆州密請以覆軍之罪罪之莊宗私於腹心忍而不問同光二年爲振武節度使不之任仍兼領蕃漢馬步軍京城初定內外警巡恃憑主恩茂視勳舊與景進互相表裏又強作宿德之態言語遲緩自謂沉厚案以下疑有闕文據歐陽史莊宗東討守殷將騎軍及郭從謙犯興教門步軍始亂中使急召騎士守殷按甲不進莊宗獨領宦官斫射屢退而騎軍終不至莊宗既崩守殷擁衆方在北邙憩於茂林之下迨聞凶問乃入內選嬪御及珍寶以歸恣軍士劫掠京都翌日方定率諸校迎明宗於東郊天成初授河南尹判六軍諸衛事加侍中移汴州節度使車駕將巡幸外議諠然初以爲平吳又云制置東諸侯守殷乃生雲夢之疑遂殺都校馬彥超副使宋敬案歐陽史云守殷將叛召都指揮使馬彥超與計事超不從守殷殺之明宗憐彥超之死以其子承祚爲洛州長史守殷驅市人閉壁以叛明宗途次京水聞之親統禁軍倍程直抵其壘長圍夾攻縋城甚衆守殷力屈盡殺其族引頸令左右盡其命王師入城索其黨盡誅之詔轘守殷尸梟首懸於都市滿七日傳送洛陽永樂大典卷二千三十一

楊立者潞州之小校初事李嗣昭及李繼韜皆畜養甚厚繼韜被誅憤憤失志同光二年四月有詔以潞兵三萬人戍涿州將發其衆謀曰我輩事故使二十年衣食豐足未嘗邊塞征行苟於邊上差跌白骨何歸不如據城自固事成自富貴耳因聚徒百餘輩攻子城東門城中大擾副使李繼珂及監軍張機祚出奔立自稱留後率軍民上表請旌節莊宗怒命明宗與李紹眞攻討一月拔之生擒立及其同惡十餘人送於闕下皆磔於市潞州城峻而隍深故立輒敢據之莊宗因茲詔諸道撤防城之備焉（永樂大典卷六八千五十二）

寶廷琬者世爲青州牙將梁祖擢寘左右同光初爲復州遊奕使姦盜屛跡歷貝州刺史未幾請制置慶州鹽池逐年出絹十萬疋米十萬斛遂以廷琬爲慶州防禦使俾制置之由是嚴刑峻法屢撓邊人課利不集詔移任於金州廷琬據慶州叛詔邠州節度使李敬周率兵討平之夷其族（永樂大典卷一萬九千三百五十四）

張虔釗遼州人也（案九國志云虔釗遼州榆社人父簡唐檢校尙書左僕射）初爲太原牙校以武勇聞於流輩武皇莊宗之世累補左右突騎軍使（案九國志云莊宗嘗以偏師取鎭陽命虔釗率騎爲先鋒屢挫賊鋒遂陷其城）明宗素聞虔釗有將帥才及即位擢爲護駕親軍都指揮使領春州刺史天成中與諸將圍王都於中山大敗契丹於嘉山之下及定州平以功授滄州節度使（案北夢瑣言云虔釗鎭滄州日因亢旱民饑發廩賑之方上聞帝甚嘉獎他日秋成倍斗徵斂朝論鄙之）移鎭徐州長興中爲山南西道節度使兼西面馬步軍都部署及末帝起于鳳翔閔帝詔令虔釗帥部兵會王師於岐下洎西師俱變虔釗憤惋退歸興元因與洋州節度使孫漢韶俱送款於蜀孟知祥待之尤厚僞授本鎭節度使俾知祥坐獲山南之地由虔釗之故也（案北夢瑣言云入蜀取人產業黷貨無厭蜀民怨之）孟昶嗣僞位加檢校太師兼中書令晉開運末蜀人聞契丹入洛令虔釗率衆數萬將寇秦雍俄聞漢高祖已定中原虔釗無功而退（案九國志云歷左右匡聖馬步軍都指揮使出爲昭武軍節度使及漢祖即位乃移鎭梁州以觀朝廷之變會晉昌軍節度使趙匡贊鳳翔節度使侯益俱謀歸蜀遂以虔釗爲北面行營招討使應接經營俄而趙匡贊侯益請昶出師掠定三秦因命虔釗與韓保貞等總師五萬出散關雄武軍節度使何重建出隴右奉鑾肅衛都虞候李廷珪出子午谷會於雍州廷珪始出子午谷聞匡贊爲王景崇所逼棄城自拔東去遂先退師時虔釗禰議保貞師次陳倉謀不相叶而侯益聞匡贊已去廷珪班師亦議款中變閉壘不出司天監趙匡樞累以雲氣不利爲諷保貞乃與禰議率所部取隴州道會重建歸蜀虔釗留費雖以勢孤不可深入遂班師）行至興州感憤而卒（永樂大典卷六千三百五十）

楊彥温汴州人本梁朝之小校也莊宗朝累遷裨將天成中爲河中副指揮使及末帝鎭河中尤善待之因奏

爲銜內都指揮使長興元年四月乘末帝閱馬於黃龍莊據城謀叛末帝遣人詰之曰吾善待汝何苦爲叛彥温報曰某非敢負恩緣奉樞密院宣頭令某拒命請相公但歸朝廷數日詔末帝歸朝明宗疑其詐不欲興兵授彥温絳州刺史安重誨堅請出師即命西京留守索自通侍衛步軍指揮使藥彥稠等帥兵攻之五日而拔自閉門及敗凡十三日初彥稠出師明宗戒之曰與朕生致彥温吾將自訊之及收城斬首傳送明宗深怒彥稠等時議者以當時四海恬然五兵載戢蒲非邊郡近在國門而彥温安敢狂悖皆以爲安重誨方弄國權尤

忌末帝之名故巧作窺圖究莫能傾陷也彥温愚昧爲人所嗾故滅其族焉 永樂大典卷六千三百五十一

史臣曰春秋傳云夫不令之臣天下之所惡也故不復較其優劣焉唯虔釗因避地以偷生彥温乃爲人之所嗾比諸叛臣亦可矜也 永樂大典卷六千三百五十一

舊五代史卷七十四終

舊五代史卷七十四攷證

唐列傳二十六朱守殷傳車駕將巡幸外議諠然初以爲平吳又云制置東諸侯守殷乃生雲夢之疑遂殺都校馬彥超副使宋敬守殷驅市人閉壁以叛明宗途次京水聞之親統禁軍倍程直抵其壘長圍夾攻縋城甚衆守殷力屈盡殺其族引頸令左右盡其命 案儒林公議云朱守殷與霍彥威同立明宗尋判諸軍事兼河南尹旋除宣武軍節度使時樞密使安重誨用事汴之財利遣中人筦權之守殷軍用不給累表抗論重誨既而復奪之守殷不平頗出怨言重

誨奏其反狀明宗親率師討之車駕至汴京守殷自以本無不臣之意爲權臣誣奏登城門望明宗叩頭號哭稱冤明宗思其功許以開門自新重誨已麾軍登陴勢不可遏城陷誅之攷守殷之叛歐陽史通鑑與是書無異辭而儒林公議以爲守殷本無反心爲重誨所陷蓋傳聞之互異也

楊立傳有詔以潞兵三萬人戍涿州 案通鑑作發安義兵三千戍涿州

命明宗與李紹眞攻討 李紹眞通鑑作李紹榮

舊五代史卷七十四攷證

舊五代史卷七十五

宋司空同中書門下平章事薛居正等撰

高祖紀第一　晉書一

高祖聖文章武明德孝皇帝姓石諱敬瑭太原人也本衞大夫碏漢丞相奮之後漢衰關輔亂子孫流泬西裔故有居甘州者焉四代祖璟以唐元和中與沙陀軍都督朱耶氏自靈武入附憲宗嘉之隸爲河東陰山府裨校以邊功累官至朔州刺史天福二年追尊爲孝安皇帝廟號靖祖陵曰義陵祖妣秦氏追諡爲孝安元皇后三代祖郴早薨贈左散騎常侍追尊爲孝簡皇帝廟號肅祖陵曰惠陵祖妣安氏追諡孝簡恭皇后皇祖諱翌任振武防禦使贈尙書右僕射追尊孝平皇帝廟號睿祖陵曰康陵祖妣米氏追諡孝平獻皇后皇考諱紹雍（案原本作詔雍今從五代會要改正）番字臬捩雞善騎射有經遠大畧事後唐武皇及莊宗累立戰功與周德威相亞歷平洺二州刺史薨於任贈太傅追尊爲孝元皇帝廟號憲祖陵曰昌陵皇妣何氏追諡孝元懿皇后帝卽孝元之第二子也以唐景福元年二月二十八日生於太原汾陽里時有白氣充庭人甚異焉及長性沈淹寡言笑讀兵法重李牧周亞夫行事唐明宗爲代州刺史每深心器之

因妻以愛女唐莊宗聞其善射擢居左右明宗請隸大軍從之後明宗從莊宗征行命帝領親騎號三討軍（案歐陽史作左射軍）倚以心腹天祐十二年莊宗併有河北之地開府於鄴梁遣上將劉鄩以兵五萬營於莘十三年二月鄩引兵突至淸平薄於城下莊宗至自甘陵兵未陣多爲鄩所掩帝領十餘騎橫槊深入東西馳突無敢當者卒全部伍而旋莊宗壯之拊其背曰將門出將言不謬爾因頒以器帛復親爲啗酥當時以爲異恩由是知名明年鄩兵陣於莘之西北明宗從莊宗酣戰久之塵埃四合帝與明宗俱陷陣內帝挺身躍劍反復轉鬬行數十里逐鄩於故元城之東是日鄩軍殺傷過半十五年唐軍拔楊劉鎭梁將賀瓌設伏於無石山明宗爲瓌所迫帝爲後殿破梁軍五百餘騎按轡而還十二月莊宗與梁軍大戰於胡柳陂衆號十萬總管周德威將左軍雜以燕人前鋒不利德威死之莊宗率步衆五千固守高陵以避敵之鋭明宗獨完右廣伏於土山之下顧謂帝曰梁人首獲其利旌旗甚整何計可以挫之帝曰臘後寒如此出手墮指彼多步衆易進難退莫若啜糒飲水徐而困之且超乘徒行其勢不等一擊而破期在必勝明宗曰是吾心也會日暮梁軍列於平野五六萬人

爲一方陣麾游騎以迫唐軍帝曰敵將遁矣乃請明宗令士整胄寬而羅之命左射軍二百人鳴矢馳轉漸東其勢以數千騎合之迨夜旌旗皆靡而一角先潰三面踵之其牙竿相擊若火爆之聲橫屍積甲不可勝計由是梁人勢衂莊宗進營德勝渡十八年十月又從明宗戰梁人於德勝渡敗其將戴思遠殺二萬餘人十九年戰胡盧套唐軍稍卻帝睹其敵鋭拔劍闢道肩護明宗而退敵人望之無敢襲者二十年十月從明宗觀梁人之楊村寨部曲皆不擐甲俄而敵出不意以兵掩明宗刃將及背帝挾戰戟而進一擊而㐫酋落馬者數輩明

宗遂解其難是歲莊宗卽位於鄴改元同光遣明宗越河懸軍深入以取鄆鄆人始不之覺帝以五十騎從明宗涉濟突東門而入鄆兵來拒帝中刃翼明宗羅兵通衢嶷然不動會後騎繼至遂拔中城以據之既而平汴水滅梁室成莊宗一統集明宗大勳帝與唐末帝功居最莊宗朝官未顯者以帝不好矜伐故也唯明宗心知之同光四年二月趙在禮據鄴爲亂朝廷遣元行欽招之不下羣議紛然以爲非明宗不可莊宗乃以明宗爲統帥時帝從行至魏諸軍有變叩馬請明宗帝河北明宗受霍彥威勸將自訴於天子遂偕諸諸軍亦恐事不果而散者甚眾明宗所全者唯常山一軍而已西次魏縣帝密言於明宗曰猶豫者兵家大忌必若求訴宜決其行某願率三百騎先趨汴水以採虎口如遂其志請大軍速進夷門者天下之要害也據之可以自雪安有上將與三軍言變他日有平手乎危在頃刻不宜恬然明宗至相州遂分驍騎三百付之遣帝由黎陽濟河自汴西門而入因據其城及明宗入汴莊宗親統師亦至城之西北五里登高歎曰吾不濟矣由此莊宗從兵大潰來歸明宗明宗尋遣帝令率兵爲前鋒趨汜水關俄而莊宗遇內難而崩是月明宗入洛嘉帝之功自總管

府都校署陝府兵馬留後明宗卽位改元天成五月加帝光祿大夫檢校司徒充陝州保義軍節度使歲未期而軍民之政大治焉二年二月加檢校太傅兼六軍諸衛副使進封開國伯增食邑八百戶是月帝赴闕以倅六軍諸衛事故也四月加食邑八百戶實封一百戶旌爲政之效也十月明宗幸汴以帝爲御營使車駕次京水飛報汴州節度使朱守殷叛明宗命帝董親軍倍道星行信宿及浚城一戰而拔之尋以帝爲宣武軍節度使侍衛親軍步軍都指揮使兼六軍諸衛副使進封開國公加食邑五百戶賜耀忠匡定保節功臣四月車駕

還洛制加檢校太傅同中書門下平章事興唐尹鄴都留守天雄軍節度使五月丁未加駙馬都尉長興元年二月明宗南郊禮畢加檢校太尉增食邑五百戶尋詔歸任時鄴都繁富爲天下之冠而土俗獷悍民多爭訟帝令投函府門一一覽之及踰年盈積几案滯於獄者甚衆時論以此減之九月東川董璋叛朝廷命帝爲東川行營都招討使兼知東川行府事十月至自魏博董衆西征二年春以川路險艱糧運不繼詔班師四月復兼六軍諸衞副使六月改河陽節度使仍兼兵柄是時秦王從榮奏伏見北面頻奏報契丹族帳近塞吐渾突厥已侵邊地戍兵雖多未有統帥早宜命大將一人以安雲朔明宗曰卿等商量從榮與諸大臣奏曰將校之中唯石敬瑭康義誠二人可行帝素不欲爲禁軍之副卽奏曰臣願北行明宗曰卿爲吾行事無不濟及受詔不落六軍副使帝復遷延辭避十一月乙酉明宗復謂侍臣曰雲州奏契丹自幽州移帳言就放牧終冬不退其患深矣樞密使范延光奏曰已議石敬瑭與康義誠北行然其定奪卽在宸旨帝奏曰臣雖不才爭敢避事但進退惟命明宗曰卿爲吾行甚叶衆議由是遂定丁亥加兼侍中太原尹北京留守河東節度使兼大同振

武彰國威塞等軍蕃漢馬步軍總管改賜竭忠匡運寧國功臣翌日宴於中興殿帝捧觴上壽因奏曰臣雖微怯惟邊事敢不盡其忠力但臣遠違玉階無以時申補報帝因再拜告辭明宗泣下霑衿左右怪其過傷果與帝因此爲訣遂不復相見矣十二月明宗晏駕帝聞之長慟若喪考妣應順元年正月閔帝卽位加中書令及增食邑帝性簡儉未嘗以聲色滋味輒自宴樂每公退必召幕客論民間利害及刑政得失明而難犯事多親決有店婦與軍士訟云曝粟於門爲馬所食而軍士懇訴無以自明帝謂鞫吏曰兩訟未分何以爲斷可殺馬刳腸而視其粟有則軍士誅無則婦人死遂殺馬馬腸無粟因戮其婦人境內肅然莫敢以欺事言者三月移鎭常山所歷方鎭以孝治爲急見民間父母在昆弟分索者必繩而殺之勤於吏事廷無滯訟常山屬邑曰九門有人鬻地與異居兄議價不定乃移于他人他人須兄立券兄固抑之因訴于令令以弟兄俱不義送府帝監之曰人之不義由牧長新至教化所未能及吾甚愧焉若以至理言之兄利良田弟求善價順之則是沮之則非其兄不義之甚也宜重笞焉市田以高價者取之上下服其明及岐陽兵亂推潞王爲天子閔帝急詔帝

赴闕欲以社稷爲託閔帝自洛陽出奔於衛相遇於途遂與閔帝迴入衛州時閔帝左右將不利於帝帝覺之因擒其從騎百餘人閔帝知事不濟與帝長慟而別帝遣刺史王弘贄安置閔帝於公舍而去尋爲潞王所害帝後長以此愧心焉清泰元年五月復授太原節度使北京留守充大同振武彰國威塞等軍蕃漢馬步總管二年夏帝屯軍於忻州朝廷遣使送夏衣傳詔撫諭後軍人遂呼萬歲者數四帝懼斬挾馬將李暉以下三十餘人以徇乃止三年五月移授鄆州節度使進封趙國公仍改扶天啓運中正功臣尋降詔促帝赴任帝心疑

之乃召僚佐議曰孤再受太原之日主上面宣云與卿北門一生無議除改今忽降此命莫是以去年忻州亂兵見迫過相猜乎又今年千春節公主入覲當辭時謂公主曰爾歸心甚急欲與石郎反耶此疑我之狀固且明矣今天子用后族委邪臣沈湎荒惑萬機停壅失刑失賞不亡何待吾自應順中少主出奔之日覩人情大去不能扶危持顚憤憤于方寸者三年矣今我無異志朝廷自啓禍機不可安然死於道路兄太原險固之地積粟甚多若且寬我我當奉之必若加兵我則外告鄰方北搆强敵興亡之數皎皎在天今欲發表稱疾以俟其意諸公以爲何如掌書記桑維翰都押衙劉知遠贊成密計帝遂拒末帝之命朝廷以帝不奉詔降旨削奪官爵即詔晉州刺史北面副招討使張敬達領兵圍帝於晉陽帝尋命桑維翰詣諸道求援契丹遣人復書諾之約以中秋赴義 玉堂閒話晉祖在并部嘗從容謂賓佐云近因晝寢忽夢若頃年在洛京時與天子連鑣于路過舊第天子請某入其第某遜讓者數四不得已即促轡而入至廳事下馬升自阼階西向而坐天子已馳車去矣其夢如此羣僚莫敢有所答是年冬果有鼎革之事蓋晉祖懷不軌之志久矣故託夢以惑衆也 遼史太宗紀云七月丙申唐河東節度使石敬瑭爲其主所討遣趙瑩求救時趙德鈞亦遣使至河東復遣桑維翰來告急遂許興師八月庚午自將以援敬瑭 六月北面招討指揮使安重榮以部曲數千人入城七月代州屯將安元信率一軍與西北面先鋒指揮使安審信引五百騎俱至八月懷州彰德軍使張萬迪各率千餘騎來降是月外衆攻我甚急帝親當矢石人心雖固廩食漸困九月辛丑契丹主率衆自雁門而南旌騎不絕五十餘里 遼史九月丁酉入雁門戊戌次忻州己亥次太原 先使人報帝云吾欲今日便破賊可乎帝使人馳告曰皇帝赴難比要成功賊勢至厚可明旦穩審議戰未爲晚也使未達契丹已與南軍騎將高行周符彥卿等合戰時張敬達楊光遠列陣西山下士未及成伍而行周彥卿爲伏兵所斷捨軍而退敬達等步兵大敗死者萬人是夜帝出北門與戎王相見戎

王執帝手曰恨會面之晚因論父子之義遼史敬瑭率官屬來見帝執手撫慰之契丹國志云敬瑭見契丹帝問曰皇帝遠來士馬疲倦遽與唐大戰而勝何也帝曰始我謂唐必斷雁門諸路伏兵險要不可得進使人偵視皆無之是以長驅而深入我氣力銳乘此擊之是以勝之敬瑭歎服明日帝與契丹圖敬達營寨南軍不復出矣帝與契丹本無結好自末帝見迫之後遣心腹何福以刀錯爲信一言親赴其難迅若流電信天意耶己酉唐末帝率親軍步騎三萬出次河橋辛亥末帝詔樞密使趙延壽分衆二萬爲北面招討使又詔魏博節度使范延光統本軍二萬人屯遼州十月幽州節度使趙德鈞領所部萬餘人自上黨吳兒谷合延壽兵屯團谷口與敬達寨相去百里爾月竟不能相通案遼史初圖晉安分遣精兵守其要害以絕援兵之路趙延壽等皆逗留不進十一月戎王會帝於營謂帝曰我三千里赴義事須必成觀爾體貌恢廓識量深遠眞國主也天命有屬事不可失欲徇蕃漢羣議册爾爲天子帝飾讓久之旣而諸軍勸請相繼乃命築壇於晉陽城南册帝爲大晉皇帝戎王自解衣冠授焉案遼史太宗紀十一年冬十月甲子封敬瑭爲晉王十一月丁酉册敬瑭爲大晉皇帝薛史及通鑑歐陽史俱不載先封晉王事文曰維天顯九年歲次丙申十一月丙戌朔十二日丁酉大契丹皇帝若曰於戲元氣肇開樹之以君天命不恆人輔以德故商德衰而周德盛秦德亂而漢國昌人事天心古

今靡異容爾子晉王神鍾睿哲天贊英雄叶夢日以儲祥應澄河而啟運迨事數帝歷試諸艱武畧文經迺由天縱忠規孝節固自生知猥以渺躬奄有北土暨明宗之享國也與我先哲王保奉明契所期子孫順承患難相濟丹書未泯白日難欺顧予纂承匪敢失墜爾惟近戚實系本枝所以余視爾若子爾待予猶父也朕昨以獨夫從珂本非公族竊據寶圖棄義忘恩逆天暴物誅剪骨肉離間忠良聽任矯諛威虐黎獻華夷震悚內外崩離知爾無辜爲彼致害敢徵衆旅來逼嚴城雖併吞之志甚堅而幽顯之情何負達於聞聽深激憤驚乃命興師爲爾除患親提萬旅遠殄羣凶但赴急難罔辭艱險果見神祇助順卿士叶謀旗一麾而棄甲平山鼓三作而殭屍徧野雖以遂予本志快彼羣心將期稅駕金河班師玉塞矧中原無主四海未寧茫茫生民若墜塗炭況萬幾不可以暫廢大寶不可以久虛拯溺救焚當在此日爾有庇民之德格于上下爾有戡難之勳光于區宇爾有無私之行通乎神明爾有不言之信彰乎兆庶予懋乃德嘉乃丕績天之曆數在爾躬是用命爾當踐皇極仍以爾自茲并土首建義旂宜以國號曰晉朕永與爲父子之邦保山河之誓於戲補百王之闕禮行

茲盛典成千載之大義遂我初心爾其永保兆民勉持一德慎乃有位允執厥中亦惟無疆之休其誡之哉禮畢帝鼓吹導從而歸案通鑑考異引廢帝實錄契丹立晉在閏月丁卯歐陽史及通鑑並從薛史作十一月丁酉始梁開國之歲卽前唐天祐四年也潞州行營使李思安奏壺關縣庶穰鄉鄉人伐樹樹倒自分兩片內有六字如左書云天十四載石進梁祖令藏於祖庫然莫詳其義至帝卽位識者曰天字取四字中兩畫加之於傍則丙字也四字去中之兩畫案原本作中去之兩畫今從册府元龜改正加十字則申字也帝卽位之年乃丙申也又昜云晉者進也國號大晉皆符契焉又帝卽位之前一

年歲在乙未鄴西有柵曰李固淸淇合流在其側柵有橋橋下大鼠與蛇鬬鬬及日之申蛇不勝而死行人觀者數百識者志之後唐末帝果滅于申又末帝眞定常山人也有先人舊廬其側有古佛刹刹有石像忽搖動不已人皆異之及重圍晉陽帝遺心腹案原本闕帝遺心腹四字今從册府元龜增入何福輕騎求援北蕃蕃王自將諸部赴之不以繒帛不以珠金若響應聲謂福曰吾已兆于夢皆上帝命我非我意也契丹國志引紀異錄云契丹主德光常晝寢夢一神人花冠美姿容輜軿甚盛忽自天而下衣白衣佩金帶執鍇鏉有異人十二隨其後內一黑兎入德光懷而失之神人語德光曰石郎使人喚汝汝須去覺告其母母忽之不以爲異後復夢卽前神人也衣冠儀貌儼然如故曰石郎已使人來喚汝旣覺而驚復以告母母曰可命筮乃召巫筮言太祖從西樓來言中國將立天王要爾爲助爾須去未浹旬唐石敬瑭反于河東爲後唐張敬達所敗亟遣趙瑩持表重賂許割燕雲求兵爲援契丹主曰我非爲石郎興師乃奉天帝敕使也時援兵未至僞將張敬達引軍逼城設柵柵將成必有大風暴雨柵無以立後築長城城就又爲水潦所壞城終不能合晉陽有北宮宮城之上有祠曰毗沙門天王帝曾焚修默而禱之經數日城西北闉正受敵處軍候報稱夜來有一人長丈餘介金執殳行於城上久方不見帝心異之又牙城有僧坊曰崇福坊之廡下西北隅有泥神神之首忽一日有烟生其騰郁如曲突之狀坊僧奔赴以爲人火所延及俯而視之無所有

焉事尋達帝帝召僧之臘高者問焉僧曰貧道見莊宗將得天下曾有此烟觀此噴湧甚於當時兆可知矣自此日傍多有五色雲氣如蓮芰之狀帝召占者視之謂曰此驗應誰占者曰見處爲瑞更應何人又帝每詰旦使慰撫守陴者率以爲常忽一夕已暝城上有號令之聲聲不絕者三帝使人問之將吏云從上傳來者皆知神助時城中復有數家井泉暴溢不止及蕃軍大至合勢破之末帝之衆似拉朽焉斯天運使然非人力也是日帝言于戎王願以雁門已北及幽州之地爲戎王壽仍約歲輸帛三十萬戎王許之永樂大典卷一萬五千六百四十三

舊五代史卷七十五終

舊五代史卷七十五攷證

晉高祖紀一本衞大夫碏漢丞相奮之後 案歐陽史作其姓石氏不知其得姓之始

乃命築壇于晉陽城南 案通鑑作築壇于柳林遼史亦作設壇晉陽

歲次丙申十一月丙戌朔十二日丁酉 案通鑑攷異引廢帝實錄契丹立晉誤在閏月丁卯辨正在唐紀歐陽史及通鑑並從晉紀作十一月丁酉

舊五代史卷七十五攷證

舊五代史卷七十六

宋司空同中書門下平章事薛居正等撰

高祖紀第二　　晉書二

天福元年十一月己亥帝御北京崇元殿降制改長興七年爲天福元年大赦天下十一月九日昧爽已前應在京及諸州諸色罪犯及曾授僞命職掌官吏并見禁囚徒已結正未結正已發覺未發覺罪無輕重常赦不原者咸赦除之應明宗朝所行勅命法制仰所在遵行不得改易其在京鹽貨元是官場出糶自今後並不禁斷一任人戶取便糶易仍下太原府更不得開場糶貨

其麴每斤與減價錢三十文以節度判官趙瑩爲翰林學士承旨守尚書戶部侍郎知河東軍府事以節度掌書記桑維翰爲翰林學士守尚書禮部侍郎知樞密院事以觀察判官薛融爲吏部郎中兼侍御史知雜事太原縣令何羅周岳爲左諫議大夫節度推官竇貞固爲翰林學士軍城都巡檢使劉知遠爲侍衛馬軍都指揮使客將景延廣爲步軍都指揮使太原少尹李玘爲尚書工部侍郎閏十一月甲子晉安寨副招討使楊光遠等殺上將張敬達以諸軍來降丙寅制以翰林學士承旨知河東軍府戶部侍郎知制誥趙瑩爲門下侍郎同中書門下平章事監修國史以翰林學士權知樞密事禮部侍郎知制誥桑維翰爲中書侍郎同中書門下平章事集賢殿大學士依前知樞密院事並賜推忠興運致理功臣甲戌車駕至昭義受趙德鈞延壽降是日戎王舉酒言於帝曰予遠來赴義大事已成皇帝須赴京都今令大詳衮（舊作相温今改正）勒兵相送至河梁要過河者任意多少予亦且在此州俟京洛平定便當北轅執手相泣久不能別脫白貂裘以衣帝贈細馬二十四戰馬一千二百匹仍誡曰子子孫孫各無相忘己卯至河陽北節度使萇從簡來降舟楫已具庚辰望見洛陽烟火

相次有將校飛狀請進辛巳唐末帝聚其族與親將宋審虔等登玄武樓縱火自焚而死至晚車駕入洛唐兵解甲待罪皆慰而舍之帝止潛龍舊第百官稍稍見焉詔御史府促朝官入見詔文武兩班臣寮應事僞庭者並釋罪是日百辟謝恩於宮門之外甲申車駕入內御文明殿受朝賀用唐禮樂制大赦天下應中外諸色職掌官吏內曾有受僞命者一切不問僞廷賊臣張延朗劉延皓劉延朗等並姦邪害物貪猥弄權罪旣滿盈理難容貸除此三人已行勅命指揮外其有宰臣馬胤孫樞密使房暠宣徽使李專美河中府節度使韓昭胤等

四人並令釋放少帝宜令中書門下追尊定謚擇日禮葬妃孔氏宜行追册祔葬應天下節度使刺史下賓席郡職及將校等委中書門下各與改轉官資其北京管內鹽鐺戶合納逐年鹽利昨者僞命指揮每斗須令人戶折納白米一斗五升極知百姓艱苦自今後宜令人戶以元納食鹽石斗數目每斗依實價計定合錢數取人戶便穩折納斛斗其洛京管內逐年所配人戶食鹽起來年每斤特與減價錢十文應諸道商稅仰逐處將省司合收稅條例牓於本院前牓內該設名目者即得收稅十二月己酉朔幸河陽餞送大詳袞蕃部兵士歸

國詔降末帝爲庶人丁亥制以司空馮道守本官兼門下侍郎平章事弘文館大學士以步軍都指揮使符彥饒爲滑州節度使以河陽節度使萇從簡爲許州節度使以澤州刺史劉凝爲華州節度使以皇子重乂爲河南尹庚寅以滑州節度判官石光贊爲宗正卿辛卯以舊相姚顗爲刑部尚書時自秋不雨經冬無雪命羣官徧加祈禱癸巳以邠州節度使張希崇爲靈武節度使鄧州節度使皇甫遇爲定州節度使詔國朝文物制度起居入閤宜依唐明宗朝事例施行鎭州衙內都虞候秘瓊作亂逐副使李彥琦殺都指揮使胡章同州小校門鐸殺節度使楊漢賓燒劫州城丙申帝爲明宗皇后曹氏舉哀于長春殿輟朝三日詔封故東丹王李贊華爲燕王遣前單州刺史李肅部署歸葬本國以右拾遺吳涓爲左補闕充樞密院學士己亥以汴州節度使李周充西京留守以前河中節度使李從璋爲鄧州節度使慈州奏草寇攻城三日而退庚子帝爲皇弟故彰聖指揮使敬殷沂州指揮使敬德檢校太子賓客敬友舉哀于長春殿以舊相盧文紀爲吏部尚書以皇城使周瓌爲大將軍充三司使以左贊善大夫馬重績爲司天監青州奏節度使房知温卒詔鄆州王建立以所部

牙兵往青州安撫中書門下奏請以來年二月二十八日帝慶誕日爲天和節從之

天福二年春正月甲寅朔帝御文明殿受朝賀仗衞如式乙卯日有蝕之（案五代春秋作正月乙卯朔日食據通鑑考異引十國紀年蜀人亦以乙卯爲朔蓋晉人避正朝日食故改甲寅朔耳）是夜有赤白氣相間如耕壟竹林之狀自亥至丑生北濁過中天明滅不定徧二十八宿徹曙方散丁巳故皇弟敬德敬殷並贈太傅皇子重裔重進重殷並贈太保右神武統軍康思立卒輟視朝贈太子少師是日詔曰唐莊宗陵名與國諱同宜改爲伊陵應京畿及諸州縣舊有唐朝諸帝陵并眞源等縣

並不爲次赤却以畿甸緊望爲定其逐處縣令不得以陵臺結銜考滿日依出選門官例指揮陽任後準格例施行其宋州亳州節度使刺史落太清宮使副名額庚申以前吏部郎中兼侍御史知雜事王松爲左諫議大夫水部郎中王易簡本官知制誥定州奏契丹改幽州爲南京中書奏請立宗廟從之以翰林學士工部侍郎和凝爲禮部侍郎依前充職詔內外文武臣僚並與加恩皇基初造示普恩也太子少保致仕華温琪卒贈太子太保是日詔應朝臣中有藉才特除外任者秩滿無遺闕將來擬官之時在外一任同在朝一任升進其就

便自求外職及不是特達選任者不在此限安州上言節度使盧文進殺行軍副使率部下親兵過淮以前天平軍節度使檢校太尉兼侍中王建立爲平盧軍節度使以守司空門下侍郎平章事弘文館大學士馮道兼諸道鹽鐵轉運等使天雄軍節度使兼中書令范延光改封秦國公加食邑實封鳳翔節度使兼中書令西平王李從曮加食邑實封乙丑以端明殿學士禮部侍郎呂琦爲檢校工部尚書秘書監丙寅改中興殿爲天福殿門名從之湖南節度使楚王馬希範加食邑實封改賜功臣名號前昭義節度使檢校太傅同平章事高行

周起復右金吾衛大將軍依前昭義軍節度使泰寧軍節度使李從温荆南節度使南平王高從誨歸德軍節度使趙在禮並加食邑實封改功臣名號以端明殿學士戶部侍郎李崧爲兵部侍郎判戶部以左諫議大夫王松判度支魏府范延光奏當管夏津鎭捕賊兵士誅殺却新齊州防禦使祕瓊初延光將萌異志使人潛結於瓊諾之及是以瓊背其謀密使精騎殺之由是延光反狀明矣以工部侍郎李玘檢校右僕射爲汾州刺史以前彰國軍節度使尹暉爲左千牛衛上將軍是日詔日西天中印土摩竭陀舍衛國大菩提寺三藏阿闍梨

沙門室利縛羅宜賜號弘梵大師庚午涇州節度使李德珫徐州節度使安彥威秦州節度使康福延州節度使劉景巖襄州節度使安從進夏州節度使李彝殷並加食邑實封壬申正衙備禮冊贈故皇弟皇子等丙子故契丹人皇王歸葬輟視朝一日改汴州雍邱縣爲杞縣避廟諱也戊寅以兵部侍郎判戶部李崧爲中書侍郎同中書門下平章事充樞密使以權知樞密使事中書侍郎同中書門下平章事集賢殿學士桑維翰爲樞密使是日詔曰應天開國恭己臨人宜覃繼絕之恩以廣延洪之道宜於唐朝宗屬中取一人封公世襲兼脩

之鄰公爲二王後以後周介公備三恪主其祭祀及赴大朝會（五代會要載原敕云其唐朝宗屬中書在朝及諸道爲官者各據資歷考限滿日從品秩序遷已有出身任令參選）以前鎭國軍節度使皇甫立爲神武統軍以前宗正卿李郁爲太子賓客庚辰以吏部侍郎龍敏判戶部二月丙戌以尙食使安友規充葬明宗皇后監護使以河陽節度使安審暉爲鄜州節度使癸巳詔停北京西北面計度司事吳越國王錢元瓘加食邑實封改賜功臣名號己亥詔應諸道行軍副使等得替後且就私家取便安止限一年後方得赴闕當便與比擬壬寅詔應諸道馬步都虞候自今後朝廷更不差補委自藩

方於本州衙前大將中愼選久歷事任曉會刑獄者充以三年限仍不得於元隨職員內差補以左散騎常侍孔昭序爲太子賓客尙書左僕射劉昫左僕射盧質並加食邑實封甲辰以滄州留後馬全節爲橫海軍節度使以太子賓客韓惲爲貝州刺史左羽林統軍羅周敬爲右金吾衞上將軍丙午以皇子左驍衞上將軍重信爲檢校太保河陽三城節度使以權知河陽軍州事周瓌爲安州節度使詔中外臣寮或因差使出入並不得薦屬人於藩鎭希求事任如有犯者並準唐長興二年勅條處分戊申中書舍人陳乂改左散騎常侍應在朝

文武百寮及見任刺史先代未封贈者與贈母妻未敍封者並與敍封辛亥天和節帝御長春殿召左右街僧錄威儀殿內譚經循舊式也三月甲寅制北京留守太原尹皇子重貴封食邑三百戶刑部侍郎張鵬改兵部侍郎己未御史臺奏唐朝定令式南衙常參文武百寮每日朝退于廊下賜食謂之常食自唐末亂離常食漸廢仍於入閤起居日賜食每入閤禮畢閤門宣放仗羣官俱拜謂之謝食至僞主淸泰年中入閤禮畢更差中使至正衙門日宣賜食百官並班重謝此則交失唐朝賜食之意於禮寔爲太繁臣恐因循漸失根本起今後

入閤賜食望不差中使口宣準唐明宗朝事例處分從之（五代會要載其年四月御史臺奏文武百官每月朔望入閤禮畢賜廊下食在京時祗于廟堂幕次兩廊下今在行朝于正衙門外權爲幕次房廊監狹伏恐五月一日朝會禮畢準例賜食于幕次難爲排比伏見唐明宗時兩省官于文明殿前廊下賜食今未審入閤日權于正衙門內兩廊下排比賜食爲復別有處分敕宜依明宗時舊規廊下賜食）中書奏準勅故庶人三月七日以王禮葬其妻男等並以禮葬請輟其日朝參一日從之以宣徽南院使楊彥詢爲左監門衞上將軍依前充宣徽使兗州李從溫奏節度副使王謙搆軍士作亂尋已處置丙寅詔王者省方設教靡憚於勤勞養士撫民必從其宜便顧惟涼德肇啟丕圖常務去于煩苛冀漸臻于富庶

念京城俶擾之後屬舟船焚爇之餘饋運頓虧支費殊闕將別謀於飛輓慮轉困於生靈以此疚心未嘗安席今以夷門重地梁苑雄藩水陸交通舟車必集爰資經度須議按巡宰免暫勞所期克濟取今月二十六日巡幸汴州云通鑑范延光聚卒繕兵悉召巡內刺史集魏州將作亂會帝謀徙都大梁桑維翰日大梁北控燕趙南通江淮水陸都會資用富饒今延光反形已露大梁距魏不過十驛彼若有變大軍尋至所謂疾雷不及掩耳也丙寅下詔託以洛陽漕運有闕東巡汴州以前貝州刺史史圭爲刑部侍郎充諸道鹽鐵轉運副使澤州刺史閻至爲戶部侍郎詔車駕經過州府管界所有名山大川帝王陵廟名臣祠墓去路十里者令本州排比祗候駕經過日以

酒脯祭告左僕射劉昫等議立宗廟以立高祖已下四親廟其始祖一廟伏候聖裁御史中丞張昭遠議請依隋唐之制立四廟推四世之中名位高者爲太祖詔下百官定議百官請依唐制追尊四廟爲定從之甲戌以右龍武統軍楊思權爲左衞上將軍乙亥前鄜州節度使張萬進加檢校太傅前定州節度使李從敏加檢校太尉以吏部郎中兼侍御史知雜事薛融爲左諫議大夫以兵部郎中段希堯爲右諫議大夫戊寅以戶部尚書王權爲兵部尚書工部尚書崔居儉爲戶部尚書兵部尚書李鏻爲太子少保兵部尚書致仕裴皞爲工部

尚書東上閤門使李守貞爲右龍武將軍充職庚辰車駕離京四月癸未朔至鄭州防禦使白景友進牲餼器皿帝曰不出民力否景友曰臣畏陛下法皆辦於己俸命收之甲申駕入汴州丁亥制應天福二年四月五日昧爽已前諸道州府見禁囚徒大辟已下罪無輕重並釋放天福元年已前諸道州府應係前殘欠租稅並特除免諸道係徵諸色人員省司錢物宜令自僞清泰元年年終已前所欠者據所通納到物業外並與除放昨者行至鄭州滎陽縣界路旁見有蟲食及旱損桑麥處委所司差人檢覆量與蠲免租稅河陽管內酒戶百姓

應欠天福元年閏十一月者二十五日已前不敷年額麴錢並放其諸處經兵火者亦與指揮當罪卽誅式明常典既往可憫宜示深仁僞清泰中臣寮內有從誅戮者並許收葬天下百姓有年八十已上者與免一子差徭仍逐處簡署上佐官梁故滑州節度使王彥章效命當時致身所事稟千年之生氣流百代之令名宜令超贈太師子孫量才敘錄應諸道州府管界有自僞命抽點鄉兵之時多是結集劫盜因此畏懼刑章藏隱山谷宜令逐處曉諭招攜各令復業自今年四月五日已前爲非者一切不問如兩月不歸業者復罪如初丁酉宣

武軍節度使侍衛親軍使楊光遠加兼侍中己亥陝西節度使侍衛都虞候劉知遠加檢校太保庚子北京鄴都徐兗二州並奏旱詔今後立妃及拜免三公宰相及命將封親王公主宜令並降制命餘從令式處分夏五月壬子朔帝御崇光殿受朝賀仗衛如式詔洛京魏府管內所徵今年夏苗麥稅等宜放五分之一以徵旱故也丙辰御史中丞張昭遠奏汴州在梁室朱氏稱制之年有京都之號及唐莊宗平定河南復廢爲宣武軍至明宗行幸之時掌事者因緣修葺衙城遂挂梁室時宮殿門牌額當時識者竊或非之一昨車駕省方暫居

梁苑臣觀衙城內齋閣牌額一如明宗行幸之時無都號而有殿名恐非典據臣竊尋秦漢已來寰海之內鑾輿所至多立宮名近代隋室於揚州立江都宮太原立汾陽宮岐州立仁壽宮唐朝於太原立晉陽宮同州立長春宮岐州立九成宮宮中殿閣皆題署牌以類皇居請準故事於汴州衙城門權挂一宮門牌額則餘齋閣並可取便爲名勅行闕宜以大寧宮爲名湖南靑草廟舊封安流侯進封廣利公洞庭廟進封靈濟公磊石廟舊封昭靈侯進封威顯公黃陵二妃廟舊封懿節廟改封昭烈廟從馬希範之請也戊午以前成德軍節度判

官張彭爲太府卿壬戌詔在朝文武臣寮每人各進封事一件仍須實封通進務裨闕政用副虛懷甲子以虞部郎中知制誥于嶠爲中書舍人以戶部郎中于遘爲虞部郎中知制誥故太子少保致仕朱漢賓贈司空乙丑六宅使王繼弘送義州衙前收管前洺州團練使高信送復州收管二人於崇禮門喧爭爲臺司所劾故也戊辰翰林學士戶部員外郎知制誥竇貞固改工部郎中知制誥翰林學士都官郎中知制誥李愼儀改中書舍人仍賜金紫並依舊充職庚午制封皇第二十一女爲長安公主封皇第十一妹烏氏爲壽安長公主皇第

十二妹史氏爲永壽長公主皇第十三妹杜氏爲樂平長公主壬申天雄軍節度使守太傅兼中書令興唐尹范延光進封臨清王加食邑三千戶鳳翔節度使檢校太師兼中書令西平王李從曮進封岐王丙子平盧軍節度使兼中書令王建立進封臨淄王昭信軍節度使侍衛馬軍都指揮使景延廣改寧江軍節度使典軍如故太常卿梁文矩奏定四廟謚號廟號陵號太常少卿裴坦奏定四廟皇后追尊謚號從之戊寅以中書舍人權知貢舉王延爲御史中丞以翰林學士戶部侍郎知制誥崔梲爲兵部侍郎充承旨以翰林學士承旨兵部

侍郎程遜爲檢校禮部尚書太常卿檢校吏部尚書太
常卿梁文矩爲吏部尚書以御史中丞張昭遠爲戸部
侍郎以吏部尚書盧文紀爲太子少傅己卯詔太社內
先收掌唐朝罪人首級等宜令骨肉或先舊寮屬收葬
其喪葬儀注不得過制（案改葬梁末帝因妻繼英之請也事未及行而繼英誅死至九月甲寅始命安崇阮改葬詳見通鑑）六月壬午朔制宗正卿石光贊奏榮
陽道左有萬石君石奮之廟德行懿美宜示封崇用光
遠祖之徽猷益茂我朝之盛典贈奮太傅癸未契丹使
伊勒希巴（舊作夷離畢今改正）來聘致馬二百匹及人參貂鼠皮
走馬木椀等物乙酉翰林學士司封員外郎知制誥王

仁裕改都官郎中右贊善大夫盧損改右散騎常侍前
有朝貶故也以秘書少監致仕劉頎爲鴻臚卿致仕前
光祿少卿尹玉羽以少府監致仕丙戌宰臣李崧上表
讓樞密使於趙瑩以瑩佐命之元臣也詔不允以前義
成軍節度使李彥舜爲左武衞大將軍以左散騎常侍
唐汭爲檢校禮部尚書國子祭酒以前左龍武統軍李
承約爲左驍衞上將軍戊子宰臣趙瑩自契丹使回癸
巳東都奏瀍澗河溢壞金沙灘內舍屋幽州趙思溫奏
瀛莫兩州元係當道其刺史常行周白彥球乞發遣至
臣本府詔遣行周等赴闕甲午六宅使張彥自魏府迴

奏范延光叛命滑州符彥饒飛奏有兵士自北來傳范
延光到黎陽乞發兵屯禦宜遣客省使李守貞往延光
所問罪尋命護聖都指揮使白奉進領騎士一千五百
赴白馬渡巡檢乙未魏府范延光男閑廐使守圖送御
史臺攝荊南節度行軍司馬檢校太保歸州刺史王保
義加檢校太傅知武泰軍節度觀察留後充荊南行軍
司馬兼沿淮巡檢使襄州奏江水漲一丈二尺丁酉遣
內班史進能押信箭一對往滑州賜符彥饒以前磁州
刺史劉審交爲魏府計度使以東都巡檢使張從賓充
魏府西南面都部署遣侍衞使楊光遠領步騎一萬赴

滑州以東都副留守張延播充洛京都巡檢使白奉進
奏捉得賊卒張柔稱范延光差澶州刺史馮暉充一行
都部署元從押衙孫銳充一行兵馬都監帝覽奏謂侍
臣曰朕雖寡德寡謀自謂不居延光之下而馮暉孫銳
過於兒戲朝夕就擒安能抗拒大軍爲我之患乎天平
軍節度使安審琦起復舊任翰林學士禮部侍郎和凝
改端明殿學士己巳范延光差牙將王知新齎表到闕
不令朝見收付武德司丁未詔侍衞使楊光遠充魏府
西面部署以張從賓充副兼諸軍都虞候昭義軍節度
使高行周充魏府西南都部署是日張從賓亦叛與范

延光叶謀害皇子河陽節度使重信皇子東都留守重乂己酉以奉國都指揮使侯益護聖都指揮使杜重威領步騎五千往屯汜水關備從賓之亂也通鑑七月張從賓攻汜水關殺巡檢使宋廷浩帝戎服嚴輕騎將奔晉以避之桑維翰叩頭苦諫曰賊鋒雖盛勢不能久請少待之不可輕動帝乃止七月辛亥兩浙錢元瓘奏弟吳越士客馬步諸軍都指揮使靜海軍節度使元球非時入府欲謀爲亂腰下搜得匕首已誅戮訖詔削元球在身官爵甲寅奉國都指揮使馬萬奏滑州節度使符彥饒作亂屠害侍衞馬軍都指揮使白奉進尋以所部兵擒到彥饒差立功都虞候方太押送赴闕尋賜死於路是日削奪范延

光在身官爵以馬萬爲滑州節度使以昭義節度使高行周爲河南尹東都留守充西面行營諸軍都部署以護聖左右廂都指揮使杜重威爲昭義軍節度使兼侍衞馬軍都指揮使案原本脫馬軍都三字今從通鑑增入充西面行營副部署以奉國都指揮使侯益爲河陽節度使以右神武統軍王周充魏府行營步軍都指揮使以滑州節度使馬萬充魏府行營馬軍都指揮使以左僕射劉昫充東都留守兼判河南府事杜重威等奏收下汜水關破賊千人張從賓及其殘黨奔投入河兼收到護聖指揮使曾再晟一百人騎稱背賊投來並送赴行闕升貝州爲

防禦使贈皇子故東都留守重乂贈太傅皇子故河陽節度使重信贈太尉勅朋助張從賓逆人張延播張繼祚等十人宜令收捕親的骨肉並處斬丁卯以唐開府儀同三司守太尉兼中書令西平王李晟五代孫織爲耀州司戶參軍示勸忠之義也壬申帝御崇元殿備禮册四廟親授寶册於使攝太尉守司空門下侍郎平章事馮道使副攝司徒守工部尚書裴皥赴洛京行禮甲戌以宰臣趙瑩判戶部以吏部侍郎判戶部龍敏爲東都副留守詔洛京留司百官並赴闕安州軍亂指揮使王暉害節度使周瓌於理所遣右衞上將軍李金全領

千騎赴安州八月辛巳以許州節度使萇從簡爲徐州節度使以陝州節度使侍衞馬步軍都虞候劉知遠爲許州節度使以權北京留守徐州節度使安彥威爲太原尹北京留守河東節度使宰臣監修國史趙瑩奏請循近例依唐明宗朝凡有內廷公事及言動之間委端明殿學士或樞密院學士侍立冕旒繫日編錄逐季送當館其百司公事亦望逐季送當館旋要編修日曆從之丁亥以前宋州節度使李從敏爲陝州節度使戊子以尚書左丞鄭韜光爲戶部尚書致仕改元德殿爲廣政殿門名從之庚子華州渭河泛溢害稼宰臣馮道加

開府儀同三司食邑實封左僕射劉昫加特進兼鹽鐵轉運等使故東京留守判官李遐追贈右諫議大夫其母田氏封京兆郡太君子孫量才敘錄仍加賻贈長給遐在身祿俸終母之世先是遐監左藏庫於洛陽會張從賓叛令強取錢帛遐拒而不與因而遇害故有是命乙巳詔天下見禁囚徒除十惡五逆放火劫舍持杖殺人合造毒藥官典犯贓欠負官錢外其餘不問輕重已發覺未發覺已結正未結正並從釋放應自張從賓作亂以來有曾被張從賓及張延播脅從染污者及符彥饒下隨身軍將等兼安州王暉徒黨除已誅戮外並從釋放一切不問張繼祚在喪紀之中承逆豎之意顯從叛亂難貸刑章乃睠先臣實有遺德遂茲乏祀深所軫懷其一房家業準法雖已籍沒所有先臣并祖父母墳莊祠堂並可交付骨肉主張應自梁朝後唐以來前後奉使及北京沿邊管界擄掠往向北人口宜令官給錢物差使齎持往彼收贖放歸本家云繼祚故齊王全義之子也故有是詔丙午詔天下刑獄繫囚染疾者宜差醫工治療官中量給藥價事輕者仍許家人看候合杖者俟損日決遣九月庚戌朔以前太府卿兼通事舍人陳瓚爲衞尉卿兼通事舍人壬子故安遠軍節度使周環贈太傅甲寅皇子北京留守知河東軍府事太原尹重貴加檢校太保爲右金吾衞上將軍以右龍武統軍安崇阮爲右衞上將軍以前保大軍節度使檢校太尉張萬進爲右龍衞軍統軍以右領軍衞上將軍權知安州軍州事李金全爲安遠軍節度使魏府招討使楊光遠進攻城圖戊午以太子賓客孔昭序爲工部尚書致仕將作少監高鴻漸上言伏覩近年以來士庶之家死喪之苦當殯葬之日被諸色音聲伎藝人等作樂攪擾求覓錢物請行止絕從之庚申靜江軍節度使檢校太尉同平章事馬希杲加階爵及功臣名號以前兵部侍郎楊凝式爲檢校兵部尚書太子賓客故右金吾衞上將軍羅周敬贈太傅乙丑鄧州節度使李從璋卒贈太師改興唐府爲廣晉府興唐縣爲廣晉縣癸酉以左諫議大夫判度支王松爲尚書工部侍郎甲戌貝衞兩州奏河溢害稼乙亥以將作監王砥爲太子賓客十月壬午以宣徽南院使左監門衞上將軍楊彥詢爲鄧州威勝軍節度使詔選人試判兩道以左司郎中張琢爲右諫議大夫以刑部侍郎鹽鐵轉運副使史圭爲吏部侍郎以曹州刺史宋光業爲宣徽北院使以左金吾衞大將軍高漢筠爲左驍衞大將軍充內客省使以宣徽北

院使左驍衞大將軍劉處讓爲左監門衞上將軍充宣徽南院使丙戌遣使祀五嶽四瀆故天平軍節度使閻寶追封太原郡王故大同軍節度使李存璋贈太師故瀛州刺史李嗣頵贈太尉故相州刺史史建瑭故代州刺史王建及並贈太保故幽州節度使周德威追封燕王十一月庚戌賜光遠空名官告自司空至常侍凡四十道將士立功者得補之而後奏中書上言準唐貞元二年九月五日勅文官充翰林學士及皇太子諸王侍讀武官充禁軍職事並不常朝參其在三館等諸職事者並朝參訖各歸所務自累朝以來文武在內廷充職

兼判三司或帶職額及六軍判官等例不赴常朝元無正勅準近勅文武職事官未升朝者按舊制並赴朔望朝參其翰林學士侍讀三館職事望準元勅處分其諸在內廷諸司使等每受正官之時來赴正衙謝後不赴常朝大朝會不離禁廷位次三司職官免常朝唯赴大朝會其京司未升朝官員祗赴朔望朝參帶諸司職掌者不在此例文官除端明殿翰林學士樞密院學士中書省知制誥外有兼官兼職者仍各發遣本司公事從之丙申太子賓客王珏卒改潞京潛龍宅爲廣德宮北京潛龍宅爲興義宮戊午中書奏準雜令車駕巡幸所

祗承者賜贈並同京官從戊辰鎭海鎭東節度使吳越王錢元瓘加天下兵馬副元帥封吳越國王庚午以右拾遺李澣充翰林學士甲戌令太常卿程遜兵部員外郎韋棁充吳越國王加恩使甲子以戶部侍郎張昭遠守本官充翰林學士仍知制誥乙丑湖南馬希範貢寶裝龍鳳用結銀花果子等物帝覽之謂侍臣曰奇巧蕩心斯何用耳但以來遠之道不欲阻其意聞者服之壬午安州李金全上言奉詔抽臣元隨左都押衙胡漢筠其人染重病候損日赴闕漢筠本滑吏也從金全歷數鎭而濫聲喧聞帝知之欲授以他職免陷功臣漢筠懼

其罪遂託疾由是勸金全貳於朝廷自此始也十二月以監察御史徐台符爲尙書膳部員外郎知制誥以右補闕史官修撰吳承範爲尙書屯田員外郎知制誥左諫議大夫薛融改中書舍人辭而不拜尙書水部郎中知制誥王易簡改中書舍人故隴西郡王李嗣昭追封韓王故橫海軍節度使安審通贈太師辛丑湖南節度使兼中書令楚王馬希範加食邑實封改賜扶天佐運同德致理功臣甲辰車駕幸相國寺祈雪永樂大典卷一萬五千六百四十三

舊五代史卷七十六終

舊五代史卷七十六攷證

晉高祖紀二甲戌車駕至昭義　案歐陽史及通鑑並從是書作甲戌至遼州遼史作辛未與是書異

己卯至河陽北　案是書唐紀作庚辰晉帝至河陽遼史又作辛巳並與此紀異通鑑作己卯與此紀同

乙卯日有食之　案五代春秋作正月乙卯朔日食通鑑攷異引十國紀年蜀人亦以乙卯爲朔蓋晉人避正朝日食故改甲寅朔耳

定州奏契丹改幽州爲南京　南京歐陽史作燕京通鑑遼史契丹國志並作南京

安州上言節度使盧文進殺行軍副使率部下親兵過淮　案盧文進棄鎮奔吳通鑑作元年十二月五代春秋歐陽史作二年正月與是書同

洞庭廟進封靈濟公　案洞庭廟不載舊封疑有脫文攷五代會要十國春秋並與是書同

磊石廟舊封昭靈侯進封威顯公　威顯公五代會要作廣利威顯公

以奉國都指揮使侯益爲河陽節度使　案宋史侯益傳晉祖召益謂曰宗社危若綴旒卿能爲朕死耶益曰願假銳卒五千人破賊必矣以益爲西面行營副都部署據是書高行周爲都部署杜重威爲副部署不言侯益爲副都部署與宋史異

杜重威等奏收下汜水關破賊千人張從賓及其殘黨奔投入河　案宋史侯益傳益率禁兵數千人次虎牢從賓軍萬餘人夾汜水而陣益親鼓士乘之大敗其衆擊殺殆盡汜水爲之不流從賓乘馬入河溺死據是書祇言破賊千人與宋史異

安州軍亂指揮使王暉害節度使周瓌于理所　案王暉害周瓌五代春秋通鑑俱不書日歐陽史作丙子是書作甲戌諸史所載俱異

大詳袞舊作大相温今改　伊勒希巴舊作夷離畢今改

舊五代史卷七十六攷證

舊五代史卷七十七

宋司空同中書門下平章事薛居正等撰

高祖紀第三　晉書三

天福三年正月戊申朔，帝御崇元殿受朝賀，仗衛如式。己酉，百官守司，以太史先奏日蝕故也，至是不虧，內外稱賀。壬戌，是夜以上元張燈於京城，縱都人遊樂，帝御太寧宮門樓觀之。丙申，端明殿學士、禮部侍郎和凝兼判度支，工部侍郎、判度支王松改尚書刑部侍郎，戶部郎中高延賞改左諫議大夫，充諸道鹽鐵轉運副使。壬申，以前右諫議大夫薛融爲左諫議大夫。前興元節度使張筠卒於西京，輟視朝一日。（五代會要：太常禮院申準故事，前節度使無例輟朝，敕宜特輟一日朝參。）二月庚辰，左散騎常侍張允進駁赦論，帝覽而嘉之，降詔獎飾，仍付史館。甲申，荆南節度使高從誨加食邑實封。戊子，翰林學士李瀚賜緋魚袋，以尚書屯田員外郎、知制誥吳承範爲庫部員外郎，充樞密院直學士。乙未，御札曰：「曾有宣示，百官令進封事，今據到者未及十人。朕雖無德，自行敕後已是數月，至於假手於人也，合各有一件事敷奏，食祿於朝，豈當如是？言而不用，朕所甘心，用而不言，誰之責也。」丙申，制武清軍節度使馬希萼改威武軍節度使。辛丑，中書上言：「禮經云：禮不諱嫌名，二名不偏諱。注云：嫌名謂音聲相近，若禹與宇，丘與區也；二名不偏諱，謂孔子之母名徵在，言在不稱徵，言徵不稱在。此古禮也。唐太宗二名並諱，玄宗二名亦同，人姓與國諱音聲相近是嫌名者，亦改姓氏，與古禮有異。廟諱平聲字即不諱，餘三聲諱，側聲即不諱平聲字。所諱字正文及偏旁闕點望依令式施行。」詔曰：「朝廷之制，今古相沿，道在人弘，禮非天降，方開曆數，虔奉祖宗，雖踰孔子之文，未爽周公之訓，所爲二名及嫌名事，宜依唐禮施行。」（案：太原縣有史匡翰碑，立於天福八年。匡翰，建瑭之子也。碑於瑭字空文以避諱，而建瑭父敬思仍書敬字，蓋當時避諱之體如此。）乙巳，天和節，宴近臣於廣政殿。三月戊午，鴻臚卿劉頎卒，贈太子賓客。壬戌，東上閤門使、前司農卿蘇繼顏改鴻臚卿，充職。迴鶻可汗王仁美進野馬、獨峯駝、玉團、硇砂等方物。甲戌，永壽長公主薨，輟朝一日。故涇州節度觀察留後盧順密贈右驍衛上將軍。丁丑，詔禁止私下打造鑄瀉銅器。四月丁亥，以尚書吏部侍郎盧詹爲尚書左丞，中書舍人李祥上疏，請沙汰在朝文武臣寮，以減冗食，仍條貫藩侯郡守，凡遇溥恩，不得多奏衙前職員，妄邀恩澤，疏奏，嘉之。戊子，宣武軍節度使、侍衛親軍都指揮使、廣晉府行營都招討使楊光遠加兼中書令，昭義節度使、侍衛馬軍都指揮使廣晉府行營排陣使杜重威河陽節度使兼奉國左右廂都指揮使廣晉府行營馬步都虞候侯益並加檢校太傅鳳翔節度使檢校太師兼中書令岐王李從曮進奉封秦王平盧軍節度使檢校太尉兼中書令臨淄王王建立進封東平王甲午泰寧軍節度使李從溫西京留守京兆尹李周歸德軍節度使趙在禮並加兼侍中是月諸道藩侯郡守皆等第加恩改雍熙樓爲章和樓避廟諱也五月丁未朔帝御崇元殿受朝仗衞如式丁巳詔應諸州縣名犯廟諱者並改之庚申以楊光遠男承祚爲檢校工部尚書左衞將軍駙馬都尉丁卯魏府行營步軍都指揮使檢校司徒右神武統軍王周加檢校太保戊辰故振武節度使李嗣本贈太尉己巳詔中外臣寮帶平章事侍中中書令及諸道節度使並許私門立戟仍並官給及據官品依令式處分六月丁丑右監門衞上將軍王彥璘卒甲申以太子詹事王居敏置制安邑縣解縣兩池榷鹽事左諫議大夫薛融上疏請罷修洛京大內優詔褒之尋罷營造庚寅翰林學士尚書工部郎中知制誥竇貞固改中書舍人充職戶部尚書致仕蕭蘧卒贈右僕射詔貢舉宜權停一年以員闕少而選人多常調有淹滯故也丁酉詔尚書

省司門應管諸闕令丞等宜準唐天成四年四月四日敕本司不得差補祇委闕鎮使鈐轄見差補者並畫時勒停訖奏聞應常帶使相節度使自楊光遠已下凡七人並改鄉里名號七月丙午朔差左諫議大夫薛融祕書監呂琦駕部員外郎兼侍御史知雜事劉皞刑部郎中司徒詡大理正張仁瑑同共詳定唐明宗朝編敕庚戌御史王延改尚書右丞尚書右丞虞導改尚書吏部侍郎以左諫議大夫薛融爲御史中丞辛酉製皇帝受命寶以受天明命惟德允昌爲文據六典受命寶者天子修封禪禮神祇則用之其始皆破皇業錢以製之皇業者藩邸主事之所有也（五代會要天福三年六月中書門下奏準敕製皇帝受命寶今案唐貞觀十六年太宗文皇帝所刻之璽白玉爲螭首其文日皇帝景命有德者昌敕宜以受天明命惟德允昌爲文刻之）壬戌虞部郎中知制誥于邈改中書舍人宰臣趙瑩桑維翰李崧各改鄉里名號荊南節度使高從誨本貫汴州浚義縣王畿鄉表節東坊改爲擁旌鄉浴鳳里八月戊寅以左僕射劉昫爲契丹冊禮使左散騎常侍韋勳副之給事中盧重爲契丹皇太后冊禮使（案歐陽史八月戊寅馮道及左僕射劉昫爲契丹冊禮使通鑑戊寅以馮道爲太后冊禮使左僕射劉昫爲契丹主冊禮使據薛史則爲太后冊禮使者乃盧重非馮道也）壬午魏府軍前奏前澶州刺史馮暉自逆城來歸定州奏境內旱民多流散詔曰

朕自臨寰宇每念生民務切撫綏期于富庶屬干戈之未戢慮徭役之或煩惟彼中山偶經夏旱因兹疾苦遽至流移達我聽聞深懷惻惻應定州所差軍前夫役逃戶夏秋稅並放甲申襄州奏漢江水漲一丈一尺已丑以前澶州刺史馮暉爲檢校太保充義成軍節度使詔河中府同州絳州等三處災旱逃移人戶下所欠累年殘稅并今年夏稅差科及麥苗子沿徵諸色錢物等並放其逃戶下秋苗據見檢到數不計足元額及出剩頃畝並放一半委觀察使散行曉論專切攜應歸業戶人仍指揮逐縣切加安撫翰林學士中書舍人竇貞固上言請令文武百寮逐司之內各奏舉一人述其人有某能堪爲某官某職據所薦否臧定舉主黜陟（宋史竇貞固傳載此疏略云爲國之要進賢是先陛下方樹丕基宜求多士乞降詔百僚令各司議定一人有何能識堪何職官朝廷依奏用之若能符薦引果謂當才所奏之官望加獎賞如乖其舉或涉徇私所奏之官宜加黜罰自然官由德序位以才升三人同行尙聞擇善十目所視必不濫知臣職在論思敢陳狂狷）疏奏嘉之仍令文武百官於縉紳之內草澤之中知灼然有才器者列名以奏宴契丹冊禮使於廣政殿戊戌鄆州奏陽穀縣界河決青州王建立奏高麗國宿衞質子王仁翟乞放歸鄉里從之辛丑鎭邢定三州奏奉詔共差樂官六十七人往契丹詔魏府城下自屯軍已來墳墓多經斸掘雖已差人收掩今更遣太僕卿邢德昭往伸祭奠九月已酉宮苑使焦繼勳自軍前押范延光牙將馬誨齎歸命請罪表到闕壬子延光領部下將士素服於本府門俟命有詔釋罪乙卯詔司空兼門下侍郎平章事馮道官一品給門戟十六枝中書侍郎平章事桑維翰李崧給門戟十二枝已未宣遣靜難官劉守威左金吾仗勘契官王英（案歐史作王殷）司天臺雞叫學生商暉等（宋避殷作商）並赴契丹庚申契丹使人往洛京般取趙氏公主（宋史趙贊傳德鈞父子降晉契丹盡錮之北去贊獨與母公主留西洛天福三年晉祖命贊奉母歸薊門）襄州奏漢江水漲三丈出岸害稼東都奏洛陽水漲一丈五尺

壞下浮橋乙丑于闐國王楊仁美遣使貢方物迴鶻可汗遣使貢駞馬丙寅趙延壽進馬謝恩放燕國長公主歸幽州（案通鑑不載趙延壽進馬之事胡三省云延壽妻唐明宗女也延壽在北用事故來取之）范延光差節度副使李式到闕奉表首罪兼進玉帶一條遣宣徽南院使劉處讓權知魏府軍事已巳復范延光官爵其制畧曰頃朕始登大寶未靜中原六飛纔及於京師千里未通於懷抱楚王求舊方在遺簪曾子傳疑忽成投杼尋聞悛悔遽戮奸回干戈俄至於經時雷雨因思於作解果馳賓介疊奉表章向丹闕以傾心瀝衷情而効順而況保全黎庶完整甲兵納欵斯來其功非

細得不特頒鐵契重建牙章封本郡之土茅移樂郊之旌鉞至於將吏咸降絲綸於戲上元之運四時不愆者信大道之崇三寶所重者慈活萬戶之傷夷息六師之勞瘁遂予仁惻旌爾變通永貽子孫長守富貴敬佩光寵可不美歟可復推誠奉義佐運致理功臣天雄軍節度管內觀察處置等使開府儀同三司太傅兼中書令廣晉尹上柱國臨淸王食邑一萬戶食實封一千戶改授鄆州刺史天平軍節度鄆齊案原本有闕文等觀察處置等使賜鐵券改封高平郡王仍令擇日備禮冊命以天雄軍節度副使檢校刑部尙書李式檢校尙書右僕射充

亳州團練使以貝州刺史孫漢威檢校太保隴州防禦使以天雄軍三城都巡檢使薛霸爲檢校司空衞州刺史以天雄軍馬步軍都指揮使王建爲檢校司空虢州刺史以天雄軍內外馬軍都指揮使藥元福爲檢校司空深州刺史以天雄軍內外步軍都指揮使安元霸爲檢校司空隨州刺史以天雄軍都監前河陽行軍司馬李彥珣爲檢校司空坊州刺史李式延光之舊寮也其餘皆延光之將佐也故有是命庚午遣省使李守貞押器幣賜魏府立功將校辛未以魏府招討使楊光遠檢校太師兼中書令行廣晉尹充天雄軍節度使十月乙亥福建節度使王繼恭遣使貢方物戊寅契丹命使以寶冊上帝徽號曰英武明義皇帝歐陽史作契丹使中書令韓頻來奉冊是日左右金吾六軍儀仗太常鼓吹等竝出城迎引至崇光殿前陳列如儀鄆州范延光奏到任內丙辰御札曰爲國之規在於敏政建都之法務要利民歷攷前經朗然通論顧惟凉德獲啟丕基當數朝戰伐之餘是兆庶傷殘之後車徒旣廣帑廩咸虛經年之輓粟飛芻繼日而勞民動衆常煩漕運不給供需今汴州水陸要衝山河形勝乃萬庾千箱之地是四通八達之郊爰自按巡益觀宜便俾升都邑以利兵民汴州宜升爲東京置

開封府仍升開封浚儀兩縣爲赤縣其餘升爲畿縣應舊置開封府時所管屬縣竝可仍舊割屬收管亦升爲畿縣其洛京改爲西京其雍京改爲晉昌軍留守改爲節度觀察使依舊爲京兆府列在七府之上其曹州改爲防禦州其餘制置竝委中書門下商量施行丙戌以護聖右廂都指揮使曹州刺史張彥澤爲鎭國軍節度使以工部尙書裴皞爲尙書左僕射致仕是日詔改大寧宮門爲明德門又改京城諸門名額南門尉氏以薰風爲名西二門鄭門梁門以金義乾明爲名北二門酸棗門封邱門以玄化宣陽爲名東二門曹門宋門以迎

春仁和爲名戊子以右金吾大將軍馬從斌爲契丹國信使考功郎中劉知新副之（案馬從斌使契丹以報其加尊號也考通鑑則始以命王權權辭以老疾乃改爲命從斌耳歐陽史止書從斌不載劉知新五代春秋作十月遣道使於契丹以前）天平軍節度使檢校太尉同平章事安審琦爲晉昌軍節度使行京兆尹襄州奏江水漲害稼壬辰以樞密使中書侍郎平章事集賢殿大學士桑維翰兼兵部尚書皆罷樞密使（案以上疑有闕文据通鑑考異引晉高祖實錄維翰與李崧並罷樞密使）戊戌大赦天下以魏府初平故也庚子楊光遠朝覲到闕對于便殿賜賚甚厚于闐國王李聖天冊封大寶于闐國王以杭州嘉興縣爲秀州從錢元瓘之奏也十一月甲

辰樞密直學士祠部員外郎吳涓進金部郎中知制誥樞密直學士庫部員外郎吳承範進祠部郎中知制誥乙巳鄆州范延光來朝丙午封閩王昶爲閩國王加食邑一萬五千戶又以中武建武等軍節度使檢校太師兼中書令蘇州誠州刺史錢元璙爲太傅以清海軍節度使廣州刺史錢元璹爲檢校太尉兼中書令仍改名元懿應付魏府行營將校及六軍諸道本城將校等並與加恩戊申以門下侍郎平章事監修國史判戶部趙瑩兼吏部尚書以威武軍節度福建管內觀察處置等使王繼恭爲特進檢校太傅仍封臨海郡王以魏博節度使楊光遠爲守太尉洛京留守兼河陽節度使判六軍諸衞事端明殿學士尚書吏部侍郎判度支和凝改尚書戶部侍郎充職庚戌鄆州范延光上表乞休退詔不允辛亥升廣晉府爲鄴都置留守升廣晉元城兩縣爲赤縣屬府諸縣升爲畿縣升相州爲彰德軍置節度觀察使以澶衞二州爲屬郡其澶州仍升爲防禦州移於德勝口爲治所升貝州爲永清軍置節度觀察使以博冀二州爲屬郡以西京留守高行周爲廣晉鄴都留守廣晉府行營中軍使貝州防禦使王庭胤加檢校太傅充相州彰德軍節度使廣晉府行營步軍都指揮使右

神武統軍王周爲貝州永清軍節度使甲寅以范延光爲太子太師致仕丙辰以秘書監呂琦爲禮部侍郎歸德軍節度趙在禮改天平軍節度使昭義軍節度使兼侍衞親軍馬步軍都虞候杜重威改忠武軍節度使忠武軍節度使侍衞親軍馬步軍都指揮使劉知遠改歸德軍節度使前河陽節度使兼奉國左右廂都指揮使侯益改昭義軍節度使癸亥割濮州濮陽縣隸澶州詔許天下私鑄錢以天福元寶爲文丙寅冬至帝御崇光殿受朝賀仗衞如式十二月甲戌朔以前兵部尚書梁文矩爲太子少師以鎮武節度副使符蒙爲右諫議大

夫以吏部郎中曹國珍爲左諫議大夫以前涇州彰義軍節度使李德琉爲晉州建雄軍節度使加同平章事以皇太子右金吾衞上將軍重貴爲檢校太傅開封尹封鄭王加食邑三千戶戊寅制以大寶于闐國進奉使檢校太尉馬繼榮可鎭國大將軍副使黃門將軍國子少監張再通可試衞尉卿監使殿頭承旨通事舍人吳順規可試將作少監迴鶻使都督李萬金可歸義大將軍監使雷福德可順化將軍是日詔宣令天下無問公私應有銅欲鑄錢者一任取便酌量輕重鑄造戊子以河陽潛龍舊宅爲開晉禪院邢州潛龍舊宅爲廣法禪院龍武統軍李從昶卒輟朝一日贈太尉永樂大典卷一萬五千六百四十二

舊五代史卷七十七終

舊五代史卷七十七攷證

九月己酉宮苑使焦繼勳自軍前押范延光牙將馬諤齎歸命請罪表到闕壬子延光領部下士素服于本府門俟命有詔釋罪　案歐陽史作九月己酉赦范延光蓋併書于奉表請罪之日也

舊五代史卷七十七攷證

宋司空同中書門下平章事薛居正等撰

高祖紀第四　晉書四

天福四年春正月癸卯帝御崇光殿受朝賀仗衞如式丙午召太子太師致仕范延光宴于便殿以延光歸命之後慮懷疑懼故休假之內錫以款密帝謂之曰無忿疾以傷厥神無憂思以勞厥衷朕方示信於四方豈食言於汝也延光俯伏拜謝其心遂安丁未以西京副留守龍敏爲吏部侍郎戊申盜發唐閔帝陵己酉朔方軍節度使張希崇卒贈太師以澶州防禦使張崇恩爲樞

密使甲寅以侍衞步軍都指揮使寧江軍節度使景延廣爲義成軍節度使以義成軍節度使馮暉爲朔方軍節度使乙卯左諫議大夫曹國珍上言請于內外臣寮之中選才略之士聚唐六典前後會要禮閣新儀大中統類律令格式等精詳纂述俾無漏落別爲書一部目爲大晉政統從之其詳議官宜差太子少卿梁文矩左散騎常侍張允大理卿張澄國子祭酒唐汭大理少卿高鴻漸國子司業田敏禮部郎中呂咸休司勳員外郎劉濤刑部員外郎李知損監察御史郭延升等一十九人充文矩等咸曰改前代禮樂刑憲爲大晉政統則堯典舜典當以晉典革名列狀駁之曰作者謂之聖述者謂之明苟非聖明焉能述作若運因革故則事乃惟新或改正朔而變儀牲或易服色而殊徽號是以五帝殊時不相沿樂三王異世不相襲禮至於近代率由舊章比及前朝日滋條目多因行事之失改爲立制之初或臣奏條章君行可否皆表其年月紀以姓名聚類分門成文作則莫不悉稽前典垂範後昆遠自聖賢歷于朝代得金科玉條之號設亂言破律之防守而行之其來尙矣皇帝陛下運齊七政歷契千載爰從創業開基莫不積功累德所宜直筆具載鴻猷若備錄前代之編年

舊五代史卷七十八　本紀　二

目作聖朝之政統此則是名不正也夫名不正則言不順而媚時掠美非其實矣若翦截其詞此則是文不備也夫文不備則啟爭端而禮樂刑政于斯亂矣若改舊條而爲新制則未審何門可以刊削何事可以編聯旣當革故從新又須廢彼行此則未知國朝能守而不守乎臣等同共參詳未見其可疏奏嘉之其事遂寢辛酉以前晉昌軍節度使李周爲靜難軍節度使是日封皇第十一妹安定郡主爲延慶長公主皇第十二妹廣平郡主爲清平長公主二月辛卯改東京玉華殿爲承福殿中書上言太原潛龍莊望建爲慶長宮使相鄉望改

爲龍飛翊都尉里望改爲神光里從之丁酉宰臣馮道左散騎常侍韋勳禮部員外郎楊昭儉自契丹使迴案馮道出使之期當從五代春秋作三年九月至四年二月始得歸也帝慰勞備至錫賚豐厚庚子以天和節宴羣官於廣政殿錫物有差三月癸卯朔左僕射劉昫給事中盧重自契丹使迴頒賜器幣如馮道等乙巳迴鶻可汗仁美遣使貢方物中有玉狻猊實奇貨也丙午涇州節度使張萬進卒贈太師己未皇子開封尹鄭王重貴歸德軍節度使兼侍衞親軍馬步軍都指揮使劉知遠忠武軍節度使杜重威並加同中書門下平章事天平軍節度使趙在禮封衞國公庚

申遣內臣趙處玭以版詔徵華山隱者前右拾遺鄭雲叟玉笥山道士羅隱之靈州戍將王彥忠據懷遠城作叛帝遣供奉官齊延祚乘驛而往彥忠率衆出降延祚矯制殺之詔齊延祚辜我誓言擅行屠戮彰殺降之罪騰示信之文宜除名決重杖一頓配流王彥忠贈官收葬辛酉封迴鶻可汗仁美爲奉化可汗癸亥以左龍武統軍皇甫遇爲鎮國軍節度使張彥澤爲彰義軍節度使夏四月壬申朔以河中節度副使薛仁謙爲衞尉卿丙子以汝州防禦使宋彥筠爲同州節度使以護聖左右軍都指揮使李懷忠爲侍衞親軍馬軍都指揮使領

壽州忠正軍節度使以奉國左右廂都指揮使郭謹爲侍衞親軍步軍都指揮使夔州寧江軍節度使戊寅詔廢長春宮使額五代會要載原敕云同州長春宮使額宜停沿宮職務委州司制置已卯改明德殿爲滋德殿宮城南門同名故也以華州節度使劉遂凝爲右龍武統軍以右龍步統軍張延蘊爲絳州刺史庚辰徵前右拾遺鄭雲叟爲右諫議大夫玉笥山道士羅隱之賜號希夷先生甲申以翰林學士承旨兵部侍郎崔梲權判太常卿以端明殿學士戶部侍郎和凝爲翰林學士承旨樞密院學士尚書倉部郎中司徒詡樞密院學士尚書工部郎中顏衎並落職守本官

樞密副使張從恩改宣徽使初廢樞密院故也先是桑維翰免樞密之務以劉處讓代之奏議多不稱旨及處讓丁母憂遂以樞密院印付中書故密院廢焉丙戌以韓昭允爲兵部尚書致仕馬允孫爲太子賓客致仕房暠爲右驍衞大將軍致仕皆唐末帝之舊臣也戊子升永岳二州爲團練使額改湘川縣爲全州從馬希範之奏也五月壬寅朔帝御崇光殿受朝仗衞如式癸卯以左僕射劉昫兼太子太保封譙國公乙巳昭順軍節度事姚彥章卒升靈州方渠鎮爲威州隸於靈武改舊威州爲清邊軍戊申湖南節度使馬希範加天策上將軍

以前邠州節度使安叔千爲滄州節度使庚戌虞部郎中楊昭儉可本官知制誥辛亥置靜海軍於溫州從錢元瓘之請也壬子以侍御史盧價爲戶部員外郎知制誥戶部尚書崔檢卒甲寅詔止絕朝臣不得外州府求覓表狀奏薦交親乙卯升金州爲節鎭以懷德軍爲使額以齊州防禦使潘瓌爲懷德軍節度使右諫議大夫致仕鄭雲叟賜號逍遙先生仍給致仕官俸丁巳以刑部尚書姚顗爲戶部尚書以兵部侍郎權判太常卿事崔梲爲尚書左丞以工部侍郎任贊爲兵部侍郎以禮部尚書李懌爲刑部尚書以左丞盧詹爲禮部尚書以

左散騎常侍韋勳爲工部侍郎庚申廢華淸宮爲靈泉觀辛酉御史臺奏省郎知雜之時赴臺禮上軍巡邸吏之輩咸集公參赤縣府司悉呈杖印今後年深御史判雜上事欲依前例從之丙寅以鎭海軍衙內統軍上直馬步軍都監檢校太傅睦州刺史陸仁章爲同平章事遂領遂州武信軍節度使以鎭海軍興武左右開道都指揮使明州刺史仰仁銓爲檢校太傅同平章事領宣州寧國軍節度使從錢元瓘之請也六月辛未朔陳郡民王武穿地得黃金數餠州牧取而貢之帝曰宿藏之物旣非符寶不合入官命付所獲之家庚辰西京大風

雨應天福門屋瓦皆飛鴟吻俱折辛卯詔禮部貢舉宜權停一年秋七月庚子朔日有食之西京大水伊洛瀍澗盡溢壞天津橋癸卯以華淸宮使李頃爲右領軍衛上將軍甲辰以定州節度使皇甫遇爲潞州節度使檢校太尉以潞州節度使侯益爲徐州節度使戊申御史中丞薛融等上詳定編勑三百六十八道分爲三十一卷是日詔先令天下州郡公私鑄錢近多鉛錫相兼缺薄小弱有違條制今後私鑄錢下禁依舊法壬戌以太子少保梁文矩爲太子太保致仕閏七月庚午朔百官不入閤雨霑服故也壬申以中書侍郎平章事集賢殿

大學士桑維翰爲檢校司空兼侍中相州彰德軍節度使以彰德節度使王延胤爲義武軍節度使尙書戶部奏李自倫義居七世準勑旌表門閭先有鄧州義門王仲昭六代同居其旌表有廳事步欄前列屛樹烏頭正門閥閱一丈二尺二柱相去一丈柱端安瓦桶墨染號爲烏頭築雙闕一丈在烏頭之南三丈七尺夾階十有五步槐柳成列今舉此爲例則令式不該詔王仲昭正廳烏頭門等制不載令文又無勑命旣非故事難顯大倫宜從令式祗表門閭於李自倫所居之前量地之宜高其外門門外綽楔門外左右各建一臺高一丈二尺

廣狹方正稱臺之形埒以白泥四隅漆赤其行列樹植
隨其事力其同籍課役一準令文壬午濮州刺史武從
諫勒歸私第受贓十五萬故也丁酉故皇子河南尹重
乂妻虢國夫人李氏落髮爲尼賜名悟因仍錫紫衣法
號及夏臘二十八月己亥朔河決博平甘陵大水辛丑
以守司空兼門下侍郎平章事弘文館大學士馮道爲
守司徒兼侍中封魯國公壬寅詔曰皇圖革故庶政惟
新宜設規程以諧公共其中書印祇委上位宰臣一人
知當戊申前兵部尚書王權授太子少傅致仕己酉以
天下兵馬副元帥鎮海鎮東等軍節度使檢校太師行

中書令吳越王錢元瓘爲天下兵馬元帥壬子升亳州
爲防禦使額依舊隸宋州丙辰司天監馬重績等進所
撰新歷降詔褒之詔翰林學士承旨和凝制序命之曰
調元曆九月辛未以右羽林統軍周密爲鄜州節度使
癸酉升婺州爲武勝軍額丁丑宴羣臣於永福殿契丹
使納默庫舊作粘木孤今改正來聘致牛馬犬腊顛騤十四遼史會同
二年正月戊申晉遣金吾衛大將軍馬從斌考功郎中劉知新來貢珍幣丙辰晉遣使謝免沿邊四州錢幣七
月戊申晉遣使進犀帶閏月乙酉遣使賜晉良馬八月乙丑晉遣使貢歲幣奏輸戊亥二歲金幣于燕京己
卯遙領洮州保順軍節度使鮑君福加檢校太師兼侍
中判湖州諸軍事辛巳相州節度使桑維翰上言管內

所獲賊人從來籍沒財產請止之詔今後凡有賊人準
格律定罪不得沒納家貲天下諸州準此癸未封唐許
王李從益爲郇國公奉唐之祀服色旌旗一依舊制仍
以西京至德宮爲廟牲幣器服悉從官給五代會要九月敕周受龍
圖立夏殷之祀唐膺鳳曆開酅介之封乃眷前朝載稽舊典宜封土宇俾奉宗祧宜以郇國三千戶封唐許王
李從益爲郇國公云丙戌高麗王王建遣使貢方物己丑以中書
侍郎平章事李崧權判集賢殿事庚寅詔停寒食七夕
重陽及十月暖帳內外羣官貢獻丙申以威勝軍節度
副使羅周岳爲給事中中書舍人李詳改禮部侍郎禮
部侍郎呂琦改刑部侍郎刑部侍郎王松改戶部侍郎

戶部侍郎閻至改兵部侍郎中書舍人王易簡充史館
修撰判館事冬十月戊戌朔故昭信軍節度使白奉進
贈太尉丙午以太常卿程遜沒於海廢朝一日贈右僕
射庚戌閩王王昶威武軍節度使王繼恭遣僚佐林思
鄭元弼等朝貢致書於宰執無人臣之禮帝怒詔令不
受所貢應諸州綱運並令林思鄭弼等押歸本道既而
兵部員外郎李知損上疏請禁錮使人籍沒綱運可之
收林思等下獄丙辰谿州刺史彭士愁以錦蔣之兵與
蠻部萬人掠辰澧二境湖南節度使馬希範遣牙兵拒
之而退金州山賊度從讜等寇洵陽遣兵討平之十一

月甲戌以太子賓客李延範爲司農卿乙亥詔立唐高祖太宗及莊宗明宗閔帝五廟於洛陽丁丑祠部郎中知制誥吳承範改中書舍人充翰林學士翰林學士中書舍人竇貞固改御史中丞御史中丞薛融改尚書左丞尚書右丞王延改吏部侍郎尚書左丞崔棁改太常卿戊寅史館奏請令宰臣一人撰錄時政記逐時以備撰述從之五代會要史館奏唐長壽二年右丞姚璹奏帝王謨訓不可闕文其仗下所言軍國政事令宰臣一人撰錄號時政記唐明宗朝又委端明殿學士撰錄逐季送付史館伏乞遵行者宜令宰臣一員撰述己卯吏部侍郎龍敏改尚書左丞己丑以太子賓客楊凝式爲禮部尚書致仕詔建錢鑪於欒川丙申諫議

大夫致仕逍遙先生鄭雲叟卒十二月丁酉朔百官不入閤大雪故也己亥故皇太子重英妻張氏落髮爲尼賜名悟愼幷夏臘二十庚戌禮官奏來歲正旦王公上壽皇帝舉酒奏元同之樂再飲奏文同之樂三飲奏同前從之歌辭不錄丙辰詔今後城郭村坊不得剏造僧尼院舍丁巳帝謂宰臣曰大雪害民五旬未止京城祠廟悉令祈禱了無其驗豈非涼德不儲神休未洽者乎因令出薪炭米粟給軍士貧民等壬戌禮官奏正旦上壽宮懸歌舞未全且請雜用九部雅樂歌教坊法曲從之永樂大典卷一萬五千六百四十四

舊五代史卷七十八

晉高祖紀四以澶州防禦使張從恩爲樞密副使 樞密副使原本作樞密使按下文亦作樞密副使今從歐陽史及宋史張從恩傳改正

以版詔徵華山隱者前右拾遺鄭雲叟 右拾遺歐陽史作左拾遺攷是書前後俱作右拾遺今仍其舊

以潞州節度使侯益爲徐州節度使 案宋史侯益傳天福四年晉祖追念虎牢之功遷武寧軍節度同平章事是書不載同平章事五代會要所載天福中使相有侯益與宋史同

今後私鑄錢下禁依舊法 案歐陽史七月丙辰復禁鑄錢是書作七月戊申

李自倫義居七世準勅旌表門閭 七世歐陽史作六世又旌表門閭歐陽史作正月與是書作閏七月異

先有鄧州義門王仲昭六代同居 案王仲昭歐陽史作登州人

乙亥詔立唐高祖太宗及莊宗明宗閔帝五廟于洛陽 案立唐廟于西京歐陽史作十二月與是書作十一月異

舊五代史卷七十八攷證

舊五代史卷七十九

宋司空同中書門下平章事薛居正等撰

高祖紀第五 晉書五

天福五年春正月丁卯朔帝御崇光殿受朝賀仗衞如式降德音應天福三年終公私債欠一切除放壬申蜀人寇西鄙羣盜張達任康等刦淸水德鐵之城以應之癸酉湖南奏閩人殺王昶夷其族王延羲因民之欲而定之甲戌遣宣徽使楊彥詢使於契丹辛巳皇子開封尹鄭王重貴加檢校太尉己丑迴鶻可汗仁美遣使貢良馬白玉謝冊命也庚寅以二王後前右贊善大夫襲

酅國公楊延壽爲太子左諭德三恪汝州襄城縣令襲介國公宇文頡加食邑三千戶辛卯升絳州爲防禦州癸巳以左神武統軍睦思鐸爲右羽林統軍以隴州防禦使何福進爲右神武統軍甲午太常少卿裴羽奏請追諡莊宗皇后劉氏爲神閔敬皇后明宗皇后曹氏請追諡爲武憲皇后閔帝魯國夫人孔氏追諡爲閔哀皇后從之丙申河中節度使安審信奏軍校康從受李崇孫大裕張從于千等以所部兵爲亂尋平之死者五百人二月丁酉朔沙州歸義軍節度使曹義金卒贈太師以其子元德襲其位乙巳御史中丞竇貞固奏國忌日

宰臣跪爐焚香文武百寮列坐竊惟禮例有所未安今欲請宰臣仍舊跪爐百寮依班序立詔可之仍行香之後飯僧百人永爲定制庚戌北京留守安彥威來朝帝慰接甚厚賜上尊酒壬子升中書門下平章事爲正二品丁巳青州節度使東平王王建立來朝己未以中書門下侍郎爲淸望正三品諫議大夫御史中丞爲淸望正四品三月丁卯朔右散騎常侍張允改禮部侍郎辛未宋州歸德軍節度使侍衞親軍馬步軍都指揮使劉知遠加特進改鄴都留守廣晉尹典軍如故以兗州節度使李從溫爲徐州節度使以北京留守安彥威爲宋

州節度使壬申詔朝臣覲省父母依天成例頒賜茶藥癸酉以青州節度使王建立爲昭義軍節度使進封韓王仍割遼沁二州爲昭義屬郡以建立本遼州人用成其衣錦之美也以晉州節度使李德珫爲北京留京以潞州節度使皇甫遇爲晉州節度使是日容州節度使馬存卒甲戌以給事中李光廷爲左散騎常侍亳州團練使李式爲給事中乙亥相州節度使桑維翰加檢校司徒改兗州節度使許州節度使杜重威改鄆州節度使河中節度使安審信改許州節度使丁丑長安公主出降駙馬都尉楊承祚戊寅詔中書門下五品以上官

於兩省上事宰臣押角之禮及第舉人與主司選勝筵宴及中書舍人靸鞋接見舉人兼兵部禮部引人過堂之日幕次酒食會客悉宜廢之己卯以前樞密使劉處讓爲相州節度使辛巳湖南遣牙將劉勍領兵大破溪洞羣蠻收溪錦蔣三州丁亥以秦州節度使康福爲河中節度使以徐州節度使侯益爲秦州節度使庚寅御明德樓餞送昭義軍節度使王建立賜玉斧蜀馬甲午詔吏部三銓聽四時選擬官旋奏不在團甲之限夏四月丙申朔宴羣臣於永福殿戊戌曹州防禦使石曄卒帝之從弟也禮官奏天子爲五服之內親本服周者三

哭而止從之己亥罷洛陽京兆進苑囿瓜果閔勞人也壬寅右僕射致仕裴皞卒贈太子太保丙午詔曰承旨者承時君之旨非近侍重臣無以稟朕旨宣予言是以大朝會宰臣承旨草制詔學士承旨若無區別何表等威除翰林承旨外殿前承旨宜改爲殿直密院承旨宜改爲承宣御史台三司閤門密省所有承旨並令別定其名庚戌以滄州節度使馬全節爲安州節度使禮部侍郎張允奏請廢明經童子科從之因詔宏詞拔萃明算道舉百篇等科並停之五月癸酉宋州貢瑞麥兩岐甲申以前徐州節度使萇從簡爲右金吾衞上將軍丙

戊安州節度使李金全叛詔新授安州節度使馬全節
以洛汴汝鄭單宋陳蔡曹濮十州之兵討之以前鄜州
節度使安審暉爲副以內客省使李守貞爲都監仍遣
供奉官劉彥瑤奉詔以諭金全命麾下齊謙以詔送於
淮夷雲夢人齊峴斬謙歸其詔於朝辛卯昭義節度使
韓王王建立薨輟朝二日冊贈尚書令〔原脫六月〕壬寅少府監致
仕尹玉羽卒癸卯淮南使李承裕代李金全金全南走
承裕以淮兵二千守其城甲辰馬全節自應山縣進軍
於大化鎮戊申與鄂州賊軍陣於安陸之南三戰而後
克之斬首三千級生擒千餘人供奉官安友謙登鋒力

戰奮不顧身全節賞其忠勇使馳獻捷書暍死於路是
日削奪李金全官爵丁巳淮夷僞校李承裕率衆掠城
中資貨而遁馬全節入城撫其遺民遣安審暉等兵以
逐承裕擒而斬之執其僞都檢杜光鄴及淮南軍五百
餘人露布獻於闕下帝曰此輩何罪皆厚給放還癸亥
道士崇眞大師張薦明賜號通元先生是時帝好道德
經常召薦明講說其義帝悅故有是命尋令薦明以道
德二經雕上印板命學士和凝別撰新序冠於卷首俾
頒行天下秋七月甲子朔降安州爲防禦使額以申州
隸許州丙寅安州節度使馬全節加檢校太尉改昭義

軍節度使前鄜州節度使安審暉加檢校太傅爲威勝
軍節度使丁卯湖南奏遣天策府步騎將張少敵領兵
五萬樓船百艘次於岳陽將進討淮夷也甲戌宣徽使
楊彥詢加檢校太傅充安國軍節度使乙亥戶部尚書
致仕鄭韜光卒贈右僕射戊寅福州王延羲遣商人間
路貢表自述戊子宿州奏淮東鎮移牒云本國奏書於
上國皇帝曰久增景慕莫會光塵但循職國之規敢預
睦鄰之道一昨安州有故脫難相規邊校貪功乘便據
壘夠機宜之孰在顧茫昧以難申否臧皆凶乃大易之
明義進取不止亦聖人之厚顏適屬暑雨稍頻江波甚

漲指揮未到事實已違今者猥沐睿咨曲形宸旨歸其
俘獲示以英仁其如軍法朝章彼此不可揚名建德曲
直相懸雖認好生非敢聞命其杜光鄴等五百七人已
令却過淮北帝復書曰昨者災生安陸釁接漢陽當三
伏之炎蒸動兩朝之師旅豈期邊帥不稟上謀洎復城
池備知本末尋已捨諸俘執還彼鄉閭不惟念効命之
人兼亦敦善鄰之道今承來旨將正朝章循宥罪之文
用廣崇仁之美其杜光鄴等再令歸復尋遣使押光鄴
等於桐墟渡淮淮中有棹船甲士拒之南去不果詔光
鄴等歸京師授以職秩其戎士五百人立爲顯義都八

月丁酉帝觀稼於西郊己亥詳定院以先奉詔詳定冬正朝會禮節樂章二舞行列等事上之事具樂志庚子以前金州防禦使田武爲金州懷德軍節度使辛丑升復郢二郡爲防禦使額戊午左龍武統軍相里金卒廢朝一日贈太師己未太子太師致仕范延光卒於河陽廢朝二日贈太師丁卯宰臣李崧加集賢殿大學士以翰林學士承旨戶部侍郎和凝爲中書侍郎平章事丙子廢翰林學士院其公事並歸中書舍人丁丑翰林學士中書舍人李愼儀爲右散騎常侍以翰林學士左右補闕李澣爲吏部員外郎以右散騎常侍趙元輔爲太

子賓客以太子賓客韓惲爲兵部尚書以右諫議大夫段希堯爲萊州刺史甲申西京留守楊光遠加守太尉兼中書令充平盧軍節度使封東平王戊子改東京上源驛爲都亭驛冬十月丁酉制天下兵馬元帥鎮海鎮東浙江東西等道節度使中書令吳越王錢元瓘加守尚書令充天下兵馬都元帥戊戌戶部尚書姚顗卒廢朝一日贈右僕射癸卯湖南上言福建王延羲與弟延政互起干戈內相侵伐甲辰升萊州爲防禦使額以汝州防禦使楊承貴領之以新授萊州刺史段希堯爲懷州刺史丁未契丹使錫里（舊作舍利今改正）來聘致馬百匹及玉鞍狐裘等（遼史會同三年二月戊辰遣使使晉乙未晉遣使來覲四月壬寅遣人使晉丙午晉遣宣徽使楊端王朓等來問起居丙辰晉遣使進茶藥癸亥晉遣使賀端午五月庚辰晉遣使進弓矢甲申遣皇子天德及檢校司徒耶用和使晉六月庚子晉遣使來見九月丙戌晉遣使貢名馬庚申晉遣使貢布十二月丙申遣使使晉）己酉宴羣臣於永福殿賜帛有差癸丑詔今後竊盜贓滿者處死三匹以上者決杖配流以盜論者准律文處分又詔過格選人等許赴吏部南曹召保委正身者降一資注官十一月壬戌遙領遂州武信軍節度使鎮海軍衙內統軍檢校太傅同平章事陸仁璋卒贈太子太傅甲子滑州節度使景延廣加檢校太傅改陝州保義軍節度使以鄭州防禦使駙馬都尉史匡翰

爲義成軍節度使戊辰曹州防禦使石贇加檢校太保充河陽三城節度使庚午以翰林學士戶部侍郎張昭遠爲兵部侍郎丙子冬至御崇光殿受朝賀始用二舞帝舉觴奏元同之樂登歌奏文同之樂舉食文舞奏昭德之舞武舞奏成功之舞典禮久廢至是復興觀者悅之丁丑吳越國進奉使陳元亮進冬日觀仗詩一首帝覽之稱善賜服馬器幣癸未移德州長河縣大水故也甲申制授閩國王延羲檢校太師兼中書令福州威武軍節度使封閩國王以兩浙西南面安撫使錢元懿爲檢校太尉兼中書令遙領廣州淸海軍節度使又以恩

州團練使錢鏵爲檢校太尉同平章事遙領楚州順化軍節度使丁亥割衛州黎陽縣隷滑州十二月壬辰朔遙領洮州保順軍節度使檢校太尉兼侍中判湖州軍州事鮑君福卒贈太傅丙申詔故靜海軍兼東南面安撫制置使檢校太傅溫州刺史錢弘巽贈太子太傅故吳越兩軍節度副使檢校太傅錢弘僔贈太子太師

天福六年春正月辛酉朔帝御崇光殿受朝賀仗衛如式刑部員外郎李象上二舞賦帝覽而嘉之命編諸史冊甲子同州指揮使成殷謀亂事洩伏誅時節度使宋彥筠御下無恩既貪且鄙故殷與子彥璋陰搆部下爲亂

會有告者遂滅其黨乙丑青州奏海凍百餘里丙寅遣供奉官張澄等領兵二千發并鎮忻代四州山谷吐渾令還舊地先是吐渾苦契丹之虐受鎮州安重榮誘召叛而南遷入常山太原二境帝以契丹歡好之國故遣歸之戊辰詔應諸州無屬州錢處今後冬至寒食端午天和節及諸色謝賀不得進貢壬申以左司郎中趙上交爲諫議大夫戊寅封唐叔虞爲興安王台駘神爲昌寧公差給事中張琭戶部郎中張守素就行冊禮又詔嶽鎮海瀆等廟宇並令崇飾仍禁樵採丙戌故皇第二叔檢校司徒萬友贈太師皇第三叔檢校司空萬銓贈太尉皇兄故檢校左僕射敬儒贈太傅二月辛卯詔天下郡縣不得以天和節禁屠宰輒滯刑獄壬辰置浮橋於德勝口甲午詔諸衛上將軍月俸舊三十千令增至五十千戊戌以三恪汝州襄城縣令龔介國公宇文顒爲太子率更令己亥詔戶部侍郎張昭遠起居郎賈緯秘書少監趙熙吏部郎中鄭受益左司員外郎李爲光等同修唐史仍以宰臣趙瑩建修壬寅以三白渠制置使張琭爲給事中戊申詔侯伯來朝君臣相見賞宴貢奉今後宜停起居郎賈緯以所撰唐年補錄六十五卷上之帝覽之嘉歎賜以器幣仍付史館五代會要起居賈緯奏曰伏以

唐高祖至代宗已有紀傳德宗亦存實錄武宗至濟陰廢帝凡六代惟有武宗實錄一卷餘皆闕略臣今搜訪遺聞及耆舊傳說編成六十五卷目爲唐朝補遺錄以備將來史官修述癸丑長安公主薨帝之長女也笄年降於駙馬楊承祚帝悼惜之甚輟視朝二日追贈秦國公主三月甲子河中節度使康福進封許國公乙丑右驍衛上將軍李承約卒癸酉詔天福四年終已前百姓所欠夏秋租稅一切除放夏四月庚寅朔湖南奏溪州刺史彭士愁五溪酋長等乞降已立銅柱於溪州鑄誓狀於其上以五溪銅柱圖上之丙申詔顯義指揮使劉康部下兵五百人放還淮海郎安州所俘也己亥虞部郎中知制誥楊昭儉遷中書舍人戶

部侍郎王松改御史中丞，禮部郎中馮玉改司門郎中知制誥。辛丑，宰臣監修國史趙瑩奏奉詔差張昭遠等五人同修唐史，內起居郎賈緯丁憂去官，請以刑部侍郎呂琦、侍御史尹拙同與編修。又奏史館所闕唐朝實錄，請下勑購求，從之。五代會要：監修國史趙瑩奏：自李朝喪亂，迨五十年，四海沸騰，兩都淪覆，今之書府，百無二三。臣等近奉綸言，俾令撰述，褒貶或從于新意，纂修須案于舊章。既闕簡編，先虞漏略。今據史館所闕唐書實錄，請下敕命購求。況咸通中宰臣韋保衡與蔣伸、皇甫煥撰武宗、宣宗兩朝實錄，皆遇多事，或值播遷，雖聞撰述，未見流傳。其韋保衡、裴贄合有子孫見居職任，或門生故吏會記纂修，聞此討論，諒多欣愜。請下三京諸道及內外臣寮，凡有將此數朝實錄詣闕進納，量其文武才能，不拘資地，除授一官；如卷帙不足，據數進納，亦請不次獎酬，以勸來者。自會昌至天祐，垂六十年，其初李德裕平上黨，著武宗伐叛之書；其後康承訓定徐方，有武寧本末之傳，如此事類，記述頗多。請下中外臣寮及名儒宿學，有于此六十年內撰述得傳記及中書銀臺史館日曆制勅冊書等，不限年月多少，並許詣闕進納。如年月稍多，記錄詳備，請特行簡拔，不限資序。臣與張昭遠等所撰唐史，敘本紀以綱帝業，列傳以述功臣，十志以書刑政，所陳條例，請下所司。從之。

壬寅，以戶部員外郎知制誥盧價為虞部郎中知制誥，以昭義節度副使陳元為光祿卿致仕。乙巳，齊魯民飢，詔兗、鄆、青三州發廩賑貸。五月庚申朔，以前邢州節度使丁審琪為延州節度使，延州節度使劉景巖為邠州節度使。故皇子杲冊贈太尉，進封陳王。庚午，涇州奏雨雹，川水大溢，壞州郡鎮戍三十四城。甲戌，北京遣牙將劉從以吐渾大首領白承福、念麗里、赫連功德來朝。邢州上言吐渾移族帳於鎮州封部。六月丙申，以前衛尉卿趙延乂為司天監。丁酉，詔今後藩侯郡守凡有善政，委倅貳官條件聞奏，百姓官吏等不得遠詣京闕。壬寅，右領衛上將軍李頃卒，贈太師。甲辰，迦葉彌陁國僧唓哩以佛牙泛海而至。丙午，高麗國王王建加開府儀同三司、檢校太師，食邑一萬戶。戊午，鎮州節度使安重榮執契丹使伊喇舊作拽剌，今改正。遣輕騎掠幽州南境之民處於博野，仍貢表及馳書天下，述契丹援天子父事之禮，貪傲無厭，困耗中國，已繕治甲兵，將與決戰。帝發所論而止之，重榮跋扈愈甚，由是與襄州節度使安從進潛相搆謀為不軌。永樂大典卷一萬五千六百四十四

舊五代史卷七十九

晉高祖紀五五月丙戌安州節度使李金全叛詔新授安州節度使馬全節以洛汴汝鄭單宋陳蔡曹濮十州之兵討之　案五代春秋五月李金全叛附于吳馬全節帥師討安州吳人救安州仐節敗吳師克安州金全奔吳六月放吳俘還歐陽史作五月李金全叛六月克安州馬令南唐書作六月安州節度使李金全來降遣鄂州屯營使李承裕帥師迎之紀月互異

執其僞都監杜光鄴　僞都監馬令南唐書作監軍通

事舍人

尋遣使押光鄴等于桐墟渡淮　桐墟原本作桐廬據通鑑注引九域志云宿州蘄縣有桐墟鎮自桐墟而南至渦口則濟淮矣今改正

太子太師致仕范延光卒于河陽廢朝二日　案歐陽史作西京留守楊光遠殺太子太師范延光攷本傳延光本爲楊光遠推墮溺水死爲之輟朝諱之也

丁卯　案歐陽史作九月丁卯原本疑有脫字

發并鎮忻代四州山谷吐渾令還舊地　案晉逐吐谷渾在天福六年通鑑與是書同攷天福六年即遼會同四年也遼史作會同三年晉以并鎮忻代之吐谷渾來歸與是書異

甲戌北京遣牙將劉從以吐渾大首領白承福念龐里赫連功德來朝　案通鑑四月辛巳北京留守李德珫遣牙校以吐谷渾酋長白承福入朝是書作五月甲戌與通鑑異歐陽史從是書

鎮州節度使安重榮執契丹使伊喇　案遼史作二月晉安重榮執使者伊喇是書作六月先後互異

舊五代史卷七十九攷證

宋司空同中書門下平章事薛居正等撰

高祖紀第六　晉書六

天福六年秋七月己未朔帝御崇光殿視朝庚申升陳州爲防禦使額辛酉以前鄧州節度使焦方爲貝州節度使壬戌涇州奏西凉府留後李文謙今年二月四日閉宅門自焚遣元入西凉府譯語官與來人賫三部族蕃書進之以三司使劉審交爲陳州防禦使癸未以前鄆州節度使趙在禮爲許州節度使以前鄴都留守廣晉尹高行周爲河南尹西都留守詔改拱辰威和內直等軍並爲興順甲子以宣徽使權西京留守張從恩判三司己巳以鄴都留守兼侍衛親軍馬步軍都指揮使廣晉尹劉知遠爲太原尹充北京留守河東節度使仍割遼沁二州却隸河東以北京留守李德珫爲廣晉尹充鄴都留守以昭義節度使馬全節爲邢州節度使加同平章事甲戌詔今後諸道行軍副使不得奏薦骨肉爲殿直供奉官己卯以前陝州節度使李從敏爲昭義軍節度使以陝州節度使景延廣爲河陽三城節度使兼侍衛親軍馬步軍都虞候以河陽節度使石贇爲陝州節度使壬午突厥遣使朝貢以遙領壽州忠正軍節

度使兼侍衛馬軍都指揮使李懷忠爲同州節度使以宣徽北院使李守貞遙領忠正軍節度使侍衛馬軍指揮使甲申降御札取八月五日暫幸鄴都沿路供頓並委所司以官物排比州縣不得科率人戶丙戌以右諫議大夫趙遠爲中書舍人吏部郎中鄭受益爲右諫議大夫刑部郎中殷鵬爲水部郎中知制誥八月戊子朔以皇子開封尹鄭王重貴爲東京留守以天平軍節度使兼侍衛親軍馬步軍副都指揮使杜重威爲侍衛親軍馬步軍都指揮使以宣徽南院使張從恩爲東京內外兵馬都監改奉德馬軍爲護聖放文武百官朝參取便先赴鄴都壬辰車駕發東京己亥至鄴左右金吾六軍儀仗排列如儀迎引入內改曹澶州爲德清軍以內客省使劉遂清爲宣徽北院使判三司壬寅制應天福六年八月十五日昧爽以前諸色罪犯常赦所不原者咸赦除之其持仗行刼及殺人賊並免罪移鄉配逐處軍都收管犯枉法贓者雖免罪不得再任用諸徒流人並放還貶降官未量移與量移者約資敘用天福五年終已前殘稅並放應河東起義之初及收復鄴都汜水立功將校並與加恩亡歿者與追贈自東京至鄴都緣路昨因行幸有損踐田苗處據頃畝與放今年租稅鄴

都管內有潛龍時在職者並與加恩耆年八十已上者版授上佐官天下農器並許百姓自鑄造亡命山澤者招喚歸業百日不出者復罪如初唐梁國公狄仁傑宜追贈官秩應天福三年已前敗闕場院官無家業者並與除放其人免罪永不任使私下債負徵利及一倍者並放主持者不在此限丁未以客省使將作監丁知浚爲內客省使引進使鴻臚卿王景崇爲客省使殿中監判四方館事劉政恩爲引進使壬子改鄴都皇城南門應天門爲乾明門大明館爲都亭驛甲寅遣光祿卿張澄國子博士謝攀使高麗行册禮九月己未以兵部侍

郎閻至爲吏部侍郎辛酉滑州河決一潰東流鄉村戶民攜老幼登丘塚爲水所隔餓死者甚衆壬申忠武建武等軍節度使守太傅兼中書令行蘇州睦州刺史錢元璙進封彭城郡王遥領廣州清海軍節度使判婺州軍州事錢元懿爲檢校太師乙亥遣前邢州節度使楊彥詢使于契丹錫賚甚厚丁丑吐渾遣使朝貢壬午夜有彗星出于西方長二丈餘在房一度尾跡穿天市垣東行踰月而滅丙戌兗州上言水自西來漂没秋稼冬十月丁亥朔遣鴻臚少卿魏玭等四人分往滑濮鄆澶視水害苗稼己丑詔以胡梁度月城爲大通軍浮橋爲大通橋壬寅詔唐梁國公狄仁傑可贈太師十一月丁未鄭王夫人張氏薨福州王延羲遣使貢方物甲寅遣太子賓客聶延祚吏部郎中盧撰持節册天下兵馬元帥守尚書令吳越國王錢元瓘甲子以御史中丞王松爲尚書右丞中書舍人史館修撰判館事王易簡爲御史中丞戶部侍郎張昭遠爲兵部侍郎國子祭酒田敏以本官兼戶部侍郎辛未太妃皇后至自東京壬申遣給事中李式考功郎中張鑄持節册閩國王王延羲甲戌太子少傅致仕王瓘卒贈左僕射丁丑襄州安從進舉兵叛以西京留守高行周爲南面行營都部署率兵

討之以前同州節度使宋彥筠爲副以宣徽南院使張從恩監護焉十二月丙戌朔以東京留守開封尹鄭王重貴爲廣晉尹進封齊王以鄴都留守廣晉尹李德珫爲開封尹充東京留守南面軍前奏十一月二十七日武德使焦繼勳先鋒都指揮使郭金海等唐州南遇安從進賊軍一萬餘人大破之（案宋史陳思讓傳思讓爲先鋒右廂都監從武德使焦繼勳領兵進討遇從進之師于唐州花山下急擊大破之）生擒衙內都指揮使安宏義獲山南東道之印其安從進單騎奔逸丁亥詔襄州行營都部署高行周權知襄州事是日鎮州節度使安重榮稱兵向闕（案安重榮反在十二月丁亥五代春秋誤繫于十月）以侍衛親軍

馬步軍都指揮使杜重威爲北面行營招討使率兵擊之以邢州節度使馬全節爲副以前貝州節度使王周爲馬步軍都虞候癸巳武德使焦繼勳奏安從進遣弟從貴領兵千人取接均州刺史蔡行遇尋領所部兵掩殺賊軍七百餘人生擒安從貴截其雙腕却放入城戊戌以皇子重睿爲銀青光祿大夫檢校尙書左僕射己亥北面軍前奏十三日未時於宗城縣西南大破鎭州賊軍殺一萬五千人餘黨走保宗城縣是夜三更破縣城前深州刺史史虔武自縛歸降獲馬三千匹絹二萬餘疋餘物稱是安重榮脫身遁走是日百官稱賀癸卯創奪安從進安重榮在身官爵右金吾上將軍袁從簡卒廢朝贈太師乙巳天下兵馬都元帥守尙書令吳越國王錢元瓘薨廢朝三日謚曰文穆是日帝習射於後苑諸軍都指揮使已上悉預焉賜物有差丁未南面行營都部署高行周奏今月十三日部領大軍至襄州城下相次降賊軍二千人其降兵馬軍詔以彰聖爲號步軍以歸順爲號庚戌以權知吳越國事錢弘佐爲起復鎭軍大將軍檢校太師兼中書令杭州越州大都督鎭海東等軍節度使封吳越國王壬子杜重威部領大將至鎭州城下

天福七年春正月丙辰朔不受朝賀用兵故也戊午以前將作監李鍇爲少府監北面招討使杜重威奏今月已收復鎭州斬安重榮傳首闕下帝御乾明樓宣露布訖大理卿受馘付市徇之百官稱賀曲赦廣晉府禁四（遼史云戊辰晉函安重榮首來獻上數欲親討重榮至是乃止）辛酉追贈皇弟三人故忻州馬步軍都指揮使贈太傅德再贈太尉追封福王故檢校太子賓客贈太傅殷再贈太尉追封通王故彰聖右第三軍都指揮使長州刺史贈太傅威再贈太尉追封廣王壬戌追贈皇子五人故右衞將軍贈太保重英再贈太傅追封虢王故權東京留守河南尹贈太傅重乂再贈太尉追封壽王故皇城副使贈太保重裔再贈太傅追封鄴王故河陽節度使贈太尉重信再贈太師追封沂王故左金吾衞將軍贈太保重進再贈太傅追封夔王癸亥改鎭州爲恒州成德軍爲順國軍丙寅以門下侍郎平章事監修國史趙瑩爲侍中青州節度使楊光遠加食邑改賜功臣名號兗州節度使桑維翰加檢校太保河東節度使劉知遠加兼侍中以鄆州節度使北面行營招討使侍衞親軍都指揮使杜重威爲恒州順國軍節度使加兼侍中皇子廣晉尹兼功德使齊王重貴加兼侍中秦州節度使侯益加特進增食邑

丁卯以判四方館事孟承誨爲太府卿充職戊辰以滄州節度使安叔千爲邢州節度使以北面行營副招討使邢州節度使馬全節爲定州節度使以定州節度使王延胤爲滄州節度使以前邢州節度使楊彥詢爲華州節度使恆州立功將校王溫以降等第除郡庚午契丹遣使來聘是日上元節六街諸寺燃燈御乾明門觀之夜半還宮壬申延州節度使丁審琦加爵邑鄧州節度使安審徽加檢校太傅陝州節度使石贇加檢校太傅乙亥契丹遣使來聘河陽節度使兼侍衛馬步軍都虞候景延廣加檢校太尉改鄆州節度使典軍如故以

前貝州節度使北面行營馬步軍都虞候王周爲河陽節度使加檢校太保丁丑以刑部侍郎竇貞固爲門下侍郎以禮部郎中邊歸讜爲比部郎中知制誥壬午以河陽節度使王周爲涇州節度使以恆州節度副使王欽祚爲殿中監二月丁亥皇妹清平公主進封衛國長公主契丹遣使來聘己丑宴于武德殿新恆州節度使杜重威己下諸軍副兵馬使己下悉預焉賜物有差己亥以曹州防禦使何建爲延州留後涇州奏差押牙陳延暉賚勅書往西凉府本府都指揮使等請以陳延暉爲節度使辛丑宰臣李崧丁母憂起復舊任蕃寇作亂同州鄜州各起牙兵討平之丙午詔鄧唐隨郢諸州多有曠土宜令人戶取便開耕與免五年差稅三月己未兵部尚書韓惲卒庚申遣前齊州防禦使宋光鄴翰林茶酒使張言使于契丹壬戌分命朝臣諸寺觀禱雨丙寅皇后爲妹契丹樞密使趙延壽妻燕國長公主卒於幽州舉哀於外次辛未滑州節度使駙馬都尉史匡翰卒輟朝贈太保詔唐州湖陽縣蓼山神祠宜賜號爲蓼山顯順之神乙亥以晉昌軍節度使安審琦爲河中節度使以前亳州防禦使王令溫爲貝州節度使丙子賜宰臣李崧白藤肩輿以起復故也丁丑以晉州節度使

皇甫遇爲河陽節度使以壽州節度使兼侍衛馬步軍指揮使李守貞爲滑州節度使以夔州節度使兼侍衛步軍都指揮使郭達郭達刻本作郭謹爲相州節度使皆典軍如故宰臣於寺觀禱雨閏月丙戌以兵部郎中司徒詡爲右諫議大夫戊子兗州節度使桑維翰加特進封開國公庚寅以延州留後何建爲延州節度使以引進使兼殿中監劉正恩爲太子詹事壬辰宋州節度使安彥威奏修滑州黃河功畢詔於河決之地建碑立廟丙申以鄜州節度使周密爲晉州節度使以左羽林統軍符彥卿爲鄜州節度使壬寅詔百官五日一度起居日輪

定兩員具所見以封事奏聞詔改鄴都宣明門爲朱鳳門武德殿爲視政殿文思殿爲崇德殿畫堂爲天清殿寢殿爲乾福殿其門悉從殿名皇城南門爲乾明門北門爲玄德門東門爲萬春門西門爲千秋門羅城南甎門爲廣運門觀音門爲金明門橙槽門爲清景門冠氏門爲永芳門朝臣門爲景風門大城南門爲昭明門觀音門爲廣義門北河門爲靜安門魏縣門爲應福門冠氏門爲迎春門朝城門爲興仁門上斗門爲延清門下斗門爲通遠門戊申宋州節度使安彥威封邢國公賞修河之勞也癸丑涇州節度使王周奏前節度使張彥澤在任日不法事二十六條己改正停廢詔褒之是春鄴都鳳翔兗陝汝恆陳等州旱鄆曹澶博相洺諸州蝗夏四月甲寅朔避正殿不視朝日蝕故也是日太陽不虧百官上表稱賀詔沿河藩郡節度使刺史並兼管內河堤使己未右諫議大夫鄭受益兩疏論張彥澤在涇州之日違法虐民支解掌書記張式部曲楊洪等請下所司明申其罪皆留中不出庚申刑部郎中李濤張麟員外郎麻麟王禧同詣閤門上疏論張彥澤罪犯詞甚懇切宋史李濤傳涇帥張彥澤殺記室張式奪其妻式家人詣闕上訴晉祖以彥澤有軍功釋其罪濤伏閤抗疏請寘于法晉祖召見諭之濤植笏叩陛聲色俱厲晉祖怒叱之濤執笏如初晉祖曰吾與彥澤有誓約

恕其死濤厲聲曰彥澤私誓陛下不忍食其言范延光嘗賜鐵券今復安在晉祖不能答即拂衣起辛酉詔張彥澤刻剝賓從誅剝生聚冤聲穢跡流聞四方章表繼來指陳甚切尚以曾施微効特示寬恩深懷曲法之慚貴狥議勞之典其張彥澤宜削一階仍降爵一紀其張式宜贈官張式父鐸弟守貞男希範並與除官仍於涇州賜錢十萬差人津置張式靈柩并骨肉歸鄉所有先收納却張式家財物畜並令還其涇州新歸業戶量與蠲減稅賦翌日以前涇州節度使張彥澤爲左龍武大將軍宋史楊昭儉傳昭儉與李濤論張彥澤不報會有詔令朝臣轉對或有封事亦許以不時條奏昭儉復上疏曰天子君臨四海日有萬幾懋建諍臣彌縫其闕今則諫臣雖設言路不通藥石之論不達于聖聽而邪佞之徒取容于左右御史臺紀綱之府彈糾之司銜冤者固當昭雪爲蠹者難免放流陛下臨御以來寬仁太甚徒置兩司殆如虛器遂令節使慢侮朝章屠害幕吏始訴冤于丹闕反執送于本藩苟安跋扈之心莫恤冤抑之苦願回宸斷誅彥澤以謝軍徒 戊辰廢雄州爲昌化軍警州爲威肅軍其軍使委本道差補故涇州節度掌書記張式贈尚書虞部郎中以式父鐸爲沁州司馬致仕弟守貞爲貝州清河縣主簿男希範爲興元府文學甲戌詔皇子齊王就前河中府節度使康福第以教坊樂宴會前見任節度使戊寅前慶州刺史米廷訓追奪在身官爵配流麟州坐姦妻兄之女也是月州郡十六處蝗五月己亥中書門下奏時屬炎蒸事宜簡省應五日百官

起居望令押班宰臣一員押百官班其轉對官兩員封付閤門使引進本官隨百寮退不用別出謝恩其文武內外官寮乞假寧覲搬家婚葬病損並門見門辭諸道進奉物等不用殿前排列引進使引進殿前奏云某等進奉奏訖令進奉使出其進奉專使朝見日班首一人致詞都附起居刺史并行軍副使諸道馬步軍都指揮使已下差人到闕並門見門辭州縣官謝恩日甲頭一人都致詞不用逐人告官其供奉官殿直等如是當直及合於殿前排列者卽入起居如不當直排立者不用每日起居委宣徽使點檢常須整齊從之時帝不豫難於視朝故也遼史二月甲午遣使使晉索吐谷渾叛者契丹國志云遼以晉招納吐谷渾遣使責讓晉高祖憂悒感疾左威衛上將軍衛審峹卒贈太子少保乙巳尊皇太妃劉氏爲皇太后徐無黨五代史記注云高祖所生母也丁未工部侍郎韋勳改刑部侍郎壬子以左散騎常侍李光廷爲秘書監給事中蕭愿爲右散騎常侍左諫議大夫曹國珍爲給事中太常卿裴坦爲左諫議大夫是月州郡五奏大水十八奏旱蝗六月丁巳以兗州節度使桑維翰爲晉昌軍節度使以前許州節度使安審琦爲兗州節度使襄州都部署高行周奏安從進觀察判官李光圖出城請援送赴闕乙丑帝崩於保昌殿壽五十一遺

制齊王重貴於柩前卽皇帝位喪紀並依舊制山陵務從節儉馬步諸軍優紀並從嗣君處分通鑑攷異云漢高祖實錄晉高祖大漸召近臣屬之曰此天下明宗之天下寡人竊而處之久矣寡人既謝當歸許王寡人之願也此說難信

八月太常卿崔梲上謚曰聖文章武明德孝皇帝廟號高祖以其年十一月十日庚寅葬於顯陵宰臣和凝撰謚冊哀冊文永樂大典卷一萬五千六百四十四五代史補高祖尙明宗女宮中謂之石郎及將起兵於太原京師夜聞狼皆羣走往往入宮中愍帝患之命諸班能射者分投捕逐謂之射狼或遇諸塗問曰汝何從而來對曰看射狼未幾高祖至蓋射音與石相近也　五代史闕文梁開平初潞州行營使李思安奏函關縣穰鄉民伐樹樹仆自分爲二中有六字如左書云天十四載石進梁帝藏于武庫時莫詳其義至帝卽位識者曰天字取四字兩畫加之于傍卽丙字也四字去中之兩畫加十字卽申字也帝卽位之年廼丙申也進者晉也石者姓也臣謹案天祐二十年歲在癸未其年莊宗建號改同光元年至清泰三年歲丙申其年晉祖卽位改元天福元年自未至申凡十四載矣故讖書云天十四載石進者言自天祐滅後十四載石氏興於晉也豈不明乎而拆字解讖以就丙申非也

史臣曰晉祖潛躍之前沉毅而已及其爲君也旰食宵衣禮賢從諫慕黃老之教樂清淨之風以絁爲衣以麻爲履故能保其社稷高朗令終然而圖事之初召戎爲援獫狁自茲而孔熾黔黎由是以罹殃迨至嗣君兵連禍結卒使都城失守舉族爲俘亦猶決鯨海以救焚何逃沒溺飲鴆漿而止渴終取敗亡謀之不臧何至於是儻使非由外援之力自副皇天之命以茲睿德惠彼蒸

民雖未足以方駕前王亦可謂仁慈恭儉之主也永樂大典卷一萬五千六百四十四

舊五代史卷八十終

舊五代史卷八十攷證

晉高祖紀六乙亥遣前邢州節度使楊彥詢使于契丹　案楊彥詢使于契丹歐陽史通鑑俱從是書作九月遼史作二月己未晉遣楊彥詢來貢且言鎮州安重榮跋扈狀遂留不遣與是書異

丁丑襄州安從進舉兵叛　案安從進反歐陽史五代春秋俱作十月通鑑從是書作十一月遼史作十二月戊子晉遣使來告山南節度使安重進反則因其赴告之月而書之也

生擒衙內都指揮使安宏義　案宋史焦繼勳傳作擒其牙將安洪義鮑洪等五十餘人

是日鎮州節度使安重榮稱兵向闕　案安重榮反歐陽史通鑑俱從是書作十二月五代春秋繫于十月之後遼史作十一月丙寅晉以討安重榮來告與是書異

遣前齊州防禦使宋光鄴　宋光鄴遼史避諱作宋暉業

宋州節度使安彥威奏修滑州黃河功畢　案修河事是書紀于閏月壬辰歐陽史作三月歸德軍節度使安彥威塞決河于滑州蓋以奉使之月言是書以奏

功之日言也

詔改鄴都宣明門爲朱鳳門　朱鳳門五代會要作來鳳門

皇城南門爲乾明門北門爲元德門東門爲萬春門西門爲千秋門　案五代會要晉改皇城四門爲乾明元德萬春千秋在天福六年是書統繫于七年與會要異

舊五代史卷八十攷證

舊五代史卷八十一

宋司空同中書門下平章事薛居正等撰

少帝紀第一　晉書七

少帝名重貴高祖之從子也考諱敬儒母安氏以唐天祐十一年六月二十七日生帝于太原汾陽里敬儒嘗爲後唐莊宗騎將早薨高祖以帝爲子帝少而謹厚高祖愛之洎歷方鎮嘗遣從行委以庶事但性好馳射有祖禰之風高祖鎮太原命瑯琊王震以禮記敎帝不能領其大義謂震曰非我家事業也及高祖受圍于太原親冒矢石數獻可于左右高祖愈重焉高祖受契丹册

入洛欲留一子撫晉陽先謀於戎王戎王曰使諸子盡出吾當擇之乃於行中指帝謂高祖曰此眼大者可矣遂以帝爲北京留守授金紫光祿大夫檢校司徒行太原尹知河東管內節度觀察事天福二年九月徵赴闕授光祿大夫檢校太保右金吾衞上將軍三年十二月授開封尹加檢校太傅封鄭王增食邑三千戸俄加檢校太尉同中書門下平章事六年高祖幸鄴改廣晉尹進封齊王以下疑脫七年正月加兼侍中八字是歲六月十三日案此歲爲天福七年此承上六年言于中當有脫文爲乙丑高祖崩承遺制命柩前即皇帝位帝在幷州未著人望及保釐浚郊大有寬裕之稱

從宰鄴都是歲遇旱高祖遣祈雨于白龍潭有白龍見于潭心是夜澍雨尺餘人皆異之至是果登大位焉丁卯賜侍衛諸軍將校錢一百貫下至五貫以初卽位示賚也戊辰宰臣馮道等率百寮請聽政凡三上表允之庚午始聽政于崇德殿門偏廊分命廷臣以嗣位奏告天地宗廟社稷遣右驍衛將軍石德超等押先皇御馬二匹往相州西山撲祭用北俗禮也丙子以司徒兼侍中馮道爲大行皇帝山陵使門下侍郎竇貞固副之太常卿崔棁爲禮儀使戸部侍郎呂琦爲鹵簿使御史中丞王易簡爲儀仗使（徐無黨五代史記注云舊史實錄無橋道頓遞使疑不置或闕書漢高祖亦然）

己卯遣判四方館事朱崇節（案歐陽史作節使宋崇節）右金吾大將軍梁言持國信物使于契丹是時河南河北關西並奏蝗害稼秋七月癸未朔百官素服臨于天清殿戊子詔應宮殿州縣及官名府號人姓名與先帝諱同音者改之改西京明堂殿爲宣德殿中書政事堂爲政事廳堂後官房頭爲錄事餘爲主事（案東都事略陶穀傳穀本姓唐避晉祖諱改姓陶蓋當時避諱之體如此）己丑大行皇帝大祥帝釋縗服百官衣縿辛卯帝除禫服百官吉服壬辰太皇太后劉氏崩高帝之庶母也遺詔服紀園陵毋用后禮皇帝不得廢軍國機務旣而禮官奏準令式爲祖父母齊縗周又準喪葬令皇帝本服周者三哭而止請準後唐同光三年皇太妃北京薨莊宗于洛京西內發哀素服不視事三日從之仍遣國子祭酒兼戸部侍郎田敏奏告高祖靈座癸巳右諫議大夫鄭受益中書舍人楊昭儉並停見任以請假在外不赴國哀故也丁酉宰臣馮道等率文武百寮詣崇德殿門拜表請御正殿凡三上表允之安州奏水平地深七尺庚子帝御正殿宣制大赦天下諸道州府諸色罪犯除十惡五逆殺人强盜官典犯贓合作毒藥屠牛鑄錢外其餘罪犯咸赦除之襄州安從進如能果決輸誠並從釋放其中外臣寮將校並與加恩天

下有蟲蝗處並與除放租稅辛丑恆州順國軍節度使杜威（案杜重威避少帝諱去重字至漢始復故少帝紀皆作杜威）河東節度使劉知遠並加檢校太師仍增爵邑青州平盧軍節度使楊光遠加守太師癸卯鄆州天平軍節度使兼侍衞馬步都虞候景延廣加特進同中書門下平章事充侍衞親軍都指揮使滑州義成軍節度使兼侍衞馬軍都指揮使李守貞相州彰德軍節度使侍衞步軍都指揮使郭謹並加檢校太傅仍增爵邑宰臣馮道等上表請依舊置樞密使略曰竊以樞密使創自前朝置諸近侍其來已久所便尤多頃歲樞密使劉處讓偶屬家艱爰拘喪制

旣從罷免暫議改更不曾顯降勅文永停使額所願各歸職分豈敢苟避繁難伏請依舊置樞密使初高祖事後唐明宗覩樞密使安重誨秉政擅權賞罰由己常惡之及登極故斷意廢罷一委中書至是馮道等厭其事繁故復請置之庶分其權表凡三上不允乙巳徐州節度使李從温宋州節度使安彥威並加兼中書令西都留守兗襄州行營都部署高行周加兼侍中鳳翔節度使李從曮加守太保遣中使就中書賜宰臣馮道生辰器幣道以幼屬亂離早喪父母不記生日堅辭不受丙午以給事中羅周岳爲左散騎常侍以右諫議大夫符

蒙爲給事中以秘書少監兼廣晉少尹邊蔚爲右散騎常侍以廣晉少尹張煦爲右諫議大夫以廣晉府判官光祿少卿邊光範爲右諫議大夫丁未荆南節度使南平王高從誨加兼尚書令湖南節度使楚王馬希範加守太傅自是藩侯郡守皆第加官封示溥恩也是月州郡十七蝗八月壬子朔百官素服臨於天清殿乙卯以左散騎常侍羅周岳爲東京副留守庚申以山陵禮儀使太常卿崔梲爲太子賓客分司西都病故也壬戌晉昌軍節度使桑維翰加檢校太傅甲子宰臣馮道加守太尉趙瑩加中書令李崧加左僕射兼門下侍郎和凝

加右僕射契丹遣使致慰禮馬二十匹及羅絹等物是日襄州行營都部署高行周奏收復襄州安從進自焚而死生擒男弘贄斬之前河東節度使康福卒贈太師謚曰武安戊辰以太子太保兼尚書左僕射劉昫爲太子太傅詔賜襄州城內百官粟大戶二斛小戶一斛以久困重圍也己巳以太子賓客趙元輔權判太常卿事充山陵禮儀使庚午葬太皇太后于魏縣秦固村癸酉契丹使致祭于高祖賻禮御馬二匹羊千口絹千疋契丹主母亦遣使來慰詔免襄州城內人戶今年夏秋來屋稅其城外下營處與放二年租稅應被安從進脅從

者一切不問是月河中河東河西徐晉商汝等州蝗九月丁丑朔百官素服臨于天清殿己卯分遣朝臣詣寺觀祈雨辛巳兩浙節度使吳越國王錢弘佐福建節度使王延羲並加食邑仍改賜功臣名號癸未帝御乾明門觀襄州行營都部署高行周都監張從恩等獻俘馘有司宣露布訖以安從進男弘受等四十四人徇于市皆斬之曲赦京城禁囚甲申宴班師將校于崇德殿賜物有差乙酉宰臣和凝上廻河頌賜鞍馬器帛丁亥以宋州歸德軍節度使安彥威爲西京留守兼河南尹以襄州行營都部署西京留守高行周爲宋州節度使加

檢校太師戊子降襄州爲防禦使額均房二州割屬鄧州升泌州爲團練使額已丑以東京留守兼開封尹李德玧爲廣晉尹以宣徽南院使襄州行營都監張從恩爲東京留守兼開封尹加檢校太尉以前同州節度使襄州行營副部署宋彥筠爲鄧州威勝軍節度使加檢校太尉山陵禮儀使撰高祖祔享太廟酌獻樂章上之庚寅詔今後除授留守宜降麻制癸巳樂平公主史氏進封魯國大長公主壽安長公主烏氏進封衞國大長公主鄭國長公主杜氏進封宋國大長公主荆南高從誨累表讓尚書令之命己亥追封故秦國長公主爲梁

國長公主故永壽長公主爲岐國大長公主故延慶長公主爲邠國大長公主辛丑以義成軍節度使兼侍衞馬軍都指揮使李守貞充大行皇帝山陵一行都部署壬寅以宣徽北院使判三司劉遂淸爲鄭州防禦使以澶州防禦使李承福爲宣徽北院使癸卯詔大行皇帝十一月十日山陵宜自十月一日至十一月二十日不坐放文武百官朝參甲辰上大行皇帝尊謚寶册百官素服班于天淸殿五代會要天福七年中書門下奏山陵禮儀使狀高祖尊謚號及廟號伏準故事將啟殯宫前擇日命太尉率百寮奉謚册告天于圜丘畢奉謚册跪讀于靈前此累朝之制蓋以天命尊極不可稽留今所上高祖聖文章武明德孝皇帝尊謚寶册伏緣去洛京地遠寶册難以往來當司詳酌伏請祇差官往洛京奏告南郊太廟其日中書門下文武百官立班中書令侍中升靈座前讀寶册行告謚之禮禮儀使撰進高祖祔享太廟酌獻樂章舞名請以咸和之舞爲名從之冬十月辛亥朔百官素服臨于天淸殿襄州利市廟封爲順正王仍令本州修崇廟宇癸亥啟攢宫百官衣初喪服入臨甲子靈駕進發帝于朱鳳門外行遣奠之祭辭畢還宫丁丑太保盧質卒贈太子太師謚曰文忠己卯宰臣李崧母喪歸葬深州遣使弔祭之庚辰契丹遣使致祭於高祖賻馬三匹衣三襲十一月庚寅葬高祖皇帝于顯陵壬辰湖南奏前洪州節度使馬希振卒戊戌詔宰臣等分詣寺廟祈雪庚子祔高

祖神主于太廟辛丑以右金吾衞大將軍權判三司董遇爲三司使詔州郡稅鹽過稅斤七錢住稅斤十錢州府鹽院並省司差人勾當先是諸州府除蠶鹽外每年海鹽界分約收鹽價錢一千七萬貫高祖以所在法禁抵犯者衆遂開鹽禁許通商令州郡配徵人戶食鹽錢上戶千文下戶二百分爲五等時亦便之至是掌賦者欲增財利難于驟變前法乃重其關市之征蓋欲絕其興販歸利于官也其後鹽禁如故鹽錢亦征至今爲弊焉是日詔天地宗廟社稷及諸祠祭等訪聞所司承管多不精潔宜令三司預支一年禮料物色于太廟置庫

收貯差宗正丞主掌委監察使監當祭器祭服等未備者修置（五代會要勅差宗正丞石載仁專主掌監察御史宋彥昇監庫兼差供奉官陳審璘往洛京于太廟內隱便處修蓋庫屋五間俟畢日催促所支物色監送入庫交付訖取收領文狀歸闕每有祠祭諸司各請禮料至時委監庫御史宋彥昇宗正丞石載仁旋行給付其大祠中祠兼令監察御史檢點小祠即令行事官檢點如致慢易本司準格科罪其祭器未有者修製已有者更仰整飭）十二月辛酉以威武軍節度副使充福建管內諸軍都指揮使王延澄爲威武軍副大使知節度事詔諸道州府每遇大祭祀冬至寒食立春立夏雨雪未晴不得行極刑如有已斷下文案可取次日及雨雪定後施行乙丑以前鄧州節度使安審暉爲左羽林統軍以前延州節度使丁審琪爲右羽林統軍以前金州節度使潘瓌爲左神武統軍以前華州節度使皇甫立爲左金吾衛上將軍以右龍武統軍劉遂凝爲左驍衛上將軍以前貝州節度使馬萬爲右驍衛上將軍以左龍武大將軍張彥澤爲右武衛上將軍丙寅宰臣馮道滑州節度使兼侍衛馬軍都指揮使李守貞河陽節度使皇甫遇西京留守安彥威廣晉尹李德珫並加爵邑以山陵充奉之勞也己巳迴鶻進奉使密里等各授懷化歸德大將軍將軍郎將放還蕃庚午故洪州節度使馬希振追封齊國公辛未故中吳建武等軍節度使彭城郡王錢元璙追封廣陵郡王丙子于闐迴鶻皆遣使貢方物

天福八年春正月辛巳盜發唐坤陵莊宗母曹太后之陵也河南府上言逃戶凡五千三百八十七餓死者兼之詔諸道以廩粟賑饑民民有積粟者均分借便以濟貧民時州郡蝗旱百姓流亡餓死者千萬計東都人士僧道請車駕復幸東京後唐莊宗德妃伊氏自契丹遣使貢馬庚寅沙州留後曹元深加檢校太傅充沙州歸義軍節度使癸巳發禁軍萬人並家口赴東京乙巳于闐迴鶻入朝使劉再成等並授懷化大將軍將軍郎將放還蕃二月庚戌御札取今月十一日車駕還東京沿路州府不用修飾行宮食宿頓遞並以官物供給文武臣寮除有公事合隨駕外並先次進發以侍衛親軍使景延廣充御營使癸丑以廣晉尹李德珫權鄴都留守己未車駕發鄴都曲赦都下禁囚甲子次封邱文武百官見于行宮乙丑至東京甲戌以東京留守張從恩爲權鄴都留守以皇弟檢校司徒重睿爲檢校太保開封尹年幼未出閤差左散騎常侍邊蔚知府事丁丑以前太僕卿薛仁謙爲衛尉卿河中逃戶凡七千七百五十九是時天下飢穀價翔踴人多餓殍右金吾衛上將軍劉處讓卒贈太尉三月己卯朔以中書令監修國史趙

瑩爲晉昌軍節度使以晉昌軍節度使桑維翰爲侍中監修國史（通鑑作晉昌節度使兼侍中桑維翰爲侍中胡三省注云桑維翰始居藩鎮而兼侍中今入朝正爲門下省長官）辛巳以左散騎常侍盧重爲秘書監以東京副留守羅周岳爲右散騎常侍癸未青州節度使東平王楊光遠進封壽王北京留守劉知遠恆州節度使杜威並加兼中書令乙酉以鄜州節度使符彥卿爲河陽節度使以權鄴都留守前開封尹張從恩爲鄴都留守廣晉尹以右羽林統軍丁審琪爲鄜州節度使丁亥天策上將軍湖南節度使楚王馬希範加守尚書令兼中書令己丑桂州節度使馬希杲依前檢校太尉兼侍

中兼知朗州軍州事朗州武平軍節度使馬希蕚加檢校太尉進封爵邑以武平軍節度副使岳州團練使馬希瞻爲檢校太尉領廬州昭信軍節度使以武安軍節度副使永州團練使馬希廣爲檢校太尉領洪州鎮南軍節度使皆楚王馬希範之弟也庚寅以宣徽北院使李承福爲右武衛大將軍充宣徽南院使以前鄭州防禦使劉繼勳爲左千牛衛大將軍充宣徽北院使國子祭酒兼戶部侍郎田敏以印本五經書上進賜帛五十段甲午有白烏棲作坊桐樹作坊使周務掠捕而進之辛丑引進使太府卿孟承誨使契丹部京百司攝官親

公事及五年與授初官癸卯以左諫議大夫司徒詡爲給事中左司郎中王仁裕爲右諫議大夫前鴻臚卿王均爲少府監夏四月戊申朔日有蝕之庚戌以許州節度使趙在禮爲徐州節度使以徐州節度使李從溫爲許州節度使己巳中書門下奏請以六月二十七日降誕日爲啟聖節從之是月河南河北關西諸州旱蝗分命使臣捕之五月己卯追封皇故長姊爲吳國長公主癸未皇姪女永福縣主薨輟朝三日追封平昌郡主丁亥皇第二叔祖贈太師萬友追封秦王皇第三叔祖贈太尉萬銓（案原本作詮今從歐陽史改）贈太師追封趙王皇伯贈太

傅敬儒贈太師追封宋王皇叔贈太尉福王德贈太師追封如故皇叔贈太傅暉贈太師追封韓王皇叔贈太尉通王殷皇叔贈太尉廣王威皇兄贈太傅鄭王重裔並贈太師追封如故皇兄贈太師沂王重信追封楚王皇兄贈太傅虢王重乂皇兄贈太師夔王重進皇弟贈太尉陳王重杲等並贈太師追封如故仍令所司擇日冊命辛卯以御史中丞王易簡爲尚書左丞以禮部侍郎張允爲御史中丞以中書舍人吳承範爲禮部侍郎以吏部侍郎王延爲尚書右丞以尚書右丞王松爲吏部侍郎以兵部侍郎張昭遠爲吏部侍郎以戶部侍郎

呂琦爲兵部侍郎以刑部侍郎韋勳爲戶部侍郎以工部侍郎李詳爲刑部侍郎癸巳命宰臣等分詣寺觀禱雨己亥飛蝗自北翳天而南太子賓客李棁卒甲辰詔諸道州府見禁罪人除十惡五逆行刼殺人僞行印信合造毒藥官典犯贓各減一等外餘並放是時所在旱蝗故有是詔乙巳幸相國寺祈雨六月庚戌以螟蝗爲害詔侍衛馬步軍都指揮使李守貞爲皐門祭告仍遣諸司使梁進超等七人分往開封府界捕之乙卯以左羽林統軍安審暉爲潞州節度使宿州奏飛蝗抱草乾死丙辰貝州奏逃戶凡三千七百遣供奉官衞延韜詣嵩山投龍祈雨戊午以西京留守馬從斌爲左監門衞上將軍開封府界飛蝗自死庚申河南府奏飛蝗大下遍滿山野草苗木葉食之皆盡人多餓死禮部侍郎吳承範卒丙寅以將冊皇太后遣尚書左丞王易簡奏告天地陝州奏飛蝗入界傷食禾稼及竹木之葉逃戶凡八千一百丁卯以給事中符蒙爲禮部侍郎以左諫議大夫裴坦爲給事中辛未遣內外臣寮二十八人分往諸道州府率借粟麥時使臣希旨立法甚峻民間碓磑泥封之隱其數者皆斃之由是人不聊生物情胥怨是月諸州郡大蝗所至草木皆盡永樂大典卷一萬五千六百四十九

舊五代史卷八十一終

舊五代史卷八十一攷證

晉少帝紀一命瑯琊王震　案歐陽史作博士王震

遣判四方館事朱崇節　案歐陽史作四方館使朱崇節

乙丑至東京　案遼史作丁未晉王至汴與是書異五代春秋歐陽史通鑑並從是書

河南河北關西諸州旱蝗分命使臣捕之　案歐陽史作供奉官張福率威順軍捕蝗于陳州

仍遣諸司使梁進超等七人分往開封府界捕之　案歐陽史作癸亥供奉官七人帥奉國軍捕蝗于京畿與是書異

辛未遣內外臣僚二十八人分往諸道州府率借粟麥　案通鑑七月己丑詔以年饑國用不足遣使者六十餘人于諸道括民穀與是書異

舊五代史卷八十一攷證

舊五代史卷八十二

宋司空同中書門下平章事薛居正等撰

少帝紀第二　晉書八

天福八年秋七月丁丑朔京師雨水深三尺辛巳許州節度使李從溫來朝進封楚國公壬午以前河陽節度使皇甫遇爲右龍武統軍丁亥以宣徽南院使李承福爲同州節度使癸巳改陝州甘棠驛爲通津驛避廟諱也（案東都事略陶穀傳穀本姓唐避晉祖諱改姓陶蓋當時避諱及偏旁字及同音字也）甲午正衙命册皇太后以宰臣李崧充使右散騎常侍李慎儀爲副丁酉幸南莊召從駕臣僚習射路左農人各賜布

彩麻屨八月戊申右衞上將軍楊思權卒贈太傅辛亥分命朝臣一十三人分檢諸州旱苗涇青磁鄴都共奏逃戶凡五千八百九十諸縣令佐以天災民餓攜牌印納者五癸酉以前昭義節度使李從敏爲左龍武統軍九月戊寅尊秦國夫人安氏爲皇太妃帝所生母也丁亥追册故魏國夫人張氏爲皇后帝之元妃也丙子以金部郎中知制誥馮玉爲檢校尚書右僕射充潁州團練使戊子前潁州團練使田令方追奪在身官爵勒歸私第坐前任耀州日額外配民麴錢納歸私室故也延州奏綏州刺史李彝敏棄拋郡城與弟彝俊等五人將

骨肉二百七十口來投當州押送赴闕稱與兄夏州節度使彝殷偶起猜嫌互相攻伐故也辛卯夏州奏差宥州刺史李仁立權知綏州癸巳故絳州刺史張從訓贈太尉追册皇后之父也甲午夏州李彝殷奏衙內都指揮使拓拔崇斌等五人作亂當時收擒處斬訖相次綏州刺史李彝敏擅將兵士直抵城門尋差人掩殺彝敏知事不濟與弟五人將家南走詔李彝敏潛結凶黨顯恣逆謀骨月之間尙興屠害照臨之內難以含容送夏州處斬丙申幸大年莊遂幸侍衞使景延廣第延廣進金玉器玩賜延廣玉帶名馬母妻賓佐部曲僮僕錫賚

咸及之庚子以右諫議大夫邊光範爲給事中以吏部郎中劉知新爲右諫議大夫是月諸州郡括借到軍食以籍來上吏民有隱落者並處極法州郡二十七蝗餓死者數十萬冬十月戊申制以吳國夫人馮氏爲皇后仍令所司擇日備禮册命庚戌封皇第十一妹爲嘉興長公主第十二妹爲永泰長公主是夕五更有彗見於東方在角旬日而滅壬子以權知延州軍州事前鳳州防禦使杜威爲延州留後甲寅以國子祭酒兼戶部侍郎田敏充弘文館學士判館事以吏部侍郎張昭遠充史館修撰判館事以給事中司徒詡充集賢殿學士判院事西京奏百姓馬知饒殺男吳九不死以其侵母食也詔赦之甲子以前延州節度使何建爲涇州節度使丙寅以涇州節度使王周爲陝州節度使己巳以左散騎常侍權知開封府事邊蔚爲工部侍郎依前知府事壬寅以前兵部侍郎李玘爲吏部侍郎癸酉命使攝太尉右僕射平章事和凝使副攝司徒給事中邊光範追册故魏國夫人張氏爲皇后奉寶册至西莊影殿行禮鹵簿儀仗如式十一月丁丑以鄧州節度使宋彥筠爲晉州節度使以涇州節度使何建爲鄧州節度使己卯以前鄴都留守廣晉尹李德珫爲涇州節度使丙申所

司奏議故天下兵馬都元帥吳越國王錢元瓘謚曰莊穆詔改爲文穆戊戌遣前復州防禦吳巒權知貝州軍事詔節度使王令温赴闕庚子單州軍事判官趙岳奏刺史楊承祚初夜開門出城稱爲母病往青州寧親子孔目官齊珙處留下牌印臣已行用權知州事辛丑高麗遣使朝貢昭化軍節度使瑞愼等州觀察等使杜建徽進封郎國公遣侍衞步軍都指揮使郭謹領兵赴鄆州十二月乙巳朔遣左領軍衞將軍蔡行遇押兵士屯于鄆州仍遣供奉官殿直二十六人自河陰至海口分擘地方巡檢以青州節度使楊光遠謀叛故也庚戌前

左御正齊國夫人吳氏已降二十一人並進封郡國夫人太后宮皇后宮知客夫人等亦如之太子太保致仕梁文矩卒贈太子太傅癸丑詔河陽節度使符彥卿宋州節度使高行周貝州節度使王令溫同州節度使李承福陳州梁漢璋亳州李彥懷州薛懷讓並赴闕分命使臣諸州郡巡檢以契丹入寇故也遣給事中邊光範前登州刺史郭彥威使于契丹行至恆州敵已犯境不能進留于公館數月不達其命而迴遼史天福八年二月乙卯晉遣使進先帝遺物辛酉晉遣使請居汴從之三月丁未晉主至汴遣使來謝五月己亥遣使如晉致生辰禮六月辛酉晉遣使貢金秋八月丁未朔晉復貢金已未如奉聖州晉遣共子延煦來朝甲寅以鄆州刺史楊承祚爲登州刺史從其便也華州陝府奏逃戶凡一萬二千三百乙丑輟車駕不出詔前陝州節度使石贇率諸節度使畋于近郊太子賓客聶延祚卒丁卯詔宣徽使劉繼勳就杜威圍亭會節度使統軍等習射淄州奏青州節度使楊光遠反遣兵士取淄州刺史翟進宗入青州是冬大飢河南諸州餓死者二萬六千餘口

開運元年春正月甲戌朔是夕陣雲掩北斗之魁星乙亥滄恆貝鄆馳告契丹前鋒趙延壽趙延昭引五萬騎入寇將及甘陵青州楊光遠召之也己卯契丹陷貝州知州吳巒死之庚辰以宋州節度使高行周爲北面行

營都部署以河陽節度使符彥卿爲馬軍左廂排陣使以右神武統軍皇甫遇爲馬軍右廂排陣使以陝州節度使王周爲步軍左廂排陣使以右羽林統軍潘環爲步軍右廂排陣使太原奏契丹入鴈門圍忻代二州恆滄邢三州上言契丹大至是歲天下餓死者數十萬人詔逐處長吏瘞之壬午詔取此月十三日車駕北征以前邠州節度使李周爲權東京留守乙酉車駕發東京丁亥敵騎至黎陽以侍衛馬軍都指揮使李守貞爲前軍都虞候河北危促諸州求救者人使相望戊子車駕至澶州以貝州節度使王令溫爲鄧州節度使時令溫弟令崇自契丹至訴以舉族陷于甘陵故有是命辛卯鄴都留守張從恩遣人夜縋城間行奏契丹主以鐵騎三四萬建牙帳于元城以趙延壽爲魏博節度使改封魏王延壽日率騎軍摩壘而退案遼史太宗紀正月己丑次元城授延壽魏博等州節度使封魏王率所部屯南樂蓋遼人封延壽自在己丑晉人至辛卯始得奏聞也甲午以北京留守劉知遠爲幽州道行營招討使以恆州節度使杜威副之定州節度使馬全節爲都虞候其職員將校委招討使便宜署置乙未大霧中有白虹相偶占者曰斯爲海浧其下必將有戰詔率天下公私之馬以資騎軍丙申契丹攻黎陽遣右武衛上將軍張彥澤等率勁

騎三千以禦之己亥遣譯語官孟守忠致書於契丹主求修舊好守忠自敵帳廻契丹主復書曰已成之勢不可改也（案遼史云辛丑晉遣使來修舊好詔割河北諸州及遣桑維翰景延廣來議與薛史微異）辛丑太原奏與契丹戰于秀容斬首三千級生擒五百人獲敵將一十七人賊軍散入鵶鳴谷已進軍追襲二月甲辰朔遣石贇守麻家口何建守楊劉鎮白再榮守馬家渡安彥威守河陽鄆州奏博州刺史周儒以城降契丹又與楊光遠潛約光遠引契丹于馬家渡濟河時郭謹在汶陽遣左武衞將軍蔡行遇率數百騎赴之遇伏兵于葭葦中突然而出轉鬬數合部下皆遁行遇爲賊

所執鋒鏑重傷不能乘馬坐畚中舁至幕帳遣李守貞等水陸進兵而下以救汶陽丙午先鋒指揮使石公霸與契丹遇於戚城之北爲契丹所圍高行周符彥卿方息於林下聞賊至駭愕督軍而進契丹衆甚盛被圍數重遣人馳告景延廣請益師延廣遲留候帝進止行周等大譟瞋目奮擊賊衆傷死者甚多帝自御親兵救之方解（宋史符彥卿傳契丹騎兵數萬圍高行周于鐵邱諸將莫敢當其鋒彥卿獨引數百騎擊之遼人遁去行周得免高懷德傳至戚城被圍數重援兵不至危甚懷德左右射縱橫馳突衆皆披靡挾父而出）登戚城古臺置酒以勞三將咸咎延廣不遣兵赴難相對泣下戊申契丹築壘于馬家渡東岸以騎軍列于外以禦王師李守貞以師搏之遂破其衆賊騎散走赴河溺死者數千遂拔其壘初西岸敵軍數萬鼓譟揚旗以助其勢及見東岸兵敗號哭而去獲馬八百匹生擒賊將七十八人部衆五百人送行在悉斬之辛亥夏州節度使李彝殷合蕃漢之兵四萬抵麟州濟河侵契丹之境以牽脅之壬子以彝殷爲契丹西南面招討使易州刺史安審約奏戰契丹於北平賊退保祈溝關斷其橋梁而還癸丑博州殘兵至自賊中周儒之降也賊執其軍士將獻于幕帳行次中途守者夜寢其中軍士一人自解桎梏爲諸兵釋縛取賊戈矛盡殺援者二百餘人南

走而歸至河無舟浮水而過溺死之餘所存者六十七人是日日有黃白暈二白虹夾日而行己未滄州奏賊衆三千人援送所掠人口寶貨等由長蘆入蕃以輕騎邀之斬獲千餘人人口輜重悉委之而走庚申宰臣馮道等再上表請聽樂皆不允時帝自期年之後于宮中間舉細聲女樂及親征以來日于左右召淺蕃軍校奏三絃胡琴和以羌笛擊鳴鼓更舞迭歌以爲娛樂常謂侍臣曰此非音樂也故馮道奏請舉樂詔旨未允而止壬戌楊光遠率兵圍棣州刺史李瓊以州兵擊之棄營而遁冀州奏敗賊軍于城下見舁棺者訊其降者戚城

之戰上將金頭王中流矢而死此其機也癸亥以前鄧州節度使何建爲東南面馬步軍都部署率師屯汶陽甲子蜀人寇我階州三月癸酉朔契丹主領兵十餘萬來戰時契丹僞棄元城寨已旬日矣伏精騎千頓丘故城以待王師（通鑑鄴都留守張從恩屢奏敵已遁去大軍欲進追之會霖雨而止）設伏累日人馬飢頓趙延壽謀曰晉軍悉在河上畏我鋒銳不敢前進不如徑造城下四面而進攻奪其橋梁天下定矣契丹主然之是日前軍高行周在戚城之南賊將趙延壽趙延昭以數萬騎出王師之西契丹主自擁精騎出王師之東兩軍接戰交相勝負至晡時契丹主以勁

兵中央出而來帝御親軍列爲後陣東西濟河爲偃月之勢旗幟鮮盛士馬嚴整契丹主望之謂左右曰楊光遠言晉朝兵馬半已餓死今日觀之何其壯耶敵騎往來馳突王師植立不動萬弩齊發飛矢蔽空賊軍稍却會有亡者告契丹主曰南軍東面人少沿河城柵不固可以攻之契丹乃率精騎以攻東邊王師敗走敵騎追之時有夾馬軍士千餘人在堤間治水寨旗幟之末出堰埭敵望見之以爲伏兵所起追兵乃止久之復戰王師又退李守超以數百騎短兵直進擊之敵稍却戰場之地人馬死者無算斷箭殘鏃橫厚數寸遇夜賊擊鉦

抽軍而退夜行三十里而舍爲護聖指揮使協霸（案協霸二字上疑有脫文）亡入賊中夷其族護聖第二軍都指揮使安重懷指揮使烏韓七監軍何彥超等臨陣畏怯手失兵仗悉斬之乙亥契丹主帳內小校竊其主所乘馬來奔云契丹已傳木書收軍北去（案遼史三月壬午留趙德昭守貝州徙所俘戶于內地四月癸丑還次南京契丹國志云景延廣疑有詐閉壁不敢追遼帝北歸所過焚掠民物殆盡）齊州奏青州賊軍寇明水鎮壬午禮部尙書盧詹卒贈太子少保甲申契丹軍帳已過貝州以趙延昭守貝州（遼史三月壬午留趙延昭守貝州徙所俘戶于內地）辛卯定州馬全節攻泰州拔之俘其兵士二千人襍畜戎仗稱是己亥北京留守兼中書令

劉知遠封太原王餘如故是日詔天下抽點鄉兵凡七戶出一士六戶資之仍自具兵仗以武定爲號太常丞王緒棄市緒家于青州常致書于楊光遠緒有妾之兄慊緒不爲賙給遂告與光遠連謀密書述朝廷機事遂收捕斬之夏四月車駕在澶州滄州奏契丹陷德州刺史尹居璠爲敵所執甲辰鄴都留守張從恩來朝丁未加從恩平章事還鄴己酉詔取今月八日車駕還京令高行周王周留鎮澶淵近地兵馬委便宜制置甲寅至自澶州曲赦京城大辟以下罪人丁巳升冀州爲防禦使額同華奏人民相食己未以右武衛上將軍張彥澤爲

右神武統軍辛酉以鄆州節度使侍衛親軍都指揮使景延廣爲西京留守以宋州節度使高行周爲侍衛親軍都指揮使以侍衛親軍都虞候義成軍節度使李守貞爲兖州節度使典軍如故是日分命文武臣僚三十六人往諸道州府括率錢帛以資軍用癸亥以西京留守安彥威爲晉昌軍節度使以晉昌軍節度使趙瑩爲華州節度使以左龍武統軍皇甫遇爲滑州節度使是日置酒宮中召景延廣謂之曰卿有佐命之功保釐伊洛非酬勳之地也因解御衣寶帶以賜之丙寅隴州奏餓死者五萬六千口五月壬申朔太原劉知遠奏邊境

未寧軍用甚廣所封王爵乞未行册命戊寅遣侍衛親軍都虞候李守貞率步騎二萬討楊光遠于青州丁亥以鄴都留守張從恩爲貝州行營都部署（通鑑張從恩上言趙延昭雖據貝州麾下將士久客思歸宜速進軍攻討以從恩爲貝州行營都部署）以滑州節度使皇甫遇爲行營都虞候以左神武統軍潘環掌騎兵右神武統軍張彥澤掌步兵辛卯張從恩奏貝州賊將趙延昭縱火大掠棄城而遁（通鑑延昭屯于瀛莫阻水自固）以李守貞爲青州行營都部署以河陽節度使符彥卿副之戊戌以鄧州節度使何建爲貝州永清軍節度使是月澤潞上言餓死者凡五千餘人六月辛丑朔王師拔淄州斬楊

光遠僞署刺史劉翰辛卯以太尉兼侍中馮道爲檢校太師兼侍中充同州節度使丙午詔復置樞密院丁未以侍中桑維翰爲中書令充樞密使權開封府尹李周卒輟朝贈太師辛亥以邢州節度使安叔千爲晉州節度使加同平章事以晉州節度使宋彥筠爲陝州節度使以吏部郎中李穀充樞密直學士丙辰滑州河決漂注曹單濮鄆等州之境環梁山河于汶濟（宋史楊昭儉傳河決數郡大發丁夫以本部帥董其役既而塞之晉少主喜詔立碑紀其事昭儉表諫曰陛下刻石紀功不若降哀痛之詔摛翰頌美不若頌罪己之文言甚切至少主嗟賞之卒罷其事）戊午升府州爲團練使額庚申襄州獻白鵲甲子復置翰林學士乙丑宰臣

等三上表請聽樂詔允之戊辰以門下侍郎王松爲左丞以右丞王易簡爲吏部侍郎以右散騎常侍蕭愿爲秘書監以右諫議大夫王仁裕爲給事中以給事中李式爲左散騎常侍以金部郎中知制誥徐台符爲翰林學士以禮部郎中李澣本官知制誥充翰林學士以刑部郎中劉温叟改都官郎中充翰林學士以主客員外郎范質充翰林學士御史張宜改倉部員外郎知制誥庚午以前晉州節度使周密爲左龍武統軍以同州節度使李懷忠爲左羽林統軍（永樂大典卷一萬五千六百四十九）

舊五代史卷八十二終

舊五代史卷八十二攷證

晉少帝紀二以青州節度使楊光遠謀叛故也　案楊光遠反五代春秋作十一月與是書作十二月異歐陽史從是書

乙亥滄恆貝鄴馳告契丹前鋒趙延壽趙延昭引五萬騎入寇將及甘陵　案歐陽史作甲戌朔契丹寇滄州據遼史云甲戌朔趙延壽延昭率前鋒五萬騎次任丘與歐陽史合

太原奏契丹入雁門圍忻代二州　案通鑑契丹入雁門不書日遼史作丙子入雁門圍忻代

乙酉車駕發東京丁亥敵騎至黎陽　案歐陽史作丙戌契丹寇黎陽

辛卯鄴都留守張從恩遣人夜縋城間行奏契丹主以鐵騎三四萬建牙帳于元城以趙延壽爲魏博節度使改封魏王　案遼史己丑次元城授延壽魏博節度使封魏王率所部屯南樂蓋遼人屯于元城自在己丑晉人至辛卯始得奏聞也歐陽史作辛卯契丹屯于元城趙延壽寇南樂殊誤

己亥遣譯語官孟守忠致書于契丹主求修舊好　案遼史云辛丑晉遣使來修舊好詔割河北諸州及遣桑維翰景延廣來議與是書微異

鄆州奏博州刺史周儒以城降契丹　案博州刺史周儒降于契丹歐陽史通鑑契丹國志俱作正月是書及遼史作二月

舊五代史卷八十二攷證

宋司空同中書門下平章事薛居正等撰

少帝紀第三　　晉書九

開運元年秋七月辛未朔帝御崇元殿大赦天下改天福九年爲開運元年河北諸州曾經契丹蹂踐處與免今年秋稅諸軍將士等第各賜優給諸州率借錢帛赦書到日晝時罷征出一千貫以上者與免科徭一萬貫已上者與授本州上佐云是日宣赦未畢會大雷雨歘還而罷時都下震死者數百人明德門內震落石龍之首識者以爲石乃國姓蓋不祥之甚也癸酉以定州節

度使馬全節爲鄴都留守加兼侍中以昭義節度使安審暉爲邢州節度使加檢校太師乙亥前陝州節度使王周加檢校太尉改定州節度使鄴都留守張從恩改鄆州節度使禮官奏天子三年喪畢祫享于太廟高祖聖文章武明德孝皇帝今年八月喪終畢合以十月行大祫之禮冬季祠祭改薦爲祫從之丁丑虞部員外郞知制誥陶穀改倉部郞中知制誥大理卿吳德謙改祕書監致仕辛巳以左龍武統軍李從敏爲潞州節度使天策府都護軍桂州節度使知朗州軍事馬希杲加檢校太師壬午降金州爲防禦州降萊州爲刺史州戶部侍郞田敏改兵部侍郞刑部侍郞李詳改尙書左丞以潁州團練使馮玉爲戶部侍郞充端明殿學士中書舍人趙上交改刑部侍郞己丑以樞密使中書令桑維翰充弘文館大學士太子太傅譙國公劉昫爲守司空兼門下侍郞平章事監修國史判三司宰臣李崧和凝進封爵邑庚寅宣徽北院使劉繼勳改宣徽南院使三司使董遇改宣徽北院使辛卯以前陝州節度使石贇爲鄧州節度使同州節度使李承福卒贈太傅八月辛丑命十五將以禦契丹（東都事略范質傳契丹入寇晉出帝命十五將出征是夕質宿直出帝命諸學士分草制質曰宮城已閉慮泄機事遂獨爲之）北京留守劉知遠充北面

行營都統鎭州節度使杜威充北面行營都招討使鄴州節度使張從恩充馬步軍都監西京留守景延廣充馬步軍都排陣使徐州節度使趙在禮充馬步軍都虞候晉州節度使安叔千充馬步軍左廂排陣使前兗州節度使安審信充馬步軍右廂排陣使河中節度使安審琦充馬步軍都指揮使河陽節度使符彥卿充馬軍左廂都指揮使滑州節度使皇甫遇充馬步軍左廂都指揮使右神武統軍張彥澤充馬軍排陣使滄州節度使王廷胤充步軍左廂都指揮使陝州節度使宋彥筠充馬軍右廂都指揮使前金州節度使田武充步軍左廂排

陣使左神武統軍潘環充步軍右廂排陣使壬寅閩王王延羲爲其下連重遇朱文進所害衆推文進知留後事稱天福年號間道以聞甲辰太子少傅盧文紀改太子太傅太子少保李鏻改太子太保刑部尚書李懌改戶部尚書給事中司徒詡改右散騎常侍以府州刺史折從阮爲安北都護充振武節度使是夜熒惑入南斗乙巳詔復置明經童子二科己酉以鄧州節度使王令溫爲延州節度使癸丑以威武軍兵馬留後權知閩國事朱文進爲檢校太傅福州威武軍節度使知閩國事癸亥升澶州爲節鎮以鎮寧爲軍額割濮州爲屬郡甲

子以延州節度使史威爲澶州節度使九月庚午朔日有蝕之乙酉戶部侍郎韋勳爲太子賓客以前棣州刺史段希堯爲戶部侍郎以光祿卿張仁愿爲大理卿己丑禮部侍郎符蒙卒壬辰太原奏代州刺史白文珂破契丹于七里烽斬首千餘級生擒將校七十餘人癸巳以前隴州防禦使翟光鄴爲宣徽北院使己亥以滄州節度使王廷胤卒輟朝贈中書令冬十月壬寅兩浙節度使吳越國王錢弘佐加守太尉庚戌以徐州節度使北面行營馬步都虞候趙在禮爲北面行營副都統鄴都留守馬全節爲北面行營副招討使甲寅以起居郎

知制誥賈緯爲戶部郎中知制誥戊午詔曰朕虔承顧命獲嗣丕基常懼顛危不克負荷宵分日昃罔敢怠寧夕惕晨興每懷祇畏但以恩信未至德教未孚理道不明徵咎斯至向者頻年災沴稼穡不登萬姓饑荒道殣相望上天垂譴涼德所招仍屬干戈尚興邊陲多事倉廩不足則斂人之餱食帑藏不足則率人之資財兵士不足則取人之丁中戰騎不足則假人之乘馬雖事不獲已而理將若何訪聞差去使臣殊乖體認不能敦于勉諭而乃臨以威刑自有所聞益深愧悼旋屬守臣叛命敵騎入邊致使甲兵不暇休息軍旅有征戰之苦人

民有飛輓之勞疲瘵未蘇科徭尚急言念于茲寢食何安得不省過興懷側身罪己載深減損思召和平所宜去無用之資罷不急之務棄華取實惜費省功一則待先帝慈儉之規慕前王朴素之德向者造作軍器破用稍多但取堅剛不須華楚今後作坊製器械不得更用金銀裝飾比于遊畋素非所好凡諸服御尤欲去奢應天下府州不得以珍寶玩好及鷹犬爲貢在昔聖帝明君無非惡衣菲食況于薄德所合恭行今後大官尚膳減去多品衣服帷帳務去華飾在禦寒溫而已峻宇雕牆昔人所誡玉杯象箸前代攸非今後凡有營繕之處

丹墀雕鏤不得過度宮闈之內有非理費用一切禁止於戲繼聖承祧握樞臨極昧于至道若履春冰屬以天災流行國步多梗因時致懼引咎推誠期于將來庶幾有補更賴王公將相貴戚豪宗各啟乃心率由茲道共臻富庶以致康寧凡百臣僚宜體朕意十一月壬申詔曰蕃寇未平邊陲多事即日雖無侵軼亦須廣設堤防朕將親率虎貔躬擐甲冑候聞南牧即便北征不須先定日辰別行告諭所有供億宜令三司預行計度合隨從諸司職員並宜常備行計云己卯以陳州刺史梁漢璋充侍衛馬軍都指揮使壬午以貝州節度使何建爲

澶州節度使兼北面行營馬軍右廂排陣使以澶州節度使史威爲貝州節度使丙戌以前金州節度使田武爲滄州節度使兼北面行營步軍右廂都指揮使以前相州節度使郭謹爲鄜州節度使十二月己亥朔幸皐門射中白兔癸丑福州節度使朱文進加同平章事封閩國王丁巳青州楊光遠降光遠子承勳等斬觀察判官邱濤牙將白延祚楊瞻杜延壽等首級送于招討使李守貞乃縱火大譟刼其父處于私第以城納款遣卽墨縣令王德柔貢表待罪楊光遠亦遣節度判官楊麟奉表請死詔釋之閏月庚午以楊承信爲右羽林將軍承祚爲右驍騎衛將軍皆光遠之子先詣闕請罪故特授是官癸酉李守貞奏楊光遠卒初光遠旣上表送降帝以光遠頃歲太原歸命欲曲全之議者曰豈有反狀滔天而赦之也乃命守貞便宜處置守貞遣人拉殺之以病卒聞乙酉前登州刺史張萬迪削奪官爵處斬青州節度判官楊麟配流威州掌書記任邈配流原州支使徐晏配流武州縱逢恩赦不在放還之限並以楊光遠叛故也工部尚書權知貢舉竇貞固奏試進士諸科舉人入策舊例夜試以三條燭盡爲限天成二年改令晝試今欲依舊夜試從之曲赦青州管內罪人立功將

士各賜優給青州吏民爲楊光遠詿誤者一切不問青州行營招討使兗州節度使兼侍衛都虞候李守貞加同平章事副招討使河陽節度使符彥卿改許州節度使丙戌降青州爲防禦使額以萊州刺史楊承勳爲汝州防禦使己丑以工部尚書竇貞固爲禮部尚書太常卿王延爲工部尚書左丞王松爲太常卿以前尚書右丞龍敏爲尚書左丞癸巳以前安州防禦使李建業爲河陽兵馬留後以宣徽使翟光鄴爲青州防禦使以內客省使李彥韜爲宣徽北院使甲午以給事中邊光範爲左散騎常侍以樞密直學士吏部郎中李穀爲給事

中依前充職是月契丹耶律德光與趙延壽領全軍入
寇圍恆州分兵陷鼓城槀城元氏高邑昭慶寧晉蒲澤
欒城柏鄉等縣案遼史己卯圍恆州下其九縣歐陽史繫于乙酉之後疑誤前鋒至
邢州河北諸州告急詔張從恩馬全節安審琦率師屯
邢州趙在禮屯鄴都
開運二年春正月戊戌朔帝不受朝賀不豫故也己亥
張從恩部領兵士自邢州退至相州人情震恐趙在禮
還屯澶州馬全節歸鄴都遣右神武統軍張彥澤屯黎
陽詔西京留守景延廣將兵守胡梁渡契丹寇邢州侍
衛馬軍都指揮使梁漢璋改鄭州防禦使典軍如故以

齊州防禦使劉在明爲相州留後癸卯以客省使孟承
誨爲內客省使滑州奏今月二日至四日相州路烽火
不至甲辰以前汝州防禦使宋光鄴爲左驍衛大將軍
詔青州行營將校自副兵馬使以上各賜功臣名號乙
巳帝復常膳以左威衛上將軍袁曦爲客省使上將軍
如故詔滑州節度使皇甫遇率兵赴邢州馬全節赴相
州契丹寇洺磁犯鄴都西北界所在告急壬子王師與
契丹相拒于相州北安陽河上皇甫遇慕容彥超率前
鋒與敵騎戰于榆林店遇馬中流矢僅而獲免案遼史云皇甫遇與濮州刺史慕容彥超將兵千騎來覘遼軍至鄴都遇遼軍數萬且戰且卻至榆林店遼軍繼至遇與彥超力戰百餘合遇馬斃步戰安審琦引騎兵踰水以救遼軍乃還與薛史所載互有詳略是夜張從
恩引兵退保黎陽唯留五百人守安陽河橋既而知州
符彥倫與軍校謀曰此夜紛紜人無固志五百疲兵安
能守橋即抽入相州嬰城爲備至曙賊軍萬餘騎已陣
于安陽河北彥倫令城上揚旗鼓譟賊不之測至辰時
渡河而南悉陳甲騎于城下如攻城之狀彥倫曰此敵
將走矣乃出甲士五百于城北張弓弩以待之契丹果
引去當皇甫遇榆林戰時至晚敵衆自相驚曰晉軍悉
至矣戎王在邯鄲聞之即時北遁官軍亦南保黎陽甲
寅以河陽留後李建崇爲邢州留後以鳳州防禦使案原本下有缺文

爲河陽留後詔李守貞領兵屯滑州以宣徽北
院使李彥韜權侍衛馬步都虞候改諸道武定軍爲天
威軍己未以前許州節度使李從溫爲北面行營都招
撫使以鄆州節度使張從恩權東京留守辛酉相州奏
契丹抽退其鄉村避寇百姓已發遣各歸本家營種初
帝以不豫初平未任親御軍旅既而張從恩馬全節相
次奏賊軍充斥恆州杜威告事勢危急帝曰北賊未平
固難安寢當悉衆一戰以救朔方生靈若晏安遲疑則
大河以北淪爲寇壤矣即日命諸將點閱以定行計辛
酉下詔親征誅楊光遠部下指揮使張廻等五人以戎

事方興慮其扇搖故也癸亥以樞密直學士李穀爲三司副使判留司三司公事乙丑車駕發離京師是月京城北濠春冰之上有文若大樹花葉凡數十株宛若圖畫觀者如堵二月戊辰朔車駕次滑州己巳渡浮橋幸黎陽勞軍至晚還滑州以滄州節度使田武充東北面行營都部署甲戌幸澶州以景延廣爲隨駕馬步軍都鈐轄丙子大閱諸軍于戚城帝親臨之戊寅北面行營副招討使馬全節行營都監李守貞右神武統軍張彥澤等以前軍先發己卯以許州節度使符彥卿爲北面行營馬軍都指揮使以左神武統軍潘環爲北面行營

步軍都指揮使辛巳幸楊村故壘符彥卿皇甫遇李殷率諸軍進發以左散騎常侍邊光範爲樞密直學士詔河北諸州應蕃寇經由之地吏民遭殺害者委所在收瘞量事祭奠詔恆州杜威與馬全節等會合進軍丙戌幸鐵丘閱馬因幸趙在禮李從溫軍是日大雪戊子安審琦梁漢璋領兵北征府州防禦使折從阮奏部領兵士攻圍契丹勝州降之見進兵趨朔州甲午以河中節度使安審琦爲北面行營馬步軍都虞候許州節度使符彥卿充馬步軍左廂都指揮使滑州節度使皇甫遇充馬步軍左右廂都指揮使侍衛步軍都指揮使梁漢璋充馬步軍左右廂都指揮使侍衛步軍都指揮使李殷充步軍左右廂都指揮使左神武統軍張彥澤充馬軍左右廂都排陣使右神武統軍潘環充步軍左右廂排陣使丙申以端明殿學士尚書戶部侍郎馮玉爲戶部尚書充樞密使三月戊戌契丹陷祁州刺史沈斌死之乙巳左補闕袁範先陷契丹自賊中逃歸杜威奏與李守貞馬全節安審琦皇甫遇部領大軍赴定州易州刺史安審約奏二月三夜差壯丁斫敵營殺賊千餘人是日以符彥卿爲北面行營馬步軍左右廂都排陣使以皇甫遇爲北面行營馬步軍左廂排陣使以王周爲

馬步軍右廂排陣使丁未畋于戚城還幸景延廣安審信軍庚戌王師攻泰州刺史晉庭謙以城降易州奏狼山寨將孫方簡破契丹千餘人斬蕃將轄里（舊作諾里今改正）相公擄其妻以獻甲寅杜威奏收復滿城獲首領默埒（舊作沒刺今改正）相公並蕃漢兵士二千人以前戶部尚書李懌爲兵部尚書乙卯杜威奏收復遂城丙辰奏大軍自遂城却退至滿城時賊將趙延壽部曲來降言契丹主昨日古北口幽州走報漢軍大下收却泰州尋下令諸部令輜重入寨輕騎却迴戎王率五萬餘騎來勢極盛明日前鋒必至請爲之備杜威李守貞謀曰我師糧運

不繼深入賊疆而逢大敵亡之道也不如退還泰州觀其兵勢强弱而禦之軍士皆以爲然是日還滿城丁巳至泰州戊午契丹前鋒已至己未大軍發泰州而南契丹踵其後是日次陽城庚申賊騎如牆而來我步軍爲方陣以禦之選勁騎擊賊鬬二十餘合南行十餘里賊勢稍郤渡白溝而去辛酉杜威召諸將議曰戎首自來實爲勍敵若不血戰吾輩何以求免諸將然之是日敵騎還遠官軍相去數里明日我軍成列而行蕃漢轉鬬殺聲震地纔行十餘里軍中人馬飢乏癸亥大軍至白團衛村下營人馬俱渴營中掘井汲水輒壞兵士取其泥絞汁而飲敵衆圍繞漸東其營宋史藥元福傳晉師列方陣設拒馬爲行若契丹以奇兵出陣後斷糧道是日東北風猛揚塵折樹契丹主坐車中謂衆曰漢軍盡來祇有此耳今日竝可生擒然後平定天下令下馬拔鹿角飛矢雨集軍士大呼曰招討使何不用軍而令軍士虛死諸將咸請擊之杜威曰俟風勢稍慢觀其進退守貞曰此風助我也彼衆我寡黑風之內莫測多少若俟風止我輩無噍類矣卽呼諸將齊力擊賊張彥澤符彥卿皇甫遇等率騎奮擊風勢尤猛沙塵如夜敵遂大敗宋史符彥卿傳時晉師居下風將戰弓弩莫施彥卿謂張彥澤皇甫遇曰與其束手就擒曷若死戰然未必死彥澤然之遂潛兵尾其後順風擊之契丹大敗又藥元福傳守貞與

元福謀曰軍中飢渴已甚若俟風反出戰吾屬爲擒矣彼謂我不能逆風以戰宜出其不意以擊之此兵家之奇也元福乃率麾下開拒馬出戰諸將繼至契丹大敗時步騎齊進追襲二十餘里至陽城東賊軍稍稍成列我騎復擊之乃渡河而去案晉師敗契丹于陽城在三月癸亥遼史與薛史同歐陽史作庚申誤守貞曰今日危急極矣幸諸君奮命吾事獲濟兩日以來人馬渴乏今喫水之後脚重難行速宜收軍定州保全而還上策也由是諸將整衆而還是時契丹主坐車中及敗走車行十餘里追兵旣急獲一橐駝乘之而走乙丑杜威等大軍自定州班師入恒州夏四月丙子以車駕將還京差官往西京告天地宗廟社稷辛巳駕發澶州甲申至京師曲赦在京禁囚丁亥詔鄴都依舊爲天雄軍庚寅河東節度使劉知遠封北平王恒州節度使杜威加守太傅徐州趙在禮移鎭兗州宋州節度使兼侍衞親軍馬步都指揮使高行周移鎭鄆州侍衞如故鄴都留守馬全節改天雄軍節度使兗州節度使兼侍御衞都虞候李守貞移鎭宋州加檢校太師兼侍衞親軍副指揮使河中節度使安審琦加兼侍中移鎭許州許州節度使符彥卿加同平章事移鎭徐州滑州節度使皇甫遇加同平章事壬辰西京留守景延廣加邑封改功臣秦州節度使侯益移鎭河中定州節度使王周加檢校太師永樂

大典卷一萬五千六百四十九

舊五代史卷八十三終

舊五代史卷八十三攷證

晉少帝紀三八月辛丑命十五將以禦契丹　案東都事略亦載出帝命十五將出征事歐陽史云劉知遠爲北面行營都統杜威爲都招討使蓋略之也

壬辰太原奏代州刺史白文珂破契丹于七里烽　案通鑑作丙子契丹寇遂城樂壽深州刺史康彦進擊却之與是書異歐陽史契丹國志竝與是書同

圍恆州分兵陷鼓城槀城元氏高邑昭慶寧晉蒲澤欒城柏鄉等縣　案遼史己卯圍恆州下其九縣歐陽史繫于乙酉之後疑誤

易州奏郎山塞將孫方簡破契丹千餘人　案孫方簡歐陽史作孫方諫

賊勢稍却渡白溝而去　案通鑑庚申契丹大至晉軍與戰逐北十餘里契丹踰白溝而去歐陽史庚申杜威及契丹戰于陽城敗之俱與是書同惟遼史云己未重威守貞引兵南遁追至陽城大敗之復以步卒爲方陣來拒與戰二十餘合是遼師未嘗言敗也蓋當時南北軍俱有掩飾故紀載不同如此

大軍至白團衛村下營　案歐陽史作衛村通鑑攷異引漢高祖實錄作白檀遼史從是書作白團衛村

嘉哩舊作諾里今改

舊五代史卷八十三攷證

舊五代史卷八十四

宋司空同中書門下平章事薛居正等撰

少帝紀第四　晉書十

開運二年夏五月丙申朔帝御崇元殿受朝大赦天下丁酉以右衛上將軍馬萬爲左金吾上將軍致仕戊戌陜州節度使宋彥筠移鎮鄭州澶州節度使何建移鎮河陽以左神武統軍潘環爲澶州節度使以宣徽北院使李彥韜遙領壽州節度使兼侍衛馬軍都指揮使以滄州節度使田武遙領夔州節度使兼侍衛步軍都指揮使辛亥白虹貫日壬子宰臣桑維翰劉昫李崧和凝並加階爵禮部尚書竇貞固改刑部尚書太常寺卿王松改工部尚書以尚書左丞龍敏爲太常卿以翰林學士承旨兵部侍郎李愼儀爲尚書左丞以御史中丞張允爲兵部侍郎知制誥充翰林學士承旨以左諫議大夫顏衎爲御史中丞宋史顏衎傳喪亂之後朝綱不振衎執憲頗有風采嘗上言纔除御史者旋授外藩賓佐復有以私故細事求假外拜州郡無參謁之儀出入失風憲之體漸恐四方得以輕易百辟無所準繩請自今藩鎮幕僚勿得任臺官雖親王宰相出鎮亦不得奏充賓佐非奉制勘事勿得出京自餘不令釐雜務詔惟辟召入幕餘從其請以兵部侍郎弘文館學士判館事田敏爲國子祭酒以戶部侍郎段希堯爲兵部侍郎以工部侍郎邊蔚爲戶部侍郎依前權知開封府事以左

散騎常侍李式爲工部侍郎以給事中王仁裕爲左散騎常侍甲寅以華州節度使趙瑩爲開封尹以皇弟開封尹重睿爲秦州節度使以宣徽南院使劉繼勳爲華州節度使以前鄆州節度使張從恩爲晉州節度使丙辰杜威來朝定州奏大風雹北嶽廟殿宇樹木悉摧拔之六月乙丑朔帝御崇元殿百官入閣監修國史劉昫史官張昭遠等以新修唐書紀志列傳幷目錄凡二百三卷上之賜器帛有差癸酉以恆州節度使杜威爲天雄軍節度使充鄴都留守以鄴都留守馬全節爲恆州節度使以翰林學士金部郎中知制誥徐台符爲中書

舍人以翰林學士禮部郎中知制誥李瀚爲中書舍人翰林學士都官郎中劉溫叟加知制誥翰林學士主客員外郎范質改比部郎中知制誥並依舊充職祠部員外郎知制誥張沆本官充學士以太常少卿陶穀爲中書舍人宋史陶穀傳穀性急率嘗與充帥安審信集會杯酒相失爲審信所奏時方姑息武臣穀坐責授太常少卿嘗上言頃蒞西臺每見臺司詳斷刑獄少有卽時決者至于閭閻夫婦小有爭訟淹滯卽時坊市死亡喪葬必候臺司判狀奴婢病亡亦須檢驗吏因緣爲姦而邀求不已經旬不獲埋瘞望申條約以革其弊從之俄拜中書舍人己亥以邠州節度使劉景巖爲陝州節度使己卯新授恆州節度使馬全節卒輟朝贈中書令壬午大理卿張仁愿卒贈秘書監遣刑部尚書竇貞固等分

詣寺觀禱雨己丑以定州節度使王周爲恆州節度使以前易州刺史安審約爲定州留後是月兩京及州郡十五並奏旱秋七月乙未朔以侍衞步軍都指揮使領夔州節度使田武爲昭義軍節度使甲寅左諫議大夫李元龜奏請禁止天下僧尼典買院舍從之丙辰前少府監李鍇貶坊州司戶坐冒請逃死吏人衣糧入己故也庚申以前齊州防禦使薛可言爲延州兵馬留後八月甲子朔日有食之中書舍人陶穀奏請權廢太常寺二舞郎從之丙寅宰臣和凝罷相守右僕射以樞密使馮玉爲中書侍郎平章事使如故乙亥詔諸御史今後

除準式請假外不得以細故小事請假離京除奏制命差推事及按察外不得以諸雜細務差出丙子以靈州節度使馮暉爲邠州節度使加檢校太尉以前鄜州節度使丁審琪爲左羽林統軍以前鄜州節度使郭謹爲左神武統軍西京留司御史臺奏新授鄧州節度使宋彥筠于銀沙灘斬廳頭鄭溫詔鞫之款云彥筠出身軍旅不知事體不合專擅行法詔釋其罪以工部尚書王松權知貢舉丁丑以前晉州節度使安叔千爲右金吾上將軍以三司副使給事中李穀爲磁州刺史充北面水陸轉運使分遣使臣於諸道率馬戊寅以左金吾上

將軍皇甫立爲左衞上將軍以右羽林統軍李懷忠爲
左武衞上將軍庚辰新授潞州節度使田武卒輟朝贈
太尉戊子朔湖南奏靜江軍節度使馬希杲卒九月丙
申以西京留守北面馬步軍都排陣使景延廣爲北面
行營副招討使丁酉以刑部侍郎趙遠爲戶部侍郎以
工部侍郎李式爲刑部侍郎以中書舍人盧價爲工部
侍郎價久次綸闈舊例合轉禮部侍郎或御史中丞宰
臣馮玉擬此官桑維翰以爲資望淺不署狀無何維翰
休沐數日玉獨奏行之維翰由是不樂與玉有間矣己
亥幸繁臺觀馬遂幸李守貞第庚子以晉州節度使張

從恩爲潞州節度使吏部侍郎張昭遠加階爵酬修唐
史之勞也（宋史張昭遠傳加金紫階進爵邑）戊申升曹州爲節鎭以威
信軍爲軍額詔李守貞率兵屯澶州己酉月掩昴宿以
宣徽北院使焦繼勳爲宣徽南院使以內客省使孟承
誨爲宣徽北院使壬子以前太子詹事王居敏爲鴻臚
卿李專美爲大理卿以太子賓客致仕馬裔孫爲太子
詹事甲寅移泰州理所于滿城縣乙卯詔相州節度使
張彥澤率兵屯恒州冬十月戊寅以河陽節度使何建
爲涇州節度使以許州節度使李從溫爲河陽節度使
以前鄭州節度使石贇爲曹州節度使庚午遣使太子

賓客羅周岳使副太子右庶子王延濟册兩浙節度使
錢弘佐爲守太尉辛未右金吾衞上將軍楊彥詢卒贈
太子太師丁丑高麗遣使貢方物庚辰以前延州節度
使王令溫爲靈州節度使庚寅以邢州兵馬留後劉在
明爲晉州兵馬留後以前河陽留後方太爲邢州留後
癸巳升陳州爲節鎭以鎭安軍爲軍額十一月戊戌以
邠州節度使馮暉兼侍衞步軍都指揮使充北面行營
先鋒馬步軍都指揮使以權知高麗國事王武爲檢校
太保使持節元菟州都督充大義軍使封高麗國王癸
卯日南至帝御崇元殿受朝賀戊申兩浙奏順化軍節

度使錢鐸卒甲寅以壽州節度使侍衞馬軍都指揮使
李彥韜爲陳州節度使典軍如故丙辰前商州刺史李
俊除名坐受財枉法也十二月乙丑以兩浙節度使吳
越國王錢弘佐兼東南面兵馬都元帥丙寅以吳越國
金馬左廂都指揮使湖州刺史胡思進遙領虞州昭信
軍節度使以吳越國金馬右廂都指揮使明州刺史闞
璠遙領宣州寧國軍節度使並典軍如故左羽林統軍
丁審琪卒贈太尉辛未以工部侍郎盧價爲禮部侍郎
以右散騎常侍集賢殿學士判院事司徒詡爲工部侍
郎依前充職以前中書舍人殷鵬爲給事中充樞密直

學士以給事中劉知新爲右散騎常侍乙亥陝府節度使劉景巖來朝丁丑狩于近郊獵也己卯光祿卿致仕陳元卒于太原庚辰命使册高麗國王王武癸未以前兗州節度使安審信爲華州節度使丁亥以樞密使中書令桑維翰爲開封尹以司空門下侍郎平章事劉昫判三司以左僕射門下侍郎平章事李崧爲守侍中充樞密使以開封尹趙瑩爲中書令弘文館大學士以宣徽南院使焦繼勳知陝州軍州事宋史焦繼勳傳西人寇邊朝議發師致討繼勳抗疏請行拜秦州觀察使兼諸蕃水陸轉運使既至推恩信設方略招誘諸部相率奉玉帛牛酒乞盟邊境以安俄徙知陝州己丑邠州節度使馮暉準詔來朝是歲帝每遇四方進獻器皿多以銀于外府易金而入謂左右曰金者貴而且輕便于人力識者以爲北邊之兆也宋史劉濤傳少帝奢侈常以銀易金廣其器皿李崧判三司令上庫金之數及崧以原簿校之少數千鎰崧責曰帑庫通式一日不受虛數毫釐則有重典濤曰帑司常有報不盡數以備宣索崧令有司劾濤濤事迫以情告樞密使桑維翰乃止罰一月俸

開運三年春正月癸巳朔帝御崇元殿受朝賀仗衞如式詔改鑄天下合同印書詔印御前並以黃金爲之己亥貝州梁漢璋奏蕃寇屯聚將謀入寇詔符彥卿屯荆州口宋史符彥卿傳再出河朔彥卿不與易其行伍配以羸師數千戍荆州口癸卯以前華州節度使劉繼勳爲同州節度使以陝州節度使劉景

巖爲鄧州節度使丙午以宣徽南院使知陝州事焦繼勳爲陝州留後丁未刑部員外王涓賜私家自盡坐私用官錢經營求利故也右司郎中李知損貶均州司戶員外置驛發遣坐前任度支判官日與解縣榷鹽使王景遇交遊借貸故也己酉詔侍衞親軍副都指揮使李守貞率師巡撫北邊辛亥以皇弟秦州節度使重睿爲許州節度使以許州節度使安審琪爲兗州節度使以兗州節度使趙在禮爲晉昌軍節度使癸丑以涇州節度使何建爲秦州節度使以前貝州節度使史威爲涇州節度使乙卯定州奏契丹入寇己未二王後守太僕少卿襲鄅國公楊延壽除名配流威州終身勿齒延壽奉命于磁州檢苗受贓二百餘匹準律當絞有司以二王後入議故貸其死二月壬戌朔日有蝕之詔滄州皇甫遇率兵援糧入易定等州甲子以滄州留後王景爲本州節度使右僕射和凝逐月別給錢五萬傔糧芻粟等優舊相也辛未魯國大長公主史氏薨輟朝三日丙子光祿卿致仕王弘贄卒贈太常卿迴鶻遣使貢方物升桂州全義縣爲溥州仍隸桂州其全義縣改爲德昌縣從湖南馬希範所請也壬午以前晉昌軍節度使安彥威充北面行營副都統以宣徽北院使兼太府卿

孟承誨爲右武衛大將軍充職是日幸南莊命臣寮泛舟飲酒因幸杜威園醉方歸內甲申河陽節度使李從温卒輟朝贈太師三月壬辰朔以權知河西節度使張遵古爲河西留後乙未以御史中丞顏衎爲戶部侍郎以戶部侍郎趙遠爲御史中丞丙申以邠州節度使兼侍衛步軍都指揮使馮暉爲河陽節度使以前涇州節度使李德珫爲邠州節度使李守貞奏大軍至衡水己亥奏獲鄚州刺史趙思恭癸卯奏大軍迴至冀州戶部侍郎顏衎表上以母老乞解官就養從之戊申以皇子齊州防禦使延煦爲澶州節度使辛亥密州上言飢民

殍者一千五百庚申以瓜州刺史曹元忠爲沙州留後夏四月辛酉朔李守貞自北班師到闕太原奏吐渾白可久奔歸契丹諸侯咸有異志乙未宰臣詣寺觀禱雨曹州奏部民相次餓死凡三千人時河南河北大飢殍殕甚衆沂密兗鄆寇盜羣起所在屯聚剽劫縣邑吏不能禁兗州節度使安審琦出兵捕逐爲賊所敗戊寅幸相國寺禱雨皇子延煦與晉昌軍節度使趙在禮結婚命宗正卿石光贊主之五月庚寅朔以兵部郎中劉皞爲太府卿戊戌以前同州節度使馮道爲鄧州節度使定州奏部民相次擄殺流移約五千餘戶青州奏全家

殍死者一百一十二戶沂州奏淮南遣海州刺史領兵一千五百人應接賊頭常知及詔兗州安審琦領兵捕逐甲子以前太子賓客韋勳爲太子賓客兗州安審琦奏淮賊抽退賊頭常知及與其次首領武約等並乞歸命辛未幸大年莊遊船習射帝醉甚賜羣官器帛有差夜分方歸內戊申以鄜州留後李殷爲定州節度使辛亥詔皇甫遇爲北面行營都部署張彥澤爲副李殷爲都監領兵赴易定等州尋止其行甲寅以貝州留後梁漢璋爲貝州節度使以左神武統軍郭謹爲鄜州節度使六月庚申朔登州奏文登縣部內有銅佛像四軀佛

像十自地踴出狼山招收指揮使孫方簡叛據梁山歸契丹（案遼史五月庚戌晉易州戍將孫方簡請內附蓋方簡歸契丹自在五月至六月晉人始奏聞也歐陽史從薛史作六月）乙丑詔諸道不得橫薦官僚如本處幕府有闕即得奏薦丙寅以前昭義軍節度使李從敏爲河陽節度使以河陽節度使兼侍衛步軍都指揮使馮暉爲靈州節度使壬午以鄆州節度使兼侍衛親軍都指揮使高行周爲宋州節度使加兼中書令充北面行營副都統以宋州節度使侍衛親軍都指揮使（案以下原本有闕文）定州奏蕃寇壓境詔李守貞爲北面行營都部署滑州皇甫遇爲副相州張彥澤充馬軍都指揮使定州李殷充

步軍都指揮使。七月壬辰，以禮部尚書王延爲刑部尚書，以工部尚書王松爲禮部尚書，以太常卿龍敏爲工部尚書，以左丞李愼儀爲太常卿，以吏部侍郎張昭遠爲左丞，以右丞李詳爲吏部侍郎，以前義州刺史李玘爲右丞。前晉昌軍節度使安彥威卒，輟朝，贈太師。丙申，兩浙節度使、吳越國王錢弘佐加守太師，北京留守、河東節度使、北平王劉知遠加守太尉。滄州奏蕃寇攻饒安縣。楊劉口河決，而岸水闊四十里。以前鄧州節度使劉景巖爲太子太師致仕。辛亥，宋州穀熟縣河水雨水一槪東流，漂沒秋稼。丁巳，大理卿李專美卒。戊午，詔僞

淸泰朝經刪奪官爵朱弘昭、馮贇、康義誠、王思同、藥彥稠等，並復其官爵。自夏初至是，河南、河北諸州郡餓死者數萬人，羣盜蜂起，剽掠縣鎭。霖雨不止，川澤汎漲，損害秋稼。八月己未朔，以左諫議大夫裴羽爲給事中。庚申，李守貞、皇甫遇駐軍定州。辛酉，幸南莊，召從臣宴樂，至暮還宮。詔潞州運糧十三萬赴恆州。癸亥，以右散騎常侍張煦爲青州刺史。李守貞奏大軍至望都縣，相次至長城北，遇敵千餘騎，轉鬬四十里，斬蕃將嘉哩（舊作解里，今改正）相公。丁卯，詔班師。庚午，以前亳州防禦使邊蔚爲戶部侍郎，以刑部侍郎李式爲戶部侍郎、充三司副使，以禮部侍郎盧價爲刑部侍郎，以樞密直學士、左散騎常侍邊光範爲禮部侍郎，充職（宋史邊光範傳：少帝以光範藩邸舊僚，待遇尤厚，因遊宴見光範位翰林學士下，即日拜尚書禮部侍郎、知制誥、充翰林學士，仍直樞密院）。辛未，以右龍武統軍周密爲延州節度使。癸酉，河東節度使劉知遠奏誅吐渾大首領白承福、白鐵匱、赫連海龍等，並夷其族，凡四百口，蓋利其孳畜財寶也，人皆冤之。甲戌，以大理少卿劇可久爲大理卿。棣州刺史慕容彥超削奪在身官爵，房州安置，坐前任濮州擅出省倉麥及私賣官麴，準法處死，太原節度使劉知遠上表救之，故貸其死。丙戌，靈州馮暉奏與威州刺史藥元福于威州土

橋西一百里遇吐蕃七千餘人，大破之，斬首千餘級。是月，秦州雨兩旬不止，鄴都雨水一丈，洛京、鄭州、貝州大水，鄴都夏津、臨淸兩縣餓死民凡三千三百。盜入臨濮、費縣。秋九月壬辰，鄆州節度使、侍衞親軍都指揮使李守貞加兼侍中，滑州節度使皇甫遇進封邠國公，相州節度使張彥澤加檢校太尉。甲午，以權知威武軍節度使李弘達爲檢校太尉、同平章事，充福建節度使，知閩國事。乙未，前商州刺史李俊賜自盡，坐與親妹姦，及行劍斫殺女使，又殺部曲孫漢榮，强姦其妻，準法棄市，詔賜死于家。己亥，張彥澤奏破蕃賊于定州界，斬首二千

餘級追襲百餘里生擒蕃將四人擒得金耳環二副進呈癸卯太原奏破契丹楊武谷殺七千餘人甲辰以天策上將軍江南諸道都統楚王馬希範兼諸道兵馬都元帥詔開封府以霖雨不止應京城公私僦舍錢放一月乙巳詔安審琦率兵赴鄴都皇甫遇赴相州丙午以太子少保楊凝式爲太子少傅以刑部尚書王廷爲太子少保前潁州團練使竇貞固爲刑部尚書是月河南河北關西諸州奏大水霖雨不止溝河泛溢水入城郭及損害秋稼是月契丹瀛州刺史（案以下疑脫劉延祚三字）詐爲書與樂壽軍監王巒願以本城歸順且言城中蕃軍不滿

千人請朝廷發兵襲取之已爲內應又云今秋苦雨川澤漲溢自瓦橋以北水勢無際戎王已歸本國若聞南夏有變地遠阻水雖欲奔命無能及也又巒繼有密奏苦言瀛鄚可取之狀先是前歲中軍駕駐于河上會遣邊將遺書于幽州趙延壽勸令歸國延壽尋有報命依違而已是歲三月復遣鄴都杜威致書于延壽且述朝旨啖以厚利仍遣洺州軍將趙行實賫書而往潛申款密行實嘗事延壽故遣之七月行實自燕廻得延壽書且言久陷邊庭願歸中國乞發大軍應接即拔身南去敘致懇切詞旨綿密時朝廷欣然信之復遣趙行實計會延壽大軍應接之所有瀛州大將遣所親賫蠟丸書至闕下告云欲謀翻變以本城歸命未幾會彼有告變者事不果就至是瀛州守將劉延祚受戎王之命詐輸誠款以誘我軍國家深以爲信遂有出師之議（永樂大典卷一萬五千六百四十九）

舊五代史卷八十四終

舊五代史卷八十四攷證

晉少帝紀四監修國史劉昫史官張昭遠等以新修唐書紀志列傳竝目錄凡二百三卷　案郡齋讀書志直齋書錄解題竝作二百卷五代會要作二百二卷目錄一卷

己亥幸繁臺觀馬　案歐陽史作閱馬于萬龍岡

皇子延煦與晉昌軍節度趙在禮結婚　案皇子延煦娶趙在禮女通鑑作三月庚申與是書作四月戊寅異

己亥張彥澤奏破蕃人于定州界　案歐陽史作辛丑張彥澤及契丹戰于新興敗之

是月契丹瀛州刺史詐爲書與樂壽將軍王巒願以本城歸順　案瀛州刺史下疑脫劉延祚三字通鑑攷異云歐陽史作高牟翰案陷蕃記前云延祚詐輸誠欵後云大軍至瀛州偵知蕃將高牟翰潛師而出蓋延祚爲刺史牟翰乃戍將耳

舊五代史卷八十四攷證

舊五代史卷八十五

宋司空同中書門下平章事薛居正等撰

少帝紀第五　晉書十一

開運二年冬十月甲子正衙命使册皇太妃安氏乙丑以樞密直學士禮部侍郎邊光範爲翰林學士以給事中邊歸讜爲左散騎常侍以翰林學士祠部員外郎知制誥張沆爲右諫議大夫辛未以鄴都留守杜威爲北面行營都招討使以侍衞親軍都指揮使鄆州節度使李守貞爲兵馬都監兗州安審琦爲左右廂都指揮使徐州符彥卿爲馬軍左廂都指揮使滑州皇甫遇爲馬軍右廂都指揮使貝州梁漢璋爲馬軍都排陣使前鄧州（案原本有闕文）宋彥筠爲步軍左廂都指揮使奉國左廂都指揮使王饒爲步軍右廂都指揮使洺州團練使薛懷讓爲先鋒都指揮使（案通鑑載當時敕牓曰先取瀛鄚安定關南次復幽燕盪平塞北蓋狃于陽城之役而驟驕也）癸酉册吳國夫人馮氏爲皇后乙亥以侍衞馬軍都指揮使李彥韜權知侍衞司事丙戌鳳翔節度使秦王李從曮薨輟朝贈尚書令丁亥邠州節度使李德琉卒輟朝贈太尉十一月戊子朔以給事中盧撰爲右散騎常侍以尚書兵部郎中兼侍御史知雜事陳觀爲左諫議大夫觀以祖諱義乞改官尋授給事中庚

實樞密使中書侍郎兼戶部尚書平章事馮玉加尚書右僕射以皇子鎭寧軍節度使延煦爲陝州節度使以陝州留後焦繼勳爲鳳翔留後以前定州留後安審琦爲邠州留後以右僕射和凝爲左僕射甲午兩浙節度使吳越國王錢弘佐起復舊任丁酉詔李守貞知幽州行府事戊申日南至御崇元殿受朝賀是月北面行營招討使杜威率諸將領大軍自鄴北征師次瀛州城下貝州節度使梁漢璋戰死杜威等以漢璋之敗遂收軍而退行次武強聞戎王入寇欲取直路自冀貝而南會張彥澤領騎自鎭定至且言契丹可破之狀于是大軍

西趨鎭州十二月丁巳朔（案以下有闕文據通鑑云丁巳朔李穀自書密奏且言大軍危急之勢請車駕幸滑州遣高行周符彥卿扈從及發兵守澶州河陽以備敵之奔衝遣軍將關勳走馬上之）己未杜威奏駐軍于中渡橋庚申以前司農卿儀延英爲太子賓客詔徐州符彥卿屯澶州辛酉詔澤潞鄴都邢洺河陽運糧赴中渡杜威遣人口奏軍前事宜勢迫故也壬戌又遣高行周屯澶州景延廣守河陽博野縣都監張鵬入奏蕃軍事勢丙寅定州李殷奏前月二十八日夜領捉生四百人往曲陽嘉山下逢賊軍車帳殺千餘人獲馬二百四詔宋州高行周充北面行營都部署符彥卿充副邢州方太充都虞候領後軍駐于河上以備敵騎之奔衝也時契丹遊騎步滹水而南至欒城縣自是中渡寨爲蕃軍隔絕探報不通朝廷大恐故委行周等繼領大師守扼津要且以張其勢也己巳邢州方太奏此月六日契丹與王師戰于中渡王師不利奉國都指揮使王清戰死庚午幸沙臺射兎壬申始聞杜威李守貞等以此月十日率諸軍降于契丹（案遼史杜重威等降于遼在四月丙寅與薛史同歐陽史作壬戌疑誤歐陽史作壬戌攷歐紀壬戌之日自紀滹沱戰敗而杜威等之降上不係日觀杜重威傳明著十二月丙寅于薛史未嘗不合也遼史以其弟承信爲平盧軍節度使襲父爵）是夜相州節度使張彥澤受契丹命率先鋒二千人自封丘門斬關而入癸酉旦張彥澤頓兵于明德門

外京城大擾前曹州節度使石贇死帝之堂叔也時自中渡寨隔絕之後帝與大臣端坐憂危國之衛兵悉在北面討無所出十六日聞滹水之降是夜偵知張彥澤已至滑州召李崧馮玉李彥韜入內計事方議詔河東劉知遠起兵赴難至五鼓初張彥澤引蕃騎入京宮中相次火起帝自攜劍驅擁后妃已下十數人將同赴火爲親校薛超所持俄自寬仁門遞入契丹主與皇太后書帝乃止旋令撲滅煙火大內都點檢康福全在寬仁門宿衛登樓覘賊彥澤呼而下之癸酉帝奉表于戎主曰孫臣某言今月十七日寅時相州節度使張彥澤都

監富珠哩（舊作傅住而今改正）部領大軍入京賫到翁皇帝賜太后書示于滹沱河降下杜重威一行馬步兵士見領蕃漢步騎來幸汴州者往者唐運告終中原失馭數窮否極天鈌地傾先人有田一成有衆一旅兵連禍結力屈勢孤翁皇帝救患摧剛興利除害躬擐甲胄深入寇場犯露蒙霜度雁門之險馳風擊電行中冀之誅黃鉞一麾天下大定勢凌宇宙義感神明功成不居遂興晉祚則翁皇帝有大造于石氏也旋屬天降鞠凶先君即世臣遵承遺旨纘紹前基諒陰之初荒迷失次凡有君國重事皆委將相大臣至于擅繼宗祧既非稟命輕發文

字輒敢抗尊自啟釁端果貽赫怒禍至神惑運盡天亡十萬師徒皆望風而束手億兆黎庶悉延頸以歸心臣負義包羞貪生忍恥自貽顛覆上累祖宗偷度朝昏苟存視息翁皇帝若惠顧疇昔稍霽雷霆未賜靈誅不絕先祀則百口荷更生之德一門銜無報之恩雖所願焉非敢望也臣與太后並妻馮氏及舉家戚屬見于郊野面縛俟罪次所有國寶一面金印三面今遣長子陝府節度使延煦次子曹州節度使延寶管押進納並奉表請罪陳謝以聞甲戌張彥澤遷帝與太后及諸屬于開封府遣控鶴指揮使李榮將兵監守是夜開封尹桑維翰宣徽使孟承誨皆遇害帝以契丹主將至欲與太后出迎彥澤先表之稟契丹之旨報云比欲許爾朝覲上國臣僚奏言豈有兩個天子道路相見今賜所佩刀子以慰爾心己卯皇子延煦延寶自帳中迴得僞詔慰撫帝表謝之時契丹主以所送傳國寶製造非工與載籍所述者異使人來問帝進狀曰頃以僞主王從珂于洛京大內自焚之後其眞傳國寶不知所在必是當時焚之先帝受命旋製此寶在位臣僚備知其事臣至今日敢有隱藏云時移內庫至府帝使人取帛數段主者不與謂使者曰此非我所有也又使人詣李崧求酒崧曰

臣有酒非敢愛惜慮陛下杯酌之後憂躁所作別有不測之事臣以此不敢奉進丙戌晦百官宿封禪寺明年正月朔契丹主次東京城北百官列班遙辭帝于寺詣北郊以迎契丹主帝族出封丘門肩輿至野契丹主不與之見遣泊封禪寺文武百官素服紗帽迎謁契丹主於郊次俯伏俟罪契丹主命起之親自慰撫契丹主遂入大內至昏出宮是夜宿于赤岡僞詔應晉朝臣僚一切仍舊朝廷儀制並用漢禮戊子殺鄭州防禦使楊承勳責以背父之罪令左右臠割而死（遼史以其弟承信為平盧軍節度使襲父爵）己丑斬張彥澤于市以其剽劫京城恣行屠害也

遼史以張彥澤擅徙重貴開封殺桑維翰縱兵大掠不道斬于市庚寅洛京留守景延廣自扼吭而死辛卯契丹制降帝爲光祿大夫檢校太尉封負義侯黃龍府安置其地在渤海國界癸巳遷帝于封禪寺遣蕃大將崔廷勳將兵守之癸卯帝與皇太后李氏皇太妃安氏皇后馮氏皇弟重睿皇子延煦延寶俱北行以宮嬪五十人內官三十人東西班五十人醫官一人控鶴官四人御廚七人茶酒三人儀鸞司三人軍健二十人從行宰臣趙瑩樞密使馮玉侍衛馬軍都指揮使李彥韜隨帝入蕃契丹主遣三百騎援送而去所經州郡長吏迎奉皆爲契丹主阻絕有所供饋亦不通宋史李穀傳少帝蒙塵而北舊臣無敢候謁者穀獨拜迎于路君臣相對泣穀曰臣無狀負陛下因傾囊以獻當一日帝與太后不能得食乃殺畜而啖之帝過中渡橋閱杜重威營寨之迹慨然憤歎謂左右曰我家何負爲此賊所破天乎天乎于是號慟而去至幽州傾城士庶迎看于路見帝慘沮無不嗟歎宣政雜錄徽宗北狩經薊縣梁魚務有還鄉橋石少帝所命名也里人至今呼之帝駐留旬餘州將承契丹命犒帝于府署趙延壽母以食饌來獻自范陽行數十程過薊州平州至榆關沙塞之地略無供給每至宿頓無非路次一行乏食宮女從官俱採木實野蔬以救飢弊又行七八日至錦州契丹迫帝與妃后往拜安巴堅舊作阿保

機今改正遺像帝不勝屈辱泣曰薛超誤我不令我死以至今日也又行十數程渡遼水至黃龍府此即戎王所命安置之地也六月契丹國母召帝一行往懷密州州在黃龍府西北千餘里行至遼陽皇后馮氏以帝陷蕃過受艱苦令內官潛求毒藥將自飲之並以進帝不果而止又行二百里會國母爲永康王所執永康王請帝却往遼陽城駐泊帝遣使奉表于永康且賀克捷自是帝一行稍得供給漢乾祐元年四月永康王至遼陽帝與太后並詣帳中帝御白衣紗帽永康止之以常服謁見帝伏地雨泣自陳過咎永康使左右扶帝上殿慰勞久之因命設樂行酒從容而罷永康帳下從官及教坊內人望見故主不勝悲咽內人皆以衣帛藥餌獻遺于帝及永康發離遼陽取內官十五人東北班十五人及皇子延煦並令隨帳上陘陘即蕃王避暑之地也有綽諾錫里舊作禪奴舍利今改正者即永康之妻兄也知帝有小公主在室詣帝求之帝辭以年幼不可又有東西班數輩善于歌唱綽諾又請之帝乃與之後數日永康王馳取帝幼女而去以賜綽諾至八月永康王下陘太后馳至霸州詣永康求于漢兒城寨側近賜養種之地永康許諾令太后于建州住泊漢乾祐二年二月帝自遼陽城發

赴建州行至中途太妃安氏得疾而薨乃焚之載其櫬骨而行帝自遼陽行十數日過儀州霸州遂至建州節度使趙延暉盡禮奉迎館帝于衙署中其後割寨地五十餘頃其地至建州數十里帝乃令一行人員于寨地內築室分耕給食于帝是歲舒嚕（舊作述律今改正）王子遣契丹數騎詣帝取內人趙氏聶氏疾馳而去趙聶者帝之寵姬也及其被奪不勝悲憤漢乾祐三年八月太后薨周顯德初有漢人自塞北而至者言帝與后及諸子俱無恙猶在建州其隨從職官役使人輩自蕃中亡歸物故者大半矣（永樂大典卷一萬五千六百四十九　郡齋讀書志云晉朝陷蕃記范質撰質石晉

末在翰林爲出帝草降表知其事爲詳記少帝初遷于黃龍府後居于建州凡十八年而卒案契丹丙午歲入汴順數至甲子歲爲十八年實太祖乾德二年也五代史補少主之嗣位也契丹以不俟命而擅立又景延廣辱其使契丹怒舉國南侵以駙馬都尉杜重威等領駕下精兵甲禦之于中渡河橋既而契丹之衆已深入而重威等奏報未到朝廷時桑維翰罷相爲開封府尹謂僚佐曰事急矣非大臣鉗口之時乃叩內閤求見欲請車駕親征以固將士之心而少主方在後苑調鷹至暮竟不召維翰退而歎曰國家阽危如此草澤通客亦宜下問況大臣求見而不召耶事亦可知矣未幾杜威之徒降于契丹少主遂北遷焉）

史臣曰少帝以中人之才嗣將墜之業屬上天不祐仍歲大飢何或絕強敵之歡盟鄙輔臣之謀略奢淫自縱謂有泰山之安委託非人坐受平陽之辱族行萬里身老窮荒自古亡國之醜者無如帝之甚也千載之後其如恥何傷哉（永樂大典卷一萬五千六百四十九）

舊五代史卷八十五終

舊五代史卷八十五攷證

晉少帝紀五己未杜威奏駐軍于中渡橋　案通鑑甲寅威等至中渡橋十二月己未帝始聞大軍屯中渡胡三省注云强寇深入諸軍孤危而驛報七日始達晉之爲兵可知矣歐陽史作己未杜威軍于中渡蓋以奏聞之日爲駐軍之日

降帝爲光祿大夫　光祿遼史避諱作崇祿

内官三十人　案遼史作内官三人

軍健二十人　案遼史作健卒十人

舊五代史卷八十五攷證

舊五代史卷八十六

宋司空同中書門下平章事薛居正等撰

后妃列傳第一

案薛史晉后妃傳永樂大典已佚今取歐陽史晉家人傳與五代會要諸書互校則事多舛誤如李太后在長興中進封魏國公主清泰二年改封晉國長公主而歐陽史則云清泰二年封魏國長公主少帝冊故妃張氏爲皇后而歐陽史不載其姓氏蓋歐陽史以文章自負祇取薛史原文任意刪削未嘗考其事之本末也今采五代會要通鑑契丹國志文獻通考所載晉后妃事分註互綴以補薛史之闕且以備歐陽史之考証焉

晉書十二

高祖皇后李氏　案五代會要云高祖皇后李氏唐明宗第三女天成三年四月封永寧公主長興四年九月進封魏國公主清泰二年九月改封晉國長公主至天福六年十一月尊爲皇后七年六月尊爲皇太后開運四年三月與少帝同遷于契丹之黃龍府漢乾祐三年八月二十五日崩于蕃中之建州文獻通考云天福二年有司請立皇后帝以宗廟未立謙抑未遑帝崩出帝即位乃尊爲皇太后契丹國志載晉出帝降表云孫男臣重貴言頃者唐運告終中原失柄數窮否極天陷地傾先人有田一成有衆一旅兵連禍結力屈勢孤翁皇帝救難摧鋒興利除害躬擐甲冑深入寇場犯露蒙霜度雁門之險馳風掣電行中冀之誅黃鉞一麾天下大定勢凌宇宙義感神明功成不居遂興晉祚則翁皇帝大有造于石氏也旋屬天降鞠凶先君即世臣仰承遺旨得紹前基諒闇之初荒迷失次凡有軍國重事皆委將相大臣至于擅繼宗祧既非稟命輕發文字輒敢抗尊自起釁端果貽赫怒禍至神惑運盡天亾十萬兵徒望風束手億兆黎庶延頸歸心臣負義包羞貪生忍恥自貽顛覆上累祖宗偷度晨昏苟存視息翁皇帝若惠顧疇昔稍霽雷霆未賜顯誅不絕先祀則百口荷更生之德一門銜罔報之恩雖所願爲非敢望也臣與太后妻馮氏于郊野面縛俟命皇太后降表云晉室皇太后媳婦李氏妾言張彥澤富珠哩等至伏蒙皇帝阿翁降書安撫者妾伏念先皇帝頃在并汾適逢屯難危同累卵急若倒懸智勇俱窮朝夕不保皇帝阿翁發自冀北親抵河東跋履山川踰越險阻立平巨孽

遼定中原救石氏之覆亾立晉朝之社稷不幸先帝厭代嗣子承祧不能繼好息民而反虧恩辜義兵戈屢動驅馬難追戚實自貽咎將誰執今穹蒼震怒中外攜離上將牽羊六師解甲妾舉宗負釁視景偷生惶惑之中撫問斯至明宣恩旨曲賜含容慰諭丁寧神爽飛越豈謂已垂之命忽蒙更生之恩省罪責躬九死未報今遣孫男延煦延寶奉表請罪陳情以聞又帝記云會同十一年正月朔出帝太后迎遼帝于封丘門外帝辭不見館于封禪寺遣其將崔廷勳以兵守之是時雨雪連旬外無供億上下凍餒太后使人謂寺僧曰吾嘗于此飯僧數萬今日豈不相憫耶僧辭以遼帝之意難測不敢獻食少帝陰祈守者乃稍得食降少帝為光祿大夫檢校太尉封負義侯遷于黃龍府即慕容氏和龍城也帝使人謂太后曰吾聞爾子重貴不從母教而至于此可求自便勿與俱行太后答曰重貴事妾謹慎所失者違先君之志絕兩國之歡然重貴此去幸蒙大惠全身保家母不隨子欲何所歸乎于是太后與馮后皇弟重睿子延煦延寶舉族從晉侯而北天祿元年四月帝至遼陽晉侯白衣紗帽與太后皇后上謁于帳中五月帝上陘取晉侯所從宦者十五人東西班十五人及皇子延煦等而去八月帝下陘太后自馳至霸州謁帝求于漢建州城側賜地耕牧以為生許之帝以太后自行十餘日遣與延煦俱還遼陽二年徙晉侯太后于建州三年秋八月晉李太后病無醫藥仰天號泣戟手罵杜重威李守貞曰吾死不置汝病亟謂晉侯曰吾死焚其骨送范陽佛寺無使吾為邊地鬼也

太妃安氏 案文獻通考云安太妃代北人不知其世家生出帝帝立尊為皇太妃契丹國志云天祿二年春二月從晉侯太后于建州中途安太妃卒遺命晉侯曰焚骨為灰南向颺之庶幾遺魂得返中國也

少帝皇后張氏 案五代會要云天福八年十月追冊考薛史少帝紀云追冊故妃張氏為皇后張知訓傳亦云高祖鎮太原為少帝娶從訓長女為妃是薛史當有張皇后傳歐陽史削而不書殊為疏矣

皇后馮氏 案五代會要云開運三年十月冊通鑑云天福八年冬十月戊申立吳國夫人馮氏為皇后初高帝愛少弟重胤養以為子及留守鄴都娶副留守馮濛女為其婦重胤早卒馮夫人寡居有美色帝見而悅之高祖崩梓宮在殯帝遂納之羣臣皆賀帝謂馮道等曰皇太后之命與卿等不任大慶羣臣出帝與夫人酣飲過梓宮前醊而告曰皇太后之命與先帝不任大慶左右失笑帝亦自笑謂左右曰我今日作新婿何如夫人與左右皆大笑太后雖悲而無如之何既正位中宮頗預政事后兄玉時為禮部郎中鹽鐵判官帝驟擢用至端明殿學士戶部侍郎與議政事文獻通考云契丹入京師后隨帝北遷不知所終　又案五代會要載晉內職云高祖穎川郡夫人蔡氏天福三年八月勅少帝寶省李氏封隴西郡夫人張氏封春宮夫人充皇后宮尚宮並天福八年十二月二日勅前左御正齊國夫人吳氏進封燕國夫人書省魏國夫人崔氏進封梁國夫人前右御正天水郡夫人趙氏封衛國夫人司簿孟氏封并國夫人前司簿李氏封隴西郡夫人弟子院使齊氏大使郭氏副使賈氏並封本縣君太后宮尚宮陳留郡夫人何氏進封鄭國夫人河南郡夫人元氏進封齊國夫人知客出使夫人石氏封武威郡夫人春宮姚氏常氏焦氏王氏陶氏魏氏趙氏七人並超封郡夫人寶省婉美趙氏封天水郡夫人武氏以下十一人並授春宮天福八年十一月勅清河郡夫人張氏彭城郡夫人劉氏並充太后宮司寶南陽郡夫人路氏出使夫人趙氏白氏並充皇后宮司寶開運二年八月勅　又按薛史不載外戚傳據五代會要云晉高祖長女長安公主降楊承祚天福二年五月封至六年五月卒追封秦國公主至七年九月又追封梁國長公主從長女高平縣主第二女新平縣主第三女千乘縣主孫女永慶縣主並天福七年五月封今附識于此

舊五代史卷八十六終

舊五代史卷八十六攷證

晉列傳一后妃傳高祖皇后李氏　案五代會要后在長興中進封魏國公主淸泰二年改封晉國長公主歐陽史作淸泰二年封魏國長公主誤

少帝皇后張氏　案是書少帝紀及五代會要俱云天福八年追册故妃張氏爲皇后歐陽史闕載

富珠哩舊作傅住兒今改

舊五代史卷八十六攷證

舊五代史卷八十七

宋司空同中書門下平章事薛居正等撰

宗室列傳第二 案晉宗室傳永樂大典僅存四篇餘多殘闕　晉書十三

廣王敬威字奉信高祖之從父弟也父萬詮贈太尉追封趙王敬威少善騎射事後唐莊宗以從戰有功累歷軍職明宗卽位擢爲奉聖指揮使天成應順中凡十改軍額累官至檢校工部尚書賜忠順保義功臣淸泰中加兵部尚書彰聖都指揮使遙領常州刺史及高祖建義於太原敬威時在洛下知禍必及召所親謂曰夫人生而有死理之常也我兄方圖大舉余固不可偷生待辱取笑一時乃自殺於私邸人甚壯之天福二年册贈太傅葬於河南縣六年追封廣王子訓嗣官至左武衞將軍敬威弟贇 永樂大典卷六千七百六十

韓王暉字德昭睿祖孝平皇帝之孫高祖之從兄也父萬友追封秦王暉生而麗厚剛毅雄直有器局行不由徑臨事多智故高祖於宗族之中獨厚遇之初張敬達之圍晉陽也高祖署暉爲奚騎都將常引所部出敵之不意深入力戰雖夷傷流血矢鏃貫骨而辭氣益厲高祖壯之天福二年遙授濠州刺史充皇城都部署四年加檢校司徒授曹州防禦使加檢校太保其蒞任也廉

愛恤下不營財利不好伎樂部人安之歲餘以疾終於官歸葬太原八年册贈太師追封韓王子曦嗣永樂大典卷六千七百六十宋史石曦傳天福中以曦爲右神武將軍歷漢至周爲右武衛左神武二將軍恭帝即位初爲左衛將軍會高麗王昭加恩命曦副左驍衛將軍戴交充使湻化四年卒

剡王重允案剡王以下諸王傳永樂大典原闕歐陽史云重允高祖弟也亦不知其爲親疏然高祖愛之養以爲子故于名加重而下齒諸子通鑑齊王紀高帝少弟重允早卒

越王重英案號王傳永樂大典原闕攷五代會要云重英高祖長子天福四年四月追封是書唐紀清泰三年七月己丑誅右衛上將軍石重英

楚王重信字守孚高祖第二子後唐明宗之外孫也少敏悟有智思天成中始受銀青光祿大夫檢校左散騎

常侍俄加檢校刑部尚書守相州長史未幾遷金紫光祿大夫超拜檢校司徒守左金吾衛大將軍重信歷事唐明宗及閔帝末帝不恃貴戚能克己復禮恂恂如也甚爲時論所稱高祖即位出鎮孟津到任踰月去民病十餘事朝廷有詔褒之是歲范延光叛命于鄴詔遣前靈武節度使張從賓發河橋屯兵數千人東討延光既而從賓與延光合謀爲亂遂害重信於理所時年二十遠近聞者爲之歎惜詔贈太尉時執事奏曰兩漢子弟生死無歷三公位者高祖曰此兒爲善被禍予甚愍之自我作古寧有例乎遂行册命以其年十月葬河南萬安山天福七年追封沂王少帝嗣位改封楚王妃南陽白氏昭信軍節度使奉進之女也重信有子二人皆幼長於公宮及少帝北遷不知其所終永樂大典卷六千七百六十

壽王重乂字宏理高祖第三子也幼岐嶷好儒書亦通兵法高祖素所鍾愛及即位自北京皇城使拜左驍衛大將軍車駕幸浚郊加檢校司空權東都留守未幾鄴都范延光叛朝廷遣楊光遠討之詔前靈武節度使洛都巡檢使張從賓發盟津屯兵赴鄴下會從賓密通延光與婁繼英等先刼河橋次亂洛邑因害重乂於河南府時年十九從賓敗高祖發哀於便殿輟視朝三日詔

贈太傅是歲冬十月詔遣莊宅使張穎監護喪事葬于河南府萬安山天福中追封壽王妃李氏汾州刺史玭女也重乂無子妃後落髮爲尼開運中卒于京師永樂大典卷六千七百六十案晉宗室傳原本多闕佚今姑仍原文

夔王重進五代會要重進高祖第五子天福七年四月追封

陳王重杲歐陽史重杲小字馮六未名而卒贈太傅追封陳王賜名重杲

重睿案契丹國志高祖憂悒成疾一旦馮道獨對高祖命幼子重睿出拜之又令宦者抱置道懷中蓋欲馮道輔立之高祖崩道與侍衛馬步都虞候景延廣議以國家多難宜立長君乃奉齊王重貴爲嗣五代會要重睿高祖第七子許州節度使未封王歐陽史云從出帝北遷不知其所終

延煦五代會要延煦少帝長子遙領陝西節度使通鑑云趙在禮家貲爲諸帥之最帝利其富

爲皇子鎭寧節度使延煦娶其女在禮
自費緡錢十萬縣官之費數倍過之
延寶 五代會要延寶少帝次子遙領魯州節度使通鑑云延煦及弟延寶皆高祖諸孫帝養以爲子會要引實錄亦云皆帝之從子養以爲子歐陽史云延煦等從帝北遷後不知其所終

舊五代史卷八十七終

舊五代史卷八十七攷證

晉列傳二宗室廣王敬威傳敬威弟贇 案歐陽史高祖有兄敬儒弟敬德敬殷是書不爲立傳疑有闕文又贇歐陽史作敬贇

韓王暉傳八年册贈太師 案暉歐陽史作敬暉贈太師歐陽史作贈太傅加贈太師

剡王重允 案歐陽史晉家人傳重允高祖弟也通鑑齊王紀同重允婦馮氏後爲少帝后歐陽史載契丹入京師暴少帝之惡于天下曰納叔母于宮中亂人倫之大典是重允實爲高祖弟也五代會要作高祖

第三子重允天福七年四月追封剡王攷剡王歐陽史作鄭王封爵亦異又案是書唐紀淸泰三年誅皇城副使石重裔敬瑭之子也攷會要載高祖諸子無別名重裔者重裔疑卽重允史氏避宋太祖諱故作裔然通鑑高祖紀作敬瑭之子重允齊王紀又作高祖少弟重允早卒似兩紀實有兩人姑存之以備攷

虢王重英 案五代會要重英高祖長子通鑑攷異引廢帝實錄作姪男供奉官重英又廣本英作殷

楚王重信傳高祖第二子 案五代會要作第四子

壽王重乂傳高祖第三子 案五代會要作第二子通

鑑攷異作姪男

陳王重杲　案重杲小字馮六歐陽史云高祖少子曰馮六舊說以重睿爲幼子非也今攷五代會要作高祖第六子重杲第七子重睿與歐陽史異

補前廣王敬威傳　敬威弟斌　斌字德和爲陝州節度使少帝即位加同平章事斌性驕慢每使者至必問曰小姪安否恣爲暴虐陝人苦之是書少帝紀開運三年曹州節度使石贇死帝之堂叔也歐陽史作墮沙壕溺死

舊五代史卷八十七攷證

舊五代史卷八十八

宋司空同中書門下平章事薛居正等撰

列傳第三　晉書十四

景延廣字航川陝州人也父建果贈太尉延廣少習射以挽強見稱梁開平中邵王朱友誨節制於陝召置麾下友誨坐謀亂延廣竄而獲免後事華州連帥尹皓皓引薦列校隸于汴軍從王彥章拒莊宗於河上及中都之敗彥章見擒而延廣被數創歸于汴唐天成中明宗幸夷門會朱守殷拒命尋平之延廣以軍校連坐將棄市高祖時爲六軍副使掌其事見而惜之乃密遣遁去尋收爲客將及敬達之圍晉陽高祖付以戎事甚有干城之功高祖即位授侍衞步軍都指揮使檢校司徒遙領果州團練使轉檢校太保領夔州節度使四年出鎮滑臺五年加檢校太傅移鎮陝府六年召爲侍衞馬步都虞候移鎮河陽七年轉侍衞親軍都指揮使檢校太尉其年夏高祖晏駕延廣與宰臣馮道等承顧命以少帝爲嗣旣發喪都人不得偶語百官赴臨未及內門皆令下馬由是有驕暴之失少帝旣嗣位延廣獨以爲已功尋加同平章事彌有矜伐之色朝廷遣使哀告契丹無表致書去臣稱孫契丹怒遣使來讓延廣乃奏令契

丹迥國使喬榮案歐陽史作喬營遼史同薛史契丹國志先是河陽牙將喬榮從趙延壽入遼遼帝以爲回國使置邸大梁至是景延廣說帝囚榮于獄凡遼國販易在晉境者皆殺之奪其貨大臣皆言遼國不可負乃釋榮慰賜而歸之告戎王曰先帝則北朝所立今上則中國自策爲隣爲孫則可無臣之禮且言晉朝有十萬口橫磨劍翁若要戰則早來他日不禁孫子則取笑天下當成後悔矣由是與契丹立敵干戈日尋初高祖在位時宣借楊光遠騎兵數百延廣請下詔追還光遠由此怨延廣怨朝廷遣使汎海搆釁天福八年十二月契丹乃南牧九年正月陷甘陵河北儲蓄悉在其郡少帝大駭親率六師進駐澶淵延廣爲上將凡六師進退皆出胸臆少帝亦不能制衆咸憚而忌之契丹旣至城下使人宣言曰景延廣喚我來相殺何不急戰一日高行周與蕃軍相遇於近郊以衆寡不敵急請濟師延廣勒兵不出是日行周幸而獲免及契丹退延廣猶閉柵自固士大夫曰昔與契丹絕好言何勇也今契丹至若是氣何憊也時延廣在軍母凶問至自澶淵津北移於津南不信宿而復涖戎事曾無戚容下俚之士亦聞而惡之時有太常丞王緒者因使德州迴與延廣有隙因誣奏與楊光遠通謀遣使繫於麾下鍛成其事判官盧億累勸解不從尋有詔棄市時甚冤之少帝還京嘗幸其第

進獻錫賚有加酬酢權寵恩渥爲一朝之冠俄與宰臣桑維翰不協少帝亦憚其難制遂罷兵權出爲洛都留守兼侍中由是鬱鬱不得志亦意契丹强盛國家不濟身將危矣但縱長夜飲無復以夾輔爲意宋史盧多遜傳父億景延廣鎭天平表億掌書記留守西洛又爲判官時國用窘乏取民財以助軍河南府計出二十萬緡延廣欲並緣以圖羨利增爲三十七萬緡億諫曰公位兼將相旣富且貴今國帑空竭不得已而取貲于民公何忍利之乎延廣慚而止開運三年冬契丹渡滹水詔遣屯孟津將戒塗由府署正門而出所乘馬騰立不進幾墜于地乃易乘而行時以爲不祥之甚及王師降契丹延廣狼狽而還時契丹主至安陽遣別部隊長率騎士數千與晉兵相雜趨河橋入洛以取延廣戒曰如延廣奔吳走蜀便當追而致之時延廣顧慮其家未能引決契丹旣奄至乃與從事閻丕輕騎謁契丹主于封丘與丕俱見縶焉遼史將軍康祥執景延廣來獻延廣曰丕臣之從事也以職相隨何罪而亦爲縲囚契丹釋之因責延廣曰致南北失歡良由爾也乃召喬榮質證前事凡有十焉始榮將入蕃時紿延廣云某恐忽忘所達之語請紀於翰墨延廣信之乃命吏備記其事榮亦憸巧善事人者也慮他日見詰則執之以取信因匿其文於衣中至是延廣始以他語抗對榮乃出其文以質之延廣頓爲所屈每服一事則受牙

舊一莖此契丹法也延廣受至八莖但以面伏地契丹遂咄之命鑠延廣臂將送之北土是日至於陳橋民家草舍延廣懼燔灼之害至夜分伺守者怠則引手自扼其吭尋卒焉雖事已窮頗人亦壯之時年五十六東都事畧昝居潤嘗爲樞密院小吏景延廣留守西京補爲右職契丹犯京師以兵圍延廣家故吏悉避去居潤爲全護其家時論稱之漢高祖登極詔贈中書令案歐陽史作贈侍中延廣少時嘗泛洞庭湖中流阻風帆裂桅折衆大恐頃之舟人指波中曰賢聖來護此必有貴人矣尋獲濟焉竟位至將相非偶然也永樂大典卷一萬八千一百三十一

李彥韜太原人也少事邢州節度使閻寶爲皁隸寶卒

高祖收於帳下及起義以少帝留守北京因留彥韜爲腹心歷客將牙門都校以纖巧故厚承委用及少帝嗣位授蔡州刺史入爲內客省使宣徽南院使未幾遙領壽州節度使充侍衞馬軍都指揮使檢校太保俄改陳州節度使典軍如故每在帝側升除將相但與宦官近臣締結致外情不通陷君於危亾之地嘗謂人曰朝廷設文官將何用也且欲澄汰而除廢之則可知其輔弼之道也及契丹犯闕遷少帝於開封府一日少帝遣人急召彥韜將與計事彥韜辭不赴命少帝怏恨久之其負國辜君也如是旣少帝北遷戎王遣彥韜從行洎至蕃中隸於國母帳下永康王舉兵攻國母以偉王爲前鋒國母發兵拒之以彥韜爲排陣使彥韜降於偉王偉王置之帳下其後卒於幽州永樂大典卷一萬三百八十九

張希崇字德峰幽州薊縣人也父行簡假薊州玉田令希崇少通左氏春秋復癖於吟咏天祐中劉守光爲燕帥性慘酷不喜儒士希崇乃擲筆以自效守光納之漸升爲裨將俄而守光敗唐莊宗命周德威鎮其地希崇以舊籍列於麾下尋遣率偏師守平州案巴堅舊作阿保機今改正南攻陷其城掠希崇而去案巴堅詢希崇乃知其儒人也因授元帥府判官後遷盧龍行軍司馬繼改蕃漢

都提舉使天成初僞平州節度使盧文進南歸契丹以希崇繼其任遣腹心總邊騎三百以監之希崇涖事數歲契丹主漸加寵信一日登郡樓私自計曰昔班仲升西戍不敢擅還以承詔故也我今入關斷在胷臆何恬安於不測之地而自滯耶乃召漢人部曲之翹楚者謂曰我陷身此地飲酪被毛生不見其所親死爲窮荒之鬼南望山川度日如歲爾輩得無思鄉者乎部曲皆泣下沾衣且曰明公欲全部曲南去善則善矣如敵衆何歐陽史作麾下皆言兵多不可俱亡因勸希崇獨去希崇曰俟明日首領至牙帳則先擒之契丹無統領其黨必散且平州去王帳千餘

里待報至徼兵踰旬方及此則我等已入漢界深矣何用以衆少爲病衆大喜是日希崇於郡齋之側坎隙地貯石灰明旦首領與羣從至希崇飲以醇酎數鍾既醉悉投於灰穽中斃焉其徒營於北郭遣人攻之皆潰圍奔去希崇遂以營內生口二萬餘南歸唐明宗嘉之授汝州防禦使希崇既之任遣人迎母赴郡母及境希崇親肩板輿行三十里觀者無不稱歎歷二年遷靈州兩使留後先是靈州戍兵歲軍糧經五百里有剽掠之患希崇乃告諭邊士廣務屯田歲餘軍食大濟璽書褒之因正授旄節清泰中希崇厭其雜俗頻表請覲詔許之

至闕未久朝廷以安邊有聞議內地處之改邠州節度使及高祖入洛與契丹方有要盟慮其爲所取乃復除靈武希崇歎曰我應老於邊城賦分無所逃也因鬱鬱不得志久而成疾卒于任時年五十二希崇自小校累官至開府儀同三司檢校太尉三歷方面封清河郡公食邑二千戶賜清邊奉國忠義功臣亦人生之榮盛者也（案歐陽史作贈太師）希崇素樸厚尤嗜書涖事之餘手不釋卷不好酒樂不蓄姬僕祁寒盛暑必儼具衣冠厮養之輩未嘗聞褻慢之言事母至謹每食必侍立俟盥漱畢方退物議高之性雖仁恕或遇姦惡則嫉之若仇在邠州日有民與郭氏爲義子自孩提以至成子因乖戾不受訓遣之郭氏夫婦相次俱死郭氏有嫡子已長時郭氏諸親與義子相約云是親子欲分其財物助而訟之前後數政不能理遂成疑獄希崇覽見訴判云父在已離母死不至止稱假子孤二十年撫養之恩倘曰親兒犯三千條悖逆之罪頗爲傷害名教安敢理認田園其生涯並付親子所訟人與朋姦者委法官以律定刑聞者服其明希崇亦善觀象在靈州日見月掩畢口大星經月復爾乃歎曰畢口大星邊將也月再掩之吾其終歟果卒於郡子仁謙爲嗣歷引進副使（永樂大典卷六千三百五十一）

王庭胤字紹基其先安人也（案安字上有脫文歐陽史王處直傳作京兆萬年人疑是長安）祖處存定州節度使父鄴晉州節度使庭胤唐莊宗之內表也性勇剽狡捷鷹瞬隼視喑嗚叱咤則挺劍而不顧少爲晉陽軍校以攻城野戰爲務暑不息嘉樹之陰寒不處密室之下與軍伍食不異味居不異室故莊宗於親族之中獨加禮遇莊宗明宗朝累歷貝忻密澶隰相六州刺史（案歐陽史不載相州）國初范延光據鄴稱亂高祖以庭胤累朝宿將詔爲魏府行營中軍使兼貝州防禦使城降賞勞授相州節度尋移鎮定州先是契丹欲以王處直之子威爲定州節度使處直則庭胤之叔祖

也處直爲養子都所纂時威北走契丹契丹納之至是契丹遣使諭高祖云欲使王威襲先人土地如我蕃中之制高祖答以中國將校自刺史團練防禦使序遷方授旄節請遣威至此任用漸令升進乃合中土舊規戎王深怒其見拒使人復報曰爾自諸侯爲天子有何階級耶高祖畏其滋蔓則厚賂力拒其命契丹怒稍息遂連升庭肖俾鎮中山且欲塞其意也少帝嗣位改滄州節度使累官至檢校太尉開運元年秋卒於位年五十四贈中書令有子五人長曰昭敏仕至金吾將軍卒（永樂大典卷一萬八千一百三十一）

史匡翰字元輔鴈門人也父建瑭事莊宗爲先鋒將敵人畏之謂之史先鋒累立戰功唐書有傳匡翰起家襲九府都督歷代州遼州副使檢校太子賓客同光初爲嵐憲朔等州都遊奕使改天雄軍牢城都指揮使再加檢校戶部尚書領潯州刺史天成中授天雄軍步軍都指揮使歲餘遷侍衞彰聖馬軍都指揮使高祖有天下也授檢校司空懷州刺史其妻魯國長公主卽高祖之妹也尋轉控鶴都指揮使兼和州刺史駙馬都尉俄授檢校司徒鄭州防禦使未幾遷義成軍節度滑濮等州觀察處置管內河隄等等使丁母憂尋起復本鎮（案陶穀撰匡翰碑文云圖田待理漢殿掄才功臣旌佐國之名出守奉專城之寄蓋鄭州卽在義成軍管內匡翰雖遷不離本鎮也）匡翰剛毅有謀畧御軍嚴整接下以禮與部曲語未嘗稱名歷數郡皆有政聲（案陶穀撰碑文云齋壇峻而金鼓嚴麻棨宣而油幢出控梁苑之西郊殷乎威望撫國僑之遺俗綽有政聲）尤好春秋左氏傳每視政之暇延學者講說躬自執卷受業焉時發難問窮於隱奧流輩或戲爲史三傳旣自端謹不喜人醉幕客有關徹者狂率酣醟一日使酒怒謂匡翰曰明公昔刺覃懷與徹主客隨至事無不可今領節鉞數不相容且書記趙礪險詖之人也脅肩諂笑黷貨無厭而明公待之甚厚徹今請死近聞張彥澤鬻張式未聞史匡翰斬關徹

恐天下談者未有比匡翰不怒引滿自罰而慰勉之其寬厚如此天福六年白馬河決匡翰祭之見一犬有角浮於水心甚惡之後數月遘疾而卒于鎮年四十詔贈太保子彥容歷宮苑使濮單宿三州刺史（永樂大典卷一萬一百八十三）

梁漢顒太原人也少事後唐武皇初爲軍中小校善騎射勇於格戰莊宗之破劉仁恭王德明及與梁軍對壘於德勝皆預其戰累功至龍武指揮使檢校司空梁平授檢校司徒濮州刺史同光三年魏王繼岌統軍伐蜀以漢顒爲魏王中軍馬步都虞候天成初授許州兵馬

留後檢校太保尋爲邢州節度使歲餘加檢校太傅充威勝軍節度唐鄧等州觀察處置等使在鎮二年移鎮許州長興四年夏以眼疾授太子少師致仕高祖素與漢暉有舊及卽位之初漢暉進謁再希任使除左威衛上將軍天福七年冬以疾卒于洛城年七十餘贈太子太保永樂大典卷六千六百十四

楊思權邠州新平人也梁乾化初爲軍校貞明二年轉弓箭指揮使檢校左僕射累遷控鶴右第一軍使唐莊宗平梁補右廂夾馬都指揮使天成初遷右威衛將軍加檢校司空會秦王從榮鎮太原明宗乃以馮贇爲副

留守以思權爲北京步軍都指揮使以佐佑之從榮幼驕狠不親公務明宗乃遣紀綱一人素善從榮者與之遊處俾從容諷導之嘗私謂從榮曰河南相公恭謹好善親禮端士有老成之風相公處長更宜自勵勿致聲聞在河南之下從榮不悅因告思權曰朝廷人皆推從厚共非短我吾將廢棄矣思權曰請相公勿憂萬一有變但思權在處有兵甲足以濟事乃勸從榮招置部曲調弓礪矢陰爲之備思權又謂使者曰朝廷教君伴相公終日言弟賢兄弱何也吾輩苟在豈不能與相公爲主耶使者懼告馮贇乃密奏之明宗乃詔思權赴京師以秦王之故亦弗之罪也長興末爲右羽林都指揮使遣戍興元閔帝嗣位奉詔從張虔釗討鳳翔洎至岐下思權首倡倒戈以攻虔釗尋領部下軍率先入城謂唐末帝曰臣旣赤心奉殿下俟京城平定與臣一鎮勿置在防禦團練使內乃懷中出紙一幅謂末帝曰願殿下親書臣姓名以志之末帝命筆書可邠寧節度使及卽位授推誠奉國保乂功臣靜難軍節度邠寧慶衍等州觀察處置等使檢校太保淸泰三年入爲右龍武軍統軍高祖卽位除左衞上將軍進封開國公天福八年以疾卒年六十九贈太傅永樂大典卷六千五十二

尹暉魏州人也少以勇健事魏帥楊師厚爲軍士唐莊宗入魏擢爲小校從征河上每於馬前步鬬有功莊宗卽位建改諸軍指揮使天成長興中領數郡刺史累遷嚴衛都指揮使唐應順中王師討末帝于岐下暉與楊思權首歸末帝約以鄴都授之末帝卽位高祖入洛嘗遇暉於通衢暉馬上橫鞭以揖高祖高祖忿之後因謁謂末帝曰尹暉常才以歸命稱先陛下欲令出鎮名藩外論皆云不當末帝乃授暉應州節度使高祖卽位改右衞大將軍時范延光據鄴謀叛以暉失意密使人齎蠟彈以榮利啖之暉得延光文字懼而思竄欲沿汴水

奔於淮南高祖聞之尋降詔喚未出王虢爲人所殺子勳事皇朝累歷軍職遷內外馬步都軍頭見爲郢州防禦使永樂大典卷一萬八千一百三十一

李從璋字子良後唐明宗皇帝之猶子也少善騎射明宗歷戰河上有平梁之功唐同光末魏之亂軍迎明宗爲帝從璋時引軍自常山過邢邢人以從璋爲留後踰月明宗即位受詔領捧聖左廂都指揮使時天成元年五月也八月改大內皇城使加檢校司徒彰國軍節度使賜竭忠建策興復功臣旋以達靼諸部入寇從璋率麾下出討一鼓而破有詔褒之三年四月移鎮滑臺時明宗駐蹕於大梁從璋嘗召幕客謀曰車駕省方藩臣咸有進獻吾爲臣爲子安得後焉欲取倉廩羨餘以助其用諸君以爲何如內有賓介白曰聖上寬而難犯行宮在近忽致上達則一幕俱罹其罪從璋怒翌日欲引弓射所言者朝廷知之改授右驍衛上將軍長興元年十月出鎮陝州二年五月遷河中節度使三年就加檢校太傅賜忠勤靜理崇義功臣四年五月制封洋王是歲明宗厭代閔帝嗣位尋受命代潞王於岐下會潞王舉兵入洛事遂寢高祖即位之元年十二月授威勝軍節度使降封隴西郡公二年九月終於任年五十一鄭

人爲之罷市思遺愛也詔贈太師從璋性貪黷懦明宗嚴正自滑帥入居環衛之後以除拜差跌心稍悛悟後歷數鎮與故時幕客不足者相遇無所憾焉蒲陝之日政有善譽改賜忠勤靜理之號良有以也及高祖在位愈畏其法故歿於南陽人甚惜之亦明宗宗室之白眉也子重俊永樂大典卷一萬八千一百二十

重俊唐長興清泰中歷諸衛將軍高祖即位遙領池州刺史少帝嗣位授虢州刺史性貪鄙常爲郡人所訟下御史臺抵贓至重太后以猶子之故救之乃歸罪于判官高獻止罷其郡未幾復居環列出典商州商民素貧重俊臨之割剝幾盡復御家不法其奴僕若履湯蹈火忤其意或鞭之或刃之又殺從人孫漢榮掠其妻及受代歸洛漢榮母燕氏獲其子婦以訴於府尹景延廣牙將張守英謂燕曰重俊前朝枝葉今上中表河南尹其何以理不若邀其金帛私自和解策之上也燕從其言授三百緡而止後以青衣趙滿師因不勝楚毒踰垣訴景延廣云重俊與妹私姦及前後不法事延廣奏之詔遣刑部郎中王瑜鞫之盡得其實併以穢跡彰露而賜死於家永樂大典卷一萬三百八十九

李從温字德基代州崞縣人後唐明宗之猶子也明宗

徽時從温執僕御之役後養爲己子及歷諸藩署爲牙校命典廐庫唐同光中奏授銀青光祿大夫檢校右散騎常侍累加檢校司空充北京副留守明宗卽位授安國節度使檢校司徒長興元年四月入爲右武衞上將軍是歲復出鎮許田明年移北京留守加太傅四年正月改天平軍節度使五月制封兗王十一月移鎮定州兼北面行營副招討使尋又移鎮常山淸泰中加同平章事改鎮彭門高祖卽位之明年就加侍中七年加兼中書令八年再爲許州節度使開府儀同三司封趙國公累加食邑一萬戶食實封一千二百戶開運二年改

河陽三城節度使三年二月卒于任年六十三贈太師追封隴西郡王從温始以明宗本枝歷居藩翰無文武才畧資濟代之用凡臨民以貨利爲急在常山日視牙署池潭凡十餘頃皆立木爲岸而以修篁環之從温曰此何用爲悉命伐竹取木鬻於列肆獲其直以實用帑焉高祖卽位從温時在兗州多創乘輿器服爲宗族切戒從温弗聽其妻關氏素耿介一日厲聲於牙門云李從温欲爲亂擅造天子法物從温敬謝悉命焚之家無敗累關氏之力也後以多蓄駝馬縱牧近郊民有訴其害稼者從温曰若從爾之意則我產畜何歸乎其昏愚多此類也高祖性至察知而不問少帝嗣位太后教曰吾只有此兄愼勿繩之故愈加姑息以致年逾耳順終于牖下乃天幸也（永樂大典卷一萬三百八十九。）

張萬進突厥南鄙人也祖拽斤父腦萬進白皙美髯少而無賴事唐武皇以騎射著名攻城野戰奮不顧命嘗與梁軍對陣持鋭首短刀躍馬獨進旣兵刃旣刓則易以大鎚左右奮擊出沒進退無敢當者唐莊宗明宗素憐其雄勇復獎其戰功故累典大郡天成長興中歷威勝保大兩鎮節制高祖有天下命爲彰義軍節度使所至不治政由羣下洎至涇原日凶恣彌甚每日於公庭

列大鼎烹肥羜割截方寸以啖賓佐皆流涙不能大嚼俟其他顧則致袂中又命巨觶行酒訴則辱之乃有持杯僞飲褰領袪而納之者旣沈湎無節唯婦言是用其妻與幕吏張光載干預公政納錢數萬補一豪民爲捕賊將領兵數百人入新平郡境邠帥以其事上奏有詔詰之光載坐流罪配于登州天福四年三月萬進疾篤月餘州兵將亂乃詔副使萬庭圭委其符印記室李昇素憾庭圭知其將亡謂庭圭曰氣息將奄不保晨暮促移就第豈不宜乎庭圭從之萬進尋卒遂以籃轝祕屍而出卽馳騎而奏之詔命旣至而後發喪其妻素狠戾

謂長子彥球曰萬庭圭逼迫危病驚擾而死不手戮之矣爲生也庭圭聞之不敢往弔萬進假殯於精舍之下至轜車東轅凡數月之間郡民數萬無一饋奠者爲不善者衆必棄之信矣夫 永樂大典卷六千三百五十一

史臣曰延廣功扶二帝任掌六師亦可謂晉之勳臣矣然而昧經國之遠圖肆狂言於强敵卒使邦家蕩覆寓縣丘墟書所謂唯口起羞者其斯人之謂歟彥韜既負且乘任重才微盜斯奪之固其宜矣希崇蔚有雄幹老於塞垣未盡其才良亦可惜楊尹二將因倒戈而仗鉞豈義士之所爲其餘蓋以勳以親咸分屛翰唯萬進之醜德又何暇於譏焉 永樂大典卷六千三百五十一

舊五代史卷八十八終

舊五代史卷八十八攷證

晉列傳三景延廣傳契丹迴國使喬榮 榮歐陽史作瑩迴國使通鑑作迴圖契丹國志仍從是書作迴國

時延廣顧慮其家未能引決 案宋史昝居潤傳晉室將亡景延廣委其族自洛赴難與是書異

詔贈中書令 案歐陽史作贈侍中

張希崇傳守光敗唐莊宗命周德威鎭其地希崇以舊籍列于麾下尋遣率偏師守平州 案歐陽史作劉守光不喜儒士希崇因事軍中爲偏將將兵守平州是守光未敗卽守平州非爲德威所遣也與是書異

希崇遂以管內生口二萬餘南歸 案遼史天顯元年七月盧龍行軍司馬張崇叛奔唐疑希崇在遼稱名崇歸唐後始加希字也然希崇歸唐在遼太宗時而遼史繫于太祖紀又希崇本繼盧文勝而遼史書其降在盧國用歸唐之前年月皆舛誤

及高祖入洛與契丹方有要盟慮爲其所取乃復除靈武 案通鑑作帝與契丹修好慮其復取靈武

李從璋傳二年五月遷河中節度使三年就加檢校太傅 案從璋爲河中節度以代安重誨也五代史闕文從璋見重誨拜于庭下重誨驚曰太傅過禮據此

傳從璋至三年始檢校太傅從鎮河中時不應先稱爲太傅

舊五代史卷八十八攷證

舊五代史卷八十九

宋司空同中書門下平章事薛居正等撰

列傳第四　晉書十五

桑維翰字國僑洛陽人也父拱事河南尹張全義爲客將維翰身短面廣殆非常人既壯每對鑑自歎曰七尺之身安如一尺之面由是慨然有公輔之望三楚新錄馬希範入覲途經淮上時桑維翰旅遊楚泗間知其來遂謁之曰僕聞楚之爲國挾天子而令諸侯其勢不可謂卑也加以利盡南海公室大富足下之來也非傾府庫之半則不足以供芻粟之費今僕貧者敢以萬金爲請惟足下濟之希範輕薄公子覩維翰形短而腰長語魯而且醜不覺絕倒而笑既而與數百縑維翰大怒拂衣而去春渚記聞桑維翰試進士有司嫌其姓黜之或勸勿試維翰持鐵硯示人曰鐵硯穿乃改業著日出扶桑賦以見志性明惠善詞賦洛陽縉紳舊聞記桑魏公父拱爲河南府客將桑魏公將應舉父乘間告齊王張全義曰某男粗有文性今被同人相率欲取解侯王旨齊王曰有男應舉好事可令秀才將卷軸來魏公之父趨下再拜既歸令子侵早投書啟獻文字數軸王請見魏公父教之趨階王曰不可既應舉便是貢士可歸客司謂魏公父曰他道路不同莫管他終以客禮見王一見奇之禮遇頗厚是年王力言于當時儒臣由是擢上第唐同光中登進士第高祖領河陽辟爲掌書記歷數鎮皆從及建義太原首豫其謀復遣爲書求援於契丹果應之俄以趙德鈞發使聘契丹高祖懼其改謀命維翰詣幕帳述其始終利害之義其約乃定通鑑趙德鈞以金帛賂契丹主云若立己爲帝請即以見兵南平洛陽與契丹爲兄弟之國仍許石氏常鎮河東契丹主自以深入敵境晉安未下德鈞兵尚强范延光在其東又恐山北諸州邀其歸路欲許德鈞之請帝聞之大懼亟使維翰

見契丹主說之曰大國舉義兵以救孤危一戰而唐兵瓦解退守一柵食盡力窮趙北平父子不忠不信畏大國之彊且素蓄異志案兵觀變非以死徇國之人何足可畏而信其誕妄之辭貪毫末之利棄垂成之功乎且使晉得天下將竭中國之財以奉大國豈此小利之比乎契丹主曰爾見捕鼠者乎不備之猶或齧傷其手況大敵乎對曰今大國已扼其喉安能齧人乎契丹主曰吾非有渝前約也但兵家權謀不得不爾對曰皇帝以信義救人之急四海之人俱屬耳目奈何二三其命使大義不終臣竊爲皇帝不取也跪于帳前自旦至暮涕泣爭之契丹乃從之指帳前石謂德鈞使者曰我已許石郎此石爛可改矣及高祖建號制授翰林學士禮部侍郎知樞密院事尋改中書侍郎平章事集賢殿大學士充樞密院使高祖幸夷門范延光據鄴叛張從賓復自河洛舉兵向闕人心恟恟時有人候於維翰者從容談論怡怡如也時皆服其度量及楊

光遠平鄴朝廷慮兵驕難制維翰請速散其衆尋移光遠鎭洛陽光遠由是怏怏上疏論維翰去公狥私除改不當復營邸肆於兩都之下與民爭利高祖方姑息外將事不獲已因授維翰檢校司空兼侍中出爲相州節度使時天福四年七月也先是相州管內所獲盜賊皆籍沒其財產云是河朔舊例及維翰作鎭以律無明文具事以奏之詔曰桑維翰佐命功全臨戎寄重舉一方之往事合四海之通規況賊盜之徒律令具載比爲撫萬姓而安萬國豈忍罪一夫而破一家聞將相之善言成國家之美事既資王道實契人心今後凡有賊人准格律定罪不得没納家貲天下諸州皆准此處分自是刼賊之家皆免籍没維翰之力也歲餘移鎭兗州時吐渾都督白承福爲契丹所迫舉衆內附高祖方通好於契丹拒而不納鎭州節度使安重榮患契丹之强欲謀攻襲戎師往返路出於眞定者皆潛害之密與吐渾深相結至是納焉而致于朝既而安重榮抗表請討契丹且言吐渾之請是時安重榮握强兵據重鎭恃其驍勇有飛揚跋扈之志晉祖覽表猶豫未決維翰知重榮已畜奸謀且懼朝廷違其意乃密上疏曰竊以防未萌之禍亂立不拔之基扃上繫聖謀動符天意非臣淺陋所

可窺圖然臣逢世休明致位通顯無功報國省已愧心其或事繫安危理關家國苟猶緘默實負君親是以區區之心不能自已近者相次得進奏院狀報吐渾首領白承福已下舉衆內附鎭州節度使安重榮上表請討契丹臣方遙口朝闕未測端倪竊思陛下頃在幷汾初罹屯難師少糧匱援絶計窮勢若綴旒困同懸磬契丹控弦玉塞躍馬龍城直度陰山徑絶大漠萬里赴難一戰夷凶救陛下累卵之危成陛下覆盂之業皇朝受命於此六年彼此通歡亭障無事雖卑辭降節屈萬乘之尊而庇國息民實數世之利今者安重榮表契丹之罪

方恃勇以請行白承福畏契丹之强將假手以報怨恐非遠慮有惑聖聽方今契丹未可與爭者有其七焉契丹數年來最强盛侵伐鄰國吞滅諸蕃救援河東功成師克山後之名藩大郡盡入封疆中華之精甲利兵悉歸廬帳即今土地廣而人民衆戎器備而戰馬多此未可與爭一也契丹自告捷之後鋒鋭氣雄南軍因敗衄己來心沮膽怯況今秋夏雖稔而帑廩無餘黎庶雖安而貧敝益甚戈甲雖備而鍛礪未精士馬雖多而訓練未至此未可與爭者二也契丹與國家恩義非輕信誓甚篤雖多求取未至侵陵豈可先發釁端自爲戎首縱

使因茲大克則後患仍存其或偶失沈機則追悔何及兵者凶器也戰者危事也苟議輕舉安得萬全未可與爭者三也王者用兵觀釁而動是以漢宣帝得志於匈奴因單于之爭立唐太宗立功于突厥由頡利之不道方今契丹主抱雄武之量有戰伐之機部族輯睦蕃國畏伏土地無災孳畜繁庶蕃漢雜用國無釁隙此未可與爭者四也引弓之民遷徙鳥舉行逐水草軍無饋運居無竈幕住無營柵便苦澀任勞役不畏風霜不顧饑渴皆華人之所不能此未可與爭者五也戎人皆騎士利在坦途中國用徒兵喜于隘險趙魏之北燕薊之南

千里之間地平如砥步騎之便較然可知國家若與契丹相持則必屯兵邊上少則懼强敵之衆固須堅壁以自全多則患飛輓之勞必須逐寇而速返我歸而彼至我出而彼迴則禁衞之驍雄疲于奔命鎮定之封境畧無遺民此未可與爭者六也議者以陛下于契丹有所供億謂之耗蠹有所卑遜謂之屈辱微臣所見則曰不然且以漢祖英雄猶輸貨于冒頓神堯武畧尚稱臣于可汗此謂達于權變善于屈伸所損者微所利者大必若因茲交搆遂成釁隙自此則歲歲徵發日日轉輸困天下之生靈空國家之府藏此謂耗蠹不亦甚乎兵戈

既起將帥擅權武吏功臣過求姑息邊藩遠郡得以驕矜外剛內柔上淩下僭此爲屈辱又非多乎此未可與爭者七也願陛下思社稷之大計采將相之善謀勿聽樊噲之空言宜納婁敬之逆耳然後訓撫士卒養育黔黎積穀聚人勸農習戰以俟國有九年之積兵有十倍之强主無內憂民有餘力便可以觀彼之變待彼之衰用已之長攻彼之短舉無不克動必成功此計之上者也惟陛下熟思之又以鄴都襟帶山河表裏形勝原田沃衍戸賦殷繁乃河朔之名藩實國家之巨屏即今主帥赴闕軍府無人臣竊思慢藏誨盜之言恐非勇夫重

開之意願迥深慮免起姦謀欲希陛下暫整和鑾略謀巡幸雖櫛風沐雨上勞于聖躬而杜漸防微實賫于睿略省方展義今也其時臣受主恩深憂國情切智小謀大理淺詞繁俯伏惟懼于僭踰裨補或希于萬一叢冒死以聞疏奏留中不出高祖召使人于內寢傳密旨于維翰曰朕比以北面事之煩懣不快今省所奏釋然如醒朕計已決卿無可憂七年夏高祖駕在鄴都維翰自鎭來朝改授晉昌軍節度使少帝嗣位徵拜侍中監修國史頻上言請與契丹和爲上將景延廣所否明年楊光遠搆契丹有澶淵之役凡制敵下令皆出于延廣維

翰與諸相無所與之及契丹退維翰使親黨受寵于少帝者密致自薦曰陛下欲制北戎以安天下非維翰不可少帝乃出延廣守洛以維翰守中書令再爲樞密使弘文館大學士繼封魏國公事無巨細一以委之數月之間百度寖理然權位既重而四方賂遺咸湊其門故仍歲之間積貨鉅萬由是澆競輩得以興謗未幾內客省使李彥韜端明殿學士馮玉皆以親舊用事與維翰不協間言稍入維翰漸見疎忌將加黜退賴宰相劉昫李崧奏云維翰元勳且無顯過不宜輕有進退少帝乃止尋以馮玉爲樞密使以分維翰之權後因少帝微有

不豫維翰曾密遣中使達意于太后請爲皇弟重睿擇師傅以教道之少帝以此疑其有他俄而馮玉作相與維翰同在中書會舍人盧價秩滿玉乃下筆除價爲工部侍郞維翰曰詞臣除此官稍慢恐外有所議因不署名屬維翰休暇玉竟除之自此維翰與玉尤不相協俄因少帝以重睿擇師傅言于玉玉遂以詞激帝帝尋出維翰爲開封府尹維翰稱足疾罕預朝謁不接賓客是歲秋霖經月不歇一日維翰出府門由西街入內至國子門馬忽驚逸御者不能制維翰落水久而方蘇或言私邸亦多怪異親黨咸憂之及戎王至中渡橋維翰以

國家安危繫在朝夕迺詣執政異其議又求見帝復不得對維翰退而謂所親曰若以社稷之靈天命未改非所能知也若以人事言之晉氏將不血食矣開運三年十二月十日王師旣降契丹十六日張彥澤以前鋒騎軍陷都城戎王遣使遺太后書云可先使桑維翰景延廣遠來相接甚是好事是日凌旦都下軍亂宮中火發維翰時在府署左右勸使逃避維翰曰吾國家大臣何所逃乎卽坐以俟命少帝已受戎王撫慰之命乃謀自全之計因思維翰在相時累貢謀畫請與契丹和慮戎王到京窮究其事則顯彰已過故欲殺維翰以滅其口因

令圖之張彥澤既受少帝密旨復利維翰家財乃稱少帝命召維翰維翰束帶乘馬行及天街與李崧相遇交談之次有軍吏于馬前揖維翰赴侍衛司維翰知其不可顧謂崧曰侍中當國今日國亡翻令維翰死之何也崧甚有媿色是日彥澤遣兵守之十八日夜爲彥澤所害時年四十九卽以衣帶加頸報戎王云維翰自經而死戎王報曰我本無心害維翰維翰不合自刭戎王至闕使人驗其狀令殯于私第厚撫其家所有田園邸第並令賜之及漢高祖登極詔贈尚書令維翰少時所居極有魑魅家人咸畏之維翰往往被竊其衣撮其巾櫛而未嘗改容當兩朝秉政出上將楊光遠景延廣俱爲洛川守又嘗一制除節將十五人各領軍職無不屈而服之理安陽除民弊二十餘事兗海擒豪賊過千人亦寇恂尹翁歸之流也開運中朝廷以長子坦爲屯田員外郎次子埴爲祕書郎維翰謂同列曰漢代三公之子爲郎廢已久矣近或行之甚諠外議乃抗表固讓不受尋改坦爲大理司直埴爲祕書省正字議者美之初高祖在位時詔廢翰林學士院由是併內外制皆歸閤下命舍人直內廷數年之間尤重其選及維翰再居宥密不信宿奏復置學士院凡署職者皆其親舊時議者以維翰相業素高公望所屬雖除授或黨亦弗之咎也永樂大典卷七千三百三十九　五代史補桑維翰形貌甚怪往往見之者失次張彥澤素以驍勇稱每謁候雖冬月未嘗不雨汗及中渡變生彥澤引蕃部至欲逞其威乃領衆突入開封府弓矢亂發且問桑維翰安在維翰聞之乃厲聲曰吾爲大臣使國家如此其死宜矣張彥澤安得無禮乃升廳安坐數之曰汝有何功帶使相已臨方面當國家危急不能盡犬馬之力以爲報効一旦背叛助契丹作威爲賊汝心安乎彥澤覩其詞氣慨然股慄不敢仰視退曰吾不知桑維翰何人今日之下威稜猶如此其再可見耶是夜令壯士就府縊殺之當維翰之縊也猶瞋目直視三噓氣每一噓皆有火出其光赫然三噓之外火盡滅就視則奄然矣

趙瑩字元輝華陰人也曾祖溥江陵縣丞祖孺祕書正字父居晦爲農瑩風儀美秀性復純謹梁龍德中始解褐爲康延孝從事後唐同光中延孝鎮陝州會莊宗伐蜀命延孝爲騎將將行留瑩修金天神祠功既集忽夢神召于前亭以優禮謂瑩曰公富有前程所宜自愛因遺一劍一笏覺而駭異明宗卽位以高祖爲陝府兩使留後瑩時在郡以前官謁之一見如舊相識卽奏署管記高祖歷諸鎮皆從之累使闕下官至御史大夫賜金紫高祖再鎮幷州位至節度判官高祖建號授瑩翰林學士承旨金紫光祿大夫戶部侍郎知太原府事尋遷門下侍郎同平章事監修國史車駕入洛使持聘謝契丹及還加光祿大夫兼吏部尚書判戶部初瑩爲從事丁母憂高祖不許歸華下以縗絰隨幕人或短之及入

相以敦讓汲引爲務監修國史日以唐代故事殘缺署能者居職纂補實錄及修正史二百卷行于時瑩首有力焉少帝嗣位拜守中書令明年檢校太尉本官出爲晉昌軍節度使是時天下大蝗境內捕蝗者獲蝗一斗給粟一斗使飢者獲濟遠近嘉之未幾移鎭華州歲餘入爲開封尹開運末馮玉李彥韜用事以桑維翰才望素重而瑩柔而可制因共稱之乃出維翰復瑩相位加弘文館大學士及李崧馮玉議出兵應接趙延壽而以杜重威爲都督部署瑩私謂馮李曰杜中令國之懿親所求未愜心恆怏怏安可更與兵權若有事邊陲只李

守貞將之可也及契丹陷京城契丹主遷少帝于北塞瑩與馮玉李彥韜俱從契丹永康王代立授瑩太子太保周廣順初遣尚書左丞田敏報命于契丹遇瑩于幽州瑩得見華人悲悵不已謂田敏曰老身漂零寄于此近聞室家喪逝弱子無恙嘗中朝皇帝倍加存恤東京舊第本屬公家亦聞優恩特給善價老夫至死無以報効于是南望稽首涕泗橫流先是漢高祖以入蕃將相第宅徧賜隨駕大臣故以瑩第賜周太祖太祖時爲樞密副使召瑩子前刑部郎中易則告之曰所賜第除素屬版籍外如有削契券爲已所置者可歸本直卽以千餘緡遺易則易則惶恐辭讓周太祖堅與之方受故瑩言及之未幾瑩卒于幽州時年六十七瑩初被疾遣人祈告于契丹主願歸骨于南朝使羇魂幸復鄉里契丹主閔而許之及卒遣其子易從家人數輩護喪而還仍遣大將送至京師周太祖感歎久之詔贈太傅仍賜其子絹五百疋以備喪事令歸葬于華陰故里（永樂大典卷一萬六千九百九十一）

劉昫字耀遠涿州歸義人也祖乘幽府左司馬父因幽州巡官昫神彩秀拔文學優贍與兄暄弟皞俱有鄉曲之譽唐天祐中契丹陷其郡昫被俘至新州逃而獲免

後居上國大寧山與呂夢奇張麟結庵共處以吟誦自娛會定州連帥王處直以其子都爲易州刺史署昫爲軍事衙推及都去任乞假還鄉都招昫至中山會其兄暄自本郡至郡薦于其父尋署爲節度衙推不踰歲命爲觀察推官歷二年都簒父位時都有客和少微素嫉暄搆而殺之昫越境而去寓居浮陽節度使李存審辟爲從事莊宗卽位授太常博士尋擢爲翰林學士繼改膳部員外郞賜緋比部郞中賜紫丁母憂服闋授庫部郞中依舊充職明宗卽位拜中書舍人歷戶部侍郞（案歐陽史作兵部侍郞）端明殿學士明宗重其風儀愛其溫厚長與

中拜中書侍郎兼刑部尚書平章事時昫入謝遇大祠明宗不御中興殿閤門白舊禮宰相謝恩須正殿通喚請候來日樞密使趙延壽曰命相之制下已數日中謝無宜後時因即奏之遂謝于端明殿昫自端明殿學士拜相而謝于本殿士子榮之淸泰初兼判三司加吏部尚書門下侍郎監修國史時與同列李愚不協至忿爭時論非之未幾俱罷知政事昫守右僕射以張延朗代判三司初唐末帝自鳳翔至切于軍用時王玫判三司通鑑帝問王玫以府庫之實對有數百萬在旣而閱實金帛不過三萬兩匹末帝怒用昫代玫昫乃搜

索簿書命判官高延賞計窮詰勾及積年殘租或場務販負皆虛係帳籍條奏其事請可徵者急督之無以償官者蠲除之通鑑淸泰二年八月免諸道逋租三百三十八萬吏民相與歌詠唯主典怨沮及罷相之日羣吏相賀昫歸無一人從之者蓋憎其太察故也天福初張從賓作亂于洛陽害皇子重乂詔爲東都留守判河南府事尋以本官判鹽鐵未幾奉使入契丹還遷太子太保兼左僕射封譙國公俄改太子太傅開運初授司空平章事監修國史復判三司契丹主至不改其職昫以眼疾乞休致契丹主降僞命授昫守太保契丹主北去留于東京其年夏以疾

卒年六十漢高祖登極贈太保初昫避難河朔匿于北山蘭若有賈少瑜者爲僧餽衾袍以溫燠之及昫官達致少瑜進士及第拜監察御史聞者義之永樂大典卷九千九十八

馮玉案以下有闕文歐陽史云字景臣定州人少帝嗣位納馮后于中宮后即玉之妹也玉旣聯戚里恩寵彌厚自知制誥中書舍人出爲潁州團練使還端明殿學士戶部侍郎尋加右僕射軍國大政一以委之永樂大典卷一萬三百三十案以下有闕文通鑑云玉每善承迎帝意由是益有寵嘗有疾在家帝謂諸宰相曰自刺史以上俟馮玉出乃得除其倚任如此玉乘勢弄權四方賂遺輻輳其門由是朝政日壞張彥澤陷京城軍士爭湊其第家財巨萬一夕罄空翌日玉假盞而出猶覬指以詔彥澤

且請令引送玉璽于契丹主將利其復用永樂大典卷一萬三百三十玉從少帝北遷契丹命爲太子少保至周太祖廣順二年其子傑自幽州不告父而亡歸玉懼譴責尋以憂恚卒于蕃中永樂大典卷一萬七千一百九十五五代史補馮玉嘗爲樞密使有朝使馬承翰素有口辯一旦持刺來謁玉玉覽刺戲曰馬旣有汗宜卸下鞍承翰應聲曰明公姓馮可謂死囚逢獄玉自以失言遽延而謝之

殷鵬字大舉大名人也以儁秀爲鄉曲所稱弱冠擢進士第唐閔帝之鎭魏州聞其名辟爲從事及即位命爲右拾遺歷左補闕考功員外郎充史館修撰遷刑部郎中鵬姿顏若婦人而性巧媚天福中擢拜中書舍人典

馮玉同職玉本非代言之才所得除目多託鵬爲之玉嘗以姑息字問于人人則以辜負字教之玉乃然之當時以爲笑端鵬之才比玉雖優其纖佞過之後玉出郡借第以處之分祿食之及玉爲樞密使擢爲本院學士每有庶寮秉鄴謁玉故事宰臣以履見之鵬多在玉所見客亦然有丞郎王易簡退而有言鵬銜之及契丹入汴有人獲玉與鵬有籤記字皆朝廷上列有不得志欲左授者則易簡是其首焉玉既北行鵬亦尋以疾卒（永樂大典卷二千二百六）

史臣曰維翰之輔晉室也磬弼諧之志參締構之功觀其効忠亦可謂社稷臣矣況和戎之策固非誤計及國之亡也彼以滅口爲謀此掇殁身之禍則畫策之難也豈期如是哉是以韓非慨慷而著說難者當爲此也悲夫趙瑩際會風雲優游藩輔雖易簀于絕域終歸柩于故園蓋仁信之行通于遐邇故也劉昫有眞相之才克全嘉譽馮玉乘君子之器終殁窮荒其優劣可知矣（永樂大典卷二千二百六）

舊五代史卷八十九終

舊五代史卷八十九攷證

晉列傳四桑維翰傳維翰使親黨受寵于少帝者密致自薦曰陛下欲制北方以安天下非維翰不可　案歐陽史作維翰陰使人說帝與是書同通鑑作或謂帝曰欲安天下非桑維翰不可與是書異

張彥澤既受少帝密旨　案通鑑攷異云彥澤既降契丹豈肯復受少帝之命當係彥澤自以私怨殺維翰非受命于少帝也

所有田園邸第並令賜之　案歐陽史作貲財盡爲彥澤所掠

趙瑩傳授瑩太子太保　案遼史作太子太傅

劉昫傳歷戶部侍郎　案是書唐明宗紀作兵部侍郎與此傳異歐陽史從是書本紀

授昫守太保　案歐陽史作罷爲太保

舊五代史卷八十九攷證

舊五代史卷九十

宋司空同中書門下平章事薛居正等撰

列傳第五　　晉書十六

趙在禮字幹臣涿州人也曾祖景裕祖士廉皆不仕父元德盧臺軍使在禮始事燕帥劉仁恭爲小校唐光化末仁恭遣其子守文逐浮陽節度使盧彥威據其城升在禮爲軍使以佐守文及守文死事其子延祚爲守光所害守光子繼威復爲部將張萬進所殺在禮遂事萬進萬進奔梁在禮乃與滄州留後毛璋歸太原同光末爲效節指揮使屯于貝州會軍士皇甫暉等作亂推指揮使楊晸爲帥（案歐陽史作楊仁晸）晸不從爲眾所殺攜晸首以脅在禮在禮知其不可拒遂從之以四年二月六日引眾入鄴在禮自稱留後（宋史張錫傳趙在禮舉兵于鄴瀕河諸州多搆亂錫權知棣州事即出省錢賞軍皆大悅一郡獨全棣人賴之）唐莊宗遣明宗率師討之會城下軍亂在禮迎明宗入城事具唐書天成元年五月授滑州節度使檢校太保制下在禮密奏軍情未欲除移且乞更伺少頃尋就改天雄軍兵馬留後鄴都留守興唐尹既而在禮將皇甫暉趙進等相次除郡赴任（歐陽史皇甫暉傳明宗即位暉自軍卒擢拜陳州刺史九國志趙進傳天成初除貝州刺史鄴都衙內指揮使）在禮乃上表乞移旌節十二月授滄州節度使二年七月移鎮

兗州長興元年入爲左驍衛上將軍俄改同州節度使會高祖受明宗命統大軍伐蜀以在禮充西川行營步軍都指揮使收劍州而還四年移鎮襄州清泰三年授宋州節度使加檢校太尉同平章事高祖登極移鎮鄆州加檢校太師兼侍中封衞國公天福六年七月授許州節度使八年四月移鎮徐州進封楚國公開運元年以契丹爲患少帝議北征八月朔降制命一十五將以在禮爲北面行營馬步都虞候十一月改行營副都統都虞候如故受詔屯澶州再除兗州節度使依前副都統三年正月授晉昌軍節度使時少帝爲其子延煦娶在禮女爲妻禮會之日其儀甚盛京師以爲榮觀五月進封秦國公累食邑至一萬三千戶實封一千五百戶在禮歷十餘鎮善治生殖貨積財鉅萬兩京及所蒞藩鎮皆邸店羅列在宋州日值天下飛蝗爲害在禮使比戶張幡幟鳴鼙鼓蝗皆越境而去人亦服其智焉凡聚斂所得唯以奉權豪崇釋氏而已及契丹入汴自鎮赴闕時契丹首領奚王伊喇（舊作拽剌今改正）等在洛下在禮望塵致敬首領等倨受其禮加之凌辱邀索貨財在禮不勝其憤行至鄭州泊于逆旅聞同州劉繼勳爲契丹所鏁大驚丁未歲正月二十五日夜以衣帶就馬櫪自殺

而卒年六十六（案歐陽史作六十二）漢高祖即位贈中書令在禮見四子雖歷內職皆早卒孫延勳仕皇朝歷岳蜀二州刺史（永樂大典卷一萬八千一百三十五代史補趙在禮之在宋州也所爲不法百姓苦之一旦下制移鎭永興百姓欣然相賀曰此人若去可爲眼中拔丁子何快哉在禮聞之怒欲報拔釘之謗遽上表更求宋州一年時朝廷姑息勳臣詔許之在禮于是命吏籍管內戶口不論主客每歲一千納之于家號曰拔釘錢莫不公行督責有不如約則加之鞭朴雖租賦之不若也是歲獲錢百萬）

馬全節字大雅魏郡元城人也父文操本府軍校官至檢校尚書左僕射以全節之貴累贈太師全節少從軍旅同光末爲捉生指揮使趙在禮之據魏州也爲鄴都馬步軍都指揮使唐明宗即位授檢校司空歷博單二

州刺史天成三年賜竭忠建策興復功臣移刺鄧州長興初就加檢校司徒在郡有政聲俄授河西節度使時明宗命高祖伐蜀師次岐山全節赴任及之具軍容謁于轅門高祖以地理隔越乃奏還焉移沂州刺史清泰初爲金州防禦使會蜀軍攻其城州兵纔及千人兵馬都監陳知隱懼託以他事出城領三百人順流而逸賊旣盛人情憂沮全節悉家財以給士復出奇拒戰以死繼之賊退朝廷嘉其功詔赴闕將議賞典時劉延朗爲樞密副使邀其厚賂全節無以賂之謂全節曰絳州闕人請事行計全節不樂告其同輩由是衆口諠然以爲不當皇子重美爲河南尹聞而奏焉清泰帝召全節謂曰滄州乏帥欲命卿制置翼日授橫海軍兩使留後高祖即位加檢校太保正授旌節天福五年授檢太傅移鎭安州時李金全據州叛引淮軍爲援因命全節將兵討平之以功加檢校太尉改昭義軍節度澤潞遼沁等州觀察處置等使六年秋移鎭邢州加同中書門下平章事安重榮之叛也授鎭州行營副招討兼排陣使與重榮戰于宗城大敗之鎭州平加開府儀同三司充義武軍節度易定祁等州觀察處置北平軍等使八年秋丁母憂尋起復焉屬契丹侵寇加之蝗旱國家有所徵

發全節朝受命而夕行治生餘財必充貢奉開運元年秋授鄴都留守檢校太師兼侍中廣晉尹幽州道行營馬步軍都虞候尋加天雄軍北面行營副招討使陽城之戰甚有力焉全節始拜鄴都以元城是桑梓之邑具白襴詣縣庭謁拜縣令沈邁逡巡避之不敢當禮全節曰父母之鄉自合致敬勿讓之也州里榮之二年授順國軍節度使未赴鎭卒年五十五贈中書令全節事母王氏至孝位歷方鎭溫凊面告畢盡其敬政事動與幕客謀議故鮮有敗事鎭中山日杜重威爲恆州奏括境內民家粟時軍吏引重威例堅請行之全節曰邊民遇

蝗旱而家食方困官司復擾之則不堪其命矣我爲廉察安忍效尤百姓稱其德先是全節自上黨攜歌妓一人之中山館於外舍有人以讒言中之全節害之乃詔除恆陽遇疾數見其妓厭之復來妓曰我已得請要公俱行全節具告家人數日而卒子令威歷隰陳懷三州刺史卒（永樂大典卷一萬八千一百三十）

張鈞海州人也父傳古世爲郡之大商唐乾符末屬江淮俶擾遂徙家彭門時彭門連帥時溥爲東南面招討使據有數郡之地擢鈞爲偏將累有軍功奏授宿州刺史後溥與梁祖不協梁人進攻宿州下之獲鈞以歸梁

方圖霸業以鈞言貌辯秀命爲四鎮客將久之轉長直軍使梁革唐命遷右龍武統軍歷客省使宣徽使出爲昭德軍（案梁割相澶衛三州爲昭德軍原本作相衛疑有脫誤）命鈞爲兩使留後唐莊宗入魏鈞委城南歸授右衛上將軍會雍州康懷英以病告詔鈞往代之比至懷英已卒因除鈞爲永平軍節度使大安尹懷英在長安日家財甚厚鈞盡奪之復于大內掘地繼獲金玉時有涇陽鎮將侯莫威（案歐陽史作侯莫陳威）前與溫韜同剽唐氏諸陵大貯瓌異之物鈞乃殺威而籍其家遂蓄積巨萬然性好施每出遇貧民于路則給與口食衣物境內除省賦外未嘗聚斂遂致百姓不撓十年小康秦民懷惠呼爲佛子同光中從郭崇韜爲劍南安撫使蜀平歸洛權領河南尹俄鎮興元所治之地上下安之鈞時有疾軍州官吏久不得見副使符彥琳等面請問疾鈞又不諾彥琳等疑其已死慮左右有謀遂請權交牌印鈞命左右收彥琳下獄以叛聞詔取彥琳等至洛釋而不問因授鈞西京留守誘離興元及至長安守兵閉門不內鈞東朝于洛詔遣歸第（案歐陽史作以爲左驍衛上將軍）鈞前爲京兆尹奉詔殺僞蜀主王衍衍之妓樂寶貨悉私藏于家及罷歸之後第宅宏敞花竹深邃聲樂

飲饌恣其所欲十年之內人謂地仙天福二年上表乞歸長安俄而洛下張從賓之亂鈞獨免其難人咸謂鈞有五福之具美焉是歲卒于家贈太子太師（案歐陽史作贈少師）

弟鏻（永樂大典卷六千三百五十）

鏻字慕彭少嗜酒無節爲鄉里所鄙唐天復中兄鈞爲大梁四鎮客將鏻自海州省兄兄薦于兗州連帥王瓚用爲裨校鏻性桀黠善事人累遷軍職後唐莊宗都洛鈞鎮長安自衙內指揮使授檢校司空右千年衛將軍同正領饒州刺史西京管內三白渠營田制置使同光末鈞隨魏王繼岌伐蜀奏鏻權知西京留守事蜀平王衍

挈族人入朝至秦川驛莊宗遣中使向延嗣乘驛騎盡戮王衍之族所有奇貨盡歸于延嗣俄聞莊宗遇內難繼岌軍次興平籛乃斷咸陽浮橋繼岌浮渡至渭南死之一行金寶妓樂籛悉獲之俄而明宗使人誅延嗣延嗣暗遁（九國志明宗即位忿閹豎輩怙勢擅權先勑使四方及此遁不出者皆擒戮之死者殆盡）衍之行裝復爲籛有因爲富家積白金萬鎰藏于窟室明宗即位籛進王衍犀玉帶各二馬一百五十四魏王打毬馬七十四旋除沂州刺史入爲西衞將軍高祖即位之明年加檢校太保出典密州未幾復居環衞時湖南馬希範與籛有舊奏朝廷請命籛爲使允之籛密賫蜀

之奇貨往售又獲十餘萬緡以歸籛出入以庖者十餘人從行食皆水陸之珍鮮厚自奉養無與爲比少帝嗣位詔遣往西蕃及迴以其馬劣爲有司所糾復當路有不足者遂有詔徵其舊價籛上言請貸故京田業許之因憤惋成病而卒籛始在雍州因春景舒和出遊近郊憩于大塚之上忽有黃雀銜一銅錢置于前而去未幾復于衙院晝臥見二鸞相鬬畢各銜一錢落于籛首前後所獲三錢嘗秘于巾箱識者以爲大富之徵其後家雖厚積性實鄙悋未嘗與士大夫遊處及令市馬利在私門不省咎以輸其直鬱鬱致死愚之甚耶（永樂大典卷六千三百五十）

華溫琪字德潤宋州下邑人也祖楚以農爲業父敬思後以溫琪貴官至檢校尚書溫琪長七尺餘唐廣明中從黃巢爲紀綱巢陷長安僞署溫琪爲供奉都知巢敗奔至滑臺以形貌魁岸懼不自容乃投白馬河下流俄而浮至淺處會行人救免又登桑自經枝折墜地不死夜至胙縣界有田父見溫琪非常人遂匿于家經歲餘會梁將朱友裕爲濮州刺史召募勇士溫琪往依之友裕署爲小校漸升爲馬軍都將從友裕擊秦宗權于曹南有功奏加檢校太子賓客梁祖擢爲開道指揮使加

檢校工部尚書出屯鄜畤會延州胡璋叛命來寇鄜境溫琪擊退之尋奉詔營長安以功遷絳州刺史歲餘刺棣州溫琪以州城每年爲河水所壞居人不堪其苦表請移于便地朝廷許之板築既畢賜立紀功碑仍加檢校尚書左僕射繼遷齊州節度使溫琪在平陽日唐莊宗嘗引兵攻之踰月不下梁人賞之升晉州爲定昌軍以溫琪爲節度使加檢校太保既而溫琪臨民失政嘗掠人之妻爲其夫所訴罷入爲金吾大將軍時梁末帝方姑息諸侯重難其命改賁詞云若便行峻典謂予不念功勳若全廢舊章謂我不安黎庶爲人君者不亦難

乎温琪大有愧色俄轉右監門衛上將軍右龍武統軍會河中朱友謙叛權授温琪汝州防禦使河中行營排陣使尋爲耀州觀察留後莊宗入洛温琪來覲詔改耀州爲順義軍復以温琪鎮之加推忠向義功臣同光末西蜀既平命温琪爲秦州節度使明宗即位因入朝願留闕明宗嘉而許之除左驍衛上將軍逐月別賜錢粟以豊其家踰歲明宗謂樞密使安重誨曰温琪舊人宜選一重鎮處之重誨奏以天下無闕他日又言之重誨素強愎對曰臣累奏未有闕處可替者唯樞密使而已明宗曰可重誨不能答温琪聞其事懼爲權臣所怒

幾致成疾由是數月不出俄而拜華州節度使依前光祿大夫檢校太傅進封平原郡開國公累加食邑至三千戶温琪至任以己俸補葺祠廟廨舍凡千餘間復于鄭亭創待客之具華而且固往來稱之清泰中上表乞骸骨歸永城制以太子少保致仕案歐陽史以太子太保致仕卒贈太子太傅天福元年十二月終于家年七十五詔贈太子太保永樂大典卷一萬八千一百三十

安重阮字晉臣潞州上黨人也少倜儻有詞辯善騎射父文祐爲牙門將唐光啟中潞州軍校劉廣逐節度使高潯據其城僖宗詔文祐平之既殺劉廣召赴行在授邛州刺史其後孟方立據邢洺率兵攻之上黨朝廷以文祐本潞州人也授昭義節度使令討方立自蜀至澤州與方立戰敗歿于陣昭宗朝宰臣崔魏公以文祐歿于王事薦崇阮于朝自是累任諸衛將軍梁氏革命以崇阮明辯遣使吳越迴以所獲槖裝悉充貢奉梁祖嘉之故每歲乘軺于江浙間及迴貢獻皆如初梁末帝嗣位授客省使知齊州事時梁軍與莊宗對壘于河上冀王友謙以河中叛末帝使段凝領軍經畧蒲晉詔崇阮監軍又知華雍軍府事朞年授青州兵馬留後入爲諸衛上將軍唐天成中授黔南節度使檢校太保尋移鎮

夔州以蜀寇侵逼棄城歸闕改晉州節度使復爲諸衛上將軍高祖登極之二年詔葬梁末帝以崇阮梁之舊臣令主葬事崇阮盡哀致禮以襄其事時人義之五年以老病請告授右衛上將軍致仕開運元年九月卒于西京贈太傅永樂大典卷一萬八千二百三十一

楊彥詢字成章河中寶鼎人父規累贈少師彥詢年十三事青帥王師範有書萬卷以彥詢聰悟使掌之及長益加親信常委監護郡兵及梁將楊師厚降下青州彥詢隨師範歸命洎師範見殺楊師厚領鄴召置麾下俾掌賓客唐莊宗入魏復事焉同光元年冬從平大梁升

爲引進副使將命西川及淮南稱旨累遷內職明宗時爲客省使檢校司徒使兩浙迴授德州刺史末帝即位改羽林將軍時高祖鎮太原朝廷疑貳以彥詢沈厚擇充北京副留守（案歐史作太原節度副使）清泰末以宋審虔爲北京留守高祖深懷不足以情告彥詢彥詢恐高祖失臣節乃曰不知太原兵甲芻粟幾何可敵大國否請明公反覆慮之蓋欲迴其意也高祖曰我不忿小人相代方寸決矣彥詢知其不可諫遂止左右欲害之高祖曰唯副使一人我自保明爾勿復言也及即位授齊州防禦使檢校太保旋改宣徽使從高祖入洛加左驍衞上將軍兼職天福二年秋出爲鄧州節度使歲餘入爲宣徽使四年使于契丹六年春授邢州節度使檢校太傅時鎮州安重榮有不臣之狀彥詢憂其窺伺會車駕幸鄴表求入覲高祖慮契丹怒安重榮之殺行人也移兵犯境復命彥詢使焉仍恐重榮要之由滄州路以入蕃戎王果怒重榮彥詢具言非高祖本意蓋如人家惡子無如之何尋聞重榮犯闕乃放還七年春授華州節度使檢校太尉在任二年屬部內蝗旱道殣相望彥詢以官粟假貸州民賴之存濟者甚眾開運初以風痺授右金吾衞上將軍俄卒于官年七十四贈太子太師（永樂大典卷一萬八千一百三十）

李承約字德儉薊州人也曾祖瓊薊州別駕贈工部尚書祖安仁檀州刺史贈太子太保父君操平州刺史贈太子少師承約性剛健篤實少習武事弱冠爲幽州牙門校遷山後八軍巡檢使屬劉守光囚殺父兄名儒宿將經事父兄者多無辜被戮自以握兵在外心不自安時屬唐武皇召募英豪方開霸業乃以所部二千歸于并州即補匡霸都指揮使檢校右僕射兼領貝州刺史從破夾寨及與梁人戰于臨淸有功再遷洺汾二州莊宗即位授檢校司空慈州刺史爲治平直移授潁州團練使天成中以邠州節度使毛璋將圖不軌乃命爲涇州節度副使且承密旨往偵之既至以善言諭之璋乃受代明宗賞其能加檢校太保拜黔南節度使數年之間巴邛蠻蜑不敢犯境外勸農桑內興學校凶邪盡去民皆感之故父老數輩重趼詣闕言其政化又聽留周歲徵爲左衞上將軍自左龍武統軍加特進檢校太傅充昭義軍節度使賜推忠奉節翊戴功臣歲餘歸朝復爲左龍武統軍高祖御宇之二年授左驍衞上將軍進封開國公累上表請老尋以病卒時年七十五贈太子太師（永樂大典卷二萬四百二十）

陸思鐸潭州臨黃人父再端贈光祿卿思鐸有武幹梁太祖領四鎮隸于麾下及即位授廣武都指揮使歷奚陣拱宸軍使積前後戰勳累官至檢校司徒拱宸左廂都指揮使遙領思州刺史初梁軍與莊宗對壘于河上思鐸以善射日預其戰嘗于箭笴之上自鐫其姓名一日射中莊宗之馬鞍莊宗拔箭視之覩思鐸姓名因而記之及莊宗平梁思鐸逐衆來降莊宗出箭以視之思鐸伏地待罪莊宗慰而釋之尋授龍武右廂都指揮使加檢校太保天成中爲深州刺史改雄捷右廂馬軍都指揮使會南伐荆門思鐸亦預其行時高季興以舟兵

拒王師思鐸每發矢中敵則洞貫達捩由是賊鋒稍挫不敢輕進諸軍咸壯之高祖革命拜陳州刺史秩滿歷左神武羽林二統軍出爲蔡州刺史遇代歸朝天福八年以疾卒時年五十四思鐸典陳郡日甚有惠政嘗戒諸子曰我死則藏骨于宛丘使我棲魂于所治之地及卒乃葬于陳從其志也（永樂大典卷一萬八千一百三十一）

安元信朔州馬邑人也少善騎射後唐莊宗爲晉王時元信詣軍門求自效尋隸明宗麾下累從明宗征討有功明宗即位擢爲捧聖軍使加檢校兵部尚書清泰三年遷雄義都指揮使受詔屯于代州太守張朗遇之甚厚元信亦以兄事之是歲五月高祖建義于太原俄聞契丹有約赴難元信入說朗曰張敬達雖圍太原而兵尙未合代郡當鴈門之衝敵至其何以禦侯觀石令公素長者舉必成事若使人道意歸款俟其兩端亦求全之上策也朗不納元信悔以誠言之反相猜忌尋聞安重榮安審信相次以騎兵赴太原元信遂率部曲以歸高祖（通鑑元信謀殺朗不克帥其衆奔審信審信遂帥麾下數百騎與元信掠百井奔晉陽）高祖見之喜謂元信曰爾覩何利害背強歸弱元信曰某非知星識氣唯以人事斷之夫帝王者出語行令示人以信嘗聞主上許令公河東一生今遽改之是自欺也且

令公國之密親親尙不能保肯保天下之心乎以斯而言見其亡也何得爲強也高祖知其誠因開懷納之委以戎事高祖即位之元年授耀州團練使加檢校太保四年入爲右神武統軍其年八月復出牧洺州少帝嗣位尋遷宿州元年罷任來朝開運初授復州防禦使三年卒于任年六十三贈太傅（永樂大典卷一萬八千一百三十一）

張朗徐州蕭縣人父楚贈工部尙書朗年十八善射膂力過人鄉里敬憚之梁祖聞其名就補蕭縣鎮使充吾縣都（案吾縣二字疑有舛誤）遊奕使時朗年纔二十三歲餘補宣武軍內衙都將歷洺州步軍曹州開武汴州十內衙廓

州都指揮使梁末從招討使段凝襲衞州下之遂授衞州刺史事梁僅三年凡有征討無不預之同光三年從魏王繼岌伐蜀爲先鋒橋道使明宗朝歷興忠登三州刺史清泰初以契丹犯邊補西北面行營步軍都指揮使從高祖屯軍于代北俄兼代州刺史又改行營諸軍馬步都虞候高祖建義于太原遣使以書諭之朗曰爲人臣而有二心可乎乃斬其使（通鑑帝以晉安已降遣使諭諸州代州刺史張朗斬其使蓋晉祖初起安元信勸朗歸順不從至是復斬其使也）洎高祖入洛領全師朝覲授貝州防禦使在任數載天福五年除左羽林統軍六年授光祿大夫檢校太傅慶州刺史在官二年卒年七十四（永樂大典卷六千三百五十）

李德琉應州金城人祖晟父宗元皆爲邊將德琉少善騎射事後唐武皇爲偏校及從莊宗戰潞州柏鄉德勝渡繼有軍功累加檢校尚書左僕射遙食郡俸天成中檢校司空領蔚州刺史長興元年授雄武軍節度秦成階觀察處置等使加檢校司徒二年六月移鎮定州充北面副招討使高祖即位改鎮涇原及受代歸闕會高祖幸鄴授東京留守加同平章事少帝嗣位移廣晉尹加檢校太師開運中再領深州以病卒于鎮德琉幼與明宗俱事武皇故後之諸將多兄事之時謂之李七哥

所治之地雖無殊政然以寬恕及物家無濫積亦武將之廉者（永樂大典卷二萬四百二十）

田武字德偉大名元城人父簡累贈右僕射武少有拳勇初事莊宗爲小校歷還勝節指揮使明宗登極轉帳前都指揮使領澶州刺史天成二年改左羽林都指揮使遙領宜州充襄州都巡檢使三年自汴州馬步軍都指揮使授曹州刺使長興初遷齊州防禦使又移洺州清泰中歷成隴二州充西南面行軍副部署天福初授金州防禦使及金州建節鉞武丁母憂乃起復爲節度使開運元年移鎮滄州兼北面行營右廂都指揮使二年授寧江軍節度使充侍衞步軍都指揮使歲內改昭義軍節度澤潞等州管內觀察處置等使潞州大都督府長史檢校太傅封鴈門郡開國公未赴任以疾卒武出身戎行恆鯁正御軍治民咸盡其善及卒朝廷惜之詔贈太尉輟視朝一日子仁朗（宋史仁朗以父任西頭供奉官）仁遇並歷內職（永樂大典卷四千八百六）

李承福字德華漢陽人少寒賤事元行欽掌皁棧之役後爲高祖家臣高祖登極歷皇城武德宣徽使左千牛將軍出爲澶州刺史遷齊州防禦使檢校太保承福性鄙狹無器局好察人微事多所詆訐雖小過不能恕工

商之業輿隸之情官吏之幸皆善知之然自任所見無所準的故人多薄之少帝嗣位授同州節度使尋卒于鎮少帝以高祖佐命之臣聞之嘆息賻物加等輟視朝一日詔贈太傅永樂大典卷一萬三百八十九

相里金字奉金案相里金墓碑作字國寶當得其實歐陽史雜傳多襲薛史原文與碑異并州人也性勇悍果敢能折節下士唐景福初武皇始置五院兵金首預其選從莊宗攻下夾寨得補爲小校後與梁師戰于柏鄉及胡柳陂以功授黃甲指揮使同光中統帳前軍拔中都賜忠勇拱衞功臣檢校刑部尚書二年自羽林都虞候出爲忻州刺史案歐陽史作沂州凡部曲私屬皆不干預民事但優其贍給使分掌家事而已故郡民安之大有聲績應順元年爲隴州防禦使會唐末帝起兵于鳳翔傳檄于鄰道諸侯無應者唯金遣判官薛文遇往來計事末帝深德之及即位擢爲陝州節度使加檢校太保清泰三年夏高祖建義于太原唐末帝發兵來攻以金爲太原四面步軍都指揮使高祖即位移鎮晉州及受代歸闕累爲諸衞上將軍加開府儀同三司官至檢校太尉爵列開國公案碑文云封西河郡公未知孰是歐陽史諸臣傳官爵多闕畧無可考証勳登上柱國以久居散地優之故也天福五年夏卒于任贈太師永樂大典卷一萬三百四十一案碑文作贈太子太師與傳異考晉高祖紀五年八月相里金卒贈太師其贈與傳同而其卒在八月則傳中夏字疑誤

史臣曰在禮之起甘陵也當鼎革之期會富貴來逼既因人成事亦何足自多及其仗鉞擁旄積財敗德貨之累可不誡乎全節之佐晉氏也平安陸之妖預宗城之戰功既茂矣貴亦宜然張筠歷事累朝享茲介福蓋近代之幸人也自温琪而下皆服冕乘軒苴茅薦土垂名汗簡諒亦宜焉永樂大典卷一萬三百四十一

舊五代史卷九十終

舊五代史卷九十攷證

年六十六　案歐陽史作六十二

馬全節傳淸泰初爲金州防禦使　案歐陽史作明宗時歷金州防禦使與是書先後互異

州兵纔及千人　案歐陽史作州兵纔數百

張筠傳梁室割相衞爲昭德軍　案梁割相澶衞三州爲昭德軍原本作相衞疑有脫誤

筠東朝于洛詔遣歸第　案歐陽史作令爲左驍衞上將軍與是書本紀同

贈太子太師　太師歐陽史作少師

華温琪傳制以太子少保致仕天福元年十二月終于家年七十五詔贈太子太保　案歐陽史作以太子太保致仕卒贈太子太傅

張朗傳充吾縣都遊奕使　案吾縣二字疑有外誤

相里金傳出爲忻州刺史　案歐陽史作沂州刺史

舊五代史卷九十攷證

舊五代史卷九十一

宋司空同中書門下平章事薛居正等撰

晉書十七

列傳第六

房知温字伯玉兗州瑕丘人也少有勇力籍名于本軍爲赤甲都官健（玉堂閒話知温少年與外弟徐某爲盜于兗鄆之境）梁將葛從周鎭其地選寘麾下時部將牛存節屯于鎭好擲博每求辨采者知温以善博見推因得侍左右遂熟于存節及王師範遣劉鄩據兗州梁祖命存節將兵討之知温夕縋出奔存節喜而納焉明夜竊良馬一駟復入城鄩乃擢爲裨將鄩降隸于同州劉知俊知俊補爲克和軍使知俊奔岐改隸魏州楊師厚以爲馬步軍校漸升至親隨指揮使繼加檢校司空莊宗入魏賜姓名紹英改天雄軍馬步都指揮使加檢校司徒澶州刺史行臺右千牛衞大將軍莊宗平梁歷曹貝州刺史權充東北面蕃漢馬步都虞候遣戍瓦橋關明宗自鄴入洛知温與王晏球首赴焉明宗自總管府署知温滑州兩使留後天成元年授兗州節度使明宗卽位詔充北面招討屯于盧臺軍以盧文進來歸加特進同平章事賞招討之功也後除烏震爲招討副使代知温歸鎭知温怒震遽至有怨言因縱博誘牙兵殺震于席上會次將安審通保

騎軍隔河按甲不動知温懼不濟乃束身渡水復結審通逐其亂軍以奏時朝廷姑息知温下詔于鄴盡殺軍士家口老幼凡數萬淸漳爲之變色尋詔遣知温就便之鎭以安反側俄改徐州節度使加兼侍中會朝廷起兵伐高季興授荆南招討使知行府事尋丁母憂起復雲麾將軍墨縗即戎竟無功而還長興中節制汶陽越二年除平盧軍節度使累官至開府儀同三司檢校太師兼中書令封東平王食邑五千戶食實封三百戶天福元年冬十二月辛巳卒于鎭贈太尉歸葬于瑕丘詔立神道碑知温性蠢獷動罕由禮每迎侍王人不改戎服寡言笑多縱左右排辱賓僚他日知誤亦無愧色始與唐末帝嘗失意于杯盤間以白刃相恐及末帝即位知温憂甚末帝乃封王爵以寧之也案歐陽史廢帝起鳳翔愍帝出奔知温乘間有窺覦之意司馬李沖請懷表而西以覘之及沖至京師廢帝已入立沖即奉表稱賀還勸知温入朝此事薛史不載知温徑赴洛陽申其宿過且感新恩末帝開懷以厚禮慰而遣之及還郡厚斂不已積貨數百萬治第于南城出則以妓樂相隨任意所之曾不以政事爲務有幕客顏衍者正直之士也委曲陳其利病知温不能用焉及高祖建義入洛尚不即進獻耀兵于牙帳之下衍正色謂曰淸泰富有天下多力善戰豈明公之比而

天運有歸坐成灰燼今青州遷延不貢何以求安千百武夫無足爲恃深爲大王之所憂也知温遂馳表稱賀青人乃安未幾以沈湎成疾而卒部曲將吏分其所聚例爲富室衍又勸其子彥儒進錢十萬貫以助國用朝廷除彥爲沂州刺史案歐陽史彥儒獻父錢三萬緡布三萬疋金百兩銀千兩茶千五百斤絲十萬兩拜沂州刺史不言其謀出于顏衍據宋史顏衍傳知温諸子不慧衍勸令以家財十萬餘上進晉祖嘉之歸功于衍知温子彥儒授沂州刺史衍拜殿中侍御史與薛史合蓋薛氏去石晉未遠猶得當時實事也其家幸獲保全皆衍之力也永樂大典卷一萬八千一百三十五代史補房知温爲青州節度封東平王所爲不法百姓苦之一旦有從事張澤者素好嗜髗忽暴卒但心頭微煖家人未即斂經宿而活自云爲泰山所追行未幾過一公宇門庭甚壯既見有人衣紫據案而坐自謂之府君叱澤曰何故食髗過差耶言訖有執筆挾簿引𦍑鬼皆怪狀攜以鼎鑊刀匕之具至擒澤投于沸鼎中移時復用鐵叉撥出以刀支解去骨肉然後烹飪大抵亦如治髗之狀既熟諸鬼分啗凡出自鼎鑊至于支解又至于分啖其于慘毒苦痛之狀皆名狀之所不及如此者近數十度府君始恕之且問曰汝受諸苦如何爾其敢再犯乎答曰不敢于是遣去將行府君又于案上取一物封之甚固授澤曰爲吾將此物與房知温不法之事宜休矣澤領而寘于懷遂覺知温聞知澤復活遽使人肩舁入府而問之澤備以所受之苦對仍于懷中探取封物付温即錦被角也知温大駭曰吾昨覺體寒如中瘧遂擁被就火忽聞足下無疾而卒遂驚起不虞一角之被爲火所燒此其是乎遽取被視之不差毫釐知温顚慄不知所措謂澤曰足下之過小可耳尚如此老夫不知如何也自是知温稍稍近理

王建立遼州榆社人也曾祖秋祖嘉父弁累贈太保建立少鷙猛無檢明宗領代州刺史擢爲虞候將莊宗鎭

晉陽以諸陵在代郡遣女使饗祭其下有擾于民者建立必捕而笞之莊宗怒令收之爲明宗所護而免由是知名明宗歷遷藩鎮皆署爲牙門都校累奏加檢校司空及明宗爲魏軍所廹時皇后曹氏淑妃王氏在常山使建立殺其監護并部下兵故明宗家屬因而保全及卽位以功授鎮州節度副使加檢校司徒旋爲留後未幾正授節旄繼加檢校太尉同平章事會王都據中山叛密使通弟兄之好（通鑑王都陰與謀復河北故事建立陽許而密奏之）安重誨素與建立不協知其事奏之明宗慮陷建立尋徵赴闕（通鑑建立奏重誨專權求入朝面言其狀帝召之）拜右僕射兼中書侍郎平章

事判鹽鐵使部度支充集賢殿大學士天成四年出爲青州節度使五年移鎮上黨辭不赴任請退居邱園制以太子少保致仕建立自是鬱鬱不得志長興中嘗欲求見中旨不許皆重誨蔽之也淸泰初末帝召赴闕授天平軍節度使建立少歷軍校職當捕盜及位居方伯爲政嚴烈閭里有惡跡者必族而誅之其刑失于入者不可勝紀故當時人目之爲王垜疊言殺其人而積其屍也後聞末帝失勢殺副使李彥贇及從事一人報其私怨人甚鄙之高祖卽位再爲靑州節度使累加檢校太尉兼中書令建立晚年歸心釋氏飯僧營寺戒殺愼獄民稍安之天福二年封臨淄王明年封東平王五年入覲高祖曰三紀前老兄宜賜不拜仍許肩輿入朝上殿則使二宦者掖之論者榮之尋表乞休致高祖不允乃授潞州節度使割遼沁二州爲上黨屬郡加檢校太師進封韓王以光其故里至鎮踰月而疾作有大星墜于府署建立卽召賓介竺岳草遺章又謂其子守恩曰榆社之地桑梓存焉桑以養生梓以送死余生爲壽宮刻銘石室死當速葬葬必從儉違吾是言非孝也旋以病篤而卒年七十卌贈尚書令建立先人之墳在于榆社其岡阜重複松檟藹然占者云後出公侯故建立自

爲墓恐子孫易之也子守恩周書有傳（永樂大典卷六千五百三十）

康福蔚州人世爲本州軍校祖嗣蕃漢都知兵馬使累贈太子太師父公政歷職至平塞軍使累贈太傅福便弓馬少事後唐武皇累補軍職充承天軍都監莊宗嗣位嘗謂左右曰我本蕃人以羊馬爲活業彼康福者體貌豐厚宜領財貨可令總轄馬牧由是署爲馬坊使大有蕃息及明宗爲亂兵所廹將離魏縣會福牧小坊馬數千匹於相州乃驅而歸明宗卽位授飛龍使俄轉磁州刺史充襄州兵馬都監尋以江陵叛命朝廷舉兵伐之以福爲荆南行營兵馬都監俄以王師無功而還康福

善諸蕃語明宗視政之暇每召入便殿諮訪時之利病福即以蕃語奏之樞密使重誨惡焉常面戒之曰康福但亂奏事有日斬之福懼會靈武兵馬留後韓澊以人情不協慮為所圖上表請帥制加福光祿大夫檢校司空行涼州刺史充朔方河西等軍節度靈威雄警甘肅等州觀察處置管內營田押蕃落鹽池榷稅等使福之是拜蓋重誨嫉而出之福泣而辭之明宗宣重誨別與商議重誨奏曰臣累奉聖旨令與康福一事今福驟升節鎮更欲何求況已有成命難于移改明宗不得已謂福曰重誨不肯非朕意也福辭明宗曰朕遣兵援助勿

過憂也因令將軍牛知柔領兵送赴鎮行次青崗峽會大雪令人登山望之見川下煙火吐蕃數千帳在焉寇不之覺因分軍三道以掩之蕃衆大駭棄帳幕而走殺之殆盡獲玉璞羊馬甚多到鎮歲餘西戎皆欵附改賜福耀忠匡定保節功臣累加官爵福鎮靈武凡三歲每歲大稔倉儲盈羨有馬千駟因為人所譖安重誨奏曰累據使臣所言康福大有寶貨必負朝廷明宗密遣人謂曰朕何負于卿而有異心耶福奏曰臣受國重恩有死無二豈願負于聖人此必讒人之言也因表乞入覲不允及再上章隨而赴闕移授彰義軍節度使又轉邠州檢校太傅淸泰中移鎮秦州加特進開國侯充西面都部署高祖受命就加檢校太尉開國公未幾又加同平章事及移領河中加兼侍中以天和節入覲改賜輸忠守正翊亮功臣加開府儀同三司增食邑至五千戸實封五百戸久之受代歸闕天福七年秋卒于京師年五十八贈太師謚曰武安福無軍功屬明宗龍躍有際會之幸擢自小校暴為貴人每食非羊之全髀不能飫腹與士大夫交言瞢無所別在天水日嘗有疾幕客謁問福擁衾而坐客有退者謂同列曰錦衾爛兮福聞之遽召言者怒視曰吾雖生于塞下乃唐人也何得以為

爛奚因此而出之由是諸客不敢措辭復有末客姓駱其先與後唐懿祖來自金山府因公讌福謂從事輩曰駱評事官則卑門族甚高真沙陀也聞者竊笑焉子三人長曰延沼歷隨澤二州刺史次曰延澤延壽俱歷內職焉（永樂大典卷一萬八千一百二十七）

安彥威字國俊代州崞縣人少時以軍卒隸唐明宗麾下彥威善射頗知兵法明宗愛之及領諸鎮節鉞彥威常為牙將以謹厚見信明宗入立皇子從榮鎮鄴彥威為護聖指揮使以從榮判六軍彥威遷捧聖指揮使領寧國軍節度使及高祖入立尤倚彥威拜彥威北京留

守加同平章事徙鎮歸德是時河決滑州命彥威塞之彥威出私錢募民治隄遷西京留守遭歲大饑彥威開倉廩賑饑民滑人賴之民有犯法皆寬貸之饑民愛之不忍去旋丁母憂哀毀過制少帝與契丹搆釁拜彥威北面行營副都統彥威悉以家財佐軍後開運中以疾卒于京師彥威與太妃同宗少帝事以為舅彥威未嘗以為言及卒太妃臨哭人始知其為國戚當時益重其人焉永樂大典卷一萬八千一百二十七 通鑑彥威入朝上曰吾所重者信與義昔契丹以義救我我今以信報之聞其徵求不已公能屈節奏之深稱朕意對曰陛下以蒼生之故猶卑辭厚幣以事之臣何屈節之有上悅

李周字通理邢州內丘人也唐潞州節度使抱真之後曾祖融祖毅父矩皆不仕周年十六為內丘捕賊將以在使自負時河朔羣盜充斥南北交兵行旅無援者不敢出郡邑有士人盧岳家于太原攜妻子囊橐寓于逆旅進退無所保唯與所親相對流涕周憫之請援送以歸行經西山中有賊夜于林麓間俟之射盧岳中其馬周大呼曰爾為誰耶賊聞其聲相謂曰李君至此矣即時散走岳全其行裝至于家周將辭去岳謂周曰岳明歷象善知人子有奇表方頤隆準眉目疎朗身長七尺此乃將相之材也河東李氏將有天下子宜事之以求富貴周辭以母老而歸既而梁將葛從周拔邢洺唐武皇麾兵南下築壘于青山口周向背莫決因思盧岳之言乃投青山寨將張污落武皇賞之補萬勝黃頭軍使武皇之平雲州莊宗之戰柏鄉周皆有功遷匡霸都指揮使莊宗入魏率兵屯臨河楊劉所至與士伍同甘苦周尤善守備一日奔母喪以他將代之既出則其城將陷莊宗即遣追之使墨縗從事會莊宗北征周與寺人焦彥賓守楊劉城梁將王彥章以數萬眾攻之九國志焦彥賓傳彥賓字英服滄州清池人少聰敏多智略事武皇尤所委信及莊宗即位遷左監門衛將軍充四方館使出護邢州軍周日夜乘城躬當矢石使人馳告莊宗請百里趨

程以紓其難莊宗曰李周在內朕何憂也遂日行二舍不廢畋獵既至士眾絕糧三日矣及攻圍既解莊宗謂周曰微卿九拒之勞諸公等為梁人所虜矣同光中歷相蔡二州刺史及蜀平授西川節度副使天成二年春遷遂州兩使留後尋正授節旄未幾受代歸闕三年秋出為邠州節度使會慶州刺史竇廷琬據城拒命周奉詔討平之長興清泰中歷徐安雍汴四鎮所至無苛政人皆樂之高祖有天下復鎮邠州累官至檢校太師兼侍中及罷鎮赴闕會少帝幸澶淵以周累朝耆德乃命為東京留守車駕還京授開府尹及遘疾夢焚旌旗鎧

甲因自嗟嘆上章請退尋卒于官時七十四詔贈太師陪葬于明宗徽陵之北（永樂大典卷一萬八千一百二十七）

張從訓字德恭本姑臧人其先廼鶻別派隨沙陀徙居雲中後從唐武皇家于太原從訓遂爲太原人祖君政雲州長史識蕃字通佛理父存信河東蕃漢馬步軍都指揮使武皇賜姓名眷同親嫡前史有傳天福中贈太師中書令追封趙國公從訓讀儒書精騎射初爲散員大將天祐中轄沙陁數百人屯壺關十餘歲節度使李嗣昭委遇之莊宗與梁人相拒于德勝口徵赴軍前補充先鋒游奕使俄轉雲捷指揮使檢校司空賜名繼鸞

從諸子之行也明宗微時嘗在存信麾下爲都押牙與從訓有舊及即位授石州刺史復舊姓名歷憲德二州刺史高祖之鎮太原也爲少帝娶從訓長女爲妃從訓清泰初授唐州刺史三年高祖舉義從訓奉唐末帝詔徵赴行在分領鄉兵次于團柏兵敗宵遁潛身民間高祖入洛有詔搜訪月餘乃出焉及見戚里之故深加軫惻尋授絳州刺史檢校太保在任數年天福中卒於官年五十二少帝以后父之故超贈太尉弟從恩仕皇朝爲右金吾衛上將軍卒（永樂大典卷五千三百七十）

李繼忠字化遠從唐昭義軍節度使兼中書令嗣昭之第二子嗣昭唐書有傳繼忠少善騎射從父征討有功莊宗手制授檢校兵部尚書充威義馬軍指揮使改潞府司馬加檢校尚書右僕射充安義軍都巡檢使天成中自北京大內皇城使轉河東行軍司馬入爲右驍衛將軍未幾授成德軍司馬加檢校司徒高祖即位二年三月授沂州刺史加檢校太保尋移棣州刺史繼忠嘗苦風痺皆辭以地遠乃授單州刺史仍加輸忠奉國功臣三年入爲右神武統軍四年三月出領隰州七年八月移刺澤州開運元年復入爲右監門大將軍三年秋積以疾卒于東京年五十一始繼忠母楊氏善治產平

生積財鉅萬及高祖建義于太原楊已終繼忠舉族家于晉陽時以諸軍方困契丹援兵又至高祖乃使人就其第疏其複壁取其舊積所獲金銀紈素甚廣至于巾屨瑣屑之物無不取足高祖既濟大事感而奇之故車駕入洛繼忠雖有舊恙連領大郡皆楊氏之力也（永樂大典卷一萬三百八十九）

李瓊陳州項城人即河陽節度使兼侍中罕之之子也罕之梁書有傳唐光啟中罕之與河南張全義爲仇交相攻擊罕之兵敗北投太原武皇以澤州處之罕之將赴任留瓊爲質焉時莊宗未弱冠因與瓊游處甚相暱狎

光啟初卒之自澤州襲據潞州送款于梁武皇以頊父叛將殺之莊宗密與駿騎使逃出境頊遂奔河南梁祖以其父子歸己委遇甚厚天復中梁祖自鳳翔送唐昭宗歸長安留軍萬人命姪友倫與頊總之以宿衛爲名及梁祖逼禪屢掌禁兵倚爲肘腋庶人友珪立授頊檢校尙書右僕射右羽林統軍梁末帝之誅友珪頊預其謀尋歷隨州刺史復爲右羽林統軍同光初莊宗入汴召頊見之莊宗忻然授衛州刺史加光祿大夫檢校太保明宗朝授衍州刺史長興中檢校太傅右神武統軍高祖卽位之二年加特進檢校太尉右領軍衛上將軍

三年進封開國伯五年遷左領軍衛上將軍尋以病卒年七十制贈太師頊性溫雅不暴虐凡刺郡統衆頗有畏愛及卒人甚惜之子彥弼在太原日因頊走歸梁朝武皇怒下蠶室加熏腐之刑後籍于內侍省卒焉（永樂大典卷一萬八千一百三十一）

周光輔太原人後唐蕃漢馬步總管幽州節度使德威之長子也德威有傳在唐書光輔年甫十歲補幽州中軍兵馬使有成人之志德威以牙軍委之麾下咸取決焉及長體貌魁偉練于戎事父卒授嵐州刺史從莊宗平梁遷檢校尙書左僕射汝州防禦使仍賜協謀定亂功臣天成初移汾州四年入爲右監門衛大將軍長興淸泰中歷陳懷磁三郡繼加檢校司徒高祖卽位授蔡州刺史歲餘卒于郡時年三十五贈太保光輔以功臣子歷數郡皆無濫政竟善終于官雖享年不永亦可嘉也光輔有弟數人光貞歷義乾二州刺史入爲諸衛將軍光遜繼爲蔡州刺史光贊任靑州行軍司馬及楊光遠叛滅貶商州司馬會赦徵還尋卒于家（永樂大典卷五千四百一）

符彥饒唐莊宗朝蕃漢總管存審之第二子也存審唐書有傳彥饒少驍勇能騎射唐天佑十五年冬莊宗與梁大戰于胡柳陂彥饒與弟彥圖俱從其父血戰有功

莊宗壯之因用爲騎將同光中以功授曹州刺史明宗卽位改刺沂州天成中屯守梁園會起軍北戍塞下時有偏校以宣武乏帥廹彥饒爲之彥饒紿許其請明日殺爲惡者奏之時人嘉其方略長興中爲金州防禦使爲政甚有民譽其後累遷節鎭天福初爲滑州節度使累官至檢校太傅二年七月范延光據鄴都叛朝廷遣侍衛馬軍都指揮使白奉進率騎軍三千屯于州之開元寺一日彥饒與奉進因事忿爭于牙署事具奉進傳中是時奉進厲聲曰爾莫是與范延光同反耶拂衣而起彥饒不留帳下介士大譟擒奉進殺之奉進從騎散

走傳呼于外時步軍都校馬萬次校盧順密闖奉進被害即率其部衆攻滑之子城執彥饒以出遣裨校方太拘送闕下行及赤岡南高祖遣中使害于路左（永樂大典卷一萬八千一百三十二）

羅周敬字尚素鄴王紹威之第三子也紹威梁書有傳周敬幼聰敏八歲學爲詩往往傳于人口起家授檢校尚書禮部員外郎梁乾化中以兄周翰節制滑臺卒于官乃以周敬繼之命爲兩使留後尋正授旄鉞時年十歲未幾改授許州節度繼加檢校尚書左僕射踰三年徵授秘書監檢校司空駙馬都尉尚梁普安公主旋移光祿卿莊宗即位歷左右金吾大將軍初唐天佑中紹威嘗建第于洛陽福善里及莊宗入洛以梁租庸使趙巖宅賜明宗同光中明宗在洛以趨內稍遠乃召周敬議易其第周敬諾之後明宗即位一日夢中見一人儀形瓌秀若素識者夢中問曰此得非前宅主羅氏子及寤訪其子孫左右對曰周敬見列朝廷召至果符夢中所見明宗謂侍臣曰朕不欲使大勳之後久無土地因授同州節度使加檢校太保長興中入爲左監門衛上將軍四遷諸衛上將軍天福二年卒時年三十二贈太傳（永樂大典卷五千六百七十八）

鄭琮太原人也始事唐武皇爲五院軍小校屢有軍功莊宗在河上爲馬步都虞候戎伍之事一覩不忘凡所詰問應答如流故所在知名唐同光末從明宗伐魏州時軍情有變明宗退守魏縣未知趨向安重誨將徵兵于四方琮在帳前歷數諸道屯軍及主將姓名附口傳檄相次而至明宗即位嘉其功授防州刺史秩滿父老請留三年八月授左羽林統軍唐長興二年二月出刺武州高祖即位復居環衛久之以俸薄家貧鬱鬱不得志天福中以疾終于官贈司徒（永樂大典卷一萬八千八百八十一）

舊五代史卷九十一終

舊五代史卷九十一攷證

晉列傳六房知温傳及末帝卽位知温憂甚　案歐陽史作愍帝出奔知温乘間有窺覦之意與是書微異

王建立傳以太子少保致仕　案通鑑作以太傅致仕歐陽史從是書

康福傳靈武兵馬留後韓澊　韓澊通鑑歐陽史俱作韓洙弟澄

福鎭靈武凡三歲每歲大稔倉儲盈羨有馬千駟因爲人所譖安重誨曰累據使臣所言康福大有寶貨必負朝廷　案靈武受代康福領節度在天成四年矣

年爲長興元年安重誨討蜀二年賜死是康福之任靈武甫匝歲而重誨已去朝再期而賜死矣此傳云福鎭靈武凡三歲每歲大稔重誨奏其必負朝廷疑有舛誤歐陽史仍是書之舊

安彥威傳彥威入司禁衞遥領鎭州節度使　案歐陽史作遷捧聖指揮使領寧國軍指揮使

李周傳　案是書莊宗紀作李周明宗紀作李敬周蓋本名敬周入晉後避諱去敬字是書雜采諸書未及改歸畫一　通鑑與是書同

張從訓傳爲少帝娶從訓長女爲妃　案宋史張從恩傳晉祖鎭河東爲少帝娶從恩女今攷五代會要及是書本紀俱作從訓疑宋史係傳聞之訛

舊五代史卷九十一攷證

舊五代史卷九十二

宋司空同中書門下平章事薛居正等撰

晉書十八

列傳第七

姚顗字伯真京兆萬年人曾祖希齊湖州司功參軍祖宏慶蘇州刺史父荆國子祭酒顗少惷敦厚靡事容貌任其自然流輩未之重唯兵部侍郎司空圖深器之以女妻焉顗性仁恕多爲僕妾所欺心雖察之而不能面折終身無喜怒不知錢百之爲陌黍百之爲銖凡家人市貨百物入增其倍出減其半不詰其由無擔石之儲心不隕穫唐末隨計入洛出游嵩山有白衣大夫拜于

路側請爲童僕顗辭不納乃曰鬼神享于德君子孚于信余則鬼也將以託賢者之德通化工之信幸無辭焉昔余掌事陰府承命攝人之魂氣名氏同而其人非且富有壽算復而歸之則筋骸已敗由是獲譴使不得爲陽生公中夏之相輔也今爲謁中天之祠若以某姓名求之神必許諾顗因爲之虔禱而還白衣迎于山下曰余免其苦矣拜謝而退顗來年擢進士第梁貞明中歷校書郎登封令右補闕禮部員外郎召入翰林累遷至中書舍人唐莊宗平梁以例貶復州司馬歲餘牽復授左散騎常侍歷兵吏部侍郎尚書左丞唐末帝即位講求輔相乃書朝中清望官十餘人姓名置于瓶中清夜焚香而挾之既而得盧文紀與顗遂拜中書侍郎平章事制前一日嵩山白衣來謁謂顗曰公明日爲相其言無差寘數固先定矣案歐陽史本傳云顗爲人仁恕不知錢陌銖兩之數御家無法在相位齷齪無所爲唐制吏部分爲三銓尚書一人日尚書銓侍郎二人日中銓東銓每歲集以孟冬三旬而選盡季春之月天成中馮道爲相建言天下未一選人歲終數百而吏部三銓分注雖日故事其實徒煩而無益始詔分銓合而爲一而尚書侍郎共行選事至顗與盧文紀爲相復奏分銓爲三而循資長定舊格歲久多舛因增損之遷人多不便之往往遮邀宰相喧訴不遜顗等無如之何廢帝爲下詔書禁止高祖登極罷相爲刑部尚書俄遷戶部尚書天福五年冬卒年七十五贈左僕射子惟和嗣顗疎于財而御家無術既死

斂葬之資不備家人儥賻物及鬻第方能舉喪而去士大夫愛其廉而笑其拙永樂大典卷五千三百八十三

呂琦字輝山幽州安次人也祖壽瀛州景城主簿父兗滄州節度判官累至檢校右庶子永樂大典卷一萬七百六十五劉守光攻陷滄州琦父兗被擒族之琦時年十五爲吏追攝將就戮焉有趙玉者幽薊之義士也久游于兗之門下見琦臨危乃紿謂監者曰此子某之同氣也幸無濫焉監者信之即引之俱去行一舍琦困于徒步以足病告玉負之而行逾數百里因變姓名乞食于路乃免其禍永樂大典卷一萬四千五百八十一年弱冠以家門遇禍遂無所依乃厲

志勤學多游于汾晉〔永樂大典卷二千八百七十一〕唐天祐中莊宗方開霸府翹仁賢士畢制授琦代州軍事判官秩滿歸太原監軍使張承業重琦器量禮遇尤厚天成初拜琦殿中侍御史遷駕部員外郎兼侍御史知雜事會河陽觧吏竊財事發詔軍廵院鞫之時軍廵使尹訓怙勢納賂枉直相反俄有訴寃于闕下者詔琦按之既驗其姦乃上言請治尹訓沮而不行琦連奏不已訓知其不免自殺于家其獄遂明蒙活者甚衆自是朝廷多琦之公直〔永樂大典卷二萬五百二十八〕高祖建義于太原唐末帝幸懷州趙德鈞駐軍于團栢谷末帝以琦嘗在德鈞幕下因令賫都

統使官告以賜之且犒其軍焉及觀軍于北壓館于忻州會晉祖降下晉安寨遣使告于近郡琦適遇其使即斬之以聞尋率郡兵千人間道而歸高祖入洛亦弗之責止改授祕書監而已天福中預修唐書權掌選部皆有能名焉累遷禮部刑部戶部兵部侍郎階至金紫光祿大夫爵至開國子琦美丰儀有器槩雖以剛直聞于時而內實仁恕初高祖謀求輔相時宰臣李崧力薦琦于高祖云可大用高祖數召琦于便殿言及當世事甚奇之方將倚以爲相忽遇疾而逝人皆惜之〔永樂大典卷一萬七百六十五〕

梁文矩字德儀鄆州人父景祕書少監梁郢王友璋好接賓客文矩少遊其門初試太子校書轉祕書郎友璋領鄆州奏爲項城令及移鎭徐方辟爲從事友璋卒改兗州觀察判官時莊宗遣明宗襲據鄆州文矩以父母在鄆一旦隔越不知存亡爲子之情戀望如灼遂間路歸鄆尋謁莊宗莊宗喜之授天平軍節度掌書記在明宗幕下明宗歷汴恒二鎭皆隨府遷職天成初授右諫議大夫知宣武軍軍州事歷御史中丞吏部侍郎禮部尙書西都副留守判京兆府事繼改兵部尙書文矩以嘗事霸府每懷公輔之望時高祖自外鎭入覲嘗薦于

明宗曰梁文矩早事陛下甚有勤勞未升相輔外論慊之明宗曰久忘此人吾之過也尋有旨降命會丁外憂而止淸泰初拜太常卿高祖卽位授吏部尙書改太子少師文矩喜淸靜之教聚道書數千卷企慕赤松留侯之事而尤盡其善後因風痺上章請退以太子太保致仕居洛陽久之天福八年以疾卒時年五十九贈太子太傅〔永樂大典卷六千六百十四〕

史圭常山人也其先與王武俊來于塞外因家石邑高祖曾歷鎭陽牙校父鈞假安平九門令圭好學工詩長于吏道唐光化中歷阜城饒陽尉改房子寧晉元氏欒

壽博陸五邑令爲寧晉日擅給驛廩以貸饑民民甚感之及爲欒壽令里人爲之立碑同光中任圜爲真定尹擢爲本府司錄不應命郭崇韜領其地辟爲從事及明宗代崇韜以舊職縻之明宗即位入爲文昌正郎安重誨薦爲河南少尹判府事尋命爲樞密院直學士時圭以受知于重誨重誨奏令圭與同列閻至俱昇殿侍立以備顧問明宗可之尋自左諫議大夫拜尚書右丞有入相之望圭敏于吏事重誨本不知書爲事剛愎每于明宗前可否重務圭恬然終日不能剖正其事長興中重誨既誅圭出爲貝州刺史未幾罷免退歸常山由是

閉門杜絶人事雖親戚故人造者不見其面每游別墅則乘婦人氈車以自蔽匿人莫知其心高祖登極徵爲刑部侍郎判鹽鐵副使皆宰臣馮道之奏請也始圭在明宗時爲右丞權判銓事道在中書嘗以堂判銜銓司所注官圭怒力爭之道亦微有不足之色至是圭首爲道所舉方愧其度量遠不及也旋改吏部侍郎分知銓事而圭素勵廉守節大著公平之譽圭前爲河南少尹日有嵩山衛士遺圭石藥如斗謂圭曰服之可以延壽然不可中輟輟則疾作矣圭後服之神爽力健深寶惜焉清泰末圭在常山遇秘瓊之亂時貯于衣笥爲賊所刼不復得天福中疾生胸臆之間常如火灼圭知不濟求歸鄉里詔許之及涉河竟爲藥氣所蒸卒于路歸葬石邑時年六十八（永樂大典卷一萬一百八十三）

裴皥字司東原出中眷裴氏世居河東爲望族皥容止端秀性卞急剛直而無隱少而好學苦心文藝雖遭亂離手不釋卷唐光化三年擢進士第釋褐授校書郎以（案下有闕文）天福初起爲工部尚書復告老以右僕射致仕皥累知貢舉稱得士宰相馬裔孫桑維翰皆其所取進士也後裔孫知貢舉率新進士謁皥皥喜爲詩曰詞場最重是持衡天遺愚夫受盛名三主禮闈年八十門生門

下見門生當世榮之桑維翰嘗私見皥皥不爲迎送人問之皥曰我見桑公于中書庶寮也今見我于私第門生也人以爲允卒年八十五贈太子太保（永樂大典卷五千三百五）

吳承範字表微魏州人也父瓊右金吾衛將軍累贈太子少保承範少好學善屬文唐閔帝之鎮鄴都也聞其才名署爲賓職承範懇求隨計閔帝許之長興三年擢進士第及閔帝即位授左拾遺清泰二年以本官充史館修撰與張昭等共修明宗實錄轉右補闕依前充職高祖革命遷尚書屯田員外郎知制誥天福三年改樞密院直學士未幾自祠部郎中制誥召充翰林學士正

拜中書舍人賜金紫少帝嗣位遷禮部侍郎知貢舉尋遘疾而卒年四十二贈工部尚書承範溫厚寡言善希人旨桑維翰李崧尤重之嘗薦于高祖云可大用承範知之持重自養雖遇盛夏而猶服襦袴加之以純綿蓋慮有寒濕之患也然竟不獲其志其命也（永樂大典卷三千三百二十一）

盧導字熙化其先范陽人也祖伯卿唐殿中侍御史父如晦國子監丞贈戶部侍郎導少而儒雅美詞翰善談論唐天祐初登進士第釋褐除校書郎由均州鄖鄉縣令入為監察御史三遷職方員外郎充史舘修撰改河

南縣令禮部郎中賜紫轉右司郎中兼侍御史知雜事以病免閒居于漢上久之天成中以本官徵還拜右諫議大夫長興末為中書舍人權知貢舉明年春潞王自鳳翔擁大軍赴闕唐閔帝奔于衛州宰相馮道李愚集百官于天宮寺將出迎潞王時軍衆離潰人情奔駭百官移時未有至者導與舍人張昭先至馮道請導草勸進牋導曰潞王入朝郊迎可也若勸進之事安可造次且潞王與主上皆太后之子或廢或立當從教令安得不禀策母后率爾而行馮道曰凡事要務實勸進其可已乎導曰今主上蒙塵在外遽以大位勸人若潞王守道以忠義見責未審何詞以對不如率羣臣詣宮門取太后進止即去就善矣道未及對會京城巡檢安從進報曰潞王至矣安得百僚無班即紛然而去是日潞王未至馮道等止于上陽門外又令導草勸進牋導執之如初李愚曰舍人之言是也吾輩信罪人矣導之守正也如是晉天福中由禮部侍郎遷尚書右丞判吏部尚書銓事秩滿拜吏部侍郎六年秋卒于東京時年七十六（永樂大典卷二千二百十二）

鄭韜光字龍符洛京河清人也曾祖絪為唐宰相祖祗德國子監祭酒（新唐書宰相世系表祗德兵部尚書）贈太傅父顥河南尹

贈太師其先世居滎陽自隋唐三百餘年公卿輔相蟬聯一門韜光唐宣宗之外孫萬壽公主之所出也生三日賜一子出身銀章朱紱及長美容止神爽氣澈不妄喜怒秉執名節為甲族所稱自京兆府參軍歷秘書郎集賢校理太常博士虞部比部員外郎司門戶部郎中河南京兆少尹太常少卿諫議大夫給事中梁貞明中懇求休退上表漏名責授寧州司馬莊宗平梁遷工禮刑部侍郎天成長興中歷尚書左丞國初以戶部尚書致仕自襁褓迨于懸車凡事十一君越七十載所仕無官謗無私過三持使節不辱君命士無賢不肖皆恭已

接納晚年背傴時人咸曰鄭傴不迂平生交友之中無怨隙親族之間無愛憎恬和自如性尙平簡及致仕歸洛甚愜終焉之志天福五年秋寢疾而卒年八十贈右僕射（永樂大典卷一萬八千八百八十一）

王權字秀山太原人積世衣冠曾祖起官至左僕射山南西道節度使册贈太尉謚曰文懿唐史有傳祖龜浙東觀察使父蕘右司員外郎權舉進士解褐授秘書省校書郎集賢校理歷左拾遺右補闕梁祖革命御史司憲崔沂表爲侍御史遷兼職方員外郎知雜事歲餘召入翰林爲學士在院加戸部郎中知制誥歷左諫議大

夫給事中充集賢殿學士判院事俄拜御史中丞唐莊宗平梁以例出爲隨州司馬會赦量移許州月餘入爲右庶子遷戸兵吏三侍郎尙書左丞禮部尙書判銓清泰中權知貢舉改戸部尙書華資美級罕不由之高祖登極轉兵部尙書天福中命權使于契丹權以前世累爲將相未嘗有奉使而稱陪臣者謂人曰我雖不才年今耄矣豈能遠使于契丹乎違詔得罪亦所甘心由是停任先是宰相馮道使于契丹纔回權亦自鳳翔册禮使回故責詞略曰若以道路迢遥卽鸞閣之台臣亦往若以筋骸衰滅卽鳳翔之册使纔回旣黷憲章須從殿黜云其實權不欲臣事契丹故堅辭之非避事以違命也踰歲授太子少傅致仕六年秋以疾卒年七十八贈左僕射（永樂大典卷六千八百五十一）

韓惲字子重太原晉陽人曾祖俊唐龍武大將軍祖士則石州司馬父逵代州刺史惲世仕太原昆仲爲軍職惟惲親狎儒士好爲歌詩聚書數千卷乾寧中後唐莊宗納其妹爲妃初爲嫡室故莊宗深禮其家而惲以文學署交城文水令入爲太原少尹莊宗平定趙魏爲魏州支使莊宗卽位授右散騎常侍從駕至洛陽轉尙書戸部侍郎天成初改秘書監俄而馮道爲丞相與惲有

同幕之舊以惲性謹厚尤左右之尋遷禮部尙書丁內憂服闋授戸部尙書明宗晏駕馮道爲山陵使引惲爲副使清泰初以充奉之勞授檢校尙書右僕射絳州刺史踰年入爲太子賓客高祖登極以惲先朝懿戚深加禮遇除授貝州刺史時范延光有跋扈之狀惲懼其見逼遲留不敢赴任高祖不悅復授太子賓客尋改兵部尙書天福七年夏車駕在鄴惲病脚氣卒于龍興寺時年六十餘（永樂大典卷三千六百七十五）

李懌京兆人也祖褒唐黔南觀察使父昭戸部尙書懌幼而能文進士擢第解褐爲校書郎集賢校理清河尉

入梁歷監察御史右補闕殿中侍御史起居舍人禮部員外郎知制誥換都官郎中賜緋召入翰林爲學士正拜舍人賜金紫仍舊內職莊宗平汴洛責授懷州司馬遇赦量移孟州入爲衛尉少卿天成初復拜中書舍人充翰林學士在職轉戶部侍郎右丞充承旨時常侍張文寶知貢舉中書奏落進士數人仍請詔翰林學士院作一詩一賦下禮部爲舉人格樣學士竇夢徵張礪輩撰格詩格賦各一送中書宰相未以爲允夢徵等請懌爲之懌笑而答曰李懌識字有數頃歲因人偶得及第敢與後生髦俊爲之標格假令今却稱進士就春官求試落第必矣格賦格詩不敢應詔君子多其識大體天福中自工部尚書轉太常卿歷禮部刑部二尚書以多病留司于洛下不交人事開運末遇契丹入洛家事罄空尋以疾卒年七十餘 永樂大典卷一萬三百九十

舊五代史卷九十二終

舊五代史卷九十二攷證

晉列傳七姚顗傳惟兵部侍郎司空圖深器之　案歐陽史作中條山處士司空圖一見奇之據新唐書卓行傳司空圖爲戶部侍郎以疾歸昭宗在華召爲兵部侍郎辭不赴是圖非處士也

呂琦傳琦年十五　案厚德錄作琦年十四

有趙玉者　趙玉厚德錄作李玉

尋率郡兵千人間道而歸　案通鑑作帥州兵趣鎭州

史圭傳卒于路　案歐陽史作卒于常山

盧導傳祖伯卿　案新唐書宰相世系表卿太原少尹伯初之子也疑原本行伯字

父如晦　如晦新唐書世系表作知晦

郊迎可也　郊迎通鑑作斑迎

是日潞王未至馮道等止于上陽門外又令導草勸進牋　案歐陽史作潞王止于上陽門外道又促導草牋與是書異通鑑作潞王未至三相息于上陽門外與是書同

鄭韜光傳父顥　案新唐書世系表顥字養正疑顥字是頤字之譌

王權傳先是宰相馮道使于契丹穖同權亦自鳳翔册

禮使回　案通鑑攷異引周世宗實錄馮道傳云契丹遣使加徽號于晉祖晉亦獻徽號于契丹始命兵部尚書王權銜其命權辭以老病晉祖謂馮道曰此行非卿不可道無難色據此傳馮道自契丹使回始命王權奉使道亦未嘗再使契丹也與周實錄異

舊五代史卷九十二攷證

舊五代史卷九十三

宋司空同中書門下平章事薛居正等撰

列傳第八　　晉書十九

盧質字子徵河南人也曾祖偲唐太原府祁縣尉累贈右僕射祖衎唐刑部侍郎太子賓客累贈太保父望唐尚書司勳郎中累贈太子少傅質幼聰慧善屬文年十六陝帥王重盈奏授芮城令能以色養又爲同州澄城令從私便也秩滿改秘書郎丁母憂歸河南故里天祐三年北游太原時李襲吉在武皇幕府以女妻之武皇憐其才承制授檢校兵部郎中充河東節度掌書記賜緋魚袋武皇厭代其弟克寧握兵柄有嗣襲之望質與張承業等密謀同立莊宗爲嗣有翊贊之功及莊宗四征質皆從行十六年轉節度判官檢校禮部尚書十九年莊宗將即帝位命爲大禮使累加至銀青光祿大夫檢校右僕射二十年授行臺禮部尚書莊宗旣登極欲相之質性疎逸不喜居高位固辭獲免尋以本官兼太原尹充北京留守事未赴任改戶部尚書知制誥充翰林學士承旨同光元年冬從平大梁權判租庸事踰月隨駕都洛旋有詔權知汴州軍府事時孔謙握利權志在聚歛累移文于汴配民放絲質堅論之事雖不行時

論賞之俄又改金紫光祿大夫兵部尚書知制誥翰林學士承旨仍賜論思匡佐功臣會覆試進士質以后從諫則聖爲賦題以堯舜禹湯傾心求過爲韻舊例賦韻四平四側質所出韻乃五平三側由是大爲識者所誚天成元年制授特進檢校司空同州節度使時宰相馮道以詩餞別其警句云視草北來唐學士擁旄西去漢將軍儒者榮之明年改賜耀忠匡定保節功臣就加檢校司徒三年入拜兵部尚書判太僕卿事四年進封開國公長興二年授檢校太保河陽節度使未幾移鎭滄州入爲右僕射及秦王得罪奉詔權知河南府事應順初遷檢校太傅正拜河南尹後改太子少師清泰末復爲右僕射高祖登極質以微恙分司洛宅少帝嗣位拜太子太保天福七年秋卒于洛陽年七十六累贈太子太師謚曰文忠（五代會要漢乾祐元年九月其子尚書兵部員外郎盧瓊上章請謚下太常議謚曰文忠）子十一人唯第六子瓊任至省郎餘歷州縣焉（永樂大典卷二千二百十二）

李專美字翊商京兆萬年人也曾祖隨光祿卿祖正範尙書庫部郎中專美少篤學又以父樞唐昭宗時常應進士舉爲覆試所落不許再入專美心愧之由是不遊文場僞梁貞明中河南尹張全義以專美名族之後奏爲陸渾尉秩滿改舞陽令專美性廉謹大著政聲後唐天成中安邑榷鹽使李肅辟爲推官唐末帝鎭河中見其敦雅心重之末帝一日曾召肅讌于衙署專美亦預坐末帝謂肅曰某夜來夢主上召去與宋王同剃却頭何也坐客都無對者專美屏人謂曰將來必爲嗣主由是愈重焉末帝留守長安奏爲從事及移鎭鳳翔還爲記室末帝卽位除尙書庫部郎中賜金紫充樞密院直學士初末帝起自鳳翔大許諸軍厚賞洎至洛陽閱內庫金帛不過二三萬尋又配率京城戶民雖行捶楚亦所獲無幾末帝憂之會專美宿于禁中末帝召而讓之

曰卿士人子弟常言有才術今致我至此不能度運以濟時事留才術何施也專美惶恐待罪良久奏曰臣才力駑劣屬當興運陛下猥垂錄任無以裨益聖朝然府藏空竭軍賞不給非臣之罪也臣思明宗棄代之際是時府庫濫賞已竭繼以鄂王臨朝紀綱大壞縱有無限之財賦不能滿驕軍谿壑之心所以陛下孤立岐陽而得天下臣以爲國之存亡不專在行賞須刑政立于上恥格行于下賞當功罰當罪則近于理道也若陛下不改覆車之轍以賞無賴之軍徒困蒸民存亡未可知也今宜取見在財賦以給之不必踐前言而希苟悅末帝

然之及其行賞雖不愜于軍士然洛陽戶民獲免鞭笞之苦由專美之敷揚也尋轉給事中明年遷兵部侍郎端明殿學士未幾改檢校尚書右僕射守秘書監充宣徽北院使高祖入洛以例除名三年復授衛尉少卿繼遷鴻臚大理卿開運中以病卒時年六十二專美之遠祖本出姑臧大房與清河小房崔氏北祖第二房盧氏昭國鄭氏爲四望族皆不以才行相尚不以軒冕爲貴雖布衣徒步視公卿蔑如也男女婚嫁不雜他姓欲聘其族厚贈金帛始許焉唐太宗曾降詔以戒其弊風終莫能改其間有未達者必曰姓崔盧李鄭了餘復何求耶

其達者則邈在天表覓若千里人罕造其門浮薄自大皆此類也唯專美未嘗以氏族形于口吻見寒素士大夫恆恂恂如也人以此多之專美職岐下曾夢具裳簡立嵩山之頂及爲端明殿學士學士李崧同列而班在其上因以所夢告崧且言某非德非勳安可久居此位處吾子之首乎因懇求他官尋移宣徽使崧深德之及高祖臨朝崧爲樞密使與桑維翰同列維翰與專美亦有舊乃協力以奏之遂復朝序位至九卿專美曾使閩中遇風水漂至兩浙踰歲無恙而還至是善終人以爲神道福謙之所至也　永樂大典卷一萬三百九十

盧詹字楚臣京兆長安人也唐天祐中爲河中從事莊宗即位擢爲員外郎知制誥遷中書舍人天成中拜禮部侍郎知貢舉歷御史中丞兵部侍郎尚書左丞工部尚書詹性剛直議論不避權貴執政者常惡之天福初拜禮部尚書分司洛下與右僕射盧質散騎常侍盧重俱在西都數相過從三人俱嗜酒好遊山水塔廟林亭花竹之地無不同往酣飲爲樂人無間然洛中朝士目爲三盧會常委順性命不營財利開運初卒于洛陽詹家無長物喪具不給少帝聞之賜布帛百段粟麥百斛方能襄其葬事贈太子少保　永樂大典卷二千二百十二

崔梲字子文博陵安平人累世冠冕曾祖元受舉進士直史館祖銖安濮二州刺史父涿刑部郎中梲少好學梁貞明三年舉進士甲科爲開封尹王瓚從事梲性至孝父涿有疾謂親友曰死生有命無醫爲也梲侍之衣不解帶有賓至必拜泣告于門外請方便勸其進藥涿終莫之從及丁憂哀毀過制明宗朝授監察御史不應命踰年詔再下乃就列焉累遷都官郎中翰林學士天福初以戶部侍郎爲學士承旨嘗草制爲宰相桑維翰所改梲以唐故事學士草制有所改者當罷職乃引經據爭維翰不能詰命權知二年貢舉時有進士孔英者

素有醜行爲當時所惡棁受命往見維翰維翰語素簡謂棁曰孔英來矣棁不諭其意以謂維翰以孔英爲言乃考英及第物議大以爲非遂罷學士拜尚書左丞遷太常卿後以風痺改太子賓客分司西京卒年六十八棁平生所著文章碑誄制誥甚多人有借本傳寫者則曰有前賢有來者矣用此爲凡受託而作者必親札致之即焚其藁懼泄人之假手也棁笑不至矧怒不至詈接新進後生未嘗無誨焉羣居公會端坐寡言嘗云非止致人愛憎且或干人祖禰之諱指命僕役亦用禮節盛暑祁寒不使冒犯嘗自話于知友云某少時夢二人前引路一人計地里曰一舍矣可以止一人曰此君當更進三十有八里復行如所言二人皆止之俄而驚覺棁常識是夢以爲定命之限故六十七請退明年果終焉兄棆有隱德好釋氏閑居滑州嘗欲訪人于白馬津北臨岸歎曰波勢洶湧如此安可濟乎乃止後徵拜左拾遺辭疾不赴永樂大典卷二千七百四十

薛融汾州平遥人性純和以儒學爲業初從雲州帥李存璋爲幕職唐莊宗平河南歷鄆徐二鎮從事明宗初授華州節度判官長興四年入爲右補闕直弘文館歲餘改河東觀察判官會高祖鎮太原遂居于幕府清泰末高祖將舉義延賓席而歷問之次及融對曰融本儒生祇曾讀三五卷書至于軍旅之事進退存亡之機未之學也座中聳然登極遷尚書吏部郎中兼侍御史知雜事天福二年自左諫議大夫遷中書舍人自以文學非優不敢拜命復爲諫議詔修西京大內融以鄴下用兵國用不足上疏復罷之通鑑薛融諫曰今宮室雖經焚毀猶侈于帝堯之茅茨所費雖寡猶多于漢文之露臺況魏城未下公私困窘誠非陛下修宮館之日俟海內平寧修之未晚優詔嘉許俄轉御史中丞秩滿改尚書右丞分司西都天福六年以疾卒年六十餘永樂大典卷二萬一千三百六十七

曹國珍字彥輔幽州固安人也曾祖藹祖蟾父絢代襲儒素國珍少值燕薊亂離因落髮被緇客于河西延州高萬興兄弟皆好文辟爲從事國珍常以文章自許求貢禮闈且掌書奏朞年入爲左拾遺累遷至尚書郎每與人交傾財無悋性頗剛僻經藝史學非其所長好自矜衒多上章疏文字差誤數數有之爲縉紳所誚高祖在藩時嘗通私謁以兄事之及即位國珍自比于嚴陵上表敘舊由是自吏部郎中拜左諫議大夫給事中歐陽史張彥澤傳國珍與御史中丞王易簡率三院御史詣閤門連疏論張彥澤不報又求爲御史中丞時宰怒不復爲請國珍銜之李崧之母薨遣諸弟護喪歸葬深州崧既起復乃出北郊路隅設奠公卿大

夫皆送喪而出國珍固爭不行眾咸推其讜直高祖晏駕朝廷以宰臣馮道爲山陵使及靈輴旣發國珍上疏言馮道旣爲山陵使不得復入都城請除外佐以桑維翰入輔李崧請罷相位俾持喪制少帝覽奏以所言僭越出爲陝州行軍司馬至任怏怏遘疾而卒（永樂大典卷四千五百十三）

張仁愿字善政開封陳留人也祖晟唐右武衛大將軍父存敬梁河中節度觀察留後累贈中書令梁書有傳仁愿梁貞明初以勳臣之子起家爲衛尉寺主簿改著作佐郎左贊善大夫賜緋魚袋唐同光初遷大理正天

成元年自將作少監轉大理少卿長興中歷昭武歸德兩鎭節度判官四年復入爲大理少卿清泰中除殿中監天福五年拜大理卿八年轉光祿卿仁愿性溫雅明法書累居詳刑之地議讞疑獄號爲稱職兄仁顥梁朝仕至諸衛將軍中年以風恙廢于家凡十餘年仁愿事之出告反面如嚴父焉士大夫推爲孝友仁顥善理家勤而且約婦女衣不曳地什物多歷年所如新市焉仁愿開運元年再爲大理卿時隰州刺史王澈犯贓朝廷以澈功臣之後欲宥之仁愿累執奏不移竟遣伏法議者賞之開運二年以疾卒年五十一贈秘書監（永樂大典卷六千三百五十一）

趙熙字績臣唐宰相齊國公光逢之猶子也起家授秘書省校書郎唐天成中累遷至起居郎數上章言事以稱旨尋除南省正郎天福中承詔與張昭遠等修唐史竟集其功開運中自兵部郎中授右諫議大夫賞筆削之功也及契丹犯闕僞旨遣使于晉州率配豪民錢幣以實行橐始受命之日條制甚嚴熙出衣冠族性素輕急旣畏契丹峻法乃窮理搜索人甚苦之及晉之三軍殺副使駱從朗（通鑑契丹以節度使駱從朗知晉州事大將藥可儔殺從朗）百姓相率持仗害熙于館舍識者傷之（永樂大典卷一萬六千九百九十一）

李遐兗州人也少爲儒有節操歷數鎭從事及升朝累遷尙書庫部員外郎高祖卽位以皇子重乂保釐洛邑知遐强幹有守除爲西京留守判官使之佐理復重其廉勤兼委監西京左藏庫會張從賓作亂使人輦取繒帛以賞羣逆遐曰不奉詔書安敢承命遂爲其下所害高祖聞而歎惜賻贈加等仍贈右諫議大夫其母田氏封京兆郡太君仍給遐所食月俸終母餘年其子侯服闋與官後又遣兗州節度使李從溫就其舊業賜牲幣絹帛等物以旌其忠也（永樂大典卷一萬三百九十）

尹玉羽京兆長安人（□□尹玉羽京兆長安人唐天贓中隨計京師甚有文稱會有甚狀）

無仕宦之意梁貞明中劉鄩辟爲保大軍節度判官歷

雍汴滑兗從事唐天復中隨計京師甚有文稱會有苴杖之喪累歲羸疾冬不釋菅屨期不變倚廬制闋隱居杜門無仕宦之意（永樂大典卷一萬六千九百九十一）後唐清泰中爲光祿少卿退歸秦中以林泉詩酒自樂（冊府元龜卷八百一十三）自號自然先生（永樂大典卷八千五百七十）宰臣張延朗手書而召高卧不從謂人曰庶孽代宗不可仕也及高祖入雒卽受詔而來以所著自然經五卷貢之且告其老卽日璽書褒美頒其器幣授少府監致仕月給俸及冬春二時服（冊府元龜卷八百九十九）　案尹玉羽傳原本止存二條今采冊府元龜以存大槩　案以下有闕攷宋黎持移石經記石經舊在務本坊自天祐中韓建築新城而石經委棄于野至朱梁時劉鄩守長安從幕吏尹玉羽之請輦入城中置于此地卽唐尚書省之西隅也

鄭雲叟本名遨雲叟其字也以唐明宗廟諱故世傳其字焉本南燕人也少好學耿介不屈唐昭宗朝嘗應進士舉不第因欲攜妻子隱于林壑其妻非之不肯行雲叟乃薄游諸郡獲數百緡以贈其家辭訣而去尋入少室山著擬峯詩三十六章以導其趣人多傳之後妻以書達意勸其還家雲叟未嘗一覽悉投于火其絕累如此俄聞西嶽有五粒松淪脂千年能去三尸因居于華陰與李道殷羅隱之友善時人目爲三高士道殷有釣魚之術鈎而不餌又能化易金石無所不至雲叟恆目覩其事信而不求雲叟與梁室權臣李振善振欲祿之拒而不諾及振南遷雲叟與千里徒步以省之識者高焉後妻兒繼謝每聞凶訃一哭而止時唯青衿二童子一琴一鶴從其游處好棊塞之戲遇同侶則以晝繼夜雖寒風大雪臨簷對局手足皸裂亦無倦焉唐天成中召拜右拾遺不起與羅隱之朝夕游處隱之以藥術取利雲叟以山田自給俱好酒能詩善長嘯有大瓢云可辟寒暑置酒于其中經時味不壞日攜就花木水石之間一酌一咏嘗因酒酣聯句鄭曰一壺天上有名物兩箇世間無事人羅曰醉郄隱之雲叟外不知何處是天真高祖卽位聞其名遣使賚書致禮徵爲右諫議大夫雲叟稱疾不起上表陳謝高祖覽表嘉之賜近臣傳觀尋賜號逍遙先生以諫議大夫致仕月給俸祿雲叟好酒嘗爲詠酒詩千二百言海內好名者書于縑緗以爲贈貺復有越千里之外使工潛寫其形容列爲屏障者焉其爲時望所重也如此天福末以壽終時年七十四有文集二十卷行于世（永樂大典卷一萬八千八百八十一）

史臣曰自古攀龍鱗附鳳翼坐達于雲衢者豈獨豐沛之士哉苟懷才抱器適會興王亦可以取貴于一時如

盧質而下數君子是也至如國珍之讜直仁愿之友悌趙李二子沒于王事皆無忝于士林矣唯玉羽之貞退雲叟之肥遯足可以挽奔競之風激高尚之節也永樂大典卷一萬八千八百八十一

舊五代史卷九十三終

舊五代史卷九十三攷證

晉列傳八盧質傳判太僕卿事　案歐陽史作判太常卿事

李專美傳曾祖隨光祿卿　案新唐書宰相世系表作隨秘書監

除尚書庫部郎中　案歐陽史作比部郎中

崔棁傳曾祖元受舉進士直史館　案新唐書世系表元受直史館高陵尉

兄棆　棆新唐書世系表作榆

薛融傳年六十餘　案歐陽史作年六十

鄭雲叟傳本南燕人也　案歐陽史作滑州白馬人

尋入少室山　案歐陽史作入少室爲道士

舊五代史卷九十三攷證

舊五代史卷九十四

宋司空同中書門下平章事薛居正等撰

列傳第九　晉書二十

萇從簡陳州人也世以屠羊爲業力敵數人善用槊初事後唐莊宗爲小校每遇攻城召人爲梯頭從簡多應募焉莊宗爲其勇擢領帳前親衛兼步軍都指揮使一日莊宗領大軍與梁軍對陣登高丘而坐敵人有執大幟揚其武者莊宗指之謂左右曰猛士也從簡曰臣爲大王取之莊宗慮其不捷不許從簡退乃潛領十數騎挺身而入奪幟以歸萬衆鼓噪莊宗壯之錫賚甚厚又中箭而鏃入于骨使醫工出之以刃鑿骨恐其痛也良久未能搖動從簡瞋目謂曰何不沈鑿洎出之左右無不惻然從簡顏色自若其勇壯皆此類也從簡所爲多不法莊宗以其戰鬭多捷常屈法赦之賜姓名曰紹瓊後加竭誠匡國功臣累官至金紫光祿大夫檢校太保景州刺史歷洺州團練使及梁平典蔡州同光四年授許州節度使會莊宗晏駕未及赴鎮而止明宗登極例復本姓歷麟汝汾金四州刺史（北夢瑣言云明宗尤惡貪貨面戒汝州刺史萇從簡爲其貪暴）應順初舉軍伐鳳翔從簡亦預其行會軍變乃東還道遇張廷蘊爲廷蘊所執送于末帝末帝數之曰

人皆歸我爾何背我而去也從簡曰事主不敢二心今日死生惟命末帝釋之清泰二年授潁州團練使高祖舉義末帝將議親征詔赴闕充副招討使隨駕至孟津除河陽節度使及趙延壽軍敗斷浮橋歸洛留從簡守河陽高祖自北而至從簡察軍情離散遂渡河迎謁高祖天福元年十二月授許州節度使改賜推忠佐運保國功臣二年秋移鎮徐州三年加開府儀同三司檢校太尉進封開國公食邑至一千五百戶受代歸闕授左金吾衛上將軍從簡性忌刻而多疑歷州鎮凡十餘所在暨棘于公署纔通人行左右稍違足而忤即加鞭笞或至殺害其意不可測吏人皆側行其煩苛暴虐爲武臣之最六年秋隨駕幸鄴都遇疾請告尋卒于鄴里年六十五贈太傅（永樂大典卷一萬八千一百三十一）

潘環字楚奇洛陽人也父景厚以環貴授左監門上將軍致仕環少以負販爲業始事梁邢州節度使閻寶爲帳中親校及莊宗定魏博移兵攻邢寶遣環間道馳奏于梁梁末帝用爲左堅銳夾馬都虞候累遷左雄威指揮使時梁人與莊宗對壘于河上環每預戰先登陷敵金瘡徧體（玉堂閒話云潘環常中流矢于面骨銜其鏃故負重傷醫療至經年其鏃自出其瘡成漏終身不痊）莊宗知其名及平梁命典禁軍同光中從明宗北

禦契丹鄴軍之亂從明宗入洛天成初授棣州刺史會定州王都反朝廷攻之以環爲行營右廂步軍都指揮使賊平改易州刺史北面沿邊都部署後移刺慶州受代歸闕明宗召對顧侍臣曰此人勇敢少能偕者尋除宿州團練使清泰中移耀州天福中預平范延光授齊州防禦使四年升金州爲節鎮以環爲節度使久之入爲左神武統軍開運初契丹入寇王師北征以環爲北面行營步軍左廂排陣使預破契丹于陽城軍廻授澶州節度使累官至檢校太傅三年罷鎮歸闕俄受詔洛京廵檢其年冬戎王犯闕僞署劉晞爲西京留守環乞

罷廵警閑居洛陽遇河陽軍亂晞出奔未幾蕃將高牟翰以兵援晞入于洛慮環有變乃害之盡取其家財通鑑云晞疑環搆其衆逐已使牟翰殺之漢高祖至京贈太尉環歷六部兩鎮所至以聚歛爲務在宿州時有牙將因微過見怒環紿言笞之牙校因託一吏嘗熟于環者獻白金兩鋌吏詣環白牙校餉鐓脚兩枚求免其責環曰鐓本幾脚吏曰三脚環復曰今兩脚能成鐓乎吏則以三數致之當時號環爲潘鐓脚永樂大典卷一萬八千二百三十一

方太字伯宗青州千乘人也少隸本軍爲小校嘗戍登州刼海客事洩刺史宿于晏匿之遇赦免事定州節度使楊光遠光遠領兵赴晉陽本州軍亂太與馬萬盧順密等擒之使太縛送至闕尋從杜重威破張從賓于汜水以功除趙州刺使從楊光遠平范延光于鄴移刺萊州遷安州防禦使從少帝幸澶州與契丹戰于戚城中數創改鳳州防禦使行至中途遷河陽留後移邢州留後契丹犯闕僞命遥領洋州節度使充洛京廵檢與前洺州團練使李瓊俱至鄭州其屯駐兵士廻請太在城廵檢以備外盜號爲鄭王時有嵩山賊帥張遇領衆萬餘于僧衆得梁朝故嗣密王朱乙遂推爲天子取嵩山神冠冕之服以衣之張遇以其衆攻鄭州太與李瓊擊

之賊衆敗走瓊中流矢而死太乃括率郡中財物以賞軍士因誘之欲同西去其衆不從太乃潛奔于洛陽及劉晞南走許州通鑑云戍兵既失太反譖太于契丹云脅我爲亂太遣子師朗自訴于契丹契丹殺之太殺晞牙校李暉入河南府行留守事既而嵩山賊帥張遇殺嗣密王傳首于太懸于洛市又有伊闕賊帥自稱天子領衆萬餘將入洛城集郊壇之上太率兵數百人逆擊破之賊衆遂潰通鑑攷異引實錄方太傳云劉禧走許田復有潁陽妖巫姓朱號嗣密王誓衆于洛南天壇號萬餘人太帥部曲與朝士輩虛張旗幟一舉而逐之洛師遂安河陽武行德遣使召太詐言欲推之爲帥尋爲行德所害永樂大典卷一萬八千二百三十一

何建案九國志作何重建其先廻鶻人也代居雲朔間祖慶父懷福俱事後唐武皇爲小校建少以謹厚隸于高祖帳下以掌廐爲役及即位累典禁軍案九國志云重建初事晉祖爲奉德馬軍都指揮使遥領驩睦二郡天福中自曹州刺史遷延州兵馬留後尋正授旄鉞案九國志云延州節度使丁審琪殘暴貪冒蕃部苦之重建以所部兵攻其城審琪遁去晉祖即以重建權節度兵馬留後下車諭以威福邊民安堵就加彰武軍節度使數年之間歷涇鄧貝澶孟五鎮節度使案九國志云皆以廉儉簡易稱累官至檢校太傅開運三年移鎮秦州是冬契丹入汴戎王遣人齎詔以賜建建憤然謂將吏曰吾事石氏二主累擁戎旃人臣之榮亦已極矣今日不能率兵赴難豈可受

制于契丹乎即遣使齎表與其地送款于蜀孟昶待之甚厚僞加同平章事依前秦州節度使案九國志云時固鎮與鳳州未平重建悉略討平之經歲餘移閬州保寧軍節度使案九國志云昶大舉兵北伐遣張虔釗出大散關以重建爲招討使由隴州路以進師無功而還加僞官至中書令後卒于蜀永樂大典卷五千六百三十二

張廷蘊字德樞開封襄邑人也祖立贈驍衛將軍父及贈光祿大夫廷蘊少勇捷始隸宣武軍爲伍長唐天復中奔太原武皇收于帳下爲小校及莊宗救上黨戰栢鄉攻薊門下邢魏皆從之後戰于莘縣及胡柳陂繼爲流矢所中金瘡之痕盈于面首莊宗寵之統御營黃甲軍常在左右累加檢校兵部尚書帳前步軍都虞候充諸軍濠寨使同光初從明宗收汶陽加檢校尚書右僕射充魏博三城廵檢使時皇后劉氏在鄴每縱其下擾人廷蘊多斬之聞者壯焉梁平承詔入覲改帳前都指揮使兼左右羽林都虞候會李繼傳故將楊立叛詔遣明宗爲招討使元行欽爲都部署廷蘊爲前鋒軍至上黨日已暝矣憇軍方定廷蘊首率勁兵百餘輩踰塹坎城而上守陴者不能禦尋斬關延諸軍入焉明宗行欽達明而始至其城已下明宗甚慊之軍還改左右羽林都指揮使加檢校司空行申州刺史同光末從皇子魏

王繼岌伐蜀授行營中軍都指揮使蜀平明宗嗣位遷懷州刺史賜竭忠建策興復功臣加檢校司徒旋移金州防禦使加檢校太保繼授潁州團練使沿淮招安使應順中轉隴州防禦使清泰中進封清河郡公高祖即位入爲右龍武統軍遷絳州防禦使少帝嗣位領左軍衛上將軍加特進開運三年冬以老病求歸于宋城明年卒于家時年六十九廷蘊所識不過數字而性重文士下汶陽日首獲鄆帥戴思遠判官趙鳳訊之曰爾狀貌必儒人也勿隱其情鳳具言之尋引薦于明宗明宗令送赴行臺尋除鳳翰林學士及鳳入相頗與廷蘊相

洽數言于近臣安重誨重誨亦以廷蘊苦戰出于諸將之右力保薦之明宗以廷蘊取潞之日不能讓功于己故恆蓄宿忿至使廷蘊位竟不至方鎮亦命矣夫廷蘊歷七郡家無餘積老耄期終于牖下良可嘉也長子光被歷通事舍人永樂大典卷一萬一百三十一

郭延魯字德輿沁州綿上人也父饒後唐武皇時以軍功嘗爲本郡守凡九年有遺愛焉延魯少有勇善用槊莊宗以舊將之子擢爲保衞軍使頻戍塞下捍契丹有功及卽位賜協謀定亂功臣加檢校兵部尚書右神武都指揮都知兵馬使天成中汴州朱守殷叛延魯從車駕東幸至其地坎壘先登守殷平以功授汴州步軍都指揮使加檢校尚書右僕射長興中累加檢校司徒歷天雄軍北京馬步軍都校遥領梧州刺史淸泰中遷復州刺史正俸之外未嘗斂貸庶事就理一郡賴焉秩滿百姓上章舉留朝廷嘉之高祖卽位遷單州刺史加檢校太保賜輸誠奉義忠烈功臣到任踰月以疾卒于理所時四十七詔贈太傅永樂大典卷二萬二千一百六十一

郭金海本奚厥之族少侍昭義節度使李嗣昭常從征伐金海好酒所爲不法自潞州過山東入邢洺界爲封盜嗣昭雖知之然惜其拳勇每優容之天祐中累職至

昭義親騎指揮使同光二年遷本道馬軍都指揮使天成初入爲捧聖指揮使長興三年改護聖都虞候天福二年從王師討范延光于魏州以功轉本軍都指揮使領黃州刺史高祖幸鄴金海領部兵廵檢東京其年十一月安從進謀犯闕金海爲襄州道行營先鋒都指揮使與李建崇等同于唐州湖陽遇從進軍萬餘人金海以一旅之衆奚擊大敗之策勳授檢校太保商州刺史俄移慶州秩滿歸闕途中遇疾而卒年六十一永樂大典卷二萬一千四百五十　洛陽搢紳舊聞記從進與金海相遇于花山金海蕃將善用槍時罕與敵拳勇過人喜戰鬭欲立奇功兩陣相去數里從進素管騎兵金海久在麾下從進亦待之素厚乃躍馬引數百騎乘高去金海陣數百步厲聲呼郭金海金海獨鞭馬出于陣數十步免冑側身高聲自稱曰金海從進又前行數十步勞之曰金海安否我素待爾厚略不知恩今日敢來共我相殺金海應聲荅曰官家好看大王負大王甚事大王今日反金海舊事大王乞與大王一箭地大王回去若不去與取金海槍言訖援槍鞭馬疾趨其陣從進懼躍馬而進師遂相接大爲金海焦繼勳摧敗奏到晉祖大喜賞賜有差從進自此喪氣嬰城自固王師爲連城重塹以守之月餘王師攻城城上矢下如雨王師被傷者衆是日金海爲飛矢集身扶傷歸營明日從進用計汙金海欲使朝廷疑之以金瓶貯酒金合盛藥以索懸之城上呼郭金海金海知之力疾扶創而往城上勞金海曰大王知爾中箭創甚賜爾金瓶金合酒與風藥金海目不知書惟利是貪取瓶與合歸營且不問于元戎元戎等疑之乃馳驛奏晉祖以花山之功不加罪城下就除金州團練倂其兵于他部金海之任居常悒悒不樂至于捐館

劉處讓字德謙滄州人也祖信累贈太子少保父瑜累

贈太子少師梁貞明初張萬進帥兖州處讓事之爲親校萬進據城叛梁遣大將劉鄩討之時唐莊宗屯軍于麻口渡萬進密遣處讓乞師于莊宗莊宗未卽應之乃于軍門截耳曰主帥急難使我告援苟不得請死亦何避莊宗義之將舉兵渡河俄聞城陷乃止因以墨制授處讓行臺左驍衛將軍俄改客省副使梁平加檢校兵部尚書累將命稱旨天成初轉檢校尚書右僕射依前充職歲餘遷引進使長興三年轉檢校司空左威衛大將軍其職如故四年西川孟知祥跋扈不通朝貢朝廷方議懷柔乃遣處讓爲官告國信使復命轉檢校司徒應

順初授忻州刺史檢校太保充西北面都計度使備北寇也清泰二年入爲左驍衛大將軍二年夏魏博屯將張令昭逐其帥以城叛朝廷命范延光領兵討之以處讓爲河北都轉運使及高祖舉義于太原處讓從至洛陽乃授宣徽北院使天福二年轉左監門衛上將軍充宣徽南院使范延光之據鄴也高祖命宣武軍節度使楊光遠領兵討之時處讓奉詔與光遠同參議軍政會張從賓作亂于河陽處讓自黎陽分兵討襲從賓平復與楊光遠同攻鄴城四年冬范延光將謀納款尚或遲留處讓首入其城以禍福諭之延光乃降以功加檢校太傅先是桑維翰李崧兼充樞密使處讓以莊宗已來樞密使罕有宰臣兼者因萌心以覬其位及楊光遠討伐鄴城軍機大事高祖每命處讓宣達時光遠持軍權多有越體論奏高祖依違而已光遠慊之頻與處讓宴語及之處讓訴曰非聖旨也皆出維翰等意及楊光遠入朝遂于高祖前面言執政之失高祖知其故不得已乃罷維翰等以處讓爲樞密使時處讓每有敷奏高祖多不稱旨會處讓丁繼母憂高祖因議罷樞密使其本院庶事並委宰臣分判處讓居喪期年起復授彰德軍節度使澶衛等州觀察處置等使處讓勤于公務孜孜

求理馭吏民不至苛察人甚便之高祖幸鄴都處讓竭家財貢奉至于薪炭芻沐之細悉供億焉六年除右金吾衛上將軍處讓自以嘗經重任又歷方鎮謂其入朝必當要職一旦除授金吾有所不足少帝卽位之初處讓與宰臣言有協翼之論覃恩之際又未擢用一日至中書宰臣馮道趙瑩李崧和凝在列處讓因酒酣歷詆諸相道笑而不答月餘稱病八年從駕歸汴寄居于封禪寺遇疾而卒年六十三贈太尉再贈太師子保勳仕皇朝位至省郎（永樂大典卷九千九百九）

李瓊字隱光滄州饒安人也少籍本軍爲騎士莊宗平

河朔隸明宗麾下漸升爲小校同光二年明宗受詔以本部兵送糧入薊門時高祖從行至涿州與敵相遇高祖陷于圍中瓌顧諸軍已退容牽高祖鐵衣指東而遁至劉李河爲敵所襲瓌浮水先至南岸高祖至河中馬倒順流而下瓌以所執長矛援高祖出之又以所跨馬奉高祖瓌徒步護之奔十餘里乃入涿州高祖薦于明宗明宗賞之尋超授軍職同光末明宗討趙在禮于鄴鄴軍既變明宗退至魏縣遣高祖以騎士三百疾趨汴州時莊宗遣騎將西方鄴守其城高祖憂之使瓌以勁兵突封丘門而入高祖踵之鄴尋歸命浚郊遂定及高

祖領陝州奏補雲騎指揮使俄改侍衞牙隊指揮使長興中從高祖討東川至劍州使瓌以部下兵破賊軍數千身中重創軍還改龍武指揮使淸泰中屯雲州累擒獲契丹人馬以功改右捧聖軍指揮使唐末帝以瓌元事高祖乃自寨下移授單州馬步軍副指揮使高祖卽位補護聖都指揮使又念疇昔輟馬導護之力前後所賜金帛甚厚但未升爵位瓌亦鬱鬱然久之領橫州刺史五年出典申州微有政聲少帝嗣位入爲殿前散員都指揮使遥領雷州俄遷棣州刺史遇楊光遠以青州叛自統本部兵攻其城且以書誘瓌瓌因拒之以書上進朝廷嘉之開運二年改洺州團練使累官至加檢校司空三年授護聖右廂都指揮使領岳州團練使時洺州吏民列狀保留朝廷不允及杜重威降敵改授瓌威州刺史行及鄭州遇羣盗攻郡與方太禦賊中流矢而卒年六十五 永樂大典卷一萬三百四十

高漢筠字時英齊州歷山人也曾祖諱嘗爲是邑令故家焉漢筠少好書傳嘗詣長白山講肄會唐末齊魯交兵梁氏方霸乃擲筆謁焉尋納于軍門未幾出爲衞州牙校唐天祐中莊宗入魏分兵諭其屬郡時漢筠以利病說衞之牧守俾送款于莊宗以漢筠爲功尋移洺州

都校其後改常山爲北京以漢筠爲皇城使加檢校兵部尚書左驍衞將軍同正明宗卽位除成德軍節度副使俄以荆門用軍促詔漢筠移倅襄州權知軍州事長興中歷曹亳二州刺史秩滿加檢校司徒行左金吾衞大將軍清泰末高祖建義于河東唐末帝遣晉昌節度使張敬達率師圍太原委漢筠廵撫其郡及敬達遇害節度副使田承肇率部兵攻漢筠于府署漢筠乃啟關延承肇謂曰僕與子俱承朝寄而相廹何甚承肇曰我欲扶公爲節度使漢筠曰老夫耄矣不敢首爲亂階死生繫子籌之承肇目左右令前諸軍投刃于地曰高金

吾果朝宿德不可枉殺承肇以衆意難拒遂謝云與公歲耳遂與連騎以還高祖入洛飛詔徵之遇諸途乃入覲尋遷左驍衛大將軍內客省使天福三年正月遘疾終東京之私第時年六十六漢筠性寬厚儀容偉如也雖歷戎職未嘗有非法之言出于口吻多慕士大夫所爲復以清白自負在襄陽有孽吏常課外獻白金二十鎰漢筠曰非多納麴蘖則刻削閭閻吾有正俸此何用焉因戒其主者不復然其白金皆以狀上進有詔嘉之及蒞濟陰部民安之四邑飯僧凡有萬八千人在亳州三年歲以已俸百千代納逋租斯亦近代之良二千石也長子貞文仕皇朝爲開封少尹卒 永樂大典卷五千五百三十八

孫彥韜字德光汴州浚儀人也少以勇力應募從軍梁祖之兼領四鎮擢彥韜于行間歷諸軍偏校及唐莊宗與梁軍對壘於河上彥韜知梁運將季乃間行渡河北歸莊宗莊宗嘉而納之授親從右廂指揮使及莊宗平梁出爲晉州長步都校加檢校兵部尚書天成初遷絳州刺史檢校尚書左僕射至郡踰年以考課見稱就加檢校司空長興清泰中歷密沂濮三州刺史累官至檢校太保賜竭忠建策興復功臣高祖卽位復授密州刺史尋卒于任年六十四彥韜出于軍族植性和厚理絳

州日甚著殺懷之譽故有賞典旌焉在濮陽屬清泰末羣寇入郡郡人大擾彥韜率帳下百人一呼破之人皆感之但不能守廉養正以終令譽長興中罷密州赴闕苞苴甚厚起甲第于洛陽踰月而成華堂廣廡亞王公之家見者嗤之故淹翔五郡位不及廉察抑有由也 永樂大典卷一萬八千一百三十二

王傅拯吳江人也父綰僞虔川節度使傅拯初事楊溥爲黑雲右廂都指揮使領本軍戍海州唐長興元年傅拯殺海州刺史陳宣焚州城以所部兵五千人來歸明宗喜而納之授金紫光祿大夫檢校司徒曹州刺史尋移濮州清泰中遷貝州防禦使秩滿有代會范延光叛以兵要傅拯入魏城疑而不用延光降高祖授傅拯諸衞將軍出爲寧州刺史境接蕃部以前弊政滋章民甚苦之傅拯自下車除去弊政數十件百姓便之不數月移刺虢州離寧州日衙門聚數千人拆橋遮道以留之及赴虢略爲理清靜蒸民愛戴如寧州焉開運中歷武州刺史受代歸洛遇疾卒傅拯家本多財尤好賓客及歷數郡不事生産將卽世甚貧匱物論惜之 永樂大典卷六千五百二十

秘瓊鎭州平山人也父遇以善射歷本軍偏校累官至

慶州刺史瓊亦有勇淸泰中董溫琪爲鎭州節度使擢瓊爲衙內指揮倚以腹心及溫琪陷蕃瓊乃害溫琪之家載其屍都以一坎瘞之溫琪在任貪暴積鏹巨萬瓊悉輦之以藏其家遂自稱留後高祖卽位遣安重榮代之授瓊齊州防禦使時重榮與蕃帥趙思溫同行部曲甚眾瓊不敢拒命尋槖其奇貨由鄴中以赴任先是鄴帥范延光將謀叛遣牙將范鄴持書搆瓊瓊頷書不答使者還具達其事延光深忿之及聞瓊過其境密使精騎殺瓊于夏津以滅其口一行金寶侍伎皆爲延光所有由是延光異志益露焉永樂大典卷一萬二千八百六十六

李彥珣邢州人也少爲郡之牙吏唐天祐中明宗鎭其地彥珣素無檢節因洽于左右明宗卽位以爲通事舍人嘗遣使東川行至其境其僕從爲董璋所收彥珣竄還以失敬故也朝廷攻璋詔授行營步軍都監彥珣素不孝于父母在鄉絕其供饋同列惡其鄙惡旋出爲外任淸泰中遷河陽行軍司馬遇張從賓爲亂因朋助之從賓敗奔于魏州范延光旣叛署爲步軍都監委以守陴招討使楊光遠以彥珣見用欲撓延光而誘彥珣乃遣人就邢臺訪得其母俞于城下以招之彥珣識其母發矢以斃之見者傷之及隨延光出降授坊州刺史近臣以彥珣之惡逆奏于高祖高祖曰赦命已行不可改也遂令赴郡後不知其所終焉永樂大典卷一萬三百八十九　案歐陽史彥珣後以坐贓誅

史臣曰昔從簡從莊宗戰于河上可謂勇矣及其爲末帝守于孟津豈得爲忠乎忠旣無聞勇何足貴潘環方太難咸負雄幹而俱歿亂世蓋方略不足以衞其身故也何建舉秦隴之封附巴邛之俗守方之寄其若是乎其餘皆儋珪析爵之流也亦可以垂名於是矣秘瓊旣覆董氏之族旋爲鄴帥所屠何報應之速也惟彥珣忍射其親殆非人類晉祖宥之不戮蓋失刑之甚也永樂大典卷一萬三百八十九

舊五代史卷九十四終

晉列傳九萇從簡傳贈太傅　案歐陽史作贈太師

何建傳　何建九國志作何重建

方太傳及劉晞南走許州　劉晞通鑑攷異作劉禧

張廷蘊傳會潞州李繼傳故將楊立嬰城叛詔遣明宗爲招討使元行欽爲都部署廷蘊爲前鋒　案歐陽史云李繼韜叛于潞州莊宗遣明宗爲招討使元行欽爲部署廷蘊爲馬步軍都指揮使將兵爲前鋒吳縝纂誤據梁本紀及元行欽李繼韜傳云竝無明宗元行欽張廷蘊攻潞州之事今攷是書本言廷蘊平潞州楊立之叛歐陽史以爲平李繼韜殊誤通鑑從是書

舊五代史卷九十四攷證

舊五代史卷九十五

宋司空同中書門下平章事薛居正等撰

列傳第十　晉書二十一

皇甫遇常山人也父武流寓太原嘗爲遮虜軍使遇少好勇及壯虬髯善騎射唐明宗在藩時隸於麾下累從戰有功明宗卽位遷龍武都指揮使遙領嚴州刺史出討東川爲行營左軍都指揮使應順淸泰中累歷團練防禦使尋遷鄧州節度使所至苛暴以誅斂爲務其幕客多私去以避其累高祖入洛移領中山俄聞與鎮州安重榮爲婚家乃移鎮上黨又改平陽咸以憸人執事政事曠紊及鎮河陽部內創別業開畎水泉以通溉灌所經墳墓悉毀之部民以朝廷方姑息郡帥莫之敢訴少帝卽位罷歸闕下二年契丹南寇從至澶州戰於鄆州北津契丹衆大敗溺死者數千人以功拜滑州節度使三年契丹率衆屯邯鄲遇與安審琦慕容彥超等禦之遇將渡漳河契丹前鋒大至遇引退轉鬬二十里至鄴南榆林店遇謂審琦等曰彼衆我寡走無生路不如血戰遂自辰及未戰百餘合所傷甚衆遇所乘馬中鏑而斃遇有紀綱杜知敏以馬授遇遇得馬復戰久之稍解杜知敏已爲所獲遇謂彥超曰知敏蒼黃之中以馬

援我義也安可使陷於賊中遂與彦超躍馬取知敏而還敵騎壯之俄而生軍復合遇不能解時審琦已至安陽河謂首將張從恩曰皇甫遇等未至必爲敵騎所圍若不急救則成擒矣從恩曰敵甚盛無以枝梧將軍獨往何益審琦曰成敗命也設若不濟則與之俱死假令失此二將將何面目以見天子遂率鐵騎北渡赴之契丹見塵起謂救軍併至乃引去遇與彦超中數創得還時諸軍歎曰此三人皆猛將也遇累官至檢校太師同中書門下平章事四年契丹復至從杜重威營滹水重威送款於契丹遇不預其議及降心不平之時戎王欲

遣遇先入汴遇辭之因私謂人曰我身荷國恩位兼將相既不能死於軍陣何顏以見舊主更受命圖之所不忍也明日行及趙郡泊其縣舍顧從者曰我已信宿不食疾甚矣主辱臣死無復南行因絶吭而殞遠近聞而義之漢高祖登極詔贈中書令周廣順三年正月遇妻宋國夫人霍氏上言請度爲尼周太祖許之仍賜紫衣號貞範大師法名惠圓又賜夏臘十（永樂大典卷一萬八千二十一）

王清字去瑕洺州曲周人也父度世爲農清少以勇力端厚稱於鄉里後唐明宗領行臺置步直軍清預其募漸升爲小校同光初從戰於河上有功賜忠烈功臣明宗即位自天成至清泰末歷嚴衛寧衛指揮使加檢校右散騎常侍天福元年高祖建義入洛加檢校刑部尚書改賜扈蹕忠孝功臣三年從楊光遠平范延光於鄴改奉國軍都虞候六年襄州安從進叛從高行周討之踰年不下一日清請先登諸軍繼其後會有內應者遂拔其城清以中重創有詔褒慰七年改賜推忠保運功臣加金紫光祿大夫領溪州刺史八年詔遣以所部兵屯於鄴九年春契丹南牧圍其城清與張從恩守之少帝飛蠟詔勉諭賜之第宅契丹退以干城功繼遷軍額開運二年春三月從杜重威北征解陽城之圍加檢校

司徒是歲秋七月詔遣與皇甫遇援糧入易州十一月從杜重威收瀛州聞契丹大至重威率諸軍沿滹水而西將保常山及至中渡橋契丹已屯於北岸自其月二十七日至十二月五日軍不能解時戎王至留騎之精者以禦我分其弱者自故靈都城緣其山足涉滹沱之淺處引衆而南至趙郡凡百餘里斷我飛輓且扼歸路清知勢蹙謂重威曰軍去常山五百里守株於此營孤食盡將若之何請以步兵二千爲前鋒奪橋開路公可率諸軍繼之期入常山必濟矣重威可之遣宋彦筠俱行清一擊獲其橋契丹爲之小却重威猶豫不進密已

貳於國矣彥筠退走清列陣北岸嚴戒部曲日暮酣戰不息契丹以生軍繼至我軍無寸刃益之清與其下歿焉時年五十三（通鑑清謂其衆曰上將握兵坐觀吾輩困急而不救此必有異志吾輩當以死報國耳衆感其言莫有退者至暮戰不息契丹以新兵繼之清及衆士盡死由是諸軍皆奪氣）契丹尋於所戰之地築一京觀及漢高祖卽位使人平之贈清太傅是歲清子守鈞於本邑義化別業招魂以葬之也（永樂大典卷六千三百五十一）

梁漢璋字國寶應州人也少以勇力事唐明宗歷突騎奉德指揮使高祖卽位之二年遙領欽州刺史三年加檢校司空改護聖都指揮使七年遷檢校司徒遙領閬

州團練使八年授陳州防禦使從少帝澶州還改檢校太保鄭州防禦使充侍衛馬軍都指揮使旋除永清軍兵馬留後俄正授節度是歲詔領千騎戍冀州尋以杜重威北討詔以漢璋充北面馬軍都排陣使遣收淤口關與契丹騎五千相遇於浮陽之北界苦戰竟日以衆寡不侔爲流矢所中歿於陣卽是歲十一月也時年四十九漢章熟於戎馬累有軍功及爲藩郡所至好聚斂無善政可紀及鎭甘陵甚有平契丹之志但以所領偏師驟逢勍敵故有是衂焉是月其子海榮進漢璋所乘鞭馬及器仗帝傷之乃贈太尉漢璋有弟漢瑭亦以善用槊有名於時天成中爲魏府効節軍使攻定州王都漢瑭督所部一軍首入其城獲王都及蕃將塔納（舊作禿餒今改正）名馬數駟時范延光鎭常山欲其駿者漢瑭不諾後漢瑭屯兵趙郡因事奏而殺之時人冤之（永樂大典卷六千六百十四）

白奉進字德昇雲州清塞軍人也父曰達子世居朔野以弋獵爲事奉進少善騎射後唐武皇鎭太原奉進謁於軍門以求自効武皇納於麾下莊宗之破夾寨也奉進挺身首犯賊鋒莊宗覩而壯之後從戰山東河上繼以功遷龍武指揮使同光中魏王繼岌伐蜀擢爲親軍

指揮使天成長興中統上軍加檢校右散騎常侍應順中轉捧聖右廂都指揮使檢校刑部尚書賜忠順保義功臣遙領封州刺史清泰中加檢校右僕射唐州刺史治郡踰年甚有政績高祖卽位徵赴闕超加檢校司徒充護聖左廂都指揮使遙領歙州刺史始奉進有女嫁於皇子重信故高祖尤所倚愛二年改護聖左右廂都指揮使是歲車駕幸夷門五月領昭信軍節度充侍衛馬軍都指揮使六月范延光據鄴爲亂詔遣率騎軍三千北屯滑臺時符彥饒爲滑州節度使一夕有軍士夜掠居人奉進捕之凡獲五盜三在奉進本營二在彥饒

麾下尋命俱斬之彥饒怒其不先告深銜之明日奉進左右勸奉進面謝奉進然之以從騎數人候彥饒於牙城既入且述其過彥饒曰軍中法令各有部分何得將滑州兵士一例處斬殊無主客之義乎奉進曰軍士抵法寧有彼我今僕以咎自陳而公怒不息莫是與范延光同反也因拂衣而起彥饒不留其帳下介士大譟擒奉進殺之是日步軍都校馬萬次校盧順密聞奉進遇害率其步衆攻滑之子城執彥饒送於京師戮於班荆館北高祖以奉進倉卒遇禍歎惜久之詔贈太傅（永樂大典卷一萬八千一百三十一）

盧順密汶陽人也初事梁將戴思遠爲步校思遠爲鄆州節度使領兵屯德勝渡留順密守其城順密覘北軍日盛遂逋歸莊宗且言鄆城方虛可以襲而取之莊宗信之尋遣明宗率衆趨鄆果拔之由順密之始謀也莊宗尋以順密列於帳下衆還爲軍校明宗卽位歷數郡刺史順密性篤厚臨諸軍撫百姓皆有仁愛之譽及高祖車駕幸夷門范延光據鄴城叛高祖命諸將相次領軍討之順密亦預其行時騎將白奉進屯於滑州尋爲滑帥符彥饒所殺軍衆大亂爭荷戈拔刃噉譟於外時馬萬爲步軍都校不爲遏之（通鑑云馬萬惶惑不知所爲率步兵欲從亂）順密未明其心乃率部曲數百趨謂諸軍及萬曰滑臺去行闕二百里我等家屬在闕下爾輩如此不思血族乎奉進見殺過在彥饒擒送天子必立大功順我者賞之不順我者殺之萬曰善諸軍遂不敢動（通鑑云萬所部兵尚有呼躍者順密殺數人衆莫敢動）乃引軍北攻牙城執彥饒於樓上使裨將方太押送赴闕滑城遂定朝廷卽以馬萬爲滑州節度使時飛奏皆以萬爲首故也後數日高祖知功由順密尋以順密爲涇州留後至鎮未幾而卒高祖甚悼之贈驍衛上將軍（永樂大典卷二千二百十二）

周瓌晉陽人也少端厚善書計自高祖時歷鎮藩翰用

爲心腹累職至牙門都校凡帑廩出納咸以委瓌經十餘年未嘗以微累見誤高祖甚重之及卽位命權判三司事未幾辭曰臣才輕任重懼終不濟苟以避事冒寵獲罪願陛下哀其疲駑優以散秩臣之幸也高祖可之尋命權總河陽三城事數月改授安州節度使臨民有惠御軍甚嚴一境安之先是威和指揮使王暉領部下兵屯於安陸瓌至鎮待甚厚俄聞范延光叛於魏博張延賓冠於汜水暉以瓌高祖之元臣也幸國朝方危遂害瓌於理所自總州事以爲延光勝則附之敗則渡江而遁斯其計也既而襄陽安從進遣行軍司馬張朏會

復州兵於要路以徼之李金全承詔繼至暉遂掠城中財帛士女欲奔江南彝爲其下所殺金全至盡誅其黨高祖聞瓌遇害歎息久之詔贈太傅（永樂大典卷九千九百十）

沈贇字安時徐州下邳人少有膽氣初事梁太祖爲小校天祐三年補同州左崇勇馬軍指揮使入典衛兵歷龍驤拱宸都指揮使累有戰功及莊宗平梁隨段凝等降不改其職同光三年從魏王繼岌平蜀屬康延孝叛魏王署贇爲一行馬步都虞候領兵從任圜襲擊延孝於漢州擒之以獻未及策勳會明宗登極天成初授檢校司空虢州刺史其後歷壁隨石衛威衍忻趙八州刺

史累官至檢校太保賜輸忠宣力功臣開運元年爲祁州刺史其年冬契丹入寇自恆州回以羸兵驅牛羊過其城下贇乃出州兵以擊之契丹以精騎剗其門遂之州兵陷賊趙延壽知其無備與蕃賊急攻之仍呼謂贇曰沈使君我故人也擇禍莫若輕早以城降無自辱也贇登城呼曰侍中父子誤計陷於契丹忍以羶幕之衆殘害父母之邦不自羞慙反有德色沈贇寧爲國家死必不效汝所爲也翌日城陷贇自剄而卒家屬爲賊所擄（永樂大典卷一萬八千一百三十一）

吳巒字寶川汶陽盧縣人也少好學以經業從鄉試下第唐長興初爲沙彥珣從事累遷大同軍節度判官高祖建號以契丹之援太原也彥珣據雲中二三顧望及契丹還塞彥珣出城迎謁遂爲所擄時巒在城中謂其衆曰豈有禮義之人而臣於異姓乎卽與雲州將吏閉門拒守契丹大怒攻之半歲不能下高祖致書於契丹乃解圍而去召巒歸闕授徐州節度使再遷右諫議大夫爲復州防禦使數年罷歸初國家以甘陵水陸要衝之地慮契丹南侵乃飛輓芻粟以實其郡爲大軍累年之備王令溫之爲帥也有軍校邵珂者性兇率悖慢令溫因事使人代之不復齒用閑居城中其子殺人以重賂

償之其事方解彝爲州吏所恐又悉財以彌其口自是尤蓄怨恨因使無賴者亡入契丹言州有積粟內無勁兵圍而攻之克之必矣及令溫入朝執政者以巒雲中之難有善守之功遂令乘軺而往權知貝州軍州事旣至會大寒軍士無衣者悉衣之平生廉儉囊無資用以至壞帳幕以賙之其推心撫士如此邵珂一見因求自效卽聽而任之巒素爲書生旁無爪牙珂慷慨自陳願效死左右巒遣督義兵守城之南門天福九年正月契丹大至其一日大譟環其城明日陳攻具於四墉三日契丹主躬率步奚及渤海夷等四面進攻巒衆投薪於

夾城中繼以炬火賊之梯衝焚爇殆盡是日賊復合圍郡中丁壯皆登城守陴俄而珂自南門引賊騎同入巒守東門未知其事左右告曰郡珂背矣巒顧城中已亂卽馳馬還公館投井而死契丹遂屠其城朝野士庶聞者咸歎惜之（永樂大典卷二千三百二十一）

翟璋未詳何許人也好勇多力時目爲大蟲卽癡虎之稱也後唐天成初自鄴都馬步軍都指揮使領平州刺史尋改復州防禦使三年三月遷新州威塞軍兩使留後四年五月正授旄節長興元年二月加檢校太保入爲右領軍衛上將軍轉左羽林統軍清泰中復領新州

高祖建義割新州屬契丹時契丹大軍歸國遣璋於管內配率犒宴之資須及十萬緡山後地貧民不堪命始戎王以軟語撫璋璋謂必得南歸及委璋平叛奚圍雲州皆有功故留之不遣璋鬱鬱不得志遇疾尋卒焉（永樂大典卷二萬二千三百四十）

程福贇未詳何許人也性沉厚有勇力累爲軍校天福七年冬杜重威討鎭州與安重榮大戰於宋城以功遷洺州團練使檢校太保未幾入爲奉國左廂都指揮使九年春少帝將幸澶淵福贇部下有軍士文榮等八人潛謀作亂於本營縱火福贇尋領腹心之士撲滅之福贇亦有所傷福贇性本純厚又以車駕順動秘而不奏同列李殷居福贇下無名欲危福贇以自升遂密陳其事云福贇若不爲亂何得無言少帝至封丘出福贇爲商州刺史尋下獄鞫之福贇終不自明以至見殺人甚寃之（永樂大典卷一萬八千一百二十七）

郭璘邢州人也初事後唐明宗漸升爲軍校天福中爲奉國指揮使歷數郡刺史開運中移領易州契丹攻其郡璘率厲士衆同其甘苦敵不能克復以州兵擊賊數獲其利朝廷喜之就加檢校太保契丹主嘗謂左右曰吾不畏一天下乃爲此人抑挫重威降契丹使通事耿

崇美誘其民衆璘不能制旣降爲崇美所害漢高祖卽位詔贈太傅（永樂大典卷二萬二千一百六十一）

史臣曰觀前代人臣之事跡多矣若乃世道方泰則席寵恃祿者實繁世運旣屯則效死輸忠者無幾如皇甫遇憤激而沒王淸以血戰而亡近世以來幾人而已其或臨難捐軀或守方遇害比夫惑妖蠱以喪其命因醇酎以亡其身者相去之遠矣唯順密遏滑臺之肇亂救晉室之臨危亦可謂之忠矣（永樂大典卷二萬二千一百六十一）

舊五代史卷九十五終

舊五代史卷九十五攷證

晉列傳十皇甫遇傳常山人也　案歐陽史作常山眞定人

假令失此二將將何面目以見天子　案通鑑作坐失皇甫太師吾屬何顏以見天子胡三省注云皇甫遇未必加官至太師也而安審琦以太師稱之蓋五季之亂官賞無章當時相稱謂不論其品秩就人臣極品而稱之據是書遇累官至檢校太師審琦蓋稱其檢校之官也胡注似未詳攷

梁漢璋傳與契丹騎五千相遇于浮陽之北界苦戰竟日以衆寡不侔爲流矢所中歿于陣　案遼史高模翰傳云晉以魏府節度使杜重威領兵三十萬來拒模翰以麾下三百人逆戰殺其先鋒梁漢璋餘兵敗走與是書異攷通鑑云杜重威等至瀛州聞契丹將高模翰已引兵潛出重威遣梁漢璋將二千騎追之遇契丹于南陽務敗死蓋漢璋以二千騎當敵騎五千衆寡不侔以致敗績遼史恐不足據

周瓌傳暉遂掠城中財帛士女欲奔江南尋爲其下所殺　案歐陽史作王暉南走爲從進兵所殺與是書異通鑑作暉時奔吳部將胡進殺之與是書同

沈贇傳契丹以精騎剗其門遂之州兵陷賊　案歐陽史作斌兵多死通鑑作契丹以精騎奪其城門州兵不得還

吳巒傳卽與雲州將吏閉門拒守契丹大怒攻之半載不能下高祖致書于契丹乃解圍而去　案遼史太宗紀云唐大同軍節度判官吳巒嬰城拒命遣崔廷勳圍其城庚申上親征至城下諭之巒降與是書異通鑑從是書

舊五代史卷九十五攷證

舊五代史卷九十六

宋司空同中書門下平章事薛居正等撰

列傳第十一　晉書二十二

孔崇弼唐僖宗宰相緯之子也初仕後唐自吏部郎中授給事中時族兄昭序繇給事中改左常侍兄弟同居門下時論榮之（册府元龜卷七百八十二）崇弼天福中遷左散騎常侍（永樂大典卷一萬三千三百三十九）無他才但能談笑戲玩人物揚眉抵掌取悅於人（册府元龜卷九百四十四）五年詔令泛海使於杭越先是浙中賵賄每每恆及萬緡時議者曰孔常侍命奇薄何消盈數有命即無財有財即無命明年使還果海中船壞空手而歸（永樂大典卷一萬三千三百三十九案此傳原本殘闕）

陳保極閩中人也好學善屬文後唐天成中擢進士第秦王從榮聞其名辟爲從事從榮素急暴後怒保極不告出遊宰相門以馬箠鞭之尋出爲定州推官從榮敗執政知其屈擢居三署歷禮部倉部員外郎初桑維翰登第之歲保極時在秦王幕下因戲謂同輩曰近知今歲有三箇半人及第蓋其年收四人保極以維翰短陋故謂之半人也天福中維翰既居相位保極時在曹郎慮除官差跌心不自安乃乞假南遊將謀退跡既而襄鄧長吏以行止入奏維翰乃奏於高祖曰保極閩人多狡恐逃入淮海郡以詔追赴闕將下臺鞫成其事同列李崧極言以解之因令所司就所居鞫之貶爲衛尉寺丞仍奪金紫尋復爲倉部員外郎竟以銜憤而卒保極無時才有傲人之名而性復鄙悋所得利祿未嘗奉身但蔬食而已每與人奕棊敗則以手亂其局蓋拒所賭金錢不欲償也及卒室無妻兒唯囊中貯白金十鋌爲他人所有時甚嗤之（永樂大典卷三千一百三十九）

王瑜其先范陽人也父欽祚仕至殿中監爲義州刺史瑜性兇狡然儁辯驍果騎射刀筆之長亦稱于當代起家累爲從事天福中授左贊善大夫會濮郡秋稼豐衍

稅籍不均命乘使車按察大計既至郡謂校簿吏胡蘊惠鵠曰余食貧久矣室無增資爲我致意縣宰且求假貸由是濮之部內五邑令長共斂錢五十萬私獻于瑜瑜即以書上奏高祖覽章嘆曰廉直清慎有如此者誠良臣也於是二吏五宰即時停黜擢瑜爲太府少卿杜重威之鎮東平也瑜父欽祚爲節度副將及重威移鎮常山瑜乃詭計於重威使奏已爲恆州節度副使竟代其父位歲餘入爲刑部郎中丙午歲父欽祚刺舉義州瑜歸寧至郡會契丹據有中夏何建以秦州歸蜀瑜說欽祚曰若不西走當屬契丹矣厲色數諫其父怒而不

從因其臥疾涉旬瑜仗劍而脅之曰老懦無謀欲趨炮烙不卽爲計則死於刃下乂不得已而聽之時隴東屯兵扼其川路將北趨蕃部假途而因與郡酋長趙巖歃血爲約以兄事之謂巖曰西至成都余身爲相余父爲將爾當領一大郡能遂行乎巖曰諾瑜慮爲所賣先致其妻孥館于郡中行有期矣巖潛召其黨伺于郊外子夜瑜舉族行輜重絡繹十有餘里巖之所親循溝滄而遁至馬峽路隅舉燧相應其黨起于伏莽斷欽祚之首貫諸長矛平生聚蓄金幣萬計皆爲賊所掠少長百口殺之殆盡瑜尚獨戰千人矢不虛發手無射具捍指

流血及窘乃夜竄山谷落髮爲僧月餘爲樵人所獲縶送岐州爲候益所殺時年三十九始瑜有姑寡居來歸其家以前夫遺腹有子經數年不產每因事預告人吉凶無不驗者時契丹來犯闕前月餘謂瑜曰暴兵將至宜速去之苟不去亂必及矣後瑜果死此謂天作孽猶可違自作孽不可逭也（永樂大典卷六千八百五十一）

張繼祚故齊王全義之子也始爲河南府衙內指揮使全義卒除金吾將軍旋授蔡州刺史累官至檢校太保明宗郊天充供頓使復除西衛上將軍唐淸泰末丁母憂天福初起復制未闋會張從賓作亂發兵廹脅取赴河陽令知留守事從賓敗與二子詔戮於市始繼祚與范延光有舊嘗遣人以馬遺之屬朝廷起兵將討鄴城爲邏兵所獲奏之高祖深怒之及敗宰臣桑維翰以父珙早事齊王奏欲雪之高祖不允（通鑑史館修撰李濤上言張全義有再造洛邑之功乞免其族遂止誅繼祚妻子）遂止罪繼祚一房不累其族（永樂大典卷六千三百五十）

鄭阮洺州人也少爲本郡牙將莊宗畧地山東以阮首歸義旗繼遷軍職阮有子自幼事明宗中門使安重誨重誨以其桀黠愛之旣明宗卽位擢阮至鳳翔節度副使會唐末帝鎭其地阮稍狎之末帝嗣位以阮爲趙州

刺史而阮性貪濁民間細務皆密察而紀之令納賂以贖罪有屬邑令因科醵拒命密以束素募人陰求其過後竟停其職人甚非之又嘗以郡符取部內凶肆中人隸其籍者遣于靑州舁喪至洛郡人憚其遠願輸直百緡以免其行阮本無喪卽受直放還識者曰此非吉兆也未幾改曹州刺史爲政愈弊高祖建義入洛爲本州指揮使石重立所殺舉族無子遺（永樂大典卷一萬八千八百八十一）

胡饒大梁人也少事本鎭連帥爲都吏歷馬步都虞候會唐明宗鎭其地與部將王建立相善明宗卽位建立領常山奏饒爲眞定少尹饒本憸人旣在府幕無士君

子之風嘗因事趙郡有平棘令張鵬者獻策請建立於內每縣所管鄉置鄉直一人令月書縣令出入行止鐃乃導而薦焉建立行之彌年詞訟蜂起四郡大擾天成末王都搆亂陰使結建立爲兄弟之國時鐃又曾薦梁時右庶子張澄爲判官建立亦狎之澄素不知書每座則以陰符鬼谷爲己任建立時啓以王都之盟告之澄與鐃俱贊成其事會王師圍中山其事遂寢凡鐃之兇戾如此清泰初馮道出鎮同州鐃時爲副使道以重臣稀于接洽鐃忿之每乘酒于牙門詬道道必延入待以酒餚致敬而退道謂左右曰此人爲不善自當有報吾

何怒焉鐃後閑居河陽天福二年夏會張從賓作亂鐃謁于麾下請預其行從賓敗鐃以王建立方鎮平盧走投之建立延入城斬之以聞聞者快焉（永樂大典卷二千二百四十一）

劉遂淸字得一青州北海人梁開封尹鄩之猶子也父琪以鴻臚卿致仕遂淸少敏惠初事梁爲保鑾軍使歷內諸司使莊宗入汴不改其職明宗卽位加檢校尙書僕射委以西都監守踰歲以中山王都有不臣之跡除遂淸爲易州刺史俾遏其寇衝既至郡大有禦侮之畧境內賴焉王都平加檢校司空遷棣州刺史天成長興中歷典淄興登三郡咸有善政（通鑑潞王紀帝之起鳳翔也召興州刺史劉遂淸遲疑不至閔帝入洛乃悉集三泉西縣金林桑林戍兵以歸自散關以南城鎭悉棄之皆爲蜀人所有入朝帝欲治罪以其能自歸乃赦之）高祖卽位之二年授鳳州防禦使加檢校司徒會丁母憂起復授內客省使右監門衛大將軍六年駕幸鄴都轉宣徽北院使兼判三司加檢校太保七年少帝嗣位加右軍領衛上將軍仍賜竭誠翊戴保節功臣八年出領鄭州加檢校太傅開運二年遷安州防禦使未幾上表稱疾詔許就便廻至上蔡終於郡舍時三年四月也遂淸性至孝牧淄川日自北海迎其母赴郡母既及境遂淸奔馳路側控轡行數十里父老觀者如堵當時榮之遂淸素不知書但多計畫判三司日

每給百官俸料與判官議曰斯輩非盡有才能多世祿之家宜澄其汚而留其淸者或對曰昔唐朝渾郭顏段每一敍出以一子出身率爲常制且延賞垂裕爲國美譚未有因月給而欲沙汰恐未當也羣論由此減之（永樂大典卷九千九十八）

房暠京兆長安人也少爲唐宰臣崔魏公家臣後因亂客於蒲州天成中唐末帝出鎭河中暠於路左迎謁求事軍門末帝愛之使治賓客及末帝登極歷南北院宣徽使與趙延壽同爲樞密使時薛文遇劉延朗之徒居中用事暠雖出密地其聽用之言不得三四但隨勢

可否不爲事先每朝廷有大事昺與端明學士等環坐會議多于衆中俛首而睡其避事也如此高祖卽位以昺濡足闕朝不專與奪故特恩原之爲左驍衛大將軍留於西京開運元年春卒于洛陽（永樂大典卷六千一百四十九）

孟承誨大名人也始爲本府牙校遇高祖臨其地幷爲客將後奏爲宗城令秩滿以百姓舉留於常山藁城令皆有善政高祖有天下擢爲閤門副使累遷宣徽使官至檢校司空太府卿右武衛大將軍及少帝嗣位以稙性纖巧善於希旨復與權臣宦官密相表裏凡朝廷恩澤美使必承誨爲之一歲之中數四不已由是居地華

敞財帛累積及契丹入汴張彥澤引兵逼宮城少帝召承誨計之承誨匿身不赴少帝既出宮寓於開封府舍具以承誨背恩之事告彥澤令捕而殺之其妻女並配部族漢高祖卽位詔贈太保（永樂大典卷一萬一千一百十二）

劉繼勳衛州人也唐天成中高祖鎭鄴都繼勳時爲客將高祖愛其端謹籍其名于帳下從歷數鎭及卽位擢爲閤門使出爲淄州刺史遷澶州防禦使俄改鄭州自宣徽北院使拜華州刺史歲餘鎭同州始少帝與契丹絕好繼勳亦與其謀及契丹主至闕繼勳自鎭來朝契丹責之時馮道在側繼勳事急指道曰少帝在鄴道爲首相與景延廣謀議遂致南北失歡臣位至卑未嘗措言今請問道道細知之契丹主曰此老子不是好鬧人無相牽引皆爾輩爲之繼勳不敢復對繼勳時有疾契丹因令人候其疾狀云有風痺契丹主曰北方地涼居之此疾可愈乃命鏁繼勳尋解之以疾終於家（通鑑契丹主聞趙在禮死乃釋繼勳繼勳憂憤而卒）漢高祖入汴贈太尉（永樂大典卷九千九十九）

鄭受益（新唐書宰相世系表字謙光）唐宰相餘慶之曾孫也餘慶生幹幹生從讜兩爲太原節度使再登相位從讜兄處誨爲汴州節度使家襲清儉深有士風中朝禮法以鄭氏爲甲處誨生受益受益亦以文學致身累歷臺閣自尙

書郎遷右諫議大夫天福七年夏以張彥澤數爲不道上章請行國典旬日不報又貢表切言許直無所忌執政稍惡之俄而以病請告歸長安高祖晏駕以不赴國哀停任會赦拜京兆少尹宰相趙瑩出鎭咸秦以受益朝班舊寮眷待甚至屬天下率借金穀乃謂瑩曰京兆戶籍登耗民力虛實某備知之矣品而定之可使平允瑩信之因使與王人同掌其事受益既經廢棄薄于仕宦遂阿法射利冀爲生生之資又素恃門望陵轢同幕內奸外直羣情無相洽者及贓汚事發騰于衆口瑩不得已遂按之其直百萬八年冬賜死於家受益數世公

臺一朝自棄士君子皆惜之（永樂大典卷一萬八千八百八十八）

程遜字浮休壽春人（案此下有缺文）召入翰林充學士自兵部侍郎承旨授太常卿天福三年秋命使吳越（十國春秋云禮部尙書程遜爲加恩使）母羸老雙瞽遜未嘗白執政以辭之將行母以手捫其面號泣以送之（永樂大典卷一萬六千七百七十七）仲秋之夕陰暝如晦遜嘗爲詩曰幽室有時聞鴈叫空庭無路見蟾光同僚見之訝其詩語稍異及使廻遭風水而溺焉（册府元龜卷九百五十一）

李郁字文緯唐之宗屬也少歷宗寺官天成長興中累遷爲宗正卿性平允所歷無愛憎毀譽高祖登極授光

祿卿一日晝寢夢食巨棗覺而有疾謂其親友曰嘗聞棗字重來呼魂之象也余神氣逼抑將不免乎天福五年夏卒贈太子太保（永樂大典卷一萬三百九十）

鄭玄素京兆人避地鶴鳴峯下萃古書千卷採薇蕨而弦誦自若善談名理或問水旺冬而冬涸泛盛乃在夏何也玄素曰論五行者以氣不以形木旺春以其氣溫火旺夏以其氣熱金旺秋以其氣清水旺冬以其氣冷若以形言則萬物皆萌於春盛于夏衰於秋藏於冬不獨水然也人以爲明理後益入盧山靑牛谷高卧四十年初玄素好收書而所收鍾王法帖墨蹟如新人莫知所從得有與厚者問之乃知玄素爲溫韜甥韜常發昭陵盡得之韜死書歸玄素焉今有書堂基存（永樂大典卷一萬八千八百八十一）

馬重績字洞微少學數術明太一五紀八象三統大歷居於太原仕晉拜太子右贊善大夫遷司天監天福三年重績上言歷象王者所以正一氣之元宣萬邦之命而古今所記考審多差宣明氣朔正而星度不驗崇玄五星得而歲差一日以宣明之氣朔合崇玄之五星二歷相參然後符合自前世諸歷皆起天正十一月爲歲首用太古甲子爲上元積歲愈多差闊愈甚臣輒合二

歷創爲新法以唐天寶十四載乙未爲上元雨水正月中氣首詔下司天監趙仁琦張文皓等考覈得失仁琦等言明年庚子正月朔用重績歷考之皆合無舛乃下詔班行之號調元歷行之數歲輒差遂不用重績又言漏刻之法以中星考晝夜爲一百刻八刻六十一分刻之二十爲一時時以四刻十分爲正此自古所用也今失其傳以午正爲時始下侵未四刻十分而爲午由是晝夜昏曉皆失其正請依古改正從之重績卒年六十四（永樂大典卷一萬一千二百四十）

陳玄京兆人也家世爲醫初事河中王重榮乾符中後

唐武皇自太原率師攻王行瑜路出於蒲中時玄侍湯藥武皇甚重之及還太原日侍左右武皇性剛暴樂殺人無敢言者玄深惻其情每有暴怒則從容啟諫免禍者不一以是晉人深德之勳貴賂遺盈門性好酒樂施隨得而無私積明宗朝爲太原少尹入爲太府卿長興中集平生所驗方七十五首并修合藥法百件號曰要術刊石置于太原府衙門之左以示於衆病者賴焉天福中以耄期上表求退以光祿卿致仕卒于晉陽年八十餘（永樂大典卷三千一百三十五）

史臣曰夫彰善癉惡麟史之爲義也瑜不掩瑕虹玉之爲德也故自崇弼而下善者既書之其不善者亦書之庶使後之君子見善如不及見惡如探湯也至如重績之歷法陳玄之醫道亦不可漏其名而弗紀也（永樂大典卷三千一百三十五）

舊五代史卷九十六終

舊五代史卷九十六攷證

晉列傳十一孔崇弼傳　案新唐書世系表作昌弼字佐化是書作崇弼蓋避後唐廟諱改

時族兄昭序　案新唐書世系表作昌序字昭舉是書作昭序疑亦因避諱而改也

程遜傳天福三年秋命使吳越及使囘遭風水而溺焉

案通鑑攷異晉實錄天福二年十一月加錢元瓘副元帥國王程遜等爲加恩使四年十月丙午以程遜沒于海廢朝贈官程遜傳云天福三年秋使吳越使囘溺死元瓘傳云天福三年封吳越國王蓋二年

冬制下遜等以三年至杭州不知溺死在何年而晉朝以四年十月始聞之也

馬重績傳八象三統　三統原本作三紀今從歐陽史改正

舊五代史卷九十六攷證

舊五代史卷九十七

宋司空同中書門下平章事薛居正等撰

列傳第十二　晉書二十三

范延光字子瓌鄴郡臨漳人也少隸于郡牙唐明宗牧相州收爲親校同光中明宗下鄆州梁兵屯楊劉口以扼之先鋒將康延孝潛使人送款于明宗明宗欲使人達機事於莊宗方難其選延光請行遂以蠟書授之延光即至莊宗曰楊劉渡控扼已定未可圖也請築壘馬家口以通汶陽之路莊宗從之復遣歸鄆州俄而梁將王彥章攻馬家口所築新壘明宗恐城中不備又遣間

行告莊宗請益兵中夜至河上爲梁兵所獲送夷門下獄榜笞數百威以白刃終不洩其事復爲獄吏所護在獄半年不復理問及莊宗將至汴城獄吏即去其桎梏拜謝而出之乃見於路側莊宗喜授銀青光祿大夫檢校工部尚書明宗登極擢爲宣徽使與霍彥威平青州王公儼遷檢校司徒明宗之幸夷門也至滎陽聞朱守殷拒命延光曰若不急攻賊堅矣請騎兵五百臣先赴之則人心必駭明宗從其請延光自酉時至夜央馳二百餘里奄至城下與賊交鬭翌日守陴者望見乘輿乃相率開門延光乃入與賊巷戰至厚載門盡殲其黨明宗喜之明年遷樞密使權知鎮州軍府事尋正授節旄加檢校太保長興中以安重誨得罪再入爲樞密使加同平章事按明宗紀長興二年九月辛丑樞密使檢校太傅刑部尚書范延光加同平章事四年九月戊寅樞密使范延光加兼侍中是延光爲同平章事時已由檢校太保進加太傅後傳加侍中今泰安縣有長興四年九月宣福院牒石刻所列延光官銜仍作太傳蓋賜牒時尚未加侍中也傳中不載係史家前後省文既而以秦王從榮不軌恐及其禍屢請外任明宗久之方許遂出鎭常山清泰中復召爲樞密使未幾出爲汴州節度使會魏府屯將張令昭逐其帥劉延皓據城以叛唐末帝命延光討而平之遂授鄴都留守加檢校太師兼中書令門下有術士張生者自云妙通術數當

延光微時言將來必爲將相延光既貴酷信其言歷數鎭嘗館於上舍延光謂之曰余夢大蛇自臍入腹半而掣去之是何祥也張生曰蛇者龍也入腹爲帝王之兆明矣延光自是稍萌僭竊之意及高祖建義于太原唐末帝遣延光以本部二萬屯遼州與趙延壽掎角合勢既延壽兵敗延光促還故心不自安高祖入洛尋封臨清王以寬其反側後延光擅殺齊州防禦使秘瓊而聚兵部下復收部內刺史入城高祖甚疑之乃東幸夷門時延光有牙校孫銳者與延光有鄉曲之舊軍機民政一以委焉故魏博六州之賦無半錢上供符奏之間有

不如意者銳即對延光毁之其兇戾也如此初朝廷遣使封延光爲臨淸王因會寮屬延光暴得疾伏枕經旬銳乃竊惑羣小召澶州刺史馮暉等以不臣之謀逼於延光延光亦惑於術者因而聽之天福二年夏六月遣銳與暉將步騎二萬南抵黎陽（通鑑云延光以馮暉爲都部署以孫銳爲兵馬都監）時銳以女妓十餘輩從之擁蓋操扇必歌吹而後食將士煩熱覩之解體尋爲王師所敗賊衆退還鄴城高祖繼遣楊光遠討之延光知事不濟乃殺孫銳以歸其罪發人齎表待罪且邀姑息高祖不許及經歲受圍城中饑窘高祖以師老民勞思解其役遣謁者入謂之曰卿既危蹙破在旦夕能返掌轉規改節歸我我當以大藩處之如降而殺之則何以享國明明白日可質是言因賜鐵券改封高平郡王（按歐陽史作東平郡王）移鎮天平延光謂門人李式曰（案歐陽作副使李式）主上敦信明義言無不踐許以不死則不死矣因撤守備（通鑑延光猶遷延未決宣徽南院使劉處讓復入諭之延光意乃決）素服請降及赴汝上踰月入覲尋表請罷免高祖再三答諭方允制以延光爲太子太師致仕居闕下期歲高祖每召賜飲宴待之與群臣無間一日從容上奏願就河陽私邸以便頤養高祖許之延光攜妻子輦奇貨從焉每過郡邑多爲關吏所糺時楊光遠居守洛

下兼領孟懷既利其財復嫌測朝廷密旨遂奏云延光圖之奸臣若不羈縻必北走胡南入吳請召令西都居止高祖允之光遠使其子承勳以兵還其第逼令自裁延光曰明天子在上賜金書許我不死爾之父子何得脅制如此明旦則以白刃驅之令上馬之浮橋排于水中光遠給奏云延光投河自溺而死水運軍使曹千獲其屍郡東繆家灘高祖聞之輟朝二日詔許歸葬于鄴仍贈太師（案歐陽史云歸葬相州已葬墓輒崩破其棺槨頭顱皆碎）延光初爲近臣及領重鎭禮賢接士動皆由禮故甚獲當時之譽洎鎭常山日以部將梁漢唐獲王都名馬入罪而取之在魏州日齊州防禦使秘瓊獲董溫琪珠金妓妾及經其境害而奪之物議由是減之及懼罪以謀叛復忍恥以偷生不能引決遂至强死何非天之甚也（永樂大典卷一萬六千五百十七）

張從賓未詳何許人也始事唐莊宗爲小校從戰有功唐天成中自捧聖指揮使領澄州刺史遷左右羽林都校從藥彥稠討楊彥溫于河中平之長興中領壽州忠正軍節度使加檢校太保侍衛步軍都指揮使從賓素便佞每進言明宗多納之有供奉官丁延徽者性貪狡時奉詔監廩以犯贓下獄權貴多爲救解明宗怒不許

從賔因奏他事言及延巖明宗曰非但爾言蘇秦說予亦不得也延巖竟就戮長興末從賔出鎮靈武加檢校太傅高祖卽位受代入覲會駕東幸留從賔警巡洛下一日遇留司御史於天津橋從兵百人不分路而過排御史于水中從賔紿奏其酒醉其兇傲如此及范延光據鄴城叛詔從賔爲副部署使從楊光遠同討延光會延光使人誘從賔從賔時在河陽乃起兵以應之先害皇子重信及入洛又害皇子重乂取內庫金帛以給部伍因東據氾水關且欲觀望軍勢高祖命杜重威侯益分兵討之從賔大敗乘馬入河溺水而死焉（永樂大典卷六千三百五十一）

張延播者汝陽人也始爲郡之牙將唐同光初明宗下其城因隸收左右天成中累授檢校司空兩河發運營田使柳州刺史長興元年出牧蔡州加檢校司徒入爲左領軍衛大將軍充客省使伐蜀之役命爲馬軍都監三年遷鳳州防禦使西面水路轉運使高祖卽位除東都副留守車駕幸汴遣兼洛京巡檢使張從賔作亂令延播知河南府事從賔敗伏誅（永樂大典卷六千三百五十一）

楊光遠小字阿檀及長止名檀唐天成中以明宗改御名亶以偏傍字犯之始改名光遠字德明其先沙陀部人也父阿噔啜後改名瑊事唐武皇爲隊長光遠事莊宗爲騎將唐天祐中莊宗遣振武節度使周德威討劉守光於幽州因令光遠隸於德威麾下後與德威拒契丹於新州一軍以深入致敗傷其臂遂廢罷於家莊宗卽位思其戰功命爲幽州馬步軍使指揮使檢校尙書右僕射戍瓦橋關久之明宗朝歷嬀瀛易冀四州刺史光遠雖不識字然有口辯通於吏理在郡有政聲明宗頗重之長興中契丹有中山之敗生禽其將李和等數十人送於闕下其後契丹旣通和遣使乞歸之明宗與大臣謀議特放還蕃一日召光遠於便殿言其事光遠

曰李和等北土之善戰者彼失之如喪手足又在此累年備諳中國事若放還非便明宗曰蕃人重盟誓旣通歡好必不相負光遠曰臣恐後悔不及也明宗遂止深嘉其抗直後自振武節度使移鎭中山累加檢校太傅將兵戍蔚州高祖舉義于太原唐末帝遣光遠與張敬達屯兵於城中俄而契丹大至爲其所敗圍其寨久之軍中糧盡光遠乃與次將安審琦等殺敬達擁眾歸命從高祖入洛加檢校太尉充宣武軍節度使同平章事判六軍諸衛事是時光遠每對高祖常悒然不樂高祖慮有不足密遣近臣訊之光遠附奏曰臣貴爲將相非

有不足但以張生鐵死得其所臣弗如也衷心内愧是以不樂生鐵蓋敬達之小字也高祖聞其言以光遠爲忠純之最者也其實光遠故爲其言以邀高祖之重信也明年范延光據鄴城叛高祖命光遠率師討之濟河會滑州軍亂時軍衆欲推光遠爲主光遠曰自古有折臂天子乎且天子豈公輩販弄之物晉陽之降乃勢所窮廹今若爲之直反賊也由是其下惕然無復言者高祖聞之尤加寵重光遠旣圍延光尋授魏博行府節度使兵柄在手以爲高祖懼已稍干預朝政或抗有所奏高祖亦曲從之復下詔以其子承祚尚長安公主次子承信皆授美官恩渥殊等爲當時之冠桑維翰爲樞密使徃徃彈射其事光遠心銜之及延光降光遠入朝面奏維翰擅權高祖以光遠方有功于國乃出維翰鎮相州光遠爲西京留守兼鎮河陽因罷其兵權光遠由此怨望潛貯異志多以珍玩奉契丹訴已之屈又私養部曲千餘人撓法犯禁河洛之人恒如備盜尋册拜太尉兼中書令時范延光致仕輦囊裝妓妾居於河陽光遠利其奇貨且慮爲子孫之讎因奏延光不家汴洛出舍外藩非南走淮夷則北走契丹宜早除之高祖以許之不死鐵券存焉持疑未允光遠乃遣子承勳以甲士圍

其第逼令自裁延光曰天子在上安得如此乃遣使者乞移居洛下行及河橋擠於流而溺殺之矯奏云延光自投河朝廷以適會其意弗之理後踰歲入覲高祖爲置曲宴教坊伶人以光遠暴斂重賦因陳戲譏之光遠殊無慙色高祖謂光遠曰元城之役卿左右皆立功未曾旌賞今各與一郡俾甇任以榮之因命爲刺史者凡數人時王建立自青州移鎮上黨乃以光遠爲平盧軍節度使封東平王光遠面奏請與長子同行尋授承勳萊州防禦使及赴任僕從妓妾至千餘騎滿盈僭侈爲方岳之最下車之後唯以刻剝爲事少帝嗣位册拜太師封壽王宋史馬仁鎬傳晉天福中青州楊光遠將圖不軌以仁鎬爲節度副使伺其動靜歷二年或譖仁鎬于朝改護國軍行軍司馬仁鎬至河中數月光遠反書聞後因景延廣上言請取光遠麾下所借官馬三百疋光遠怒曰此馬先帝賜我何以復取是疑我也遂遣人潛召次子承祚自單州奔歸朝廷乃就除淄州刺史以從其便光遠益驕因此搆契丹述少帝違好之短且言大饑之後國用空虛此時一舉可以平定開運元年正月契丹南牧陷我博陵少帝幸澶淵三月契丹退命李守貞符彦卿率師東討光遠素無兵衆唯嬰城自守守貞以長連城圍之冬十一月承勳與弟承信承祚見城中人民相食將盡知事

不濟勸光遠乞降冀免於赤族光遠不納曰我在代北時嘗以紙錢駝馬祭天池皆沉沒人言合有天子分宜且待時勿輕言降也承勳慮禍在旦夕與諸弟同謀殺節度判官丘濤親校杜延壽楊瞻白延祚等梟其級首遣承祚送於守貞因縱火大譟刼其父幽于私第以城納款遣即墨縣令王德柔貢表待罪光遠亦上章自首少帝以頃歲太原歸命欲曲全之執政曰豈有逆狀滔天而赦之也乃命守貞便宜處置守貞遣人拉殺之以病卒聞歐陽史守貞遣客省副使何延祚殺之于其家漢高祖即位詔贈尚書令追封齊王仍令立碑未幾其碑石無故自折可知其陰責也永樂大典卷六千五十二五代史補楊光遠滅范延光之後朝廷以其功高授青州節度封東平王奄有登萊沂密數郡既而自負強盛舉兵反朝廷以宋州節度李守貞嘗與光遠有隙乃命李討之李受詔欣然志在必取莫不身先矢石光遠見而懼之度不能禦遂降初光遠反書至中外大震時百官起居次忽有朝士揚言于衆曰楊光遠欲謀大事吾不信也光遠素患禿瘡其妻又跛自古豈有禿頭天子跛脚皇后耶於是人心頓安未幾果光遠果降

承勳光遠之長子也始名承貴避少帝改名焉以父廕歷光濮州刺史光遠兼鎮河陽命制置三城事光遠移鎮青州授萊州防禦使在郡亦頗理嘗憤父側之奸黨欲殺之每省父父爲匿焉及光遠搆釁嬰城以叛承勳赴之敵退爲王師所圍踰歲糧盡與其弟承祚背父之

命出降王師朝廷授汝州防禦使尋改鄭州宋史楊承信傳光遠死承信與弟承祚詣闕請死詔釋之以承信爲右羽林將軍承祚爲右驍衛將軍放歸服喪私第尋安置鄭州及戎王入汴遣騎士自圍田召至責其害父背己使臠其肉而殺之以其弟承信爲青州節度使永樂大典卷六千五十二

盧文進案遼史文進字大用范陽人也身長七尺飲啖過人望之偉如也少事劉守光爲騎將唐莊宗攻燕以文進首降遙授壽州刺史初莊宗得山後八軍以愛弟存矩爲新州團練使以總領之莊宗與劉鄩對壘於莘縣命存矩於山後召募勁兵又令山北居民出戰馬器仗每鬻牛十頭易馬一匹人心怨咨時存矩團結五百騎令文進將之與存矩俱行至祁溝關軍士聚謀曰我輩邊人棄父母妻子爲他血戰千里送死固不能也衆曰擁盧將軍却還新州據城自守奈我何因大呼揮戈趨傳舍害存矩于榻下文進撫膺曰奴輩累我矣因環尸而泣曰奴輩既害郎君我何面目見王案遼史存矩娶文進女爲側室文進心常內愧因與亂軍殺存矩與薛史異因爲亂軍所擁反攻新州不克馬令南唐書文進攻新州不克夜走壁塹一躍而出明日視之乃郡之黑龍潭也絕岸數丈深不可測又嘗有大蛇徑至座間引首及膝文進取食飼之而去由是自負又攻武州又不利周德威命將追討文進遂奔契丹僞命爲幽州兵馬留後部分漢軍常別爲營寨未幾文進引契丹寇新州自是戎師歲至驅

擄數州士女，教其織紝工作，中國所爲者悉備，契丹所以强盛者，得文進之故也。案：遼史云：文進引契丹軍攻新州，刺史安金全不能守，棄城去。周德威援之，進攻新州，契丹衆數萬，德威不勝，大敗奔歸。文進與契丹進攻幽州，且二百日，城中危困，晉王親將兵救之，方始解去。契丹以文進爲幽州節度使，又以爲盧龍節度使，與薛史所載官階微異。同光之世，爲患尤深。文進在平州，率奚族勁騎，鳥擊獸搏，倏來忽往，燕、趙諸州，荆榛滿目。軍屯涿州，每歲運糧，自瓦橋至幽州，勁兵猛將，援遞糧車，然猶爲寇所鈔，奔命不暇，皆文進導之也。及明宗卽位之明年，文進自平州率所部十餘萬衆來奔，行及幽州，先遣使上表曰：「頃以新州團練使李存矩提衡羣邑，掌握恩威，虐黎庶則毒甚於豺狼，聚賦斂則貪盈於溝壑，人不堪命，士各離心。臣卽抛父母之邦，入朔漠之地，幾年鴈塞，徒向日以傾心，一望家山，每銷魂而斷目。李子卿之河畔，空有怨辭；石季倫之樂中，莫陳歸引。近聞皇帝陛下皇天眷命，清明在躬，握紀乘乾，鼎新革故，始知大幸，有路朝宗，便貯歸心，祗伺良會。臣十月十日決計，殺在城契丹；取十一日離州，押七八千車乘，領十五萬生靈；十四日已達幽州。」云。洎至洛陽，明宗寵待彌厚，授滑州節度使、檢校太尉。歲餘，移鎮鄧州，累加同平章事，入爲上將軍。長興中，復出鎮潞州，擒奸郵隱，甚獲當時之譽。清泰中，改安州節

度使。及高祖卽位，與契丹敦好，文進以嘗背契丹，居不自安，馬令南唐書：文進居數鎮，頗有善政，兵民愛之。其將行也，從騎至營中，別其裨將李藏機，告以避契丹之意，將士皆拜爲訣。天福元年十二月，乃殺行軍司馬馮知兆、節度副使杜重貴等，率其部衆渡淮，奔于金陵，李昪待之尤重。馬令南唐書云：烈祖以文進爲天雄統軍。僞命爲宣州節度使，後卒于江南。永樂大典卷二千二百十二。案：金陵志：文進自潤州召還，以左衞上將軍兼中書令、范陽郡王奉朝請。

李金全，本唐明宗之小豎也，其先出於吐谷渾。金全驍勇，善騎射，少從明宗征伐，以力戰有功。明宗卽位，連典大郡。天成中，授涇州節度使。在鎮數年，以掊斂爲務。長興中，受代歸闕，始進馬數十匹，不數日又進之。明宗召而謂之曰：「卿患馬多耶？何進貢之數也。」又謂曰：「卿在涇州日，爲理如何，無乃以馬爲事否？」金全慙謝而退。案：歐陽史：從鎮橫海，久之，罷爲右衞上將軍。四年夏，授滄州節度使，累官至檢校太傅。清泰中，罷鎮歸闕，久留于京師。高祖卽位之明年，安州屯將王暉殺節度使周瓌，詔遣金全以騎兵千人鎮撫其地。未及境，暉爲部下所殺。金全至，亂軍數百人皆不自安，金全說遣赴闕，密伏兵於野，盡殺之。又擒其軍校武彥和等數十人斬之。案：歐陽史作武克和。通鑑：彥和且死，呼曰：「王暉首惡，天子猶赦之，我輩脅從，何罪乎？」初，金全之將行也，高祖戒之曰：「王暉

之亂罪莫大焉但慮封守不寧則民受其弊因折矢飛詔約以不戮一人仍許以暉爲唐州刺史又謂金全曰卿之此行無失吾信及金全至聞彥和等當爲亂之日刦掠郡城所獲財貨悉在其第遂殺而奪之高祖聞之以姑息金全故不究其事尋授以旄節金全有親吏胡漢筠者（案歐陽史作胡漢榮）勇譎嗇禍貪詐殘忍軍府之政一以委之高祖聞其事遣吏賈仁沼往代其職且召漢筠漢筠內疚惶怖金全乃列狀稱疾以聞及仁沼至漢筠鴆而殺之（馬令南唐書胡漢榮所爲多不法晉高祖患之不欲因漢榮以累功臣爲選廉吏賈仁沼代之且召漢榮漢榮教金全留己而不遣金全客龐令圖諫日仁沼昔事王晏球有大功晏球欲厚賞之仁沼退而不言此天下之忠臣也及頒賜所俘物仁沼悉以分故人親戚之貧者此天下之廉士也宜納仁沼而遣漢榮漢榮聞之夜使人殺令圖而鴆仁沼）天福五年夏高祖命馬全節爲安州節度使以代金全漢筠自以昔嘗拒命復間仁沼二子將訴寃毒之事居不自安乃紿謂金全曰邸吏劉珂使健步倍道兼行寄傳其意云受代之後朝廷將以仁沼之事詰公之罪金全大駭命從事張緯函表送款於淮夷淮人遣僞將李承裕以代金全金全卽日南竄其妓樂車馬珍奇帑藏皆爲承裕所奪與其黨數百人束身夜出曉至汉川引領北望泣下而去及至金陵李昪授以節鎮（馬令南唐書云烈祖以金全爲天威統軍遷潤州節度使）後卒于江南（永樂大典卷一萬三百九十）

史臣曰延光昔爲唐臣緯有令譽泊逢晉祚顯恣狂謀泊力屈以來降尙靦顏而惜死孟津之歿乃取笑于千載也從賓而下俱怙亂以滅身亦何足與議也文進懼强敵之威金全爲輿臺所賣事雖弗類叛則攸同咸附島夷皆可醜也（永樂大典卷一萬三百九十）

舊五代史卷九十七終

舊五代史卷九十七攷證

晉列傳十二范延光傳改封高平郡王　案歐陽史作東平郡王

延光謂門人李式曰　歐陽史作謀于副使李式

楊光遠傳唐天成中以明宗改御名爲亶以偏傍字犯之始改光遠　案是書唐紀淸泰二年楊檀始改名光遠非天成中卽改名也

光遠入朝面奏維翰擅權高祖以光遠方有功于國乃出維翰鎭相州光遠爲西京留守　案通鑑攷異云晉高祖實錄天福三年壬辰維翰罷樞密使庚子

光遠始入朝對于便殿十一月戊申光遠爲西京留守天福四年閏七月壬申維翰出爲相州節度使與此傳先後互異

其碑石無故自折　案歐陽史作碑石既立天大雷電擊折之

盧文進傳文進字國用　案遼史太祖紀神册元年晉幽州節度盧國用來降二年晉新州裨將盧文進殺節度使李文矩來降則國用與文進顯係二人然天顯元年又書盧龍軍節度使盧國用叛奔于唐卽文進歸唐之事也疑文進入遼以後遂以字行修遼史者雜采諸書誤作兩人耳

行軍司馬馮知兆　馮知兆南唐書作姚知兆歐陽史與是書同

李金全傳軍校武彥和　案歐陽史南唐書俱作武克和通鑑從是書

親吏胡漢筠　胡漢筠歐陽史及南唐書俱作胡漢榮通鑑從是書

遣使賈仁紹　案仁紹通鑑作仁沼攷異云薛史作仁紹今從實錄歐陽史南唐書與通鑑同

扎拉舊作則剌今改

舊五代史卷九十七攷證

舊五代史卷九十八

宋司空同中書門下平章事薛居正等撰

列傳第十三　晉書二十四

安重榮朔州人祖從義利州刺史父全勝州刺史振武
蕃漢馬步軍都指揮使重榮有膂力善騎射唐長興中
爲振武道巡邊指揮使犯罪下獄時高行周爲帥欲殺
之其母赴闕申告樞密使安重誨陰護之奏于明宗有
詔釋焉張敬達之圍晉陽也高祖聞重榮在代北使人
誘之重榮乃召邊士得千騎赴焉高祖大喜誓以土地
及即位授成德軍節度使累加至使相自梁唐以來藩

侯郡牧多以勳授不明治道例爲左右羣小惑亂賣官
鬻獄割剝蒸民率有貪狠之名其實賄賂半歸于下惟
重榮自能鉤距凡有爭訟多廷辯之至于倉庫耗利百
姓科徭悉入于已諸司不敢窺覬嘗有夫婦共訟其子
不孝者重榮面加詰責抽劍令自殺之其父泣曰不忍
也其母詬詈仗劍逐之重榮疑而問之乃其繼母也因
叱出自後射之一箭而斃聞者莫不快意由此境內以
爲强明大得民情重榮起于軍伍暴獲富貴復覩累朝
自節鎮遽升大位每謂人曰天子兵强馬壯者當爲之
寧有種耶又以奏請過當爲權臣所否心常憤憤遂畜

聚亡命收市戰馬有飛揚跋扈之志（通鑑帝之遣重榮伐秘瓊也戒之曰瓊不受代當別除汝一鎮勿以力取恐爲患滋深重榮由是以帝爲怯謂人曰秘瓊匹夫耳天子尚畏之況我以將相之重士民之衆乎）嘗因暴怒殺部校賈章以謀叛聞章有女
一人時欲捨之女曰我家三十口繼經兵亂死者二十
八口今父就刑存此身何爲再三請死亦殺之鎮人由
是惡重榮之酷而嘉賈女之烈焉天福中朝廷姑息契
丹務安邊塞重榮每見蕃使必以箕踞慢罵會有美稜
（舊作梅里今改正）數十騎由其境內交言不遜因盡殺之契丹
主大怒責讓朝廷朝廷隱忍未即加罪重榮乃密搆吐
渾等諸族以爲援助上表論之其畧曰臣昨據熟吐渾

節度使白承福赫連公德等各領本部三萬餘帳自應
州地界奔歸王化續準生吐渾并渾契苾西突厥三部
落南北將沙陀安慶九府等各領部族老小并牛羊車
帳甲馬七八路慕化歸奔俱至五臺及當府地界已來
安泊累據告勞具說被契丹殘害平取生口率畧羊馬
凌害至甚又自今年二月後來須令點檢强壯置辦人
馬衣甲告報上秋向南行營諸蕃部等寔恐上天不祐
殺敗後隨例不存家族所以預先歸順兼隨府族各量
點檢强壯人馬約十萬衆又準沿河黨項及山前山後
逐利越利諸族部落等首領并差人各將契丹所授官

告職牒旗號來送納例皆號泣告勞稱被契丹凌虐憤惋不已情願點集甲馬會合殺戮續又朔州節度副使趙崇與本城將校殺偽節度使劉山尋已安撫軍城乞歸朝廷臣相次具奏聞昨奉宣頭及累傳聖旨令臣凡有往復契丹更須承奉當候彼生頭角不欲自起釁端貴守初終不愆信誓仰認睿旨深惟匿瑕其如天道人心至務勝殘去虐須知機不可失時不再來竊以諸蕃不招呼而自至朔郡不攻伐以自歸蓋係人情盡由天意更念諸陷蕃節度使等本自勲勞早居富貴沒身邊塞遭酷虐以異常企足朝廷冀傾輸而不已如聞傳檄盡願倒戈如臣者雖是愚蒙粗知可否不思忌諱罄寫丹衷細具敷陳冀申萬一其表數千言大抵指斥高祖稱臣奉表罄中國珍異貢獻契丹凌虐漢人竟無厭足又以此意爲書遺諸朝貴及藩鎮諸侯高祖憂其變也遂幸鄴都以詔諭之凡有十焉其畧曰爾身爲大臣家有老母忿不思難棄君與親吾因契丹而興基業爾因吾而致富貴吾不敢忘爾可忘耶且前代和親只爲安邊今吾以天下臣之爾欲以一鎮抗之大小不等無自辱焉重榮愈恣縱不悛雖有此奏亦密令人與契丹幽州帥劉晞結託蓋重榮有內顧之心契丹幸我多事復

欲侵吞中國契丹之怒重榮亦非本志也時重榮嘗與北來蕃使並轡而行指飛鳥射之應弦而落觀者萬衆無不快抃蕃使因輟所乘馬以慶之由是名振北方自謂天下可以一箭而定也又重榮素與襄州安從進連結及聞從進將議起兵其奸謀乃決天福六年冬大集境內饑民衆至數萬揚旌向闕聲言入覲朝廷遣杜重威帥師禦之遇于宗城軍纔成列有賊將趙彥之臨陣捲旗來奔重榮方戰聞彥之背已大恐退於輜重中王師因而擊之一鼓而潰重榮與十餘騎北走其下部衆屬嚴冬寒冽殺戮及凍死者二萬餘人重榮至鎮取牛馬革旋爲甲使郡人分守夾城以待王師（宋史解暉傳安重榮反鎮州因舉兵向闕至宗城晉師逆戰大破之暉募軍中壯士百餘人夜擣賊壘殺獲甚衆暉頻中流矢而督戰自若顏色不撓以功遷列校）杜重威至有部將自西郭水門引官軍入焉殺守陴百姓萬餘人重威尋害導者自收其功重榮擁吐渾數百匿於牙城重威使人襲而得之斬首以進高祖御樓閱其俘馘宣露布訖漆其頭顱函送契丹（永樂大典卷一萬八千一百三十二　五代史補安重榮出鎮常懷不軌之計久矣但未發居無何廐中産朱鬃白馬黑鴉生五色雛以爲鳳乃欣然謂天命在已遂舉兵反指揮令取宗嶺路以向闕時父老聞之往往竊議曰事不諧矣且王姓安氏日鞍得背而穩何不取路貝州若由宗嶺是安及于鬃得無危乎未幾與王師先鋒遇一戰而敗）

安從進案歐陽史從進其先索葛部人也初事莊宗爲護駕馬軍都指揮使領貴州刺史明宗時爲保義彰武軍節度使愍帝即位從領順化清泰中從鎭山南東道晉高祖即位加同中書門下平章事天福六年高祖幸鄴討安重榮少帝以鄭王留守京師時和凝請于高祖曰陛下北征臣料安從進必反何以制之高祖曰卿意將奈何凝曰臣聞之兵法先人者奪人願陛下爲空名宣勅十通授鄭王有急則命將往從進聞高祖往北遂反少帝以空名授李建崇郭金海討之從進引兵攻鄧州不克進至湖陽遇建崇等大駭以爲神速復爲野火所燒遂大敗從進自焚永樂大典卷二萬四百七十　案薛史安從進傳殘闕所存一條與歐陽史大畧相同

張彥澤其先出於突厥後爲太原人也祖父世爲陰山府裨將彥澤少有勇力目睛黃而夜有光色顧視若鷙獸焉以騎射事後唐莊宗明宗以從戰有功繼領郡守高祖即位擢爲曹州刺史從楊光遠圍范延光于鄴以功授華州節度使尋移鎭涇州累官至檢校太保有從事張式者以宗人之分受其知遇時彥澤有子爲內職素不叶父意數行笞撻懼其楚毒逃竄外地齊州捕送到闕敕旨釋罪放歸父所彥澤上章請行朝典式以有傷名教屢諫止之彥澤怒引弓欲射之式僅而獲免尋令人逐式出衙式自爲賓從彥澤委以庶務左右羣小惡之久矣因此讒搆互來廹脅云書記若不便出斷定必遭屠害式乃告病尋醫攜其妻子將奔衍州彥澤遣指揮使李興領二十騎追之戒曰張式如不從命即斬取頭來式懇告刺史遂差人援送到汾州節度使李周驛騎以聞朝廷以姑息彥澤之故有敕流式於商州彥澤遣行軍司馬鄭元昭詣闕論請面奏云彥澤若不得張式恐致不測高祖不得已而從之既至央口剖心斷手足而死之式父鐸詣闕訴寃朝廷命王周代之周至任奏彥澤在郡惡跡二十六條逃散五千餘戶彥澤既赴闕刑法官李濤等上章請理其罪高祖下制止令削

奪一階一爵而已時以爲失刑少帝即位桑維翰復舉之尋出鎭安陽既至折節于士大夫境內稱理旋命領軍北屯恆定時易州地孤漕運不繼制令邢魏相銜飛輓以輸之百姓荷擔纍纍於路彥澤每援之以行見羸困者使其部衆代而助之洎至北邊不令百姓深入即遣騎士以馬負糧而去往來既速且無邀奪之患聞者嘉之陽城之戰彥澤之功出於諸將之右其後與敵接戰頻獻捷於闕下咸謂其感高祖不殺之恩補昔年之過也開運三年冬契丹既南牧杜重威兵次瀛州彥澤爲契丹所啖啗己變矣乃通款于戎王請爲前導因促

騎說重威引軍沿滹沱西援常山既而與重威通謀及
王師降於中渡契丹主遣彥澤統二千騎趨京師以制
少帝且示公卿兆民以存撫之意彥澤以是歲十二月
十六日夜自封丘門斬關而入以兵圍宮城翌日遷帝
於開封府舍凡內帑奇貨悉輦歸私邸仍縱軍大掠兩
日方止東都事畧李處耘傳云居京師遇張彥澤之暴處耘善射獨當里門殺數十人里中賴之時
桑維翰爲開封尹彥澤召至麾下待之不以禮維翰責
曰去年拔公于罪人之中復領大鎮授以兵權何負恩
一至此耶彥澤無以對是夜殺維翰盡取其家財彥澤
自謂有功于契丹晝夜以酒樂自娛當在京巡檢之時

出入騎從常數百人旗幟之上題曰赤心爲主觀者無
不竊笑又所居第財貨山積楚國夫人丁氏卽少帝弟
曹州節度使延煦之母也有容色彥澤使人取之太后
遲廻未與彥澤立遣人載之而去其負國欺君也如是
數日之內恣行殺害或軍士擒獲罪人至前彥澤不問
所犯但瞋目出一手豎三指而已軍士承其意卽出外
斷其要領焉彥澤與僞閤門使高勳不協因乘醉至其
門害其仲父季弟暴屍于門外及契丹帳泊於北郊勳
訴寃于戎王時戎王已怒彥澤剽掠京城遂令鎖之仍
以彥澤罪惡宣示百官及京城士庶且云彥澤之罪合

誅與否百官連狀具言罪在不赦市肆百姓亦爭投狀
疏彥澤之罪戎王知其衆怒遂令棄市仍令高勳監決
斷腕出鎖然後刑之勳使人剖其心以祭死者市人爭
其肉而食之永樂大典卷六千三百五十五代史補李濤常忿張彥澤殺邠州幕吏張式而取其妻濤率同列上疏請誅彥澤以謝西土高祖方姑息武夫竟不從未幾契丹南侵至中渡橋彥澤首降戎主喜命以本軍統蕃部控弦之士先入京師彥澤自以功不世出乃挾宿憾殺開封尹桑維翰濤聞之謂親知曰吾曾上疏請誅彥澤今國家失守彥澤所爲如此吾之首領庸可保乎然無可奈何誰能伏藏溝瀆而取辱耶於是自寫門狀求見彥澤其狀云上疏請殺太尉人李濤謹隨狀納命彥澤覽之欣然降階迎之然濤猶未安復曰太尉果然相恕乎彥澤曰覽公門狀見納命二字使人怒氣頓息又何憂哉濤素滑稽知其必免又戲爲伶人詞曰太尉既相恕何不將壓驚絹來彥澤大笑卒善待之

趙德鈞本名行實幽州人也少以騎射事滄州連帥劉
守文守文爲弟守光所害遂事守光署爲幽州軍校及
唐莊宗伐幽州德鈞知其必敗乃遁歸莊宗莊宗善待
之賜姓名曰紹斌累歷郡守從平梁遷滄州節度使同
光三年移鎮幽州明宗卽位遂歸本姓始改名德鈞其
子延壽尙明宗女興平公主故德鈞尤承倚重天成中
定州王都反契丹遣特哩袞舊作惕隱今改正領精騎五千來
援都至唐河爲招討使王晏球所敗會霖雨相繼所在
泥濘敗兵北走人馬饑疲德鈞於要路邀之盡獲餘衆
擒特哩袞已下首領數十人獻於京師明年王都平加

兼侍中頃之加東北面招討使德鈞奏發河北數鎮丁夫開王馬口至游口以通水運凡二百里又於閻溝築壘以戍兵守之因名良鄉縣以備鈔寇又於幽州東築三河城北接薊州頗爲形勝之要部民由是稍得樵牧德鈞鎮幽州凡十餘年甚有善政累官至檢校太師兼中書令封北平王（遼史天贊六年遣人以詔賜盧龍軍節度使趙德鈞七年趙德鈞遣人進時果蓋德鈞久在邊境嘗與契丹通好也）淸泰三年夏晉高祖起義于晉陽九月契丹敗張敬達之軍於太原城下唐末帝詔德鈞以本軍由飛狐路出賊後邀之時德鈞子延壽爲樞密使唐末帝命帥軍屯上黨德鈞乃以所部銀鞍契丹直

三千騎至鎮州率節度使華温琪同赴征行自吳兒峪路趨昭義與延壽會于西唐店十一月以德鈞爲諸道行營都統以延壽爲太原南面招討使遣端明殿學士呂琦齎賜官告兼令犒軍琦從容言天子委任之意德鈞曰既以兵相委焉敢惜死時范延光領兵二萬軍於遼州德鈞欲併其軍奏請與延光會合唐末帝諭延光疑其姦謀不從德鈞延壽自潞州引軍至團栢谷德鈞累奏乞授延壽鎮州節度末帝不悅謂左右曰趙德鈞父子堅要鎮州苟能逐退蕃戎要代予位亦所甘心若翫寇要君但恐犬兔俱斃朝廷繼馳書詔促令進軍德

鈞持疑不果乃遣使於契丹厚齎金幣求立以爲帝仍許晉祖長鎮太原契丹主不之許及楊光遠以晉安寨降於契丹德鈞父子自團栢谷南走潞州一行兵士投戈棄甲自相騰踐死者萬計時德鈞有愛將時賽率輕騎東還漁陽其部曲尚千餘人與散亡之卒俱集於潞州是日潞州節度使高行周亦自北還及至府門見德鈞父子在城闉上行周謂曰某與大王鄉人宜以忠言相告城中無斗粟可食請大王速迎車駕自圖安計無取後悔焉德鈞遂與延壽出降契丹高祖至德鈞父子迎謁于馬前高祖不禮之時契丹主問德鈞曰汝在幽

州日所置銀鞍契丹直何在德鈞指示之契丹盡殺于潞之西郊遂鏁德鈞父子入蕃及見國母舒嚕（舊作述律今改）氏盡以一行財寶及幽州田宅籍而獻之國母謂之曰汝父子自覔天子何耶德鈞俛首不能對（通鑑太后問曰汝近者何爲在太原德鈞曰奉唐主之命太后曰汝從吾兒求爲天子何妄語耶又自指其心曰此不可欺也又曰吾兒將行吾戒之云趙大王若引兵北向榆關亟須引歸太原不可救也汝欲爲天子何不先擊退吾兒徐圖亦未晚汝爲人臣旣負其主不能擊敵又欲乘亂邀利所爲如此復面目求生乎德鈞俛首不能對）又問田宅何在曰俱在幽州國母曰屬我矣又何獻也至天福二年夏德鈞卒於契丹（永樂大典卷一萬八千一百三十　契丹國志德鈞鬱鬱不多食踰年而死德鈞旣卒國主釋延壽而用之）

延壽本姓劉氏父曰邟常山人也常任蓨令梁開平初滄州節度使劉守文陷其邑時德鈞爲偏將獲延壽幷其母种氏遂養之爲子延壽姿貌妍柔稍涉書史尤好賓客亦能詩（太平廣記引趙延壽傳云延壽幼習武畧即戎之暇時復以篇什爲意嘗在北庭賦詩曰占得高原肥草地夜深生火拆林稍南人聞者傳之）及長尚明宗女興平公主初爲汴州司馬明宗即位授汝州刺史歷河陽宋州節度使入爲上將軍充宣徽使遷樞密使兼鎭徐州及高祖起義於晉陽唐末帝幸懷州委延壽北伐後高祖至潞州延壽與父德鈞俱陷北庭未幾契丹主以延壽爲幽州節度使封燕王尋爲樞密使兼政事令天福末契

丹既與少帝絶好契丹主委延壽以圖南之事許以中原帝之延壽乃導誘蕃戎蠶食河朔晉軍既降於中渡戎王命延壽就寨安撫諸軍仍賜龍鳳赭袍使衣之而往謂之曰漢兒兵士皆爾有之爾宜親自慰撫延壽至營杜重威李守貞已下皆迎謁於馬前及戎王入汴時南北降軍數萬皆野次於陳橋戎王慮其有變欲盡殺之延壽聞之遽請見於戎王曰臣伏見今日已前皇帝百戰千征始收得晉國不知皇帝自要治之乎爲他人取之乎戎王變色曰爾何言之過也朕以晉人負義舉國南征五年相殺方得中原豈不自要爲主而爲他人

耶卿有何説遽奏朕來延壽曰皇帝嘗知吳蜀與晉朝相殺否曰知延壽曰今中原南自安申西及秦鳳沿邊數千里並是西界守戍之所將來皇帝歸國時又漸及炎蒸若吳蜀二冦交侵中國未知如許大世界教甚兵馬禦捍苟失隄防豈非爲他人取也戎王曰我勿知也爲之奈何延壽曰臣知上國之兵當炎暑之時沿吳蜀之境難爲用也未若以陳橋所聚降軍團併別作軍額以備邊防戎王曰我念在壺關失斷陽城時亦曾言議未獲區分致五年相殺此時入手如何更不剪除延壽曰晉軍見在之數如今還似從前盡在河南誠爲不可

臣請遷其軍幷其家口於鎭定雲朔間以處之每歲差伊分番於河外沿邊防戍斯上策也戎王忻然曰一取大王商量由是陳橋之衆獲免長平之禍焉延壽在汴久之知戎王無踐言之意乃遣李崧達語於戎王求立以爲太子崧不得已而言之戎王曰我於燕王無所愛惜但我皮肉堪與燕王使用亦可割也何況他事我聞皇太子天子之子合作燕王豈得爲之也因命與燕王加恩時北來翰林學士承旨張礪擬延壽爲中京留守大丞相錄尚書事都督中外諸軍事樞密使燕王如故戎王覽擬狀索筆圍却錄尚書事都督中外諸軍事之

字乃付翰林院草制焉又以其子匡贊爲河中節度使
延壽在汴州復娶明宗小女爲繼室先是延州節度使
周密爲其子廣娶焉已納財畢親迎有日矣至是延壽
奪取之契丹主自汴廻至邢州命升延壽坐在契丹左
右相之上契丹主死延壽下教於諸道稱權知南朝軍
國事是歲六月一日爲永康王鄂約舊作兀欲今改正所鎖籍
其家財分給諸部壽以延壽入國竟卒於契丹案遼史世宗紀
天祿二年十月壬午南京留守魏王趙延壽薨薛史匡
漢高祖紀天福十二年起復其子贊蓋傳聞之誤
贊歷漢周兩朝累授節鎮及統軍使仕皇朝歷廬延邠
鄜等四鎮焉永樂大典卷一萬六千九百九十一

張礪字夢臣幼嗜學有文藻唐同光初擢進士第尋拜
左拾遺直史館會郭崇韜伐蜀奏請礪掌軍書蜀平崇
韜爲魏王繼岌所誅時崇韜左右親信皆懼禍奔逃惟
礪詣魏王府第慟哭久之時人服其高義永樂大典卷一萬三千九
百十三天成初明宗知其名授翰林學士用丁父母憂服
闕皆復入爲學士歷禮部兵部員外郎知制誥充職未
幾父之妾卒初妾在世礪以久侍先人頗亦敬奉諸幼
子亦以祖母呼之及卒礪疑其事詢於同僚未有以對
礪即托故歸於滏陽閑居三年不行其服論情制宜識
者韙之永樂大典卷一萬七百九十八案以下有闕文礪爲戎王翰林學士

開運末與契丹居南松之內軒轡交織多纖燭接洽無
厭倦色因密言曰此人用法如此豈能久處京師及北
去道路有觴酒豆肉必遺故客屬纊之日囊裵惟酒食
器皿而已識者無不高之冊府元龜卷七百九十六
張礪字夢臣磁州滏陽人也祖慶父寶世爲農礪幼
嗜學有文藻在布衣時或覩民間爭競必爲親詣公
府辨其曲直其負氣也如此唐同光初擢進士第尋
拜左拾遺直史館會郭崇韜伐蜀奏請礪掌軍書蜀
平崇韜爲魏王繼岌所誅時崇韜左右親信皆懼禍
奔逃惟礪詣魏王府第慟哭久之時人皆服其高義

及魏王班師礪從副招討使任圜東歸至利州會康
延孝叛廻據漢州圜奉魏王命廻軍西討延孝時礪
獻謀于圜請伏精兵于後先以羸師誘之圜深以爲
然延孝本驍將也任圜乃儒生也延孝聞圜至又覩
其羸師殊不介意及戰酣圜發精兵以擊之延孝果
敗遂擒之以歸是歲四月五日至鳳翔內官向延嗣
奉莊宗命令誅延孝監軍李延襲已聞洛中有變故
留延孝且害任圜之功故也圜未決礪謂圜曰此賊
構亂遂致凱旋差晚且明公血戰擒賊安得違詔養
禍是破檻放虎自貽其咎也公若不決余自殺此賊

任圜不得已遂誅延孝天成初明宗知其名召爲翰林學士再丁父母憂服闋皆復入爲學士歷禮部兵部員外郎知制誥充職未幾父之妾卒初妾在世礪以久侍先人頗亦敬奉諸幼子亦以祖母呼之及卒礪疑其事詢于同寮未有以對礪即託故歸于滏陽閒居三年不行其服論情制宜識者韙之淸泰中復授尚書比部郎中知制誥依前充學士高祖起晉陽唐末帝命趙延壽進討又命翰林學士和凝與延壽偕行礪素輕凝慮不能集事因自請行唐末帝慰而許之及唐軍敗于團柏谷與延壽俱陷于契丹契丹

以舊職縻之累官至吏部尚書契丹入汴授右僕射平章事集賢殿大學士隨至鎮州會契丹主卒永康王北去蕭翰自東京過常山乃引鐵騎圍其第時礪有疾方伏枕翰見礪責之曰爾言于先帝云不得任蕃人作節度使如此則社稷不永矣又先帝來時令我于汴州大內安下爾言不可又我爲汴州節度使爾在中書何故行帖與我礪抗聲而對辭氣不屈翰遂鎖礪而去（遼史礪抗聲曰此國家大體安危所繫吾實言之欲殺即殺奚以鎖爲）鎮州節度使滿達勒尋解其鎖是夜以疾卒家人殮其骨歸葬于滏陽礪素耿直嗜酒無檢始陷契丹時曾背契丹南歸爲追騎所獲契丹主怒曰爾何捨我而去礪曰礪漢人也衣服飲食與此不同生不如死請速就刃契丹主顧通事高唐英曰我常戒爾輩善待此人致其逃去過在爾輩因笞唐英一百其爲契丹主善待也如此礪平生抱義憐才急于奬拔聞人之善必擁袂以稱之見人之貧亦倒篋以濟之故死之之日中朝士大夫亦皆嘆惜焉（案此一則無出處即照原批低格列後）

蕭翰者契丹諸部之酋長也父曰阿巴（舊作阿鉢今改正）劉仁恭鎮幽州阿巴曾引衆寇平州仁恭遣驍將劉鴈郎與其子守光率五百騎先守其州阿巴不知爲郡人所給

因赴牛酒之會爲守光所擒契丹請贖之仁恭許其請尋歸其妹爲案巴堅（舊作阿保機今改正）妻則德光之母也翰有妹亦嫁於德光故國人謂翰爲國舅契丹入東京以翰爲宣武軍節度使契丹比無姓氏翰將有節度之命乃以蕭爲姓翰爲名自是翰之一族皆稱姓蕭契丹主北去留翰以鎮河南時漢高祖已建號於太原翰懼將北歸慮京師無主則衆皆爲亂乃遣蕃騎至洛京迎唐明宗幼子許王從益知南朝軍國事從益至翰率蕃將拜於殿上翌日翰乃輦其實貨鞍轡而北漢人以許王既立不復爲亂果中其狡計翰行至鎮州遇張礪翰以舊

事致忿就第數其失而鎖之翰歸本國爲永康王鄂約所鎖尋卒於本土（永樂大典卷五千二百二十五）

劉晞者涿州人也父濟雍累爲本郡諸邑令長晞少以儒學稱於鄉里嘗爲唐將周德威從事後陷於契丹契丹以漢職縻之天福中契丹命晞爲燕京留守嘗於契丹三知貢舉歷官至同平章事兼侍中隨契丹入汴授洛京留守會河陽軍亂晞走許州又奔東京蕭翰遣兵送晞至洛下契丹主死晞自洛復至東京蕭翰北歸遂留鎮州漢初與滿達勒（舊作麻答今改正）同奔定州後卒於北蕃（永樂大典卷九千九十九　契丹國志劉珂晞之子也尚世宗妹燕國公主）

崔廷勳不知何許人也（通鑑注引宋白曰廷勳本河內人）形貌魁偉美鬚髯幼陷契丹歷僞命雲州節度使官至侍中契丹入汴遷少帝於封禪寺遣廷勳以兵防守尋授河陽節度使甚得民情契丹北行武行德率軍趣河陽廷勳爲行德所逐乃與奚王伊喇（舊作拽剌今改正）保懷州尋以兵反攻行德行德出戰爲廷勳所敗及契丹主死遂歸鎮州漢初與滿達勒同奔定州後没於北蕃（永樂大典卷二千七百四十）

史臣曰帝王之尊必由天命雖韓信彭越之勇吳濞淮南之勢猶不可以妄冀而況二安之庸昧相輔爲亂固宜其自取滅亡也後之擁强兵莅重鎮者得不以爲鑒平彥澤狠于野心盈貫而死晚矣德鈞諸人與晉事相終始故附見于茲焉

舊五代史卷九十八終

舊五代史卷九十八攷證

晉列傳十三安重榮傳高祖聞重榮在北使人誘之　案歐陽史作使張穎陰招重榮

趙延壽傳未幾契丹主以延壽爲幽州節度使封燕王　案遼史云德鈞卒以延壽爲幽州節度使封燕王與是書同契丹國志會同六年以延壽爲盧龍節度使八年南征以延壽爲魏博節度使封燕王與是書異

壽爲樞密使兼政事令　案遼史天顯末以延壽妻在晉詔取之以歸自是益徼昂圖報會同初帝幸其第

加政事令不言延壽爲樞密使攷契丹國志云會同改元參用蕃漢以延壽爲樞密使兼政事令與是書同

燕王如故　案遼史會同七年正月己丑授延壽魏博等州節度使封魏王延壽本傳亦言其先封燕王改封魏王是延壽入汴時已爲魏王也是書始終稱爲燕王與遼史異

蕭翰傳尋卒于本土　案遼史翰後以謀反伏誅與是書異

舊五代史卷九十八攷證

舊五代史卷九十九

宋司空同中書門下平章事薛居正等撰

高祖紀上　漢書一

高祖睿文聖武昭肅孝皇帝姓劉氏諱暠本名知遠及即位改今諱其先本沙陁部人也四代祖諱湍帝有天下追尊爲明元皇帝廟號文祖陵曰懿陵案五代會要湍爲東漢顯宗第八子淮陽王昞之後高祖母隴西李氏追諡明貞皇后曾祖諱昂晉贈太保追尊爲恭僖皇帝廟號德祖陵曰沛陵案五代會要懿陵沛陵皆無陵所遥申朝拜曾祖母號國太夫人楊氏追諡恭惠皇后祖諱僎晉贈太傅追尊爲昭獻皇帝廟號翼祖陵曰威陵祖母魯國太夫人李氏追諡爲昭穆皇后皇考諱琠事後唐武皇帝爲列校晉贈太師追諡爲章聖皇帝廟號顯祖陵曰肅陵皇妣吳國太夫人安氏追諡章懿皇后后以唐乾寧二年歲在乙卯二月四日生帝於太原帝弱不好弄嚴重寡言及長面紫色目睛多白初事唐明宗列於麾下明宗與梁人對柵於德勝時晉高祖爲梁人所襲馬甲連革斷帝輟騎以授之取斷革者自跨之徐殿其後晉高祖感而壯之明宗踐阼晉高祖爲北京留守以帝前有護援之力奏移麾下署爲牙門都校應順初晉高祖鎮常山唐明宗召赴闕會閔帝

出奔與晉高祖相遇於途遂俱入衛州泊於郵舍閔帝左右謀害晉高祖帝密遣御士石敢袖鎚立於晉高祖後及有變敢擁晉高祖入一室以巨木塞門敢尋死焉帝率衆盡殺閔帝左右遂免晉高祖於難（通鑑攷異引漢高祖實錄云是夜偵知少帝伏甲欲與從臣謀害晉高祖詐屛人對語方坐庭廡帝密遣御士石敢袖鎚立于後俄頃伏甲者起敢有勇力擁晉高祖入一室以巨木塞門敢力當其鋒死之帝解佩刀遇夜晦以在地葦炬未然者奮擊之衆謂短兵也遂散走帝乃匿身長垣下聞帝親將李洪信謂人曰石太尉死矣帝隔垣呼洪信曰太尉無恙乃踰垣出就洪信兵共護晉高祖殺建謀者以少主授王宏贄）清泰元年晉高祖復鎮河東三年夏移鎮汶陽帝勸晉高祖擧義贊成密計經綸之始中外賴之晉高祖以帝爲北京馬步軍都指揮使及契丹以全軍赴難大破張敬達之衆於晉陽城下有降軍千餘人晉高祖將置之於親衛帝盡殺之晉國初建加檢校司空充侍衛馬步都指揮使權點檢隨駕六軍諸衛事尋改陝州節度使充侍衛親軍馬步都虞候契丹主送晉高祖至上黨指帝謂高祖曰此都軍甚操刺無大故不可棄之晉高祖入洛委帝巡警都邑肅然無敢犯令天福二年夏四月加檢校太保八月改許州節度使典軍如故三年夏四月加檢校太傅冬十月授侍衛親軍馬步軍都指揮使十一月移授宋州加檢校太尉十二月加同平章事時帝與杜重威同制加

恩帝憤然不樂懇讓不受杜門不出者數日（通鑑知遠自謂有佐命功重威起于外戚無大功恥與之同制制下數日杜門四表辭不受）晉高祖怒召宰相趙瑩等議落帝兵權任歸私第瑩等以爲不可乃遣端明殿學士和凝就第宣諭帝乃承命五年三月改鄴都留守兼侍衛親軍馬步軍都指揮使九月奉詔赴闕晉高祖幸其第六年七月授北京留守河東節度使七年正月加侍中時天下大蝗惟不入河東界六月晉高祖崩於鄴宮少帝卽位加帝檢校太師八年三月進位中書令開運元年正月契丹南下契丹主以大軍直抵澶州遣蕃將偉王率兵入鴈門朝廷以帝爲幽州道行營招討使帝大破偉王於忻口尋奉詔起兵至土門軍至樂平會契丹退乃還三月封太原王七月兼北面行營都統二年四月封北平王三年五月加守太尉是月帝誅吐渾白承福等五族凡四百人以別部王義宗統其餘衆九月（案以下疑有脫文）犯塞帝親率牙兵至朔州南陽武谷大破之（東都事畧郭進傳契丹屠安陽高祖遣進拒戰契丹敗走以功除刺史）十一月契丹主率蕃漢大軍由易定抵鎭州杜重威等駐軍於中渡橋以禦之十二月十日杜重威等以全軍降於契丹十七日相州節度使張彥澤受契丹命陷京城遷少帝於開封府帝聞之大駭分兵守境以備寇患天福十

二年春正月丁亥朔契丹主入東京癸巳晉少帝蒙塵於封禪寺癸卯少帝北遷二月丁巳朔契丹主具漢法服御崇元殿受朝制改晉國爲大遼國大赦天下號會同十年是月帝遣牙將王峻奉表於契丹契丹主賜詔褒美呼帝爲兒又賜木柺一蕃法貴重大臣方得此賜亦猶漢儀賜几杖之比也王峻持柺而歸契丹望之皆避路及峻至太原帝知契丹政亂乃議建號焉是月秦州節度使何建以其地入於蜀戊辰河東行軍司馬張彥威與文武將吏等以中原無主帝威望日隆羣情所屬上牋勸進帝謙讓不允自是羣官三上牋諸軍將吏

緇黃耆耋相次廹請教答允之庚午陝府屯駐奉國指揮使趙暉侯章都頭王晏殺契丹監軍及副使劉愿暉自稱留後契丹因授暉陝州兵馬留後侯章爲本州馬步軍都指揮使王晏爲副都指揮使暉等不受僞命（宋史王晏傳開運末與本軍都校趙暉忠衛都校侯章等戍陝州會契丹至汴遣其將劉愿據陝恣行暴虐晏與暉等謀曰今契丹南侵天下洶洶英雄豪傑固當乘時自奮且聞太原劉公威德遠被人心歸服若殺愿送款河東爲天下唱首則取富貴如反掌耳暉等然之晏乃率敢死士數人夜踰城入府署劫庫兵給其徒遲明斬愿首懸府門外衆請暉爲帥章爲本城副指揮使內外巡檢使兼都虞候乃遣其子漢倫奉表晉陽）辛未帝於太原宮受册卽皇帝位制改晉開運四年爲天福十二年（契丹國志云漢主仍稱天福年號曰予未忍忘晉也）甲戌帝以晉帝舉族北遷憤惋久之是日率親兵趨土門路遂迎晉帝至壽陽聞其已過乃還契丹聞帝建號僞制創奪帝官爵以通事耿崇美爲潞州節度使高唐英爲相州節度使崔廷勳爲河陽節度使以扼要害之地丁丑磁州賊帥梁暉據相州己卯帝遣都將史弘肇率兵討代州平之初代州刺史王暉叛歸契丹弘肇一鼓而拔之斬暉以徇庚辰權晉州兵馬留後張晏洪奏軍亂殺知州副使駱從朗及括錢使諫議大夫趙熙以城歸順時晉州留後劉在明赴東京朝於契丹從朗知軍州事帝方遣使張晏洪辛處明等告諭登極從朗因之本城大將藥可儔

殺從朗於理所州民相率害趙熙三軍請晏洪爲留後處明爲都監辛巳權陝州留後趙暉權潞州留後王守恩並上表歸順癸未澶州賊帥王瓊與其衆斷本州浮橋瓊敗死之時契丹以族人朗悟（舊作郎五今改正）爲澶州節度使契丹性貪虐吏民苦之瓊爲水運什長乃構夏津賊帥張乙得千餘人沿河而上中夜竊發自南城殺守將絕浮航入北城朗悟據牙城以拒之數日會契丹救至瓊敗死焉契丹主聞其變也懼甚由是大河之南無久留之意尋遣天雄軍節度使杜重威歸鎮三月丙戌朔詔河東管內自前稅外雜色徵配一切除放是日契

丹主坐崇元殿行入閤之禮契丹主以舅蕭翰爲宣武軍節度使辛卯權延州留後高允權遣判官李彬奏本道節度使周密爲三軍所逐以允權知留後事上表歸順未幾帝召密赴行在壬辰丹州都指揮使高彥珣殺僞命刺史據城歸命壬寅契丹主發自東京還本國案遼史太宗紀作四月丙辰朔發自汴州與薛史異歐陽史及通鑑俱從薛史作壬寅是日宿於赤岡至晡有大聲如雷起於敵帳之下契丹自黎陽濟河遂趨相州案通鑑作丙午契丹自白馬渡河遼史作乙丑濟黎陽渡與通鑑異庚戌帝以北京馬步軍都指揮使泗州防禦使檢校太保劉崇爲太原尹檢校太尉以北京馬步軍都虞候郭從義爲鄭

州防禦使檢校太保以北京興捷左廂都指揮使李洪信爲陳州刺史檢校司徒以興捷右廂都指揮使尙洪遷爲單州刺史檢校司徒以北京武節左廂都指揮使蓋萬爲蔡州刺史以武節右廂都指揮使周暉爲濮州刺史以保寧都指揮使朱奉千爲隨州刺史辛亥吐渾節度使王義宗加檢校太尉以前忻州刺史秦習爲耀州團練使癸丑以北京副留守檢校司徒白文珂爲河中節度使檢校太尉夏四月已未以北京馬軍都指揮使集州刺史劉信爲滑州節度使充侍衛馬軍都指揮檢校太傅以北京隨使右都押衙楊邠爲權樞密使檢

校太保以北京武節都指揮使雷州刺史史弘肇爲許州節度使充侍衛步軍都指揮使檢校太傅以北京牢城都指揮壁州刺史常思爲鄧州節度使檢校太傅兼權北京馬步軍都指揮使三城巡檢使以河東行軍司馬張彥威爲同州節度使檢校太保以蕃漢兵馬都孔目官郭威爲權樞密使檢校司徒以河東左都押衙扈彥珂爲宣徽南院使檢校司徒以右都押衙王浩爲宣徽北院使檢校司徒以兩使都孔目官王章爲權三司使檢校太保是日契丹王取相州殺留後梁暉宋史李穀傳潛遣河朔酋豪梁暉入據安陽契丹主患之卽謀北旋會有告契丹以城中虛弱者契丹遣攻安陽陷其城暉

磁州滏陽人少爲盜會契丹入汴暉收集徒黨先入磁州無所侵犯遣使送款於帝暉偵知相州頗集兵仗且無守備遂於三月二十一日夜與其徒踰垣而入殺契丹數十人奪器甲數萬計遂據其城契丹主先遣僞命相州節度使高唐英率兵討之未幾契丹主至城下是月四日攻拔之遂屠其城翌日契丹主北去命高唐英鎭之唐英閱城遺民得男女七百人而已乾祐中王繼弘鎭相州奏於城中得髑髏十餘萬殺人之數從可知也庚申以石州刺史易全章爲洺州團練使以前遼州刺史安眞爲宿州團練使以嵐州刺史孟行超爲潁州

團練使以汾州刺史武彥弘爲曹州防禦使以前憲州刺史慕容信爲齊州防禦使以遼州防禦薛瓊爲亳州防禦使以沁州刺史李漢韜爲汝州防禦使癸亥冊魏國夫人李氏爲皇后甲子以皇長子承訓爲左衞上將軍第二子承祐爲左衞大將軍第三子承勳爲右衞大將軍皇女彭城郡君宋氏封永寧公主皇姪承贇爲右衞上將軍以河東節度判官蘇逢吉爲中書侍郎同平章事集賢殿大學士以河東觀察判官蘇禹珪爲中書侍郎同平章事升府州爲節鎮加永安軍額以振武節度使府州團練使折從阮爲永安軍節度使行府州刺史檢校太尉以北京隨使左都押衙劉銖爲河陽節度使以河東支使韓祚爲左諫議大夫充樞密直學士乙丑遣史弘肇率兵一萬人趨潞州丙寅以權知潞州軍州事左驍衞大將軍王守恩爲潞州節度使檢校太保以權點檢延州軍州事高允權爲延州節度使檢校太保以岢嵐軍使鄭謙爲忻州刺史遙領應州節度使充忻代二州義軍都部署丁卯以河東都巡館驛沿河巡檢使閻萬進爲嵐州刺史領朔州節度使充嵐憲二州義軍都制置戊辰權河陽留後武行德以城來歸初契丹主將發東京舩載武庫兵仗自汴浮河欲置之於北

地遣奉國都虞候武行德部送與軍士千餘人弁家屬俱行至河陰軍亂奪兵仗殺契丹監吏衆推行德爲帥與河陰屯駐軍士合乃自氾水抵河陽河陽僞命節度使崔延勳率兵拒之兵敗行德等追躡之延勳棄城而遁行德因據其城（隆平集武行德傳行德陷于契丹僞請自効因遣送將校數十人護所取尙方鎧甲還契丹至河陰行德謂衆曰我與若等能爲邊地鬼耶衆素伏其威名皆曰惟命遂攻孟州走其節度使崔延勳悉以府庫分諸校而權領州事集又云遣其弟行友詣太原勸進）僞命西京留守劉晞棄洛城南走許州遂奔東京洛京巡檢使方太自署知留守事未幾太爲武行德所害是月蕃將耿崇美屯澤州史弘肇遣先鋒將馬誨率兵擊之崇美退保懷州崔延勳以契丹衆攻武行德於河陽行德出戰爲延勳所敗汴州蕭翰遣蕃將高牟翰將兵援送劉晞復歸於洛牟翰至殺前澶州節度使潘環於洛陽辛未以河陽都部署武行德爲河陽節度使檢校太尉充一行馬部軍都部署甲戌潞州節度使王守恩加檢校太尉以前棣州刺史慕容彥超爲澶州節度使檢校太保丙子契丹主耶律德光卒於鎮之欒城（案遼史太宗紀四月丁丑崩於欒城與薛史異歐陽史及通鑑俱從薛史作丙子）趙延壽於鎮州自稱權知國事辛巳陝州節度使趙暉加檢校太尉華州節度使兼陝州馬步軍都指揮使侯章加檢校太傅以陝府馬步軍副

都指揮使兼絳州防禦使王晏爲晉州節度使檢校太傅以丹州都指揮使權知軍州事高彥珣爲丹州刺史永樂大典卷一萬六千九十八 隆平集王晏傳云漢祖威名未振而晏等歸之甚喜卽授以節度使

舊五代史卷九十九終

舊五代史卷九十九攷證

漢高祖紀上帝大破偉王于忻口 案漢祖破偉王是書作開運元年正月歐陽史漢本紀作三年五月晉本紀又載開運元年正月辛丑劉知遠及契丹偉王戰于秀容敗之兩紀年月互異應以是書爲據

三年五月加守太尉是月帝誅吐渾白承福等五族 案歐陽史作八月殺吐渾白承福等族

殺契丹數十人 案契丹國志作殺遼兵數百

丙子契丹主耶律德光卒于鎭之欒城 案遼史太宗紀四月丁丑崩于欒城與是書異歐陽史及通鑑俱從是書作丙子

舊五代史卷九十九攷證

宋司空同中書門下平章事薛居正等撰

高祖紀下　漢書二

天福十二年夏五月乙酉朔契丹所署大丞相政事令東京留守燕王趙延壽爲永康王鄂約舊作兀欲今改正所縶既而鄂約召蕃漢臣寮於鎭州牙署戎王遺詔命鄂約嗣位於是發哀成服辛卯詔取五月十二日車駕南幸甲午以判太原府事劉崇爲北京留守命皇子承訓武德使李暉大內巡檢丙申帝發河東取陰地關路幸東京時星官言太歲在午不利南巡故路出陰地丁酉史弘肇奏澤州刺史翟令奇以郡來降宋史李萬超傳史宏肇路徑澤州刺史翟令奇堅壁拒命萬超馳至城下諭之曰今契丹北遁天下無主并州劉公仗大義定中土所向風靡後服者族早盡圖之令奇乃開門迎納宏肇即留萬超權州事是日契丹所署汴州節度使蕭翰迎郇國公李從益至東京請從益知南朝軍國事己亥蕭翰發離東京北去乙巳契丹永康王鄂約自鎭州還蕃行次定州以定州節度副使耶律忠爲定州節度使孫方簡爲雲州節度使方簡不受命遂歸狼山戊申車駕至絳州本州刺史李從朗以郡降初契丹遣偏校成霸卿曹可璠等守其郡帝建義之始不時歸命及車駕至帝耀兵於城下不令攻擊從朗等遂降六月

乙卯契丹河中節度使趙贊起復河中節度使按通鑑起復趙匡贊在七月甲午以後與薛史異又匡贊薛史作趙贊考贊即延壽之子仕宋歷廬延邠鄜四州蓋入宋後避諱去匡字也今仍其舊是日契丹右僕射兼中書侍郎平章事張礪卒於鎭州丙辰車駕至洛兩京文武百寮自新安相次逢迎郇國公李從益唐明宗淑妃王氏皆賜死於東京甲子車駕至東京丙寅以漢州就糧歸捷指揮使張建爲濮州刺史以金州守禦指揮使康彥環爲金州防禦使建雄彥環皆因亂害本州刺史自知州事故有是命以北京知進奏王從璋爲內客省使戊辰制大赦天下應天福十二年六月十五日眛爽以前天下見禁罪人已結正未結正已發覺未發覺除十惡五逆外罪無輕重咸赦除之諸州去年殘稅並放東西京一百里外放今年夏稅一百里內及京城今年屋稅並放一半契丹所授職任不宜改更諸貶降官未量移與量移已量移者與敘錄徙流人並放還應係欠省省錢家業抵當外並放宜以國號爲大漢年號依舊稱天福云案歐陽史六月戊辰改國號漢是戊辰以前猶未改國號也遼史太宗紀二月辛未河南節度使北平王劉知遠自立爲帝國號漢蓋因其自立而牽連書之疑未詳考己巳詔青州襄州安州復爲節鎭曹陳二州依舊爲郡壬申北京留守劉崇加同平章事以中書舍人劉繼儒爲宗正卿翰林學士承旨尚書兵

部侍郎張允落職守本官以尚書左丞張昭爲吏部侍
郎以左散騎常侍邊歸讜爲禮部侍郎以左散騎常侍
王仁裕爲戶部侍郎充翰林學士承旨以右諫議大夫
張沆爲左散騎常侍充翰林學士以戶部侍郎李式爲
光祿卿以翰林學士尚書禮部侍郎邊光範爲衞尉卿
甲戌詔文武臣僚每遇內殿起居輪次上封事丁丑以
湖南節度使馬希範卒輟視朝三日是月契丹所命相
州節度使高唐英爲屯駐指揮使王繼弘楚暉所殺秋
七月己丑以御史中丞趙上交爲太僕卿以戶部侍郎
邊蔚爲御史中丞甲午武安軍節度副使水陸諸軍副

都指揮使判內外諸司江南西道觀察等使檢校太尉
馬希廣可檢校太師兼中書令行潭州大都督天策上
將軍充武安軍節度湖南管內觀察使江南諸道都統
封楚王丙申以鄴都留守天雄軍節度使檢校太師守
太傅兼中書令衞國公杜重威爲宋州節度使加守太
尉以宋州節度使檢校太師兼中書令高行周爲鄴都
留守加守太傅以鄆州節度使檢校太師兼侍中李守
貞爲河中節度使加兼中書令以河中節度使檢校太
尉趙贊爲晉昌軍節度使宋史趙贊傳贊懼漢疑己潛遣親吏趙儼奉表歸蜀判官
李恕者趙延壽賓佐深所委賴至家事亦參之及贊出鎮從爲上介至是恕語贊曰燕王入遼非所願也漢方

建國必務懷柔公若泥首歸朝必保富貴狼狽入蜀理難萬全儻若不容後悔無及公能聽納請先入朝爲公
中理贊即遣恕詣闕漢祖見恕問贊何以附蜀恕曰贊家在燕薊身受契丹之命自懷憂恐謂陛下終不能容
招引西軍蓋圖苟免臣意國家甫定務安臣民所以令臣乞哀求覲漢祖曰贊之父子亦吾人也事契丹出于
不幸今聞延壽落于陷穽吾忍不容贊耶恕未還贊已離鎮入朝即命爲左驍衞將軍以晉昌軍
節度使張彥超爲鄜州節度使加檢校太師庚子以徐
州節度使檢校太師同平章事岐國公符彥卿爲兗州
節度使加兼侍中以鄧州節度使檢校太師王周爲徐
州節度使加同平章事以許州節度使檢校太保劉重
進爲鄧州節度使加檢校太傅以兗州節度使檢校太
師兼侍中安審琦爲襄州節度使檢校太師莒國公李

從敏爲西京留守加同平章事以鳳翔節度使檢校太
師同平章事侯益依前鳳翔節度使加兼侍中辛丑故
守司空兼門下侍郎平章事譙國公劉昫贈太保甲辰
華州節度使侯章同州節度使張彥威涇州節度使史
威並加檢校太尉以晉昌軍節度使檢校太保劉銖爲
青州節度使加檢校太尉同平章事以河中節度使檢
校太尉白文珂爲鄆州節度使加同平章事以青州節
度使楊承信爲安州節度加檢校太傅滑州節度使兼
侍衞馬軍都指揮使劉信許州節度使兼侍衞步軍都
指揮使史弘肇並加檢校太尉庚戌以司天監任延浩

爲殿中監以司天少監杜昇爲司天監是月契丹永康王鄂約囚祖母舒嚕（舊作述律今改正）氏於木葉山閏月辛酉以左衞上將軍皇甫立爲太子太師致仕乙丑禁造契丹樣鞍轡器械服裝故開封尹桑維翰贈尚書令故西京留守景延廣贈中書令以前衞尉卿薛仁讓爲司農卿丙寅唐故樞密使郭崇韜贈中書令故河中節度使安重誨贈尚書令故華州節度使毛璋贈侍中故汴州節度使朱守殷贈中書令丁卯故青州節度楊光遠贈尚書令追封齊王仍令所司追謚立碑唐故河中節度使西平王朱友謙追封魏王故樞密使馮贇贈中書令

故河陽節度使判六軍康義誠贈中書令故西京留守京兆尹王思同故邠州節度使藥彥稠故襄州節度使安重進故鎭州節度使安重榮並贈侍中庚午以前延州留後薛可言爲宣徽北院使以監察御史王度爲樞密直學士新授宋州節度使杜重威據鄴都叛詔削奪重威官爵貶爲庶人以高行周爲行營都部署率兵進討辛未以權樞密使楊邠爲樞密使加檢校太傅以權樞密副使郭威爲副樞密使加檢校太保以權三司使王章爲三司使加檢校太傅壬申故晉昌軍節度使趙在禮贈中書令故曹州節度使石贇贈侍中故滑州節度使皇甫遇贈中書令故同州節度使劉繼勳故貝州節度使梁漢璋皆贈太尉故宣徽使孟承誨贈太保丁丑有彗出於張旬日而滅己卯陝州節度使趙暉加階爵晉州節度使王晏加檢校太尉河陽節度使武行德加階爵延州節度使高允權加檢校太尉鄧州節度使常思加檢校太尉移鎭潞州庚辰追尊六廟以太祖高皇帝世祖光武皇帝爲不祧之廟高曾以下四廟追尊謚號已載於前矣是日權太常卿張昭上六廟樂章舞名太祖高皇帝室酌獻請依舊奏武德之舞世祖光武皇帝室酌獻請依舊奏大武之舞文祖明元皇帝室酌

獻請奏靈長之舞德祖恭僖皇帝室酌獻請奏積善之舞翼祖昭獻皇帝室酌獻請奏顯仁之舞顯祖章聖皇帝室酌獻請奏章慶之舞其六廟歌詞文多不錄八月壬午朔鎭州駐屯護聖左廂都指揮使白再榮等逐契丹所命節度使滿達勒（舊作麻荅今改正）復其城滿達勒與河陽節度使崔廷勳洛京留守劉晞並奔定州馳驛以聞庚寅以洺州團練使薛懷讓爲邢州節度使辛卯詔恆州復爲鎭州順國軍復爲成德軍乙未以護聖左廂都指揮使恩州團練使白再榮爲鎭州留後丙申詔天下凡關賊盜不計贓物多少案驗不虛並處死以兩浙節

度使守太師兼中書令吳越國王錢弘佐薨廢朝三日丙午以吐渾府節度使檢校太尉王義宗爲沁州刺史依前吐渾節度使己酉以刑部尚書竇貞固爲吏部尚書是日薛懷讓奏收復邢州殺僞命節度副使知州事劉鐸初懷讓爲洺州防禦使契丹滿達勒發健步督洺州糧運懷讓殺之以聞帝遣郭從義與懷讓攻取邢州蕃將楊袞來援鐸懷讓拒之不勝退保洺州敵騎掠其部民大被其苦會鎮州逐滿達勒楊袞收兵而退鐸乃上表請命懷讓乘其無備遣人紿鐸云奉詔襲契丹請置頓於郡鐸開門迎之卽爲懷讓所害時人寃之鐸初受契丹命爲邢州都指揮使及永康王以高奉明爲節度使滿達勒署鐸爲邢州副使兼都指揮使帝至東京奉明歸鎮州令鐸知邢州事至是遇害庚戌文武百寮上表請以二月四日降誕日爲聖壽節從之前晉昌軍節度副使李肅加左驍衛上將軍致仕是月遣使諸道和市戰馬九月甲子宰臣蘇逢吉兼戶部尚書蘇禹珪兼刑部尚書丁卯以吏部侍郎權判太常卿事張昭爲太常卿戊辰故易州刺史郭璘贈太傅甲戌宰臣蘇逢吉加左僕射監修國史蘇禹珪加右僕射集賢殿大學士以吏部尚書竇貞固爲守司空兼門下侍郎平章事

弘文館大學士（宋史竇貞固傳初帝與貞固同事晉祖甚相得時蘇逢吉蘇禹珪自霸府僚佐驟居相位思得舊臣冠首以貞固持重寡言有時望乃拜司空門下侍郎平章事）以翰林學士行中書舍人李濤爲中書侍郎兼戶部尚書平章事（宋史李濤傳杜重威據鄴叛高祖命高行周慕容彥超討之二帥不協濤密疏親征高祖覽奏以濤堪任宰輔卽拜中書侍郎兼戶部侍郎平章事）是日權太常卿張昭上疏奏改一代樂名戊寅詔以杜重威叛命取今月二十九日暫幸澶魏己卯以前樞密使李崧爲太子太傅以前左僕射和凝爲太子太保庚辰車駕發京師冬十月癸未以太子太保李鏻爲司徒以太子太傅盧文紀爲太子太師以前磁州刺史李穀爲左散騎常侍（宋史李穀傳舊制罷外郡歸本官至是進秩獎之也）甲申車駕次韋城詔河北諸州見禁罪人自十月五日昧爽以前常赦所不原者咸赦除之壬辰日有黑子如雞卵丙申以相州留後王繼弘爲相州節度使加檢校太傅至鄴都城下丙午詔都部署高行周督衆攻城帝登高阜以觀之時衆議未欲攻擊副部署慕容彥超堅請攻之是日王師傷夷者萬餘人不克而退十一月壬子雨木冰癸丑日南至從官稱賀於行宮己未湖南奏荆南節度使高從誨叛辛酉雨木冰壬申杜重威上表請命癸酉雨木冰丁丑杜重威素服出降待罪於宮門詔釋其罪鄴都留守天雄軍節度使高行周加守太尉

封臨淸王以杜重威爲檢校太師守太傅兼中書令楚國公己卯以許州節度使兼侍衛步軍都指揮使史弘肇爲宋州節度使同平章事充侍衛親軍馬步軍都指揮使以滑州節度使兼侍衛馬軍都指揮使劉信爲許州節度使同平章事充侍衛親軍馬步軍副都指揮使以澶州節度使慕容彥超爲鄆州節度使同平章事以前定州節度使李殷爲貝州節度使以鄭州防禦使郭從義爲澶州節度使十二月辛巳朔以護聖左廂都指揮使岳州防禦使李洪信爲遂州節度使充侍衛步軍都指揮使以護聖右廂都指揮使永州防禦使尚洪遷爲夔州節度使充侍衛步軍都指揮使丙戌車駕發鄴都歸京癸巳至自鄴都甲午以皇子開封尹承訓薨廢朝三日追封魏王丁酉帝舉哀於太平宮庚子司徒李鏻薨辛丑以前鄜州節度使郭謹爲滑州節度使加檢校太尉戊申宿州奏部民餓死者八百六十有七人乾祐元年正月辛亥朔帝不受朝賀乙卯制大赦天下改天福十三年爲乾祐元年自正月五日昧爽已前犯罪人除十惡五逆外罪無輕重咸赦除之己未改御名爲暠辛酉詔諸道行軍副使兩使判官並不得奏薦帶使相節度使許奏掌書記支使節度推官不帶使相節度使

只許奏掌書記節度推官其防禦團練判官軍事判官等聽奏所薦州縣官帶使相節度使許薦三人不帶使相二人防禦團練刺史一人云以前鄧州節度使燕國公馮道爲守太師進封齊國公甲子帝不豫庚午以前宗正卿石光贊爲太子賓客以太僕卿趙上交爲秘書監丁丑故尚書左丞韓祚贈司徒二十七日丁丑帝崩於萬歲殿時年五十四秘不發喪庚辰太傅杜重威伏誅契丹國志云漢主召蘇逢吉楊邠史宏肇入受顧命曰承祐幼弱後事託在卿輩又曰善防杜重威是日殂逢吉等秘不發喪下詔稱重威父子因朕小疾謗議搖衆皆斬之磔死于市市人爭啖其肉二月辛巳朔內降遺制皇子周王承祐可於柩前卽皇帝位是日發哀其年三月太常卿張昭上謚曰睿文聖武昭肅孝皇帝廟號高祖十一月壬申葬於睿陵宰臣蘇禹珪撰謚册哀册文云永樂大典卷一萬六千九十八五代史補高祖嘗在晉祖麾下晉祖既起太原因高祖遂有天下先是豫章有僭號上藍者精於衛數自唐末著讖云石榴花發石榴開議者以石榴則晉漢之謂也再言石榴者明享祚俱不過二世矣

史臣曰在昔皇天降禍諸夏無君漢高祖肇起幷汾遄臨汴洛乘虛而取神器因亂而有帝圖雖曰人謀諒由天啟然帝昔莅戎藩素虧物望洎登宸極未厭人心徒矜拯溺之功莫契來蘇之望良以急於止殺不暇崇仁燕薊降師既連營而受戮鄴臺叛帥因閉壘以偷生蓋

撫御以乖方俾征伐之不息及回鑾輅尋墮烏號故雖有應運之名而未覩爲君之德也永樂大典卷一萬六千九十八

舊五代史卷一百終

舊五代史卷一百攷證

漢高祖紀下 矯其主遺詔命烏裕嗣位 案遼史世宗紀作四月戊寅即皇帝位歐陽史通鑑契丹國志俱從是書作五月與遼史異

乙巳契丹永康王烏裕自鎮州還蕃行次定州 案遼史作甲申次定州與是書異

契丹河中節度使趙贊起復河中節度使 案遼史世宗紀天祿二年十月壬午南京留守魏王趙延壽薨攷遼天祿二年即漢乾祐二年此時天福十二年延壽尚未死也此必因延壽爲永康王所鎖而漢人傳其已死遂起復其子贊以絶其北向之心耳

新授宋州節度使杜重威貶爲庶人 案通鑑杜重威據鄴都叛詔削奪重威官爵在七月至閏月庚午乃削奪官爵五代春秋歐陽史作閏七月杜重威拒命與通鑑異

懷讓遣人給鐸云奉詔襲契丹請置頓于郡 案宋史薛懷讓傳懷讓遣人紿鐸云我奉詔爲邢州帥據是書則懷讓實紿鐸奉詔襲契丹以庚寅授邢州節度使非紿之也特託言置頓于郡耳

丙申至鄴都城下 案通鑑作戊戌至鄴都城下與是

書異

甲午以皇子開封尹承訓薨廢朝三日追封魏王　案通鑑辛卯皇子開封尹承訓卒乙未追立爲魏王與是書紀日互異

烏裕舊作兀欲今改　舒嚕舊作述律今改　滿達勒舊作麻答今改

舊五代史卷一百攷證

舊五代史卷一百一

宋司空同中書門下平章事薛居正等撰

隱帝紀上　漢書三

隱皇帝諱承祐高祖第二子也母曰李太后以唐長興二年歲在辛卯三月七日生帝于鄴都之舊第高祖鎭太原署節院使累官至檢校尚書右僕射國初授左衞大將軍檢校司空遷大內都點檢檢校太保乾祐元年正月二十七日高祖崩秘不發喪二月辛巳授特進檢校太尉同平章事封周王宣制畢有頃召文武百僚赴萬歲殿內降大行皇帝遺制云周王承祐可于柩前卽皇帝位服紀日月一依舊制是日內外發哀成服初高祖欲改年號中書門下進擬乾和二字高祖改爲乾祐至是與御名相符甲申羣臣上表請聽政詔答不允凡四上表從之丁亥帝于萬歲殿門東廡下見羣臣尊母后爲皇太后己丑徐州節度使王周卒庚寅以前晉州留後劉在明爲鎭州留後幽州馬步軍都部署加檢校太尉是日工部尚書龍敏卒壬辰右衞大將軍王景崇奏于大散關大敗蜀軍俘斬三千人初契丹犯京師侯益趙贊皆受其命節度岐蒲聞高祖入洛頗懷反仄朝廷移贊于京兆侯益與贊皆求援于蜀蜀遣何建率軍

出大散關以應之至是景崇糾合岐雍邠涇之師以破之癸巳制大赦天下自乾祐元年二月十三日昧爽已前所犯罪人已結正未結正已發覺未發覺常赦所不原者咸赦除之中外文武臣僚並與加恩馬步將士各賜優給唐晉兩朝求訪子孫立爲二王後云丙午鳳翔巡檢使王景崇遣人送所獲僞蜀將校軍士四百三十八人至闕下詔釋之仍各賜衣服以兵部侍郎張允爲吏部侍郎以工部侍郎司徒詡爲禮部侍郎丁未以光祿卿李式爲尚書右丞以禮部侍郎邊歸讜爲刑部侍郎以刑部侍郎盧價爲兵部侍郎三月甲寅帝始御廣

政殿羣臣起居殿中少監胡崧上言請禁斫伐桑棗爲薪城門所由專加捉搦從之丙辰鄴都留守太尉中書令臨淸王高行周進封鄴王北京留守檢校太尉同平章事劉崇加宋州節度使兼侍衞親軍馬步軍都指揮使檢校太尉同平章事史弘肇並加檢校太師兼侍中前邢州節度使安叔千以太子太師致仕戊午以右諫議大夫于德辰爲兵部侍郎庚申河中節度使檢校太師兼中書令李守貞加守太傅進封魯國公襄州節度使檢校太師兼中書令虢國公安審琦加守太保進封齊國公兗州節度使檢校太師兼侍中岐國公符彥卿加兼中書令進封魏國公許州節度兼侍衞親軍副都指揮使檢校太尉同平章事劉信加檢校太師壬戌以宰臣竇貞固爲山陵使吏部侍郎段希堯爲副使太常卿張昭爲禮儀使兵部侍郎盧價爲鹵簿使御史中丞邊蔚爲儀仗使丙寅以前鳳翔節度使兼西南面兵馬都署檢校太師兼侍中侯益爲開封尹加兼中書令（宋史侯益傳益率數十騎奔入朝隱帝遣侍臣問益連結蜀軍之由益對曰臣欲誘之出關掩殺之耳隱帝笑之益厚賂史弘肇輩言王景崇之横恣諸權貴深庇護之乃授以開封尹兼中書令）西京留守檢校太師平章事莒國公李從敏夏州節度使檢校太師同平章事李彝殷並加兼侍中青州節度使檢校太尉同

平章事劉銖鄆州節度使檢校太尉同平章事慕容彥超並加檢校太師詔改廣晉府爲大名府晉昌軍爲永興軍戊辰靈州節度使檢校太師同平章事馮暉加兼侍中河陽節度使武行德滄州節度使王景華州節度使侯章晉州節度使王晏並依前檢校太尉加同平章事庚午涇州節度使史懿潞州節度使常思同州節度使張彥威延州節度使高允權並依前檢校太尉加同平章事澶州節度使郭從義邢州節度使薛懷讓並自檢校太傅加檢校太尉以前奉國右廂都指揮使王饒爲鄜州留後甲戌以邠州節度使檢校太尉同平章事

王守恩爲永興軍節度使加檢校太師以滑州節度使檢校太尉郭謹爲邠州節度使以前鎮州留後檢校太傅白再榮爲滑州節度使加檢校太尉以陝州節度使檢校太尉同平章事趙暉爲鳳翔節度使以前河中節度使檢校太尉同平章事白文珂爲陝州節度使殿監任延浩配流鄜州坐爲劉崇所奏故也丙子鄧州節度使劉重進相州節度使王繼弘安州節度使楊信並自檢校太傅加檢校太尉以鎮州留後兼幽州一行馬步軍都部署檢校太傅劉在明爲鎮州節度使加檢校太師部署如故貝州節度使檢校太傅李殷加檢校太尉

定州節度使檢校太尉孫方簡府州節度使檢校太傅折從阮並加檢校太師丁丑中書侍郎兼戶部尚書平章事李濤罷免勒歸私第時蘇逢吉等在中書樞密使楊邠副樞密使郭威等權勢甚盛中書每有除授多爲邠等所抑濤不平之因上疏請出邠等以藩鎮授之樞密之務宜委逢吉禹珪疏入邠等知之乃見太后泣訴其事太后怒濤由是獲譴先是中書廚釜鳴者數四未幾濤罷免西道諸州奏河中李守貞謀叛發兵據潼關夏四月辛巳陝州兵馬監押王玉奏收復潼關定州孫方簡奏三月二十七日契丹棄定州遁去壬午以樞密使楊邠爲中書侍郎兼吏部尚書平章事使如故以副樞密使郭威爲樞密加檢校太尉三司使王章加檢校太尉同平章事郢州刺史尹實奏荆南起兵在境上欲攻城是日以澶州節度使郭從義爲永興軍一行兵馬都部署時供奉官時知化王益自鳳翔部署前永興節度使趙贊部下牙兵趙思綰等三百餘人赴闕三月二十四日行次永興思綰等作亂突入府城據城以叛故命從義師師以討之（案歐陽史云四月壬午永興軍將趙思綰叛附于李守貞案薛史趙思綰據城自在三月非四月事又思綰先據城叛後附于李守貞歐陽史先書李守貞反後書思綰叛亦誤也通鑑從薛史）甲申王景崇奏趙思綰叛見起兵攻討丁亥幸

道宮佛寺禱雨戊子東南面兵馬都元帥兩浙節度使檢校太師兼中書令吳越國王錢弘俶加諸道兵馬都元帥天策上將軍湖南節度使檢校太師兼中書令楚王馬希廣加守中書令以陝州節度使白文珂爲河中府城下一行都部署庚寅宰臣竇貞固蘇逢吉蘇禹珪並進封開國公辛卯削奪李守貞在身官爵甲午以翰林學士承旨戶部侍郎王仁裕爲戶部尚書以翰林學士左散騎常侍張沆爲工部尚書以翰林學士中書舍人范質爲戶部侍郎以樞密直學士尚書比部員外郎王度爲祠部郎中並依前充職以侍衛步軍都指揮使

尙洪遷充西南面行營都虞候以客省使王峻爲西南面行營兵馬都監戊戌以宣徽南院使扈彥珂爲左金吾上將軍庚子以左金吾大將軍充兩街使檢校太傅劉承贇爲徐州節度使甲辰以宣徽北院使薛可言爲右金吾大將軍以皇城使李暉爲宣徽南院使乙巳定州節度使孫方簡奏復入于本州初方簡爲狼山寨主叛晉歸契丹及契丹降中渡之師乃以方簡爲定州節度使契丹主死永康王嗣位郎以蕃將耶律忠代之移方簡爲雲州節度使方簡不受命遂歸狼山高祖至闕方簡歸款復以中山命之是歲三月二十七日契丹棄

定州隳城壁焚室廬盡驅人民入蕃惟餘空城瓦礫而已至是方簡自狼山回保定州是月河決原武縣河北諸州旱徐州饑死民九百三十有七五月己酉朔國子監奏周禮儀禮公羊穀梁四經未有印板欲集學官考校雕造從之己未回鶻遣使朝貢丁卯前翰林學士徐台符自幽州逃歸乙亥河決滑州魚池六月戊寅朔日有食之庚辰以內客省使王峻爲宣徽北院使依前永興城下兵馬都監以冀州牢城指揮使張廷翰爲冀州刺史時廷翰殺本州刺史何行通自知州事故有是命甲申以皇弟右衞大將軍承勳爲興元節度使檢校太

尉同平章事豐州節度使郭勳加檢校太師辛卯永興兵馬都部署郭從義奏得王景崇報有兵自隴州來欲投河中追襲至鄜城荆南節度使高從誨上表歸命從誨嘗拒朝命至是方遣牙將劉扶詣闕請罪丙申鎭州奏節度使劉在明卒戊戌以河陽節度使武行德爲鎭州節度使以宣徽南院使李暉爲河陽節度使以相州節度使王繼弘爲貝州節度使壬寅荆南高從誨貢奉謝恩釋罪丙午以前永興軍節度使王守恩爲西京留守是月河北旱青州蝗秋七月戊申朔相州節度使王繼弘殺節度判官張易以訛言聞是時法尙深刻藩郡

凡奏刑殺不究其實郎順其請故當時從事鮮賓客之禮重足累跡而事之猶不能免其禍焉壬子以工部侍郎李穀充西南面行營都轉運使乙卯禮儀使張昭上高祖廟尊號獻舞名并歌辭舞曲請以觀德爲名歌辭不錄丙辰以久旱幸道宮佛寺禱雨是日大澍開封府言陽武雍丘襄邑三縣蝗爲鸜鵒聚食詔禁捕鸜鵒庚申樞密使郭威加同平章事辛酉滄州上言自今年七月後幽州界投來人口凡五千一百四十七北土飢故也乙丑以宣徽北院使王峻爲宣徽南院使以內客省使吳虔裕爲宣徽北院使戊辰以遂州節度使兼侍衞

親軍馬軍都指揮使李洪信爲澶州節度使以澶州節度使郭從義爲永興軍節度使兼行營都部署庚午故兵部尚書李懌贈尚書左僕射鎭州奏準詔處斬節度副使張鵬訖鵬以一言之失爲鄴帥高行周所奏故命誅之乙亥新授鳳翔節度使趙暉奏與八作使王繼濤領部下兵同赴鳳翔時王景崇拒命故也八月己卯以華州節度使侯章爲邠州節度使以左金吾上將軍扈彥珂爲華州節度使壬午命樞密使郭威赴河中府軍前詔河中府永興鳳翔行營諸軍一稟威節制時李守貞王景崇趙思綰連衡作叛朝廷雖命白文珂常思攻

討河中物議以二帥非守貞之敵中外憂之及是命之降人情大愜（案通鑑云自河東永興鳳翔三鎮拒命以來朝廷繼遣諸將討之昭義節度使常思屯潼關白文珂屯同州趙暉屯咸陽惟郭崇義王峻置柵近長安而二人相惡如水火自春徂秋皆相持莫肯攻戰帝患之欲遣重臣臨督壬午以郭威爲軍前招慰安撫使諸軍皆受威節度與薛史所載詳畧互異）癸己以奉國左廂都指揮使閻州防禦使劉詞爲夔州節度使充侍衞步軍都指揮使兼河中行營都虞候以護聖左廂都指揮使岳州防禦使李洪義爲遂州節度使充侍衞馬軍都指揮使乙未兩浙節度使檢校太尉兼侍中吳越國王錢弘俶加檢校太師兼中書令東南面兵馬都元帥弘俶故吳越王元瓘之子也先是其兄弘倧襲父位尋爲部下所廢以弘俶代之故特加是命焉新授鳳翔節度使趙暉奏部署兵士赴鳳翔城下癸卯郭威奏今月二十三日大軍已抵河府賊城至二十六日開長連塹畢築長連城次九月戊申侯益部曲王守筠自鳳翔來奔言益家屬盡爲王景崇所害壬子郭威奏破河府賊軍于城下甲寅故夔州節度使兼侍衞步軍都指揮使尚洪遷贈太尉乙丑雪書不時也戊辰鳳翔都部署趙暉奏大破川軍于大散關殺三千餘人其餘棄甲而遁（隆平集藥元福從趙暉進討兵衆寡數倍他將皆爲卻元福擁數百騎獨出令曰敢回頭者斬衆効死以戰遂有成功）壬申郭威奏得郭崇義報今月十四

日鳳翔王景崇兵士離本城尋遣監軍李彥從率兵襲至法門寺西殺戮二千餘人詔升河中府解縣爲解州冬十月丙子朔山陵使竇貞固上大行皇帝陵名曰睿陵從之丁丑夕歲星入太微戊寅趙暉奏破王景崇賊軍于鳳翔城下甲申吐蕃遣使獻方物丙戌右羽林軍張播停任坐檢田受請託也丁亥中書舍人張誼責授房州司戶兵部郎中馬承翰責授慶州司戶並員外置所在馳驛發遣先是誼與承翰俱銜命于兩浙覩其驕僭之失形于譏誚兼乘醉有輕肆之言錢弘俶恥之摭其過以奏之朝廷以方務懷柔故有是命甲辰延州奏

夏州李彝殷先出兵臨州境欲應接李守貞今却抽退十一月甲寅誅太子太傅李崧及其弟司封員外郎嶼國子博士義夷其族爲部曲誣告故也詔曰稔惡圖危難逃天網虧忠負義必速神誅李崧頃在前朝最居重位略無裨益遂至滅亡及事契丹又爲親密士民俱憤險佞可知先皇帝含垢掩瑕推恩念舊擢居一品俾列三師不謂潛有苞藏謀危社稷散差人使潛結奸兇俯近山陵擬爲叛亂按其所告咸已伏辜宜正典章用懲奸逆其李崧李嶼李義一家骨肉及同謀作亂人並從極法云云庚申大行皇帝靈駕進發辛酉荊南奏節度使

高從誨卒壬申葬高祖皇帝于睿陵十二月丁丑荊南節度使檢校太傅行峽州刺史高保融起復授荊南節度使檢校太尉同平章事渤海郡侯壬午帝被衮冕御崇元殿授六廟寶册正使宰臣蘇禹珪及副使大府卿劉皞赴西京行禮兗州奏淮賊先于沂州界立柵前月十七日己歸海州爲李守貞牽制也（南唐書嗣主六年李守貞遣從事朱元李平奉表來乞師以潤州李金全爲西面行營招撫使壽州劉彥貞爲副諫議大夫查文徽爲監軍使兵部侍郎魏岑爲沿淮巡撫使聞河中平遽班師又李金全傳云出師沭陽諸將銳于進取金全獨以爲遠不相及乃止）庚寅奉高祖神主于西京太廟淮南僞主李璟奉書于帝云云先因河府李守貞求援又聞大國沿淮屯軍當國亦于境上防備昨聞大朝收軍當國尋已徹備其商旅請依舊日通行朝廷不報辛卯羣臣上表請以三月九日誕聖日爲嘉慶節從之延州節度使高允權奏得都頭李彥李遇等告太子太師致仕劉景巖與鄉軍指揮使高志結集草寇欲取臘辰竊圖州城尋請使臣與指揮使李勳聊將兵士巡檢偵邏劉景巖果出兵鬬敵時即殺敗其劉景巖尋獲斬之詔曰劉景巖年已衰暮身處退閒曾無止足之心輒肆包藏之毒結集徒黨窺伺藩垣所賴上將輸忠三軍協力盡除醜類克殄渠魁其劉景巖次男前德州刺史行琮已行極法長男渭州

刺史行謙孫男邢州馬軍指揮使崇勳特放是冬多昏霧日晏方解（永樂大典卷一萬六千二百二）

舊五代史卷一百一終

舊五代史卷一百一攷證

八月壬午命樞密使郭威赴河中府軍前　案是書周太祖紀云七月西面師徒大集未果進取其月十三日制授帝同平章事即遣西征據此紀則周太祖以七月庚申加同平章事八月壬午命赴河中府軍前非一時事也二紀前後自相矛盾歐陽史漢周本紀亦各仍是書之舊未能參攷畫一通鑑定從是書漢紀

舊五代史卷一百一攷證

宋司空同中書門下平章事薛居正等撰

隱帝紀中　漢書四

乾祐二年春正月乙巳朔制曰朕以眇躬獲纘洪緒念守器承祧之重懷臨深履薄之憂屬以天道猶艱王室多故天降重戾國有大喪奸臣樂禍以圖危羣寇幸灾而伺隙力役未息兵革方殷朕所以嘗膽履冰廢飱輟寐雖居億兆之上不以九五爲尊漸冀承平永安遐邇內則稟太后之慈訓外則仗多士之忠勳股肱叶謀爪牙宣力西摧三叛撫其背而扼其喉北挫諸蕃斷其臂而折其脊次則巴邛嘯聚淮海猖狂纔聞矢接鋒交已見山摧岸沮寇難少息師徒無虧兼以修奉園陵崇建宗廟右賢左戚同寅協恭多事之中大禮無闕負荷斯重哀感良深今以三陽布和四序更始宜申兌澤允荅天休卹獄緩刑赦過宥罪當萬物之孳甲開三面之網羅順彼發生以召和氣應乾祐二年正月一日昧爽已前天下見禁罪人除十惡五逆官典犯贓合造毒藥刼家殺人正身外其餘並放河府李守貞鳳翔王景崇永興趙思綰等比與國家素無釁隙偶因疑懼遂至叛違然以彼之生靈朕之赤子久陷孤壘可念非辜易子析

骸塡溝委壑爲人父母寧不軫傷但以屈已愛人先王厚德包垢含辱列聖美談宜推濟物之恩用廣好生之道其李守貞等宜令逐處都部署分明曉諭若能翻然歸順朕即待之如初當保始終享其富貴明申信誓固無改移其或不順推誠堅欲拒命便可應時攻擊剋日蕩平候收復城池罪止元惡其餘詿誤一切不問重念征討已來勞役滋甚兵猶在野民未息肩急賦繁徵財殫力匱矜恤之澤未被于疲羸愁歎之聲幾盈于道路卽俟邊鋒少弭國難漸除當議優饒冀獲蘇息諸道蕃侯郡守等咸分寄在共體憂勞更宜念彼瘡痍倍加勤

卹究鄉閭之疾苦去州縣之煩苛勸課耕桑省察冤濫共恢庶政用副憂勞凡百臣寮當體朕意壬子賜前邠義軍節度使張從恩衣一襲金帶鞍馬綵帛等時有投無名文字誣告從恩者故特有是賜以安其心乙卯河府軍前奏今月四日夜賊軍偷斫河西寨捕斬七百餘級時蜀軍自大散關來援王景崇郭威自將兵赴岐下將行戒白文珂劉詞等曰賊之驍勇並在城西愼爲儆備既行至華州聞川軍散退且憂文珂等爲賊奔突遂兼程而廻賊城內偵知郭威西行于正月四日夜遣賊將王三鐵等案通鑑作王繼勳宋史王繼勳傳繼勳武勇在軍常用鐵鞭鐵槊鐵檛軍中目爲王三鐵率驍勇千餘人沿流南行坎岸而登爲三道來攻賊軍已入王師砦中劉詞極力拒之短兵既接遂敗之二月丙子詔諸道州府所征乾祐元年夏秋苗畝上紐征白米稈草已納外並放是日旦黑霧四塞丁丑夕大風乙酉以前房州刺史李鈞夫爲鴻臚卿戊子前右監門將軍喬達及其兄契丹僞命客省使榮等皆棄市達李守貞之妹壻也故皆誅之庚寅徐州巡檢使成德欽奏至峒峿鎭遇淮賊破之殺五百人生擒一百二十人戊戌大雨霖庚子詔左諫議大夫賈緯等修撰高祖實錄三月丙辰以北京衙內指揮使劉鈞爲汾州防禦使夏

四月丙子以荊南節度行軍司馬武泰軍節度留後王保義爲檢校太尉領武泰軍節度使行軍如故丁丑積州獻紫兔白兔是月幽定滄貝深冀等州地震辛巳太白經天辛丑幸道宮禱雨五月甲辰朔故湖南節度使檢校太尉兼中書令扶風郡公贈太師馬希聲追封衡陽王戊申以前邠州節度使安審約爲左神武統軍以前洛京副留守袁義爲右神武統軍乙卯河府軍前奏今月九日河中節度副使周光遜棄賊河西寨與將士一千一百三十人來奔己未右監門大將軍許遷上言奉使至博州博平縣界覩蝝生彌亘數里一夕並化爲

蝝飛去辛酉兗鄆齊三州奏蝝生乙丑永興趙思綰遣牙將劉成詣闕乞降制授趙思綰華州節度留後檢校太保以永興城內都指揮使常彥卿爲虢州刺史丁卯宋州奏蝗抱草而死己巳湖南奏蠻寇賀州遣大將軍徐進率兵援之戰于風陽山下大敗蠻獠斬首五千級六月癸酉朔日有食之兗州奏捕蝗二萬斛魏博宿三州蝗抱草而死乙亥潁州獻白鹿戊寅安州節度使楊信奏亡父光遠蒙賜神道碑鐫勒畢無故中斷詔別令斵石鐫勒己卯滑濮澶曹兗淄青齊宿懷相衞博陳等州奏蝗分命中使致祭于所在川澤山林之神開封府

滑曹等州蝗甚遣使捕之（宋史段思恭傳隱帝蝗詔徧祈山川思恭上言赦過宥罪議獄緩刑苟獄訟平允則災害不生望合諸州速決重刑無致淹濫必召和平從之）壬午月犯心星辛卯回鶻遣使貢方物丙申改商州乾元縣爲乾祐縣隸京兆府是月邠寧澤潞涇延鄜坊晉絳等州旱秋七月辛亥湖南奏析長沙縣東界爲龍喜縣從之丙辰樞密使郭威奏收復河府羅城李守貞退保子城丁巳永興都部署郭從義奏新除華州留後趙思綰自今月三日授華州留後準詔赴任三移行期仍要鎧甲以給牙兵及與之竟不遵路至九日夕有部曲曹彥進告思綰欲于十一日夜與同惡五百人奔南山入蜀是日詰

旦再促上路云俟夜進途臣尋與王峻入城分兵守四門其趙思綰部下軍各已執帶遂至牙署令趙思綰至則執之與一行徒黨並處置訖甲子樞密使郭威奏收復河中府逆賊李守貞自燔而死丙寅以權涼州留後折逋嘉施爲河西軍節度留後兗州奏捕蝗三萬斛丁卯前洺州團練使武漢球卒戊辰永興軍節度使兼兵馬都部署郭從義加同平章事以華州節度使郭從義奏處斬前巡檢喬守溫供奉官王益時知化任繼勳等守溫受高祖命巡檢京兆會王益時自鳳翔押送趙思綰等赴闕行至京兆守溫迎益于郊外思綰等突然作

亂遂據其城及郭從義率兵攻討令守溫部署役夫守溫有愛姬陷在賊城爲思綰所錄及收城從義盡得思綰之婢僕守溫求其愛姬從義雖與之意有所慊遂發前罪密啟于郭威請除之與王益等併誅焉兗州奏捕蝗四萬斛壬午西京留臺侍御史趙礪彈奏太子太保王延太子洗馬張季凝等自去年五月後來每稱請假俱是不任拜起詔延等宜以本官致仕甲申以陝州節度使充河中一行兵馬都部署白文珂爲西京留守加兼侍中潞州節度使充河中一行副都部署常思加檢校太師以右散騎常侍盧撰爲戶部侍郎致仕辛卯右

拾遺高守瓊上言仕官年未三十請不除授縣令詔起
今後諸色選人年及七十者宜注優散官年少未歷資
考者不得注擬縣令癸巳以翰林學士工部尚書張沆
爲禮部尚書沆卜葬先人以內署無例乞假乃上章請
解職以赴葬事遂落職以遣之乙未宣徽南院使永興
行營兵馬都監王峻宣徽北院使河府行營兵馬都監
吳虔裕並加檢校太傅九月乙巳樞密使郭威檢校太
師兼侍中宋州節度使兼侍衛親軍都指揮使史弘肇
加兼中書令初郭威平河中回朝廷議加恩威奏曰臣
出兵已來輦轂之下無犬吠之憂俾臣得專一其事軍
旅所聚貲糧不乏此皆居中大臣鎮撫謀畫之功也臣
安敢獨擅其美乎帝然之于是弘肇與宰相樞密使三
司使次第加恩既而諸大臣以恩之所被皆朝廷親近
之臣而宗室劉信及青州劉銖等皆國家元勳必有不
平之意且外慮諸侯以朝廷有私于親近也于是議及
四方侯伯普加恩焉丙午西京留守判官時彥澄推官
姜蟾少尹崔淑並免居官坐不隨府罷職爲留臺侍御
史趙礪所彈也己酉以右千牛上將軍孫漢贇爲絳州
刺史禮部尚書判吏部尚書銓事王松停見任坐子仁
寶爲李守貞從事也尋卒于其第辛亥宰臣竇貞固加

守司徒蘇逢吉加守司空蘇禹珪加左僕射楊邠加右
僕射依前兼樞密使太子太師致仕皇甫立卒癸丑三
司使王章加邑封乙卯鄴都高行周加守太師襄州安
審琦加守太傅兗州符彥卿加守太保北京劉崇加兼
中書令丁巳澶州李洪信移鎮陝州以侍衛馬軍都指
揮使遂州節度使李洪義爲澶州節度使己未許州劉
信加兼侍中開封尹侯益進封魯國公鄆州慕容彥超
青州劉銖並加兼侍中湖南馬希廣奏于八月十八日
大破朗州馬希萼之衆辛酉靈州馮暉夏州李彝殷並
加兼中書令右武衛將軍石懿左武衛將軍石訓並停
任懿等以八月中秋享晉五廟命娼婦宿于齋宮鴻臚
寺劾之故有是責癸亥鎮州武行德鳳翔趙暉並加檢
校太師鄴都磁相邢洺等奏霖雨害稼西京奏洛水溢
岸乙丑晉州王晏同州張彥贇邠州侯章涇州史懿滄
州王景延州王允權並加檢校太師冬十月庚午朔契
丹入寇是日定州孫方簡徐州劉贇並加同平章事以
利州節度使宋延渥爲滑州節度使甲戌皇弟興元節
度使承勳加檢校太師丙子相州郭謹貝州王繼弘邢
州薛懷讓並加檢校太尉庚辰安州楊信鄧州劉重進
加檢校太師河陽李暉加檢校太傅壬午兩浙錢弘俶

加守尚書令湖南馬希廣加守太尉癸未監修國史蘇逢吉史官賈緯以所撰高祖實錄二十卷上之丙戌荆南高保融加檢校太師兼侍中以殿前都部署江州防禦使李建爲遂州節度使充侍衛馬軍都指揮使以奉國左廂都指揮使永州防禦使王殷爲夔州節度使充侍衛步軍都指揮使契丹陷貝州高老鎮南至鄴都北境又西北至南宮堂陽殺掠吏民數州之地大被其苦藩郡守將閉關自固遣樞密使郭威率師巡邊仍令宣徽使王峻參預軍事庚寅府州折從阮進封岐國公豐州郭勳進封號國公十一月壬寅鄜州留後王饒加檢

校太傅癸丑以吳越國王錢弘俶母吳氏爲順德太夫人時議者曰封贈之制婦人有國邑之號死乃有謚后妃公主亦然唐則天主女自我作古乃生有則天之號韋庶人有順聖之號知禮者非之近代梁氏賜張宗奭妻號曰賢懿又改爲莊惠今以吳氏爲順德皆非古之道也乙卯以大府卿劉皞爲宗正卿十二月庚午朔湖南奏静江軍節度使馬希瞻以今年十月十八日卒廢朝二日辛未日暈三重戊寅司徒門下侍郎平章事竇貞固奏請修晉朝實錄詔史官賈緯竇儼王伸等修撰以禮部尚書張沆復爲翰林學士壬午皇帝二十一姊永寧公主進封秦國長公主潁州奏破淮賊于安陽永樂大典卷一萬六千二百二

舊五代史卷一百二終

漢隱帝紀中安州節度使楊信　案楊信本名承信在隱帝時避御名去承字是書仍當時實錄之舊

丁巳永興都部署郭從義奏新除華州留後趙思綰與一行徒黨並處置訖　案歐陽史作郭威殺華州留後趙思綰于京兆蓋威命從義圖之耳

甲子樞密使郭威奏收復河中府逆賊李守貞自燔而死　案通鑑壬戌李守貞自焚死歐陽史作甲子克河中祇以奏聞之日爲據也五代春秋繫于六月殊誤

辛亥宰臣竇貞固加守司徒　案宋史竇貞固傳作隱帝即位加司徒攷貞固加司徒在乾祐二年宋史作即位所加蓋未詳攷

以利州節度使宋延渥爲滑州節度使　案延渥爲利州節度使于前未見王禹偁宋公神道碑云少帝嗣統授檢校太尉使持節利州諸軍事行利州刺史蓋延渥于元年出鎮利州二年復改鎮也是書未及詳載

舊五代史卷一百三

宋司空同中書門下平章事薛居正等撰

隱帝紀下　　漢書五

乾祐三年春正月己亥朔帝不受朝賀鳳翔行營都部署趙暉奏前月二十四日收復鳳翔逆賊王景崇舉族自燔而死案歐陽史作正月西南行營都部署趙暉克鳳翔據薛史則收復鳳翔自在二年十二月非三年春事也歐陽史蓋誤以告捷之月爲收復之月耳五代春秋作十二月趙暉克鳳翔誅王景崇爲得實丁未鳳翔節度使充西南行營都部署趙暉加兼侍中戊申密州刺史王萬敢奏奉詔領兵入海州界至荻水鎮俘掠焚蕩更請益兵詔前沂州刺史郭瓊率禁軍赴

之庚戌前永興軍節度副使安友規除名流登州沙門島先是友規權知永興軍府事及趙思綰之奔衝友規失守城池至是乃正其罪焉癸亥以前邠州節度使宋彥筠爲太子太師致仕丙辰分命使臣赴永興鳳翔河中收葬用兵已來所在骸骨時已有僧聚髑髏二十萬矣前沂州刺史郭瓊奏部署兵士深入海州賊界是月有狐登明德樓主者獲之狐毛長而腹下別有二足二月辛巳青州奏郭瓊部署兵士自海州迴至當道甲申樞密使郭威巡邊迴丁亥汝州防禦使劉審交卒乙未以前安州節度使劉遂凝爲左武衛上將軍以鄜州節

度使焦繼勳爲右武衛上將軍以前永興軍節度使趙贊爲左驍衛上將軍三月己亥徐州部送所獲淮南都將李暉等三十三人徇于市給衫帽放還本土是月鄴都留守高行周兗州符彥卿鄆州慕容彥超西京留守白文珂鎮州武行德安州楊信潞州常思府州折從阮皆自鎮來朝嘉慶節故也戊午宴羣臣于永福殿帝初舉樂壬戌鄴都高行周移鎮鄆州兗州符彥卿移鎮青州並加邑封甲子西京留守白文珂潞州常思鎮州武行德並進邑封鄆州慕容彥超移鎮兗州夏四月戊辰朔邢州薛懷讓移鎮同州相州郭謹河陽李暉並進邑

封庚午府州折從阮移鎮鄧州辛未故深州刺史史萬山（案遼史世宗紀殺深州刺史史萬山在天祿三年即漢乾祐二年）贈太傅先是契丹入邊萬山城守郭威遣索萬進率騎七百屯深州一日契丹數千騎廹州東門萬山父子率兵百餘人襲之僞退十餘里而伏兵發萬山血戰急請救于萬進萬進勒兵不出萬山死之契丹亦解去時論以萬進爲罪故加萬山贈典焉壬申華州劉詞移鎮邢州安州楊信移鎮鄜州貝州王令温移鎮安州並加邑封以鄜州留後王饒爲華州節度使以其來朝故也丁丑尚食奉御王紹隱除名流沙門島坐匿軍營女口也辛巳以宣徽北院

使吳虔裕爲鄭州防禦使時樞密使楊邠上章乞解樞機帝命中使諭之曰樞機之職捨卿用誰忽有此章莫有人離間否虔裕在傍厲言曰樞密重地難以久處俾後來者迭居相公辭讓是也中使還具奏帝不悅故有是命壬午以樞密使郭威鄴都留守依前樞密使詔河北諸州應兵甲錢帛糧草一稟郭威處分癸未府州永安軍額宜停命降爲團練州戊子翰林學士承旨戶部尚書王仁裕罷職守兵部尚書左千牛上將軍張瓘卒庚寅以西南面水陸轉運使尚書工部侍郎李穀爲陳州刺史左金吾上將軍致仕馬萬卒甲午以前華州節

度使安審信爲左衛上將軍以前潞州節度使張從恩爲右衛上將軍五月戊戌朔帝御崇元殿受朝丙午以皇弟興元節度使承勳爲開封尹加兼中書令未出閤甲子詔諸道州府差置散從官大府五百人上州三百人下州二百人勒本處團集管係立節級檢校教習以警備州城閏月癸巳京師大風雨壞營舍吹鄭門扉起十數步而墮拔大木數十震死者六七人水平地尺餘池隍皆溢是月宮中有怪物投瓦石擊窗撼扉人不能制六月庚子以國子祭酒田敏爲尚書右丞癸卯太僕卿致仕謝攀卒輟視朝一日鄭州奏河決原武縣界乙

卯司天臺上言鎮星逆行至太微左掖門外自戊申年八月十二日入太微西垣犯上將屏星執法勾已往來至己酉年十一月十二日夜方出左掖門順行自今年正月十日夜復逆行入東垣至左掖門秋七月庚午河陽奏河漲三丈五尺乙亥滄州奏積雨約一丈二尺安州奏溝河泛溢州城內水深七尺丙子帝御崇元殿授皇太后册命宰臣蘇逢吉行禮辛巳三司使奏州縣令錄佐官請據戶籍多少量定俸戶縣三千戶已上令月十千主簿八千二千戶已上令月八千主簿五千二千戶以下令月六千主簿四千每戶月出錢五百並以管

內中等戶充錄事參軍判司俸錢視州界令佐取其多者給之其俸戶與免縣司差役從之八月辛亥以蒙州城隍神爲靈感王從湖南請也時海賊攻州城州人禱于神城得不陷故有是請辛酉給事中陶穀上言請停五日內殿轉對從之壬戌以兵部侍郎于德辰爲御史中丞邊蔚爲兵部侍郎九月辛巳朗州節度司馬希萼奏請于京師別置邸院不允是時希萼與其弟湖南節度使希廣方搆鬩牆之怨故有是請帝以湖南已有邸務不可更置由是不允仍命降詔和解焉冬十月己亥帝狩于近郊丙午湖南馬希廣遣使上章且言荆南淮

南廣南三道結搆欲分割湖湘乞聊發兵師以爲援助時朝廷方議起軍會內難不果行丁未兩浙錢弘俶加諸道兵馬元帥戊申彰德軍節度使郭謹卒癸丑以前同州節度使張彥贇爲相州節度使辛酉月犯心大星十一月甲子朔日有蝕之乙丑永州唐將軍祠贈太保從湖南請也己巳日南至帝御崇元殿受朝賀仗衛如式辛未詔侍衛步軍都指揮使王殷將兵屯澶州丙子誅樞密使楊邠侍衛都指揮使史弘肇三司使王章夷其族是日平旦甲士數十人由廣政殿出至東廡下害邠等于閤內皆死于亂刃之下又誅弘肇弟小底軍都

虞候弘朗如京使甄彥奇內常侍辛從審楊邠子比部員外郎廷侃左衛將軍廷偉左贊善大夫廷倚王章婿右領衛將軍昊子堉戶部員外郎張貽肅樞密院副承宣郭顒控鶴都虞候高進侍衛都承局荆南金三司都勾官柴訓等分兵收捕邠等家屬及部曲傔從盡戮之少頃樞密承旨聶文進急召宰臣百寮班于崇元殿庭宣楊邠史弘肇王章等同謀叛逆欲危宗社並斬之與卿等同慶班退召諸軍將校至萬歲殿帝親諭史弘肇等欲謀逆亂之狀且言弘肇等欺朕年幼專權擅命使汝輩常懷憂恐自此朕自與汝等爲主必無橫憂也諸

軍將校拜謝而退召前任節度使刺史統軍等上殿諭之帝遣軍士守捉宮城諸門比近日旰朝臣步出宮門而去是日晴霽無雲而昏霧濛濛有如微雨人情惴恐日將午載楊邠等十餘戶分暴于南北市是日帝遣腹心賫密詔往澶州鄴都令澶州節度使李洪義誅侍衞步軍都指揮使王殷令鄴都屯駐護聖左廂都指揮使郭崇奉國左廂都指揮使曹英害樞密使郭威及宣徽使王峻急詔鄆州高行周青州符彥卿永興郭從義兗州慕容彥超同州薛懷讓鄭州吳虔裕陳州李穀等赴闕以宰臣蘇逢吉權知樞密院事前青州劉銖權知開封府事侍衞馬軍都指揮使李洪建判侍衞司事內客省使閻晉卿權侍衞馬軍都指揮使丁丑澶州節度使李洪義受得密詔知事不克乃引使人見王殷殷與洪義遣本州副使陳光穗賫所受詔馳至鄴都（宋史少帝遣供奉官孟業賫密詔令洪義殺王殷洪義素怯懦慮殷覺遷延不敢發遽引業見殷殷乃錮業送密詔于周祖）郭威得之卽召王峻郭崇曹英及諸軍將校至牙署視詔兼告楊史諸公寃枉之狀且曰汝等當奉行詔旨斷予首以報天子自取功名郭崇等與諸將校前曰此事必非聖意卽是李業等竊發假如此輩便握權柄國家安乎事可陳論何須自棄致千載之下被此惡名崇等願從

公入朝面自洗雪于是將校等請威入朝以除君側之惡共安天下（東都事略漢隱帝遣使害太祖魏仁浦曰公有大功于朝廷握強兵臨重鎭以讒見疑豈可坐而待斃教以易其語云誅將士以激怒衆心太祖納其言）翌日郭威以衆南行戊寅鄴兵至澶州庚辰至滑州節度使宋延渥開門迎降（案歐陽史庚辰義成軍節度使宋延渥叛附于郭威與薛氏同通鑑作辛巳與薛史異）是日詔前開封尹侯益前鄜州節度使張彥超權侍衞馬軍都指揮使閻晉卿鄭州防禦使吳虔裕等率禁軍赴澶州守捉辛巳帝之小豎鸗脫自北廻先是帝遣鸗脫偵鄴軍所至爲游騎所獲郭威卽遣廻因令附奏赴闕之意仍以密奏置鸗脫衣領中帝覽奏卽召李業示之聶文進郭允明在旁懼形于色初議車駕幸澶州及聞鄴兵已至河上乃止帝大懼私謂宰臣竇貞固等曰昨來之事太草草耳李業等請帝傾府庫以給諸軍宰相蘇禹珪以爲未可業拜禹珪于帝前曰相公且爲官家莫惜府庫遂下令侍衞軍人給二十緡下軍各給十緡其北來將士亦準此仍遣北來將士在營子弟各賫家問向北諭之壬午鄴軍至封丘慕容彥超自鎭馳至帝遂以軍旅之事委之（宋史侯益傳云周太祖起兵隱帝議出師禦之益獻計曰王者無敵于天下兵不宜輕出況大名戍卒家屬盡在京城不如閉關以挫其銳遣其母妻發降以招之可不戰而定慕容彥超以爲益衰老作懦夫計沮之）彥超謂帝曰陛下勿憂臣當生致其魁首

彥超退見聶文進詢北來兵數及將校名氏文進告之彥超懼曰大是劇賊不宜輕耳又遣袁義劉重進王知則等出師以繼前軍慕容彥超以大軍駐于七里郊掘壍以自衛都下率坊市出酒食以餉軍癸未車駕勞軍即日還宮翌日慕容彥超揚言曰官家宮中無事明日再出觀臣破賊甲申車駕復出幸七里店軍營王師陣于劉子陂與鄴軍相望太后以帝至晚在外遣中使讇聶文進曰賊軍在近大須用意文進曰有臣在必不失策縱有一百箇郭威亦當生擒之耳彥超輕脫先擊北軍郭威命何福進王彥超李筠等大合騎以乘之彥超

退卻死者百餘人于是諸軍奪氣稍稍奔于北軍吳虔裕張彥超等相繼而去慕容彥超以部下十數騎奔兗州是夜帝與宰臣從官宿于野次侯益焦繼勳潛奔鄴軍乙酉旦帝策馬至玄化門劉銖在門上問帝左右兵馬何在乃射左右帝迴與蘇逢吉郭允明詣西北村舍郭允明知事不濟乃剸刃于帝而崩時年二十蘇逢吉郭允明皆自殺（案通鑑考異引劉恕曰允明帝所親信何由弒逆蓋郭威兵殺帝事成之日諱之因允明自殺而歸罪耳今考劉恕所辨祇以揣度言之亦無實據薛史蓋據當時實錄也）是日周太祖自迎春門入諸軍大掠烟火四發翌日至晡方定前滑州節度使白再榮爲亂兵所害吏部侍郎張允墜屍而死周太祖既入京城命有司遷帝梓宮于太平宮或曰可依魏高貴鄉公故事以公禮葬之周祖曰予顛沛之中不能護衛至尊以至于此若又貶降人謂我何于是詔擇日舉哀命前宗正卿劉皞主喪丙戌太后詔曰高祖皇帝巔亂除兇變家爲國救生靈于塗炭創王業于艱難甫定寰區遽遺弓劒樞密使郭威楊邠侍衞使史弘肇三司使王章親承顧命輔立少君協力同心安邦定國旋屬四方多事三叛連衡吳蜀內侵契丹啟釁蒸黎恟懼宗社阽危郭威受任專征提戈進討躬當矢石盡掃烟塵外寇蕩平中原寧謐復以強敵未殄邊

塞多艱允賴寶臣往隔大鄰疆場有藩籬之固朝廷寬宵旰之憂不謂兇豎連謀羣小得志密藏鋒刃竊發殿庭已殺害其忠良方奏聞于少主無辜受戮有口稱冤而又潛差使臣矯賫宣命謀害樞密使郭威宣徽使王峻侍衞步軍都指揮使王殷等人知無罪天不助奸今者郭威王峻澶州節度使李洪義前曹州防禦何福進前復州防禦使王彥超前博州刺史李筠北面行營馬步都指揮使郭崇步軍都指揮使曹英護聖都指揮使白重贊索萬進田景威樊愛能李萬全史彥超奉國都指揮使張鐸王暉胡立弩手指揮使何贇等徑領兵師

來安社稷逆黨皇城使李業內客省使閻晉卿樞密都承旨聶文進飛龍使後贊翰林茶酒使郭允明等脅君于大內出戰于近郊及至力窮遂行弒逆冤憤之極今古未聞今則兇黨既除羣情共悅神器不可以無主萬機不可以久曠宜擇賢君以安天下河東節度使崇許州節度使信皆高祖之弟徐州節度使贇開封尹承勳高祖之男俱列磐維皆居屏翰宜令文武百辟議擇嗣君以承大統云樞密使郭威以蕭牆變起宗祏無奉率羣臣候太后請定所立且言開封尹承勳高祖皇帝之愛子也請立爲嗣太后告以承勳羸病日久不能自舉

周太祖與諸將請覲承勳起居及覲之方信遂議立高祖從子徐州節度使贇爲嗣乙丑太后誥曰天未悔禍喪亂孔多嗣主幼沖羣兇蔽惑構奸謀于造次縱毒蠆于斯須將相大臣連頸受戮股肱良佐無罪見屠行路咨嗟羣心扼腕則高祖之洪烈將墜于地賴大臣郭威等激揚忠義拯濟顛危除惡蔓以無遺俾綴旒之不絕宗祧事重纘繼才難既聞將相之謀復考蓍龜之兆天人協贊社稷是依徐州節度使贇稟上聖之資抱中和之德先皇如子鍾愛特深固可以子育兆民君臨萬國宜令所司擇日備法駕奉迎即皇帝位於戲神器至重天步方艱致理保邦不可以不敬貽謀聽政不可以不勤允執厥中祇膺景命是日遣前太師馮道等往徐奉迎周太祖以嗣君未至萬機不可暫曠率羣臣請太后臨朝誥答曰昨以奸邪構釁亂我邦家勳德効忠翦除兇慝俯從人欲已立嗣君宗社危而再安紀綱壞而復振皇帝法駕未至庶事方殷百辟上言請予莅政宜允輿議權總萬機止于浹旬即復明辟按前代故太上皇稱誥太皇太后皇太后曰令今云誥有司誤也以宣徽南院使王峻爲樞密使右神武統軍袁巎爲宣徽南院使陳州刺史李穀權判三司步軍都指揮使王殷爲侍

衛親軍馬步都指揮使護聖左廂都指揮使郭崇爲侍衛馬軍都指揮使奉國左廂都指揮使曹英爲侍衛步軍都指揮使鎮州邢州馳奏契丹寇洺州陷內丘縣時契丹永康王鄂約（舊作兀欲今改正）率部族兩道入邊內丘城小而固契丹攻之五日不下敵人傷者甚衆時有官軍五百在城防戍戍攻急官軍降于敵屠其城而去（案遼史世宗紀十月自將南伐下安平內丘束鹿等城大獲而還與薛史所載互有詳畧）庚寅樞密使郭威奏左軍巡勘得飛龍使後贊款伏與蘇逢吉李業閻晉卿聶文進郭允明等同謀令散員都虞候賁德等下手殺害史弘肇等權開封尹劉銖具伏朋附李業爲亂

屠害將相家屬其劉銖等準詔旨處置訖並蘇逢吉郭允明閻晉卿聶文進首級並梟于南北市其骨肉放棄辛卯河北諸州馳報契丹深入太后誥曰王室多故邊境未寧內難雖平外寇仍熾據北面奏報强敵奔衝繼發兵師未聞平殄須勞上將暫自臨戎宜令樞密使郭威部署大軍早謀掩擊其軍國庶事權委宰臣竇貞固蘇禹珪樞密使王峻等商量施行在京馬步兵士委王殷都大提舉十二月甲午朔郭威領大軍北征丁酉以翰林學士尚書戶部侍郎知制誥范質爲樞密副使東都事略周太祖征李守貞每朝廷遣使賫詔處分軍事皆中機會太祖問誰爲此辭使者以范質對太祖曰宰相器也太祖起兵入京師遽令草太后誥及議迎湘部侍郎樞密副使陰公儀注乃白太后以質爲兵陝州李洪信奏馬步都指揮使聶召奉國指揮使楊德護聖指揮使康審澄等與節度使判官路濤掌書記張泂都押衙楊紹勍等同情謀叛並殺之惟康審澄夜中放火斬關奔歸京師初朝議以諸道方鎮皆是勳臣不諳政理其都押衙孔目令三司軍將內選才補之藩帥不悅故洪信因朝廷多故誣奏加害焉壬寅湖南上言朗州馬希蕚引五谿蠻及淮南洪州軍來攻當道望量差兵士于淮境牽引乙巳遣前淄州刺史陳思讓領軍入淮南界以便宜進取辛亥遣宰相蘇禹珪及朝臣十員往

宋州迎奉嗣君壬子樞密使郭威次澶州何福進已下及諸軍將士扶擁威請爲天子即日南還威上章于太后言爲諸軍所迫班師庚申威至北郊駐軍于皐門村許州巡檢前申州刺史馬鐸奏節度使劉信自殺壬戌奉太后誥命樞密使侍中郭威監國中外庶事並取監國處分先時樞密使王峻以湘陰公已在宋州慮聞澶州之事左右變生遣侍衞馬軍指揮使郭崇率七百騎往衞之東都事略郭崇傳王峻遣崇率七百騎迎贇遇于睢陽崇曰澶州兵變遣崇來衞乘輿非有他也具言軍情有屬天命已定贇執崇手而泣崇即送贇就館已未太后誥曰比者樞密使郭威志在社稷議立長君以徐州節度使贇高祖近親立爲漢嗣爰自藩鎮徵赴京師雖誥命尋行而軍情不附天道在北人心靡東適當改卜之初俾膺分土之命贇可降授開府儀同三司檢校太師上柱國封湘陰公食邑三千戶食實封五百戶明年正月丁卯太后誥奉符寶于監國可即皇帝位周太祖踐阼奏太后爲母遷于西宮上尊號曰昭聖太后是月十五日周太祖與百寮詣帝殯宮成服親奠不視朝七日又詔太常定諡曰隱以其年八月二日復遣前宗正卿劉皞護靈輴備儀仗葬于許州陽翟縣之潁陵祔神主于高祖之寢宮帝姿貌白晳眉目疏朗未即位時目多瞤掣嗜淺不

止卽位之始遽無此態及內難將作復如故帝自關西平定之後稍生驕易然畏憚大臣未至縱恣嘗因乾象差忒宮中或有怪異召司天監趙延乂訊其休咎延乂對以修德卽無患既退遣中使就問延乂曰何者爲德延乂勸讀貞觀政要邇後與聶文進郭允明後贊狎習信其邪說以至于敗高祖之征鄴城也一日帝語太祖曰我夜來夢爾爲驢背我升天既捨爾俄變爲龍捨我南去是何祥也周太祖撫掌而笑冥符肸蠁豈偶然哉（永樂大典卷一萬六千二百二）

史臣曰隱帝以尚幼之年嗣新造之業受命之主德非禹湯輔政之臣復非伊呂將欲保延洪之運守不拔之基固不可得也然西摧三叛雖僅滅于欃槍而內稔羣兇俄自取于狼狽自古覆宗絕祀之速者未有如帝之甚也噫蓋人謀之弗臧非天命之遽奪也（永樂大典卷一萬六千二百二）

舊五代史卷一百三終

舊五代史卷一百三攷證

漢隱帝紀下鳳翔行營都部署趙暉奏前月二十四日收復鳳翔　案歐陽史作正月趙暉克鳳翔據是書則收復鳳翔在二年十二月非三年春事也歐陽史蓋誤以告捷之月爲收復之月耳五代春秋作十二月收復鳳翔誅王景崇爲得其實

澶州刺史李洪義　案宋史洪義本名洪威避周太祖諱改

護聖左廂都指揮使郭崇　案東都事略郭崇初名崇威避周太祖諱止稱崇

己丑太后誥曰　案原本作乙丑與五代春秋同今從通鑑改作己丑

舊五代史卷一百三攷證

舊五代史卷一百四

宋司空同中書門下平章事薛居正等撰

后妃列傳第一　漢書六

高祖皇后李氏晉陽人也高祖微時嘗牧馬于晉陽别墅因夜入其家刼而取之及高祖領藩鎭累封魏國夫人高祖建義于太原欲行頒賚于軍士以公帑不足議率井邑助成其事后聞而諫曰自晉高祖建義及國家興運雖出于天意亦土地人民福力同致耳未能惠其衆而欲奪其財非新天子卹隱之理也今後宮所積宜悉以散之設使不厚人無怨言高祖改容曰敬聞命矣遂停斂貸之議后傾内府以助之中外聞者無不感悅天福十二年册爲皇后隱帝卽位尊爲皇太后（永樂大典卷一萬六千三百九十）案以下疑有闕文據通鑑云隱帝與李業等謀誅楊邠等議既定入白太后太后曰茲事何可輕發更宜與宰相議之業時在旁曰先帝嘗言朝廷大事不可謀及書生懦怯誤人太后復以爲言帝忿曰國家之事非閨門所知拂衣而出又曰南北遇于劉子陂帝欲自出勞軍太后曰郭威吾家故舊非死亡切身何以至此但按兵守城飛詔諭之觀其志趣必有詞理則君臣之禮尚全愼勿輕出帝不從薛史載于李業傳當係史家前後省文周太祖入京凡軍國大事皆請后發教令以行之是歲議立徐州節度使贇爲帝以迎奉未至周太祖乃率羣臣拜章請后權臨朝聽政后于是稱誥焉及周太祖爲六軍推戴上章具述其事且言願事后爲

慈母后下誥答曰侍中功烈崇高德聲昭著剪除禍亂安定乾坤謳歌有歸曆數攸屬所以軍民推戴億兆同歡老身未終殘年屬茲多難惟以衰朽託于始終載省來牋如母見待感念深意涕泗橫流云云仍出戎衣玉帶以賜周太祖周太祖卽位上尊號曰德聖皇太后居于太平宮周顯德元年春薨（永樂大典卷一萬七千三百十二）案隱帝未立皇后據薛史張彥成傳云隱帝娶彥成女楊邠傳云隱帝所愛耿夫人欲立爲后邠以爲太速夫人卒隱帝欲以后禮葬邠又止之蓋隱帝在位三年崩時年二十故未及册立皇后也又五代會要載漢高祖長女永寧公主降宋延渥天福十二年四月封至乾祐二年十二月追封秦國長公主通鑑以永寧公主爲晉高祖女蓋誤

舊五代史卷一百四終

舊五代史卷一百五

宋司空同中書門下平章事薛居正等撰

宗室列傳第二　漢書七

魏王承訓字德輝高祖之長子也少温厚美姿儀高祖尤鍾愛在晉累官至檢校司空國初授左衛上將軍高祖將赴洛命承訓北京大内巡檢未幾詔赴闕授開封尹檢校太尉同平章事以天福十二年十二月十一日薨于府署年二十六高祖發哀于太平宫哭之大慟以至于不豫是月追封魏王歸葬于太原（永樂大典卷六千七百六十）

陳王承勳亦高祖之幼子也國初授右衛大將軍隱帝

嗣位加檢校太尉同平章事遥領興元尹俄代侯益爲開封尹進位檢校太師兼侍中乾祐三年冬十一月蕭牆之亂隱帝崩軍情欲立勳爲嗣時勳已病大臣及諸將請候勳起居太后令左右以卧榻舁之以見諸將就視知勳之不能興故議立劉贇周廣順元年春卒周太祖下詔封陳王（永樂大典卷六千七百六十）

蔡王信高祖之從弟也少從軍漸至龍武小校高祖鎮并州爲興捷軍都將領龔州刺史檢校太保國初爲侍衛馬軍都指揮使檢校太傅兼義成軍節度使尋移鎮許州加太尉同平章事高祖寢疾大漸楊邠受密旨遣信赴鎮信即時戒路不得奉辭雨泣而去隱帝即位加檢校太師關輔賊平就加侍中信性昏懦黷貨無厭喜行酷法掌禁軍時左右有犯罪者召其妻子對之臠割令自食其肉或從足支解至首血流盈前而命樂對酒無仁愍之色未嘗接延賓客在鎮日聚斂無度會高祖山陵梓宫經由境上信率掠吏民以備迎奉百姓苦之初聞殺楊邠史弘肇遽啓宴席集參佐賓幕令相致賀曰我謂天無眼令我三年不能適意主上孤立幾落賊手諸公勸我一杯可也俄蕭牆之變憂不能食尋有太后令言立湘陰公即令其子往徐州奉迎數日陳思讓

率馬軍經過城西但令供頓不敢出城未幾滑州軍變王峻遣前申州刺史馬鐸領軍赴州巡檢鐸引軍入城信惶惑自殺廣順初追封蔡王（永樂大典卷六千七百六十）

湘陰公贇爲徐州節度使乾祐元年八月中有雲見五色（册府元龜卷九百五十一）明年冬杪有鳥翔集于鮮碧堂庭樹黄質朱喙金目青翼紺趾立尾有類于鳳有賓佐歎曰野鳥入室主人將去旬日而不知所之（永樂大典卷一萬一千四百八十五）

乾祐三年冬十一月周太祖駐軍于京師議立嗣君奉太后詔立贇爲嗣傳詔之際馮道匆墜于地左右惡之（永樂大典卷一萬七千三百一十一）馮道至贇出郊迎常所乘馬比甚馴

服至是馬蹄嚙奔逸人不可制乃以他馬代之時以爲不祥永樂大典卷一萬一千六百五十五將離彭城嘗一日天有白光一道自西來照城中如晝有聲如雷時人謂之天裂又有巨星墜于徐野殷然有聲或謂之天狗後贇果廢死册府元龜卷九百五十一　案湘陰公傳原本殘闕今采册府元龜補之以存大概　五代史補郭忠恕七歲童子及第富有文學尤工篆隸常有人于龍山得鳥跡篆忠恕一見輒誦如宿習乾祐中湘陰鎭徐州辟爲推官周祖之入京師也少主崩于北周主命宰相馮道迎湘陰公將立之至宋州高祖已爲三軍推戴忠恕知事變乃正色責道曰令公累朝大臣誠信著于天下四方談士無賢不肖皆以爲長者今一旦返作賊空漢前功業並棄令公之心安乎道無言對忠恕因勸湘陰公殺道以奔河東公猶豫未決遂及于禍忠恕竄迹久之晚年尤好輕忽卒以此敗坐除名配流焉　十國春秋湘陰公傳云湘陰公贇世祖子也高祖愛之以爲己子乾祐

元年拜武寧軍節度使二年加同平章事郭威旣敗慕容彥超于北郊隱帝遇弒威入京師謂諸大臣密相推戴及見宰相馮道等道殊無意威不得已見道下拜而道猶受拜如平時徐勞之曰公行良苦威意色皆沮以爲大臣未有推已意又難于自立因與王峻入白太后推擇漢嗣羣臣乃具奏曰武寧節度使贇高祖愛以爲子宜立爲嗣乃遣太師馮道率百官往迎道揣威意不在贇直前問曰公此舉由衷乎威指天爲誓道旣行語左右曰吾生平不作謬語人今謬語矣道見贇傳太后意召之贇行至宋州威已自澶州爲兵士擁還京師王峻慮贇左右生變遣侍衞馬軍指揮使郭崇威以兵七百騎衞贇崇威至宋州贇登樓問崇威所以來之意崇威曰澶州軍變懼未察之遣崇威護衞非惡意也贇召崇威崇威不敢進馮道出與崇威語崇威乃登樓見贇時護聖指揮使張令超帥步兵爲贇宿衞判官董裔說贇曰觀崇威瞻視舉措必有異謀道路皆言郭威已爲天子而陛下深入不止禍其至哉請急召令超諭以禍福使夜以兵刼崇威所屬士卒明日掠睢陽金帛募士卒北走太原彼新定京邑未暇追我此策之上也贇猶豫未決是夕崇威密誘令超歸郭氏盡奪贇部下兵郭威以書召道先歸留其副趙上交王度奉贇入朝太后道乃辭贇先還贇謂道曰寡人此來所恃者以公三十年舊相是以不疑道默然贇客將賈貞等數目道欲圖之贇曰勿草草事豈出于公耶道已去崇威乃幽贇于外館殺賈貞董裔及牙內都虞候劉福孔目官夏昭度等郭威已監國太后乃下詔曰比者樞密使威志安宗社議立長君以徐州節度使贇高祖親近立爲漢嗣乃自藩鎭召赴京師雖誥命已行而軍情不附天道在北人心靡東適當改卜之初俾膺分土之命贇可降授開封府儀同三司檢校太師上柱國封湘陰公贇卒以殺死

舊五代史卷一百五終

漢宗室列傳二陳王承勳傳軍情欲立勳爲嗣 案立勳爲嗣疑脫承字冊府元龜引是書亦同蓋承勳在隱帝時避御名故去承字也是書仍當時實錄之舊未及改歸畫一今姑仍其舊

舊五代史卷一百五攷證

舊五代史卷一百六

宋司空同中書門下平章事薛居正等撰

列傳第三 漢書八

王周魏州人少勇健從軍事唐莊宗明宗稍遷裨校以戰功累歷郡守晉天福初范延光叛于魏州周從楊光遠攻降之安重榮以鎮州叛從杜威討平之以功授貝州節度使歲餘移鎮涇州先是前帥張彥澤在任苛虐部民逃者五千餘戶及下車革前弊二十餘事逃民歸復賜詔褒美後歷鄧陝二鎮陽城之役周時爲定州節度使大軍往來供饋無闕未幾遷鎮州節度使周稟性寬惠人庶便之開運末杜重威降于契丹引契丹主臨城諭之周泣曰受國重恩不能死戰而以兵降何面南行見人主與士大夫乎乃痛飲欲引決家人止之事不獲已見契丹主授鄧州節度使檢校太師高祖定天下移鎮徐州加同平章事乾祐元年二月以疾卒于鎮輟視朝二日贈中書令周性寬恕不忤物情初刺信都州城西橋敗覆民租車周曰橋梁不飭刺史之過也乃還其所沉粟出私財以修之民庶悅焉（永樂大典卷一萬八千一百三十二）

劉審交字求益幽州文安人也祖海父師遂審交少讀書尤精吏道起家署北平主簿轉興唐令本府召補牙

職劉守光之僭號僞署兵部尚書燕亡歸于太原莊宗
知之用爲諸府從事同光初趙德鈞鎭幽州朝廷以內
官馬紹宏爲北面轉運使辟審交爲判官王都據定州
叛朝廷命王晏球進討以審交爲轉運供軍使王都平
以勞授遼州刺史明年復爲北面供軍轉運使改磁州
刺史以母年高去官就養及丁內艱毁瘠過禮服闋不
出累年晉高祖踐阼范延光以魏州叛命楊光遠以總
兵討之復召審交爲供饋使鄴中平命審交爲三司使
授右衛大將軍六年夏出爲陳州防禦使歲餘移襄州
防禦使審交治襄撫綏有術民庶懷之靑州楊光遠平

降平盧軍爲防禦州復用審交爲防禦使累官至檢校
太傅時用軍之後審交矜恤撫理凋弊復蘇契丹破晉
審交以代歸蕭翰在都復用爲三司使翰歸蕃李從益
在汴州召高行周武行德將委以軍事皆不受命尋聞
高祖起義于太原史弘肇在澤潞都人大懼時有燕軍
千人守捉諸門李從益母王淑妃詢于文武臣寮曰予
子母在洛孤危自處一旦爲蕭翰所逼致令及此但遣
人迎請太原勿以予子母爲事或曰收拾諸處守營兵
士與燕軍足以把城以俟河北救應可也妃曰非謀也
我子母亡國之餘安敢與人爭天下衆議籍籍猶以把

城爲詞審交曰余燕人也今城有燕軍固合爲燕謀然
事機有所不可此城經敵軍破除之後民力空匱餘衆
幸存若更謀之不臧閉門拒守一月之內無復遺類諸
君勿言宜從太妃處分由是從益遣使往太原貢奉高
祖至汴罷使歸班隱帝嗣位用爲汝州防禦使汝爲近
輔號爲難治審交盡去煩弊無擾于民百姓歌之乾祐
二年春卒年七十四郡人聚哭柩前所列狀乞留葬本
州界立碑起祠以時致祭本州以聞詔曰朝廷之制皆
有舊章牧守之官比無贈典其或政能殊異惠及蒸黎
生有令名没留遺愛褒賢獎善豈限彝章可特贈太尉

吏民所請宜依故相國太師秦國公馮道聞之曰予嘗
爲劉汝州僚佐知其爲人廉平慈善無害之良吏也刺
遼磁治陳襄靑皆稱平允不顯殊尤其理汝也又安有
異哉民之租賦不能減也徭役不能息也寒者不能衣
也餒者不能食也百姓自汲汲而使君何有於我哉然
身死之日致黎民懷感如此者誠以不行鞭扑不行刻
剝不因公而徇私不害物以利己確然行良吏之事薄
罰宥過謹身節用安俸祿守禮分而已凡從事于斯者
孰不能乎但前之守土者不能如是是以汝民咨嗟愛
慕今天下戎馬之後四方兇盜之餘杼軸空而賦斂繁

人民稀而倉廩匱謂之康泰未易輕言候伯牧宰若能哀矜之不至聚斂不殺無辜之民民爲邦本政爲民本和平寬易卽劉君之政安足稱耶復何患不至于令名哉道仍爲著哀詞六章鐫于墓碑之陰焉（永樂大典卷九千九十九）

武漢球澤州人也少拳勇潞帥李嗣昭倚爲親信事唐莊宗明宗繼爲禁軍裨校清泰中會晉高祖引契丹爲援與朝廷隔絕遂歸晉祖天福初授趙州刺史入爲奉國軍都指揮使出刺曹州開運初遷耀州團練使高祖至東京授洺州刺史漢球以目疾年高辭郡帝曰廣平小郡卿卧理有餘無以疾辭至郡未期復以目疾請代

而免乾祐二年秋卒于京師漢球雖出自行伍然長于撫理常以掊斂爲戒民懷其惠身死之日家無餘財有管迴者漢球守郡日辟爲判官及漢球卒于汴迴在洺州未之知一日忽謂所親曰太保遣人召我遂沐浴新衣冠無疾瞑目而終家人不知其故後數日方聞漢球卒（永樂大典卷一萬八千一百三十二）

張瓘同州車渡村人故太原監軍使承業之猶子也承業唐書有傳唐天祐中承業佐唐武皇莊宗有功甚見委遇瓘聞之與昆仲五人自故里奔于太原莊宗皆任用之瓘天祐十三年補麟州刺史承業治家嚴毅小過無所容恕一姪爲磁州副使以其殺河西賣羊客承業立捕斬之常誡瓘等曰汝車渡村百姓劉開道下賊慣作非爲今須改行若故態不除死無日矣故瓘所至不敢誅求晉天福中爲密州刺史秩滿入居環衛乾祐三年夏卒于官輟視朝一日（永樂大典卷六千三百五十）

李殷薊州人也自後唐莊宗明宗晉高祖朝以偏校遞遷歷官至檢校司徒累爲郡守性沉厚所莅無苛暴之名晉少帝禦契丹于澶淵殷典禁旅鸞還授鄜州留後俄加檢校太保開運中授定州節度使將行啓少帝曰臣之此行破敵必矣衆皆壯其言及至郡威略無聞敵

再至首納降款後隨契丹至常山其將嘉哩（舊作解里今改）遣殷與契丹首領楊安同拒我師于洺水俄而安退殷以橐裝馳馬還安安既北走殷匿于邑墓獲免馳以歸我高祖嘉其首赴朝闕及魏州平以甘陵之師乃命殷爲貝州節度使加檢校太傅乾祐初卒于鎮詔贈太師（永樂大典卷一萬三百九十）

劉在明幽州人少有膽氣本州節度使劉守光用爲親信出爲平塞軍使守光敗歸于太原唐莊宗收爲列校明宗時爲捧聖左廂都指揮使領和州刺史從幸汴州至榮陽聞朱守殷叛用爲前鋒至汴城率先登城賊平

授汴州馬步軍都指揮使應順初爲貝州刺史明年移趙州兼北面行營馬軍都指揮使以軍戍易州淸泰末幽州節度使趙德鈞引軍赴團柏谷路由易州取在明軍從及德鈞兵敗在明奔歸懷州唐末帝令與萇從簡同守河陽晉祖至乃迎之京都事定出爲單州刺史天福中李金全以安州叛在明從李守貞攻之大破淮賊以功授安州防禦史明年移絳州楊光遠據青州叛召爲行營馬步軍都指揮使領齊州防禦使青州平遷相州留後歷邢州晉州留後（通鑑契丹入汴建雄留後劉在明朝于契丹以節度副使駱知朗知州事）高祖踐阼授幽州道行營都部署時契丹守中山在明出師經畧契丹乃棄城而去遂授鎮州留後乾祐元年五月正授鎮州節度使六月以疾卒于鎮贈侍中（永樂大典卷九千九十九）

馬萬瀘州人也少從軍善水游唐莊宗與梁軍對壘于河上莊宗于德勝渡夾河立南北寨會梁軍急攻南寨于中流聯戰艦以絶援路晝夜攻城者三日寨將氏延賞告急于莊宗莊宗隔河望敵無如之何乃召人能水游破賊者時萬兄弟皆應募遂潛行入南寨往來者三又助燒船艦汴軍遂退由此升爲水軍小校漸典禁軍遂領刺史累遷奉國左廂都指揮使泗州防禦使晉天福二年夏范延光叛于鄴牙將孫鋭率兵至黎陽朝廷遣侍衛馬軍都指揮使白奉進領兵渡滑州萬亦預其行時滑州節度使符彥饒潛通鄴下殺白奉進于牙署萬領本軍兵士將助亂會奉國右廂都指揮使盧順密亦以兵至諭以逆順萬不得巳與順密急趨公府執彥饒生送闕下朝廷即以萬爲滑州節度使而盧順密酬之甚淺居無何晉高祖稍知其事即以順密爲涇州兵馬留後漸薄于萬萬鎮鄧州未幾罷鎮授上將軍以目疾致仕乾祐三年四月卒輟視朝一日（永樂大典卷一萬八千一百三十二）

李彥從字士元汾州孝義人父德麟州司馬彥從少習武藝出行伍間高祖典禁軍以鄉里之舊任爲親信國初用爲左飛龍使檢校司空鎮州逐敵之際請兵于朝廷高祖令彥從率軍赴之乾祐初領恩州刺史遣暉討王景崇于岐下彥從爲兵馬都監破川軍有功賊平授濮州刺史治有政能百姓悅之乾祐三年冬卒于郡（永樂大典卷一萬二二百九十）

郭謹字守節太原晉陽人謹少從軍能騎射歷河中教練使晉天福中遷奉國右廂都指揮使領禺州刺史三年轉奉國左廂都指揮泗州防禦使歲餘授侍衛步軍

都指揮使兼寧江軍節度使六年從幸鄴七年晉祖崩少帝即位授彰德軍節度使領軍如故開運初出授鄜州二年入爲左神武統軍三年復鎮鄜州高祖踐阼以鄉國舊臣加檢校太尉移鎮滑臺乾祐初復授彰德軍節度使二年就加檢校太師三年入朝加食邑是歲冬十月卒于位年六十輟視朝二日贈侍中（永樂大典卷一萬二千一百六十一）

皇甫立代北人也唐明宗之刺代州署爲牙校從歷藩鎮性純謹明宗深委信之王建立安重誨策名委質皆在立後明宗踐阼以立爲忻州刺史長興末轉洺州團練使應順初遷鄜州節度使檢校太保清泰三年春移鎮潞州未幾改華州晉天福中授左神武統軍少帝即位歷左金吾衛上將軍累官至檢校太尉高祖定天下授特進太子太師致仕乾祐二年秋卒（永樂大典卷一萬九百七十一）

白再榮本蕃部人也少從軍累遷護聖左廂指揮使晉末契丹犯闕明年契丹主北去再榮從部帳至眞定其年閏七月晦李筠何福進相率殺契丹帥滿達勒（舊作麻荅今改正）據甲仗庫敵勢未退筠等使人召再榮再榮端坐本營遲疑久之爲軍吏所廹乃行翊日逐出滿達勒諸軍以再榮名次在諸校之右乃請權知留後事（東都事略李筠傳筠請馮道領節度道曰予主奏事而已留後事當議功臣爲之以諸將之甲者爲留後）再榮貪昧無決舉止多疑出入騎從露刃注矢諸校不相統攝互有猜貳奉國廂主王饒懼爲再榮所并乃據東門樓以兵自衛僞稱足疾不敢見再榮司天監趙延乂俱與之善乃來往解釋遂無相忌之意再榮以李崧和凝攜家在彼令軍士數百人環廹崧凝以求賞給崧凝各出家財與之再榮欲害崧以利其財前磁州刺史李穀謂再榮曰公與諸將爲契丹所虜凌辱萬端旦夕憂死今日衆力逐出蕃戎鎮民死者不下三千人豈特公等之功纔得生路便擬殺一宰相他日到闕倘有所問何以爲辭再榮默然再榮又欲括率在城居民家財以給軍士李穀又譬解之乃止其漢人曾事滿達勒者盡拘之以取其財高祖以再榮爲鎮州留後爲政貪虐難狀鎮人呼爲白滿達勒未幾移授滑州節度使箕斂誅求民不聊生乃徵還京師周太祖入京城軍士攻再榮之第廹脅再榮盡取財貨既軍士前啟曰某等軍健常趨事麾下一旦無禮至此今後何顏謁見郎奮刃擊之挈其首而去後家人以帛贖葬之（永樂大典卷一萬八千一百三十三）

張鵬鎮州鼓城人幼爲僧知書有口辯喜大言後歸俗唐末帝爲潞王時鵬往依焉及即位用爲供奉官累監

軍旅晉開運中契丹廹澶州鵬爲前鋒監押奮身擊敵被創而還其後累于邊城戍守士伍服其勇乾祐初授鎮州副使過鄴高行周接之甚歡鵬因言及晉朝傾亡之事少帝任用失人藩輔之臣唯務積財富家不以國家爲意以至宗社泯滅非獨帝王之咎也行周性寬和不以鵬言爲過鵬既退行周左右謂行周曰張副使之言蓋譏令公也行周因發怒遂奏鵬怨國訕言故朝廷降詔就誅于常山時乾祐元年七月也（永樂大典卷六千三百五十一）

史臣曰晉漢之際有以懋軍功勤王事取旌旄符竹者多矣其間有及民之惠者無幾焉如王周之閫政審交之民譽蓋其優者也漢球張瓘抑又次焉是宜紀之篇以示來者其餘皆不足觀也已張鵬以一言之失遽滅其身亦足戒後代多言橫議之徒歟（永樂大典卷六千三百五十一）

舊五代史卷一百六終

舊五代史卷一百六考證

漢列傳三劉審交傳服闋不出累年　案歐陽史作不調累年

時有燕軍千人守捉諸門　千人杜重威傳作千五百人

劉在明傳高祖踐阼授幽州道行營都部署　案通鑑在明先爲成德軍留後繼授幽州道馬步都部署與是書前後互異

馬萬傳時滑州節度使符彥饒潛通鄴下殺白奉進于牙署　案是書晉列傳符彥饒以忿爭殺白奉進非潛通鄴下也此傳蓋沿實錄傳聞之誤通鑑從晉列傳

白再榮傳本蕃部人也　案歐陽史作不知其世家何人也

舊五代史卷一百六攷證

舊五代史卷一百七

宋司空同中書門下平章事薛居正等撰

列傳第四　漢書九

史弘肇字化元鄭州滎澤人也父潘本田家弘肇少游俠無行拳勇健步日行二百里走及奔馬梁末每七戶出一兵弘肇在籍中後隸本州開道都選入禁軍嘗在晉祖麾下遂留爲親從及踐阼用爲控鶴小校高祖鎭太原奏請從行升爲牙校後置武節左右指揮以弘肇爲都將遙領雷州刺史高祖建號之初代州王暉叛以城歸契丹弘肇征之一鼓而拔尋授許州節度使充侍衞步軍都指揮使會王守恩以上黨附契丹主命大將耿崇美率衆登太行欲取上黨高祖命弘肇以軍應援軍至潞州契丹退去翟令奇以澤州迎降會河陽武行德遣人迎弘肇遂率衆南下與行德合故高祖由蒲陝赴洛如歸弘肇前鋒之功也弘肇嚴毅寡言部轄軍衆有過無舍兵士所至秋毫不犯部下有指揮使嘗因指使少不從命弘肇立撾殺之將吏股慄以至平定兩京無敢干忤從駕征鄴廻加同平章事充侍衞親軍都指揮使兼鎭宋州高祖大漸與樞密使楊邠周太祖蘇逢吉等同受顧命隱帝嗣位加檢校太師兼侍中居無何

河中永興鳳翔連橫謀叛關輔大擾朝廷日有徵發羣情憂懼亦有不逞之徒妄構虛語流布京師弘肇都轄禁軍警衞都邑專行刑殺略無顧避無賴之輩望風匿迹路有遺棄人不敢取然而不問罪之輕重理之所在但云有犯便處極刑枉濫之家莫敢上訴巡司軍吏因緣爲姦嫁禍脅人不可勝紀（宋史邊歸讜傳史弘肇怙權專殺閭里告訐成風歸讜言曰邇來有匿名書及言風聞事構害良善有傷風化遂使貪吏得以報復私寃讒夫得以肆其虛誕請明行條制禁遏誣罔凡顯有披論具陳姓名其匿名書及風聞事者並見止絕論者韙之）時太白晝見民有仰觀者爲坊正所拘立斷其腰領又有醉民抵忤一軍士則誣以訛言棄市其他斷舌決口斮筋折足者僅無虛日故相李崧爲部曲誣告族誅于市取其幼女爲婢自是仕宦之家畜僕隸者皆以姑息爲意而舊勳故將失勢之後爲廝養輩之所脅制者往往有之軍司孔目吏解暉性狡而酷凡有推劾隨意鍛鍊人有抵軍禁者被其苦楚無不自誣以求死所都人遇之莫敢仰視有燕人何福殷者以商販爲業嘗以十四萬市得玉枕遣家僮及商人李進賣于淮南易茗而廻家僮無行隱福殷貨財數十萬福殷責其償不伏遂杖之未幾家僮詣弘肇上變言契丹主之入汴也趙延壽遣福殷齎玉枕陰遺淮南以致誠意弘肇即日遣捕福殷等繫

之解暉希旨榜掠備至福殷自誣連罪者數輩並棄市
妻女爲弘肇帳下分取之其家財籍沒弘肇不喜賓客
嘗言文人難耐輕我輩謂我輩爲卒可恨可恨弘肇所
領睢陽其屬府公利委親吏楊乙就府檢校貪戾兇橫
負勢生事吏民畏之副戎已下望風展敬聚斂刻剝無
所不至月率萬緡以輸弘肇一境之內嫉之如讎東都事略
薛居正傳史弘肇領侍衞親軍威震人主殘忍自恣人莫敢忤其意其部下民告民犯鹽禁法當死居正疑其不實召詰之乃其吏以私憾而誣之也逮捕吏鞫之具伏以吏抵法宏肇雖怒甚竟亦無以屈也周太
祖平河中班師推功于衆以弘肇有翊衞鎭重之功言
之于隱帝卽授兼中書令隱帝自關西賊平之後昵近

小人太后親族頗行干託弘肇與楊邠甚不平之太后
有故人子求補軍職弘肇怒而斬之帝始聽樂賜教坊
使玉帶諸伶官錦袍往謝弘肇弘肇讓之曰健兒爲國
戍邊忍寒冒暑未能徧有霑賜爾輩何功敢當此賜盡
取袍帶還官其兇戾如此周太祖有鎭鄴之命弘肇欲
其兼領機密之任蘇逢吉異其議弘肇忿之翌日因竇
貞固飲會貴臣悉集弘肇厲色擧爵屬周太祖曰昨晨
廷論一何同異今日與弟飲此楊邠蘇逢吉亦擧大爵
曰此國家之事也何足介意俱飲釂弘肇又厲聲言曰
安朝廷定禍亂直須長槍大劍至如毛錐子焉足用哉

三司使王章曰雖有長槍大劍若無毛錐子贍軍財賦
自何而集弘肇默然少頃而罷未幾三司使王章于其
第張酒樂時弘肇與宰相樞密使及內客省使閻晉卿
等俱會酒酣爲手勢令弘肇不熟其事而閻晉卿坐次
弘肇屢教之蘇逢吉戲弘肇曰近坐有姓閻人何憂罰
爵弘肇妻閻氏本酒妓也弘肇謂逢吉譏之大怒以醜
語詬逢吉不校弘肇欲毆逢吉逢吉策馬而去弘肇遽
起索劒意欲追逢吉楊邠曰蘇公是宰相公若害之致
天子何地公細思之邠泣下弘肇索馬急馳而去邠慮
有非常連鑣而進送至第而還自是將相不協如水火

矣隱帝遣王峻將酒樂于公子亭以和之竟不能解其
後李業郭允明後贊聶文進居中用事不悅執政又見
隱帝年漸長厭爲大臣所制嘗有忿言業等乃乘間譖
弘肇等隱帝稍以爲信業等乃言弘肇等專權震主終
必爲亂隱帝益恐嘗一夕聞作坊鍛甲之聲疑外有兵
仗卒至達旦不寐自是與業等密謀禁中欲誅弘肇等
議定入白太后太后曰此事豈可輕發耶更問宰臣等
李業在側曰先皇帝言朝廷大事莫共措大商量太后
又言之隱帝怒曰閨門之內焉知國家之事拂衣而出
內客省使閻晉卿潛知其事乃詣弘肇私第將欲告之

弘肇以他事拒之不見乾祐三年冬十一月十三日弘肇入朝與樞密使楊邠三司使王章同坐于廣政殿東廡下俄有甲士數十人自內而出害弘肇等于閤夷其族先是弘肇第數有異嘗一日于階砌隙中有烟氣蓬勃而出禍前二日昧爽有星落于弘肇前三數步如迸火而散俄而被誅周太祖踐阼追封鄭王以禮葬官爲立碑弘肇子德珫乾祐中授檢校司空領忠州刺史粗讀書親儒者常不悅父之所爲貢院嘗錄一學科于省門叫譟申中書門下宰相蘇逢吉令送侍衞司請痛笞刺面德珫聞之白父曰書生無禮有府縣御史臺非軍務治也公卿如此蓋欲彰大人之過弘肇深以爲然即破械放之後之識者尤嘉德珫之爲人焉弘肇弟福比在滎陽別墅聞禍匿于民間周太祖即位累遷閑廄使仕皇朝歷諸衛將軍（永樂大典卷一萬一百八十三　宋史李崇矩傳史弘肇爲先鋒都校聞崇矩名召署親吏乾祐初宏肇總禁兵兼京城廵檢多殘殺軍民左右稍稍引去惟崇矩事之益謹及弘肇誅獨得免周祖與弘肇素厚善即位訪求弘肇親舊得崇矩謂之曰我與史公受漢厚恩戮力同心共奬王室爲奸邪所搆史公卒罹大禍我亦僅免汝史家故吏也爲我求其近屬我將恤之崇矩上其母弟福崇矩素主其家盡籍財産以付福周祖嘉之）

楊邠魏州冠氏人也少以吏給事使府後唐租庸使孔謙即其妻之世父也兼領度支補勾押官歷孟華鄆三州糧料使高祖爲鄴都留守用爲左都押衙高祖鎮太原益加親委漢國建遷檢校太保權樞密使汴洛平正拜樞密使檢校太傅及高祖大漸與蘇逢吉史弘肇等同受顧命輔立嗣君隱帝即位宰臣李濤上章請出邠與周太祖爲藩鎮邠等泣訴于太后由是罷濤而相邠加中書侍郎兼吏部尚書同平章事仍兼樞密使時中書除吏太多訛謬者衆及邠居相位帝一以委之凡南衙奏事中書除命先委邠斟酌如不出邠意至于一簿一掾亦不聽從邠雖長于吏事不識大體常言爲國家者但得帑藏豐盈甲兵強盛至于文章禮樂並是虛事何足介意也平河中並加右僕射邠既專國觸事苛細條理煩碎前資官不得于外方居止自京師至諸州府行人往來並須給公憑所由司求請公憑者朝夕塡咽旬日之間民情大擾行路擁塞邠乃止其事時史弘肇恣行慘酷殺戮日衆都人士庶相目于路邠但稱弘肇之善太后弟武德使李業求爲宣徽使隱帝與太后重違之私訪于邠邠以朝廷內使遷拜有序不可超居遂止隱帝所愛耿夫人欲立爲后邠亦以爲太速夫人卒隱帝欲以后禮葬邠又止之隱帝意不悅左右有承間進甘言者隱帝益怒之（案此下當有缺文）邠籍甲兵實帑廩俾

國用不闕邊鄙粗寧亦其功也〔永樂大典卷六千五十二〕〔宣和書譜云邠末年留意縉紳延客門下知經史有用乃課吏傳寫〕

王章大名南樂人也少爲吏給事使府同光初隸樞密院後歸本郡累職至都孔目後唐清泰末屯駐捧聖都虞候張令昭作亂逐節度使劉延皓自稱留後章以本職爲令昭役使末帝遣范延光討平之搜索叛黨甚急章之妻即白文珂之女也文珂與副招討李敬周善以章爲托及攻下逆城敬周匿之載于槖駞褚中竊至洛下匿于敬周之私第及末帝敗章爲省職歷河陽糧料使高祖典侍衛親軍詔爲都孔目官從至河東專委錢穀國初授三司使檢校太傅從征杜重威于鄴下明年高祖崩隱帝即位加檢校太尉同平章事居無何蒲雍岐三鎮叛是時契丹犯闕之後國家新造物力未充章與周太祖史弘肇楊邠等盡心王室知無不爲罷不急之務惜無用之費收聚財賦專事西征軍旅所資供饋無乏及三鎮叛平賜與之外國有餘積然以專于權利剥下過當斂怨歸上物論非之舊制秋夏苗租民稅一斛別輸二升謂之雀鼠耗乾祐中輸一斛者別令輸二斗目之謂省耗百姓苦之又官庫出納緡錢皆以八十爲陌至是民輸者如舊官給者以七十七爲陌遂爲常

式〔歸田錄用錢之法自五代以來以七十七爲百謂之省陌今市井交易又尅其五謂之依除〕民有訴田者雖無十畝戶章必命全州覆視幸其廣有苗額以增邦賦曾未數年民力大困章與楊邠不喜儒士郡官所請月俸皆取不堪資軍者給之謂之閑雜物命所司高估其價估定更添謂之擡估章亦不滿其意隨事更添估章急于財賦峻于刑法民有犯鹽礬酒麴之令雖絲毫滴瀝盡處極刑吏緣爲姦民不堪命章與楊邠同郡尤相親愛其奬用進拔者莫非鄉舊常輕視文臣曰此等若與一把算子未知顛倒何益于事後因私第開宴席召賓客史弘肇蘇逢吉乘醉諠詬而罷章自是怨忽不樂潛求外任邠與弘肇深阻其意而私第數有怪異章愈懷憂恐乾祐三年冬與史弘肇楊邠等遇害夷其族妻白氏禍前數月而卒無子惟一女適戶部員外郎張貽肅嬴疾踰年扶病就戮〔永樂大典卷六千八百五十〕

李洪建太后母弟也事高祖爲牙將高祖即位累歷軍校遂領防禦使史弘肇等被誅以弘建爲權侍衛馬步軍都虞候及鄴兵南渡命洪建誅王殷之族洪建不即行之但遣人監守其家仍令給饌竟免屠戮周太祖入京城洪建被執王殷感洪建之恩累祈周太祖乞免其死不從遂殺之洪建弟業〔永樂大典卷一萬二千三百九十〕

業昆仲凡六人業處其季故太后尤憐之高祖置之麾下及即位累遷武德使出入禁中業恃太后之親稍至驕縱隱帝嗣位尤深倚愛兼掌內帑四方進貢二宮費委之出納業喜趨權利無所顧避執政大臣不敢禁詰會宣徽使闕業意欲之太后亦令人微露風旨于執政時楊邠史弘肇等難之業由是積怨蕭墻之變自此而作楊史既誅業權領侍衛步軍都指揮使北郊兵敗業自取金寶懷之策馬西奔行至陝郊其節度使洪信即其長兄也不敢匿于家業將奔太原至絳州境爲盗所殺盡奪而去〔永樂大典卷一萬三百九十〕

闞晉卿者忻州人也家世富豪少仕并門歷職至客將高祖在鎮頗見信用乾祐中歷閤門使判四方館未幾關西亂郭崇義討趙思綰于京兆晉卿以偏師攻賊壘

宋史李韜傳周祖征三叛韜從白文珂攻河中兵傳其城文珂夜詣周祖議犒軍留韜城下時營柵未備李守貞乘虛來襲營中忽見火發知賊驟至惶怖失據客省使闞晉卿率左右數十人遇韜于月城側謂韜曰事急矣城中人悉被黃紙甲爲火光所照色俱白此殊易辨奈軍士無闘志何韜憤怒曰豈有食君祿而不爲國致死耶即援矟而進軍中死士十餘輩隨韜犯賊鋒蒲有猛將躍馬持戈擬韜韜刺之洞胸而墜又連殺數十人蒲軍遂潰擊大破之

因賊平爲內客省使丁父憂起復前職時宣徽使闕晉卿以職次事望合當其任既而久稽拜命晉卿頗怨執政會李業等謀殺楊史詔晉卿謀之晉卿退詣弘肇將告其事弘肇不見晉卿憂事不果夜懸高祖御容于中堂泣禱于前遲明戎服入朝內難既作以晉卿權侍衛馬軍都指揮使北郊兵敗晉卿乃自殺于家〔永樂大典卷一萬八千一百三十一〕

聶文進并州人少給事于高祖帳下高祖鎮太原甚見委用職至兵馬押司官高祖入汴授樞密院承旨歷領軍屯衛大將軍遷領衛大將軍仍領舊職〔冊府元龜卷七百六十六〕遇周太祖出征稍至驕橫久未遷改深所怨望李業輩構成變亂史弘肇等遇害之前夕文進與同黨預作宣詔制置朝廷之事凡關文字並出文進之手明日難作

文進點閱兵籍徵發軍衆指揮取舍以爲己任內外咨稟前後嗔咽太祖在鄴被搆初謂文進不預其事驗其事迹方知文進亂階之首也大詬詈之太祖過封丘帝次于北郊文進告太后曰臣在此請宮中勿憂兵散之後文進召同黨痛飲歌笑自若遲明帝遇禍文進奔竄爲軍士所追梟其首〔冊府元龜卷九百三十五〕

後贊爲飛龍使贊母本倡家也與父同郡往來其家生贊從職四方父未嘗離郡贊既長疑其所生及爲內職不欲父之來寓書以致其意父自郡至京師直抵其第贊不得已而奉之〔永樂大典卷一萬七千一百九十五〕乾祐末宰相楊邠

侍衛親軍使史弘肇執權贇以久次未遷頗懷怨望乃與樞密承旨聶文進等搆變既難作贇與同黨更侍帝側剖判戎事且防間言北郊兵敗贇竄歸兗州慕容彥超執之以獻有司鞫贇伏罪周太祖命誅之（冊府元龜卷九百五十二）

郭允明者小名竇十河東人也幼隸河東制置使范徽柔被誅允明遂爲高祖廝養服勤既久頗得高祖之歡心高祖鎮太原稍歷牙職及即位累遷至翰林茶酒使兼鞍轡使隱帝嗣位尤見親狎每恃寵驕縱略無禮敬與相州節度使郭謹以同宗之故頗交結謹在鎮允明常齎御酒以遺之不以僭上犯禁爲意其他輕率悉皆類此執政大臣頗姑息之嘗奉使荊南車服導從有同節度使將州縣郵驛奔馳畏懾節度使高保融承迎不暇允明潛使人步度城壁之高卑池隍之廣隘以動荊人冀得重賄乾祐末兼飛龍使未幾與李業輩搆變楊邠等諸子允明親刃之于朝堂西廡下王章女壻戶部員外郎張貽肅血流逆注聞者哀之及北郊之敗允明廹帝就民舍手行弒逆尋亦自殺（永樂大典卷二萬二千一百六十一）

劉銖陝州人也少事梁邵王朱友誨爲牙將晉天福中高祖爲侍衛親軍都指揮使與銖有舊乃表爲內職高祖出鎮并門用爲左都押牙銖性慘毒好殺高祖以爲勇斷類己深委遇之國初授永興節度使從定汴洛移鎮青州加同平章事隱帝即位加檢校太師兼侍中銖立法深峻令行禁止吏民有過不問輕重未嘗貸免每親事小有忤旨即令倒曳而出至數百步外方止膚體無完者每杖人遺雙杖對下謂之合歡杖或杖人如其歲數謂之隨年杖在任擅行賦斂每秋苗一畝率錢三千夏苗一畝錢二千以備公用部內畏之脅肩重迹乾祐中淄青大蝗銖下令捕蝗略無遺漏田苗無害先是濱海郡邑皆有兩浙迴易務厚取民利自置刑禁追攝王民前後長吏利其厚賂不能禁止銖即告所部不得與吳越徵負擅行追攝浙人惕息莫敢干命朝廷憚銖之剛戾難制因前沂州刺史郭瓊自海州用兵還過青州遂留之即以符彥卿代銖銖即時受代（隆平集郭瓊傳云劉銖守平盧稱疾不朝隱帝疑其叛詔瓊領兵屯青州銖將害之張宴伏兵幕下瓊無懼色銖亦不敢發瓊爲言去就禍福銖趨召）離鎮之日有私鹽數屋雜以糞穢塞諸井以土平之彥卿發其事以聞銖奉朝請久之每潛戟手于史弘肇楊邠第會李業輩同誅弘肇等銖喜謂業輩曰君等可謂僂㑩兒矣尋以銖知開封府事周太祖親族及王峻家並爲銖所害周太祖入京城執之下獄銖謂

妻曰我則死矣君應與人爲婢耳妻曰明公所爲如是雅合爲之周太祖遣人讓銖曰昔日與公常同事漢室寧無故人之情家屬屠滅公雖奉君命加之酷毒一何忍哉公家亦有妻子還顧念否銖但稱死罪遂赦太后并一子誅之而釋其妻周太祖踐阼詔賜銖妻陝州莊宅各一區（永樂大典卷六千三百五十五代史闕文漢隱帝朝銖爲開封尹周祖自鄴起兵銖盡誅周祖之家子孫婦女十數人極其慘毒及隱帝遇害周祖以漢太后令收銖下獄使人責之銖對曰某爲漢家戮叛族耳不知其他周祖怒遂殺之臣謹按周室宗朝史官修漢隱帝實錄銖之忠言諱而不載）

史臣曰臣觀漢之亡也豈繫于天命哉蓋委用不得其人聽斷不符于理故也且如弘肇之濫刑楊邠之粃政

李業晉卿之設計文進允明之狂且雖使成王爲君周公作相亦不能保宗社之安延歲月之命況隱帝逢吉之徒其能免乎易曰大君有命開國承家小人勿用必亂邦也當乾祐之末也何斯言之驗歟惟劉銖之忍酷又安能逭於一死乎（永樂大典卷二萬二千一百六十一）

舊五代史卷一百七終

舊五代史卷一百七攷證

漢列傳四史宏肇傳有燕人何福殷者　案歐陽史作何福進疑訛

乾祐三年冬十一月十三日宏肇入朝　十一月歐陽史漢臣傳作十月吳縝纂誤云漢隱帝紀周太祖紀俱作十一月傳誤也

楊邠傳用爲左都押衙　左都歐陽史作右都

李業附傳業昆仲凡六人　案昭聖太后弟六人洪信洪義宋史有傳歐陽史作昆弟七人

閻晉卿傳賊平爲內客省使　案宋史李韜傳載晉卿

討賊時已爲客省使是書作賊平之後始授此職與宋史異

舊五代史卷一百七攷證

舊五代史卷一百八

宋司空同中書門下平章事薛居正等撰

列傳第五　　漢書十

李崧深州饒陽人父舜卿本州錄事參軍崧幼而聰敏
十餘歲爲文家人奇之弱冠本府署爲參軍其父嘗謂
宗人李鏻曰大醜生處形奇氣異前途應不居徒勞之
地賴吾兄誨激之大醜即崧之小字也同光初魏王繼
岌爲興聖宮使兼領鎭州節鉞崧以參軍從事時推官
李蕘掌書崧見其起草不工密謂掌事呂柔曰令公皇
子天下瞻望至于尺牘往來章表論列稍須文理合宜
李侍御起草未能盡善呂曰公試代爲之呂得崧所作示
盧質馮道皆稱之繇是擢爲興聖宮巡官獨掌奏記莊
宗入洛授太常寺協律郎王師伐蜀繼岌爲都統以崧
掌書記蜀平樞密使郭崇韜爲宦官誣搆繼岌遂殺崇
韜父子外尚未知崧白繼岌曰王何爲作危事至于不
容崇韜至洛誅之未晩今懸軍五千里無咫尺書詔便
殺重臣非謀也繼岌曰吾亦悔之崧召書吏三四人登
樓去梯取黃紙矯寫詔書倒使都統印發之翌日告諸
軍軍情稍定及自蜀還（案歐陽史師還繼岌死于道崧至京師）明宗革命
任圜以宰相判三司用崧爲鹽鐵推官賜緋丁內艱歸

鄉里服闋鎭帥范延光奏署掌書記延光爲樞密使拜
拾遺直樞密院遷補闕起居郎尚書郎充職如故長興
末改翰林學士淸泰初拜端明殿學士戶部侍郎先是
長興三年冬契丹入雲中朝廷欲命重將鎭太原時晉
祖爲六軍副使以秦王從榮不軌懇求外任深有北門
之望而大臣以晉高祖方權兵柄難以議之一日明宗
怒其未奏范延光趙延壽等無對退歸本院共議其事
方欲以康義誠爲之時崧最在下位聳立請曰朝廷重
兵多在北邊須以重臣爲帥以某所見非石太尉不可
也會明宗令中使促之衆乃從其議翌日晉祖旣受太
原之命使心腹達意于崧云云累浮圖須與合却尖蓋感
之深也及淸泰末晉祖入洛崧與呂琦俱竄匿于伊闕
民家旬日晉高祖召爲戶部侍郎判戶部踰月拜中書
侍郎同平章事與桑維翰並兼樞密使維翰鎭相州未
幾廢樞密院事歸中書加尚書右僕射從幸鄴丁外艱
恩制起復崧上章數四懇辭其命優詔不允復上章不
報崧不得已而視事晉少帝嗣位復用桑維翰爲樞密
使命崧兼判三司未幾代維翰爲樞密使與馮玉對掌
機密開運末崧玉信契丹之詐經畧瀛鄚中渡之敗落
其姦謀契丹入京師趙延壽張礪素稱崧之才契丹主

善遇之以崧爲太子太師充樞密院使契丹嘗謂左右曰我破南朝祇得李崧一人而已從契丹北行留于鎭州高祖平汴洛乃以崧之居第賜蘇逢吉第中宿藏之物皆爲逢吉所有其年秋鎭州逐滿達勒舊作麻荅今改正崧與馮道和凝十數人歸闕授太子太傅崧對朝之權右謙挹承顏未嘗忤旨嘗以宅券獻蘇逢吉不說崧二弟嶼嶬酣酒無識與楊邠蘇逢吉子弟杯酒之間時言及奪我居第逢吉知之宋史陶穀傳李崧以宅券獻逢吉逢吉不悅而崧子弟數出怨言崧懼移疾不出崧族子昉嘗往候崧崧語昉曰邇來朝廷于我有何議昉曰無他聞唯陶給事往往于稠人中厚誣叔父崧嘆曰穀自單州判官吾取爲集賢校理不數年擢掌詔命吾何負于陶氏子哉及崧遇禍昉嘗因公事詣穀穀問昉識李侍中否昉斂衽應曰遠從叔耳穀曰李氏之禍穀出力焉昉聞之汗出有部曲葛延遇者逋李嶼船傭嶼撻之督其所負遇有同輩李澄亦事逢吉葛延遇夜寄宿于澄家以嶼見督情告案歐陽史是時高祖將葬睿陵河中李守貞反澄乃教延遇告變言崧與其甥王凝謀因山陵放火禁京師又以臘丸書通守貞遂一夕通謀告變逢吉覽狀示史弘肇其日逢吉遣使召崧至第從容語及葛延遇告變之事崧以幼女爲托逢吉遣吏送于侍衛獄既行案歐陽史乘馬從者去無一人崧恚曰自古未有不亡之國不死之人及爲吏所鞫乃自誣伏罪舉家遇害少長悉尸于市人士冤之東都事略王溥傳世宗嘗問漢相李崧蠟彈書結契丹有記其詞者否溥曰崧有此肯示人耶蘇逢吉輩陷之耳世宗遂優贈崧官

崧與徐台符同學相善乾祐三年秋台符夢崧謂曰予之冤横得請於帝矣及蘇史之誅並梟首于市當崧所誅之地未幾葛延遇李澄亦以戮死永樂大典卷一萬三百九十宋史李昉傳晉侍中崧與昉同宗且同里時人謂崧爲東李家昉爲西李漢末崧被誅至宋其子璨自蘇州常熟縣令赴調昉爲訟其父寃且言周太祖已爲昭雪贈官還其田宅錄璨而官之然璨幾五十尚淹州縣之職詔授璨著作佐郎後官至資善大夫

蘇逢吉長安人父悅逢吉母早喪而悅鰥居旁無侍者性嗜酒雖所飮不多然漱醪終日佗人供膳皆不稱旨俟逢吉庖炙方肯下筯悅初仕蜀官升朝列逢吉初學爲文嘗代父染翰悅嘗爲高祖從事甚見禮遇因從容薦逢吉曰老夫耄矣才器無取男逢吉粗學援毫性復恭恪如公不以犹犬之徵願令事左右高祖召見以神精爽惠甚憐之有頃擢爲賓佐凡有謀議立侍其側高祖素嚴毅及鎭太原位望崇重從事稀得謁見惟逢吉日侍左右兩使文簿堆案盈几左右不敢輒通逢吉置于懷袖俟其悅色則諸之多見其可高祖建號于太原逢吉自節度判官拜同平章事集賢殿大學士車駕至汴朝廷百司庶務逢吉以爲已任參決處置並出胸臆雖有當有否而事無留滯會翰林學士李濤從容侍帝言及霸府二相官秩未崇逢吉旋加吏部尚書未幾轉

左僕射監修國史從征杜重威于鄴下數乘醉抵辱周太祖及高祖大漸與楊邠史弘肇等卧內同受顧命李濤與逢吉論甥舅之契相得甚歡濤之入相逢吉甚有力焉會濤上章請出兩樞密爲方鎭帝怒罷濤相勒歸私第時論疑濤承逢吉之風旨先是高祖踐阼之後逢吉與蘇禹珪俱在中書有所除拜多違舊制用捨升降率意任情至有自白丁而升宦路由流外而除令錄者不可勝數物論紛然高祖方倚信二相莫敢言者逢吉尤貪財貨無所顧避求進之士稍有物力者即遣人微露風旨許以美秩及楊邠爲相稍奪二蘇之權自是盡

斂手而已邠每懲二蘇之失艱于除拜至于諸司補吏與門胄出身一切停罷時論以邠之蔽固亦由逢吉禹珪本不能至公于物之所致也初高祖至汴以故相馮道李崧爲契丹所俘並于眞定乃以崧第賜逢吉道第賜禹珪崧于西洛有別業亦爲逢吉所有及眞定逐契丹崧道歸朝崧弟嶼以逢吉占據其第時出怨言未幾崧以西京宅券獻于逢吉不悅會崧有僕夫欲誣告謀反逢吉誘致其狀即告史弘肇令逮捕其家逢吉遣直省吏召崧至第即令監至侍衞獄翌日所司以獄辭上其李嶼款招云與兄崧弟嶬與家僮二十人商議比至

山陵發引之時同放火謀亂其告是實蓋自誣之辭也逢吉仍以筆添注二十人字爲五十封下有司盡誅崧家時人寃之歸咎于逢吉逢吉深文好殺從高祖在太原時嘗因事高祖命逢吉靜獄以祈福祐逢吉盡殺禁囚以報及執朝政尤愛刑戮朝廷患諸處盜賊遣使捕逐逢吉自草詔意云應有賊盜其本家及四鄰同保人並仰所在全族處斬或謂逢吉曰爲盜者族誅猶非王法隣保同罪不亦甚乎逢吉堅以爲是僅去全族二字時有鄆州捕賊使臣張令柔盡殺平陰縣十七村民良由此也逢吉性侈靡好鮮衣美食中書公膳鄙而不食

私庖供饌極盡甘珍嘗于私第大張酒樂以召權貴所費千餘緡其妻武氏卒葬送甚盛班行官及外州節制有與逢吉相款洽者皆令齎送綾羅絹帛以備縞素失禮違度一至如此又性不拘名教繼母死不行服妻死未周其子並授官秩有庶兄自外至不白逢吉便見諸子逢吉怒且懼他日凌弱其子息乃密白高祖誣以他事杖殺之乾祐二年秋加守司空周太祖之將鎭鄴也逢吉奏請落樞密使隱帝曰有前例否逢吉奏曰樞密之任方鎭帶之非便史弘肇曰兼帶樞密所冀諸軍稟畏竟從弘肇之議弘肇怒逢吉之異己逢吉曰此國家

之事也且以內制外則順以外制內豈得便耶事雖不從物議多之居無何王章張飲會逢吉與史弘肇有譏言大爲弘肇所詬逢吉不校幾至毆擊逢吉馳馬而歸自是將相失歡逢吉欲希外任以紓弘肇之怒既而中輟人問其故逢吉曰苟領一方鎮秖消得史公一處分則爲虀粉矣李業輩惡弘肇楊邠等逢吉知之每見業等即微以言激怒之及弘肇等被害逢吉不預其謀聞變驚駭即受宣徽權知樞密院事尋令草制正授制入閒鄴兵至澶州乃止事急逢吉謂人曰蕭墻之變太覺匆遽主若有一言見問必不至是矣數夕宿于金祥殿

之東謂天官正王處訥曰夜來就枕未瞑已見李崧在傍生人與死人相接無吉事也及周太祖自鄴至汴官軍敗于劉子陂是夕逢吉宿于七里郊與同舍痛飲醉將自刎左右止之至曙與隱帝同抵民舍遂自殺周太祖定京城與聶文進等同梟于北市釋其家族其梟首之所適當李崧寃死之地廣順初詔就西京賜其子莊宅各一區永樂大典二千三百九十二　五代史補高祖在河東幕府闕書記朝廷除前進士丘廷敏爲之以高祖有異志恐爲所累辭疾不赴遂改蘇逢吉未幾契丹南侵高祖仗順而起兵不血刃而天下定逢吉以佐命功自掌書記拜中書侍郎平章事逾年廷敏始選鳳翔麟遊縣令過堂之日逢吉戲之且撫所坐椅子曰合是長官坐何故讓與鄙夫耶廷敏遂慚悚而退

李鏻唐宗屬也父洎鄯州刺史伯父湯咸通中爲給事中懿宗除乳母楚國夫人壻爲夏州刺史湯封還制書詔曰朕少失所親若非楚國夫人鞠養則無朕此身雖非朝典望卿放下仍今後不得援以爲例湯乃奉詔其諒直如此鏻少舉進士累舉不第客遊河朔稱清海軍掌書記謁定州王處直不見禮鏻即脫縑被緋入常山謁要人李弘規以宗姓請兄事之由是得進案歐陽史云鏻爲人利口敢言趙王鎔辟爲從事鎔卒復爲王德明賓客德明使鏻聘于唐莊宗鏻密疏德明之罪且言可圖之狀莊宗嘉之及常山平以鏻爲霸府支使嘗從容請于莊宗曰

鏻有四子請誅之莊宗問其故對曰此輩生于常山稟悖亂之氣不可留也莊宗笑而止同光初授宗正卿俄兼工部侍郎常山有唐啟運陵鏻受富民李守恭賂署爲陵臺令守恭暴橫爲長吏所訴按之以聞鏻左授司農少卿削金紫未幾出爲河中府副使明宗即位歷兵部戶部侍郎工部戶部尚書長興中以與明宗有舊常貯入相之意從容謂時相曰唐祚中興宜敦敘宗室才高者合居相位僕雖不才曾事莊宗霸府見今上于藩邸時家代重侯累相靖安李氏不在諸族之下論才較藝何讓衆人久寘僕于朝行諸君安乎馮道趙鳳每怒

其僭有項鐬因淮南細人言事乃謂樞密使安重誨曰僞吳欲歸國久矣若朝廷先遣使諭之則旋踵而至矣重誨然之以玉帶與細人令往淮南爲信久而不反由是出鐬爲兗州行軍司馬得代歸闕復爲戶部尚書尋轉兵部尚書有項兼判太常卿事嘗權典選部銓綜失序物論非之晉天福中守太子少保開運中遷太子太保高祖至闕授受司徒數月而卒年八十八詔贈太傅

［永樂大典卷一萬三百九十］

龍敏字欲訥幽州永清人少學爲儒仕鄉里爲假掾劉守光不道敏避地浮陽會戴思遠渡河而南乃從之鄉人周知裕仕梁爲裨將敏往依焉知裕屢薦不調敏丐遊都邑累年唐莊宗定魏博敏聞故人馮道爲霸府記室乃客于河中歲歸太原館于馮道之家監軍使張承業辟署敏爲巡官與監軍奏記莊宗平河洛徵爲司門員外郎以家貧乏養求爲興唐少尹踰年丁母喪退居鄚下會趙在禮據鄴城以敏鄉人强起令署事又爲亂軍所廹敏不敢拒明年在禮鎭浮陽敏復居喪制服闋除戶部郎中改諫議大夫御史中丞時敏父咸式年七十咸式之父年九十餘供養二尊朝夕無懈咸式以敏貴得祕書監致仕敏爲兵部侍郎奉使幽州鄉里者舊

留宴盡歡馮贇爲北京留守奏敏爲副贇入掌樞機敏爲吏部侍郎敏學術不甚長然外柔而內剛愛決斷大計清泰末從唐末帝在懷州時趙德鈞父子有興圖晉安砦旦夕憂陷末帝計無從出問計于從臣敏奏曰臣有一計請以援兵從東丹王李贊華取幽州路趨西樓契丹主必有北顧之患末帝然之而不能用敏又謂末帝親將李懿曰君連姻帝戚社稷之危不俟翹足安得默默苟全耶懿因籌德鈞必破蕃軍之狀敏曰僕燕人也諳趙德鈞之爲人膽小謀拙所長者守城砦嬰壘塹篤勵健兒耳若見大敵奮不顧身摧堅陷陣必不能矣況名位震主姦以謀身乎僕有狂策不知濟否苟能必行亦救寨之一術也懿請言之曰如聞駕前馬僅有五千匹請于其間選擇壯馬精甲健夫千人僕願得與郎萬金二人（通鑑郎萬金爲陳州刺史胡三省云萬金當時勇將也）由介休路出山夜冒敵騎循山入大砦千騎之內得其半濟則砦無虞矣張敬達等幽閉不知朝廷援兵近遠若知大軍在團柏谷中有鐵障亦可衝踏況敵騎乎末帝聞之曰龍敏之心猛壯用之晚矣人亦以爲大言然其慷慨感激皆此類也晉祖受命敏以本官判戶部遷尚書左丞丁父憂服闋復本官遷太常卿開運中奉命使越先是朝臣

將命必拜起于浙帥敏至抗揖而已識者多之使還改工部尚書乾祐元年春疽發于背聞高祖晏駕乃扶病于私第縞素而臨後旬日卒于家時年六十三隱帝嗣位詔贈右僕射（永樂大典卷五百三十二）

劉鼎字公度徐州蕭縣人祖泰蕭縣令父崇梁太祖微時常傭力崇家及即位召崇用之歷殿中監商州刺史崇之母撫梁祖有恩梁氏號爲國婆徐宋之民謂崇家爲豢龍劉家鼎起家爲大理評事歷尚書博士殿中侍御史起居郎清泰中自吏部員外郎出爲渾州廉判入爲刑部郎中充鹽鐵判官改吏部郎中兼侍御史知雜

事乾祐初拜諫議大夫卒年五十五鼎善交遊能談笑居家仁孝事繼母趙氏甚謹異母昆仲凡七人撫之如一性若寬易而典選曹按吏有風稜人稱爲能子袞登進士第文彩遒傳仕周爲左拾遺直史館早卒（永樂大典卷九千九十九）

張允鎭州束鹿人父徵允幼學爲儒本州爲參軍張文禮之據州叛莊宗致討允隨文禮子處瑾請降于鄴不許與處瑾並繫于獄鎭冀平宥之留于鄴署本府功曹趙在禮要城叛署節度判官從歷滄兗二鎭書記入爲監察御史歷右補闕起居舍人充弘文館直學士水部員外郎知制誥清泰初皇子重美爲河南尹典六軍諸衛事時朝廷選擇參佐以允剛介改給事中充六軍判官尋罷職轉左散騎常侍晉天福初允以國朝頻有肆赦乃進駮赦論曰管子云凡赦者小利而大害久而不勝其禍無赦者小害而大利久而不勝其福又漢紀云吳漢病篤帝問所欲言對曰唯願陛下無爲赦耳如是者何蓋行赦不以爲恩不行赦亦不以爲無恩爲罰有罪故也竊觀自古帝王皆以水旱則降德音而宥過開狴牢以放囚冀感天心以救其災者非也假有二人訟一有罪一無罪若有罪見赦則無罪者銜冤銜冤者彼

何疎見捨者此何親乎如此則是致災之道非救之術也自此小民遇天災則喜皆相勸爲惡曰國家好行赦必赦我以救災如此即是國家教民爲惡也且天道福善禍淫若以赦爲惡之人而更變災爲福則又是天助其惡民也細而究之必不然矣倘或天降之災蓋欲警誡人主節嗜欲務勤儉恤鰥寡正刑罰不濫捨有罪不僭殺無辜使美化行于下聖德聞于上則雖有水旱亦不爲沴矣豈以濫赦有罪而反能救其災乎彰其德乎是知赦之不可行也明哉帝覽而嘉之降詔獎飾仍付史館五年遷禮部侍郎凡三典貢舉改御史中丞轉兵

部侍郎知制誥充翰林學士承旨契丹入京城落職守本官（案東都事畧劉温叟傳契丹入京師温叟懼隨契丹北徙與承旨張允求去職契丹主怒欲黜爲縣令趙延壽曰學士不稱而求解者罷之可也得不黜）乾祐初授吏部侍郎自訴史弘肇後京城士庶連甍恐悚允每朝退即宿于相國寺僧舍及北軍入京師允匿于佛殿藻井之上墜屋而卒時年六十五子鸞仕皇朝爲太常少卿（永樂大典卷六千三百五十一）

任延皓并州人也業術數風雲之事晉高祖在太原重圍時高祖最爲親要延皓以本業請見高祖甚加禮遇晉天福初延皓授太原掾尋改交城文水令皆高祖慰薦之力也高祖鎮太原延皓多言外事出入無間高祖左右皆憚之在文水聚斂財賄民欲陳訴延皓知之一日先誣告縣吏結集百姓欲刼縣庫高祖怒遣騎軍併擒縣民十數族誅之寃枉之聲聞于行路高祖即位累官至殿中監恃寵使氣人望而畏之雖宰輔之重延皓視之蔑如也劉崇在河東日常切齒及魏王承訓薨歸葬太原令延皓擇葬地時有山岡僧謂劉崇曰魏王葬地不吉恐有重喪未幾高祖崩崇以僧言奏之乃配流延皓于麟州路由文水市民擲瓦毆罵甚衆吏人救之僅免既至貶所劉崇令人殺之籍没其家（永樂大典卷九千三百五

史臣曰李崧仕唐晉之兩朝聳伊樂之重望考其器業無忝台衡會多僻之朝被慘夷之戮人之不幸天亦難忱逢吉秉蛇虺之心竊夔龍之位殺人不忌與國俱亡李崧之寃血未消逢吉之梟首斯至冥報之事安可忽諸自李鏻而下凡數君子者皆踐履朝行彰施帝載國華邦直斯焉在哉延皓之醜行宜乎不得其死矣（永樂大典卷九千三百五十一）

舊五代史卷一百八終

舊五代史卷一百八攷證

漢列傳五龍敏傳末帝親將李懿　案通鑑作前鄭州防禦使李懿

改工部尚書　案歐陽史作遷工部侍郎

舊五代史卷一百八攷證

舊五代史卷一百九

宋司空同中書門下平章事薛居正等撰

列傳第六　漢書十一

杜重威其先朔州人近世徙家于太原祖興振武牙將父堆金事唐武皇爲先鋒使重威少事明宗自護聖軍校領防州刺史其妻卽高祖妹也累封宋國大長公主天福初命重威典禁軍遙授舒州刺史二年張從賓構亂據汜水晉高祖遣重威與侯益率衆破之以功授潞州節度使與楊光遠降范延光于鄴城改許州節度使兼侍衛親軍馬步軍副指揮使尋加同平章事未幾移鎭鄆州遷侍衛親軍馬步軍都指揮使（通鑑馮道李崧屢薦重威之能以爲都指揮使充隨駕御營使）及鎭州安重榮稱兵向闕命重威禦之敗重榮于宗城重榮奔據常山重威尋拔其城斬重榮首傳于闕下授成德軍節度使所得重榮家財及常山公帑悉歸于己晉高祖知而不問至鎭復斂于民稅外加賦境內苦之（通鑑重威所至黷貨民多逃亡嘗出過市謂左右曰人言我驅盡百姓何市人之多也）少帝嗣位與契丹絕好契丹主連年伐晉重威但閉壁自守部內城邑相繼破陷一境生靈受屠戮重威任居方面未嘗以一士一騎救之每敵騎數十驅漢人千萬過城下如入無人之境重威但登陴注目略無邀

取之意開運元年秋加北面行營招討使二年領大軍下泰州滿城遂城契丹主古北口迴軍追躡王師重威等狼狽而旋至陽城爲契丹所困會大風狂猛軍情憤激符彥卿張彥澤等引軍四出敵衆大潰諸將欲追之重威曰逢賊得命更望褔乎遂收軍馳歸常山先是重威于州內括借錢帛吏民大被其苦人情咸怨重以境內凋弊十室九空重威遂無留意連上表乞歸朝不俟報即時上路朝廷以邊上重鎮主帥擅離苟有奔衝慮失禦備然亦無如之何即以馬全節代之重威尋授鄴都留守會鎮州軍食不繼遣殿中監王欽祚就本州和市重威私第有粟十餘萬斛遂錄之以聞朝廷給絹數萬匹償其粟直重威大忿曰我非反逆安得籍没耶三年冬晉少帝詔重威與李守貞等率師經畧瀛鄚師至瀛州城下晉騎將梁漢璋進與契丹接戰漢璋死焉重威即時命迴軍次武强聞契丹主南下乃西趨鎮州至中渡橋與契丹夾滹水而營十二月八日宋彥筠王清等率數千人渡滹沱陣于北岸爲敵所破時契丹游軍已至欒城道路隔絶人情危懸重威密遣人詣敵帳潛布腹心契丹主大悅許以中原帝之重威庸暗深以爲信一日伏甲于內召諸將會告以降敵之意諸將愕然

以上將既變乃俛首聽命遂連署降表令中門使高勳齎送敵帳軍士解甲舉聲慟哭是日有大霧起于降軍之上契丹主使重威衣赭袍以示諸軍尋僞加守太傅鄴都留守如故契丹南行命重威部轄晉軍以從既至東京駐晉軍于陳橋士伍飢凍不勝其苦重威每出入衢路爲市民所詬俛首而已契丹下令括率京城錢帛將相公私雷同率配重威與守貞各萬緡乃告契丹主曰臣等以十萬漢軍降于皇帝不免配借臣所不甘契丹主笑而免之尋羣盜斷澶州浮梁契丹乃遣重威歸藩明年三月契丹主北去至相州城下重威與妻石氏詣牙帳貢獻而迴高祖車駕至闕以重威爲宋州節度使加守太尉重威懼閉城據命詔高行周率兵攻討重威遣其子弘遂等告急于鎭州滿達勒（舊作麻荅今改正）乞師救援且以弘遂爲質滿達勒遣蕃將楊袞赴之未幾鎭州諸軍逐滿達勒楊袞至洛州而迴十月高祖親征車駕至鄴城之下遣給事中陳觀等齎詔入城許其歸命重威不納數日高祖親率諸軍攻其壘不克王師傷夷者萬餘人（宋史杜漢徽傳云從高行周討杜重威于鄴城屢爲流矢所中身被重創猶力戰觀者壯之）高祖駐軍數旬城中粮盡屑麴餅以給軍士吏民踰壘而出者甚衆皆無人色至是重威牙將詣行宮請降

復遣節度判官王敏奉表請罪賜優詔敦免許其如初重威即遣其子弘遂妻石氏出候高祖重威縞踵出降素服俟罪復其衣冠賜見即日制授檢校太師守太傅兼中書令鄴城士庶殍踣者十之六七先是契丹遣幽州指揮使張璉以部下軍二千餘人屯鄴時亦有燕軍一千五百人在京師會高祖至闕有上變者言燕軍謀亂盡誅于繁臺之下咸稱其冤有逃命于鄴者備言其事故張璉等懼死與重威膠固守城畧無叛志高祖亦悔其前失累令宣諭許以不死璉等于城上揚言曰繁臺之誅燕軍何罪既無生理以死爲期璉一軍在圍中

重威推食解衣盡力姑息燕軍驕悍凴陵吏民子女金帛公行豪奪及重威請命璉等邀朝廷信誓詔許璉等却歸本土及出降盡誅璉等將數十人其什長已下放歸幽州將出漢境剽畧而去高祖遣三司使王章樞密副使郭威錄重威部下將吏盡誅之籍其財產與重威私帑分給將士車駕還宮高祖不豫既而大漸顧命之際謂近臣將佐曰善防重威帝崩遂收重威重威子弘章弘璉弘璨誅之詔曰杜重威猶貯禍心未悛逆節梟音不改虺性難馴昨朕少不安罷朝數日而重威父子潛肆兇言怨謗大朝扇惑小輩今則顯有陳告備驗姦期旣負深恩須實極法其重威父子並處斬所有晉朝公主及外親族一切如常仍與供給重威父子已誅陳尸于通衢都人聚觀者詬罵蹴擊軍吏不能禁屍首狼籍斯須而盡弘璉重威之子也累官至陳州刺史永樂大典卷一萬四千七百三十　隆平集黨進幼爲天雄軍節度使杜重威奴重威愛其淳謹雖長猶令與婢妾雜侍重威敗周祖得之以爲鐵騎都虞候重威之後寒餓進常分俸以給士大夫或媿焉

李守貞河陽人也少桀黠落魄事本郡爲牙將晉高祖鎭河陽用爲典客後移數鎭皆從之及即位累遷至客省使天福中李金全以安州叛淮夷入冦晉高祖命馬全節討之守貞監護其軍賊平以守貞爲宣徽使少帝

即位授滑州節度兼侍衞馬軍都指揮使未幾改侍衞都虞候開運元年春契丹犯澶魏少帝幸澶州契丹遣將滿達勒以奇兵由鄆州馬家口濟河立柵于東岸守貞率師自澶州馳逐之契丹大敗溺死者數千人獲馬數百匹偏裨七十餘人有頃敵退晉少帝還京以守貞爲兗州節度使依前侍衞都虞候五月以守貞爲青州行營都部署率兵二萬東討楊光遠命符彥卿爲副十一月光遠子承勳等乞降守貞入城害光遠于別第光遠有孔目官吏宋顏者盡以光遠財寶名姬善馬告于守貞得之置于帳下近例官軍克復城隍必降德音洗

滌瑕穢時樞密使桑維翰以光遠同惡數十輩潛竄未出搜索甚急故制書闕不下或有告宋顏匿于守貞處者朝廷取而殺之守貞由是怨維翰時行營將士所給賞賜守貞盡以麤茶染木薑藥之類分給之軍中大怒乃以帛包所得物如人首級目之爲守貞頭懸于樹以詛之守貞班師加同平章事以楊光遠東京第賜之守貞因取連宅軍營以廣其第大興土木治之歲餘爲京師之甲行幸賜宴恩禮無比開運二年春契丹以全軍南下前鋒至相州湯陰縣詔守貞屯滑州少帝再幸澶州守貞爲北面行營都監與招討使杜重威北伐洎獲

陽城之捷遂收軍而還四月車駕還京以守貞爲侍衞副都指揮使移鎮宋州加檢校太師三年春詔守貞率師巡邊至衡水獲鄚州刺史趙思英而還居無何代高行周爲侍衞親軍都指揮使移鎮鄆州意頗觖望會宰臣李崧加侍中守貞謂樞密使直學士殷鵬曰樞密何功便加正相先是桑維翰以元勳舊德爲樞密使守貞位望素處其下每憚之與李彥韜馮玉輩協力排斥維翰竟罷樞務李崧勢分疏遠守貞得以凌蔑其年夏契丹寇邊以守貞爲北面行營都部署少帝開曲宴于內殿以寵其行教坊伶人獻語云天子不須憂北寇守貞面上管幽州既罷守貞有自負之色以其言誇詫于外既而率兵至定州北與契丹偏師遇斬其將嘉哩（舊作解里今改正）而還九月加兼侍中會契丹遣瀛州刺史僞降于少帝請發大軍應接朝廷信之十月詔杜重威爲北面行營招討使以守貞爲兵馬都監知幽州行府事先是守貞領兵再由鄴都杜重威厚加贈遺曲意承迎守貞悅之每于帝前稱舉請委征討之柄至是守貞重威等會兵于鄴遂趨瀛州瀛州不應貝州節度使梁漢璋爲蕃將高牟翰所敗死之王師遂還師至深州聞契丹大至乃西趨鎮州至滹沲之中渡與敵相遇官軍營于滹

水之南未幾敵騎潛渡至欒城斷我糧路尋則王清戰死重威遂與守貞歸命契丹授守貞司徒依前鄆州節度使從契丹至汴時京輦之下契丹充斥都人士庶若在塗炭二帥出入揚揚市人詬之畧無慙色有頃河北及京東草寇大起澶州浮橋爲羣賊所斷契丹主甚恐乃命諸帥各歸本鎮守貞遂赴汶陽高祖入汴守貞懼而來朝授守貞太保移鎮河中居無何高祖晏駕杜重威被誅守貞愈不自安乃潛畜異計乾祐元年三月先致書于權臣布求保證而完城郭繕甲兵晝夜不息守貞以漢室新造嗣君纔立自謂舉無遺策又有僧總倫

者以占術干守貞謂守貞有人君之位通鑑浚儀人趙修己素善術數自守貞鎭滑州署司戶參軍累從移鎭爲守貞言時命不可妄動前後切諫非一守貞不聽乃稱疾歸里未幾趙思綰以京兆叛遣使奉表送御衣于守貞守貞自謂天時人事合符于已乃潛結草賊令所在竊發遣兵據潼關宋史王繼勳傳李守貞之叛令繼勳據潼關爲郭從義所破朝廷命白文珂常思等領兵問罪復遣樞密使郭威西征守貞軍初至守貞以諸軍多嘗隸于麾下自謂素得軍情坐俟叩城迎已及軍士詬譟大失所望宋史馬全義傳李守貞鎭河中召置帳下及守貞叛周主討之全義每率敢死士夜出攻周祖壘多所殺傷守貞貪而無謀性多忌刻全義累爲畫策皆不能用俄而王景崇據岐下與趙思綰遣使推奉守貞乃自號

秦王思綰景崇皆受守貞署置又遣人齎蠟彈于吳蜀契丹以求應援馬令南唐書朱元傳守貞以河中反漢命周太祖討之元與李平奉守貞表來乞師未復而守貞敗既而城中糧盡殺人爲食召摠倫詰其休咎摠倫至曰王自有天分人不能奪然分野災變俟磨滅將盡存留一人一騎即王鵲起之際也守貞深以爲信洎攻城守貞欲發石以擽外軍礮竿子不可得無何上游汎一筏至其木悉可爲礮竿守貞以爲神助又嘗因宴會將佐守貞執弧矢遥指一虎舐掌圖曰我若有非常之事當中虎舌引弓一發中之左右拜賀守貞亦自負焉宋史吳虔裕傳周祖討三叛以虔裕爲河中行營都監率護聖諸軍五千以往李守貞出兵五千餘設梯橋分五路于長連城西北以禦周祖周祖令虔裕率大軍橫擊之蒲人敗守奪其梯橋殺傷大半及周光遜以西砦降其勢益窘人情離散官軍攻城愈急守貞乃潛于衙署多積薪芻爲自焚之計二月七日城陷舉家蹈火而死王師入城于烟中獲其屍斷其首函之并獲數子二女與其黨俱獻于闕下隱帝御明德樓受俘馘宣露布百寮稱賀禮畢以俘馘狗于都城守貞首級梟于南市諸子并賊黨孫愿劉芮張延嗣劉仁裕僧摠倫靖珍張球王延秀焦文傑安在欽等並磔于西市餘皆斬之永樂大典卷一萬三百九十　五代史闕文符后先適河中節度使李守貞之子崇訓守貞嘗得術士善聽聲知人貴賤守貞舉族悉令術聽之獨言后大富貴當母儀天下守貞信之因曰吾婦

尚爲皇后吾可知也遂謀叛及城陷后獨免周祖爲世宗娶之顯德中册爲后臣以謂術士之言蓋亦有時而中人君之位安可無望而求公侯其誡之

趙思綰魏府人也唐同光末趙在禮之據魏城也思綰隸于帳下累從之在禮卒趙延壽籍其部曲盡付于其長子贊思綰即其首領也高祖定河洛趙贊自河中移京兆尹趙贊以久事契丹常慮國家終不能容乃與鳳翔侯益謀引蜀兵爲援又令判官李恕入朝請覲趙贊不待報赴闕留思綰等數百人在京兆會高祖遣王景崇等西赴鳳翔行次京兆時思綰等數百人在焉思綰等比是趙在禮御士本不刺面景崇齊藏珍既至京兆

欲令文面以防遁逸景崇微露風旨思綰厲聲先請自剌以率其下景崇壯之藏珍竊言曰思綰粗暴難制不如殺之景崇不聽但率之同赴鳳翔朝廷聞之遣供奉官王益部署思綰等赴闕思綰既發行至途中謂其黨常彥卿曰小太尉已入他手吾輩至則並死矣小太尉蓋謂趙贊也彥卿曰臨機制變子勿復言既行至永興副使安友規巡檢使喬守溫出迎于郊外離亭置酒思綰前曰部下軍士已在城東安下緣家屬在城欲各將家令夜便宿城東守溫等然之思綰等辭去部下並無兵仗纔入西門有州校坐門側思綰遽奪其佩劍即斬

之其眾持白挺殺守門軍士十餘人分眾守捉諸門思綰劫庫兵以授之遂據其城時乾祐元年三月二十四日也翌日集城中丁壯得四千餘人濬池隍修樓櫓浹旬之間戰守皆備尋遣人送款于河中李守貞遣使齎僞詔授思綰晉昌軍節度使檢校太尉朝廷聞之命郭從義王峻帥師伐之及攻其城王師傷者甚眾乃以長塹圍之經年糧盡遂殺人充食思綰嘗對眾取人膽以酒吞之告眾曰吞此至一千即膽氣無敵矣（太平廣記賊臣趙思綰自倡亂至敗凡食人肝六十六無不面剖而膾之）二年夏食既盡思綰計無從出時左驍衛上將軍致仕李肅寓居城中因與判官程議能同言于思綰曰太尉比與國家無嫌但負罪懼誅遂爲急計今朝廷三處用兵一城未下太尉若翻然效順率先歸命以功補過庶幾無患若坐守窮城端然待斃則何貴于智也（洛陽搢紳舊聞記趙思綰主藍田副鎮有罪已發李公肅時爲環衛將兼雍耀三白渠使雍耀莊宅使節度副使權軍府事護而脫之來謝于李公公歸宅張夫人詰之曰趙思綰庸鄙人公何以免其過既來謝又何必見之乎曰某比不言夫人問須言之思綰者雖賤頻審觀其狀貌眞亂臣賊子恨位下未有眹跡不然除去之可也夫人曰既不能除去何妨以小惠吹之無使銜怨自後夫人密遣人令思綰之妻來參夫人厚以衣物賜之前後與錢物甚多及漢朝公以上將軍告老歸雍未久思綰過雍遂閉門據雍城叛衣冠之族遭塗炭者眾公全家免禍終以計勸思綰納款遂拔雍城）思綰然之即令議能爲章表遣牙將劉成琦入朝制授思綰華州留後

檢校太保以常彥卿爲虢州刺史遣內臣齎官告國信賜之既受命遲留未發郭從義王峻等籌之曰狼子野心終不可用留之必遺後悔耳既而從義王峻等緩轡入城陳列步騎至牙署遣人召思綰曰太保登途不暇出祖對飲一杯便申仳別思綰至則執之遂斬于市并族其家（東都事略郭從義傳云思綰困甚從義遣人誘之許以華州節鉞思綰信之遂開門送款從義入城思綰謁見即遣武士執之）思綰臨刑市人爭投瓦石以擊之軍吏不能禁是日并部下叛黨新授虢州刺史常彥卿等五百餘人並誅之籍思綰家財得二十餘萬貫入于官（案歐陽史思綰遲留不行陰遣人入蜀郭威命從義圖之從義因入城召思綰趣之上道至則擒之思綰問曰

何以用刑告者曰立釘也思綰厲聲曰爲吾告郭公吾死未足塞責然釘磔之醜壯夫所恥幸少假之從義許之父子俱斬于市始思綰入城丁口僅十餘萬及開城惟餘萬人而已其餓斃之數可知矣永樂大典卷一萬六千九百九十一

以下李守貞傳佚文十三行一九五八年重印據

冊府元龜卷一八○録附

晉少帝開運三年詔宋州節度使李守貞近以援送軍儲殺戮蕃賊繼聞剋捷宜示頒宣護聖奉國興順宗順興國諸軍都指揮使各絹十匹餘自都虞候至散卒七匹至一匹其隨行人員與諸州本城將士亦有等第賜賚

史官曰昔衛青霍去病深入虜磧以斬首加級用為定規故謂首為級此其義也守貞前引大軍往取瀛州境一獲刺史以退此時言攻幽薊賴張彥澤勤蕃校而回徵師五萬運糧千里行庖所過豢圉一空將吏醉飽百草皆除遂使河北生民無措足之所而又軍去有賜謂之挂甲錢來則賞之謂之卸甲錢或微有立功名目皆次第優給縉帛動計三十萬數國力其何以濟良可痛矣良可駭矣

舊五代史卷一百九終

舊五代史卷一百九攷證

漢列傳五杜重威傳遣給事中陳觀等 陳觀歐陽史避私諱作陳同

趙思綰傳卽令讓能爲表章遣牙將劉成琦入朝 案宋史郭從義傳作從義繫書矢上射入城中說思綰令降與是書異

并部下叛黨新授虢州刺史常彥卿等五百餘人 案宋史郭從義傳作三百餘人

滿逹勒舊作麻答今改 嘉哩舊作解里今改

舊五代史卷一百九攷證

舊五代史卷一百十

宋司空同中書門下平章事薛居正等撰

太祖紀第一　周書一

太祖聖神恭肅文武孝皇帝姓郭氏諱威字文仲邢州堯山人也或云本常氏之子幼隨母適郭氏故冒其姓焉案五代會要周虢叔之後高祖諱璟廣順初追尊爲睿和皇帝廟號信祖陵曰温陵高祖妣張氏追謚睿恭皇后曾祖諱諶漢贈太保追尊爲明憲皇帝廟號僖祖陵曰齊陵曾祖妣鄭國夫人申氏追謚明孝皇后祖諱蘊漢贈太傅追尊爲翼順皇帝廟號義祖陵曰節陵案五代會要温陵齊陵節陵皆無陵所遙申朝拜祖妣陳國夫人韓氏追謚翼敬皇后皇考諱簡漢贈太師追尊爲章肅皇帝廟號慶祖陵曰欽陵皇妣燕國夫人皇氏追謚爲章德皇后后以唐天祐元年甲子歲七月二十八日生帝于堯山之舊宅載誕之夕赤光照室有聲如爐炭之裂星火四迸帝生三歲家徙太原居無何皇考爲燕軍所陷歿于王事帝未及齠齔章德太后蚤世姨母楚國夫人韓氏提攜鞠養及長形神魁壯趣向奇崛愛兵好勇不事田產天祐末潞州節度使李嗣昭常山戰殁子繼韜自稱留後南結梁朝據城阻命乃散金以募豪傑帝時年十八避吏故闕依故

人常氏遂往應募帝負氣用剛好鬥多力繼韜奇之或踰法犯禁亦多假借焉常遊上黨市有市屠壯健衆所畏憚帝以氣凌之因醉命屠割肉小不如意叱之屠者怒坦腹謂帝曰爾敢刺我否帝即剸其腹市人執之屬吏繼韜惜而逸之其年莊宗平梁繼韜伏誅麾下牙兵配從馬直帝在籍中時年二十一帝性聰敏喜筆劄及從軍旅多閱簿書軍志戎政深窮綮肯人皆服其敏嘗省昭義李瓊瓊方讀閫外春秋即取視之曰論兵也兄其教我即授之深通義理宋史李瓊傳唐莊宗募勇士即應募與周祖等十人約爲兄弟一日會飲瓊孰視周祖知非常人因舉酒祝曰凡我十人龍蛇混合異日富貴無相忘苟渝此言神降之罰皆刺臂出血爲誓周祖與瓊情好尤密嘗造瓊見其危坐讀書因問所讀何書瓊曰此閫外春秋所謂以正守國以奇用兵較存亡治亂記賢愚成敗皆在此也周祖令讀之謂瓊曰兄當教我自是周祖出入常袖以自隨遇暇輒讀每問難瓊謂瓊爲師天成初明宗幸浚郊時朱守殷嬰城拒命帝從晉高祖一軍率先登城晉祖領副侍衛以帝長于書計召置麾下令掌軍籍前後將臣無不倚愛初聖穆皇后嬪于帝帝方匱乏而后多資從案東都事畧柴后資周太祖以金帛使事漢高祖常晝寢有小虺五色出入覦鼻之間后遽見愕然在太原時有神尼與帝同姓見帝與李瓊曰我宗天上大仙頂上有肉角當爲世界主清泰末晉祖起于河東時河陽節度使張彥琪爲侍衛步軍都指揮使奉

命北伐帝從之營于晉祠是時屋壞同處數人俱斃唯帝獨無所傷漢高祖爲侍衞馬步都虞候召置左右所居官舍之鄰吳氏有青衣隹娘者爲山魈所魅鬼能人言投瓦石鄰伍無敢過吳氏之舍者帝過之其鬼寂然帝去如故如是者再或謂鬼曰爾既神向者客來何寂寂然鬼曰彼大人者繇是軍中異之范延光叛于魏命楊光遠討之帝當行意不願從或謂帝曰楊公當朝重勳子不欲從何也帝曰楊公素無英雄氣得我何用能用我其劉公乎漢祖累鎮藩閫皆從之及鎮并門尤深待遇出入帷幄受心腹之寄帝亦悉心竭力知無不爲

及吐渾白可久叛入契丹帝勸漢祖誅白承福等五族得良馬數千匹財貨百萬計以資軍開運末契丹犯闕晉帝北遷帝與蘇逢吉楊邠史弘肇等勸漢祖建號以副人望漢高祖即位晉陽時百度草創四方猶梗經綸締構帝有力焉授權樞密副使檢校司徒漢高祖至汴正授樞密副使檢校太保乾祐元年春漢高祖不豫及大漸與蘇逢吉等同受顧命隱帝嗣位拜樞密使加檢校太尉舊制樞密使未加使相者不宣麻制至是宣之自帝始也東都事略魏仁浦傳仁浦少爲刀筆吏隸樞密院太祖問以卒乘數仁浦對曰帶甲者六萬太祖喜曰天下事不足憂也有頃河中李守貞據城反朝廷憂之請大臣共議進取之計史弘肇曰守貞河陽一客司耳竟何能爲帝曰守貞雖不習戎行然善接英豪得人死力亦勍敵宜審料之乃命白文珂常思率兵攻取師未至而趙思綰竊據永興王景崇反狀亦露朝廷遣郭從義王峻討趙思綰七月西面師徒大集未果進取其月十三日制授帝同平章事即遣西征以安慰招撫爲名詔西面諸軍並取帝節度時論以白文珂常思非守貞之敵聞帝西行羣情大愜宋史李穀傳周祖討河中穀掌轉運時周祖已有人望潛貯異志屢以諷穀穀但對以人臣當盡節奉上而已八月六日帝發離京師二十日師至河中宋史扈彥珂傳周祖爲樞密使總兵出征時議多以先討景崇思綰爲便周祖意未決彥

珂曰三叛連衡推守貞爲主宜先擊河中河中平則永興鳳翔失勢矣今捨近圖遠若景崇思綰逆戰于前守貞兵其後腹背受敵爲之奈何周祖從其言命白文珂營于河西帝營于河東不數日周設長塹復築長連城以逼之帝在軍居常接賓客與大將讌語即褒衣博帶或遇巡城壘對陣敵幅巾短後與衆無殊臨矢石冒鋒刃必以身先與士伍分甘共苦稍立功效者厚其賜與微有傷痍者親爲循撫士無賢不肖有所陳啟溫顏以接俾盡其情人之過忤未常介意故君子小人皆思効用守貞聞之深以爲憂十二月帝以蜀軍屯大散關即親率牙兵往鳳翔永興相度將發謂白文珂劉詞曰困獸猶鬥當謹備之帝

至華州聞蜀軍退敗遂還二年正月五日夜李守貞遣將王三鐵領千餘人夜突河西砦果爲劉詞等力戰敗之先是軍中禁酒帝有愛將李審犯令斬之以狥五月九日攻河西砦賊將周光遜以砦及部衆千餘人來降十七日下令攻城會西北大風揚沙晦冥帝令禱河伯祠奠訖而風止自是晝夜攻之七月十三日率三砦將士奪賊羅城二十一日城陷守貞舉家自焚而死帝前夢河神告曰七月下旬上帝當滅守貞之族至是收復賊壘城中人言見帝營上有紫氣如樓閣華蓋之狀東都事略王溥傳周太祖將兵討三叛以溥爲從事三叛既平朝士及藩鎮嘗以書往來詞意涉于悖逆者太祖籍其名欲案之溥諫曰魑魅伺夜而出日月既照則氛沴消矣請焚之以安反側太祖從之二年八月五日帝自河中班師其月二十七日入朝漢帝命升階撫勞酌御酒以賜之錫賚優厚翌日漢帝議勳欲兼方鎮帝辭之乃止帝以出征時廳子都七十三人具籍獻之九月五日制加檢校太師兼侍中十月契丹入寇前鋒至邢洺貝魏河北告急帝受詔率師赴北邊以宣徽南院使王峻爲監軍其月十九日帝至邢州遣王峻前軍趨鎮定時契丹已退帝大閱欲臨冦境詔止之三年二月班師三月十七日制授鄴都留守樞密使如故時漢帝以北戎爲患委帝以河朔之任宰相蘇逢吉等議

藩臣無兼樞密使例史弘肇以帝受任之重苟不兼密務則難以便宜從事竟從弘肇之議詔河北諸州凡事一稟帝節度帝將北行啟漢帝曰陛下富有春秋萬幾之事宜審于聽斷文武大臣乃心王室凡事諮詢卽無敗失漢帝斂容謝之帝至鄴盡去煩弊之事不數月閫政有序一方晏然詔書褒美一夕在山亭院齋中忽有黃氣起于前上際于天帝于黃氣中見星文紫微文昌爛然在目既而告之星者曰子于屋中見天象不其異乎對曰坐見天衢物不能隔至貴之祥也翌日牙署中有紫氣起于幡竿龍首凡三日十一月十四日澶州節度使李洪義侍衛步軍都指揮使王殷遣澶州副使陳光穗至鄴都報京師有變是月十三日旦羣小等害史弘肇等前一夕李鄴等遣心腹賫密詔至澶州令洪義殺王殷又令護聖左廂都指揮使郭崇等害帝于鄴城十三日洪義受得密詔恐事不濟乃以密詔示王殷殷與洪義卽遣陳光穗馳報于帝十四日帝方與宣徽使王峻坐議邊事忽得洪義文字遽歸牙署峻亦未知其事帝初知楊史諸公被誅神情惘然又見移過及已伸訴無所卽集三軍將校諭之曰予從微至著輔佐國家先皇登遐親受顧託與楊史諸公彈壓經謀忘寢與食

一旦無狀盡已誅夷今有詔來取予首級爾等宜奉行
詔旨斷予首以報天子各圖功業且不累諸君也崇等
與諸將校泣于前言曰此事必非聖意即是左右小人
誣罔竊發假令此輩握重柄國得安乎宜得披論以判
忠佞何事信單車之使而自棄千載之下空受惡名崇
等願從明公入朝面自洗雪除君側之惡共安天下衆
然之遂請帝南行帝即嚴駕首途十六日至澶州王殷
迎謁慟哭時隱帝遣小豎鸗脫偵鄴軍所在爲游騎所
執帝即遣迴令附奏隱帝赴闕之由仍以密奏置鸗脫
衣領中奏曰臣發迹寒賤遭遇聖明既富且貴實過平

生之望唯思報國敢有他圖今奉詔命忽令郭崇等殺
臣即時俟死而諸軍不肯行刑逼臣赴闕令臣請罪上
前仍言致有此事必是陛下左右譖臣耳今鸗脫至此
天假其便得伸臣心三五日當及闕朝陛下若以臣有
欺天之罪臣豈敢惜死若實有譖臣者乞陛下縛送軍
前以快三軍之意則臣雖死無恨今託鸗脫附奏以聞
十七日帝至滑州節度使宋延渥開門迎納帝將發滑
臺召將士謂之曰主上爲讒邪所惑誅殺勳臣吾之此
來事不獲已然以臣拒君寧論曲直汝等家在京師不
如奉行前詔我以一死謝天地寔無所恨將校前啟曰

國家負公公不負國請公速行無滯久安邦雪怨正在
此時既王峻諭軍曰我得公處分俟平定京城許爾等
旬日剽掠衆皆踴躍十九日隱帝遣左神武統軍袁義
前鄧州節度使劉重進率禁卒來拒與前開封尹侯益
等屯赤岡是夜俱退二十日隱帝整陣于劉子陂二十
一日兩陣俱列慕容彥超率軍奮擊帝遣何福進王彥
超李筠等大合騎以乘之慕容彥超退却死者百餘人
于是南軍奪氣稍稍奔于北軍慕容彥超與數十騎東
奔兗州吳虔裕張彥超等相繼來見帝是夜侯益焦繼
勳潛至帝營帝慰勞遣還二十二日旦郭允明弑漢隱

帝于北郊初官軍之敗帝謂宋延渥曰爾國親可速往
衞主上兼附奏請陛下得便速奔臣軍免爲左右所圖
及延渥至亂兵雲合即惶駭而還是旦帝望見天子旌
旗于高陂之上謂隱帝在其下即免冑釋馬而前左右
慮有不測請帝止帝泣曰吾君在此又何憂焉及至前
隱帝已去矣帝歔欷久之俄聞隱帝遇弑號慟不已帝
至玄化門劉銖雨射城外帝迴車自迎春門入諸軍大
掠烟火四發帝止于舊第何福進以部下兵守明德門
翌日王殷郭崇言曰若不止剽掠比夜化爲空城耳由
是諸將部分斬其剽者至晡乃定帝與王峻詣太后宮

起居請立嗣君乃以高祖姪徐州節度使贇入繼大統語在漢紀二十七日帝以嗣君未至請太后臨朝會鎮定州馳奏契丹入寇河北諸州告急太后命帝北征十二月一日帝發離京師四日至滑州駐馬數日會湘陰公遣使慰勞諸將受宣之際相顧不拜皆竊言曰我輩陷京師各各負罪若劉氏復立則無種矣或有以言告帝者帝愕然即時進途十六日至澶州是日旭旦日邊有紫氣來當帝之馬首十九日下令諸軍盡發二十日諸軍將士大譟趨驛如墻而進帝閉門拒之軍士登墻越屋而入請帝為天子亂軍山積登階匝陛扶抱擁廹

或有裂黃旗以被帝體以代赭袍山呼震地帝在萬衆之中聲氣沮喪悶絕數四左右親衛星散竄匿帝即登城樓稍得安息諸軍遂擁帝南行時河氷初解浮梁未搆是夜北風凛烈比旦氷堅可渡諸軍遂濟衆謂之凌橋濟竟氷泮時人異之時湘陰公已駐宋州樞密使王峻在京聞澶州之變遣侍衛馬軍指揮使郭崇率七百騎赴宋州以衛湘陰公二十五日帝至七里店羣臣謁見遂營于臯門村二十七日漢太后令曰樞密使侍中郭威以英武之才兼內外之任翦除禍亂弘濟艱難功業格天人望冠世今則軍民愛戴朝野推崇宜總萬幾以允羣議可監國中外庶事並取監國處分二十八日監國教曰寡人出自軍戎本無德望因緣際會叨竊寵靈高祖皇帝甫在經綸待之心腹洎登大位尋付重權當顧命之時受忍死之寄與諸勳舊輔立嗣君旋屬三叛連衡四郊多壘謬膺朝旨委以專征兼守重藩俾當勍敵敢不橫身戮力竭節盡心冀肅靜于疆場用保安于宗社不謂姦邪搆亂將相連誅偶脫鋒鋩克平患難志安劉氏願報漢恩推擇長君以紹丕搆遂奏太后請立徐州相公奉迎已在于道途行李未及于都輦尋以北面事急敵騎深侵遂領師徒徑往掩襲行次近鎮以渡洪河十二月二十日將發澶州軍情忽變旌旗倒指

喊叫連天引袂牽襟廹請為主環繞而逃避無所紛紜而逼脅愈堅頃刻之間安危莫保事不獲已須至徇從于是馬步諸軍擁至京闕今奉太后詔旨以時運艱危機務難曠俾令監國遜避無由僶俛遵承夙夜憂愧云時文武百官內外將帥藩臣郡守等相繼上表勸進二十日夜御營西北隅步軍將校因醉揚言昨澶州馬軍扶策步軍今欲扶策尋令虞候詰其姓名昧旦擒而斬之其一軍仍納甲仗遣中監送就粮所

廣順元年春正月丁卯漢太后詔曰邃古以來受命相

繼是不一姓傳諸百王莫不人心順之則興天命去之則廢昭然事迹著在典書予否運所丁遭家不造姦邪搆亂朋黨横行大臣寃枉以被誅少主倉卒而及禍人自作孽天道寧論監國威深念漢恩切安劉氏既平亂畧復正頹綱思固護于基扄擇繼嗣于宗室而獄訟盡歸于西伯謳謠不在于丹朱六師竭推戴之誠萬國仰欽明之德鼎革斯契圖籙有歸予作佳賓固以爲幸今奉符寶授監國可即皇帝位於戲天祿在躬神器自至允集大命永綏兆民敬之哉是日帝自皐門入大內御崇元殿即皇帝位制曰自古受命之君興邦建統莫不

上符天意下順人心是以夏德既衰爰啟有商之祚炎風不競肇開皇魏之基朕早事前朝久居重位受遺輔政敢忘伊霍之忠仗鉞臨戎復委韓彭之任匪躬盡瘁焦思勞心討叛渙于河潼張聲援于岐雍竟平大憝粗立微勞纔旋旆于關西尋統兵于河朔訓齊師旅固護邊陲只將身許國家不以賊遺君父外憂少息內患俄生羣小連謀大臣遇害棟梁既壞社稷將傾朕方在藩維以遭讒搆逃一生于萬死徑赴闕庭梟四罪于九衢幸安區宇將延漢祚擇立劉宗徵命已行軍情忽變以衆庶所逼逃避無由扶擁至京尊戴爲主重以外中勸

進方岳推崇僶俛雖順于羣心臨御實慙于涼德改元建號祇率于舊章革故鼎新旋覃于霈澤朕本姬室之遠裔虢叔之後昆積慶累功格天光表盛德既延于百世大命復集于朕躬今建國宜以大周爲號可改漢乾祐四年爲廣順元年自正月五日昧爽已前應天下罪人常赦所不原者咸赦除之故樞密使楊邠侍衞都指揮使史弘肇三司使王章等以勞定國盡節致君千載逢時一旦同命悲感行路憤結重泉雖尋雪于沉冤宜更伸于渥澤並可加等追贈備禮歸葬葬事官給仍訪子孫敍用其餘同遭枉害者亦與追贈馬步諸軍將士

等戮力叶誠輸忠効義先則平時難後乃推戴朕躬言念勳勞所宜旌賞其原屬將士等各與等第超加恩命仍賜功臣名號已帶功臣者别與改賜應左降官未量移者與量移已量移者與復資已復資者量加敘錄亡官失爵之人宜與齒用配流徒役人並許放還諸處有犯罪逃亡之人及山林草寇等一切不問如赦到後一月不歸本業者復罪如初內外前任見任文武官寮致仕官各與加恩應在朝文武臣寮內臣諸司使諸道行軍副使藩方馬步都揮使如父母在未有恩澤者即與恩澤已施者更與恩澤如亡殁未曾追封贈者亦與封

贈已封贈者更與封贈應天下州縣所欠乾祐元年二年已前夏秋殘稅及沿徵物色并三年夏稅諸色殘欠並與除放澶州已來官路兩邊共二十里內并乾祐三年殘稅欠稅並與除放應河北沿邊州縣自去年九月後來曾經契丹蹂踐處其人戶應欠乾祐三年終已前積年殘欠諸色稅物並與除放應係三司主持錢穀敗闕場院官取乾祐元年終已前徵納外灼然無抵當者委三司分析聞奏天下倉場庫務已令節度使專切鈐轄掌納官吏一依省條指揮不得別納斗餘秤耗舊來所進羨餘物色今後一切停罷應乘輿服御之物不得

過爲華飾宮闈器用務從朴素大官常膳一切減損諸道所有進奉以助軍國之費其珍巧纖華及奇禽異獸鷹犬之類不得輒有獻貢諸無用之物不急之物並宜停罷帝王之道德化爲先崇飾虛名朕所不取苟致治之末洽雖多瑞以奚爲今後諸道所有祥瑞不得輒有奏獻古者用刑本期止辟今茲作法義切禁非蓋承弊之時非猛則姦宄難制及知勸之後在寬則典憲得宜相時而行庶臻中道今後應犯竊盜賊贓及和姦者並依晉天福元年已前條制施行應諸犯罪人等除反逆罪外其罪並不得籍没家產誅及骨肉一依格令處分

天下諸侯皆有親戚自可愼擇委任必當克効參裨朝廷選差理或未當宜矯前失庶叶通規其先于在京諸司差軍將充諸州郡元從都押衙孔目官內知客等並可停廢仍勒却還舊處職役近代帝王陵寢合禁樵採唐莊宗明宗晉高祖各置守陵十戶以近陵人戶充漢高祖皇帝陵署職員及守宮人時日薦饗并守陵人戶等一切如故仍以晉漢之胄爲二王後委中書門下處分云司天上言今國家建號以木德代水准經法國以姓墓爲臘請以未日爲臘從之時議者曰昔武王勝殷歲集于房國家受命金木集于房文王厄羑里而卦遇

明夷帝脫于鄴大衍之數復得明夷則周爲國號符于文武矣先是丁未年夏六月土金木火四星聚于張占者云當有帝王興于周者故漢國建由平陽陝服趣洛陽以應之及隱帝將嗣位封周王以符其事而帝以姬虢之胄復繼宗周而天人之契炳然矣昔武王以木德王天下宇文周亦承木德而三朝皆以木代水不其異乎戊辰前曹州防禦使何福進受宣權許州節度使前復州防禦使王彥超受宣權徐州節度使前澶州節度使李洪義受宣權宋州節度使已己上漢太后尊號曰昭聖皇太后是日詔有司擇日爲故主發哀五代會要載原敕云

漢高祖爲義帝發喪魏明帝正禪陵尊號一時達禮千古所稱況朕久事前朝常參大政雖遇虞事夏見奪于羣情而四海九州咸知予夙志宜令所司擇日爲故主舉哀仍備山陵葬禮辛未有司上言皇帝爲故主舉哀日服縞素直領深衣腰絰等成服畢祭奠不視朝七日坊市禁音樂文武內外臣寮成服後每日赴太平宮臨三日止七日釋服至山陵啟攢塗日服初服輴車出城班辭釋服從之壬申前博州刺史李筠受宣權滑州節度使癸酉樞密使檢校太傅王峻加同平章事以前澶州節度使李洪義爲宋州節度使加同平章事以滑州節度副使陳觀爲左散騎常侍鄴都留守判官王溥爲左諫議大夫並充樞密院直學士以元從都押牙鄭仁誨爲客省使知客押牙向訓爲宮院使北京留守劉崇遣押牙鞏廷美致書求劉贇歸藩帝報曰朕在澶州之時軍情推戴之際先差來直省李光美備見必想具言而況遐邇所聞在後盡當知悉湘陰公比在宋州駐泊見令般取赴京但勿憂疑必令得所惟公在彼固請安心若能同力扶持別無顧慮即當便封王爵永鎮北門鐵券丹書必無愛惜其諸情素並令來人口宣遣千牛衛軍將朱憲充入契丹使先是去年契丹永康王舊作兀欲今改正冦邢趙陷內丘及迴鄂約遣使與漢隱帝書通鑑契丹之攻內邱也死傷頗多又值月食軍中多妖異契丹主不敢深

入引兵還遣使請和于漢使至境上會朝廷有蕭墻之變帝定京城迴至澶州遇蕃使至遂與入朝至是遣朱憲伴送來使歸蕃兼致書敘革命之由仍以金酒器一副玉帶一遣鄂約晉州節度使王晏殺行軍司馬徐建以通河東聞乙亥鄆州節度使守太師兼中書令齊王高行周進位尚書令襄州節度使檢校太師守太傅兼中書令齊國公安審琦進封南陽王青州節度使檢校太師守太保兼中書令魏國公符彥卿進封淮陽王夔州節度使侍衛親軍馬步軍都指揮使檢校太傅王殷加同平章事充鄴都留守典軍如故丙子帝赴太平宮爲漢隱帝發喪百官陪位如儀是日湘陰公元從古都押牙鞏廷美教練使楊溫等據徐州以拒命帝遣新授節度使王彥超率兵馳赴之仍賜廷等勅書通鑑帝復遺劉贇書曰爰念斯人盡心于主足以賞其忠義何由責以悔尤俟新節度入城當各除刺史公可更以委曲示之丁丑荊南高保融奏去年十一月郎州節度使馬希萼破潭州十二月十八日縊殺馬希廣至十九日希萼自稱天策上將軍武平靜江寧遠等軍節度使嗣楚王戊寅湘陰公殂己卯以前太師齊國公馮道爲中書令弘文館大學士以司徒兼門下侍郎同平章事弘文館大學士竇貞固爲侍中監修國史以左僕射平章事集賢殿大學士蘇禹

珪爲守司空平章事夏州節度使李彝興進封隴西郡王荆南高保融進封渤海郡王靈武馮暉進封陳留郡王西京白文珂兖州慕容彥超鳳翔趙暉並加兼中書令詔王彥超率兵攻徐州庚辰故樞密使左僕射平章事楊邠追封恒農郡王故宋州節度使兼侍衛親軍都指揮使史弘肇追封鄭王故三司使檢校太尉平章事王章追封瑯琊郡王是日詔曰朕以渺末之身託于王公之上懼德弗類撫躬靡遑豈可化未及人而過自奉養道未方古而不知節量與其耗費以勞人曷若檢約而克己昨者所頒赦令已述至懷宮闈服御之所須悉

從減損珍巧纖奇之厥貢並使寢停尚有未該再宜條舉應天下州府舊貢滋味食饌之物所宜除減其兩浙進細酒海味薑瓜湖南枕子茶乳糖白沙糖橄欖子鎭州高公米水梨易定栗子河東白社梨米粉菉豆粉玉屑粇子麪永興御田紅秔米新大麥麪興平蘇栗子華州麝香羚羊角熊膽獺肝朱柿熊白河中樹紅棗五味子輕餳同州石鏊餅晉絳葡萄黃消梨陝府鳳栖梨襄州紫薑新筍橘子安州折粳米糟味青州水梨河陽諸雜果子許州御李子鄭州新筍鵝梨懷州寒食杏仁申州蘘荷亳州草薢沿淮州郡淮白魚如聞此等之物雖皆出于土產亦有出於民家未免勞煩率皆糜費加之力役負荷馳驅道途積于有司之中甚爲無用之物今後並不須進奉諸州府更有舊例所進食味其未該者宜奏取進止又在朝文武臣寮各上封事凡有益國利民之事速具以聞（通鑑詔曰朕生長軍旅不親學問未知治天下之道文武官有益國利民之術各具封事以聞咸宜直書其事勿事辭藻）辛巳鎭州武行德晉州王晏相州張彥成潞州常思邢州侯章並加兼侍中以侍衛馬軍都指揮使果州防禦使檢校太保郭崇爲洋州節度使檢校太傅典軍如故以侍衛步軍都指揮使岳州防禦使曹英爲利州節度使檢校太傅典軍如故癸未

涇州史懿延州高允權滄州王景永興郭從義定州孫方簡並加兼侍中鄆州楊信同州薛懷讓貝州王繼弘並加同平章事乙酉華州王饒河中扈彥珂鄧州折從阮邢州劉詞並加同平章事丙戌幸西莊潞州奏得石會關使王延美報河東劉崇于正月十六日僭號丁亥以前澶州節度使李洪義爲宋州節度使加同平章事以曹州防禦使北面行營馬步都排陣使何福進爲許州節度使加檢校太傅以博州刺史北面行營右廂排陣使李筠爲滑州節度使加檢校太保戊子有司上言准赦書以晉漢之胄爲二王後其唐五廟仲祀合廢從

之庚寅宗正寺奏請依晉漢故事遷漢七廟神主入昇平宮行仲享之禮以漢宗子爲三獻從之永樂大典卷八千九百八十

舊五代史卷一百十終

舊五代史卷一百十攷證

周太祖紀一八月六日帝發離京師二十日師至河中　案五代春秋作七月郭威率師圍河中據此紀則周太祖以八月六日始發京師非七月卽圍河中也是書漢隱帝紀與此紀互異攷證見漢紀

城陷守貞舉家自焚而死　案歐陽史周本紀云守貞與妻子自焚死思綰景崇相次降今攷是書漢紀五月乙丑趙思綰乞降七月甲子郭威奏收復河中守貞自燔死是思綰之降在守貞自焚之前也又云三年正月趙暉奏收復鳳翔王景崇自燔死是景崇未嘗降也歐陽史漢本紀亦先載趙思綰降後書克河中王景崇傳亦作景崇自燔死紀傳前後自相矛盾當以是書爲得其實

戊寅湘陰公殂　案歐陽史作十二月王峻遣郭崇以騎兵七百逆劉贇于宋州殺之通鑑作月月戊寅殺湘陰公于宋州

舊五代史卷一百十攷證

舊五代史卷一百十一

宋司空同中書門下平章事薛居正等撰

太祖紀第二　周書二

廣順元年春二月癸巳朔以樞密副使尚書戶部侍郎范質爲兵部侍郎依前充職以陳州刺史判三司李穀爲戶部侍郎判三司以右金吾大將軍充街使翟光鄴爲左千牛衛上將軍充宣徽北院使以宣徽北院使袁義爲左武衛上將軍充宣徽南院使以左右金吾大將軍充街使符彥琳爲右監門上將軍丁酉以皇子天雄軍牙內都指揮使檢校右僕射貴州刺史榮起復爲澶州節度使檢校太保以右金吾上將軍薛可言爲右龍武統軍以左神武統軍安審約爲左羽林統軍以左驍衛上將軍趙贇爲右羽林統軍以太子太師致仕宋彥筠爲左衛上將軍詔移生吐渾族帳于潞州長子縣江猪領己亥左武衛上將軍劉遂凝爲左神武統軍以左衛上將軍焦繼勳爲右神武統軍以左領軍衛上將軍史佺爲右衛上將軍庚子故吳國夫人張氏追贈貴妃故皇第三女追封樂安公主故第二子青哥贈太保賜名侗第三子意哥贈司空賜名信故長婦劉氏追封彭城郡夫人皇姪三人守筠贈左領軍將軍改名愿奉超

贈左監門將軍定哥贈左千牛衛將軍賜名遜故皇孫三人宜哥贈左驍衛大將軍賜名誼喜哥贈武衛大將軍賜名誠三哥贈左領衛大將軍賜名諴辛丑西州回鶻遣使貢方物前開封尹魯國公侯益進封楚國公前西京留守莒國公李從敏進封秦國公前西京留守王守恩進封莒國公癸卯以前中書侍郎兼戶部尚書平章事李濤爲太子賓客詔宣徽南院使袁義權知開封府事以太子太保和凝爲太子太傅丙午晉州王晏奏河東劉崇遣僞招討使劉鈞副招討使白截海率步騎萬餘人來攻州城以今月五日五道齊攻率州兵拒之賊軍傷死甚眾（宋史王晏傳劉崇侵晉州晏閉關不出設伏城上幷人以爲怯競攀堞而登晏麾伏兵擊之顛死者甚眾遂焚橋遁晏遣子漢倫追北數十里斬首百餘級）內出寶玉器及金銀結纓寶裝牀几飲食之具數十碎之于殿廷帝謂侍臣曰凡爲帝王安用此仍詔所司凡珍華悅目之物不得入宮先是回鶻間歲入貢禁民不得與蕃人市易寶貨至是一聽私便交易官不詰丁未左千牛將軍朱憲使契丹迴契丹主鄂約（舊作兀欲今改正）遣使人來獻良馬一駟賀登極戊申詔曰朕祗膺景命奄有中區每思順物之情從眾之欲將使照臨之下多寄食僦舍之徒歲月之間動懷土念家之思宜循大體用革前規應諸道

州府有前資朝官居住如未赴京不得發遣其行軍副使已下幕職州縣官等得替求官自有月限年月未滿一聽外居如非時詔徵不在此限己酉有司議立四親廟從之辛亥以太子少傅楊凝式爲太子少師以太常卿張昭爲戸部尚書以尚書左丞王易爲禮部尚書以兵部侍郎邊蔚爲太常卿以翰林學士中書舍人魚崇諒爲工部侍郎充職以戸部侍郎韋勳爲兵部侍郎以刑部侍郎邊歸讜爲戸部侍郎以禮部侍郎司徒詡爲刑部侍郎以秘書監趙上交爲禮部侍郎以兵部尚書王仁裕爲太子少保以翰林學士禮部尚書張沆爲刑

部尚書充職以尚書右丞田敏爲左丞以吏部侍郎段希堯爲工部尚書以太子詹事馬裔孫爲太子賓客前鄜州節度使劉重進前滑州節度使宋延渥竝加食邑吐渾府留後王全德加檢校太保充憲州刺史隰州刺史許遷奏河東賊軍劉鈞自晉州領兵來攻州城尋以州兵拒之賊軍傷死者五百人信宿遁去丁巳以尚書左丞田敏充契丹國信使回鶻遣使貢方物己未天德軍節度使虢國公郭勳加同平章事以前宗正卿劉皞爲衞尉卿辛酉以衞尉卿邊光範爲秘書監以前吏部侍郎李詳爲吏部侍郎以前戸部侍郎顔衎爲尚書右

丞三月壬戌朔前西京留守李從敏卒戊辰以前左武衞上將軍李懷忠爲太子太傅致仕以前邢州節度使安審暉爲太子太師致仕辛未幸南莊壬申詔曰諸州府先差散從親事官等前朝創置蓋出權宜苟便一時本非舊貫近者遍詢羣議兼採封章且言前件抽差于理不甚允當一則礙州縣之色役一則妨春夏之耕耘貧乏者困於供須豪富者幸於影庇既爲煩擾須至改更况當東作之時宜罷不急之務其諸州所差散從親事官等竝宜放散詔下公私便之徐州行營都部署王彥超馳奏收復徐州城內逆首楊温及親近徒黨竝處

斬其餘無名目人及本城軍都將校職掌吏民等雖被脅從本非同惡竝釋放兼知自前楊温招喚草賊同力把守朕以村墅小民偶被煽誘念其庸賤特與含容其招入城草賊竝放歸農仍倍加安撫湘陰公夫人并骨肉在彼仰差人安撫守護勿令驚恐以右散騎常侍張煦給事中王延藹竝爲左散騎常侍以前大名府少尹李瓊爲將作監以前彰武軍節度使周密爲太子太師致仕以衞尉卿劉皞充漢隱帝山陵都部署丙子以太子少保致仕王延爲太子少傅以戸部尚書致仕盧損左驍衞上將軍致仕李肅竝爲太子少保兵部尚書致

仕韓昭裔爲尙書右僕射太子太師致仕盧文紀爲司空自延而下並依前致仕故散騎常侍裴羽贈戶部尙書故太子賓客蕭愿贈禮部尙書以司農卿致仕薛仁謙爲鴻臚卿以將作監致仕烏昭爲太府卿以太常少卿致仕王禧爲少府監以秘書少監致仕段顒爲將作監自仁謙而下並依前致仕詔沿淮州縣軍鎭今後自守疆土不得縱一人一騎擅入淮南地分己卯潞州奏涉縣所擒河東將士二百餘人部送赴闕詔給衫袴巾履放歸本土甲申鎭州武行德移鎭許州何福進移鎭州丙戌以襄州節度副使郭令圖爲宗正卿詔曰故蘇

逢吉劉銖頃在漢朝與朕同事朕自平禍亂不念仇讎尋示優弘與全家屬尙以幼稚無託衣食是艱將行矜卹之恩俾獲生存之路報怨以德非我負人賜逢吉骨肉洛京莊宅各一賜劉銖骨月陝州莊宅各一己丑幸南莊庚寅唐故鄆國公李從益追封許王唐明宗淑妃王氏追贈賢妃辛卯詔諸道節度副使行軍司馬兩京少尹留守判官並許差定堂直人力不得過十五人諸府少尹書記支使防禦團練副使不得過十人節度推官防禦團練軍事判官不得過七人逐處係帳收管此外如敢頼外影占人戶其本官當行朝典先是漢隱帝

時有人上言州府從事令錄皆請料錢自合雇人驅使不合差遣百姓丁戶秉政者然之乃下詔州府從事令錄本處先差職役並放歸農自是官吏有獨行趨府縣者帝頗知之故有是命夏四月壬辰朔詔沿淮州縣許淮南人就淮北糴易餱糧時淮南飢故也甲午以夫人董氏爲德妃仍令所司備禮冊命己亥改侍衞馬步軍額馬軍舊稱護聖今改爲龍捷步軍舊稱奉國今改爲虎捷壬寅詔唐莊宗明宗晉高祖三處陵寢各有守陵宮人並放逐便如願在陵所者依舊供給甲辰相州張彥成移鎭鄧州折從阮移鎭滑州李筠移鎭相州丙午

亳州防禦使王重裔卒戊申幸南莊庚戌皇第四女封壽安公主辛亥故許州節度使劉信追封蔡王丙辰詔曰牧守之任委遇非輕分憂之務既同制祿之數宜等自前有富庶之郡請給則優或邊遠之州俸料素薄以至遷除之際擬議亦難既論資叙之高低又患祿秩之升降所宜分多並寡均利同恩冀無黨偏以勸勤効今定諸防禦使料錢二百貫祿粟一百石食鹽五石馬十匹草粟元隨三十人衣粮團練使一百五十貫祿粟七十石鹽五石馬十匹元隨三十人刺史一百貫祿粟五十石鹽五石馬五匹元隨二十人云丁巳尙書左丞田

敏使契丹迴契丹主鄂約遣使務瑚（舊作轉姑今改正）報命幷獻碧玉金塗銀裹鞍勒各一副弓矢器仗貂裘等土產馬三十匹土產漢馬十匹庚申帝爲故貴妃張氏舉哀於舊宅輟視朝三日辛酉司空致仕盧文紀卒五月壬戌朔帝不視朝以漢隱帝梓宮在殯故也戊辰皇子澶州節度使榮起復依前澶州節度使故貴妃張氏去歲薨至是發哀故也己巳遣左金吾衞將軍姚漢英前右神武將軍華光裔使于契丹辛未太常卿邊蔚上追尊四廟謚議是夜有大星如五升器流于東北有聲如雷丙子太常卿邊蔚上太廟四室奠獻舞名丁丑詔京兆鳳翔府應諸色犯事人第宅莊園店磑已經籍沒者並給付罪人骨月壬午幸南莊甲申考城縣巡檢供奉官馬彥勍棄市坐匿赦書殺獄囚也丙戌宰臣馮道爲四廟册禮使六月辛卯朔不視朝以漢隱帝梓宮在殯故也甲午百寮上表請以七月二十八日皇帝降聖日爲永壽節從之邢州大雨霖己亥太常少卿劉悅上漢少帝謚曰隱皇帝陵曰潁陵從之辛卯以樞密使王峻爲尚書左僕射兼門下侍郎同平章事監修國史充樞密使以樞密副使尚書兵部侍郎范質爲中書侍郎同平章事充集賢殿大學士以戶部侍郎判三司李穀爲中

書侍郎同平章事判三司司徒兼侍中監修國史竇貞固司空兼中書侍郎同平章事集賢殿大學士蘇禹珪並罷相守本官壬子幸西莊癸丑詔宰臣范質參知樞密院事鄚都洺滄貝等州大雨霖丙辰西京奏新授宗正卿郭令圖卒丁巳以尚書左丞顏衎爲兵部侍郎充端明殿學士以宣徽北院使翟光鄴兼樞密副使秋七月辛酉朔帝被袞冕御崇明殿授太廟四室寶册於中書令馮道等赴西京行禮癸亥尚書左丞田敏兼判國子監事戊辰以御史中丞于德辰爲尚書右丞以秘書監邊光範爲太子賓客以戶部尚書張昭爲太子賓客以其子秉爲陽翟簿犯法抵罪昭詣閤待罪詔釋之乃左授此官壬申史官賈緯等以所撰晉高祖實錄三十卷少帝實錄二十卷上之丙子幸宰臣王峻第己丑鎭州奏破河東賊軍于平山縣西斬首五百級是日太常卿邊蔚奏議改郊廟舞名事具樂志八月辛卯漢隱帝梓宮發引帝詣太平宮臨奠詔羣臣出祖于西郊是歲幽州飢流人散入滄州界詔流人至者口給斛粟仍給無主土田令取便種蒔放免差稅癸巳虎入西京修行寺傷人市民殺之乙未幸班荆館壬寅契丹遣幽州牙將曹繼筠來歸故晉中書令趙瑩之喪詔贈太傅仍賜

其子絹五百匹以備喪事歸葬于華陰故里乙巳幸酉莊壬子晉州王晏移鎮徐州滄州王景移鎮河中定州孫方簡移鎮華州永興郭從義移鎮許州貝州王繼弘移鎮河陽李暉移鎮滄州以許州節度使武行德爲西京留守滑州折從阮移鎮陝州河中扈彥珂移鎮滑州陝州李洪信移鎮永興華州王饒移鎮貝州徐州王彥超移鎮晉州丙辰尙食李氏等宮官八人竝封縣君司記劉氏等六人竝封郡夫人尙宮皇甫氏等三人竝封國夫人唐制有內官宮官各有司存更不加郡國之號近代加之非舊典也以易州刺史孫行友爲定州留後

戊午故夫人柴氏追立爲皇后仍令所司定諡備禮册命九月庚申朔帝詣太平宮起居漢太后辛酉故夫人楊氏追贈淑妃仍令所司擇日備禮册命故皇第五女追封永寧公主癸亥定州奏契丹永康王鄂約爲部下所殺案遼史世宗以九月癸亥遇弒不應定州即能于癸亥入奏疑原文有舛誤以前耀州團練使武廷翰爲太子少保致仕丙子諸道兵馬都元帥兩浙節度使檢校太師尙書令中書令吳越國王錢俶可天下兵馬都元帥丁丑中書舍人劉濤責授少府少監分司西京坐遣男項代草制詞也監察御史劉項責授復州司戶坐代父草制也中書舍人楊昭儉解官放逐私便以多在假告不視其職也永樂大典卷八千九百八十

舊五代史卷一百十一終

舊五代史卷一百十一攷證

周太祖紀二相州張彥成　張彥成原本作彥威今據列傳改正

丙子幸宰臣王峻第　案丙子歐陽史作戊寅

舊五代史卷一百十一攷證

宋司空同中書門下平章事薛居正等撰

太祖紀第三　周書三

廣順元年冬十月己丑朔宰臣王峻獻唐張蘊古大寶箴謝偃惟皇誡德賦二圖詔報曰朕生長軍戎勤勞南北雖用心於鈐匱且無暇于詩書世務時艱粗經閱歷前言往行未甚討尋卿有佐命立國之勳居代天調鼎之任恆慮眇德未及古人於是採掇箴規裨諸寡昧披文閱理懌意怡神究爲君治國之源審修己御人之要帝王之道盡在于茲辭翰俱高珠寶何貴再三省覽深用愧嘉其所進圖已令于行坐處張懸所冀出入看讀用爲鑒戒壬辰潞州奏巡檢使陳思讓監軍向訓破河東軍于虒亭　案通鑑陳思讓敗北漢兵在十月辛卯蓋辛卯得捷次日始奏聞也又虒亭原本作磃亭今從通鑑及宋史改正　癸己以刑部侍郎司徒詡爲戶部侍郎以左散騎常侍張煦爲刑部侍郎以給事中呂咸休爲左散騎常侍甲午絳州防禦使孫漢英卒辛丑荊南奏湖南亂大將軍陸孟俊執僞節度使馬希萼遷於衡州立希萼弟希崇爲留後將吏二千餘人遇害者半牙署庫藏焚燒殆盡乙巳詔并吏部三銓爲一銓委本司長官通判丙午晉州巡檢王萬敢奏河東劉崇入寇營於

州北辛亥潞州奏河東賊軍寇境乙卯荆南奏淮南遣鄂州節度使劉仁贍以戰船二百艘于今月二十五日入岳州丙辰詔樞密使王峻率兵援晉州丁巳以左衛將軍申師厚爲河西軍節度使檢校太保師厚素與王峻善及峻貴師厚羇旅無依日於峻馬前望塵而拜會西凉請帥帝令擇之無欲去者峻乃以師厚奏之師厚亦欣然求往尋自前鎭將授左衛將軍檢校工部尙書翌日乃有凉州之命賜旌節駝馬繒帛以遣之十一月己未朔荆南奏淮南大將邊鎬率兵三萬自袁州路趨潭州馬希崇遣從事送牌印納器仗鎬入城稱武安軍

節度使馬氏諸族及將吏千餘人皆徙於金陵甲子夜東南白虹亘天以新晉州節度使王彥超爲晉絳行營馬軍都虞候乙丑命王峻出征晉州帝幸西莊以餞之甲戌日南至羣臣拜表稱賀甲申葬故貴妃張氏丁亥詔唐朝五廟舊在至德宮安置應屬徽陵莊田園舍宜令新除右監門將軍李重玉爲主其緣陵緣廟法物除合留外所有金銀器物充還葬故淑妃王氏及許王從益外其餘並給與重玉及尼惠英惠燈惠能惠嚴等令重玉以時祀陵廟務在豐潔重玉故皇城使李從燦之子明宗之孫惠英等亦明宗親屬也故帝授重玉官秩

令主先祀郇王者之後也十二月戊子朔詔以劉崇入寇取當月三日暫幸西京庚寅詔巡幸宜停時王峻駐軍陝府聞帝西巡遣使馳奏不勞車駕順動帝乃止乙未幸西莊兗州慕容彥超上言乞朝覲詔允之尋稱部内草寇起不敢離鎭戊申鄆州奏慕容彥超據城反己酉王峻奏劉崇逃遁王師已入晉州宋史陳思讓傳王峻援晉州以思讓與康延昭分爲左右廂排陣使令率軍自烏嶺路至絳州與大軍合崇燒營遁去思讓又與藥元福襲破之廣順二年春正月戊午朔不受朝賀以宿兵在外故也庚申王峻奏起近鎭丁夫二萬城晉州壬戌修東京羅城凡役丁夫五萬五千兩旬而罷甲子以侍衛步軍都

指揮使曹英爲兗州行營都部署以齊州防禦使史延韜爲副都署以皇城使向訓爲兵馬都謙陳州防禦使藥元福爲馬步都虞候率兵討慕容彥超隆平集慕容彥超盜據兗海周祖命曹英爲帥向訓副之參用藥元福以兵從謂元福曰己勅英訓勿以軍禮見汝及元福至英訓皆父事焉諸軍入兗州界不得下路停止村舍犯者以軍法從事丙申徐州巡檢供給官張令彬奏破淮賊于沭陽斬首千餘級擒賊將燕敬權時慕容彥超求援於淮南淮南僞主李景發兵援之師于下邳聞官軍至退趨沭陽遂破之庚午高麗權知國事王昭遣使貢方物壬申鎭州何福進差人部送先擒獲到河東賊軍一二百餘人至

闕下詔給巾履衫袴以釋之戊寅徐州部送沭陽所獲賊將燕敬權等四人至闕下詔賜衣服金帛放歸本土敬權等感泣謝罪帝召見謂之曰夫惡凶邪獎忠順天下一也我之賊臣撓亂國法嬰城作逆殃及生靈不意吳人助茲凶孽非良筞也爾歸當言之於爾君初漢末遣三司軍將路昌祚于湖南市茶屬淮南將邊鎬陷長沙昌祚被賊送金陵及敬權自大朝歸具以帝言告于李景景乃召昌祚延坐從容久之且稱美大朝皇帝聖德廣被恩沾鄉土深有依附國家之意及罷遣僞宰相宋齊丘宴昌祚于別館又令訪昌祚在湖南遭變之時

亡失綱運之數命依數償之給茗荈萬八千斤遣水運至江夏仍厚給行裝遣之歸闕二月庚寅府州防禦使折德扆奏河東賊軍寇境率州兵破之斬首二千級辛卯太白經天癸巳以權知高麗國王昭爲高麗國王庚子府州防禦使折德扆奏收河東界岢嵐軍癸巳詔先獲河東鄉軍一百餘人各給錢鞋放歸鄉里壬寅太子太師致仕安審暉卒三月庚申幸南莊令從臣習射戊辰以樞密院直學士左諫議大夫王溥爲中書舍人充翰林學士以內客省使恩州團練使鄭仁誨爲樞密副使詔宣徽北院使翟光鄴權知永興軍甲戌迴鶻遣使

貢方物庚辰詔西京莊宅司內侍省宮苑司內園等四司所管諸巡繫稅戶二千五百竝還府縣其廣德昇平二宮竝停廢應行從諸莊園林亭殿房屋什物課利宜令逐司依舊收管夏四月丙戌朔日有食之帝避正殿百官守司丁亥詔停蔡州鄉軍戊子以京師旱分命羣臣禱雨癸巳制削奪慕容彥超在身官爵甲午高麗國冊使衞尉卿劉皥卒乙卯詔取來月五日車駕赴兗州城下慰勞將士以樞密副使鄭仁誨爲右衞大將軍依前充職兼權大內都點檢以中書侍郎平章事判三司李穀爲權東京留守兼判開封府事五月丙辰朔帝御

崇元殿受朝仗衞如儀庚申車駕發京師（案五代春秋作庚辰帝東征歐陽史從薛史作庚申）戊辰至兗州城下乙亥收復兗州斬慕容彥超夷其族詔端明殿學士顏衎權知兗州軍州事壬午曲赦兗州管內罪人取五月二十七日已前所犯罪大辟已下咸赦除之慕容彥超徒黨有逃避潛竄者及城內將吏等竝放罪自慕容彥超違背以來鄉城內有接便爲非者一切不問諸軍將士歿于王事者各與賻贈都頭已上與贈官兗州城內及官軍下寨四面去州五里內今年所徵夏秋及沿徵錢物竝放十里內只放一州管界今夏苗子三分放一分城內百姓遭毁拆舍

屋及遭燒焚者給賜木材諸處差到人夫內有遭矢石死者各給絹三匹仍放戶下三年徭役云癸未詔兗州降爲防禦州仍爲望州六月乙酉朔帝幸曲阜縣謁孔子祠既奠將致拜左右曰仲尼人臣也無致拜帝曰文宣王百代帝王師也得不敬乎即拜奠於祠前其所奠酒器銀鑪竝留於祠所遂幸孔林拜孔子墓帝謂近臣曰仲尼亞聖之後今有何人對曰前曲阜令襲文宣公孔仁玉是仲尼四十三代孫有鄉貢三禮顏涉是顏淵之後即召見仁玉賜緋口授曲阜令顏涉授主簿便令親事仍勅兗州修葺孔子祠宇墓側禁樵採丙戌車駕還京初帝以五月十三日至兗州賊尚拒守至十七日晝夢道士一人進書卷首云車駕來月二日還京其下文字絕多不能盡記既寤以夢告宰臣又四日而城拔帝至軍凡駐蹕九日而賊平果以六月二日發離城下近代親征克捷無如此之速也是日大雨城下行宮水深數尺其日晚至中都縣帝笑謂侍臣曰今日若不離城下則當爲濼所溺矣戊戌車駕至自兗州案歐陽史作庚子至自兗州五代春秋從薛史作戊戌辛丑以靈武節度使馮暉卒輟朝一日壬寅前翰林學士李澣自契丹中上表陳奏機事且言僞幽州節度使蕭海貞欲謀向化帝甚嘉之宋史李澣傳海

貞與澣相善澣乘間諷海貞以南歸之計海貞納之周廣順二年澣因定州孫方諫密表言契丹衰微之勢周祖嘉焉遣諜者田重霸賫詔慰撫仍命澣通信澣復表述契丹主幼弱多寵好擊鞠大臣離貳若出師討伐與通好乃其時也屬中原多故不能用其言癸巳德妃董氏薨乙巳詔宣徽南院使袁義判開封府事辛亥以朔方軍衙內都虞候馮繼業起復爲朔方軍兵馬留後甲寅幸舊宅爲德妃舉哀故也秋七月丙辰詔內外臣寮每遇永壽節舊設齋供今後中書門下與文武百官共設一齋侍衛親軍都指揮使已下共設一齋樞密使內諸司使已下共設一齋其餘前任職員及諸司職掌吏不得開設道場及設齋是日大風雨破屋拔樹尚書省都堂有龍穿屋壞獸角而去西壁有爪迹存焉襄州大水丁卯詔復升陳州曹州爲節鎮以侍衛馬軍都指揮使洋州節度使郭崇爲陳州節度使以侍衛步軍都指揮使曹英爲曹州節度使竝典軍如故以陳州防禦使藥元福爲晉州節度使辛未詔相州節度使李筠權知潞州軍州事丙子以小底都指揮使漢州刺史李重進爲大內都點檢兼馬步都軍頭領恩州團練使以內殿直都知駙馬都尉張永德領和州刺史充小底第一軍都指揮使八月甲申朔翰林學士刑部尚書張沆落職守本官以中書舍人史館修撰判館事徐台符爲禮部尚書充翰林學士

承旨以兵部侍郎韋勳爲尚書右丞以尚書右丞于德辰爲吏部侍郎以戶部侍郎邊歸讜爲兵部侍郎以禮部侍郎趙上交爲戶部侍郎以樞密直學士左散騎常侍陳觀爲工部侍郎依前充職以刑部侍郎景範爲左司郎中充樞密直學士乙酉樞密使王峻上章請解樞衡凡三上章詔不允庚寅潁州奏先于淮南俘獲孳畜已準詔送還本土甲午詔止絕吏民詣闕舉請刺史縣令賜宰臣李穀白藤肩輿時穀以今年七月因步履傷臂請告數旬詔穀扶持三司刻名印署事仍放朝參庚子潞州節度使常思移鎮宋州相州節度使李筠移鎮

潞州壬寅鄆州節度使高行周薨癸丑詔改鹽麴法鹽麴犯五斤已上處死煎鹻鹽者犯一斤已上處死先是漢法不計斤兩多少並處極刑至是始革之九月庚午以大理卿劇可久爲太僕卿以左庶子張仁瑑爲大理卿以司天監趙延乂爲太府卿兼判司天監事詔北面沿邊州鎮自守疆土不得入北界俘掠乙亥鎮州奏契丹寇深冀州遣龍捷都指揮使劉誨牙內都指揮使何繼筠等率兵拒之而退時契丹聞官軍至掠冀部丁壯數百隨行狼狽而北冀部被擄者望見官軍鼓譟不已官軍不敢進其丁壯盡爲蕃軍所殺而去丁丑以鄭州

防禦使白重贊爲相州留後戊寅樂壽都監杜延熙奏于瀛州南殺敗契丹斬首三百級獲馬四十七匹癸未帝姨母韓氏追封楚國夫人故第四姊追封福慶長公主癸未易州奏契丹武州刺史石越來奔冬十月丙戌以前晉州節度使王彥超爲河陽節度使庚寅詔諸州罷任或朝覲並不以器械進貢先是諸道州府各有作院每月課造軍器逐季搬送京師進納其逐州每年占留繫省錢帛不少謂之甲料仍更于部內廣配土產物徵斂數倍民甚苦之除上供軍器外節度使刺史又私造器甲以進貢爲名功費又倍悉取之于民帝以諸州

器甲造作不精兼占留屬省物用過當乃令罷之仍選擇諸道作工赴京作坊以備役使乙未永興軍奏宣徽北院使知軍府事翟光鄴卒丁酉葬德妃廢朝戊戌以宣徽南院使翟袁義權知永興軍府事以樞密直學士工部侍郎陳觀權知開封府事已亥升鉅野縣爲濟州以樞密院副使鄭仁誨爲宣徽北院使兼樞密副使庚子幸樞密院王峻請之也甲辰宰臣李穀以臂傷未愈上表辭位凡三上章詔報不允丁未滄州奏自十月已前蕃歸漢戶萬九千八百戶是時北境饑饉人民轉徙襁負而歸中土者散居河北州縣凡數十萬口十一月

丙辰荆南奏朗州大將劉言以今年十月三日領兵趨長沙十五日至潭州淮南所署湖南節度使邊鎬岳州刺史宋德權並棄城遁去庚申以前少府監馬從斌爲殿中監壬戌樞密使王峻亡妻崔氏追封趙國夫人非故事也乙丑刑部尚書張沆卒辛未陝州折從阮移鎮邠州以前宋州節度使李洪義爲安州節度使癸酉青州符彦卿移鎮鄆州甲戌詔曰累朝已來用兵不息至于繕治甲冑未免配役生靈多取于民助成軍器就中皮革尤峻科刑稍犯嚴條皆抵極典鄉縣以之生事奸猾得以侵漁宜立所規用革前弊應天下所納牛皮今將逐所納數三分減二分其一分於人戶苗畝上配定每秋夏苗共十頃納連角皮一張其黃牛納乾筋四兩水牛半斤犢子皮不在納限牛馬驢騾皮筋角今後官中更不禁斷只不得將出化外敵境州縣先置巡檢牛皮節級並停丙子詔曰應內外文武官寮幕職州縣官舉選人等今後有父母祖父母亡歿未經遷葬者其主家之長不得輒求仕進所由司亦不得申舉解送如是卑幼在下者不在此限己卯日南至帝御崇元殿受朝賀仗衛如儀十二月丙戌權武平軍留後劉言遣牙將張崇嗣入奏于十月十三日與節度副使王進逵行軍司馬何敬貞指揮使周行逢等同共部領戰棹攻收湖南僞節度使邊鎬當夜出奔王進逵等已入潭州九國志王逵傳逵朗州武陵人或名進逵邊鎬爲武安軍節度使召劉言入覲言不行謀于逵曰江南召我不往必加兵于我矣爲之奈何逵曰鎬之此來以制置潭朗爲名公如速行正入其算武陵負江湖之阻帶甲百萬乃欲拱手臣異姓乎鎬新至長沙經略未定乘人心憤怒引兵攻鎬可一鼓而擒也言然之乃遣與何景眞等同起兵于武陵號十指揮使以攻邊鎬逵率舟師南上至長沙邊鎬大駭以所部奔歸江南諸州屯守皆罷之盡復湖外之地癸巳太子太師致仕安叔千卒甲午詔今後諸侯入朝不得進奉買宴丁酉皇子澶州節度使榮落起復加同平章事戊戌太子太傅致仕王延卒壬寅幸西莊乙巳以端明殿學士顏衎權知開封府事御史臺奏請

改左右威衛復爲左右屯衛從之避御名也是冬無雪

廣順三年春正月壬子朔帝御崇元殿受朝賀仗衛如儀幸太平宮起居漢太后甲寅賜羣臣射于內鞠塲乙卯武平軍兵馬留後劉言奏潭州兵戈之後焚燒殆盡乞移使府于武陵從之詔升朗州爲大都督府在潭州之上丙辰以武平節度使留後檢校太尉劉言爲檢校太師同平章事行朗州大都督充武平軍節度兼三司水陸轉運等使制置武安靜江等軍事進封彭城郡公武平軍節度副使權知潭州軍州事檢校太傅王進逵爲檢校太尉行潭州刺史充武安軍節度使以武安軍

行軍司馬兼衙內步軍都指揮使檢校太傅何敬貞爲檢校太尉行桂州刺史充靜江軍節度使以張儆領眉州刺史充武平軍節度副使以朱元琇領黃州刺史充靜江軍節度副使以周行逢領集州刺史充武安軍節度行軍司馬自進逵而下皆劉言將校也邠州奏慶州界蕃部野雞族略奪商旅侵擾州界詔遣寧州刺史張建武等率兵掩襲仍先賜勅書安撫如不從命卽進軍問罪辛酉詔賜朗州劉言應兩京及諸道舊屬湖南樓店邸第乙丑請諸道州府繫屬戶部營田及租稅課利等除京兆府莊宅務贍國軍榷鹽務兩京行從莊外其餘並割屬州縣所徵租稅課利官中只管舊額其職員節級一切停廢應有客戶元佃繫省莊田桑土舍宇便賜逐戶充爲永業仍仰縣司給與憑由應諸處元屬營田戶部院及繫縣人戶所納租中課利起今年後並與除放所有見牛犢並賜本戶官中永不收繫云帝在民間素知營田之弊至是以天下繫官莊田僅萬計悉以分賜見佃戶充永業是歲出戶三萬餘百姓旣得爲己業比戶欣然於是葺屋植樹敢致功力又東南郡邑各有租牛課戶往因梁太祖渡淮軍士掠民牛以千萬計梁太祖盡給與諸州民輸租課自是六十餘載時移代

改牛租猶在百姓苦之至是特與除放未幾京兆府莊宅務及榷鹽務亦歸州縣依例處分或有上言以天下繫官莊田甚有可惜者若遣貨之當得三十萬緡亦可資國用帝曰苟利于民與資國何異丁卯戶部侍郎權知貢舉趙上交奏諸科舉人欲等第各加封義場數進士除詩賦外別試雜文一場從之兩浙弔祭使左諫議大夫李知損責授登州司馬員外置仍令所在馳馹放遣知損銜命江浙所經藩郡皆強貸於侯伯爲青州知州張凝所奏故有是命已巳幸南莊臨水亭見雙鳧戲於池上帝引弓射之一發疊貫從臣稱賀庚午以前邠州節度使侯章爲鄧州節度使前萊州刺史葉仁魯賜死坐爲民所訟故也辛未詔樞密使王峻巡視河堤峻請行故從之辛巳幸南莊閏月甲申朗州劉言潭州王進逵奏廣賊占據桂管深入永州界俘刼遣朗州行軍司馬何敬貞與指揮使朱全琇陳順等率水陸軍五萬進擊丙戌迴鶻遣使貢方物詔故梁租庸使趙巖姪崇勳見居陳州量賜繫官店宅從王峻之請也辛卯定州奏契丹攻義豐軍出勁兵夜斫蕃營斬首六十級契丹遁去甲午鎮州奏契丹冦境遣兵追襲至無極而還丙申皇子澶州節度使榮來朝壬寅以樞密使尚書左僕

射同平章事監修國史王峻兼青州節度使餘如故延州衙內指揮使高紹基奏言父允權患脚膝令臣權知軍州事癸卯陳州奏吏民請與前刺史李穀立祠堂從之時穀爲宰相聞郡人陳請遜讓數四乃止甲辰鄴都留守王殷加檢校太尉依前同平章事丙午鎭州節度使何福進河陽節度使王彥超竝加檢校太尉潞州節度使李筠加檢校太傅丁未延州節度使高允權卒己酉開封府奏都城內錄到無名額僧尼寺院五十八所詔廢之二月辛亥朔以前西京留守白文珂爲太子太師致仕進封韓國公癸丑安州節度使李洪義侍衞馬

軍都指揮使郭崇侍衞步軍都指揮使曹英竝加檢校太尉唐州方城縣令陳守愚棄市坐剋留戶民蠶鹽一千五百斤入己也內制國寶兩座詔中書令馮道書寶文其一以皇帝承天受命之寶爲文其一以皇帝神寶爲文按傳國寶始自秦始皇令李斯篆之歷代傳授事具前史至唐末帝自燔之際以寶隨身遂俱焚焉晉高祖受命特制寶一座開運末北戎犯闕少帝遣其子延煦送於戎王戎王訝其非真少帝上表具訴其事及戎王北歸齎以入番漢朝二帝未暇別製至是始創爲之庚申遣將作監李瓊知陝州軍州事甲子樞密使平盧軍節度使尚書左僕射平章事監修國史王峻責授商州司馬員外置所在馳驛發遣戊辰左監門上將軍李建崇卒延州牙內都指揮使高紹基奏交割軍府與副使張圖己巳朗州劉言奏當道先遣行軍司馬何敬貞率兵掩擊廣賊行及潭州部衆奔潰湖南王進逵以敬貞失律已梟首訖以樞密直學士工部侍郞陳觀爲秘書監壬申鳳翔少尹桑能責授鄧州長史能晉相維翰之庶弟也坐據維翰別第爲人所訟故也癸酉以戶部侍郞知貢舉趙上交爲太子詹事是歲新進士中有李觀者不當策名物議諠然中書門下以覆所試詩賦失

韻勾落姓名故上交移官丁丑幸南莊賜從官射命客省使向訓權知延州軍州事永樂大典卷八千九百八十

舊五代史卷一百十二終

舊五代史卷一百十二攷證

周太祖紀三庚申車駕發京師　案五代春秋作庚辰帝東征歐陽史從是書作庚申

戊戌車駕至自兗州　案歐陽史作庚子至自兗州五代春秋從是書作戊戌

節度副使王進逵　王進逵原本作進達後又作王逵攷九國志王逵或名進逵今改歸畫一

官中只管舊藏　官中訛宮中今據下文改正

遣兵追襲至無極而還　案契丹國志作無極山是書無山字當係史家省文今姑仍其舊

舊五代史卷一百十二攷證

舊五代史卷一百十三

宋司空同中書門下平章事薛居正等撰

太祖紀第四　周書四

廣順三年春三月庚辰朔以相州留後白重贊爲滑州節度使以鄭州防禦使王進爲相州節度使以前兗州防禦使索萬進爲延州節度使以亳州防禦使張鐸爲同州節度使甲申以皇子澶州節度使榮爲開封尹兼功德使封晉王仍令所司擇日備禮册命丙戌以宣徽北院使兼樞密副使鄭仁誨爲澶州節度使以殿前都指揮使李重進領泗州防禦使以客省使向訓爲內客省使己丑以棣州團練使王仁鎬爲右衛大將軍充宣徽北院使兼樞密副使庚寅端明殿學士尚書兵部侍郎顏衎落職守本官　案宋史顏衎傳云衎權知開封府王峻敗衎罷職守兵部侍郎蓋當時以晉王爲開封尹故衎罷職與薛史異　以翰林學士中書舍人王溥爲戶部侍郎充職以左司郎中充樞密直學士景範爲左諫議大夫充職秘書監陳觀責授左贊善大夫留司西京坐王峻黨也癸巳大風雨土戊申幸南莊夏四月甲寅禁沿邊民鬻兵仗與蕃人戊辰河中節度使王景移鎮鳳翔宋州節度使常思進移鎮青州鳳翔節度使趙暉移鎮宋州河陽節度使王彥超移鎮河中賜朗州劉言

絹三百疋以兵革之後匱乏故也詔在京諸軍將士持支救援五月己卯朔帝御崇元殿受朝仗衛如儀辛巳前慶州刺史郭彥欽勒歸私第國初以彥欽再刺慶州兼掌権鹽彥欽擅加権錢民吏流怨州北十五里寡婦山有番部曰野雞族彥欽作法擾之番情獷猂好爲不法彥欽乃奏野雞族掠奪綱商帝遣使齎詔撫諭望其率化番人旣苦彥欽貪政不時報命朝廷乃詔邠州節度使折從阮寧州刺史張建武進兵攻之建武勇於立功徑取野雞族帳擊殺數百人又殺牛族素與野雞族有憾且聞官軍討伐相聚餉饋欣然迎奉官軍利其財

貨孳畜遂劫奪之翻爲族所誘至包山負險之地官軍不利爲番人追逐投崖墜澗而死者數百人從阮等以兵自保不相救應帝怒彥欽及建武俱罷其任及彥欽至京師故有是命丁亥新授青州節度使常思進在宋州日出放得絲四萬一千四百兩請徵入官詔宋州給還人戶契劵其絲不徵甲午中書侍郎同平章事集賢殿大學士權判門下省事范質可權監修國史六月壬子滄州奏契丹幽州権鹽制置使兼坊州刺史知盧臺軍事張藏英以本軍兵士及職員戶人孳畜七千頭口歸化癸丑以前開封尹楚國公侯益爲太子太師以前

西京留守莒國公王守恩爲左衛上將軍以前永興軍節度使李洪信爲左武衛上將軍甲寅以左衛上將軍宋彥筠爲太子少師以太子少師楊凝式爲尚書右僕射致仕癸亥前河陽節度使王繼弘卒己巳太子太傅李懷忠卒是月河南河北諸州大水霖雨不止川陂漲溢襄州漢水溢入城深一丈五尺居民皆乘筏登樹羣爲集潞州河南無鳥秋七月戊寅朔徐州言龍出豐縣村民井中卽時澍雨漂沒城邑癸未太子賓客馬裔孫卒甲申鄴都王殷奏乞朝覲凡三上章允之尋以北邊奏契丹事機詔止其行以左金吾上將軍安審信爲太

子太師致仕丁亥以右金吾上將軍張從恩爲左金吾上將軍以前鄧州節度使張彥成爲右金吾上將軍己丑以虎捷左廂都指揮使永州防禦使韓通爲陝州留後庚寅太府卿判司天監趙延乂卒辛卯以前西京副留守盧價爲太子賓客乙未以御史中丞邊光範爲禮部侍郎以刑部侍郎張煦爲御史中丞以翰林學士承旨尚書禮部侍郎徐台符爲刑部侍郎充職丙申太子太師致仕安審信卒丁酉詔曰京兆鳳翔府同華邠延鄜耀等州所管州縣軍鎮頃因唐末藩鎮殊風久歷歲時未能釐革政途不一何以教民其婚田爭訟賦稅丁

衙合是令佐之職其擒姦捕盜庇護部民合是軍鎭警察之職今後各守職分專切提撕如所職疎違各行按責其州府不得差監徵軍將下縣戊戌衞尉少卿李溫美責授房州司戶參軍溫美奉使祭海便道歸家家在壽光縣爲縣吏馮勳所訟故黜之供奉官武懷贊棄市坐盜馬價入已也壬寅以鴻臚少卿趙修已爲司天監八月乙酉幸南莊丙辰內衣庫使齊藏珍除名配沙門島藏珍奉詔修河不於役所部轄私至近縣止宿及報隄防危急安寢不動遂致橫流故有是責庚申邢州節度使劉詞移鎭河陽辛酉以龍捷左廂都指揮使閻州

防禦使田景咸爲邢州留後丁卯河決河陰京師霖雨不止給賜諸軍將士薪芻有差癸酉以翰林學士戶部侍郎王溥爲端明殿學士甲戌潭州王逵奏朗州劉言與淮賊通連差指揮使鄭琰部領兵十欲併當道鄭琰爲軍衆所執奔入武陵劉言尋爲諸軍所廢臣已至朗州安撫訖詔劉言勒歸私第委王逵取便安置是月所在州郡奏霖雨連綿漂沒田稼損壞城郭廬舍九月己卯太子少保盧損卒丁酉深州上言樂壽縣兵馬都監杜延熙爲戍兵所害先是齊州保寧都兵士屯於樂壽都頭劉彥章等殺延熙爲亂時鄭州開道指揮使張萬

友亦屯於樂壽然不與之同朝廷急遣供奉官馬諤省其事諤乃與萬友擒彥章等十三人斬之餘衆奔齊州是月多陰曀木再華冬十月戊申朔詔以來年正月一日有事于南郊諸道州府不得以進奉南郊爲名輒有率斂己酉右金吾上將軍張彥成卒庚戌以前同州節度使薛懷讓爲左屯衞上將軍以尚書左丞兼國子監田敏權判太常卿以禮部尚書王易權兵部尚書太常奏郊廟社稷壇位制度請下所司修奉從之以中書令馮道爲南郊大禮使以開封尹晉王榮爲頓遞使權兵部尚書王易爲鹵簿使御史中丞張煦爲儀仗使權判

太常卿田敏爲禮儀使以前潁州防禦使郭瓊爲權宗正卿甲寅以前光祿卿丁知浚復爲光祿卿丙辰幸南莊西莊己未前寧州刺史張建武責授右司禦副率以野雞族失利故也以前翰林學士工部侍郎魚崇諒爲禮部侍郎充翰林學士時崇諒解職於陝州就養至是再除禁職仍賜詔召之令本州給行裝鞍馬侍親歸朝以太子賓客張昭爲戶部尚書以太子賓客李濤爲刑部尚書詔中書令馮道赴西京迎奉太廟神主甲子中書令馮道率百官上尊號曰聖明文武仁德皇帝答詔不允凡三上章允之仍俟郊禮畢施行壬申鄴都邢洺

等州皆上言地震鄴都尤甚十一月辛巳廢共城稻田務任人佃蒔乙酉日南至帝不受朝賀庚寅鎭州節度使何福進奏乞朝覲三奏允之詔侍衞步軍都指揮使曹英權知鎭州軍府事癸巳以將作監李瓊爲濟州刺史壬寅詔重定天下縣邑除畿赤外其餘三千戶已上爲望縣二千戶已上爲緊縣一千戶已上爲上縣五百戶以上爲中縣不滿五百戶爲中下縣十二月戊申雨木氷是日四廟神主至西郊帝郊迎奠饗奉神主入於太廟設奠安神而退壬子前單州刺史趙鳳賜死坐爲民所訟故也甲寅詔諸道州府縣鎭城內人戶舊請蠶

鹽徵價起今後並停甲子鎭州節度使何福進來朝乙丑鄴都留守王殷來朝丙寅禮儀使奏皇帝郊廟行事請以晉王榮爲亞獻通攝終獻行事從之己巳左補闕王伸停任坐檢田於亳州虛憑紙配故也辛未鄴都留守侍衞親軍都指揮使王殷削奪在身官爵長流登州尋賜死於北郊其家人骨肉並不問罪癸酉帝宿齋于崇元殿爲來年正月一日親祀南郊也時帝已不豫甲申宿於太廟乙亥質明帝親饗太廟自齋宮乘步輦至廟廷被袞冕令近臣翌侍陛階止及一室行禮俛首而退餘命晉王率有司終其禮是日車駕赴郊宮

顯德元年春正月丙子朔帝親祀圜丘禮畢詣郊宮受賀車駕還宮御明德樓宣制大赦天下改廣順四年爲顯德元年自正月一日昧爽已前應犯罪人常赦所不原者咸赦除之內外將士各優給文武職官並與加恩內外命婦並與進封寺監攝官七周年已上者同明經出身今後諸寺監不得以白身署攝升朝官兩任已上著緋十五周年與賜緋著緋十五年與賜紫州縣官曾經五度參選雖未及十六考與授朝散大夫階年七十已上授優散官賜緋應奉郊廟職掌人員並與恩澤今後不得以梁朝及清泰朝爲僞主天下帝王陵廟及名

臣墳墓無後官爲檢校云宣赦畢帝御崇元殿受册尊號禮畢羣臣稱賀時帝郊祀御樓受册有司多略其禮以帝不豫故也先是有占者言鎭星在氐房乃鄭宋之分當京師之地兼氐宿主帝王路寢若散財以致福遷幸以避災庶幾可以驅禳矣帝以遷幸煩費不可輕議散財可矣故有郊禋之命洎歲暮帝疾增劇郊廟之禮蓋勉而行之耳戊寅詔廢鄴都依舊爲天雄軍大名府在京兆府之下庚辰制皇子開封尹晉王榮可開府儀同三司檢校太尉兼侍中行開封尹功德使判內外兵馬事襄州安審琦進封陳王鄆州符彥卿進封衞王移

鎭天雄軍荆南高保融進封南平王夏州李彝興進封西平王甲申宋州趙暉進封韓國公青州常思進封萊國公徐州王晏進封滕國公鄧州侯章進封申國公西京武行德進封譙國公許州郭從義加檢校太師鳳翔王景進封褒國公華州孫方諫進封蕭國公自趙暉已下並加開府儀同三司乙酉分命朝臣往諸州開倉減價出糶以濟饑民詔潭州依舊爲大都督府在朗州桂州之上丙戌以澶州節度使鄭仁誨爲樞密使加同平章事鄜州楊信加開府儀同三司進封杞國公邠州折從阮加開府儀同三司改封鄭國公滄州李暉加檢校

太尉安州李洪義加檢校太師貝州王饒加檢校太尉以陳州節度使兼侍衛馬軍都指揮使郭崇爲澶州節度使加同平章事以曹州節度使兼侍衛步軍都指揮使曹英爲鎭州節度使加同平章事潭州王逵加特進兼侍中河陽劉詞加檢校太尉河中王彥超加同平章事以鎭州節度使何福進爲鄆州節度使加同平章事潞州李筠加同平章事戊子晉州藥元福滑州白重贇相州王進同州張鐸並加檢校太傅以延州節度使袁萬進爲曹州節度使加檢校太傅定州留後孫行友邢州留後田景咸陝州留後韓通靈武留後馮繼業並正授節度使庚寅夜東北有大星墜其聲如雷壬辰宰臣馮道加守太師范質加尚書左僕射監修國史李穀加右僕射集賢殿大學士以端明殿學士尚書戶部侍郎王溥爲中書侍郎平章事東都事略太祖將大漸促召學士草制以溥爲中書侍郎同中書門下平章事已宣制太祖曰吾無恨矣司徒竇貞固進封汧國公司空蘇禹珪進封莒國公並加開府儀同三司以宣徽南院使知永興軍府事袁義爲延州節度使以宣徽北院使兼樞密副使王仁鎬爲永興軍節度使以前安州節度使王令温爲陳州節度使以殿前都指揮使泗州防禦使李重進爲武信軍節度使檢校太保典軍如故以龍捷

左廂都指揮使睦州防禦使樊愛能爲侍衛馬軍都指揮使洋州節度使加檢校太保以虎捷左廂都指揮使果州防禦使何徽爲侍衛步軍都指揮使利州節度使加檢校太保以樞密承旨魏仁浦爲樞密副使是日己時帝崩於滋德殿聖壽五十一秘不發喪乙未遷神柩于萬壽殿召文武百官班于殿廷宣遺制晉王榮可于柩前卽皇帝位服紀月日一如舊制云是歲自正月朔日後景色昏晦日月多暈及嗣君卽位之日天氣晴朗中外肅然帝自郊禋後其疾乍瘳乍劇晉王省侍不離左右東都事略李重進周太祖之甥母卽福慶長公主重進年長于世宗及太祖寢疾召重進受顧命令

拜世宗以定君臣之分累論晉王曰我若不起此疾汝即速治山陵不得久留殿內陵所務從儉素應緣山陵役力人匠並須和雇不計近遠不得差配百姓陵寢不須用石柱費人功只以磚代之用瓦棺紙衣臨入陵之時召近稅戶三十家爲陵戶下事前揭開瓦棺遍視過陵內切不得傷他人命勿修下宮不要守陵宮人亦不得用石人石獸只此一石記子鐫字云大周天子臨晏駕與嗣帝約緣平生好儉素只令著瓦棺紙衣葬若違此言陰靈不相助又言朕攻收河府時見李家十八帝陵園廣費錢物人力並遭開發汝不聞漢文帝儉素葬在霸陵原至今見在如每年寒食無事時即仰量事差人灑掃如無人去只遙祭兼仰於河府魏府各葬一副劍甲澶州葬通天冠絳紗袍東京葬一副平天冠袞龍服千萬千萬莫忘朕言二月甲子太常卿田敏上尊諡曰聖神恭肅文武孝皇帝廟號太祖四月乙己葬于嵩陵宰臣李穀撰諡册文王溥撰哀册文云永樂大典卷八千九百八十五代史補高祖之爲樞密使也每出入常恍然覩人前導狀若臺省人吏其服色一緋一綠高祖以爲不祥深憂之及河中鳳翔永興等處反詔命高祖征之一舉而三鎮瓦解自是權傾天下論者以爲功高不賞郭氏其危乎高祖聞而恐懼居無何忽覩前導者服色緋者改紫綠者改緋高祖心始安曰彼二人者但見其升不見其降吉兆也未幾遂爲三軍所推戴高祖之入京師也三軍紛擾殺人爭物者不可勝數府有趙童子者知書善射至防禦使

覩其紛擾竊憤之乃大呼于衆中曰樞密太尉志在除君側以安國所謂兵以義舉鼠輩敢爾乃賊也豈太尉意耶于是持弓矢于所居巷口據牀坐凡軍人之來侵犯者皆殺之由是居人賴以保全僅數千家其間亦有致金帛于門下用爲報答已堆集如丘陵焉童子見而笑曰吾豈求利者耶于是盡歸其主高祖聞而異之陰謂世宗曰吾聞人間讖云趙氏合當爲天子觀此人才略度量近之吾不早除去吾與汝其可保乎使人誣告收付御史府劾而誅之洎高祖厭世未十年而皇宋有天下趙氏之讖乃應于斯知王者不死信矣哉高祖征李守貞軍次河上高祖慮其爭濟臨岸而諭之未及坐忽有羣鵶噪于上高祖退十餘步引弓將射之矢未及發而岸崩其壘裂之勢在高祖足下高祖棄弓顧羣鵶而笑曰得非天使汝驚動吾耶如此則李守貞不足破矣于是三軍欣然各懷闘志矣五代史闕文周太祖在漢隱帝朝爲樞密使將兵伐河中李守貞時馮道守太師不與朝政以情告周祖周祖謁道于私第問伐蒲策道辭以不在其位不敢議國事周祖固問之道不得已謂周祖曰相公頗知博乎周祖微時好蒲博屢以此抵罪疑道識已勃然變色道曰是行亦猶博也夫博財多者氣豪而勝財寡者心怯而輸守貞嘗累典禁兵自謂軍情附已遂謀反耳今相公誠能不惜官錢廣施惠愛明其賞罰使軍心許國則守貞不足慮也周祖曰恭聞命矣故伐蒲之役周祖以便宜從事卒成大功然亦軍旅歸心終移漢祚又周祖自鄴起兵赴闕漢隱帝兵敗遇害于劉子陂周祖入京師百官謁周祖見道猶設拜意道便行推戴道受拜如平時徐曰侍中此行不易周祖氣沮故禪代之謀稍緩及請道詣徐州册湘陰公爲漢嗣道曰侍中由衷乎周祖設誓道曰莫教老夫爲謬語人臣謹案周世宗朝詔御史臣修周祖實錄故道之事所宜諱矣

史臣曰周太祖昔在初潛未聞多譽洎西平蒲阪北鎮鄴臺有統御之勞顯英偉之量旋屬漢道斯季天命有歸縱虎旅以邐神京不無慚德攬龍圖而登帝位遂闡皇風期月而弊政皆除逾歲而羣情大服何遷善之如

是蓋應變以無窮者也所以魯國寬徒望風而散井門遺孽引日偷生及鼎鶴之將昇命瓦棺而薄葬勤儉之美終始可稱雖享國之非長亦開基之有裕矣然而二王之誅議者譏其不能駕馭權豪傷于猜忌卜年斯促抑有由焉永樂大典卷八千九百八十

舊五代史卷一百十三終

舊五代史卷一百十三攷證

周太祖紀四又殺牛族素與野雞族有憾　殺牛族原本作殺牛于族攷通鑑五代會要宋史東都事略俱作殺牛族知原本于字衍今删

六月壬子滄州奏契丹幽州権鹽制置使兼防州刺史知盧臺軍事張藏英以本軍歸化　案歐陽史作秋七月張藏英來奔

以前西京留守莒國公王守恩爲左衞上將軍　王守恩原本作守思今據通鑑改正

舊五代史卷一百十三攷證

宋司空同中書門下平章事薛居正等撰

世宗紀第一　周書五

世宗睿武孝文皇帝諱榮太祖之養子蓋聖穆皇后之姪也本姓柴氏父守禮太子少保致仕隆平集云柴翁者常獨居室人以爲司寘事一日笑不止妻問其故不答翁嗜飲妻醉之以酒乃曰上帝有命郭郎爲天子故柴翁郎守禮之父史佚其名帝以唐天祐十八年歲在辛巳九月二十四日丙午生于邢州之別墅年未童冠因侍聖穆皇后在太祖左右時太祖無子家道淪落然以帝謹厚故以庶事委之帝悉心經度貲用獲濟太祖甚憐之乃養爲己子漢初太祖以佐命功爲樞密副使帝始授左監門衛將軍國老談苑云周世宗在漢爲諸衛將軍嘗遊畿甸謁縣令忘其姓名令方聚邑客蒲博弗得見世宗頗銜之及即位令因部夫犯贓數百疋宰相范質以具獄上奏世宗曰親民之官贓狀狼籍法當處死質奏曰受所監臨財物有罪上贓雖多法不至死世宗怒厲聲曰法者自古帝王之所制本以防姦朕立法殺贓吏非酷刑也質曰陛下殺之則可若付有司臣不敢署勑遂貸其命二年太祖鎭鄴改天雄軍牙內都指揮使領貴州刺史檢校右僕射三年冬太祖入平內難留帝守鄴城廣順元年正月太祖踐阼帝懇求入覲忽夢至河而不得渡尋授澶州節度使檢校太保封太原郡侯帝在鎭爲政淸肅盜不犯境先是澶之里衖湫隘公署毀圮帝即廣其街肆增其廨宇吏民賴

之宋史王贊傳周世宗鎭澶淵每旬決囚贊引律令辨析中理問之知其嘗事學問即署右職二年正月兗州慕容彥超反帝累表請征行太祖嘉之及曹英等東討數月無功太祖欲親征召羣臣議其事宰臣馮道奏以方當盛夏車駕不宜衝冒太祖曰寇不可翫如朕不可行當使澶州兒子擊賊方辦吾事時樞密王峻意不欲帝將兵故太祖親征六月兗州平十二月加檢校太傅同平章事三年正月帝入覲三月授開封尹兼功德使封晉王顯德元年正月庚辰加開府儀同三司檢校太尉兼侍中依前開封尹兼功德使判內外兵馬事時太祖寢疾彌甚士庶憂沮及聞帝總內外兵柄咸以爲愜隆平集曹翰隸世宗幕下世宗鎭澶淵以爲牙校及尹開封翰猶在澶淵聞周祖寢疾不俟召來見世宗密言曰王爲冢嗣不侍醫藥何以副天下望世宗悟入侍禁中以府事命翰總決壬辰太祖崩秘不發喪丙申內出太祖遺制晉王榮可于柩前即位羣臣奉帝即皇帝位庚子宰臣馮道率百寮上表請聽政凡三上壬寅帝見羣臣于萬歲殿門之東廡下二月庚戌潞州奏河東劉崇與契丹大將軍楊袞舉兵南指壬戌宰臣馮道率百寮上表請御殿凡三上允之丁卯以中書令馮道充山陵使太常卿田敏充禮儀使兵部尚書張昭充鹵簿使御史中丞張煦充儀仗使開封少尹權判府事王敏充橋道使河東賊將張暉率

前鋒自團柏谷入寇帝召羣臣議親征宰臣馮道等奏以劉崇自平陽奔遁之後勢弱氣奪未有復振之理竊慮聲言自來以誑于我陛下纂嗣之初先帝山陵有日人心易搖不宜輕舉命將禦寇深以爲便帝曰劉崇幸我大喪聞我新立自謂良便必發狂謀謂天下可取謂神器可圖此際必來斷無疑耳馮道等以帝銳於親征因固諍之帝曰昔唐太宗之捌業靡不親征朕何憚焉道曰陛下未可便學太宗帝又曰劉崇烏合之衆苟遇王師必如山壓卵耳道曰不知陛下作得山否帝不悅而罷詔諸道募山林亡命之徒有勇力者送於闕下仍

目之爲强人帝以趫捷勇猛之士多出於羣盜中故令所在招納有應命者即貸其罪以禁衞處之至有朝行殺奪暮升軍籍讎人遇之不敢仰視帝意亦患之其後頗有不獲宥者三月丁丑潞州奏河東劉崇入寇兵馬監押穆令均部下兵士爲賊軍所襲官軍不利天雄軍節度使符彥卿領兵自磁州固鎭路赴潞州以澶州節度使郭崇副之詔河中節度使王彥超領兵取晉州路東向邀擊以陝府節度使韓通爲副命宣徽使向訓馬軍都指揮使樊愛能步軍都指揮使何徽滑州節度使白重贊鄭州防禦使史彥超前燿州團練使符彥能等

領兵先赴澤州辛巳制大赦天下常赦所不原者咸赦除之諸貶降責授官量與升陟敘用應配流徒役人並放逐便諸道州府所欠去年夏秋租稅並放內外見任文武職官並與加恩父母在者並與恩澤亡沒者與封贈其母妻未敘者特與敘封云前涇州節度使史懿卒癸未詔以劉崇入寇車駕取今月十一日親征甲申以樞密使鄭仁誨爲東京留守乙酉車駕發京師壬辰至澤州癸巳王師與河東劉崇契丹楊袞大戰于高平賊軍大敗初車駕行次河陽聞劉崇自潞而南即倍程而進是月十八日至澤州旣晡帝御戎服觀兵于東北郊

距州十五里夜宿于村舍十九日前鋒與賊軍相遇賊陣于高平縣南之高原有賊中來者云劉崇自將騎三萬并契丹萬餘騎嚴陣以待官軍帝促兵以擊之崇東西列陣頗亦嚴整乃令侍衞馬步軍都虞候李重進滑州節度使白重贊將左居陣之西廂侍衞馬軍都指揮使樊愛能步軍都指揮使何徽將右居陣之東廂宣徽使向訓鄭州防禦使史彥超以精騎當其中殿前都指揮使張永德以禁兵衞蹕帝介馬觀戰兩軍交鋒未幾樊愛能何徽望賊而遁東廂騎軍亂步軍解甲投賊帝乃自率親騎臨陣督戰隆平集馬仁瑀傳從世宗親征劉崇王師不利仁瑀謂衆曰主

辱臣死因躍馬大呼引弓連斃將卒數十士氣始振今上馳騎于陣前先犯其鋒戰士皆奮命爭先賊人大敗日暮賊萬餘人阻澗而陣會劉詞領兵至與大軍廹之賊軍又潰臨陣斬賊大將張暉及僞樞密使王延嗣諸將分兵追襲殭尸棄甲塡滿山谷初夜官軍至高平降賊軍數千人所獲輜重兵器駝馬僞乘輿器服等不可勝紀其夕殺降軍二千餘人我軍之降敵者亦皆就戮初兩軍之未整也風自東北起不便於我及與賊軍相遇風勢陡迴人情相悅戰之前夕有大星如日流行數丈墜于賊營之上及戰北人望見官軍之上有雲氣如龍虎之狀則天之助順亶

其然乎是日危急之勢頃刻莫保賴帝英武果敢親臨寇敵不然則社稷幾若綴旒矣是夕帝宿于野次甲午次高平縣詔賜河東降軍二千餘人各絹二匹并給其衣裝鄉兵各給絹一匹放還本部是日大雨戊戌車駕至潞州案歐陽史作丁酉幸潞州與薛史異通鑑從歐陽史五代春秋作丙寅誤河南府上言前青州節度使常思卒已亥侍衛馬軍都指揮使夔州節度使樊愛能侍衛步軍都指揮使壽州節度使何徽等并諸將校七十餘人並伏誅高平之役兩軍既成列賊騎來挑戰愛能望風而退何徽以徒兵陣於後爲奔騎所突即時潰亂二將南走帝遣近臣宣諭止遏莫肯從命皆揚言曰官軍大敗餘衆已解甲矣至暮以官軍克捷方稍稍而迴帝至潞州錄其奔遁者自軍使以上及監押使臣並斬之由是驕將墮兵無不知懼帝以何徽有平陽守禦之功欲貸其罪竟不可與愛能俱殺之皆給櫘車歸葬東都事畧世宗謂張永德曰樊愛能及偏裨七十餘人吾欲盡按軍法何如對曰必欲開拓疆宇威加四海安可已也世宗善其言悉誅愛能等以徇軍聲始振庚子以侍衛馬步都虞候李重進爲許州節度使以宣徽南院使向訓爲滑州節度使以殿前都指揮使張永德爲武信軍節度使職並如故以滑州節度使白重贇爲鄜州節度使以鄭州防禦使史彥超爲華州節度使賞高平之

功也以晉州節度使藥元福爲同州節度使以宣徽北院使楊廷璋爲晉州節度使以同州節度使張鐸爲彰義軍節度使以客省使吳延祚爲宣徽北院使以龍捷左廂都指揮使李千爲蔡州防禦使以龍捷右廂都指揮使田中爲密州防禦使以虎捷右廂都指揮使張順爲登州防禦使以龍捷左第二軍都指揮使孫延進爲鄭州防禦使以前耀州團練使符彥能爲澤州防禦使以散員都指揮使李繼勳爲殿前都虞候以殿前都虞候韓令坤爲龍捷左廂都指揮使以鐵騎第一軍都指揮使趙弘殷案原本註宣祖廟諱四字今據宋史改作弘殷爲龍捷右廂都指

揮使以散員都指揮使慕容延釗爲虎捷左廂都指揮使以控鶴第一軍都指揮使趙鼎爲虎捷右廂都指揮使並遙授團練使其餘改轉有差壬寅以天雄軍節度使衛王符彥卿爲河東行營都部署知太原行府事以潼州節度使郭崇爲行營副部署以宣徽南院使向訓爲行營兵馬都監以侍衛都虞候李重進爲行營都虞候以華州節度使史彥超爲先鋒都指揮使領步騎二萬進討河東詔河中節度使王彥超陝府節度使韓通率兵自陰地關討賊以河陽節度使劉詞爲隨駕副部署以鄜州節度使白重贊爲隨駕副部署夏四月乙巳

太祖靈駕發東京乙卯葬于嵩陵河中節度使王彥超奏僞汾州防禦使董希顏以城歸順宋史王彥超傳彥超自陰地關與符彥卿會兵圍汾州諸將請急攻彥超曰城已危矣旦暮將降我士卒精銳驅以先登必死傷者衆少待之翼日州將董希顏果降丙辰僞遼州刺史張漢超以城歸順丁巳幸栢谷寺遣右僕射平章事判三司李穀赴河東城下計度軍儲詔河東城下諸將招撫戶口禁止侵掠只令徵納當年租稅及募民入粟五百斛草五百圍者賜出身千斛千圍者授州縣官辛酉符彥卿奏嵐憲二州歸順壬戌制立衛國夫人符氏爲皇后仍令有司擇日備禮册命王彥超奏收下石州獲僞刺史安彥進宋史王彥超傳引兵趣石州彥超親鼓士乘城躬冒矢石數日下之擒其守將安彥進獻行在癸亥僞沁州刺史李廷誨以城歸順甲子皇妹壽安公主張氏進封晉國長公主乙丑東京奏太師中書令馮道薨丙寅太祖皇帝神主祔於太廟庚午曲赦潞州見禁罪人除死罪外並釋放是日車駕發潞州親征劉崇癸酉忻州僞監軍李勍殺刺史趙皐及契丹大將楊努瑚舊作耨姑今改正以城歸順詔授李勍忻州刺史五月乙亥以尚書右丞邊歸讜守本官充樞密直學士以尚書戶部侍郎陶穀守本官充翰林學士宋史陶穀傳從征太原時魚崇諒迎母後至穀乘間言曰崇諒宿留不來有顧望意世宗頗疑之崇諒又表陳母病詔許歸陝州就養以穀爲翰林學士丙子車駕至太原

城下是日僞代州防禦使鄭處謙以城歸順案遼史穆宗紀四年五月乙亥忻代二州叛據薛史則忻州歸順在四月代州歸順在五月丙子與遼史月日互異丁丑觀兵于太原城下帝親自慰勉錫賚有差升代州爲節鎮以靜塞軍爲額以鄭處謙爲節度使戊寅斬僞命石州刺史安彥進于太原城下以其拒王師也庚辰以前忠武軍節度使郭從義爲天平軍節度使遣符彥卿郭從義向訓白重贊史彥超等率步騎萬餘赴忻州宋史符彥卿傳彥卿之行也世宗以并人雖敗朝廷饋運不繼未議攻擊且令觀兵城下徐圖進取及周師入境汾晉吏民望風款接皆以久罹虐政願輸軍需以資兵力世宗從之而連下數州彥卿等皆以芻糧未備欲旋軍世宗不之省乃調山東近郡輓軍食濟之是夜大風發屋拔樹壬午以宰臣李穀

判太原行府事辛丑升府州爲節鎮以永安軍爲軍額以本州防禦使折德扆爲節度使六月癸卯朔詔班師車駕發離太原時大集兵賦及徵山東懷孟蒲陝丁夫數萬急攻其城旦夕之間期于必取會大雨時行軍士勞苦復以忻口之師不振帝遂決旋師之意指麾之間頗傷匆遽部伍紛亂無復嚴整不逞之徒訛言相恐隨軍資用頗有遺失者賊城之下粮艸數十萬悉焚棄之（通鑑攷異引晉陽見聞錄六月旦周師南轅返旆惟數百騎間之以步卒千人長槍赤甲銜纏捷跳梁于城隅晡晚殺行而抽退宋史藥元福傳詔令班師元福上言曰進軍甚易退軍甚難世宗曰一以委卿遂部分卒伍爲方陣而南元福以麾下爲後殿崇果出兵來追元福擊走之）乙巳車駕至潞州癸丑

帝發潞州己丑幸新鄭縣丙寅帝親拜嵩陵祭奠而退賜守陵將吏及近陵戶帛有差（五代會要顯德元年二月車駕征太原回親拜嵩陵望陵號慟至陵所俯伏哀位慼于左右再拜訖祭奠而退）庚午帝至自河東秋七月癸酉朔前河西軍節度使申師厚責授右監門衛率府副率師厚在涼州歲餘以所部艱食蕃情反覆奏乞入朝尋留其子爲留後不俟詔離任故責之乙亥天雄軍節度使衛王符彥卿進位守太傅改封魏王鄆州郭從義加兼中書令河陽劉詞移鎮永興軍加兼侍中潞州李筠加兼侍中河中王彥超移鎮許州加兼侍中許州節度使衛都虞候李重進移鎮宋州加同平章事兼侍親軍都指揮使以武信軍節度使兼殿前都指揮使張永德爲滑州節度使檢校太傅典軍如故同州藥元福移鎮陝州加檢校太尉鄜州白重贊移鎮河陽加檢校太尉陝州韓通移鎮曹州加檢校太傅帝即位之初覃慶于諸將且賞從征之功也丙子以前禮部侍郎邊光範爲刑部侍郎權判開封府事丁丑天下兵馬元帥吳越國王錢俶加天下兵馬都元帥襄州節度使陳王安審琦加守太尉戊寅右散騎常侍張可復卒以前亳州防禦使李萬金爲鄜州留後庚辰幸南莊辛巳荆南節度使南平王高保融加守中書令夏州節度使西平

王李彝興加守太保西京留守武行德徐州王晏鄧州侯章並加兼中書令癸未湖南王進逵加兼中書令天德軍節度使郭勳邠州折從阮安州李洪義並加兼侍中以前華州節度使孫方諫爲同州節度使加兼中書令以前永興軍節度使王仁鎬爲河中節度使加檢校太尉乙酉滄州李暉貝州王饒鎮州曹英並加兼侍中涇州張鐸相州王進延州袁義並加檢校太尉壬辰百寮上表請以九月二十四日誕聖日爲天清節從之癸巳以左僕射兼門下侍郎平章事監修國史范質爲守司徒兼門下侍郎平章事弘文館大學士（國老談苑云周太祖書令

世宗詣范質時爲親王軒車高大門不能容世宗卽下馬步入及嗣位從容語質曰卿所居舊宅耶門樓一何小哉因爲治第以左僕射兼中書侍郎平章事集賢殿大學士判三司李穀爲守司徒兼門下侍郎平章事監修國史以中書侍郎平章事王溥爲中書侍郎兼禮部尚書平章事集賢殿大學士以樞密院學士工部侍郎景範爲中書侍郎平章事判三司樞密使檢校太保同平章事鄭仁誨加兼侍中靈武馮繼業定州孫行友邢州田景咸並加檢校太傅晉州楊廷璋加檢校太保以太子詹事趙上交爲太子賓客乙未以樞密副使右監門衛大將軍魏仁溥爲樞密使檢校太保東都事略云議者以仁浦不由科第進世宗曰顧才何如耳遂用之丙申以中書舍人史館修撰判館事劉溫叟爲禮部侍郎判館如故丁酉相州節度使王進卒八月壬寅朔以宣徽北院使吳延祚爲右監門衛大將軍充職以樞密院直學士尚書右丞邊歸讜爲尚書左丞充職甲辰幸南莊賜從臣射乙巳以吏部侍郎顏衎爲工部尚書致仕丙午同州節度使孫方諫卒己酉前澤州刺史李彥崇責授右司禦副率高平之役帝與賊軍相遇卽令彥崇領兵守江猪嶺以遏寇之歸路彥崇初見王師已却卽時而退及劉崇兵敗果由茲嶺而遁故有是責壬子以金州防禦使王暉爲同州留後癸丑以

吳越國內外都指揮使吳延福爲寧國軍節度使檢校太尉從錢俶之請也以太子少師宋彥筠爲太子太師致仕甲寅以兵部郎中兼太常博士尹拙爲國子祭酒丙辰皇姑故福慶長公主追封燕國大長公主李從進之母也丁巳以戶部郎中致仕景初爲太僕卿致仕宰臣範之父也己巳華州鎮國軍宜停依舊爲郡庚午以給事中劉悅康澄並爲右散騎常侍辛未以左散騎常侍裴選爲御史中丞以御史中丞張煦爲兵部侍郎集賢殿學士判院事司徒詡爲吏部侍郎以左散騎常侍薛沖乂爲工部侍郎九月壬申朔以東京舊宅爲皇建禪院甲戌以武安軍節度副使知潭州軍府事周行逢爲鄂州節度知潭州軍府事加檢校太尉丙戌右屯衛將軍薛訓除名流沙門島坐監雍兵倉縱吏卒掊歛也己亥以右僕射致仕韓昭裔左僕射致仕楊凝式並爲太子太保致仕以太子太傅致仕李肅爲太子太師致仕辛丑斬宋州巡檢供奉官副都知竹奉璘于寧陵縣坐盜掠商船不捕獲也冬十月甲辰左羽林大將軍孟漢卿賜死坐監納厚取耗餘也丙午以安州節度使李洪義爲青州節度使以貝州節度使王饒爲相州節度使以徐州節度使王晏爲西京留守以西京留守武行

德爲徐州節度使戊申以龍捷左廂都指揮使泗州防禦使韓令坤爲洋州節度使充侍衛馬軍都指揮使以虎捷右廂都指揮使永州防禦使李繼勳爲利州節度使充侍衛步軍都指揮使己酉太子太保致仕楊凝式卒詔安貝二州依舊爲防禦州其軍額並停壬子以今上爲永州防禦使依前殿前都虞候戊午監修國史李穀等上言曰竊以自古王者咸建史官君臣猷替之謀皆須備載家國安危之道得以直書歷代以來其名不一人君言動則起居注創于累朝輔相經綸則時政記興于前代然後採其事實編作史書蓋緣聞見之間須

有來處記錄之際得以審詳今之左右起居郎卽古之左右史也唐文宗朝命其官執筆立于殿階螭頭之下以紀政事後則明宗朝命端明殿及樞密直學士皆輪修日歷旋送史官以備纂修及近朝此事皆廢史官唯憑百司報狀館司但取兩省制書此外雖有訪聞例非端的伏自先皇帝創開昌運及皇帝陛下纘嗣丕基其聖德武功神謀睿略皆係萬幾宥密丹禁深嚴非外臣之所知豈庶僚之可訪此後欲望以諮詢之事裁制之規別命近臣旋具抄錄每當修撰日歷卽令封付史臣庶國事無漏略之文職業免疎遺之咎從之因命樞密直學士起今後于樞密使處逐月抄錄事件送付史館己未供奉官郝光庭棄市坐在葉縣巡檢日挾私斷殺平人也是日大閱帝親臨之帝自高平之役覩諸軍未甚嚴整遂有退却至是命今上一概簡閱選武藝超絕者署爲殿前諸班因是有散員散指揮使內殿直散都頭鐵騎控鶴之號復命總戎者自龍捷虎捷以降一一選之老弱羸小者去之諸軍士伍無不精當由是兵甲之盛近代無比且減冗食之費焉（五代會要顯德元年上謂侍臣曰侍衛兵士老少相半强懦不分蓋徇人情不能選練今春朕在高平與劉崇及蕃軍相遇臨敵有指使不前者苟非朕親當堅陣幾至喪敗況百戶農夫未能贍一甲士且兵在精不在衆宜令一一點選精銳者升在上軍怯懦者

任從安便庶期可用又不虛費先是上按于高平觀其退縮慨然有懲革之志又以驍勇之士多爲外諸侯所占如是召募天下豪傑不以草澤爲阻在于闕下躬親試閱選武藝超絕及有身首者分署爲殿前諸班）十一月戊寅以太子賓客石光贊爲兵部尙書致仕壬午鎭州節度使曹英卒乙酉以澶州節度使郭崇爲鎭州節度使乙未以荆南節度副使歸州刺史高保勗爲寧江軍節度使檢校太尉充荆南節度行軍司馬戊戌詔宰臣李穀監築河隄先是鄆州界河決數州之地洪流爲患故命穀治之役丁夫六萬人三十日而罷十二月己酉太子太師侯益以本官致仕（永樂大典卷八千九百八十四）

舊五代史卷一百十四終

舊五代史卷一百十四攷證

周世宗紀一　賊軍又潰臨陣斬賊大將張暉　案九國志作張元徽乘勝復入馬倒爲周師所擒殺之與是書異通鑑從是書

戊戌車駕至潞州　案歐陽史作丁酉幸潞州與是書異通鑑從歐陽史五代春秋作丙戌誤

舊五代史卷一百十四攷證

舊五代史卷一百十五

宋司空同中書門下平章事薛居正等撰

世宗紀第二　周書六

顯德二年春正月辛未朔帝不受朝賀辛卯詔在朝文班各舉堪爲令錄者一人雖姻族近親亦無妨嫌授官之日各署舉主姓名若在官貪濁不任懦弱不理竝量事狀重輕連坐舉主乙未詔應逃戶莊田竝許人請射承佃供納稅租如三周年內本戶來歸者其莊田不計荒熟竝交還一半五周年內歸業者三分交還一分五周年外歸業者其莊田除本戶墳塋外不在交付之限其近北地諸州應有陷蕃人戶自蕃界來歸業者五周年內來者三分交還二分十周年內來者交還一半十五周年來者三分交還一分十五周年外來者不在交還之限二月戊申遣使赴西京賜太子太師致仕侯益白文珂宋彥筠等茶藥錢帛各有差仍降詔存問壬戌詔曰善操理者不能有全功善處身者不能無過失雖堯舜禹湯之上聖文武成康之至明尚猶思逆耳之言求苦口之藥何況後人之不逮哉朕承先帝之靈居至尊之位涉道猶淺經事未深常懼昏蒙不克負荷自臨宸極已逾周星至于刑政取舍之間國家措置之事豈

能盡是須有未周朕猶自知人豈不察而在位者未有一人指朕躬之過失食祿者曾無一言論時政之是非豈朕之寡昧不足與言耶豈人之循默未肯盡心耶豈左右前後有所畏忌耶豈高卑疏近自生間別耶古人云君子大言受大祿小言受小祿又云官箴王闕則是士大夫之有祿位無不言之人然則爲人上者不能感其心而致其言此朕之過也得不求骨鯁之詞詢正直之議共申裨益庶洽治平朕于卿大夫才不能盡知面不能盡識若不採其言而觀其行審其意而察其忠則何以見器略之淺深知任用之當否若言之不入罪實

在予苟求之不言咎將誰執應內外文武臣寮今後或有所見所聞並許上章論諫若朕躬之有闕失得以盡言時政之有瑕疵勿宜有隱方求名寔豈尚盧華苟或素不工文但可直書其事辭有謬誤者固當舍短言涉傷忤者必與留中所冀盡情免至多慮諸有司局公事者各宜舉職事有不便者革之可也理有可行者舉之可也勿務因循漸成訛謬臣寮有出使在外迴者苟或知黎庶之利病聞官吏之優劣當具敷奏以廣聽聞班行職位之中遷除改轉之際卽當考陳力之輕重較言事之臧否奉公切直者當議甄升臨時畜縮者須期抑退翰林學士兩省官職居侍從乃論思諫諍之司御史臺官任處憲綱是擊搏糺彈之地論其職分尤異羣臣如逐任官內所獻替啟發彈舉者至月限滿合遷轉時宜令中書門下先奏取進止三月辛未以李晏口爲靜安軍其軍南距冀州百里北距深州三十里夾胡盧河爲壘（通鑑浚胡盧河在正月至三月始建軍額）先是貝冀之境密邇戎疆居常敵騎涉河而南馳突往來洞無阻礙北鄙之地民不安居帝乃按圖定策遣許州節度使王彥超曹州節度使韓通等領兵他徙築壘于李晏口以兵戍守功未畢契丹衆尋至彥超等擊退之及壘成頗扼要害自是敵

騎雖至不敢涉河邊民稍得耕牧焉壬辰尚書禮部貢院進新及第進士李覃等一十六人所試詩賦文論策文等詔曰國家設貢舉之司求英俊之士務詢文行方中科名比聞近年以來多有濫進或以年勞而得第或因媒勢以出身今歲所放舉人試令看驗果見紕繆須至去留其李覃何曮楊徽之趙鄰幾等四人宜放及第其嚴說武允成王汾閭丘舜卿任惟吉周度張慎徽王翥馬文劉選程浩然李震等一十二人藝學未精並宜勾落且令苦學以俟再來禮部侍郎劉溫叟失于選士頗屬因循據其過尤合行譴讁尚示寬恕特與矜容劉

温叟放罪其將來貢舉公事仍令所司別具條理以聞
夏四月庚戌以內客省使李彥頵爲延州留後辛亥詔
應自外新除御史未經朝謝行過州府不得受館驛供
給及所在公禮乙卯詔于京城四面別築羅城期以來
春興役戊午以翰林學士給事中竇儀爲禮部侍郎依
前充職以禮部侍郎劉温叟爲太子詹事癸亥以翰林
學士中書舍人楊昭儉爲御史中丞是月詔翰林學士
承旨徐台符已下二十餘人各撰爲君難爲臣不易論
平邊策各一首帝親覽之宋史陶穀傳世宗謂宰相曰朕觀歷代君臣治平之道誠
爲不易又念唐晉失德之後亂臣黠將僭竊者多今中原甫定吳蜀幽并尚未平附聲教未能遠被宜令近臣

各爲論策宣導經濟之畧乃命承旨徐台符已下二十餘人各撰爲君難爲臣不易論平邊策以進其畧率以
修文德來遠人爲意惟穀與竇儀楊昭儉王朴以封疆密邇江淮當用師取之世宗自克高平常訓兵講武思
混一天下及覽其策欣然聽納由是平南之意益堅矣五月辛未廻鶻遣使貢方
物鳳翔節度使王景上言奉詔攻收秦鳳二州已於今
月一日領軍由大散關路進軍次先是晉末契丹入晉
秦州節度使何建以秦成階三州入蜀蜀人又取鳳州
至是秦鳳人戶怨蜀之苛政相次詣闕乞舉兵收復舊
地乃詔景與宣徽南院向訓率師以赴焉東都事略王溥傳世宗將
討秦鳳溥薦向拱遂平之世宗因宴酌卮酒賜之曰成吾邊功卿擇帥之力也甲戌詔曰釋氏
貞宗聖人妙道助世勸善其利甚優前代以來累有條

貫近年以降頗紊規繩近覽諸州奏聞繼有緇徒犯法
蓋無科禁遂至尤違私度僧尼日增猥雜剏修寺院漸
至繁多鄉村之中其弊轉甚漏網背軍之輩苟剃削以
逃刑行奸爲盜之徒託住持而隱惡將隆教法須辨臧
否宜舉舊章用革前弊諸道州府縣鎮村坊應有勅額
寺院一切仍舊其無勅額者竝仰停廢所有功德佛像
及僧尼竝騰併于合留寺院內安置天下諸縣城郭內
若無勅額寺院祗于合停廢寺院內選功德屋宇最多
者或寺院僧尼各留一所若無尼住祗留僧寺院一所
諸軍鎮坊郭及二百戶已上者亦依諸縣例指揮如邊

遠州郡無勅額寺院處于停廢寺院內僧尼各留兩所
今後竝不得剏造寺院蘭若公王戚里諸道節刺已下
今後不得奏請剏造寺院及請開置戒壇男子女子如
有志願出家者竝取父母祖父母處分已孤者取同居
伯叔兄處分候聽許方得出家男年十五以上念得經
文一百紙或讀得經文五百紙女年十三以上念得經
文七十紙或讀得經文三百紙者經本府陳狀乞剃頭
委錄事參軍本判官試驗經文其未剃頭間須留髮髻
如有私剃頭者卻勒還俗其本師主決重杖勒還俗仍
配役三年兩京大名府京兆府青州各處置戒壇候受

戒時兩京委祠部差官引試其大名府等三處祗委本判官錄事參軍引試如有私受戒者其本人師主臨壇三綱知事僧尼竝同私剃頭例科罪應合剃頭受戒人等逐處奏聞候勑下委祠部給付憑由方得剃頭受戒應男女有父母祖父母在別無兒息侍養不聽出家曾有罪犯遭官司刑責之人及棄背父母逃亡奴婢奸人細作惡逆徒黨山林亡命未獲賊徒負罪潛竄人等竝不得出家剃頭如有寺院輒容受者其本人及師主三綱知事僧尼鄰房同住僧竝仰收捉禁勘申奏取裁僧尼俗士自前多有舍身燒臂鍊指釘截手足帶鈴掛燈

諸般毀壞身體戲弄道具符禁左道妄稱變現還魂坐化聖水聖燈妖幻之類皆是聚衆眩惑流俗今後一切止絕如有此色人仰所在嚴斷遞配邊遠仍勒歸俗其所犯罪重者準格律處分每年造僧帳兩本其一本奏聞一本申祠部逐年四月十五日後勒諸縣取索管界寺院僧尼數目申州州司攢帳至五月終以前文帳到京僧尼籍帳內無名者竝勒還俗其巡禮行脚出入往來一切取便是歲諸道供到帳籍所存寺院凡二千六百九十四所廢寺院凡三萬三百三十六僧尼係籍者六萬一千二百人戊寅以刑部侍郎邊光範爲戸部侍

郎以前御史中丞裴巽爲刑部侍郎己卯刑部員外郎陳渥賜死坐檢齊州臨邑縣民田失實也渥爲人清苦臨事有守以微累而當極刑時論惜之戊子以沙州留後曹元忠爲沙州節度使檢校太尉同平章事丙申禮部侍郎竇儀奏請廢童子明經二科及條貫考試次第從之六月己酉以曹州節度使韓通充西南面行營都虞候丙辰以亳州防禦使陳思讓爲邢州留後庚申兩京及諸道府州不得奏薦留守判官兩使判官少尹防禦團練軍事判官如是隨幕已曾任此職者聽奏防禦團練刺史州各置推官一員辛酉廢景州爲定遠軍癸

丑以前延州節度使袁義爲滄州節度使以前邢州節度使田景咸爲鄧州節度使秋七月丁卯朔以鳳翔節度使王景兼西南面行營都招討使以宣徽南院使鎮安軍節度使向訓兼西南面行營都監戊辰太子太傅魯國公和凝卒八月癸卯兵部尚書張昭太常卿田敏等奏議減祠祭所用犧牲之數由是圜丘方澤及太廟即用太牢餘皆以羊代之丁未中書侍郎平章事判三司景範罷判三司加銀青光祿大夫依前中書侍郎平章事進封開國伯以樞密院承旨張美權判三司辛亥詔今後應有病患老弱馬竝送同州沙苑監衛州牧馬

監就彼水草以盡飲齕之性庚子太子太師致仕趙暉卒乙丑詔曰今後諸處祠祭應牲牢香幣饌料供具等仰委本司官吏躬親檢校務在精至行事儀式依附禮經大祠祭合用樂者仍須祀前教習凡關祀事宜令太常博士及監察御史用心點檢稍或因循必行朝典九月丙寅朔詔禁天下銅器始議立監鑄錢癸未以太子賓客趙上交爲吏部侍郎以吏部侍郎于德辰司徒詡並爲太子賓客乙酉詔文武百寮今後遇天清節依近臣例各賜衣服辛卯西南面招討使王景部送所獲西川軍校姜暉已下三百人至闕甲午潞州部送先擒到

河東兵馬監押程支等二百人至闕詔所獲西川河東軍校已下並釋之各賜錢帛有差閏月壬子西南面招討使王景奏大破西川賊軍於黃花谷擒僞命都監王巒孫韜等一千五百餘人（案九國志李廷珪傳周師攻秦鳳以廷珪爲北路行營都統高彥儔呂彥珂爲招討廷珪遣先鋒指揮使李進以兵據馬嶺分兵出斜谷營于白澗將腹背以攻周師又遣染院使王巒領兵出唐倉與周師遇蜀師敗走王巒死之而馬嶺斜谷之兵聞之皆退奔高彥儔與諸將謀退守青泥嶺由是秦鳳階成之地皆陷于周矣）癸丑秦州僞命觀察判官趙玭以本城降詔以玭爲郢州刺史（宋史趙玭傳高彥儔出師救援未至聞軍敗因潰歸玭閉門不納召官屬諭之曰今中朝兵甲無敵于天下自用師西征戰無不勝蜀中所遣將皆武勇者卒皆驍健者然殺戮遁逃之外幾無孑遺我輩安忍坐受其禍去危就安當在今日衆皆俯伏聽命玭遂以城歸順世宗欲命以藩鎮宰相范質不可乃授郢州刺史）先是帝以西師久次艱于根運命今上乘馹赴軍前以觀攻戰之勢及迴具以事勢上奏帝甚悅至是果成功焉甲子秘書少監許遜責授蔡州別駕坐先假竇氏圖書隱而不還也冬十月庚午召近臣射于苑中賜金器鞍馬有差辛未成州歸順癸酉以給事中王敏爲工部郎戊寅高麗國遣使朝貢丁丑右散騎常侍康澄責授環州別駕左司郎中史又玄責授商州長史左驍衛大將軍元霸責授均州別駕右驍衛將軍林延禔責授登州長史澄等奉使浙中迴日以私便停留逾時復命故有是責右諫議大夫李知損

配流沙門島坐妄貢章疏斥譭貴近及求使兩浙故也己丑前太常卿邊蔚卒是月始議南征十一月乙未朔以宰臣李穀爲淮南道前軍行營都部署知廬壽州行府事以許州節度使王彥超爲行營副部署命侍衛馬軍都指揮使韓令坤等一十二將各帶征行之號以從焉己亥諭淮南州縣詔曰朕自纘承基構統御寰瀛方當躬己臨朝誕修文德豈欲興兵動衆專耀武功顧茲昏亂之邦爰舉弔伐之義蠢爾淮甸敢拒大邦因唐室之陵遲接黃寇之紛亂飛揚跋扈垂六十年盜據一方僭稱僞號幸數朝之多事與北境以交通厚啟戎心誘

為邊患晉漢之代寰海未寧而乃招納叛亡朋助凶慝李金全之據安陸李守貞之叛河中大起師徒來為應援攻侵高密殺掠吏民廹奪閩越之封疆塗炭湘潭之士庶以至我朝啟運東魯不庭發兵而應接叛臣觀釁而憑陵徐部沭陽之役曲直可知尙示包荒猶稽問罪邇後維揚一境連歲阻飢我國家念彼災荒大許糴易前後擒獲將士皆遣放還自來禁戢邊兵不令侵撓我無所負彼實多奸勾誘契丹至今未已結連并寇與我為讎罪惡難名人神共憤今則推輪命將鳴鼓出師徵浙右之樓船下朗陵之戈甲東西合勢水陸齊攻吳孫

皓之計窮自當歸命陳叔寶之數盡何處偷生應淮南將士軍人百姓等久隔朝廷莫聞聲教雖從僞俗應樂華風必須善擇安危早圖去就如能投戈獻款舉郡來降具牛酒以犒師納圭符而請命車服玉帛豈悋旌酬土地山河誠無愛惜刑賞之令信若丹青茍或執迷寧免後悔王師所至軍政甚明不犯秋毫有如時雨百姓父老各務安居剽擄焚燒必令禁止云云高麗國王王昭加開府儀同三司檢校太尉依前使持節玄菟州都督大義軍使王如故辛亥以前滄州節度使李暉為邠州節度使壬子潞州奏破河東賊軍于祁縣癸丑西南面

行營都部署王景奏收復鳳州獲僞命節度使王環乙卯曲赦秦鳳階成等州管内罪人自顯德二年十一月己前凡有罪犯無問輕重一切釋放丁巳前邠州節度使折從阮卒己未邢州奏河東劉崇死（案通鑑作顯德元年十一月北漢主殂遣使告于契丹考異引王保衡見聞要錄劉繼顒神道碑爲据疑薛史作二年爲誤今考遼史穆宗紀應歷五年十一月漢主崇殂應歷五年即周廣順二年也與薛史合蓋薛史遼史皆以實錄爲據也五代春秋亦作二年）壬戌淮南前軍都部署李穀奏先鋒都指揮使白延遇破淮賊於來遠鎮十二月丙寅以左金吾大將軍蓋萬爲右監門上將軍丁卯淄州奏前中書侍郎同平章事景範卒庚午右金吾衞上將軍王守恩卒辛未安

州奏盜殺防禦使張顥是日翰林學士承旨徐台符卒甲戌李穀奏破淮賊二千人于壽州城下丙子以左諫議大夫權知開封府事王朴爲左散騎常侍充端明殿學士依前權知開封府事永興軍奏節度使劉詞卒己卯李穀奏破淮賊千餘人于山口鎮丙戌樞密使鄭仁誨卒辛卯西南面行營都部署王景差人部送所獲僞鳳翔節度使王環至闕詔釋之仍賜鞍馬衣服尋授右驍衞（案原本闕一字）將軍是冬命起居郎陶文舉徵殘租于宋州舉本酷吏也宋民被其刑者凡數千寃號之聲聞于道路有悼耄之輩不勝其刑而死者數人物議以爲不

永樂大典卷八千九百八十四

舊五代史卷一百十五終

舊五代史卷一百十五攷證

周世宗紀二癸丑西南面行營都部署王景奏收復鳳州　案癸丑歐陽史作戊申

舊五代史卷一百十五攷證

宋司空同中書門下平章事薛居正等撰

世宗紀卷三　周書七

顯德三年春正月乙未朔帝不受朝賀前司空蘇禹珪卒丁酉李穀奏破淮賊於上窰戊戌發丁夫十萬城京師羅城庚子詔取此月八日幸淮南殿中監馬從贇免所居官坐乾沒外孫女霍氏之貲產爲人所訟故也辛丑以宣徽南院使向訓爲權東京留守以端明殿學士王朴爲副留守壬寅車駕發京師丁未李穀奏自壽州引軍退守正陽辛亥李重進奏大破淮賊於正陽斬首

二萬餘級伏尸三十里臨陣斬賊大將劉彥貞生擒偏將咸師朗已下獲戎甲三十萬事馬五百匹先是李穀駐軍于壽春城下以攻其城既而淮南援軍大至乃與將佐謀曰賊軍舟棹將及正陽我師無水戰之備萬一橋梁不守則大軍隔絕矣不如全師退守正陽浮橋以俟鑾輅諸將皆以爲然遂燔其糧草而退軍迴之際無復嚴整公私之間頗多亡失淮北役夫亦有陷于賊境者帝聞之急詔侍衛都指揮使李重進率師赴之時淮賊乘李穀退軍之勢發戰棹數百艘沿淮而上且張斷橋之勢彥貞以大軍列陣而進李重進既至正陽聞淮軍在近率諸將渡橋而進與賊軍遇重進等合勢擊之一鼓而敗之馬令南唐書世宗親征行至圍鎮聞穀軍却意唐兵必追之遣李重進急趨正陽日唐兵且至宜急擊之彥貞等聞穀退軍皆以爲怯裨將咸師朗曰追之可大獲劉仁贍使人喻之曰君來赴援未交戰而敵人退不可測也愼勿追逐君爲大將安危以之脫有不利大事去矣前軍張全約亦曰不可追彥貞曰軍容在我汝輩何知沮吾事者斬比至正陽而重進先至未及食而戰彥貞施利刃于拒馬又刻木爲獸號捷馬牌以皮囊布鐵蒺藜于地周兵見而知其怯一鼓敗之彥貞死于陣殺獲之外降者三千餘人皆爲我將趙晁所殺甲寅車駕至正陽以侍衛都指揮使李重進爲淮南道行營都招討使命宰臣李穀判壽州行府事乙卯車駕渡淮丙辰至壽州城下營于州西北淝水之陽詔移正陽浮橋于下蔡庚申耀

兵于城下春明退朝錄云家有范魯公雜錄記世宗親征忠正駐蹕城下中夜有白虹自淝水起亘數丈下貫城中數刻方沒壬戌今上奏破淮賊萬餘衆于渦口斬僞兵馬都監何延錫等獲戰船五十艘二月丙寅幸下蔡斬前濟州馬軍都指揮使康儼于路左坐橋道不謹也朗州節度使王進逵奏領兵入淮南界戊辰廬壽巡檢使司超奏破淮賊三千于盛唐獲都監僞吉州刺史高弼以獻詔釋之兵部尚書張昭奏準詔撰集兵法分爲十卷凡四十二門目之爲制旨兵法上之優詔褒美仍以器幣賜之壬申今上奏破淮賊萬五千人于清流山乘勝攻下滁州擒僞命江州節度使充行營應援使皇

甫暉常州團練使充應援都監姚鳳以獻王銍默記李景聞世宗親至淮上而滁州其控扼且援壽州命大將皇甫暉監軍姚鳳提兵十萬扼其地太祖以周師數千與暉遇于清流關隘路周師大敗暉整全師入憩滁州城下會翊日再出太祖兵聚關下且虜暉兵再至周諸村人云有鎮州趙學究在村中教學多智計村民有爭訟者多請以決曲直太祖往訪之學究日我有奇計所謂因敗為勝轉禍爲福今關下有徑路人無行者雖牌軍亦不知之乃山之背也可以直抵城下方值西澗水大漲之時彼必謂我既敗之後無敢躡其後者誠能由山背小路率兵浮西澗水至城下斬關而入可以得志太祖大喜且命學究以指其路學究亦不辭而遣人前導即下令誓師夜從小路行三軍跨馬浮西澗以迫城暉果不爲備奪門以入暉始聞之率親兵擐甲與太祖巷戰三縱而三擒之遂下滁州甲戌江南國主李景遣泗州牙將王知朗齎書一函至滁州本州以聞書稱唐皇帝奉書于大周皇帝其畧云願陳兄事永奉鄰歡設或俯鑒遠圖下交小國悉班卒乘俾乂蒼黔慶雞犬之相聞奉瓊瑤以爲好必當歲陳山澤之利少助軍旅之須虔俟報章以聽高命道塗朝坦禮幣夕行云書奏不答乙亥今上繫送所獲江南二將皇甫暉姚鳳至行在詔釋之壬午江南國主李景遣其臣僞翰林學士戶部侍郎鍾謨僞工部侍郎文理院學士李德明等奉表來上敘願依大國稱臣納貢之意仍進金器千兩錦綺綾羅二千匹及御衣犀帶茶茗藥物等又進犒軍牛五百頭酒二千石是日賜謨等錦綺綾羅二百匹銀器一百兩襲衣金帶鞍馬等丙戌侍衛馬軍指揮韓令坤奏收下揚州東都事略韓令坤傳率兵襲揚州將吏開門以迎之令坤整眾而入市不易肆人甚悅丁亥壽州城內左神衛軍使徐象等一十八人來奔庚寅朗州節度使王進逵上言領兵入鄂州界攻長山砦殺賊軍三千餘眾辛卯今上表僞命天長軍制置使耿謙以本軍降獲糧草二千餘萬侍衛馬軍都指揮使韓令坤上言秦州降癸巳荊南上言朗州節度使王進逵爲部將潘叔嗣所殺九國志王逵傳領眾逼宜春道出長沙耀兵金波亭有蜜蜂集繖蓋中占者以爲不利遂留長沙令行營副使毛立領兵南下以潘叔嗣張文表爲前鋒叔嗣怒至醴陵擁眾而還逵聞兵叛乃乘輕舸奔歸武陵叔嗣追殺之于朗州城外遣人詣潭州請周行逢爲帥行逢至朗州斬叔嗣于市三月丙申行光州刺史

何超奏光州僞命都監張承翰以城歸順尋授承翰集州刺史庚子文武百僚再上表請聽樂詔允之行舒州刺史郭令圖奏收下舒州隆平集王審琦傳世宗征淮舒州堅壁不下以郭令圖爲刺史命審琦司超將兵攻城一夕拔之令圖入復見逐于郡人審琦方進軍援黃州聞令圖被逐乃還騎銜枚襲城夜敗其眾而復納之江南國主李景表送先隔過朝廷兵士一百五十人至行在其軍即蜀軍也秦鳳之役爲王師所擒配隸諸軍及渡淮輒復南逸帝怒其奔竄盡戮之丙午江南國主李景遣其臣僞司空孫晟僞禮部尚書王崇質等奉表來上仍進金一千兩銀十萬兩羅綺二千匹又進賞給將士茶絹金銀羅帛等庚戌兩浙奏遣大

將率兵攻常州延州留後李彥頵奏蕃眾與部民爲亂
尋與兵司都監閻綰掩殺獲其首帥高闊兒等十八人磔
于市彥頵本賈人也貪而好利蕃漢之民怨其侵刻故
至于是辛亥賜江南李景書曰項自有唐失御天步方
艱巢蔡喪亂之餘朱李戰爭之後中夏多故六紀于茲
海縣瓜分英豪鼎峙自爲聲教各擅烝黎連衡而交結
四夷乘釁而憑陵上國華風不競否運所鍾凡百有心
孰不興憤朕猥承先訓恭荷永圖德不逮于前王道不
方于往古然而擅一百州之富庶握三十萬之甲兵且
農戰交修士卒樂用思欲報累朝之宿怨刷萬姓之包

羞是以踐位以來懷安不暇破幽并之巨寇收秦鳳之
全封兵不告疲民有餘力一昨迴軍隴上問罪江干我
實有辭告將誰執朕親提金鼓尋渡淮淝上順天心下
符人欲前鋒所向彼眾無遺棄甲僵尸動盈川谷收城
徇地已過滁陽豈有落其爪牙折其羽翼潰其心腹扼
其吭喉而不亡者哉蚤者泗州主將遞送到書一函尋
又使人鍾謨李德明至齎所上表及貢奉衣服腰帶金
銀器幣茶藥牛酒等今又使人孫晟等並到行朝覲其
降身聽命引咎告窮所謂君子見機不俟終日苟非達
識孰能若斯但以奮武興戎所以討不服惇信明義所

以懷遠人五帝三王盛德大業恆用此道以正萬邦朕
今躬統戎師龔行討伐告于郊廟社稷詢于將相公卿
天誘其衷國無異論苟不能恢復內地申畫邊疆便議
班旋真同戲劇則何以光祖宗之烈厭士庶之心匪獨
違天兼且咈眾但以淮南部內已定六州廬壽濠黃大
軍悉集指期剋日拉朽焚枯其餘數城非足介意必若
盡淮甸之土地爲大國之提封猶是遠圖豈同迷復如
此則江南吏卒悉遣放還江北軍民並當留住免違物
類之性俾安鄉土之情至于削去尊稱願輸臣禮非無
故事實有前規蕭詧奉周不失附庸之道孫權事魏自

同藩國之儀古也雖然今則不取但存帝號何爽歲寒
儻堅事大之心終不迫人于險事資真懇辭匪枝游俟
諸郡之悉來即大軍之立罷質于天地信若丹青我無
彼欺爾無我詐言盡于此更不繁云苟日未然請自茲
絕切以陽春在候庶務縈思願無廢于節宣更自期于
愛重音塵非遠風壤猶殊翹想所深勞于寤寐又賜其
將佐書曰朕自類禡出師麾旋問罪絕長淮而電擊指
建業以鷹揚旦夕之間克捷相繼至若兵興之所自釁
起之所來勝負之端倪戎甲之次第不勞盡諭必想具
知近者金陵使人繼來行闕追悔前事委質來朝非無

詭詐之辭亦有罷軍之請但以南邦之土地本中夏之封疆苟失克復之期大辜朝野之望已興是役固不徒還必若自淮以南畫江爲界盡歸中國猶是遠圖所云願爲外臣乞比湖浙彼既服義朕豈忍人必當別議封崇待以殊禮凡爾將佐各盡乃心善爲家國之謀勉擇恆久之利初李景遣鍾謨李德明奉表至行闕使人面奏云本國主願割壽濠泗楚光海六州之地歸于大朝帝志在盡取江北諸郡不允其請使人見王師急攻壽陽李德明奏曰願陛下寬臣數日之誅容臣自往江南取本國表盡獻江北之地帝許之乃令李德明王崇質

齎此書以賜李景夏四月甲子以徐州節度使武行德爲濠州城下行營都部署以前鄧州節度使侯章爲壽州城下水砦都部署己巳車駕發壽春循淮而東辛未揚州奏江南大破兩浙軍于常州初兩浙錢俶承詔遣部將率兵攻常州爲江南大將陸孟俊所敗將佐陷沒者甚衆李景亦以表聞乙亥駐蹕于濠州城下丁丑揚州韓令坤破江南賊軍于州之東境獲大將陸孟俊令上表大破江南軍于六合斬首五千級時李景乘常州之捷遣陸孟俊領兵迫泰州王師不守韓令坤欲棄揚州而迴帝怒急遣殿前都指揮使張永德率親兵往援

之又命今上領步騎二千人屯于六合俄而陸孟俊領其徒自海陵抵揚州令坤迎擊敗之生擒孟俊李景遣其弟齊王達率大衆由瓜步濟江距六合一舍而設柵居數日乃棄柵來迫官軍今上麾兵以擊之賊軍大敗餘衆赴江溺死者不可勝紀己卯韓令坤奏敗楚州賊將馬在貴萬餘衆于灣頭堰獲漣州刺史秦進崇丙戌以宣徽南院使向訓爲權淮南節度使充沿江招討使以侍衛馬軍都指揮使韓令坤充沿江副招討使宋史向拱傳揚州初平南唐令境上出師諜收復韓令坤有棄城之意卽驛召拱赴行在拜淮南節度使依前宣徽使兼沿江招討使以令坤爲副時周師久駐淮陽都將趙晁白延遇等驕恣橫暴不相稟從惟務貪濫至有刧人婦

女者及拱至戮其不法者數輩軍中肅然丁亥車駕發濠州幸渦口己丑以前湖南節度使馬希崇爲左羽林統軍五月壬辰朔以渦口爲鎮淮軍戊戌車駕還京發渦口馬令南唐書天子駐于渦口猶欲再幸揚州宰相范質以師老泣諫乃班師乙卯上至自淮南詔赦都下見禁罪人丁巳陳州節度使王令溫卒戊午以江南僞命東都副留守工部侍郎馮延魯爲太府卿己未太子賓客于德辰卒辛酉詔天下公私織造布帛及諸色匹段幅尺斤兩並須依向來制度不得輕弱假僞犯者擒捉送官六月甲子以鳳翔節度使王景爲秦州節度使兼西面沿邊都部署以宣徽南院使陳州節度使向訓爲

淮南節度使依前南院宣徽使加檢校太尉以曹州節度使韓通爲許州節度使加檢校太尉以亳州防禦使王全斌爲隴州防禦使遙領利州昭武軍兩使留後丙寅許州王彥超移鎭永興軍鄧州田景咸移鎭鄜州御史中丞楊昭儉知雜侍御史趙礪侍御史張糺並停任坐鞫獄失實也丁卯以翰林學士戶部侍郎陶穀爲兵部侍郎充翰林學士承旨以水部員外郎知制誥扈載度支員外郎王著並本官充翰林學士以給事中高防爲右散騎常侍以前都官郎中知制誥薛居正爲左諫議大夫充昭文館學士判館事壬申曲赦淮南道諸州

見禁罪人自今年六月十一日已前凡有違犯無問輕重並不窮問先屬江南之時應有非理科徭無名配率一切停罷云戊寅以右衞上將軍扈彥珂爲太子太師致仕庚辰以西京留守王晏爲鳳翔節度使戊子升贈國軍爲濱州淮南道招討使李重進奏壽州賊軍攻南砦王師不利先是詔步軍都指揮使李繼勳營于壽州之南攻賊壘是日賊軍出城來攻我軍破柵而入其攻城之具並爲賊所焚將士死者數百人李重進在東砦亦不能救時城堅未下師老于外加之暑毒糧運不繼李繼勳喪失之後軍無固志諸將議欲退軍賴今上自

六合領兵歸闕過其城下因爲駐留旬日王師復振秋七月辛卯朔以武清軍節度使知潭州軍府事周行逢爲朗州大都督充武平軍節度使加檢校太尉兼侍中丁酉以太子賓客盧價爲禮部尚書致仕以給事中李明爲大理卿庚子廬州行營都部署劉重進奏破淮賊千餘人於州界丁未濠州行營都部署武行德奏敗淮賊二千人於州界庚戌太子太保王仁裕卒辛亥皇后符氏薨淮南節度使向訓自揚州班師廻駐壽春時王師攻壽春經年未下江淮盜賊充斥舒蘄和泰等州復爲吳人所據故棄揚州併力於壽春焉馬令南唐書向訓請棄揚州併

力以攻壽春乃封府庫付主者遣淮南舊將按巡城中秋毫不犯而去淮人大悅皆負糗糧以送周師八月壬戌河陽白重贊移鎭涇州張鐸移鎭河中甲子以前鄧州節度使侯章復爲鄧州節度使以侍衞步軍都指揮使彰信軍節度使李繼勳爲河陽節度使乙丑太僕卿劇可久停任坐爲舉官累也戊辰端明殿學士王朴撰成新歷上之命曰顯德欽天歷上親爲製序仍付司天監行用殿前都指揮使張永德奏破淮賊于下蔡先是江南李景以王師猶在壽州遣其將林仁肇郭廷謂率水陸軍至下蔡欲奪浮梁以舟寔薪芻乘風縱火永德禦之有頃風勢倒指賊衆稍却因爲官軍所敗已

卿工部侍郎王敏停任坐薦子壻陳南金爲河陽記室也九月丙午以端明殿學士左散騎常侍權知開封府事王朴爲尙書戶部侍郎充樞密副使以右羽林統軍焦繼勳爲左屯衛上將軍以左衛上將軍楊承信爲右羽林統軍以左監門上將軍宋延渥爲右神武統軍冬十月辛酉葬宣懿皇后于懿陵癸亥以右神武統軍宋延渥爲廬州行營副部署乙丑舒州刺史郭令圖責授虢州教練使坐棄郡逃歸也丙寅詔曰諸司職員皆係奏補當執役之際悉藉公勤及聽還之時尤資幹敏苟非愼擇漸致因循應諸司寺監今後收補役人並須人

材俊利身言可採書札堪中自前行止委無誂濫勒本司關送吏部引驗人材考校筆札其中選者連所試書跡及正身引過中書餘從前後格敕處分仍每年祇得一度奏補丁卯宣懿皇后神主入廟時有司請爲后立別廟禮也己巳詔漳河已北郡縣並許鹽貨通商逐處有鹹鹵之地一任人戶煎鍊壬申以武平軍節度副使知潭州軍府事宇文瓊爲武清軍節度使知潭州軍府事癸酉淮南招討使李重進奏破淮賊於盛唐斬二千級太子賓客致仕薛仁謙卒丙子襄州節度使守太尉兼中書令陳王安審琦加守太師審琦鎭漢上十餘年

至是來朝故以命寵之癸未右拾遺趙守微杖一百配沙門島守微本村民也形貌樸野粗學爲文前年徒步上書帝以急于取士授右拾遺聞者駭其事至是爲妻父所訟彰其醜行故逐之 東都事略張昭傳云世宗好拔奇取俊有自布衣上書下位言事者多不次進用昭諫曰昔唐初劉洎馬周起徒步太宗擢用爲相其後朱朴柳璨在下僚昭宗亦以大用然則太宗用之于前而國興昭宗用于後而國亡士之難知也如此臣願陛下存舊法而用人以劉馬爲鑒朱柳爲戒則善矣 甲申宣授今上同州節度使兼殿前都指揮使宣授內外馬步軍都軍頭袁彥爲曹州節度使兼侍衛步軍都指揮使戊子右神武統軍張彥超卒十一月己丑朔詔廢天下無名祠廟庚子日南至帝不受朝賀

以宣懿皇后遷祔日近也乙巳江南進奉使孫晟下獄死江南進奉使鍾謨責授耀州司馬戊申放華山隱者陳摶歸山帝素聞摶有道術徵之赴闕月餘放還舊隱庚戌殿前都指揮使張永德奏敗濠州送糧軍二千人於下蔡奪米船十餘艘宰臣李穀以風痺請告十旬三上表求解所任不允十二月己未朔以給事中張鑄爲光祿卿詠以官名與祖諱同尋改秘書監判光祿寺事辛酉以許州節度使韓通兼侍衛馬步軍都虞候壬戌以右領軍大將軍權判三司張美領三司使壬申以滑州節度使兼殿前都指揮使駙馬都尉張永德爲殿前

都點檢發陳蔡宋亳潁曹單等州丁夫城下蔡辛巳故襄邑令劉居方贈右補闕男士衡賜學究出身奬廉吏也癸亥詔兵部尚書張昭纂修太祖實錄及梁均王唐清泰帝兩朝實錄五代會要云同修撰官委張昭定名奏請至四年正月張昭奏請國子祭酒尹拙太子詹事劉溫叟同編修又詔曰史館所少書籍宜令本館諸處求訪補塡如有收得書籍之家並許進書人據部帙多少等第各與恩澤如是卷帙少者量給資帛如館內已有之書不在進納之限仍委中書門下于朝官內選差三十人據見在書籍各求眞本校勘署校官姓名逐月具功課申報中書門下戊子淮南道招討使李重進奏破淮賊二千人塲山北永樂大典卷八千九百八十四

舊五代史卷一百十六終

舊五代史卷一百十六攷證

周世宗紀三壬申今上奏破淮賊萬五千人于清流山

案歐陽修豐樂亭記太祖以周師破李景兵十五萬于清流關下與是書作萬五千人異攷國老談苑云太祖提周師甚寡當李景兵十五萬于清流山下臨陣親斬驍將皇甫暉疑豐樂亭記即本于此第皇甫暉以傷重被擒而談苑云臨陣親斬小說家多傳會之詞恐不足信

舊五代史卷一百十六攷證

舊五代史卷一百十七

宋司空同中書門下平章事薛居正等撰

世宗紀第四　　周書八

顯德四年春正月己丑朔，帝御崇元殿受朝賀，仗衞如儀，詔天下見禁罪人，除大辟外，一切釋放。壬寅，兵部尚書張昭上言，奉詔編修太祖實錄及梁唐二末主實錄，伏以撰漢書者先爲項籍，編蜀記者首序劉璋，貴神器之傳授有因，歷數之推遷得序，伏緣漢隱帝君臨在太祖之前，歷試之績，並在隱帝朝內，請先修隱帝實錄，以全太祖之事功。又以唐末主前有閔帝，在位四月出奔於衞，亦未編紀，請修閔帝實錄。其清泰帝宜錄請書爲廢帝實錄。從之。（案：自唐末主以上，原文疑有脫誤，據五代會要云：梁末主之上有郢王友珪篡弒居位，未有紀錄，請依宋書劉劭例，書爲元凶友珪；其末主請依古義，書曰後梁實錄。又唐末主之前，有應順帝在位四月，出奔，亦未編紀，請書爲前廢帝，清泰主爲後廢帝，其書並爲實錄。）丁未，淮南道招討使李重進奏，破淮賊五千人於壽州北。先是，李景遣其弟僞齊王達率全軍來援壽州，達留駐濠州，遣其將許文縝、邊鎬、朱元領兵數萬，泝淮而上，至紫金山，設十餘砦，與城內烽火相應，又築夾道數里，將抵壽春，爲運糧之路，至是爲重進所敗。戊申，詔取來月幸淮南。（宋史李穀傳：師老無功，時請罷兵爲便，世宗令范質、王溥就穀謀之，穀手疏請親征，有必勝之利者三，世宗大悅，用其策。）

二月庚申，以前工部侍郎王敏爲司農卿。辛酉，詔每遇入閤日，賜百官廊下食，從舊制也。淮南道行營都監向訓奏，破淮賊二千于黃蓍砦。甲戌，以樞密副使王朴爲權東京留守，兼判開封府；以三司使張美爲大內都巡檢。乙亥，車駕發京師。乙酉，次下蔡。三月庚寅旦，帝率諸軍駐于紫金山下，命今上率親軍登山擊賊，連破數砦，斬獲數千，斷其來路，賊軍首尾不相救。是夜，賊將朱元、朱仁裕、孫璘各舉砦來降，降其衆萬餘人。翌日，盡陷諸砦，收獲甚衆，擒賊大將建州節度使許文縝、前湖南節度使邊鎬，其餘黨沿流東奔，帝自率親騎沿淮北岸追賊，及晡馳二百餘里，至鎭淮軍，殺獲數千人，奪戰艦糧船數百艘，錢帛器仗不可勝數。甲午，詔發近縣丁夫城鎭淮軍，仍搆浮梁于淮上。廬州都部署劉重進奏，殺賊三千人於壽州東山口，皆紫金山之潰兵也。戊戌，授宣徽南院使、淮南節度使向訓爲徐州節度使，充淮南道行營都監，即命屯鎭淮上。己亥，帝自鎭淮軍復幸下蔡。壬寅，賜淮南降軍許文縝、邊鎬已下萬五百人衣服、錢帛有差。丙午，壽州劉仁贍上表乞降，帝遣閤門使張保續入城慰撫。翌日，仁贍復令子崇讓上表請罪。戊申，幸壽州城北，劉仁贍與將佐已下及兵士萬餘人出降。（案通

(鑑考異云仁贍降書蓋其副使孫羽等爲之歐陽史本傳亦言孫羽詐爲仁贍書以城降與是書所載俱異)帝慰勞久之恩賜有差庚戌詔移壽州于下蔡以故壽州爲壽春縣是日曲赦壽州管內見禁人犯自今月二十一日已前凡有過犯並從釋放應歸順職員並與加恩壽州管界去城五十里內放今年秋夏租稅自來百姓有曾受江南文字聚集山林者並不問罪如有曾相傷害者今後不得更有相讐及經官論訴自用兵已來被擄却骨肉者不計遠近並許本家識認官中給物收贖曾經陣敵處所暴露骸骨並仰收拾理瘞自前政令有不便于民者委本州條例聞奏當行釐革辛亥以僞命淸淮軍節度使檢校太尉兼侍中劉仁贍爲特進檢校兼中書令鄆州節度使以右羽林統軍楊信爲壽州節度使是日劉仁贍卒壬子以江南僞命西北面行營都監使舒州團練使朱元爲蔡州防禦使以江南僞命文德殿使壽州監軍使周延構爲衛尉卿以江南僞命壽州營田副使孫羽爲太僕卿以壽州節度判官鄭牧爲鴻臚卿賞歸順也癸丑追奪前許州行軍司馬韓倫在身官爵配流沙門島倫侍衛馬軍都指揮使令坤之父也令坤領陳州倫在州干預郡政掊斂之暴公私患之爲項城民武都等所訟帝命殿中侍御史率汀就按

之倫詐報汀云準詔赴闕汀即奏之帝愈怒遽令追勘盡得其實故有是命(宋史韓令坤傳云倫法當棄市令坤泣請于世宗遂免死)遣左諫議大夫尹日就于壽州開倉賑飢民丙辰車駕發下蔡還京夏四月己巳車駕至自下蔡辛未以江南僞命西北面行營應援使前永安軍節度使檢校太尉許文縝爲左監門衛上將軍檢校太尉以僞命西北面行營應援都軍使前武安軍節度使邊鎬爲左千牛衛上將軍檢校太尉丙子宰臣李穀以風痺經年上章請退凡三上章不允(宋史李穀傳穀扶疾入見便殿詔令不拜命坐御坐側以抱疾久請辭相位世宗怡然勉之謂曰譬如家有四子一人有疾棄而不養非父之道也朕君臨萬方卿處輔相之位君臣之間分義斯在奈何以祿奉爲言穀愧謝而退)丁丑斬內供奉官孫延希于都市御厨使董延勛副使張皓武德副使盧繼昇並停職時重修永福殿命延希督役上見役夫有就瓦中啗飯以柹爲匕者大怒斬延希而罷延勛等壬午故彭城郡夫人劉氏追册爲皇后癸未故皇子贈左驍衛大將軍誼再贈太尉追封越王故皇子贈左武衛大將軍誠再贈太傅追封吳王故皇子贈左屯衛大將軍諴再贈太傅追封韓王故皇弟贈太保侗再贈太傅追封鄭王故皇弟贈司空信再贈司徒追封杞王第三妹樂安公主追封莒國長公主故皇第五妹永寧公主追册梁國長公主

故皇從弟贈左領軍大將軍守愿再贈左衞大將軍故皇從弟贈左監門將軍奉詔再贈右衞大將軍故皇從弟贈左千牛衞將軍愻再贈右武衞大將軍甲申以先降到江南兵士團結爲三十指揮號懷德軍五月丁亥朔帝御崇元殿受朝仗衞如式己丑以新修永福殿改爲廣政殿辛卯以端午賜文武百寮衣服書始也癸巳侍衞親軍都指揮使宋州節度使充淮南道行營都招討李重進加檢校太傅兼侍中以宣徽南院使淮南節度使向訓爲徐州節度使加檢校太尉同平章事丙申斬密州防禦副使侯希進于本郡時太常博士張糺檢視本州夏苗移牒希進分檢希進以不奉朝旨不從糺具事以聞帝怒遣使斬之丁酉以滑州節度使兼殿前都點檢駙馬都尉張永德爲澶州節度使加檢校太尉以今上爲滑州節度使加檢校太保依前殿前都指揮使今上以三年十月宣授同州節度使未於正衙宣制至是移鎭滑臺故自永州防禦使授焉以侍衞馬軍都指揮使洋州節度使韓令坤爲陳州節度使加檢校太傅以權侍衞步軍都指揮使岳州防禦使袁彥爲曹州節度使加檢校太保並典軍如故己亥以左神武統軍劉重進爲鄧州節度使以虎捷左廂都指揮使閬州防

禦使趙晁爲河陽節度使以兗州防禦白延遇爲同州節度使辛丑宰臣范質李穀王溥並加爵邑改功臣樞密使魏仁浦加檢校太傅進封開國公辛亥知廬州行府事劉重進奏相次殺敗賊獲戰船三十艘壬子以宣徽北院使吳延祚爲宣徽南院使權西京留守判河南府事是月詔中書門下差官詳定格律中書門下奏差侍御史知雜事張湜等十人詳定候畢日委御史臺尙書省四品已上兩省五品已上官參詳可否送中書門下議定奏取進止從之六月丁巳前濠州刺史齊藏珍以罪棄市己未以責授耀州司馬鍾謨爲衞尉少卿賜紫帝既誅孫晟尋寘謨爲耀州既而悔之故有是命辛酉西京奏伊陽山谷中有金屑民淘取之詔勿禁乙酉詔在朝文武官再舉堪爲令錄從事者各一人秋七月丁亥以前徐州節度使檢校太師兼中書令武行德爲左衞上將軍先是詔行德分兵屯定遠縣既爲淮寇所襲王師死者數百人帝懲其僨軍之咎故以環衞處之以前河陽節度使李繼勳爲右衞大將軍責壽春南砦之敗也壬辰以刑部尙書王易爲太子少保致仕以右監門衞上將軍蓋萬爲左衞上將軍致仕己酉司農卿王敏卒甲辰詔曰準令諸論田宅婚姻起十一月一日

至三月三十日止者州縣爭論舊有釐革每至農月貴塞訟端近聞官吏因循由此成弊凡有訴競故作逗遛至時而不與盡辭入務而即便停罷强猾者因茲得計孤弱者無以自申起今後應有人論訴陳辭狀至二月三十日權停若是交相侵奪情理妨害不可停滯者不拘此限八月乙卯朔兵部尚書張昭上䟽望準唐朝故事置制舉以罩英才帝覽而善之因命昭具制舉合行事件條奏以聞丙辰以太常卿田敏爲工部尚書以太子賓客司徒詡爲太常卿辛未詔在朝武班各舉武勇膽力堪爲軍職者一人甲戌賜左監門上將軍許文縝

右千牛上將軍邊鎬右衛大將軍王環衛尉卿周廷構太府卿馮延魯太僕卿鄭牧鴻臚卿孫羽衛尉少卿鍾謨工部郎中何幼沖各冬服絹二百匹綿五百兩文縝已下皆吳蜀之士也乙亥宰臣李穀罷相守司空加食邑實封穀抱疾周歲累上表求退至是方允其請以樞密副使戶部侍郎王朴爲樞密使檢校太保癸未前濮州刺史胡立自僞蜀廻蜀主孟昶寓書于帝其末云昶昔在齠齔卽離并都亦承皇帝鳳起晉陽龍興汾水合敘鄉關之分以陳玉帛之歡儻蒙惠以嘉音佇望專馳信使謹因胡立行次聊陳感謝披述云初王師之伐秦

鳳也以立爲排陣使旣而爲蜀所擒及秦鳳平得降軍數千人其後帝念其懷土悉放歸蜀至是蜀人知感故歸立于我昶本生于太原故其書意願與帝推鄉里之分帝怒其抗禮不答九月甲申朔宰臣王溥樞密使王朴皆丁內艱並起復舊位以侍衛馬步軍都指揮宋州節度使李重進爲鄆州節度使典軍如故己丑以前翰林學士禮部侍郎竇儀爲端明殿學士依前禮部侍郎冬十月丙辰賜京城內新修四寺額以天清天壽顯靜顯寧爲名壬戌左藏庫使符令光棄市時帝再議南征先期勑令光廣造軍士袍襦不即辦集帝怒命斬之時

宰臣等至庭救解帝起入宮遂戮于都市令光出勳閥之後歷職內庭以清慎自守累揔繁劇甚有廉幹之譽帝素重其爲人每加委用至是以小過見誅人皆冤之戊午詔懸制科凡三其一日賢良方正能直言極諫科其二日經學優深可爲師法科其三日詳閑吏理達于教化科不限前資見任職官黃衣草澤並許應詔時兵部尚書張昭條奏請興制舉故有是命癸亥河東僞命麟州刺史楊重訓以城歸順授重訓本州防禦使檢校太傅戊辰詔取月內車駕暫幸淮上己巳以樞密使王朴爲權東京留守以三司使張美爲大內都點檢壬辰

駕發京師壬午以前鄆州節度使郭從義爲徐州節度使以徐州節度使向訓爲宋州節度使十一月癸未朔以內客省使昝居潤爲宣徽北院使權東京留守丙戌車駕至濠州城下戊子親破十八里灘砦在濠州東北淮水之中四面阻水上令甲士數百人跨駞以濟今上以騎軍浮水而渡遂破其砦擄其戰艦而迴癸巳帝親率諸軍攻濠州奪關城破水砦賊衆大敗焚戰艦七千餘艘斬首二千級進軍攻羊馬城丙申夜僞濠州團練使郭廷謂上表陳情且言家在江南欲遣人稟命于李景從之辛丑帝自濠州率大軍水陸齊進循淮而下命

今上率精騎爲前鋒癸卯大破淮賊于渦口斬首五千級收降卒二千餘人奪賊船三百艘遂鼓行而東以追奔寇晝夜不息沿淮城柵所至皆下乙巳至泗州今上乘勢麾軍焚郭門奪月城帝親冒矢石以攻其壘丙午日南至從臣拜賀于月城之上十二月乙卯泗州守將范再遇以其城降授再遇宿州團練戊午帝自泗州率衆東下命今上領兵行于南岸與帝夾淮而進己未至清口追及淮賊軍行鼓譟之聲聞數十里辛酉至楚州西北大破賊衆水陸俱奔有賊船數艘順流而遁帝率驍騎與今上追之數十里今上擒賊大將僞保義軍節度使江北都應援使陳承昭以獻收獲舟船除焚盪外得三百餘艘將士除殺溺外得七千餘人初帝之渡淮也比無水戰之備每遇賊之戰棹無如之何敵人亦以此自恃有輕我之意帝卽于京師大集工徒修成樓艦踰歲得數百艘兼得江淮舟船遂令所獲南軍教北人習水戰出沒之勢未幾舟師大備至是水陸皆捷故江南大震壬戌僞命濠州團練使郭廷謂以城歸順乙丑雄武軍使崔萬廸以漣水歸順丙寅以郭廷謂爲亳州防禦使（隆平集廷謂望金陵大慟再拜然後以城降世宗曰江南諸將惟卿斷渦口橋破定遠寨足以報李景祿矣濠上使李景自守亦何能爲乃授以亳州防禦使）以僞命濠州兵馬都監

陳邏爲沂州團練使以僞命保義軍節度使陳承昭爲右監門上將軍江南李景遣兵驅擄揚州士庶渡江焚其州郭而去丙子故同州節度使白延遇贈太尉故濠州刺史唐景思贈武清軍節度使丁丑泰州平（永樂大典卷八千九百八十四）

舊五代史卷一百十七終

舊五代史卷一百十七攷證

周世宗紀四是夜賊將朱元朱仁裕孫璘各舉砦來降　案通鑑云辛卯夜朱元與先鋒壕寨使朱仁裕等舉寨萬餘人降據是書則朱元等之降卽在庚寅與通鑑異

壬午彭城郡夫人劉氏追册爲皇后　案歐陽史作癸未追册與是書異

壬申駕發京師　案壬申原本作壬辰攷五代春秋作十月壬辰帝南征與是書同歐陽史作壬申南征通鑑作壬申帝發大梁與是書異據下文有壬午則十月不應有壬辰疑原本係傳寫之誤今從歐陽史通鑑改正

以內客省使昝居潤爲宣徽北院使權東京留守　案上文以王朴爲權東京留守不應復以命昝居潤據東都事略昝居潤傳世宗幸淮上命爲副留守疑原本脫副字

壬戌僞命濠州團練使郭廷謂以城歸順　案郭廷謂以城降歐陽史作庚申通鑑作辛酉與是書異

舊五代史卷一百十七攷證

舊五代史卷一百十八

宋司空同中書門下平章事薛居正等撰

周書九

世宗紀第五

顯德五年春正月癸未朔帝在楚州城下從臣詣行宮稱賀（隆平集馬仁瑀傳世宗征淮南登楚州水寨飛樓距城百步城卒詬罵左右射莫能及召仁瑀至應弦而斃）乙酉降同州爲郡右驍衞將軍王環卒丙戌右龍武將軍王漢璋奏攻海州戊子詔諸道幕職州縣官並以三周年爲考限閏月不在其內州府不得差攝官替正官云己丑詔侍衞馬軍都指揮使韓令坤權知揚州軍府事庚寅發楚州管內丁壯開鸛河以通運路乙巳帝親攻楚州時今上在楚州城北晝夜不解甲冑親冒矢石麾兵以登城丙午拔之斬僞守將張彥卿等六軍大掠城內軍民死者萬餘人廬舍焚之殆盡（陸游南唐書張彥卿傳云保大末周世宗南侵彥卿爲楚州防禦使周師鋭甚旬日間海泰州靜海軍皆破元宗亦命焚東都宮寺民廬徙其民渡江世宗親御旗鼓攻楚州自城以外皆已下發州民畚老鸛河遣齊雲戰艦數百自淮入江勢如震霆烈焰彥卿獨不爲動及梯衝臨城鑿城爲窟室實城而焚之城皆摧圮遂陷彥卿猶結陣城內誓死奮擊謂之巷鬬日暮轉至州廨長短兵皆盡彥卿猶取繩牀搏戰及兵馬都監鄭昭業等千餘人皆死之無一人生降者周兵死傷亦甚衆世宗怒盡屠城中居民焚其室廬然得彥卿子光祚不殺也又趙鼎臣竹隱畸士集云當城中之危也彥卿方與諸將立城上因泣諫以周唐强弱勢不足以相支又城危甚而外無一人援恐旦夕徒死無益勸彥卿趣降彥卿頷之因顧諸將指日視彼諸將方回顧彥卿則抽劍斷其子首擲諸地慷慨泣

謂諸將曰此彥卿子勸彥卿降周彥卿受李家厚恩誼不降此城吾死所也諸軍欲降任降第勿勸我勸我者同此子矣于是諸將愕眙亦泣莫敢言降二月甲寅僞命天長軍使易贇以城歸順戊午車駕發楚州南巡丁卯駐蹕于廣陵詔發揚州部內丁夫萬餘人城揚州帝以揚州焚盪之後居民南渡遂于故城內就東南別築新壘戊辰遣使祭故淮南節度使楊行密故昇府節度使徐溫等墓癸酉幸揚子渡觀大江乙亥黃州刺史司超奏破淮賊三千人擒僞舒州刺史施仁望丙子隰州奏河東賊軍逃遁時劉鈞聞帝南征發兵圍隰州巡檢使李謙溥以州兵拒之而退東都事略楊廷璋傳隰州闕守乃請監軍李謙溥攝州事謙溥至隰州人來圍其城或請速救

之廷璋曰賊遽至必未攻城乃募死士百餘人潛諭謙溥相應夜銜枚擊之并人大潰逐北數十里又李謙溥傳云隰州闕守謙溥攝州事至則浚城隍嚴兵備未旬日而并人至方盛暑謙溥服絺綌揮羽扇引二小吏登城徐步并人望之動兵不敢動三月壬午朔幸泰州丁亥復幸廣陵辛卯幸迎鑾江口遣右武衞大將軍李繼勳率舟師至江島以觀寇癸巳帝臨江望見賊船數十艘命今上帥戰棹以追之賊軍退去今上直抵南岸焚其營柵而迴甲午以右武衞大將軍李繼勳爲左領軍上將軍乙未殿前都虞候慕容延釗奏大破賊軍于東沛州丙申江南李景遣其臣兵部侍郎陳覺奉表陳情兼貢羅縠紬絹三千匹乳茶三千斤及香藥犀象等覺至行在覩樓船

戰棹已泊于江岸以爲自天而降愕然大駭丁酉荆南高保融奏本道舟師已至鄂州戊戌兩浙錢俶奏差發戰棹四百艘水軍一萬七千人已泊江岸請師期己亥今上率水軍破賊船百餘隻于瓜步是日李景遣其臣劉承遇奉表以廬舒蘄黃等四州來獻且請以江爲界帝報曰皇帝恭問江南國主使人至省奏請分割舒廬蘄黃等州畫江爲界者頃逢多事莫通玉帛之歡適自近年遂構干戈之役兩地之交兵未息蒸民之受弊斯多一昨再辱使人重尋前意將敦久要須盡縷陳今者承遇爰來封函復至請割州郡仍定封疆猥形信誓之

辭備認始終之意既能如是又復何求邊陲頓靜于烟塵師旅便還于京闕永言欣慰深切誠懷其常潤一路及沿江兵棹今已指揮抽退兼兩浙荆南湖南水陸兵士各令罷兵其廬黃蘄三路將士亦遣抽拔近內候彼中起揭逐處將員及軍都家口丁畢祗請差人勾喚在彼將校交割州城云淮南平凡得州十四縣六十戶三十二萬六千五百七十四先是李景以江南危蹙謀欲傳位于世子使附庸于我故遣陳覺上表陳敘至是帝以既許其通好乃降書以答之曰別覩來章備形縟旨敘此日傳讓之意述向來高尚之懷仍以數歲已還交

兵不息備論追悔之事無非尅責之辭雖古人有引咎責躬因災致懼亦無以過此也況君血氣方剛春秋甚富爲一方之英主得百姓之歡心卽今南北才通疆埸甫定是玉帛交馳之始乃干戈載戢之初豈可高謝君臨輕辭世務與其慕希夷之道曷若行康濟之心重念天災流行分野常事前代賢哲所不能逃苟盛德之日新則景福之彌遠勉修政理勿倦經綸保高義于初終垂遠圖于家國流芳貽慶不亦美乎庚子詔曰比者以近年貢舉頗事因循頻詔有司精加試練所冀去留無濫優劣昭然昨據貢院奏今年新及第進士等所試

文字或有臧否爰命辭臣再令考覆庶涇渭之不雜免玉石之相參其劉坦璥貽慶李頌徐緯張覲等詩賦稍優宜放及第王汾據其文辭亦未精當念以頃曾剥落將與成名熊若谷陳保衡皆是遠人深可嗟念亦放及第郭峻趙保雍楊丹安玄度張昉董咸則杜思道等未甚苦辛並從退黜更宜修進以俟將來知貢舉右諫議大夫劉濤選士不當有失用心責授右贊善大夫俾令省過以戒當官先是濤于東京放牓後引新及第進士劉坦已下十五人赴行在帝命翰林學士李昉覆試故有是命壬寅復幸揚州改廬州軍額爲保信軍甲辰以

右龍武統軍趙贊爲廬州節度使以殿前都虞候慕容延釗爲淮南節度使兼殿前副指揮使遣鹽城監使申屠諤齎書及御馬一十匹金銀銜全散馬四十匹羊千口賜江南李景諤先爲王師所俘故遣之丙午江南李景遣所署宰相馮延巳獻犒軍銀十萬兩絹十萬匹錢十萬貫茶五十萬斤米麥二十萬石庚戌詔故淮南節度使楊行密故昇府節度使徐溫各給守冢戶應江南臣寮有先代墳墓在江北者委所在長吏差人檢校辛亥李景遣所署臨汝郡公徐遼進買宴錢二百萬并遣伶官五十人與遼俱來獻壽觴夏四月癸丑宴從臣及

江南進奉使馮延巳等于行宮徐遼代李景捧壽觴以獻進金酒器御衣犀帶金銀錦綺鞍馬等乙卯車駕發揚州還京丙辰太常博士權知宿州軍州使趙礪除名坐推劾弛慢也先是翰林醫官馬道玄進狀訴壽州界被賊殺却男獲正賊見在宿州本州不爲勘斷帝大怒遣端明殿學士竇儀乘馹往按之及獄成坐族死者二十四人儀奉辭之日帝旨甚峻故儀之用刑傷于深刻戊午以前延州留後李延頳爲滄州留後庚申新太廟成遷五廟神主入于其室壬申至自淮南癸酉命宣徽北院使昝居潤判開封府事甲戌澶州節度使張永德

準詔赴北邊以契丹犯境故也丁丑兩浙奏四月十九日杭州火廬舍府署延燒殆盡五月辛己朔上御崇元殿受朝仗衛如式詔侍衛諸軍及諸道將士各賜等第優給應行營將士歿于王事者各與贈官親的子孫並量才錄用傷痍殘廢者別賜救接淮南諸州及徐宿宋亳陳潁許蔡等州所欠去年秋夏稅物並與除放云丙戌命端明殿學士竇儀判河南府兼知西京留守事辛卯以襄州節度使安審琦爲青州節度使以許州節度使韓通爲宋州節度使依前兼侍衛馬步都虞候以宋州節度使向訓爲襄州節度使以今上爲忠武軍節度

使依前殿前都指揮使淮南之役今上之功居最及是命之降雖云酬勳止于移鎭而已賞典太輕物議不以爲允癸巳以左武衛上將軍武行德爲鄜州節度使以右神武統軍宋延渥爲滑州節度使（小畜集宋延渥神道碑云五月授義成軍節度使其制略曰長驅下瀨之師若涉無人之境除凶戡難爾旣立夫殊庸礪岳盟河子豈忘于豐報南燕舊邦北闕伊邇河壖作翰遙臨白馬之津穰下統戎郎鎮卧龍之地）以前同州留後王暉爲相州留後乙未立東京羅城諸門名額東二門曰寅賓延春南三門曰朱明景風畏景西二門曰迎秋肅政北三門曰元德長景愛景辛丑幸懷信驛乙巳詔在朝文武官各再舉堪爲幕職令錄一人戊申以襄州節

度使向訓兼西南面水陸發運招討使己酉以太府卿馮延魯充江南國信使以衛尉少卿鍾謨爲副賜李景御衣玉帶錦綺羅縠帛共十萬匹金器千兩銀器萬兩御馬五匹金玉鞍轡全散馬百匹羊三百匹賜江南世子李弘冀器幣鞍馬等別賜李景書曰皇帝恭問江南國主煑海之利在彼海濱屬疆壤之初分慮供食之有闕江左諸郡素號繁饒然于川澤之間舊無斥鹵之地曾承素旨常在所懷願均收積之餘以助軍旅之用已下三司逐年支撥供軍食鹽三十萬石又賜李景今年歷日一軸六月庚午命中書舍人竇儼參定雅樂辛未

放先俘獲江南兵士四千七百人歸本國壬申有司奏御膳料上批曰朕之常膳今後減半餘人依舊癸酉藏于太廟乙亥兵部尚書張昭等撰太祖實錄三十卷成上之賜器帛有差丁丑以中書舍人張正爲工部侍郎充江北諸州水陸轉運使戊寅詔諫議大夫宜依舊爲正五品上仍班在給事中之下秋七月癸未以右散騎常侍高防爲戶部侍郎以驍衛上將軍李洪信爲右龍武統將軍以左領軍上將軍李繼勳爲右羽林統軍以工部尚書田敏爲太子少保以刑部侍郎裴巽爲尚書左丞以左武衛上將軍薛懷讓爲太子太師以右羽林

大將軍李萼爲右千牛衛上將軍自敬已下皆致仕丙戌中書門下新進册定大周刑統奉勑班行天下丁亥賜諸道節度使刺史均田圖各一面唐同州刺史元稹在郡日奏均戶民租賦帝因覽其文集而善之乃寫其辭爲圖以賜藩郡時帝將均定天下賦稅故先以此圖徧賜之（五代會要載原詔云朕以寰宇雖安蒸民未泰當乙夜觀書之際較前賢阜俗之方近覽元稹長慶集見在同州時所上均田表較當時之利病曲盡其情俾一境之生靈咸受其賜傳于方册可得披尋因令製素成圖直書其事庶王公觀覽觸目驚心利國便民無亂條制背經合道盡繫變通但要適宜所冀濟務繫乃勛舊共庇黎元今賜元稹所奏均田圖一面至可領也）閏月壬子廢衍州爲定平縣廢武州爲潘原縣壬戌河決河陰縣溺死者四十

二人辛丑幸新授青州節度使安審琦第癸酉邢州留後陳思讓奏破河東賊軍千餘人于西山下斬首五百級八月庚辰延州奏溠溪水漲壞州城溺死者百餘人己丑太子太師致仕宋彥筠卒辛丑江南李景上表乞降詔書不允九月丁巳以太府卿馮延魯爲刑部侍郎以衛尉少卿鍾謨爲給事中並放歸江南時延魯鍾謨自江南復命李景復奏欲傳位于其世子弘冀帝亦以書答之甲子賜江南羊萬口馬二百匹橐駝三百頭賜兩浙錢俶羊五千口馬二百匹橐駝二十頭乙丑賜宰臣樞密使及近臣宴于玉津園己巳占城國王釋利因德漫遣使貢方物壬申天淸節羣臣詣廣德殿上壽江南進奉使商崇儀代李景捧壽觴以獻（宋類苑云湯悅父殷舉唐末有才名本名崇義建隆初避宣宗諱改姓湯初在吳爲舍人受詔撰揚州孝先寺碑世宗親往駐蹕此寺讀其文賞歎及書江議定後主遣悅入貢世宗爲之加禮自淮上用兵凡書詔多悅之作特爲典贍切于事情世宗每覽江南文字形于嗟嘆當時沈遇馬士元昔不稱職復用陶穀李昉于舍人其後用扈載率由此也）冬十月己卯以戶部侍郎高防爲西南面水陸轉運使將用師于巴邛故也（宋史高防傳世宗謀伐蜀以防爲西南面水陸轉運制置使屢發芻糧赴鳳州爲征討之備）丙戌邠州李暉移鎭鳳翔戊子幸迎春苑己丑太常卿司徒詡以本官致仕壬辰帝狩于近郊癸巳前相州節度使王饒卒甲午左監門上將軍許文縝右千

牛上將軍邊鎬衛尉卿周延構並歸江南乙未詔淮南諸州鄉軍並放歸農丁酉遣左散騎常侍艾穎等均定河南六十州稅賦（五代會要載賜諸道均田詔曰朕以干戈既弭寰海漸寧言念地征罕臻藝極須並行均定所冀永適重輕卿受任方隅深窮治本必須副寡昧平分之意察鄉閭治弊之原明示條章用分寄任必令集事尤屬推公今差使臣往彼檢括餘從別勑）十一月丁未朔詔翰林學士竇儼集文學之士撰集大周通禮大周正樂從儼之奏也辛亥日南至帝御崇元殿受朝賀仗衞如式巳未昭義李筠奏破遼州長淸砦獲僞命磁州刺史李再興甲子帝狩于近郊十二月丁丑朔朗州奏醴陵縣玉仙觀山門中舊有田二萬頃久爲山石閉塞今年七月

十七日夜暴雷劈開其路復通己卯楚州兵馬都監武懐恩棄市坐擅殺降軍四人也丙戌詔重定諸道州府幕職令録佐官料錢其州縣官俸戸宜停己丑楚州防禦使張順賜死坐在任隱落榷稅錢五十萬官絲綿二千兩也壬辰詔兩京及五府少尹司叅軍各省一員六曹判司内祗直戸法二曹餘及諸州觀察支使兩蕃判官並省甲午帝狩于近郊乙未鄧州劉重進移鎭邠州滑州宋延渥移鎭鄧州以前河中節度使王仁鎬爲邢州節度使以邢州留後陳思讓爲滑州留後己亥詔翰林學士今後逐日起居當直者仍赴晚朝是月江南李

景殺其臣僞太傅中書令宋齊丘僞兵部侍郎陳覺僞鎭南軍節度副使李徵古等初帝之南征也吳人大懼覺與徵古皆齊丘門人因進説于景請委國事于齊王景銜是銜之及吳人遣鍾謨李德明奉表至行在帝尋遣德明復命于金陵德明因説李景請割江北之地求和于我而陳覺李徵古等以德明爲賣國請戮之景遂殺德明及江南内附帝放鍾謨南歸謨本德明之黨也因譖齊丘等故齊丘等得罪放齊丘歸九華山覺等貶官尋並害之景旣誅齊丘等令鍾謨到闕具言其事故書（永樂大典卷八千九百八十四）

舊五代史卷一百十八終

舊五代史卷一百十八攷證

周世宗紀五丙戌右龍武將軍王漢璋奏攻海州　案通鑑作丁亥王漢璋奏克海州歐陽史亦作丁亥取海州是書祇載丙戌攻海州而不載取城之日疑有闕文

丙午拔之　案歐陽史通鑑俱作丁未克楚州與是書異五代春秋從是書作丙午

天長軍使易贇　易贇通鑑作易文贇

乙未殿前都虞候慕容延釗奏大破賊軍于東沛州　案通鑑作甲午延釗奏大破唐兵于東沛州與是書異日

放先俘獲江南兵士四千七百八歸本國　案歐陽史作四千六百人

十一月丁未朔詔翰林學士竇儼集文學之士撰集大周通禮大周正樂　案歐陽史作十一月庚戌

舊五代史卷一百十八攷證

舊五代史卷一百十九

宋司空同中書門下平章事薛居正等撰

世宗紀第六　周書十

顯德六年春正月丁未朔帝御崇元殿受朝賀仗衞如式壬子高麗國王王昭遣使貢方物己卯以翰林學士中書舍人申文炳爲左散騎常侍辛酉女直國遣使貢獻壬戌青州奏節度使陳王安審琦爲部曲所殺乙丑賜諸將射于內鞠場戊辰幸迎春苑甲戌詔每年新及第進士及諸科聞喜宴宜令宣徽院指揮排比乙亥詔禮部貢院今後及第舉人依逐科等第定人數姓名並所試文字奏聞候勑下放榜云是月樞密使王朴詳定雅樂十二律旋相爲宮之法并造律準上之詔尚書省集百官詳議亦以爲可語在樂志二月庚辰發徐宿宋單等州丁夫數萬濬汴河甲申發滑亳二州丁夫濬五丈河東流于定陶入于濟以通靑鄆水運之路又疏導蔡河以通陳頴水運之路乙酉詔諸道應差攝官各支半俸丙戌以翰林學士承旨尚書兵部侍郎陶穀爲尚書吏部侍郎充職詔升湖州爲節鎮以宣德軍爲軍額以湖州刺史錢偡爲本州節度使從兩浙錢俶之請也辛丑幸迎春苑甲辰右補闕王德成責授右贊善大夫

生事官不當也詔賜諸道州府供用糧草有差三月庚申樞密使王朴卒甲子詔以北虜未復取此月內幸滄州以宣徽南苑使吳延祚爲權東京留守判開封府事以宣徽北院使昝居潤爲副使以三司使張美爲大內都部署東都事略張美傳世宗北征以美爲大內都點檢命諸將各領馬步諸軍及戰棹赴滄州己巳濠州奏鍾離縣飢民死者五百九十有四癸酉詔廢諸州銅魚五代會要顯德六年勑諸道牧守每遇除移特降制書何假符契其請納銅魚宜廢之甲戌車駕發京師夏四月辛卯車駕次滄州以前左諫議大夫薛居正爲刑部侍郎是日帝率諸軍北征壬辰至乾寧軍僞寧州刺史王洪以城

降丁酉駕御龍舟率舟師順流而北首尾數十里辛丑至益津關通鑑至益津關契丹守將終廷暉以城降自此以西水路漸隘舟師難進乃捨舟登陸壬寅宿于野次時帝先期而至大軍未集隨駕之士不及一旅賴今上率材官騎士以衛乘輿癸卯今上先至瓦橋關僞守將姚內斌以城降隆平集姚內斌平州人也世宗北征將兵至瓦橋關內斌爲關使開門請降世宗以爲汝州刺史甲辰鄚州刺史劉楚信以州來降案鄚州之降通鑑從薛史作四月遼史作五月疑誤五月乙巳朔帝駐蹕于瓦橋關侍衛親軍都指揮使李重進及諸將相繼至行在瀛州刺史高彥暉以本城歸順關南平凡得州三縣十七戸一萬八千三百六十是役

也王師數萬不亡一矢邊界城邑皆望風而下丙午帝與諸將議攻幽州諸將皆以爲未可帝不聽是夜帝不豫乃止戊申定州節度使孫行友奏攻下易州擒僞命刺史李在欽來獻斬于軍市乙酉以瓦橋關爲雄州宋史陳思讓傳得瓦橋關爲雄州命思讓爲都部署率兵戍守以益津關爲霸州宋史韓令坤傳爲霸州都部署率所部兵戍之是日先鋒都指揮使張藏英破契丹數百騎于瓦橋關北攻下固安縣詔發濱棣二州丁夫城霸州庚戌遣侍衛都指揮使李重進率兵出土門入東城界壬子車駕發雄州案遼史作五月辛未周師退與薛史異通鑑從薛史作壬子還京泉州節度使留從效遣別駕王禹錫奉貢于行在

帝以泉州比臣江南李景方歸奉國家不欲奪其所屬但賜詔褒美而已丁卯西京奏太常卿致仕司徒詡卒已巳侍衛都指揮使李重進奏破河東賊軍于百井斬首二千級甲戌上至自雄州却掃編周世宗既定三關遇疾而退至澶淵遲留不行雖宰輔近臣問疾者皆莫得見中外恟懼時張永德爲澶州節度使永德尙周太祖之女以親故獨得至臥內于是羣臣因永德言曰天下未定根本空虛四方諸侯惟幸京師之有變今澶汴相去甚邇不速歸以安人情顧憚旦夕之勞而遲回于此如有不可諱奈宗廟何永德然之承間爲世宗言如羣臣旨世宗問誰使汝爲此言永德對以羣臣之意皆願爲此世宗熟思久之歎曰吾固知汝必爲人所教獨不喻吾意哉然觀汝之窮薄惡足當此即日趣駕歸京師六月乙亥朔潞州李筠奏攻下遼州獲僞刺史張丕旦案通鑑作張丕丙子以皇女薨輟朝三日戊寅

鳳翔奏節度使李暉卒鄭州奏河決原武詔宣徽南院使吳延祚發近縣丁夫二萬人以塞之庚辰命宣徽北院使昝居潤判開封府事晉州節度使楊廷璋奏率兵入河東界招降堡砦一十三所癸未立魏王符彥卿女爲皇后仍令所司擇日備禮册命以王長子宗訓爲特進左衛上將軍封梁王以第二子宗讓爲左驍衛上將軍封燕國公賜江南進奉使李從善錢二萬貫絹二萬匹銀一萬兩賜兩浙進奉使吳延福錢三千貫絹五千匹銀器三千兩丁亥以前青州節度使李洪義爲永興節度使永興軍節度使王彥超移鎭鳳翔戊子潞州部

送所獲遼州刺史張丕旦等二百四十五人以獻詔釋之己丑宰臣范質王溥並參知樞密院事以樞密使魏仁浦爲中書侍郎平章事集賢殿大學士依前充樞密使以宣徽南院使吳延祚爲樞密使行左驍衛上將軍以宋州節度使侍衛都虞候韓通爲侍衛親軍副都指揮使加檢校太尉同平章事澶州節度使兼殿前都點檢駙馬都尉張永德落軍職加檢校太尉同平章事以今上爲殿前都點檢加檢校太傅依前忠武軍節度使帝之北征也凡供軍之物皆令自京遞送行在一日忽于地中得一木長二三尺如人之揭物者其上封全題

云點檢做觀者莫測何物也至是今上始受檢點之命明年春果自此職以副人望則點檢做之言乃神符也辛卯以宣徽北院使判開封事昝居潤爲左領軍上將軍充宣徽南院使以三司使左領衛大將軍張美爲左監門衛上將軍充宣徽北院使判三司東都事略張美傳美少爲三司小吏澶州糧料使世宗鎭澶州每有求取美悉力應之及即位連歲征討糧餽無乏美之力也然每思澶州所爲終不以公忠待之癸巳帝崩于萬歲殿聖壽三十九甲午宣遺制梁王于柩前即皇帝位服紀月日一依舊制是日羣臣奉梁王即位于殿東楹中外發哀其年八月翰林學士判太常寺事竇儼上謚曰睿武孝文皇帝廟號世宗

十二月壬寅朔葬于慶陵宰臣魏仁浦撰謚册文王溥撰哀册文云永樂大典卷八千九百八十四五代史補世宗在民間嘗與鄴中大商頡跌氏忘其名姓江陵販賣茶貨至江陵見有卜者王處士其術如神世宗因頡跌氏同往問焉方布卦忽有一著躍出卓然而立卜者大驚曰吾家筮法十餘世矣嘗記曾祖以來遺言凡卜筮而著自躍而出者其人貴不可言況又卓立不倒得非爲天下之主乎遽起再拜世宗雖佯爲詰責而私心甚喜于逆旅中夜置酒與頡跌氏半酣戲曰王處士以我當爲天子若一旦到此足下要何官請言之頡跌氏曰某三十年作估來未有不由京洛者每見稅官坐而獲利一日所獲可以敵商賈數月私心羨之若大官爲天子某願得京洛稅院足矣世宗笑曰何望之卑耶及承郭氏之後踐阼頡跌猶在召見竟如初言以與之　世宗之征東也駐蹕于高平劉崇契丹之衆來迎戰時師多持兩端而王師不利親軍帥樊愛能等各退衄世宗赫然躍馬入陳引五十人直衝崇之牙帳崇方張樂飲酒以示閑暇及其奄至莫不驚駭失次世宗因以奮擊遂敗之追奔于城下凱旋駐蹕潞州

且出其不意以誅退衂者乃置酒高會指獎愛能等數人責之曰汝輩皆累朝宿將非不能用兵者也然退衂者無他誠欲將寡人作物貨賣于劉崇爾不然何寡人親戰而劉崇始敗耶如此則卿等雖萬死不足以謝天下宜其曲膝引頸以待斧誅言訖命行刑壯士擒出斬之于是立功之士以次行賞自行伍拔于軍廂者甚衆其恩威並著皆此類也初劉崇求援于契丹得騎數千及覩世宗兵少悔之曰吾觀周師易與爾契丹之衆宜勿用但以我軍攻戰自當萬全如此則不惟破敵亦足使契丹見而心服一舉而有兩利兵之機也諸將以爲然乃使人謂契丹主將曰柴氏與吾主客之勢不須足下餘刃敢請勒兵登高觀之可契丹不知其謀從之洎世宗之陣也三軍皆賈勇爭進無不一當百契丹望而異之故不救而崇敗論者曰世宗患諸將之難制也久矣思欲誅之未有其釁高平之役可謂天假故其斬抉而無貸焉自是姑息之政不行朝廷始尊大自非英主其孰能爲之哉

世宗既下江北駐蹕于建安以書召僞主僞主惶恐命鍾謨李德明爲使以見世宗德明素有詞辨以利害說世宗使罷兵世宗具知之乃盛陳兵師排旗幟戈戟爲門項道以湊御然後引德明等入見世宗謂之曰汝江南自以爲唐之後衣冠禮樂舉世無比何故與寡人隔一帶水更不發一使奉書相問惟泛海以通契丹舍華事夷禮將安在今又聞汝以辭說寡人罷兵是將寡人比六國時一羣癡漢何不知人之甚也汝愼勿言當速歸報汝主令徑來跪寡人兩拜則無事矣不然則寡人須看金陵城借府庫以犒軍汝等得無悔乎于是德明等戰懼不能措一詞即日告歸及見僞主具陳世宗英烈之狀恐非四方所能敵僞主計無出遂上表服罪且乞保江南之地以奉宗廟修職貢其詞甚哀世宗許之因曰叛則征服則懷寡人之心也于是遣使者賚書安之然後凱還論者以世宗加兵于江南不獨臨之以威抑亦諭之以禮可謂得大君之體矣

陳摶陝西人能爲詩數舉不第慨然有塵外之趣隱居華山自是其名大振世宗之在位也以四方未服思欲牢籠英傑且以摶曾踐場屋不得志而隱必有奇才遠略于是召到閤下拜左拾遺摶不就堅乞歸山世宗許之未幾賜之書勑陳摶朕以汝高謝人寰栖心物外養太浩自然之氣應少微處士之星既不居于王侯遂高隱于岩壑樂我中和之化慶乎下武之期而能遠涉山塗暫來城闕浹旬延遇弘益居多白雲暫駐于帝鄉好

爵難縻于達士昔唐堯之至聖有巢許爲外臣朕雖寡薄庶遵前鑒恐山中所闕已令華州刺史每事供須乍反故山履茲春序緬懷高尚當適所宜故茲撫問想宜知悉即陶穀之詞也初摶之被召嘗爲一詩章云草澤吾皇詔圖南摶姓陳三峯十年客四海一閑人世態從來薄詩情自得眞超然居世外何必使爲臣好事者欣然謂之答詔詩世宗以張昭遠好古直甚重之因問曰朕欲一賢相卿試爲言朝廷誰可昭遠對曰以臣所見莫若李濤世宗嘗薄濤之爲人聞昭遠之舉甚驚曰李濤本非重厚朕以爲無大體卿何舉之何也昭遠曰陛下所聞止名行曾不聞才略如何耳且濤事晉高祖曾上疏論汾州節度使張彥澤蓄無君心宜早圖之不然則爲國患晉祖不納其後契丹南侵彥澤果有中渡之變覆社稷焉先帝潛龍時亦上疏請解其兵權以備非常之變少主不納未幾先帝遂有天下以國家安危未兆間濤已先見非賢而何臣首舉之者正爲此也世宗曰今卿言甚公然此人終不可于中書安置居無何濤亦卒濤爲人不拘禮法與弟澣雖甚雍睦然聚語之際不典之言往往間作澣娶禮部尚書竇寧固之女年甲稍長成婚之夕竇氏出參濤趣望塵下拜澣驚曰大哥風狂耶新婦參阿伯豈有答禮儀濤應曰我不風只將謂是親家母澣且慚且怒既坐竇氏復拜濤又叉手當胸作歇後語曰慚無竇建繆作梁山喏喏喏時聞者莫不絕倒凡濤于閨門之內不存禮法也如此世宗以爲無大臣體不復任用宜哉

世宗志在四方常恐運祚速而功業不就以王朴精究術數一旦從容問之曰朕當得幾年對曰陛下用心以蒼生爲念天高聽卑自當蒙福臣固陋輒以所學推之三十年後非所知也世宗喜曰若如卿言寡人當以十年開拓天下十年養百姓十年致太平足矣其後自瓦橋關回戈未到闕而晏駕計在位止及五年餘六箇月五六乃三十之成數也蓋朴婉而言之

世宗末年大舉以取幽州契丹聞其親征君臣恐懼沿邊城壘皆望風而下凡蕃部之在幽州者亦連宵遁去車駕至瓦橋關探邏是賓甚喜以爲大勳必集登高阜因以觀六師頃之有父老百餘輩持牛酒以獻世宗問此地何名對曰歷世相傳謂之病龍臺默然遽上馬馳去是夜聖體不豫翌日病急有詔回戈未到闕而晏駕先是世宗之在民間已常夢神人以大傘見遺色如鬱金加道經一卷其後遂有天下及瓦橋不豫之際復夢向之神人來索傘與經夢中還之而驚

起謂近侍曰吾夢不祥豈非天命將去耶遂召大臣戒以後事初幽州聞車駕將至父老或有竊議曰此不足憂且天子姓柴幽者爲燕燕者亦煙火之謂也此柴入火不利之兆安得成功卒如其言

史臣曰世宗頃在仄微尤務韜晦及天命有屬嗣守鴻業不日破高平之陣逾年復秦鳳之封江北燕南取之如拾芥神武雄略乃一代之英主也加以留心政事朝夕不倦摘伏辯姦多得其理臣下有過必面折之常言太祖養成二王之惡以致君臣之義不保其終故帝駕馭豪傑失則明言之功則厚賞之文武參用莫不服其明而懷其恩也所以仙去之日遠近號慕然禀性傷于太察用刑失于太峻及事行之後亦多自追悔逮至末年漸用寬典知用兵之頻併憫黎民之勞苦蓋有意于康濟矣而降年不永美志不就悲夫 永樂大典卷八千九百八十四

舊五代史卷一百十九終

舊五代史卷一百十九攷證

周世宗紀六甲辰鄭州刺史劉楚信以州來降○案鄭州之降通鑑從是書作四月遼史作五月疑誤

壬子車駕發雄州還京　案遼史作五月辛未周師退與是書異通鑑從是書作壬子

皇長子宗訓　案恭帝宗訓通鑑注作第四子歐陽史漢家人傳世宗子七人長曰宜哥次二皆未名次曰恭皇帝是亦以宗訓爲第四子也是紀作皇長子蓋宜哥與其二皆爲漢誅指其現存者而長之耳

第二子宗讓　宗讓歐陽史作宗誼

獲僞刺史張丕旦　張丕旦通鑑作張丕

以宣徽南院使吳延祚爲樞密使行左驍衛上將軍　案歐陽史三月吳延祚爲左驍衛上將軍樞密使與是書異通鑑從是書作六月

癸巳帝崩于萬歲殿　案歐陽史作滋德殿與是書異五代會要五代春秋俱作萬歲殿與是書同

舊五代史卷一百十九攷證

宋司空同中書門下平章事薛居正等撰

恭帝紀　周書十一

恭帝諱宗訓世宗子也廣順三年歲在癸丑八月四日生于澶州之府第顯德六年六月癸未制授特進左衛上將軍封梁王食邑三千戶實封五百戶癸巳世宗崩甲午內出遺制命帝柩前即皇帝位是日羣臣奉帝即位而退丁酉北面兵馬都部署韓令坤奏敗契丹五百騎于霸州北戊戌文武百寮宰臣范質等上表請聽政表三上允之壬寅文武臣寮上表請以八月四日爲天

壽節從之癸卯以司徒平章事范質爲山陵使以翰林學士判太常寺事竇儼爲禮儀使以兵部尚書張昭爲鹵簿使以御史中丞邊歸讜爲儀仗使以宣徽南院使判開封事昝居潤爲橋道頓遞使是月州郡十六奏大雨連旬不止秋七月丁未以戶部尚書李濤爲山陵副使以度支郎中盧億爲山陵判官辛亥左散騎常侍申文炳卒乙卯右拾遺徐雄奪三任官坐誣奏雷澤縣令盧破戶也丁巳百寮釋服尚輦奉御金彥英本東夷人也奉使高麗稱臣于夷王故及于罪庚申以邢州節度使王彥鎬爲襄州節度使進封開國公以侍衛步軍都指揮使曹州節度使檢校太保袁彥爲陝州節度使加檢校太傅以右羽林統軍權知邢州事檢校太保李繼勳爲邢州節度使加檢校太傅以滑州留後檢校太保陳思讓爲滄州節度使以侍衛馬軍都指揮使陳州節度使檢校太傅韓令坤爲侍衛馬步軍都虞候依前陳州節度使加檢校太尉以虎捷左廂都指揮使岳州防禦使檢校司徒高懷德爲夔州節度使充侍衛馬軍指揮使檢校太保以虎捷左廂都指揮使常州防禦使檢校司空張鐸爲遂州節度使充侍衛步軍都指揮使檢校太保仍改名令鐸（宋史張令鐸傳云本名鐸以與河中張鐸同姓名故賜今名）壬

戌以鄆州節度使充侍衛馬步軍都指揮使檢校太傅兼侍中李重進爲淮南節度使檢校太尉兼侍中依前侍衛馬步軍都指揮使以襄州節度使檢校太尉同平章事向拱爲河南尹充西京留守加檢校太師兼侍中（通鑑向拱即向訓也避恭帝名改焉）以宋州節度使充侍衛馬步軍副都指揮太尉同平章事韓通爲鄆州節度使依前侍衛親軍馬步軍副都指揮使以澶州節度使檢校太尉同平章事駙馬都尉張永德爲許州節度使進封開國公以今上爲宋州節度使依前檢校太尉殿前都點檢進封開國侯以淮南節度使兼殿前副都點檢檢校太保慕

容延釗爲澶州節度使檢校太傅依前殿前副都點檢進封開國伯以殿前都指揮使江州防禦使檢校司空石守信爲滑州節度使檢校太保依前殿前都指揮使丙寅制大赦天下庚午翰林學士判太常寺竇儼撰進大行皇帝太室酌獻歌辭舞曰定功之舞歌辭不錄是月諸道相繼奏大雨所在川渠漲溢漂溺廬舍損害苗稼八月甲戌朔以光祿卿致仕柴守禮爲太子太保致仕乙亥翰林學士兼判太常寺竇儼撰進大行皇帝尊謚曰睿武孝文皇帝廟號世宗從之庚辰天下兵馬都元帥守尚書令兼中書令吳越國王錢俶加食邑一千

戶實封四百戶改賜功臣天雄軍節度使檢校太師守太傅兼中書令魏王符彥卿加守太尉夏州節度使檢校太師守太保兼中書令西平王李彝興加守太傅荆南節度使檢校太師守中書令南平王高保融加守太保壬午山陵使范質撰進大行皇帝陵名曰慶陵從之秦州節度使西面沿邊都部署檢校太師守中書令褒國公王景進封涼國公徐州節度使檢校兼中書令郭從義加開府儀同三司鄜州節度使檢校太師兼中書令邢國公武行德進封宋國公永興軍節度使檢校太師兼侍中李洪義加開府儀同三司鳳翔節度使檢校

太尉兼侍中郭崇加檢校太師潞州節度使檢校太傅兼侍中李筠加檢校太尉朗州節度使檢校太尉兼侍中周行逢加檢校太師甲申壽州節度使檢校太師同平章事韓國公楊信封魯國公邢州節度使檢校太師劉重進廬州節度使檢校太尉趙贊鄧州節度使檢校太尉宋延渥並加開府儀同三司涇州節度使檢校太尉白重贊河中節度檢校太尉張鐸並加階爵丙戌易定節度使孫行友靈州節度使馮繼勳府州節度使折德扆並自檢校太尉加檢校太傅進階爵以延州留後檢校太傅李萬全爲延州節度使進封開國公庚寅皇

弟特進檢校太保左驍衛上將軍燕國公食邑三千戶宗讓加檢校太傅進封曹王改名熙讓熙謹可光祿大夫檢校太保右武衛大將軍封紀王食邑三千戶皇弟熙誨可金紫光祿大夫檢校司徒左領衛大將軍封蘄王食邑三千戶制下即令所司擇日備禮册命以晉國長公主張氏爲晉國大長公主以前陝州節度使檢校太尉藥元福爲曹州節度使進階爵甲午守司徒同平章事弘文館大學士參知樞密院事范質加開府儀同三司進封蕭國公門下侍郎兼禮部尚書同平章事監修國史參知樞密院事王溥加右僕射進封開國公樞

密使中書侍郎同平章事集賢殿大學士魏仁浦加兼刑部尚書依前樞密使檢校太傅右驍衛上將軍吳延祚依前樞密使進封慶國公以左武衛上將軍史佺爲左金吾上將軍致仕乙未以隴州防禦使王全斌爲相州留後戊戌宣徽南院使判開封府事昝居潤宣徽北院使判三司張美並加檢校太傅己亥前司空李穀加開府儀同三司趙國公以前太傅少卿朱渭爲太僕卿致仕辛丑左金吾上將軍致仕史佺卒壬寅高麗國遣使朝貢兼進別序孝經一卷越王孝經新義一卷皇靈孝經一卷孝經雌圖三卷文昌雜錄云別序者記孔子所生及弟子從學之事新義者以越王爲問目釋疏文之義皇靈者止說延年避灾之事及符文乃道書也雌圖者止說日之環暈星之彗孛亦非奇書九月壬子前滄州留後李彥頵卒乙卯高麗王王昭加檢校太師食邑三千戶丙辰以三司副使王贊爲內客省使兼北面諸州水陸轉運使癸亥前開封縣令路延規除名流沙門島先是延規有過停任有司召延規宣勑拒命爲憲司所案故有是命甲子以端明殿學士禮部侍郎竇儼爲兵部侍郎充職以尚書戶部員外郎直樞密院杜華爲司門郎中充樞密直學士賜紫以翰林學士尚書度支員外郎王著爲金部郎中知制誥充職仍賜金紫是日翰林學士尚書屯田郎中知制

誥李昉都官郎中知制誥扈蒙水部郎中知制誥趙逢並加柱國賜金紫乙丑兵部尚書張昭進封舒國公戶部尚書李濤進封莒國公以太子詹事劉溫叟爲工部侍郎判國子祭酒事是月京師及諸州郡霖雨踰旬所在水潦爲患川渠泛溢冬十月癸酉朔以司農卿致仕李鍇爲太僕卿致仕太常少卿致仕姚遂爲將作監致仕丁亥太子太師薛懷讓封杞國公壬辰翰林學士判太常寺事竇儼撰進貞惠皇后廟歌辭丁酉世宗皇帝靈駕發引戊戌以前相州留後王暉爲右神武統軍辛丑江南國主李景來告世子弘冀卒遣御廚使張延範充弔祭使十一月壬寅朔葬世宗皇帝于慶陵以貞惠皇后劉氏祔焉戊申西京奏太子太師致仕白文珂卒丙辰日南至百寮奉表稱賀戊午廢兖州廣利軍依舊爲萊蕪監壬戌升鳳州固鎮爲雄勝軍丙寅左羽林統軍馬希崇案原本有脫誤十二月壬申朔史館奏請差官修撰世宗實錄從之甲戌改萬歲殿爲紫宸殿甲午西京奏左屯衛上將軍致仕李蕚卒乙未大霖晝昏凡四日而止分命使臣賑給諸州遭水人戶

顯德七年春正月辛丑朔文武百寮進名奉賀鎮定二州馳奏契丹入寇河東賊軍自土門東下與蕃寇合勢

詔今上率兵北征癸卯發京師是夕宿于陳橋驛未曙軍變將士大譟呼萬歲擐甲將刃推戴今上升大位扶策升馬擁廹南行是日詔曰天生蒸民樹之司牧二帝推公而禪位三王乘時以革命其極一也予末小子遭家不造人心已去國命有歸咨爾歸德軍節度使殿前都點檢趙案原空二字稟上聖之姿有神武之畧佐我高祖格于皇天逮事世宗功存納麓東征西怨厥績懋焉天地鬼神享于有德謳謠獄訟附于至仁應天順民法堯禪舜如釋重負予其作賓嗚呼欽哉祗畏天命今上于是詣崇元殿受命百官朝賀而退制封周帝爲鄭王以奉周祀正朔服色一如舊制奉皇太后爲周太后續通鑑長編建隆三年周鄭王出居房州皇朝開寶六年春崩于房陵今上聞之震慟發哀成服于便殿百寮進名奉慰尋遣中使監護其喪續通鑑長編開寶六年三月乙卯房州言周鄭王殂上素服發哀輟視朝十日上以其年十月歸葬于世宗慶陵之側詔有司定諡曰恭皇帝陵曰順陵永樂大典卷八千九百八十九續通鑑長編仁宗嘉祐四年詔有司取柴氏譜系于諸房中推最長一人令歲時奉周祀

史臣曰夫四序之氣寒往則暑來五行之數金銷則火盛故堯舜之揖讓漢魏之傳禪皆知其數而順乎人也况恭帝當桃綺之沖年會笙鏞之變響聽謳歌之所屬知命歷之有在能遜其位不亦善乎終諡爲恭固其宜矣永樂大典卷八千九百八十九

舊五代史卷一百二十終

周恭帝紀恭帝諱宗訓世宗子也　案五代會要云世宗後宮所生歐陽史作不知其母爲誰氏今附識于此

孝經雌圖三卷　三卷歐陽史作一卷

舊五代史卷一百二十考證

宋司空同中書門下平章事薛居正等撰

后妃列傳第一　周書十二

太祖聖穆皇后柴氏邢州龍岡人世家豪右太祖微時在洛陽聞后賢淑遂聘之案東都事畧張永德傳云周太祖柴后本唐莊宗之嬪御也莊宗沒明宗遣歸其家行至河上父母迎之會大風雨止於逆旅數日有一丈夫走過其門衣敝不能自庇后見之驚曰此何人耶逆旅主人曰此馬步軍使郭雀兒者也后異其人欲嫁之請于父母父母恚曰汝帝左右人歸當嫁節度使奈何欲嫁此人后曰此貴人也不可失也囊中裝分半與父母我取其半父母知不可奪遂成婚于逆旅中所謂郭雀兒卽周太祖也此事薛史不載蓋當時爲之諱言太祖壯年喜飲博好任俠不拘細行后規其太過每有內助之力焉世宗皇帝卽后之姪也幼而謹愿后甚憐之故太祖養之爲己子太祖嘗寢后見五色小蛇入顙鼻間心異之知其必貴敬奉愈厚未及貴而厭代太祖卽位乃下制曰義之深無先于作配禮之重莫大于追崇朕當亾載思撫存懷舊河洲令德猶傳荇菜之詩嬀汭大名不及珩璜之貴俾盛副笄之禮以伸求劍之情故夫人柴氏代籍貽芳湘靈集慶體柔儀而陳闕翟芬若椒蘭持貞操以選中璿譽光圖史懿範尙留于閨闈昌言有助于箴規深惟望氣之艱彌歎藏舟之速將開寶祚俄謝璧台宜正號于軒宮俾耀潛于坤象可追命爲皇后仍令所

司定謚備禮册命旣而有司上謚曰聖穆顯德初太祖神主入廟以后祔于其室永樂大典卷八千九百八十九

淑妃楊氏鎮州眞定人父弘裕眞定少尹案東都事畧楊廷璋傳云父弘裕少瀰貂裘陂有以二石雁授之者其翼一揜左一揜右曰吾北嶽使也言訖不知所之是年生周室淑妃明年生廷璋當河朔全盛之時所屬封疆制之于守帥故部顏美媛皆被選于王宮妃幼以良家子中選事趙王王鎔張文禮之亂妃離流于外唐明宗在藩鎔其遺逸安重誨保庇妃家致其仕進父母卽以妃嫁于鄉人石光輔不數年嫠居太祖佐漢之初屬聖穆皇后棄世聞妃之賢遂以禮聘之宋史楊廷璋傳有姊寡居京師周祖微時欲聘之姊不從令媒氏傳言恐逼姊以告廷璋廷璋往見周祖歸謂姊曰此人姿貌異常不可拒姊乃從之妃睦族撫孤宜家內助甚有力焉晉天福末卒于太原因留葬于晉郊廣順元年九月追册爲淑妃太祖凡一后三妃及嵩陵就掩皆議陪祔時以妃喪在賊境未及遷窆世宗乃詔有司于嵩陵之側預營一冢以虛之俟賊平卽議襄事顯德元年夏世宗征河東果成素志焉妃兄廷璋早事太祖卽位累歷內職出爲晉州節度使皇朝撫運移鎮邢州又改鄜州受代歸闕卒于私第永樂大典卷一千二百六十六

貴妃張氏恆州眞定人也祖記成德軍節度判官檢校兵部尙書父同芝本州諮呈官檢校工部尙書事趙王王鎔歷職中要天祐末趙將張文禮殺王鎔以鎮州歸梁莊宗命將符存審討平之時妃年尙幼有幽州偏將武從諫者駐旆於家見妃韶令乃爲其子聘之武氏家在太原太祖從漢祖鎮并門屬楊夫人以疾終無何武氏子卒太祖素聞妃之賢遂納爲繼室太祖貴累封至吳國夫人漢隱帝末蕭牆變起屠害大臣太祖在鄴都被讒妃與諸皇屬同日遇害于東京舊第太祖踐阼追册爲貴妃發哀故世宗有起復之命世宗嗣位以太祖舊宅卽妃遇禍之地因施爲僧院以皇建爲名焉永樂大典卷八千九百八十九

德妃董氏常山靈壽人也祖文廣唐深州錄事參軍父光嗣趙州昭慶尉妃孩提穎悟始能言聽按絲管而能辨其聲年七歲遇鎮州之亂親黨羇離與妃相失潞州牙將得之匿于褚中其妻以息女不育得妃憐之過于所生姆教師箴功容克備妃家悲念其兄瑀諸處求訪垂六七年後潞將入官于朝妃之鄉親頗有知者瑀見潞將欣歸之時年十三妃歸踰年嫁爲里人劉進超之妻進超爲內職及契丹破晉之歲陷蕃歿焉妃嫠居洛陽太祖楊淑妃與妃鄉親平居恆言妃德太祖從漢祖幸洛因憶淑妃之言尋以禮納之鼎命初建張貴妃遇

禍中宮虛位乃册爲德妃太祖自聖穆皇后早世以來屢失邦媛中幃內助唯妃存焉加以結珮脫簪率由令範廣順三年夏遇疾醫藥之際屬太祖兗海之征車駕將行妃奏曰正當暑蒸勞陛下省巡明發宵征須人供侍司簿已下典事者各已處分從行太祖曰妃疾未平數令診視此行在近無煩內人及太祖駐蹕魯中妃志欲令內人進侍發中使往來言之太祖手勅鄭仁誨曰切慮德妃以朕至兗州行營津置內人承侍緣諸軍在野不可自安令鄭仁誨專心體候如德妃津置內人東來便須上聞約住或取索鞍馬不得供應如意堅確卽

以手勅示之既而平定兗州車駕還京妃疾無減俄卒于大內時年三十九輟朝三日妃長兄瑀以左贊善大夫致仕仲兄玄之季兄自明皆累歷郡守（永樂大典卷八千九百八十九）

世宗貞惠皇后劉氏將家女也幼歸于世宗漢乾祐中世宗在西班后始封彭城縣君世宗隨太祖在鄴后留居邸第漢末李業等作亂后與貴妃張氏及諸皇族同日遇禍國初追封彭城郡夫人顯德四年夏四月追册爲皇后謚曰貞惠陵曰惠陵（永樂大典卷八千九百八十九）

宣懿皇后符氏祖存審事後唐武皇莊宗位極將相追封秦王父彥卿天雄軍節度使封魏王后初適李守貞之子崇訓漢乾祐中守貞叛于河中太祖以兵攻之及城陷崇訓自刃其弟妹次將及后后時匿于屏處以帷箔自蔽崇訓倉皇求后不及遂自刎后因獲免太祖入河中令人訪而得之卽遣女使送于其父自是后常感太祖大惠拜太祖爲養父世宗鎭澶淵日太祖爲世宗聘之后性和惠善候世宗之旨世宗或暴怒于下后必從容救解世宗甚重之及卽位册爲皇后世宗將南征后常諫止之言甚切直世宗亦爲之動容洎車駕駐于淮甸久冒炎暑后因憂恚成疾顯德二年七月二十一

日崩于滋德殿時年二十有六世宗甚悼之既而有司上謚曰宣懿葬于新鄭陵曰懿陵（永樂大典卷八千九百八十九）案世宗後符后卽宣懿之女弟也薛史不爲立傳未免缺畧五代史補世宗皇后符氏卽魏王彥卿之女時有相工覩之大驚密告魏王曰此女貴不可言李守貞素有異志因與子崇訓娶之禮畢守貞甚有喜色其後據河中叛高祖爲樞密使受命出征后知高祖與其父有舊城破之際據堂門而坐叱諸軍曰我符魏王女也魏王與樞密太尉兄弟之不若汝等愼勿無禮于是諸軍聳然引退頃之高祖至喜曰此女于白刃紛拏之際保全可謂非常人也乃歸之魏王至世宗卽位納爲皇后既免河中之難其母欲使出家資其福壽后不悅曰死生有命誰能髠首跣足以求苟活也母度不可逼遂止世宗素以后賢又聞命不以出家爲念愈賢之所以爲天下母也

史臣曰周室后妃凡六人而追册者四故中闈內則罕

得而聞唯董妃符后之懿範亦無愧于彤管矣永樂大典卷八千九百八十九　案是書無外戚傳攷五代會要云周太祖第三女樂安公主爲漢室所害廣順元年二月追封至顯德四年四月又追封莒國長公主第四女壽安公主降張永德廣順元年四月封至顯德元年封晉國長公主第五女永寧公主廣順元年九月追封至顯德四年四月又追封梁國長公主

舊五代史卷一百二十一終

舊五代史卷一百二十一攷證

周列傳一　太祖聖穆皇后柴氏傳邢州龍岡人　案龍川別志作魏成安人

淑妃楊氏傳妃兄廷璋　案東都事畧廷璋係淑妃之弟續通鑑長編亦云廷璋有姊爲周太祖妃俱與是書異

舊五代史卷一百二十一攷證

舊五代史卷一百二十二

宋司空同中書門下平章事薛居正等撰

宗室列傳第二　周書十三

剡王侗，太祖子，初名青哥，漢末遇害。太祖卽位，詔贈太尉，賜名侗，顯德四年追封。（永樂大典卷一千二百六十六）

杞王信，太祖子，初名意哥，漢末遇害。太祖卽位，詔贈司空，賜名信，顯德四年追封。（永樂大典卷一千二百六十六　案太祖諸子早歲遇害，本無事蹟，永樂大典所錄薛史過于簡畧，疑有刪節，今無可考。據歐陽史家人傳云：帝舉兵于魏，漢以兵圍帝第，時張貴妃與諸子青哥、意哥，姪守筠、奉超、定哥皆被誅。青哥、意哥不知其母誰氏。太祖卽位，詔故第二子青哥贈太尉，賜名侗；第三子意哥贈司空，賜名信；皇姪守筠贈左領軍衛將軍，以筠聲近榮，爲世宗避諱，更名守愿；奉超贈左監門衛將軍；定哥贈左千牛將軍，賜名遜。世宗顯德四年夏四月癸未，詔曰：禮以緣情，恩以悼往。剡在友于之列，尤鍾惻愴之情。故皇弟贈太保侗、贈司空信，景運初啟，天年不登，俾予終鮮，實慟于懷。侗可贈太傅，追封剡王；信司徒，杞王。又詔曰：故皇從弟贈左領軍衛將軍守愿、贈右監門衛將軍奉超、贈左千牛衛將軍遜等，頃因季世，不享遐齡，每念非辜，難忘有慟。守愿可贈左衛大將軍，奉超右衛大將軍，遜右武衛大將軍。案歐陽史所載詔辭，薛史已見本紀，今仍附錄于此，以備參攷。）

越王宗誼，世宗子，漢末遇害，顯德四年追封。（永樂大典卷一萬六千六百二十八）

曹王宗讓，世宗子，顯德六年封。（永樂大典卷一萬六千六百二十八）

紀王熙謹，世宗子，顯德六年封，皇朝乾德二年卒。（永樂大典卷一萬六千六百二十八）

蘄王熙誨，世宗子，顯德六年封。（永樂大典卷一萬六千六百二十八　案歐陽史家人傳云：世宗子七人，長曰宜哥，次二皆未名，次曰恭皇帝，次曰熙讓，次曰熙謹，次曰熙誨，皆不知其母爲誰氏。宜哥與其二皆爲漢誅。太祖卽位，詔賜皇孫名誼，贈左驍衛大將軍，誠左武衛大將軍，諴左屯衛大將軍。顯德三年，羣臣請封宗室，世宗以謂爲國日淺，恩信未及于人，須功德大成，慶流于世，而後議之可也。明年夏四月癸巳，先封太祖諸子，又詔曰：父子之道，聖賢不忘，再思天闕之端，愈動悲傷之抱。故皇子左驍衛大將軍誼、左武衛大將軍誠、左屯衛大將軍諴等，可載唯往事，有足傷懷，宜增一字之封，仍贈三台之秩。誼可贈太尉，追封越王；誠太傅，吳王；諴太保，韓王。而皇子在者皆不封。六年，北復三關，遇疾還京師。六月癸未，皇子宗訓特進左衛上將軍，封梁王；宗讓亦拜左驍衛上將軍，封燕國公。後十日而世宗崩，梁王卽位，是爲恭皇帝。其年八月，宗讓更名熙讓，封曹王。熙謹、熙誨皆前未封爵，遂拜熙謹右武衛大將軍，封紀王；熙誨右領軍衛大將軍，封蘄王。乾德二年十月，熙謹卒。熙讓、熙誨不知其所終。案薛史不載吳王誠、韓王諴，疑有缺文。）

舊五代史卷一百二十二終

舊五代史卷一百二十二攷證

周列傳二宗室傳　案歐陽史周家人傳世宗子七人第四子嗣位卽恭皇帝其應入列傳者尙有六子是書不載吳王誡韓王諴當是脫簡

舊五代史卷一百二十二攷證

舊五代史卷一百二十三

宋司空同中書門下平章事薛居正等撰

列傳第三　周書十四

高行周字尙質幽州人也生于嬀州懷戎軍之鵰窠里曾祖順厲世戍懷戎父思繼昆仲三人俱雄豪有武幹聲馳朔方唐武皇之平幽州也表劉仁恭爲帥仍留兵以戍之以思繼兄爲先鋒都將嬀州刺史思繼爲中軍都將順州刺史思繼弟爲後軍都將昆仲分掌燕兵部下士伍皆山北之豪也仁恭深憚之武皇將歸私謂仁恭曰高先鋒兄弟勢傾州府爲燕患者必此族也宜善

籌之久之太原戍軍恣横思繼兄弟制之以法所殺者多太祖怒誚讓仁恭乃訴以高氏兄弟遂併遇害仁恭因以先鋒子行珪爲牙將諸子並列帳下厚撫之以慰其心時行周十餘歲亦補職在仁恭左右行珪別有傳在唐書及莊宗收燕以行周隸明宗帳下常與唐末帝分率牙兵明宗征燕率兵隨行鄉人趙德鈞謂明宗曰行周心甚謹厚必享貴位梁將劉鄩之據莘也與太原軍對壘旦夕轉鬬嘗一日兩軍成列元行欽爲敵軍追躡劍中其面血戰未解行周以麾下精騎突陣解之行欽獲免莊宗方寵行欽召行周撫諭賞勞而欲置之帳

下又念于明宗帳下已奪行欽更取行周恐傷其意寄令人以利祿誘之行周辭曰總管用人亦為國家事總管猶事王也余家昆仲臉難再生承總管之厚恩忍背之乎及兩軍屯于河上覘知梁軍自汴入楊村寨明宗晨至斗門設伏將邀之衆寡不敵反為所乘時矛矟叢萃勢甚危蹙行周聞之出騎橫擊梁軍遂得解去明宗之襲鄆州也行周為先鋒會夜分尌兩人無進志行周曰此天贊也彼必無備是夜涉河入東城比曙平之莊宗平河南屢加檢校太保領端州刺史同光末出守絳州明宗即位特深委遇天成中從王晏球圍定州敗王

都擒塔納（舊作禿餒今改正）皆有功賊平遷潁州團練使長興初以北邊隣契丹用為振武節度使明年以河西用軍移鎮延安清泰初改潞州節度使晉祖建義于太原唐末帝命張敬達征之行周與符彥卿為左右排軍使契丹主入援太原也行周彥卿引騎拒之尋為契丹所敗遂與敬達保晉安砦累月救軍不至楊光遠欲圖敬達行周知之引壯士護之敬達性戇不知其營護謂人曰行周每躡余後其意何也由是不復敢然敬達遂為光遠所害晉祖入洛令行周還藩加同平章事晉祖都汴以行周為西京留守未幾移鄴都晉祖幸鄴會安從進

叛命行周為襄州行營都部署明年秋平定漢南晉少帝嗣位加兼侍中移鎮睢陽開運初從幸澶淵拒敵於河上車駕還京代景延廣為侍衞親軍都指揮使移鄆州節度使時李彥韜為侍衞都虞候可否在己行周雖典禁兵每心遊事外退朝歸第門宇儵然賓友過從但引滿而已尋改歸德軍節度使以李守貞代掌兵柄許行周歸藩晉軍降于中渡也少帝命行周與符彥卿同守澶州戎王入汴召赴京師會草寇攻宋州急遣行周歸鎮（宋史高懷德傳杜重威降契丹京東諸州羣盜大起懷德堅壁清野敵不能入行周率兵歸鎮敵遂解去）及契丹主死于欒城契丹將蕭翰立許王李從益知

南朝軍國事遣死士召行周辭之以疾退謂人曰衰世難輔况兒戲乎漢高祖入汴加守太傅兼中書令代李守貞為天平節度使杜重威據鄴叛漢祖以行周為招討使總兵討之鄴平授鄴都留守加守太尉進爵臨清王乾祐中入覲加守太師進封鄴王復授天平節鉞改封齊王太祖踐祚加守尚書令增食邑至一萬七千戸太祖以行周耆年宿將賜詔不名但呼王位而已慕容彥超據兖叛太祖親征奉迎輿駕傾家載贄奉觴進俎率以身先太祖待之逾厚廣順二年秋以疾薨于位享年六十八賵賻加等册贈尚書令追封秦王謚曰武懿

子儴德皇朝駙馬都尉宋州節度使（永樂大典卷一萬八千一百三十二）

安審琦字國瑞其先沙陀部人也祖山盛朔州牢城都校贈太傅父金全安北都護振武軍節度使累贈太師唐書有傳審琦性驍果善騎射幼以良家子事莊宗爲義直軍使遷本軍指揮使天成初唐末帝由潞邸出鎮河中奏審琦爲牙兵都校未幾入爲歸化指揮使王師伐蜀充行營馬軍都指揮使及凱旋改龍武右廂都校領富州刺史清泰初爲奉聖指揮使領順化軍節度使其年鎮邢州兼北面行營排陣使從張敬達圍太原及楊光遠舉晉安寨降于晉祖審琦亦預焉晉祖踐阼加

檢校太傅同平章事充天平軍節度使兼侍衛馬步軍都指揮使旋以母喪起復天福三年就加檢校太尉尋改晉昌軍節度使京兆尹七年移鎮河中晉少帝嗣位加檢校太師開運末朝廷以北戎入寇以審琦爲北面行營馬軍左右廂都指揮使與諸將會兵於洺州俄而敵騎大至時皇甫遇慕容彥超亦預其行乃率所部兵與敵戰于安陽河上時遇馬爲流矢所中勢已危蹙諸將相顧莫有敢救者審琦謂首將張從恩曰皇甫遇等未至必爲敵騎所圍若不急救則爲擒矣從恩曰敵勢甚盛無以枝梧將軍獨往何益審琦曰成敗命也若不

濟與之俱死假令失此二將何面目以見天子遂率鐵騎北渡敵見塵起謂救兵至乃引去遂救遇與彥超而還晉少帝嘉之加兼侍中移鎮許州未幾移鎮兗海漢有天下授襄州節度使兼中書令屬荆人叛命潛遣舟師數千寇襄郢審琦禦之而遁朝廷賞功就加守太保進封齊國公歲餘又加守太傅國初封南陽王顯德初進封陳王世宗嗣位加守太尉三年拜章請覲優詔許之加守太師增食邑至一萬五千戶食實封二千三百戶審琦鎮襄沔僅一紀嚴而不殘威而不暴故南邦之民甚懷其惠五年移平盧軍節度使承詔赴鎮因朝于

京師世宗以國之元老禮遇甚厚車駕親幸其第以寵之六年正月七日夜爲其隸人安友進安萬合所害時年六十三初友進與審琦之愛妾私通有年數矣其妾常慮事泄見誅因與友進謀害審琦友進甚有難色其妾曰爾若不從我當反告友進乃許之至是夕審琦沉醉寢于帳中其妾乃取審琦所枕劍與友進友進猶惶駭不敢剚刃遽召其黨安萬合使殺審琦既而慮事泄乃引其帳下數妓盡殺以滅其跡不數日友進等竟敗悉爲子守忠臠而戮之世宗聞之震悼輟朝三日詔贈尙書令追封齊王守忠仕皇朝累爲郡守（永樂大典卷一萬八千一百三）

十二 五代史補安審琦素惡釋氏凡居方鎮僧凡有過不問輕重殺之及鎮青州也一旦方大宴忽有紫衣僧持錫杖直上廳事審琦赫怒連叱是僧安然不顧縱步而向內室至中門審琦仗劍逐之將及而滅但聞錫杖聲鏗然入在臥所審琦驚懼之際有小蒼頭報曰國夫人生子得非紫衣錫杖者乎因命之曰僧哥即安守忠也自是審琦稍稍信重

安審暉字明遠審琦之兄也起家自長直軍使轉外衙左相軍使從莊宗平幽薊戰山東定河南皆預其功同光中授蔚州刺史天成初改汝州防禦副使歷鳳翔徐州節度副使河東行軍司馬晉高祖龍飛以霸府上寮授振武兵馬留後遷河陽節度使不踰月移鎮鄜州丁內艱起復視事五年李金全據安州叛詔馬全節爲都部署領兵討之以審暉爲副安陸平移鎮鄧州進位檢校太傅六年冬襄州安從進叛舉漢南之衆北攻南陽南陽素無城壁唯守衙城賊傅城下審暉登陴召賊帥以讓之從進不克而退襄州平就加檢校太尉少帝嗣位加檢校太師罷鎮授右羽林統軍歲餘出鎮上黨屬契丹內侵授邢州節度使居無何目疾暴作上章求代歸于京歸養疾累年太祖即位召于內殿從容顧問尤所敷重將以祿起之審暉辭以暮齒願就頤養拜太子太師致仕封魯國公累食邑五千戶實封四百戶廣順二年春卒年六十三廢朝二日詔贈侍中謚曰靜子守

鏻仕皇朝爲贊善大夫永樂大典卷一萬八千一百四十四

安審信字行光審琦之從父兄也父金祐世爲沙陀部偏將名聞邊塞審信習騎射世父金全天成初爲振武節度使補爲牙將俄而兄審通爲滄州節度使用爲衙內都虞候歷同陝許三州馬步軍都指揮使晉祖起義于太原唐末帝命張敬達以兵攻之而審信率先以部下兵遁入并州晉祖以其故人得之甚悅其妻與二子在京師皆爲唐末帝所戮但貸其老母而已契丹既降晉安砦晉高祖以審信爲汾州刺史檢校太保充馬步軍副部署晉祖入洛授河中節度使檢校太尉同平章事審信性既翻覆率多疑忌在蒲中時每王人告諭驕從稍多必潛設備以防其圖己尋歷許兗州鎮所至以聚斂爲務民甚苦之會朝廷謀大舉北伐凡藩侯皆預將帥以審信爲馬步軍右廂都排陣使俄改華州節度使漢初移鎮同州入爲左衛上將軍國初轉右金吾上將軍三年夏四月太祖御乾元殿入閤審信不赴班位爲御史所彈詔釋之時審信久病神情恍惚閤臺司奏劾揚言曰趨朝偶晚未是大過何用彈舉我終進奏二萬緡盡逐此乞索兒輩未幾以病請退授太子太師致仕是歲秋卒年六十贈侍中謚曰成穆永樂大典卷一萬八千一百四

十四

李從敏字叔達唐明宗之猶子也沉厚寡言善騎射多計數初莊宗召見試弓馬用爲衙內馬軍指揮使從平汴洛補帳前都指揮使還捧聖都將明宗移鎭眞定表爲成德軍馬步軍都指揮使從明宗入洛補皇城使出爲陝府節度使王都據定州叛命王晏球爲招討使率師討之以從敏爲副領滄州節度使王都平移授定州尋代范延光爲成德軍節度使加檢校太尉封涇王鎭州有市人劉方遇家富於財方遇卒無子妻弟田令遵者幼爲方遇治財善殖貨劉族乃共推令遵爲方遇子親族共立券書以爲誓信累年後方遇二女取資于令遵不如意乃訟令遵冒姓奪父家財從敏令判官陸浣鞫其獄而殺令遵（北夢瑣言云鎭州市人劉方遇家財數十萬方遇妻田氏蚤卒田之妹爲尼常出入方遇家方遇使尼長髮爲繼室有田令遵者方遇之妻弟也善貨殖方遇以所積財令令遵興殖焉方遇有子年幼二女皆嫁方遇疾卒子幼不能督家業方遇妻及二女以家財素爲令遵興殖乃聚族合謀請以令遵姓劉爲方遇繼嗣即令嚮券人安美爲親族請嗣券書既定乃遣令遵服斬衰居喪而二女初立令遵時先邀每月供財二萬及後求取無厭而石李二女夫使二女詣本府論訴云令遵冒姓奪父家財令遵下獄石李二夫族與本府要吏親黨上至府帥判官行軍司馬隨使都押衙各受方遇二女賂錢數千緡而以令遵與姊及書券安美同情共盜俱棄市人知其冤）令遵父詣臺訴冤詔本州節度副使符蒙掌書記徐台符鞫之備明姦狀及詰二女伏行賂于節度使趙環代判高知柔觀察判官陸浣並捕下獄具服贓罪事連從敏甚懼乃令其妻赴洛陽入宮告王淑妃明宗知之怒曰朕用從敏爲節度使而枉法殺人我羞見百官又令新婦奔赴不須見吾面時王淑妃頗庇護之趙環等三人竟棄市從敏罪止于罰俸而己（北夢瑣言從敏初欲削官中宮哀祈竟罰一年俸）長興初移鎭宋州唐末帝起兵于鳳翔其子重吉爲亳州防禦使從敏承朝廷害之淸泰中從敏與洋王從璋竝罷歸第待之甚薄嘗宮中同飲既醉末帝謂從璋從敏曰爾等何物處雄藩大鎭二人大懼頼曹太后見之叱曰官家醉爾輩速出去方得解晉祖革命降封莒國公再領陝州尋移鎭上黨入爲右龍武統軍出爲河陽節度使漢祖入汴移授西京留守累官檢校太師同平章事隱帝即位就加兼侍中改封秦國公歲餘以王守恩代還廣順元年春以疾卒年五十四詔贈中書令諡曰恭惠（永樂大典卷一萬三百九十）

鄭仁誨字日新晉陽人父霸累贈太子太師仁誨幼事唐驍將陳紹光恃勇使酒嘗乘醉抽佩劍將剸刃于仁誨左右無不奔避唯仁誨端立以俟略無懼色紹光因擲劍于地謂仁誨曰汝有此器度必當享人間富貴及紹光典郡仁誨累爲右職後退歸鄉里以色養稱漢高

祖之鎭河東也太祖累就其第與之燕語每有質問無不以正理爲荅太祖深器之漢有天下太祖初領樞務卽召爲從職及太祖西征嘗啓贊軍機西師凱旋累遷至檢校吏部尙書太祖踐阼旌佐命功授檢校司空客省使兼大內都點檢恩州團練使尋爲樞密副使踰年轉宣徽北院使右衞大將軍出鎭澶淵轉檢校太保入爲樞密使加同平章事世宗之北征也以仁誨爲東京留守調發軍須供億無所缺駕迴加兼侍中尋丁內艱未幾起復顯德二年冬疾亟世宗幸其第親加撫問欷歔久之及卒世宗親臨其喪哭踰數舉是時世宗將行

近臣奏云歲道非便不宜臨喪弗聽然而先之以桃茢之事時以爲得禮仁誨爲人端厚謙遜造次必由于禮及居樞務雖權位崇重而能孜孜接物無自矜之色及終故朝廷咸惜之詔贈中書令追封韓國公謚曰忠正旣葬命翰林學士陶穀撰神道碑文官爲建立表特恩也子勳累歷內職早卒絕嗣初廣順末王殷受詔赴闕太祖遣仁誨赴鄴都巡檢及殷得罪仁誨不奉詔卽殺其子蓋利其家財妓樂也及仁誨卒而無後人以爲陰責焉（永樂大典卷一萬八千八百八十）

張彥成（案通鑑考異彥成本名彥威避周祖諱故改名）潞州潞城人也曾祖靜汾州刺史祖遂澤州刺史父彌昭義行軍司馬彥成初爲并門牙將天成中自秦州鹽鐵務官改鄆州都押牙漢祖鎭北門表爲行軍司馬以隱帝娶其女特見親愛從平汴洛累加特進檢校太尉同州節度使隱帝卽位就加同平章事太祖之伐河中彥成有饋輓之勞河中平加檢校太師乾祐三年冬移鎭相州廣順初就加兼侍中尋移鎭南陽三年秋代歸授右金吾衞上將軍其年秋以疾卒年六十贈侍中（永樂大典卷六千三百五十一　宋史楊克讓傳乾祐中同州節度張彥成表授掌書記周廣順初彥成移鎭安陽麾下克讓以舊職從行彥成入爲執金吾病篤奏稱其材可用克讓以彥成死未葬不忍就祿退居別墅俟張氏子外除時論稱之）

安叔千沙陁三部落之種也父懷盛事唐武皇以驍勇聞叔千習騎射從莊宗定河南爲奉安部將天成初王師伐定州命爲先鋒都指揮使王都平授秦州刺史連判涿易二郡淸泰初契丹寇雁門叔千從晉祖迎戰敗之進位檢校太保振武節度使晉祖踐阼就加同平章事天福中歷邠滄邢晉四鎭節度使叔千鄙野而無文當時謂之安沒字言若碑碣之無篆籀但虛有其表耳開運初朝廷將大舉北伐授行營都排陣使俄改左金吾衞上將軍契丹入汴百寮迎見于赤岡契丹主登高岡駐馬而撫諭漢官叔千出班效國語契丹主曰爾是

安沒字否卿比在邢州日遣輸誠款我至此汝管取一輿飯處叔千拜謝而退俄授鎭國軍節度使〔案遼史太宗紀安叔千出班獨立上曰汝邢州之請朕所不忘乃加鎭國軍節度使與薛史微異〕漢初遇代歸京自以嘗附幕庭居常愧惕久之授太子太師致仕尋請告歸洛廣順二年冬卒年七十二詔贈侍中〔永樂大典卷一萬八千一百四十四〕

宋彥筠雍丘人也初隸滑州軍梁氏與莊宗夾河之戰彥筠時爲戰棹都指揮使以勞遷開封府牙校莊宗有天下擢領禁軍伐蜀之役率所部從康延孝爲前鋒蜀平歷維渝二州刺史明宗在位連典數郡晉初自汝州

防禦使討安從進于襄陽以功拜鄧州節度使累官至檢校太尉未幾歷晉陝二鎭晉少帝嗣位再領鄧州尋移鎭河中漢初授太子太師致仕國初拜左衞上將軍世宗嗣位復爲太子太師致仕顯德四年冬卒于西京之私第輟朝一日詔贈侍中初彥筠入成都據一甲第第中貲貨鉅萬妓女數十輩盡爲其所有一旦與其主母徵忿遽擊殺之自後常有所覩彥筠心不自安乃修浮屠法以禳之因而溺志于釋氏其後每歲至金仙入涅之日常衣斬縗號慟于其像前其佞佛也如是家有侍婢數十人皆令削髮披緇以侍左右大爲當時所誚又性好殖貨能圖什一之利其田甲第相望于郡國將終以伊洛之間莊田十數區上進並籍于官焉〔永樂大典卷一萬三千四十四〕

史臣曰近代領戎藩列王爵祿厚而君子不議望重而人主不疑能自晦于飲酎之間保功名于始終之際如行周之比者幾何人哉奕世藩翰固亦宜然審琦有分閫之勞乏御家之道峯摧玉折蓋不幸也其餘雖擁戎旃未聞閫政固不足與文邵龔黃爲比也〔永樂大典卷一萬三千四十四〕

舊五代史卷一百二十三終

周列傳三高行周傳　行周通鑑攷異引莊宗實錄作行温是書唐紀尙仍實錄之舊

鄭仁誨傳太祖踐阼旌佐命功授檢校司空客省使　案歐陽史云漢與周太祖爲樞密使乃召仁誨用之累官至內客省使太祖入立以仁誨爲大內都巡檢據此傳仁誨仕周始爲客省使與歐陽史異

張彥成傳　案通鑑攷異彥成本名彥威避周祖諱故改

託諸舊作秃餒今改

舊五代史卷一百二十三攷證

舊五代史卷一百二十四

宋司空同中書門下平章事薛居正等撰

列傳第四　周書十五

王殷瀛州人（案歐陽史作大名人）曾祖昌裔本州別駕祖光滄州教練使因家焉唐末幽滄大亂殷父咸珪避地南遷因投于魏軍殷自言生于魏州之開元寺旣長從軍漸爲偏將唐同光末爲華州馬步軍副使因家于華下天成中移授靈武都指揮使久之代還清泰中張令昭據鄴叛殷從范延光討之首冒矢石率先登城以功授祁州刺史尋改原州殷性謙謹好禮事母以孝聞每與人結交遠從皆先稟于母母命不從殷必不往雖在軍旅交遊不雜及爲刺史政事少有不佳母察之立殷于庭詰責而杖之（案歐陽史云爲刺史政事有少失母責之殷即取杖授婢僕自笞于母前與薛史微異）晉天福中丁內艱尋有詔起復授憲州刺史殷上章辭曰臣爲末將出處無損益于國家臣本燕人値鄉國離亂少罹偏罰因母鞠養訓導方得成人不忍遽釋苴蔴遠離廬墓伏願許臣終母喪紀晉高祖嘉而許之晉少帝嗣位會殷服闋召典禁軍累遷奉國右廂都指揮使漢祖受命從討杜重威于鄴下殷與劉詞皆率先力戰矢中于首久之出折鏃于口中以是漢祖嘉之乾祐末

遷侍衛步軍都指揮使領夔州節度使會契丹寇邊遣殷領兵屯澶州及李業等作亂漢隱帝密詔澶帥李洪義遣圖殷洪義懼不克反以變告殷殷與洪義同遣人至鄴請太祖赴內難殷從平京師授侍衛親軍都指揮使太祖卽位授天雄軍節度使加同平章事典軍如故殷赴鎭以侍衛司局從凡河北征鎭有戎兵處咸稟殷節度又于民間多方聚斂太祖聞而惡之因使宣諭曰朕離鄴時帑廩所儲不少卿與國家同體隨要取給何患無財三年夏太祖征兗還殷迎謁于路宴賜而去及王峻得罪太祖遣其子飛龍使承誨往謁令口諭峻之

過惡以慰其心三年春以永壽節上表請覲太祖雖允其請且慮殷之不誠尋遣使止之何福進在鎭州素惡殷之太橫福進入朝摭其陰事以奏之太祖遂疑之是年冬以郊禋有日殷自鎭入覲太祖令依舊內外巡警殷出入部從不下數百人又以儀形魁偉觀者無不聳然一日遽入奏曰郊禮在近兵民大集臣城外防警請量給甲仗以備非常太祖難之時中外以太祖嬰疾步履稍難多不視朝俯逼郊禋殷有震主之勢頗憂之太祖乃力疾坐于滋德殿殷入起居卽命執之尋降制流竄及出郡城遽殺之衆情乃安是歲春末鄴城寺寺鐘懸絕而落又火光出幡竿之上殷之入覲也都人饑于離亭上馬失鐙翻墮于地人訝其不祥果及于禍太祖尋令澶帥鄭仁誨赴鄴殷次子爲衙內指揮使不候詔仁誨誅之遷其家屬于登州（永樂大典卷六千八百五十一）

何福進字善長太原人父神劍累贈左驍衛大將軍福進少從軍以驍勇聞唐同光末郭從謙以兵圍莊宗于大內福進時爲宿衛軍校獨出死力拒戰于內後明宗知而嘉之擢爲捧聖軍校出爲磁州刺史充北面行營先鋒都校清泰中自彰聖都虞候率本軍從范延光平鄴以功歷鄭隴二州防禦使開運中由潁州團練使入

拜左驍衛大將軍屬契丹陷中原契丹中朝文武臣寮凡數十人令隨帳北歸時福進預其行行次鎭州聞戎王已斃其黨尚據鎭陽遂與李筠白再榮之儔合謀力戰盡逐契丹據有鎭陽時漢祖已建號于河東詔以福進爲北面行營馬步都虞候尋拜曹州防禦使檢校太保太祖出鎭于鄴將謀北伐奏以福進自隨及太祖入平內難以輔佐功拜忠武軍節度使不數月移領鎭州數年之間北鄙無事及聞太祖將有事于南郊拜章入覲改天平軍節度使加同平章事未及之任卒于東京之私第年六十有六時顯德元年正月也累贈中書令

子繼筠仕皇朝領建武軍節度使卒（永樂大典卷一萬八千一百三十二）

劉詞字好謙元城人梁貞明中事故鄴帥楊師厚以勇悍聞唐莊宗入魏亦列于麾下兩河之戰無不預焉同光初爲効節軍使轉劍直指揮使（案歐陽史作長劍指揮使）尋以忤于權臣出爲汝州小校凡留滯十餘年淸泰初詔諸道選驍果以實禁衞由是得入典禁軍晉初從侯益收汜水關佐楊光遠平鄴都累遷奉國第一軍都虞候後從馬全節伐安陸敗淮賊萬餘衆晉祖嘉之授奉國都校累加檢校司空又從杜重威敗安重榮于宗城及圍鎮陽詞自登雲梯身先士伍以功加檢校司徒沁州刺史

時王師方討襄陽尋命詞兼行營都虞候襄陽平遷本州團練使在郡歲餘臨事之暇必披甲枕戈而臥人或問之辭曰我以勇敢而登貴仕不可一日而忘本也若信其溫飽則筋力有怠將來何以報國也及漢有天下復爲奉國右廂都校遙領閬州防禦使從太祖平鄴加檢校太保乾祐初李守貞叛于河中太祖征之朝廷以爲侍衞步軍都指揮使遙領寧江軍節度使充行營馬步都虞候命分屯于河西二年正月守貞遣敢死之士數千夜入其營皆怖懼不知所爲唯詞神氣自若令于軍中日此小盜耳不足驚也遂免胄橫戈叱短兵以擊之賊衆大敗而退自是守貞喪胆不復有奔突之意河中平太祖嘉之表其功爲華州節度使歲餘移鎮邢臺太祖受命加同平章事三年秋改鎮河陽顯德初世宗親征劉崇詞奉命領所部兵隨駕行及高平南遇樊愛能等自北退迴且言官軍已敗止詞不行詞不聽疾驅而北世宗聞而嘉之尋命爲隨駕都部署又授河東道行營副部署其年夏車駕還京授永興軍節度使加兼侍中行京兆尹二年冬以疾卒于鎮年六十有五贈中書令（案歐陽史作贈侍中據薛史則詞以兼侍中贈中書令非贈侍中也疑歐陽史誤）謚曰忠惠詞發身軍校亟歷戎事常以忠勇自負泊領藩鎮能

靖恭爲治無苛政以撓民謚以忠惠議者韙之子延執仕皇朝爲控鶴廂主（永樂大典卷九千九十九）

王進幽州良鄉人少落魄不事生業爲人勇悍走及奔馬嘗聚黨爲盜封境患之符彥超爲河朔郡守以賂誘寘之左右長興初彥超鎮安州屬部曲王希全搆亂軍州令進齎變狀聞于朝廷明宗賞其捷足詔隸于軍中泊契丹內寇戰于膠口進獨追擒六十七人時漢祖總侍衞親軍知其驍果擢爲馬前親校漢祖鎮河東或邊上警急令進齎封章達于闕下自并至汴不六七日復焉繇是恩撫頗厚繼任戎職累遷至奉國軍都指揮使

從太祖入平內難以功遷虎捷右廂都指揮使歷汝鄭防禦使亦有政聲俄授相州節度使爲政之道頓滅于前議者惜之顯德元年秋以疾卒于任贈檢校太師（永樂大典卷六千三百二十）

史彥超雲州人也性驍獷有膽氣累功至龍捷都指揮使太祖之赴內難彥超以本軍從國初與虎捷都指揮使何徽戍晉州（案歐陽史彥超遷虎捷都指揮使與薛史異）會劉崇與契丹入寇攻圍州城月餘是時本州無帥知州王萬敢不協物情彥超與何徽協力固拒累挫賊鋒攻擊日急禦悍有備軍政甚嚴居人無擾及朝廷遣樞密使王峻總兵

爲援戎寇宵遁太祖嘉其善守之功賞賜甚厚未幾授龍捷右廂都指揮使尋授鄭州防禦使劉崇之寇潞州也車駕親征以彥超爲先鋒都指揮使高平之戰先登陷陣以功授華州節度使先鋒如故大軍至河東城下契丹營于忻代之間遙應賊勢詔天雄軍節度使符彥卿率諸將屯忻州以拒之彥卿襲契丹于忻口彥超以先鋒軍追蕃寇離大軍稍遠賊兵伏發爲賊所陷世宗痛惜久之詔贈太師示加等也仍命優恤其家焉（永樂大典卷一萬一百八十三）

史懿字繼美代郡人也本名犯太祖廟諱故改焉考建瑭事唐莊宗爲先鋒都校唐書有傳莊宗之伐鎮陽時建瑭爲流矢所中而卒懿時年甫弱冠莊宗以其父歿於王事召拜昭德軍使俄遷先鋒左右廂都校俾嗣其家聲天成中爲涿州刺史晉初由趙州刺史遷洺州團練使尋歷亳鳳二州防禦使晉祖以其弟翰尚晉國長公主故尤所注意天福中授彰武軍節度觀察留後開運初歷澶貝二鎮節度使三年移鎮涇原未幾契丹入中原時四方征鎮爲戎王所召者靡不麕至唯懿堅壁拒命仍送款于漢祖漢有天下就拜檢校太尉同平章事及賜功臣名號廣順初加檢校太師兼侍中進封邠

國公顯德元年春以抱病歸朝（東都事略楊廷璋傳周太祖常諭廷璋圖涇帥史懿廷璋屏左右示以詔書懿受代入朝遂免禍）途經洛卒于其第年六十二贈中書令（永樂大典卷一萬一百八十三）

王令溫字順之瀛州河間人也父迪德州刺史累贈太子太師令溫少以武勇稱初隸唐莊宗麾下稍遷麾直軍校明宗之爲統帥嘗與契丹戰于上谷明宗臨陣馬逸爲敵所追令溫乃以所乘馬授明宗而自力戰飛矢連發敵兵爲之稍卻及明宗卽位歷遷神武彰聖都校晉初自淄州刺史遷洺州團練使及安重榮稱兵于鎮州晉祖以令溫爲行營馬軍都指揮使與都帥杜重威

敗賊于宗城以功授亳州防禦使尋拜永清軍節度使屬契丹來寇時令温奉詔入朝契丹遂陷貝州其家屬因沒于契丹晉少帝憫之授武勝軍節度使未幾移鎮延州又遷靈武漢有天下復爲永清軍節度使尋改安州國初加檢校太尉同平章事世宗嗣位遷鎮安軍節度使罷鎮歸闕顯德三年夏以疾卒時年六十有二詔贈侍中（永樂大典卷一萬八千一百三十三）

周密字德峯應州神武川人也初事後唐武皇爲軍職莊宗之平常山明宗之襲汶陽密皆從征有功莊宗平梁授鎮州馬軍都指揮使明宗即位累遷河東馬步軍

副都指揮使天福初除冀州刺史累官至檢校司徒入爲右羽林統軍檢校太保四年秋授保大軍節度使檢校太傅屬部民作亂密討平之尋移鎮晉州知檢校太尉開運中入拜右龍武統軍三年秋出鎮延州其年冬契丹陷中原延州軍亂立高允權爲帥時密據東城允權據西城相拒久之會漢高祖建義于太原遣使安撫密乃棄其城奔于太原隨漢祖歸汴久居于闕下廣順初授太子太師致仕顯德元年春卒時年七十五長子鋭仕皇朝爲內職次子廣歷諸衛大將軍（永樂大典卷一萬八千一百三十三）

李懷忠字光孝太原晉陽人父海本府軍校懷忠形質魁壯初事唐莊宗隸于保衛軍夾城之役懷忠率先登城以功補本軍副兵馬使莊宗平定山東累遷保衛軍使天成中歷陝府許州滄州都指揮使遙領辰州刺史清泰初以河西蕃部寇鈔命懷忠屯方渠晉祖受命以懷忠故人召典禁兵三遷護聖左右廂都指揮使遙領壽州節度使檢校太保未幾爲同州節度使檢校太傅少帝嗣位入爲右羽林統軍改左武衛上將軍廣順中以太子太傅致仕三年夏卒年六十六詔贈太子太師（永樂大典卷一萬三百九十）

白文珂字德温太原人也曾祖辯父君成遼州刺史文珂初事後唐武皇補河東牙將改遼州副使莊宗嗣位轉振武都指揮使天成中鎮州節度使王建立表爲本州馬步軍都指揮使遙授舒州刺史檢校司空歷青州魏府都指揮使歷瀛蔚忻代四州刺史領代州日兼蕃漢馬步都部署漢高祖鎮并門表爲副留守檢校太保漢高初建授河中節度使西南面招討使檢校太傅漢祖定兩京改天平軍節度使加同平章事未幾鎮陝州檢校太師會河中李守貞叛詔充河中府行營都部署時文珂已老朝議恐非守貞之敵乃命太祖西征河中

平文珂授西京留守河南尹太祖踐阼加兼中書令頃之以太子太師致仕世宗卽位封晉國公顯德元年卒于西京年七十九輟朝一日子廷誨仕皇朝歷諸衞將軍卒（永樂大典卷二萬二千二百十六）

白延遇字希望太原人也幼蓄于晉之公宮年十三從晉祖伐蜀以趫悍見稱晉有天下歷典禁軍累遷至檢校司空天福中晉祖在鄴安重榮叛于鎭州帥衆數萬詣闕而來晉祖命杜重威統諸將以禦之時延遇不預其行乃泣告晉祖願以身先許之及陣于宗城延遇率其屬先犯之斬級數十戰旣酣而劍亦折諸將由是推

伏晉祖聞之卽命中使以寶劍良馬賜之常山平以功授檢校司徒充馬軍左廂都校後出爲汾州刺史遷復州防禦使國初加檢校太保尋授代歸闕屬太祖親征兗海以延遇爲先鋒都校兗州平授齊州防禦使歲餘改兗州防禦使在兗二年爲政有聞人甚安之州民數百詣闕乞立德政碑以頌其美顯德二年冬世宗命宰臣李穀爲淮南道軍都部署乃詔延遇爲先鋒都校三年春師其所部與韓令坤先入揚州軍聲甚振尋命以別部屯于盛唐前後敗淮賊萬餘衆四年夏世宗迴自壽春制以延遇爲同州節度使未赴任復命帥衆南征是年冬以疾卒于濠州城下詔贈太尉（永樂大典卷二萬二千二百十六）

唐景思秦州人也幼以屠狗爲業善角觝戲初事僞蜀爲軍校唐同光中莊宗命魏王繼岌帥師伐蜀時景思以所部戍于固鎭首以其城降于繼岌乃授興州刺史爲貝州行軍司馬屬契丹攻其城因陷于幕庭趙延壽素知其名令隸于帳下署爲所部壕砦使開運末契丹據中原以景思爲亳州防禦使領事之日會草寇數萬攻圍其城景思悉力以拒之後數日城陷景思挺身而出使人告于鄰郡得援軍數百逐其草寇復有其城亳

民賴是以濟漢初改授鄧州行軍司馬常鬱鬱不得志後受代歸闕乾祐中命景思爲沿淮巡檢使屢挫淮賊時史弘肇恣刑黷貨多織羅南北富商殺之奪其財大開告密之門景思部下有僕夫希求無厭雖委曲待之不滿其心一日拂衣而去見弘肇言景思受淮南厚賂私貯器械欲爲內應弘肇卽令親吏殿三十騎往收之告者謂收吏曰景思多力十夫之敵也見便殺之不然則無及矣收騎至景思迎接有欲擒之者景思以兩手抱之大呼曰冤哉景思何罪設若有罪死亦非晚何不容披雪公等皆丈夫安忍如此都將命釋之引告者面

證景思言受淮南賂景思曰我從人家人並在此若有十緡賂積亦是受賂言我賂甲仗除官賜外有一事亦是私賂使者搜索其家唯衣一笥軍籍糧簿而已乃寬之景思白使但械繫送我入京先是景思別有紀綱王知權者在京聞景思被誣乃見史弘肇曰唐景思赤心爲國某服事三十年孝于父母義于朋友被此誣妄何以伸陳某請先下獄願公追劾景思免至冤横弘肇愍之令在獄日與酒食景思旣桎梏就路潁亳之人隨至京師衆保證之弘肇乃令鞫告事者具伏誣陷卽斬之遂奏釋景思顯德初河東劉崇帥衆來寇世宗親總六

師以禦之及陣于高平景思于世宗馬前距踴數四且曰願賜臣堅甲一聯以觀臣之効用世宗由是知其名因以高平陣所得降軍數千人署爲効順指揮命景思董之使于淮上三年春世宗親征淮甸景思繼有戰功乃命遙領饒州刺史未幾改授濠州行刺史令帥衆攻圍濠州四年冬因力戰爲賊鋒所傷數日而卒世宗甚憫之詔贈武清軍節度使（永樂大典卷六千三百七十一）

史臣曰自古爲人臣者望重則必危功崇則難保自非賢者疇能免之況王郭帥昧明哲之規周太祖乃雄猜之主欲無及禍其可得乎自贏進而下皆將帥之英也擁旄作翰諒亦宜然唯彥超以捍寇而沒可不謂忠乎（永樂大典卷六千三百七十一）

舊五代史卷一百二十四終

舊五代史卷一百二十四攷證

史懿傳本名犯太祖廟諱故改焉　案本名二句疑爲後人竄入攷懿名匡懿避宋太祖御名故去匡字薛史成于開寶六年不應豫稱爲太祖或係宋人讀是書者附注于後遂混入正文也

舊五代史卷一百二十四攷證

舊五代史卷一百二十五

宋司空同中書門下平章事薛居正等撰

列傳第五　周書十六

趙暉字重光澶州人也弱冠以驍果應募始隸于莊宗帳前與大梁兵經百餘戰以功遷馬直軍使同光中從魏王破蜀命暉分統所部南戍蠻陬明宗即位徵還授禁軍指揮使晉有天下參掌衛兵從馬全節圍安陸佐杜重威戰宗城皆有功改奉國指揮使開運末以部兵屯于陝屬契丹入汴慨然有憤激之意及聞漢祖建義于并門乃與部將王晏侯章戮力叶謀逐契丹所命官屬據有陝州即時馳騎聞于漢祖（案通鑑契丹主賜趙暉詔即以爲保義留後暉斬契丹使者焚其詔遣支使河間趙矩奉表晉陽較薛史爲詳）漢祖乃命暉爲保義軍節度陝虢等州觀察處置等使漢祖之幸東京路出于陝暉戎服朝于路左手控六飛達于行宮君臣之義如舊結焉旋加檢校太尉乾祐初移鎮鳳翔加同平章事屬王景崇叛據岐山及期不受代朝廷即命暉爲西南面行營都部署統兵以討之時李守貞叛于蒲趙思綰據于雍與景崇皆遞相爲援又引蜀軍出自大散關勢不可遏暉領兵數千數戰而勝然後塹而圍之暉屢使人挑戰賊終不出乃潛使千餘人于城南一舍之外

擐甲執兵僞爲蜀兵旗幟循南山而下詐令諸軍聲言川軍至矣須臾西南塵起城中以爲信乃令數千潰圍而出以爲應援暉設伏而待一鼓而盡殪之自是景崇膽破不復敢出明年春拔之加檢校太保兼侍中國初就加兼中書令三年春拜章請覲詔從之入朝授歸德軍節度使顯德元年受代歸闕以疾告老授太子太師致仕進封秦國公壽卒于其第年六十七制贈尚書令

永樂大典卷一萬六千九百九十一

王守恩字保信太原人父建立潞州節度使封韓王晉書有傳守恩以門蔭幼爲內職遷懷衞二州刺史後歷諸衞將軍開運末契丹陷中原守恩時因假告歸于潞時潞州節度使張從恩懼契丹之盛將朝于戎王以守恩婚家甚倚信之乃移牒守恩請權爲巡檢使從恩既去守恩以潞城歸于漢祖仍盡取從恩之家財通鑑云從恩以副使趙行遷知留後牒守恩權巡檢使與高防佐之高防與守恩謀遣指揮使李萬超白晝率衆大譟斬趙行遷推守恩權知昭義留後守恩殺契丹使者舉鎮來降宋史李萬超傳云張從恩將棄城歸契丹會前驍衞將軍王守恩服喪私第從恩即委以後事遁去及契丹使至專領郡務守恩遂無所預萬超奮然謂其部下曰我輩垂餌虎口苟延旦夕之命今欲殺使保其城非止逃生亦足建勳業汝曹能乎衆皆躍然喜曰敢不唯命遂率所部大譟入府署殺其使推守恩爲帥列狀以聞漢祖從其請乃命史宏肇統兵先渡河至潞見萬超語之曰收復此州公之力也吾欲殺守恩以公爲帥可乎萬超對曰殺契丹使以推守恩蓋爲社稷計耳今若賊害于人自取其利非宿心也宏肇大奇之漢祖即以守恩爲昭義軍節度使漢有天下移鎮邠寧加同平章事乾祐初遷永興軍節度使時趙思綰已據長安乃改授西京留守守恩性貪鄙委任羣小以掊斂爲務雖病廢殘癃者亦不免其稅率人甚苦之洛都嘗有豪士爲二姓之會守恩乃與伶人數輩夜造自爲賀客因獲金百數笏而退太祖適自河中駐軍于洛陽詔以白文珂代之守恩甚懼而洛人有曾爲守恩非理割剝者皆就其第徵其舊物守恩一一償之及赴闕止奉朝請而已乾祐末既殺史弘肇等漢少帝召羣臣上殿以諭之時守恩赴班而颺言曰陛下

今日始睡覺矣其出言鄙俚如此國初授左衞上將軍顯德初改右金吾衞上將軍封許國公二年冬昇疾歸洛而卒永樂大典卷六千八百五十一　五代史補周高祖爲樞密鳳翔永興河中三鎮反高祖帶職出討之迴戈路由京洛時王守恩爲留守以使相自專乘檐子迎高祖于郊外高祖遙見大怒且疾驅入于公館久之使令人傳旨託以方浴守恩不知其怒但安坐俟久時白文珂在高祖麾下召而謂曰王守恩乘檐子候吾誠無禮也安可久爲留守汝宜亟去代之文珂不敢違于是即時禮上頃之吏馳去報守恩曰白侍中受樞密命爲留守訖守恩大驚奔馬而歸但見家屬數百口皆被逐于通衢中百姓莫不聚觀其亦有乘便號呼索取貨鏹物者高祖使吏籍其數立命償之家財爲之一空朝廷悚然不甚爲理

孔知濬字秀川徐州滕縣人太子太師致仕勍之猶子也父延緘左武衞大將軍致仕年九十餘卒知濬仕梁

爲天興軍使同光末効鎭昭義時莊宗用唐朝故事以黃門爲監軍皆恃恩暴橫節將不能制明宗鄴城之變諸鎭多殺監軍時監潞者懼誅欲誘鎭兵謀變知濬伏甲于室凌晨監軍來謁執而殺之軍城遂寧明宗嘉之洎効罷鎭以知濬爲澤州刺史入爲左驍衞大將軍長興淸泰中歷唐復成三郡刺史晉高祖卽位用爲奉國右厢都指揮使領舒州刺史從征范延光于鄴遷宿州團練使俄改隴州防禦使開運中移刺鳳州累官至檢校太傅河池據關防之衝邇邛蜀兵少勢孤知濬撫士得宜人皆盡力故西疆無牧圉之失契丹主稱制署滑

州節度使漢祖受命自鎭入朝隱帝嗣位授密州防禦使踰歲以疾受代歸朝廣順三年冬卒于京師（永樂大典卷一萬八千一百三十三）

王繼弘冀州南宮人少嘗爲盜攻剽閭里爲吏所拘械繫于鎭州獄會赦免死配隸本軍時明宗作鎭致之麾下晉高祖爲明宗將署爲帳中小校天福中爲六軍副使性負氣不遜禁中與同列忿爭出配義州軍歲餘爲奉國指揮使從契丹主至相州遂令以本軍戍守契丹主留高唐英爲相州節度使唐英善待繼弘每候其第則升堂拜繼弘之母贈遺甚厚倚若親戚又給以兵仗器無猜忌會契丹主死漢祖趨洛唐英遣使歸款漢祖大悅將厚待唐英使未迴繼弘與指揮使樊暉等共殺唐英繼弘自稱留後令判官張易奉表于漢祖人或責以見利忘義繼弘曰吾儕小人也若不因利乘便以求富貴畢世以來未可得志也及漢主征杜重威至德淸軍繼弘來朝乃正授節旄是歲授加檢校太傅節度判官張易每見繼弘不法必切言之繼弘以爲輕己乾祐中因事誣奏殺之尋又害觀察推官張制漢末移鎭貝州就加檢校太尉廣順初加同平章事三月六日移鎭河陽會永壽節入覲遇疾卒于京師詔贈侍中子永昌

仕皇朝歷內諸司使（永樂大典卷六千八百五十一）

馮暉魏州人也始爲効節軍士以拳勇騎射行伍憚之初事楊師厚爲隊長唐莊宗入魏以銀槍効節爲親軍與梁人對壘河上暉以徧給稍薄因竄入南軍梁將王彥章寘之麾下莊宗平河南暉首罪赦之從明宗征潞州誅楊立有功又從魏王繼岌伐蜀蜀平授夔州刺史時荆州高季興叛以兵攻其城暉拒之屢敗荆軍長興中爲興州刺史以乾渠爲治所會兩川叛蜀人來侵暉以衆寡不敵奔歸鳳翔朝廷怒其失守謫于同州衙職安置未幾從晉高祖討蜀蜀人守劍門領部下兵踰越險

阻從地道出于劍門之左掩擊之殺守兵殆盡會晉祖班師朝廷以暉爲澶州刺史晉天福初范延光據鄴叛以暉爲馬步都將孫銳爲監軍自六明鎮渡河將襲滑臺壽爲官軍所敗暉退歸鄴爲延光城守明年秋暉因出戰而降授滑州節度使檢校太傅鄴平移鎮靈武初張希崇鎮靈州以久在北蕃頗究邊事數年之間侵盜並息希崇卒未有主帥蕃部寇鈔無復畏憚朝廷以暉強暴之名聞于遐邇故以命之及暉到鎮大張宴席酒聲豐備羣夷告醉爭陳獻賀暉皆以錦綵酬之蕃情大悅黨項拓拔彥昭者州界部族之大者暉至來謁厚加

待遇仍爲治第豐其服玩因留之不令歸部河西羊馬由是易爲交市暉朞年得馬五千匹而蕃部歸心朝議患之隆平集藥元福傳西戎三族攻靈州命元福佐朔方節度使馮暉討之朔方距威州七百里地無水草謂之旱海擔糧至暉食盡詰朝行四十里而敵騎數萬扼要路暉大懼遣人致賂求成雖許及日中猶未決暉曰奈何元福曰彼正欲困我耳察其勢敵雖衆特依西山而陣者其精兵也請以驍銳先薄西山彼或少怯當舉黃旗爲識暉善其謀斬馘殆盡晉開運初桑維翰輔政欲圖大舉以制北戎命將佐十五人皆列藩之帥也唯暉不預其數乃上章自陳且言未老可用而制書見遺詔報云非制書忽忘實以朔方重地蕃部窺邊非卿雄名何以彈壓比欲移卿內地受代亦須奇才暉得詔甚喜又達情乞移鎮邠州卽以節鉞授之行未及邠州又除陝州暉獻馬千匹駞五百頭在陝未幾除侍衞步軍都指揮使兼領河陽卽以王令溫爲靈武節度使暉既典禁兵兼領近鎮爲朝廷縻留頗悔離靈武及馮玉李彥韜用事暉善奉之未幾復以暉爲朔方節度使加檢校太師漢高祖革命就加同平章事隱帝嗣位加兼侍中國初加中書令封陳留王廣順三年夏病卒年六十追贈衞王子繼業朔方衙內都虞候暉亡三軍請知軍府事因授檢校太保充朔方兵馬留後皇朝乾德中移于內地今爲同州節度使永樂大典卷一萬八千一百三十三

高允權延州人祖懷遷本郡牙將懷遷生二子長曰萬興次曰萬金梁唐之間爲延州節度使卒于鎮允權卽萬金子也雖出于將門不閑武藝起家爲義川主簿歷膚施縣令罷秩歸延州之第晉開運末以周密爲延帥延有東西二城其中限以深澗及契丹犯闕一日州兵亂攻密密固守東城亂兵既無帥亦無敢爲帥者或曰取高家西宅郎君爲帥可也是夜未曙允權方寢亂軍排闥請知留後事遂居于西城與密相拒數日河東遣供奉官陳光穗宣撫河西允權乃遣支使李彬奉表太原周密棄東城而去漢祖遣使就加允權檢校太傅仍

正受旄鉞漢祖入汴允權屢修貢奉隱帝即位加檢校太尉同平章事允權與夏州李彝興不協其年李守貞據河中叛密搆彝興爲援及朝廷用兵夏州軍逼延州允權上章論列彝興亦紛然自訴朝廷賜詔和解之太子太師致仕劉景巖允權妻之祖也退老于州之別墅景巖舊事高氏爲牙校亦嘗爲延帥甚得民心景巖以允權婚家後輩心輕之允權恆忌其强是歲冬盡殺景巖之家收其家財萬計以謀叛聞朝廷不能辨關西賦平方面例覃恩命就加允權檢校太師太祖即位加兼侍中廣順三年春卒其子紹基匿喪久之又擅主軍政

欲邀承襲觀察判官李彬以爲不可當聽朝旨紹基與羣小等惡其異議乃殺彬紿奏云彬結搆內外謀殺都指揮使及行軍副使自據城池已誅戮訖其妻子及諸房骨肉等令捕繫次太祖聞之詔並釋之仍令都送汝州安置後朝廷令六宅使張仁謙往巡檢紹基乃發喪以聞輟視朝兩日（永樂大典卷五千五百三十八）

折從阮字可久本名從遠避漢高祖舊名下一字故改焉代家雲中父嗣倫爲麟州刺史累贈太子太師從阮性溫厚弱冠居父喪以孝聞唐莊宗初有河朔之地以代北諸部屢爲邊害起從阮爲河東牙將領府州副使同光中授府州刺史長興初入朝明宗以從阮洞習邊事加檢校工部尚書復授府州刺史晉高祖起義以契丹有援立之恩賂以雲中河西之地從阮由是以郡北屬旣而契丹欲盡從河西之民以實遼東人心大擾從阮因保險拒之晉少帝嗣位北絕邊好乃遣使持詔諭從阮令出師明年春從阮率兵深入邊界連拔十餘砦開運初加檢校太保遷本州團練使其年兼領朔州刺史安北都護振武軍節度使契丹西南面行營馬步都虞候漢祖建號晉陽引兵南下從阮率衆歸之尋升府爲永安軍析振武之勝州并沿河五鎭以隸焉授從阮

光祿大夫檢校太尉永安軍節度使府勝等州觀察處置等使仍賜功臣名號乾祐元年加特進檢校太師明年春從阮舉族入覲朝廷命其子德扆爲府州團練使授從阮武勝軍節度使太祖受命加同平章事尋移鎭滑州又改陝州二年冬授靜難軍節度使世宗即位就加兼侍中以年老上章請代優詔許之顯德二年冬赴闕行次西京以疾卒時年六十四制贈中書令（永樂大典卷一萬八千一百三十三）

王饒字受益慶州華池人也父柔以饒貴累贈太尉饒沈毅有才幹始事晉高祖天福初授控鶴軍使稍遷奉

國軍校累加檢校尙書左僕射六年從杜重威平常山以功加檢校司空遷本軍都校領連州刺史時安從進叛于襄陽晉祖命高行周率兵討之以饒爲行營步軍都指揮使賊平授深州刺史逾年復入爲奉國都校加檢校司徒領欽州刺史未幾改本軍右廂都指揮使領閬州團練使晉末契丹據中原漢祖建義于晉陽尋尅復諸夏唯常山郡爲契丹所據時饒在其郡乃與李筠白再榮之儔承間竊發盡逐其黨漢祖嘉之授鄭州觀察留後加光祿大夫賜爵開國侯復移授鎭國軍節度使加檢校太傅國初就加同平章事賜推誠奉義翊戴

功臣顯德初以郊丘禮畢加檢校太尉移鎭貝州世宗嗣位加兼侍中改彰德軍節度使滿歲受代入奉朝請顯德四年冬以疾卒于京東之私第年五十九追封巢國公饒性寬厚體貌詳雅所蒞藩鎭民皆便之每接賓佐必怡聲緩氣恂恂如也故士君子亦以此多之（永樂大典卷六千八百五十一）

孫方諫鄭州淸苑縣人也本名方簡廣順初以犯廟諱故改焉定州西北二百里有狼山山上有堡邊人賴之以避剽掠之患因中置佛舍有尼深意俗姓孫氏主其事以香火之教聚其徒聲言屍不壞因復以衣襟贍禮信奉有同其生方諫即其宗人也嗣行其教率衆不食葷茹其黨推之爲砦主晉開運初定帥表爲邊界遊奕使（案宋史孫行友傳云方諫懼主帥捕逐乃表歸朝因署爲東北面招討指揮使具賜院額曰勝福每契丹軍來必帥其徒襲擊之鎧仗畜產所得漸多人益依以避難焉易定帥聞于朝因以方諫爲邊界遊奕使行友副之自是捍禦多所殺獲乘勝入郝溝關平庯城破飛狐寨契丹頗畏之）求請多端因少不得志潛通于契丹戎王之入中原也以方諫爲定州節度使尋以其將耶律忠代之改方諫雲州節度使方諫恚憤與其黨歸狼山不受契丹命漢初契丹爇定州城壘燒蕩廬舍盡驅居民而北中山爲之一空方諫自狼山率其部衆迴保定州上表請命漢祖嘉之即授以節

鉞累官至使相（案宋史云漢授行友易州刺史行義泰州刺史弟兄犄角以居寇每入諸軍鎭閉壘坐視一無所得）太祖受命加兼侍中未幾改華州節度使朝廷以其弟行友爲定州留後（案宋史云行友上言偵得契丹離合願得勁兵三千乘間平定幽州乃移方諫鎭華州以行友爲定州留後）又以弟議爲德州刺史兄弟子姪職內廷者凡數人世宗嗣位史彥超代之車駕駐蹕于并門方諫自華覲于行在從大駕南巡以疾就醫于洛下尋授同州節度使加兼中書令未及赴任以疾卒于洛陽年六十二輟視朝兩日詔贈太師其弟行友繼爲定州節度皇朝乾德中以其妖妄惑衆詔毀狼山佛寺遷其尼朽骨赴京爇焚于北郊以行友爲諸衞

大將軍自是妖徒遂息焉（永樂大典卷三千五百六十一 續通鑑長編建隆二年入月義成節度使同平章事孫行友在鎮逾八年而狼山妖尼深意黨益盛上初即位行友不自安累表乞解官歸山上不許行友懼乃繕治甲兵將棄其帑還據山寨以叛兵馬都監藥繼能密奏其事上遣閤門副使武懷節馳騎會鎮趙之兵僞稱巡邊直入定州行友不之覺既而出詔示之令舉族歸朝行友倉皇聽命既至命侍御史李維岳鞫訊得實己酉制削奪行友官爵禁錮私第取尼深意尸焚之都城西北隅行友弟易州刺史方進姪保塞軍使全暉皆詣闕待罪詔釋之）

史臣曰昔晉之季也敵騎長驅中原無主漢主雖思拯溺未果圖南趙暉首變陝郊同扶義舉漢之興也暉有力焉命以作藩斯無愧矣守恩乘時效順雖有可觀好利殘民夫何足貴允權方諫因版蕩之世竊屏翰之權比夫畫雲臺之功臣何相去之遠也（永樂大典卷三千五百六十一）

舊五代史卷一百二十五終

舊五代史卷一百二十五攷證

周列傳五高允權傳祖懷遷　懷遷原本作懷遠今據歐陽史改正

孫方諫傳又以弟議爲德州刺史　弟議宋史作行義

舊五代史卷一百二十五攷證

舊五代史卷一百二十六

宋司空同中書門下平章事薛居正等撰

列傳第六　周書十七

馮道字可道瀛州景城人其先爲農爲儒不恆其業道少純厚好學能文不恥惡衣食負米奉親之外唯以披誦吟諷爲事雖大雪擁戶凝塵滿席湛如也天祐中劉守光署爲幽州掾守光引兵伐中山訪于寮屬道常以利害箴之守光怒寘于獄中尋爲人所救免守光敗逋歸太原監軍使張承業辟爲本院巡官承業重其文章履行甚見待遇時有周玄豹者善人倫鑒與道不洽謂承業曰馮生無前程公不可過用時河東記室盧質聞之曰我曾見杜黃裳司空寫眞圖道之狀貌酷類焉將來必副大用玄豹之言不足信也承業尋薦爲霸府從事俄署太原掌書記時莊宗併有河北文翰甚繁一以委之莊宗與梁軍夾河對壘一日郭崇韜以諸校伴食數多主者不辦請少罷減莊宗怒曰孤爲効命者設席都不自由其河北三鎭令三軍別擇一人爲帥孤請歸太原以避賢路遽命道對面草詞將示其衆道執筆久之莊宗正色促焉道徐起對曰道所掌筆硯敢不供職今大王屢集大功方平南寇崇韜所諫未至過當阻拒

之則可不可以向來之言遽動羣議敵人若知謂大王君臣之不和矣幸熟而思之則天下幸甚也俄而崇韜入謝因道爲之解焉人始重其膽量莊宗即位鄴宮除省郎充翰林學士自綠衣賜紫梁平遷中書舍人戶部侍郎丁父憂持服于景城（談苑道聞父喪即徒步見星以行家人從後持衣囊追及之）遇歲儉所得俸餘悉賑于鄉里道之所居惟蓬茨而已凡牧宰饋遺斗粟匹帛無所受焉時契丹方盛素聞道名欲掠而取之會邊人有備獲免（永樂大典卷四百三）明宗入洛遽謂近臣安重誨曰先帝時馮道郎中何在重誨曰今除翰林學士明宗曰此人朕素所諳悉是好宰相俄拜端明殿學士端明之號自道始也未幾遷中書侍郎刑部尚書平章事（永樂大典卷一萬七千九百三十）凡孤寒士子抱才業素知識者皆與引用唐末衣冠履行浮躁者必抑而置之有工部侍郎任贊因班退與同列戲道于後曰若急行必遺兔園册道知之召贊謂曰兔園册皆名儒所集道能諷之中朝士子止看文場秀句便爲舉業皆竊取公卿何淺狹之甚耶（歐陽史云兔園策者鄉校俚儒教田夫牧子之所誦也北夢瑣言云兔園策乃徐庾文體非鄙樸之談但家藏一本人多賤之困學紀聞云兔園策府三十卷唐蔣王惲令僚佐杜嗣先倣應科目策自設問對引經史爲訓注惲太宗子故用梁王兔園名其書馮道兔園策謂此也）贊大愧焉復有梁朝宰臣李琪每以文章自擅嘗進賀平

中山王都表云復眞定之逆城道讓琪曰昨來復收定州非眞定也琪昧于地理頓至折角其後百僚上明宗徽號凡三章道自爲之其文渾然非流俗之體舉朝服焉道尤長于篇咏秉筆則成典麗之外義含古道必爲遠近傳寫故漸畏其高深由是班行肅然無醨澆之態纔改門下侍郎戶部吏部尚書集賢殿弘文館大學士加尚書左僕射封始平郡公一日道因上謁既退明宗顧謂侍臣曰馮道性純儉頃在德勝寨居一茅庵與從人同器食臥則芻藁一束其心晏如也及以父憂退歸鄉里自耕樵採與農夫雜處畧不以素貴介懷眞士大夫也永樂大典卷四百三天成長興中天下屢稔朝廷無事明宗每遇延英留道訪以外事道曰陛下以至德承天天以有年表瑞更在日愼一日以答天心臣每記在先皇霸府日嘗奉使中山經井陘之險憂馬有蹶失不敢怠于銜轡及至平地則無復持控果爲馬所顚仆幾至于損臣所陳雖小可以喻大陛下勿以清晏豐熟便縱逸樂兢兢業業臣之望也明宗深然之他日又問道曰天下雖熟百姓得濟否道曰穀貴餓農穀賤傷農此常理也臣憶得近代舉子聶夷中傷田家詩云二月賣新絲五月糶秋穀醫得眼下瘡剜去心頭肉我願君王心化作

光明燭不照綺羅筵偏照逃亡屋明宗曰此詩甚好遂命侍臣錄下每自諷之道之發言簡正善于裨益非常人所能及也時以諸經舛繆同列李愚委學官田敏等取西京鄭覃所刊石經雕爲印板流布天下後進賴之明宗崩唐末帝嗣位以道爲山陵使禮畢出鎭同州循故事也道爲政閑澹獄市無撓一日有上介胡饒本出軍吏性麤獷因事詬道于牙門左右數報不應道曰此必醉耳因召入開尊設食盡夕而起無撓愠之色未幾入爲司空及晉祖入洛以道爲首相二年契丹遣使加徽號於晉祖晉祖亦獻徽號于契丹謂道曰此行非卿不可道無難色晉祖又曰卿官崇德重不可深入沙漠道曰陛下受北朝恩臣受陛下恩何有不可案楊內翰談苑云道與諸相歸中書食訖外廳堂吏前白道言北使事吏人色變手戰道取紙一幅署云道去即遣寫勅進堂吏泣下道遣人語妻子不復歸家即日舍都亭驛不數日北行晉祖餞宴語以家國之故煩耆德遠使自酌巵酒賜之泣下及行將達西樓契丹主欲郊迎其臣曰天子無迎宰相之禮因止焉其名動殊俗也如此案談苑云契丹賜其臣牙笏及臘日賜牛頭者爲殊禮道皆得之作詩以紀云牛頭偏得賜象笏更容持契丹主甚喜遂潛諭留意道曰南朝爲子北朝爲父兩朝皆爲臣豈有分別哉道在契丹凡得所賜悉以市薪炭徵其意云北地苦寒老年所不堪當爲之備若將久留者契丹感其意乃遣歸道三上表乞留固遣乃去猶更住館中月餘既行所至留駐凡兩月方出境左右語道曰當北土得生還恨無羽翼公獨宿留何也道曰縱急還彼以筋腳馬一夕即追及亦何

可脫但徐緩卽不能測矣衆乃服四年二月始至京師及還朝廷廢樞密使依唐朝故事竝歸中書其院印付道事無巨細悉以歸之尋加司徒兼侍中進封魯國公晉祖曾以用兵事問道道曰陛下歷試諸艱創成大業神武睿略爲天下所知討伐不庭須從獨斷臣本自書生爲陛下在中書守歷代成規不敢有一毫之失也臣在明宗朝曾以戎事問臣臣亦以斯言答之晉祖頗可其說道嘗上表求退晉祖不之覽先遣鄭王就省謂曰卿來日不出朕當親行請卿道不得已出焉當時寵遇無與爲比晉少帝卽位加守太尉進封燕國公道嘗問朝中熟客曰道之在政事

堂人有何說客曰是非相半道曰凡人同者爲是不同爲非而非道者十恐有九昔仲尼聖人也猶爲叔孫武叔所毀況道之虛薄者乎然道之所持始終不易後有人問道于少帝曰道好平時宰相無以濟其艱難如禪僧不可呼鷹耳由是出道爲同州節度使歲餘移鎭南陽加中書令契丹入汴道自襄鄧召入戎王因從容問曰天下百姓如何可救道曰此時百姓佛再出救不得惟皇帝救得其後衣冠不至傷夷皆道與趙延壽陰護之所至也是歲三月隨契丹北行與晉室公卿俱抵常山俄而戎王卒永康王代統其衆及北去留其族嘉哩舊作解理今改正以據常山時漢軍憤激因共逐出嘉哩尋復其城道率同列四出按撫因事從宜各安其所人或推其功道曰儒臣何能爲皆諸將之力也道以德重人所取則乃爲衆擇諸將之勤宿者以騎校白再榮權爲其帥軍民由是帖然道首有力焉道在常山見有中國士女爲契丹所俘者出橐裝以贖之皆寄于高尼精舍後相次訪其家以歸之又契丹先留道與李崧和凝及文武官等在常山是歲閏七月二十九日契丹有僞詔追崧令選朝士十人赴木葉山行事契丹滿達勒舊作麻答今改正召道等至帳所欲諭之崧偶先至知其旨懼形于色

滿達勒將以明日與朝士齊遣之崧乃不俟道與凝先出旣而相遇于帳門之外因與分手俱歸俄而李筠等縱火與契丹交鬥鼓譟相及是日若齊至與滿達勒相見稍或躊躇則悉爲俘矣時論者以道布衣有至行立公朝有重望其陰報昭感多此類也及自常山入覲漢祖嘉之拜守太師洛陽搢紳舊聞記贈大監張公瑑漢祖卽位之初爲上黨戎判漢祖在北京時大聚甲兵禁牛皮不得私買易及民間盜用之如有牛死卽時官納其皮其有犯者甚衆及卽大位三司舉行請禁天下牛皮法與河東時同天下苦之會上黨民犯牛皮者二十餘人獄成罪俱當死大監時爲判官獨執曰主上欽明三司不合如此起請二十餘人死尙閒可使天下犯者皆銜冤而死乎且主上在河東大聚甲兵須藉牛皮嚴禁之可也今爲天下君何少牛皮立法至于此乎遂封奏之時三司使方用事執政之地除

馮瀛王外皆惡之曰豈有州郡使敢非朝廷詔勅力言于漢祖漢祖亦怒曰昭義一判官是何敢如此其犯牛皮者依敕俱死大監以非毁詔敕亦死敕未下獨瀛王非時請見漢祖出瀛王曰陛下在河東時斷牛皮可也今既有天下牛皮不合禁陛下赤子枉死之亦足爲陛下惜昭義判官以卑位食陛下祿居陛下官不惜軀命敢執而奏之可賞不可殺臣當輔弼之任使此敕枉害天下人性命臣不能早奏使陛下正臣罪當誅稽首再拜又曰張璨不合加罪望加敕赦之漢祖久之曰已行之矣馮瀛王曰敕未下漢祖遽曰與赦之馮曰勒停可乎上曰可由是改其敕記其畧曰三司邦計國法攸依張璨體事未明執理乖當宜停見職犯皮者貸命放之大監聽宣敕訖聞敕云執理乖當尙曰中書自不能執理若一一教外道判官執理則焉用彼相乎

乾祐中道奉朝請外平居自適一日著長樂老自敘云余世家家族本始平長樂二郡歷代之名實具載于國史家牒余先自燕亡歸晉事莊宗明宗閔帝淸泰帝又事晉高祖皇帝少帝契丹據汴京爲戎主所制自鎭州與文武臣寮馬步將士歸漢朝事高祖皇帝今上顧以久叨祿位備歷艱危上顯祖宗下光親戚亡曾祖諱湊累贈至太傅亡曾祖母崔氏追封梁國太夫人亡祖諱炯累贈至太師亡祖母褚氏追封吳國太夫人亡父諱良建秘書少監致仕累至尙書令母張氏追封魏國太夫人余階自將仕郎轉朝議郎朝散大夫銀靑光祿大夫金紫光祿大夫特進開府儀同三司職自幽州節度巡官河東節度巡官掌書記再爲翰林學士改授端明殿學士集賢殿大學士太微宫使再爲弘文館大學士又充

諸道鹽鐵轉運使南郊大禮使明宗皇帝晉高祖皇帝山陵使再授定國軍節度同州管內觀察處置等使一爲長春宮使又授武勝軍節度鄧隨均房等州管內觀察處置等使官自攝幽府參軍試大理評事檢校尙書祠部郎中兼侍御史檢校吏部郎中兼御史中丞檢校太尉同中書門下平章事檢校太師兼侍中又授檢校太師兼中書令正官自行臺中書舍人再爲戶部侍郎轉兵部侍郎中書侍郎再爲門下侍郎刑部吏部尙書右僕射三爲司空兩在中書一守本官又授司徒兼侍中賜私門十六戟又授太尉兼侍中又授戎太傅又授漢太師爵自開國男至開國公魯國公再封秦國公梁國公燕國公齊國公食邑自三百戶至一萬一千戶食實封自一百戶至一千八百戶勳自柱國至上柱國功臣名自經邦致理翊贊功臣至守政崇德保邦致理功臣安時處順守義崇靜功臣崇仁保德寧邦翊聖功臣先娶故德州戶掾褚諱濆女早亡後娶故景州弓高縣孫明府諱師禮女累封蜀國夫人亡長子平自秘書郎授右拾遺工部度支員外郎次子吉自秘書省校書郎授繕部金部職方員外郎屯田郎中第三亡子可自秘書省正字授殿中丞工部戶部員外郎第四子幼亡第

五子義自秘書郎改授銀青光祿大夫檢校國子祭酒兼御史中丞充定國軍衙內都指揮使職罷改授朝散大夫左春坊太子司議郎授太常丞第六子正自協律郎改授銀青光祿大夫檢校國子祭酒兼御史中丞充定國軍節度使職罷改授朝散大夫太僕丞長女適故兵部崔侍郎諱衍子太僕少卿名絢封萬年縣君三女子早亡二孩幼亡唐長興二年勅瀛州景城縣莊來蘇鄉改爲元輔鄉朝漢里爲孝行里洛南莊貫河南府洛陽縣三州鄉靈臺里晉天福五年敕三州鄉改爲上相鄉靈臺里改爲中台里時守司徒兼侍中又奉八年敕

上相鄉改爲太尉鄉中台里改爲侍中里時守太尉兼侍中静思本末慶及存亡葢自國恩盡從家法承訓誨之旨開教化之源在孝于家在忠于國口無不道之言門無不義之貨所願者下不欺于地中不欺于人上不欺于天以三不欺爲素賤如是貴如是長如是老如是事親事君事長臨人之道曠蒙天恕累經難而獲多福曾陷蕃而歸中原非人之謀是天之祐六合之內有幸者百歲之後有歸所無以珠玉含當以時服斂以蘧篨葬及擇不食之地而葬焉以不及于古人故祭以特羊戒殺生也當以不害命之物祭無立神道碑以三代墳前不獲立碑故無請諡號以無德故又念自賓佐至王佐及領蕃鎮時或有微益于國之事節皆形于公籍所著文章篇詠因多事散失外收拾得者編于家集其間見其志知之者罪之者未知衆寡矣有莊有宅有羣書有三子可以襲其業于此日五盥日三省尚猶日知其所亡月無忘其所能爲子爲弟爲人臣爲師長爲夫爲父有子有猶子有孫奉身即有餘矣爲時乃不足不足者何不能爲大君致一統定八方誠有愧于歷職歷官何以答乾坤之施時開一卷時飲一杯食味別聲被色老安于當代耶老而自樂何樂如之時乾祐三年朱明

月長樂老序云及太祖平內難議立徐州節度使劉贇爲漢嗣遣道與秘書監趙上交樞密直學士王度等往迎之道尋與贇自徐赴汴行至宋州會澶州軍變樞密使王峻遣郭崇領兵至屯于衙門外時道與上交等宿于衙內是日贇率左右甲士闔門登樓詰崇所自崇言太祖已副推戴左右知其事變以爲道所賣皆欲殺道等以自快趙上交與王度聞之皆惶怖不知所爲惟道偃仰自適畧無懼色尋亦獲免焉道微時嘗賦詩云終聞海嶽歸明主未省乾坤陷吉人至是其言驗矣案青箱雜記載馮道詩全篇云莫爲危時便愴神前程往往有期因終聞海嶽歸明主未省乾坤陷吉人道德幾時曾去

世舟車何處不通津但教方寸無諸惡狼虎叢中也立身廣順初復拜太師中書令太祖甚重之每進對不以名呼及太祖崩世宗以道爲山陵使會河東劉崇入寇世宗召大臣議親征道諫止之世宗因言唐初天下草寇蜂起竝是太宗親平之道奏曰陛下得如太宗否世宗怒曰馮道何相少也乃罷及世宗親征不令扈從留道奉太祖山陵時道已抱疾及山陵禮畢奉神主歸舊宮未及祔廟一夕薨于其第時顯德元年四月十七日也享年七十有三世宗聞之輟視朝三日册贈尚書令追封瀛王謚曰文懿案五代通錄作謚文懿見通鑑考異道歷任四朝三入中書在相位二十餘年以

持重鎮俗爲已任未嘗以片簡擾于諸侯平生甚廉儉逮至末年閨庭之內稍狥奢靡其子吉尤恣狂蕩道不能制識者以其不終令譽咸歎息之永樂大典卷一萬七千九百三十

五代史補馮道之鎮同州也有酒務吏乞以家財修夫子廟道以狀付判官參詳其事判官素滑稽因以一絕書之判後云荆棘森森遶杏壇儒官高貴盡偷安若教酒務修夫子覺我慚惶也大難道覽之有愧色因出俸重創之　馮瀛王道之在中書也有舉子李導投贄所業馮道見之戲謂曰老夫名道其來久矣加以累居相府秀才不可謂不知然亦名導于禮可乎李抗聲對曰相公是無寸底道字小子有寸底道字何謂不可也公笑曰老夫不惟名無寸諸事亦無寸吾子可謂知人矣了無怒色　馮吉瀛王道之子能彈琵琶以皮爲弦世宗嘗令彈于御前深欣喜之因號其琵琶曰遶殿雷也道以其惰業每加譴責而吉攻之愈精道益怒凡與客飲必使廷立而彈之曲罷或賜以束帛命背負之然後致謝道自以爲戒勗極矣吉未能悛改旣而益自若道度無可奈何歎曰百工之司藝而身賤理使然也此子不過太常少卿耳其後果終于此

史臣曰道之履行鬱有古人之風道之宇量深得大臣之體然而事四朝相六帝可得謂忠乎夫一女二夫人之不幸況于再三者哉所以飾終之典不得謚爲文貞文忠者蓋謂此也永樂大典卷一萬七千九百三十

舊五代史卷一百二十六終

舊五代史卷一百二十六攷證

周列傳六馮道傳謚曰文懿　案五代通錄作謚文愍見通鑑攷異

嘉里舊作解里今改　滿達勒舊作麻荅今改

舊五代史卷一百二十六攷證終

舊五代史卷一百二十七

宋司空同中書門下平章事薛居正等撰

列傳第七　周書十八

盧文紀字子持京兆萬年人也案以下原本有闕文長興末爲太常卿文紀形貌魁偉語音高朗占對鏗鏘健于飲啖奉使蜀川路由岐下時唐末帝爲岐帥以主禮待之觀其儀形旨趣遇之頗厚清泰初中書闕輔相末帝訪之于朝左右曰臣見班行中所譽當大拜者姚顗盧文紀崔居儉耳或品藻三人才行其心愈惑末帝乃俱書當時清望達官數人姓名投琉璃缾中月夜焚香禱請于天旭旦以筯挾之首得文紀之名次即姚顗末帝素已期待歡然命之即授中書侍郎同平章事與姚顗同升相位時朝廷兵革之後宗社甫寧外寇內侵強臣在境文紀處經綸之地無輔弼之謀所論者親愛朋黨之小瑕所糾者銓選擬掄之微類時有蜀人史在德爲太常丞出入權要之門評品朝士多有譏彈乃上章云文武兩班宜選能進用見在軍都將校朝廷士大夫並請閱試澄汰能者進用否者黜退不限名位高下疏下中書文紀以爲非己怒甚召諫議盧損爲覆狀辭旨蕪漫爲衆所嗤三年夏晉祖引契丹拒命旣而大軍挫衄官寨受

圍八月親征過徽陵拜于闕門休于仗舍文紀扈從帝顧謂之曰朕聞主憂臣辱予自鳳翔來首命卿爲宰相聽人所論將謂便致太平寇孽紛紛令萬乘自行戰賊于汝安乎文紀惶恐致謝時末帝季年天奪其魄聲言救寨其實倦行初次河陽召文紀張延朗謀議文紀曰敵騎倏往忽來無利則去大寨牢固足以枝梧況已有三處救兵可以不戰而解使人督促責以成功輿駕且駐河橋詳觀事勢況地處舟車之要正當天下之心必若未能解圍去亦非晚會延朗與趙延壽款密傍奏曰文紀之言是也故令延壽北行末帝坐俟其敗晉祖入

洛罷相爲吏部尚書再遷太子少傅少帝嗣位改太子太傅漢祖登極轉太子太師時朝官分司在洛雖有留臺御史紀綱亦多不整肅遂勅文紀別令檢轄侍御史趙礪及糺分司朝臣中有行香拜表疏怠者楊邠怒凡疾病不任朝謁者皆與致仕官時文紀別令檢轄之職頗甚滋章因疾請假復爲留臺所奏遂以本官致仕廣順元年夏卒年七十六贈司徒輟視朝二日文紀平生積財巨萬及卒爲其子龜齡所費不數年間以至蕩盡由是多藏者以爲誡焉（永樂大典卷一萬七千九百一十）

馬裔孫字慶先棣州商河人（案以下原本有闕文）唐末帝即位用爲翰林學士戶部郎中知制誥賜金紫未滿歲改中書舍人禮部侍郎皆帶禁職尋拜中書侍郎平章事裔孫純儒性多凝滯遽登相位未悉朝廷舊事初馮道罷同州入朝拜司空唐朝故事三公爲加官無單拜者是時朝議率爾命道制出或曰三公正宰相便合參大政又云合受冊衆言藉藉盧文紀又欲祭祀時便令掃除馮道聞之曰司空掃除職也吾無所憚既而知非乃止劉昫爲僕射性剛羣情嫉之乃共贊右常侍孔昭序論行香次第言常侍侍從之臣立合在僕射之前行疏奏下御史臺定例同光已來李琪盧質繼爲僕射質性輕脫

不能守師長之體故昭序輕言裔孫以羣情不悅劉昫馮道欲微抑之乃責臺司須檢則例而臺吏言舊不見例據南北班位即常侍在前俄屬國忌將就列未定裔孫即判臺狀曰既有援據足可遵行各示本官劉昫怒揮袂而退自後日責臺司定例崔居儉謂南宮同列曰從昭序言語是朝廷人總不解語也且僕射師長也中丞大夫就班修敬常侍班在南宮六卿之下況僕射乎已前騎省年深望南宮工部侍郎如仰霄漢癡人畢止何取笑之深耶衆聞居儉言紛議稍息文士哂裔孫堂判有援據二字其中書百職裔孫素未諳練無能專決

但署名而已又少見賓客時人目之謂三不開謂口不開印不開門不開也及太原事起唐末帝幸懷州裔孫留司在洛未幾趙德鈞父子有異志官呰危急君臣計無所出俄而裔孫自洛來朝衆相謂曰馬相此來必有安危之策既至獻綾三百匹卒無獻可之言晉祖受命廢歸田里裔孫好古慕韓愈之爲人尤不重佛及廢居里巷追感唐末帝平昔之遇乃依長壽僧舍讀佛書冀申冥報歲餘枕藉黃卷中有華嚴楞嚴詞理富贍由是酷賞之仍抄撮之相形于歌詠謂之法喜集又纂諸經要言爲佛國記凡數千言或嘲之曰公生平以傳奕韓愈爲高識何前倨而後恭是佛佞公耶公佞佛耶裔孫笑而答曰佛佞予則多矣李崧相晉用李專美爲贊善裔孫以賓客致仕專美轉少卿裔孫得太子詹事晉漢公卿以裔孫好爲文章皆忻然待之太子即位就加檢校禮部尚書太子賓客分司在洛每閉關養素唯事謳吟著述嗜八分書往來酬答必親札以衒其墨蹟裔孫將卒之前覩白鵶緣于庭槐驅之失所在裔孫感賦鵩之文作槐蟲賦以見志廣順三年秋七月卒于洛陽詔贈太子少傅輟視朝一日裔孫初爲河中從事因事赴闕宿于邏店其地有上邏神祠夜夢神見召待以優禮

手授二筆其筆一大一小覺而異焉及爲翰林學士裔孫以爲契鴻筆之兆旋知貢舉私自謂曰此二筆之應也洎入中書上事堂吏奉二筆熟視大小如昔時夢中所授者及卒後旬日有侍婢靈語一如裔孫聲氣處分家事皆有倫理時人奇之〔永樂大典卷一萬七千九百一十〕

和凝字成績汶陽須昌人也九代祖逢堯唐高宗時爲監察御史自逢堯之下仕皆不顯曾祖敞祖濡皆以凝貴累贈太師父矩贈尚書令矩性嗜酒不拘禮節雖素不知書見士未嘗有慢色必罄家財以延接凝幼而聰敏姿狀秀拔神彩射人少好學書一覽者咸達其大義年十七舉明經至京師忽夢人以五色筆一束以與之謂曰子有如此才何不舉進士自是才思敏贍十九登進士第滑帥賀瓌知其名辟寘幕下凝善射時瓌與唐莊宗相拒于河上戰胡柳陂瓌軍敗而北惟凝隨之瓌顧曰子勿相隨當自努力凝泣而對曰丈夫受人知有難不報非素志也但恨未有死所旋有一騎士來逐瓌凝叱之不止遂引弓以射應弦而斃瓌獲免既而謂諸子曰昨非和公無以至此和公文武全才而有志氣後必享重位爾宜謹事之遂以女妻之由是聲望益隆後歷鄆鄧洋三府從事唐天成中入拜殿中侍御史歷禮

部刑部二員外改主客員外郎知制誥尋召入翰林充學士轉主客郎中充職兼權知貢舉貢院舊例放牓之日設棘于門及閉院門以防下第不逞者凝令撤棘啟門是日寂無喧者所收多才名之士時議以爲得人澠水燕談范質初舉進士時和凝知貢舉凝常以宰輔自期登第之日名第十三人及覽質文尤加賞歎卽第十三名處之場屋間謂之傳衣鉢若禪宗之相付授也後質果繼凝登相位明宗益加器重遷中書舍人工部侍郎皆充學士晉有天下拜端明殿學士兼判度支轉戶部侍郎會廢端明之職復入翰林充承旨晉祖每召問以時事言皆稱旨五年拜中書侍郎平章事六年秋晉高祖將幸鄴都時襄州安從政反狀已彰凝乃奏曰車駕離闕安從進或有悖逆何以待之晉高祖曰卿意如何凝曰以臣料之先人有奪人之心臨事卽不及也欲預出宣勅十數道密付開封尹鄭王令有緩急卽旋塡將校姓名令領兵擊之晉高祖從之及聞唐鄧奏報鄭王如所勅遣騎將李建崇監軍焦繼勳等領兵討焉相遇于湖陽從進出于不意甚訝其神速以至于敗由凝之力也少帝嗣位加右僕射開運初罷相守本官未幾轉左僕射漢興授太子太保國初遷太子太傅顯德二年秋以背疽卒于其第年五十八輟視朝兩日詔贈侍中凝性好修整自釋褐至登台輔車

服僕從必加華楚進退容止偉如也又好延納後進士無賢不肖皆虛懷以待之或致其仕進故甚有當時之譽平生爲文章于短歌豔曲尤好聲譽有集百卷自篆于板模印數百帙分惠于人焉宋朝類苑和魯公凝有豔詞一編名香奩集凝後貴乃嫁其名爲韓偓今世傳韓偓香奩集乃凝所爲也凝生平著述分爲演綸遊藝孝悌疑獄香奩籯金六集自爲遊藝集序云予有香奩籯金二集不行于世凝在政府避議論諱其名又欲後人知故于遊藝集序實之此凝之意也長子峻卒于省郎次子嶢錦繡萬花谷范蜀公蒙求云和嶢晉相和凝之子嶢生會凝入翰林加金紫知貢舉凝喜曰我仕生平美事三者併集此子宜于我矣因名曰三美皇朝爲司動員外郎永樂大典卷五千七百一十

蘇禹珪字玄錫其先出于武功近世家高密今爲郡人也父仲容以儒學稱于鄉里唐末舉九經補廣文助教還輔唐令累贈太師禹珪性謙和虛襟接物克搆父業以五經中第辟遼州倅職歷青鄆從事轉潞幷管記累檢校官至戶部郎中漢高祖作鎭幷門奏爲兼判開運末契丹入汴漢祖卽位于晉陽授中書侍郎平章事漢祖至汴兼刑部尚書俄加右僕射集賢殿大學士漢祖大漸與蘇逢吉楊邠等受顧命立少主明年轉左僕射三年太祖入平內難禹珪遁入都城爲兵士所擄翌日太祖令人求之旣見撫慰甚至尋復其位國初加守司空尋罷相守本官世宗嗣位封莒國公未幾受代歸第

顯德三年正月旦與客對食之際暴疾而卒時年六十二禹珪純厚長者遭遇漢祖及蘇逢吉夷滅禹珪恬然無咎時人以爲積善之報也子德祥登進士第累歷臺省永樂大典卷三千三百九十三

景範淄州長山人案以下原本有闕文景範父名初以戶部郎中致仕見世宗紀世宗之北征也命爲東京副留守車駕迴自河東世宗以艱于國用乃以範爲中書侍郎平章事判三司案册府元龜載世宗即位七月癸巳制曰朕自履宸極思平泰階出一令慮下民之未從行一事慮上玄之罔祐晨興夕惕終歲于玆雖禮讓漸聞興行而風雨未之咸若豈刑政之所闕而德教之未孚哉繇是進用良臣輔宣元化雖朕志先定亦輿情具瞻爰擇佳辰誕敷明命樞密院直學士中大夫尚書工部侍郎上柱國晉陽縣開國男食三百戶賜紫金魚袋景範昔佐先帝每罄嘉謨逮事眇躬愈傾忠節奉上得大臣之體檢身爲君子之儒一昨戎輅親征皇都是守贊勳賢于留府副徵發于行營軍政所需國用無闕今則靈臺偃草宣室圖功思先朝欲用之言成聖考得賢之美俾參大政仍掌利權爾其明聽朕言往欽玄化予欲則垂象而清品彙爾則順天道以序彝倫余欲恤刑名而息戰爭爾則謹憲章而恢廟略天人之際懸合軍民之事罔渝則國相之尊非爾孰處邦計之重惟財是臧勉思倜儻以致君勿效因循而保位竝聞成績用副虛懷可正議大夫中書侍郎平章事判三司範爲人厚重剛正無所屈撓然理煩治劇非其所長雖悉心盡瘁終無稱職之譽世宗知之因其有疾乃罷司計尋以父喪罷相東歸顯德三年冬以疾卒于鄉里優詔贈侍中官爲立碑焉永樂大典卷一萬七千九百一十案景範神道碑以顯德三年十二月立今尚存

史臣曰夫以稽古之力取秉鈞之位者豈常人乎然文紀耽于貨殖裔孫傷于齟齬則知全其德者鮮矣如成績之文彩玄錫之履行景範之純厚皆得謂之君子矣以之爰立何用不臧永樂大典卷二千三百九十二

舊五代史卷一百二十七終

舊五代史卷一百二十七攷證

周列傳七和凝傳欲預出宣敕十數道密付開封尹鄭王令有緩急即旋塡將校姓名令領兵擊之　案洛陽搢紳舊聞記作已命高行周爲招討張從恩爲都監仍令焦繼勳等數人備指使是晉祖未北征已命將校矣與是書異

補前盧文紀傳遂以本官致仕歐陽史周太祖入立即拜司空于家

舊五代史卷一百二十七攷證終

舊五代史卷一百二十八

宋司空同中書門下平章事薛居正等撰

周書十九

列傳第八

王朴字文伯東平人也父序以朴貴贈左諫議大夫朴幼警慧好學善屬文漢乾祐中擢進士第解褐授校書郎依樞密使楊邠館於邠第是時漢室寖亂大臣交惡朴度其必危因乞告東歸未幾李業輩作亂害邠等三族凡遊其門下者多被其禍而朴獨免國初世宗鎭澶淵朝廷以朴爲記室及世宗爲開封尹拜右拾遺充開封府推官世宗嗣位授比部郎中賜紫二年夏世宗命朝廷文學之士二十餘人各撰策論一首以試其才時朴獻平邊策云唐失道而失吳蜀晉失道而失幽幷觀所以失之由知所以平之術當失之時莫不君暗政亂兵驕民困近者姦于內遠者叛于外小不制而至于大大不制而至於僭天下離心人不用命吳蜀乘其亂而竊其號幽幷乘其間而據其地平之之術在乎反唐晉之失而已必先進賢退不肖以淸其時用能去不能以審其財恩信號令以結其心賞功罰罪以盡其力恭儉節用以豐其財徭役以時以阜其民俟其倉廩實器用備人可用而舉之彼方之民知我政化大行上下同心

力强財足人知將和有必取之勢則知彼情狀者願爲之間諜知彼山川者願爲之先導彼民與此民之心同是與天意同與天意同則無不成之功攻取之道從易者始當今吳國東至海南至江可撓之地二千里從少備處先撓之備東則撓西備西則撓東必奔走以救其弊奔走之間可以知彼之虛實衆之强弱攻虛擊弱則所向無前矣勿大舉但以輕兵撓之彼人怯知我師入其地必大發以來應數大發則必民困而國竭一不大發則我獲其利彼竭我利則江北諸州乃國家之所有也既得江北則用彼之民揚我之兵江之南亦不難而

平之也如此則用力少而收功多得吳則桂廣皆爲內臣岷蜀可飛書而召之如不到則四面並進席卷而蜀平矣吳蜀平幽可望風而至唯幷必死之寇不可以恩信誘必須以强兵攻之但亦不足以爲邊患可爲後圖俟其便則一削以平之方今兵力精練器用具備羣下知法諸將用命一稔之後可以平邊此歲夏秋便可於沿邊貯納臣書生也不足以講大事至於不達大體不合機變望陛下寬之（宋東都事略時朴與徐台符竇儀同議）世宗覽之愈重其器識未幾遷左諫議大夫知開封府事初世宗以英武自任喜言天下事常憤廣明之後中土日蹙值累

朝多事尙未克復慨然有包舉天下之志而居常計事者多不諭其旨唯朴神氣勁峻性剛決有斷凡所謀畫動愜世宗之意繇是急于登用尋拜左散騎常侍充端明殿學士知府如故是時初廣京城朴奉命經度凡通衢委巷廣袤之間靡不由其心匠及世宗南征以朴爲東京副留守車駕還京改戶部侍郎兼樞密副使未幾遷樞密使檢校太保頃之丁內艱尋起復授本官四年冬世宗再幸淮甸兼東京留守京邑庶務悉以便宜制之比及還蹕都下肅如也（默記引聞談錄云朴性剛烈大臣藩鎭皆憚之世宗收淮

南俾朴留守時以街巷隘狹例從展拆朴怒厢校弛慢于通衢中鞭背數十其人忿然歎云宜補厢虞候豈得便從洪朴微聞之命左右擒至立斃于馬前世宗聞之笑謂近臣曰此大愚人去王朴面前誇宜補厢虞候宜其死矣）六年三月世宗令樹斗門於汴口不踰時而歸朝是日朴方過前司空李穀之第交談之頃疾作而仆於座遽以肩輿歸第是夕而卒時年四十五（默記王朴仕周世宗制禮作樂攷定聲律正星歷修刑統百廢俱起又取三關取淮南皆朴爲謀然事世宗纔四年耳使假之壽考安可量也）世宗聞之駭愕卽時幸其第及柩前以所執玉鉞卓地而慟者數四贈賻之類率有加等優詔贈侍中（宋史王侁傳朴卒世宗幸其第召見諸孤以侁爲東頭供奉官）朴性敏銳然傷于太剛每稠人廣座之中正色高談無敢觸其鋒者故時人雖服其機變而無恭懿之譽其筆述之外多所該綜至如星緯

聲律莫不畢殫其妙所撰大周欽天歷及律準並行于世永樂大典卷一萬八千一百二十三　默記云周世宗于禁中作功臣閣畫當時大臣如李穀鄭仁誨之屬大祖即位一日過功臣閣風開半門正與朴象相對太祖望見卻立聳然整御袍襟帶磬折鞠躬左右曰陛下貴爲天子彼前朝之臣禮何過也太祖以手指御袍云此人在朕不得此袍著其敬畏如此　五代史闕文周顯德中朴與魏仁浦俱爲樞密使時太祖皇帝已掌禁兵一日有殿直乘馬誤衝太祖導從太祖自詣密地訴其無禮仁浦令徽院勘詰朴謂太祖曰太尉名位雖高未加使相殿直廷臣也與太尉比肩事主太尉況帶職不宜如此太祖唯唯而出臣謹按朴之行事傳于人口者甚眾而史氏缺書臣聞重修太祖實錄已于李穀傳中見朴遺事今復補其大者況太祖太宗在位每稱朴有上輔之器朝列具聞

楊凝式華陰人也父涉唐末梁初再登台席罷相守左僕射卒歐陽史楊涉傳云祖收父嚴吳縝纂誤云收與嚴乃兄弟非父子也又游宦紀聞載楊氏家譜云唐修行楊氏系出越公房本出中山相結次子繼生洛州刺史暉暉生河間太守恩恩生越恭公鈞出居馮翊至藏器徙潯陽唐相楊收之父曰遺直生四子名皆從又曰發假收嚴以四時爲義故發之子名皆從木假之子從火收之子從金嚴之子從水嚴生涉涉生凝式而收乃藏器之兄涉之伯也新五代史記唐六臣傳乃以收爲涉之祖嚴之父非也凝式體雖蕞眇而精神穎悟宣和書譜云凝式形貌寢侻然精神聳然要大于身富有文藻大爲時輩所推唐昭宗朝登進士第解褐授度支巡官再遷秘書郎直史館梁開平中爲殿中侍御史禮部員外郎三川守齊王張宗奭見而嘉之請以本官充留守巡官梁相趙光裔素重其才奏爲集賢殿直學士改考功員外郎唐同光初授比部郎中知制誥尋以心疾罷去改給事中史館修撰判館

事明宗即位拜中書舍人復以心疾不朝而罷長興中歷右常侍工戶部二侍郎以舊恙免改秘書監清泰初遷兵部侍郎唐末帝按兵於懷覃凝式在扈從之列頗以心恙譃譁於軍砦末帝以其才名優容之詔遣歸洛晉天福初改太子賓客尋以禮部尚書致仕閑居伊洛之間恣其狂逸多所干忤自居守以降咸以俊才耆德莫之責也晉開運中宰相桑維翰知其絕俸粮于家食奏除太子少保分司於洛案游宦記聞引楊凝式傳所載仕梁仕晉年月皆與薛史異漢乾祐中歷少傅少師太祖總政凝式候于軍門且以年老不任庶事上訴太祖特爲奏免之廣順中表求致政尋以右僕射得請顯德初改左僕射又改太子太保並懸車元年冬卒于洛陽年八十五詔贈太子太傅凝式長於歌詩別傳云凝式詩什亦多雜以詼諧少從張全義辟故作詩紀全義之德云洛陽風景實堪哀昔日曾爲瓦子堆不是我公重葺理至今猶自一堆灰他類若此張從恩尹洛凝式自汴還時飛蝗蔽日偶與之俱凝式先以詩寄日押引蝗蟲到洛京合消郡守遠相迎從恩弗怪也然凝式詩句自佳其題壁有院似禪心靜花如覺性圓清麗可喜善于筆札洛州寺觀藍墻粉壁之上題紀殆遍時人以其縱誕有風子之號焉永樂大典卷六千五百十二　五代史補楊凝式父涉爲唐宰相太祖之篡唐祚也涉當送傳國璽時凝式方冠諫曰大人爲宰相而國家至此不可謂之無過而更手持天子印綬以付他人保富貴其如千載之後云云何其宜辭免之時太祖恐唐室大臣不利于己往往陰使人來採訪羣議縉紳之士及禍甚眾涉常不自保忽聞凝式言大駭曰汝

溉吾族于是神色沮喪者數日凝式恐事泄即日遂佯狂時人謂之楊風子也　游宦紀聞載凝式年譜云唐咸通十四年癸巳凝式　是年生故題識多自稱癸巳人　又別傳云凝式字景度　別傳云凝式雖仕歷五代以心疾閒居故時人目以風子其筆迹遒放宗師歐陽詢與顏真卿而加以縱逸既久居洛多遨遊佛道祠遇山水勝槩輒留連賞詠有垣牆圭缺處顧視引筆且吟且書若與神會率寶護之其號或以姓名或稱癸巳人或稱楊虛白或稱希維居士或稱關西老農其所題後或真或草不可原詰而論者謂其書自顏中書後一人而已其佯狂之迹甚著卜第于尹京之側過入府前輿後馬猶以爲遲乃杖策徒行市人隨笑之嘗迫冬家人未挾纊會有故人過洛贈以綿五十兩絹百端凝式悉留之修行尼舍俾造纊以施崇德普明兩寺飯僧其家雖號寒啼饑而凝式不屑屑也留守聞其事乃自製衣給米遺之凝式笑謂家人曰我固知留守必見賙也每旦起將出僕請所之楊曰宜東遊廣愛寺僕曰不若西遊石壁寺凝式舉鞭曰姑遊廣愛僕又以石壁爲請凝式乃日姑遊石壁閒者拊掌

薛仁謙字守訓代居河東近世徙家于汴今爲浚儀人也父延魯仕唐爲汝州長史累贈吏部尙書仁謙謹厚廉恪深通世務梁鄴王羅紹威甚重之累署府職唐莊宗卽位於魏授通事舍人梁開平中聘于吳得使乎之體遷衞尉少卿引進副使累加檢校兵部尙書長興中轉客省使鴻臚少卿出爲建雄軍節度副使進階光祿大夫檢校左僕射改光祿少卿晉天福初授檢校司空河中節度副使歸朝爲衞尉太僕二卿丁繼母憂居喪制滿授司農卿漢乾祐中以本官致仕周初改太子賓客致仕仍加檢校司徒進封侯爵顯德三年冬以疾終年七十八贈工部尙書初仁謙隨莊宗入汴也有舊第爲梁朝六宅使李賓所據時賓遠適而仁謙復得其第或告云賓之家屬厚藏金帛在其第內仁謙立命賓親族盡出所藏而後入焉論者美之子居正皇朝門下侍郎平章事（永樂大典卷二萬一千三百六十七）

蕭愿字惟恭梁宰相頃之子也頃明宗朝終于太子少保唐書有傳初愿之曾祖倣唐僖宗朝入相接客之次愿爲兒童戲效傳呼之聲倣謂客曰余豈敢以得位而喜所幸奕世壽考吾今又有曾孫在目前矣愿弱冠舉進士第解褐爲校書郎改畿尉直史館監察殿中侍御

史遷比部員外右司郎中太常少卿明宗朝祀大微宮愿乘醉預公卿之列爲御史所彈左遷右贊善大夫未幾授兵部郎中復金紫丁內艱服闋自左司郎中拜右諫議大夫歷給事中右常侍祕書監改太子賓客廣順元年春卒贈禮部尙書愿性純謹承事父母未嘗不束帶而見然性嗜酒無節職事弛慢爲兵部郎中日常掌告身印覃恩之次頗怠職司父頃爲吏部尙書代愿視印篆其散率如此愿卒時年七十餘其母猶在一門壽考人罕及者（永樂大典卷五千二百二十五）

盧損其先范陽人也近世任於嶺表父頵遊宦于京師

損少學爲文梁開平初舉進士性頗剛介以高情遠致自許與任贊劉昌素薛鈞高總同年擢第所在相詬時人謂之相罵榜及任贊劉昌素居要切之地而損自異不相親狎時左丞李琪素薄劉昌素之爲人常善待損琪有女弟耻長年婚對不售乃以妻損損慕琪聲稱納之及琪爲輔相致損仕進梁貞明中累遷至右司員外郎唐天成初由兵部郎中史館修撰轉諫議大夫屢上書言事詞理淺陋不爲名流所知清泰中盧文紀作相與損參議時政初長興中唐末帝鎭河中損嘗爲加恩使副及末帝卽位用爲御史中丞拜命之日以自前憲使不能振舉綱領俾風俗頹壞乃大爲條奏而有乖明放論日出守端之語大爲士人嗤鄙有頃誤詳赦書失出罪人停任晉天福中復爲右散騎常侍轉秘書監大失所望卽拜章辭位乃授戶部尚書致仕退居潁川時少保李鏻年將八十善服氣導引損以鏻遐有道術酷慕之仍以潁川逼于城市乃卜居陽翟誅茅種藥山衣野服逍遙于林圃之間出則柴車鶴氅自稱具茨山人晚年與同輩五六人于大隗山中疏泉鑿坏爲隱所誓不復出山久之齒髮不衰似有所得廣順三年秋卒時年八十餘贈太子少傅（永樂大典卷二千二百十二）

王仁裕字德輦天水人少孤不從師訓年二十五方有意就學一夕夢剖其腸胃引西江水以浣之又睹水中砂石皆有篆文因取而吞之及寤心意豁然自是姿性絕高（案此下有闕文輿地紀勝云王仁裕知貢舉時所取進士三十三人皆一時名公卿李昉王溥爲冠）有詩萬餘首勒成百卷目之曰西江集蓋以嘗夢吞西江文石遂以爲名焉後爲兵部尚書太子太保卒（册府元龜卷八百九十三 輿地紀勝仁裕所著有紫泥集西江集入洛記共百卷 五代史補王尚書仁裕乾□初放一榜二百一十四人乃自爲詩云二百一十四門生春風初動羽毛輕擲金換却天邊桂鑿壁偷將榜上名陶轂爲尚書素好恢諧見詩佯聲曰大奇大奇不意王仁裕今日做賊頭也聞者皆大笑）

裴羽字用化唐僖宗朝宰相贄之子也羽少以父任爲河南壽安尉入梁遷御史臺主簿改監察御史唐明宗時爲吏部郎中使于閩遇颶風飄至錢塘時安重誨用事削奪吳越封爵羽被留于錢塘後吳越復通中國羽始得還晉初累遷禮部侍郎太常卿廣順初爲左散騎常侍卒贈工部尚書羽之使閩也正使陸崇卒于道羽載其喪還歸其槖裝時人義之（永樂大典卷三千二百一）

段希堯河內人也祖約定州戶掾贈太常少卿父昶晉州神山縣令累贈太子少保希堯少有器局累歷州縣唐天成中爲衛州錄事參軍會晉高祖作鎭于鄴聞其勤幹奏改洺州糾曹及晉祖鎭太原辟爲從事清泰中

晉祖總戎于代北一日軍亂遽呼萬歲晉高祖惑之希堯曰夫兵猶火也弗戢將自焚遽請戮其亂首乃止明年晉祖將舉義于太原召賓佐謀之希堯極言以拒之晉祖以其純朴弗之咎也晉祖龍飛霸府舊寮皆至達官唯希堯止授省郎而已天福中稍遷右諫議大夫尋命使于吳越及乘舟汎海風濤暴起檝師僕從皆相顧失色希堯謂左右曰吾平生履行不欺暗室昭昭天鑒豈無祐乎汝等但以吾爲托必當無患言訖而風止乃獲利涉使廻授萊州刺史檢校尚書右僕射未赴任改懷州六年秋移棣州刺史兼權鹽鐵制置使少帝嗣位

加檢校司空開運中歷戸部兵部侍郎漢初遷吏部侍郎判東西兩銓事國初拜工部尚書世宗嗣位轉禮部尚書顯德三年夏卒于洛陽時年七十九贈太子少保子思恭右諫議大夫（永樂大典卷一萬六千三百一十）

司徒詡字德普清河郡人也父倫本郡督郵以清白稱詡少好讀書通五經大義弱冠應鄉舉不第唐明宗之鎮邢臺詡往謁之甚見禮遇命試吏于邯鄲歷永年項城令皆能名長興初唐末帝鎮河中奏辟爲從事未幾徵拜左補闕史館修撰秦王從榮之開府也朝廷以詡爲戸部員外郎充河南府判官秦王遇害以例貶寧州司馬清泰初爲兵部員外郎晉祖踐祚改刑部郎中充度支判官樞密直學士由兵部郎中遷左諫議大夫給事中充集賢殿學士判院事轉左散騎常侍工部侍郎歷知許齊亳三州事漢初除禮部侍郎凡三主貢舉自起部貳卿不數年間徧歷六曹由吏部侍郎拜太子賓客世宗即位授太常卿時世宗留意于雅樂議欲考正其音而詡爲足疾所苦居多假告遂命以本官致仕顯德六年夏卒于洛陽之私第年六十有六贈工部尚書詡善談論性嗜酒喜賓客亦信浮屠之教漢乾祐中嘗使于吳越航海而往至渤澥之中睹水色如墨舟人曰

其下龍宮也詡因炷香輿念曰龍宮珍寶無用俟廻棹之日當以金篆佛書一帙用伸贄敬洎復經其所遂以經一函投于海中俄聞梵唄絲竹之音喧于船下舟人日此龍王來迎其經矣同舟百餘人皆聞之無不歎訝焉（永樂大典卷二千一百二十八）

邊蔚字得昇長安人父操華州下邽令累贈太子少師（宋史邊珝華州鄭人也曾祖頡石泉令祖操下邽令父蔚太常卿通鑑峻至商州得腹疾帝猶憫之命其妻往視之未幾而卒）蔚幼孤篤學有鄉里譽從交辟歷晉陝華三府從事唐莊宗之伐蜀大軍出于華下時屬華方闕帥蔚爲記室詔令權領軍府事供億軍儲甚有幹濟之稱及

明宗入洛遣李冲賫詔于闕右盡誅閹官冲性深刻而華人有爲閹官所累者冲欲盡戮之蔚以理救護獲免者甚衆毛璋之鎮邠寧奏爲廉判時璋爲麾下所惑有跋扈之意蔚因乘間極言諭以逆順之理璋卽時遣妻子入貢朝廷以蔚有贊畫之效賜以金紫改許州戎判晉天福初自涇州戎幕徵拜虞部員外郎鹽鐵判官歷開封廣晉少尹晉少帝嗣位拜左散騎常侍判廣晉府事轉工禮二部侍郎再知開封府事開運初出爲亳州防禦使爲政清肅亳民感之歲餘入爲戶部侍郎漢初拜御史中丞轉兵部侍郎太祖受命復知開封府事遷

太常卿後以足疾辭位顯德二年冬卒于家時年七十一子玕瑚俱仕皇朝爲省郎（永樂大典卷四千七百二十）

王敏字待問單州金鄉人性純直少力學攻文登進士第後依杜重威凡歷數鎮從事漢初杜重威叛于鄴時敏爲留守判官嘗泣諫重威懇請歸順重威始雖不從及其窮也納敏之言以其城降時魏之饑民十猶四五咸保其餘生者敏之力也入朝拜侍御史世宗鎮澶淵太祖以敏謹厚遂命爲澶州節度判官及世宗尹正王畿改開封少尹世宗嗣位權知府事旋拜左諫議大夫給事中遷刑部侍郎敏嘗以子壻陳南金薦于曹州節度使李繼勳表爲記室其後繼勳僨軍于壽春及歸闕而無待罪之禮世宗以繼勳武臣不之責也因遷怒南金謂其裨贊無狀乃黜之敏由是連坐遂貶其官歲餘復拜司農卿顯德四年秋以疾卒（永樂大典卷六千八百五十一）

舊五代史卷一百二十八終

舊五代史卷一百二十八攷證

周列傳八楊凝式傳歷右常侍工戸二部侍郎　案別傳作工禮戸三部侍郎

年八十五　案別傳作八十二

裴羽傳贈工部尙書　案歐陽史作戸部尙書

段希堯傳河內人也　案宋史段思恭傳作澤州晉城人

舊五代史卷一百二十八攷證

舊五代史卷一百二十九

宋司空同中書門下平章事薛居正等撰

列傳第九　　周書二十

常思字克恭太原人也父仁岳河東牙將累贈太子太師唐莊宗之爲晉王也廣募勝兵時思以趫悍應募累從戎役後爲長直都校歷捧聖軍使晉初遷六軍都虞候漢高祖出鎭幷門奏以思從行尋表爲河東牢城都指揮使以勤幹見稱漢國初建授檢校太保遥領鄧州漢有天下遷檢校太尉昭義軍節度使乾祐初李守貞叛于河中太祖征之朝廷命思帥部兵以副焉既而御衆無能勤歸舊落思在上黨凡五年無令譽可稱唯以聚斂爲務性又鄙吝未嘗與賓佐有酒肴之會嘗有從事欲求謁見者思覽剌而怒曰彼必是來獵酒也命典客者飮而遣之其鄙悋也如是太祖受命就加平章事初太祖微時以季父待思及卽位遣其妻入覲太祖拜之如家人之禮仍呼爲叔母其恩顧如是廣順二年秋思來朝加兼侍中移鎭宋州三年夏詔赴闕改授平盧軍節度使思將赴鎭奏太祖云臣在宋州出鎭得絲十餘萬兩謹以上進請行徵督太祖領之尋詔本州折券以諭其民及到鎭未幾染風痺之疾上表請醫既而昇

疾歸洛顯德元年春卒年六十有九贈中書令永樂大典卷六千八百一十二

翟光鄴字化基濮州鄄城人父景珂倜儻有膽氣梁貞明初唐莊宗始駐軍于河上景珂率聚邑人守永定驛固守踰年後爲北軍所攻景珂戰没衆潰光鄴時年十歲爲明宗軍所俘以其穎悟俾侍左右字之曰永定既冠沈毅有謀莅事寡過明宗即位時深委遇累遷至皇城使檢校司空長興中樞密使安重誨得罪時光鄴與中官孟小僧頗有力焉居無何出爲耀州團練使清泰初入爲左監門衛大將軍晉天福中歷棣沂二州刺史

西京副留守開運初授宣徽使楊光遠叛滅青州平除爲防禦使朝廷以兵亂之後人物凋弊故命光鄴理之光鄴好聚書重儒者虛齋論議唯求理道時郡民喪亡十之六七而招懷撫諭視之如傷故期月之間流亡載輯契丹入汴僞命權知曹州李從益假號以光鄴明宗舊臣署爲樞密使漢祖至汴改左領衛大將軍乾祐初遷右金吾衛大將軍充街使檢校太保太祖踐祚復授宣徽使左千牛衛上將軍檢校太傅數月兼樞密副使會永興李洪信入朝代知軍府廣順二年十月卒于長安時年四十六光鄴有器度愼密敦厚出于天然喜慍不形于色事繼母以孝聞兄弟皆雍睦雖食祿日久家無餘財任金吾日假官屋數間以蔽風雨親族累重糲食纔給人不堪其憂光鄴處之晏如也賓朋至則貰酒延之談說終日略無厭倦士大夫多之及權知京兆以寬靜爲治前政有煩苛之事一切停罷百姓便之及病甚召親隨于卧內戒之曰氣絶之後以屍歸洛不得于此停留慮煩軍府言訖而終京兆吏如喪所親或有以槃酒遥奠者樞密使王峻素重光鄴且欲厚卹其家爲之上請故自終及葬所賜賻賵幾千計詔贈太子少師光鄴肅格肥皙善于攝養故司天監趙延乂有袁許之術

嘗謂人曰翟君外厚而內薄雖貴而無壽果如其言永樂大典卷二萬二千二百四十

曹英字德秀舊名犯太祖廟諱故改焉本常山鎮定人也父全武事趙王王鎔爲列校英因得隸于鎔之帳下及張文禮之亂唐莊宗奄有其地乃錄鎔之左右署爲散指揮使明宗即位英侍于仗下問其祖考英以寔對明宗曰乃朕之舊也擢爲本班行首每加顧遇晉天福中遷奪手軍使平張從賓于汜水以功授本軍都校漢初改奉國軍主加檢校司徒兼康州刺史乾祐初李守貞據河中叛授行營步軍都校河中平遷本軍廂主領

岳州防禦使隨太祖在魏爲北面行營步軍都校從平內難國初以翊戴功授昭武節度使檢校太傅侍衞步軍都指揮使二年春總兵討慕容彥超于兗州梯衝塹壘頗有力焉夏五月太祖親征因幷兵攻陷其城及凱旋領彰信軍節度使典軍如故世宗嗣位加同平章事授成德軍節度使車駕自太原廻加兼侍中顯德元年冬卒于鎭時年四十九制贈中書令英性沉厚謙恭有禮雖袵席之際接對賓客亦未嘗造次及卒搢紳之士亦皆惜之（永樂大典卷四千六百四十）

李彥頵字德循太原人也本以商賈爲業太祖鎭鄴寘之左右及卽位歷綾錦副使推易使世宗嗣位以彥頵有舊超授內客省使未幾知相州軍府事尋改延州兵馬留後到鎭頗以殖貨爲意窺圖賧利侵漁蕃漢部人羣情大擾會世宗南征蕃部結聚圍廹州城彥頵閉壁自守求援于隣道賴救兵至乃解世宗不悅徵赴京師然猶委曲庇護竟不之責尋爲西京水南巡檢使居無何命權知泗州軍州事改滄州兩使留後彥頵到任處置乖方大爲物情所鄙顯德六年秋受代歸闕遇疾而卒時年五十二（永樂大典卷一萬三百九十）

李暉字順光瀛州束城人弱冠應募于龍驤軍漢祖領河東暉請從因得署爲河東牙將漢有天下授檢校司徒大內皇城使未幾遷宣徽南院使乾祐初拜河陽節度使檢校太傅太祖登極加同平章事尋移鎭滄州顯德元年就加兼侍中二年秋以世宗誕慶節來朝改邠州節度使五年移鎭鳳翔歲餘卒于鎭優詔贈中書令暉之儀貌不及于常人而位極將相年登耳順袁許之術夫何恃哉然性貪鄙而好小惠以邀虛譽故在河陽及滄州日民皆詣闕請立碑以頌其美識者亦未之許也（永樂大典卷一萬三百九十）

李建崇潞州人少從軍善騎射初事唐武皇爲鐵林都將轉突騎飛騎二軍使從莊宗攻常山察巴堅（舊作阿保機今改正）來援莊宗率親軍千騎遇于滿城兵少爲契丹所圍時建崇爲親將與契丹格鬬自午至申會李嗣昭騎至契丹乃解去同光中自龍武捧聖都指揮使出歷襄秦徐雍都指揮使建崇性純厚處身任過不能巧宦以致久滯偏裨明宗嘗掌牙兵與建崇共事及卽位甚愍之連授磁沁二郡入晉爲申州刺史天福七年冬襄州安從進搆逆率眾寇南陽時建崇領步騎千餘屯于葉縣開封尹鄭王遣宣徽使張從恩皇城使焦繼勳率在京諸軍會建崇軍拒賊至湖陽縣之花山遇從進軍建崇

接戰大敗之以功授亳州團練使襄陽平遷安州防禦使歷河陽邢州兵馬留後漢初入爲右衛大將軍年逾七十神氣不衰建崇始自代北事武皇至是四十餘年前後所掌兵麾下部曲多至節鉞零落殆盡唯建崇雖位不及藩屏而康强自適以至期耄太祖即位授左監門衛上將軍廣順三年春卒贈黔南節度使（永樂大典卷一萬三百九十）

王重裔陳州宛邱人父達歷安均洺三州刺史因家于洺重裔幼沉厚有勇善騎射年未及冠事莊宗爲廳直管契丹直從安汴洛累爲禁軍指揮使晉天福中鎮州

安重榮謀叛稱兵指闕朝廷命杜重威率師拒之賊陣于宗城東晉軍進擊之再合不動杜重威懼謀欲抽退重裔曰兵家忌退但請公分麾下兵擊其兩翼重裔爲公陷陣當其中軍彼必狼狽矣重威從之重榮即時退衂遂敗以功遷護聖右廂都指揮使領費州刺史漢初仍典禁軍從征鄴都平遷深州刺史淮夷以李守貞故數侵地以重裔爲亳州防禦使又令于徐州巡檢兼知軍州就加檢校太傅太祖踐祚加爵邑改功臣廣順元年夏以疾卒年五十三贈武信軍節度使（永樂大典卷六千八百五十）

孫漢英太原人也父重進事唐武皇莊宗爲大將賜姓名存進唐書有傳漢英少事戎伍稍至都將遷東面馬步軍都指揮使清泰初與元節度使張虔釗失律于岐下遂以其地西臣于蜀漢英兄漢韶時爲洋州節度使因茲阻隔亦送款于蜀由是漢英與弟漢筠久之不調漢乾祐中太祖西征蒲雍以漢英戚里之分奏于軍中指使蒲雍平班師隱帝以漢英爲絳州刺史檢校司徒廣順元年冬卒于都（永樂大典卷一萬八千一百三十三）

許遷鄆州人也初爲本州牙將性剛獷漢乾祐初爲左屯衛將軍與少府監馬從斌同監造漢祖山陵法物節

財省用減數萬計改左監門大將軍又加檢校司空漢末權知隰州太祖踐祚劉崇遣子鈞率兵寇平陽路由于隰賊衆攻城城中兵少遷感激指諭士鬬兼倍賊衆傷夷尋自退去太祖降詔撫諭正授隰州刺史遷切于除盜嫉惡過當或釘磔賊人令部下臠割誅斷不合死罪人其家詣闕致訟詔下開封府獄時陳觀爲知府素與遷不協深劾其事欲追遷對訟太祖以事狀可原但罷郡而已遷既奉朝請因大詬陳觀謂王峻曰相公執政所與參議宜求賢德如陳觀者爲儒無家行爲官多任情苟知其微屑沽兒恥與爲侶況明公乎峻無以沮

之旣而嬰疾請告歸汶上而卒永樂大典卷一萬八千一百三十三

趙鳳冀州棗强縣人幼讀書舉童子旣長凶豪多力以殺人暴掠爲事吏不能禁安重榮鎭常山招聚亡命鳳乃應募旣而犯法當死卽破械踰獄遁而獲免天福中趙延壽爲契丹鄉導歲侵深冀鳳往依焉契丹主素聞其桀黠署爲羽林軍使累遷羽林都指揮使常令將兵在邊貝冀之民日罹其患晉末契丹入洛鳳從至東京授宿州防禦使漢祖卽位受代歸闕尋授河陽行軍司馬乾祐初入爲龍武將軍丁父憂起復授右千牛衛大將軍漢末都城變起兵集之夜無不剽之室唯鳳里閭

舊五代史卷一百二十九　列傳　八

兵不敢犯人皆服其膽勇廣順初用爲宋亳宿三州巡檢使鳳出于伏莽尤知盜之隱伏乃誘致盜魁于麾下厚待之每桴鼓之發無不擒捕衆以爲能然平民因捕盜而破家者多矣鳳善事人或使臣經由靡不傾財厚奉故得延譽而掩其醜迹太祖聞其幹事用爲單州刺史旣剛忿不仁得位愈熾刑獄之間尤爲不道嘗掠奪人之妻女又以進奉南郊爲名率斂部民財貨爲人所訟廣順三年十二月詔削奪鳳在身官爵尋令賜死永樂大典卷一萬五千九百九十一

齊藏珍少歷內職累遷諸衛將軍前後監押兵師在外頗稱幹事然險詖無行殘忍辯給無不畏其利口廣順中奉命滑州界巡護河隄以弛慢致河決除名配沙門島世宗在西班時與藏珍同列每聆其談論或剖判世務似有可采及卽位自流所徵還泰鳳之役監偏師及淮上用兵復委監護與軍校何超領兵降下光州藏珍欺隱官物甚多超以爲不可藏珍曰沙門島已有屋數間不失再去矣其不畏法也如此世宗旣破紫金山砦追吳寇至渦口因與藏珍言及克捷之狀對曰陛下神武之功近代無比于文德則未光世宗頷之又問以楊州之事對曰揚州地實卑濕食物例多腥腐臣去歲在

舊五代史卷一百二十九　列傳　九

彼人以鱓魚饋臣者視其盤中虬屈一如蛇虺之狀假使鸛雀有知亦應不食豈況于人哉其敷奏大率多此類聞者無不悚然一日又奏云唐景思已爲刺史臣猶未嘗聖澤世宗俛而從之時濠梁未下卽命爲濠州行州刺史及張永德與李重進有間言藏珍嘗游說重進洎壽陽兵廻諸將中有以藏珍之言上奏者世宗怒急召赴闕四年夏以其冒稱檢校官罪按其事而斃之蓋不欲暴其惡跡也永樂大典卷一萬八千一百三十三

王環本真定人唐天成初孟知祥鎭西川環往事之及知祥建號環典軍衞孟昶嗣位環兼領左右衞顯德二

年秋王師西伐時環爲鳳州節度使初偏師傅其城下爲環所敗裨將胡立爲環所擒是冬王師大集急攻其城蜀之援兵相次敗走環聞之守備愈堅王師攻擊數月方克城陷環就擒及到闕世宗以忠于所事釋其罪授右驍衛大將軍四年冬世宗南征環隨駕至泗州遇疾而卒 永樂大典卷一萬八千一百三十三

張彥超本沙陀部人也素有郤克之疾時號爲跛子初以騎射事唐莊宗爲馬直軍使莊宗入汴授神武指揮使明宗嘗以爲養子天成中擢授蔚州刺史素與晉高祖不協屬其總戎于太原遂舉其城投于契丹即以爲雲州節度使契丹之南侵也彥超率部衆頗爲鎭魏之患及契丹入汴遷侍衛馬軍都校尋授晉昌軍節度使漢高祖入洛彥超飛表輸誠移授保大軍節度使乾祐初奉詔歸闕止奉朝請而已太祖自鄴入平內難隱帝令彥超董騎軍爲拒劉子陂兵亂彥超先謁見太祖廣順中授神武統軍顯德三年冬以疾終于第制贈太子太師 永樂大典卷五千三百六十

張穎太原人駙馬都尉永德之父也累爲藩郡列校由內職歷諸衛將軍國初以戚里之故自華州行軍司馬歷郢懷二州刺史遷安州防禦使穎性卞急峻刻不容人之小過雖左右親信亦皆怨之部曲曹澄有處女穎逼而娶之澄遂與不逞之徒數人同謀害穎中夜挾刃入于寢門執穎而殺之遂奔于金陵世宗征淮南以永德之故命江南李景令執澄等送行在及至世宗以澄等賜永德俾甘心而戮之 永樂大典卷六千三百五十二

劉仁贍略通儒術好兵書在澤國甚有聲望吳主知之累遷爲僞右監門衛將軍歷黃袁二州刺史所至稱治洎李景僭襲僞位俾掌親軍遷鄂州節度使居數年復以兵柄任之改壽州節度使及王師渡淮而仁贍固守甚堅洎世宗駐蹕于其壘北數道齊攻填壍陷壁晝夜

不息如是者累月世宗臨城以諭之而仁贍但遜詞以謝及車駕還京命李重進總兵守之復乘間陷我南砦自是圍之愈急城中饑死者甚衆三年冬淮寇復來救援立砦于紫金山夾道相屬纍然數十里垂及壽壁而重進兵幾不能支世宗患之遂復議親征車駕至壽春令今上率師破紫金山之衆擒其應援使陳承昭以獻仁贍聞援兵既敗計無所出但扼腕浩歎而已會世宗以紫金山之捷飛詔以諭之時仁贍臥疾已亟因翻然納款而城內諸軍萬計皆屏息以聽其命及見于行在世宗撫之甚厚賜與加等復令入城養病尋授天平軍

節度使兼中書令制出之日薨于其家年五十八世宗聞之遣使弔祭命內臣監護喪事進封彭城郡王後以其子崇讚爲懷州刺史仁贍輕財重士法令嚴肅重圍之中其子崇諫犯軍禁卽令斬之故能以一城之衆連年拒守逮其來降而其下未敢竊議者保其後嗣抑有由焉崇讓仕周累爲郡守幼子崇諒後自江南歸于本朝亦位至省郎 永樂大典卷九千九十六

舊五代史卷一百二十九終

舊五代史卷一百二十九攷證

周列傳九張顥傳國初以戚里之故自華州行軍司馬歷郢懷二州刺史遷安州防禦使 案宋史作事晉爲安州防禦使與是書異

劉仁贍傳時仁贍臥疾已亟因翻然納款 案歐陽史云仁贍固守三月病甚已不知人其副使孫羽詐爲仁贍書以城降是仁贍未嘗親納款于周也是書作翻然納款蓋仍周實錄原文未及釐正

安巴堅舊作阿保機今改

補前趙鳳傳 鳳往依焉宋史荊罕儒傳云罕儒少無賴與趙鳳張輦爲羣盜晉天福中相率詣燕王趙延壽得掌兵權

補前張顥傳 駙馬都尉永德之父也宋史列傳永德并州陽曲人家世饒財曾祖丕尚氣節後唐武皇鎮太原急于用度多嚴選富家子掌帑庫或調度不給卽坐誅沒入貲産丕爲之滿歲府財有餘宗人正當次補其任率屬泣拜請丕濟其急丕又爲代掌一年鄉里服其義

舊五代史卷一百二十九攷證

宋司空同中書門下平章事薛居正等撰

列傳十　周書二十一

王峻字秀峯相州安陽人也父豐本郡樂營使峻幼慧黠善歌梁貞明初張筠鎮相州憐峻敏惠遂畜之及莊宗入魏州筠棄鎮南渡以峻自隨時租庸使趙巖訪筠于其第筠召峻聲歌以侑酒巖悅筠因以贈之頗得親愛梁亡趙氏族滅峻流落無依寄食于符離陳氏之家久之彌窘乃事三司使張延朗所給甚薄清泰末延朗誅漢祖盡得延朗之資產僕從而峻在籍中從歷數鎮

常爲典客漢祖踐祚授客省使奉使荊南留于襄漢爲監軍入爲內客省使及趙思綰作亂于永興漢隱帝命郭從義討之以峻爲兵馬都監從義與峻不協甚如水火未幾改宣徽北院使賊平加檢校太傅轉南院使太祖鎮鄴兼北面兵馬峻爲監軍留駐鄴城隱帝蕭牆變起峻亦爲羣小所搆舉家見害從太祖赴闕綢繆帷幄贊成大事峻居首焉京師平定漢太后令充樞密使太祖北征至澶州爲諸軍擁廹峻與王殷在京聞變乃遣侍衞馬軍都指揮使郭崇往宋州前申州刺史馬鐸往許州以防他變二州安然亦峻之謀也太祖踐祚加平章事尋兼右僕射門下侍郎平章事監修國史時朝廷初建四方多故峻夙夜奉事知無不爲每侍太祖商榷軍事未嘗不移時而退甚有裨益然爲性輕躁舉措率易以天下之事爲己任每有啓請多自任情太祖從而順之則忻然而退稍未允可則應聲而慍不遜之語隨事輒發太祖素知其爲人且以佐命之故每優容之峻年長于太祖二歲太祖雖登大位時以兄呼之有時呼表字不忘布衣之契也峻以此益自負焉廣順元年冬劉崇與契丹圍晉州峻請行應援太祖用爲行營都部署以徐州節度使王彥超爲副詔諸軍並取峻節度許

峻以便宜從事軍行資用仰給于官隨行將吏得自選擇將發之前召宴于滋德殿太祖出女樂以寵之奉辭之日恩賜優厚不拘常制及發太祖幸西莊親臨宴餞別賜御馬玉帶執手而別峻至陝駐留數夕劉崇攻晉州甚急太祖憂其不可及議親征取澤州路入與峻會合先令諭峻峻遣驛騎馳奏請車駕不行幸時已降御札行有日矣會峻奏至乃止峻軍既過絳郡距平陽一舍賊軍燔營狠狽而遁峻入晉州或請追賊必有大利峻猶豫久之翌日方遣騎軍襲賊信宿而還向使峻極力追躡則幷汾之孽無噍類矣峻亦深恥無功因計度

增修平陽故城而廻時永興軍節度使李洪信漢室之密戚也自太祖踐祚恆有憂沮之意而本城軍不滿千峻出征至陝州以救援晉州爲辭抽起數百人及劉崇北遁又遣禁兵千餘人屯于京兆洪信懼遂請入朝峻軍迴太祖厚加優賜時慕容彥超叛于兖州已遣侍衞步軍都指揮使曹英客省使向訓率兵攻之峻意欲自將兵討賊累言于太祖曰慕容劇賊曹英不易與之敵耳太祖默然未幾親征命峻爲隨駕一行都部署破賊之日峻督軍在城南其衆先登頗有得色從駕還京未幾貢表乞解樞機卽時退歸私第峻貪權利多機數好

施小惠喜人附己太祖登極之初務存謙抑潛龍將佐未甚進用其後鄭仁誨李重進向訓等稍遷要職峻心忌之至是求退蓋偵太祖之意也未陳請之前多發外諸侯書以求保證旬浹之內諸道馳騎進納峻書聞者驚駭其事峻連貢三章中使宣諭無虛日太祖嚴駕將幸其第峻聞之卽馳馬入見太祖慰勞久之復令視事竣又于北院之東別建公署廊廡廳事高廣華侈及土木之功畢請太祖臨幸恩賜甚厚其後內園新起小殿峻視之奏曰宮室已多何用于此太祖曰樞密院舍宇不少公更自興造何也峻慙默而退時峻以前事趙巖頗承寵愛至是欲希贈官立碑或謂峻曰趙巖以諸侯事君破壞梁室至今言者無不切齒苟如所欲必貽物議乃止巖姪從勳居于陳郡峻爲求官田宅以賜之太祖亦從之三年春修利河堤大興土功峻受詔檢校既而世宗自澶州入覲峻素憚世宗之聰明英果聞其赴闕卽自河次歸朝居無何邀求兼領青州太祖不得已而授之既受命求暫赴任奏借左藏綾絹萬匹從之是歲戶部侍郎趙上交權知貢舉上交嘗詣峻峻言及一童子上交不達其旨牓出之日童子不第峻銜之及貢院申中書門下取日過堂峻知印判定過日及上交引

新及第人至中書峻在政事堂厲聲曰今歲選士不公當須覆試諸相曰但緣已行指揮行過臨事不欲改移況未勅下覆試非晚峻愈怒詬責上交聲聞于外少頃竟令引過及罷上交詣本廳謝峻峻又延之飲酌從容翼日峻奏上交知舉不公請致之法太祖領之而已又奏請以顏衎陳觀代范質李穀爲相太祖曰進退宰輔未可倉卒待徐思之峻論列其事奏對不遜太祖未食日將亭午諍之不已太祖曰節假之內未欲便行已俟開假卽依所奏峻退至中書是月吏部選人過門下峻當其事頗疑選部不公其擬官選人落下者三十餘人

次日寒食時節臣寮各歸私第午時宣召宰臣樞密使及入幽峻于別所太祖見馮道已下泣曰峻凌朕頗甚無禮太過擬欲盡去左右臣寮翦朕羽翼朕兒在外專意阻隔暫令到闕卽懷怨望豈有既總樞密又兼宰相堅求重鎭尋亦授之任其襟懷尚未足如此無君誰能甘忍卽召翰林學士徐台符等草制其日退朝宣制貶授商州司馬差供奉官蔣光遠投送赴商州未幾死于貶所時廣順三年三月也初峻降制除青州有司製造旌節以備迎授前一夕其旄有聲甚異聞者駭之主者曰昔安重誨授河中節亦有此異焉又所居堂陛忽然

隱起如堆又夢被官府追攝入司簿既寤心惡之以是尤加狂躁峻才踈位重輕躁寡謀聽人穿鼻既國權在手而射利者曲爲指畫乃陷餌虎臣離間親舊加以善則稱已無禮于君欲求無罪其可得乎永樂大典卷一萬八千一百三十三　五代史闕文廣順初河東劉崇引契丹攻晉州遣王峻率師赴援峻頓兵于陝周祖親征遣使諭之峻見使受宣訖謂使曰與某馳還附奏陛下言晉州城堅未易可破劉崇兵鋒方銳不可與力爭所以駐兵者待其氣衰耳非臣怯也陛下新卽位不宜輕舉今朝中受聖知者惟李穀范質而已陛下若車駕出汜水則慕容彥超以賊軍入汴大事去矣還奏周祖自以手提其耳曰幾敗吾事

慕容彥超爲兗州節度使彥超卽漢高祖之同產弟也嘗冒姓閻氏體黑麻面故謂之閻崑崙册府元龜卷八百三十五彥超鎭兗州漢隱帝欲殺周太祖召彥超方食釋匕箸而就道周兵犯京師隱帝出勞軍太后使彥超衞帝彥超曰北兵何能爲當于陣上唱坐使歸營彥超敗奔兗隱帝遇弒永樂大典卷一萬七千三百八十三周太祖時案通鑑注引薛史彥超傳有令兄事已至此語蓋彥超以漢高祖爲兄也通鑑改作今兄似未喻其意今全文無可考始附識于此超進呈鄆州節度使高行周來書其書意卽行周毀譖太祖結通彥超之意帝覽之笑曰此必是彥超之詐也試令驗之果然其鄆州印元有缺文不相接其爲印卽無闕處帝尋令齎書示諭行周行周上表謝恩永樂大典卷一萬八千四百十七先是塡星初至角亢占者曰角亢鄭分兗州屬焉彥

超卽率軍府賓佐步出州西門三十里致祭迎于開元寺塑像以事之謂之菩薩日至祈禱又令民家竪黃旛以禳之及城陷彥超方在土星院燃香急乃馳去永樂大典卷七千八百五十八　案慕容彥超永樂大典僅存三條今補錄册府元龜一條以存大概　五代史補慕容彥超素有鉤距兗州有盜者詐爲大官從人跨驢于衞中市羅十餘疋價値既定引物主詣一宅門以驢付之曰此本宅使汝且在此吾爲汝上白于主以請値物主許之既而聲跡悄然物主怒其不出叩門呼之則空宅也于是連叫賊巡司至疑其詐兼以驢收之詣府彥超憫之且曰勿憂吾爲汝擒此賊乃留物主府中復戒廄卒高繫其驢通宵不與水草然後密召親信者牽于通衢中放之且曰此盜者之驢耳自昨日不與水草其饑渴者甚矣放之必奔歸家但可躡蹤而觀之盜無不獲也親信者如其言隨之其驢果入一小巷轉數曲忽有兒戲于門側視其驢連呼曰驢歸驢歸盜者聞之欣然出視遂擒之　高祖登極改乾祐爲廣順是年兗州慕

容彥超反高祖親征城將破忽夜夢一人狀貌甚偉異被王者之服謂高祖曰陛下明日當得城及覺天猶未曉高祖私謂徵兆如此可不預備乎于是躬督將士蟻力急攻至午而城陷車駕將入有司請由生方鳴鞘而進遂取別巷轉數曲見一處門墻甚高大門之上云夫子廟高祖意豁然謂近臣曰寡人所夢得非夫子乎不然何取路于此也因下馬觀之方升堂覩其聖像一如夢中所見者于是大喜叩首再拜近臣或諫以爲天子不合拜異世陪臣高祖曰夫子聖人也百王取則而又夢告寡人得非夫子幽贊所及也安得不拜仍以廟側數十家爲洒掃戶命孔氏襲文宣王者長爲本縣令

慕容超之被圍也乘城而望見高祖親臨矢石其勢不可當退而憂之因勉其麾下曰汝等宜爲吾盡命吾庫中金銀如山積若全此城吾盡以爲賜汝等勿患富貴頃之有卒私言曰我知庫中銀皆鐵胎得之何用于是諸軍聞之稍稍解體未幾城陷及高祖之入也有司閱其庫藏其間銀鐵胎者十有七八初彥超常令人開質庫有以鐵銀質錢者經年後庫吏始覺遂言之于彥超初甚怒頃之謂吏曰此易耳汝宜僞劄庫牆凡金銀器用暨縑帛等速皆藏匿仍亂撒其餘以爲賊踐後申明

吾當擒此輩矣庫吏如其教于是彥超下令曰吾爲使長典百姓而又不謹遭賊劉去其過深矣今恐百姓疑彥超隱其物宜令三日內各投狀明言質物色自當倍償之不爾者有過百姓以爲然于是投狀相繼翌日鐵胎銀主果出于是擒之置之深屋中使教部曲輩晝夜造用廣府庫此銀是也

閻弘魯者後唐邢州節度使寶之子也寶唐書有傳宏魯事唐明宗晉高祖累歷事任家本魯中洎告疾歸里慕容彥超初臨禮待甚厚及謀大逆以宏魯子希俊爲鎮寧軍節度副使在世宗幕下而惡之聞朝廷出兵隄防即責弘魯曰爾教兒捍我于朝將覆吾族耶故羅其禍崔周度者父光表舉進士甲科盧質節制橫海辟爲支使周度有文學起家長蘆令登朝歷監察御史右補闕以家在齊州欲謀葬事懇求外任除泰寧軍節度判官而性剛烈又以嘗爲諫官覩凶帥之不法不忍坐視其弊因極言以諫彥超故及斯禍太祖平兖州詔曰閻宏魯崔周度死義之臣禮加二等所以滲漏澤而賁黃泉也爾等貞節昭彰正容肅厲以從順爲己任以立義作身謀履此禍機併羅寃横宜伸贈典以慰貞魂弘魯可贈左驍衛大將軍周度可贈秘書少監（永樂大典卷九千八百二）

舊五代史卷一百三十終

舊五代史卷一百三十攷證

周列傳十王峻傳又奏請以顏衎陳觀代范質李穀爲相　案顏衎陳觀歐陽史作顏衎陳周

未幾死于貶所時廣順三年三月也　案五代春秋作三月誅王峻與是書異

補前王峻傳　時廣順三年三月也　通鑑峻至商州得腹疾帝猶愍之命其妻往視之未幾而卒

舊五代史卷一百三十攷證

舊五代史卷一百三十一

宋司空同中書門下平章事薛居正等撰

列傳第十一　周書二十二

劉皞字克明晉丞相譙國公昫之弟也昫晉書有傳皞少離鄉里唐天祐中梁將劉鄩襲太原軍至樂平時皞客于縣舍爲鄩軍所俘謝彥章見之知其儒者待之以禮謂其鄉人劉去非曰爲君得一宗人卽令皞見之去非詢其爵里乃親族也對泣久之自是隨去非客于彥章門下彥章得罪去非爲郢州刺史皞隨之郡莊宗平河洛去非以嘗從劉守奇歸梁深懼獲罪乃棄郡投高季興于荆南皞累爲荆州攝官旣而兄昫明宗朝爲學士遣人召歸梁漢顒鎭鄧州辟爲從事入爲監察御史歷水部員外郎史館修撰長興末宰臣趙鳳鎭邢臺表爲節度判官淸泰初入爲起居郎改駕部員外郎兼侍御史知雜事移河南少尹兵部郎中轉太府卿漢祖受命用爲宗正卿周初改衛尉卿廣順元年冬十月稅居于東京夜夢鬼詫之曰公于我塚上安牀深不奉益皞問鬼姓氏曰李丕文皞曰君言殊誣都城內豈可塚耶曰塚本在野張十八郎展城時圍入忽寤又半月復夢前鬼曰公不相信屈觀吾舍可乎卽以手掊地豁然見

華第花木叢萃房廊雕煥立皡于西廡久之見一團火如電前來漸近即前鬼也引皡深入出其拏泣拜如有所託皡問丕文鬼事曰冥司各有部屬外不知也皡曰余官何至再三不對苦訊之曰齊王判官皡曰張令公爲齊王去世久矣今鄆州高令公爲齊王余方爲列卿豈復爲賓佐乎鬼曰不知也皡旣寤欲掘而視之旣又告人曰鬼雖見訴其如吾稅舍何乃止廣順二年春朝廷以皡爲高麗册使三月至鄆節度使高行周以皡嗜酒留連累日旦晚沉醉其月二十三日晨興櫛髮狀如醉寐男涿視之已卒矣時年六十一其年八月鄆帥齊

王高行周亦夢鬼請齊王判官得無是乎皡從儒學好聚書嗜酒無儀檢然衷抱無他急于行義士友以此多之永樂大典卷九千九十八

張沆字太元徐州人父巖本州牙將沆少力學攻詞賦登進士第唐明宗子秦王好文然童年踈率動不由禮每賓僚大集手自出題令面前賦詩少不如意則壞裂抵棄沆初以剌謁秦王屬合座客各爲南湖廳記因謂沆曰聞生名久矣請爲此文沆不獲已從之及羣士記成獨取沆所爲勒之于石繇是署爲河南府巡官秦王敗勒歸鄉里晉初桑維翰秉政沆以文干進用爲著作佐郎集賢校理遷右拾遺維翰出鎭奏爲記室從維翰入朝授殿中侍御史歲餘自侍御史改祠部員外郎知制誥召入翰林爲學士維翰罷相馮玉用事不欲沆居禁密改右諫議大夫罷其職漢祖至汴轉右常侍復用爲學士未幾遷工部尙書充職明年以營奉葬事求解職改禮部尙書及歸朝復爲學士太祖以沆耳疾罷職改刑部尙書廣順二年秋命爲故齊王高行周册贈使復命而卒贈太子少保沆性儒雅好釋氏雖久居祿位家無餘財死之日圖書之外唯使鄆之貲耳嗣子尙幼親友慮其耗散上言于太祖乃令三司差人主葬餘貲

市邸舍以贍其孤焉沆記覽文史好徵求僻事公家應用時出一聯以炫奇筆故不爲馮玉所重雖有聵疾猶出入金門凡五六年漢隱帝末年楊史遇害翼日沆方知之聽猶未審忽問同僚曰竊聞盜殺史公其盜獲否是時京師恟懼之次聞者笑之有士人申光遜者與沆友善沆未病時夢沆手出小佛塔示光遜視其上有詩十四字云今生不見故人面明月高高上翠樓光遜旣寤心惡之俄聞沆卒永樂大典卷六千三百五十

張可復字伯恭德州平原人也父達累贈戶部侍郎可復畧通儒術少習吏事梁末薄遊于魏鄴王羅紹威表

爲安陽簿唐天成初依晉公霍彥威于青州爲從事晉公以其滑稽好避事目爲姦兔長興中入朝拜監察御史六遷至兵部郎中賜金紫晉天福中自西京留守判官入爲秘書少監改左司郎中開運中遷左諫議大夫漢乾祐初湘陰公鎮徐方朝行中選可以從戎者因授武寧軍節度副使檢校禮部尚書及世宗鎮澶淵改鎮寧軍節度行軍司馬三年徵拜給事中世宗嗣位以澶淵幕府之舊拜右散騎常侍顯德元年秋以疾卒年七十三制贈戶部尚書可復無他才唯以謹愿保長年加之迂懦多爲同列輕佻者所侮而累階至金紫居三品

之秩亦其命耶（永樂大典卷六千三百五十）

于德辰字進明元城人也幼敏悟篤志好學及射策文場數上不調後唐明宗鎮邢州德辰往謁焉明宗見而器之因得假官于屬邑後繼歷州縣歷仕晉漢周官至

贈工部尚書（永樂大典卷三千八百三十八）

王延字世美鄭州長豐人也少爲儒善詞賦會鄉曲離亂不獲從鄉薦因客于浮陽隨滄帥戴思遠入梁嘗以所爲賦謁梁相李琪琪覽之欣然曰此道近難其人王生升我堂矣繇是人士稱之尋薦爲即墨縣令歷徐宋鄆青四鎮從事長興初鄆人馮道趙鳳在相位擢拜左補闕踰年以水部員外知制誥再遷中書舍人賜金紫清泰末以本官權知貢舉時有舉子崔頎者故相協之子也協素與吏部尚書盧文紀不睦及延將入貢院文紀謂延曰舍人以謹重聞于時所以去冬老夫在相位時與諸相首以長者聞奏用掌文衡然貢闈取士願多面目說者云越人善泅生子方晬乳母浮之水上或駭然止之乳母曰其父善泅子必無溺今若以名下取士即此類也舍人當求實才以副公望延退而謂人曰盧公之言蓋爲崔頎也縱與其父不悅致意何至此耶來春以頎登甲科其年改御史中丞歲滿尚書右丞奉使

兩浙吳人深重之復命授吏部侍郎改尚書左丞拜太常卿歷工禮刑三尚書以疾求分司西洛授太子少保既而連月請告爲留臺所糾改少傅致仕廣順二年冬卒時年七十三子億仕皇朝爲殿中丞（永樂大典卷六千八百五十）

申文炳字國華洛陽人也父鄂唐左千牛衛將軍文炳長興中進士擢第釋褐中正軍節度推官歷孟懷支使鄆城陜縣二邑宰自澶州觀察判官入爲右補闕晉開運初授虞部員外知制誥轉金部郎中充職廣順中召爲學士遷中書舍人知貢舉（玉壺清話李慶顯德中舉進士工詩有云醉輕浮世事老重故鄉人樞密王朴以此一聯薦于申文炳文炳知貢舉遂爲第三人）顯德五年秋以

疾解職授左散騎常侍六年秋卒于家時年五十文炳爲文典雅有訓誥之風執性紓緩待縉紳以禮中年而卒人皆惜之永樂大典卷二千九百二十

扈載少好學善屬文賦頌碑贊尤其所長廣順初隨計于禮部文價爲一時之最是歲昇高等册府元龜卷八百四十二載因遊相國寺見庭竹可愛作碧鮮賦題其壁世宗聞之遣小黃門就壁錄之覽而稱善因拜水部員外郎知制誥遷翰林學士賜緋宋史李穀傳扈載以文章馳名樞密使王朴薦令知制誥除書未下朴詣中書言之穀曰斯人命薄慮不克享耳朴曰公在衡石之地當以材進人何得言命而遺才哉遂知制誥遷翰林學士未幾卒世謂朴能薦士穀能知人而載已病不能謝居百餘日乃

力疾入直學士院世宗憐之賜告還第遣太醫視疾永樂大典卷一萬四千八百二十七載爲翰林學士年三十六卒載始自解褐至終纔四年而與劉袞皆有才無命時論惜之册府元龜卷九百三十一

劉袞彭城人神爽氣俊富有文藻繇進士第任左拾遺與扈載齊名年二十八而卒册府元龜卷九百三十案扈載傳原本殘闕今兼採册府元龜以存大槩

賈緯真定獲鹿人也宋祁景文集賈令君墓誌銘賈氏自唐司空魏國公耽世貫滄州南皮子孫稍稍徙真定五世祖諒高祖瑾曾祖處士諱初有至性疾世方亂守鄉里不肯事四方祖諱緯少苦學爲文唐末舉進士不第遇亂歸河朔本府累署參軍邑宰唐天成中范延光鎮定州范延光鎮定州按延光未嘗涖定當是鎮州之誤表授趙州軍事判官遷石邑縣令緯屬文之外勤于撰述以唐代諸帝實錄自武宗已下闕而不紀乃採掇近代傳聞之事及諸家小說第其年月編爲唐年補錄凡六十五卷識者賞之景文集緯博學善詞章論議明銳一時諸儒皆屈唐自武宗後史錄亡散君掇拾殘餘爲唐年補錄數十萬言敘成敗事甚悉書顯于時晉天福中入爲監察御史改太常博士緯常以史才自負銳于編述不樂曲臺之任乃陳情于相座又與監修國史趙瑩詩曰滿朝唯我相秉柄無親儺三年司大董最切是編修史才不易得勤勤處處求愚從年始立東觀思優游昔時人未許今來虛白頭春臺與秋閣往往與歸愁信運北

闕下不繫如虛舟綿蕝非所好一日疑三秋何當適所願便如昇瀛洲未幾轉屯田員外郎改起居郎史館修撰又謂瑩曰唐史一百三十卷止于代宗已下十餘朝未有正史請與同職修之瑩以其言上奏晉祖然之謂李崧曰賈緯欲修唐史如何對曰臣每見史官輩言唐朝近百年來無實錄既無根本安能編紀緯聞崧言頗怒面責崧沮已崧曰與公鄉人理須相惜此事非細安敢輕言緯與宰臣論說不已明年春勅修唐史緯在籍中月餘丁內艱歸真定開運初服闋復起居郎修撰如故尋以本官知制誥緯長于記注應用文筆未能過人

而議論剛強儕類不平之因目之爲賈鐵嘴開運中果遷中書舍人契丹入京師隨契丹至真定後與公卿還朝授左諫議大夫緯以久次綸閣比望丞郎之拜及遷諫署觖望彌甚蘇逢吉監修國史以緯頻投文字甚知之尋充史館修撰判館事乾祐中受詔與王伸竇儼修漢高祖實錄緯以筆削爲己任然而褒貶之際憎愛任情晉相桑維翰執政日薄緯之爲人不甚見禮緯深銜之及敘維翰傳身沒之後有白金八千鋌他物稱是翰林學士徐台符緯邑人也與緯相善謂緯曰切聞吾友書魏公白金之數不亦多乎但以十目所覩不可厚誣

緯不得已改爲白金數十鋌緯以撰述之勞每詣宰執懇祈遷轉遇內難不果太祖即位改給事中判館如故先是竇貞固奏請修晉朝實錄既竟亦望陞擢貞固猶在相位乃上疏抗論除拜不平旣而以所撰日歷示監修王峻皆媒孽貞固及蘇禹珪之短歷詆朝士之先達者惡之謂同列曰賈給事家有士子亦要門閥無玷今滿朝並遭非毀教士子何以進身乃于太祖前言之出爲平盧軍行軍司馬時符彥卿鎮青州以緯文士厚禮之緯妻以緯左遷駭惋傷離病留于京師緯書候之曰勉醫藥來春與子同歸獲鹿廣順二年春緯卒及訃至妻一慟而終果雙柩北歸聞者歎之緯有集三十卷目曰草堂集並所撰唐年補錄六十五卷皆傳于世（永樂大典卷一萬一千七百十四）

趙延乂字子英秦州人曾祖省躬以明術數爲通州司馬遇亂避地于蜀祖師古黔中經略判官父溫珪仕蜀爲司天監溫珪長于袁許之術兼之推步王建時深蒙寵待延問得失事微差跌即被詰讓臨終謂其子曰技術雖是世業吾仕蜀已來幾由技術而死爾輩能以他途致身亦良圖也延乂少以家法仕蜀由廕爲奉禮部翰林待詔蜀亡入洛時年三十天成中得蜀舊職延乂世

爲星官兼通三式尤長于袁許之鑒清泰中嘗與樞密直學士呂琦同宿于內廷琦因從容密問國家運祚延乂曰來年厄會之期俟過別論琦諷之不已延乂曰保邦在刑政保祚在福德在刑政則術士不敢言奈際會諸公罕有卓絕福德者下官實在恤緯之嫠其年兼衛尉少卿晉天福中代馬重績爲司天監契丹入京師隨至鎮州時契丹將滿達勒（舊作麻答今改正）爲帥會漢高祖定兩京控鶴都將李筠與諸校密謀刼庫兵逐契丹猶豫未決謀于延乂因假以術數贊成之契丹既去還京師官秩如舊廣順初加檢校司徒本官如故太祖數召對

焉案歐陽史周太祖自魏以兵入京師召延乂問漢祚短促者天數耶延義言王者撫天下當以仁恩德澤而漢淫酷刑法枉濫天下稱冤此其所以亡也是時太祖方以兵圍蘇逢吉劉銖第欲誅其族聞延義言悚然因貸其族二家獲全延義善交遊達機兼有技術見者歡心二年授太府卿判司天監事其年夏初火犯靈臺延乂自言星官所忌又言身命宮災併未幾其子卒尋又妻卒俄而延乂嬰疾故人省之舉手曰多謝諸親死災不可逭也尋卒年五十八贈光祿卿永樂大典卷一萬六千九百九十一

沈遘字期遠睢陽人也父振貝州永濟令累贈左諫議大夫遘幼孤以苦學爲志弱冠登進士第釋褐除校書郎由御史臺主簿拜監察御史凡五遷至金部郎中充

三司判官廣順中以本官知制誥世宗嗣位擢爲翰林院學士歲滿拜中書舍人充職顯德三年夏以扈從南征因而遇疾歸及京而卒遘爲人謙和勤于接下每文士投贄必擇其賢者而譽之故當時後進之士多歸焉永樂大典卷一萬二千一百五十六

李知損字化機大梁人也少輕薄利口無行梁朝時以牒刺篇詠出入內臣之門繇是浪得虛譽時人目之爲李羅隱後累爲藩鎮從事入朝拜左補闕歷刑兵二員外度支判官右司郎中坐受榷鹽使王景遇厚賂謫于均州漢初歸朝除右司郎中兼侍御史知襍事廣順中拜右諫議大夫時王峻爲樞密使知損以與峻有舊遂詣峻求使于江浙峻爲上言太祖素聞知損所爲甚難之峻曰此人如或辱命譴之可也太祖重違其請遂可之知損既受命大恣其荒誕之意遂假貸于人廣備行李及即路所經州郡無不強貸又移書于青州符彦卿借錢百萬及在郵亭行止穢襍王峻聞而復奏之乃責授棣州司馬世宗即位切于求人素聞知損狂狷好上封事謂有可采且欲聞外事即命徵還遽與復資數月之間日貢章疏多斥譭貴近自謀進取又上章求爲過海使世宗因發怒仍以其醜行日彰故命除名配沙門

島知損將行謂所親曰余嘗遇善相者言我三遂之後當居相位余自此而三矣子姑待我後歲餘卒于海中其庸誕也如此永樂大典卷一萬三百九十五代史補李知損官至諫議大夫好輕薄時人謂之李羅隱至于親友間往還簡牘往往引里巷常談謂之偶對常有朝士奉使回以土物爲贈其意猶望祁回知損覺之且遺書謝之曰在小子一時間却擬送去恐大官兩羅裏更不將來乾祐中奉使鄭州時宋彦筠爲節度彦筠小字忙兒因宴會筠酒酣輒問曰衆人何爲號足下爲羅隱對曰下官平素好爲詩其格致大抵如羅隱故人爲號彦筠曰不然蓋爲足下輕薄如羅隱耳知損大怒厲聲曰只如令公人皆謂之宋忙兒未必便能放牛滿座皆笑

孫晟本名鳳案南唐書云孫忌高密人一名鳳又名晟少舉進士性陰賊好姦謀少爲道士工詩于廬山簡寂觀畫唐詩人賈島像懸于

屋壁以禮事之觀主以爲妖妄執杖驅出之大爲時輩所嗤改儒服謁唐莊宗于鎮州授秘書省著作郎案南唐書云豆盧革爲相雅知晟辟爲判官天成初朱守殷據夷門叛時晟爲幕賓贊成其事是時晟常振甲露刃以十數騎自隨巡行于市多所屠害汴人爲之切齒城陷朱氏被誅晟乃匿跡更名棄其妻子亡命于陳宋間案歐陽史云安重誨惡晟以爲教守殷反者晟也畫其像購之不可得遂族其家晟奔于吳與薛史微有詳畧皆言晟因朱守殷事牽連而亡命也南唐書則云天成中與高輦同事秦王從榮從榮敗晟亡命至正陽未及渡追騎奄至亦疑其狀偉異睨之晟不顧坐淮岸捫敝衣齧蝨追者乃捨去是又晟爲秦王賓客而出亡也與五代史異以會同惡者送之過淮吳人方納叛亡卽以僞官授之晟亦微有詞翰

李昇僞尊楊溥爲讓皇之册文卽晟之詞也故江南尤重之二十年間累歷僞任財貨邸第頗適其意晟以家妓甚衆每食不設食几令衆妓各執一食器周侍于其側謂之肉臺盤其自養稱愜也如是案玉壺清話載晟爲舒州觀察有二卒白晝持刃求害晟晟諭以禍福解金帶與之使遁去南唐書云晟爲舒州節度使治軍嚴有歸化卒二人正晝挺白刃入府求晟殺之入自西門吏士倉卒莫能禦適晟閒行在東門聞亂得民家馬乘之奔桐城叛卒不得晟乃殺都押衙李建崇而逸晟坐貶光祿卿考孫晟在舒州事不見五代正史故傳聞多失寔顯德二年春王師下廣陵江左驚窘李景僞署晟爲司空令奉貢于行在世宗遣右常侍劉悅伴之賜與甚厚洎隨僞到闕舍于都亭驛禮遇殊優每召見飲之醇醴問以江南事晟但言吳畏陛下之神武唯以北面爲求保無二也先是張永德守下蔡素與李重進不協每宴將校多暴其短一日永德乘醉乃大言重進潛畜姦謀當時將校無不驚駭緣是人情大擾後密遣親信乘驛上言世宗不聽亦不介意一日重進自壽陽去其部從直詣永德帳下宴飲終日而去自此人情稍安時李景覘而知因密令人齎蠟書遺重進勸爲不軌重進以其蠟書進呈世宗覽之皆斥讒反間之言世宗怒晟前言失寔因急召侍衛都虞候韓通令收晟下獄與其從者百餘人皆誅之案南唐書云世宗命都承旨曹翰護至右軍巡院猶飲之酒數酌翰起曰相公得罪賜自

盡晟怡然整衣索笏東南望再拜曰臣受恩深謹以死謝從者二百人亦皆誅死于東相國寺翌日宰臣上謁世宗親論之始知其事實議者以晟昔搆禍于梁民今伏法于梁獄報應之道豈徒然哉晟性慷慨常感李景之厚遇誓死以報之案釣磯立談云晟將命周朝自知不免私謂副使王崇質曰吾思之熟矣終不忍負永陵一坏土餘非所知也及將下獄世宗令近臣問以江南可取之狀晟默然不對臨刑之際整其衣冠南望金陵再拜而言曰臣惟以死謝遂伏誅永樂大典卷三千五十一

舊五代史卷一百三十一終

舊五代史卷一百三十一攷證

周列傳十一王延傳改少傅致仕　案歐陽史作以太子少保致仕

賈緯傳開運中累遷中書舍人　案王珪華陽集賈文元墓誌銘作曾祖緯晉中書舍人宋史賈昌朝傳因之然緯實終于周非終于晉也宋祁景文集又作漢周間中書舍人據此傳緯仕漢周未嘗再爲舍人疑景文集誤

趙延乂傳　案歐陽史作趙延義

補前劉暐傳　覩之已卒矣　太平廣記云銜命使吳越路由暉州卒于郵亭

舊五代史卷一百三十一攷證

宋司空同中書門下平章事薛居正等撰

世襲列傳第一

李茂貞本姓宋名文通深州博野人祖鐸父端唐乾符中鎮州有博野軍宿衛京師屯于奉天文通時隸本軍爲市巡累遷至隊長黃巢犯闕博野軍留于鳳翔時鄭畋理兵于岐下畋遣文通以本軍敗尚讓之衆于龍尾坡以功爲神策軍指揮使朱玫之亂唐僖宗再幸興元文通扈蹕山南論功第一遷檢校太保同平章事洋蓬壁等州節度使賜姓名茂貞僖宗親爲製字曰正臣光化二年王行瑜殺朱玫于京師李昌符擁兵于岐下詔茂貞與陳佩等討之三年誅昌符車駕還京以茂貞爲鳳翔節度使加檢校太尉兼侍中隴西郡王大順二年觀軍容使楊復恭得罪奔山南與楊守亮據興元叛茂貞與王行瑜討平之詔以宰相徐彥若鎮興元茂貞違詔表其假子繼徽爲留後堅請旄鉞昭宗不得已而授之自是茂貞恃勳恣横擅兵窺伺頗干朝政始萌問鼎之志矣既而逐涇原節度使張球洋州節度使楊守忠鳳州刺史滿存皆奪據其地奏請子弟爲牧伯朝廷不能制大臣奏議言其過者茂貞即上章論列辭旨不遜

姦邪者因之附麗遂成朋黨朝政于是隳焉昭宗性英俊不任其逼欲加討伐乾寧初命宰臣杜讓能調發軍旅師未越境爲茂貞所敗茂貞乘勝進屯三橋京師大震士庶奔散天子乃誅中尉西門君遂李周潼等謝之茂貞嚴兵不解勢將指闕抗言讓能之罪誅之方罷及韋昭度李谿爲相茂貞聽崔昭緯之邪說復沮其事表昭度等無相業不可置之台司恐亂天下詔報曰軍旅之事吾則與藩臣圖之朝廷命相出自朕懷又請授王珙河中節度使詔報曰太原表先至已許王珂不可追改乾寧二年五月茂貞與王行瑜韓建稱兵入覲京師

震恐天子御樓待之抗表請殺宰相韋昭度李谿以謝天下移王珙于河中旣還留其假子繼鵬宿衞卽閻珪也時後唐武皇上表請討三鎭以寧關輔是歲七月太原之師至河中繼鵬與中尉景宣之子繼晟廼車駕幸鳳翔昭宗曰太原軍未至鑾輿不可輙動朕與諸王固守大內卿等安輯京師如太原實至吾可以方略制之繼鵬與景宣中尉駱全瓘因燔燒東市中夜大譟昭宗登承天門樓避亂令捧日都將李雲（案新唐書及通鑑俱作李筠薛史韓建傳亦作李筠惟此傳作李雲）守樓下繼鵬率衆攻雲昭宗憑軒慰諭繼鵬彎弧大呼矢拂御衣中樓桷侍臣掖昭宗下樓還宮繼鵬卽縱火攻宮門昭宗召諸王謀其所向李雲奏曰事急矣請且幸臣營雲乃與扈蹕都將李君慶衞昭宗出啟夏門駐華嚴寺晡晚出幸南山之莎城駐于石門山之佛寺是月武皇至渭北遣副使王環奉表行在昭宗以武皇爲行營都統進討邠岐茂貞懼斬繼鵬繼晟上表待罪昭宗原之武皇曰不誅茂貞關輔無由寧謐時附茂貞者奏云若太原盡殄邠岐必入關輔京師憂未艾也乃詔武皇與茂貞和及行瑜誅武皇班師茂貞怨望驕横如故明年五月制授茂貞東川節度使仍命通王覃王洽禁軍于闕下如茂貞違詔卽討之茂貞

懼將赴鎭王師至興平夜自驚潰茂貞因出乘之官軍大敗車駕倉卒出幸華州茂貞之衆因犯京師焚燒宮闕大掠坊市而去自此長安大內盡爲丘墟矣四年昭宗復命宰臣孫偓統軍進討韓建諫止令茂貞上章請雪光化中加茂貞尚書令岐王令其子繼筠以兵宿衞天復元年十月梁祖攻同華勢逼京師十一月六日繼筠與中尉韓全誨刼昭宗幸鳳翔茂貞遂與全誨矯詔徵兵天下將討梁祖宰相崔胤召梁祖引四鎭之兵屯岐下重溝複疊圍守三年茂貞山南諸州盡爲王建所陷涇原秦隴邠鄜延夏皆降于汴茂貞獨據孤城內外

擭絕乃請車駕還京求和于汴即斬韓全誨等二十人首級送于梁祖自是兵力殫盡垂翅不振懼梁祖復討請落尙書令許之（九國志李彥琦傳彥琦本姓楊氏鳳翔李茂貞委以心腹之任易姓李氏齒于諸子後昭宗西幸梁祖迎駕攻逼岐下者累年及昭宗東還長圍方解大軍之後府庫空竭彥琦請使甘州以通回鶻往復二載美玉名馬相繼而至所獲萬計茂貞賴之）及梁祖建號茂貞與王建會兵于太原志圖興復竟無成功茂貞疆土危蹙不遂僭竊之志但開岐王府署天官目妻爲皇后鳴鞘掌扇宣詞令一如王者之制然尙行昭宗之正朔焉茂貞鼠形多智數軍旅之事一經耳目無忘之者性至寬有部將符道昭者人或告其謀變茂貞親至其家去其

爪牙熟寢經宿而還軍士有鬪而訴者茂貞曰喫令公一椀不托與爾和解遂致上下服之尤善事母母終茂貞哀毀幾滅性聞者嘉之但御軍整衆都無紀律當食則造庖廚往往席地而坐內外持管鑰者亦呼爲司空太保與夫細柳大樹之威名蓋相遠矣及莊宗平梁茂貞自爲季父以書賀之及聞莊宗入洛懼不自安方上表稱臣尋遣其子繼曮來朝詔茂貞仍舊官進封秦王所賜詔勅不名又以茂貞宿望耆老特加優禮及疾篤遣中使賜醫藥問訊同光二年夏四月薨年六十九謚曰忠敬子從曮嗣（永樂大典卷一萬三百九十）

從曮茂貞之長子也未冠授諮議參軍賜緋魚袋尋遷領彰州副使鳳翔衙門都指揮使天復中自秦王府行軍司馬檢校太尉出爲涇州兩使留後茂貞尋承制加開府儀同三司檢校太尉兼侍中四鎭北庭行軍彰義軍節度使及唐莊宗平梁茂貞令從曮入覲制加從曮兼中書令俄而茂貞薨遺奏權知鳳翔軍府事詔起復授鳳翔節度管內觀察處置等使三年九月以魏王繼岌伐蜀詔充供軍轉運應接使四年正月蜀平繼岌命部署王衍一行東下至岐監軍使柴重厚不與符印促令赴闕從曮至華下聞內難歸鎭明宗詔誅重厚從曮

以軍民不擾重厚之力也不以前事爲隙上表論救事雖不允時議嘉之天成元年五月制落起復加檢校太師其年九月勅曰李從曮等世聯宗屬任重藩宣慶善有稱忠勤甚著旣預維城之列宜新定體之文是降寵光以隆敦敘俾煥承家之美貴從猶子之規宜于曮昶照上改稱從自長興元年明宗有事于南郊從曮入覲禮畢移鎭汴州四年復入覲改天平軍節度使及唐末帝起兵于岐下盡取從曮家財器仗以助軍須末帝發離岐城吏民叩馬乞以從曮爲帥末帝許之淸泰初卽以從曮復爲鳳翔節度使仍封秦國公晉高祖登極繼

封岐王秦王累食邑至一萬五千戶食實封一千五百戶少帝嗣位加守太保開運三年冬卒于鎮年四十九從曮少敏悟善筆札性柔和無節操當莊宗新有天下因入覲獻寶裝針珥于皇后宮時以爲佞但進退閑雅募士大夫之所爲有請謁者無賢不肖皆盡其敬鎮于岐山前後二紀每花繁月朗必陳勝會以賞之客有困于酒者雖吐茵隳幘而無厭色左右或有過未嘗笞責先人汧隴之間有田千頃竹千畝恐奪民力不令理之致岐陽父老再陳借寇之言良有以也子永吉歷數鎮行軍司馬（永樂大典卷一萬三百九十　五代史補李曮岐王之子昆仲間第六官至中書令世謂之六令公性情好戲爲鳳翔節度因生辰隣道持賀禮使畢至有魏博使少年如美婦人秦鳳使矬陋且多髯二人坐又相接而魏使在下曮因曰二使車一妍一醜何不相嘲以爲樂事魏博使恃少俊先起曰今日不幸與水草大王接席秦鳳使徐起應曰水草大王不敢承命然吾子答貌如此又坐次相接得非水草大王夫人耶在坐皆笑）

從昶茂貞之第二子也十餘歲署本道中軍使後唐同光中茂貞疾從昶年十五遣代兄從曮爲涇州兩使留後朝廷尋加節制天成中明宗即位改鎮三峯累官至檢校太保會郊天大禮表請入覲以恩加檢校太傅俄有代歸闕授左驍衞上將軍改右龍武統軍未幾出鎮許田在鎮三年淸泰中復入爲右龍武統軍再遷左龍武統軍晉天福三年冬卒于官時年四十贈太尉從昶生于紈綺少習華侈以逸遊讌樂爲務而音律圖畫無不通之然性好談笑喜接賓客以文翰爲賞會無虛日復篤信釋氏時岐下有僧曰阿闍黎通五天竺語爲士人所歸從昶凡歷三鎮無尤政可襃無苛法可貶人用安之亦將門之令嗣也弟從照歷隴州刺史諸衞大將軍卒（永樂大典卷一萬三百九十）

茂勳茂貞之從弟也唐末爲鳳翔都將茂貞表爲鄜州節度使累官至兼侍中梁祖之圍鳳翔也茂勳兵屯岐山梁祖以羸師誘之命孔勍潛率勁兵襲下鄜州盡俘其家茂勳遂歸于梁改名周彝署元帥府行軍司馬開

平中爲河陽節度使從梁祖伐鎭州圍棗強縣時有一民縋城而出茂勳納之而不疑一日其民竊發以木檐擊茂勳踣于地賴左右救至僅免居無何遷金吾上將軍副王瓚將兵于景店瓚令分屯西寨莊宗擊而敗之降爲左衞上將軍逾年以太子太傅致仕同光中復召茂勳天成初以疾卒于洛陽（永樂大典卷一萬三百九十）

高萬興河西人祖君佐鄜延節度判官父懷遷都押衙萬興與弟萬金俱有武幹效用于本軍河西自王行瑜敗後郡邑皆爲李茂貞之所强據以其將胡敬璋爲節

度使萬興爲敬瑭騎將昆弟俱有戰功邠州節度使楊崇本者茂貞之假子也號李繼𡺸梁祖既弑昭宗茂貞繼徽與西川王建之師會于岐陽以圖興復皆陳兵關輔梁祖遣將王重師守雍州劉知俊守同州以拒之天祐五年冬敬瑭卒崇本以其愛將劉萬子爲鄜延帥萬子以兇暴而失士心又崇本爲汴人所攻六年二月萬子葬敬瑭將佐皆集于葬所萬興萬金因會縱兵攻萬子殺之歸款于汴梁祖以萬興爲鄜延招撫使與劉知俊合兵攻收鄜坊丹延等州梁祖乃分四州爲二鎮以萬興與萬金皆爲帥及萬金卒梁祖以萬興兼彰武保大兩鎮累加至太師中書令封北平王莊宗定河洛萬興來朝預郊禮陪位既還鎮復以舊爵授之同光三年十二月卒于位以其子允韜權典留後（永樂大典卷五千五百三十八）

允韜字審機初仕梁朝起家授同州別駕尋加檢校右僕射改金紫光祿大夫檢校司空充保大軍內外馬步軍指揮使唐同光中檢校太保充保大軍兩使留後萬興卒允韜自理所奔喪天成初起復檢校太傅充延州節度使長興元年移鎮邢州頃之爲右龍武統軍未幾授滑州節度使清泰二年八月卒于任年四十二詔贈太師（永樂大典卷五千五百三十八）

韓遜本靈州之列校也會唐季之亂因據有其地朝廷乃授以節鉞梁初累加檢校太尉同平章事開平中梁將劉知俊自同州叛歸鳳翔李茂貞以地褊不能容乃借兵以窺靈武且圖收固之地知俊乃帥邠岐秦涇之師數萬攻遜于靈州遜極力以拒之久之知俊遁去梁祖嘉之自是累加官至中書令封潁川郡王遜亦善于爲理部民請立生祠堂于其地梁祖許之仍詔禮部侍郎薛廷珪撰文以賜之其廟至今在焉貞明初遜卒于鎮（永樂大典卷一萬八千一百二十七）

洙遜之子也遜卒三軍推爲留後梁末帝聞之起復正授靈武節度使特進檢校太傅同平章事貞明四年春靈武將軍佝貽敏等上言洙已服闋乞落起復梁末帝令中書商量宰臣奏曰舊例藩鎮起復如先人已是一品階即與加爵如未是一品階即合加階乃授洙開府儀同三司唐莊宗明宗累加官爵天成四年夏洙卒朝廷以其弟澄爲朔方軍節度觀察留後是歲有列校李賓作亂部內不安乃遣使上表請帥于朝廷明宗命前磁州刺史康福爲朔方河西等軍節度靈威雄警涼等州觀察處置度支温池榷稅等使仍遣福領兵萬人赴鎮其後靈武遂受代焉（永樂大典卷三千六百七十五）

李仁福世爲夏州牙將本拓拔氏之族也唐乾符中有拓拔思恭爲夏州節度使廣明之亂唐僖宗在蜀詔以思恭爲京城西北收復都統預破黃巢有功僖宗賜姓故仁福亦以李爲氏思恭卒弟思諫繼之梁開平元年授思諫檢校太尉兼侍中二年思諫卒三軍立其子彝昌爲留後尋起復正授旄鉞三年春牙將高宗益等作亂彝昌遇害時仁福爲審部指揮使本州軍吏迎立仁福爲帥其年四月梁祖降制授仁福檢校司空充定難軍節度使未幾後唐武皇遣大將周德威會邠鳳之師五萬同攻夏州仁福固守月餘梁援軍至德威遁去梁

祖喜之超授檢校太保同平章事仁福自梁貞明龍德及後唐同光中累官至檢校太師兼中書令封朔方王長興四年三月卒于鎭其年追封虢王子彝超嗣永樂大典卷一萬八千一百三十三

彝超仁福之次子也歷本州左都押牙防遏使仁福卒三軍立爲帥矯爲仁福奏云臣疾已甚已委彝超權知軍州事乞降眞命明宗聞之遂以彝超爲延州留後以延帥安從進爲夏州留後朝廷慮不從命詔邠州節度使藥彥稠宮苑使安從益等率師援送從進赴鎭仍降詔諭之云近據西北藩鎭奏定難軍節度使李仁福薨朕以仁福自分戎閫遠鎭塞垣威惠俱行忠孝兼著當本朝播越之後及先皇興復之初爰及眇躬益全大節統臨有術遠邇咸安委仗方深凋殞何速忽窺所奏深愴予懷不朽之功既存于社稷有後之慶宜及于子孫但以彼藩地處窮邊每資經略厥子年纔弱冠未歷艱難或虧駕御之方定啟姦邪之便其李彝超已除延州節度觀察留後便勒赴任但夏銀綏宥等州最居邊遠久屬亂離多染夷狄之風少識朝廷之命既乍當于移易宜普示于渥恩應夏銀綏宥等州管內罪無輕重常赦所不原者並公私債負錢欠稅物一切並放兼自刺

史指揮使押衙已下皆勒依舊各與改轉官資朕自總萬幾惟弘一德內安華夏外撫戎夷先既懷之以恩後必示之以信且如李從曮之守岐隴疆土極寬高允韜之鎭鄜延甲兵亦衆咸能識時知變舉族歸朝從曮則見鎭大梁允韜則尋除鉅鹿次及昆仲並建節旄下至將僚悉分符竹又若王都之貪上谷李賓之恡朔方或則結搆契丹偷延旦夕或則依憑党項竊據山河不稟除移唯謀旅拒纔興討伐已見覆亡何必廣引古今方明利害祇陳近事聊諭將來彼或要覆族之殃則王都李賓足爲鑒戒彼或要全身之福則允韜從曮可作規

繩朕設兩途爾宜自擇或慮將校之內親要之間幸彼幼冲恣其熒惑遂成騷動致累生靈今特差邠州節度使藥彥稠部領馬步兵士五萬人騎送安從進赴任從命者秋毫勿犯違命者全族必誅先令後行有犯無赦云其年夏四月彜超上言奉詔授延州留後已迎受恩命緣三軍百姓擁隔未敢赴任明宗遣閤門使蘇繼彥齎詔促之五月安從進領軍至城下彜超不受代從進駐軍以攻之秋七月彜超昆仲登城謂從進曰孤弱小鎭不勞王師攻取虛煩國家餉運得之不武爲僕聞天子乞容改圖時又四面党項部族萬餘騎薄其糧運而野無芻牧關輔之人運斗粟束藁動計數千窮民泣血無所控訴復爲蕃部殺掠死者甚眾明宗聞之乃命班師彜超亦上表謝罪乃授彜超檢校司徒充定難軍節度使既而修貢如初淸泰二年卒于鎭弟彜興襲其位

（永樂大典卷一萬八千一百三十三）

彜興本名彜殷宋受命之初以犯廟諱故改之彜超既卒時彜興爲夏州行軍司馬三年推爲留後唐末帝聞之正授定難軍節度使晉天福初加檢校太尉同平章事少帝嗣位加檢校太師八年秋彜興弟綏州刺史彜敏與其黨作亂爲彜興所逐彜敏奔延州彜興押送到關骨肉二百餘口朝廷以彜興之故縶送本道斬之開運元年春詔以彜興爲契丹西南面招討使漢乾祐元年春加兼侍中是歲李守貞叛于河中潛使人搆之彜興爲之出師駐于延州之北境既而聞守貞被圍乃收軍而退周顯德中累加至守太傅兼中書令封西平王皇朝建隆元年春制加守太尉始改名彜興乾德五年秋卒于鎭制贈太師追封夏王子光叡繼其位其後事具皇朝日歷（永樂大典卷一萬八千一百三十）

舊五代史卷一百三十二終

舊五代史卷一百三十二攷證

世襲列傳一李茂貞傳捧日都將李雲　案新唐書及通鑑俱作李筠是書韓建傳亦作李筠惟此傳作李雲

李茂勳傳一日其民竊發以木檐擊茂勳踣于地　案通鑑攷異引唐餘錄云棗强民欲擊梁祖誤中茂勳蓋傳聞之異辭也附識于此

高萬興傳五年冬敬瑋卒　卒原本訛平今據文改正

李仁福傳拓拔思恭　案思恭歐陽史作思敬

舊五代史卷一百三十二攷證

舊五代史卷一百三十三

宋司空同中書門下平章事薛居正等撰

世襲列傳第二

高季興字貽孫陝州硤石人也本名季昌及後唐莊宗即位避其廟諱改焉幼隸于汴之賈人李七郎梁祖以李七郎爲子賜姓名友讓梁祖嘗見季興于僕隸中其耳面稍異命友讓養之爲子梁祖以季興爲牙將漸能騎射唐天復中昭宗在岐下梁祖圍鳳翔日久衆議欲班師獨季興諫止之語在梁祖紀中旣而竟迎昭宗歸京以季興爲迎鑾毅勇功臣檢校大司空行宋州刺史

從梁祖平青州改知宿州事遷潁州防禦使梁祖令復姓高氏擢爲荆南兵馬留後荆州自唐乾符之後兵火互集井邑不完季興招輯離散流民歸復梁祖嘉之乃授節鉞梁開平中破雷彥恭于朗州加平章事荆南舊無外壘季興始城之遂厚斂于民招聚亡命自後僭臣于吳蜀梁氏稍不能制焉因就封勃海王嘗攻襄州爲孔勍所敗及莊宗定天下季興來朝于洛陽加兼中書令時論多請留之郭崇韜以方推信義于華夏請放歸藩季興促程而去至襄州酒酣謂孔勍曰是行有二錯來朝一錯放迴一錯洎至荆南謂賓佐曰新主百戰方

得河南對勳臣誇手抄春秋又豎手指云我于指頭上得天下如此則功在一人臣佐何有且遊獵旬日不迴中外之情其何以堪吾高枕無憂矣乃增築西面羅城備禦敵之具時梁朝舊軍多爲季興所誘由是兵衆漸多跋扈之志堅矣明年册拜南平王魏王繼岌平蜀盡選其寶貨浮江而下舡至峽口會莊宗遇禍季興盡邀取之明宗即位復請夔峽爲屬郡初俞其請後朝廷除刺史季興上言稱已令子弟權知郡事請不除刺史不臣之狀既形詔削奪其官爵天成初命西方鄴興師收復三州又遣襄州節度使劉訓總兵圍荆南以問其罪

屬霖潦班師三年冬季興病脚氣而卒其子從誨嗣立累表謝罪請修職貢由是復季興官爵謚曰武信〔永樂大典卷一萬八千二百一十一〕

從誨初仕梁歷殿前控鶴都頭鞍轡庫副使左軍巡使如京使左千牛大將軍荆南牙內都指揮使領濠州刺史改歸州刺史累官至檢校太傅初季興之將叛也從誨常泣諫之季興不從天成三年冬季興薨從誨乃上表謝罪復修職貢明宗嘉之尋命起復授荆南節度使兼侍中長興三年加檢校太尉應順中封南平王淸泰初加檢校太師晉天福中加守中書令六年襄州安從進反王師攻討從誨饋軍食以助焉詔書褒美尋加守尙書令從誨上章固讓朝廷遣使敦勉竟不受其命時有術士言從誨年命有厄宜退避寵辭故也及契丹入汴漢高祖起義于太原間道遣使奉貢密有所請言俟車駕定河汴願賜郢州爲屬郡漢祖依違之及入汴從誨致貢求踐前言漢高祖不從從誨怒率州兵攻郢州旬日爲刺史尹實所敗自是朝貢不至從誨東通于吳西通于蜀皆利其供軍財貨而已末年以鎭星在翼軫之分乃釋羅紈衣布素飲食節儉以禳災咎尋令人祈託襄州安審琦請歸朝待罪朝廷亦開納之漢乾祐元

年冬十一月以疾薨于位詔贈尙書令謚曰文獻子保融嗣位至荆南節度使守太傅中書令封南平王皇朝建隆元年秋卒謚曰貞懿其諸將之倚任者則有王保義保義本姓劉名去非幽州人少爲縣吏粗暴無行習騎射敢鬬擊劉仁恭之子守奇善射唯去非許以爲能守奇以兄守光奪父位亡入契丹又自契丹奔太原去非皆從之莊宗之伐燕也守奇從周德威引軍前進師次涿州刺史姜行敢登陴固守去非呼行敢曰河東小劉郎領軍來爲父除兇爾何敢拒守奇免胄勞之行敢遥拜即開門迎降德威害其功密告莊宗言守奇心不

可保莊宗召守奇還計事行次土門去非說守奇曰公不施寸兵下涿郡周公以得非已力必有如簧之間太原不宜往也公家于梁素有君臣之分宜往依之介福萬全矣守奇乃奔梁梁以守奇爲滄州留後以去非爲河陽行軍司馬時謝彥章移去非爲郢州刺史及莊宗平河洛去非乃棄郡歸高季興爲行軍司馬仍改易姓名自是季興父子倚爲腹心凡守藩規畫出兵方略言必從之乾祐元年夏高從誨奏爲武泰軍節度留後依前荊南行軍司馬加檢校太尉後卒于江陵永樂大典卷一萬八千一百十一

保勗季興之幼子也鍾愛尤甚季興在世時或因事盛怒左右不敢竊視唯保勗一見季興則怒自解故荊人目之爲萬事休皇朝建隆四年春卒是歲荊門之地不爲高氏所有則萬事休之言蓋先兆也永樂大典卷五千五百三十九

五代史補高季興本陝州陝人爲太祖裨將出爲郢州防禦使時荊南成汭征鄂州不利而卒太祖命季興爲荊南留後到未幾爲武陵土豪雷彥恭作亂季興破之遂以功授荊南節鉞莊宗定天下季興首入覲因拜中書令封南平王初季興嘗從梁太祖出征引軍早發至逆旅未曉有嫗秉燭迎門具禮甚厚季興疑而問之對曰妾適夢有人叩關呼曰速起速起有裂土王來及起盥漱畢秉燭開門而君子奄至得非所謂王者耶所以不敢褻慢爾季興喜及來荊南竟至封王 高從誨季興之庶子而處長爲性寬厚雖士大夫不如也天成中季興叛從誨力諫之不從及季興卒朝廷知從誨忠使嗣亦封南平王初季興之事梁也每行軍常以愛姬張氏自隨一旦軍敗攜之而竄遇夜誤入深澗中時張氏方娠行遲季興恐爲所累俟其寢酣以劍刺岸邊欲壓殺之然後馳去既而岸欲崩張氏且驚起呼季興曰妾適夢大山崩而壓妾身有神人披金甲執戈以手托之遂免季興聞之謂必生貴子遂挈之行後生從誨

梁震蜀郡人有才畧登第後寓江陵高季興素聞其名欲任爲判官震恥之然難于拒恐禍及因謂季興曰本山野鄙夫也非有意于爵祿若公不以孤陋令陪軍中末議但白衣從事可矣季興奇而許之自是震出入門下稱前進士而已同光中莊宗得天下季興懼而入覲時幕客皆贊成震獨以爲不可謂季興曰大王本梁朝與今上世稱讎敵血戰二十年卒爲今上所滅神器大寶雖歸其手恐餘怒未息觀其舊將得無加害之心宜深慮焉季興不從及至莊宗果欲留之樞密郭崇韜切諫以爲不可天下既定四方諸侯雖相繼稱慶然不過子弟與將吏耳惟季興能躬自入覲可謂尊獎王室者也禮待不聞加等反欲留縶之何以來遠臣恐此事一行則天下解體矣莊宗遂令季興歸行已浹旬莊宗易慮遽以詔命襄州節度使劉訓伺便囚之時季興至襄州就館而心動謂吏曰吾方寸擾亂得非朝廷使人追

而殺吾耶梁先輩之言中矣與其往而生不若去而死遂棄輜重與部曲趫健者數百人南走至鳳林關已昏黑于是斬關而去既而是夜三更向之急遞果至襄州劉訓料其去遠不可追而止自是季興怨憤以兵襲取復州之監利玉沙二縣命震草奏請以江爲界震又曰不可若然則師必至矣非大王之利也季興怒卒使爲之既而奏發未幾朝廷遣夏魯奇房知溫等領兵來伐季興登城望之見其兵少喜欲開城出戰震復諫曰大王何不思之甚耶且朝廷禮樂征伐之所自出兵雖小而勢實大加以四方諸侯各以相吞噬爲志但恨未見得其便耳若大王不幸或得以戰勝則朝廷徵兵于四方其誰不欲仗順而起以取大王之土地耶如此則社稷休矣爲大王計者莫若致書于主帥且以牛酒爲獻然後上表自劾如此則庶幾可保矣不然則非僕之所知也季興從之果班師震之裨贊皆此類也洎季興卒子從誨繼立震以從誨生于富貴恐相知不深遂辭居于龍山別業自號處士從誨見召跨黃牛直抵廳事前下呼從誨不以官閭但充召而已末年尤好篇詠與僧齊已友善貽之詩曰陳琳筆硯甘前席角里烟霞憶共眠盖以其高尚之趣也

馬殷字霸圖許州鄢陵人也案通鑑作扶溝人歐陽史從薛史少爲木工及蔡賊秦宗權作亂始應募從軍初隨孫儒渡淮陷廣陵及儒敗于宣州殷隨別將劉建峯過江西連陷洪鄂潭桂等州建峯盡有湖南之地遂自爲潭帥頃之建峯爲部下所殺潭人推行軍司馬張佶爲帥時殷方統兵攻邵州佶曰吾才不及馬殷卽牒殷付以軍府事殷自邵州旋軍犒勞將士誅害建峯者數十人自爲留後久之朝廷命爲湖南節度使遂有潭衡七州之地唐天復中楊行密急攻江夏杜洪求援于荆南成汭舉舟師援之時澧朗節度使雷彥恭乘汭出師襲取荆州載其寶貨焚毁州城而去彥恭東連行密斷江嶺行商之路殷與高季興合勢攻彥恭于澧朗數年擒之盡有其地乃以張佶爲朗州節度使由是兵力雄盛殷于梁貞明中爲時姑息所求皆允累官至守太師兼中書令封楚王又上章請依唐秦王故事乃加天策上將軍之號又請官位內添制置靜江武平甯遠等軍事皆從之既封楚王仍請依唐諸王行臺故事署置天官幕府有文苑學士之號知詔令之名總制二十餘州自署官吏征賦不供民間採茶並抑而買之又自鑄鉛鐵錢凡天下商賈所齎寶貨入其境者祇以土產鉛鐵博易之無餘遂

致一方富盛窮極奢侈貢奉朝廷不過茶數萬斤而已于中原賣茶之利歲百萬計唐同光初首修職貢復授太師兼尚書令楚王天成初加守尚書令長興二年十一月十日薨于位時年七十八明宗聞之廢朝三日謚曰武穆子希聲嗣初殷微時隱隱見神人侍側因歎記其形像及貴因謁衡山廟覩廟中神人塑像宛如微時所見者則知人之貴者必有陰物護之豈偶然哉永樂大典卷一萬八千一百二十八案以下原本殘闕

希範晉天福中授江南諸道都統又加天策上將軍谿州洞蠻彭士愁寇辰澧二州希範討平之士愁以五州乞盟乃銘于銅柱希範自言漢伏波將軍援之後故鑄銅柱以繼之永樂大典卷八千二百二十一案此傳有闕文馬希廣希蕚傳全篇俱佚五代史補高郁爲武穆王謀臣莊宗素聞其名及有天下且欲離間之會武穆王使其子希範入覲莊宗以希範年少易激發因其敷奏敏速乃拊其背曰國人皆言馬家社稷必爲高郁所取今有子如此高郁安得取此耶希範居常疾郁忽聞莊宗言深以爲然及歸告武穆請誅之武穆笑曰主上爭戰得天下能用機數以郁資吾霸業故欲間之耳若梁朝罷王彥章兵權也蓋遺此計必至破誅滅今汝誅郁正落其彀中愼勿言也希範以武穆不決禍在朝夕因使誣告郁謀反而族滅之自是軍中之政往往失序識者痛之初郁與武穆俱起行陣都貪且僭常以所居之井不甚清澈思所以澄汰之乃用銀葉護其四方自內至外皆然謂之拓裹其奉養過差皆此類也故莊宗得以媒孼自後陰晦中見郁後竟爲所患爾 馬希範武穆之嫡子性奢侈嗣位未幾乞依故事置天策府僚屬于是擢從事有才行者有若都統判官李彝靜江府節度判官潘玘武安軍節度判官拓

拔丗都統掌書記李皐鎮南節度判官李莊昭順軍節度判官徐收澧州觀察判官彭繼英江南觀察判官廖圖昭順軍觀察判官徐中雅靜江府掌書記鄧懿文武平軍節度掌書記李松年鎮南軍節度掌書記裔曖昭順軍觀察支使彭繼勳武平軍節度推官蕭鉌桂管觀察推官何仲舉武安軍節度巡官孟玄暉容管節度推官劉昭禹等十八人並爲學士其餘列校自袁友恭張少斂等各以次授任莫不大興土木以建興府庭其最爲壯麗者卽有九龍金華等殿殿之成也用丹砂塗其壁凡用數十萬斤石每僚吏謁見將升殿但覺丹砂之氣藹然襲人其費用也皆此類初教令旣下主者以丹砂非卒致之物相顧憂色居無何東境山崩湧出丹砂委積如丘陵于是收而用之契丹南侵聞其事以爲希範非常人遂使册爲尚父希範得册以爲契丹推奉欣然當之矣

丁思僅素有才畧爲馬氏騎將以希範受契丹册命深恥之因謂希範曰今朝廷失守正忠臣義士奮發之時使馳檄四方引軍直趨京師驅契丹天子反正然後凱旋如此則齊桓晉文不足數矣時不可失願大王急圖之希範本無遠畧加以興作府署未畢不忍棄去遂寢思僅之謀思僅不勝其憤謂所親曰古人疾沒世而名不稱今遭逢擾攘不能立功于天下反顧戀數間屋子乎誠可痛也自是思僅常怏怏 文昭王夫人彭氏封秦國夫人常往城北報恩寺燒香時倉魁謂之長老問曰夫人誰家婦女彭氏大怒索檐子疾驅而歸文昭驚曰何歸之速也夫人曰今日好沒興被箇老秃兵問妾是誰家婦女且大凡婦女皆不善之辭安得對妾而發文昭笑曰此所謂禪機也夫人宜答弟子是彭家女馬家婦是則通其理矣何怒之有乎夫人素負才智耻不能對乃曰如此則妾所謂無見性也于是慙赧數日

石文德連州人形質雖陋好學尤工詩霸圖時屢獻詩求用文昭以其寢陋未曾禮待文德由是窮悴有南宅王子者素重士延于門下其後文昭知之亦兼怒王宅欲庭辱文德而逐之居無何秦國夫人彭氏薨文昭傷悼乃命有學文者各撰挽詞文德亦獻十餘篇其一聯云月沉湘浦冷花謝漢宮秋文昭覽之大驚曰文德有此作用吾但以寢陋而輕之乃不如南宮小兒却能知賢耶于是始召文德而愧謝之未幾承制授水部員外郎充融州刺史文德晚尤好著述乃撰大唐新纂十三卷多名人遺事詞雖不工事或可采時以多聞許之

何仲舉營道人美姿容年十三俊邁絕倫

時家貧輸稅不及限李皐爲營道令怒之乃荷項繫獄將檟楚焉或有言于皐曰此子雖丱能爲詩往往立同成章明府一察之皐聞遽召而問曰知汝有文且速敏今日之事若能文不加點爲一篇以自述吾當貸汝仲舉援筆而成曰似玉來投獄拋家去就枷可憐兩片木夾却一枝花皐大驚因自爲脫枷上廳與之抗禮自是仲舉始銳意就學天成中入洛時秦王爲河南尹尤重士仲舉與張杭江文蔚俱遊其門及其東薦也公舉數百人獨以仲舉爲擅場仲舉因獻詩曰碧雲章句纔離手紫府神仙盡點頭秦王大悅稱賞不已故一舉上第及歸遇文昭馬氏承制依唐太宗故事于天册府置十八學士以皐爲學士之首且執政柄而仲舉自以出于皐之門下雖策名中朝事皐未嘗暫懈皐感悅遂加引用未幾與之同列及出又爲全衡二州刺史先是湖南尤多詩人其最顯者有沈彬廖凝劉昭禹尚顏齊己虛中之徒而仲舉在諸公間尤爲輕淺惟李皐獨推許之往往對衆吟秋日晚望詩曰樹迎高鳥歸深野雲傍斜陽過遠山以足扣地嘆曰何仲舉乃詩家之高逸者也諸官見取舍其餘奴岳乃閒氣爾故仲舉感皐之見知卒能自奮至于名節亦終始無玷論者以皐有知人之監

歐陽彬衡山人世爲縣吏至彬特好學工于詞賦馬氏之有湖南也彬將希其用乃攜所著詣府求見之禮必有通名紙有掌客吏衆謂樊知客好賄陰使人謂彬曰足下之來非徒然也實欲顯族致身而不以一物爲旣其可乎彬恥以賄進竟不與旣而樊氏怒擲名紙于地曰豈吏人之子欲干謁王侯耶彬深恨之因退而爲詩曰無錢將乞樊知客名紙生毛不爲通因而落魄街市歌姬酒徒無所不狎有歌人瑞卿者慕其才遂延于家瑞卿能歌每歲武穆王生辰必歌于筵上時湖南自舊管七郡外又加武陵岳陽是九州彬作九州歌以授瑞卿至時使歌之實欲感動武穆旣而竟不聞彬嘆曰天下分裂之際廝徒負養皆能自奮我貧而至此耶計無所出思竄入鄰道但未有所向居無何聞西蜀圖將發彬遂謀入蜀且私謂瑞卿曰吾以干謁不遂居于汝家未嘗有倦色其可輕棄乎然士以功名爲不朽不于此時圖之恐貽後悔今吾他適庶幾有成勿以爲念瑞卿曰君于妾不可謂之無情然一旦不以妾自滯割愛而去得非功名之將至耶妾誠異之家財約數緡雖不豐願分爲半以資路途彬亦不讓因以瑞卿所贈盡賂吏求爲舊船僕夫吏許之旣至蜀遂獻獨匙

朝天賦蜀主大悅擢居清要其後官至尚書左丞相出爲夔州節度使旣領夔州武穆王已薨其子希範繼立因致書于希範敘疇昔入蜀之由仍以衡山宗族爲托希範得書大慙彬之親友悉免其賦役下令搜訪草澤由是士無賢不肖參謁皆延客之因彬所致也彬雅有風儀其爲文辭近而理眞聞之者雖不知書亦釋然曉之竟以此遇

戴偃金陵人能爲詩尤好規諷唐末羅亂游湘中值馬氏有國至文昭王以公子得位尤好奢侈起天策府構九龍金華等殿土木之工斤斧之聲晝夜不絕偃非之自稱玄黃子著漁父詩百篇以獻欲譏諷之故其句纔把咽喉吞世界蓋因奢侈致危亡又曰若須拋郄便拋郄莫待風高更水深文昭覽 怒一旦謂賓佐曰戴偃何如人時賓佐不測以偃爲文昭所重或對曰偃詩人章句深爲流輩所推許乃令在貧悴大王哀之置之髯參短簿之間足矣文昭曰數日前獻吾詩想其爲人大抵務以漁釣自娛爾宜賜碧湘湖便以遂其性亦優賢之道也卽日使遷居湖上乃潛戒公私不得與之往還自是偃窮餓日至無以爲計乃謂妻曰與汝結髮已生一男一女今度不惟擠于溝壑亦恐首領不得完全宜分兒遁去庶幾可免不然旦夕死矣于是舉骰子與妻子約曰彩多得兒彩少得女旣擲偃彩少乃擲女相與慟哭而別偃將奔嶺南至永州會文昭薨乃止其後不知所終

李皐與弟節俱在湖南幕下節亦有文學同光初馬氏武穆王授江南諸道都統詔賜戰馬數百匹皐爲謝表百餘字後思意艱澁時節在側皐顧謂之曰嘗聞馬有旋風之隊如何得一事爲對節曰馬旣有旋風隊軍亦有偃月營何患耶皐欣然下策云壽當偃月之營擺作旋風之隊表遂成論者以此對最爲親切

僧洪道不知何許人通內外學道行尤高大爲時人所重天福中居于衡州石羊鎭山谷中馬氏文昭王之嗣位也聞其名召于府使于報慈寺住持洪不應命文昭堅欲致之督責州縣憂懼計無所出率五七十人擁入州洪道知之乃引徒弟數輩轉徙入深山中得一岩遂且止息然離舊居抵于山岩下則衆鳥千萬和鳴而隨之州縣雖 蹤或有相謂曰且深山之衆鳥何故而鳴又聲韻優逸得非和尙在彼耶試尋果得之于岩所父老再拜曰和尙佛之徒也佛不遺衆生願大王崇重要與和尙相見輒不應召貧入山林于是和尙卽得計矣而州縣與鄉村得無勞擾而和尙忍不爲之開慈憫耶洪道于是始點頭曰如此則吾

爲汝行矣及至府文昭以國待之未幾堅乞歸山文昭知不可留乃許爲其後竟不知所終初洪道之入岩也見一虎在穴乳二子徒弟大駭洪道叱曰無懼彼當移去言訖虎啣二子趨出穴至行之所感也如此

馬希範常重一僧號報慈長老能入定觀人休咎希範因問之曰吾于富貴固無遺恨但不知者壽爾吾師以爲何如報慈曰大王無憂當與佛齊年希範喜以爲享壽無窮及薨也止于四十九先是希範常嫉高郁之爲人因莊宗言而殺之至是方臨江觀競渡置酒未及飲而希範忽驚起顧其弟曰高郁來希廣亦驚曰高郁死久矣大王勿妄言而希範血自身出是夕遂卒

馬希範卒判官李皐以希範同母弟希廣爲天策府都尉撫御尤非所長大校張少敵憂之建議請立希廣庶兄武陵帥希 且曰希 處長負氣觀其所爲必不爲都尉之下加之在武陵九溪蠻通好往來甚歡若不得立必引蠻軍爲亂幸爲思之李皐忽怒曰汝輩何知且先大王爲都尉俱爲嫡嗣不立之郄用老婢兒可乎少敵曰國家之事不可拘以一途變而能通所以圖長久也何嫡庶之云乎若明公必立都尉當妙設方畧以制武陵使帖然不動乃可不然則社稷去矣皐愈怒竟不從少敵之謀少敵度無可奈何遂辭不出未幾希 果以五陵反引洞溪蠻數路齊進遂之長沙縱希廣于郊外而支解李皐自是湖南大亂未逾年而國滅一如少敵之言

初希 之來也希廣以全軍付親校許可瓊使遂擊之可瓊觀希 衆盛恐懼夜送旗鼓乞降希 大喜于是兼可瓊之衆長驅而至希廣素奉佛聞之計無所出乃被緇衣引羣僧念寶勝如來謂之禳災頃之府廨火起人忽紛擾猶念誦之聲未輟其愚如此少敵憂之良有以也先是城中街道尙種槐其柳卽無十一二至是內外一變皆種柳無復槐矣又居人夜間好織草鞋似槌芒之聲聞于郊野俄有童謠云湖南城郭好長街竟栽柳樹不栽槐百姓奔竄無一事只是槌芒織草鞋人無長少皆誦之未幾國亂百姓奔竄死于溝壑者十有八九至是議者始悟蓋長街者通內外之路也槐者皆言懷也不栽槐蓋兄弟不睦以至國亡失孔懷之義也草鞋者遠行所用蓋百姓遠行奔竄之象也

馬希 旣立不治國事數與僚吏縱酒爲樂有小吏謝廷擇者本帳下廝養有容貌希範素寵嬖之每筵會皆命廷擇預坐諸官甚有在下者于是衆怒往往偶語曰此輩舊劄有燕會唯用兵守門以防他虞今與我等齊列何辱之

甚耶其弟希崇因衆怒咄咄與其黨竊發擒希　囚之
于衡陽又自立未數日江南遣袁州刺史邊鎬乘其亂
領兵來伐希崇度不能敵遂降先是長沙童謠云鞭打
馬走不暇未幾果爲邊鎬所滅初鎬嘗爲僧以覘湖南
尤善弄鈸每晨必弄鈸行乞過城往往擲起鈸以度
門之高下及來湖南士庶頗有識之者　廖氏虔州贑
縣人有子三人伯曰圖仲曰偓季曰凝圖凝皆有詩名
偃蹻勇絶倫由是豪橫遂爲鄉里所憚江南名功臣鍾
章爲虔州刺史深嫉之于是圖與凝等議曰覲章所爲
但欲滅吾族矣若戀土不去禍且及矣于是領其族暨
部等三千餘人具鎧仗號令而後行章不敢逐遂奔江
南時武穆王在位見其衆盛恐難制欲盡誅之或者曰
大王姓馬而廖來歸廖者料也馬得料其勢必肥實國
家大興之兆其可殺之乎武穆喜遂善待仍制下以凝
爲永州刺史圖爲行軍司馬偓以天策府列校仍賜莊
宅于衡山自稱逸人偃能于馬上挺身而立取　衣振
奮而服之以示輕捷荆南高季興次子忘其名管親軍
雲猛都謂之雲猛郎君聞偃名因兩境交兵請與偃闘
偃欣然而往雲猛能用鎗見偃瘦小心輕之馳騎而刺
偃垂及之偃佯落馬雲猛勢未及止偃自後奮戈一擊

隨地因生擒之自是其名愈振故武穆王終世不爲鄰
境所輕者偃之力焉至其子　範嗣位九溪蠻叛命偃
率兵討之爲流矢所傷死于蠻中凶訃至希範使人報
其母張氏張氏不哭謂其使曰爲妾謝大王舉家三百
餘口受王分食解衣之賜雖盡死未足以上報況一子
乎望大王勿以爲念希範聞而嘆曰廖氏有此母欲不
興其可得乎于是厚加存恤仍遣使召凝任爲從事至
希範薨國亂爲江南所滅遂遷金陵唐主授以水部員
外郎爲洪州建昌縣令未幾又遷江州團練使凝爲人
不羈好恢諧嘗覽裴說經杜工部墓詩曰擬鑿孤墳破
重教大雅生因曰如此裴說乃劫墳賊耳聞者笑之在
江州盛暑嘗患體燥乃以一大桶盛冷水坐于其間或
至終日雖賓友謁見出露其首與之談笑其簡率如此
先是凝嘗夢人以印授之拜捧之際其印缺其一角凝
不能測及授江州之命始悟曰印缺一角蓋
偏裨之象也團練副使不亦宜乎時人異之
劉言本朗州之牙將也初馬氏舉族爲江南所俘朗州
無帥衆乃推列校馬光惠爲武平軍留後光惠署言爲

副使既而光惠耽荒僭侈軍情不附遂行廢黜以言代
光惠爲留後時周廣順二年秋也言既立北則遣使奉
表于周太祖東亦上章于江南李景求正授旄鉞景未
之許時邊鎬據湖南潛遣人賫金帛說誘武陵谿洞諸
蠻欲合勢以攻朗州會李景降僞詔徵言赴金陵言懼
不從僞命以其年冬十月三日與其節度副使王進逵
行軍司馬何敬眞都指揮使周行逢等同領舟師以襲
潭州九日攻拔益陽寨殺淮軍數千人十三日至潭州
城下是夕邊鎬領其部衆棄城東走進逵敬眞遂入據
其城言乃遣牙將張崇嗣奉表于周太祖且言潭州兵

戈之後焚燒殆盡乞移使府于朗州從之詔升朗州爲
大都督府在潭州之上廣順三年春正月制以言爲檢
校太師同平章事朗州大都督充武平軍節度使制置
武安靜江等軍事又以王進逵爲武安軍節度使何敬
眞爲靜江軍節度使並檢校太尉以周行逢領集州刺
史充武安軍節度行軍司馬未幾言遣何敬眞帥軍南
擊廣賊敬眞失律奔歸潭州爲王進逵所殺其年秋進
逵奏劉言與淮賊通連差指揮使鄭玫部領兵士欲併
當道鄭玫爲軍衆所執奔入武陵劉言尋爲諸軍所廢
臣已至朗州安撫訖周太祖詔劉言宜勒歸私第委王

進逵取便安置言尋遇害朝廷乃正授進逵朗州節制顯德元年秋制以武安軍節度副使周行逢爲鄂州節度使權知潭州軍府事加檢校太尉三年春正月世宗將伐淮甸詔進逵率兵入江南界二月進逵準詔而行仍遣部將潘叔嗣領兵五千爲先鋒行及鄂州界叔嗣迴戈以襲朗州進逵聞之倍道先入武陵叔嗣遽攻其城進逵敗爲叔嗣所殺遣人詣潭州請周行逢至朗州斬叔嗣于市其年秋七月制以行逢爲朗州大都督充武平軍節度使加兼侍中自是潭朗之地遂爲行逢所有皇朝建隆初就加中書令四年行逢卒三軍立其子

保權爲帥未幾朗軍亂求救于朝廷及王師平定荆湖保權入朝由是湖湘之地盡爲王土矣（永樂大典卷九千九十九）

錢鏐杭州臨安縣人少拳勇喜任俠以解仇報怨爲事唐乾符中事於潛鎭將董昌爲部校屬天下喪亂黃巢寇嶺表江淮之盗賊羣聚大者攻州郡小者剽閭里董昌聚衆恣橫于杭越之間杭州八縣每縣召募千人爲一都時謂之杭州八都以遏黃巢之衝要時有劉漢宏者聚徒據越州自稱節度使攻收鄰郡潤州牙將薛朗逐其節度使周寶自稱留後唐僖宗在蜀詔董昌討伐昌以軍政委鏐率八都之士進攻越州誅漢宏迴戈攻潤州擒薛朗江浙平董昌爲浙東節度使越州刺史表鏐代已爲杭州刺史唐景福中朝廷以李鋋爲浙江西道鎭海軍節度使時孫儒楊行密交亂淮海烟塵數千里鏐常率師以爲防捍孫儒據宣州不敢侵江浙由是鏐勳名日著久之李鋋終不至治所朝廷以鏐爲鎭海軍節度仍移潤州軍額于杭州爲治所又立威勝軍于越州董昌爲節度使昌漸驕貴自言身應符讖又爲妖人王百藝所誑僭稱尊號乃于越州自稱羅平國王年號大聖僞命鏐爲兩浙都將鏐不受命以狀聞唐昭宗命鏐討昌乾寧四年鏐率浙西將士破越州擒昌以獻

朝廷嘉其功賜鏐鐵券又除宰臣王溥爲威勝軍節度使而兩浙士庶拜章請以鏐兼杭越二鎭朝廷不能制因而授之改威勝軍爲鎭東鏐乃兼鎭海鎭東兩藩節制鏐旣兼兩鎭精兵三萬而楊行密連歲興戎攻蘇湖潤等州欲兼幷兩浙累爲鏐所敗亦爲行密侵盗數州而鏐所部止一十三州而已天復中鏐大將許再思徐綰叛引宣州節度使田頵謀襲杭州田頵等率師掩至城下鏐激厲軍士一戰敗之生擒徐綰田頵遁走鏐于臨安故里興造第舍窮極壯麗歲時遊于里中車徒雄盛萬夫羅列其父寬每聞鏐至走竄避之鏐即徒步訪

寬請言其故寬曰吾家世田漁爲事未嘗有貴達如此爾今爲十三州主三面受敵與人爭利恐禍及吾家所以不忍見汝鏐泣謝之鏐于唐昭宗朝位至太師中書令本郡王食邑二萬戶梁祖革命以鏐爲尙父吳越國王梁末帝時加諸道兵馬元帥同光中爲天下兵馬都元帥尙父守尙書令封吳越國王賜玉冊金印初莊宗至洛陽鏐厚陳貢奉求爲國王及玉冊詔下有司詳議羣臣咸言玉簡金字唯至尊一人錢鏐人臣不可又本朝以來除四夷遠藩羈縻封拜或有國王之號而九州之內亦無此事郭崇韜尤不容其僭而樞密承旨段徊

姦佞用事能移崇韜之意曲爲鏐陳請崇韜僶俛從之鏐乃以鎭海鎭東軍節度使名目授其子元瓘自稱吳越國王命所居曰宮殿府署曰朝廷其參佐稱臣僭大朝百寮之號但不改年號而已僞行制冊加封爵于新羅渤海海中夷落亦皆遣使行封冊焉明宗卽位之初安重誨用事鏐嘗與重誨書云吳越國王謹致書于某官執事不敘暄涼重誨怒其無禮屬供奉官烏昭遇使于兩浙每以朝廷事私于吳人仍目鏐爲殿下自稱臣謁鏐行舞蹈之禮及迴使副韓玫具述其事重誨因削鏐元帥尙父國王之號以太師致仕久之其子元瓘等

上表陳敘時淮寇攻逼荆南明宗疑其同惡因降詔詰之元瓘等復遣使自淮南間道上表云竊念臣父天下兵馬都元帥吳越國王臣鏐爰自乾符之歲便立功勞至于天復之初已封茅土兩珍稽山之僭僞頻叨鳳詔之褒崇賜鐵券而礪岳帶河藏淸廟而銘鐘鏤鼎歷事列聖竭誠累朝罄臣節以無虧荷君恩而益重楚茅吳柚常居羣后之先赤豹黃羆不在諸方之後雲臺寫像盟府書勳戮力本朝一心體國常誡臣兄弟曰汝等諸子須記斯言老父起自諸軍早平多難素推忠勇實効辛勤遂蒙聖主之疇庸獲參眞王之列壤恒積滿盈之

懼豫懷燕翼之憂蓋以恩禮殊尤寵榮抗極名品既逾于五等春秋將及于八旬不諱之談爾當靜聽而況手殲妖亂親覩興亡豈宜自爲厲階更尋覆轍老身猶健且作國王之呼嗣子承家但守藩臣之分臣等鯉庭灑秩雁序書紳中心藏之敬聞命矣頃以濟陰歸邸梁苑稱尊所在英雄遞相倣斆互起投龜之訴皆興逐鹿之謀唯臣父王未嘗隨例從微至著悉蒙天子之絲綸啟土封王自守諸侯之土宇乙酉歲伏蒙莊宗皇帝遙降玉冊金印恩加曲阜嘗上顯自大朝來封小國遂有彊名之改補實無干紀之包藏兼使人徐筠等進貢之時

禮儀有失，尙蒙赦宥未寘典刑敢不投杖責躬負荆請罪且爽爲臣之禮誠乖事上之儀夙夜包羞寢食俱廢捧詔而神魂戰慄拜章而芒刺交幷伏以皇帝陛下濬哲文思含弘光大智周萬物日闢四方旣容能改之非許降自新之路將功補過捨短從長竊玆近代相持豈足玄機遠料且臣本道與淮南雖連疆畛久結仇讎交惡尋盟十翻九覆縱敵已逾于三紀弭兵纔僅于數年諒非唇齒之邦眞爲腹心之疾今奉詔書責問合陳本末端由布在眾多寧煩覼縷彼旣人而無禮此亦和而不同近知侵軼荆門乖張事大倘王師之問罪願率衆

以齊攻必致先登庶覩後効橫秋鵰鶚祗待指呼躍匣蛟龍誓平讐隙今則訓齊樓櫓淬礪戈鋋決副天威冀明臣節伏以臣父王鏐已于汎海纔有飛章陳父子之丹誠高懸皎日展君臣之大義上指圓穹其將修貢賦于梯航混車書而表率如虧奉賦自有陰誅今春已具表章未蒙便賜俞允地遠而經年方達天高而瀝懇難通伏乞聖慈曲行明命凌霜益翠始知松栢之心異日成功方顯忠貞之節臣元瓘等無任感激祈恩戰懼依投之至謹遣急腳間道奉絹表陳乞奏謝以聞明宗嘉之乃降制復授鏐天下兵馬都元帥尙父吳越國王未

幾又詔賜上表不名（案五代會要載長興二年四月詔日周榮呂望有尙父之稱漢重蕭何有不名之禮錢鏐冠公侯之位統吳越之封宜示異恩俾當縟禮其錢鏐宜賜不名）垂四十年窮奢極貴錢塘江舊日海潮逼州城鏐大庀工徒鑿石塡江又平江中羅刹石悉起臺榭廣郡郭周三十里邑屋之繁會江山之雕麗實江南之勝槪也鏐學書好吟咏江東有羅隱者有詩名聞于海內依鏐爲參佐鏐嘗與隱唱和隱好譏諷嘗戲爲詩言鏐微時騎牛操梃之事鏐亦怡然不怒其通恕也如此鏐雖季年荒恣然自唐朝于梁室莊宗中興以來每來揚帆越海貢奉無闕故中朝亦以此善之鏐以長興三年三月二

十八日薨年八十一制曰故天下兵馬都元帥尙父吳越國王錢鏐累朝元老當代賢勳位已極于人臣名素高于簡册贈典旣無其官爵易名宜示其優崇宜令所司定謚以王禮葬仍賜神道碑謚曰武肅鏐初事董昌時年甫壯室性尙剛烈有儒士謁于主帥已進刺矣見鏐稍怠鏐怒投之羅刹江及典謁者將召鏐詐云客已拂衣去矣及爲帥時有人獻詩云一條江水檻前流鏐不悅以爲譏已尋害之迨于晚歲方愛人下士留心理道數十年間時甚歸美鏐尤恃崇盛分兩浙爲數鎮其節制署而後奏左右前後皆兒孫甥姪軒陛服飾比于

王者兩浙里俗咸曰海龍王梁開平中浙民上言請爲鏐立生祠梁太祖許之令翰林學士李琪撰生祠堂碑以賜之至今蒸黎饗之子孫保之斯亦近代之名王也（永樂大典卷一萬八千一百二十五）

元瓘鏐第五子也起家爲鹽鐵發運巡官表授尚書金部郎中賜金紫天復中本州裨校許再思等爲亂構宣州節度使田頵頵令兵奄至鏐擊敗再思與頵通和頵要盟于鏐鏐徧召諸子問之曰誰能爲吾爲田氏之壻者例有難色時元瓘年十六進曰唯大王之命由是就親于宣州唐天祐初承制累遷檢校尚書左僕射內牙

將指揮使數年之間伐叛禦寇大著勳績梁貞明四年夏鏐大舉伐吳以元瓘爲水戰諸軍都指揮使戰棹抵東洲吳人以舟師拒戰元瓘爲大筏順風揚灰以坌之白晝如霧吳師迷方遂敗之擒軍使彭彥章並軍校七十餘人得戰艦四百隻吳人知不可校通好于鏐以功奏授鎭海軍節度副使檢校司徒梁末遷淸海軍節度使檢校太傅同平章事後唐同光初加檢校太師兼中書令鎭東等軍節度觀察處置等使時鏐自爲天下兵馬都元帥尚父守尚書令吳越國王及鏐爲太師致仕元瓘累貢章敷乞復舊號唐明宗許之鏐既年高欲立

嗣召諸子使各論功請讓于元瓘及鏐病召將吏謂之曰余疾不起兒皆愚懦恐不能爲爾帥與爾輩決矣帥當自擇將吏號泣言曰大令公有軍功多賢行仁孝已領兩鎭王何苦言及此鏐曰此渠定堪否皆曰衆等願奉賢帥即出符鑰數籠于前謂元瓘曰三軍言爾可奉領取此鏐薨遂襲父位唐長興四年遣將作監李鏻起復元瓘官爵又命戶部侍郎張文寶授兼尚書令淸泰初封吳王二年封越王天福元年賜金印三年封吳越國王五年加天下兵馬元帥六年授天下兵馬都元帥其年夏有疾秋府署災焚之一空乃移于他所其儆皆

隨而發焉元瓘因驚悸發狂以是歲八月二十四日薨年五十五歲謚曰文穆元瓘幼聰敏長于撫馭臨戎十五年決事神速爲軍民所附然奢僭營造甚于其父故有回祿之災焉元瓘有詩千篇編其尤者三百篇命曰錦樓集浙中人士皆傳之子佐爲嗣（永樂大典卷四千六百九十二）

佐字弘祐元瓘薨遂襲其位晉天福末制授檢校太師兼中書令吳越王仍篆玉爲册以賜之前代玉册册夷王有之僞梁時欲厚於鏐首爲式例故因而不改俄授開府儀同三司守太尉時以建安爲淮寇所攻授東南面兵馬都元帥佐尋遣舟師進討淮人大敗以功加守

太師漢高祖入汴佐首獻珍貢表率東道漢祖嘉之授諸道兵馬都元帥佐居列土凡七年境內豐阜父祖三世皆爲元帥時以爲榮漢初以疾卒于位謚曰忠獻佐幼好書性溫恭能爲五七言詩凡官屬遇雪月佳景必同宴賞由此士人歸心其班品亦有丞相已下名籍而祿給甚薄罕能自濟每朝廷降吏則去其僞官或與會則公府助以僕馬處事齷齪多如此類然航海所入歲貢百萬王人一至所遺至廣故朝廷寵之爲羣藩之冠佐有子昱年五歲未任庶務乃以其弟倧襲位永樂大典卷四千六百九十二

倧性明敏嚴毅未立時常以佐性寬善疑掌兵權者難制及代佐爲帥以禮法繩下宿將舊勳不甚優禮大將胡進思頗不平之乃密與親軍謀去倧漢祖入汴之歲十二月進思率甲士三百人謀突入衙署倧闔戶以拒之左右與之格鬪盡爲進思所殺遂遷倧于別館以甲士援送幽于衣錦軍立倧異母弟俶爲帥其年夏四月進思疽發背而卒越人快之以爲陰靈之誅逆也永樂大典卷四千六百九十二

俶元瓘之子倧之異母弟也倧既爲軍校所幽時俶爲溫州刺史衆以無帥遂迎立之時漢乾祐元年正月十五日也其年八月始授檢校太師兼中書令充鎮海鎮東等軍節度使東南面兵馬都元帥周廣順中累官至守尚書令中書令吳越國王皇朝建隆初復加天下兵馬大元帥其後事具皇朝日厤永樂大典卷四千六百九十二五代史補錢鏐封吳越國王後大興府署版築斤斧之聲晝夜不絶士卒怨嗟或有中夜潛用白土書于門曰沒了期侵早起抵暮歸鏐一見欣然遽命書吏亦以白土書數字于其側曰沒了期春衣纔罷又冬衣時人以爲神輔自是怨嗟頓息矣 僧昭者通于術數居兩浙大爲錢塘錢鏐所禮謂之國師一旦謁鏐有宮中小兒嬉于側墜下錢數十文鏐見謂之曰速收慮人恐踏破汝錢昭師笑曰汝錢欲踏破須是牛郎可鏐喜以爲社稷堅牢之義後至曾孫俶舉族入朝因而國除俶年屬丑爲牛可謂牛踏錢而破矣 錢鏐末年患雙目有醫人不知所從來自云累世醫內外障眼其術善于用針無不效者鏐聞召而使觀之醫人曰可治然大王非常人患殆天與之若醫是違天地也恐無益于壽幸思之鏐曰吾起自行伍跨有方面富貴足矣但得兩眼見物爲鬼不亦快乎既而下手莫不應手豁然鏐喜所賜動以萬計醫人皆辭不受明年鏐卒 僧契盈閩中人通內外學性尤敏速廣順初遊戲錢塘一旦陪吳越王遊碧浪亭時潮水初滿舟楫輻輳望之不見其首尾王喜曰吳國地去京師三千餘里而誰知一水之利有如此耶可謂三千里外一條水十二時中兩度潮時人謂之佳對時江南未通兩浙貢賦自海路而至青州故云三千里也

史臣曰自唐末亂離海內分割荆湖江浙各據一方翼子貽孫多歷年所夫如是者何也蓋値諸夏多艱王風不競故也洎皇宋之撫運也因朗陵之肇亂命王師以遄征一矢不亡二方俱服遂使瑤琨篠簜咸遵作貢之文江漢濉漳盡鼓朝宗之浪夫如是者何也蓋屬大兢

有歸人寰允洽故也唯錢氏之守杭越逾八十年蓋事大勳王之節與荆楚湖湘不侔矣永樂大典卷五千五百三十八

舊五代史卷一百三十三終

舊五代史卷一百三十三攷證

世襲列傳二高季興傳至襄州酒酣謂孔勍曰是行有二錯來朝一錯同放二錯　案歐陽史作季興謂梁震語與是書作孔勍異

高從誨傳乾祐元年冬十一月以疾薨于位　十一月歐陽史作十月

高保勗傳皇朝建隆四年春卒　四年歐陽史作三年十一月

馬殷傳許州鄢陵人也　案通鑑作扶溝人歐陽史從是書

長興二年十一月十日薨于位時年七十八　案歐陽史作長興元年殷卒年七十九

馬希範傳谿州洞蠻彭士愁　士愁原本訛士秋今據歐陽史及通鑑改正

舊五代史卷一百三十三攷證

舊五代史卷一百三十四

宋司空同中書門下平章事薛居正等撰

僭僞列傳第一

楊行密廬州人少孤貧有膂力日行三百里唐中和之亂天子幸蜀郡將遣行密徒步奏事如期而復（案北夢瑣言云鄭棨嘗典楊行密爲本州步奏官）光啟初秦宗權擾淮右頻寇廬壽郡將募能致戰擒賊者計級賞之行密以膂力應募往必有獲得補爲隊長行密乃自募百餘人皆尩勇無行者殺都將自權州兵郡將即以符印付之而去朝廷因正授行密廬州刺史光啟三年揚州節度使高駢失政委任妖人呂用之輩牙將畢師鐸懼爲用之所譖自高郵起兵以襲廣陵爲用之所却乃乞師于宣州秦彥且言事克之日願以揚州帥之彥先遣將秦稠以兵三千人助師鐸攻陷廣陵高駢署師鐸爲行軍司馬未幾秦彥率大衆并家屬渡江入揚州軍府自稱節度使初揚州未陷呂用之詐爲高駢檄徵兵于廬州及城陷行密以軍萬人奄至畢師鐸之入廣陵也呂用之出奔于外至是委質于行密行密攻廣陵營于大明寺秦畢出兵以攻行密之營短兵纔接行密僞遁秦畢之兵爭入其柵以取金帛行密發伏兵以擊之秦畢大敗退走其壁自

是不復出戰其年九月秦畢害高駢于幽所少長皆死同坎瘞于道院北垣下行密攻圍彌急城中食盡米斗四十千居人相啗畧盡十月城陷秦畢走東塘行密入廣陵輦外寨之粟以食饑民即日米價減至三千十一月蔡賊孫儒以衆萬人自淮西奄至還據外寨行密輜重牛羊軍食未入城者皆爲儒所有時秦畢來自東塘與儒軍合自是西門之外復爲敵境矣初呂用之遇行密于天長紿行密曰用之有白金五千鋌瘞于所居之廡下寇平之日願備將士倡樓一醉之資至是行密閱兵用之在側謂用之曰僕射許此輩錄何負心也遽命斬于三橋之下夷其族行密既有廣陵遣使至大梁陳歸附之意是時梁祖兼領淮南乃遣牙將張廷範使于淮南與行密結盟尋遣行軍司馬李璠權知淮南留後命都將郭言以兵援送行密初則厚禮廷範及聞李璠之行悖然有拒命意廷範懼易衣夜遁遇梁祖于宋州備言行密不軌之心酌其兵勢未可圖也乃追李璠等還即表行密爲淮南留後文德元年正月孫儒殺秦彥畢師鐸于高郵引軍襲廣陵下之儒自稱節度使行密收其衆歸于廬江十一月梁祖遣大將龐師古自潁上渡淮討孫儒之亂師古引兵深入淮甸不利還龍紀元

年孫儒出攻宣州行密乘虛襲據揚州北通時溥孫儒引兵復攻行密大順元年行密危蹙率衆夜遁出據宣州儒復入揚州二年乃蒐楝兵甲以攻行密屬江淮疾疫師人多死儒亦臥病爲部下所執送于行密殺之行密自宣城長驅入于廣陵盡得孫儒之衆自光啟末高駢失守之後行密與畢師鐸秦彦孫儒遞相窺圖六七年中兵戈競起八州之內鞠爲荒榛圜幅數百里人煙斷絕行密既併孫儒乃招合遺散與民休息政事寬簡百姓便之蒐兵練將以圖霸道所得孫儒之衆皆淮南之驍果也選五千人豢養于府第厚其衣食騁之即戰

靡不爭先甲冑皆以黑繒飾之命曰黑雲都乾甯二年行密盡有淮南之地昭宗乃降制授行密淮南節度副大使知節度使管內營田觀察處置等使開府儀同三司檢校太傅同中書門下平章事兼揚州大都督府長史上柱國弘農郡王食邑三千戸食實封一百戸四年梁祖平兗鄆朱瑾及沙陁將李承嗣史儼等皆奔淮南行密待之優厚任以爲將瑾與承嗣皆位至方伯是歲行密縱兵侵掠鄂部兩浙錢鏐江西鍾傳鄂州杜洪皆遣使求救於梁梁祖遣朱友恭率步騎萬人渡江取便討伐行密先令都將瞿章據黄州及梁師至即棄郡南渡固守武昌寨行密遣將馬珣以精兵五千助之友恭與杜洪大破其衆遂拔武昌寨擒瞿章并淮軍三千餘人獲馬五百匹淮夷大恐八月梁祖遣葛從周領步騎萬人自霍丘渡淮遣龐師古率大軍營于清口淮人決堰縱水流潦大至又令朱瑾率勁兵以襲汴軍汴軍大敗師古死之葛從周聞師古之敗自濠梁班師至淠河爲淮人所乘諸軍僅得北歸光化二年行密北侵遣張歸厚禦之而退天復三年青州王師範叛乞師于淮南行密遣將王景仁帥師二萬以援之攻討密州七月梁祖大破師範及景仁之衆景仁遁還追至輔唐殺數千

人進取密州天祐元年十一月淮人攻光州梁祖率軍抵霍丘畧地于廬壽之境淮人遁去二年正月進攻壽州淮人閉壁不出大掠而還是月行密攻陷鄂州擒節度使杜洪戮于揚州市梁之戍兵數千人亦陷焉其後江西鍾傳宣州田頵俱爲行密所併三年行密以疾卒于廣陵及其子渭僭號僞追尊爲太祖武皇帝（永樂大典卷六千五十一）

渥字奉天行密長子也行密卒渥遂襲僞位自稱吳王委軍政于大將張顥渥性猜忍不能御下天祐五年六月渥爲將張顥所殺納欵于梁遂自稱留後委別將徐溫握兵權居無何溫復殺顥立行密次子渭爲主

及渭僭號僞追尊爲景帝〔永樂大典卷六千五十一〕渭渥之弟也既立政事咸委于徐溫時溫爲鎮海軍節度內外馬步軍都指揮使乃于上元縣置昇州盛開幕府自握兵柄于上流其子知訓等于揚州居以秉政凡十餘年溫乃册渭爲天子國號大吳改唐天祐十六年爲武義元年渭以溫爲大丞相都督中外諸軍事渭僭號凡三年而卒謚爲惠帝〔永樂大典卷六千五十一〕

溥行密幼子也初封丹陽王渭卒徐溫乃推溥爲主復僭僞號唐同光元年莊宗平梁遷都于洛陽十二月溥遣使章景來朝稱大吳國主致書上大唐皇帝其辭旨

卑遜有同箋表明年八月又遣其司農卿盧蘋貢方物及獻貞簡太后珍玩莊宗命左藏庫使王居敏通事舍人張玥等以名馬報之郭崇韜之平西川也淮人大懼將去僞號稱藩於唐時崇韜欲陳舟師下峽爲平吳策會崇韜既誅洛城有變淮人聞之比屋相慶明宗纂嗣溥復遣使修好安重誨奏曰楊溥既不稱藩無足與之抗禮來偵國情不如辭絶乃謝其使不受所貢遣之唐天成二年十月徐溫卒追封爲齊王溫之養子李昇代溫佐輔秉政數年位至太尉中書令錄尚書事襲封齊王僞加九錫晉天福二年溥不得已遜位于昇昇遷溥于潤州築丹陽宮以處之溥自是服羽衣習辟穀之術年餘以幽死昇又遷其族于海陵吳人謂其居爲永甯宮周顯德中李景聞周師渡淮慮其爲變使人盡殺之自唐大順二年行密始有淮南之地至溥遜位凡四十七年而亡〔永樂大典卷六千五十一〕〔五代史補：楊行密常命宣州刺史田頵領兵圍錢塘錢鏐危急遣其子元璙修好于行密元璙風神俊邁行密見之甚喜因以其女妻之遽命頵罷兵初頵之圍城也嘗遣使候錢鏐起居鏐厚待之將行復與之小飲時羅隱皮日休在坐意以頵之師無能爲也且欲譏之于是日休爲令取一字四面被圍而不失其本音因曰其字上加草爲萁萊下加石爲碁于左加玉爲琪玉右加月爲期會羅隱取于字上加雨爲雩下加皿爲盤盂左加玉上加玗玉右加邑爲邘邑使者取亡字譏鏐鏐必亡然亡上加草爲芒下加心爲忘右加邑爲邙左加心爲忙其令必不通合坐皆嘻笑之使大慙而去未幾頵果班師先

是行密與鏐勢力相敵其爲忿怒雖水火之不若也行密常命以大索爲錢貫號曰穿錢眼鏐聞之每歲命以大斧科柳謂之斫楊頭至是以元璙通婚二境漸睦穿眼斫頭之諭始止〕

李昇本海州人僞吳大丞相徐溫之養子也溫字敦美亦海州人初從淮南節度使楊行密起兵于廬州漸至軍校唐末青州王師範爲梁祖所圍乞師于淮南楊行密發兵赴之溫時爲小將亦預其行師次青之南鄙師範已敗淮兵大掠而還昇時幼穉爲溫所虜溫愛其慧黠遂育爲己子名曰知誥天祐初行密卒其子渥嗣會左衙都指揮使張顥殺渥欲歸命于梁溫謂顥曰此去梁國往復三千里不月餘事不成軍國未有主無主將

亂不如有所立徐圖其事顥然之乃立渥弟渭爲帥温尋殺顥渭僞授温常州刺史檢校司徒温留廣陵遣昇知州事是歲唐天祐五年也七年丁母憂起復授檢校太尉温州刺史充本州團練觀察八年宣州叛温與都將柴再用討平之加同中書平章事充淮南行軍司馬内外馬步都指揮使鎭海軍節度浙江西道觀察等使十二年八月温出鎭潤州以其子知訓知政事加温鎭海軍管内水陸馬步軍都軍使兼甯國軍節度宣歙池等州觀察使時昇爲温屬郡昇州刺史乃大理郡廨温表移其府于金陵僞授昇州大都督府長史充鎭海軍節度副大使知節度事以昇爲鎭海軍節度副使行潤州刺史充本州團練使十五年知訓授淮南行軍副使内外馬步軍都指揮使通判軍府事居無何知訓爲大將朱瑾所殺温以昇代知政事明年温册楊渭爲天子僭稱大吳改唐天祐十六年爲武義元年十八年渭死温聞之自金陵馳歸揚州夜入廣陵議有所立或有希温旨言及蜀先主遺命諸葛亮之事温厲聲曰若楊氏無男有女當立矣無得異議由是羣心乃定遂迎丹陽王溥于潤州以其年六月十八日即僞位改元爲順義自是温父子愈盛中外共專其國楊氏主祭而已温累

官至竭忠定難建國功臣大丞相都督中外諸軍事諸道都統鎭海甯國等軍節度宣歙池等州管内營田觀察等使開府儀同三司守太師中書令金陵尹東海王食邑一萬戸實封五百戸僞順義七年改乾貞元年即後唐天成二年其年十月二十三日温卒僞贈大元帥追封齊王謚曰忠武昇前夢温負登山逾月温卒昇乃僞授輔政興邦功臣知内外左右事開府儀同三司守太尉中書令宣城公昇自平朱瑾之亂遂執吳政天成四年僞吳改太和元年是歲昇出鎭金陵尋封東海王至清泰二年改天祚元年其年以金陵爲齊國封昇爲齊王乃追謚温爲忠武王廟號太祖昇又進位太尉錄尙書事留鎭金陵以其子景總政于揚州爲東都昇開國依齊梁故事用徐玠爲齊國右丞相宋齊丘爲左丞相以爲謀主僞吳天祚二年楊溥遜位于昇國號大齊改元爲昇元建都于金陵時晉氏天福二年也昇乃册楊溥爲讓皇其册文曰受禪老臣知誥謹上册皇帝爲高尙思元弘古讓皇云仍以其子璟領平盧軍節度使遷于海陵昇自云唐玄宗第六子永王璘之裔唐天寶末安祿山連陷兩京玄宗幸蜀詔以璘爲山南嶺南黔中江南四道節度採訪等使璘至廣陵大募兵甲有窺

圖江左之意後爲官軍所敗死于大庾嶺北故昇指之以爲遠祖因還姓李氏始改名昇國號大唐尊徐温爲義祖僭位凡七年子景立永樂大典卷一萬三百九十

景本名璟及將臣于周以犯廟諱故改之昇之長子也案釣磯立談云烈祖一日晝寢夢一黄龍出殿之西楹嬌首內向如窺伺狀烈祖驚起使人偵之顧見元宗方倚楹而立遣人候上動靜于是立嫡之意遂決卒乃襲僞位改元爲保大以仲弟遂爲皇太弟季弟達爲齊王仍于父柩前設盟約兄弟相繼景僭號之後屬中原多事北十亂離雄據一方行餘一紀其地東暨衢婺南及五嶺西至湖湘北據長淮凡三十餘州廣袤數千里爲其所有近代僭竊之地

最爲强盛又嘗遣使私賂北戎俾爲中國之患自固偷安之計案南唐書云契丹遣二使來告曰晉少主逆命背約自貽覆亡吾主欲與唐繼先世之好將册君爲中原主嗣主曰孤守江淮社稷已固與梁宗阻隔若爾主不忘先好惠賜行人受賜多矣其他不敢拜命之辱周顯德二年冬世宗始議南征以宰臣李穀爲前軍都部署是冬周師圍壽春三年春世宗親征淮甸大敗淮寇于正陽遂進攻壽州壽又今上敗何延錫于渦口擒皇甫暉于滁州景聞之大懼遣其臣鍾謨李德明等奉表于世宗乞爲附庸之國仍歲貢百萬之數又進金銀器幣及犒軍牛酒未幾又遣其臣孫晟王崇質等奉表修貢且言景願割濠壽泗楚光海等六州之地隸于大朝乞罷攻討世宗未之許時李德明等見周師急攻壽春慮不能保乃奏云寬臣等五日之誅容臣等自往江南取本國章表舉江北諸州盡獻于大朝世宗許其行久之德明等不至乃權議迴鑾唯留偏師數千圍守壽春而已四年春世宗再駕南征三月大敗江南援軍于紫金山壽下壽州乃命班師是歲冬十月世宗復臨淮甸連下濠泗二郡進攻楚州明年春正月拔之遂移幸揚州駐大軍于迎鑾將議濟江景聞之自謂亡在朝夕乃欲謀傳位其世子使稱藩于周案南唐書正月改元交泰遣其臣陳覺奉表陳情且願世宗之旨焉覺至世宗召對于

御幄是時江北諸州唯廬舒蘄黃四郡未下世宗因謂覺曰江南國主若能以江北之地盡歸于我則朕亦不至窮兵黷武覺聞命忻然即遣人過江取景表以廬舒蘄黃等四州來上乞畫江爲界仍歲貢地征數十萬世宗許之乃還京自是景始行大朝正朔上章稱唐國主臣景累遣使修貢亦不失外臣之禮焉皇朝建隆二年夏景以疾卒于金陵時年四十六以其子煜襲僞位其後事具皇家日歷永樂大典卷一萬三百九十一 五代史補李昇本爲徐温所養温殺張顥權出于已自得大丞相中書令都統及出居金陵以嫡子知訓爲丞相昇爲潤州節度昇始爲宣州及得潤州甚怏怏將白温辭之宋齊邱素與昇善因謂昇曰知訓驕倨不可大用殆必有損足焚巢之患宣州去江都

達難爲應潤州方隔一水爾有急則可以立功愼勿辭也昇聞之釋然遂行至潤州未幾知訓果爲朱瑾所殺是夜江都亂火光亘天昇望之曰宋公之言中矣遂引軍渡江盡誅朱瑾之黨後解甲去備以待徐溫溫至且喜且怒謂昇曰猶幸汝在潤州不然吾家大事將去矣汝于兄弟中有大功者耶卽日用昇爲左僕射知政事以代知訓昇善于撫御內外之心翕然而歸之故徐溫卒未幾而江南遂爲昇所有先是江南童謠云東海鯉魚飛上天東海卽徐之望也鯉者李也蓋言李昇一旦自溫家起而爲君爾初昇旣畜異志且欲諷動僚屬雪天大會酒酣出一令須借雪取古人名仍詞理通貫時齊邱徐融在坐昇舉杯爲令曰雪下紛紛便是白起齊邱曰着屐過街必須雍齒融意欲挫昇等遽曰明朝日出爭奈蕭何昇大怒是夜收融投于江自是與謀者惟齊邱而已

宋齊邱豫章人父誠嘗在鍾傳幕下齊邱素落魄父卒家計蕩盡已在窮悴朝夕不能度時姚洞天爲淮南騎將素好士齊邱欲謁之且囊空無備紙筆之費計無所出但于逆旅杜門而坐如此殆數日鄰房有散樂女尙幼問齊邱曰秀才何以數日不出齊邱以實告女歎曰此甚小事秀才何吝一言相示耶乃惠以數緡齊邱用市紙筆爲詩詠以投洞天其略曰某學武無成攻文失志歲華蹭蹬身事蹉跎胸中之萬仞青山壓低氣宇頭上之一輪紅日燒盡風雲加以天步凌遲皇綱廢絕四海淵黑中原血紅把飛蒼走黃之辯有出鬼沒神之機洞天怒其言大不卽接見齊邱窘急乃更其啟翌日復至其略曰有生不如無生爲人不若爲鬼又云其爲誠懇萬端只爲饑寒兩字洞天始憫之漸加以拯救徐溫聞其名召至門下及昇之有江南也齊邱以佐命功遂至將相乃上表以散樂女爲妻以報宿惠許之

韓熙載仕江南官至諸行侍郎晚年不羈女僕百人每延請賓客而先令女僕與之相見或調戲或毆擊或加以爭奪靴笏無不曲盡然後熙載始緩步而出習以爲常復有醫人及燒煉僧數輩每來無不升堂入室與女僕等雜處僞主知之雖怒以其大臣不欲直指其過因命待詔畫爲圖以賜之使其自愧而熙載視之安然

沈彬宜春人能爲歌詩格高逸應進士不第遂遊長沙會武穆方霸彬獻頌德詩云金翅動身摩日月銀河轉浪洗乾坤武穆覽而壯之欲辟之在幕府以其有足疾遂止彬由是往來衡湘間自稱進士邊鎬之下湖南也後主聞其名召歸金陵令爲縣宰彬辭不就遂投金部郎中致仕年八十九初彬旣致仕營別業于鍾山庭有古栢可百餘尺一旦爲迅雷所擊仆于地自成四片彬視之欣然謂子庭瑞曰此天所以賜吾也汝宜成之庭瑞曰雷擊之木恐非祥不宜爲棺彬怒曰吾命汝安得違之耶庭瑞懼遂如教卒竟用此棺及葬掘地未及丈餘得石槨上有篆文四字云杭彬之槨其制度大小與棺正相稱遂葬之時人異焉

僧謙光金陵人也素有才辯江南國主以國師禮之然無羈檢飲酒如常國主無以禁制而又于諸肉中尤嗜鵝鱉國主常以從容言及釋氏果報且謂曰老僧無他願但得鵝生四隻腿鱉長兩重裙足矣國主大笑顯德中政亂國主猶晏然不以介意一旦因賞花命謙光賦詩因爲所諷詩云擁衲對芳叢由來事不同鬢從今日白花似去年紅豔冶隨朝露馨香逐曉風何須對零落然後始知空

王審知字信通光州固始人父恁世爲農民冊府元龜卷二百一十九

唐廣明中黃巢犯闕江淮盜賊蜂起有賊帥王緒者自稱將軍陷固始縣審知兄潮時爲縣佐緒署爲軍正蔡賊秦宗權以緒爲光州刺史尋遣兵攻之緒率衆渡江所在剽掠自南康轉至閩中入臨汀自稱刺史緒多疑忌部將有出己之右者皆誅之潮與豪首數輩共殺緒其衆求帥乃刑牲歃血爲盟植劍于前祝曰拜此劍動者爲將軍至潮拜劍躍于地衆以爲神異卽奉潮爲帥時泉州刺史廖彥若爲政貪暴軍民苦之聞潮爲理整肅耆老乃奉牛酒遮道請留潮因引兵圍彥若歲餘克之又平狼山賊率薛蘊兵鋒日盛唐光啟二年福建觀察使陳巖表潮爲泉州刺史大順中巖卒子壻范暉自稱留後潮遣審知將兵攻之踰年城中食盡乃斬暉

而降由是盡有閩嶺五州之地潮卽表其事昭宗因建威武軍于福州以潮爲節度福建管內觀察使審知爲副（册府元龜卷二百二十三）審知爲觀察副使有過潮猶加捶撻審知無怨色潮寢疾舍其子延興延虹延豐延休命審知知軍府事十二月丁未潮薨審知以讓其兄審邽審邽以審知有功辭不受審知自稱福建留後表于朝廷（永樂大典卷一萬四千五百三十六）唐末爲威武軍節度福建觀察使累遷檢校太保封瑯琊郡王梁朝開國累加中書令封閩王（王審知德政碑云潮付以戎旅仍具表奏尋加刑部尚書威武軍留後俄授金紫光祿大夫右僕射本軍節度使又改光祿大夫檢校司空轉特進檢校司徒又是轉檢校太保琅邪郡王食邑四千戶食實封一百戶）

時楊氏據江淮故閩中與中國隔越審知每歲朝貢汎海至登萊抵岸往復頗有風水之患漂沒者十四五後唐莊宗卽位遣使奉貢制加功臣進爵邑（册府元龜卷二百三十二）審知起自隴畝以至富貴每以節儉自處選任良吏省刑惜費輕徭薄斂與民休息三十年間一境晏然（册府元龜卷二百二十九）同光元年審知卒子延翰嗣爲弟延鈞所殺延鈞審知次子後唐長興三年上言吳越國王錢鏐薨乞封爲吳越王不報（册府元龜卷二百一十九）未幾自稱帝國號大閩改元龍啟然猶稱藩于朝廷（册府元龜卷二百二十二）清泰二年遇弒子昶嗣（册府元龜卷二百一十九）

昶嗣僞位朝廷因授昶福建節度使晉天福三年遣使貢奉至闕止稱閩王其子繼恭稱節度使晉祖乃下制封昶爲閩王（册府元龜卷二百三十二）改元通大後遇弒審知少子延羲嗣（册府元龜卷二百一十九）

延羲嗣僞位改元永隆在位六年遇弒兄延政自稱帝于福州晉開運三年爲李景所滅（册府元龜卷二百一十九）（五代史補王潮之來福建也値連帥陳巖卒于壻范暉自稱留後潮攻拔之盡有其地遂爲福建觀察使至其子審知立雖天下多事猶能修其職貢朝廷嘉之封閩王審知卒子延鈞嗣无識輒改審知制度僭稱大閩改元龍啟其後爲子昶殺昶多行不道閩人殺之立從父延羲改元永隆延羲不恤政事國亂爲其將連重遇所殺王氏之族遂滅先是梁朝有王霸者卽王氏之遠祖爲道士居于福州之怡山時愛二皂莢樹因其下築壇爲朝禮之所

其後丹成沖虛而去霸嘗云吾之子孫當有王于此方者乃自爲讖藏之于地唐光啟中爛柯道士徐景玄因于壇東北隅取土獲其詞曰樹枯不用伐壇壞不須結不滿一千年自有系孫列又曰後來是三王潮水蕩禍殃巖逢二乍間未免有銷亡子孫依吾道代代封閩疆議者以爲潮蕩禍殃謂王潮除其禍患以開基業也巖逢二乍間謂陳巖逢王潮未幾而亡土地爲其所有也代代封閩疆謂潮與審知也代代蓋兩世之稱明封崇不過潮與審知兩世耳初王潮嘗假道于洪州時鍾傳爲洪州節度使以王潮若得福建境土相接必爲已患陰欲誅之有僧上藍者通于術數動皆先知大爲鍾王所重因入謁察傳詞氣驚曰令公何故起惡意是欲殺王潮否傳不敢隱盡以告之上藍曰老僧觀王潮與福建有緣必變彼時作一好世界令公宜加禮厚待若必殺之令公之福去矣于是傳加以援送及審知之嗣位也楊行密方盛常有吞東南之志審知居常憂之因其先人嘗爲上藍所知乃使人賫金帛往遺之號曰送供且問圖之休咎使回上藍以十字爲報其詞曰不怕羊入屋只怕錢入腹審知得之歎曰羊者楊也腹者福也得福州之患不在楊行密而在錢氏乎令內外將吏無

姓錢者必爲子孫後世之憂矣至延義爲連重遇所殺諸將爭立江南乘其時命查文徽領兵伐之經年不能下會兩浙救兵至文徽腹背受敵遂大敗自是福州果爲錢氏所有入腹之讖始應蓋國之興衰皆冥數先定矣徐寅登第歸閩中途經大梁因獻太祖遊大梁賦時梁祖與太原武皇爲讐敵武皇眇一目而又出自沙陀部落寅欲曲媚梁祖故詞及之云一眼胡奴望英威而膽落未幾有人得其本示太原者武皇見而大怒及莊宗之滅梁也四方諸侯以爲唐室復興奉琛爲慶者相繼王審知在閩中亦遣使至鄴召其使問曰徐寅在否使不敢隱以無恙對莊宗因慘然曰汝歸語王審知父母之讐不可同天徐寅指斥先帝今聞在彼中何以容之使回具以告審知曰如此則主上欲殺徐寅爾今殺則未敢奉詔但不可以用矣即日戒閽者不得引接徐寅坐是終身止于秘書正字 江爲建州人工于詩乾祐中福州王氏國亂有故人任福州官屬恐人禍及一旦亡去將奔江南乃問道謁爲經數日爲且與草投江南表其人未出境遣邊吏所擒仍于囊中得所撰表章于是收爲與奔者俱械而送爲臨刑詞色不撓且曰稽康之將死也顧日影而彈琴吾今琴則不暇彈賦一篇可矣乃索筆爲詩曰衙鼓侵人急西傾日欲斜黃泉無旅店今夜宿誰家聞者莫不傷之 黃滔在閩中爲王審知推官一旦饋之魚時滔方與徐寅對談遂請爲代謝牋寅援筆而成其略曰銜諸斷索才從羊續懸來列在珙盤便到馮驩食處時人大稱之

史臣曰昔唐祚橫流異方割據行密以高材捷足敵之于前李昪以履霜堅冰得之于後以僞易僞逾六十年洎有周興薄伐之師皇上示懷柔之德而乃走梯航而入貢奉正朔以來庭如是則長江之險又何足以恃哉審知僻據一隅僅將數世始則可方於吳芮終則竊効于尉佗與夫穴蜂井蛙亦何相遠哉五紀之王蓋其幸也 永樂大典卷六千八百四十八

舊五代史卷一百三十四終

舊五代史卷一百三十四攷證

僭僞列傳一楊行密傳乃追李璠等還　案通鑑作李
璠至盱眙行密發兵襲之郭言力戰得免與是書異
瑾與承嗣皆位至方伯　案九國志行密承制授朱瑾
泰寧軍節度使李承嗣振武軍節度使此云位至方
伯似未明晰附識于此
楊渭傳渭渥之弟也　案渭歐陽史及通鑑皆作隆演
惟是書作渭詳見通鑑攷異
王審知傳以潮爲節度福建管內觀察使審知爲副
案王審知德政碑作詔授潮節度累加檢校右僕射

無審知爲副事
潮薨審知以讓其兄審邽　案王審知德政碑作仲兄
審邦此作審邽當以碑爲正

舊五代史卷一百三十五

宋司空同中書門下平章事薛居正等撰

僭僞列傳第二

劉守光深州樂壽人也其父仁恭初隨父晟客于范陽
晟以軍吏補新興鎭將事節度使李可舉仁恭幼多智
數陳力于軍中李全忠之攻易定也別將于晏圍易州
累月不能拔仁恭穴地道以陷之軍中號曰劉窟頭稍
遷裨校仁恭志大氣豪自言嘗夢大佛幡出于指端或
云年四十九當領旄節此言頗泄燕帥李匡威惡之不
欲令典軍改爲府掾出爲景城令屬瀛州軍亂殺郡守

仁恭募白丁千人討平之匡威壯其才復使爲帳中爪
牙令將兵戍蔚州兵士以過期不代思歸流怨會李匡
儔奪兄位戍軍擁仁恭爲帥欲攻幽州比至居庸關爲
府兵所敗仁恭挈族奔于太原武皇遇之甚厚賜田宅
以處之出爲壽陽鎭將從征吐渾仁恭數進畫于蓋寓
言幽州可圖之狀願得步騎萬人即指期可取武皇從
之洎仁恭舉兵屢不尅捷唐乾寧元年十一月武皇親
征匡儔十二月破燕軍於威塞進拔嬀州收居庸二十
六日匡儔棄城而遁武皇令李存審與仁恭入城撫勞
封府庫即以仁恭爲幽州節度使留腹心燕留德等十

餘人分典軍政武皇乃還二年七月武皇討王行瑜師于渭北上章請授仁恭節鉞九月天子以仁恭爲檢校司空幽州盧龍軍節度使三年羅弘信背盟武皇遣李存信攻魏州徵兵于燕仁恭託以契丹入寇俟敵退聽命四年七月武皇聞兗鄆俱陷復徵兵于仁恭數月之間使車結轍仁恭辭旨不遜武皇以書讓之仁恭覽書嫚罵拘其使人晉之戍兵在燕者皆拘之復以厚利誘晉之驍將由是亡命者衆矣八月武皇討仁恭九月五日次安塞軍九日渡木瓜澗大爲燕軍所敗死傷大半既而仁恭告捷于梁祖梁祖聞之喜因表仁恭加平章

事仁恭又遣使于武皇自陳邊將擅興之罪武皇以書報之仁恭既絶于晉恒懼討伐募兵練衆常無虚月光化元年三月令其長子襲滄州盧彦威委城而遁遂兼有滄景德三郡以守文爲留後請節鉞于朝昭宗怒其擅興不時與之會中使至范陽仁恭私之曰旄節吾自有但要長安本色耳何以累章見阻爲吾言之其悖戾如此仁恭兵鋒益盛每戰多捷以爲天贊遂有吞噬河朔之志二年正月仁恭率幽滄步騎十萬號三十萬將兼併魏博鎮定師次貝州一鼓而拔無少長皆屠之清水爲之不流羅紹威求援于汴汴將李思安葛從周赴之思安屯內黃仁恭兵圍魏州聞汴軍在內黃戒其子守文曰李思安怯懦汝之智勇比之十倍當先殄此鼠輩次擒紹威守文與單可及率漁陽精甲五萬夾清水而上思安設伏于內黃清水之左袁象先設伏于內黃清水之右思安逆戰于繁陽城僞不勝徐退燕人追躡至于內黃思安步兵成列廻擊之燕人將引退左右伏兵發燕軍大敗臨陣斬單可及守文單騎僅免五萬之衆無生還者時葛從周率邢洺之衆入魏州與賀德倫李暉出擊賊營是夜仁恭燒營遁走汴人長驅追擊自魏至長河數百里殭屍蔽地敗旗折戟纍纍于路鎮人

又又邀擊于東境燕軍復敗仁恭自是垂翅不振者累年汴人乘勝攻滄州仁恭率師援之營于乾寧軍汴將氏叔琮逆戰燕軍逗撓退保瓦橋乃卑辭厚禮乞師于晉武皇遣兵逼邢洺以應之十月汴人陷瀛鄚二州晉將周德威將兵出飛狐仁恭復修好于晉天祐三年七月梁祖自將兵攻滄州營于長蘆仁恭師徒屢喪而酷法盡發部內男子十五以上七十以下各自備兵糧以從軍閭里爲之一空部內男子無貴賤並黥其面文曰定霸都士人黥其臂文曰一心事主繇是燕薊人士例多黥涅或伏竄而免仁恭閱衆得二十萬進至瓦橋汴

人深溝高壘以攻滄州內外阻絕仁恭不能合戰城中大饑人相篡啖析骸而爨丸土而食轉死骨立者十之六七自七月至十月仁恭遣使求援于晉前後百餘輩武皇乃徵兵于燕仁恭遣都將李溥夏侯景監軍張居翰書記馬郁等以兵三萬來會十二月合晉師以攻潞州降丁會乃解滄州之圍是時天子播遷中原多故仁恭嘯傲薊門志意盈滿師道士王若訥祈長生羽化之道幽州西有名山名曰大安山仁恭乃于其上盛飾館宇僭擬宮掖聚室女豔婦窮極侈麗又招聚緇黃合仙丹講求法要又以墐泥作錢令部內行使盡斂銅錢于

大安山巔鑿穴以藏之藏畢即殺石匠以滅其口又禁江表茶商自撷山中草葉爲茶以邀厚利改山名爲大恩山仁恭有嬖妾曰羅氏美姿色其子守光烝之事洩仁恭怒笞守光謫而不齒四年四月汴將李思安以急兵攻幽州營于石子河仁恭在大安山城中無備守光自外帥兵來援登城拒守汴軍既退守光乃自爲幽州節度令其部將李小喜元行欽將兵攻大安山仁恭遣兵拒戰爲小喜所敗乃擄仁恭歸幽州囚于別室仁恭左右迨至婢媵與守光不協者畢誅之其兄守文在滄州聞父被囚聚兵大哭論之曰哀哀父母生我劬勞自

古豈有子讐父者吾家生此梟獍吾生不如死即率滄德之師討之守光逆戰于雞蘇爲守文所敗既而守文詐悲單馬立于陣塲泣諭于眾曰勿殺吾弟時守光驍將元行欽識之被擒滄兵失帥自潰守光乃縶兄于別室圍以叢棘乘勝進攻滄州滄州賓佐孫鶴呂兗已推守文子延祚爲帥守光攜守文于城下攻圍累月城中乏食米斗直三萬人首級亦直十千軍士食人百姓食墐土驢馬相遇食其鬃尾士人出入多爲强者屠殺久之延祚力窮以城降于守光守文尋亦遇害守光性分庸昧以父兄失勢謂天所助淫虐滋甚每刑人必以鐵

籠盛之薪火四逼又爲鐵刷刷剔人面嘗衣赭黃袍顧謂將吏曰當今海內四分五裂吾欲南面以朝天下諸君以爲何如賓佐有孫鶴者骨鯁方略之士也率先對曰王西有并汾之患北有契丹之虞乘時覬釁專待薄人彼若結黨連衡侵我疆塲地形雖險勢不可支甲兵雖多守恐不暇縱能却敵未免生憂王但拊士愛民補兵完賦義聲馳于天下諸侯自然推戴今若恃兵與險未見良圖守光不悅及梁軍據深冀王鎔乞師于守光孫鶴勸守光出援軍以圖霸業守光不從及莊宗有柏鄉之捷守光謀攻易定諷動鎮人欲爲河朔元帥莊宗

乃與鎮州節度使王鎔易定節度使王處直昭義節度使李嗣昭振武節度使周德威天德軍節度使宋瑤同遣使奉册推守光爲尙父以稔其惡守光不悟謂藩鎭畏已仍以諸鎭狀送梁祖言臣被晉王等推臣爲尙父堅辭不獲又難拒違臣竊料所宜不如陛下與臣河北道都統則幷鎭之叛不足平殄矣梁祖知其詐優答之仍命閤門使王瞳供奉官史彥璋等使于燕册守光爲河北道採訪使六月梁使至守光令所司定尙父採訪使儀注所司取唐朝册太尉禮以示之守光曰此儀注中何無郊天改元之事梁使曰尙父雖尊猶是人臣守

光怒投于地謂將吏曰方今天下鼎沸英雄角逐朱公創號于夷門楊渭假名于淮海王建自尊于巴蜀茂貞矯制于岐陽皆因茅土之封自假帝王之制然兵虛力寡疆埸多虞我大燕地方二千里帶甲三十萬東有魚鹽之饒北有塞馬之利我南面稱帝誰如我何今爲尙父孰當帝者公等促具帝者之儀予且爲河朔天子燕之將吏竊議以爲不可守光置斧鑕于廷令將佐曰今三方協贊予難重違擇日而帝矣從我者賞橫議者誅孫鶴對曰滄州破敗僕乃罪人大王寬容乃至今日不敢阿旨以誤家國苟聽臣言死且無悔守光大怒推之

伏鑕令軍士割其肉生噉之鶴大呼曰百日之外必有急兵矣守光命窒其口寸斬之有識爲之嗟惋乃悉召部內官吏教習朝儀邊人旣非素習舉措失容相顧詭笑八月十三日守光僭號大燕皇帝改年曰應天以梁使王瞳判官齊涉爲宰相史彥璋爲御史大夫僞册之日契丹陷平州莊宗聞之大笑監軍張承業曰惡不積不足以滅身老氏所謂將欲取之必先與之今守光狂蹶請遣使省問以覘其釁十月莊宗令太原少尹李承勳往使承勳至守光怒不稱臣械之于獄十二月莊宗遣周德威出飛狐會鎭定之師以討之德威攻圍歷年

屬郡皆下守光堅保幽州求援于梁北誘契丹救終不至十年十月守光遣使持幣馬見德威乞降又乘城呼曰予俟晉王至耶卽出城十一月莊宗親征二十三日至幽州單騎臨城召守光曰丈夫成敗須決所向公將何如守光曰某俎上肉耳莊宗愍之折弓爲盟許其保全守光辭以他日莊宗乃令諸軍攻之二十四日四面畢攻莊宗登燕太子墓觀之俄而數騎執仁恭幷其孥來獻檀州遊奕將李彥暉于燕樂縣獲守光幷妻李氏祝氏男繼珣繼方繼祚等來獻初守光城破後攜其妻子將走關南依劉守奇沿路寒瘡足踵經日不食至燕

樂縣匿于坑谷令妻祝氏乞食于田父張師造家怪婦人異狀詰之遂俱擒焉莊宗方宴府第引仁恭守光至席父子號泣謝罪莊宗慰撫之曰往事不復言人誰無過改之爲貴乃歸之傳舍是月己卯晉人執守光及仁恭露布表其罪驅以班師十一年正月至晉陽仁恭父子荷校于露布之下父母唾面罵守光曰逆賊破家如是守光俯首不顧自范陽至晉陽涉千餘里所在聚觀呼守光爲劉黑子略無媿色莊宗以仁恭守光狥于都城卽告南宮七廟禮畢守光與李小喜鄭藏斐劉延卿及其二妻皆伏誅李小喜者本晉之小校先奔于燕守

光以爲愛將守光雖凶淫出于天性然而稔惡侈毒抑亦小喜贊成守光將敗前一日來降守光將死大呼曰臣之悞計小喜熒惑故也若罪人不死臣必訴于地下莊宗急召小喜至令證辯小喜瞋目叱守光曰囚父殺兄烝淫骨肉亦我教耶莊宗怒小喜失禮先斬之守光慟哭曰王將定天下臣精于騎何不且留指使二妻讓之曰皇帝事勢及此生不如死卽延頸就戮守光猶哀訴不已旣誅命判官司馬揆備轜櫝祭醱瘞于城西三里龍山下令副使盧汝弼李存霸拘送仁恭至代州于武皇陵前刺心血以祭誅于鴈門山下自仁恭乾甯二年春入幽州至天祐十年父子相承十九年而滅（永樂大典卷九千九百九）

劉陟卽劉龑初名陟其先彭城人祖仁安仕唐爲潮州長史因家嶺表父謙素有才識唐咸通中宰相韋宙出鎮南海謙時爲牙校職級甚卑然氣貌殊常宙以猶女妻之妻以非其類堅止之宙曰此人非常流也他日我子孫或可依之謙後果以軍功拜封州刺史兼賀水鎮使甚有稱譽謙之長子曰隱卽韋氏女所生也幼而奇特及謙卒賀水諸將有無賴者幸變作亂隱定計誅之連帥劉崇龜聞其才署爲右都校復領賀水鎮俄奏兼

封州刺史用法清肅威望頗振唐昭宗以嗣薛王知柔石門扈蹕功授清海軍節度使詔下有府之牙將盧琚譚玘謀不稟朝命隱舉部兵誅琚玘以開知柔至深德之辟爲行軍司馬委以兵賦唐昭宗命宰相徐彥若代知柔復署前職彥若在鎮二年臨薨手表奏隱爲兩使留後昭宗未之許命宰相崔遠爲節度使遠行及江陵聞嶺表多盜懼隱違詔遲留不進會遠復入相乃詔以隱爲留後然久未卽眞及梁祖爲元帥隱遣使持重賂以求保薦梁祖卽表其事遂降旄節梁開平初恩寵殊厚遷檢校太尉兼侍中封大彭郡王梁祖郊禋禮畢加

檢校太師兼中書令又命兼領安南都護充清海靜海兩軍節度使進封南海王（案東都事略不戴隱封南海王宋史不載隱封大彭郡王與薛史互有詳略考五代會要劉隱進封南海王在開平四年）開平四年三月卒陟隱之弟也隱卒代據其位及梁末帝嗣位務行姑息之政乃盡以隱之官爵授陟先是邕州葉廣略容州龐巨源或自擅兵賦數侵廣之西鄙陟舉兵討之邕容皆敗因附庸于陟又交州土豪曲承美亦專據其地送款于梁因正授旄鉞陟不平之遣將李知順伐之執承美以獻陟自是盡有嶺表之地及聞錢鏐封吳越王陟恥稱南海之號乃嘆曰中原多故誰爲眞主安能萬里梯航而

事僞庭乎梁貞明三年八月陟乃僭號于廣州國號大漢僞改元爲乾亨明年僭行郊禮赦其境內及改名巖陟僭位之後廣聚南海珠璣西通黔蜀得其珍玩窮奢極侈娛僭一方與嶺北諸藩歲時交聘及聞莊宗平梁遣僞宮苑使何詞來聘稱大漢國主致書上大唐皇帝莊宗召見于鄴宮問南海事狀且言本國已發使臣大陳物朝貢今秋卽至初陟聞莊宗兵威甚盛故令何詞來覘虛實時朝政已紊莊宗亦不能以道制禦遠方南海貢亦不至自是與中國遂絕唐同光三年冬白龍見于南海改僞乾亨元年爲白龍元年陟又改名龑以符龍之瑞也白龍四年春又改大有元年是歲陟僭行藉田之禮陟之季年有梵僧善占算之術謂陟不利名龑他年慮有此姓敗事陟又改名龑龑讀爲儼古文無此字蓋妄撰也陟性雖聰辯然好行苛虐至有炮烙刳剔截舌灌鼻之刑一方之民若據爐炭惟厚自奉養廣務華靡末年起玉堂珠殿飾以金碧翠羽嶺北行商或至其國皆召而視之誇其壯麗每對北人自言家本咸秦恥爲蠻夷之主又呼中國帝王爲洛州刺史其妄自尊大皆此類也晉天福七年夏四月陟以卒疾凡僭號二十六年年五十四僞謚爲天皇大帝廟號高祖陵曰康

陵子玢嗣（永樂大典卷九千九百九）

玢陟長子也初封賓王又封秦王陟卒遂襲位僞號光天玢性庸昧僭位之後大恣荒滛尋爲其弟晟所弒在位一年僞謚殤帝（永樂大典卷九千九百九）

晟陟第二子也僞封勤王又封晉王玢之立也多行滛虐人皆惡之晟因與其弟僞越王昌等同謀弒玢自立爲帝改元爲應乾又改爲乾和晟率性荒暴得志之後專以威刑御下多誅滅舊臣及其昆仲數年之間宗族殆盡又造生地獄凡湯鑊鐵床之類無不備焉人有小過咸被其苦及湖南馬氏昆弟尋戈晟因其釁遣兵攻

桂林管內諸郡及彬連梧賀等州皆尅之自此全有南越之地周顯德五年秋八月晟以疾卒僞謚曰文武光聖明孝皇帝廟號中宗陵曰昭陵是歲晟以六月望夜宴于甘泉宮是夕月有蝕之測在牛女之域晟自覽占書既而投之于地曰自古誰能不死乎縱長夜之飲至是而卒 永樂大典卷九千九百九

鋹晟長子也僞封衞王晟卒乃襲僞位時年十七改元爲大寶鋹性庸懦不能治其國政事咸委于閹官復有宮人具冠帶預職官理外事者由是綱紀大壞先是廣州法性寺有菩提樹一株高一百四十尺大十圍傳云

蕭梁時西域僧眞諦之所手植蓋四百餘年矣皇朝乾德五年夏爲大風所拔是歲秋鋹之寢室屢爲雷震識者知其必亡皇朝開寶三年夏王師始議南征四年二月五日王師壓廣州鋹盡焚其府庫將赴火而死旣而不能引決尋爲王師所擒舉族遷于京師皇上赦而不誅仍賜爵爲恩赦侯其後事具皇家日厤陟始自梁貞明二年僭號厤三世四主至皇朝開寶四年凡五十五年而亡 永樂大典卷九千九百九

劉崇太原人漢高祖之從弟也少無賴好陸博意錢之戲嘗冠隷河東軍唐長興中遷虢州軍校漢祖鎭并汾奏爲河東步軍都指揮使逾年授麟州刺史復爲河東馬步軍都指揮使兼三城巡檢使遥領泗州防禦使漢祖起義于河東以崇爲特進檢校太尉行太原尹是歲五月漢祖南行以崇爲北京留守尋加同平章事隱帝嗣位加檢校太師兼侍中乾祐二年九月加兼中書令時漢隱帝以幼年在位政在大臣崇亦招募亡命繕完兵甲爲自全之計朝廷命令多不稟行徵斂一方略無虛日人甚苦之三年十一月隱帝遇害朝廷議立崇之子徐州節度使贇爲主會周太祖爲軍衆所推降封贇爲湘陰公崇乃遣牙將李晉奉書求贇歸藩會贇已死

唯以優辭答之周廣順元年正月崇僭號于河東稱漢改名旻仍以乾祐爲年號署其子承鈞爲侍衞親軍都指揮使太原尹以判官鄭珙趙華爲宰相副使李瓌代州刺史張暉爲腹心尋遣承鈞率兵攻晉隰二州不克而退九月崇自領兵由陰地關寇晉州乞師于契丹契丹以五千騎助之合兵以攻平陽又分兵寇昭義周太祖遣樞密使王峻等率大軍以援晉絳崇聞周師至遂焚營而遁是歲晉絳大雪崇駐軍六十餘日邊民走險自固兵無所掠士有饑色比至太原十亡三四二年二月崇遣兵三千餘衆寇府州爲折德扆所破其所部岢

嵐軍爲德扆所取崇自僭稱之後以重幣求援于契丹仍稱姪以事之契丹僞册崇爲英武皇帝及周世宗嗣位崇復乞師于契丹以圖入寇契丹遣將楊衮合勢大舉來迫潞州顯德元年三月周世宗親征與崇戰于高平大敗之崇與親騎十數人踰山而遁中夜迷惜不知所適封村民使爲鄉導誤趨晉州路行百餘里方覺崇怒殺鄉導者得佗路而去乃易名號被毛褐張草笠而行至沁州與從者三五騎止于郊舍寒餒尤甚潛令告僞刺史李廷誨廷誨饋盤飡解衣裘而與之每至屬邑縣吏奉食七箸未舉聞周師至即蒼黃而去崇年老力

憊伏于馬上日夜奔竄僅能支持距太原一舍其子承鈞夜以兵百人迎之而入及周師臨城下崇氣懾自固閉壘不出月餘世宗乃旋軍顯德二年十一月崇以病死其子承鈞襲僞位鈞之事跡具皇家日厤永樂大典卷九千九百九

史臣曰守光逆天反道從古所無逆至臨刑尚求免死非唯惡之極也抑亦愚之甚也劉晟據南極以稱雄屬中原之多事洎乎奕世遇我昌朝力憊而亡不泯其嗣亦其幸也劉崇以亡國之餘而竊僞王之號多見其不知量也今元惡雖斃遺孽尚存勢蹙民殘不亡何待永樂大典卷九千九百九

舊五代史卷一百三十五終

僭僞列傳二劉守光傳汴人陷瀛鄚二州　鄚原本訛鄭今據歐陽史改正

書記馬郁　馬郁原本作馬都今據是書列傳改

盡斂銅錢于大安山巔　銅錢原本作錢鑄引用錯謬今據歐陽史改正

即殺匠石以滅其口　案莊子石乃匠者之名詞家引用泛作工匠解者非乃紀事之文亦沿其誤殊乖史體今姑仍原文而駁正于此

劉陟傳謙之長子曰隱梁開平初封大彭郡王梁祖郊禋禮畢進封南海王　案東都事略不載隱封南海王宋史不載隱封大彭郡王與是書互有詳略攷五代會要劉隱進封南海王在開平四年

舊五代史卷一百三十五攷證

舊五代史卷一百三十六

宋司空同中書門下平章事薛居正等撰

僭僞列傳

王建陳州項城人唐末隸名于忠武軍秦宗權據蔡州縣重賞以募之建始自行間得補軍候廣明中黃巢陷長安僖宗幸蜀時梁祖爲巢將領衆攻襄鄧宗權遣小校鹿晏弘從監軍楊復光率師攻之建亦預行是歲復光入援京師明年破賊收京城初復光以忠武軍八千人立爲八都晏弘與建各一都校也復光死晏弘率八都迎扈行在至山南乃攻剽金商諸郡縣得兵數萬進

逼興元節度使牛叢棄城而去晏弘因自爲留後以建等爲屬郡刺史不令之任俄而晏弘正授節旄恐部下謀已多行忍虐繇是部衆離心建與別將韓建友善晏弘益猜二建僞待之厚引入臥內二建懼夜登城慰守陴者因月下共謀所向謂韓建曰僕射甘言厚德是疑我也禍難無日矣早宜擇利而行韓曰善因率三千人趨行在僖宗嘉之賜與巨萬分其兵爲五都仍以舊校主之即晉暉李師泰張造與二建也因號曰隨駕五都田令孜皆錄爲假子及僖宗還宮建等分典神策軍皆遙領刺史光啟初從僖宗再幸興元令孜懼逼求爲西

川監軍楊復恭代爲觀軍容使建等素爲令孜所厚復恭懼不附己乃出五將爲郡守以建爲壁州刺史案通鑑楊復恭出建爲利州刺史蜀檮杌作利州防禦使與薛史異天子還京復恭以楊守亮鎭興元尤畏建侵己屢召之建不安其郡因招合溪洞豪猾有衆八千寇閬州陷之復攻利州刺史王珙棄城而去建播剽二郡所至殺掠守亮不能制東川節度使顧彥朗初于關輔破賊時與建相聞每遣人勞問分貨幣軍食以給之故建不侵梓遂西川節度使陳敬瑄憂其膠固謀于監軍田令孜曰王八吾子也彼無他腸作賊山南實進退無歸故也吾馳咫尺之書可以坐置麾

下即飛書招建建大喜遣使謂彥朗曰監軍阿父遣信見招僕欲詣成都省阿父因依陳太師得一大郡是所願也即之梓州見彥朗留家寄東川選精甲三千之成都行次鹿頭或謂敬瑄曰建今之劇賊鴟視狼顧專謀人國邑儻其即至公以何等處之彼建雄心終不居人之下公如以將校遇之是養虎自貽其患也案蜀檮杌李乂曰建今之姦雄狼顧久矣必不爲人下若爲將校亦非公之利通鑑亦作李乂敬瑄懼乃遣人止建遽脩城守建怒遂據漢州領輕兵至成都敬瑄讓之曰若何爲者而犯吾疆理建軍吏報曰閬州司徒比寄東川而軍容太師使者繼召今復拒絕何也司徒不惜

改轅而東來此省太師反爲拒絕慮顧梓州復相嫌間謂我何心故也使我來報且欲寄食漢州公勿復疑時光啓三年居浹旬建盡取東川之衆設梯衝攻成都三日不尅而退復保漢州月餘大剽蜀土進逼彭州百道攻之敬瑄出兵來援建解圍縱兵大掠十一州皆罹其毒民不聊生建軍勢日盛復攻成都敬瑄患之顧彥朗亦懼侵己昭宗即位彥朗表請雪建擇大臣爲蜀帥移敬瑄他鎭乃詔宰臣韋昭度鎭蜀以代敬瑄敬瑄不受代天子怒命顧彥朗楊守亮討之時昭度以建爲牙內都校董其部兵按鑑戒錄云昭度以部兵置行府及王師無功建謂昭

度曰相公興數萬之衆討賊未効餉運交不相屬近聞遷洛以來藩鎭相噬朝廷姑息不暇與其勞師以事蠻方不如從而赦之且以兵威靖中原是國之本也相公盍歸朝覲與主上畫之昭度持疑未決一日建陰令軍士于行府門外擒昭度親吏臠而食之建徐啟昭度曰盍軍士乏食以至于是耳昭度大懼遂留符節與建即日東還纔出劒門建即嚴兵守門不納東師月餘建攻西州管內八州所至響應遂急攻成都田令孜登城謂建曰老夫與八哥相厚太師久以知聞有何嫌恨如是困我之甚耶建曰軍容父子之恩心何敢忘但天子付

以兵柄太師孤絕朝廷故也苟太師悉心改圖何福如之又曰吾欲與八哥軍中相款如何日父子之義何嫌也是夜令孜攜蜀帥符印入建軍授建建泣謝曰太師初心太過致有今日相戾既此推心一切如舊翌日敬瑄啟關迎建以蜀帥讓之建乃自稱留後表陳其事明年春制授檢校太傅成都尹西川節度副大使知節度事管內觀察處置雲南八國招撫等使時龍紀元年也移敬瑄于雅州安置仍以其子爲刺史既行建令人殺之于路令孜仍舊監軍事數月或告令孜通鳳翔書問下獄餓死（案蜀檮杌云敬瑄竄處雅州以其子爲刺史既行建遣殺于三江令孜仍監其軍復以令孜陰附鳳翔下獄餓死）

建雄猜多機畧意嘗難測既有蜀土復欲窺伺東川又以彥朗婚姻之舊未果行會彥朗卒弟彥暉代爲梓帥交情稍怠李茂貞乘其有間密搆彥暉因與茂貞連盟闕征疆吏之間與蜀人得失大順末建出師攻梓州彥暉求援于鳳翔李茂貞出師援之建卽圍解自是秦川交惡者累年後建大起蜀軍敗岐梓之兵于利州彥暉懼乞和請與岐人絕許之景福中山南之師寇東川彥暉求援于建建出兵赴之大敗興元之眾洎軍旋建乘虛掩襲梓州虜彥暉置于成都遂兼有兩川自此軍鋒益熾天復初李茂貞韓全誨劫遷車駕在鳳翔梁祖攻圍歷年建外修好于汴指茂貞罪狀又陰與茂貞間使往來且言堅壁勿和許以出師赴援因分命諸軍攻取興元比及梁祖解圍茂貞山南諸州皆爲建所有自置守將及茂貞垂翅天子遷雒陽建復攻茂貞之秦隴等州茂貞削弱不能守或勸建因取鳳翔建曰此言失策吾所得已多不俟復增岐下茂貞雖常才然名望宿素與朱公力爭不足守境有餘韓生所謂入爲扞蔽出爲席藉是也適宜援而固之爲吾盾鹵耳及梁祖將謀强禪建與諸藩同謀興復乃令其將康宴率兵三萬會于鳳翔數與汴將王重師戰不利而還趙匡

凝之失荊襄也弟匡明以其帑奔蜀建因得夔峽忠萬等州及梁祖開國蜀人請建行劉備故事建自帝于成都（冊府元龜卷二百二十三）改元永平五年改元通正是年冬改元天漢又改元光天在位十二年年七十二子衍嗣（冊府元龜卷一百一十九）

衍建之幼子也建卒衍襲僞位改元乾德六年十二月改明年爲咸康秋九月衍奉其母徐妃同遊于青城山駐于上清宮時宮人皆衣道服頂金蓮花冠衣畫雲霞望之若神仙及侍宴酒酣皆免冠而退則其髻髽然又構怡神亭以佞臣韓昭等爲狎客雜以婦人以恣荒宴

或自旦至暮繼之以燭僞嘉王宗壽侍宴因以社稷國政爲言言發涕流至于再三同宴佞臣潘在迎等並奏衍云嘉王好酒悲因翻恣諧謔取笑而罷自是忠正之臣結舌矣（永樂大典卷三千一百九十三）時中國多故衍得以自安唐莊宗平梁遣使告捷于蜀蜀人恟懼致禮復命稱大蜀國主致書上大唐皇帝詞理稍抗莊宗不能容遣客省使李嚴報聘且市宮中珍玩蜀人皆禁而不出衍既沖騃軍國之政咸委于人有王宗弼者爲六軍使總外任宋光嗣者爲樞密使總內任洎嚴至蜀光嗣等曲宴因言中國近事嚴亦引近事折之語在嚴傳光嗣等聞嚴

辯對畏而奇之及嚴使還奏莊宗曰王衍騃童耳宗弼等總其兵柄但益家財不卹民事君臣上下唯務窮奢其舊勳故老棄而不任蠻蜑之人痛深瘡痏以臣料之大兵一臨望風瓦解莊宗深然之遂蒐兵括馬有平蜀之志唐師未起時僞東川節度使宋承葆獻計于衍云唐國兵強不早爲謀後將焉救請于嘉州沿江造戰艦五百艘募水軍五千自江下峽臣以東師出襄鄧水陸俱進東北沿邊嚴兵據險南師出江陵利則進取否則退保峽口又選三蜀驍壯三萬急攻岐雍東據河潼北招契丹啗以美利見可則進否則據散關以固吾圉事

縱不捷亦攻敵人之心矣衍不從唐同光三年九月十日莊宗下制伐蜀命興聖宮使魏王繼岌爲都統樞密使郭崇韜爲行營都招討其月十八日魏王統闕下諸軍發洛陽十一月二十一日魏王至德陽衍報云比與將校謀歸國僞樞密使宋光嗣景潤澄南北院宣徽使李周輅歐陽晃等四人異謀熒惑臣各已處斬今送納首級（案蜀檮杌皇太子開宗賢府募兵以拒唐師）是日衍上表曰臣衍先人建久在坤維受先朝寵澤一開土宇將四十年頃以梁孽興災洪圖板蕩不可助逆遂乃從權勉徇衆情止王三蜀固非獲已未有所歸臣輒紹鎡基且安生聚臣衍

誠惶誠恐伏惟皇帝陛下嗣堯舜之業陳湯武之師廓定寰區剷平凶逆梯航垂集文軌渾同臣方議改圖便期納款遽聞王師致討實抱驚危今則將千里之封疆盡爲王土冀萬家之臣妾皆沐皇恩必當輿櫬乞降負荊請命伏惟皇帝陛下迴照臨之造施覆燾之仁別示哀矜以安反側儻墳塋而獲祀實存歿以知歸臣無任望恩虔禱之至己酉年十一月日臣王衍上表其月二十七日魏王至成都北五里昇仙橋僞百官班于橋下衍乘行輿至素衣白馬牽羊草索係首面縛銜璧輿櫬而從魏王下馬受其璧崇韜釋其縛及燔其櫬衍率僞

百官東北舞蹈謝恩禮畢拜魏王崇韜李嚴皆答拜二十八日王師入成都自起師至入蜀城凡七十五日（永樂大典六千八百四十九　案以下原本殘闕據歐陽史云同光四年衍行至秦川驛莊宗用伶人景進計遣宦者向延嗣誅其族天成二年封衍順正公以諸侯葬五代史補王建在許下時尤不逞嘗坐事遣徒但無杖痕爾及據蜀得馬涓爲從事涓好詼諧建恐爲所譏因問曰竊聞外議以吾曾遭徒刑有之乎涓對曰有之建曰侍無杖痕且對衆因袒背以示涓曰請足下試看有遺杖責而肌肉如是耶涓知其詐乃撫背而歎曰大奇當時何處得此好膏藥來賓佐皆失色而涓晏然王建之僭號也惟翰林學士最承恩顧侍臣或諫其禮過建曰蓋汝輩未之見也且吾在神策軍時主內門魚鑰見唐朝諸帝待翰林學士雖交友不若也今我恩顧比當時才有百分之一爾何謂之過當耶論者多之杜光庭長安人應九經舉不第時長安有潘尊師者道術甚高僖宗所重光庭素所希慕數遊其門當僖宗之幸蜀也觀蜀中道門牢落思得名士以主張之駕回詔潘尊

師使于兩街求其可者尊師奏曰臣觀兩街之衆道聽塗說一時之俊卽有之至于掌教之士恐未合應聖旨臣于科場中識九經杜光庭其人性簡而氣淸量寬而識遠且困于風塵思欲脫屣名利久矣以臣愚思之非光庭不可僖宗召而問之一見大悅遂令披戴仍賜紫衣號曰廣成先生卽日驅驛遣之及王建據蜀待之愈厚又號爲天師光庭嘗以道德二經注者雖多皆未能演暢其旨因著廣成義八十卷他術稱是識者多之）

孟知祥字保裔邢州龍岡人也祖察父道世爲郡校伯父方立終于邢洺節度使從父遷位至于澤潞節度使知祥在後唐莊宗同光三年授西川節度副大使知節度事（冊府元龜卷二百一十九）天成中安重誨專權用事以知祥莊宗舊識方據大藩慮久而難制潛欲圖之是時客省使李嚴以嘗使于蜀洞知其利病因獻謀于重誨請以已爲西川監軍庶效方畧以制知祥朝廷可之及嚴至蜀知祥延接甚至徐謂嚴曰都監前因奉使請兵伐蜀遂使東西兩川俱至破滅川中之人其怨已深今既復來人情大駭固奉爲不暇也（案此句疑有舛誤）卽遣人拽下階斬于階前（案歐陽史云李嚴至境上遣人持書候知祥知祥盛兵見之冀嚴懼而不來嚴聞之自若天成二年正月嚴至成都知祥置酒召嚴因責嚴曰今諸方鎭已罷監軍公何得來鑑戒錄云李嚴于天成初復來監護孟祖加之禮分從容數其五罪命劍斬之與薛史異）其後朝廷每除劍南牧守皆令提兵而往或千或百分守郡城時董璋作鎭東川已數年矣亦有雄據之意會朝廷以夏魯奇鎭遂州李仁矩鎭閬州皆領兵數千人赴鎭復授以密旨令制禦

兩川董璋覺之乃與知祥通好結爲婚家以固輔車之勢知祥慮唐軍驟至與遂閬兵合則勢不可支吾遂與璋協謀令璋以本部軍先取閬州知祥遣大將軍李仁罕趙廷隱率軍圍遂州長興元年冬唐軍伐蜀至劍門二年以遂閬既陷又糧運不接乃班師三年知祥又破董璋乃自領東西兩川節度使（冊府元龜卷二百二十七）應順元年以劍南東西川節度使蜀王稱帝于蜀改元明德七月卒年六十一（冊府元龜卷二百二十九　案薛史孟知祥傳永樂大典原闕今采冊府元龜僭僞部以存梗概）

昶知祥之第三子也（案宋朝事實云昶初名仁贊揮麈餘話云昶字保元）母李氏

本莊宗之嬪御以賜知祥唐天祐十六年歲在已卯十一月十四日生昶于太原（案花蕊夫人宮詞云法雲寺裏中元節又是官家降誕辰是昶以七月十五爲生辰也與薛史異）及知祥鎮蜀昶與其母從知祥妻瓊華長公主同入于蜀知祥僭號僞册爲皇太子知祥卒遂襲其僞位時年十六尙稱明德元年及僞明德四年冬僞詔改明年爲廣政元年是歲卽晉天福三年也僞廣政十三年僞上尊號爲睿文英武仁聖明孝皇帝

皇朝乾德三年春王師平蜀詔昶舉族赴闕賜甲第于京師洎其臣下賜賚甚厚尋册封楚王是歲秋卒于東京時年四十七事具皇家日歷自知祥同光二年丙戌歲入蜀父子相繼凡四十年而亡（永樂大典卷一萬三千一百六十一）五代史補孟知祥之入蜀也視其險固陰有割據之志洎抵成都値晩且憩于郊外有推小車子過者其物皆以布袋盛之知祥問曰汝力能勝幾袋推者曰極力不過兩袋知祥惡之後果兩代而亡知祥與董璋有隙舉兵討之璋素勇悍聞知祥之來也以爲送死諸將兩端李鎬爲知祥判官深憂之及將戰知祥欲示閑暇自書一字以遺董璋無何舉筆輒誤書董爲重字不悅久之鎬在側大喜且引諸將賀于馬前知祥不測曰事未可測何賀耶鎬曰其董字艸下施重今大王去草書重是董已無頭此必勝之兆也于是三軍欣然一戰而董璋敗

史臣曰昔張孟陽爲劍閣銘云惟蜀之門作固作鎮世濁則逆道清斯順是知自古坤維之地遇亂代則閉之而不通逢興運則取之如俯拾然唐氏之入蜀也兵力雖勝帝道猶昏故數年間得之復失及皇上之平蜀也煦之以堯日和之以舜風故比戶之民悅而從化且夫王衍之遭季世也則赤族于秦川孟昶之遇明代也則受封于楚甸雖俱爲亡國之主何幸與不幸相去之遠也（永樂大典卷一萬三千一百六十一）

舊五代史卷一百三十六終

舊五代史卷一百三十六攷證

僭僞列傳三王建傳以建爲壁州刺史　案通鑑作出建爲利州刺史蜀檮杌作利州防禦使俱與是書異

舊五代史卷一百三十六攷證

舊五代史卷一百三十七

宋司空同中書門下平章事薛居正等撰

外國列傳

契丹者古匈奴之種也代居遼澤之中潢水南岸南距榆關一千一百里榆關南距幽州七百里本鮮卑之舊地也其風土人物世代君長前史載之詳矣唐咸通末其王曰錫里濟（舊作習爾之今改正）疆土稍大累來朝貢光啟中其王沁丹（舊作欽德今改正）者乘中原多故北邊無備遂蠶食諸郡達靼奚室韋之屬咸被驅役族帳寖盛有時入寇劉仁恭鎭幽州素知契丹軍情僞選將練兵乘秋深入踰摘星嶺討之霜降秋暮卽燔塞下野草以困之馬多

飢死卽以良馬賂仁恭以市牧地仁恭季年荒恣出居大安山契丹背盟數來寇鈔時劉守光戍平州契丹實里（舊作舍利今改正）王子率萬騎攻之守光僞與之和張幄幕于城外以享之部族就席伏甲起擒錫利王子入城部族聚哭請納馬五千以贖之不許沁丹乞盟納賂以求之自是十餘年不能犯塞及沁丹政衰有別部長耶律案巴堅（舊作阿保機今改正）最推雄勁族帳漸盛遂代沁丹爲主先是契丹之先大賀氏有勝兵四萬分爲八部每部皆號大人內推一人爲主建旗鼓以尊之每三年第其名

以代之及案巴堅爲主乃恃强侍勇不受諸族之代遂自稱國王天祐四年大寇雲中後唐武皇遣使連和因與之面會于雲中東城大具享禮延入帳中約爲兄弟謂之曰唐室爲賊所篡吾欲今冬大舉弟可以精騎二萬同收汴洛案巴堅許之賜與甚厚留馬三千匹以答貺左右咸勸武皇可乘間擒之武皇曰逆賊未殄不可失信于部落自亡之道也乃盡禮遣之及梁祖建號案巴堅亦遣使送名馬女樂貂皮等求封册梁祖與之書曰朕今天下皆平唯有太原未伏卿能長驅精甲徑至新莊爲我翦彼寇讎與爾便行封册莊宗初嗣世亦遣

使告哀賂以金繒求騎軍以救潞州答其使曰我與先王爲兄弟兒卽吾兒也寧有父不助子耶許出師會潞平而止劉守光末年苛慘軍士亡叛皆入契丹洎周德威攻圍幽州燕之軍民多爲寇所掠旣盡得燕中人士歸之文法由是漸盛十三年八月案巴堅率諸部號稱百萬自麟勝陷振武長驅雲朔北邊大擾莊宗赴援于代敵衆方退十四年新州大將盧文進爲衆所廹殺新州團練使李仁矩于祁溝關返攻新武周德威以衆擊之文進不利乃奔于契丹引其衆陷新州周德威率兵三萬以討之敵騎援新州德威爲敵所敗殺傷殆盡契

丹乘勝攻幽州是時或言契丹三十萬或言五十萬幽薊之北所在敵騎皆滿莊宗遣明宗與李存審閻寶將兵救幽州遂解其圍語在莊宗紀中十八年十月鎭州大將張文禮弒其帥王鎔莊宗討之時定州王處直與文禮合謀遣威塞軍使王郁復引契丹爲援十二月案巴堅傾塞入寇攻圍幽州李紹弘以兵城守契丹長驅陷涿郡執刺史李嗣弼進攻易定至新樂渡沙河王郁遣使告急時莊宗在鎭州行營聞前鋒報曰敵渡沙河軍中咸恐議者請權釋鎭州之圍以避之莊宗曰霸王舉事自有天道契丹其如我何國初突厥入寇至于渭

北高祖欲棄長安遷都樊鄧太宗曰獫狁孔熾自古有之未聞遷移都邑霍去病漢廷將帥猶且志滅匈奴況帝王應運而欲移都避寇哉文皇雄武不數年俘二突厥爲衛士今吾以數萬之衆安集山東王德明厮養小人案巴堅生長邊地豈有退避之理吾何面視蒼生哉爾曹但駕馬同行看吾破敵莊宗親御鐵騎五千至新城北遇契丹前鋒萬騎莊宗精甲自桑林突出光明照日諸部愕然緩退莊宗分二廣以乘之敵騎散退時沙河微氷其馬多陷案巴堅退保望都是夜莊宗次定州翌日出戰遇奚長塔納（舊作禿餒今改正）五千騎莊宗親軍千

騎與之鬭爲敵所圍外救不及莊宗挺馬奮躍出入數四酣戰不解李嗣昭聞其急也灑泣而往攻破敵陣掖莊宗而歸時契丹值大雪野無所掠馬無芻草凍死者相望于路案巴堅召盧文進以手指天謂之曰天未令我到此乃引眾北去莊宗率精兵騎躡其後每經案巴堅野宿之所布秸在地方而環之雖去無一莖亂者莊宗謂左右曰蕃人法令如是豈中國所及莊宗至幽州發二百騎偵之皆爲契丹所獲莊宗乃還天祐末案巴堅乃自稱皇帝署中國官號其俗舊隨畜牧素無邑屋得燕人所教乃爲城郭宮室之制于漠北距幽州三千

里名其邑曰西樓邑屋門皆東向如車帳之法城南別作一城以實漢人名曰漢城城中有佛寺三僧尼千人其國人號案巴堅爲天皇王同光中案巴堅深著闢地之志欲收兵大舉慮渤海踵其後三年舉其眾討渤海之遼東令塔納盧文進據營平等州擾我燕薊明宗初纂嗣遣供奉官姚坤奉書告哀至西樓邑屬案巴堅在渤海又徑至慎州崎嶇萬里既至謁見案巴堅延入穹廬案巴堅身長九尺被錦袍大帶垂後與妻對榻引見坤坤未致命案巴堅先問曰聞爾漢土河南河北各有一天子信乎坤曰河南天子今年四月一日洛陽軍變

今凶問至矣河北總管令公比爲魏州軍亂先帝詔令除討既聞內難軍眾離心及京城無主上下堅册令公請主社稷今已順人望登帝位矣案巴堅號眺聲淚俱發曰我與河東先世約爲兄弟河南天子吾兒也近聞漢地兵亂點得甲馬五萬騎比欲自往洛陽救助吾兒又緣渤海未下我兒果致如此冤哉泣下不能已又謂坤曰今漢土天子初聞洛陽有難不急救致令及此坤曰非不急切地遠阻隔不及也又曰我兒既殂當合取我商量安得自立坤曰吾皇將兵二十年位至大總管所部精兵三十萬眾口一心堅相推戴違之則立見禍

生非不知稟天皇王意旨無奈人心何其子托允（舊作突欲今改正）在側謂坤曰漢使勿多談因引左氏牽牛蹊田之說以折坤坤曰應天順人不同匹夫之義祇如天皇王初領國事豈是強取之耶案巴堅因曰理當如此我漢國兒子致有此難我知之矣聞此兒有宮婢二千樂官千人終日放鷹走狗耽酒嗜色不惜人民任使不肖致得天下皆怒我自聞如斯常憂傾覆一月前已有人來報知我兒有事我便舉家斷酒解放鷹犬休罷樂官我亦有諸部家樂千人非公宴未嘗妄舉我若所爲似我兒亦應不能持久矣從此願以爲戒又曰漢國兒與我

雖父子亦曾彼此讐敵俱有惡心與爾今天子無惡足得歡好爾先復命我續將馬萬騎至幽鎮以南與爾家天子面爲盟約我要幽州令漢兒把捉更不復侵入漢界又問漢收東西川信不坤曰去年九月出兵十一月十六日收下東西川得兵馬二十萬金帛無筭皇帝初即位未辦送來續當遣使至矣案巴堅忻然曰聞西川有劒閣兵馬從何過得坤曰川路雖險然先朝收復河南有精兵四十萬良馬十萬騎但通人行處便能去得視劒閣如平地耳案巴堅善漢語謂坤曰吾解漢語歷口不敢言懼部人效我令兵士怯弱故也坤至止三日

案巴堅病傷寒一夕大星殞于其帳前俄而卒于扶餘城時天成元年七月二十七日也其妻舒嚕(舊作述律今改正)氏自率衆護其喪歸西樓坤亦從行得報而還既而舒嚕氏立其次子德光爲渠帥以總國事尋遣使告哀明宗爲之輟朝明年正月葬案巴堅于木葉山僞謚曰大聖皇帝案巴堅凡三子皆雄偉長曰人皇王托允即東丹王也次曰元帥太子即德光也幼曰安端少君德光本名耀儞芝(舊作耀屈之今改正)後慕中華文字遂改焉唐天成初案巴堅死其母令德光權主牙帳令小子安端少君往渤海國代托允托允將立而德光素爲部族所服又其母亦常鍾愛故因而立之明宗時德光遣吏摩琳(舊作梅老今改正)等三十餘人來修好又遣使爲父求碑石明宗許之賜與甚厚并賜其母瓔珞錦綵自是山北安靜蕃漢不相侵擾三年德光僞改爲天顯元年是歲定州王都作亂求援于契丹德光遂陷平州塔納以騎五千援都于中山招討使王宴球破之于曲陽塔納走保賊城其年七月又遣特哩衮(舊作惕隱今改正)率七千騎救定州王宴球逆戰于唐河北大破之幽州趙德鈞以生兵接于要路生擒特哩衮等首領五千餘人獻于闕下明年王都平擒塔納及餘衆斬之自是契丹大挫數年不敢窺

邊嘗遣使紐赫美稜(舊作捺括梅里今改正)來求塔納骸骨明宗怒其詐斬之長興二年東丹王托允在闕下其母繼發使申報朝廷亦優容之長興末契丹迫雲州明宗命晉高祖爲河東節度使兼北面蕃漢總管清泰三年晉高祖爲張敬達等攻圍甚急遣指揮使何福賫表乞師願爲臣子德光白其母曰兒昨夢太原石郎發使到國今果至矣事符天意必須赴之德光乃自率五萬騎由雁門至晉陽即日大破敬達之衆于城下尋册晉高祖爲大晉皇帝約爲父子之國割幽州管內及新武雲應朔州之地以賂之仍每歲許輸帛三十萬時幽州趙德鈞

屯兵于團栢谷遣使至幕帳求立己爲帝以石氏世襲太原德光對使指帳前一石曰我已許石郎爲父子之盟石爛可改矣楊光遠等殺張敬達降于契丹德光戲謂光遠等曰汝輩大是惡漢兒不用鹽酪食卻一萬匹戰馬光遠等大慙晉高祖南行德光自送至潞州時趙德鈞趙延壽自潞州出降于契丹德光鏁之令隨牙帳晉高祖入洛尋遣宰相趙瑩致謝之于契丹天福三年又遣宰臣馮道左僕射劉昫等持節冊德光及其母氏徽號賫鹵簿儀仗法服車輅于本國行禮德光大悅尋遣使奉晉高祖爲英武明義皇帝是歲契丹改天顯十

一年爲會同元年以趙延壽爲樞密使升幽州爲南京以趙思温爲南京留守既而德光請晉高祖不稱臣不上表來往緘題止用家人禮但云兒皇帝晉祖厚賫金帛以謝之晉祖奉契丹甚至歲時問遺慶弔之禮必令優厚每敵使至即于别殿致敬德光每有邀請小不如意則來譴責晉祖每屈己以奉之終晉祖世畧無釁隙及少帝嗣位遣使入契丹德光以少帝不先承禀擅即尊位所賫文字略去臣禮大怒形于責讓朝廷使去即加譴辱會契丹迴圖使喬榮北歸侍衛親軍都指揮使景延廣謂榮曰先朝是契丹所立嗣君乃中國所冊稱

孫可矣稱臣未可中國自有十萬口橫磨劍要戰即來榮至本國具言其事德光大怒會青州楊光遠叛遣使搆之明年冬德光率諸部南下開運元年春陷祁州直抵大河少帝幸澶州以禦之其年三月德光敗于陽城棄其車帳乘一橐駞奔至幽州因怒其失律自大首領已下各杖數百唯趙延壽免焉是時契丹連歲入寇晉氏疲于奔命邊民被苦幾無寧日晉相桑維翰勸少帝求和于契丹以紓國難少帝許之乃遣使奉表稱臣卑辭首過使迴德光報曰但使桑維翰景延廣自來并割鎮定與我則可通和也朝廷知其不可乃止時契丹諸

部頻年出征蕃國君臣稍厭兵革德光母嘗謂蕃漢臣寮曰南朝漢兒爭得一向卧耶自古及今惟聞漢來和蕃不聞蕃去和漢待伊漢兒的當迴心則我亦不惜通好也三年樂壽監軍王巒繼有密奏苦言瀛鄚可取之狀十月少帝遣杜重威李守貞等率兵經略十一月蕃將高牟翰敗晉師于瀛州之北梁漢璋死之契丹主聞晉既出兵自率諸部由易定抵鎮州杜重威等自瀛州西趣常山至中渡橋敵已至矣兩軍隔滹水而砦焉十二月十日杜重威率諸軍降于契丹語在晉少帝紀中十二日德光入鎮州大犒將士十四日自鎮州南行中

渡降軍所釋甲仗百萬計並令于鎭州收貯戰馬數萬匹長驅而北命張彥澤領二千騎先趣東京遣重威部轄降兵取邢相路前進晉少帝遣子延煦延寶奉降表于契丹並傳國寶一紐至牙帳明年春正月朔日德光至汴北文武百官迎于路是日入宮至昏復出次于赤岡五日僞制降晉少帝爲負義侯于黃龍府安置七日德光復自赤岡入居于大內分命使臣于京城及往諸道括借錢帛僞命以李崧爲西廳樞密使以馮道爲太傅以左僕射和凝及北來翰林學士承旨張礪爲宰相二月朔日德光服漢法服坐崇元殿受蕃漢朝賀僞制

大赦天下改晉國爲大遼國以趙延壽爲大丞相兼政事令充樞密使兼中京留守降東京爲防禦州尋復爲宣武軍十五日漢高祖建號于晉陽德光聞之削奪漢祖官爵是月晉州潞州並歸河東時盜賊所在羣起攻刼州郡斷澶州浮梁契丹大恐沿河諸藩鎭並以腹心鎭之三月朔日德光坐崇元殿行入閤之禮覩漢家儀法之盛大悅以蕃大將蕭翰爲汴州節度使十七日德光北還初離東京宿于赤岡有大聲如雷起于牙帳之下契丹自黎陽濟河次湯陰縣界有一岡土人謂之愁死岡德光憩于其上謂宣徽使高勳曰我在上國以打圍食肉爲樂自及漢地每每不快我若得歸本土死亦無恨勳退而謂人曰其語偷殆將死矣時賊帥梁暉據相州德光親率諸部以攻之四月四日屠其城而去德光聞河陽軍亂謂蕃漢臣寮曰我有三失殺上國兵士打草穀一失也天下括錢二失也不尋遣節度使歸蕃三失也十六日次于欒城縣殺胡林之側時德光已得寒熱疾數日矣命胡人賫酒脯禱于得疾之地十八日晡時有大星落于穹廬之前若迸火而散德光見之西望而唾連呼曰劉知遠滅劉知遠滅是月二十一日卒時年四十六主契丹凡二十二年契丹人破其屍摘去

腸胃以鹽沃之載而去漢人目之爲帝羓焉（永樂大典卷四千五百五十八）

（案以下原本闕佚據五代會要云四月十八日德光卒于欒城五月宣遺制以永康王襲位永康王者東丹王之長子以其月二十一日領部族歸國改會同十年爲天祿元年自稱天授皇帝漢乾祐三年十一月率騎數萬陷邢州之內丘縣深州之饒陽縣周廣順元年正月太祖命左千牛衛將軍朱憲往修和好永康王亦遣使報命獻良馬四匹太祖復遣尙書左丞田敏供奉官蔣光遂銜命往聘其年四月田敏等回永康王遣使獻碧玉金鍍銀裹鞍轡井馬四十匹其月太祖又命左金吾將軍姚漢英左神武將軍華光裔往使其年九月永康王爲部下太寧王所弑德光之子勒所部兵誅太寧王自立稱應歷元年號天順皇帝顯德元年春太原劉崇將圖南寇契丹將楊袞率騎萬餘以助之三月世宗親征與崇戰于潞州高平縣之南原崇軍大敗契丹衆棄甲而遁二年三月命許州節度使王彥超等築壘于李宴口與契丹兵數千騎戰于安平縣敗之）

舊五代史卷一百三十七終

舊五代史卷一百三十七攷證

外國列傳一契丹傳兒即吾兒也　案契丹國志作吾定兒也與是書異

遣供奉姚坤　案通鑑攷異引莊宗實錄作苗紳

兒昨蒙太原石郎發使到國今果至矣　案契丹國志作太宗蒙見貞武使之救晉與是書微異

錫里濟舊作習爾之今改　沁丹舊作欽德今改　實里舊作舍利今改　安巴堅舊作阿保機今改　托諾舊作禿餒今改　托雲舊作突欲今改　舒嚕舊作述律今改　阿敦舊作安端今改　耀庫濟舊作

耀屈之今改　摩琳舊作梅老今改　特哩袞舊作惕隱今改　紐赫美陵舊作捺括梅里今改

舊五代史卷一百三十七攷證

舊五代史卷一百三十八

宋司空同中書門下平章事薛居正等撰

外國列傳

吐蕃本漢西羌之地或云南涼禿髮利鹿孤之後其子孫以禿髮爲國號語訛爲吐蕃國人號其主爲贊普置大論小論以理國事其俗隨畜牧無常居然亦有城郭都城號邏些城不知節候以麥熟爲歲首唐時屢爲邊患初唐分天下爲十道河西隴右三十三州最爲大鎮天寶置八監牧馬三十萬又置都護以控制之安祿山之亂肅宗在靈武悉召河西戍卒收復兩京吐蕃乘虛

取河西隴右華人百萬皆陷于吐蕃開成時朝廷嘗遣使至西域見甘涼瓜沙等州城邑如故陷吐蕃之人見唐使者旌節夾道迎呼涕泣曰皇帝猶念陷蕃生靈否其人皆天寶中陷吐蕃者子孫其語言小訛而衣服未改至五代時吐蕃已微弱回鶻党項諸羌夷分侵其地而不有其人民値中國衰亂不能撫有惟甘涼瓜沙四州常自通於中國甘州爲回鶻牙帳而涼瓜沙三州將吏猶稱唐官數來請命自梁太祖常以靈武節度使兼領河西節度而觀察甘肅威等州然雖有其名而涼州自立守將唐長興四年涼州留後孫超大將拓拔承謙

及僧道士耆老楊通信等至京師明宗拜孫超節度使淸泰元年留後李文謙來請命後數年涼州人逐出文謙靈武馮暉遣牙將吳繼興代文謙爲留後是時天福七年明年晉高祖涇州押牙陳延暉賫詔書安撫涼州涼州人共刼留延暉立以爲刺史至漢隱帝時涼州留後折逋嘉施來請命漢卽以爲節度使嘉施土豪也周廣順二年嘉施遣人市馬京師是時樞密使王峻用事峻故人申師厚者少起盜賊爲兗州牙將與峻相友善後峻貴師厚弊衣蓬首日候峻出馬前訴以飢寒峻未有以發而嘉施等來請帥峻卽建言涼州深入夷狄中

國未嘗命使請募率府率供奉官能往者月餘無應募者乃奏起師厚爲左衞將軍已而拜河西節度使師厚至涼州奏薦押衙副使崔虎心楊妃谷首領沈念般等及中國留人子孫王廷翰溫崇樂劉少英爲將吏又自安國鎭至涼州立三州以控扼諸羌用其酋豪爲刺史然涼州夷夏雜處師厚小人不能撫有至世宗時師厚留其子而逃歸涼州遂絕於中國獨瓜沙二州終五代常來沙州梁開平中有節度使張奉自號金山白衣天子至唐莊宗時回鶻來朝沙州留後曹義金亦遣使附回鶻以來莊宗拜義金爲歸義軍節度使瓜沙等州觀察處置等使晉天福五年義金卒子元德立至七年沙州曹元忠瓜州曹元深皆遣使來周世宗時又以元忠爲歸義軍節度使元恭爲瓜州團練使其所貢碙砂羚羊角波斯錦安西白氎金星礬大鵬砂氈褐玉團皆因其來者以名見而其卒立世次史皆失其記而吐蕃不見於梁世唐天成三年回鶻王仁喻來朝吐蕃亦遣使附以來自此數至中國明宗嘗御端明殿見其使者問其牙帳所居曰西去涇州三千里明宗賜以虎皮人一張皆披以拜委身宛轉落其氊帽髮亂如蓬明宗及左右皆大笑至漢隱帝時猶來朝後遂不復至史亦失其

君世云（永樂大典卷四千二百五十七　案此傳多與歐陽史同疑永樂大典傳寫之誤也今無可復考姑仍其舊）

回鶻其先匈奴之種也後魏時號爲鐵勒亦名回紇唐元和四年本國可汗遣使上言改爲回鶻義取迴旋搏擊如鶻之迅捷也本牙在天德西北娑陵水上距京師八千餘里唐天寶中安祿山犯闕有助國討賊之功累朝尙主自號天驕大爲唐朝之患會昌初其國爲黠戛斯所侵部族擾亂乃移帳至天德振武間時爲石雄劉沔所襲破之復爲幽州節度使張仲武所破餘衆西奔歸之吐蕃吐蕃處之甘州由是族帳微弱其後時通中

國世以中國爲舅朝廷每賜書詔亦常以甥呼之梁乾化元年十一月遣都督周易言等入朝進貢太祖御朝元殿引對以易言爲右監門衛大將軍同正以石壽兒石論思並爲右千牛衛將軍同正仍以左監門衛將軍楊沼充押領回鶻還蕃使通事舍人案五代會要以易言爲右監門衛大將軍同正弟畧麥之石論思並爲左千牛衛將軍同正李屋珠安鹽山並爲右千牛衛將軍同正仍以左監門衛上將軍楊沼爲左驍衛上將軍充押領回鶻還蕃使通事舍人仇玄通爲判官厚賜繒帛放令歸國又賜其入朝僧凝盧宜李思宜延錢等紫衣後唐同光二年四月其本國權知可汗仁美遣都督李引釋迦副使鐵林都監楊福安等共六十六人來貢方物并獻善馬九匹案歐陽史作貢玉馬莊宗召對於文明殿乃命司農卿鄭續將作少監何延嗣持節册仁美爲英義可汗至其年十一月仁美卒其弟狄銀嗣立遣都督安千等來朝貢狄銀卒案歐陽史同光四年狄銀卒阿咄欲立以遣使來貢名馬天成三年二月其權知可汗仁裕遣都督李阿山等一百二十人入貢明宗召對于崇元殿賜物有差其年三月命使册仁裕爲順化可汗四年又遣都督掣撥等五人來朝授掣撥等懷化司戈遣令還蕃長興元年十二月遣使翟未思三十餘人進馬八十匹玉一團四年七月復遣都督李未等三十人來朝進白鶻

一聯明宗召對于廣壽殿厚加賜賚仍命解放其鶻淸泰二年七月遣都督陳福海已下七十八人進馬三百六十匹玉二十團八月初回鶻朝貢使密錄都督陳福海可懷化郎將副使達奚相溫可懷化司階監使屈密錄阿撥可歸德司戈判官安均可懷化司戈晉天福三年十月遣使都督李萬全等朝貢以萬全爲歸義大將軍監使雷福德爲順化將軍四年三月又遣都督拽里敦來朝兼貢方物其月命衛尉卿邢德昭持節就册爲奉化可汗案歐陽史晉高祖時又加册命阿咄欲不知其爲狄銀親疏亦不知其立卒而仁裕訖五代常來朝貢史亦失其紀五年正月遣都督石海金等來貢良馬百駟并白玉團白玉鞍轡等謝其封册漢乾祐元年五月遣使李屋等入朝貢馬并白玉藥物等七月以入朝使李屋爲歸德大將軍副使安鐵山監使末相溫爲歸德將軍判官翟毛哥爲懷化將軍周廣順元年二月遣使并摩尼貢玉團七十有七白氎貂皮氂牛尾藥物等先是晉漢已來回鶻每至京師禁民裒以私市易其所有寶貨皆鬻之入官民間市易者罪之至是周太祖命除去舊法每回鶻來者聽私下交易官中不得禁詰由是玉之價直十損七八顯德六年二月又遣使朝貢獻玉并硇砂等物皆不納所入馬量給價錢時世宗以玉雖

稱寶無益國用故因而御之（永樂大典卷二萬一千一百九十九）

高麗本扶餘之別種其故都平壤城即漢樂浪郡之故地在京師東四千餘里東渡海至于新羅西北渡遼水至于營州南渡海至于百濟北至靺鞨東西三千一百里南北二千里其官大者號大對盧比一品總知國事三年一代若稱職者不拘年限對盧以下官總十二級外置州縣六餘大城置傉薩一人比都督小城置道使一人比刺史其下各有僚佐分曹掌事其王以白羅爲冠白皮小帶咸以金飾唐貞觀末太宗伐之不能下至總章初高宗命李勣率軍征之遂拔其城分其地爲郡

縣及唐之末年中國多事其國遂自立君長前王姓高氏唐同光天成中累遣使朝貢（永樂大典卷四千四百四十一）周顯德六年高麗遣使貢紫白水晶二千顆（永樂大典卷八千五百三十）

渤海靺鞨其俗呼王爲可毒夫對面呼聖機奏呼基下父曰老王母曰太妃妻曰貴妃長子曰副王諸子曰王子世以大氏爲酋長（永樂大典卷二萬五十四）

黑水靺鞨其俗皆編髮性凶悍無憂戚貴壯而賤老俗無文字兵器有弓角楛矢（永樂大典卷二萬一千一百二十七）

新羅其國俗重九日相慶賀每以是月拜日月之神婦人以髮繞頭用綵及珠爲飾髮甚鬒美（永樂大典卷六千二百一十）

党項其俗皆土著居有棟宇織毛罽以覆之尚武其人多壽至百五十六十歲不事生業好爲盜賊党項自同光以後大姓之强者各自來朝貢明宗時詔沿邊置場市馬諸夷皆入市中國有回鶻党項馬最多明宗招懷遠人馬來無駑壯皆集而所售過常直往來館給道路倍費其每至京師明宗爲御殿見之勞以酒食既醉連袂歌呼道其土風以爲樂去又厚以賜賚歲耗百萬計唐大臣皆患之數以爲言乃詔吏就邊場售馬給直止其來朝而党項利其所得來不可止其在靈慶之間者數犯邊爲盜自河西回鶻朝供中國道其部落輒邀劫

之執其使者賣之他族以易牛馬明宗遣靈武康福邠州藥彥稠等出兵討之福等擊破阿埋韋悉褒勒强賴埋厮骨尾及其大首領連香李八薩王都統悉那埋摩侍御乞埋嵬悉逋等族殺數千人獲其牛羊鉅萬計及其所刼外國寶玉等悉以賜軍士由是党項之患稍息其他諸族散處沿邊界上甚衆然皆無國邑君長故莫得而紀次云（永樂大典卷一萬八千二百八十五）

昆明部落其俗椎髻跣足酋長披虎皮下者披氊于闐

其俗好事妖神（永樂大典卷八千五百二十）

占城本地鳥之大者有孔雀（永樂大典卷八千四百二十九）

牂牱蠻其國法劫盜者二倍還贓殺人者出馬牛三十頭乃得贖死永樂大典卷五千一百五

舊五代史卷一百三十八終

舊五代史卷一百三十八攷證

外國列傳二吐蕃傳甘州爲回鶻牙帳 案原本脫帳字今據歐陽史增入

回鶻傳來貢方物并獻善馬九匹 案歐陽史作貢玉馬

舊五代史卷一百三十八攷證

舊五代史卷一百三十九

宋司空同中書門下平章事薛居正等撰

天文志

案薛史天文志序永樂大典原闕然其日食星變諸門事蹟具存較歐陽史司天考爲詳備今考五代會要所載星變物異諸門與司天考互有詳略蓋五代典章散佚各記所聞未能畫一也參考諸書當以薛史爲得其實也

日食

梁太祖乾化元年正月丙戌朔日有蝕之時言事諸臣多引漢高祖末年日蝕于歲首太祖甚惡之于是素服避正殿百官各守本司是日有司奏雲初陰晦事同不蝕百寮奉表稱賀　末帝龍德三年十月辛未朔日有蝕之

唐莊宗同光三年四月癸亥朔時有司奏日蝕在卯主歲大旱明宗天成元年八月乙酉朔日有蝕之　二年八月己卯朔日有蝕之　三年二月丁丑朔日食其日陰雲不見百官稱賀　長興元年六月癸巳朔日食其日陰寅不見至夕大雨　二年十一月甲申朔先是司天奏朔日合蝕二分伏緣所蝕微少太陽光影相鑠伏恐不辨虧闕請其日不入閤百官守司從之

晉高祖天福二年正月乙卯先是司天奏正月二日太陽虧蝕宜避正殿開諸營門蓋藏兵器半月不宜用軍

是日太陽虧十分內食三分在尾宿十七度日出東方以帶蝕三分漸生至卯時復滿　三年正月戊申朔司天先奏其日蝕至是不蝕內外稱賀　四年七月庚子朔時中書門下奏謹案舊禮日有變天子素服避正殿太史以所司救日于社陳五兵五鼓五麾東戟西矛南弩北楯中央置鼓服從其位百職廢務素服守司重列于庭每等異位向日而立明復而止今所司法物咸不能具去歲正旦日蝕唯謹藏兵仗皇帝避正殿素食百官守司今且欲依近禮施行從之　七年四月甲寅朔是日百官守司大陽不蝕上表請賀　八月戊申朔日有蝕之　少帝開運元年九月庚午朔日有蝕之　二年八月甲子朔日有蝕之　三年三月壬戌朔日有蝕之

漢隱帝乾祐三年十一月甲子朔日有蝕之

周太祖廣順二年四月丙戌朔日有蝕之

月食

梁太祖開平四年十二月十四日夜先是司天奏是日月食不宜用兵時王景仁方總大軍北伐追之不及至五年正月二日果爲後唐莊宗大敗于柏鄉

唐莊宗同光三年三月戊申月食九月甲辰月食　明

宗天成三年十二月乙卯月食　四年六月癸丑望月食十二月庚戌月食

晉高祖天福二年七月丙寅月食　五年十一月丁丑月食鶉首之分　少帝開運二年三月戊子月食九月丙戌月食

漢高祖天福十二年十二月乙未月食

周世宗顯德三年正月戊申月食　五年十一月辛未月食

月暈

唐明宗天成元年十一月月暈匝火木

彗孛

梁太祖乾化二年四月甲戌夜彗見于靈臺之西

唐明宗天成三年十月庚午夜西南有孛長丈餘東南指在牛五度　末帝清泰三年九月乙丑彗出虛危長尺餘形細微經天壘哭星

晉高祖天福六年九月有彗星長丈餘　八年十月庚戌夜有彗見于東方西指尾長一丈在角九度

周太祖顯德三年正月壬戌夜有星孛于參角其芒指于東南

五星凌犯

梁太祖開平二年正月乙亥歲星犯月　乾化二年五月壬戌熒惑犯心大星去心四度順行占曰心爲帝王之星其年六月五日帝崩（案歐陽史正月丙申熒惑犯房第二星與薛史異五代會要與薛史異）

唐莊宗同光二年八月戊子熒惑犯星　三年三月丙申熒惑犯上相四月甲申熒惑犯左執法六月丙寅歲犯右執法九月已亥熒惑在江東犯第一星（案歐陽史九月丙辰太白歲相犯薛史不載疑有闕文）　明宗天成元年八月癸卯太白犯心大星辛亥熒惑犯上將九月庚午熒惑犯右執法已卯熒惑犯左執法十月戊子熒惑犯上相十二月熒惑犯

氐　二年正月甲戌熒惑歲相犯二月辛卯熒惑犯鍵閉三月熒惑犯上相六月辛丑熒惑犯房九月壬子歲犯房　三年正月壬申太白熒惑合于奎八月癸卯熒惑犯上將乙卯熒惑犯右執法庚午太白犯左執法九月庚辰鎮歲合于箕辛巳太白熒惑合于軫十二月壬寅熒惑犯房太白歲相犯于斗四年三月壬辰歲犯牛九月丙子熒惑入哭星長興元年六月乙卯太白犯天鐏十一月壬戌熒惑犯氐十二月丙辰熒惑犯天江二年正月乙亥太白犯羽林四月甲寅熒惑犯羽林八月辰犯端門十一月丙戌太白犯鍵　三年四月庚辰

熒惑犯積尸九月庚寅太白犯哭星十一月己亥太白犯壁壘　四年八月己未五鼓三籌熒惑近天高星歲星近司怪太白近軒轅大星（案歐陽史九月辛巳大白犯右執法薛史不載）

末帝淸泰元年六月甲戌太白犯右執法

晉天福元年三月壬子熒惑犯積尸　四年四月辛巳太白犯東井北轅甲申太白犯五諸侯五月丁未太白犯輿鬼中星　六年八月辛卯太白犯軒轅九月己卯熒惑犯上將　八年八月丙子熒惑犯右掖十月丙辰熒惑犯進賢　開運元年二月壬戌太白犯昴己巳熒惑犯天鑰四月丁巳太白犯五諸侯七月甲申太白犯

東井八月甲辰熒惑入南斗十月壬戌熒惑犯哭星（案此條歐陽史不載）十二月太白犯辰　二年八月甲戌歲犯東井九月甲寅太白犯南斗十一月甲午朔太白犯哭星

漢天福十二年十月己丑太白犯亢距星　乾祐元年八月己丑鎭星入太微西垣戊戌歲犯右執法十月丁丑歲犯左執法二年九月壬寅太白犯右執法庚戌大白犯鎭丁卯太白犯歲十一月鎭星始出太微之左掖門自元年八月己丑鎭星入太微垣犯上將左右執法內屏謁者勾己（案原本作句已今從歐陽史改正）往來凡四百四十三日方出左掖　三年六月乙卯鎭犯左掖七月甲申熒惑犯司怪八月癸卯太白犯房庚戌太白犯心大星十月辛酉太白犯歲

周廣順元年二月丁巳歲犯咸池己未熒惑犯五諸侯三月甲子歲守心己卯熒惑犯鬼壬午熒惑犯天尸四月甲午歲犯鉤鈐　二年七月熒惑犯井鉞八月乙未熒惑犯天罇九月辛酉熒惑犯鬼庚戌熒惑掩右執法十月壬辰太白犯進賢三年四月乙丑熒惑犯靈臺五年熒惑犯上將　顯德六年六月庚子熒惑與心大星合度光芒相射先是熒惑勾己于房心間凡數月至是與心大星合度是夜順行（案此條歐陽史不載）

星晝見

唐同光三年六月己巳太白晝見　天成元年七月庚申太白晝見　長興二年五月己亥歲星晝見（案歐陽史作癸亥太白晝見）閏五月己巳歲星晝見八月戊子太白晝見三年十月壬申太白晝見　四年五月癸卯太白晝見

淸泰元年五月己未太白晝見

漢天福十二年四月丙子太白晝見　乾祐三年四月壬午太白晝見

周廣順二年二月庚寅太白經天

流星

梁乾化元年十一月甲辰東方有流星如數升器出畢宿口曳光三丈餘有聲如雷

唐長興二年九月丙戌夜二鼓初東北方有小流星入北斗魁滅至五鼓初西北方次北有流星狀如半升器初小後大速流如奎滅尾迹凝天屈曲似雲而散光明燭地又東北有流星如大桃出下台星西北速流至斗柄第三星旁滅五鼓後至明中天及四方有流小星百餘流注交横　應順元年春二月辛未夜有大星如五升器流于東北有聲如雷　清泰元年九月辛丑夜五鼓初有大星如五斗器而南流尾迹長數丈亦赤色移

時盤屈如龍形蹙縮如二鏵相鬬而散又一星稍亦小東流有尾迹凝成白氣食頃方散

晉天福二年三月壬申夜四鼓後東方有大流星狀如三升器其色白長尺餘屈曲流出河鼓星東三尺流丈餘滅

周顯德元年正月庚寅子夜後東北有大星墜有聲如雷牛馬震駭六街鼓人方寐而驚以爲曉鼓乃齊伐鼓以應之至曙方知之三月高平之役戰之前夕有大流星如日流行數丈墜于賊營之所

雲氣

梁開平二年三月丁丑夜月有蒼白暈又有白氣如人形十餘皆東向出于暈內九月乙酉平旦西方有氣如人形甚衆若俯伏之狀經刻乃散

唐同光二年日有背氣凡十二三年九月丁未遍天陰雲北方有聲如雷四面雞雉皆雊俗謂之天狗落是歲日有背氣凡十三是月司天監奏自七月三日陰雲大雨至九月十八後方晴三辰行度災祥數日不見聞十二月庚午日有黑氣似日交相錯磨測在室十度　天成二年十二月壬辰西南有赤氣如火襜襜約二千里里占者云不出二年其下當有大兵　長興三年六月

司天監奏自月初至月終每夜陰雲蔽天不辨星月

應順元年四月九日白虹貫日是時閔帝遇害

晉天福初高祖將建義于太原日傍多有五色雲如蓮芰之狀二年正月丙辰一鼓初北方有赤氣向西至戌亥地東北至丑地已來向北闊三丈餘狀如火光赤氣內見紫微宮共北斗諸星其氣乍明乍暗至三點後後有白氣數條相次西行直至三鼓後散

漢乾祐二年十二月日暈三重上有背氣

周顯德三年十二月庚午白虹貫日氣暈勾環（永樂大典卷三千二百七）

舊五代史卷一百三十九終

舊五代史卷一百三十九攷證

志一天文志乾化二年五月壬戌熒惑犯心　案歐陽史作正月丙申熒惑犯房第二星與是書異五代會要與是書同

內屏謁者勾已　勾已原本訛旬已今據歐陽史改正

長興二年五月己亥歲星晝見　案歐陽史作癸亥太白晝見

應順元年春　應順原本訛廣順今據歐陽史改正

舊五代史卷一百三十九攷證

舊五代史卷一百四十

宋司空同中書門下平章事薛居正等撰

曆志（案五代修曆法知晉馬重績調元曆周王朴欽天曆五代會要所載甚畧蓋因知曆者稀莫能是正也薛史載欽天曆用數爲歐陽史所本其字句異同彼此可互證云）　志二

古先哲王受命而帝天下者必先觀象以垂法治曆以明時使萬物服其化風四海同其正朔然後能允釐下土欽若上天故虞舜之紹唐堯先齊七政武王之得箕子首敘九疇皇極由是而允興人時以之而不忒曆代已降何莫由斯粵自軒黃肇正天統歲躔辛卯曆法時成故黃帝始用辛卯曆顓頊次用乙卯曆虞用戊午曆

夏用丙寅曆商用甲寅曆周用丁巳曆魯用庚子曆秦用乙卯曆漢用太初曆四分曆三統曆凡三本魏用黃初曆景初曆凡二本晉用元始曆合元萬分曆凡二本宋用大明曆元嘉曆凡二本齊用天保同章曆正象曆凡三本後魏用興和曆正光曆正元曆凡三本梁用大同曆乾象曆永昌曆凡三本後周用天和曆丙寅曆明元曆凡三本隋用甲子曆開皇曆皇極曆大業曆凡四本唐用戊寅曆麟德曆神龍曆大衍曆元和觀象曆長慶宣明曆寶應曆正元曆景福崇元曆凡九本洎梁氏之應運也乘唐室陵遲之後黃巢離亂之餘眾職未修三辰孰驗故當時歲曆猶用宣明崇元二法參而成之及晉祖肇位司天監馬重績始造新曆奉表上之云臣聞爲國者正一氣之元宣萬邦之命爰資曆以立章程長慶宣明雖氣朔不渝即星躔罕驗景福崇元縱五星甚正而年差一日今以宣明氣朔崇元星緯二曆相參方得符合自古諸曆皆以天正十一月爲歲首循太古甲子爲上元積歲彌多差闊至甚臣改法定元創爲新曆一部二十一卷七章上下經二卷算草八卷立成十二卷取唐天寶十四載乙未立爲上元以雨水正月朔爲歲首謹詣閤門上進（玉海調元曆蓋倣曹士蔿小曆之舊唐建中時曹士蔿始變古

法以顯慶五年爲上元雨水爲歲首世謂之小曆）晉高祖命司天少監趙仁錡張文皓秋官正徐皓天文參謀趙延乂杜昇杜崇龜等以新曆與宣明崇元考覈得失俾有司奉而行之因賜號調元曆仍命翰林學士承旨和凝撰序其後數載法度寖差至周顯德二年世宗以端明殿學士左散騎常侍王朴明于曆算乃命朴考而正之朴奉詔歲餘撰成欽天曆十五卷上之表云臣聞聖人之作也在乎識天人之變者也人情之動則可以言知之天道之動則當以數知之數之爲用也聖人以之觀天道焉歲月日時由斯而成陰陽寒暑由斯而節四方之政由斯而行夫

爲國家者履端立極必體其元布政考績必因其歲禮動樂舉必正其朔三農百工必授其時五刑九伐必順其氣庶務有爲必從其日月六籍宗之爲大典百王執之爲要道是以聖人受命必治歷數故得五紀有常度庶徵有常應正朔行之于天下也自唐而下凡歷數朝亂日失天垂將百載天之歷數汩陳而已矣今陛下順考古道寅畏上天咨詢庶官振舉墜典以臣薄游曲藝嘗涉舊史遂降述作之命俾究推測之要雖非能者敢不奉詔乃包萬象以立法齊七政以立元測圭箭以候氣審朓朒以定朔明九道以步月校遲疾以推星考黃道之斜正辯天勢之昇降而交蝕詳焉夫立天之道曰陰與陽陰陽各有數合則化成矣陽之策三十六陰之策二十四奇偶相命兩陽三陰同得七十二同則陰陽之數合七十二者化成之數也化成則謂之五行之數五之得朞之數過者謂之氣盈不及謂之朔虛至于應變分用無所不通所謂包萬象矣故以七十二爲經法經者常也常用之法也百者數之節也隨法進退不失舊位故謂之通法以通法進經法得七千二百謂之統法自元入經先用此法統歷之諸法也以通法進統法得七千二百萬（案下文以通法進全率得大率七千二百萬則此云七千二百萬者乃大率之數以言全率蓋傳寫之訛據統法七千二百通法一百以通法進統法當云得七十二萬）氣朔之下收分必盡謂之全率以通法通全率得七千二百萬謂之大率而元紀生焉元者歲月時皆甲子日月五星合在子正之宿當盈縮先後之中所謂七政齊矣古之植圭于陽城者以其近洛故也蓋尙慊其中乃在洛之東偏開元十二年遣使天下候影南距林邑國北距橫野軍中得浚儀之岳臺應南北弦居地之中皇家建國定都于梁今樹圭置箭測岳臺晷漏以爲中數晷漏正則日之所至氣之所應得之矣日月皆有盈縮日盈月縮則後中而朔月盈日縮則先中而朔自古朓朒之法率皆平行之數入歷既有前次而又衰稍不倫皇極舊述則迂迴而難用降及諸歷則疎遠而多失今以月離朓朒隨歷較定日躔朓朒臨用加減所得者入離定日也一日之中分爲九限逐限損益衰稍有倫朓朒之法所謂審矣赤道者天之紘帶也其勢圓而平紀宿度之常數焉黃道者日軌也半在赤道內半在赤道外去赤道極遠二十四度當與赤道交則其勢斜當去赤道遠則其勢直當斜則日行宜遲當直則日行宜速故二分前後加其度二至前後減其度九道者月軌也其半在黃道內半在黃道外去黃道極遠六度出黃道謂之正交

入黄道謂之中交若正交在秋分之宿中交在春分之宿則比黄道益斜若正交在春分之宿中交在秋分之宿則比黄道反直若正交中交在二至之宿則其勢差斜故較去二至二分遠近以考斜正乃得加減之數自古雖有九道之說蓋亦知而未詳空有祖述之文全無推步之用今以黄道一周分爲八節一節之中分用九道盡七十二道而復使日月之軌無所隱其斜正之勢焉九道之法所謂明矣星之行也近日而疾遠日而遲去日極遠勢盡而留自古諸歷分段失實隆降無准今日行分尙多次日便留自留而退唯用平行仍以入段行

度爲入歷之數皆非本理遂至乖戾今校定逐日行分積逐日行分以爲變段于是日疾漸而遲勢盡而留自留而行亦積微而後多別立諸段變歷以推變差俾諸段變差際會相合星之遲疾可得而知之矣自古相傳皆謂去交十五度以下則日月有蝕殊不知日月之相掩與闇虛之所射其理有異焉今以日月徑度之大小校去交之遠近以黄道之斜正天勢之升降度仰視旁視之分數則交虧得其實矣乃以一篇步日一篇步月一篇步星（案以下脫一篇步發斂五字下云以卦候没滅爲之下篇者言爲步發斂之下篇歐陽史約其文稱謹以步日步月步星步發斂爲四篇是也）以卦候没滅爲之下篇都四篇爲歷經一卷歷十一卷草三卷顯德三年七政細行歷一卷臣檢討先代圖籍今古歷書皆無蝕神首尾之文蓋天竺胡僧之祆說也近自司天卜祝小術不能舉其大體遂爲等接之法蓋從假用以求徑捷于是乎交有逆行之數後學者不能詳知便言歷有九曜以爲注歷之恒式今並削而去之昔在唐堯欽若昊天陛下親降聖謨考歷象日月星晨唐堯之道也其歷謹以顯德欽天爲名天道元遠非微臣之所盡知但竭兩端以奉明詔疎略乖謬甘俟罪戾世宗覽之親爲製序仍付司天監行用以來年正旦爲始自前諸歷並廢其歷經一卷今聊紀于後以備太史氏之周覽焉（永樂大典卷二萬八百一十七）

顯德欽天歷經

演紀上元甲子距今顯德三年丙辰積七千二百六十九萬八千四百五十二

欽天統法七千二百

欽天經法七十二

欽天通法一百

欽天步日躔術

歲率二百六十二萬九千七百六十（十四）

軌率二百六十二萬九千八百四十四（八十）

朔率二十一萬二千六百二十 二十八

歲策三百六十五　一千七百六十 四十

軌策三百六十五　一千八百四十四 八十

歲中一百八十三　四千四百八十 二十

軌中一百八十二　四千五百二十二 四十

朔策二十九　三千八百二十 二十八

氣策一十五　一千五百七十三 三十五

象策七　二千七百五十五 七

周紀六十

歲差八十四 四十

辰則六百　八刻二十四分

案以上題稱步日躔術及後步月離術步五星術合爲歷經四篇者之三又皆僅列用數而不及推步據歐陽史云舊史亡其步發斂一篇而在者三篇簡畧不完然則薛史原文固已闕矣

欽天步月離術

離率一十九萬八千三百九十三 九

交率一十九萬五千九百三十七 九十七 五十六

離策一十七　三千九百九十三 九

案歐陽史作離策二十七此云一十七當是傳寫之訛以統法除離率得二十七日及餘分

交策二十七　一千五百二十七 九十七 五十六

望策一十四　五千五百一十 一十四

交中一十三　四千四百六十三 九十八 七十八

案四千四百歐陽史作四千三百據交策半之爲交中當從歐陽史

離朔一　七千二十七 一十九

交朔二　二千二百九十二 三十 四十四

中準一千七百三十六

中限四千七百八十

平離九百六十三　程節八百

欽天步五星術

歲星

周率二百八十七萬一千九百七十六 六

變率二十四萬二千二百一十五 六十六

曆率二百六十二萬九千七百六十一 七十八

案七百六十一歐陽史訛作九百六十六非也據曆率半之爲曆中彼此互訂此條足正歐陽史之訛

周策三百九十八　六千三百七十六 六

曆中一百八十二　四千四百八十 九十六

案歐陽史小分作八十九此云九十六非也據曆中倍之爲曆率倍九十六適得大分一小分七十八

變段	變日	變度	變曆
晨見	一十七	三 三十七	二 二十四
順遲	二十五	二 九	一 二十九
退遲	一十四	一 一十二	空 二十八

退疾	二十七	四 三十八	一 三十七
後留	二十六 三十二		
順疾	九十	一十六 六十三	一十一 一十三
順疾	九十	一十六 六十三	一十一 一十三
前留	二十六 三十二		
退疾	二十七	四 三十八	一 三十七
退遲	一十四	一 一十二	空 二十八
順遲	二十五	二 九	一 二十九
夕伏	一十七	三 三十七	二 二十四

熒惑

周率五百六十一萬五千四百二十二 一十一

變率二百九十八萬五千六百六十一 七十一

曆率二百六十二萬九千七百六十

周策七百七十九 六千六百二十二 一十

曆中百八十二 四千四百八十

變段	變日	變度	變曆
晨見	七十三	五十三 六十八	五十 五十八
順疾	七十三	五十一 一	四十八 三
次疾	七十一	四十六 六十九	四十四 一十六
次遲	七十一	四十五 三十三	四十二 五十八

順遲	六十二	一十九 二十九	一十八 二十
前留	八 六十九		
退遲	一十	一 五十八	空 四十四
退疾	二十一	七 四十六	二 四十
退疾	二十一	七 四十六	二 四十
退遲	一十	一 五十八	空 四十
後留	八 六十九		
順遲	六十二	一十九 二十九	一十八 二十
次遲	七十一	四十五 三十三	四十二 五十八
次疾	七十一	四十六 六十九	四十四 一十七
順疾	七十三	五十一 一	四十八 三
夕伏	七十三	五十三 六十六	五十 五十八

鎮星

周率二百七十二萬二千一百七十六 九十

變率九萬二千四百一十六 五十

曆率二百六十二萬九千七百五十九 八十

周策三百七十八 五百七十六 九十

曆中一百八十二 四千四百七十九 九十

變段	變日	變度	變曆
晨見	一十九	二 七	一 一十四

順疾	六十五	六三十八	三五十一
順遲	一十九	空六十三	空三十五
前留	三十七		
退遲	一十六	空四十三	空一十四
退疾	三十三	二三十五	空六十
退疾	三十三	二三十五	空六十
退遲	一十六	空四十三	空一十四
後留	三十七三		
順遲	一十九	空六十三	空三十五
順疾	六十五	六三十八	三五十一
夕伏	一十九	二一十七	一一十四

太白

周率四百二十萬四千一百四十三九十六

變率四百二十萬四千一百四十三九十六

曆率二百六十萬九千七百五十五十六

周策五百八十三　六千五百四十三九十六

案原本作周策五百八十三萬考周率滿統法得周率五百八十三日乃餘分萬字係衍文歐陽史亦無萬字今刪去

曆中一百八十二　四千四百七十五二十八

案原本作曆中一百八十二萬考曆率半之滿統法得曆中一百八十二日及餘分萬字係衍文歐陽史亦無萬字今刪去

變段	變日	變度	變歷
夕見	四十二	五十三四十	五十一一十七
順疾	九十六	一百二十一五十七	一百一十六三十九
次疾	七十三	八十三十七	七十七一
次遲	三十三	三十四一	三十二四十
順遲	二十四	一十一六十一	一十一二十四
前留	六六十九		
退遲	四	一二十二	空三十一
退疾	六	三六十五	一二十二
夕伏	七	四四十	一三十七
晨見	七	四四十	一三十七
退疾	六	三六十五	一二十二
退遲	四	一二十二	空三十一
後留	六六十九		
順遲	二十四	一十一六十一	一十一二十四
次遲	三十三	三十四一	三十二四十
次疾	七十三	八十三十七	七十七一
順疾	九十六	一百二十一五十七	一百一十六三十九
晨伏	四十二	五十三四十	五十一一十七

辰星

周率八十三萬四千三百三十五 五十二

變率八十三萬四千三百三十五 五十二

歷率二百六十二萬九千七百六十 四十四

周策一百一十五　六千三百三十五 五十二

歷中一百八十二　四千四百八十 二十二

變段	變日	變度	變歷
夕見	一十七	三十四 一	二十九 五十四
順疾	一十一	一十八 二十四	一十六 四
順遲	一十六	一十一 四十三	一十 一十
前留	二 六十八		
夕伏	一十一	六	二
晨見	一十一	六	二
後留	二 六十八		
順遲	一十六	一十一 四十三	一十 一十
順疾	一十一	一十八 二十四	一十六 四
晨伏	一十七	三十四 一	二十九 五十四

舊五代史卷一百四十終

舊五代史卷一百四十攷證

志二歷志正元歷　案玉海作正統五代會要作正元

創爲新歷一部二十一卷　案玉海引崇文總目作二十卷

五行得期之數　五行原本訛五之今據五代會要改正

法者數之節也　法原本訛百今據五代會要改正

以通法進統法得七十二萬　案七十二萬原本作七千二百萬攷下文以通法進全率得七千二百萬謂之大率則此當云以通法進統法得七十二萬謂之全率原本全率之數併作大率之數蓋傳寫之訛今據歐陽史改正

欽天步月離術離策二十七　二十七原本訛作一十七案以統法除離率得二十七日及餘分今據歐陽史改正

交中一十三四千三百六十三　四千三百原本訛作四千四百案交策半之爲交中當從歐陽史作四千三百今改正

欽天步五星術歲星歷率二百六十二萬九千七百六十一 七十八　案七百六十一歐陽史作九百六十六

非也據曆率半之爲曆中彼此互訂此條當以是書爲正

曆中一百八十二四千四百八十八十九 案小分八十九原本作九十六非也據曆中倍之爲曆率倍八十九適得大分一小分七十八此條當以歐陽史爲正今據改

太白周策五百八十三 案原本作周策五百八十三萬攷周率滿統法得周策五百八十三日及餘分萬字係衍文歐陽史亦無萬字今刪去

曆中一百八十二 案原本作曆中一百八十二萬攷曆率半之滿統法得曆中一百八十二日萬字係衍文歐陽史亦無萬字今刪去

舊五代史卷一百四十攷證

舊五代史卷一百四十一

宋司空同中書門下平章事薛居正等撰

五行志 志三

昔武王克商以箕子歸作洪範其九疇之序一曰五行所以紀休咎之徵窮天人之際故後之修史者咸有其說焉蓋欲使後代帝王見災變而自省責躬修德崇仁補過則禍消而福至此大略也今故按五代之簡編記五行之災沴追爲此志以示將來其于京房之舊說劉向之緒言則前史敘之詳矣此不復引以爲證焉

水淹風雨

梁開平四年十月梁宋輝亳水詔令本州開倉賑貸十一月大風下詔曰自朔至今異風未息宜命祈禱

唐同光二年七月汴州雍丘縣大雨風拔樹傷稼曹州大水平地三尺八月江南大雨溢漫流入鄆州界十一月中書門下奏今年秋天下州府多有水災百姓所納秋稅請特放加耗從之 三年六月至九月大雨江河崩決壞民田七月洛水泛漲壞天津橋漂近河廬舍艤舟爲渡覆沒者日有之鄴都奏御河漲于石灰窯口開故河道以分水勢鞏縣河堤破壞倉廒八月勅如聞天津橋未通往來百官以舟檝濟渡因茲傾覆兼踏泥塗

自今文武百官三日一趨朝宰臣即每日中書視事　四年正月勅自京以來（案此句疑有脫誤）幅圓千里水潦爲沴流亡漸多宜自今年三日後避正殿減常膳徹樂省費以答天譴應去年經水災處鄉村有不給及逃移人戶夏秋兩稅及諸折科委諸處長吏切加點檢並與放免仍一年內不得雜差遣應在京及諸縣有停貯斛㪷並令減價出糶以濟公私如不遵守仰具聞奏　長興元年夏鄜州上言大水入城居人溺死　二年四月棣州上言水壞其城是月己巳鄆州上言黃河水溢岸濶三十里東流五月丁亥申州奏大水平地深七尺是月戊

申襄州上言漢水溢入城壞民廬舍又壞均州郛郭水深三丈居民登山避水仍畫圖以進是月甲子洛水溢壞民廬舍六月壬戌汴州上言大雨雷震文宣王廟講堂十一月壬子鄆州上言黃河暴漲漂溺四千餘戶　三年七月諸州大水宋亳潁尤甚宰臣奏曰今秋宋州管界水災最盛人戶流亡粟價暴貴臣等商量請于本州倉出斛㪷依時出糶以救貧民從之是月秦州大水溺死窯谷內居民三十六人夔州赤甲山崩大水漂溺居人　清泰元年九月連雨害稼詔曰久雨不止禮有祈禳都城門三日不止乃祈山川告宗廟社稷宜令太子賓客李延範等禜諸城門太常卿李懌等告宗廟社稷

晉天福初高祖將建義于太原城中數處井泉暴溢　四年七月西京大水伊洛瀍澗皆溢壞天津橋八月河決博平甘陵大水　六年九月河決于滑州一概東流居民登丘塚爲水所隔詔所在發舟檝以救之兗州濮州界皆爲水所漂溺命鴻臚少卿魏玭將作少監郭廷讓右金吾衞將軍安濬右驍衞將軍田峻于滑濮澶鄆四州檢河水所害稼并撫問遭水百姓兗州又奏河水東流濶七十里至七年三月命宋州節度使安彥威率

丁夫塞之河平建碑立廟于河決之所　開運元年六月黃河洛河泛溢堤堰鄭州原武滎澤縣界河決

周廣順二年七月暴風雨京師水深二尺壞墻屋不可勝計諸州皆奏大雨所在河渠泛溢害稼　三年六月諸州大水襄州漢江漲溢入城城內水深五尺倉庫漂盡居人溺者甚衆

地震

唐同光二年十一月鎭州地震　三年十一月二十五日夜魏博徐宿地大震　天成三年七月鄭州地震　長興二年六月太原地震自二十五日子時至二十七

日申時二十餘度左補闕李詳上疏曰臣聞天地之道以簡易示人鬼神之情以禍福爲務王者祥瑞至而不喜災異見而輒驚罔不寅畏上穹思答天譴臣聞北京地震日數稍多臣曾覽國書伏見高宗時晉州地震上謂羣臣曰豈朕政教之不明使晉州地震耶侍中張行成奏曰天陽也地陰也天陽君象地陰臣象君宜轉動臣宜安靜今晉州地震彌旬不休將恐女謁任事臣下陰謀且晉州是陛下本封今地震焉尤彰其應伏願深思遠慮以杜未萌又開元中秦州地震尋差官宣慰兼降使致祭山川所損之家委量事安置奏聞伏惟陛下

中興唐祚起自晉陽地數震于帝鄉理合思于天誡況聖明御宇于今六年歲稔時康人安物阜臣慮天意恐陛下忘創業艱難之時有功成矜滿之意伏望特委親信兼選勳賢且往北京慰安密令巡問黎民之疾苦嚴山川之祭祀然後鑒前朝得喪之本採歷代聖哲之規崇不諱之風罷不急之務明宗深嘉之錫以三品章服十一月雄武軍上言洛陽地震　三年八月秦州地震

漢乾祐二年四月丁丑幽定滄營深貝等州地震幽定尤甚

周廣順三年十月魏邢洺等州地震數日凡十餘度魏州尤甚

蟲魚禽獸

梁龍德末許州進緑毛龜宮中造室以畜之命之曰龜堂識者以爲不祥之言

唐天祐十八年二月張文禮叛于鎭州時野河水變其色如血游魚多死浮于水上識者知其必敗　十九年定州王處直卒先是處直自爲德政碑建樓于衙城內言有龍見或覩之其狀乃黃么蜥蜴也處直以爲神異造龍牀以安之又城東麥田有羣鵲數百平地爲巢處直以爲己德所感識者竊論曰蟲蛇陰物比藏山澤今

據屋室人不得而有也南方爲火火主禮禮之壞則羽蟲失性以文推之上失其道不安于位之兆也果爲其子都所廢　應順元年閏正月丙寅辰時唐閔帝幸至德宮初出興教門有飛鳶自空而落死于御前是日大風晦冥　清泰元年十月辛未巳時有雉金色自南飛入中書止于政事堂之上吏驅之不去良久又北飛是日民家得之　二年鄴西李固鎭有大鼠與蛇鬭于橋下鬭及日之中蛇不勝而死　三年三月戊午有蛇鼠鬭于洛陽師子門外而鼠殺蛇夏四月戊子熊入市形如人搏人又一熊自老君廟南走向城會車駕幸近郊

從官射之而斃

漢乾祐三年正月有狐出明德樓獲之比常狐毛長腹別有二足

周廣順三年六月河北諸州旬日內無烏既而聚潞澤之間山谷中集于林木壓樹枝皆折是年人疾疫死者甚衆至顯德元年河東劉崇爲周師所敗伏尸流血故先萌其兆　顯德元年三月潞州高平縣有鵲巢于縣郭之南平地巢中七八鷂

蝗

梁開平元年六月許陳汝蔡潁五州蝝生有野禽羣飛

蔽空食之皆盡

唐同光三年九月鎮州奏飛蝗害稼

晉天福七年四月山東河南關西諸郡蝗害稼至八年四月天下諸州飛蝗害田食草木葉皆盡詔州縣長吏捕蝗華州節度使楊彥詢雍州節度使趙瑩命百姓捕蝗一斗以祿粟一斗償之時蝗旱相繼人民流移飢者盈路關西餓殍尤甚死者十七八朝廷以軍食不充分命使臣諸道括粟麥晉祚自茲衰矣

漢乾祐元年七月青鄆兗齊濮沂密邢曹皆言蝝生開封府奏陽武雍丘襄邑等縣蝗開封尹侯益遣人以酒肴致祭尋爲鸜鵒食之皆盡勅禁羅弋鸜鵒以其有吞蝗之異也　二年五月博州奏有蝝化生爲蝶飛去宋州奏蝗一夕抱草而死差官祭之

火

唐天成四年十一月汝州火燒羽林軍營五百餘間先是司天奏熒惑入羽林飭京師爲火備至是果應　長興二年四月辛丑汴州封禪寺門扉上歘然火起延燒近舍是月衞州奏黎陽大火先是下詔于諸道令爲火備至是驗之　三年十二月壬戌懷州軍營內三處火光自起人至即滅並不焚燒舍宇明宗謂侍臣曰火妖

乎侍臣曰恐妖人造作宜審詰之

晉天福三年十一月襄州奏火燒居民千餘家　九年春左龍武統軍皇甫遇從少帝禦契丹于鄆州北將戰之夕有火光熒然生于矛竿之上

周顯德五年四月吳越王錢俶奏十日夜杭州火焚燒府署殆盡世宗命中使賚詔撫問

草木石冰

梁開平三年春正月潞州軍前李思安奏壺關縣庶穰鄉村人因伐樹倒自分爲兩片內有六字皆如左書曰天十四載石進乃圖其狀以進梁祖異之命示百官莫

有詳其義者及晉高祖即位人以爲雖有圖姓計其甲子則二十有九年矣識者曰天字取四字中兩畫加之于旁則丙字也四字去中間兩畫加十字則申字也晉祖即位之年乃丙申也

唐天祐五年長楸巷田家有殭桃樹經年舊坎猶在其仆木一朝屹然而起行數十步復于舊坎其家駭異倉皇散走議者以漢昭帝時上林仆木起生枝時蟲蠹成文而宣帝興今木理成文仆而重起乃莊宗中興之兆也　同光元年冬十二月辛卯亳州太清宮道士上言玄元皇帝殿前枯檜年久再生一枝畫圖以進　清泰

末年末帝先人墳側古佛刹中石像忽然搖動不已觀者咸訝焉

晉開運元年七月一日少帝御明德門宣赦改元是日遇大雷雨門內有井亭亭有石盆有走水槽槽有龍首其夕悉飄行數十步而龍首斷焉識者曰石國姓也此兆非祥石氏其遷乎其絕乎　二年正月汴州封丘門外壕水東北隅水上有文若大樹花葉芬敷之狀相連數十株宛若圖畫傾都觀之識者云唐景福中盧彥威浮陽壕水有樹文亦如此時有高尼辭郡人曰此地當有兵難至光化中其郡果爲燕帥劉仁恭所陷　三年九月大木太原葭蘆茂盛最上一葉如旗狀皆南指十二月己丑雨木冰是月戊戌霜霧大降草木皆如冰

漢乾祐元年八月李守貞叛于河中境內蘆葉皆若旗旒之狀

周廣順三年春樞密使王峻遙鎮青州有司制旄節以備迎授前夕其節有聲主者曰昔後唐長興中安重誨授河中其節亦有聲斯亦木之妖也

舊五代史卷一百四十一終

舊五代史卷一百四十一攷證

志三五行志夔州赤甲山崩　赤甲原本訛求甲今據五代會要改正

華州節度使楊彥詢　彥詢原本作彥珣今從列傳改正

舊五代史卷一百四十一攷證

舊五代史卷一百四十二

宋司空同中書門下平章事薛居正等撰

禮志上 案禮志序永樂大典原缺　志四

梁開平元年夏四月太祖初受禪乃立四廟于西京從近古之制也

唐同光二年六月太常禮院奏國家興建之初已于北都置廟今克復天下遷都洛陽却復本朝宗廟按禮無二廟之文其北都宗廟請廢乃下尚書省集議禮部尚書王正言等奏議曰伏以都邑之制宗廟爲先今卜洛居尊開基御宇事當師古神必依人北都先置宗廟不

宜並設况每年朝享禮有常規時日既同神何所據竊聞近例亦有從權如神主已修迎之藏于夾室若廟宇已崇虛之以爲恆制若齊桓公之廟二主禮無明文古者師行亦無遷于廟主昔天后之崇鞏洛禮謂非宜漢皇之戀豐豫事無所法况本朝故事禮院具明洛邑舊都嵩邙正位豈宜遠宮闕之居建祖宗之廟事非可久理在從長其北都宗廟請准太常禮院申奏停廢從之

天成元年中書舍人馬縞奏曰伏見漢晉已來諸侯王宗室承襲帝統除七廟之外皆別追尊親廟漢光武皇帝立先四代于南陽其後桓帝已下亦皆上考前修追

崇先代乞依兩漢故事別立親廟詔下尚書省集百官定議禮部尚書蕭頊等議曰伏見方册所載聖槩所存將達蘋藻之誠宜有棨梲之制臣等集議其尊追位號及建廟都邑乞特降制命依馬縞所議　天成二年中書門下又奏伏以兩漢以諸侯王入繼帝統則必易名上謚廣孝稱皇載于諸王故事孝德皇孝仁皇孝元皇是也伏乞聖慈俯從人願許取皇而薦號兼上謚以尊名改置園陵仍增兵衞還詔太常禮院定其儀制焉太常博士王丕等引漢桓帝入嗣尊其祖河間孝王曰孝穆皇帝蠡吾侯曰孝崇皇帝爲例請付太常卿定謚刑

部侍郎權判太常卿馬縞復議曰伏准兩漢故事以諸侯王宗室入承帝統則必追尊父祖修樹園陵西漢宣帝東漢光武孝饗之道故事具存自安帝入嗣遂有皇太后令別崇謚法追曰某皇所謂孝德孝穆之類是也前代惟孫皓自烏程侯繼嗣追封父和爲文皇帝事出非常不堪垂訓今據禮院狀漢安帝以下若據本紀又不見帝字伏以謚法德象天地曰帝伏緣禮院已曾奏聞難將兩漢故事便遞尊名請詔百官集議時右僕射李琪等議曰伏覩歷代以來宗廟成制繼襲無異沿革或殊馬縞所奏禮有按據乞下制命令馬縞虔依典册

以述尊名時明宗意欲兼加帝字乃下詔曰朕聞國承家得以制禮作樂故三皇不相襲五帝不相沿隨代創規于禮無爽矧或情關祖禰事繫烝嘗且追謚追尊稱皇與帝既有減增之字合陳褒貶之辭大約二名俱爲尊稱若三皇之代故不可加帝五帝之代不可言皇爰自秦朝便兼二號至若玄元皇帝事隔千祀宗追一源猶顯册于鴻名豈須遵于漢典況朕居九五之位爲億兆之尊不可總二名于眇躬惜一字于先代苟臨執議何表孝誠可委宰臣與百官詳定集兩班于中書逐班各陳所見唯李琪等請于祖禰二室先加帝字宰臣合

衆議奏曰恭以朝廷之重宗廟爲先事繫承祧義符致美且聖朝追尊之日即引漢氏舊儀在漢氏封崇之時則且王者功成治定制禮作樂正朔服色尚有改更尊復依何代故事理關凝滯未叶聖謨道合變通方爲民祖奉先何妨沿革若應州必立別廟即地遠上都今據開元中追尊臯陶爲德明皇帝涼武昭王爲興聖皇帝皆立廟于京都臣等商量所議追尊四廟望依御札並加皇帝之號兼請于洛京立廟勅宜于應州舊宅立廟餘依所奏案文獻通考後唐之所謂七廟者以沙陀之獻祖國昌太祖克用莊宗存勗而上繼唐之高祖太宗懿宗昭宗此所謂四廟者又明宗代北之高曾祖父也其年八月太常禮院

奏莊宗神主以此月十日祔廟七室之內合有祧遷中書門下奏議請祧懿祖一室後下百寮集議禮部尚書蕭頃等奏請從中書所奏從之　應順元年正月中書門下奏太常以大行山陵畢祔廟今太廟見饗七室高祖太宗懿宗昭宗獻祖太祖莊宗大行升祔禮合祧遷獻祖請下尚書省集議太子少傅盧質等議曰臣等以親盡從祧垂于舊典疑事無質素有明文頃莊宗皇帝再造寰區復隆宗廟追三祖于先遠復四室于本朝式遇祧遷旋成沿革及莊宗升祔以懿祖從祧蓋非嗣立之君所以先遷其室光武滅新之後始有追尊之儀比

祇在于南陽元不歸于太廟引事。且疎于故實此時須禀于所規將來升祔先廟次合祧遷獻祖既協隨時之義又符變禮之文從之時議以懿祖賜姓于懿宗以支庶繫大宗例宜以懿爲始祖次昭宗可也不必祖神堯而宗太宗若依漢光武則宜于代州立獻祖而下親廟其唐廟依舊禮行之可也而議謚者忘咸通之懿宗又稱懿祖父子俱懿于禮可乎將朱耶三世與唐室四廟連敘昭穆非禮之甚也議祧者不知受氏于唐懿宗而祧之今又及獻祖以禮論之始祧昭宗次祧獻祖可也而懿祖如唐景皇帝豈可祧乎

晉天福二年正月中書門下奏皇帝到京未立宗廟望令所司速具制度典禮以聞從之二月太常博士段顒議曰夫宗廟之制歷代爲難須考禮經以求故事謹按尚書舜典曰正月上日受終于文祖此是堯之廟也猶未載其數又按郊祀錄曰夏立五廟商立六廟周立七廟漢初立祖宗廟于郡國共計一百六十七所後漢光武中興後別立六廟魏明帝初立親廟四後重議依周法立七廟晉武帝受禪初立六廟後復立七廟宋武帝初立六廟齊朝亦立六廟隋文帝受命初立親廟四至大業元年煬帝欲遵周法議立七廟次屬傳禪于唐武

德元年六月四日始立四廟于長安至貞觀元年命有司詳議廟制遂立七廟至開元十一年後創立九廟又按禮記喪服小記曰王者禘其祖之所自出以其祖配之而立四廟鄭玄注云高祖以下至禰四世卽親盡也更立始祖爲不遷之廟共五廟也又按禮記祭法及王制孔子家語春秋穀梁傳並云天子七廟諸侯五廟大夫三廟士一廟此是降殺以兩之義又按尚書咸有一德曰七世之廟可以觀德又按疑義云天子立七廟或四廟蓋有其義也如四廟者從禰至高祖已下親盡故有四廟之理又立七廟者緣自古聖王祖有功宗有德

更封立始祖卽于四親廟之外或祖功宗德不拘定數所以有五六廟或七廟九廟欲後代子孫觀其功德故尙書云七世之廟可以觀德矣又按周捨論云自江左已來晉宋齊梁相承多立七廟今臣等參詳唯立七廟卽並通其理伏緣宗廟事大不敢執以一理定之故檢七廟四廟二件之文俱得其宜他所論者並皆不取伏請下三省集百官詳議勅旨宜依左僕射劉昫等議曰臣等今月八日伏奉勅命于尙書省集議太常博士段顒所議宗廟事伏以將敷至化以達萬方克致平和必先宗廟故禮記王制云天子七廟諸侯五廟大夫三廟

疏云周制之七者太祖廟及文王武王之祧與親廟四太祖后稷也商六廟契及湯與二昭二穆夏則五廟太祖禹與二昭二穆而已自夏及周少不減五多不過七又云天子七廟皆據周也有其人則七無其人則五若諸侯廟制雖有其人則不過五此則天子諸侯七五之異明矣至于三代已後魏晉宋齊隋及唐初多立六廟或四廟蓋于建國之始不盈七廟之數也今欲請立自高祖以下四親廟其始祖一廟未敢輕議伏俟聖裁御史中丞張昭遠奏議曰臣前月中預都省集議宗廟事伏見議狀于親廟之外請別立始祖一廟近奉中書門下牒再令百官于都省議定聞奏者臣讀十四代史書見二千年故事觀諸家宗廟都無始祖之稱唯商周二代以稷契爲太祖禮記曰天子七廟三昭三穆與太祖之廟而七鄭玄注此周制也七者太祖后稷及文王武王與四親廟又曰商人六廟契及成湯與二昭二穆也夏后氏立五廟不立太祖唯禹與二昭二穆而已據王制鄭玄所釋卽商周以稷契爲太祖夏后無太祖亦無追諡之廟自商周以來時更十代皆于親廟之中以有功者爲太祖無追崇始祖之例具引今古卽恐詞繁事要證明須陳梗槩漢以高祖父太上皇執嘉無社稷功

不立廟號高帝自爲高祖魏以曹公相漢垂三十年始封于魏故爲太祖晉以宣王輔魏有功立爲高祖以景帝始封晉故爲太祖宋氏先世官閥卑微雖追崇帝號劉裕自爲高祖南齊高帝之父位至右將軍生無封爵不得爲太祖高帝自爲太祖梁武帝父順之佐佑齊室封侯位至領軍丹陽尹雖不受封于梁亦爲太祖陳武帝父文讚生無名位以武帝功梁室贈侍中封義興公及武帝卽位亦追爲太祖周閔帝以父泰相西魏經營王業始封于周故爲太祖隋文帝輔周室有大功始封于隋故爲太祖唐高祖神堯祖父虎爲周八柱國隋代

追封唐公故爲太祖唐末梁室朱氏有帝位亦立四廟朱公先世無名位雖追册四廟不立太祖朱公自爲太祖此則前代追册太祖不出親廟之成例也王者祖有功而宗有德漢魏之制非有功德不得立爲祖宗商周受命以稷契有大功于唐虞之際故追尊爲太祖自秦漢之後其禮不然雖祖有功仍須親廟今亦粗言往例以取證明秦稱造父之後不以造父爲始祖漢稱唐堯劉累之後不以堯累爲始祖魏稱曹參之後不以參爲始祖晉稱趙將司馬卬之後不以卬爲始祖宋稱漢楚元王之後不以元王爲始祖齊梁皆稱蕭何之後不以

蕭何爲始祖陳稱太丘長陳寔之後不以寔爲始祖元魏稱李陵之後不以陵爲始祖後周稱神農之後不以神農爲始祖隋稱楊震之後不以楊震爲始祖唐稱臯陶老子之後不以臯陶老子爲始祖唯唐高宗則天武后臨朝革唐稱周又立七廟仍追册周文王姬昌爲始祖此蓋當時附麗之徒不諳故實武立姬廟乖越已甚曲臺之人到今嗤誚臣遠觀秦漢下至周隋禮樂衣冠聲明文物未有如唐室之盛武德議廟之初英才間世如溫魏顏虞通今古封蕭薛杜達禮儀制度憲章必有師法夫追崇先王先母之儀起于周代據史記及禮經云武王纘太王王季文王之緒一戎衣而有天下尊爲天子宗廟饗之周公成文武之德追王太王王季祀先公以天子之禮又曰郊祀后稷以配天據此言之周武雖祀七世追爲王號者但四世而已故自東漢以來有國之初多崇四廟從周制也況商因夏禮漢習秦儀無勞博訪之文宜約已成之制請依隋唐有國之初創立四廟推四世之中名位高者爲太祖謹議以聞勅宜令尚書省集百官將前議狀與張昭遠所陳連定奪聞奏左僕射劉昫等再奏議曰臣等今月十三日再于尚書省集百官詳議夫王者祖武宗文郊天祀地故有追崇

之典以申配饗之儀切詳太常禮院議狀唯立七廟四廟卽並通其理其他所論並皆勿取七廟者按禮記王制曰天子七廟三昭三穆與太祖之廟而七鄭玄注云此周制也詳其禮經卽是周家七廟之定數四廟者謂高曾祖禰四世也按周本紀及禮記大傳皆曰武王卽位追王太王王季文王以后稷爲堯稷官故追尊爲太祖此卽周武王初有天下追尊四廟之明文也故自漢魏已降迄于周隋創業之君追謚不過四世約周制也此禮行之也久事在不疑今參詳都省前議狀請立四廟外別引始祖取裁未爲定議續准勅據御史中丞張

昭遠奏請創立四廟之外無別封始祖 之文又國家禮樂刑名皆依唐典宗廟之制須約舊章 請依唐朝追尊獻祖宣皇帝懿祖光皇帝太祖景皇帝代祖元皇帝故事追尊四廟爲定從之七年七月太常禮院奏國朝見饗四廟靖祖肅祖睿祖憲祖今大行皇帝將行升祔按會要唐武德元年立四廟于長安貞觀九年高祖神堯皇帝崩命有司詳議廟制議以高祖神主幷舊四室祔廟今先帝神主請同唐高祖升祔從之

漢天福十三年閏七月時漢高祖已即位尙仍天福之號太常博士段顒奏議曰伏以宗廟之制歷代爲難須按禮經旁求故實又緣禮貴隨時損益不定今參詳歷代故事立高曾祖禰四廟更上追遠祖光武皇帝爲始祖百代不遷之廟居東向之位共爲五廟庶符往例又合禮經詔尙書省集百官議吏部尙書竇貞固等議云按禮記王制云天子七廟諸侯五廟大夫三廟疏云周制之七廟者太祖及文王武王之祧與親廟四太祖后稷也又云天子七廟皆據周也有其人則七無其人則五至于光武中興及歷代多立六廟或四廟蓋建國之始未盈七廟之數又按郊祀錄王肅云德厚者流澤廣天子可以事六代之義也今欲請立高祖已下四親廟又自古聖王祖有功宗有德卽于四親廟之外祖功宗德不拘定數今除四親廟外更請上追高皇帝光武皇帝更立六廟從之案文獻通考莊宗明宗旣捨其祖而祖唐之祖矣及敬瑭知遠崛起而登帝位俱欲以華胄自詭故于四親之外必求所謂始祖而祖之張昭之言議正而詞偉矣至漢初則段顒竇貞固之徒曲爲詔附乃至上祖高光以爲六廟云

周廣順元年正月中書門下奏太常禮院議合立太廟室數若守文繼體則魏晉有七廟之文若創業開基則隋唐有四廟之議聖朝請依近禮追謚四廟伏恐所議未同請下百官集議太子太傅和凝等議請據禮官議立四親廟從之案五代會要和凝議曰恭以肇啟洪圖惟新黃屋左宗廟而右社稷率由舊章崇祖禰而辨尊卑載于前史雖質文互變義趣各殊或觀損益之規或繫興隆之始陛下體元立極本義祖仁開變家成國之基遵奉先思孝之道合據禮官議立四親廟以叶前文從之 其年四月中書門下奏太常禮院申七月一日皇帝御崇元殿命使奉册四廟准舊儀服袞冕卽座太尉引册案入皇帝降座引立于御座前南向中書令奉册案進皇帝搢珪捧授册使跪受轉授舁册官其進寶授寶儀如册案臣等參詳至時請皇帝降階授册從之 三年九月將有事于南郊議于東京別建太廟時太常禮院言准洛京廟室一十五間分爲四室東西有夾室四神門每方屋一間各三門戟二十四別有齋宮神廚屋宇准禮左宗廟右

社稷在國城內請下所司修奉從之　其月太常禮院奏迎太廟社稷神主到京其日未審皇帝親出郊外迎奉否檢討故事元無禮例伏請召三省官集議勅宜令尚書省四品已上中書門下五品以上同參議司徒竇貞固司空蘇禹珪等議按吳主孫休即位迎祖父神主于吳郡入祔太廟前一日出城野次明日常服奉迎此其例也遂署狀言車駕出城奉迎爲是請下禮儀使草定儀注至十月禮儀使奏太廟神主將至前一日儀仗出城掌次于西御莊東北設神主行廟幄幕面南其日放朝羣臣早出西門皇帝常服出城詣行宮羣臣畢就

次神主將至羣臣班定皇帝立于班前神主至太常卿請皇帝再拜羣臣俱拜神主就行廟幄幕座設常饌羣臣班于神幄前侍中就次請皇帝謁神主既至羣臣再拜皇帝進酒畢再拜羣臣俱拜皇帝還幄羣臣先赴太廟門外立班俟皇帝至起居俟神主至羣臣班于廟門外皇帝立于班前太常卿請皇帝再拜羣臣俱拜皇帝還幄羣臣就次宮闈令安神主于本室訖羣臣班于廟庭太常卿請皇帝于四室奠饗逐室皇帝再拜羣臣俱拜四室祔饗畢皇帝還宮前件儀注望付中書門下宣下從之

顯德六年七月詔以大行皇帝山陵有期神主將祔太廟其廟殿屋宇合添修否國子司業兼太常博士聶崇義奏議曰奉勅爲大行皇帝山陵有期神主祔廟恐殿室間數少合重添修今詣廟中相度若是添修廟殿一間至兩間並須移動諸神門及角樓宮墻仗舍及堂殿正面檐栿階道亦須東省牲立班位直至齋宮漸近迫窄今重拆廟殿續更添修不唯重勞兼恐未便竊見廟殿見虛東西二夾室況未有祧遷之主欲請不拆廟殿更添間數即便將夾室重安排六室位次所有動移神主若准舊禮于殿庭權設行廟幕殿即恐雨水猶多難

于陳設伏請權于太廟齋宮內奉安神主至修奉畢日庶爲宜稱又按禮記云廟成則于中屋刲羊以釁之夾室則用雞又大戴禮及通典亦有夾室察文觀義乃是備廟之制況新主祔廟諸經有遷易之文考古沿今庶合通禮伏請遞遷諸室奉安大行皇帝神主以符禮意勅依典禮（永樂大典卷一萬七千五十二）

舊五代史卷一百四十二終

舊五代史卷一百四十二攷證

志四禮志上盩吾侯　盩吾原本訛盩愚今據後漢書改正

周拾論　周拾原本訛周拾今據新唐書禮志改正

漢稱唐堯劉累之後　劉累原本訛劉里今據漢書改正

懿祖光皇帝　懿祖原本作義祖今從新唐書改正

舊五代史卷一百四十二攷證

舊五代史卷一百四十三

宋司空同中書門下平章事薛居正等撰

禮志下　志五

後唐長興元年九月太常禮院奏來年四月孟夏禘饗于太廟謹按禮經三年一禘以孟冬五年一祫以孟夏已毀未毀之主並合食于太祖之廟逐廟功臣配饗于本廟之庭本朝寶應元年定禮奉景皇帝高祖太宗爲始封之祖既廟號太祖百代不遷每遇禘祫位居東向之尊自代祖元皇帝高祖太宗已下列聖子孫各序昭穆南北相向合食于前聖朝中興重修宗廟今太廟見饗高祖太宗懿宗昭宗獻祖太祖莊宗七廟太祖景皇帝在祧廟之數不列廟饗將來禘禮若奉高祖居東向之尊則禘饗不及于太祖代祖若以祧廟太祖居東向之位則又違于禮意今所司修奉祧廟神主及諸色法物已備合預請參詳事須具狀申奏勑下尚書省集百官詳議戶部尚書韓彥惲等奏議曰伏以本朝尊受命之祖景皇帝爲始封之君百代不遷長居廟食自貞觀至于天祐無所改更聖祖神孫左昭右穆自中興國祚再議宗祧以太祖景皇帝在祧廟之數不列祖宗欲尊太祖之位將行東向之儀爰命羣臣同議可否伏詳本

朝列聖之舊典明皇定禮之新規開元十年特立九廟子孫遵守歷代無虧今既行定禮之規又以祧太祖之室昔德宗朝將行禘祫之禮顏真卿議請奉獻祖居東向之位景皇帝暫居昭穆之列考之于貞元則以爲誤行之于今日正得其禮今欲請每遇禘祫之歲暫奉景皇帝居東向之尊自元皇帝以下敘列昭穆從之

周廣順三年冬十月禮儀使奏郊廟祝文禮例云古者大事皆書于册而有長短之差魏晉郊廟祝文書于册唐初悉用祝版惟陵廟用玉册玄宗親祭郊廟用玉爲册德宗朝博士陸淳議准禮用祝版祭已燔之可其議

貞元六年親祭又用竹册當司准開元禮並用祝版梁朝依禮行之至明宗郊天又用竹册今詳酌禮例祝版爲宜從之　周廣順三年九月南郊禮儀使奏郊祀所用珪璧制度准禮祀上帝以蒼璧祀地祇以黃琮祀五帝以珪璋琥璜其玉各依本方正色祀日月以珪璋祀神州以兩珪有邸其用幣天以蒼色地以黃色配帝以白色日月五帝各從本方之色皆長一丈八尺其珪璧之狀璧圓而琮八方珪上銳而下方半珪曰璋琥爲虎形半璧曰璜其珪璧琮璜皆長一尺二寸四珪有邸邸本也珪著于璧而整肅也日月星辰以珪璧五寸前件珪璧雖有圖樣而長短之說或殊按唐開元中玄宗詔曰祀神以玉取其精潔比來用珉不可行也如或以玉難辦寧小其制度以取其真今郊廟所修珪璧量玉大小不必皆從古制伏請下所司修制從之　顯德四年夏四月禮官博士等准詔議祭器祭玉制度以聞時國子祭酒尹拙引崔靈恩三禮義宗云蒼璧所以祀天其長十有二寸蓋法天之十二時又引江都集白虎通等諸書所說云璧皆外圓內方又云璜琮所以祀地其長十寸以法地之數其琮外方內圓八角而有好國子博士聶崇義以爲璧內外皆圓其徑九寸又按阮氏鄭玄

圖皆云九寸周禮玉人職又有九寸之璧又引爾雅云肉倍好謂之璧好倍肉謂之瑗肉好若一謂之環郭璞注云好孔也肉邊也而不載尺寸之數崇義又引冬官玉人云璧好三寸爾雅云肉倍好謂之璧兩邊肉各三寸通好共九寸則其璧九寸明矣崇義又云璜琮八方以象地每角各剡出一寸六分共長八寸厚一寸按周禮疏及阮氏圖並無好又引冬官玉人云琮八角而無好崇義又云琮璜珪璧俱是祀天地之器而爾雅唯言璧環瑗三者有好其餘璜琮諸器並不言之則璜琮八角而無好明矣太常卿田敏以下議以爲尹拙所說璧

有所據而崇義援周禮正文其理稍優請從之其諸祭器制度亦多以崇義所議爲定　顯德二年秋八月兵部尚書張昭上言今月十二日伏蒙宸慈召對面奉聖旨每年祀祭多用太牢念其耕稼之勞更備犧牲之用比諸豢養特可愍傷令臣等討故事可以佗牲代否臣仰禀綸言退尋禮籍其三牲八簋之制五禮六樂之文著在典彝迭相沿襲累經朝代無所改更臣聞古者燔黍捭豚尙多質略近則梁武麪牲竹脯不可宗師雖好生之德則然于奉先之儀太劣蓋禮主于信孝本因心黍稷非馨鬼神饗德不必牲牢之巨細籩豆之方圓苟

血祀長保于宗祧而牲俎何須于繭栗但以國之大事儒者久行易以佗牢恐未爲便以臣愚見其南北郊宗廟社稷朝日夕月等大祠如皇帝親行事備三牲如有司攝行事則用少牢已下雖非舊典貴減牲牛是時太常卿田敏又奏云臣奉聖旨爲祭用犢事今太僕寺供犢一年四季都用犢二十二頭唐會要武德九年十月詔祭祀之意本以爲民窮民事神有乖正直殺牛不如礿祭明德即是馨香望古推今民神一揆其祭圜丘方澤宗廟以外並可止用少牢用少牢者用特牲代時和年豐然後克修常禮又按會要天寶六載正月十三日赦文祭祀之典犧牲所備將有達于虔誠豈不資于廣殺自今後每大祭祀應用騂犢宜令有司量減其數仍永爲恆式其年起請以舊料每年用犢二百一十二頭今請減一百七十三頭止用三十九頭餘祠饗並停用犢至上元二年九月二十一日赦文國之大事郊祀爲先貴其誠不美多品黍稷雖設猶或非馨牲牢空多未爲能饗圜丘方澤任依恆式宗廟諸祠臨時獻熟用懷明德之馨庶合西鄰之祭其年起請昊天上帝太廟各太牢一餘祭並隨事市供若據天寶六載自二百一十二頭減用三十九頭據武德九年每年用犢十頭圜丘

方澤一宗廟五據上元二年起請祇昊天上帝太廟又無方澤則九頭矣今國家用牛比開元天寶則不多比武德上元則過其大半案會要太僕寺有牧監掌孳課之事乞今後太僕寺養孳課牛其犢遇祭昊天前三月養之滌宮取其蕩滌精潔餘祭則不養滌宮若臨時買牛恐非典故奉敕祭祀尙誠祝史貴信非誠與信何以事神礿祭重于殺牛黍稷輕于明德犧牲之數具載典經前代以來或有增損宜採酌中之禮且從貴少之文起今後祭圜丘方澤社稷並依舊用犢其太廟及諸祠宜准上元二年九月二十一日制並不用犢如皇帝親

行事則依常式

後唐同光二年三月十日祠部奏本朝舊儀太微宮每年五薦獻其南郊壇每年四祠祭吏部申奏請差中書門下攝太尉行事其太廟及諸郊壇並吏部差三品已上攝太尉行事從之至其年七月中書門下奏據尚書祠部狀每年太微宮五薦獻南郊壇四祠祭並宰相攝太尉行事惟太廟時祭獨遣庶僚雖爲舊規慮成闕禮臣等商量今後太廟時祭亦望差宰臣行事從之　三年十一月禮儀使奏伏准禮經喪三年不祭天地社稷爲越紼行事此古制也爰自漢文益尊神器務徇公絕

私之義行以日易月之制事久相沿禮從順變今園陵已畢祥練既除宗廟不可以乏享神祇不可以廢祀宜遵禮意式展孝思伏請自貞簡太后升祔禮畢應宗廟儀樂及羣祀並准舊施行從之　天成四年九月太常寺奏伏見大祀則差宰臣行事中祠則差諸寺卿監行事小祠則委太祠奉禮今後凡小事請差五品官行事從之　其年十月中書門下奏太微宮太廟南郊壇宰臣行事宿齋宮百官皆入白事伏以奉命行事精誠齋宿儀偏見于朝官涉不虔于祠祭今後宰臣行事文武兩班望令並不得到宿齋處者奉勅宜依　其年十二月中書門下奏今後宰臣致齋內請不押班不知印不起居或遇國忌應行事官受誓戒並不赴行香并不奏覆刑殺公事及大祠致齋內請不開宴從之　長興二年五月尚書左丞崔儉奏大祠差官行事皇帝雖不預祭其日亦不視朝伏見車駕其日或出于理不便今後請每遇大祀中祀車駕不出從之　四年二月太常博士路航奏比來小祠已上公卿皆著祭服行事近日唯郊廟太微宮具祭服五郊迎氣日月諸祠並祇常服行事兼本司執事人等皆著隨事衣裝猥藉鞋履便隨公卿升降于壇墠按祠部令中祠以上應齋郎等升壇行

事者並給潔服事畢收納今後中祠以上公卿請具祭服執事升壇人並着具緋衣幘子又臣檢禮閣新儀太微宮使卯時行事近年依諸郊廟例五更初便行事今後請依舊以卯時從之　清泰元年五月中書門下奏據太常禮院申明宗聖德和武欽孝皇帝今月二十日祔廟太尉合差宰臣攝行緣馮道在假李愚十八日私忌在致齋內今劉昫又奏見判三司事煩請免祀事今與禮官參酌諸私忌日遇大朝會入閤宣召尚赴朝參今祔饗事大忌日屬私齋日請比大朝會宣召例差李愚行事從之

晉開運三年六月西京留司監祭使奏以祠祭所定行事官臨日或遇疾病或奉詔赴闕留司吏部郎中一人主判有闕便依次第定名庶無闕事從之　天成三年十一月太常定唐少帝爲昭宣光烈孝皇帝廟號景宗博士呂朋龜奏謹按禮經臣不誄君稱天以謚之是以本朝故事命太尉率百寮奉謚册告天于圜丘迴讀于靈座前並在七月之內謚册入陵若追尊定謚命太尉讀謚册于太廟藏册于本廟伏以景宗皇帝頃負沈冤歲月深遠園陵已修不祔于廟則景宗皇帝親在七廟之外今聖朝申冤追尊定謚重新帝號須撰禮儀又禮

云君不逾年不入宗廟且漢之殤冲質君臣已成晉之惠懷愍俱負艱難皆不列廟食止祀于園寢臣等切詳故實欲請立景宗皇帝廟于園所命使奉册書寶綬上謚于廟便奉太牢祀之其四時委守奉薦請下尚書省集三省官詳議施行右散騎常侍蕭希甫等議請依禮院所奏奉勅宜令本州城內選地起廟乃于曹州立廟四年五月中書門下奏先據太常寺定少帝謚昭宣光烈孝皇帝號景宗者伏以景宗生曾爲帝饗乃承祧既號景宗合入宗廟如不入宗廟難以言宗于理而論祧一遠廟安少帝神主于太廟即昭穆序而宗祀正今或且居別廟即請不言景宗但云昭宣光烈孝皇帝兼册文內有基字是玄宗廟諱雖尋常詔勅皆不迴避少帝是繼世之孫不欲斥列聖之諱今改基爲宗從之（案五代會要風俗通陳孔璋云尊卑有叙喪祭哀敬各有攸終欲令言著而可遵事施而不犯禮云卒哭之後宰執木鐸徇于宮曰捨故而諱新故謂毀廟之主也恩遠屬絕名不可諱今昭宣上去玄宗十四世奏改册文非典故也）八月戊申明宗服衮冕御文明殿追册昭宣光烈孝皇帝禮畢册使兵部尚書盧質押册出應天門登車鹵簿鼓吹前導入都停驛翌日登車赴曹州時議者以追尊則可立之爲宗不入太廟深爲失禮夫言宗者功業纂于祖禰德澤被于生民發號申令可也且輝王纂嗣之

日國命出于賊臣君父銜冤母后塗炭遭罹放逐鼎祚覆亡追謚易名當循故實如漢之冲質晉之閔懷但尊稱而無廟號前代亡國者周赧漢獻魏陳留亦不稱宗中興之追謚者孺子嬰光武竟無追宗之典設如自我作古酌于人情則謂之爲景宣光烈深不稱也古之周景漢景周宣漢宣皆中興再造之主至如國朝太祖曰景皇帝以受命而有唐室宣宗皇帝以隔代承運皇綱復振故也今輝王亡國墜業謂之宣景得無謬乎先是太常既奏下尚書省集議雖有智者依違不言至是既立爲景宗陵號溫陵乃于曹州置廟以時告享仍以本

州刺史以下爲三獻官後宰臣知其非乃奏去廟號

晉天福四年十一月太常禮院奏議立唐朝帝廟引武德年故事祀隋三帝今請立近朝莊宗明宗閔帝三廟庶合前規詔曰德莫盛于繼絕禮莫重于奉先莊宗立興復之功明宗垂光大之業逮乎閔帝實繼本枝然則丕緒洪源皆尊唐室繼周者須尊后稷嗣漢者必奉高皇將啟嚴祠當崇茂典宜立唐高祖太宗及莊宗明宗閔帝五廟　其月太常禮院又奏唐廟制度請以至德宮正殿隔爲五室三分之南去地四尺以石爲埳中容二主廟之南一屋三門門戟二十有四東西一屋一門門無棨戟四仲之祭一羊一豕如中祠其幣帛牲牢之類光祿主之祠祝之文不進不署神厨之具鴻臚督之五帝五后凡十主未遷者六未立者四未謚者三高宗太宗與其后暨莊宗明宗凡主在清化里之寢宮祭前二日以殿中繖扇二十迎置新廟以享禮閔皇帝莊宗明宗二后及魯國孔夫人神主四座請修制祔廟及三后請定謚法之

周廣順元年二月太常禮院上言准勑遷漢廟入昇平宮其唐晉兩朝皆止五廟遷移今漢七廟未審總移爲復祗移五廟勑宜准前勑並移于昇平宮其法物神厨

齋院祭服祭器饌料皆依中祠例用少牢光祿等寺給其讀文太祝及奉禮郎太常寺差每仲饗以漢宗子爲三獻從之

舊五代史卷一百四十三終

舊五代史卷一百四十三攷證

志五禮志下 寶應元年寶應原本訛寶宰攷新唐書寶應係代宗年號無所謂寶宰者今改正

並著具緋衣幘子 緋衣原本作絳衣今據五代會要改正

唐天成三年十一月太常寺定議唐少帝謚廟號景宗四年八月戊申明宗服袞冕御文明殿追册昭宣光烈孝皇帝 歐陽史作四年五月乙酉追謚與是志定謚册廟月日俱不符

舊五代史卷一百四十三攷證

舊五史卷一百四十四

宋司空同中書門下平章事薛居正等撰

樂志上 志六

古之王者理定制禮功成作樂所以昭事天地統和人神歷代以來舊章斯在洎唐季之亂咸鎬爲墟梁運雖興英莖掃地莊宗起于朔野經始霸國其所存者不過邊部鄭聲而已先王雅樂殆將泯絕當同光天成之際或有事淸廟或祈祀泰壇雖簨簴猶施而宮商孰辨遂使磬襄鼗武入河漢而不歸湯濩舜韶混陵谷而俱失洎晉高祖奄登大寶思迪前規爰詔有司重興二舞旋屬烽火爲亂明法罔修漢祚幾何無暇制作周顯德五年冬將立歲仗有司以崇牙樹羽宿設于殿庭世宗因親臨樂懸試其聲奏見鐘磬之類有設而不擊者訊于工師皆不能對世宗惻然乃命翰林學士判太常寺事竇儼參詳其制又命樞密使王朴考正其聲朴乃用古累黍之法以審其度造成律準其狀如琴而巨凡設十三弦以定六律六宮旋相爲宮之義世宗善之申命百官議而行之今亦備紀于後以志五代雅樂沿革之由焉

梁開平初太祖受禪始建宗廟凡四室每室有登歌酌

獻之舞

肅祖宣元皇帝室曰大合之舞

敬祖光憲皇帝室曰象功之舞

憲祖昭武皇帝室曰來儀之舞

烈祖文祖皇帝室曰昭德之舞

登歌樂章各一首五代會要云太常少卿楊煥撰

二年春梁祖將議郊禋有司撰進樂名舞名

樂曰慶和之樂

舞曰崇德之舞

皇帝行奏慶順

奠玉帛登歌奏慶平

迎俎奏慶肅

酌獻奏慶熙

飲福酒奏慶隆

送文舞迎武舞奏慶融

亞獻奏慶和

終獻奏慶休

樂章各一首

太廟迎神舞名開平

皇帝盥手登歌飲福酒徹豆送神皆奏樂

樂章各一首

唐莊宗光聖神閔孝皇帝廟室酌獻舞武成之舞

登歌樂章一首五代會要云尚書兵部侍郎崔居儉撰

明宗聖德和武欽孝皇帝廟室酌獻舞雍熙之舞

登歌樂章一首五代會要云太常卿盧文紀撰

晉高祖聖文章武明德孝皇帝廟室酌獻舞咸和之舞

登歌樂章一首五代會要云太子賓客判太常寺事趙光輔撰

漢文祖明元皇帝廟室酌獻舞靈長之舞

德祖恭僖皇帝廟室酌獻舞積善之舞

翼祖昭獻皇帝廟室酌獻舞顯仁之舞

顯祖章聖皇帝廟室酌獻舞章慶之舞

登歌樂章各一首五代會要云太常卿張昭撰

高祖睿文聖武昭肅孝皇帝廟室酌獻舞觀德之舞

登歌樂章一首

周信祖睿和皇帝廟室酌獻舞肅雍之舞

僖宗明憲皇帝廟室酌獻舞章德之舞

義祖翼順皇帝廟室酌獻舞善慶之舞

慶祖章肅皇帝廟室酌獻舞觀成之舞

登歌樂章各一首

太祖聖神恭肅文武孝皇帝廟室酌獻舞明德之舞

世宗睿武孝文皇帝廟室酌獻舞定功之舞

登歌樂章各一首（五代會要云太祖廟室樂章太常卿田敏撰世宗廟室樂章翰林學士判太常寺事竇儼撰）樂章詞多不錄

右樂章

晉天福四年十二月禮官奏來歲正旦王公上壽皇帝舉酒請奏元同之樂再舉酒奏文同之樂從之五年始議重興二舞詔曰正冬二節朝會舊儀廢于離亂之時興自和平之代將期備物全繫用心須議擇人同爲定制其正冬朝會禮節樂章二舞行列等事宜差太常卿崔棁御史中丞竇貞固刑部侍郎呂琦禮部侍郎張允與太常寺官一一詳定禮從新意道在舊章庶知治世之和漸見移風之善其年秋棁等具述制度上奏云按禮云天子以德爲車以樂爲御大樂與天地同和大禮與天地同節又曰安上治人莫善于禮移風易俗莫善于樂故樂書議舞云夫樂在耳曰聲在目曰容聲應乎耳可以聽之容藏于心難以貌覩故聖人假干戚羽旄以表其容發揚蹈厲以見其意聲和合則大樂備矣又按義鏡問鼓吹十二按合于何所答云周禮鼓人掌六鼓四金漢朝乃有黃門鼓吹崔豹古今注云因張騫使西域得摩訶兜勒一曲李延年增之分爲二十八曲梁

置鼓吹清商令二人唐又有掆鼓金鉦大鼓長鳴歌簫笳笛合爲鼓吹十二按大享會則設于懸外此乃是設二舞及鼓吹十二按之由也今議一從令式排列教習文舞郎六十四人分爲八佾每佾八人左手執籥禮云葦籥伊耆氏之樂也周禮有籥師教國子爾雅曰籥如笛三孔而短大者七孔謂之簅歷代已來文舞所用凡用籥六十有四右手執翟周禮所謂羽舞也書云舞干羽于兩階翟山雉也以雉羽分析連攢而爲之二人執纛前引數于舞人之外舞人冠進賢冠服黃紗中單皂領褾白練褠襠白布大口袴革帶烏皮履白布襪武舞郎六十四人分爲八佾左手執干干楯今之旁牌所以翳身也其色赤中畫獸形故謂之朱干周禮所謂兵舞取武象用楯六十有四右手執戚戚斧也上飾以玉故謂之玉戚二人執旌前引旌似旗而小絳色畫升龍二人執鞀鼓二人執鐸周禮有四金之奏其三曰金鐸以通鼓形如大鈴仰而振之金錞二每錞二人舉之一人奏之周禮四金之奏一曰金錞以和鼓銅鑄爲之其色玄其形圓若椎上大下小高三尺六寸有六分圍二尺四寸上有伏虎之狀旁有耳獸形銜鐶二人執鐃以次之周禮四金之奏二曰金鐃以止鼓如鈴無舌播柄以鳴

之二人掌相在左禮云理亂以相制如小鼓用皮爲表實之以糠撫之以節樂二人掌雅在右禮曰訊疾以雅以木爲之狀如漆筩而弇口大二尺圍長五尺六寸以羖皮鞔之旁有二紐紘畫賓醉而出以器築地明行不失節武舞人服弁平巾幘金支緋絲大袖緋絲布裲襠甲金飾白練褴襠錦騰蛇起梁帶豹文大口布袴烏皮靴工人二十數于舞人之外武弁朱褠革帶烏皮履白練褴襠白布襪殿庭仍加鼓吹十二按義鏡云帝設氈按以氈爲牀也今請制大牀十二牀容九人振作歌樂其牀爲熊羆貙豹騰倚之狀以承之象百獸率舞之意

分置于建鼓之外各三按每按羽葆鼓一大鼓一金錞一歌二人簫二人笳二人十二按樂工百有八人舞郎一百三十有二人取年十五以上弱冠以下容止端正者其歌曲名號樂中詞句中書條奏差官修撰從之案歐陽史崔梲傳高祖詔太常復文武二舞詳定正冬朝會禮及樂章自唐末之亂禮樂制度亡失已久梲與御史中丞竇貞固刑部侍郎呂琦禮部侍郎張允等草定之其年冬至高祖朝會崇元殿廷設宮懸二舞在北登歌在上文舞郎八佾六十有四人冠進賢黃紗袍白中單白練褴襠白布大口袴革帶履左執籥右秉翟執纛引者二人武舞郎八佾六十有四人服平巾幘緋絲布大袖繡襠甲金飾白練褴襠騰蛇起梁帶豹文大口袴烏皮靴左執干右執戚執旌引者二人加鼓吹十二按負以熊豹以象百獸率舞按設羽葆鼓一大鼓一金錞一歌簫笳各二人王公上壽天子舉爵奏元同二舉登歌奏文同舉食文舞昭德武舞成功之曲禮畢高祖大悅賜梲金帛羣臣左右觀者皆贊嘆之然禮樂廢久而制作簡繆又繼以龜茲部霓裳法曲參亂雅音其樂工舞郎多教坊伶人百工商賈州縣避役之人又無老師良工教習明年正旦復奏于廷而登歌發聲悲離煩慝如薤露虞殯之音舞者行列進退皆不應節聞者皆悲憤開運二年太常少卿陶穀奏廢二舞

漢高祖受命之年秋九月權太常卿張昭上疏奏改一代樂名其略曰昔周公相成王制禮作樂殿廷徧奏六代舞所謂雲門大咸大韶大夏大濩大武也周室既衰王綱不振諸樂多廢唯大韶大武二曲存焉秦漢以來名爲二舞文舞部也武舞武也漢時改爲文始五行之舞歷代因而不改貞觀作樂之時祖孝孫改隋文舞爲治康之舞武舞爲凱安之舞貞觀中有秦王破陣樂功

成慶善樂二舞樂府又用爲二舞是舞有四焉前朝行用年深不可遽廢伏國家偃武于靈臺卽別召工師更其節奏今改其名具書如左祖孝孫所定二舞名文舞曰治康之舞請改爲治安之舞武舞曰凱安之舞請改爲振德之舞貞觀中二舞名文武功成慶善樂前朝名九功舞請改爲觀象之舞秦王破陣樂前朝名爲七德舞請改爲講功之舞其治安振德二舞請依舊郊廟行用以文舞降神武舞送神其觀象講功二舞請依舊宴會行用又請改十二和樂云昔周朝奏六代之樂卽今二舞之類是也其賓祭常用別有九夏之樂卽肆夏皇

夏等是也梁武帝善音樂改九夏爲十二雅前朝祖孝孫改雅爲和示不相沿也臣今改和爲成取韶樂九成之義也十二成樂曲名祭天神奏豫和之樂請改爲禋成祭地祇奏順和請改爲順成祭宗廟奏永和請改爲裕成祭天地宗廟登歌奏肅和請改爲肅成皇帝臨軒奏太和請改爲政成王公出入奏舒和請改爲弼成皇帝食舉及飲宴奏休和請改爲德成皇帝受朝皇后入宮奏正和請改爲扆成皇太子軒懸出入奏承和請改爲肩成元日冬至皇帝禮會登歌奏昭和請改爲慶成郊廟俎入奏雍和請改爲騂成皇帝祭享酌獻讀祝文及飲福受胙奏壽和請改爲壽成祖孝孫元定十二和開元朝又奏三和遂有十五和之名凡制作禮法動依典故梁置十二雅蓋取十二天之成數契八音十二律之變輒益三和有乖稽古又緣祠祭所用不可盡去臣取其一焉祭孔宣父齊太公廟降神奏宣和請爲師雅之樂三公升殿會訖下階履行奏祴和請廢同用弼成享先農耕籍奏豐和請廢同用順成已上四舞十二成雅樂等曲今具錄合用處所及樂章首數一一條列在下其歌詞文多不錄

舊五代史卷一百四十四終

舊五代史卷一百四十四攷證

志六樂志上廟室酌獻舞武成之舞　原本脫成字今據五代會要增入

以雉羽分析連攢而爲之　連攢原本訛運攢今據五代會要改正

朱褠革帶　褠原本訛搆今據五代會要改正

舊五代史卷一百四十四攷證

宋司空同中書門下平章事薛居正等撰

樂志下　志七

周廣順元年太祖初即大位惟新庶政時太常卿邊蔚上疏請改舞名其略云前朝改祖孝孫所更定十二和之名文舞曰治安之舞武舞曰振德之舞今請改治安爲政和之舞振德爲善勝之舞前朝改貞觀中二舞名文舞曰觀象之舞武舞曰講功之舞今請改觀象爲崇德之舞講功爲象成之舞又議改十二成今改爲順十二順樂曲名祭天神奏禋成請改爲昭順之樂祭地祇

奏順成請改爲寧順之樂祭宗廟奏裕成請改爲肅順之樂祭天地宗廟登歌奏肅成今請改爲感順之樂皇帝臨軒奏政成請改爲治順之樂王公出入奏弼成請改爲忠順之樂皇帝食舉奏德成請改爲康順之樂皇帝受朝皇后入宮奏扆成請改爲雍順之樂皇太子軒懸出入奏胤成請改爲溫順之樂元日冬至皇帝禮會登歌奏慶成請改爲禮順之樂郊廟俎入奏騂成請改爲禋順之樂皇帝祭享酌獻讀祝及飲福受胙奏壽成請改爲福順之樂梁武帝改九夏爲十二雅以協陽律陰呂十二管旋宮之義祖孝孫改爲十二和開元中乃益三和前朝去二和改一雅今去雅只用十二順之曲祭孔宣父齊太公廟降神奏師雅請同用禮順之樂三公升殿下階履行同用弼成請同用忠順之樂享籍田同用寧順之樂曲詞文多不載（案五代會要邊蔚請添召樂師令在寺習樂勅太常寺見管兩京雅樂節級樂工共四十人外更添六十人內三十八人宜抽教坊貼部樂官兼充餘二十二人宜令本寺照名充塡仍令三司定支春冬衣糧月報聞奏其舊管四十人亦量添請）

世宗顯德元年即位有司上太祖廟室酌獻奏明德之舞五年六月命中書舍人竇儼參詳太常雅樂十一月翰林學士竇儼上疏論禮樂刑政之源其一曰請依唐會要所分門類上自五帝迄于聖朝凡所施爲悉命編

次凡關禮樂無有缺漏名之曰大周通禮俾禮院掌之其三曰伏請命博通之士自五帝迄于聖朝凡樂章沿革總次編錄繫于歷代樂錄之後永爲定式名之曰大周正樂俾樂寺掌之依文教習務在齊肅詔曰竇儼所上封章備陳政要舉當今之急務疾近世之因循器識可嘉辭理甚當故能立事無愧莅官所請編集大周通禮大周正樂宜依仍令于內外職官前資前名中選擇文學之士同共編集具名以聞委儼總領其事所須紙筆下有司供給六年春正月樞密使王朴奉詔詳定雅樂十二律旋相爲宮之法并造律準上之其奏疏略曰

夫樂作于人心成聲于物聲氣既和反感于人心者也所假之物大小有數九者成數也是以黃帝吹九寸之管得黃鍾之聲爲樂之端也半之清聲也倍之緩聲也三分其一以損益之相生之聲也十二變而復黃鍾之總數也乃命之日十二律旋迭爲均均有七調合八十四調播之于八音著之于歌頌宗周而上率由斯道自秦而下旋宮聲廢洎東漢雖有太子丞鮑鄴興之人亡而政息無嗣續之者漢至隋垂十代凡數百年所存者黃鍾之宮一調而已十二律中唯用七聲其餘五律謂之啞鍾蓋不用故也唐太宗復古道乃用祖孝孫張文

收考正雅樂而旋宮八十四調復見于時在懸之器方無啞者安史之亂京都爲墟器之與工十不存一所用歌奏漸多紕繆逮乎黃巢之餘工器都盡購募不獲文記亦亡集官詳酌終不知其制度時有太常博士商盈孫按周官考工記之文鑄鎛鐘十二編鐘二百四十處士蕭承訓校定石磬今之在懸者是也雖有樂器之狀殊無相應之和逮乎朱梁後唐歷晉與漢皆享國不遠未暇及于禮樂以至于十二鎛鐘不問聲律宮商但循環而擊編鐘磬徒懸而已絲竹匏土僅有七聲作黃鍾之宮一調亦不和備其餘八十三調于是乎泯絕樂之

缺壞無甚于今陛下天縱文武奄宅中區思復三代之風臨視樂懸親自考聽知其亡失深動上心乃命中書舍人竇儼參詳太常樂事不踰月調品八音粗加和會以臣嘗學律曆宣示古今樂錄令臣討論臣雖不敏敢不奉詔遂以周法以秬黍校定尺度長九寸虛徑三分爲黃鍾之管與見在黃鍾之聲相應以上下相生之法推之得十二律管以爲衆管互吹用聲不便乃作律準十三絃宣聲長九尺張絃各如黃鍾之聲以第八絃六尺設柱爲林鍾第三絃八尺設柱爲太簇第十絃五尺三寸四分設柱爲南呂第五絃七尺一寸三分設柱爲

姑洗第十二絃四尺七寸五分設柱爲應鐘第七絃六尺三寸三分設柱爲蕤賓第二絃八尺四寸四分設柱爲大呂第九絃五尺六寸三分設柱爲夷則第四絃七尺五寸一分設柱爲夾鐘第十一絃五尺一分設柱爲無射第六絃六尺六寸八分設柱爲仲呂第十三絃四尺五寸設柱爲黃鍾之清聲十二律中旋用七聲爲均爲均之主者宮也徵商角羽變宮變徵次焉發其均主之聲歸乎本音之律七聲迭應而不亂乃成其調均有七調聲有十二均合八十四調歌奏之曲由之出焉伏以旋宮之聲久絕一日而補出臣獨見恐未詳悉望集

百官及內外知音者較其得失然後依調制曲八十四調曲有數百見存者九曲而已皆謂之黃鐘之宮今詳其音數內三曲即是黃鐘宮聲其餘六曲錯雜諸調蓋傳習之誤也唐初雖有旋宮之樂至于用曲多與禮文相違既不敢用唐爲則臣又懵學獨力未能備究古今亦望集多聞知禮文者上本古曲下順常道定其義理于何月行何禮合用何調何聲曲數長短幾變幾成議定而制曲方可久長行用所補雅樂旋宮八十四調并所定尺所吹黃鐘管所作律準謹同上進世宗善之詔尙書省集百官詳議兵部尙書張昭等議曰昔帝鴻氏

之制樂也將以範圍天地協和人神候八節之風聲測四時之正氣氣之淸濁不可以筆授聲之善否不可以口傳故鳧氏鑄金伶倫截竹爲律呂相生之筭宮商正和之音乃播之于管絃宣之于鐘石然後覆載之情訢合陰陽之氣和同八風從律而不奸五色成文而不亂空桑孤竹之韵足以禮神雲門大夏之容無虧觀德然月律有還宮之法備于太師之職經秦滅學雅道陵夷漢初制氏所調惟存鼓舞旋宮十二均更用之法世莫得聞漢元帝時京房善易別音探求古義以周官均法每月更用五音乃立準調旋相爲宮成六十調又以日法析爲三百六十傳于樂府而編懸復舊律呂無差遭漢中微雅音淪缺房準法屢有言者事終不成錢樂空記其名沈重但條其說六十律法寂寥不傳梁武帝素精音律自造四通十二笛以鼓八音又引古五正二變之音旋相爲宮得八十四調與律準所調音同數異侯景之亂其音又絕隋朝初定雅樂羣黨沮議歷載不成而沛公鄭譯因龜茲琵琶七音以應月律五正二變七調克諧旋相爲宮復爲八十四調工人萬寶常又減其絲數稍全古淡隋高祖不重雅樂令儒官集議博士何安駁奏其鄭萬所奏八十四調並廢隋氏郊廟所奏唯

黃鐘一均與五郊迎氣雜用蕤賓但七調而已其餘五鐘懸而不作三朝宴樂用縵樂九部迄于革命未能改更唐太宗受命舊工祖孝孫張文收整比鄭譯萬寶常所均七音八十四調方得絲管並施鐘石俱奏七始之音復振四廟之韵皆調自安史亂離咸秦盪覆崇牙樹羽之器掃地無餘戛擊搏拊之工窮年不嗣郊廟所奏何異南箕波蕩不還知音殆絕臣等竊以音之所起出自人心夔曠不能常泰人亡則音息世亂則樂崩若不深知禮樂之情安能明制作之本陛下心苞萬化學富三雍觀兵耀武之功已光鴻業尊祖禮神之致尤軫皇

情乃昵奉常痛淪樂職親閱四懸之器思復九奏之音爰命廷臣重調鐘律樞密使王朴採京房之準法練梁武之通音考鄭譯寶常之七均校孝孫文收之九變積累黍以審其度聽聲詩以測其情依權衡嘉量之前文得備數和聲之大旨施于鐘簴足洽簫韶臣等今月十九日于太常寺集命大樂令賈峻奏王朴新法黃鐘調七均音律和諧不相凌越其餘十一管諸調望依新法教習以備禮寺視用其五郊天地宗廟社稷三朝大禮合用十二管諸調並載唐史開元禮近代常行廣順中太常卿邊蔚奉勅定前件祠祭朝會舞名樂曲歌詞寺

司合有簿籍伏恐所定與新法曲調聲韻不協請下太常寺檢詳校試如或乖舛請本寺依新法聲調別撰樂章舞曲令歌者誦習永爲一代之法以光六樂之書世宗覽奏善之乃下詔曰禮樂之重國家所先近朝以來雅音廢墜雖時運之多故亦官守之因循遂使擊拊之音空留梗槩旋相之法莫究指歸樞密使王朴博識古今懸通律呂討尋書典撰集新聲定六代之正音成一朝之盛事其王朴所奏旋宮之法宜依張昭等議狀行仍令有司依調制曲其間或有疑滯更委王朴裁酌施行自是雅樂之音稍克諧矣

舊五代史卷一百四十五終

志七樂志下太子丞鮑鄴　鮑鄴原本訛鮑節今據五代會要及文獻通攷改正

十二鎛鍾　鎛鍾原本訛鍾鎛攷隋書樂志宮懸各設十二鎛鍾于其辰位則知鍾鎛之爲鎛鍾也今改正

漢初制氏所調　制氏原本訛知氏今據漢書改正

舊五代史卷一百四十五攷證

宋司空同中書門下平章事薛居正等撰

食貨志（案薛史食貨志序永樂大典原闕卷中唯鹽法載之較詳其田賦雜稅諸門僅存大略疑明初薛史已有殘闕也今無可采補姑存其舊）　志八

梁祖之開國也屬黃巢大亂之後以夷門一鎮外嚴烽候內辟汙萊厲以耕桑薄以租賦士雖苦戰民則樂輸二紀之間俄成霸業及末帝與莊宗對壘于河上河南之民雖困于輦運亦未至流亡其義無他蓋賦斂輕而丘園可戀故也及莊宗平定梁室任吏人孔謙爲租庸使峻法以剝下厚斂以奉上民產雖竭軍食尚虧加之以兵革因之以饑饉不三四年以致顛隕其義無他蓋賦役重而寰區失望故也（案以上見容齋三筆所引薛史釋其文義當係食貨志序今錄于卷首）

唐同光三年二月勅魏府小菉豆稅每畝減放三升城內店宅園圃比來無稅頃因偽命遂有配徵後來以所徵物色添助軍裝衣賜將令通濟宜示矜蠲今據緊慢去處于見輸稅絲上每兩作三等酌量納錢收市軍裝衣賜其絲仍與除放其年閏十二月吏部尚書李琪上言請賦稅不以折納爲事一切以本色輸官又不以紐配爲名止以正稅加納勑曰本朝徵科唯配有兩稅至

于折納當不施爲宜依李琪所論應逐稅合納錢物斛斗鹽錢等宜令租庸司指揮並准元徵本色輸納不得改更若合有移改卽須具事由奏聞　天成元年四月勅應納夏秋稅先有省耗每斗一升今後止納正稅數不量省耗　四年五月戶部奏三京鄴都諸道州府逐年所徵夏秋稅租兼鹽麴折徵諸般錢穀起徵各視其地節候早晚分立期限其月勅百姓今年夏苗委人戶自通供手狀具頃畝多少五家爲保委無隱漏攢連狀本州具狀送省州縣不得迭差人檢括如人戶隱欺許令陳告其田倍令并徵

長興二年六月勅委諸道觀察使屬縣于每村定有力人戶充村長與村人議有力人戶出剩田苗補貧下不迨者卽具狀徵收有辭者卽排段檢括自今年起爲定額有經災沴及逐年逋處不在此限　三年十二月三司奏請諸道上供稅物充兵士衣賜不足其天下所納斛斗及錢除支贍外請依時折納綾羅絹帛從之

晉天福四年正月勅應諸道節度刺史不得擅加賦役及于縣邑別立監徵所納田租委人戶自量自槩

周顯德三年十月宣三司指揮諸道州府今後夏稅以六月一日起徵秋稅至十月一日起徵永爲定制　五年七月賜諸道均田圖十月命左散騎常侍艾頴等三十四人下諸州檢定民租

周顯德六年春諸道使臣回總計檢到戶二百三十萬九千八百一十二

唐同光二年度支請牓示府州縣鎭軍民商旅凡有買賣並須使八十陌錢

唐同光二年二月詔曰錢者古之泉布蓋取其流行天下布散人間無積滯則交易通多貯藏則士農困故西漢興改幣之制立告緡之條所以權蓄賈而防大姦也宜令所司散下州府常須檢察不得令富室分外收貯

見錢又工人銷鑄爲銅器兼沿邊州鎭設法鈐轄勿令商人般載出境三月知唐州晏騈安奏市肆間點檢錢帛內有錫鑞小錢揀得不少皆是江南綱商挾帶而來詔曰泉布之幣雜以鉛錫惟是江湖之外盜鑄尤多市肆之間公行無畏因是綱商挾帶舟檝往來換易好錢藏貯富室寔爲蠹弊須有條流宜令京城諸道于坊市行使錢內點檢雜惡鉛錫錢並宜禁斷沿江州縣每有舟船到岸嚴加覺察不許將雜鉛錫惡錢往來換易好錢如有私載並行收納　天成元年八月中書門下奏訪聞近日諸道州府所賣器價貴多是銷鎔見錢以邀

厚利乃下詔曰宜令遍行曉告如元舊係銅器及碎銅
即許鑄造器仍令生銅器物每斤價定二百文熟銅器
物每斤四百文如違省價買賣之人依盜鑄錢律文科
斷 清泰二年十二月詔御史臺曉告中外禁用鉛錢
如犯准條流處分
晉天福二年詔禁一切銅器其銅鏡今後官鑄造于東
京置場貨賣許人收買于諸處興販去
廣順元年三月勅銅法今後官中更不禁斷一任興販
所在一色即不得瀉破爲銅器貨賣如有犯者有人糺
告捉獲所犯人不計多少斤兩並處死其地分所由節

級決脊杖十七放鄰保人決臀杖十七放其告事人給
與賞錢一百貫文
江南因唐舊制饒州置永平監歲鑄錢池州永寧監建
州永豐監並歲鑄錢杭州置保興監鑄錢
唐同光二年二月詔曰會計之重鹹鹾居先矧彼兩池
寔有豐利頃自兵戈擾攘民庶流離既場務以隳殘致
程課之虧失重玆葺理須仗規模將立事以成功在從
長而就便宜令河中節度使冀王李繼麟兼充制置安
邑解縣兩池榷鹽使仍委便制一一條貫案五代會要同光三年二
月勅魏府每年所徵隨絲鹽錢每兩與減放五文逐年
俵賣蠶鹽食鹽大鹽甜次冷鹽每斗與減五十樂鹽與
減三十天成元年四月勅諸州府百姓合散蠶鹽今後
每年祇二月內一度俵散依夏稅限納錢長興四年五
月七日諸道鹽鐵轉運使奏諸道州府鹽法條流元末
一槩定奪謹具如後 應食顆鹽州府省司各置榷糶
折博場院應是鄉村並通私商興販所有折博并每年
人戶蠶鹽並不許將帶一斤一兩入城侵奪榷糶課利
如違犯者一兩已上至一斤買賣人各杖六十一斤已
上至三斤買賣人各杖七十三斤已上至五斤買賣人
各杖八十五斤已上至十斤買賣人各徒二年十斤已
上不計多少買賣人各決脊杖二十處死所有犯鹽人
隨行錢物驢畜等並納入官所有元本家業莊田如是
全家逃走者即行點納仍許般載腳戶經過店主并鄉
下人力等糾告等第支與優給如知情不告與賣鹽人
同罪其犯鹽人經過處地分門司廂界巡檢節級所由
并諸色關連人等不專覺察委本州臨時斷訖報省如
是門司關津口鋪捉獲私鹽即依下項等第一半賞錢
一斤已上至十斤一支賞錢二十千五十斤已上至一百
斤支賞錢三十千一百斤已上支賞錢五十千一應食
末鹽地界州府縣鎮並有榷糶場院久來內外禁法
未一槩條流應刮鹹煎鹽不計多少斤兩並處極法兼

許四隣及諸色人等陳告等第支給賞錢欲指揮此後
犯一兩已上至一斤買賣人各杖六十一斤已上至二
斤買賣人各杖七十二斤以上至三斤買賣人各徒一
年三斤已上至五斤買賣人各徒二年五斤已上買賣
人各決脊杖二十處死如是收到鹹土鹽水即委本處
煎鍊鹽數准條科斷或有已曾違犯不至死刑經斷後
公然不懼條流再犯者不計斤兩多少所犯人並處極
法其有榷糶場院員寮節級人力煎鹽池客竈戶般鹽
船綱押綱軍將衙官稍工等具知鹽法如有公然偷盜
官鹽或將貨賣其買賣人及窩盤主人知情不告並依
前項刮鹻例五斤已上處死其諸色關連人等並合支
賞錢即准洛京諸鎮條流事例指揮 顆末青白等鹽
元不許界分參雜其顆鹽先許通商之時指揮不得將
帶入末鹽地界如有違犯一斤一兩並處極法所有隨
行物色除鹽外一半納官一半與捉事人充賞其餘鹽
色未有畫一條流其洛京并鎮定邢州管內多北京末
鹽入界捉獲並依洛京條流科斷欲指揮此後但是顆
末青白諸色鹽侵界參雜捉獲並准洛京條流施行一
應諸道今後若捉獲犯私鹽麴人罪犯分明正該
條法便仰斷遣訖奏若稍涉疑誤祇須申奏取裁

晉天福中河南河北諸州除俵散蠶鹽徵錢外每年末鹽界分場務約糶錢一十七萬貫有餘言事者稱雖得此錢百姓多犯鹽法請將上件食鹽錢于諸道州府計每戶一貫至二百爲五等配之然徒任人逐便興販既不虧官又益百姓朝廷行之諸處場務亦且仍舊俄而鹽貨頓賤去出鹽遠處州縣每斤不過二十文近處不過一十文掌事者又難驟改其法奏請重制鹽場稅蓋欲絕其興販歸利于小官也七年十二月宣旨下三司應有往來鹽貨悉稅之過稅每斤七文住稅每斤十文其諸道州府應有屬州監務並令省司差人勾當既而

糶鹽雖多而人戶鹽錢又不放免至今民甚苦之（案五代會要晉天福元年十一月赦節文洛京管內逐年所配人戶食鹽起來年每斗減放十文）周廣順元年九月詔改鹽法凡犯五斤已上者處死煎鹻鹽犯一斤已上者處死先是漢法不計斤兩多少並處極刑至是始革之三年三月詔曰青白池務素有定規祇自近年頗乖循守比來青鹽一石抽稅錢八百文足陌鹽一斗白鹽一石抽稅錢五百文鹽五升其後青鹽一石抽錢一千鹽一斗訪聞更改已來不便商販蕃人漢戶求利艱難宜與優饒庶令存濟今後每青鹽一石依舊抽稅錢八百文以八十五爲陌鹽一斗白鹽一石抽稅錢五百鹽五升此外更不得別有邀求訪聞邊上鎮鋪于蕃漢戶市易糴糶私有抽稅今後一切止絕（按五代會要周廣順二年九月十八日勅條流禁私鹽麴法如後一諸色犯鹽麴所犯一斤已下至一兩杖八十配役五斤以下一斤以上徒三年配役五斤以上並決重杖一頓處死一應所犯鹽麴關津門司廂巡門保如有透漏並行勘斷　一刮鹻煎鍊私鹽所犯一斤已下徒三年配役一斤以上並決重杖一頓處死犯私鹽若捉到鹻水祇煎成鹽秤盤定罪逐處凡有鹻鹵之地所在官吏節級所由常須巡檢村坊鄰保遞相覺察若有所犯處彰露並行勘斷　一所犯私鹽捉事告事人各支賞錢以係省錢充至死刑者賞錢五十千不及死刑者三十千　一顆末鹽各有界分若將本地分鹽侵越疆界同諸色犯鹽例科斷　一鄉村人戶所請蠶鹽祇得將歸零蓮供食不得別將博易貨賣投托與人如違並同諸色犯鹽例科斷若是所請蠶鹽道路津濟須經過州府縣鎮委三司明行指揮　一凡買鹽麴並須于官場務內買若衷私投托興販其買賣人並同諸色犯鹽麴例　一

諸官場官務如有羨餘出剩鹽麴並許盡底報官如衷私貨賣者買賣人並同諸色犯鹽麴科斷若鹽鋪酒店戶及諸色人與場院衷私貨賣者並同罪科斷　一所犯私鹽麴有同情共犯者若是骨肉卑幼奴婢同犯祇罪家長主首不知情祇罪造意者餘減等科斷若是他人同犯並同罪斷若與他人同犯據逐人腳下所犯斤兩依輕重斷遣　一州城縣鎮郭下人戶係屋稅合請鹽者若是州府並于城內請給若是外縣鎮郭下人戶亦許將鹽歸家供食仰本縣預取逐戶合請鹽數目攢定文賬部領人戶請拔勒本處官吏及所在場務同點檢入城若縣鎮郭下人戶城外別有莊田亦仰本縣預先分擘開坐勿令一處分給供使　三年十二月勅諸州府并外縣鎮城內其居人屋稅鹽今後不俵其鹽錢亦不徵納所有鄉村人戶合請蠶鹽所在州城縣鎮嚴切檢校不得放入城門）顯德元年十二月世宗謂侍臣曰朕覽食末鹽州郡犯私鹽多于顆鹽界分蓋卑濕之地易爲刮鹻煎造豈唯違我榷法兼又污我好鹽況末鹽煎鍊般

運費用倍于顆鹽今宜分割十餘州令食顆鹽不唯輦運省力兼且少人犯禁自是曹宋已西十餘州皆盡食顆鹽案五代會要顯德二年八月二十四日宣頭節文改立鹽法如後　一　臚國軍堂場務邢洺州鹽務應有見埰貯鹽貨處幷煎鹽場竈及應是鹹地並須四面修置墻塹如是地里遙遠難爲修置墻塹卽作壕籬爲規隔內偷盜夾帶官鹽兼于壕籬外煎造鹽貨便仰收捉及許諸色人陳告所犯不計多少斤兩並決重杖一頓處死其經歷地分及門司節級人員並當罪勘斷所有捉事告事人賞錢二十千一斤已上至十斤賞錢三十千一十斤已上賞錢五十千　一應有不係官中煎鹽處鹹地並須標識委本州府差公幹職員與巡監節級村保地主隣人同共巡檢若諸色人偷刮鹵地便仰收捉及許人陳告若勘逐不虛捉事人每獲一人賞絹一十匹獲二人賞絹二十匹獲三人以上不計人數賞絹五十匹刮鹹煎鹽人幷知情人所犯不計多少斤兩並決重杖一頓處死其刮鹹處地分幷刮鹹人住處巡檢節級所由村保等各徒二年半令衆一月依舊

勾當刮鹹處地主不切檢校徒二年令衆一月　一顆鹽地分界內有人刮鹹煎鍊鹽貨所犯並依前法　一今緣改價賣鹽慮有別界分鹽貨遞相侵犯及諸鹽入城諸色犯鹽人令下三司依下項條流科斷其犯鹽人隨行物色給與本家其鹽沒納入官所經歷地分節級人員並行勘斷一兩至一斤決臂杖十五令衆半月捉事告事人賞錢五千一斤已上至一十斤徒一年半令衆一月捉事人賞錢七千十斤已上不計多少徒二年配發運務役一年捉事告事人賞錢十千　一諸州府人戶所請蠶鹽不得于鄉村衷私貨賣及信團頭腳戶縣司請鹽節級所由等魁折糶賣如有犯者依諸色犯鹽例科斷　一如有人于河東界將鹽過來及自家界內有人往彼與販鹽貨所犯者並處斬其犯鹽人隨行驢畜資財並與捉事人充賞慶州青白榷稅院元有透稅條流所有隨行驢畜物色一半支與決事人充賞其餘一半并鹽並納入官欲並且依舊一斗已上至三斗杖七十三斗已上至五斗徒一年五斗已上處死　安邑解縣兩池榷鹽院河中節度使兼判之時申到畫一事件條流等准勅牒兩池所出鹽舊日苦無文榜如擅將一斤一兩准元勅條並處極法其犯鹽人應有錢物並與捉事充賞者切以兩池禁棘峻阻不通人行四面各置場門弓射分擘鹽池分居住並在棘圍裏面更不別有差遣祗令巡護鹽池如此後有人偷盜官鹽一斤一兩出池其犯鹽人並准元勅條流處分應有隨行錢物並納入官其捉事人依下項定支優給若是巡檢弓射池場門子自不專切巡察致有透漏不到棘圍外被別捉獲及有斜告兼同行反告官中更不坐罪陳告人亦依捉事人支賞應有知情偷盜官鹽之人亦依犯鹽人一例處斷其不知情關連人臨時酌情定罪所有透漏地分弓射及池場門子自不專切巡察致有透漏到棘圍外被別人捉獲及有斜告兼同行反告官中更不坐罪陳告人亦依捉事人支賞應有知情偷盜官鹽之人亦依犯鹽人一例處斷其不知情關連人臨時酌情定罪所有透漏地分弓射及池場門子如是透漏出鹽一十斤已下徒一年半一十斤已上至二十斤支賞錢一十千二十斤已上至五十斤支賞錢二十千五十斤已上至一百斤支賞錢三十千一百斤已上支賞錢五十千前項所定奪到鹽法條流其應屬州府捉獲抵犯之人便委本州府檢條流科斷訖申奏別報省司其屬省院捉到犯鹽之人干死刑者卽勘情罪申上候省司指

揮不至極刑者便委務司准條流決放訖申報從之三年十月勑漳河已北州府界元是官場糶鹽今後除城郭草市內仍舊禁法其鄉村並許鹽貨通商逐處有鹹鹵之地一任人戶煎鍊興販則不得踰越漳河入不通商地界案文獻通考五年既取江北諸州唐主奉表入貢因白帝以江南無鹵田願得海陵鹽監南屬以贍軍帝曰海陵在江北難以交居當別有處分乃詔歲支鹽三十萬斛以給江南士卒稍稍歸之

周顯德二年正月世宗謂侍臣曰轉輸之物向來皆給斗耗自晉漢已來不與支破食廩所納新物尙除省耗況水路所般豈無損折起今後每石宜與耗一斗

後唐天成三年七月詔曰應三京鄴都諸道州府鄉村

人戸自今年七月後于是秋田苗上每畝納麴錢五文足陌一任百姓自造私麴醞酒供家其錢隨夏秋徵納其京都及諸道州府縣鎮坊界內應逐年買官麴酒戸便許自造麴醞酒貨賣仍取天成二年正月至年終一年逐戸計算都買麴錢數徵十分只納二分以充榷酒錢便從今年七月後管數徵納榷酒戸外其餘諸色人亦許私造酒麴供家即不得衷私賣酒如有故違便即糾察勒依中等酒戸納榷其坊村一任沽賣不在納榷之限時孔循以麴法殺一家于洛陽或獻此意以為愛其人便于國故行之長興元年二月赦書節文諸道州

府人戸每秋苗一畝上元徵麴錢五文今後特放二文只徵三文二年詔曰酒醴所重麴蘖是須糶賣價太高禁條頗峻士庶因斯而抵犯刑名由是以滋彰爰行改革之文庶息煩苛之政各隨苗畝量定稅錢訪聞數年已來雖犯法者稀而傷民則甚蓋以亂離日久貧下戸多纔遇昇平便勤稼穡各務耕田鑿井孰能枕麴藉糟旣隨例以均攤遂抱虛而輸納漸成彫弊深可憫傷況欲致豐財必除時病有利之事方切施行無名之求尤宜廢罷但得日新之理何辭夕改之嫌應在京諸道苗畝上所徵麴錢等便從今年夏並放其麴官中自造委逐州減舊價一半于在城撲斷貨買除在城居人不得私造外鄉村人戸或要供家一任私造勅下之日人甚悅之（永樂大典卷四千六百八十一）

顯德四年七月詔曰諸道州府麴務今後一依往例官中禁法賣麴逐處先置都務候勅到日並仰停罷據見在麴數準備貨買兼據年計合使麴數依時踏造候人戸將到價錢據數給麴不得賒賣抑配與人（永樂大典卷一萬四千九百八十）

舊五代史卷一百四十六終

志八食貨志至于折納　折納原本訛折約今據文改正

委人戶自量自槩　槩原本訛槼今據五代會要改正

置場貨賣　置場原本訛置常今據五代會要改正

舊五代史卷一百四十六攷證

舊五代史卷一百四十七

宋司空同中書門下平章事薛居正等撰

刑法志　案刑法志序一永樂大典原闕　志九

梁太祖開平三年十一月詔太常卿李燕御史蕭頃中書舍人張衮戶部侍郎崔沂大理卿王鄯刑部郎中崔誥共刪定律令格式四年十二月宰臣薛貽矩奏太常卿李燕等重刊定律令三十卷式二十卷格一十卷并目錄一十三卷律疏三十卷凡五部一十帙共一百三卷勅中書舍人李仁儉詣閤門奉進伏請目爲大梁新定格式律令仍頒下施行從之　原註是時大理卿李保殷進所撰刑律總要十二卷

唐莊宗同光元年十二月御史臺奏當司刑部大理寺本朝法書自朱溫僭逆刪改事條或重貨財輕入人命或自徇枉過濫加刑罰今見在三司收貯刑書並是僞廷刪改者兼僞廷先下諸道追取本朝法書焚毀或經兵火所遺皆無舊本節目只定州勅庫有本朝法書具在請勅定州節度使速寫副本進納庶刑法令式並合本朝舊制從之未幾定州王都進納唐朝格式律令凡二百八十六卷二年二月刑部尚書盧價奏纂集同光刑律統類凡一十三卷上之

周太祖廣順元年六月勑侍御史盧億刑部員外郎曹匪躬大理正段濤同議定重寫法書一百四十八卷先是漢隱帝末因兵亂法書亡失至是大理奏重寫律令格式統類編勑凡改點畫及義理之誤字凡二百一十四以晉漢及國初事關刑法勑條凡二十六件分爲二卷附于編勑目爲大周續編勑命省寺行用焉（宋史盧億周初爲侍御史漢末兵亂法書亡失至是大理奏重寫律令格式統類編勑乃詔億與刑部員外郎曹匪躬大理正段濤同加議定舊本以京兆府改同五府開封大名府改同河南府長安萬年改爲次赤縣開封浚儀大名元城改爲赤縣又定東京諸門薰風等爲京城門明德等爲皇城門啟運等爲宮城門昇龍等爲宮門崇元等爲殿門廟諱書不成字凡改點畫及義理之誤字二百一十有四又以晉漢及周初事關刑法勑條者分爲二卷附編勑目爲大周續編勑詔行之）

二年二月中書門下奏准元年正月五日赦書節文今後應犯竊盜贓及和姦者並依晉天福元年已前條制施行諸處犯罪人等除反逆罪外其餘罪並不籍沒家產誅及骨肉一依格令處分者請再下明勑頒示天下乃下詔曰赦書節文明有釐革切慮邊城遠郡未得審詳宜更申明免至差誤其盜賊若是強盜並准自來格條斷遣其犯竊盜者計贓絹滿三匹以上者並集衆決殺其絹以本處上估價爲定不滿三匹者等第決斷應有夫婦人被強姦者男子決殺婦人不坐其犯和姦者並准律科斷罪不至死其餘姦私罪

犯准格律處分應諸色罪人除謀反大逆外其餘並不得誅殺骨肉籍沒家產先是晉天福中勑凡和姦者男子婦人並處極法至是始改從律文焉

世宗顯德四年五月中書門下奏准宣法書行用多時文意古質條目繁細使人難會兼前後勑格互換重疊亦難詳定宜令中書門下並重刪定務從節要所貴天下易爲詳究者伏以刑法者御人之銜勒救弊之斧斤故鞭扑不可一日弛之于家刑法不可一日廢之于國雖堯舜淳古之代亦不能捨此而致理矣今奉制旨刪定律令有以見聖君欽恤明罰勑法之意也竊以律令之書政理之本經聖賢之損益爲古今之章程歷代以來謂之彝典今朝廷之所行用者一十二卷律疏三十卷式二十卷令三十卷開成格一十卷大中統類一十二卷後唐以來至漢末編勑三十二卷及皇朝制勑等折獄定刑無出於此律令則文辭古質看覽者難以詳明格勑則條目繁多檢閱者或有疑悞加之邊遠之地貪猾之徒緣此爲姦寖以成弊方屬盛明之運宜伸畫一之規所冀民不陷刑吏知所守臣等商量望准聖旨施行仍差侍御史知雜事張湜太子右庶子劇可久殿中侍御史師汀職方郎中鄧守中倉部郎中王瑩司封員外郎賈玭

太常博士趙礪國子博士李光贊大理正蘇曉太子中允王伸等一十人編集新格勒成部帙律令之有難解者就文訓釋格勑之有繁雜者隨事删除止要諧理省文兼且直書易會其中有輕重未當便于古而不便于今矛盾相違可于此而不可于彼盡宜改正無或牵拘候編集畢日委御史臺尚書省四品以上及兩省五品以上官參詳可否送中書門下議定奏取進止詔從之自是湜等于都省集議删定仍令大官供膳五年七月中書門下奏侍御史知雜事張湜等九人奉詔編集刑書悉有條貫兵部尚書張昭等一十人參詳旨要更加

損益臣質臣溥據文評議備見精審其所編集者用律爲主辭旨之有難解者釋以疏意義理之有易了者略其疏文式令之有附近者次之格勑之有廢置者又次之事有不便于該説未盡者别立新條于本條之下其有文理深古慮人疑惑者别以朱字訓釋至于朝廷之禁令州縣之常科各以類分悉令編附所冀發函展卷綱目無遺究本討源刑政咸在其所編集勒成一部别有目錄凡二十一卷刑名之要盡統于茲目之爲大周刑統欲請頒行天下與律疏令式通行其刑法統類開成格編勑等採掇既盡不在法司行使之限自來有宜

命指揮公事及三司臨時條法州縣見今施行不在編集之數應該京百司公事逐司各有見行條件望令本司删集送中書門下詳議聞奏勑宜依仍頒行天下乃賜侍御史知雜事張湜等九人各銀器二十兩雜綵三十匹賞删定刑統之勞也案以下疑原本有闕佚

唐同光二年六月己巳勑應御史臺河南府行臺馬步司左右軍巡院見禁囚徒據罪輕重限十日内並須決遣申奏仍委四京諸道州府見禁囚徒速宜疏決不得淹停兼恐内外形勢官員私事寄禁切要止絶俾無冤滯　三年五月己未勑在京及諸道州府所禁罪人如

無大過速令疏決不得淹滯六月甲寅勑刑以秋冬雖關惻隱罪多連累翻慮滯淹若或十人之中止爲一夫抵死豈可以輕附重禁錮逾時言念哀矜又難全廢其諸司囚徒罪無輕重並宜各委本司據罪詳斷申奏輕者即時疏理重者候過立春至秋分然後行法如是事繫軍機須行嚴令或謀惡逆或畜奸邪或行刼殺人難于留滯並不在此限　天成元年十一月庚申勑應天下州使繫囚除大辟罪以上委所在長吏速推勘決斷不得傍追證對經過食宿之地除當死刑外並仰釋放兼不許懲治　二年春左拾遺李同上言天下繫囚請

委長吏逐旬親自引問質其罪狀眞虛然後論之以法
庶無枉濫從之六月大理少卿王鬱上言凡決極刑合
三覆奏近年以來全不守此伏乞今後前一日令各一
覆奏奉勅宜依八月西京奏奉近勅在京犯極刑者令
決前一日各一覆奏緣當府地遠此後凡有極刑不審
准條疏覆奏奉勅旨昨六月二十日所降勅文祇爲應
在洛京有犯極刑者覆奏其諸道已降旨命准舊例施
行今詳西京所奏尙未明近勅兼慮諸道有此疑惑故
令曉諭十月辛丑德音爲政之要切在無私聽訟之方
唯期不濫天下諸州府官員如有善推疑獄及曾雪冤

濫兼有異政者當具姓名聞奏別加甄奬　長興元年
二月制曰欲通和氣必在伸冤將設公方實資奬善州
縣官僚能雪冤獄活人生命者許非時選仍加階超資
注官與轉服色已著緋者與轉兼官　二年二月辛亥
勅朕猥以眇躬薦承鴻業念彼疲瘵勞于寐興或慮官
不得人因成紊亂或慮刑非其罪遂至怨嗟王化所興
獄訟爲本苟無訓勵必有滯淹近日諸道百姓或諸多
違犯或小可鬬爭官吏曲縱胥徒巧求瑕釁初則滋張
節目作法拘囚終則誅剝貨財市恩出拔外憑公道內
徇私情無理者轉務遷延有理者却思退縮積成訛弊
漸失紀綱自今後切委逐處官吏州牧縣宰等深體余
懷各舉爾職凡關推究速與剸裁如敢苟縱依違遂成
枉濫或經臺訴屈或投匭申冤勘問不虛其元推官典
並當責罰其逐處觀察使刺史別議朝典宜令諸道州
府各依此處分所管屬郡委本道嚴加指揮八月丁卯
勅三京諸道州府刑獄近日訪問依前禁繫人多不旋
決諸道宜令所在各委長吏專切推窮不得有滯淹四
月前濮州錄事參軍崔琮上言諸追獄囚恐不依法拷
掠或不勝苦致斃翻以病聞請置病囚院兼加醫藥中
書覆云有罪當刑仰天無恨無病致斃没地銜冤燃死

灰而必在至仁照露盆而須資異鑑書著欽哉之旨禮
標側也之文因彰善于泣辜更推恩于扇暍所謂置病
囚院望依仍委隨處長吏專切經心或有病囚當時遣
醫人診候治療後據所犯輕重決斷如敢故違致病囚
負屈身亡本處官吏並加嚴斷兼每及官至五日一度
差人洗刷枷匣　應順元年三月戊午詔應三京諸道
州府繫囚據罪輕重疾速斷遣比來停滯須奏取裁不
便區分故爲留滯今後凡有刑獄據理斷遣如有勅推
按理合奏聞不在此限　淸泰元年五月丁丑詔在京
諸獄及天下州府見繫罪人正當暑毒之時未免拘囚

之苦誠知負罪特軫予懷恐法吏生情滯于決斷詔至
所在長吏親自慮問據輕重疾速斷遣無淹滯
晉天福二年八月勅下刑部大理寺御史臺及三京諸
道州府今後或有繫囚染疾者並令逐處軍醫看候于
公廨錢內量支藥價或事輕者仍許家人看候　四年
九月相州節度使桑維翰奏管內所獲賊人從來籍沒
財產云是鄴都舊例格律未見明文勅今後凡有賊人
准格定罪不得沒納家貲天下諸州准此處分　三月
庚午詳定院奏前守洪洞縣主簿盧燦進策云伏以刑
獄至重朝廷所難尚書省分職六司天下謂之會府且

請決獄若關人命即刑部不合不知欲請州府凡斷大
辟罪人訖逐季具有無申報刑部仍具錄案款事節并
本判官馬步都虞候司法參軍法直官馬步司判官名
銜申聞所責或有案內情曲不圓刑部可行覆勘如此
則天下遵守法律不敢輕易刑書非唯免有銜冤抑亦
勸其立政者臣等參詳伏以入命至重國法須精雖載
舊章更宜條理誠爲允當望賜施行從之五月詔曰刑
獄之難古今所重但關人命實動天心或有冤魂則傷
和氣應諸道州府凡有囚徒據推勘到案款一一盡理
子細檢律令格勅其間或有疑者准令又讞大理寺亦

疑申尚書省省寺明有指歸州府然後決遣　五年三
月丙子詔曰自大中六年已來務耳稱冤決杖流配訴
雖有理不在申明今後據其所陳與爲勘斷聾耳之罪
准律別科　六年秋七月庚辰詔曰政教所切獄訟惟
先推窮須察于事情斷遣必遵于條法用弘欽恤以致
和平應三京鄴都及諸道州府見禁諸色人等宜令逐
處長吏常切提撕疾速決遣每務公當勿使滯淹　天
福八年四月壬申勅朕自臨寰宇思致和平將以四海
爲家慮有一物失所每念犴牢之內或多枉撓之人屬
此炎蒸倍宜軫憫冀絕滯淹之歎用資欽恤之仁應三

京鄴都及諸道州府見禁罪人等宜令逐處長吏嚴切
指揮本推司及委本所判官疾速結絕斷遣不得淹延
及致冤濫仍付所司　開運二年五月壬戌殿中丞桑
簡能上封事曰伏以天地育萬物廣博厚之恩帝王牧
黎元行寬大之令是知恤刑緩獄乃爲政之先布德行
惠實愛民之本今盛夏之月農事方殷是雷風長養之
時乃動植蕃廡之際宜順時令以弘至仁竊以諸道州
府都郡縣應見禁罪人或有久在囹圄稍滯區分胥吏
侮文枝蔓乃眾捶楚之下或陷無辜縲絏之中莫能自
理苟一人拘繫則數人營財物用既殫工業亦罷若此

之類實繁有徒切恐官吏因循寖成斯弊伏乞降詔令所在刑獄委長吏親自錄問量罪疾速斷遣務絕冤濫勿得淹留庶免虛禁平人妨奪農力冀召和氣以慶明時勅曰囹圄之中縲紲之苦奸吏苟窮于枝蔓平人用費于貨財由玆滯淹兼致屈塞桑簡能體玆軫憫專有敷陳請長吏躬親免獄官抑遏深爲允當宜再頒行宜依十月甲子秘書省著作郎邊玗上封事曰臣聞從諫如流人君之令範極言無隱臣子之常規蓋欲表大國之任人致萬邦之無事前文備載可舉而行伏以皇帝陛下德合上元運膺下武旰食宵衣而軫念好生惡殺

以推仁凡措典刑固無冤枉然以照臨之內州郡尤多若不再舉明伏恐漸成奸弊臣竊見諸道刑獄前朝嘗降勅文凡是禁繫罪人五日一度錄問但以年月稍遠漸致因循或長吏事煩不暇躬親點檢或胥徒敝倖妄要追領證明慮有涉于淫刑即恐傷于和氣伏乞特降詔勅自今後諸道並委長吏五日一度當面同共錄問所冀處法者無恨銜冤者獲申俾令四海九州咸歌聖德五風十雨永致昌期勅曰人之命無以復生國之刑不可濫舉雖一成之典務在公平而三覆其詞所宜詳審凡居法吏合究獄情邊玗近陟周行俄陳讜議更彰欽恤宜允申明　三年十一月丁未左拾遺竇儼上疏曰臣伏覩名例律疏云死刑者古先哲王則天垂象本欲生之義期止殺絞斬之坐皆刑之極也又准天成三年閏八月二十三日勅行極法日宜不舉樂減常膳又刑部式決重杖一頓處死以代極法斯皆人君哀矜不捨之道也竊以蚩尤爲五虐之科尚行鞭扑漢祖約三章之法止有死刑絞者筋骨相連斬者頭頸異處大辟之目不出兩端淫刑所興近聞數等蓋緣外地不守通規肆率情性或以長釘貫簪人手足或以短刀臠割人肌膚乃至累朝半生半死俾冤聲而上達致和氣以有

傷將宏守位之仁在峻惟行之令欲乞特下明勅嚴加禁斷者勅曰文物方興刑罰須當有罪亦從于正法去邪漸契于古風竇儼所貢奏章實裨理道宜依所奏准律令施行

漢乾祐二年正月勅政貴寬易刑尚哀矜處滋蔓之生奸實軫傷而是念今屬三元改候四序履端將冀和平無如獄訟應三京鄴都諸道州府見繫罪人委逐處長吏躬親慮問其于決斷務在公平俱見其情即爲具獄勿令牽引遂致淹停無縱舞文有傷和氣四月甲午勅日月届正陽候當小暑乃挺重出輕之日是恤刑議獄

之辰有罪者速就勘窮薄罰者畫時疏決用符時令勿縱滯淹三京鄴都諸道州府在獄見繫罪人宜令所司疾速斷遣無致淹滯枉濫五月辛未勅政化所先獄訟攸切不惟枉撓兼慮滯淹適當長養之時正屬熇蒸之候累行條貫俾速施行靡不丁寧未曾奏報再頒告諭無或因循應三京鄴都諸道州府詔至宜具疏放已行未行申奏無致逗留

周廣順三年四月乙亥勅朕以時當化育氣屬炎蒸乃思縲紲之人是軫哀矜之念慮其非所案鞫淹延或枉濫窮屈而未得申宜或饑渴疾病而無所控告以罪當

刑者惟彼自召法不可移非理受苦者爲上不明安得無慮欽恤之道夙夜靡寧應諸道州府見繫罪人宜令官吏疾速推鞫據經斷遣不得淹滯仍令獄吏洒掃牢獄當令虛歇洗滌枷械無令蚤虱供給水漿無令饑渴如有疾患令其家人看承囚人無主官差醫工診候勿致病亡循典法之成規順長贏之時令俾無淹滯以致治平又賜諸州詔曰朕以敷政之勤惟刑是重既未能化人于無罪則不可爲上而失刑况時當長贏事貴清適念囹圄之閒固復桎梏之拘縻處于炎蒸何異焚灼在州及所屬刑獄見繫罪人卿可躬親錄問省畧區分于入務不行者令候務開繫有理須申者速期疏決俾皆平允無至滯淹又以獄吏逞任情之奸囚人被非法之苦宜加檢察勿縱侵欺常令淨掃獄房洗刷枷匣知其饑渴供與水漿有病者聽骨肉看承無主者遣醫工救療勿令非理致斃以致和氣有傷卿忠幹分憂仁明蒞事必能奉詔體我用心睠委于茲興寐無已餘從勅命處分　顯德元年十一月帝謂侍臣曰天下所奏獄訟多追引證甚致淹延有及百餘日而未決者其中有徒黨反告者劫主陳訴者及妄遣牽引者慮獄吏作倖遲留致生人休廢活業朕每念此彌切疚懷此後宜條

貫所在藩郡令選明幹寮吏當其訴訟如獄不滯留人無枉撓明具聞奏量與甄奬

內外官當贖之法梁唐皆無定制多示優容或因時分輕重晉天福六年五月尚書刑部員外郎李象請今後凡是散官不計高低若犯罪不得當贖亦不得上請詳定院覆奏應內外文武官有品官者有從品官法無品官有散試官者應內外帶職廷臣賓從有功將校等並請同九品官例其京都運巡使及諸道州府衙前職員內外雜任鎭將等並請准律不得上請當贖其巡司馬步雖有曾歷品者亦請同流外職准律杖罪以下決罰

例徒以上仍依當贖法至周顯德五年七月新定刑統今後定罪諸道行軍司馬節度副使留守准從五品官例諸道兩使判官防禦團練副使准六品官例節度掌書記防團判官兩蕃營田等使判官准從七品官例諸道推巡及軍事判官准從八品官例諸軍將校內諸司使使副供奉殿直臨時奏聽勅旨由是內外品官當贖之法始有定制焉永樂大典卷八千二百九十

舊五代史卷一百四十七攷證

志九刑法志統類編勅 統類原本訛統數今據文獻通攷改正

倉部郎中 倉部原本訛臧部今據新唐書百官志改正

前濮州錄事參軍崔琮 崔琮原本作崔瑽今據册府元龜改正

相州節度使桑維翰 相州原本訛松州今據通鑑改正

團判官 團判官疑當作團練判官攷五代會要亦作團判官蓋當時案牘之文官名各從簡省今姑仍其舊

宋司空同中書門下平章事薛居正等撰

選舉志　志十

按唐典凡選授之制天官卿掌之所以正權衡而進賢能也凡貢舉之政春官卿掌之所以覈文行而第儁秀也洎梁氏以降皆奉而行之縱或小有釐革亦不出其軌轍今採其事備紀于後以志五代審官取士之方也

梁開平元年七月勅近年舉人當秋薦之時不親試者號爲拔解今後宜止絶四月兵部尚書權知貢舉姚洎奏近代設文科選冑子所以綱維名教崇樹邦本也今

在公卿親屬將相子孫有文行可取者請許所在州府薦送以廣疏材之路從之案文獻通考唐時知貢舉皆用禮部侍郎梁開平中始命兵部侍郎楊涉權知貢舉此事薛史不載

唐同光二年十月中書奏請停舉選一年勅舉選二門國朝之重事但要精確難議權停宜准常例處分　天成元年八月勅應三京諸道今年貢舉人可依常年取解仍令隨處量事津送赴闕　五年二月九日勅近年文士輕視格條就試時疏于帖經登第後恥于赴選宜絶蹊求之路別開獎勸之門其進士科已及第者計選數年滿日許就中書陳狀于都堂前各試本業詩賦判文其中才藝灼然可取者便與除官如或事業不甚精者自許准添選

晉天福三年三月翰林學士承旨兵部侍郎權知貢舉崔梲奏臣謬蒙眷渥叨掌文衡實愛庸懦之才不副搜羅之旨敢不揣摩頑鈍杜絶阿私上則顯陛下求賢次則使平人得路但以今年就舉比常歲倍多科目之中兇豪甚衆每駁牓出後則時有喧張不自省循但言屈塞互相朋扇各出言詞或云主司不公或云試官受賂實慮上達聖聽微臣無以自明晝省夜思臨深履薄今臣欲請令舉人落第之後或不甘心任自投狀披陳邦

請所試與疏義對證兼令其日一甲同共校量若獨委試官恐未息詞理倘是實負抑屈則所司固難逭憲章如其妄有陳論則舉人乞痛加徵斷冀此際免虛遣謗議亦將來可久遠施行倘蒙聖造允俞伏乞降勅處分從之　五年三月詔及第舉人與主司還勝筵宴及中書舍人鞁鞋接見舉人兵部禮部引人過堂之日幕次酒食會客悉宜廢之　四月禮部侍郎張允奏曰明君側席雖切旁求貢士觀光豈宜濫進竊窺前代未設諸科始以明經俾昇高第自有九經五經之後及三禮三傳已來孝廉之科遂因循而不廢搢紳之士亦緘默而

無言以至相承未能改作每歲明經一科少至五百以上多及一千有餘舉人如是繁多試官豈能精當況此等多不究義唯攻帖書文理既不甚通名第豈可妄與且常年登科者不少相次赴選者甚多州縣之間必無遺闕輦轂之下須有稽留怨嗟自此而興謗讟因茲而起但今廣場大啟諸科並存明經者悉包於九經五經之中無出于三禮三傳之內若無釐革恐未便宜其明經一科伏請停廢又奏國家懸科待士貴務搜揚責實求才須除訛濫童子每當就試止在念書背經則雖似精詳對卷則不能讀誦及名成貢部身返故鄉但尅日

以取官更無心而習業濫蠲徭役虛占官名其童子一科亦請停廢勑明經童子宏詞拔萃明算道舉百篇等科並停　七年五月勑應諸色進策人等皆抱材能方來投獻宜加明試俾盡臧謀起今後應進策條中書奏復勑下其進策人委門下省試策三道仍定上中下三等如是元進策內有施行者其所試策或上或中者委門下省給與減選或出身優牒合格參選日其試策上者委銓司超壹資注擬其試策中者委銓司依資注擬如是所試策或上或中元進策條並不施行所試策下元進策條內有施行者其本官並仰量與恩賜發遣若或所試策下所進策條並不施行便仰曉示發遣不得再有投進餘並准前後勑文處分　開運元年八月詔曰明經童子之科前代所設蓋期取士艮謂通規爰自近年暫從停廢損益之機未見牢籠之義全虧將闡斯文宜依舊貫庶臻至理用廣旁求其明經童子二科今後復置　十一月工部尚書權知貢舉竇貞固奏進士考試雜文及與諸科舉人入策歷代已來皆以三條燭盡爲限長興二年改令晝試伏以懸科取士有國常規沿革之道雖殊公共之情難失若使就試兩廊之下揮毫短景之中視晷刻而惟畏稽遲演詞藻而難求妍麗

未見觀光之美但同欵答之由既非師古之規恐失取人之道今欲考試之時准舊例以三條燭爲限其進士諸色舉貢人等有懷書冊入院者舊例扶出不令就試近年以來雖見懷藏多是容縱今欲振舉弛紊明辨臧否冀在必行庶爲定式

漢乾祐二年刑部侍郎邊歸讜上言臣竊見每年貢舉人數甚衆動引五舉六舉多至二千三千既事業不精即人文何取請勑三京鄴都諸道州府長官合發諸色貢舉人文解者並須精加考校事業精研即得解送不得濫有舉送塞濫進之門開與能之路勑從之其間條

奏未盡處下貢院錄天福五年四月二十七日勅文告諭天下依元勅條件施行如有故違其隨處考試官員當準勅條處分

周廣順二年二月禮部侍郎趙上交奏貢院諸科今欲不試汎義其口義五十道改試墨義十道從之　三年正月趙上交奏進士元試詩賦各一首帖經二十帖對義五通今欲罷帖經對義別試雜文二首試策一道從之其年八月刑部侍郎權知貢舉徐台符奏請別試雜文外其帖經墨義仍依元格從之　顯德二年三月禮部侍郎竇儀奏請諸科舉人若合解不解不合解而解

者監試官爲首罪勒停見任舉送長官奏聞取裁監試官如受賂及今後進士如有倩人述作文字應舉者許人言告送本處色役永不進仕

唐同光四年三月中書門下奏議左拾遺王松吏部員外郎李愼儀上疏以諸道州縣皆是攝官誅剝生靈漸不存濟比者郭崇韜在中書日未詳本朝故事妄被閑人獻疑點檢選曹曲生異議或告赤欠少一事闕違保內一人不來五保卽須並廢文書一紙有誤數任皆不勘詳其年選人及行事官一千二百五十餘員得官者才及數十皆以偷濫爲名盡被焚毀棄逐或斃踣于旅店或號哭于道途以至二年以來選人不敢赴集銓曹無人可注中書無人可除去年闕近二千授官不及六十伏請特降勅文宣布遐邇明往年制置不自于宸衷此日焦勞特頒于睿澤望以中書條件及王松等所論事節委銓司點檢務在酌中以爲定制從之時議者以銓注之弊非止一朝搢紳之家自無甄別或有伯叔告赤鬻于同姓之家隨賂更改因亂昭穆至有季父伯舅反拜姪甥者郭崇韜疾惡太深奏請釐革豆盧革韋說僶俛贊成或有親舊訊其事端者革說曰此郭漢子之意也及崇韜誅韋說卽教門士王松上疏奏論故有此

奏議者非之　天成四年冬十月丙申詔曰本朝一統之時除嶺南黔中去京地遠三年一降選補使號爲南選外其餘諸道及京百司諸色選人每年動及數千分爲三選尙爲繁重近代選人每年不過數百何必以一司公事作三處官方況有格條各依資考兼又明行勅命務絕阿私宜新公共之規俾愼官常之要其諸道選人宜令三銓官員都在省署子細磨勘無違礙後卽據格同商量注擬連署申奏仍不得躡前于私第注官如此則人吏易可整齊公事亦無遲滯　長興元年三月勅凡是選人皆有資考每至赴調必驗文書或不具全

多稱失墜將明本末須示規程其判成諸色選人黃甲下後將歷任文書告赤連粘宜令南曹逐縫使印都于後面粘紙其前後歷任文書都計多少紙數仍具年月日判成授某官蓋懼其分假于人故也　其年十月中書奏吏部流內銓諸色選人先條流試判兩節並委本官優劣等第申奏文優者宜超一資注擬其次者宜依資吏次者以同類官注擬所以勵援毫之作亦不掩歷任之勞其或于理道全疎者以人戶少處州縣同類官中比擬仍准元勅業文者任徵引古今不業文者但據公理判斷可否不當罪在有司兼諸色選人或有元通

家狀不實鄉里名號將來赴選者並令改正一一堅本貫屬鄉縣兼無出身一奏一除官等宜並不加選限從之　應順元年正月丁卯中書門下奏准天成二年十二月勅長定格應經學出身人一任三考許入下縣令下州錄事參軍亦入中下州錄事參軍兩任四考許入中下縣令中州錄事參軍兩任六考許入上縣令及緊州錄事參軍凡為進取皆有因依或少年便受好官或暮齒不離卑任況孤貧舉士或年四十始得經學及第入年合選方受一官在任多不成三考第二選漸向蹉跎一生終不至令錄者若無改革何以發揚自此經學

出身請一任兩考許入中下縣令下州錄事參軍者詔曰參選之徒艱辛不一發身遲滯到老卑低宜優未達之人顯示惟新之澤其經學出身一任兩考元勅入中下縣令下州錄事參軍起今後更許入中下縣令下州錄事參軍一任三考者于人戶多處州縣注擬如于近勅條內資敘相當者即准格循資考入官其兩任四考者準二任五考例入官餘準格條處分

晉天福三年正月詔曰舉選之流苦辛備歷或則就書歲久或則守事年深少有違礙格條例是不知式樣今則方求公器宜被皇恩所有選人等宜令所司除元駁

放及落下事由外如無違礙並與施行仍令所司遍下諸道起今後文解差錯過在發解州府官吏

漢乾祐二年八月右拾遺高守瓊上言仕宦年未三十請不除授縣令因下詔曰起今後諸色選人年七十者宜注優散官年少未歷資考者不得注授令錄其年十二月中書門下奏應出選門官并歷任內曾升朝及兩使判官今任却授令錄者並依見任官選數赴集從之

周廣順元年二月詔曰自前朝廷除官銓司選授當其用闕皆稟舊規近聞所得官人或他事阻留或染疾淹駐始赴任者既過月限後之官者遂失期程以至相沿

滿成非次是致新官參謝欲上舊官考秩未終待滿替移動逾時月凋殘一處新舊二官在迎送以爲勞必公私之失緒今後應諸道州府錄事參軍判司縣令主簿等宜令本州府以到任月日旋具申奏及報吏部此後中書及銓司以到任月日用闕永爲定制其年十月詔日選部公事比置三銓所有員闕選人分在三處每至注擬之際資敘難得相當况今年選人不多宜令三銓公事併爲一處委本司長官通判同商量可否施行今當開泰之期宜軫卑平之衆自今後合格選人歷任無違礙者並仰吏部南曹判成如文解差錯不合式樣罪在發解官吏永樂大典卷一萬六千七百八十三

舊五代史卷一百四十八終

舊五代史卷一百四十八攷證

志十選舉志疏于帖經　帖經原本作帖括今據五代會要改正

不試汎義　案原本作不汎試口義今據册府元龜改正

王松等所論　王松册府元龜作王權考文獻通攷作王松是書韋說傳亦作松今仍其舊

舊五代史卷一百四十八攷證

舊五代史卷一百四十九

宋司空同中書門下平章事薛居正等撰

職官志　志十一

夫官非位無以分貴賤位非品無以定高卑是以歷代史官咸有所紀皆窮源而討本期與世以作程迨乎唐祚方隆玄宗在宥採累朝之故事考衆職之遐源申命才臣著成六典其勳階之等級品秩之重輕則已備載于其中矣故今之所撰不敢相沿祖述五代之命官以踵百王之垂範或釐革升降則謹而志之俾後之爲天官卿者得以覩焉 案薛史職官志本唐六典而紀其釐革故載同光天成之改制者稱後唐

所以別于六典也

梁開平三年三月詔升尚書令爲正一品按唐六典尚書令正二品是時以將授趙州王鎔此官故升之　後唐天成四年八月詔曰朝廷每有將相恩命準往例諸道節度使帶平章事兼侍中中書令並列銜于勅牒後側書使字今兩浙節度使錢鏐是元帥尚父與使相名殊承前列銜久未改正湖南節度使馬殷先兼中書令之時理宜齒于相位今守太師尚書令是南省官資不合列署敕尾今後每署將相敕牒宜落下錢鏐馬殷官位仍永爲常式

梁開平二年四月改左右丞爲左右司侍郎避廟諱也至後唐同光元年十月復舊爲左右丞　後唐長興元年九月詔曰臺轄之司官資並設左右貂素來相類左右揆不至相懸以此比方豈宜分別自此宜升尚書右丞官品與左丞並爲正四品

右都省

後唐長興四年九月勅馮贇有經邦之茂業宜進位于公台但緣平章事字犯其父名不欲斥其家諱可改同平章事爲同中書門下二品後至周顯德中樞密使吳廷祚亦加同中書門下二品避其諱也

晉天福五年二月勅以門下侍郎中書侍郎並爲清望正三品

晉天福五年九月詔曰六典云中書舍人掌侍奉進奏參議表章凡詔旨制勅璽書策命皆按故事起草進畫既下則署而行之其禁有四一曰漏洩二曰稽緩三曰違失四曰忘誤所以重王命也古昔已來典實斯在爰從近代別創新名今運屬興王事從師古俾仍舊貫以耀前規其翰林學士院公事宜並歸中書舍人七年五月中書門下上言有司檢尋長興四年八月二十一日勅準官品令侍中中書令正三品按會要大曆二年十

一月陞爲正二品左右常侍從三品按會要廣德二年五月陞爲正三品門下中書侍郎正四品大曆二年十一月陞爲正三品諫議大夫正五品按續會要會昌二年十二月陞爲正四品以補中書門下四品之闕御史大夫從三品會昌二年十二月陞爲正三品御史中丞正五品亦與大夫同時陞爲正四品勅宜各準元勅處分仍添入令文永爲定制又詔門下侍郎班在常侍之下俸祿同常侍　周顯德五年六月勅諫議大夫宜依舊正五品上仍班位在給事中之下按唐典諫議大夫四員正五品上皆隸門下省班在給事中之下至會昌

二年十一月中書門下奏陞爲正四品下仍分爲左右以備兩省四品之闕故其班亦陞在給事中之上近朝自諫議大夫拜給事中者官雖序遷位則降等至是以其遷次不備故改正焉

右兩省

後唐淸泰二年十一月制以前同州節度使檢校太尉同平章事馮道爲守司空時議者曰自隋唐以來三公無職事自非親王不恒置于宰臣爲加官無單置者道在相位時帶司空及罷鎭未命官議者不練故事率意行之及制出言議紛然或云便可綜中書門下事或云須册拜開府及就列無故事乃不就朝堂敘班臺官兩省官入就列方入宰臣退踵後先退劉昫又以罷相爲僕射出入就列一與馮道同議者非之及晉天福中以李鏻爲司徒周廣順初以竇貞固爲司徒蘇禹珪爲司空遂以爲例議者不復有云

右三公

後唐天成元年夏六月以李琪爲御史大夫自後不復除　其年冬十一月丙子諸道進奏官上言今月四日中丞上事臣等禮合至臺比期不越前規依舊傳語忽蒙處分通出誇則再取指揮要明審的又蒙問大夫相

公上事日如何臣等訴云大夫曾爲宰相進奏官伏事中書事體之間實爲舊吏若以別官除授合云傳語勞來又堅令通出臣等出身藩府不會朝儀拒命則恐有奏聞遵禀則全隳則例伏恐此後到臺參賀儀則不定者詔曰御史臺是大朝執憲之司乃四海繩違之地凡居中外皆所整齊藩侯尙展于公參邸吏豈宜于抗禮邇覩論列可驗侮輕但以喪亂孔多紀綱隳紊霜威掃地風憲銷聲今則景運惟新皇圖重正稍加提舉漸止澆訛宜令御史臺凡關舊例並須舉行如不禀承當行朝典時盧文紀初拜中丞領事于御史府諸道進奏官

來賀文紀曰事例如何臺吏喬德威言朝廷在長安日進奏官見大夫中丞如胥吏見長官之禮及梁氏將革命本朝微弱諸藩强據人主大臣姑息邸吏時中丞上事邸吏雖至皆于客次傳語竟不相見自經兵亂便以為常文紀令臺吏諭以舊儀相見據椄端簡通名贊拜邸吏輩既出怒不自勝相率于閤門求見騰口喧訴明宗謂趙鳳曰進奏官比外何官鳳對曰府縣發遞祗候之流也明宗曰乃吏役耳安得慢吾法官乃下此詔 晉天福五年二月以御史中丞為清望正四品按唐典御史中丞正五品上今始陞之 三年三月壬戌御史臺奏按六典侍御史掌糾舉百僚推鞫獄訟居上者判臺知公廨雜事次知西推贓三司受事次知東推理匭勅宜依舊制遂以駕部員外郎兼侍御史知雜事劉皞為河南尹自是無省郎知雜者 開運二年八月勅御史臺准前朝故事以郎中員外郎一人兼侍御史知雜事近年停罷獨委年深御史知雜振舉之間紀綱未峻宜遵舊事庶叶通規宜却于郎署中選清慎强幹者兼侍史知雜事

右御史臺

昔唐朝擇官一人焉為樞密使以出納帝命（案職官分紀唐樞密使與兩軍中尉謂之四貴天祐元年廢項安世家說唐于政事堂後列五房有樞密房以主曹務則樞密之任宰相主之未始他付其後寵任宦人始以樞密歸之內侍） 至梁開平元年五月改樞密院為崇政院始命敬翔為院使仍置判官一人自後改置副使一人二年十一月置崇政院直學士二員選有政術文學者為之其後又改為直崇政院（案原本作直崇文院今從五代會要改正） 後唐同光元年十月崇政院依舊為樞密院命宰臣郭崇韜兼樞密使亦置院一人（案五代會要作亦置院使一人） 晉天福四年四月以樞密副使張從恩為宣徽使權廢樞密院故也先是晉祖以宰臣桑維翰兼樞密使懇求免職只在中書遂以宣徽使劉處讓代之每有奏議多不稱旨其後處讓丁憂乃以樞密印付中書門下故有是釐改也 開運元年六月勅依舊置樞密院以宰臣桑維翰兼樞密使從中書門下奏請也 周顯德六年六月命司徒平章事范質禮部尚書平章事王溥並參知樞密院事

梁開平元年四月始置建昌院以博王友文判院事以太祖在藩時四鎮所管兵車賦稅諸色課利按舊簿籍而主之其年五月中書門下奏請以判建昌院事為建昌宮使仍以東京太祖潛龍舊宅為宮也二年二月以

侍中（案原本有闕文據五代會要以侍中韓建判建昌宮使）判建昌宮事至十月以尚書兵部侍郎李皎爲建昌宮副使三年九月以門下侍郎平章事薛貽矩兼延資庫使判建昌宮至四年十二月以李振爲建昌宮副使乾化二年五月以門下侍郎平章事于兢兼延資庫使判建昌宮事其年六月廢建昌宮以河南尹魏王張宗奭爲國計使凡天下金穀兵戎舊隸建昌宮者悉主之至後唐同光四年二月以吏部尚書李琪爲國計使自後廢其名額不置

後唐同光元年十一月以左監門衛將軍判內侍省李紹宏兼內勾凡天下錢穀簿書悉委裁遣自是州縣供

帳煩費議者非之又內勾之名人以爲不祥之言二年正月勅鹽鐵度支戶部三司凡關錢物並委租庸使管轄踵梁之舊制也天成元年四月詔廢租庸院依舊爲鹽鐵戶部度支三司委宰臣一人專判至長興元年八月以許州節度使張延朗行工部尚書充三司使班在宣徽使之下三司置使自延朗始也唐朝已來戶部度支掌泉貨鹽鐵時置使名戶部度支則尚書省本司郎中侍郎判其事天寶中楊慎矜王鉷楊國忠繼以聚貨之術媚上受寵然皆守戶部度支本官別帶使額亦無所改作下及劉晏第五琦亦如舊制自後亦以宰臣各判一司不置使額乾符後天下兵興隨處置租庸使以主調發兵罷則停梁時乃置租庸使專天下泉貨莊宗中興秉政者不閑典故踵梁朝故事復置租庸使以魏博故吏孔謙專使務斂怨于下斲喪王室者實租庸之弊故也洎明宗嗣位思革其弊未及下車乃詔削除使名但命重臣一人判其事曰判三司至是延朗自許州入再掌國計白於樞密使請置三司名宣下中書議其事宰臣以舊制覆奏授延朗特進行工部尚書充諸道鹽鐵轉運等使兼判戶部度支事從舊制也明宗不從竟以三司使爲名

梁開平三年正月改思政殿爲金鑾殿至乾化元年五月置大學士一員始命崇政院使敬翔爲之前朝因金巒坡以爲門名與翰林院相接故爲學士者稱金巒焉梁氏因之以爲殿名仍改巒爲鑾從美名也大學士與三館大學士同（青箱雜記梁祖都汴庶事草創貞明中始于今右長興門東北創小屋數十間爲三館湫隘尤甚又周廬徼道咸出其間衛士騶卒朝夕喧雜每受詔撰述皆移他所）

後唐天成元年五月勅翰林學士尚書戶部侍郎知制誥馮道翰林學士中書舍人趙鳳俱以本官充端明殿學士非舊號也時明宗登位每四方書奏多令樞密使安重誨讀之不曉文義於是孔循獻書始置端明殿學

士之名命道等爲之二年正月勅端明殿學士宜命班在翰林學士上今後如有轉改仍只于翰林學士內選任初置端明殿學士名目如三館之例職在官下趙鳳轉侍郎遣人諷任圜移職在官上至今爲例（案職官分紀晉天福五年廢端明殿學士開運元年桑維翰爲樞密使復奏置學士）

同光元年四月置護鑾書制學士以倘書倉部員外郎趙鳳爲之時莊宗初建號故特立此名非故事也八月賜翰林學士承旨戶部倘書盧質論思匡佐功臣亦非常例也

天成三年八月勅掌綸之任擢才以居或自初命而升或自憲秩而授蓋重厥職靡繫其官雖事分皆同而行綴或異誠由往日未有定規議官位則上下不恒論職次則後先未當宜行顯命以正近班今後翰林學士入院並以先後爲定惟承旨一員出自朕意不計官資先後在學士之上仍編入翰林志其年十一月勅新除翰林學士張昭遠早踐綸闈久司史筆曾居憲府累陟貳卿今既擢在禁林所宜別宣班序其立位宜次崔棁（宋史張昭傳晉天福二年宰相桑維翰薦昭爲翰林學士內署故事以先後入爲次不繫官序特詔昭立位次承旨崔棁據宋史則此勅當在晉天福中是書繫于唐天成三年後疑原本有脫誤）

晉開運元年六月勅翰林學士與中書舍人分爲兩制各置六員偶自近年權停內署兇司詔命必在深嚴將使從宜却仍舊貫宜復置翰林學士院

周顯德五年十一月詔曰翰林學士職係禁庭地居親近與班行而既異在朝請以宜殊起今後當直下直學士宜令逐日起居其當直學士仍赴晚朝舊制翰林院學士與常參官五日一度起居時世宗欲令朝夕謁見訪以時事故有是詔

右內職

後唐天成三年五月詔曰開府儀同三司階之極太師官之極封王爵之極上柱國勳之極近代已來文臣官階稍高便授職柱國歲月未深便轉上柱國武資不計何人初官便授上柱國官爵非無次第階勳備有等差宜自此時重修舊職今後凡是加勳先自武騎尉經十二轉方授上柱國永作成規不令踰越雖有是命竟不革前例

右勳格

後唐清泰二年秋九月庚申倘書考功上言今年五月翰林學士程遜所上封事內請自宰相百執事外鎮節度使刺史應係公事官逐年書考較其優劣遂檢尋唐書六典會要考課令書考第從之時議者曰考績之法

唐堯三代舊制西漢以刺史六條察郡守五曹尙書綜庶績法尤精察吏有檢繩漢末亂離舊章弛廢魏武于軍中權制品第議吏淸濁用人拔吏頓爽前規隋唐已來始著于令漢代郡守入爲三公魏晉之後政在中書左右僕射知政事午前視禁中午後視省中三臺百職無不統攝以是論之宰輔憑何較考自天寶末權置使務已後庶事因循尙書諸司漸致有名無實廢墜已久未知憑何督責程遞所上亦未詳本源其時所司雖有舉明大都諸官亦無考較之事

右較考

梁開平元年四月詔開封府司錄參軍及六曹掾屬宜各置一員兩畿赤縣置令簿尉各一員　二年十月省諸道州府六曹掾屬只留戶曹一員通判六曹　後唐同光元年十一月中書門下奏諸寺監各請只置大卿監祭酒司業各一員博士兩員其餘官屬並請權停惟太常寺事關大禮大理寺事關刑法除太常博士外許更置丞一員其王府及東宮屬司天五官正奉御之類凡不急司存並請未議除授其諸司郎中員外郎應有雙曹處且署一員左右散騎常侍諫議大夫給事中起居郎起居舍人補闕拾遺各置一半三院侍御史仍委御史中丞條理申奏即日停罷朝官仍各錄名氏具罷任月日留在中書候見任官滿二十五箇月並據資品却與除官從之　周顯德五年十二月詔兩京五府少尹司錄參軍先各置兩員起今後只置一員六曹判司內只置戶曹法曹各一員其餘及諸州支使兩蕃判官並省

右增減

梁開平元年五月改御食使爲司膳使小馬坊使爲天驥使文思院使爲乾文院使同和院使爲儀鸞院使其年又改城門郎爲門局郎避廟諱也唐同光元年十一

月依舊爲城門郎　後唐天成元年十一月詔曰雄武軍節度使官銜內宜兼押蕃落使（案職官分紀長興元年分飛龍院爲左右院以小馬坊爲右飛龍院）　二年七月詔曰頃因本朝親王遙鎭其在鎭者遂云副大使知節度事但年代已深相沿未改今天下侯伯並正節旄惟東西兩川未落副大使字宜令今後只言節度使　晉天福五年四月丙午詔曰承旨者承時君之旨非近侍重臣無以稟朕命宣予言是以大朝會宰臣承旨草制詔學士承旨若無區別何表等威除翰林承旨外殿前承旨宜改爲殿直密院承旨宜改爲承宣御史臺三司閤門客省所有承旨並令別

定其名　周廣順二年十二月詔改左右威衞復爲屯衞避御名也

右改制

後唐同光二年三月中書門下奏糾轄之任時謂外臺宰字之官古稱列爵如非朝命是廢國章近日諸道多是各列官銜便指州縣請朝廷之正授樹藩鎭之私恩頗亂規程宜加條制自今後大鎭節度使管三州已上者每年許奏管內官三人如管三州以下者許奏管內官二人仍須有課績尤異方得上聞若止于檢愼無瑕科徵及限是守常道只得書考旌嘉不得特有薦奏其

防禦使每年只許奏一人若無尤異不得奏薦刺史無奏薦之例不得輒亂規程其年八月中書奏僞庭之時諸藩參佐皆從除授自今後諸道除節度副使兩使判官除授外其餘職員并諸州軍事判官各任本處奏辟其軍事判官仍不在奏官之限所冀招延之禮皆合于前規簡辟之間無聞于濫舉從之　長興二年十一月詔曰闕員有限人數常多須以高低定其等級起今後兩使判官罷任後宜一年外與比擬書記支使防禦團練判官等二年外推巡防禦團練推官軍事判官等並三年後與比擬仍每遇除授量與改轉官資或階勳或職資其有殊常勳績者別議優陞若有文學智術超邁羣倫或爲衆所稱或眞知迴舉察驗的實者不拘年月之限　清泰二年八月中書門下上言前大御監五品陞朝官西班將軍皆在任許滿二十五月如銜替已經二十月即別任用少卿監舊例三任四任方入大卿監五品三任四任方入少卿監今後並祇三任逐任須月限滿無殿責者便入此官西班將軍罷任一年許求官舊例三任四任方入大將軍今祇無殿責或曾任金吾將銜使藩鎭刺史特勅並不拘此例諸道除兩使判官外書記已下任自辟請應朝官除外任罷任後一年方

許陳乞諸道賓席未曾陞朝者若官兼三院御史即除中下縣令兼大夫中丞祕書少監郎中員外郎與清資初任陞朝官檢校官至尙書常侍祕書監庶子陞朝便與少卿監諸州防禦團練判推官並請本州辟諸中書不更除授應出選門官帶三院御史供奉裏行及省銜罷任後周年許陳乞諸州別駕不除令錄仍守本官月限得替後一年許陳乞長史司馬因攝奏正未有官者送名從之　三年五月乙未詔曰近以內外臣寮出入迭處稍均勞逸免滯轉遷應兩司判官畿赤令取郎中員外補闕拾遺三丞五博少列宮寮選擇擢任一則俾

藩方侯伯別耀資階次則致朝列人臣備諳時政今後或有滿闕便宜依此施行　周廣順元年夏五月辛巳詔朝廷設爵命官求賢取士或以資敘進或以科級陞至有白首窮經方諧一第半生守選始遂一官是以國無幸民士不濫進近年州郡奏薦多無出身前官或因權勢書題或是衷私請託既難限意便授與恩遂使躁求僥倖之徒爭趨捷徑辛苦孤寒之士盡泣窮途將期激濁揚清所宜循名責實今後州府不得奏薦無前官及無出身人如有奇才異行越衆超羣亦許具名以聞便可隨表赴闕當令有司考試朕亦親自披詳斷其否

臧俾之陞黜庶使人不謬舉野無遺才　顯德二年六月詔兩京諸州州府留守判官兩使判官少尹防禦團練軍事判官今後並不得奏薦其防禦團練刺史州各置推官一員

右蘆革

晉天福三年十一月起居郎殷鵬上言竊聞司封格式內外文武臣寮纔陞朝籍者無父母便與追封贈父母在即未敘未封以臣所見誠爲不可此則輕生者而重死者棄今人而錄故人其榮有何其理安在又云父母在品秩及格者即以封其母不加其父便加邑號兼曰太君遂令妻則旁若無夫子則上若無父豈有父則賤而母則貴夫則卑而妻則尊若謂其父未合加恩安得其母受賜若謂以子便合貴曷得其父不先封伏以父尊母卑天地之道尊無二上國家同體今授封父無爵名教不順莫大于茲臣伏乞自今後文武臣寮父母在其父母已有官爵者即敘進資品以及格式或不任祿仕即可授以致仕或同正官所貴得以敘封妻室即父母俱榮孝子無不逮之感閨門交映聖君覃慶賞之恩噫荷陛下孝治之風受陛下榮親之祿者靜而屈指不過數人陛下得以特議舉行編爲令式勸天下之爲善

令域中之望風自然見前代之闕文成我朝之盛典況唐長興元年德音內一節應在朝中外臣僚父母在並與加恩司封不行明制堅執前文倘布新恩兼合舊勅庶使事君事父恒尊一體之規爲子爲臣不失兩全之義臣又聞封令式內外臣寮官階及五品以上者即與封妻廕子固不分於清濁但祇言其品秩且諫議大夫給事中中書舍人並是五品贊善大夫洗馬中允奉御等亦是五品若論朝廷之委任宰臣之擬論出入之階資中外之瞻望則天壤相懸矣及其敘封乃爲一貫相沿至此甚非而況北省爲陛下侍從之臣南宮掌陛下

經綸之務憲臺執陛下紀綱之司首冠羣寮總爲三署當職尤重責望非輕此則清列十年不遂顯榮之願彼則雜班兩任便承封廕之恩事不均平理宜改革伏乞自今後應諸官及五品已上者卽依舊制施行應三署清望官及六品以上便與封廕淸濁旣異品秩宜升仍下所司議爲恆式從之　漢乾祐元年七月詔尚書省集議內外臣寮父在母承子廕敘封追封合加太字否以聞尚書奏議曰今詳前後勅條凡母皆加太字存沒並同此卽是父歿母存卽敘封進封內加太字母沒追封亦加太字故云存沒並同若是父在據勅格無載爲

母加太字處若以近勅因子貴與父命官父自有官卽妻從父品可以封妻父在不合以其子加母太字若雖有因子之官其品尚卑未得廕妻亦不合用子廕之限從之　周顯德六年冬十二月壬辰尚書兵部上言本司廕補千牛進馬在漢乾祐中散失勅文自來只準晉編勅及堂帖施行伏緣前後不同請別降勅命詔曰今後應廕補子孫宜令逐品許補一人直候轉品方得更補不得於本品內重疊收補如是所補人有身故除名落蕃廢疾及應舉及第內只許于本品內再補一人太子進馬太子千牛不用收補詹事依祭酒例施行兵部

尚書侍郎舊制不許收補宜許收補致仕官歷任中會任在朝文班三品武班二品及丞郎給舍已上金吾大將軍節度防禦團練留後者方得補廕皇廕人其祖父曾授著皇朝官秩方得收補應合收補人須是本官親子孫年貌合格別無踰濫方許施行餘從舊例處分

右封廕

梁開平四年四月勅諸州鎭使官秩無高卑並在縣令之下其年九月詔曰魏博管內刺史比來州務並委督郵遂使曹官擅其威權州牧同于閑冗俾循通制宜塞異端並宜依河南諸州例刺史得以專達時議者曰唐

朝憲宗時烏重胤爲滄州節度使嘗以河朔十六州能抗拒朝命者以奪刺史權與縣令職而自作威福耳若二千石各得其柄又有鎭兵雖安史挾奸豈能據一墉而叛哉遂奏以所管德棣景三州各還刺史職分州兵並隸收管是後雖幽鎭魏三道以河北舊風自相傳襲惟滄州一道獨稟命受代自重胤制置使然也則梁氏之更張正合其事矣　後唐長興元年正月詔曰褒道纔行則千岐共貫宏綱一舉則萬目畢張前王之法制罔殊百代之科條悉在無煩改作各有定規守程式者心逸日休率胸臆者心勞日拙天垂萬象星辰之分野

靡差地載羣倫岳瀆之方隅不易倘各司其局則皆盡其心且律令格式六典凡關庶政互有區分久不舉行遂至墮紊宜準舊制令百司各於其間錄出本局公事巨細一一抄寫不得漏落纖毫集成卷軸仍粉壁書在公廳若未有廨署者文書委官司主掌仍每有新授官到令自寫錄一本披尋或因顧問之時應對須知次第無容曠闕每在執行使庶寮則守法奉公宰臣則提綱振領必當彝倫攸敘所謂至道不繁何必期年然後報政宜令御史臺遍加告諭催促限兩月內鈔錄及粉壁書寫須畢其間或有未可便行及會釐革事件委逐司

旋申中書門下當更參酌奏覆施行其年八月勑今後大理寺官員宜同臺省官例升進其法直官比禮直官任使　應順元年春三月戊午宗正上言故事諸陵有令丞各一員近令丞不俱置便委本縣令兼之緣河南洛陽是京邑恐兼令丞不便詔特置陵臺令丞各一員

右雜錄永樂大典卷三千七百九十五

舊五代史卷一百四十九終

舊五代史卷一百四十九攷證

志十一職官志四日忘誤　忘誤册府元龜作失誤攷五代會要職官分紀俱作忘今仍其舊

又改爲直崇政院　直崇政院原本作直崇文院今從五代會要改正

亦置直院一人　案五代會要作亦置院使一人石林燕語作改爲樞密院直學士

廕補千牛進馬　進馬原本訛進貝攷職官分紀有太子進馬貝字係傳寫之訛今改正

舊五代史卷一百四十九攷證

舊五代史卷一百五十

宋司空同中書門下平章事薛居正等撰

郡縣志 案郡縣志序永樂大典原闕 志十二

河南道 西京河南府 滑州 許州 陝州 青州 兗州 宋州 陳州 曹州 亳州 鄭州 汝州 單州 濟州 濱州 密州 潁州 濮州 蔡州

關西道 雍州京兆府 同州 華州 耀州 乾州 隴州 涇州 原州 鄜州 威州 衍州 武州 良州 府州 雄州 警州

河東道 并州太原府 路州 澤州 晉州 新州 武州 雲州 應州 絳州 慈州 隰州 遼州 沁州 解州 勝州 河中府

河北道 魏州大名府 鎮州真定府 滄州 景州 德州 邢州 磁州 澶州 貝州 相州 泰州 雄州 幽州 新城縣 定州 博州 莫州 深州 瑞州 靜安軍

劍南道 蜀州 漢州 彭州

江南道 黔州 處州 溫州 婺州 湖州 秀州 全州

杭州 福州 台州 明州 虔州 蘇州 邵州 郴州 建州 道州 鄂州 潭州

淮南道 安州 廬州 楚州 壽州 天長縣

山南道 襄州 鄧州 唐州 復州 金州 忠州 萬州 夔州 利州 閬州 果州 郎州 集州 鳳州 唐州 商州 隨州 合州 雄勝軍

隴右道 秦州 成州 洮州

嶺南道 邕州 恩州 溝州 恩唐州 潘州 桂州 案以上見永樂大典卷一萬三百八十二考薛史諸志之體郡縣志當是以開元十道圖爲本惟載五代之改制其仍唐舊制者則闕焉永樂大典載薛史原文疑有刪節今仍錄于卷首以存其舊

梁開平元年梁祖初開國升汴州爲開封府建名東京元管開封浚儀陳留雍丘封丘尉氏六縣至是割滑州之酸棗長垣鄭州之中牟陽武宋州之襄邑曹州之戴邑許州之扶溝鄢陵陳州之太康九縣隸焉後唐復降爲汴州以宣武軍爲額其陽武長垣扶溝考城等四縣仍且隸汴州其餘五縣却還本部晉天福中復升爲東京復以前五縣隸之漢周並因之單州本單父縣梁爲輝州後唐同光二年復舊隸宋州周廣順中割隸曹州 案以上二條見太平御覽其餘郡縣闕畧不全今考薛史諸志多本五代會要謹采五代會要附載于後

後唐長興三年四月中書門下奏據十道圖舊制以王者所都之地爲上本朝都長安遂以關內道爲上今宗廟宮闕皆在洛陽請以河南道爲上關內道爲二河東道第三河北道第四劍南道第五江南道第六淮南道第七山南道第八隴右道第九嶺南道第十從之

河南道

滑州酸棗縣長垣縣 梁開平三年二月割隸汴州後唐同光二年二月酸棗縣却隸滑州長垣縣却改爲匡城縣晉天福三年十月酸棗縣却割隸開封府鄭州

中牟縣陽武縣 梁開平三年二月割隸汴州後唐同光二年二月勅中牟縣却隸鄭州晉天福三年十月中牟縣却割屬開封府

宋州襄邑縣 梁開平三年二月割隸汴州後唐同光二年却隸宋州晉天福三年十月復割隸開封府

曹州戴邑縣 梁開平三年二月割隸曹州後唐同光二年二月復爲考城縣

許州扶溝縣鄢陵縣 梁開平三年二月割隸汴州後唐同光二年二月鄢陵縣却隸許州天成元年九月扶溝縣却隸許州晉天福三年十月並割屬開封府

陳州太康縣 梁開平三年二月割隸汴州後唐同光二年二月復隸陳州晉天福三年十月却屬開封府

單州楚丘縣 梁開平四年四月割隸宋州

碭山縣 後唐同光二年勅碭山縣僞梁勑爲輝州併單州後理所于輝州今直却屬單州其

輝州依舊爲碭山縣

汝州葉縣　襄城縣 後唐同光二年十二月租庸使奏二縣原屬汝州今隸許州伏緣最鄰京畿戶口全少伏乞却割隸許州從之

臨汝縣 周顯德三年三月廢

密州輔唐縣 梁開平三年八月改爲安上縣後唐同光元年十月復爲輔唐縣晉天福七年七月改爲膠西縣避國諱也

濟州 周廣順二年九月以鄆州鉅野升爲州其地望爲上割兗州任城中都單州金鄉等縣隸之其年十二月又割鄆州鄆城縣隸之中都縣却隸鄆州

濱州 周顯德三年六月制以贍國軍升爲州其地望爲上直屬京割棣州渤海蒲臺兩縣隸之

關內道

京兆府奉先縣 梁開平三年二月割隸同州後唐同光三年二月却隸京兆府

武功縣

好畤縣 後唐長興元年五月勅併臨等四鄉隸京兆府

渭南縣 周顯德三年四月割屬華州

同官縣 梁開平三年三月割隸同州後唐同光三年七月割隸耀州

美原縣 後唐同光三年七月割隸耀州

華州洛南縣 後唐同光三年六月河中府奏韓城郃陽澄城縣僞梁割屬當府其澄城縣今請却立同州韓城郃陽縣且屬當府從之天成元年七月勅韓城郃陽二縣却割隸同州

隴州汧陽縣　汧源縣　吳山縣 後唐長興元年五月依舊割隸隴州

涇州平涼縣 後唐清泰三年正月涇州奏平涼縣自吐蕃陷渭州權于平涼縣爲渭州理所遂罷平涼縣又有安國耀武兩鎮兼屬平涼其賦租節目並無縣管今却置平涼縣管安國耀武兩鎮人戶從之

臨涇縣 後唐清泰三年二月原州刺史翟建奏本州自陷吐蕃權于臨涇縣理所臨涇原屬涇州刺史只管捕盜其人戶郎涇州管縣既無屬縣刺舉何施伏乞割涇屬當州從之

鄜州鄜城縣 梁開平三年四月改爲昭化縣後唐同光元年十月復爲鄜城縣

咸寧縣 周顯德三年三月十日廢

威州 晉天福四年五月勅靈州方渠鎮宜升爲威州隸靈武仍割寧州木波馬嶺二鎮隸之周廣順二年三月改爲環州顯德四年九月降爲通遠軍

衍州 周顯德五年六月廢爲定平鎮隸邠州

武州 周顯德五年六月廢爲潘源縣隸渭州

河東道

絳州 梁開平四年四月割屬晉州後唐同光二年六月却割屬河中府

慈州　隰州 後唐同光二年六月割隸晉州

儀州 梁開平三年閏八月勅兗州管內已有沂州其儀州改爲遼州晉天福五年三月并沁州割隸潞州六年七月并沁州却隸太原

解州 漢乾祐元年九月升解縣爲州割河中府聞喜安邑解三縣爲屬邑

河中府稷山縣 後唐同光二年正月割隸絳州

慈州仵城縣　呂香縣 周顯德三年三月降

河北道

鎮州 後唐同光元年四月改爲北京至十一月却復爲成德縣

幽州北平縣 後唐長興三年八月改爲燕平縣

滄州長蘆縣　乾符縣 周顯德三年十月併入清池縣

無棣縣 周顯德五年改爲保順軍

弓高縣 周顯德六年二月併入東光縣

博州武水縣 周顯德三年十月併入聊城

深州博野縣 周顯德四年五月割隸定州

澤州 梁開平元年六月割隸河陽四年二月却隸潞州

德州 晉天福五年十一月移就長河縣爲理所

泰州 後唐天成二年三月升奉化軍爲泰州以清苑縣爲理所至晉開運二年九月移就滿城縣至周廣順二年二月廢州其滿城割隸易州

雄州　霸州 周顯德六年五月以瓦橋關爲雄州割容城歸義二縣隸之益津關爲霸州割文安大成二縣隸之地望並爲中州時初平關南故地也

劍南道

蜀州唐興縣 梁開平二年八月改爲陶胡縣後唐同光元年十月復爲唐興縣

彭州唐昌縣 梁開平二年八月改爲歸化縣後唐同光元年十月復爲唐昌縣

江南道

杭州臨安縣梁開平二年正月改爲安國縣福州閩清縣梁開平元年十月移就梅溪場置蘇州吳江縣梁開平三年閏八月兩浙奏興吳江松江置縣明州望海縣梁開平三年閏八月兩浙奏置處州松陽縣梁開平四年五月改爲長松縣秀州晉天福三年十月兩浙錢元瓘奏以杭州嘉興縣置湘州晉天福四年四月湖南馬希範奏以湘川縣置州仍置清湘縣并割灌陽縣隸之

淮南道

壽州周顯德四年移于潁州下蔡縣仍以下蔡縣爲倚郭以舊壽州爲壽春縣盛唐縣梁開平二年八月改爲灊山縣後唐同光元年十月復爲盛唐

山南道

復州梁乾化二年十月割隸荆南後唐天成二年五月卻隸襄州晉天福五年七月直屬京并爲防禦果州後唐天成二年五月隸利州唐州慈丘縣周顯德三年三月廢鄧州臨湍縣漢乾祐元年正月改爲瀨縣避廟諱也菊潭縣向城縣周顯德三年三月廢商州乾化縣漢乾祐二年六月改爲乾祐縣割隸京兆襄州樂鄉縣周顯德六年二月并入宜城

隴右道

秦州天水縣隴城縣後唐長興三年二月秦州奏見管長道成紀天水三縣外有十鎮徵科並係鎮將今請以歸化怨水五龍黃土四鎮就歸化鎮復置就龍城赤砂染坊夕陽南治鐵務五鎮就赤砂鎮復置舊天水縣其白石大澤良恭三鎮割屬長道縣從之成州同谷縣栗亭縣後唐清泰三年六月秦州奏階州元管將利福津兩縣並無遙鎮成州元管同谷縣鎮並是鎮便係徵科今欲取成州西南近便鎮分併入同谷縣其東界四鎮別創一縣者州西南有府城長豐魏平三鎮其地東至泥陽鎮界二十五里北至黃竹路全砂鎮界五十里南至興州界三十里西至白石鎮界一百一十里西南至舊階州界砂地嶺四十五里其三嶺管界併入同谷縣廢其鎮額州東界有勝仙泥陽金砂栗亭四鎮東至鳳州姜贍鎮界十五里南至界州界二十里北至高橋三十五里西至同谷界三十五里北至秦州界六十七里欲併其西鎮地于栗亭縣其徵科委縣司捕盜委鎮司從之

嶺南道

潘州茂明縣梁開平元年五月改爲越常縣至後唐同光元年十月復爲茂明縣桂州純化縣梁開平元年五月改爲歸化縣後唐同光元年十月復爲純化縣邕州晉天福七年七月改爲誠州避廟諱潯州晉開運三年三月升桂州全義縣爲州仍改全義縣爲德昌縣并割桂州臨州廣明義寧等三縣隸之從湖南馬希範奏也

舊五代史卷一百五十終

舊五代史卷一百五十攷證

志十二郡縣志曹州之戴邑　案歐陽史職方攷開平元年割曹州之考城更曰戴邑隸開封此祇云曹州之戴邑未見分晰

其陽武長垣扶溝考城等　陽武原本訛武陽今據唐書地理志改正

華州洛南縣　案此下注文所載韓城郃陽澄城等縣似不相屬據歐陽史職方攷洛南故屬商州周割屬華州此本當是脫去洛南沿革小注又脫去同州郃陽縣澄城縣韓城縣等大字今無别本可校姑仍其舊附識于此

湘州　案湘州二字原本誤作小字連注文一段與秀州下注接寫文不相屬攷唐開元十道圖潭鄂等州原隸江南道應以湘州另爲一條作大字其天福四年四月馬希範奏云云作小注今改正

舊五代史卷一百五十攷證

舊五代史一百五十卷目錄二卷宋薛居正等撰原書久佚乾隆四十年　詔開四庫館從永樂大典中輯錄間有殘闕復取他書所引補之此爲邵學士晉涵原輯本晉涵字二雲餘姚人乾隆辛卯二甲進士歸部銓選以大學士劉文正薦奉　特旨改庶吉士充四庫館纂修旋授職編修歷官至翰林院侍讀學士陽湖洪稚存太史嘗稱其史學本於劉蕺山黃梨洲兩先生此書乃其一手所勘定也逐條之下註明採取書名卷數後來諸家所輯已佚諸經傳注悉用其例四十九年　武英殿刊板盡删去之彭文勤公屢爭于總裁不見聽薛氏眞面目遂不可識余於甬東盧氏抱經樓得其原輯本亟以千金購歸付梓行格悉遵　殿本俾得兩本對勘學士纂輯之勤不遂湮沒殆有默相之者司馬遷史記實繼春秋而作謙不敢自居曰余所謂述故事整齊其世傳非所謂作今觀薛史比次舊聞紀傳首尾亦復完具正所謂述且由此可以進窺歐史筆削之意後人以敘次繁冗少之抑未知述與作之不同也學士從散佚之餘傍搜博採整比之使歸條理以復原書之舊仍每條註明所採書名卷數亦述者所有事也若删之則讀者無所徵信矣茲得學士原輯本刻之以廣其傳彭文

勤公所屢爭而不得者一旦竟復舊觀不獨讀者之幸抑亦此書之幸也乙丑仲春吳興劉承幹謹跋

跋

宋史太祖紀開寶六年四月戊申詔修五代史玉海是年四月二十五日詔粱後唐晉漢周五代史宜令參政薛居正監修盧多遜扈蒙張澹李穆李昉等同修至七年閏十月甲子書成凡百五十卷目錄二卷其事凡記十四帝五十三年爲紀六十一志十二傳七十七居正本傳則以監修五代史在開寶五年王鳴盛已辨其誤晁氏讀書志同修者尙有劉兼李九齡二人或刊本結銜如是也其後歐陽修以薛史繁猥失實重加修定藏於家修歿後朝廷聞之取以付國子監刊行按宋史選舉志朱子議設諸經子史時務各科試士諸史以左傳國語史記兩漢爲一科三國晉書南北史爲一科新舊唐書五代史爲一科唐書兼舉新舊而五代史僅舉其一維時歐史盛行所指必非薛史又金史選舉志學校以經史子課士均指定當用之書諸史則史記用裴駰註前漢書用顏師古註後漢書用李賢註三國志用裴松之註及唐太宗晉書沈約宋書蕭子顯齊書姚思廉粱書陳書魏收後魏書李百藥北齊書令狐德棻周書魏徵隋書新舊唐書新舊五代史皆國子監印之授諸學校至章宗泰和七年十一月癸酉詔新定學令內削去薛居正五代史止用歐陽修所撰按金泰和七年當宋寧宗開禧三年爲朱子歿後七年竊意是時南朝先已擯廢薛史北朝文化

自知不逮故起而從其後自是其書遂微元九路分刊十七史明南北監兩刊二十一史均不之及四庫總目謂惟明內府有之見於文淵閣書目按閣目字字號第三櫥存五代史十部有冊數無卷數不注新舊使悉爲薛史不應通行之歐史反無一存且薛史刊本絕少亦不應流傳如是之夥如謂兼而有之更不應一無區別頗疑總目所言誤也以余所知明萬曆間連江陳一齋有是書所記卷數與玉海合見世善堂書目清初黃太冲亦有之見南雷文定附錄吳任臣書全謝山謂其已燬於火陳氏所藏陸存齋謂嘉慶時散出趙谷林以兼金求之不可得則亦必化爲刼灰矣然余微聞有人曾見金承

安四年南京路轉運司刊本故輯印之始雖選用嘉業堂劉氏所刻大典有注本仍刊報蒐訪兾有所獲未幾果有來告者謂昔爲歙人汪允宗所藏民國四年三月售於某書估且出其貨書記相眎允宗余故人也方其在日絕未道及然余讀其所記謂所藏爲大定刊本（與上文所云承安微有不合然相距年不遠或一爲開工之始一爲竣事之期）題五代書不作五代史較今本不特篇第異同甚多卽文字亦什增三四且同時記所沽書凡七種書名版本均甚詳知所言爲不虛乃展轉追尋歷有年所迭離惝怳莫可究詰今諸史均將竣事不得已惟有仍用劉氏大典本以觀厥成大典本者餘姚邵晉涵取永樂大典所引薛史掇拾成文不足以冊府

元龜所引補之均各記其所從出卷數又不足則取宋人所著如太平御覽五代會要通鑑考異等書凡數十種或入正文或作附注亦一一載其來歷四庫館臣復加參訂書成奏進勅許頒行最先刊者爲武英殿本主其事者盡削其所注原輯卷數彭元瑞力爭不從而薛史眞面不可復見且原文凡涉契丹之戎夷蕃胡寇賊虜敵僞僭酋首凶醜及犬羊異類腥膻氈幕編髮左衽犯闕盜據猾夏亂華等字無一不改一再失眞尤涉誣衊久已爲世詬病矣同時有四庫全書寫本近歲南昌熊氏據以景印稍免於已上諸弊然仍有所芟削劉本得諸甬東抱經樓盧氏疑亦當時傳錄之本所列附注凡一千

三百七十條彼此對校殿本少於劉本者凡五百三十八條庫本少於劉本者凡四百七十一條雖殿本增於劉本者有三十九條庫本亦三條而以此方彼總不能不以劉本爲較備且劉本卷七十一有鄭元素傳庫本闕卷九十六有淳于晏傳殿本又闕卷九十八張礪傳文字亦視殿庫二本爲詳凡此皆足證劉本之彼善於此也曩聞長洲章式之同年嘗迻錄孔葓谷校邵氏稿本馳書乞假留案頭者數月悉心讎校亦有異同劉本有而孔本無者三百八十一條有而不全者二十三條孔本有而劉本無者六十五條式之謂邵氏所輯不免偶誤館臣有所增補改正然亦未必能出於劉本之上所惜者

劉氏校勘稍疏間有譌奪全書既成當續輯校記並取各本所增注文別爲補編以臻完美然余終望金南京路轉運司刊本尙在人間有出而與願讀者相見之一日也海鹽張元濟